Anonymus

Schleswig-Holsteinische Anzeigen

Anonymus

Schleswig-Holsteinische Anzeigen

ISBN/EAN: 9783743326637

Hergestellt in Europa, USA, Kanada, Australien, Japan

Cover: Foto ©ninafisch / pixelio.de

Manufactured and distributed by brebook publishing software
(www.brebook.com)

Anonymus

Schleswig-Holsteinische Anzeigen

Allerhöchst privilegirte

Holsteinische Anzeigen

für

das Jahr 1862.

Neue Folge.

Sechsundzwanzigster Jahrgang.

Redigirt von den Obergerichtsräthen Etatsrath Henrici und Lucht.

Glückstadt.

Gedruckt bei W. Augustin.

Allerhöchst privilegirte

Holsteinische Anzeigen.

Redigirt von den Obergerichtsräthen Etatsrath Henrici und Lucht.

Gedruckt bei Augustin in Glückstadt.

1. Stück. — Den 6. Januar 1862.

Entscheidungen.

Interpretation eines Brandversicherungsvertrags in Bezug auf die Frage, ob eine wissentlich falsche Angabe des Versicherten über die Größe des erlittenen Schadens den Verlust des Anspruchs auf die Versicherungssumme zur Folge habe.

In Sachen des Hausbesitzers und Höfers Jochim Heinrich Carl Dender in Woldenhorn, Klägers,

wider

die Direction der Schleswig-Holsteinischen adeligen Brandgilde in Kiel, Beklagten,

wegen Auszahlung von 2163 ℛ︁ 55 β Brandentschädigungsgelder,

ergeben die Acten:

Am 16. Juni 1859 ist die in Woldenhorn, adel. Guts Ahrensburg, belegene Kathe und Scheune des Klägers in Feuer aufgegangen und sind bei dieser Gelegenheit seine meisten Mobilien und vorhanden gewesenen Handelsvorräthe verbrannt. Kläger hatte seine Mobilien zu 1277 ℛ︁ 65 β und die Waarenvorräthe seiner Höferei zu 4000 ℛ︁ bei der Schleswig-Holsteinischen adel. Brandgilde versichert. Diese Brandgilde hat er nunmehr wegen Auskehrung von 2163 ℛ︁ 55 β Brandentschädigungsgelder gerichtlich belangt und in seiner eingereichten Klage zur Begründung derselben im Wesentlichen Folgendes bemerkt:

Er sei am Morgen nach dem Brande von dem Gildecommissair ohne allen Grund gedrängt worden, sofort seinen bei dem Brande erlittenen Verlust an Höfereigegenständen anzugeben, und völlig unvorbereitet, auch im Augenblicke einer gehörigen Ueberlegung unfähig, ja ohne klares Bewußtsein dessen, warum es sich gehandelt, habe er, indem er sich eingebildet, daß der Gildecommissair darauf ausgegangen sei, ihn zu fangen und ihm den vermeintlich competirenden ganzen Versicherungsbetrag zu verkürzen, sich stricte an seinen ihm vorgelegten Versicherungsvertrag gehalten und sich verleiten lassen, seinen beim Brande gehabten Schaden dahin anzugeben, daß er auf Ersatz der vollen Versicherungssumme Anspruch habe. Obwohl er nach demnächst erfolgter Einleitung einer criminellen Untersuchung wegen Brandstiftung und Versuchs des Betruges durch Erkenntniß des Oberappellationsgerichts vom 27. Februar 1860 völlig freigesprochen worden, so beharre doch nichts desto weniger die beklagte Gilde hartnäckig darauf, jede Vergütung für die verbrannten zu 4000 ℛ︁ versicherten Waaren zu verweigern, und habe auch ein gütliches Abkommen, welches Kläger im vorjährigen Johannismarkte der Generalversammlung der Gilde in Kiel dahin proponirt, daß er mit einer reducirten Entschädigungssumme von 2150 ℛ︁ 92 β R.-M. zur Vermeidung eines weitläufigen Processes und um seinen Handlungsbetrieb wieder aufnehmen zu können, friedlich sein wolle, abgelehnt. Während der ganzen Untersuchung sei Kläger und zwar wahrheitsgemäß unabänderlich bei seiner Angabe geblieben, daß er die versicherte Summe im Werth der Waaren richtig bestimmt angegeben und im Besitz gehabt habe, und zwar zur Zeit der letzten Versicherung, gleich wie er trotz des ihm wiederholt gemachten Vorhalts die vorgefaßte irrige Ansicht, daß er daher auch die ganze Versicherungssumme beanspruchen könne, stets festgehalten habe. Auf Instanz des Untersuchungsrichters aber und da dem Kläger eine gütliche Uebereinkunft mit der Gilde über seine Entschädigungsansprüche in Aussicht gestellt worden, habe Kläger, eben weil er seiner gethanen Aussage nach nicht auf Eid und Gewissen behaupten könne, daß zur Zeit des Brandes die versicherten Waarenvorräthe in der für jede Gattung angegebenen Zahl vorhanden gewesen wären, die in seiner Klage bezeichneten Positionen seines Versicherungsvertrages herabgesetzt und insofern die Versicherungssumme auf 2163 ℳ 55 β reducirt, die er mit Fug Rechtens und nach Vorschrift der revidirten Grundgesetze der Gilde vom 5. Juli 1831, insbesondere § 55, beanspruchen dürfe.

Kläger richtete auf Grundlage dieser Anführungen seinen Antrag dahin:

> daß die Beklagte schuldig erkannt werde, die libellirten 2163 ℳ 55 β R.-M. nebst 5 % jährlichen Verzugszinsen und zwar in Gemäßheit des § 59 der Gildegesetze nach Ablauf von 4 Wochen nach dem 17. Juni 1859, als dem Tage der geschehenen Ausmittelung der Vergütungssumme, event. vom Tage der insinuirten Ladung, angerechnet, an den Kläger zu bezahlen, unter gleichzeitiger Erstattung sämmtlicher Proceßkosten, des. et m. s.

Excipiendo ward hiergegen bemerkt: es sei nicht glaublich, daß Kläger, als er am Morgen nach dem Brande vom Gildecommissair zur Angabe des erlittenen Verlustes an Hökereigegenständen aufgefordert worden, außer Stande gewesen sein sollte, zu begreifen, warum es sich bei den ihm vorgelegten einfachen Fragen gehandelt, so wenig wie es angenommen werden könne, daß derselbe bei dem geringen Umfange seines Geschäfts nicht im Stande gewesen sein sollte, den Werth der vernichteten Waaren wenigstens annäherungsweise zu jeder Zeit und ohne lange Vorbereitung anzugeben. Wahr sei es, daß der Kläger darauf dem Gildecommissair gegenüber den an Handelsgegenständen erlittenen Verlust als übereinstimmend mit der Versicherungsacte, also im Werthe von 4000 ℳ R.-M., angegeben habe. Die weitere Darstellung des Klägers sei aber eben so ungenau als undeutlich und der wahre Sachverhalt folgender. In einer wider den Kläger wegen Verdachts der Brandstiftung und des Betruges eingeleiteten Criminaluntersuchung habe sich herausgestellt, daß der von ihm wirklich erlittene Verlust um ein Erhebliches geringer, als der von ihm angegebene, sei, so daß er sich genöthigt gesehen, diese Angabe fast auf die Hälfte zu reduciren, und nach der durch ein freisprechendes Erkenntniß des Oberappellationsgerichts herbeigeführten Beendigung des wider ihn eingeleiteten Criminalverfahrens habe er gegen die Brandgilde eine Forderung von 2150 ℳ 91 β Entschädigungsgelder erhoben, die jetzt wieder bis zu der eingeklagten Summe von 2163 ℳ 55 β erhöht worden sei. Ob der Kläger in Wahrheit einen der geforderten Ersatzsumme entsprechenden Verlust an Waaren erlitten habe, wisse Beklagte nicht, so wenig als dieselbe im Stande sei, zu beurtheilen, ob die von dem Kläger vorgenommenen Reducirungen der Positionen des Versicherungsvertrages im Einzelnen richtig wären oder nicht.

In eventum ward die exceptio doli vorgeschützt mit dem Anführen: der Kläger habe dem Agenten der Beklagten gegenüber, wie im Vorstehenden bereits erwähnt, unmittelbar nach dem Brande den erlittenen Verlust an Handelsgegenständen als übereinstimmend mit der Versicherungssumme, also zum Werthe von 4000 ℳ, angegeben mit dem Bemerken, daß diese Angabe nach seiner gewissenhaften Ueberzeugung beschafft sei, wenn er die Sachen auch nicht genau angeben könne. Bei der darauf eingeleiteten Untersuchung habe es sich herausgestellt, daß die einzelnen Waarenartikel zur Zeit des Brandes in einer viel geringeren, als der versicherten Quantität, im Hause vorräthig gewesen wären. In Uebereinstimmung mit diesen Ermittelungen habe der Kläger selbst eingeräumt, den erlittenen Schaden zu hoch angegeben zu haben, und nach beendigter Untersuchung für die verbrannten Waaren zunächst nur die Summe von 2150 ℛ︁ 92 β und gegenwärtig 2163 ℛ︁ 55 β als Entschädigung von der Gilde beansprucht. Die Angabe des Klägers, daß er an verbrannten Waaren einen Schaden von 4000 ℛ︁ erlitten, sei eine bewußte Unwahrheit. Ein factischer Irrthum bei dieser Zuvielangabe sei von dem Kläger nicht einmal behauptet worden und würde eine solche Behauptung auch den vorliegenden Verhältnissen nach vollkommen unglaubwürdig sein. Habe er aber gleichviel, ob in betrügerischer Absicht oder, wie er jetzt vorgebe, im Irrthum über die rechtliche Natur des Versicherungsgeschäfts befangen, dem Agenten der Brandgilde gegenüber eine wissentlich falsche Angabe über die Größe des erlittenen Schadens gemacht, so sei er damit des Anspruchs auf Ersatz verlustig geworden, da der § 41 der revidirten Grundgesetze der Schleswig-Holsteinischen adeligen Brandgilde für bewegliche Güter vom 5. Juli 1831 bestimme, daß jede von Seiten des Versicherten wissentlich falsch gemachte Declaration oder Angabe den Verlust der Prämie zur Folge haben solle und jeden Anspruch auf Schadensersatz vernichte.

Beklagte bat daher auf Grund dieser Einrede, daß der Kläger mit seiner Klage ab- und zur Ruhe verwiesen und schuldig erkannt werde, die Proceßkosten, s. d. et m., zu erstatten.

Replicando leugnete Kläger, daß er den Verlust qu. an Handelsgegenständen als durchaus übereinstimmend mit der Versicherungsacte angegeben habe, sondern nur zum Werthe der Versicherungssumme von 4000 ℛ︁. Er habe vielmehr ausdrücklich erklärt, daß er die verbrannten Sachen einzeln nicht angeben könne, daß er aber auf Ersatz der vollen Versicherungssumme Anspruch habe. Es sei von ihm die Aufforderung, seinen Verlust anzugeben, so verstanden, als habe er seinen bei Abschluß der qu. Versicherung in seinem Hause befindlichen Waarenbestand und dessen Werth angeben sollen. Kläger leugnete ferner, daß durch die Untersuchung sich herausgestellt, daß der vom Kläger wirklich erlittene Verlust um ein Erhebliches geringer, als der von ihm angegebene sei, so wie, daß die einzelnen Waarenartikel zur Zeit des Brandes in viel geringern, als den versicherten Quantitäten, im klägerischen Hause vorräthig gewesen. Endlich leugnete er, daß er eingeräumt, den Schaden zu hoch angegeben zu haben, er habe vielmehr, um sicher zu gehen, weil er der eventuellen Beeidigung vorbeugen wollen, die Quantitäten der einzelnen Waaren reducirt, und zwar blos von dem Wunsche geleitet, mit den Gildegeldern sein Geschäft wieder aufnehmen zu können, und überdieß inducirt durch den ihm vom Untersuchungsrichter in Aussicht gestellten Vergleich mit der Gilde. Event. ward die Replik des Irrthums opponirt.

Duplicando contradicirte die beklagte Gilde der replicarischen Anführung, so weit sie ihr nachtheilig sei und mit den Exceptionalien nicht übereinstimme. Der Replik des Irrthums ward als de facto et jure nicht begründet widersprochen und wurden die zu ihrer Begründung vorgebrachten Thatsachen in Abrede gestellt.

Es steht demnach zur Frage, ob die der Klage opponirte Einrede des dolus für begründet zu erachten.

In Erwägung nun, daß in dem § 41 der revidirten Grundgesetze der Schleswig-Holsteinischen adel. Brandgilde für bewegliche Güter vom 5. Juli 1831 zwar allgemein verfügt ist, daß jede von Seiten des Versicherten wissentlich falsch gemachte Declaration oder Angabe den Verlust der Prämie zur Folge hat und jeden Anspruch auf Schadensersatz vernichtet, der gedachte Paragraph sich aber nicht auf die Angabe desjenigen, der einen Brandschaden erlitten, sondern auf die Versicherungsangabe bezieht, wie dies daraus hervorgeht, daß selbiger den Schluß des von den Versicherungsgegenständen, der Bestimmung der Prämie und deren Vergütung handelnden Abschnitts IX bildet, nach dem § 52 des Abschnitts XI dagegen, welcher die Ausmittelung des Brandschadens und deren Vergütung zum Inhalte hat, von demjenigen, welcher einen Brandschaden erlitten, lediglich eine Anzeige davon zu machen, nicht aber eine Declaration der verbrannten Gegenstände einzureichen, auch in dem fernern § 55 sub passu 9 der Verlust des Schadensersatzes nur für den Fall einer Verheimlichung geretteter Sachen angedroht ist und mithin, da replicando nur behauptet worden, daß Kläger eine wissentlich falsche Angabe über die Größe des erlittenen Schadens gemacht hat, die auf diese Behauptung fundirte exceptio doli sich zur Elidirung des klagend geltend gemachten Anspruchs nicht eignet;

in Erwägung, daß daher dem Kläger der Beweis der seiner Klage zum Grunde gelegten beklagtischerseits geleugneten Thatsachen aufzulegen ist,

wird nach eingereichten Recessen und stattgehabter mündlicher Verhandlung von Landgerichtswegen hierdurch für Recht erkannt:

Könnte und würde Kläger innerhalb Ordnungsfrist, unter Vorbehalt des Gegenbeweises und der Eide, rechtlicher Art nach beweisen:

daß bei dem am 16. Juni 1859 stattgehabten Brande der in Woldenhorn belegenen Kathe und Scheune des Klägers die im § 4 des Klaglibells specificirten Waaren verbrannt sind und daß selbige derzeit die daselbst angegebenen Preise gehabt haben,

so würde nach solchem geführten oder nicht geführten Beweise weiter erkannt werden, was den Rechten gemäß.

Wie denn solchergestalt hiedurch erkannt wird

V. R. W.

Urkundlich ꝛc. Publicatum im Königl. Holsteinischen Landgericht zu Glückstadt, den 5. Juli 1861.

Die beklagte Direction der Schleswig-Holsteinischen adeligen Brandgilde wandte sich mit einer Appellation gegen dies Erkenntniß an das Königliche Oberappellationsgericht zu Kiel; es erfolgte hier der nachstehende abschlägige Bescheid.

Namens Sr. Königl. Majestät.

Auf die am 15. August d. J. hieselbst eingegangene Appellationsrechtfertigung der Direction der Schleswig-Holsteinischen adeligen Brandgilde in Kiel, Beklagten, Appellantin,

wider

den Hausbesitzer und Höker Jochim Heinrich Carl Dencker in Woldenhorn, Kläger, Appellaten,

hauptsächlich wegen beanspruchter Auszahlung von 2163 ℛ 55 β R.-M. Brandentschädigungsgelder, jetzt Appellation wider das Erkenntniß des Holsteinischen Landgerichts vom 5. Juli 1861,

wird, mit Beziehung auf die dem angefochtenen Erkenntniß vorangestellten Entscheidungsgründe, und

in Erwägung,

1) daß die Richtigkeit der von dem Landgericht angenommenen Auslegung des § 41 der revidirten Grundgesetze der gedachten Gilde weiter bestätigt wird theils dadurch, daß nach den im Abschnitt XI über die Ausmittelung der Brandschäden und deren Vergütung getroffenen Vorschriften bei jedem Brandschaden, wodurch versicherte Sachen vernichtet oder beschädigt werden, eine polizeiliche Untersuchung, namentlich auch über den Umfang des Schadens, anzustellen und dabei der Beschädigte zu vernehmen ist, welcher solchergestalt zu einer Angabe oder Declaration den Agenten der Gilde gegenüber keine Veranlassung hat, theils dadurch, daß nach § 55 sub 11 die Verheimlichung von geretteten Sachen abseiten des Versicherten mit dem Verlust des Schadensersatzes bedroht ist, welches, wenn die zu jeder Verheimlichung vorausgesetzte unvollständige Anführung des Geretteten bei der polizeilichen Vernehmung an sich schon diese Strafe nach sich ziehen sollte, überflüssig gewesen sein würde;

2) daß angenommen werden muß, daß der Versicherungsvertrag, aus welchem geklagt wird, auf Grund der Gildegesetze in ihrer richtigen Bedeutung abgeschlossen worden ist, und der Consens des Klägers in ein abweichendes Verständniß aus einer etwanigen mangelhaften Vertheidigung desselben gegen die von der Beklagten versuchte Auslegung sich nicht folgern läßt;

daß mithin die auf diese Auslegung gestützte Einrede des dolus mit Recht verworfen worden, und deshalb auch zu der eventuell beantragten Auflage eines Beweises in Beziehung auf die dieser Einrede zum Grunde gelegten thatsächlichen Behauptungen kein Anlaß gefunden werden kann,

hiemit

ein abschlägiger Bescheid

ertheilt.

Die Rechnung des Anwalts und Procurators wird auf 18 ℛ 25 β bestimmt.

Urkundlich ꝛc. Gegeben im Königl. Oberappellationsgericht zu Kiel, den 14. December 1861.

Im Provocationsprocesse ist, wenn der Provocat die von dem Provocanten bei seinem Provocationsgesuch bescheinigte Berühmung leugnet, auf bessern Beweis derselben zu erkennen. — Die von dem Diffamanten abgegebene Erklärung, daß ihm die Ansprüche, deren er sich berühmt hat, nicht zustehen, macht das weitere Verfahren nicht hinfällig.

In Sachen des Gastwirths Friedrich Dose, jetzt in Bramstedt, Provocaten, jetzt Supplicanten,

wider

den Eingesessenen Jürgen Heinrich Wichmann in Uetersen, Provocanten, jetzt Supplicaten,

hauptsächlich in pcto. provocationis ex lege diffamari, jetzt wider den Bescheid der klösterlichen Obrigkeit zu Uetersen vom 17. März v. J.,

ergeben die Acten:

Der Supplicat beantragte bei der klösterlichen Obrigkeit zu Uetersen gegen den Supplicanten unter Berufung darauf, daß dieser sich gegen verschiedene Personen, deren vor dem Klostersyndicat beschaffte Aussagen beigebracht wurden, berühmt habe, ihm, dem Provocanten, Geld geliehen zu haben, die Abgebung eines Provocationsmandats.

Gegen das hierauf am 29. December 1859 abgegebene Mandat schützte der Provocat vor:

1) die exceptio non rite formati processus, weil in seiner vom Provocanten behaupteten wahrheitswidrigen Berühmung, daß er diesem eine Anleihe gegeben habe, eine Injurie liege, wegen deren dem Provocanten eine Injurienklage zustehe, und daher nach der subsidiairen Natur der provocatio ad agendum und der Vorschrift des § 4 der vaterländischen Injurienverordnung die Provocation unstatthaft sei;

2) die Einrede der fehlenden Bescheinigung der behaupteten Diffamation, zu deren Begründung der Provocat zunächst eine Darstellung des Sachverhalts gab, wonach der Provocant ihn zwar um eine Anleihe angesprochen, eine solche aber nicht erhalten habe, und sodann bemerkte: es habe ihm somit auch nie einfallen können, die Behauptung einer seinerseitigen Anleihe an den Provocanten aufzustellen und es sei der Vorwurf einer desfälligen Berühmung völlig aus der Luft gegriffen. Er müsse daher um so mehr auf Beweis der vorgespiegelten Diffamation dringen, da die producirten Zeugenaussagen theils als unbeeidigt ohne allen juristischen Werth, theils wegen Trunkfälligkeit zweier der Zeugen und wegen Unwahrscheinlichkeit des Inhalts sämmtlicher Aussagen ohne beweisende Kraft wären;

3) event. die exceptio compensationis, weil Provocant mehrfach geäußert habe, Provocat habe sich berühmt, dem Eingesessenen August Hoppe in Uetersen 400 ℳ v. Cour. angeliehen zu haben. Es liege in dieser Aeußerung bei der Unwahrheit ihres Inhalts die Behauptung, daß Provocat einer ehrenkränkenden Nachrede gegen einen seiner Mitmenschen sich schuldig gemacht habe, mithin eine Ehrenkränkung, welche Provocat mit der vom Provocanten ihm vorgeworfenen Injurie compensiren könne und wegen deren er in omnem eventum die Abgebung eines Provocationsmandats gegen den Provocanten beantrage.'

In seiner Replik suchte der Provocant den Mangel einer rechtlichen Begründung der vorgeschützten exceptio non rite form. processus und compensationis nachzuweisen und bemerkte gegen die Einrede der fehlenden Bescheinigung, daß die beigebrachte Bescheinigung mit ungenügenden Gründen angefochten worden sei und daß es im Uebrigen an einer genügenden Einlassung des Provocaten auf die vorgebrachte Diffamationsklage fehle, daher nach den im Provocationsproceß geltenden Grundsätzen nunmehr die angedrohte pœna perpetui silentii zu erkennen sei.

Die klösterliche Obrigkeit hat hierauf unterm 17. März 1859 erkannt:

daß Provocat mit seinen Anträgen auf Aufhebung des Mandats vom 29. December v. J., event. Suspendirung desselben und Auflage besserer Bescheinigung an den Provocanten nicht zu hören, vielmehr schuldig sei, innerhalb vier Wochen ab insin. seine sämmtlichen Ansprüche und Forderungen gerichtlich geltend zu machen, sub pœna præclusi et perpetui silentii, auch sowohl die Kosten seiner Eingabe vom 25. Januar d. J. selbst zu tragen, als auch die Kosten der abschriftlich angeschlossenen Erklärung des Provocanten, des. et mod. salva, nebst den Gebühren für dieses Decret und dessen Insinuation innerhalb 4 Wochen ab insin. zu erstatten, so wie daß auf den Antrag des Provocaten auf Abgebung eines Provocationsmandats nicht einzutreten sei.

Gegen dies Erkenntniß hat der Provocat hieher supplicirt und beantragt, daß das abgegebene Provocationsmandat wieder aufgehoben, event. daß dem Supplicaten eine bessere Bescheinigung der behaupteten Diffamation auferlegt und für den Fall der Erbringung derselben dem Supplicanten die Bescheinigung der zur Begründung seiner Compensationseinrede angeführten Thatsachen nachgelassen, in omnem eventum, daß erkannt werde, daß mit der Erklärung des Supplicanten, kein Geld an den Supplicaten geliehen zu haben, der Provocationsproceß seine Erledigung gefunden habe.

Der Supplicat hat in seiner Gegenerklärung gegen die erhobene Supplication die formellen Einwände vorgebracht, daß

1) der Supplicationsschrift keine vollständige Acten angelegt seien, indem die Interpositionsschedul und das darauf abgegebene Decret fehle, und daß

2) die Supplication in ungenügender Weise interponirt worden, indem nur um Mittheilung der Anzeige an den Gegner und nicht um Deferirung gebeten sei.

Da nun aber das Fehlen von Voracten nie ein Desertwerden des Rechtsmittels zur Folge haben kann, übrigens auch das Deferirungsdecret der klösterlichen Obrigkeit schon einem frühern Fristgesuch des Supplicanten angeschlossen ist, und da es ferner für die Einwendung der Supplication nur der Erklärung, daß man suppliciren wolle, nicht aber der Bitte um Deferirung, indem diese nur für den Suspensiv- nicht für den Devolutiveffect in Betracht kommt, bedarf, so sind diese formellen Einwände grundlos.

Es steht daher zur Frage: ob die in der Supplicationsschrift gestellten Anträge begründet sind.

In Erwägung nun, daß die Einrede der unrichtig gewählten Proceßart und der Compensation von dem judicium a quo mit Recht verworfen worden sind, da beide auf dem Irrthum basiren, als ob es sich um eine provocatio ad probandum wegen einer Injurie handle, während doch nur eine provocatio ad agendum wegen der Berühmung des Provocaten mit einer gegen den Provocanten ihm zustehenden Darlehnsforderung vorliegt, in Betreff deren die Abgebung eines Provocationsmandats vollkommen motivirt war;

in Erwägung, daß dagegen der Supplicant sich mit Recht darüber beschwert, mit der Einrede der mangelnden Bescheinigung kein Gehör gefunden zu haben, da er die ihm zur Last gelegte Diffamation geleugnet hat und die von dem Supplicaten beigebrachten unbeeidigten Zeugenaussagen, wenn sie auch eine für die Abgebung des Provocationsmandats genügende Bescheinigung an die Hand gaben, doch nicht geeignet waren, den bei dem Leugnen des Provocaten erforderlich gewordenen vollen Beweis der geschehenen Diffamation zu erbringen; und

in Erwägung, daß das Provocationsverfahren mit der Erklärung des Supplicanten, daß er kein Geld an den Supplicaten geliehen habe, nicht ohne Weiteres als hinfällig betrachtet werden kann, da, wenn Supplicant sich wirklich eines Anspruchs an den Supplicaten, welcher ihm nach seiner jetzigen Erklärung nicht zusteht, berühmt hat, der Supplicat zu dem Verlangen berechtigt ist, daß ihm von Gerichtswegen ewiges Stillschweigen auferlegt werde,

wird dem Supplicanten auf seine sub præs. den 12. Mai v. J. hieselbst eingereichte Supplicationsschrift hiedurch von Obergerichtswegen zum Bescheide ertheilt:

daß das angefochtene Erkenntniß der klösterlichen Obrigkeit vom 17. März v. J., unter Vergleichung der Kosten dieser Instanz und Aussetzung der in der Unterinstanz erwachsenen Kosten, dahin abzuändern, daß Supplicat binnen 14 Tagen ab ins. besser, als geschehen, zu bescheinigen habe:

daß der Supplicant einer gegen den Supplicaten ihm zustehenden Darlehnsforderung in den in dem Provocationsgesuch angegebenen Fällen sich berühmt habe.

Urkundlich ꝛc. Gegeben im Königl. Holsteinischen Obergericht zu Glückstadt, den 16. März 1861.

Die von den Holsteinischen Behörden vorzunehmende Regulirung des im hiesigen Lande befindlichen Vermögens eines in Concurs gerathenen Hamburger Bürgers erstreckt sich auch auf seine beweglichen Güter.

Als im Jahre 1858 von dem Hamburger Handelsgericht über die Habe und Güter des dortigen in Altona mit Grundeigenthum angesessenen Bürgers Peter Cordts der Generalconcurs und in Folge dessen von dem Altonaer Magistrat ein Specialconcurs über die dortigen Grundstücke des Cridars erkannt worden war, in welchem letztern der Consul Frege in Hamburg in Vertretung der Braunschweiger Bank zum Theil aus dem Erlöse des in Altona befindlichen Inventars nebst Mobiliar befriedigt worden war, wandten sich die Hamburger Concurscuratoren mit einer Beschwerde an das Holsteinische Obergericht, mittelst deren sie beantragten, daß das Verfahren des Altonaer Magistrats in dem stattgehabten Specialconcurs, insofern dabei auch die in Altona befindlichen beweglichen Sachen des Cridars zur Specialmasse gezogen seien, für ungerechtfertigt und nichtig erklärt werden möchte. Sie erhielten hierauf den folgenden Bescheid:

Auf die am 21. August d. J. hieselbst eingegangene Beschwerdeschrift von Seiten des Dr. juris B. T. L. Engel, des Dr. juris M. A. Stockfleth und des Dr. juris J. D. A. Trittau in Hamburg, als curatores bonorum im Concurse des Hamburgischen Bürgers Peter Cordts, Querulanten, wider das Verfahren des Altonaer Magistratsgerichts bei dem daselbst eröffneten Specialconcurse des genannten Cridars,

wird,

in Erwägung, daß, wenn Hamburger Bürger hier im Lande Grundstücke besitzen und sich für insolvent erklären, nach den Bestimmungen des Allerhöchsten Rescripts vom 12. Juni 1810 über ihre hier im Lande befindlichen Mittel Specialconcurse erkannt werden können und nicht verlangt werden kann, daß der Ueberschuß des hier befindlichen Vermögens derselben zu der in Hamburg behandelten Concursmasse abgeliefert werde; und

in Erwägung, daß daher die zu den in Altona befindlichen Mitteln des Cridars Cordts gehörigen beweglichen Sachen selbst dann, wenn das vom Altonaer Magistrat erlassene Proclam dieselben nicht mit befaßt haben sollte, nicht an die in Hamburg behandelte Concursmasse auszuliefern sein würden und solchemnach die Querulanten, als Vertreter der Hamburger Masse, wegen mangelnden Interesses nicht für legitimirt erachtet werden können, sich über das vom Altonaer Magistrat innegehaltene Verfahren zu beschweren,

nach eingezogener Erklärung des Consuls Ch. E. Frege und des Obergerichtsadvocaten Stoppel, so wie nach erstattetem Berichte des Altonaer Magistrats, den Querulanten hiedurch von Obergerichtswegen

ein abschlägiger Bescheid

ertheilt.

Urkundlich ꝛc. Gegeben im Königl. Holsteinischen Obergerichte zu Glückstadt, den 24. December 1860.

Als die Curatoren sich sodann mit einer weiteren Beschwerde an das Königliche Oberappellationsgericht wandten, wurden sie ebenfalls, wie nachsteht, abschlägig beschieden.

Namens Sr. Königl. Majestät.

Auf die am 21. Januar d. J. hier eingereichte Recursschrift des Dr. juris B. T. L. Engel, des Dr. juris M. A. Stockfleth und des Dr. juris J. D. A. Trittau in Hamburg, als Güterpfleger im Concurse des Hamburgischen Bürgers Peter Cordis, Querulanten, jetzt Supplicanten,

betreffend ihre Beschwerde über das Verfahren des Altonaer Magistratsgerichts bei dem daselbst eröffneten Specialconcurse des Cridars, jetzt den Recurs wider den Bescheid des Holsteinischen Obergerichts vom 24. December 1860,

wird,

in Erwägung, daß das Rescript vom 12. Juni 1810, obgleich nur an die Administratur zu Ranzau gerichtet, dennoch die Grundsätze aufstellt, welche allgemein zu befolgen sind, wenn ein Hamburgischer Bürger, der hier im Lande Grundstücke besitzt, sich für insolvent erklärt, daß der nach diesem Rescript einzuleitende Specialconcurs sich nicht bloß auf die hier im Lande belegenen Grundstücke des Cridars, sondern, wie bestimmt ausgesprochen ist, auf alle dessen hier im Lande befindlichen Mittel erstrecken soll; daß mithin der Altonaer Magistrat nicht nur berechtigt, sondern sogar verpflichtet gewesen ist, auch die in Altona vorgefundenen beweglichen Sachen des Cridars Cordis mit in den von ihm eröffneten Concurs hineinzuziehen, und daß, wenn die Fassung des Concurserkenntnisses des Magistrats vom 24. Januar 1859, so wie des Concursproclams vom 17. Februar s. J. etwa die Meinung veranlaßt hat, daß der Concurs nur die Grundstücke des Cridars in Altona betreffe, doch nur die dadurch vielleicht von der Anmeldung abgehaltenen Gläubiger verletzt sein können, den Supplicanten aber auf keinen Fall deshalb ein Recht zusteht, die Auskehrung des Erlöses aus den gedachten beweglichen Sachen an die Hamburgische Generalmasse des Cridars zu verlangen,

hiedurch

ein abschlägiger Bescheid

ertheilt.

Die Rechnung des Anwalts und Procurators der Supplicanten wird zu 16 $\mathscr{F}$ 26 β bestimmt.

Urkundlich ꝛc. Gegeben im Königlichen Oberappellationsgericht zu Kiel, den 18. December 1861.

Allerhöchst privilegirte

Holsteinische Anzeigen.

Redigirt von den Obergerichtsräthen Etatsrath Henrici und Lucht.

Gedruckt bei Augustin in Glückstadt.

2. Stück. — Den 13. Januar 1862.

Entscheidungen.

Unter welchen Voraussetzungen eine Abrechnung über gegenseitige Rechnungsverhältnisse eine Tilgung der sämmtlichen unter den abrechnenden Partelen bestehenden Schuldverhältnisse involvire.

In Sachen des Maurermeisters F. Wolff in Kiel, Imploraten, jetzt Supplicanten,

wider

den Advocaten Bargum daselbst, Imploranten, jetzt Supplicaten,

wegen 1080 ℛ 8 β und 80 ℛ, jetzt Supplication gegen Erkenntniß des Kieler Magistrats vom 11. Septbr. v. J.,

ergeben die Acten:

Auf Grund eines Schuldscheins, welcher lautet:

Ich Endesunterschriebener, der Maurermeister F. Wolff hieselbst, bekenne hierdurch, daß ich dem Herrn Advocaten Bargum hieselbst nach zugelegter Abrechnung über Forderungen und Gegenforderungen (wobei die beiderseitigen Rechnungen, die in diesem Jahre erwachsen sind, vorbehalten bleiben), nach Anweisung von 500 ℛ bei Herrn v. Neergaard und 500 ℛ bei Bäcker Bockwoldt, restlich annoch 1148 ℛ 78 β R.-M. schuldig geworden bin, welche ich mit 4 pCt. Zinsen p. a. in O. T. R. 1860 zu bezahlen verspreche, jedoch auch früher zu zahlen das Recht habe und dann mit Zinsen nach Verhältniß der Zeit. Außerdem habe ich zu der genannten Zeit 80 ℛ R.-M. ohne Zinsen als Vergütung für die unverzinslich angewiesenen 1000 ℛ R.-M. zu zahlen.

Kiel, den 16. April 1859.

F. Wolff.

hat der Implorant Ende Januar 1860 bei dem Kieler Magistrat ein unbedingtes Mandat wider den Imploraten auf die Summe von 1148 ℛ 78 β und 80 ℛ impetirt, jedoch nach Kürzung der Summe von 128 ℛ 70 β, um welche die Forderung des Imploraten aus dem Jahre 1859 die Forderung des Imploranten übersteige.

Gegen das impetrirtermaaßen am 27. Januar v. J. abgegebene Mandat ist der Implorat rechtzeitig mit Weigerungsgründen eingekommen und hat vorgebracht:

Der Oberstlieutenant von Gagern habe bei der Kieler Spar- und Leihkasse am 13. Septbr. 1855 eine Schuld von 960 ℛ zu $4\frac{1}{2}$ pCt. Zinsen contrahirt gehabt unter Bürgschaft beider Parteien. Die Spar- und Leihkasse habe das Capital nebst Zinsen vom Imploraten als selbstschuldigen und solidarischen Mitbürgen beigetrieben. Er habe am 24. Juli 1858 an Capital, Zinsen und Kosten 1053 ℛ 13 β bezahlen müssen. Dazu die Zinsen vom 24. Juli 1858 bis 24. Febr. 1860 mit 68 ℛ 38 β gerechnet, beliefen sich die Regreßansprüche des Imploraten an v. Gagern auf 1121 ℳ 51 ß.

Die Spar- und Leihkasse habe ihre Ansprüche aus der Obligation cum omni causa gegen den Schuldner und Bürgen ihm cedirt und habe er das Recht erworben, die Hälfte der Summe mit 560 ℳ 73½ ß von seinem Mitbürgen erstattet zu verlangen. Die eingeklagten Forderungen betrügen nebst Zinsen 1134 ℳ 56 ß, davon ab die obigen 560 ℳ 73½ ß, bliebe die Restforderung 573 ℳ 78½ ß.

Implorat habe schon vor Ausbringung des Mandats sich erboten, die Forderung des Imploranten, so weit er sie für begründet anerkenne, zu bezahlen und am 22. Febr. die 573 ℳ 78½ ß laut Quittung berichtigt.

Gestützt hierauf und unter Anlegung des v. Gagern'schen Schuldscheins, so wie einer Cessionsacte vom 18. October 1860 hat Implorat gebeten, daß er mit seiner Einrede der Compensation und Pluspetition gehört und das Mandat wieder aufgehoben werde.

Replicando hat Implorant rücksichtlich seines Verhältnisses zu der v. Gagern'schen Schuld bemerkt: der Oberstlieutenant v. Gagern habe im Jahre 1854 zwei Landparcelen für resp. 990 ℳ und 1365 ℳ in öffentlicher Licitation von der Stadt Kiel unter selbstschuldiger Bürgschaft des Imploraten gekauft und am 10. Febr. 1855 mit diesem eine Appunctuation abgeschlossen, wonach die Parcelen gegen ein Haus des Imploraten vertauscht werden sollten. Dieser Handel sei nicht zur Ausführung gekommen. Doch habe Implorat später die Parcelen als sein Eigenthum erworben. Für die Parcelen habe Käufer bei der Ablieferung den dritten Theil der Kaufsumme mit 805 ℳ an die Stadt bezahlen sollen, jedoch weder v. Gagern noch der Implorat seien ihrer Verpflichtung nachgekommen. Die Stadtschreiberei habe nun wegen der mit Zinsen 875 ℳ 20 ß betragenden Schuld gegen den Imploraten als Bürgen ein Mandat extrahirt und ein geschärftes Mandat sei am 31. August 1855 erlassen. Mit diesem sei Implorat zum Imploranten gekommen, um von ihm für v. Gagern Geld anzuleihen. Implorant habe es abgeschlagen. Bald darauf sei er abermals gekommen, habe ihm gesagt, daß bei der Spar- und Leihkasse Geld zu haben sei, daß aber, wenn v. Gagern es anleihe und Implorat die Bürgschaft übernehme, noch ein zweiter Bürge da sein müsse. Implorant habe das Ansuchen, die Mitbürgschaft zu übernehmen, anfänglich abgeschlagen, auf fernere Bitten des Imploraten aber und dessen von ihm acceptirte Erklärung, daß er dem Imploranten für allen daraus entstehenden Schaden herkomme, sei er dem geäußerten Wunsche nachgekommen. Das Geld sei dann auf v. Gagerns und des Imploraten Wunsch von dem Imploranten gehoben und zur Bezahlung der Kaufsumme für die Parcelen nebst Zinsen und Kosten, zur Bestreitung der durch den Tauschcontract und die darauf bezüglichen Geschäfte erwachsenen Kosten, so wie der Kosten für die Umschreibung der Parcelen auf den Namen des Käufers und von diesem auf den Imploraten verwandt, der Rest aber auf ein Guthaben des Imploranten abgerechnet. Der Implorat habe am 24. Novbr. 1855 einen Kaufcontract mit v. Gagern errichtet, nach welchem er diesem die Parcelen für 805 ℳ nebst Uebernahme der darauf ruhenden Rente rc. abgekauft habe und v. Gagern keine Zahlung weiter geleistet, als die bei der Spar- und Leihkasse aufgenommenen zur Bezahlung der Kaufsumme an die Stadt Kiel und der bereits erwähnten Kosten verwandten 960 ℳ, die er als selbstschuldiger Bürge für die Kaufsumme der Stadt gegenüber auch dann hätte aufwenden müssen, wenn er die weitere Uebertragung an sich nicht hätte effectuiren können, so daß die Summe, für welche Implorant Mitbürge geworden und die Implorat später allein an die Spar- und Leihkasse bezahlt habe, auch allein zu seinem Nutzen verwandt worden sei.

Als die Insolvenz des Oberstlieutenants v. Gagern ersichtlich gewesen sei, habe die Spar- und Leihkasse zunächst die Hälfte der Schuld nebst Zinsen und Kosten von jedem Bürgen verlangt. Auf Ersuchen des Imploranten, den ganzen Betrag vom Imploraten einzufordern, weil das Geld zur Bezahlung einer Schuld, die ausschließlich v. Gagern und Wolff angehe, verwandt sei und nachdem Implorant gleichzeitig (am 23. Juli 1858) Wolff an dieses Verhältniß erinnert, habe die Spar- und Leihkasse unter Mittheilung des vom Imploranten an sie gerichteten Schreibens die ganze Schuld vom Imploraten gefordert. Dieser habe dann auch die ganze Schuld bezahlt, sich von der Spar- und Leihkasse eine Cessionsacte ausstellen und die für die Schuld verpfändeten und event. cedirten beiden Actien der Magdeburger Hagelschaden-Versicherungsgesellschaft „Ceres" und die ebenfalls verpfändeten und event. cedirten beiden Actien der Magdeburger Vieh-Versicherungsgesellschaft mit den Zinscoupons für 9 Jahre ausliefern lassen, und habe dem Imploranten einige Zeit nachher mündlich angezeigt, daß er diese Sache vollständig abgemacht, wie er sich auch in einem Briefe an den Imploranten vom 15. Aug. 1858 mit auf diese Zahlung bezogen habe, um sich gegen ihn wegen Nichtzahlung seines Guthabens zu entschuldigen.

Im Wesentlichen hierauf gestützt hat Implorant verschiedene Repliken vorgebracht:

1) die Replik der nicht angebotenen Cession und Auslieferung der betreffenden Werthpapiere, indem Implorat weder die zum Pfand für die v. Gagern'sche Schuld bestellten Actien zur Hälfte ihm angeboten, noch zur Cession der Hälfte der Forderung an v. Gagern sich bereit erklärt habe, während Implorant doch nur gegen diese Leistungen event. seinerseits zu zahlen verpflichtet sei;

2) die Replik des fehlenden Klagrechts. Ein Mitbürge könne von seinem Mitbürgen nur dann verhältnißmäßigen Ersatz der bezahlten Schuld verlangen, wenn er die Zahlung in der Absicht geleistet habe, um einem Erkenntniß auf Zahlung der ganzen Summe Folge zu leisten oder vorzubeugen, dann aber einen Theil von seinem Mitbürgen wieder zu fordern, und wenn er sich zu diesem Zweck eine Cession des Anspruchs an seinen Mitbürgen vorbehalten und diese erhalten habe. In der ersten Cessionsacte vom 24. Juli 1858 habe Implorat sich aber keine Ansprüche gegen den Imploranten cediren lassen und es sei ihm erst später in den Sinn gekommen, seinen Regreß gegen den Mitbürgen zu nehmen, weshalb er sich denn eine zweite Cessionsacte habe geben lassen, in welcher der Uebertragung der Rechte auch gegen den Imploranten Erwähnung geschehe. Diese zweite Acte sei wirkungslos, indem nach einmal erfolgter Cession der Forderung an v. Gagern die Spar- und Leihkasse überhaupt keine Forderung mehr gehabt, welche sie habe cediren können;

3) die Replik des Verzichts.

A. Wenn es wahr sei, daß Implorant sich vorläufig geweigert habe, die Hälfte der v. Gagern'schen Schuld an die Spar- und Leihkasse zu bezahlen, daß Implorat davon in Kenntniß gesetzt und an die oben referirte Sachlage erinnert sei, daß Implorat dann der Aufforderung der Spar- und Leihkasse, die ganze Schuld zu bezahlen, nachgekommen und sich nur eine generell lautende Cessionsacte habe ausstellen lassen, daß er einige Zeit nachher dem Imploranten angezeigt, er habe die Sache vollständig abgemacht, so seien dieses concludente Handlungen, welche ergäben, daß er keinen Regreß gegen den Imploranten nehmen wolle;

B. Implorat habe am 16. April 1859 über alle bis Ende des Jahres 1858 erwachsenen Forderungen und Gegenforderungen mit den Imploranten Abrechnung gehalten und eine bestimmte Summe als das restlich annoch dem Letzteren zukommende Guthaben anerkannt und zu bezahlen versprochen. Die Fassung des Schulddocuments sei der Art, daß auch ohne Berücksichtigung der vorhergehenden und nachfolgenden Umstände kein Zweifel darüber aufkommen könne, es sei die beiderseitige Absicht gewesen, ein ganz reines Verhältniß herzustellen und das dem Imploranten danach verbleibende Guthaben liquide zu machen. Es sei daher in dem Rechtsgeschäft unzweifelhaft eine Novation enthalten, zumal, da in dem Documente keine andere causa debendi namhaft gemacht sei, als eben die stattgehabte Abrechnung und Liquidation. Dieses gehe auch aus den angeschlossenen Briefen hervor, wonach des Imploranten Abrechnung dem Imploraten schon im August 1858 zugesandt sei, Implorant wegen einer Abschlagszahlung und einer bestimmten Erklärung über die Zahlung des Restes gemahnt, wonach Implorat Ausstellungen gegen die Forderungen gemacht, Aufklärung und Mittheilung von specificirten Rechnungen verlangt habe, wonach eine Schlußabrechnung brieflich vorbereitet, eine Abschrift des Schuldscheins zugesandt, alle im Besitze des Imploranten befindlichen Verschreibungen und Scheine mit der Erklärung des Imploranten ausgeliefert seien, daß andere, die wider sein Wissen etwa noch vorhanden sein könnten, keine Gültigkeit mehr haben sollten. Hieraus gehe die Absicht der Parteien liquide hervor, alle ihre gegenseitigen Ansprüche in der Abrechnung zusammen zu fassen, und Implorat hätte nur dann eine frühere Forderung geltend machen können, wenn er die Gültigkeit der Abrechnung selbst angefochten hätte. Dieses habe er nicht gethan, um so weniger könne er mit seinem Gegenanspruch in diesem Processe durchdringen, da er ihren Fortbestand der Abrechnung gegenüber hätte liquide machen müssen;

4) die Replik des dolus. Der Implorat würde in Folge seines dem Imploranten bei Uebernahme der Bürgschaft ertheilten Versprechens der Schadloshaltung verbunden sein, die Summe dem Letzteren zu refundiren, welche er durch seine Einrede etwa würde erlangen können. Jeder aber, der etwas fordere, was er demselben Gegner restituiren müsse, mache sich eines dolus schuldig. Nicht weniger stehe dem Imploraten die Replik des dolus entgegen, weil er sich durch die verlangte Leistung auf Kosten des Imploranten bereichern wolle. Es sei nämlich schon erwähnt, daß die bei der Spar- und Leihkasse angeliehene Summe zum Nutzen des Imploraten verwandt sei, indem eine von ihm allein selbstschuldig verbürgte Schuld des Oberstlieutenants v. Gagern an die Stadt Kiel nebst Kosten damit bezahlt worden, daß der Implorat durch die Anleihe qu. von jener Schuld nebst Kosten liberirt sei und auch diejenigen Grundstücke, zu deren Bezahlung das Geld angeliehen, zum Eigenthum erworben habe, ohne daß er anderweitig eine Kaufsumme bezahlt habe;

5) event. die Replik der Zuvielforderung. Implorat habe die vom Zahlungstage, dem 24. Juli 1858, bis zum 24. Februar 1860 laufenden Zinsen mit $4\frac{1}{2}$ % dem Imploranten zur Hälfte mitberechnet, könne solche Zinsenforderung aber nicht mit Fug geltend machen, indem er dem Imploranten keine Mittheilung davon gemacht habe, daß er befugt und auch Willens sei, die Hälfte der bezahlten Summe von ihm zu verlangen.

Der Implorant hat die Documente und Briefe, auf welche Bezug genommen, der Replik angelegt, über die relevanten Thatumstände dem Imploraten den Eid deferirt und um Abgebung eines geschärften Mandats, so wie Verurtheilung des Imploraten in die Kosten des Processes gebeten.

Duplicando hat Implorat das Versprechen der Schadloshaltung und den Umstand, daß ihm die von v. Gagern der Spar- und Leihkasse schuldige Summe in Liquidation zu Gute gekommen sei, in Abrede gestellt. Die der Replik beigefügten Documente und Briefe so wie Briefabschriften sind resp. als echt und genau anerkannt, dagegen hat Implorat dem Imploranten die Befugniß bestritten, replicando Eide zu deferiren.

In Bezug auf die Repliken ist bemerkt:

1) zur Replik der nicht angebotenen Cession und Auslieferung der verpfändeten Werthpapiere:

v. Gagern habe später Concurs gemacht und die beiden Magdeburger Versicherungsgesellschaften seien insolvent, die fraglichen Documente also werthlos geworden. Er verbinde sich, je eine der Actien der beiden Gesellschaften dem Imploranten auszuliefern und ihm jura cessa über die Hälfte des für v. Gagern gezahlten Capitals nebst Zinsen und Kosten zu ertheilen, ihm auch den Mitbesitz der v. Gagern'schen Verschreibung einzuräumen.

2) Zur Replik des fehlenden Klagrechts (Compensationsrechts):

Implorat habe sich in der ersten Cessionsacte vom 24. Juli 1858, nachdem im Eingange der Mitbürgschaft des Imploranten gedacht sei, die Forderung cum omni jure cediren lassen, indem die Spar- und Leihkasse ihm alle ihr bisher daraus zustehenden Gerechtsame übertrage, wozu auch ihre Ansprüche wider den Imploranten gehört. Jedenfalls sei in der zweiten Cessionsacte der Regreßansprüche gegen den Mitbürgen specielle Erwähnung geschehen und die Behauptung, daß diese Acte wirkungslos sei, weil die Kasse nach Ausstellung der ersten Cessionsacte keine zu cedirende Forderung mehr gehabt habe, sei unrichtig, weil diese Acten als Beweisdocumente über die geschehene Uebertragung der Forderung betrachtet werden müßten.

3) Zur Replik des Verzichts:

A. Die aufgezählten Thatsachen rechtfertigten nicht die Annahme, daß Implorat auf seine Regreßansprüche wider den Imploranten habe Verzicht leisten wollen.

B. Der Schuldschein vom 16. April 1859 beziehe sich nur auf diejenigen Forderungen der Parteien gegeneinander, worüber sie die specificirten Rechnungen vorher sich gegenseitig zugestellt hätten. Dieses ergebe sich aus der voraufgehenden Correspondenz, indem specielle Rechnungen und Belege verlangt seien. Die Forderung des Imploraten wegen des für v. Gagern gezahlten Capitals gehöre nicht hierher, und ihrer sei dabei gar nicht erwähnt, an einen Verzicht auf diese Forderung hätten beide Parteien gar nicht gedacht und deshalb könne ein solcher Verzicht auch nicht statuirt werden.

4) Zur Replik des dolus:

Implorat nehme nichts in Anspruch, welches er demnächst zurück zu zahlen verpflichtet sei, denn, werde er mit seiner Einrede der Compensation gehört, so stehe einer Rückforderung abseiten des Imploraten die exceptio rei judicatæ entgegen, und wenn Implorant mit dem behaupteten Versprechen der Schadloshaltung durchdringe, so könne Implorat mit seiner Compensationseinrede eben kein Gehör finden.

Implorat würde sich bei Durchsetzung seiner Einrede auch nicht auf Kosten des Imploranten bereichern, denn v. Gagern's Schuld an die Stadt habe nur 878 ℛ 91 β betragen, und den Rest der Anleihe von 960 ℛ habe Implorant zur Bestreitung seiner eigenen Kosten selbstgeständlich behalten. Es habe auch v. Gagern die Parcelen von der Stadt erhalten, nicht der Implorat, und die Größe des Interesses, welches dieser an der Befreiung von der Bürgschaft gehabt, habe nicht in der ganzen Kaufsumme, sondern höchstens in dem bei dem Zurückgehen des Handels zu bezahlenden Reugeld bestanden, event. hätte Implorat den v. Gagern zwingen können, ihn in den Handel eintreten zu lassen. Was die Zahlung des Kaufpreises abseiten des Imploraten an v. Gagern in Liquidation betreffe, so beziehe sich die Liquidation nicht auf die Bürgschaft, sondern auf andere Forderungen, welche er gegen v. Gagern gehabt habe.

5) Zur Replik der Zuvielforderung:

Implorant habe gewußt, daß Implorat die ganze Gagern'sche Schuld bezahlt und Regreßansprüche an ihn erworben habe. Eine besondere Anzeige sei daher nicht nöthig gewesen, um die Verpflichtung zu begründen, die Hälfte der fortlaufenden Zinsen zu bezahlen.

Der Kieler Magistrat hat darauf unterm 11. September v. J. dem Imploraten ein geschärftes Mandat auf den noch nicht berichtigten Theil der Forderung beigelegt. *)

---

*) Die Entscheidungsgründe lauten:

In Erwägung, daß der Implorant der von dem Imploraten eingewandten Einrede der Compensation gegenüber sich unter Anderm darauf berufen hat, daß der dem Mandatsgesuche angelegten Urkunde vom 16. April 1859 zufolge die erwähnte Forderung das von dem Imploraten anerkannte Ergebniß einer zugelegten Abrechnung aller vor dem Jahre 1859 entstandenen gegenseitigen Forderungen sei, daher durch jene Urkunde der Implorat auf alle sonstigen früheren etwanigen Forderungen an den Imploranten, mithin auch auf die compensando geltend gemachte, stillschweigend verzichtet habe;

in Erwägung, daß in der Anerkennung der Richtigkeit eines aus einer Abrechnung sich ergebenden Guthabens und dem dieser Anerkennung hinzugefügten Zahlungsversprechen ein vertragsmäßiger selbstständiger Verpflichtungsgrund, ein sogenannter Anerkennungsvertrag, liegt; daß dieser Anerkennungsvertrag, sofern nicht die Gültigkeit desselben z. B. wegen Irrthums einer Anfechtung unterliegt, nicht nur alle Einreden gegen die einzelnen in der Abrechnung berücksichtigten Forderungen und Gegenforderungen ausschließt, sondern auch die Wirkung hat, daß das Abrechnungsergebniß durch etwanige ältere in der Abrechnung nicht mit berücksichtigte Forderungen nicht geändert wird, und daß also solche Forderungen nicht weiter geltend gemacht werden können, wenn nämlich Abrechnung und Anerkennung den Zweck hatten, sämmtliche Schuldverhältnisse oder die sämmtlichen Schuldverhältnisse einer bestimmten Art unter den Betheiligten zu reguliren und zu einem definitiven Abschluß zu bringen, und wenn also durch den Anerkennungsvertrag anerkannt wird, daß, außer den in die Berechnung gezogenen Schuldverhältnisse irgend einer oder der bestimmten Art unter ihnen nicht weiter bestehen; daß eine solche Anerkennung nicht blos mit ausdrücklichen Worten, sondern auch stillschweigends z. B. dadurch geschehen kann, wenn in der Anerkennungsurkunde erklärt wird, „daß man über alle gegenseitigen Ansprüche abgerechnet habe, oder daß nur eine oder die andere nicht in die Abrechnung aufgenommene Schuld neben dieser vorbehalten bleibe."

Dagegen hat Implorat rechtzeitig die Supplication eingewandt und prosequirt und sich darüber beschwert:

daß nicht das Mandat unter Verurtheilung des Imploranten in die Kosten wieder aufgehoben, event. daß nicht dem Supplicaten zu beschwören auferlegt sei:

daß die unter den Parteien aufgemachte Abrechnung, in Folge deren der Supplicant das Schuldbocument vom 16. April 1859 unterzeichnete, sich nicht allein auf die einander gegenseitig zugestellten Rechnungen bezogen, sondern alle auch außerhalb derselben liegenden gegenseitigen Ansprüche befaßt habe.

Nach eingezogener Gegenerklärung steht zur Frage, ob diese Beschwerden begründet sind.

(Der Beschluß folgt.)

Criminalfälle.

Brandstiftung und Sachbeschädigung.

Am 17. Novbr. 1860 gegen 8 Uhr Abends brach in der Scheune des Landbürgers Franck in Oldenburg ein Feuer aus, durch welches dies Gebäude mit

---

Bähr, die Anerkennung, S. 223 und 224,

Seuffert, Archiv, Bd. III Nr. 106, Bd. VII Nr. 246 und 302, Bd. IX Nr. 149, Bd. XII Nr. 260,

Holst. Anz., 1857, S. 80;

in Erwägung, daß aus der Anerkennungsurkunde vom 16. April 1859 deutlich hervorgeht, daß die derselben zum Grunde liegende Abrechnung den Zweck hatte, die sämmtlichen Forderungen und Gegenforderungen der Parteien, mit alleiniger Ausnahme der erst im Jahre 1859 entstandenen gegenseitigen Rechnungsforderungen, zu umfassen, indem in jener Urkunde der Implorat bekennt, dem Imploranten „nach zugelegter Abrechnung über Forderungen und Gegenforderungen (wobei die beiderseitigen Rechnungen, die in diesem Jahr erwachsen sind, vorbehalten bleiben) . . . restlich annoch" die näher angegebene Summe schuldig geworden zu sein, wie denn auch die dem Abrechnungsvertrage vorangegangene von dem Imploraten als richtig anerkannte Correspondenz, insbesondere die der replikarischen Erklärung des Imploranten unter Nr. 10 bis 21 angefügten Briefe, dafür sprechen, daß das Abrechnungsgeschäft den Zweck hatte, die Parteien wegen aller früheren gegenseitigen Forderungen auseinander zu setzen, und wie denn in den Acten überall keine Momente vorliegen, welche es auch nur wahrscheinlich machen könnten, daß nach der Absicht der Parteien die etwanigen Ansprüche des Imploraten an den Imploranten aus der Cessionsacte vom 24. Juli 1858 ihm haben vorbehalten werden sollen;

in Erwägung, daß dem Vorstehenden zufolge der Implorat nicht berechtigt ist, aus der von der Spar- und Leihkasse unter dem 24. Juli 1858 an ihn ausgestellten Cessionsacte annoch Ansprüche gegen den Imploraten geltend zu machen, und namentlich der Umstand, daß bei dem Abrechnungsgeschäft der Forderung des Imploraten an den Imploranten aus jener Cessionsacte gar nicht erwähnt worden, nicht geeignet ist, das von ihm als richtig anerkannte Ergebniß der Abrechnung zu ändern, daß endlich auch die Behauptung des Imploraten, daß dabei von beiden Parteien an jene Forderung gar nicht gedacht worden sei, irrelevant ist, da ein factischer Irrthum des Imploraten über die Existenz dieser seiner vermeintlichen Forderung, abgesehen davon, daß es sich hier um ein eignes factum des Imploraten handelt, schon deshalb nicht angenommen werden kann, weil der Implorat selbst in seinem der Replik unter Nr. 10 angeschlossenen Briefe der von ihm an die Spar- und Leihkasse gezahlten 960 ₰ und der für diese Schuld von dem Imploranten übernommenen Mitbürgschaft ausdrücklich erwähnt, der an sich nicht unwahrscheinliche Umstand, daß Implorat zur Zeit der Ausstellung die Anerkennungsurkunde in der Meinung gestanden, daß ihm aus der an die Spar- und Leihkasse geleisteten Zahlung und der von dieser am 24. Juli 1858 an ihn ausgestellten Cessionsacte gegen den Imploranten rechtlich keine Ansprüche zuständen, selbst wenn diese Meinung eine irrthümliche gewesen sein sollte, den Imploraten nicht berechtigen würde, den Anerkennungsvertrag wegen Irrthums in den Motiven anzufechten, da dieser Irrthum jedenfalls ein nicht entschuldbarer Rechtsirrthum sein würde.

beträchtlichen Vorräthen von Korn, Heu und Stroh in Asche gelegt wurde. Diese Vorräthe waren zu 2464 ℛ R.-M. versichert, der entstandene Schaden an dem Immobile belief sich auf 1983 ℛ. Der Verdacht der Urheberschaft dieses Brandes richtete sich alsbald auf den damals beinahe 17jährigen Sohn des Scheerenschleifers Pilz in Oldenburg, Lauritz August Amandus Pilz, da in Erfahrung gebracht war, daß er kurz vor Ausbruch des Feuers Reibzündhölzer gekauft hatte und bald darauf rasch von der Gegend der Scheune nach Hause gelaufen war. Er ward in Folge dessen zur Haft gebracht und gestand in der von dem Oldenburger Magistrat gegen ihn geführten Untersuchung nach kurzem Leugnen das verübte Verbrechen.

Seinem wiederholt abgelegten Geständniß zufolge ist er an dem fraglichen Abend, als er von seiner Mutter ausgeschickt worden, um für 4 β R.-M. Sand zu holen, oder, wie er später angiebt, noch etwas früher, als er über den Kirchhof ging, um von einem Bäcker Brod zu holen, bei dem Anblick der Franckschen Scheune auf den Gedanken gekommen, wenn dieselbe angezündet würde, müsse das ein großes Feuer abgeben und alle Leute würden zum Retten mit Notheimern und Sprützen zusammenkommen; er hat deshalb nur für 3 Reichsschillinge Sand bei einem gewissen Stender, für den Reichsschilling, den er herausbekommen, aber ein Bund Reibzündhölzer bei dem Kaufmann Rethwisch gekauft, ist nun in der Absicht, die Scheune anzuzünden, dem Kirchhofe zugegangen und hat, auf demselben angelangt, die Brandstiftung in der Weise verübt, daß er an einer Stelle, wo unter den Dachziegeln der Scheune, wie er schon einige Tage vorher bemerkt gehabt, der Kalk herausgefallen gewesen und daher das drinnen liegende Korn und Stroh freigelassen hat, mit einigen an der Scheunenwand angeriebenen Zündhölzern die herunterhangenden Strohhalme angezündet hat, indem er zu dem Ende, auf dem höher liegenden Kirchhofe stehend, sich mit der einen Hand an die Mauer der Scheune gestützt hat. Die Strohhalme haben sich schnell entzündet und das Feuer nach innen getragen, worauf Inculpat sich mit seinem Sacke mit Sand, den er inzwischen auf dem Kirchhofe niedergelegt gehabt, entfernt und sich nach dem Hause seiner Eltern begeben hat, wo er geblieben ist, bis der Feuerlärm entstanden ist. Den Rest der Zündhölzer hat er bei dem s. g. Rundläufer auf den Steinwall des Kirchhofs geworfen.

Dies Geständniß des Inculpaten findet in verschiedenen Umständen seine Bestätigung. Nicht nur hat die Brandstiftung nach der Localität sehr wohl in der von ihm angegebenen Weise verübt werden können, sondern es hat sich auch bestätigt, daß der Inculpat um die zutreffende Zeit von seiner Mutter zum Sandholen ausgeschickt worden ist und daß er dann, wie schon oben erwähnt, bei dem Kaufmann Rethwisch für einen Reichsschilling Zündhölzer gekauft hat; es haben sich ferner schon vor der Arretirung des Inculpaten Reibzündhölzer derselben Sorte an der Stelle des Kirchhofswalles gefunden, welche er als diejenige bezeichnet hat, wohin er die zur Brandstiftung nicht benutzten Zündhölzer gelegt hat.

Im weiteren Verlauf der Untersuchung sind aber noch verschiedene andere Verbrechen des Inculpaten zur Sprache gekommen und durch das von ihm erlangte Geständniß constatirt worden.

1. Am Nachmittage des 3. Juni 1860 brannte das Kuhhaus des Landbürgers Daniel Rauert aus Oldenburg ab, welches zu dem außerhalb der Stadt liegenden Gehöfte Feldhof gehört. Das Gebäude war in der städtischen Brandkasse auf 2840 ℛ R.-M. taxirt und da die Ueberbleibsel auf 93 ℛ R.-M. geschätzt wurden, belief sich der angerichtete Schaden auf 2747 ℛ. Die gleich nach dem Brande angestellten Vernehmungen waren nicht im Stande, auch nur einen Verdacht in bestimmter Richtung zu constatiren.

Nach dem jetzt abgelegten Geständnisse des Inculpaten hat nun derselbe an dem in Rede stehenden Tage, einem Sonntage, nach der Bruchparcele seines Vaters gehen wollen, ist mit dem Lehrlinge des Schneiders Matthiessen zusammen getroffen und mit diesem eine Strecke auf dem Gaarzer Wege gegangen. Beim Vorbeigehen hat er unter der Thür des Rauertschen Kuhhauses, die ziemlich weit von der Erde abgestanden, Stroh liegen sehen und den Entschluß gefaßt, dies auf dem Rückwege anzuzünden, indem er gedacht, es würde ein Feuer abgeben und dann würden alle Leute aus Oldenburg zum Retten kommen. Nachdem er nun den Schneiderlehrling verlassen hat und wieder umgekehrt ist, hat er auf dem Rückwege den Rauert'schen Dienstjungen Holstenberg getroffen, mit dem er bei dem Kuhhause vorbei bis zu dem Rauert'schen Pferdestall zurückgegangen ist. Hier hat dieser ihn verlassen, um nach einer Krähe, die er in einem Bauer gehabt, zu sehen, Inculpat aber ist nun wieder nach dem Kuhhause zurückgegangen und hat mittelst einiger Reibhölzer das Stroh, welches hart an der Thür gelegen hat, in Brand gesteckt. Nachdem es in Brand gerathen, ist er auf dem Gaarzer Wege um den Rauert'schen Garten gegangen und hat, als er an einer Ecke desselben gewesen, einen starken Knall gehört. Hier ist er auf einen fremden Gesellen gestoßen, welcher ihn gefragt hat, was das gewesen sei, und mit dem er noch eine Strecke gegangen ist, ohne daß sie Feuer oder Rauch bemerkt hätten. Dann ist er umgekehrt und hat nun in dem Göhler Wege den Zimmergesellen Dancker mit seinen beiden Kindern getroffen, welcher ihn gebeten hat, die letzteren mit nach Oldenburg zu nehmen. Inculpat hat sie bis zur Vogelstange mitgenommen, sie hier an einen Arbeitsmann abgegeben und ist wieder umgekehrt.

Die Aussagen des Inculpaten finden in den Depositionen der Personen, die bei der fraglichen Gelegenheit mit ihm zusammengetroffen sind, ihre volle Bestätigung; es ist ferner durch verschiedene Aussagen constatirt, daß die Brandstiftung sehr wohl in der von ihm angegebenen Weise hat verübt werden können.

2. Im Anfang des September 1860 hatte der Schullehrer Petersen in Oldenburg, welcher neben dem Vater des Inculpaten wohnt, altes Bettstroh auf den in seinem Hofe liegenden Düngerhaufen werfen lassen. Dies Stroh gerieth am Abend zwischen 8 und 9 Uhr in Brand, das Feuer wurde aber durch die herbeigeeilten Nachbaren sehr schnell gelöscht.

Der Verdacht hatte sich schon damals auf den Inculpaten gelenkt, der Brandfall war aber nicht angezeigt worden und die Sache gar nicht zur Kunde der Obrigkeit gekommen. Jetzt hat der Inculpat gestanden, daß er am Mittage das auf den Düngerberg geworfene Bettstroh bemerkt und gedacht habe, solches anzünden zu wollen. Nach seiner Angabe ist er deshalb Abends über die Planke zwischen dem Hof seiner Eltern und dem des Schullehrers gestiegen und hat das Stroh mit einem Reibzündholz in Brand gesteckt. Dann ist er nach dem elterlichen Hofe und Hause zurückgegangen und hier von seiner Mutter ausgeschickt worden, um Brod zu holen. Als er aber bis zur Ecke von Petersen's Hause gekommen, hat er es brennen sehen, ist nun umgekehrt, hat seiner Mutter gesagt, daß es nebenan brenne und ist mit ihr nach dem Feuer gelaufen, welches er aber schon gelöscht gefunden hat. Er will bei der Brandstiftung gedacht haben, die Planke werde mit in Brand kommen und so das Haus und das werde ein Feuer abgeben.

Das Geständniß des Inculpaten stimmt auch hier mit den durch die Aussage des Schullehrers Petersen und mehrerer Nachbaren desselben sich ergebenden Umständen vollkommen überein.

(Der Beschluß folgt.)

Allerhöchst privilegirte

Holsteinische Anzeigen.

Redigirt von den Obergerichtsräthen Etatsrath Henrici und Lucht.

Gedruckt bei Augustin in Glückstadt.

3. Stück. — Den 20. Januar 1862.

Beiträge zur Lehre vom Arrestproceß.

Mit besonderer Rücksicht der inländischen Praxis.

Von dem Herrn Advocaten Jpsen in Neumünster.

In den Anzeigen, Jahrg. 1811, S. 333—335, findet sich eine kurze Erörterung über den Arrestproceß, welche sich durchgängig, wie auch schon die Ueberschrift andeutet, auf Mittheilungen aus der inländischen Praxis beschränkt. Ein paar Jahre später erschien der zweite Theil von Francke's Civilproceß, in welchem das vaterländische Arrestverfahren mit Zugrundelegung des gemeinrechtlichen eine eingehendere Darstellung gefunden hat. Seitdem ist eine Reihe von Jahren verflossen, während welcher unsere höheren Gerichte vielfach Gelegenheit gehabt haben, theils schon früher zur Anwendung gekommene Grundsätze aufs Neue der Erwägung zu unterziehen, theils aber über mannigfache in der hiesigen Praxis bis dahin wenig oder gar nicht zur Sprache gekommene Punkte sich zu äußern. Es schien mir angemessen, diese in vielen Entscheidungen niedergelegten Ansichten unserer Oberdicasterien zusammen zu stellen und daran, wo sich der Anlaß bietet, einige Bemerkungen zu knüpfen. Kaum in irgend einem Theile verdient ja überhaupt die Praxis so aufmerksame Berücksichtigung als im Arrestproceß, weil dessen Ausbildung vorzugsweise ihr überlassen ist. Wenn nun auch in den nachfolgenden Zeilen viel Allbekanntes mitberührt werden wird, so wolle man solches dem Wunsche, zugleich ein übersichtliches Bild des Arrestprocesses zu geben, zu Gute halten, zumal, da über die bekannten und unbestrittenen Punkte nur Andeutungen gegeben werden sollen.*)

§ 1.

Begriff und Wesen des Arrestes.

Das Factische einer arrestatorischen Maaßregel, worunter wir hier im Allgemeinen auch die sog. provisorische Verfügung mitverstehen, ist, daß einer Person die Disposition über ihre Person oder über alle ihre Güter, resp. einen Theil derselben, einstweilen untersagt wird, und zwar auf Anhalten einer andern Person. Zur Characterisirung solcher Maaßregel hat man wohl angeführt, daß, während nach den gewöhnlichen Proceßregeln erst auf Anhören beider streitenden Parteien ein Urtheil und erst auf Grundlage dieses die Execution eintreten könne, im Mandatsproceß das Verfahren mit dem Urtheil, im Arrestproceß aber sogar mit der Execution beginne, und zwar auf einseitiges Anhalten der einen Partei, ohne daß die andere Partei gehört wäre. Solche Anschauung, die, genau genommen, zu processualischen Undingen führen würde, gründet sich nur auf oberflächliche Vergleichung und

*) Anm. d. Red. Diese Abhandlung, deren Abdruck sich durch verschiedene zufällige Umstände verzögert hat, war uns schon mitgetheilt worden, ehe in dem vorigen Jahrgang der Holsteinischen Anzeigen die sich auf den Arrestproceß beziehenden Entscheidungen aufgenommen waren. Daher hat der Verfasser diese nicht berücksichtigen können.

ist für das Begreifen des Mandats- wie des Arrestprocesses irreleitend. Bezüglich jenes ist es nicht einmal wahr, daß der Beklagte ungehört verurtheilt werde, da der Mandatsbefehl doch immer nur eine hypothetische Verurtheilung enthält. Der Arrestproceß beginnt aber wirklich nicht mit der Execution (wie das Holsteinische Obergericht,

Anz. 1838, S. 167,

sagt), ist auch nicht eine Art Execution (so z. B.

Anz. 1837, S. 105; 1851, S. 196 H. O. G.),

sondern es soll durch ihn, wie sich richtiger der Kieler Magistrat ausdrückt,

Anz. 1851, S. 196,

die eventuelle Execution nur gesichert werden. Diese Auffassung allein kann zu den Voraussetzungen hinüber führen, auf denen der vom gewöhnlichen Verfahren allerdings weit abweichende Arrestproceß beruht. Es ist eine Abnormität, daß da, wo, der Regel nach wenigstens, noch gar keine Parteien vorhanden sind, auf einseitiges Anhalten einer Person der Richter der anderen die Disposition über ihre Person oder Güter entziehen kann, und zwar ausschließlich zu Gunsten der ersteren. Allererst ist hierbei nun erforderlich, daß der betreffenden Person solche Dispositionsfähigkeit zusteht; daher kann „von einem Arreste gegen einen im Concurse befindlichen Schuldner überall nicht mehr die Rede sein, weil eben durch geschehene Erkennung des Concurses dem Schuldner die Disposition über sein Vermögen zum Nachtheil eines Creditors entzogen und unmöglich gemacht ist“,

Anz. 1844, S. 367 H.

Eine weitere Voraussetzung ist, daß der, welcher eine solche Maaßregel beantragt, der Arrestimpetrant, an diejenige Person, gegen die er sie beantragt, den Impetraten, einen Anspruch habe, bezüglich dessen er sich die demnächstige Execution sichern will; aber diese Art der Sicherung muß auch durch die anders gefährdete Realisation des Anspruchs nothwendig geworden sein, so daß also der Arrest immer nur subsidiair, in Ermangelung anderer zu Gebote stehenden Mittel, nachgesucht werden darf; und endlich muß die Gefährdung der Realisation des Anspruchs von dem Arrestimpetraten selber ausgegangen sein, mit andern Worten, er muß sich solche Handlungen haben zu Schulden kommen lassen, welche der Befürchtung Raum geben, daß eine Execution demnächst sehr erschwert, wenn nicht gar unmöglich sein werde.*) Eben dies zu verhindern ist Zweck des Arrestes, der, indem er dem Schuldner die Disposition über seine Person oder seine Güter entzieht, im allgemeinen Sinn des Wortes den status quo aufrecht erhält. Im eigentlichen Sinn gebraucht man diesen letzteren Ausdruck indeß nur da, wo dem Impetraten die Disposition über den Streitgegenstand unmittelbar entzogen wird, in welchem Fall man nur von einer provisorischen Verfügung redet, deren Character als einer gleichfalls arrestatorischen Maaßregel freilich nicht bestritten wird, welche jedoch, wie man behauptet, in ihren nothwendigen Voraussetzungen mehrfach von dem eigentlichen Arreste abweichen soll. Hierauf wird im Laufe der Erörterung wiederholt näher einzugehen sein, nur soll hier gleich darauf aufmerksam gemacht werden, daß auch die sog. provisorische Verfügung im Grunde nichts anderes ist als der Arrest selber, nämlich Sicherung der Execution. Denn man darf nicht vergessen, daß die Sache, als Streitgegenstand gedacht, dies in der Executionsinstanz nicht mehr ist, sondern Executionsgegenstand, und daß die Sache gerade für diese ihre eventuelle Qualität geschützt werden soll. Linde, der in seinem Civilproceß § 334 speciell von den provisorischen Verfügungen handelt und nach Note 15 ibid. eine davon getrennte Behandlung der possessorischen Sachen wie auch der Arrestverfügungen für practisch nützlich erachtet, stellt doch in eben demselben Paragraphen dieselben Erfordernisse für die provisorische Verfügung (wobei er, nach den in der Note 4 citirten Gesetzesstellen zu urtheilen, besonders an Sequestrationen denkt) auf, wie später in den §§ 348 ff. für den eigentlichen Arrest. Dasselbe haben unsere Gerichte gethan, z. B.

Anz. 1839, S. 154.

Dazu kommt, daß dieselbe verhängte Maaßregel, z. B. in dem

Anz. 1852, S. 171,

mitgetheilten Fall, vom Holsteinischen Obergericht eine provisorische Verfügung, vom Oberappellationsgericht Arrest genannt wird. Auch hat das vormalige Schleswigsche Obergericht den,

---

*) Anm. d. Red. Wir können hierin nicht mit dem Verfasser übereinstimmen, werden aber darauf unten zurückkommen.

Anz. 1841, S. 179,

mitgetheilten Rechtsfall, in welchem nach den in andern Rechtsfällen angewandten Begriffen nur eine sog. provisorische Verfügung vorlag, in allen Formen des Arrestes behandeln lassen und behandelt, während das Holsteinische Obergericht in einem später zu berührenden,

Anz. 1843, S. 380,

zwar nicht ganz gleichen aber doch ähnlichen von einer interimistischen Verfügung spricht. Und der Unterschied zwischen Arrest und provisorischer Verfügung, daß dort die Execution für den Streitgegenstand, hier der Streitgegenstand für die Execution gesichert werden soll, kann allerdings unter Umständen, „jedoch keineswegs regelmäßig, die Justification der sog. provisorischen Verfügung an weniger Voraussetzungen geknüpft erscheinen lassen, während sie andererseits auch, wie nicht der eigentliche Arrest, von dem Grundsatz ut pendente lite nihil innovetur beherrscht wird", wovon weiter unten.

§ 2.

Arten der Arrestanlegung.

Der größeren Anschaulichkeit wegen soll im Vorwege der verschiedenen Form, in welcher ein Arrest verhängt werden kann, kurz gedacht werden. Der Unterschied zwischen Personal- und Realarrest ergiebt sich schon von selbst. Der Personalarrest bezweckt das zur Stelleblieben der Person, welches in der Regel, wenn auch nicht ausschließlich, nur durch Halten in bürgerlicher Haft wirksam erreicht werden kann. Wie der Arrestimpetrant überhaupt die Kosten jeder Arrestimpetrirung vorzustrecken hat, so in diesem Fall selbstverständlich auch die laufenden Kosten der Inhaftirung, so daß diese überhaupt nur so lange wirksam ist, als diese Kosten vom Impetranten bestritten werden. Die für diesen Fall bei uns zu Lande gesetzlich zu leistende Arrestcaution, die einen ganz anderen Zweck hat, hebt solche Verpflichtung nicht auf. Der Arten des Realarrestes giebt es mehrere: alle gehen selbstverständlich darauf hinaus, dem Impetraten die Disposition seiner Güter zu entziehen. Die gewöhnlichste ist, daß dem Impetranten, sofern die Güter sich in seiner Detention befinden, jegliche Veräußerung derselben, bei Vermeidung der Nichtigkeit und sonst angedrohter Nachtheile, untersagt wird; umfassender wird diese Maaßregel, wenn ihm auch jegliche Benutzung der Sache untersagt wird, oder endlich, wenn dies anders mit Sicherheit nicht zu erreichen ist, die Sache selbst einem unbetheiligten Dritten zur Verwahrung und Verwaltung übergeben (sequestratio) oder zum gerichtlichen Verwahrsam eingefordert wird. Da bei der Veräußerung liegender Gründe regelmäßig die Mitwirkung verschiedener Behörden erforderlich ist, so wird, obwohl selbstverständlich immer die Arrestverhängung direct gegen den Impetraten gerichtet ist, deren Realisirung doch fernere Maaßregeln erfordern; ist die Kaufberedung bereits abgeschlossen, so wird dem mit der formellen Ausfertigung der Contracte betrauten Beamten die Unterlassung solcher Ausfertigung aufgegeben; ist die Ausfertigung des Contractes bereits vor der Arrestverhängung erfolgt, so bleibt nur noch die Confirmation des Contractes abseiten der Administrativbehörde übrig, deren Verweigerung von dem Impetranten nachgesucht werden kann. Die Zweckdienlichkeit dieser Verweigerung des obrigkeitlichen Consenses scheint das Holsteinische Obergericht,

Anz. 1855, S. 381,

zu bezweifeln, weil die Confirmation der Contracte nur eine administrative Maaßregel sei. Wo jedoch die Confirmation nothwendige Bedingung für die Umschreibung in den Erdbüchern und den Schuld- und Pfandprotocollen ist, da kann es sehr wohl von wesentlichem Interesse sein, die Confirmation zu verhindern, namentlich in den Districten, in welchen der Eigenthumsübergang durch solche Umschreibung bedingt ist,

vgl. Anz. 1843, S. 252 ff.,

aber auch da, wo er nicht dadurch bedingt ist. Denn auch da, wo zum Eigenthumsübergang nicht einmal die Errichtung schriftlicher Contracte erfordert wird,

vgl. Anz., l. l.,

mithin der Arrestimpetrant selbst durch nachgesuchte Inhibirung der Contractsausfertigung den Eigenthumsübergang nicht mehr hindern konnte, kann er doch immer dadurch noch die davon abhängige Namensumschreibung im Schuld- und Pfandprotocoll und mithin auch die Disposition des neuen Erwerbers über das Folium, und wenn der Contract eine solche sofortige Disposition, z. B. behufs Protocollation rückständiger Kaufgelder, erfordert, in einer auch für den Verkäufer sehr belästigenden Weise verhindern.

Eine besondere Art des Arrestes bildet bei uns die Folienschließung im Schuld- und Pfandprotocoll, wodurch dem Impetraten nicht allein die Belastung seines Foliums, sondern jede Disposition darüber zu Ungunsten des Impetranten, z. B. eine freiwillige zu Gunsten eines Dritten erklärte Schließung des Foliums, untersagt und solches dem Schuld- und Pfandprotocollführer, unter der entsprechenden Auflage an diesen, mitgetheilt wird. Man könnte meinen, daß jene vorhin besprochene Confirmationsverweigerung des Contracts nur ein Umweg wäre, statt sogleich die Folienschließung nachzusuchen. Allein abgesehen davon, daß die Folienschließung in einigen neueren Schuld- und Pfandprotocollverordnungen gänzlich untersagt ist, (nämlich für die Hintersassen adeliger Güter vom 24. März 1797, § 23, für die Kanzleigüter Holsteins vom 5. December 1800, § 22, und für das Amt Kiel vom 3. December 1833, § 23,

vgl. Anz. 1839, S. 179 Note),

so ist sie, wie wir später sehen werden, auch nur für die Sicherung einer bestimmten Klasse von Ansprüchen möglich.*)

Ist die zu bearrestirende Sache in der Detention eines Dritten, so wird diesem bei Vermeidung eigner Haftung die Nichtauslieferung aufgegeben; ähnlich wird den Schuldnern des Impetraten die Auskehrung der Schuld bei Vermeidung doppelter Zahlung untersagt. Es versteht sich dabei von selbst, daß der Schuldner fällige Zahlungen, wenn er sie nicht länger hinstehen lassen will, ad depositum judiciale bringen kann; Verzugszinsen hat er, wenn er dies nicht thut, vom Augenblicke der Arrestverhängung nicht zu zahlen, da letztere einer posterior mora des Impetraten in ihren Wirkungen gleich steht. Ebenso kann der dritte Detentor, falls er nicht contractlich zum Behalten der Sache verpflichtet ist, dieselbe dem gerichtlichen Verwahrsam übergeben, um so der ihm sonst obliegenden custodia sich zu entledigen. Auch eine Zahlung, die der Impetrant dem Impetraten zu machen rechtskräftig schuldig erkannt und deren Rückhaltung nicht möglich, kann er, zur Sicherung anderweitiger Ansprüche an den Impetraten, unter Umständen, statt wirklich an den Letztern auszukehren, einstweilen ad depositum judiciale zu zahlen wirksam nachsuchen,

Anz. 1860, S. 177.

Jede dieser verschiedenen Formen des Arrestes kann der Richter nur auf Verlangen des Impetranten verfügen; er darf bei eigner Haftung nicht darüber hinausgehen.

§ 3.

Voraussetzungen eines Arrestes.

a. Hauptanspruch.

Es liegt schon im Begriff des Arrestes, daß dasjenige, für welches die Execution gesichert werden soll, auch als vorhanden gedacht werde, ein Anspruch, welchen der Impetrant zu haben behauptet. Auf die Art des Anspruches kommt es im Allgemeinen nicht an;*) jede Art Anspruch, gerichtlich geltend gemacht, hat seinen Endzweck nicht allein in der richterlichen Entscheidung, sondern in seiner endlichen Realisirung der Execution, und jeglicher Anspruch bedarf daher auch bezüglich seiner eventuellen Execution der Sicherung. Auch die vaterländische Verordnung vom 13. November 1782 spricht allgemein von der Hauptsache resp. Verbindlichkeit, und nicht blos, wie das Holsteinische Obergericht in den Entscheidungen zu einem Rechtsfall,

Anz. 1843, S. 380,

---

*) Anm. d. Red. Der Verfasser spricht sich hierüber näher aus in der Note zum § 3. Er schließt sich der Ansicht von Francke an, der l. c. die Folienschließung als eine dem vaterländischen Recht eigenthümliche Form des Arrestes bezeichnet, durch deren Veranlassung der Inhaber eines Pfandes oder sonstigen dinglichen Rechts seinem Schuldner die Möglichkeit abschneidet, die Priorität desselben durch Protocollation anderer Hypotheken oder dinglicher Rechte zu verschlechtern. Francke begründet die von ihm vertretene Ansicht nicht näher. Vgl. dagegen die Entscheidungsgründe eines Erkenntnisses des vormaligen Schleswigschen Obergerichts vom 7. November 1839 Schlesw. Holst. Anz., 1840, S. 882, auch Seuffert's Archiv, Bd. 1. Nr. 178 u. 296.

*) Nur die vaterländische Folienschließung setzt einen pfandrechtlichen oder sonst dinglichen Anspruch voraus, s. Francke, a. a. O., § 95 und die dort cit. Quellen und Schriftsteller, oder doch Anspruch auf Constituirung eines solchen Rechtes. Für andere Ansprüche hat diese Arrestart schon nicht den erforderlichen subsidiairen Character mehr.

sagt, von Forderungen, zu deren Sicherung „auf Güter und Effecten" Arreste gelegt sind. Diese beschränkende Aeußerung des Obergerichts ist von Wichtigkeit, weil dasselbe dadurch einen praktisch folgenreichen, aber gewiß nicht zu rechtfertigenden Unterschied zwischen eigentlichen Arresten und provisorischen richterlichen Verfügungen, wie auch schon die Ueberschrift des Rechtsfalles hervorhebt, ziehen wollte. Das Obergericht faßt die Verordnung so auf, als ob sie nur an Arreste auf Güter und Effecten denke, die selber nicht in lite befangen seien; diese Auffassung dürfte als eine unrichtige, durch die Wortfassung keineswegs gerechtfertigte erscheinen. Der Umstand, daß die Verordnung „Arreste über Güter und Effecten" und „Hauptsache" offensichtlich auseinander hält, erklärt sich hinlänglich, aber auch einzig und allein aus dem von ihr supponirten Fall, daß das Forum der Hauptsache ein anderes wäre, als das des Arrestes, was gleichfalls statthaben kann, wenn es sich um Sicherung des Streitgegenstandes selber handelt, und z. B. der persönliche Gerichtsstand des Impetraten eine Anhängigmachung der Sache beim Obergericht erforderte, während die Sicherung des Streitgegenstandes durch Arrestverhängung bei der Unterinstanz am wirksamsten gesucht würde.. In dem obgedachten Fall, in welchem es sich um einen abseiten eines Setzwirths angeblich contractwidrig vorgenommenen Holzhieb handelte, unterscheidet sich die getroffene Maaßregel von dem eigentlichen Arreste äußerlich auch gar nicht, wenn man den Unterschied nicht etwa in dem Worte „Inhibitorium" und in dem Untersagen einer bestimmten Handlung finden will; das wäre aber doch kein wesentlicher Unterschied, da im Grunde ihm die Disposition über den Gegenstand, soweit solche ihm nach seiner Behauptung überhaupt contractlich zustand, bis zur ausgemachten Sache entzogen ward; dieser Hauptanspruch bestand aber nicht, wie das Obergericht meint, in der Sicherung des status quo, sondern in dem contractmäßigen Verhalten des Setzwirths in Bezug auf den Streitgegenstand, wie die Hauptklage sich auf das angebliche contractwidrige Verhalten desselben gründen müßte. Ein Hauptanspruch auf bloße Sicherung des status quo scheint neben einer dasselbe bezweckenden arrestatorischen Maaßregel überall auch nicht recht denkbar. Die praktische wichtige Folgerung, welche das Obergericht aus seiner aufgestellten Ansicht zog, wird unten am geeigneten Orte zu besprechen sein. *)

(Die Fortsetzung folgt.)

---

*) Anm. d. Red. Nicht nur Linde, l. c., auch Martin, Lehrbuch des bürgerlichen Processes, 11. Aufl., § 238 und 313, und Andere, cf. die von Linde und Martin allegirten Schriftsteller, unterscheiden Arreste und provisorische Verfügungen, und wenn auch die Bezeichnung der letzteren insofern keine glücklich gewählte, als auch der Arrest eine provisorische Verfügung zur Aufrechterhaltung des status quo ist, so wird doch andererseits nicht übersehen werden dürfen, daß es eine Reihe sog. dringlicher richterlicher Verfügungen giebt, die ein ungenauer Sprachgebrauch auch wohl arrestatorische Maaßregeln nennt, die damit auch manche Aehnlichkeit haben, sich aber doch von den eigentlichen Arresten eben darin unterscheiden, daß sie nicht bloß mittelbar der Hauptsache dienen, sei es durch Sicherstellung der dereinstigen Execution des Urtheils, sei es durch indirecte Erwirkung der Realisation der Rechtsansprüche, sondern sich vielmehr durch directes Einschreiten zu Gunsten der Hauptsache und durch ein gewissermaaßen mit dem Urtheil, ja sogar zum Theil schon mit der Execution (Brüchmandate) beginnendes Verfahren kenntzeichnen, und es kann nur irre leiten, wenn es unbeachtet bleibt, daß sie nicht auf den Grundsätzen des Arrestprocesses beruhen, sondern, in so weit sie überhaupt einer bestimmten summarischen Proceßart angehören, auf die gemeinrechtlichen Principien des unbedingten Mandatsprocesses zurückzuführen sind, daher auch weder rücksichtlich der Voraussetzungen, noch hinsichtlich des zu beobachtenden Verfahrens nach den für den Arrestproceß zur Anwendung kommenden Regeln beurtheilt werden dürfen. Dahin gehört der oben erwähnte Fall, ferner das Inhibitorium gegen Bauten, ein sich auf urkundliche Liquidität stützendes Verkaufsverbot (wie in dem Fall der Schlesw. Holst. Anz. 1851, S. 358), ein Inhibitorium gegen weitere Besitzstörungen und andere Fälle, wo Gefahr im Verzuge, in Aussicht stehender unersetzlicher Schaden, klares und unzweifelhaftes Recht, ein factum nullo jure justificabile, oder die Gefahr entstehender Gewaltthätigkeiten zu einem sofortigen vorläufigen Einschreiten berechtigen und nöthigen. Von dem Arrestproceß unterscheidet sich das Ver-

Entscheidungen.

Unter welchen Voraussetzungen eine Abrechnung über gegenseitige Rechnungsverhältnisse eine Tilgung der sämmtlichen unter den abrechnenden Parteien bestehenden Schuldverhältnisse involvire.

(Beschluß.)

In Erwägung nun, daß die von dem Magistrate dem angefochtenen Erkenntnisse zum Grunde gelegte Annahme des Verzichts aus folgenden Gründen nicht gerechtfertigt erscheint. In der Abrechnung über gegenseitige Forderungen, in der gleichzeitigen vertragsmäßigen Feststellung des sich danach ergebenden Schuldbetrages liegt, nach der Natur des Geschäfts nur eine Willenseinigung in Betreff der einzelnen Forderungen und Gegenforderungen, die den Gegenstand der Abrechnung bilden, so wie in Betreff des anerkannten Schuldbetrages. Wenn daneben zugleich verabredet wird, daß alle gegenseitigen Forderungen, mögen sie nun bei der Abrechnung berücksichtigt sein oder nicht, als aufgehoben anzusehen und nur die anerkannte Forderung als das alleinige Schuldverhältniß fortbestehen solle, so ist dies etwas Zufälliges, was nicht schon aus dem Wesen der Abrechnung von selber folgt. Eine dahin gehende Willenseinigung kann selbstverständlich auch stillschweigends zu Stande kommen. Nach Bähr, die Anerkennung, p. 223, 224 (die anderen Citate des Magistratserkenntnisses beziehen sich auf diesen Fall nicht), darf eine solche Willenseinigung immer angenommen werden, wenn in der Anerkennungsurkunde erklärt wird, „daß man über alle gegenseitigen Ansprüche abgerechnet habe oder daß nur eine oder die andere nicht in die Abrechnung aufgenommene Schuld neben dieser vorbehalten bleibe. Es wird, die Richtigkeit dieser Ansicht vorausgesetzt, nicht verkannt werden können, daß alles Gewicht zu legen ist auf die Worte „alle" und „nur" und daß,

---

fahren in diesen Sachen einmal schon darin, daß die richterlichen Verfügungen nur bei dem für die Hauptsache competenten Gerichte nachgesucht werden können, dann aber auch insofern, als nicht, gleichwie bei dem Arreste, Hauptsache und Rechtfertigung der impetrirten Verfügung auseinander gehen, sondern wenn überall die gleichzeitige Einleitung eines weiteren Verfahrens erforderlich wird und es nicht lediglich dem Impetraten überlassen bleiben darf, mit Einwendungen gegen das wider ihn erwirkte Mandat einzukommen, es doch eben nur darauf ankommen kann, eine Erörterung und Entscheidung der Sache selbst im geeigneten Wege Rechtens herbeizuführen. Und immer wird es die Sache nothwendig in eine schiefe Lage bringen, wenn auch bei richterlichen Verfügungen dieser Art ohne Rücksichtnahme auf den zwischen ihnen und dem Arreste bestehenden wesentlichen Unterschied ein die Justification von der Hauptsache trennendes Verfahren eingeleitet wird, da es ja in der Natur der Verhältnisse liegt, daß, wo es sich um ein in der Hauptsache selbst vorgehendes Decret handelt, dessen Rechtfertigung sich nicht von der ersteren trennen lassen wird. Ausgeschlossen ist es nun freilich auch bei solchen Verfügungen nicht, daß sie selbst in Fällen, wo nachher die Klage sich als begründet darstellt, ohne genügenden Grund erlassen werden können. Aber dem Impetraten bleibt es ja immer unbenommen, mit Einwendungen gegen dieselben einzukommen, und, während es ihm bei Anfechtung der richterlichen Erlasse wohl möglich ist, den Nachweis zu liefern, daß für sie auch beim Begründetsein einer Klage kein ausreichender Grund gegeben sei, ist umgekehrt der Impetrant nicht in der Lage, die impetrirte Verfügung genügend rechtfertigen zu können, ohne näher auf die Sache selbst einzugehen. Und zu welchem Resultat es führt, wenn für derartige richterliche Befehle gleichwie bei den Arresten eine von dem Hauptverfahren sich streng sondernde Justificationsverhandlung eintreten soll, zeigt recht anschaulich der von dem Verfasser näher erörterte Fall, wo eben deshalb die Rechtfertigung des Inhibitoriums in der That ganz unvermittelt dasteht. Auch wird gewiß Niemand, der sich die einzelnen Fälle vergegenwärtigt, in denen Erlasse solcher Art vorkommen, es verkennen können, wie meistentheils unter der Voraussetzung des Begründetseins des geltend zu machenden Rechtsanspruchs auch die Berechtigung zur Erwirkung von Mandaten und Inhibitorien außer Frage sein wird, und es daher an allem practischen Bedürfniß fehlt, das Hauptverfahren von der Justification in der Weise zu trennen, daß es bei letzterer nur zur Erörterung kommen solle, ob, das Begründetsein der Klage vorausgesetzt, zu einer provisorischen Maaßregel, wie die impetrirte, genügende Veranlassung vorgelegen.

wo diese fehlen, es auch regelmäßig an allem Grunde für die Annahme einer stillschweigenden Willenseinigung fehlt. Hiergegen wird auch daraus kein Einwand entnommen werden können, daß eine Schuldurkunde, welche die causa debendi selbst in eine Liquidation von gegenseitigen Ansprüchen setzt, ohne diese zugleich näher zu bezeichnen, unter Umständen von zweifelhaftem practischen Werthe sein kann, da z. B. gegenüber der Einrede der Compensation die etwa entgegenstehende Replik, daß diese Forderung mit zur Abmachung gekommen, nicht durch die Urkunde selbst liquidirt werden kann. Aber aus einer solchen mangelhaften Beschaffenheit der Urkunde wird ein Schluß auf eine über den Inhalt der Urkunde hinausgehende Absicht nicht gezogen werden dürfen. Im vorliegenden Falle nun ist es nach den Vorträgen der Parteien außer Streit, daß der compensando geltend gemachte Anspruch nicht zum Gegenstand der Abrechnung gemacht worden, vielmehr bei dieser Gelegenheit überhaupt nicht unter ihnen zur Erörterung gekommen ist. In der producirten Schuldurkunde ist nur von der Abrechnung von Forderungen und Gegenforderungen die Rede und es wird nicht erklärt, daß nur die ausdrücklich benannten Rechnungsforderungen des laufenden Jahres vorbehalten bleiben sollten. Aus der Schuldurkunde selbst kann daher ein Verzicht nicht gefolgert werden. Ein solcher Schluß ist ferner ebensowenig aus den beigebrachten Briefschaften gerechtfertigt. Implorant und Implorat hatten lange zu einander in unaufgemachtem Rechnungsverhältniß gestanden. Nachdem Ersterer endlich eine Abrechnung dem Letzteren zugestellt, drang er auf Zahlung oder Anerkennung der Schuld unter Ertheilung eines bestimmten Zahlungsversprechens. Implorat trug Anfangs Bedenken, darauf einzugehen. Als aber demnächst Implorant seine Ansprüche auf ein vom Imploraten über ein verkauftes Haus extrahirtes Verlassungsproclam profitirte, war es auch für den Imploraten von Interesse, sich wegen des Rechnungsverhältnisses mit dem Imploranten zu arrangiren und zwar möglichst bald, um nicht in Weiterungen mit dem Käufer zu kommen. Wenn er nun nicht darauf bestand, daß über seine auf Urkunden beruhende Forderung aus der Mitbürgschaft ein Vorbehalt in das von ihm ausgestellte Schulddocument aufgenommen werde, so findet dies schon in der Betrachtung genügende Erklärung, daß er, zumal wenn er erwarten durfte, daß eine auf die Mitbürgschaft sich stützende Forderung von dem Imploranten beanstandet werden könnte, auch seinerseits wesentlich dabei interessirt war, das Zustandekommen der Vereinbarung über die Abrechnung nicht dadurch zu erschweren, daß er dies Forderungsverhältniß mit zum Gegenstand der Erörterung machte. Aus dem Umstande endlich, daß der Implorant bei Uebersendung einer Abschrift des Schulddocuments an den Imploraten seinerseits erklärt hat, daß, falls wider Vermuthen noch andre als die zugleich mit übersandten älteren Verschreibungen und Scheine in seinen Händen geblieben sein sollten, solche keine Gültigkeit mehr haben könnten, wird allerdings ein nachträglicher Verzicht des Imploranten auf alle nicht in der Abrechnung berücksichtigten Forderungen gefolgert werden müssen, es ist aber von ihm keine mündliche oder schriftliche Aeußerung des Imploraten behauptet worden, aus der auch rücksichtlich des Letzteren ein gleicher Schluß gerechtfertigt wäre.

Die Replik des Verzichts ist sodann noch auf folgende Behauptung gestützt. Auf die Aufforderung der Spar- und Leihkasse an beide Mitbürgen, jeder von ihnen möge die Hälfte der v. Gagern'schen Schuld bezahlen, habe Implorant die Spar- und Leihkasse aufgefordert, sich vorläufig an den Imploraten allein zu halten, dem er auch geschrieben: Ich habe der Commission angezeigt, daß sie sich zunächst an Sie halten möge, weil das Geschäft selbst mit v. Gagern von Ihnen gemacht sei und ich nur aus Gefälligkeit mit unterschrieben habe. Implorat sei dieser Aufforderung nachgekommen und habe dem Imploranten einige Zeit nachher angezeigt, er habe diese Sache vollständig abgemacht. Es kann aber auch aus diesem Hergange der Schluß auf einen Verzicht nicht gezogen werden. Die Anzeige, daß Implorat die Sache vollständig abgemacht habe, enthält an sich keinen Verzicht, sondern besagt nur, daß Implorat die volle Summe bezahlt habe. Es kann aber auch dann noch kein Verzicht aus derselben hergeleitet werden, wenn sie als directe Antwort auf den Brief des Imploranten aufgefaßt wird, was doch kaum zulässig sein würde, da sie nach des Imploranten Erzählung gelegentlich mündlich ertheilt ist. Es könnte nämlich immerhin richtig sein, daß Implorat bei dem Geschäfte allein interessirt war und daß Implorant nur aus Gefälligkeit die Mitbürgschaft übernommen gehabt, ohne daß dadurch die von Letzterem übernommenen Verpflichtungen, sei es dem Gläubiger oder dem Mitbürgen gegenüber, alterirt würden, so daß aus dem Stillschweigen des Imploraten den desfälligen Behauptungen des Imploranten gegenüber rechtlich nichts gefolgert werden kann;

in Erwägung, daß es sich demnach fragen wird, ob die andern von dem Imploraten vorgeschützten Repliken für begründet zu erachten sind;

in Erwägung nun, daß die Replik der nicht angebotenen Cession und Ueberlieferung der betreffenden Werthpapiere durch die duplicando erfolgte Erklärung des Imploraten beseitigt ist, daß er bereit sei, dem Imploranten die fraglichen beiden Actien auszuliefern, ihm jura cessa über die Hälfte des für v. Gagern gezahlten Capitals nebst Zinsen und Kosten zu ertheilen und ihm den Mitbesitz der v. Gagern'schen Verschreibung einzuräumen;

in Erwägung, die Replik des fehlenden Klagerechts (Compensationsrechts) anlangend, daß es im vorliegenden Falle auf die Frage, ob der das Ganze zahlende correus gegen seinen Mitschuldner einen Regreß auf den verhältnißmäßigen Theil ipso jure habe, nicht weiter ankommt, weil auch die erste am Zahlungstage ausgestellte Cession die Obligation cum omni jure und mit allen der Kieler Spar- und Leihkasse daran zustehenden Gerechtsamen überträgt, worunter selbstverständlich auch die der Spar- und Leihkasse gegen den Mitbürgen zustehenden Gerechtsame mitbegriffen sind;

in Erwägung, die Replik des dolus anlangend, daß aus den von dem Imploranten angeführten Thatsachen nicht geschlossen werden kann, daß Implorat sich durch die verlangte Leistung widerrechtlich auf Kosten des Imploranten bereichern würde, da, wenn auch constirt, daß die bei der Spar- und Leihkasse aufgenommene Summe größtentheils verwandt ist, um eine Schuld v. Gagern's an die Stadt zu bezahlen, für welche der Implorat sich verbürgt hatte, auch vorliegt, daß Implorat die fragliche Parcele von v. Gagern wieder gekauft hat, ohne daß eine Baarzahlung erfolgt ist, doch, da Implorat und v. Gagern in verwickelten Geschäftsverhältnissen zu einander gestanden haben, der Schluß, daß grade das unter Mitbürgschaft des Imploranten aufgenommene Geld zur Berichtigung des Kaufpreises verwandt sei, um so weniger gerechtfertigt ist, als auch nach der Angabe des Imploraten ein nicht ganz unerheblicher Theil dieses Geldes zur Berichtigung einer Forderung des Imploranten an v. Gagern verwandt ist;

in Erwägung, daß dagegen die fernere Behauptung des Imploranten, Implorat habe ihm, bevor er sich zur Uebernahme der Mitbürgschaft bereit finden lassen, die Erklärung gegeben, daß er dem Imploranten für allen daraus entstehenden Schaden herkommen wolle, allerdings geeignet ist, die exceptio doli zu begründen, und daß daher, da Implorat diese Behauptung geleugnet hat und sein Bestreiten der Befugniß des Imploranten, den Inhalt seiner Repliken durch Eidesdelation zu liquidiren, nach feststehender Praxis rechtlich nicht begründet ist, Implorat sich über den ihm auch hierüber zugeschobenen Eid zu erklären hat;

in Erwägung endlich, daß über die Replik der Pluspetition zur Zeit und so lange nicht feststeht, ob Implorat überhaupt Ansprüche aus der Mitbürgschaft des Imploranten geltend machen kann, noch nicht zu erkennen ist;

wird, bei abschriftlicher Mittheilung der eingezogenen Gegenerklärung, unter Aufhebung des angefochtenen Erkenntnisses, von Obergerichtswegen hiedurch zum Bescheide ertheilt:

> daß Implorat sich über den ihm vom Imploranten deferirten dahin zu clausulirenden Eid:
>
> > wie es nicht wahr sei, daß er dem Imploranten bei Gelegenheit der Uebernahme der Mitbürgschaft für die von dem Oberstlieutenant a. D. v. Gagern bei der Kieler Spar- und Leihkasse am 13. Septbr. 1855 angeliehenen 960 ℳ die Erklärung gegeben habe, daß er ihm für allen aus der fraglichen Mitbürgschaft entstehenden Schaden herkommen wolle,
>
> innerhalb 14 Tagen ab ins. den Rechten gemäß zu erklären, unter Compensation der Kosten dieser Instanz.

Urkundlich rc. Gegeben im Königl. Holsteinischen Obergerichte zu Glückstadt, den 6. Decbr. 1861.

Allerhöchst privilegirte

Holsteinische Anzeigen.

Redigirt von den Obergerichtsräthen Etatsrath Henrici und Lucht.

Gedruckt bei Augustin in Glückstadt.

4. Stück. — Den 27. Januar 1862.

Beiträge zur Lehre vom Arrestproceß.

Mit besonderer Rücksicht der inländischen Praxis.

Von dem Herrn Advocaten Jpsen in Neumünster.

(Fortsetzung.)

Ob der Hauptanspruch fällig oder noch nicht fällig ist zur Zeit des impetrirten Arrestes, darauf kann es nicht ankommen; ist eine Forderung vorhanden, so kann sie begreiflicher Weise eben so sehr gefährdet werden, wenn sie betagt, als wenn sie unbetagt ist. Gemeinrechtlich ist hierüber kaum Streit, und auch bei uns haben die höheren Gerichte sich in demselben Sinne ausgesprochen. So z. B. das Holsteinische Obergericht,

Anz. 1849, S. 376,

auf welchen Rechtsfall wir sogleich zurückkommen werden, ebenso das Oberappellationsgericht in einem Schleswigschen Rechtsfall,

Anz. 1840, S. 271,

nur können wir hier nicht ganz mit den Entscheidungsgründen übereinstimmen. Der Arrest war hier gegen die Testamentsexecutoren einer Verstorbenen, die s. Z. die Bürgschaft für einen Hebungsbeamten übernommen hatte, nachgesucht. Die Uebernahme einer Bürgschaft wird man aber niemals als einen bedingt geschlossenen Contract auffassen können; die contractliche Verpflichtung des Bürgen ist mit der geschehenen Uebernahme der Bürgschaft fest und bestimmt; bedingt ist nur die Realisation der Bürgschaftshaftung, nämlich insofern, als entweder dabei die Insolvenz der Hauptschuldner vorliegen, oder, wenn die Bürgschaft für das contractmäßige Verhalten eines Contrahenten, für die pflichtmäßige Amtsführung eines Beamten bestellt war, erst das contractwidrige Verhalten, die pflichtwidrige Amtsführung eingetreten sein muß; so lange das auch nur noch eintreten kann, besteht die Bürgschaft und zwar unbedingt.*) Wenn das Oberappellationsgericht in solchem Fall a. a. O. von den von einer aufschiebenden Bedingung abhängigen Ansprüchen, deren Sicherung durch Arrest es zuläßt, spricht, so ist das irreleitend; denn daß das Oberappellationsgericht, ganz abgesehen davon, ob es wirklich solche Ansicht consequent festhalten würde, jedenfalls im vorliegenden Fall nicht allgemein die Zulässigkeit eines Arrestes wegen bedingter Ansprüche aussprechen wollte, geht

*) Anm. d. Red. Der Rechtsanspruch, für den die Sicherheitsbestellung begehrt wurde, war aber doch ein bedingter, da er nur unter der Eventualität existent wurde, daß die Bedingung eintrat, unter der aus der Bürgschaft die Verpflichtung zu einer bestimmten Zahlungsleistung entsprang. Etwas weiteres aber hat das Oberappellationsgericht offenbar nicht aussprechen wollen und namentlich nicht, daß das Rechtsgeschäft selbst, die Bürgschaft, als ein bedingter Vertrag angesehen werden könne.

aus dessen weiterer Aeußerung, auf welche es grade ankommt, hervor, nämlich, daß die desfälligen Arrestanträge mit der eigentlichen Klage aus dem Vertrage in keiner anderen Verbindung ständen, als daß sie gleichfalls das Dasein dieses Vertrages voraussetzten und davon ausgingen. Ueberhaupt, wo immer ein schon bestehendes contractliches Verhältniß Verbindlichkeiten möglicher Weise erzeugen kann, da muß auch, ohne daß in Wirklichkeit schon solche Verbindlichkeiten als vorhanden behauptet sind, mehr noch, wenn es streitig ist, ob schon solche vorhanden oder nicht, die Haftung des betreffenden Contrahenten durch Arrestverhängung gesichert werden können, wie z. B. das Oberappellationsgericht zu Kassel in einem in

Heuser's Kurhessischen Annalen, V, S. 553 ff.,

mitgetheilten Rechtsfall es ausgesprochen hat, daß unter Umständen schon die ersichtliche Verpflichtung zur Rechnungsablage zur Begründung eines Arrestgesuches genüge, indem damit nicht allein ein bestimmter und selbstständiger gegenwärtiger Rechtsanspruch (nämlich auf Rechnungsablage) gegeben, sondern darin zugleich ein wenn auch dem Betrage nach unbestimmter und bedingter Geldanspruch (auf das reliqua dare) enthalten ist,

vgl. Bayer, summar. Pr., § 24,

Heffter, Proceß, § 406.

Hierher gehört auch der schon angezogene vom Holsteinischen Obergericht entschiedene Rechtsfall,

Anz. 1849, S. 376,

daß Criminalkassen sich die Zahlung resp. Erstattung von Criminalkosten durch Nachsuchung von Arresten auf Habe und Güter der in Untersuchung Gezogenen zu sichern berechtigt sind. Auch hier ist es ungewiß, ob der Angeschuldigte nicht demnächst von aller Kostentragung freigesprochen werde, aber gewiß ist, daß er zur Untersuchung gezogen ist, wodurch für ihn ein quasicontractliches Verhältniß, aus welchem er zum Schadensersatz verpflichtet ist, als bestehend gleichsam behauptet wird, dessen Existenz oder Nichtexistenz demnächst der Schluß des Criminalverfahrens herausstellt, bei welchem aber, wie bei jedem sonstigen contractlichen Verhältniß, die Sicherung der möglicher Weise daraus resultirenden Ansprüche an ihn geboten erscheinen kann.

Bei unseren höhern Gerichten hat die Zulässigkeit des Arrestes bezüglich betagter Forderungen auch kein Bedenken gegenüber unserer Arrestverordnung von 1782 gefunden. Diese Verordnung schreibt bekanntlich dem Impetranten sehr bestimmt „bei Verlust dieses Rechtsmittels mit den Kosten und einer dem Impetraten zu leistenden völligen Schadensersetzung" vor, den Letzteren, wenn es nicht schon geschehen, „sofort in seinem Foro hauptsächlich zu besprechen", und daß solches geschehen, bei der Justification zu bescheinigen, was begreiflicher Weise nur bei unbetagten Ansprüchen möglich ist; und indem es sich strict an diese Bestimmung als eine allgemein lautende und keinerlei Unterschied machende Vorschrift gehalten und sich auf den Grundsatz gestützt hat, daß, wo das Gesetz nicht unterscheide, auch der Richter nicht unterscheiden dürfe, hat das vormalige Schleswigsche Obergericht sich für das Erforderniß eines unbetagten Anspruchs ausgesprochen, weil anders die Erfüllung der gesetzlichen Vorschrift, die Bescheinigung der Anhängigmachung der Hauptsache, im Justificationsverfahren gar nicht möglich sei; und es hat dieses Dicasterium also z. B. bezüglich einer zwar gekündigten aber noch nicht fälligen Forderung die Arrestverhängung für unzulässig erklärt,

Anz. 1851, S. 200,

und consequent um so mehr in dem schon oben besprochenen Fall der Bürgschaftsleistung, so lange noch gar kein debitum existirt, für das der Bürge aufzukommen hätte,

Anz. 1840, S. 271 ff.

Francke hat in seinem Proceß II S. 234 für den Fall, daß eine solche Auffassung richtig wäre, ein Auskunftsmittel vorgeschlagen, nämlich es könne ja die Klage auf Cautionsbestellung ex capite legis 41 D. de jud. 5, 1 dem Impetranten als Klage in der Hauptsache dienen. Das wäre aber erst recht gegen den nach obiger Weise aufgefaßten Sinn der Verordnung; eine solche Cautionsklage wäre nimmermehr die Hauptsache, die die Verordnung meint; sie setzt vielmehr wieder eine Hauptsache voraus, abgesehen überdies von den sonstigen Bedingungen, die die cit. L. 41 für die Cautionsklage erforderlich macht. Glücklicherweise bedürfen wir der Holsteinischen Praxis wie der Verordnung selbst gegenüber dieses jedenfalls etwas umständlichen Auskunftsmittels nicht. Die Verordnung will vorzugsweise verhindern, daß ein Arrest „mit der Wirkung einer Prorogation der Gerichtsbarkeit auf die Hauptsache verhängt werde", was ja nur möglich, wenn der Hauptanspruch ein bereits fälliger ist. Aus dieser Bestimmung resultirte aber die Gefahr, daß der Impetrant nunmehr die Hauptsache ruhen lasse, bis er etwa vom Gegner ad agendum provocirt worden. Um daher „dem schleunigen Fortgang der Justizpflege in der Hauptsache nichts zu vergeben", ward weiter angeordnet, daß der Impetrant den Impetraten in dessen foro in der Hauptsache sofort besprechen solle. Die Verordnung hat daher an den Fall betagter Hauptansprüche gar nicht gedacht und hatte auch keinen Anlaß, daran zu denken. Sie hat daher für diesen Fall auch „die gemeinen Rechte und besondern Statuten" nicht aufheben wollen. Nach jenen ist aber, wie schon angeführt, auch nach Ansicht unserer höheren Gerichte die Zulässigkeit des Arrestes bezüglich betagter Ansprüche nicht zweifelhaft.

Einzelne Rechtslehrer sind weiter gegangen und haben auch für bedingte Ansprüche die Sicherung durch Arrest für rechtlich begründet gehalten. Hieher gehört nicht, unserer Ansicht nach, wie bemerkt, der Fall der Bürgschaftsleistung, sondern nur solche Fälle, wo das contractliche Verhältniß, aus welchem Verbindlichkeiten entspringen, selber ein bedingtes ist. Ist es ein suspensiv-bedingtes, so existirt es gar nicht und es ist daher kein Anspruch vorhanden, der einer Sicherung bedürfte. Demgemäß hat auch das Holsteinische Obergericht in einem Rechtsfall,

Anz. 1843, S. 379,

wo nicht bloß der Zahlungstermin eines Kaufpreises bis zur Ausfertigung des Originalcontracts hinausgeschoben, sondern auch die Gültigkeit des ganzen Contracts von der noch nicht erfolgten Ertheilung einer Hökerei-Concession abhängig gemacht war, einen auf eine zur Zahlung des Kaufpreises angewiesene Forderung des Käufers abseiten des Verkäufers impetrirten Arrest mit Recht für nicht justificirt erachtet, weil „die Erkennung des Arrestes die Existenz einer wirklichen Forderung und nicht bloß einer nur möglichen voraussetzt." Bei einer Resolutivbedingung ist dagegen das Rechtsgeschäft existent geworden und nur seine Auflösung ungewiß. Die aus dem Rechtsgeschäft resultirenden Verbindlichkeiten existiren eben damit auch und es erscheint kein Grund ersichtlich, hier die Sicherung durch Arrestverhängung zu verweigern. Dagegen sind diejenigen Ansprüche, welche aus dem in Folge der eingetretenen Bedingung aufgelösten Rechtsgeschäfte resultiren können, immer nur noch mögliche und können als solche den provisorischen Schutz des Arrestes schwerlich beanspruchen. *)

Ein verhängter Arrest hat nur Wirkung für diejenige Hauptklage, zu deren Sicherung er impetrirt ist, nicht aber auch für fernere nachträglich erhobene, wenn dieselben auch aus einem und demselben Rechtsgrunde hergeleitet sein sollten. In einem Schleswigschen Rechtsfall war zur Zeit des Justificationstermins in der Hauptsache in superiori bereits zu Gunsten der Impetratin erkannt worden, mithin hatte der Arrest seine Grundlage verloren; allein die Unterinstanz erkannte den auf Grundlage der früheren Hauptsache impetrirten Arrest für justificirt und daß derselbe bis zum Austrage der Hauptsache zu haften habe. Während nun diese Arrestfrage in superiori schwebte, stellten die Impetranten eine neue Klage in der Hauptsache an und hielten solches für die Haftung des früheren Arrestes für genügend. Das vormalige Schleswigsche Obergericht hob jedoch das Erkenntniß qu. auf, u. A. weil es den Worten wie dem Geiste der Verordnung auf gleiche Weise widerstreiten würde, im Justificationstermin auf die bloße Möglichkeit eines künftighin anhängig zu machenden Processes über die Hauptsache irgend eine Rücksicht zu nehmen,

Anz. 1837, S. 350.

Der Hauptanspruch muß endlich dem Impetranten gegen den Impetraten zustehen, mit anderen Worten, das Arrestverfahren ist nie gegen den zu richten, bei dem sich etwa der zu sichernde Gegenstand befindet, sondern stets gegen den Schuldner,

Anz. 1844, S. 367 H.

(Die Fortsetzung folgt.)

---

*) Anm. d. Red. Vgl. dagegen außer dem bereits erwähnten Erkenntniß des Oberappellationsgerichts Anz. 1840, S. 171, auch Seuffert's Archiv, Bd. VII Nr. 202.

Criminalfälle.

Brandstiftung und Sachbeschädigung.

(Beschluß.)

3. Am 23. October 1860 Abends 9 Uhr brannten von fünf kleinen aus Heu und Stroh bestehenden Diemen, welche die Gebrüder Weber Popp aus Oldenburg auf ihrer Burgwiese aufgesetzt hatten, zwei völlig nieder, während die übrigen drei nur durch die schleunig herbeigeeilte Hülfe, da Wasser in unmittelbarer Nähe war, gerettet werden konnten. Der angerichtete Schaden ist von den Eigenthümern auf 24 ℛ R.-M. geschätzt worden.

Der Inculpat hat nun bekannt, auch dies Feuer angestiftet zu haben, indem er geglaubt, daß die Diemen nur aus Stroh bestanden hätten. Er hat seiner Angabe nach den einen Diemen mit einem Reibstiicken, den er an seiner Hose entzündete, angesteckt und ist dann wieder zurück nach der Stadt gegangen, wobei er noch auf dem Rückwege in ein Wasserloch gefallen ist. Als Grund seiner Handlung giebt der Inculpat auch hier an, daß er es gerne habe brennen sehen mögen.

Dies Geständniß des Inculpaten findet insoferne eine anderweitige Bestätigung, als der Damnificat, Weber Jacob Hinrich Popp, der zuerst zu dem Feuer gekommen ist, ergiebt, daß der eine Diemen bei seiner Ankunft schon in vollen Flammen gestanden hat und der zweite nur stark angebrannt gewesen, und als ferner der Knecht Hoppe auf Kuhof gleich nach der Entstehung des Feuerlärms einem ihm unbekannten jungen Menschen begegnet ist, welcher sich geschüttelt, als ob er seinen Rock abschüttle, ihm gesagt hat, daß er eben in ein Wasserloch gefallen sei, und darauf nach Oldenburg gegangen ist.

4. Am 15. Novbr. 1860 gerieth Abends 7 Uhr der an das Wohnhaus angebaute Schweinestall des Nagelschmieds Schultz, eines Nachbarn des Inculpaten, in Brand, das Feuer wurde aber durch schnell herbeigeeilte Hülfe gelöscht, obgleich einige Riegel des Hauses schon in Brand gerathen waren.

Der Inculpat ist ebenfalls seinem Geständnisse nach der Urheber dieser Brandstiftung. Er will den Gedanken, den Schweinestall anzuzünden, schon längere Zeit, schon über acht Tage vorher, gefaßt haben. Er will gedacht haben, wenn erst das auf dem Kopfboden des Schweinestalls liegende Stroh in Brand gerathen sei, werde es auch ein großes Feuer werden. An dem fraglichen Abend nach dem Abendessen ist er nun nach dem Hofe seiner Eltern und von da nach dem Schultz'schen Hofe gegangen und hat an der offenen Seite des Schweinestalls das auf dem Kopfboden desselben liegende Stroh angezündet, worauf er schnell davon gelaufen ist, später aber mit verschiedenen andern Leuten in das Haus des Nagelschmieds Schulz hineingegangen ist, um zu hören, was sie dort sprächen.

Auch in diesem Fall dienen die Vernehmungen, welche gleich nach dem Brandfall stattgehabt haben, dem Geständniß des Inculpaten zur Bestätigung, indem sie ergeben, daß das Feuer nur durch absichtliche Brandstiftung hat entstehen können und daß es in einer den Angaben des Inculpaten entsprechenden Weise zum Ausbruch gekommen ist. Schon damals richtete sich der allgemeine Verdacht auf den Inculpaten, ohne daß jedoch specielle Thatsachen gegen ihn vorlagen, welche die Einleitung einer Untersuchung hätten motiviren können. Schon gleich nach diesem Brande hat der Inculpat nach seiner Angabe gedacht, daß er wieder irgendwo anders Feuer machen wolle, ohne jedoch einen bestimmten Entschluß in dieser Beziehung zu fassen.

Nach dem Vorstehenden ist es nun durch das Geständniß des Inculpaten, welches in allen Fällen auch in den anderweitig ermittelten Umständen eine Unterstützung findet, zur Genüge erwiesen, daß in den referirten Fällen von ihm die Feuerlegung ausgegangen ist. Das dadurch begangene Verbrechen charakterisirt sich in drei Fällen (Brand bei Franck, Rauert und Schultz) als vollendete Brandstiftung, in dem Petersen'schen Fall, wo der Düngerhaufen angezündet ward, damit in Folge dessen ein größeres Feuer entstehe, als versuchte Brandstiftung, in dem Popp'schen Falle endlich, wo ein entfernt auf dem Felde stehender Diemen von Heu und Stroh angezündet ward, als muthwillige Sachbeschädigung, die aber auch als solche crimineller Ahndung unterliegt.

Die Urheberschaft des Inculpaten ist denn auch von seinem Defensor in keiner Weise in Frage gestellt worden, welcher vielmehr sogar seinem Clienten in sämmtlichen Fällen eine vollendete Brandstiftung zur Last legen will.

Ebensowenig aber wird man eine Unzurechnungsfähigkeit des Inculpaten behaupten dürfen: der Gerichtsarzt, das Untersuchungsgericht und der Vertheidiger stimmen in diesem Urtheile überein.

Inculpat ist am 29. December 1843 in Heiligenhafen geboren, von wo sein Vater, der Scheerenschleifer Pilz, nicht lange Zeit nach seiner Geburt nach Oldenburg gezogen ist. Nach den durch das ärztliche Gutachten bestätigten Angaben seiner Mutter hat er bis zum zwölften Jahre an Krämpfen und epileptischen Zufällen gelitten, später das Scharlachfieber überstanden, ist aber seit drei Jahren ganz gesund gewesen. Das Lernen ist ihm stets schwer geworden, obwohl er von Jugend an zur Schule und zum Lernen angehalten ist. In seinem funfzehnten Jahre ist er nur mit Rücksicht auf sein Alter aus der Elementar- in die Cantorklasse versetzt worden, er hat auch bei seinem Abgang von der Schule es nicht bis zum fertigen Lesen gebracht, seine Kenntniß und Verständniß der christlichen Religion ist eine mangelhafte und alle Lehren, die mit einiger geistigen Anstrengung begriffen werden sollten, jedoch auch von weniger befähigten Kindern aufgefaßt wurden, sind ihm unverständlich geblieben. Nach seiner Ostern 1860 stattgehabten Confirmation hat er bei seinem Vater das Schleiferhandwerk erlernen sollen, aber auch dies ist ihm schwer geworden, indem er die Handgriffe immer wieder vergessen hat.

Bei dieser geistigen Beschränktheit war der Inculpat nach den Zeugnissen seiner Eltern, Lehrer und des Predigers, der ihn confirmirt hat, still und verschlossenen Charakters und zum dumpfen Hinbrüten geneigt. Nach Schilderung seines Vaters ist er gar nicht wie andere Kinder gewesen, hat nie um etwas gebeten, weder um Erlaubniß zum Spielen noch um Erfüllung anderer Wünsche. Nach Angabe beider Eltern ist er stets gehorsam und folgsam gewesen, aber auch strenge gehalten worden. Der Inculpat selbst ergiebt, daß er oft und strenge von seinen Eltern bestraft worden sei, wenn er auch immer die Züchtigung verdient gehabt habe.

Höchst ungünstig lautet dagegen das Urtheil der Nachbarn über ihn, welche ihn nicht allein jeglichen schlechten Streiches fähig halten, sondern auch eine Reihe boshafter Streiche aufzählen, die sie ihm zur Last legen. So soll er einem Nachbarn Straßenkoth ins Fenster geworfen und auf dem Treppenstein desselben seine Bedürfnisse verrichtet, einem andern sein Heckthor mit Koth beschmiert und eine todte Schlange hineingesteckt, einem Dritten eine Schirmwand auf dem Felde vernichtet und verbrannt haben, dann zuweilen Abweisersteine in den Graben geworfen und einmal beim Reinmachen des Korns Steine hineingeworfen haben u. dgl. m. Der Inculpat leugnet freilich, diese Streiche begangen zu haben, daß aber das allgemeine Urtheil über ihn nicht so ganz unrichtig sein wird, möchte sich daraus ergeben, daß ein ähnlicher schlechter Streich des Inculpaten zur Untersuchung und Bestrafung gekommen ist, indem er ein Jahre vor seiner Confirmation ein junges Dienstmädchen, welches Kühe im Felde weidete, ohne erkennbaren Beweggrund, wie es scheint aus reiner Frevelhaftigkeit, mit seinem Taschenmesser in den Rücken gestochen hat, wofür er damals mit 12 Ruthenhieben bestraft worden ist.

Ist aber dies allgemeine Urtheil über den Inculpaten, wenn auch vielleicht bei der gegen ihn und seine Familie dem Anschein nach herrschenden Abneigung etwas übertrieben, doch im Ganzen ein richtiges, so darf man nicht lange nach dem Motiv der von ihm verübten Brandstiftungen suchen. Es ist eben der knabenhafte frevelnde Muthwille, der ihn zur Verübung derselben trieb, er liebte es, eine große Feuersbrunst zu sehen, es machte ihm Vergnügen, wenn dann ein Feuerlärm entstand und die ganze Stadt in Bewegung und Aufregung gerieth, und um das eine oder andere zu erreichen, unternahm er die Brandstiftung.

Von einer Geisteskrankheit des Inculpaten, namentlich von einer s. g. Pyromanie desselben, an die man denken könnte, ist keine Spur. Es braucht hier nicht hervorgehoben zu werden, daß die neuere Theorie sich der Annahme eines krankhaften Brandstiftungstriebes sehr abgeneigt gezeigt hat, denn selbst nach der ältern die Annahme desselben begünstigenden Ansicht wären die Voraussetzungen bei dem Inculpaten nicht gegeben, da aus seinen Angaben überall nicht zu entnehmen ist, daß eine unwiderstehlich zum Brandstiften ihn drängende Lust am Anblick des Feuers ihn beherrscht hat. Die That ist fast immer bei ihm das Ergebniß eines kurz vorher ihm gekommenen Einfalls; es ist auch nicht blos das Vergnügen am Anblick eines großen Feuers, welches übrigens auch wohl die meisten geistig gesunden Menschen empfinden werden, sondern eben so sehr das Behagen an dem durch ihn bewirkten Alarm, welcher in Folge des Feuers entstehen würde, welches ihn zum Verbrechen bewegt.

Abgesehen hiervon ist aber auch weder dem Untersuchungsgericht, welches vielfach mit dem Inculpaten verkehrte, noch seinem Vertheidiger in seinen verschiedenen Unterredungen mit ihm ein Zustand geistiger Krankheit aufgefallen, und eben so hält ihn der Physikus Heseler, welcher zunächst auf Grundlage der Acten, nachträglich auch auf Grundlage eigener Anschauung, sein Gutachten erstattet hat, für dem Anschein nach körperlich gesund und geistig der Zurechnung fähig, wenn auch mit Berücksichtigung der mangelhaften geistigen und sittlichen Ausbildung des Inculpaten und der ihn von Jugend auf beherrschenden Neigung zu muthwilligen und boshaften Streichen seine Zurechnungsfähigkeit als eine beschränkte angesehen werden müsse.

Sein Verhältniß zum Strafgesetz betreffend, so weiß der Inculpat sehr wohl, daß Brandstiftung ein Verbrechen, daß sie mit Strafe, namentlich Zuchthausstrafe, bedroht sei, er will aber vor der Begehung der einzelnen Verbrechen hieran so wenig wie an den Schaden, den er anrichten werde, gedacht haben, was geglaubt werden mag, da es auch bei erwachsenen und geistig begabteren Verbrechern oft genug vorkommt, daß sie im Augenblick der That sich die ihnen hinreichend bekannten Folgen ihrer verbrecherischen Handlung nicht vergegenwärtigen.

Für die über den Inculpaten zu verhängende Strafe kamen als erschwerende Momente die wiederholte Begehung des Verbrechens, die Größe des angerichteten Schadens, welcher in dem Franck'schen und Rauert'schen Fall ein beträchtlicher war, und die Gefährlichkeit der That, welche hinsichtlich einer möglichen weitern Verbreitung des Feuers bei den innerhalb der Stadt verübten Brandstiftungen und auch bei dem Rauert'schen Brande wegen der Nähe anderer Gebäude des Gehöftes vorhanden war, als strafmindernde Momente dagegen die Jugend des Inculpaten, welche auch in dem kindischen Beweggrund seiner Thaten an den Tag tritt, seine mangelhafte Erziehung und seine große geistige Beschränktheit, mit Rücksicht auf welche der Physicus, wie oben bemerkt, von einer geminderten Zurechnungsfähigkeit des Inculpaten spricht, in Betracht. Der Oldenburger Magistrat hatte die Erkennung einer zehnjährigen, der Defensor einer vierjährigen Zuchthausstrafe beantragt; das Königl. Holsteinische Obercriminalgericht entschied sich in Berücksichtigung der angeführten Momente für die Erkennung einer achtjährigen Zuchthausstrafe und erließ in Folge dessen das nachstehende das abzugebende Straferkenntniß normirende Rescript an den Oldenburger Magistrat.

Von Obercriminalgerichtswegen

wird dem Oldenburger Magistrat mit Beziehung auf dessen Bericht vom 14. August d. J., betreffend die wider Lauritz August Amandus Pilz aus Oldenburg wegen wiederholter Brandstiftungen geführte Untersuchung, bei Remittirung der Untersuchungsacten, hiedurch aufgegeben, dem Inculpaten das nachstehende Straferkenntniß zu publiciren und für die Vollstreckung der erkannten Strafe Sorge zu tragen.

In Erwägung, daß der Inculpat, seinem mit den ermittelten Umständen übereinstimmenden Geständnisse zufolge:

1) am Nachmittage des 3. Juni v. J., als er in Begleitung eines Bekannten auf dem Wege nach seines Vaters Bruchparcele bei dem Kuhhause des Landbürgers Rauert auf Feldhof vorbeigegangen ist und unter der Thür desselben, die ziemlich weit von der Erde abgestanden, Stroh hat liegen sehen, den Entschluß gefaßt hat, dieses auf dem Rückwege anzuzünden, indem er gedacht, es würde ein Feuer abgeben und dann würden alle Leute aus Oldenburg zum

Retten herbeikommen, daß Inculpat bald darauf mit einem Dienstjungen des Rauert umgekehrt ist, mit demselben bei dem Kuhhause vorbei bis zum Pferdestall gegangen und, als sein Begleiter ihn hier verlassen, wieder nach dem Kuhhause zurückgekehrt ist und mittelst einiger Reibhölzer das Stroh, welches hart an der Thür gelegen, in Brand gesteckt hat, worauf er Anfangs auf dem Wege nach Oldenburg fortgegangen, dann aber, als das Gebäude schon von den Flammen ergriffen war, wieder umgekehrt ist;

2) daß ferner der Inculpat im Anfang Septbr. v. J. Abends über die Planke auf den benachbarten Hof des Schullehrers Petersen gestiegen ist und das am Mittag selbigen Tages auf den Düngerberg geworfene Bettstroh in Brand gesteckt hat, nachdem der Entschluß zu dieser Brandstiftung schon am Mittage von ihm gefaßt worden ist, daß das ausgebrochene Feuer zwar mit leichter Mühe gelöscht worden ist, der Inculpat seiner eigenen Angabe nach gehofft hat, daß auch die Planke und dann das Haus mit in Brand gerathen werde, das begangene Verbrechen demnach als ein Versuch der Brandstiftung sich darstellt;

3) daß Inculpat am Abend des 23. Octbr. v. J. die Diemen der Weber Popp mittelst eines Reibholzes angezündet hat, so daß ungeachtet der rasch herbeigeeilten Hülfe zwei derselben zum Werth von 24 ℛ R.-M. völlig niedergebrannt sind, daß diese Handlung des Inculpaten, da die Diemen von Gebäuden entfernt frei auf dem Felde standen, zwar nicht als Brandstiftung, sondern als muthwillige Sachbeschädigung zu charakterisiren ist, dieses Vergehen aber auch als solches einer criminellen Ahndung unterliegt;

4) daß Inculpat am Abend des 15. Novbr. v. J. seinen über acht Tage vorher gefaßten Entschluß, das Haus des Nagelschmieds Schultz anzuzünden, in der Weise ausgeführt hat, daß er nach dem Essen von dem Hofplatz seiner Eltern aus nach dem benachbarten Hofe des Damnificaten Schultz gegangen ist und an der offenen Seite des an das Wohnhaus angebauten Schweinestalls das auf dem Kopfboden liegende Stroh mit einem Reibholz in Brand gesteckt hat, daß, wenn auch das Feuer bald gelöscht worden und ein nennenswerther Schaden durch dasselbe nicht entstanden ist, dennoch nach den Aussagen mehrerer Zeugen und dem Ergebniß des gerichtlichen Augenscheins, nach welchem zwei Riegel des Wohnhauses bereits angebrannt gewesen sind, es keinem Zweifel unterliegen kann, daß von dem Inculpaten eine vollendete Brandstiftung begangen ist; so wie

5) daß Inculpat am Abend des 17. Novbr. v. J. in der Absicht, die Scheune des Landbürgers Franck in Oldenburg in Brand zu stecken, mehrere aus dem Dache unter den Pfannen heraushängende Strohhalme mittelst einiger Reibhölzer angezündet hat, in Folge dessen die Scheune des Damnificaten in Asche gelegt worden ist;

in Erwägung, daß solchemnach dem Inculpaten drei vollendete Brandstiftungen, ein Versuch der Brandstiftung und das Vergehen der muthwilligen Sachbeschädigung zur Last fallen, daß durch die Verbrechen der Brandstiftung der Brandkasse ein Schaden von fast 5000 ℛ erwachsen ist, während bei dem ersten Feuer außer vier Bauerwagen eine beträchtliche Quantität Stroh verbrannt ist und der Werth des in der Franck'schen Scheune vernichteten Korns sich auf 2464 ℛ beläuft;

in Erwägung, daß der Inculpat, als er die erste Brandstiftung verübte, ungefähr 16 und ein halb Jahr alt, damals auch bereits confirmirt war, er mithin das Alter der criminellen Mündigkeit längst überschritten hatte, Inculpat auch nach dem übereinstimmenden Urtheil seiner früheren Lehrer und des ihn confirmirenden Predigers, wenngleich er bei geringer geistiger Begabung und großer Gleichgültigkeit nur mäßige Fortschritte in der Schule gemacht hat und hinter seinen Altersgenossen zurückgeblieben ist, dennoch beim Verlassen der Schule eine genügende geistige Ausbildung erlangt hatte, um das Strafbare seiner Handlungsweise einsehen zu können;

in weiterer Erwägung, daß der Inculpat, welcher in früheren Jahren an Krämpfen und epileptischen Zufällen gelitten, nach dem durch die Angaben seiner Mutter bestätigten Gutachten des Physicus jetzt körperlich vollkommen gesund und geistig soweit fortgeschritten ist, daß er als zurechnungsfähig angesehen werden muß;

in Erwägung, daß dem Inculpaten seiner eigenen Angabe nach die bürgerliche Strafbarkeit seiner Verbrechen bekannt gewesen ist, er auch gewußt hat, daß er im Fall der Entdeckung zunächst ins Gefängniß und dann ins Zuchthaus kommen werde, und daß solchemnach bei der im Allgemeinen unzweifelhaft vorhandenen Zurechnungsfähigkeit des Inculpaten nur noch zur Frage stehen kann, ob eine die Zurechnung aufhebende geistige Störung zur Zeit der That bei ihm vorhanden gewesen ist;

in Erwägung nun, daß der Inculpat sich hinsichtlich des Motivs zu den von ihm begangenen Verbrechen im Allgemeinen dahin ausgesprochen, daß er das Feuer deshalb angezündet, weil er es gerne brennen sehen möge und weil er Vergnügen gefunden habe an dem durch ihn bewirkten Allarm, welcher in Folge des Feuers entstehen würde, daß an der Wahrheit dieser Angabe aber keineswegs zu zweifeln ist, da der Inculpat schon vor Begehung der in Frage stehenden Verbrechen seiner schlechten und muthwilligen Streiche wegen bei der ganzen Nachbarschaft im schlechtesten Rufe gestanden hat und bereits im Jahre 1859, weil er ohne jegliche Veranlassung aus bloßem Uebermuth ein Mädchen mit einem Taschenmesser in den Rücken gestochen, in Untersuchung gezogen und mit einer körperlichen Züchtigung belegt worden ist, es demnach durchaus nicht unerklärlich erscheint, daß Inculpat, dessen schlimme Neigungen durch die Erziehung im elterlichen Hause nicht unterdrückt wurden, in Folge seines hinlänglich erwiesenen Hanges zu muthwilligen Streichen selbst vor Begehung des schweren Verbrechens der Brandstiftung nicht zurückgeschreckt ist;

in Erwägung, daß von einer s. g. Pyromanie, abgesehen von den in der neueren Theorie überhaupt gegen die Existenz eines solchen selbstständigen Brandstiftungstriebes erhobenen Zweifeln, hier schon deshalb nicht die Rede sein kann, weil der Inculpat, wie in dem Gutachten des Physicus bemerkt worden, niemals ausgesprochen, daß er einen unwiderstehlichen Drang zum Feueranlegen in sich gehabt habe, sämmtliche Brandstiftungen überdies mit Ueberlegung ausgeführt und zum Theil im Vorwege von dem Inculpaten beschlossen worden sind;

in endlicher Erwägung, daß, wenn auch bei Zumessung der solchemnach über den Inculpaten zu verhängenden Strafe sein jugendliches Alter, welches auch in dem kindischen Beweggrund seiner Verbrechen sich manifestirt, seine geringe geistige Begabung und die verkehrte Erziehung, welche ihm zu Theil geworden ist, als mildernde Momente wesentlich in Betracht kommen, dennoch mit Rücksicht auf die wiederholte Begehung und die Schwere der Verbrechen, so wie die Größe des angerichteten Schadens, die Erkennung einer nachdrücklichen Strafe geboten erscheint und eine achtjährige Zuchthausstrafe als dem Verschulden des Inculpaten entsprechend anzusehen ist,

wird der Inculpat Lauritz August Amandus Piltz aus Oldenburg wegen wiederholt begangener Brandstiftungen, wegen versuchter Brandstiftung und muthwilliger Sachbeschädigung zu einer achtjährigen Zuchthausstrafe und zur Erstattung der Untersuchungskosten, soweit er des Vermögens, verurtheilt.

Die Rechnung des Defensors ist auf 63 ℳ 40 β R.-M. bestimmt worden.

Urkundlich rc. Gegeben im Königl. Holsteinischen Obercriminalgerichte zu Glückstadt, den 30. August 1861.

Der verurtheilte Inculpat supplicirte gegen dies Erkenntniß an das Königl. Oberappellationsgericht zu Kiel, ward aber von diesem unterm 30. December v. J., mit Beziehung auf die dem angefochtenen Straferkenntniß vorangestellten Entscheidungsgründe, abschlägig beschieden.

Allerhöchst privilegirte

Holsteinische Anzeigen.

Redigirt von den Obergerichtsräthen Etatsrath Henrici und Lucht.

Gedruckt bei Augustin in Glückstadt.

5. Stück. — Den 5. Februar 1862.

Beiträge zur Lehre vom Arrestproceß.

Mit besonderer Rücksicht der inländischen Praxis.

Von dem Herrn Advocaten Ipsen in Neumünster.

(Fortsetzung.)

§ 4.

b. Justa causa.

Die durch die Arrestverhängung für den Impetraten herbeigeführte Folge der Entziehung oder doch Beschränkung der Disposition, sei es über seine eigene Person, sei es über seine Habe und Güter, ist eine so beschwerende Maaßregel, daß sie sich, wenn sie gerechtfertigt werden soll, nur durch eine besondere von dem Impetraten selber gegebene Veranlassung wird rechtfertigen lassen. Dazu führt folgende Betrachtung. Die freie Disposition einer Person über sich selbst und ihr Vermögen ist an sich unbeschränkt; aber diese Dispositionsfreiheit beschränkt doch ein Jeder sich selber schon dadurch in kleinerem und größerem Umfange, je mehr Verbindlichkeiten er Anderen gegenüber übernimmt. Das Vermögen, diese Verbindlichkeiten erfüllen zu können, sollte daher die Gränze für Uebernahme von Verbindlichkeiten bilden. Allein dies ist practisch unmöglich, schon um deswillen, weil die casuellen Einflüsse, denen die Leistungsfähigkeit einer Person unterworfen ist, eine bestimmte Berechnung dieser Fähigkeit gar nicht zuläßt. Nichts desto weniger bleibt aber anderer Seits gewiß, daß, wenn die übernommenen und unerfüllten Verbindlichkeiten die Leistungsfähigkeit der Person übersteigen, ihre Dispositionsfreiheit als erloschen anzusehen ist, welches formell aussprechen zu lassen jedem Gläubiger im Wege der Concursbeantragung offen steht, ein Weg, der dem Gläubiger zur ferneren Sicherung seiner Ansprüche einzuschlagen nothwendig wird. So weitläuftig dieser Weg, in der Regel der Schluß eines vorangegangenen langen Processes, auch ist, so bleibt er doch ausschließlich der einzig zulässige, so lange er sich nicht als offenbar unzulänglich erweist, und dies tritt erst dann ein, wenn der Schuldner selber seine Leistungsfähigkeit durch Beseitigung der ihm zu Gebote stehenden Befriedigungsmittel zu beseitigen bestrebt ist; wenn er sich Handlungen zu Schulden kommen läßt, welche die gerechte Befürchtung erregen, daß dem Gläubiger die rechtliche Verfolgung seiner Ansprüche erschwert oder gar unmöglich gemacht werden wird. Hier muß der Schuldner, weil er eben in wirklicher oder präsumtiver Absicht die Execution vereiteln und in fernerer Folge auch den Concurs wirkungslos machen will, sich die Dispositionsentziehung, die er selber sich zugezogen hat, gefallen lassen, weil nur so seinem in casu concreto immer als rechtswidrig aufzufassenden Handeln gesteuert werden kann. Aber ein solches Handeln des Schuldners, eben weil dadurch die abnorme Maaßregel gerechtfertigt werden soll, ist auch erforderlich. Bloße Zustände des Schuldners, z. B. der fehlende Besitz liegender Gründe,

Anz. 1837, S. 109; 1838, S. 167,

schlechte Vermögensumstände und das daraus sich ergebende negative Verhalten in Bezug auf Erfüllung von Verbindlichkeiten, z. B. unterlassene Zinszahlung.

Anz. 1857, S. 181,

mögen sie immerhin die Befürchtung rege machen, daß der Gläubiger nicht zu dem Seinigen kommen werde, rechtfertigen doch nie eine Arrestverhängung, weil hier von einer imputablen Vereitelung der Execution auf Seiten des Schuldners die Rede nicht sein kann. Auch muß ein Handeln des Schuldners stattgehabt haben, welches eben die Befürchtung begründet, daß eine weiter dem Schuldner gelassene Dispositionsfreiheit dem Gläubiger die Rechtsverfolgung erschwere oder unmöglich mache. Bloße Befürchtungen, daß der Schuldner so handeln könne,

Anz. 1841, S. 334,

daß er z. B. sein Folium im Schuld- und Pfandprotocoll zum Nachtheil einer versprochenen aber noch nicht constituirten Hypothek belasten möchte (was nicht mit dem unten zu erwähnenden Fall einer gerechtfertigten Folienschließung zu verwechseln ist), daß eine bestellte Hypothek verschlechtert werde, daß der Schuldner seine Immobilien und Mobilien und letztere, ob verpfändet oder nicht verpfändet, veräußern möge, daß er, ohne im Besitz von Immobilien oder Mobilien, sich leicht ins Ausland begeben könne, alles das sind bloße gedachte Möglichkeiten, die zur Verhängung eines Arrestes niemals ausreichen,

Anz. 1837, S. 107; 1843, S. 382 Schl.; 1839, S. 179 H.

Handlungen des Schuldners müssen demnach vorliegen; nicht etwa in der Bedeutung, daß vollendete in sich abgeschlossene Handlungen erfordert würden; denn es liegt auf der Hand, daß alsdann eine Arrestverhängung in der Regel zu spät kommen würde. Wie weit im Uebrigen eine Handlung oder Vorkehrung vor sich gegangen sein müsse, läßt sich nicht genauer bezeichnen, als daß darnach eine Erschwerung oder gänzliche Vereitelung der Rechtsverfolgung für den Gläubiger, falls der Schuldner nicht behindert wird, sein Handeln fortzusetzen, zu befürchten steht.*) Dies ist nun eben auch das characteristische Kennzeichen, wenn man fragt, welcher Art Handlungen der Schuldner vorgenommen haben müsse. Eine genauere Bezeichnung kann nicht gegeben werden und es ist durchaus irreleitend, wenn man einzelne Handlungen, die im concreten Fall am häufigsten vorkommen mögen, z. B. der Flucht des Schuldners, Verschwendung desselben, Justizverweigerung des Auslandes, wo der Schuldner domicilirt ist, als eine Tabelle der justae causae aufführt, wie wohl von älteren Processualisten geschieht,

vgl. auch hierüber Francke, a. a. O., § 94.

Solche Fälle können nur als veranschaulichende Beispiele benutzt werden, nicht aber dürfen sie als die Regel selber aufgestellt werden, weil die Beweglichkeit des concreten Lebens nicht wohl in ein paar oft vor-

---

*) Anm. d. Red. Auch in dem Aufsatz, welcher im Jahrgang 1841 der Schlesw. Holst. Anz. abgedruckt ist, wird S. 334 als Bedingung für eine genügende causa arresti hingestellt, daß Handlungen bescheinigt werden, welche den Rechten des Gläubigers nachtheilig werden können, was im Wesentlichen mit der Ansicht übereinstimmt, welche der Verfasser der vorstehenden Abhandlung vertritt, indem er ebenfalls die causa arresti auf Handlungen, wenn auch nur auf in Aussicht stehende, zurückführen und zu der objectiven Gefahr auch noch das subjective Moment der Selbstverschuldung hinzugefügt wissen will, um darin die Rechtfertigung für die außerordentliche Maaßregel der Arrestanlegung zu suchen. Vgl. oben § 1.

Wir halten dies nicht für richtig. Allerdings wird die zu arrestatorischen Verfügungen berechtigende Gefahr eines Verlustes oder einer wesentlichen Erschwerung der Rechtsverfolgung sich in den meisten Fällen in der Handlungsweise des Schuldners manifestiren und es wird auch gewiß häufig den Schuldner die außerordentliche Maaßregel des Realarrestes als eine selbstverschuldete treffen. Aber es giebt doch auch Fälle, wo die zur Arrestanlegung berechtigende Gefahr in Verhältnissen beruht, die der Schuldner weder herbeigeführt hat noch beherrscht, vgl. Anz. 1856, S. 16; und was die Hauptsache ist, es fehlt an aller Berechtigung, dem objectiven Erforderniß einer drohenden Gefahr auch noch ein subjectives Moment hinzuzufügen.

gekommene factische Vorgänge sich fixiren läßt und selbst über diese oft vorgekommenen Fälle die verschiedenen richterlichen Instanzen in Berücksichtigung sonstiger dabei in Betracht kommender Umstände verschieden urtheilen können und oft genug verschiedenartig geurtheilt haben.

Dieser Gesichtspunkt ist festzuhalten, wenn wir nunmehr einige practische in den Anzeigen mitgetheilte Fälle kurz berühren. Ein Schuldner, der erfolglos um Zahlung gedrängt dabei erklärt, daß er sein sämmtliches Vermögen veräußert habe, hat damit eine Handlung eingeräumt, die dem Gläubiger die Execution vereitelt oder doch erschwert und mithin eine justa causa arresti ergiebt, wobei selbstverständlich die Art des Bekenntnisses, daß er, der Schuldner, bereits veräußert habe, also kein zu bearrestirender Gegenstand mehr in seinem Eigenthum sich befinde, durchaus irrelevant ist, indem der Gläubiger berechtigt erscheint, die möglichste Sicherung zu erstreben, und die Eigenthumsfrage, deren Beantwortung überdies nicht abgeschnitten, so weit sie illiquide ist, nicht dem Sicherungsversuche hindernd entgegentreten darf,

vgl. Anz. 1839, S. 64, und die daselbst citirte L. 10, 16 D. 42, 8.

Auch eine theilweise Veräußerung des Vermögens kann eine justa causa abgeben. Ein Schuldner, welcher schon anderweitiger Forderungen halber gepfändet worden, also dem Anscheine nach nicht mehr zahlungsfähig ist und welchem eine fernere Pfändung durch Andrängen neuer Gläubiger bevorsteht, gefährdet offenbar die Sicherheit der Forderungen dieser letzteren, wenn er zu dieser Zeit Vorkehrungen trifft, z. B. den größten Theil seines Viehbeschlages oder ein Bücherlager, ohne Vorwissen seiner Gläubiger zu veräußern,

Anz. 1837, S. 239 Schl.; 1850, S. 371 Schl.

Dagegen ergiebt der Verkauf der liegenden Gründe an und für sich, sofern nicht weitere Umstände hinzukommen, niemals eine Gefährdung der Interessen der Gläubiger,

Anz. 1855, S. 384 H.

Die Handlung empfängt ihren gefährdenden Character hier immer erst aus den begleitenden Umständen. „Wer (wie das vormalige Schleswigsche Obergericht,

Anz. 1839, S. 169,

sagt) den größten Theil seiner Habe und namentlich sein sämmtliches Mobiliar veräußert und noch dazu damit umgeht, sich in die Fremde (Amerika) zu begeben, ohne seine Creditoren zuvor zu befriedigen oder selbigen genügende Sicherheit anzuweisen, begründet offenbar dadurch ein Recht der letzteren, wegen ihrer (liquiden) Forderungen einen Arrest gegen den Debitor auszubringen, mag dieser heimlich davon zu ziehen beabsichtigen oder nicht." Der Einwand des Schuldners, daß er noch liegende Gründe besitze, erschien als irrelevant, da sein früheres Verfahren ja eben die Befürchtung begründete, daß er auch diese ihm noch verbliebenen Ländereien veräußern oder mit Protocollaten beschweren könne. Dasselbe Obergericht äußert in einem andern Fall,

Anz. 1839, S. 370,

daß die justa causa arresti zur Genüge daraus hervorgehe, daß die Justificaten, deren früherer Concurs constire, ihr gegenwärtiges Unvermögen und die nach der Behauptung des Justificanten hinsichtlich der Erbgelder vorgenommenen Versuren nicht einmal in Abrede gestellt hatten.

Wie sehr unsere Oberdicasterien die in Betracht kommende Handlung der Schuldner bezüglich ihres gefährdenden Characters nach den begleitenden Umständen beurtheilen und wie behutsam dieselben in dieser Hinsicht zugleich zu Werke gehen, machen ein paar practische Beispiele recht klar. Wir haben oben des Falles erwähnt, daß ein um Zahlung gedrängter Schuldner sein Vermögen veräußert oder Vorkehrungen dazu trifft. So oft auch hierin eine justa causa arresti zu finden sein wird: als abstracte Regel kann man den Fall nicht aufstellen. In dem

Anz. 1849, S. 377,

mitgetheilten Rechtsfall beabsichtigte der Impetrat eingestandener Maaßen seine Landstelle gegen Stipulation eines Altentheils an seinen Sohn zu übertragen. Der Impetrant, welcher eine Buchforderung an den Impetraten eingeklagt hatte, suchte die Veräußerung zu inhibiren und es hielt auch die Unterinstanz den so verhängten Arrest für justificirt. Nun gewährte allerdings der ausbedungene Altentheil dem Gläubiger schwerlich Sicherheit, da möglicher Weise derselbe so beschränkt stipulirt sein konnte, daß nach Abzug der zum Lebensunterhalt erforderlichen Mittel kein Ueberschuß verblieb, mithin der Altentheil der Execution nicht unterworfen war,

Anz. 1859, S. 300 H.,

und es als eine weiter unten noch zu berührende Regel gilt, daß das, was der Execution nicht unterworfen, auch nicht mit Arrest belegt werden kann. Im Uebrigen aber ward im gedachten Fall, wie es scheint, das gesammte Vermögen, welches eben nur in der Hufenstelle bestand, veräußert. Aber es lagen hier ganz andere Verhältnisse zu Grunde, als in dem früher erwähnten Fall. Eine außergewöhnliche Veräußerung war die in Frage stehende nicht zu nennen; vielmehr ist es auf dem Lande der gewöhnliche Gang der Dinge, daß der Vater dem Sohn die Hufe schon bei seinem Lebzeiten überträgt; dazu ist eben so gewöhnlich, worauf das Obergericht besonderes Gewicht legt, daß der Uebernehmer des Besitzes auch die Regulirung des väterlichen Schuldenwesens übernimmt. Unter diesen Umständen, und da der Impetrant selber Bestimmteres als die Veräußerung nicht hatte anführen können, hielt das Obergericht die letztere nicht für eine so den Gläubiger gefährdende Handlung, daß der Arrest gerechtfertigt erscheinen könnte. Einen weiteren Grund, den Arrest im gedachten Fall für nicht justificirt zu erachten, berühren wir später.

(Die Fortsetzung folgt.)

Entscheidungen.

Die Einreichung eines Restitutionsgesuches ist der für die Justification eines impetrirten Arrestes vorgeschriebenen Anhängigmachung der Hauptsache gleichzustellen.

In Sachen des Eingesessenen Johann Diedrich Groth in Wedel, Justificaten und Appellanten,

wider

den Zubauer Jürgen Casper Röttger daselbst, Justificanten und Appellaten,

betreffend Justification eines impetrirten Arrestes s. w. d. a., jetzt Appellation wider das Erkenntniß des Königl. Pinneberger Landgerichts vom 31. October 1860,

ergeben die Acten:

Im Jahre 1849 hat der Appellant eine Appunctuation unterschrieben, laut welcher er seine zu Wedel belegene Landstelle für 7300 ℔ Cour. an den Appellaten verkauft hat. Bald darauf stellte Letzterer gegen Ersteren eine Klage auf Solemnisation des Kaufhandels an, vor deren Verhandlung jedoch der Appellant auf den Antrag seines Schwagers Breckwoldt für imbecill erklärt und unter Curatel gestellt ward. Der Appellat klagte darauf gegen den Curator, welcher seinerseits die Unterschrift der Appunctuation abseiten seines Curanden leugnete und eventuell excipiendo behauptete, daß derselbe zur Zeit der Unterschrift nicht dispositionsfähig gewesen sei. Nachdem beide Partleien die ihnen auferlegten Beweise erbracht hatten, ward darauf mittelst Erkenntnisses vom 23. April 1851 der Appellat mit seiner Klage abgewiesen. Im Jahre 1857 trug der Appellant selbst darauf an, daß die über ihn verhängte Curatel wieder aufgehoben werden möge, wobei er angab, daß er im Jahre 1849 Geistesverwirrung simulirt habe und zwar um der durch die Appunctuation über den Verkauf seiner Landstelle übernommenen Verpflichtungen enthoben zu werden. Von dem Pinneberger Landgerichte ward hierauf nach stattgehabter Untersuchung unterm 2. August v. J. die angeordnete Curatel wieder aufgehoben und der Appellant zugleich wegen Betruges verbunden mit Täuschung der Behörden in eine sechsmal fünftägige Gefängnißstrafe bei Wasser und Brod verurtheilt, unter Vorbehalt der Civilansprüche des Appellaten.

Unterm 10. August v. J. beantragte Letzterer bei dem Pinneberger Landgericht mit dem Bemerken, daß Appellant die fragliche Landstelle einem Andern zuschreiben zu lassen beabsichtige, eine richterliche Verfügung dahin:

daß das Folium der in Wedel belegenen Besitzung des Appellanten im Pinneberger Schuld- und Pfandprotocoll mit Arrest belegt, so wie dem Appellanten die Veräußerung der Stelle nebst Inventar bei Vermeidung der Nichtigkeit untersagt und in dieser Beziehung die nöthige Mittheilung an das Königl. Pinneberger Actuariat gemacht werde.

Das erbetene Inhibitorium ist am selbigen Tage erlassen und dem Appellaten zugleich aufgegeben, dasselbe innerhalb 6 Wochen durch auszubringende Klage und Ladung zu justificiren, mit der Androhung, daß dasselbe widrigenfalls auf Anhalten des Appellanten wiederum aufgehoben werden würde.

Appellat hat innerhalb der präfigirten Frist unter Anlegung des Justificationslibells Ladung impetrirt und zur Rechtfertigung des Inhibitoriums Folgendes vorgebracht:

Sein Anspruch, soweit derselbe auf Vollziehung des Kaufhandels gerichtet sei, sei nach den Acten des früheren Processes liquide begründet. Es sei nämlich rechtskräftig erkannt, daß er den ihm auferlegten Hauptbeweis geführt habe, während der ebenfalls für geführt erkannte Exceptionalbeweis auf einem Betrug basire, mit Rücksicht auf welchen Betrug er um Restitution gegen das abweisende Erkenntniß der Landdrostei vom 23. April 1851 nachgesucht habe. Den ihm erwachsenen Schaden könne er jedoch jetzt noch nicht bestimmt angeben, da zur Berechnung desselben erst dann der Zeitpunkt gekommen sei, wenn die erbetene Restitution bewilligt und in Folge dessen die in pcto. Solemnisation des Kaufcontracts bereits anhängige Sache definitiv erledigt sein werde. Was sodann die justa causa arresti anlange, so ergebe sich aus den Erkenntnissen des Pinneberger Landgerichts vom 2. August v. J., daß der Beklagte bereits früher durch einen schlauen Betrug den Kläger um seinen gerechten Anspruch auf Solemnisation des Kaufhandels und spätere Tradition der verkauften Besitzung gebracht habe, welcher Betrug von dem Beklagten nur zu diesem Zwecke ausgeübt sei, so daß der Beklagte ein Mensch sei, von dem ein abermaliger Betrug füglich zu erwarten sei. Sodann sei dem Gerichte bekannt, wenn auch nicht actenmäßig, daß der Beklagte am 13. August v. J., dem Tage des impetrirten Inhibitoriums, einen abermaligen Versuch gemacht habe, den Anspruch des Klägers hinsichtlich der fraglichen Besitzung auf trügerische Weise zu vereiteln, indem er einem Andern diese Besitzung zuzuschreiben beabsichtigt und bereits die deshalb nöthigen Maaßregeln ergriffen gehabt habe. Da es sich hauptsächlich um Conservirung des Streitobjects handle und ein Verbot der Veräußerung während des Processes sich von selbst verstehe, so bedürfe es eigentlich einer besonderen Justification des Inhibitoriums nicht, sondern nur einer Nachweisung, daß, da gerichtsnotorisch die Klage auf Solemnisation bereits im Jahre 1849 anhängig gemacht worden sei, Kläger gegen das in diesem Processe abgegebene Definitiverkenntniß das Rechtsmittel der Restitution eingeführt habe, welcher Nachweis durch die der Klage angelegten Bescheinigung erbracht sei.

Gebeten ist, die abgegebene arrestatorische Verfügung für justificirt zu erachten und dieselbe demnach bis zur in der Hauptsache erfolgten und rechtskräftig gewordenen Definitivsentenz aufrecht zu erhalten, ref. exp.

Excipiendo ist dagegen vorgebracht: da der frühere Proceß durch ein rechtskräftiges den Kläger abweisendes Erkenntniß beendigt worden, so liege ein rechtlich begründeter Anspruch überhaupt nicht vor. Das Geständniß des Beklagten, den dabei kein anderes Motiv als das augenblicklich übermächtige Verlangen, von der ihm über alles lästigen Curatel frei zu kommen, und die allerdings eingebildete Aussicht auf eine glückliche eheliche Verbindung geleitet hätte, sei unter den obwaltenden Umständen, wo von der Ernstlichkeit des animus confitendi nicht die Rede sein könne, ohne rechtliche Bedeutung und zwar um so mehr, da dasselbe zu einer Zeit abgelegt worden, wo der Confitent rechtlich dispositionsunfähig gewesen sei. Die wider den Beklagten erkannte Criminalstrafe entbehre der rechtlichen Begründung und jedenfalls könne der in dem Criminalerkenntnisse geschehene Vorbehalt der Civilansprüche dem Kläger keine Rechte geben. Die Nichtexistenz jeglichen Anspruches habe Kläger auch dadurch anerkannt, daß er gegen das rechtskräftige Erkenntniß der Landdrostei um Restitution nachgesucht habe, durch bloße Restitutionsgesuche würden aber keine Rechte geschaffen. Aber auch abgesehen hiervon fehle es an einem haltbaren Arrestgrunde. Die jenseitige Anführung, daß Beklagter bereits am 13. August einen Versuch gemacht habe, den Anspruch des Klägers auf trügerische Weise zu vereiteln, indem er einem Andern dieselbe Besitzung zuzuschreiben beabsichtigt, sei unwahr. Die bloße Möglichkeit einer Veräußerung sei keine justa causa arresti. Endlich komme für den hier fraglichen Arrest, die Folienschließung, noch hinzu, daß nach der Pinnebergischen Schuld- und Pfandprotocollordnung vom 14. März 1788, § 9, selbige nur zur Sicherung eines dinglichen Anspruchs verhängt werden dürfe.

Nachdem die Parteien auf Re- und Duplik verzichtet, ist von dem Pinneberger Landgericht unterm 31. October v. J. erkannt:*)

daß das Inhibitorium vom 13. März 1860 für justificirt und bis zur Entscheidung über die Hauptsache haftend zu erachten, auch Justificat schuldig sei, dem Justificanten die erwachsenen Proceßkosten, d. et m. s., innerhalb vier Wochen a publ. zu erstatten.

Gegen dieses Erkenntniß hat der Justificat rechtzeitig das Rechtsmittel der Appellation ergriffen und seine Beschwerden darin gesetzt:

1) daß, wie geschehen, und nicht vielmehr dahin erkannt worden, daß das Inhibitorium für nicht justificirt zu erachten, dasselbe daher seinem ganzen Inhalte nach aufzuheben und die desfällige Verfügung an das Königl. Pinneberger Actuariat abzugeben, Justificant auch schuldig sei, dem Justificaten die erwachsenen Proceßkosten, des. et mod. s., innerhalb vier Wochen zu erstatten; eventualiter

2) daß nicht anderweitig den Acten und Sachlage entsprechend, und in omnem eventum

---

*) Die Entscheidungsgründe lauten:

In Erwägung, daß Justificant im Jahre 1849 wider den damals unter Curatel gestellten Justificaten auf Vollziehung einer am 26. Juni 1849 zwischen Parteien abgeschlossenen den Verkauf der dem Justificaten gehörigen in Wedel belegenen Hofstelle c. pert. an Justificanten betreffenden Appunctuation klagbar geworden, daß der in diesem Rechtsstreite dem Justificanten auferlegte Beweis,

„daß Justificat die Verkaufsappunctuation vom 26. Juni 1849 eigenhändig unterschrieben habe,"

rechtskräftig für geführt erachtet ist, daß indeß Justificant, weil der dem Curator des Justificaten auferlegte Exceptionalbeweis, daß Justificat sich zur Zeit der Unterzeichnung der Appunctuation im Zustande geistiger Unfreiheit befunden habe, ebenfalls für geführt erkannt, mit seiner Klage rechtskräftig abgewiesen worden ist; — daß sich nunmehr durch die Resultate einer hier gegen den Justificaten auf Grund einer desfälligen Selbstanklage geführten Criminaluntersuchung ergeben hat, daß Justificat diejenige Geistesunfreiheit, auf Grund welcher er im Jahre 1849 gerichtlich unter Curatel gestellt worden, in der Absicht, um den mit dem Justificanten abgeschlossenen Kaufhandel gerichtlich wieder rückgängig zu machen, simulirt habe; daß die gegen den Justificaten verfügte Curatel deshalb wieder aufgehoben, — auch Justificant gegen das seine damalige Klage abweisende Definitiverkenntniß der Pinneberger Landdrostei vom 23. April 1851 Restitution beim Königl. Holsteinischen Obergericht nachgesucht hat; — daß aber durch diese Thatsachen ein durch das erwirkte Inhibitorium zu schützender Hauptanspruch der desfälligen Einwendungen des Justificaten unerachtet für genügend bescheinigt zu erachten, indem namentlich auch die vom Justificanten nachgesuchte Restitution, als analog auf die Voraussetzungen des § 24 der Restitutionsverordnung vom 15. Mai 1831 basirt, durch den Ablauf des quinquennium nicht verjährt erscheint;

in Erwägung ferner, daß auch eine hinreichende causa arresti, abgesehen davon, daß Justificat bereits früher bemüht gewesen ist, den dem Justificanten liquide zustehenden Anspruch auf Solemnisation der Appunctuation und demgemäßen Erwerb der Stelle c. pert. betrügerischer Weise zu elidiren, und abgesehen von der Frage, ob nicht die vom Justificanten agendo beanspruchte Stelle bereits als res litigiosa der Veräußerung entzogen anzusehen sein möchte, jedenfalls schon in dem Umstande gegeben ist, daß Justificat vermöge der ihm ohne die Folienschließung zustehenden freien Disposition über das Folium im Stande ist, in jedem Augenblick den Anspruch des Klägers auf den Erwerb der Stelle vollständig zu elidiren und dadurch dessen erwiesenes Recht zu gefährden;

in Erwägung schließlich, daß auch die Bestimmungen des § 9 der Schuld- und Pfandprotocollverordnung für die Herrschaft Pinneberg vom 14. März 1788, welche lediglich das specielle Institut der vorläufigen Folienschließung beim Schuld- und Pfandprotocollhalter zum Schutz hypothecarischer Verschreibungen zum Gegenstand haben, keine das allgemeine Arrestverfahren beschränkende Vorschriften enthalten, auch der Bestimmung der Verordnung vom 13. Novbr. 1782 im vorliegenden Falle soweit möglich durch die gerichtsnotorische Einreichung des justificantischen Restitutionsgesuchs beim Holsteinischen Obergerichte genügt ist.

3) daß nicht Compensation der Proceßkosten erkannt worden.

Nach stattgehabter Verhandlung steht zur Frage, ob diese Beschwerden für begründet zu erachten sind.

In Erwägung nun, daß die Verordnung vom 13. November 1782 vorschreibt, daß es der Partei, die den Arrest bewirkt, bei Verlust dieses Rechtsmittels obliegen soll, den Impetraten, wenn es nicht schon geschehen, sofort in seinem foro hauptsächlich zu besprechen und bei Prosequirung des Arrestes als ein wesentliches Stück seiner vor dem judice arrestante zu bewerkstelligenden Justification zu bescheinigen, daß ihre beregte Verbindlichkeit erfüllt und die Hauptsache wirklich gehörigen Orts anhängig gemacht sei, daß diese Vorschrift, wenn sie nur dem Wortsinne nach verstanden wird, allerdings im vorliegenden Falle die Relaxation des impetrirten Arrestes zur Folge haben müßte, weil wörtlich genommen die Einreichung eines Gesuches um Restitution gegen ein rechtskräftiges Erkenntniß noch nicht die Anhängigmachung der Hauptsache ist, daß aber die gedachte Verordnung, deren Hauptzweck der ist, die gemeinrechtliche Bestimmung, daß der judex arrestans zugleich für die Entscheidung der Hauptsache competent wird, aufzuheben, mit der fraglichen Vorschrift nur verhindern will, daß durch willkürliche Verzögerung der Hauptklage der Impetrat beeinträchtigt werde, was nicht nur der ganze Sinn der Verordnung, sondern auch namentlich die folgenden Worte derselben ergeben, durch welche die mehrgedachte Vorschrift motivirt wird: „um durch diese Aufhebung der Prorogation dem schleunigen Fortgange der Justizpflege in der Hauptsache nichts zu vergeben und die Impetraten nicht in die Nothwendigkeit zu versetzen, ihre Gegner erst provociren zu müssen", daß aber die Verordnung, wenn sie auch nur solche Fälle speciell im Auge gehabt hat, in denen der sofortigen Anstellung der Hauptklage kein rechtliches Hinderniß entgegensteht, doch keine Andeutung darüber enthält, daß es die Absicht gewesen sei, die Zulässigkeit des Arrestes auf diesen Fall zu beschränken;

in Erwägung sodann, daß diesemnach der Einreichung des Restitutionsgesuchs im vorliegenden Fall für die Justification des Arrestes dieselbe Bedeutung beigelegt werden muß, welche die Verordnung vom 13. November 1782 der Anstellung der Hauptklage beilegt, da einerseits dies der einzige Schritt war, welcher nach Lage der Sache dem Justificanten möglich war, und andrerseits die Einreichung eines Restitutionsgesuchs die willkürliche Verschleppung der Sache abseiten des Justificanten eben so wohl abschneidet, wie die Anstellung einer Klage;

in Erwägung, daß auch daraus, daß die Verfolgbarkeit des Anspruchs von der Ertheilung der Restitution abhängig ist, ein begründeter Einwurf gegen die Zulässigkeit des Arrestes nicht zu entnehmen ist, da in der Regel und jedenfalls in den Fällen, welche die Verordnung vom 13. November 1782 speciell im Auge hat, die Realisirbarkeit des von dem Impetranten behaupteten Anspruches abhängig ist von dem Ausfall des in der Hauptsache einzuleitenden Processes;

in Erwägung ferner, daß zwar die bloße Möglichkeit einer Gefährdung des geltend zu machenden Anspruchs keine justa causa arresti ist, daß aber die Absicht des Schuldners, dem Gläubiger die Verfolgung seines Anspruchs unmöglich zu machen, wie solche sich in der Flucht des Schuldners manifestirt, ebenfalls aus dem betrügerischen Verhalten desselben in Beziehung auf den fraglichen Anspruch hervorgeht und daher, da dieses im vorliegenden Fall durch das Criminalerkenntniß des Pinneberger Landgerichts vom 2. August v. J. einstweilen genügend bescheinigt ist, ein hinreichender Arrestgrund vorliegt;

in Erwägung, daß der § 9 der Verordnung vom 14. März 1788, wegen Errichtung eines neuen Schuld- und Pfandprotocolls und besserer Einrichtung des Protocollationswesens in der Herrschaft Pinneberg, nur den Fall betrifft, da Jemand die Protocollation einer Pfandverschreibung begehren und der Schuldner sich dazu in Güte nicht verstehen sollte, mithin auf den vorliegenden Fall keine Anwendung leidet;

in Erwägung, daß, so wenig demnach zu einer Abänderung des angefochtenen Erkenntnisses in der Sache selbst ein Grund vorhanden ist, eben so wenig eine genügende Veranlassung vorliegt, von dem Grundsatze abzuweichen, daß der unterliegende Theil zur Kostenerstattung schuldig zu erkennen ist,

wird auf eingelegte Recesse und Unterinstanzacten, nach stattgehabter mündlicher Verhandlung, von Obergerichtswegen hiedurch für Recht erkannt:

daß das angefochtene Erkenntniß des Pinneberger Landgerichts vom 31. October v. J. zu bestätigen, der Appellant auch schuldig sei, dem Appellaten die Kosten dieser Instanz, deren Verzeichnung und Ermäßigung vorbehältlich, innerhalb Ordnungsfrist zu erstatten.

Wie denn solchergestalt hiedurch erkannt wird

V. R. W.

Urkundlich rc. Publicatum im Königl. Holsteinischen Obergericht zu Glückstadt, den 16. Mai 1861.

Der Appellant wandte sich mit einer ferneren Appellation gegen dies Erkenntniß an das Königl. Oberappellationsgericht zu Kiel, erhielt aber auch hier den nachstehenden abschlägigen Bescheid.

Namens Sr. Königl. Majestät.

Auf die am 22. Juli d. J. hier eingereichte Appellationsschrift des Eingesessenen Johann Diedrich Groth in Wedel, Justificaten und Appellanten,

wider

den Zubauer Caspar Röttger daselbst, Justificanten und Appellaten,

betreffend Justification eines impetrirten Arrestes s. w. d. a., hierauf Appellation gegen das Erkenntniß des Pinneberger Landgerichts vom 31. Octbr. 1860, jetzt Appellation gegen das Erkenntniß des Holsteinischen Obergerichts vom 16. Mai 1861,

wird,

in Erwägung, daß, da die Verordnung vom 13. Novbr. 1782 nur den Zweck hat, zu bestimmen, wo und binnen welcher Zeit im Fall eines impetrirten Arrestes die Hauptsache anhängig zu machen sei, aber sich nicht näher darüber äußert, in welcher Weise und durch welche Rechtsmittel die Hauptsache anhängig gemacht werden müsse, aus diesem Gesetz sich nicht entnehmen läßt, daß die zur Justification des Arrestes erforderliche Anhängigmachung der Hauptsache nur durch Anstellung einer eigentlichen Klage, aber nicht eben sowohl durch Einreichung eines Gesuchs um Wiedereinsetzung in den vorigen Stand geschehen könne;

in Erwägung, daß auch kein innerer Grund vorhanden ist, ein Restitutionsgesuch in der fraglichen Beziehung nicht einer Klage gleich zu achten, da dasselbe eine nothwendige präparatorische Maaßregel für die Geltendmachung des herzustellenden Rechts bildet und der Anspruch auf Restitution selbst ein rechtlicher Anspruch ist, welcher im Allgemeinen auch von den Gesetzen wie ein Klagerecht behandelt wird;

in Erwägung, daß das Pinneberger Landgericht im Justificationsverfahren die etwa möglichen Einreden gegen das beim Holsteinischen Obergericht eingereichte Restitutionsgesuch des Justificanten nicht zu würdigen hatte, diese Einreden also auch hier, zumal nachdem die Restitution längst rechtskräftig ertheilt ist, nicht in Betracht kommen können;

in Erwägung, daß in dem auf mehreren Anzeigen und den eigenen Angaben des Justificaten beruhenden Verdacht eines betrüglichen Verhaltens des Justificaten zu dem Zweck, den Verkauf seiner Stelle an den Justificanten zu vereiteln, ein genügender Grund zur Anlegung des fraglichen Arrestes liegt, und daß dieser Grund durch die in Betreff des Betruges erfolgte Entbindung des Justificaten von der Instanz um so weniger weggefallen ist, als das darauf bezügliche Erkenntniß des Holsteinischen Obercriminalgerichts vom 14. Mai 1861 in dem vorangestellten Entscheidungsgrunde ausdrücklich hervorhebt, daß die wider ihn geführte Untersuchung allerdings erhebliche Verdachtsgründe ergeben habe; und

in endlicher Erwägung, daß demzufolge der vom Justificanten impetrirte Arrest als gerechtfertigt, die Beschwerdeführung des Justificaten aber als unbegründet erscheint und daß auch keine Veranlassung vorliegt, den Justificaten von der Tragung der Kosten zu befreien;

hiedurch

ein abschlägiger Bescheid

ertheilt.

Die Rechnung des Anwalts wird zu 43 ℛ R.-M., die des Procurators zu 3 ℛ 77 β R.-M. bestimmt.

Urkundlich rc. Gegeben im Königl. Oberappellationsgericht zu Kiel, den 21. December 1861.

Allerhöchst privilegirte

Holsteinische Anzeigen.

Redigirt von den Obergerichtsräthen Etatsrath Henrici und Lucht.
Gedruckt bei Augustin in Glückstadt.

6. Stück. — Den 10. Februar 1862.

Beiträge zur Lehre vom Arrestproceß.

Mit besonderer Rücksicht der inländischen Praxis.

Von dem Herrn Advocaten Jpsen in Neumünster.

(Fortsetzung.)

Ein anderer Fall: es liegt, scheint es, auf der Hand, daß Individuen, welche entweder überall keinen festen Wohnsitz haben oder, wenn auch, doch persönlich sich daselbst die wenigste Zeit aufhalten, mag nun ihr Lebensberuf oder eine Berufslosigkeit sie bald hierhin bald dorthin treiben, den Gläubigern die Rechtsverfolgung mindestens sehr erschweren, was begreiflicher Weise nicht zu verwechseln ist mit dem bloßen Wegziehen aus dem einen in den anderen Jurisdictionsbezirk des Inlandes, was als eine Erschwerung der Rechtsverfolgung niemals angesehen worden ist,

vgl. Anz. 1837, S. 105 ff. H. u. D. A. G.

Wir denken hier zunächst z. B. an Schiffer, die im Inlande nicht nur beheimathet sind, sondern auch Wohnung haben. Ihr Beruf führt ja gerade ihre fortwährend sich wiederholende Entfernung von der Heimath mit sich. Doch sagt das Holsteinische Obergericht in dem

Anz. 1856, S. 153 ff.,

referirten Fall, daß der Impetrant schon vor der Arrestbeantragung wußte, wie der Impetrat und sein Schiff nach Blankenese zu Hause gehörten, daß mithin eine Schwierigkeit für die Rechtsverfolgung des Schiffes und seines Führers sich hier im Lande überall nicht darbot, daß aber auch eine Gefahr für die Realisirbarkeit der (unerheblichen) Schadensersatzansprüche in keiner Weise indicirt war, indem die bloß gedachten Möglichkeiten, daß der Impetrat die Heimath meiden und der von ihm geführte Schooner verunglücken könnte, doch nur unter der Voraussetzung von einigem Belang erachtet werden konnten, wenn deren Bestimmung damals eine in See gehende gewesen wäre. Vielleicht könnte man über letzteren Punkt eine abweichende Ansicht richtiger finden; die allgemeine Bestimmung des Schiffes, immer wieder auszusegeln, und die Schwierigkeit und Umständlichkeit für den Gläubiger, die in concreto bestimmte Abreise des Schiffes, die ja oft sehr rasch erfolgt, zu erfahren, könnten doch wohl Sicherheitsmaaßregeln zu rechtfertigen scheinen. Allein man würde damit einen Hauptgrundsatz des Arrestprocesses aufgeben, der nicht aufgegeben werden darf, nämlich daß eine gefährdende Handlung indicirt oder schon vorliegen müsse, die aber doch schwerlich schon in dem Ankommen des Schiffes, in dem Ausladen der Fracht gefunden werden kann. Welche Handlung als gefährdend anzusehen, ist wieder nach den Umständen zu beurtheilen und z. B. bei dem fremden Schiffer schon weit eher da, als bei dem im Inlande beheimatheten.

Noch strenger in Beurtheilung der justa causa scheint das Obergericht in dem

Anz. 1851, S. 196,

mitgetheilten Fall zu Werk gegangen zu sein. Der

Impetrat war ein Mann, der zwar formell in Kiel wohnte, aber seinen Aufenthalt so häufig wechselte, daß man kaum gewiß sein konnte, wo er im nächsten Augenblick anzutreffen sein werde, und in Berücksichtigung dieser Umstände nicht bloß, sondern solcher Handlungen des Impetraten hielt der Kieler Magistrat den auf ein ausstehendes Guthaben impetrirten Arrest für justificirt, zumal Impetrat im Uebrigen notorisch unvermögend war. Anderer Meinung war das Obergericht, weil „die bloße Möglichkeit, daß der Schuldner, weil er seinen Wohnsitz schon häufig verändert, denselben auch jetzt wieder mit einem andern vertauschen werde, zur Justification nicht ausreiche". Eine Möglichkeit nun lag allerdings nur noch vor für den ferneren Wohnortswechsel; aber, so betrachtet, ist es auch eine bloße Möglichkeit, daß der obärirte Schuldner, der bereits die Hälfte seiner Mobilien veräußert hat, auch noch die andere Hälfte veräußert; daß der bisher offenbare Verschwender auch für die Zukunft noch Verschwender sein werde. Und doch würde man hier schwerlich den Arrest für nicht justificirt erachten, weil durch vorangehende Handlungen die Möglichkeit ihrer Wiederholung sehr wahrscheinlich gemacht wird und diese Wiederholung eben verhindert werden soll. Wie dem nun auch sei, so viel ist ersichtlich, daß dem Obergerichte der Vorwurf der Parität in Beurtheilung der justa causa nicht gemacht werden kann. Andererseits hat dieses Dicasterium übrigens über die Gefährdung auch nicht leicht hinweggesehen. In dem langen Processe zwischen Berg und Nathanson hat es zwar, so lange von dem Impetraten nichts weiter vorlag, als daß er seine Landstelle an einen Dritten veräußert habe, die vom Impetranten, als früherem Käufer, inhibirte Confirmation des Contracts zwar für nicht gerechtfertigt erachtet

(Anz. 1855, S. 384, siehe auch oben und noch weiter unten),

als nun aber Impetrat die Landstelle nicht nur verkauft und übertragen, sondern auch sein sämmtliches Mobiliar nach Hamburg hatte befördern lassen, hielt es den vom Impetranten auf die rückständigen Kaufgelder impetrirten Arrest für justificirt, weil für den Impetranten die augenscheinliche Gefahr vorhanden war, daß nach Auszahlung der Kaufgelder es im hiesigen Lande an einem für die demnächstige Execution dienlichen Vermögensobject fehlen werde, eine Gefahr, die nicht dadurch beseitigt ward, daß Impetrat z. B. bei einem Gastwirth im Inlande wohnte, auch einige Communallasten leistete, da er sich dem allen im nächsten Augenblicke durch seine Abreise entziehen konnte,

Anz. 1856, S. 328 H.

Wenn aus der dem Schuldner zu imputirenden Handlung mindestens eine Erschwerung der Rechtsverfolgung sich ergeben muß, so liegt auf der Hand, daß solche weit eher in der Thatsache liegt, wenn ein Inländer sich ins Ausland begeben will, als wenn der Schuldner bereits im Auslande wohnhaft ist. Unter letzterem dürfte der Fall der

Anz. 1860, S. 177,

kaum zu zählen sein, da der Impetrat doch im Inlande gewohnt hatte und für das streitige Rechtsverhältniß das forum contractus im Inlande anerkannt ward, wenn er auch jetzt schon im Auslande wohnte. Jedenfalls hielt das Obergericht die Bitte des zahlen sollenden Impetranten um Arrestverhängung mittelst Zahlung ad judiciale depositum in dem Umstande genügend gerechtfertigt, daß dem Impetranten im Fall der Versagung dieser Bitte im Inlande ein Executionsobject fehlen werde, mithin die Verfolgung seines vermeintlichen Rechts durch die Nothwendigkeit, sich an ausländische Gerichte zu wenden, sehr erschwert werden würde.

Die in der gemeinen Praxis aufgestellte Forderung, um gegen einen im Inlande betretenen Ausländer Arrest zu verhängen, daß sein competentes Forum im Auslande die Justiz verweigert haben müsse, läßt, wie

Francke, a. a. O., § 94 N. 7,

bezeugt, unsere inländische Praxis fallen, es würde dies auch schon nicht mehr eine bloße Erschwerung, sondern eine völlige Vereitelung der Rechtsverfolgung sein. Dagegen hat das Oberappellationsgericht in einem Fall, dessen factische Begründung übrigens nicht weiter mitgetheilt wird, als daß sich aus dem Rubrum ergiebt, daß der Impetrat ein Oldenburger war,

Anz. 1853, S. 352,

es ausgesprochen: das Wohnen des Schuldners erscheine nur dann als hinreichender Arrestgrund, wenn daraus wenigstens eine erhebliche Erschwerung der Rechtsverfolgung gegen ihn hervorgehe, so daß also darnach das bloße Wohnen im Auslande nicht hinreichte.

Eine specielle Frage muß hier noch erhoben werden, welcher Art nämlich die justa causa bei der inländischen Folienschließung sein müsse? Kann der Gläubiger, welchem in diesem Augenblicke eine Hypothek versprochen ist, schon im nächsten auf Grundlage dieses Versprechens die Folienschließung beantragen? Gewiß nicht, denn es liegt ja noch gar nichts vor, daß der Debitor damit umgehe, seine Verbindlichkeit nicht zu erfüllen oder die Erfüllung durch die Constituirung fernerer Hypotheken zu vereiteln. Die bloße Möglichkeit, daß der Schuldner solches vornehmen könne, rechtfertigt auch diese Art des Arrestes nicht. Andererseits: wird nur dann erst eine Folienschließung gerechtfertigt, wenn der Schuldner damit umgeht, zum Nachtheil der Gläubiger fernere Hypotheken zu constituiren? In dem

Anz. 1842, S. 373,

mitgetheilten Fall hatte zwar der Impetrant in seinem Justificationslibell u. A. auch angeführt, daß der Impetrat damit umgehe, anderweitig eine Anleihe zu machen und diese protocolliren zu lassen, eine weitere Bescheinigung dieser angeblichen Thatsache, so weit zu ersehen, aber nicht gegeben. Eine solche Bescheinigung zu liefern wird im Allgemeinen für den Impetranten auch eine Unmöglichkeit sein, da voraussichtlich der Impetrat, der früher eingegangene Verpflichtungen verletzen will, sehr heimlich zu Werke gehen wird, auch so rasch sein Vorhaben beim Schuld- und Pfandprotocollführer ausführen kann, daß jede Inhibirung vergeblich wird. Schon um deswillen wird man für die Folienschließung diese Voraussetzung nicht stellen dürfen. Es liegt aber auch schon ein Handeln des Debitors vor, wenn auch nur ein negatives, sobald er die eingegangene Verbindlichkeit zu erfüllen sich weigert, und dieses Handeln ist, in Verbindung mit der dem Schuldner zustehenden Leichtigkeit, über sein Folium zum Nachtheil des Gläubigers zu verfügen, so gefährdend für Letzteren, daß die einzige Hülfe nur in der Folienschließung gefunden werden kann. So erkannte denn auch das Obergericht im obgedachten Fall, „daß eine genügende causa arresti vorliege, da der von dem Kläger gegen den Beklagten behauptete Anspruch dahin gehe, daß der Beklagte ihm eine protocollirte Hypothek in erster Priorität versprochen, es aber in der Natur der Sache liege, daß bei dem von dem Beklagten erhobenen Widerspruch die Verfolgung des klägerischen Anspruches durch Veränderung der Umstände, welche bei einer nicht durch Folienschließung beschränkten Disposition von der Willkür des Beklagten abhängig seien, zum Wenigsten erschwert, wenn nicht gar unmöglich gemacht werde."

Ist endlich das Streitobject selber der zu schützende Gegenstand, so muß ein Handeln des Impetraten vorliegen, welches den Grundsatz pendente lite nihil innovandum verletzt und auf Veränderung des status quo zum Nachtheil des Impetranten gerichtet ist. Unter diesen Umständen kann der mit der actio hypothecaria Klagende,

Anz. 1844, S. 367 H.,

der Käufer einer Sache, der Vermiether u. s. w.,

vgl. Anz. 1841, S. 179,

Schutzmaaßregeln arrestatorischer Art justificiren, gerichtet eben gegen die rechtswidrige Handlung, welche aber alsdann nicht vorliegen kann, wenn die Handlung als in dem status quo selber mitbegriffen anzusehen ist,

vgl. Anz. 1853, S. 351, und weiter unten.

§ 5.

Beschränkungen des Arrestes.

Unter Beschränkungen des Arrestes fassen wir hier alles das zusammen, was entweder im Allgemeinen in Folge der der Person oder der Sache zur Seite stehenden Befreiung die Arrestverhängung überhaupt oder mit Rücksicht auf die zu sichernde Forderung über einen gewissen Umfang hinaus solche als unzulässig erscheinen läßt. In ersterer Beziehung kann man zur allgemeinen Characterisirung die Regel aufstellen: was der Execution nicht unterworfen, kann auch nicht mit Arrest belegt werden; obwohl diese Regel gerade für unser Land durch die demnächst zu erwähnenden sog. Segeberger Concordate vom Jahre 1470 eine Ausnahme erleidet. Als gar nicht hierher gehörig ist es zu betrachten, daß die dritten Personen eigenthümlich gehörenden Gegenstände beim Impetraten überall nicht mit Arrest belegt werden können, vorausgesetzt, daß zur Zeit der Arrestanlegung „es bereits rechtlich gewiß ist, daß dem Debitor keine Rechte an denselben zustehen",

Anz. 1839, S. 64.

Liegt dieser Punkt aber nicht liquide vor, so kann in Folge der Präsumtion, daß, was in der Behausung eines Debitors sich findet, auch dem Debitor gehöre, die Arrestverhängung über sämmtliche daselbst befindliche Gegenstände geschehen, wodurch Dritte allerdings gezwungen werden, ihre Eigenthumsansprüche zu reclamiren, aber im Uebrigen in ihren Rechten nicht gekränkt werden.

Geschützt wider jeden Arrest sind die Gesandten fremder Staaten nebst ihrem Gefolge aus völkerrechtlichen Gründen. Dem Interesse des Staats würde es widersprechen, wenn Staatsbeamte dem Personalarrest ausgesetzt wären. Dasselbe staatliche Interesse schützt den Beamten theilweise oder gänzlich gegen den Realarrest. So schreibt die Militairverordnung vom 11. Mai 1798 § 14 u. A. vor, daß die Officiere, so lange sie nicht verabschiedet sind, mit keinem Arrest belegt werden sollen, d. h. nicht allein nicht mit persönlichem, sondern auch ihre „Avance, Abrechnung, Mondirung oder Equipage" sind befreit, „dafern nicht die Officiere andere Mittel und Effecten" haben, welche natürlich dem Arreste, wie auch bei anderen Staatsbeamten, unterliegen. Bezüglich der Gage der Civilbeamten könnte es nur zur Frage stehen, ob dieselbe, so weit sie über die Erforderniße eines standesgemäßen Unterhaltes ginge, dem Arrest unterworfen, und würde die Frage überhaupt eine müssige sein, wenn die Gage als nach dem standesgemäßen Unterhalt bemessen überhaupt angesehen werden könnte, da die standesgemäß erforderlichen Alimente unverkümmert bleiben müssen. Allein bei uns zu Lande wird man zur Stunde noch nicht in der Gage das nur nothwendige Maaß des Lebensunterhaltes erblicken können, da bekanntlich höher stehende Beamten vielfach geringere Einnahme haben, als die unter ihnen stehenden. In solchem Fall erscheint es unbedenklich, denjenigen Theil der Besoldung mit Arrest belegen zu können, welcher über die Befriedigung des standesgemäßen Unterhaltes hinausliegt. Dasselbe gilt bezüglich des Einkommens der Altentheilsleute als solcher, bei denen auch nur, wie schon erwähnt, die Altentheilspräftanden, so weit sie nach Abzug der zum Lebensunterhalt erforderlichen Mittel einen Ueberschuß ergeben, gerichtlich pfandbar sind,

Anz. 1859, S. 300.

Ferner, wo immer und wie weit das beneficium competentiæ gegen die Execution schützt, schützt es auch gegen Arrestverhängung, was z. B. auch seine Anwendung nach beendigtem Concurse auf den frühern Cridar gegenüber seinen früheren im Concurse nicht befriedigten Creditoren finden muß. Damit nicht die so wichtigen Deicharbeiten dadurch, daß dem Deicharbeiter die täglichen Existenzmittel entzogen werden, unterbrochen werden, schreibt das Kanzeleipatent vom 19. Juni 1805 ausdrücklich vor, daß der Arbeitslohn der Deicharbeiter nicht nicht Arrest belegt werden könne wegen solcher Schulden, die sie vor der angefangenen Deicharbeit contrahirt haben.

Die schon oben im Vorbeigehen erwähnte Ausnahme von der Regel, daß, was der Execution unterworfen, auch mit Arrest belegt werden könne, wird aus den Segeberger Concordaten (freilich in Folge irrthümlicher Interpretation) abgeleitet. Es leidet keinen Zweifel, daß gegen einen Hamburger oder Lübecker auf Holsteinischem Gebiete die Execution, sofern nur Gegenstände für solche vorhanden sind, wird eingeleitet werden können; Arrest irgend einer Art soll aber, so wenig wie umgekehrt gegen den Holsteiner in Lübeck und Hamburg, zulässig sein, worüber des Näheren

Francke, a. a. O., § 96, und die dort genannten Schriftsteller

nachzusehen sind. Dies angebliche Privilegium ist unbestritten noch heut zu Tage in Anwendung.

Anz. 1839, S. 335; 1841, S. 334; 1850, S. 135; 1852, S. 119, 344.

Wenn in den

Anz. 1850, S. 135,

auf Grund eines daselbst mitgetheilten Rescripts Königs Christian IV. vom 25. Mai 1645 Zweifel erhoben wird, ob die Arrestfreiheit immer bestanden habe, so ist dieser Zweifel im Allgemeinen gewiß unbegründet. Das Rescript setzt einen Fall Hamburgischer Seits verweigerter Rechtshülfe voraus und nur für diesen speciellen Fall scheint der König kein Bedenken darin gefunden zu haben, daß die Holsteinischen Behörden den Bürgern gegenüber das sog. Privilegium außer Acht lassen möchten, eine Ausnahme, die unsere Gerichte auch wohl heut zu Tage eben so unbedenklich zulassen würden, Hamburger und Lübecker aber, gegen welche ihre Landesgenossen in Holstein

Arrest impetriren, können sich auf das sog. Privilegium nicht berufen, wie das Holsteinische Obergericht noch

Anz. 1852, S. 344,

ausgesprochen und schon früher in Folge eines Kanzleischreibens vom November 1821 auszusprechen autorisirt gewesen sein soll,

Francke, a. a. O., S. 246 N. 15.

Während nun die bisherigen Beschränkungen des Arrestes als von außen herkommende sich kennzeichnen, ergiebt sich eine andere aus der innern Natur des Arrestes selber, welche man in der Regel getrennt von jenen behandelt und zwar unter der Rubrik vom Umfang des Arrestes, während man dort die Frage dahin zu formiren pflegt, was Gegenstand des Arrestes sein könne. Wir haben vorgezogen, beiderlei Arten Beschränkungen, eben weil sie solche sind, zusammen zu fassen und nur ihre Verschiedenheit als Species innerhalb desselben Gattungsbegriffes hervorzuheben, indem wir nunmehr die sich aus dem Wesen und Begriff des Arrestes ergebende Schranke berühren.

(Die Fortsetzung folgt.)

Entscheidungen.

Die Oeffentlichkeit der Berühmung ist keine Voraussetzung der provocatio ex lege diffamari. — Die nachträgliche Erklärung des Provocaten, daß er sich keines sofort klagbaren Anspruchs habe berühmen wollen, bleibt unbeachtet, wenn das Gegentheil aus der geschehenen Berühmung hervorgeht.

In Sachen des Setzwirths J. C. Westphal in Bargteheide, Provocaten, jetzt Supplicanten,

wider

den Uhrmacher und Hufenanerben Hans Hinrich Homann daselbst, Provocanten, jetzt Supplicaten,

pplter. in pcto. angeblich berühmter Ansprüche aus einem Vertrage über des Provocanten väterliche Halbhufenstelle, jetzt Supplication gegen den Bescheid des Königl. Gerichts für das Amt Tremsbüttel vom 19. September v. J.,

ergeben die Acten:

Der Supplicat ist der Anerbe einer Halbhufenstelle, welche der Supplicant, sein Stiefvater, als Setzwirth bis Michaelis 1862 bewirthschaftet. Der Letztere hat durch seinen Anwalt am 8. Mai v. J. einen Brief an den Ersteren schreiben lassen, in welchem es heißt:

„Nachdem Sie am 14. April v. J. im Witthöft'schen Hause zu Hamburg mit Ihrem Stiefvater, dem Setzwirth Westphal, einen schon lange zuvor von Ihnen gewünschten Vertrag über Ihre väterliche Halbhufenstelle in Bargteheide abgeschlossen haben, dessen rechtliche Gültigkeit zwischen mündigen Männern gar keinem Zweifel unterliegen kann, wollen Sie jetzt einseitig wiederum davon zurücktreten. Ihr Stiefvater ist aber durchaus nicht Willens, Sie Ihres ihm gegebenen rechtsgültigen Versprechens zu entbinden, was ich als sein Anwalt Ihnen hiemit auftragsmäßig nochmals ausdrücklich zu erklären habe. Er seinerseits ist zur Haltung und Leistung seiner vertragsmäßigen Gegenversprechungen jeden Augenblick bereit. Sollten Sie bei Ihrer Wortbrüchigkeit und Verweigerung der verabredeten amtlichen Schriftenaufnahme beharren, so werden ernste Folgen davon nicht ausbleiben. Westphal wird seine gerechten Ansprüche gegen Sie und an die Halbhufe cum invent. unter meinem advocatischen Beistande zur rechten Zeit gerichtlich geltend machen."

Unter Producirung dieses Briefes hat der Supplicat den Supplicanten bei dem Königlichen Tremsbüttler Amtsgericht ad agendum provocirt, worauf demselben durch Decret vom 28. Mai v. J. gerichtlich anbefohlen worden ist, seine sich berühmten Ansprüche aus einem mit dem Provocanten über dessen väterliche Halbhufenstelle zu Bargteheide geschlossenen Vertrage binnen sechs Wochen ab insin. bei Vermeidung der

Präclusion und der Auferlegung ewigen Stillschweigens geltend zu machen.

Der Supplicant remonstrirte gegen dies Provocationsmandat, indem er zunächst darauf hinwies, daß mit dem producirten seinerseitigen Schreiben eine durch ihn geschehene Berühmung eines rechtlichen Anspruchs sich nicht bescheinigen lasse, weil daraus, daß er seinem zur Verschwiegenheit verpflichteten Anwalt sein Rechtsverhältniß zu dem Provocanten mitgetheilt habe, nicht zu folgern stehe, daß es von ihm zur Oeffentlichkeit oder auch nur gegen mehrere Personen zur Sprache gebracht worden sei, und weil ebensowenig in dem Schreiben eine thatsächliche Anführung sich finde, aus welchem sich entnehmen lasse, daß er sich einen zur Zeit klagbaren Anspruch gegen den Provocanten beimesse oder in der Rechtslage sei, jetzt zu einer Klagerhebung wider ihn schreiten zu können. Supplicant führte dann weiter an: nachdem Provocant ihn schon seit längerer Zeit öfter gebeten, die kraft seines Anerbenrechts ihm zuständige Halbhufenstelle ihm abzukaufen, sei am 15. April d. J. der Vertrag mündlich abgeschlossen worden, dessen das Schreiben des provocatischen Anwalts erwähne. Demgemäß habe Provocat die väterliche Halbhufe des Provocanten nebst Zubehör eigenthümlich behalten, dagegen aber die Obliegenheiten an seine Geschwister, wofür ihm dieselbe durch die Dinggerichtsmänner werde zutarirt werden, als eigene Schuld übernehmen und außerdem ihm für seinen Abstand die Summe von 5000 ℔ Hamb. Cour. zahlen so wie einen Bauplatz an ihn abgeben sollen. Für den Fall, daß sich die Zutarirung der Halbhufe an den Provocanten und deren Zuschreibung an den Provocaten erst beim Ablauf der Setzjahre in's Werk richten ließe, sei verabredet worden, daß der Provocant von der Abstandssumme zum Behuf einer von ihm beabsichtigten Auswanderung nach Amerika schon jetzt 1000 ℔ ausbezahlt erhalten und zu seiner Vertretung bei Vollziehung der erwähnten Geschäfte für den Fall, daß er zu Michaelis 1862 noch nicht zurückgekehrt sein werde, einen Bevollmächtigten bestellen solle. Mit Rücksicht auf die Weiterungen, mit welchen die Zutarirung und Zuschreibung der Hufe vor dem Ablauf der Setzjahre möglicher Weise verknüpft gewesen, seien die Parteien bei einem spätern Zusammensein völlig über den Aufschub der Contractsvollziehung bis Michaelis k. J. einverstanden gewesen. Die Zahlung der Pränumerationssumme habe nun geschehen und zur Bescheinigung derselben und ihrer causa ein Protocoll auf der Amtstube aufgenommen werden sollen. Plötzlich aber habe der Provocant seinen ganz unmotivirten einseitigen Rücktritt von dem Vertrage kundgegeben. Supplicant knüpfte an diese Darstellung des Hergangs die Ausführung, daß ihm vor Ablauf der Setzjahre noch kein Klagerecht auf amtliche Contractssolemnisation oder Zuschreibung der Halbhufe s. w. d. a. zustehe, daher von einer Provocation zur Klage zur Zeit nicht die Rede sein könne.

Der Supplicat machte in seiner hierüber eingezogenen replicarischen Erklärung geltend, daß eine Oeffentlichkeit der Berühmung für die provocatio ex lege diffamari nicht erforderlich, daß in dem von dem gegnerischen Anwalt an ihn erlassenen Schreiben, welches für die Statthaftigkeit der Provocation entscheide, weder von bedingten noch von betagten Ansprüchen die Rede sei, daß solche auch nicht einmal aus der von dem Gegner gegebenen Darstellung sich ergäben, übrigens auch selbst bei betagten und bedingten Ansprüchen die provocatio ex lege diffamari zuläßig sei.

Hierauf ward von dem Tremsbüttler Amtsgericht unterm 19. September d. J. das abgegebene Provocationsmandat, unter Verurtheilung des Supplicanten in die Kosten, bestätigt.*)

*) Die Entscheidungsgründe lauten:

In Erwägung, daß durch das dem Provocationsgesuche angelegte Schreiben des provocatischen Anwaltes die geschehene Diffamation hinreichend bescheinigt worden, da aus demselben klar und unzweifelhaft hervorgeht, daß der Provocat gewisse klagbare Rechtsansprüche gegen den Provocanten zu haben behauptet, deren gerichtliche Geltendmachung geradezu in Aussicht gestellt wird, übrigens auch Provocat in seiner Gegenvorstellung diese Berühmung von Rechtsansprüchen nicht nur nicht zurückgenommen, vielmehr ausdrücklich wiederholt, auch sich des weitern darüber ausgelassen hat, auf welchen Grund hin er die behaupteten Ansprüche sich beimesse;

In seiner gegen diesen Bescheid zur Hand genommenen Supplication hat nun dieser sich darüber beschwert: daß erkannt, wie geschehen, und nicht vielmehr das Provocationsmandat vom 28. Mai d. J., unter Verurtheilung des Gegners in die Proceßkosten, wieder aufgehoben sei, und steht nach eingezogener Erklärung des Gegentheils zur Frage, ob diese Beschwerde gegründet ist.

In Erwägung nun, daß der Provocat in einem Briefe, welchen sein Anwalt in seinem Auftrage an den Provocanten geschrieben, sich eines gegen den Letztern ihm zustehenden Anspruchs berühmt hat, daß aber die Oeffentlichkeit der Berühmung weder nach dem gemeinen Proceßrecht noch nach vaterländischer Praxis,

cf. Schl. Holst. Anz., 1838, S. 182,

unter die Voraussetzungen der provocatio ex lege diffamari zu zählen ist; und

in Erwägung, daß der erwähnte dem Provocationsgesuch angelegt gewesene Brief es seinem ganzen Inhalte nach nicht zweifelhaft läßt, daß der Provocat sich eines schon zur Zeit gegen den Provocanten ihm zustehenden klagbaren Anspruchs hat berühmen wollen, und daß hiegegen die von ihm in seinen Exceptionalien gelieferte Darstellung des Hergangs, aus welcher eine nur bedingt stattgehabte Abschließung des Vertrages hervorgehen soll, nicht in Betracht kommen kann, indem, abgesehen davon, daß es noch zweifelhaft ist, ob aus den von ihm angegebenen Thatsachen ein nur bedingtes Rechtsverhältniß resultirt, und abgesehen davon, ob nicht auch bei der Berühmung mit bedingten Ansprüchen die Provocation zulässig ist, es dem Provocaten, welcher sich eine Berühmung mit einem klagbaren Anspruche erlaubt hat, nicht gestattet werden kann, sich den Folgen derselben dadurch zu entziehen, daß er nachträglich erklärt, die Berühmung sei nicht so, wie sie vorgebracht worden, sondern in einer Weise gemeint gewesen, nach welcher die Zulässigkeit einer Provocation ausgeschlossen sei;

wird dem Supplicanten auf seine sub præs. den 20. October d. J. hieselbst eingereichte Supplicationsschrift hiedurch von Obergerichtswegen

ein abschlägiger Bescheid

ertheilt, derselbe auch schuldig erkannt, dem Supplicaten die zu 23 ℛ 7 β R.-M. bestimmten Kosten seiner in Abschrift anliegenden Gegenerklärung binnen vier Wochen ab insin. zu erstatten.

Urkundlich 2c. Gegeben im Königl. Holsteinischen Obergerichte zu Glückstadt, den 3. Januar 1862.

---

in weiterer Erwägung, daß Provocat sich berühmt, er habe mit dem Provocanten einen Vertrag abgeschlossen, demzufolge Ersterer die väterliche Halbhufenstelle des Provocanten nach Ablauf der Setzjahre gegen verschiedene Gegenleistungen eigenthümlich behalten solle; die Berühmung der Existenz einer solchen Vereinbarung aber, welche Leistungen und Gegenleistungen enthält, zur Begründung einer provocatio ad agendum genügt, da die Bedingtheit oder Betagtheit der berühmten Ansprüche, der richtigen Theorie nach, die Statthaftigkeit der Provocation nicht ausschließt, vielmehr lediglich die Klagbarkeit des Anspruches als ein nothwendiges Erforderniß der Provocation anzusehen ist, übrigens auch im vorliegenden Falle die Klage auf Contractserrichtung und Vollziehung der mündlich beredeten Vereinbarung, welche letztere vom Provocanten in dem provocatischen Schreiben d. d. 8. Mai d. J. unter Androhung gerichtlicher Geltendmachung verlangt worden, nicht an den Ablauf der Setzjahre gebunden sein würde, vielmehr sofort geltend gemacht werden kann.

Jeder Creditor im Concurse hat die Professions- und Justificationskosten zu tragen.

In Sachen des Kaufmanns Herrmann Christian Friedrich Hellmrich, in Firma H. A. Hellmrich, in Hamburg, Litisreassumenten, Justificanten und Eidesrelaten,

wider

den Ober- und Landgerichtsadvocaten Rathjen in Glückstadt, als gerichtlich bestellten Contradictor im Concurse über die Habe und Güter des Eingesessenen Johann Kleinwort zu Bielenberg, Litisreassumten, Justificaten und Eidesreferenten,

wegen Justification einer sub passu 50 prof. prof. ad procl. im gedachten Concurse profitirten Angabe, jetzt Eidesleistung und Purification der Sentenz, ergeben die Acten:

Durch Erkenntniß des Obergerichts vom 26. März d. J. ist dem Erblasser des Justificanten der Beweis auferlegt:

entweder, daß der Cridar bei Ausstellung der Acte vom 16./17. September 1858 oder bei Benutzung des vom Justificanten gewährten Blancocredits um die von seinem Sohne mit Rücksicht auf die Ertheilung dieses Credits vorgenommene Verpfändung des Speichers gewußt,

oder daß der Cridar diese Acte mit Beziehung auf die von seinem Sohne vorgenommene oder noch vorzunehmende Verpfändung des Speichers ausgestellt,

oder daß der Cridar die vorgenommene Verpfändung anderweitig genehmigt habe.

Nachdem der Erblasser des Justificanten diese Beweise durch Eidesdelation angetreten und den ihm vom Justificaten referirten Eid hinsichtlich des zweiten der alternativen Beweissätze angenommen hatte, ist derselbe, bevor die Ableistung des Eides stattgefunden, mit Tode abgegangen und hat der Justificant als alleiniger Erbe nach erfolgter Litisreassumtion den Eid über den zweiten Beweissatz als Glaubenseid secundum verba interlocuti in dem auf den 5. November d. J. zur Ableistung dieses Eides anberaumten Termin rite abgeleistet.

Und wird,

in Erwägung, daß Justificant durch Ableistung des ihm referirten Eides dasjenige bewiesen hat, was ihm durch Interlocut vom 26. März d. J. zu beweisen auferlegt war; so wie

in Erwägung, daß dieser Rechtsstreit hier nicht in der Appellationsinstanz, sondern im ersten Verfahren zur Entscheidung gekommen ist, mithin kein Grund vorliegt, von dem nach vaterländischer Praxis feststehenden Grundsatze, daß jeder Creditor im Concurse die Professions- und Justificationskosten selbst tragen muß, abzuweichen;

hiedurch von Obergerichtswegen für Recht erkannt:

daß Justificant das, was ihm durch Interlocut vom 26. März d. J. zu beweisen auferlegt war, wie Rechtens erwiesen habe, daher die von ihm sub passu 50 prot. prof. ad procl. im Concurse über die Habe und Güter des Eingesessenen Johann Kleinwort zu Bielenberg beschaffte Angabe für justificirt zu erachten sei. Unter Compensation sämmtlicher auf diesen Rechtsstreit verwandten Kosten.

Wie denn solchergestalt hiedurch erkannt wird

V. R. W.

Urkundlich ꝛc. Gegeben im Königl. Holsteinischen Obergerichte zu Glückstadt, den 12. Novbr. 1861.

Es handelte sich bei der vorstehenden Entscheidung hauptsächlich um den Kostenpunkt und es war in Beziehung auf denselben von dem Justificanten in seinem Purificationsantrage vorgetragen worden: nach Holsteinischer Praxis trage zwar der Justificant die Kosten des Justificationsverfahrens selber, jedoch nicht in der Instanz der Rechtsmittel, sondern nur im ersten Verfahren. Die vorliegende Sache sei aber im Wege der Provocation (von einer Entscheidung des Justitiariats von Groß-Collmar) an das Obergericht gelangt, so daß den Justificanten schon die Kosten des ersten Verfahrens träfen. Die Kosten der obergerichtlichen Instanz aber könnten ihn um so weniger treffen, als die Sache in Folge eines dem Massecurator deferirten von diesem referirten und von dem Justificanten abgeleisteten Schiedseides durchaus zu Gunsten des Letzteren entschieden werden müsse.

Allerhöchst privilegirte

Holsteinische Anzeigen.

Redigirt von den Obergerichtsräthen Etatsrath Henrici und Lucht.

Gedruckt bei Augustin in Glückstadt.

7. Stück. — Den 17. Februar 1862.

Beiträge zur Lehre vom Arrestproceß.

Mit besonderer Rücksicht der inländischen Praxis.

Von dem Herrn Advocaten Ipsen in Neumünster.

(Fortsetzung.)

Für den sog. Umfang des Arrestes bildet das Arrestdecret die Grundlage, nicht aber die in Folge des Decrets vom Richter selbst oder anderen Beamten resp. angeordneten oder ausgeführten Maaßregeln, die in Folge Mißverständnisses oder Irrthums sowohl über das Decret hinausgehen als auch dasselbe nicht vollständig erfüllen können, ohne daß sie von Einfluß auf Justification des Arrestes, auf demnächstige Schadenersatzansprüche u. s. w. wären,

Anz. 1857, S. 169 O. A. G.

Das Arrestdecret hat aber wieder das Arrestgesuch zur Grundlage und der Arrestsuchende ist für sein Begehren, so weit nicht etwa in durchaus unzulässiger Weise der Richter darüber hinausgegangen sein sollte, verantwortlich (periculo impetrantis), womit freilich nicht jede Verantwortlichkeit des angegangenen Richters beseitigt ist, da es gerade ihm obliegt, nach der factischen wie rechtlichen Begründung des Arrestgesuches zu ermessen, ob überall und wie weit dem Begehren des Impetranten zu willfahren sei. Allein einerseits ist das Material, auf welches hin der Richter seinen vorläufigen Entschluß fassen muß, der Regel nach sehr mangelhaft, ganz besonders da, wo es sich um die Frage handelt, in welchem Umfange der Arrest zu verhängen ist, und andererseits wird man einen richterlichen Mißgriff, abgesehen von offenbarer Nachlässigkeit, hier selten anders als einen Mißgriff in judicando gleichsam auffassen müssen, worüber der eine Richter diese, der andere eine andere Ansicht haben kann. Um so mehr liegt es dem Impetranten nahe, sorgfältig zu Werke zu gehen. Die maaßgebenden Gesichtspunkte sind hier diese: jede arrestatorische Maaßregel greift für den Impetraten, abgesehen von der stets folgenden Belästigung, in die freie Dispositionsbefugniß, welche ihm über seine Habe und Güter so wie über seine Person zusteht, ein, welcher Eingriff nur eine Nothwendigkeit der vom Impetraten ausgegangenen gefährdenden und in so weit widerrechtlichen Handlung gegenüber ist. Von der Gefährdung einer solchen Handlung, mag sie im Uebrigen und in anderer Richtung noch so widerrechtlich sein, kann aber nicht wohl weiter die Rede sein, als der gefährdete Anspruch reicht; einer weiteren Gegenwirkung durch Verhängung des Arrestes bedarf es gegen jene Handlung nicht, als daß der Anspruch durch Sicherung der Executionsmittel gesichert werde. Eine weitere Sicherung, mit andern Worten ein umfassenderer Arrest, würde eo ipso einen Widerspruch enthalten, durchaus widerrechtlich sein und dem Impetranten selber zur Last fallen müssen. Daher der wichtige Grundsatz, daß der verhängte Arrest nicht im Mißverhältniß zu dem Hauptanspruche stehen dürfe. Es versteht sich von selbst, daß hier nicht von mathematischer Genauigkeit die Rede sein kann, schon um deswillen nicht, weil in den seltensten Fällen Zahl und Zahl sich gegenüber steht. Wohl aber muß ermessen werden, ob die nachgesuchte Art des Arrestes die einzig Sicherung gewährende ist, ob nicht eine weniger belästigende ausreicht, so daß also z. B. der Personalarrest, als die schwerste Maaßregel, nur beim Mangel jeder realen Sicherheit und wenn zugleich der dringendste Verdacht der Flucht vorhanden ist, als zulässig erscheint. Ferner ist zu erwägen, ob die Inhibirung der Veräußerung eines Geweses selbst nur genüge oder schon die Bearrestirung der noch nicht gezahlten Kaufsumme, ob die Arrestverhängung über sämmtliche Mobilien erforderlich oder die über einen Theil derselben ausreiche u. s. f.

Diese Andeutungen sollen durch ein paar in den Anz. enthaltene Beispiele veranschaulicht werden. Die Landschaft Norderdithmarschen hatte wider eine zur Untersuchung gezogene aber der Haft wieder entlassene Inculpatin einen Arrest dahin impetrirt, daß derselben (wegen des gefährdenden Anspruchs der Impetrantin auf Erstattung der Untersuchungskosten) jegliche Veräußerung ihres Geweses untersagt werde. Das Obergericht fand, daß hier ein Mißverhältniß zwischen dem Arrest, wie er impetrirt worden, und der zu sichernden Forderung stattfinde, indem die Ansprüche der Landschaft durch den Verkauf des Geweses im vorliegenden Fall nicht gefährdet würden, der Impetratin aber durch Versagung jeglicher Veräußerung ein weit größerer Nachtheil zugefügt werde, als etwa durch Bearrestirung sämmtlicher von ihr zu erhebender Kaufgelder oder eines Theils derselben würde geschehen sein,

Anz. 1849, S. 376.

Eben die Inhibirung der Veräußerung von liegenden Gründen wird häufig allzu voreilig nachgesucht, weil dabei die Vorstellung vorschwebt, daß es, nach geschehener Veräußerung, an realer Sicherheit fehlen werde und es daher auf die verhältnißmäßig geringe Größe des Hauptanspruchs nicht ankommen könne. Unter Umständen kann das richtig sein, hat sich aber doch auch häufiger noch als unrichtig erwiesen, wie auch der in demselben Jahrgang der Anzeigen S. 377 mitgetheilte Fall erweist. Auch hier ward die Veräußerung einer Landstelle abseiten des Vaters an den Sohn inhibirt in der Unterinstanz; das Obergericht bemerkt aber, daß „die von dem Supplicanten (Impetraten) eingeräumte Absicht, seinen Besitz seinem Sohne gegen Stipulation eines Altentheils zu übertragen, keineswegs dazu genügt, um einen Arrest in dem Umfang zu begründen, daß zur Sicherung einer Buchschuld von 346 ℛ 8 β das ganze Geschäft bis weiter für nichtig erklärt werde, indem u. A. ein specieller Arrest bis zum Belaufe der Forderung ausgereicht hätte."

Dagegen ward in einem Schleswigschen Rechtsfall, in welchem des Impetraten Vermögensumstände schon derartig vorlagen, daß derselbe keine zur Wardirung sich eignende Gegenstände hatte namhaft machen können, mithin der Ausbruch des Concurses drohte, und wo dennoch Impetrat eine Auction von Büchern angezeigt, der auf das ganze den Betrag der Forderung an Werth wohl weit übersteigende Bücherlager gelegte Arrest für justificirt erachtet; denn, sagt das vormalige Schleswigsche Obergericht,

Anz. 1850, S. 372,

„es genügt nicht zur Sicherstellung der Justificanten, daß ein dem Betrage ihrer Forderung entsprechender Theil des Mobiliarvermögens nicht vor Ausbruch des Concurses veräußert werde, weil (in Folge der Menge der protocollirten und sonstigen Schulden) jede Minderung desselben die ihnen drohende Gefahr eines Verlustes steigerte." Auch das Holsteinische Obergericht erkannte in dem

Anz. 1842, S. 374,

mitgetheilten Fall, in welchem Impetrant die ihm versprochene erste Hypothek sichern wollte und zu dem Ende das ganze Folium des Impetraten hatte schließen lassen, daß nur die Schließung des Foliums in dem Umfange, wie geschehen, die nöthige Sicherheit für die demnächstige Prosequirung seines Anspruches gewähren könne; obwohl gerade bei der Folienschließung, sofern der noch unbelastete Werth des Geweses augenscheinlich die zu protocollirende Schuld übersteigt, ein Mißverhältniß durch Schließung des ganzen Foliums sich wird herausstellen können, indem die Freihaltung des Foliums für eine Summe, welche der zu protocollirenden entspricht, wird genügen müssen.

Da, wo es sich um Aufrechthaltung des status quo handelt, muß Sicherung gegen eine diesen verletzende rechtswidrige Handlung gewährt werden, aber eben nur so weit, daß der Streitgegenstand gesichert wird, nicht jedoch bis dahin, daß auch Handlungen, welche gerade im status quo mit liegen, inhibirt würden, weil ja alsdann zu Gunsten des Impetranten eine unzulässige Alteration des bisherigen Zustandes vorgenommen würde, auch die arrestatorische Maaßregel ihren subsidiairen Character verlieren würde. Daher kann der Vindicant seinem Gegner nicht die übliche Benutzung des Streitgegenstandes untersagen, zumal er die Nutzungen derselben, welche der Gegner bis zu Ende des Streites beziehen möchte, in seiner Hauptklage vollständig verfolgen kann.

Anz. 1850, S. 375.

§ 6.

Competenz in Arrestsachen. Forum arresti.

Der Arrest fordert seiner Natur nach, weil durch ihn einer augenblicklich drohenden Gefahr vorgebeugt werden soll, eine sofortige Ausführung; dieses Erforderniß schleuniger Hülfe rechtfertigt es, für die Ausführung denjenigen Weg einzuschlagen, auf welchem solche am ersten zu erreichen, vorausgesetzt, daß derselbe überall zulässig erscheint. Wird nun auch damit entschieden die Selbsthülfe zurückgewiesen, weil sie grade ein unzulässiger Weg ist; wird der Impetrant vielmehr unbedingt auf die richterliche Hülfe verwiesen, so ist es doch durchaus zweckentsprechend, ihm zu gestatten, daß er bei demjenigen Richter die Hülfe suche, der sie am ehesten gewähren kann, ohne Rücksicht darauf, ob dieser Richter auch im Uebrigen die Jurisdiction über die Person oder Sache des Impetraten habe. Am wenigsten Bedenken hat dieser Grundsatz beim Personalarrest, wenn der Schuldner entweder schon seinem ordentlichen Forum sich entzogen hat oder ein Ausländer ist, gegen den Rechtshülfe bei den auswärtigen Gerichten zu erlangen nicht möglich war oder, nach inländischer Praxis, offenbar mit Schwierigkeiten verknüpft ist. Auch beim Realarrest kann derjenige Richter, in dessen Jurisdictionsbezirk die Sache belegen ist, die sicherste Hülfe gewähren, und, wie nach gemeinrechtlicher Praxis, so auch nach inländischer, ist es ganz unzweifelhaft, daß derjenige Richter zur Arrestanlegung competent ist, in dessen Gerichtssprengel sich die zu bearrestirende Sache befindet,

Anz. 1841, S. 333,

so daß also z. B. eine Folienschließung bei dem über das betreffende Grundstück zuständigen Gerichte nachgesucht werden kann,

Anz. 1852, S. 341 H.,

wie denn ja auch die Verordnung von 1782 ausdrücklich zwischen dem judex arrestans und dem Richter für die Hauptsache unterscheidet. Wenn

Francke, Proceß, I § 60,

sagt, zur Arrestanlegung sei im Nothfall jedes Gericht competent, aber auch nur im Nothfall, denn in der Regel müsse der Arrest im Forum der Hauptsache impetrirt werden, so wird man dies bezüglich des Realarrestes nicht so auffassen dürfen, als ob der judex arrestans von dem Impetranten den Nachweis verlangen könne, daß derselbe beim Richter der Hauptsache nicht die erforderliche Hülfe erwarten könne, wodurch eine neue Voraussetzung für die Justification des Arrestes in solchem Fall aufgestellt würde. Die Frage, ob und wie weit der Richter der Hauptsache Schutz gewähren könne, ist für den judex arrestans eine durchaus gleichgültige; was er verlangen kann, ist der Nachweis der justa causa, mit welchem Nachweis auch der Nothfall dargethan ist. In dieser Beschränkung will Francke auch wohl seine Aeußerung verstanden wissen, wie der Hinweis a. a. O. in Note 1 auf die inländische Praxis, „daß das Gericht der Belegenheit der mit Arrest zu belegenden Sache die Arrestirung vornehmen könne“, anzudeuten scheint. Umgekehrt fragt sich vielmehr, ob das Gericht der belegenen Sache das ausschließlich competente ist, also der Arrest bei einem andern Forum, z. B. dem persönlich privilegirten des Impetraten, nicht nachgesucht werden könnte? Die Abhandlung in den

Anz. 1841, S. 333,

äußert: wenn das forum pers. privilegiatum mit dem foro rei sitæ der mit Arrest zu belegenden Sache concurrire, so gehe das letztere vor. Allein dies ist in dem Rechtsfall, auf welchen sich diese Behauptung stützt,

Anz. 1839, S. 178,

nicht gesagt; das Holsteinische Obergericht äußert hier nur, weil die Verordnung von 1782 zwischen dem competenten Richter in der Hauptsache und dem judex arrestans unterscheide, „der Arrest nicht in foro domicilii oder in foro privilegiato nachgesucht zu werden brauche, wenn auch die Hauptsache daselbst anhängig gemacht werden müsse, sondern mit Bestand Rechtens bei dem Richter impetrirt werden könne, in dessen

Gerichtssprengel sich die zu bearrestirende Sache befinde." Dem Impetranten scheint also darnach ganz richtig die Wahl freigestellt zu sein, welche freilich der Regel nach eben des Interesses wegen auf das Forum der belegenen Sache fallen wird. Gleicher Ansicht scheint auch das vormalige Schleswigsche Obergericht in dem

Anz. 1840, S. 382,

mitgetheilten Fall noch zu sein. Hier war eben der Arrest beim persönlich privilegirten Forum des Beklagten impetrirt (Inhibirung der Solemnisirung eines Kaufcontracts über Immobilien). Der Beklagte behauptete, das forum rei sitæ sei das richtige Arrestforum, weil der Arrest sich auf die Veräußerung von in der N. Harde belegenen Immobilien beziehe. Das Schleswigsche Obergericht lehnte das ab, weil hier lediglich die Vollziehung eines Contracts in Frage stehe. „Mag dieser Contract, heißt es weiter, sich immerhin auf Immobilien, welche in der N. Harde belegen sind, beziehen, so begründet derselbe doch persönliche Rechte und Verbindlichkeiten; so wie gegen den Impetranten auf Vollziehung oder Annullirung dieses Contracts in seinem persönlichen Forum würde geklagt werden können, so war dieses Forum, nämlich das Schleswigsche Obergericht, ebenfalls competent, die Solemnisation des Contracts durch einen Erlaß an die ihm untergeordneten Gerichtsofficialen der Harde zu inhibiren." Ja, man könnte fast zweifelhaft sein, ob das Schleswigsche Obergericht das Forum der belegenen Sache, falls Impetrant dieses angegangen hätte, in dieser Sache competent gehalten haben würde, ein Punkt, den das Oberappellationsgericht,

Anz. ibidem, S. 384,

sehr bestimmt hinstellte, indem es äußerte, „daß es gleichgültig sei, ob ein Inhibitorium unmittelbar bei dem Gerichte, welchem die Vollziehung der zu inhibirenden Handlung obliegen würde, nachgesucht oder ob das Gesuch um dasselbe bei demjenigen Gerichte, dem der Impetrat persönlich unterworfen, vorgetragen und die Auswirkung mittelst Requisition erbeten wird", so daß also dem Impetranten die Wahl des Forums freisteht.

(Die Fortsetzung folgt.)

Entscheidungen.

Für den Erwerb von Servituten kommt im Gebiete des Dithmarscher Landrechts die zehnjährige Acquisitivverjährung des Römischen Rechtes zur Anwendung. — Was zur Begründung der Einrede des Erwerbs einer Servitut durch Verjährung erfordert wird und wie der in dieser Hinsicht aufzuerlegende Beweis zu fassen ist.

In Sachen des Hofbesitzers und Bauerschaftsgevollmächtigten P. J. Jansen in Kattrepel, Namens der Kattrepeler Meentinteressentschaft, Klägers und Appellanten,

wider

den Eingesessenen Claus Jacob Lau in Ohlen, Beklagten und Appellaten,

hauptsächlich wegen unbefugter Benutzung des der klägerischen Interessentschaft angeblich gehörigen Osterdollwegs,

ergeben die Acten:

Der Osterdollweg, welcher nach der klägerischen Behauptung schatzbares Eigenthum der Kattrepeler Meentinteressentschaft und dem öffentlichen Verkehr nicht unterworfen ist, indem nur die Landlieger und auch diese einzig und allein nur behufs Bewirthschaftung ihrer angrenzenden Ländereien den Weg benutzen dürften, war seit Herrichtung der Marne-Brunsbüttler Chaussee mehrfach, namentlich auch vom Beklagten, befahren worden. Es fand sich daher der Kläger im Auftrage der Kattrepeler Meentenbesitzer veranlaßt, am 26. Juli 1859 ein Pönalmandat zu impetriren, durch welches Allen mit Ausnahme der Landlieger, denen eine beschränkte Benutzung des fraglichen Weges eingeräumt ward, bei 16 ℳ Brüche und sonstiger Strafe verboten wurde, den Osterdollweg zu passiren. Nachdem Beklagter gegen dieses Inhibitorium in dem zur Gegenrede angesetzten Termin remonstrirt hatte, ward selbiges unterm 2. Septbr. 1859 gegen Alle und Jede mit Ausnahme des Beklagten für haftend anerkannt. Kläger, welcher inzwischen durch ein ihm unterm 30. August 1859 ertheiltes Syndicat der Meentenbesitzer der Kattrepeler Bauerschaft bevollmächtigt worden war, alle in dieser Inhibitorialangelegenheit erforderlich und nothwendig werdenden sowohl gerichtlichen als außergerichtlichen Handlungen, namentlich auch diejenigen wahrzunehmen, welche hinsichtlich der zur Einführung und rechtlichen Durchführung des eventuellen Justificationsverfahrens erforderlich sein würden, betrat nunmehr wider den Beklagten den ordentlichen Weg Rechtens. In der bei der Süderdithmarscher Landvogtei eingereichten Klage ward dem Wesentlichen nach Folgendes angeführt: der Osterdollweg sei ein Feldweg, welcher sich östlich von Kattrepel in der Richtung von Osten nach Westen erstrecke und durch den Westerdollweg mit der Marne-Brunsbütteler Chaussee in Verbindung stehe. Dieser Weg sei schatzbares Eigenthum der Kattrepeler Meenteninteressentschaft. Letztere haben den darauf befindlichen Graswuchs alljährlich verhäuert. Auch stehe in den Protocollen der Marner Kirchspielschreiberei der fragliche Weg unter den steuerpflichtigen Wegen der Bauerschaft Kattrepel aufgeführt. In seiner Eigenschaft als Privatweg sei er dem öffentlichen Verkehr nicht unterworfen und stehe auch in dem Verzeichniß der öffentlichen Wege des Marner Kirchspiels von 1844 nicht verzeichnet. Die Benutzung dieses Weges habe die genannte Eigenthümerin Niemandem außer den Landliegern und auch diesen nur behufs Bewirthschaftung ihrer angrenzenden Ländereien freigegeben. Gleichwohl wäre der Weg seit Herrichtung der Marne-Brunsbüttler Chaussee mehrfach und namentlich von dem Beklagten als Richtweg von seinem Hofe nach der gedachten Chaussee und umgekehrt unnöthiger und unbefugter Weise dergestalt befahren, daß der Besitz der Eigenthümer sehr darunter gelitten habe, indem die Instandsetzung desselben dadurch erschwert und der darauf befindliche Graswuchs zum großen Theil zerstört worden sei. Die Kattrepeler Meenteninteressentschaft sei aber bei der rechtlich zu vermuthenden Freiheit ihres Eigenthums nicht verbunden, die beharrliche widerrechtliche Anmaaßung des Beklagten in Zukunft zu dulden. Das Schlußpetitum war auf das Erkenntniß gerichtet:

> daß Beklagter schuldig, von der von ihm beanspruchten unbeschränkten Benutzung des fraglichen Weges, als nicht dazu berechtigt, abzustehen, auch der nicht ferneren unbefugten Benutzung wegen Caution zu stellen und die Kosten zu erstatten.

Gegen diese Klage ward zunächst die Einrede der fehlenden activen Legitimation zum Processe mit dem Bemerken opponirt, daß ein Auftrag der Kattrepeler Meentinteressentschaft an den Kläger zur Ausbringung der gegenwärtigen Klage nicht vorliege. Soweit im Uebrigen die Exceptionalanführungen in Betracht kommen, hat Beklagter die Relevanz derjenigen klägerischen Momente, aus denen das Eigenthum der Kattrepeler Meentinteressentschaft an dem fraglichen Wege sich ergeben soll, zur Begründung eines solchen Eigenthums bestritten. Er hat dabei eingeräumt, daß der Osterdollweg ein Feldweg und in seiner Eigenschaft als solcher dem öffentlichen Verkehr entzogen sei, so wie daß derselbe in dem Verzeichniß der öffentlichen Wege des Kirchspiels Marne von 1844 nicht aufgeführt stehe und daß der westliche Theil des Osterdollwegs und zwar bis ca. 1 Ruthe Länge zu Osten des auf diesem Wege befindlichen Thors alljährlich von der Kattrepeler Meentinteressentschaft verhäuert werde. Geleugnet ist dagegen, daß der Osterdollweg schatzbares Eigenthum der Kattrepeler Meentinteressentschaft sei, daß der Graswuchs auf der ganzen Strecke des Weges von der klägerischen Interessentschaft alljährlich verhäuert werde und daß der Osterdollweg in den Protocollen der Marner Kirchspielvogtei unter den steuerpflichtigen Wegen der Bauerschaft Kattrepel aufgeführt stehe. Außer der an diese Einlassung geknüpften Einrede der unbegründeten Klage hat Beklagter noch die Einrede der durch Verjährung erworbenen Wegegerechtigkeit vorgeschützt mit dem Anführen, daß er die Ueberfahrt von seinem Hofe aus in's Westen über den Osterdollweg hin nach dem Auenbüttler Querwege und noch weiter ins Westen bis an die frühere Brunsbüttel-Marner Landstraße, jetzt Itzehoe-Heider Chaussee, ohne Störung ausgeübt und daß seine Besitzvorweser auf seinem Hofe, nämlich Harm Schlichting Wwe., Harm Schlichting und Jacob Sühls Ehefrau, sich dieses Weges vor ihm über 20 Jahre zur Ueberfahrt von seinem jetzigen Hofe aus ins Westen hin nach dem Auenbüttler Querwege und weiterhin nach der Brunsbüttler-Marner Landstraße und umgekehrt ungestört bedient hätten.

Beklagter hat, gestützt hierauf, seinen Antrag dahin gerichtet:

daß Kläger mit seiner Klage ab- und zur Ruhe verwiesen, auch schuldig erkannt werde, die Proceßkosten zu erstatten.

Nachdem replicando gegen die Einrede der Servitut bemerkt worden, daß die klägerische Meentinteressentschaft auf dem streitigen Wege zu Osten ein Thor und zwar von Alters her ein schlüssiges Heckthor gehabt, welches von Alters her immer verschlossen gehalten, in neuerer Zeit aber des Oeftern von unbekannter Hand ruinirt worden, ist von dem Süderdithmarsischen Gericht unterm 5. September 1860 erkannt worden:

Könnte und würde Kläger innerhalb Ordnungsfrist, unter Vorbehalt des Gegenbeweises und der Eide, rechtlicher Art nach darthun und erweisen, daß die Kattrepeler Meentinteressentschaft Eigenthümerin des s. g. Osterdollwegs in der vom Kläger näher bezeichneten Ausdehnung desselben, nämlich vom Auenbüttler Querwege an bis ca. 1 Ruthe über das am Ende des gedachten Weges befindliche Heckthor, sei, und könnte und würde dagegen in gleicher Frist und unter gleichem Vorbehalt Beklagter rechtlicher Art nach darthun und erweisen, daß er und seine Besitzvorweser den Osterdollweg zur Ueberfahrt von seinem jetzigen Hofe nach dem Auenbüttler Querwege und weiter nach der früher Marne-Brunsbüttler Landstraße, jetzigen Itzehoe-Heider Chaussee, so wie umgekehrt in einem Zeitraum von 10 Jahren, von der Insinuation der anliegenden Klage zurückgerechnet, ungestört benutzt habe, so wird nach solchen geführten oder nicht geführten Beweisen sowohl in der Hauptsache als der Kosten wegen weiter ergehen, was den Rechten gemäß.

Gegen dieses Erkenntniß hat Kläger appellirt und seine Beschwerden darin gesetzt:

1) daß, wie geschehen, auf Beweis erkannt und nicht vielmehr der Beklagte dem Klagantrage gemäß pure verurtheilt worden ist, von der von ihm beanspruchten unbeschränkten Benutzung des fraglichen Weges als nicht dazu berechtigt abzustehen, auch der nicht ferneren unbefugten Benutzung wegen dem Kläger in qual. qua Caution zu stellen und ihm alle durch diesen Proceß angeursachten Kosten, d. et m. s., binnen 6 Wochen zu erstatten; eventualiter

2) daß statt des dem Kläger auferlegten Beweises demselben nicht vielmehr zu beweisen freigelassen worden:

daß die Kattrepeler Meentinteressentschaft Eigenthümerin des s. g. Osterdollwegs in der vom Kläger näher bezeichneten Ausdehnung desselben, nämlich vom Auenbüttler Querwege an bis circa 1 Ruthe über das am östlichen Ende des gedachten Weges befindliche Heckthor, oder in welcher geringeren Ausdehnung oder in wie weit, sei;

3) daß dem Beklagten überhaupt ein Beweis freigelassen und event. daß, wie geschehen, interloquirt und nicht vielmehr demselben zu beweisen auferlegt worden:

daß er und seine Besitzvorweser auf dem von ihm bewohnten Hofe, nämlich die Wittwe des Harm Schlichting, Harm Schlichting und Jacob Sühls Ehefrau, den Osterdollweg qu. als Richtweg von seinem jetzigen Hofe aus hin nach dem Auenbüttler Querwege und so weiter hin nach der früheren Brunsbüttler-Marner Landstraße, nunmehrigen Itzehoe-Heider Chaussee, und von da zurück in einem ununterbrochenen Zeitraum von 31 Jahren 6 Wochen und 3 Tagen, eventualiter von 30 Jahren, von der Insinuation der Klage zurückgerechnet, beliebig und ungestört als ein Recht benutzt habe;

eventualiter:

4) daß nicht dem Kläger seine replicarische Behauptung zum Beweise verstellt worden:

daß die Kattrepeler Meentinteressentschaft auf dem streitigen Wege zu Osten von Alters her ein Heckthor stehen gehabt, und

eventualiter ferner: daß dies Thor von der Meentinteressentschaft seit Menschengedenken fast immer verschlossen gehalten ist, oder in omnem eventum

5) wie anderweitig der Sachlage und den Acten entsprechend das Beweisthema für den Kläger oder den Beklagten zu fassen ist.

Der Appellat hat in seiner Gegenerklärung wiederum die Legitimation des Klägers mit dem Bemerken angefochten, daß das ihm ertheilte Syndicat ganz ausdrücklich nur auf die Impetrirung des Verbots und dessen Justification in dem hierzu am 2. September 1859 angesetzten Termin gehe, nicht aber auf die Anstellung einer Klage in ordinario, und hat Appellat deshalb gebeten:

daß der Appellant als nicht zum Processe legitimirt mit seiner Klage abgewiesen werde, ref. exp.

Es steht demnach zur Frage, ob der Kläger zum Processe für genügend legitimirt zu erachten, event. ob die Appellationsbeschwerden begründet sind.

In Erwägung nun, daß, was zunächst die klägerische Legitimation betrifft, der Antrag des Appellaten, daß Kläger wegen mangelnder Legitimation mit seiner Klage abgewiesen werde, jedenfalls auf Berücksichtigung keinen Anspruch machen kann, indem die mangelnde klägerische Legitimation bereits Gegenstand einer in der Unterinstanz vorgeschützten Einrede und eines decidirenden Erkenntnisses gewesen, der Appellat, der sich bei diesem Erkenntnisse beruhigt hat, daher nicht berechtigt ist, die nämliche Einrede mit demjenigen Effect, als wenn von ihm appellirt worden wäre, in der Appellationsinstanz geltend zu machen, vielmehr dem Appellanten, falls das ihm ausgestellte Syndicat zu seiner Legitimation nicht genügen sollte, nur die nachträgliche Beibringung einer bessern Vollmacht würde auferlegt werden können;

in Erwägung, daß indeß hierzu keine gegründete Veranlassung vorliegt, indem der Appellant in dem von ihm beigebrachten Syndicate allgemein bevollmächtigt worden ist, alle in dieser Inhibitorienangelegenheit erforderlichen und nothwendigen gerichtlichen Schritte in ausgedehntester Weise wahrzunehmen, die Anstellung einer Klage aber für den Fall, daß der Appellat wider das impetrirte Inhibitorium remonstriren würde, unstreitig zu denjenigen Schritten gehört, die dadurch in dieser Inhibitorienangelegenheit erforderlich und nothwendig geworden sind, und der Appellant mithin durch das ihm ausgestellte Syndicat zur Führung dieses Processes zur Genüge für legitimirt zu erachten ist;

in Erwägung, daß, die Appellationsbeschwerden anlangend, der Deduction des Appellanten, daß das Verbot der Süderdithmarscher Landvogtei vom 20. Juli 1859 im Fragefalle die Stelle des landüblichen Proclams mit der diesem eigenthümlichen Wirkung vertrete, daß die klägerische Interessentschaft als Eigenthümerin des Osterdollwegs Allen gegenüber mit Ausnahme des Beklagten anerkannt worden, Beklagter sich aber kein Eigenthumsrecht, sondern ein bloßes Besitzrecht anmaaße und daher das klägerische Eigenthum außer allem Streit sei, nicht beigetreten werden kann, indem das fragliche Verbot keineswegs als ein Proclam, sondern als ein bedingtes in Folge der vom Beklagten dawider erhobenen Einwendungen ihm gegenüber hinfällig gewordenes Mandat rechtlich aufzufassen ist, nach dessen Beseitigung die Verfolgung des klägerischen Anspruchs wider den Beklagten im Wege des ordentlichen Verfahrens hat geltend gemacht werden müssen;

in Erwägung, daß daher auch mit Recht die in diesem Verfahren angestellte Klage als eine Negatorienklage beurtheilt worden ist, deren thatsächlicher zur Begründung des klägerischen Eigenthums vorgebrachter Inhalt im Leugnungsfall vom Kläger zu beweisen ist, falls nicht das behauptete Eigenthum aus den Acten liquide hervorgeht;

in Erwägung, daß aber die für die Begründung des Eigenthums am fraglichen Wege in der Klage vorgebrachten Umstände hierfür nicht von genügender Relevanz sind, indem einestheils die angebliche von Seiten der klägerischen Interessentschaft vorgenommene alljährliche Verhäuerung des Graswuchses an dem beregten Wege von derselben ebensowohl in ihrer Eigenschaft als bloßen Nutznießerin hat geschehen können, anderntheils aus den ferner vorgebrachten Umständen, daß der Osterdollweg in den Protocollen der Marner Kirchspielschreiberei unter den steuerpflichtigen Wegen der Bauerschaft Kattrepel aufgeführt stehen soll, so wie daß er ein Privatweg und in der Kattrepeler Feldmark belegen ist, ein Eigenthum der klägerischen Interessentschaft an demselben deshalb sich nicht entnehmen läßt, weil Steuerbehörden nicht darüber zu entscheiden haben, wer Eigenthümer eines Immobile sei, die bloße Eigenschaft des Weges als eines Privatweges aber nicht mit sich führt, daß der Privatweg der klägerischen Interessentschaft und keinem Andern zusteht und die Belegenheit desselben innerhalb der Kattrepeler Feldmark gleichfalls nicht ausschließt, daß nicht Andere als die Kattrepeler Meentinteressentschaft Eigenthümer des Weges sein könnten;

in Erwägung, daß, so wenig demnach die erste Appellationsbeschwerde für begründet hat erachtet werden können, so wenig Grund zur Modificirung des dem Kläger auferlegten Beweises nach Maaßgabe seiner zweiten Appellationsbeschwerde vorgelegen hat, indem in der Klage das Eigenthum an der zum Beweise verstellten Strecke in Anspruch genommen und daher um so weniger Veranlassung gegeben worden ist, alternativ der Beweis des Eigenthums eines quantitativen Theils dieser Strecke zum Beweis zu verstellen, als ohnehin bei Abgebung des schließlichen Erkenntnisses das klägerische Eigenthum nur in der nachgewiesenen Ausdehnung wird berücksichtigt werden können;

in Erwägung, daß zum Beweise der Ersitzung einer Servitut im Allgemeinen nichts weiter erforderlich ist, als der Beweis des die bestimmte Zeit hindurch ausgeübten unangefochtenen Besitzes, da für die Fehlerfreiheit und die bona fides die Präsumtion streitet, im Uebrigen auch die zehnjährige Acquisitivverjährung des Römischen Rechts im Gebiete des Dithmarscher Landrechts für Servituten Geltung hat;

in Erwägung, daß nämlich das Dithmarscher Landrecht Art. 89 sich in der Lehre von der Servitutenverjährung unverkennbar ganz den Grundsätzen des Römischen Rechts angeschlossen hat und, so wenig sich mit Grund behaupten ließe, daß der von der außerordentlichen 30jährigen Ersitzung handelnde § 4 nur für Gerechtigkeiten habe zur Anwendung kommen sollen, eben so wenig auch andererseits anzunehmen ist, daß die in den vorhergegangenen Paragraphen aufgenommenen Grundsätze der ordentlichen Ersitzung nicht auch für die freilich nicht ausdrücklich erwähnten Servituten als geltende Normen haben angesehen werden sollen, da im § 4 sich nicht ausgesprochen findet, daß Gerechtigkeiten nur durch 30jährige Verjährung erworben werden können und bei Auslegung des Art. 89 des Dithmarscher Landrechts die Bestimmungen des Römischen Rechts, aus denen die Vorschriften des gedachten Artikels entlehnt sind, ergänzend in Betracht gezogen werden müssen, mithin auch die dritte Appellationsbeschwerde auf Berücksichtigung keinen Anspruch machen kann;

in Erwägung, daß die in der replicarischen Anführung des Klägers vorgebrachten Thatsachen, welche darauf gerichtet gewesen sind, die Behauptung des Beklagten, daß er die Benutzung des streitigen Weges in dem von ihm angegebenen Zeitraum ungestört ausgeübt habe, zu entkräften, sich überall nicht eignen, dem Kläger zum Beweise verstellt zu werden, dem Kläger vielmehr überlassen bleiben muß, diese Thatsachen zur Führung des Gegenbeweises zu benutzen, der Sachlage nach auch keine Veranlassung vorliegt, das Beweisthema für den Kläger oder den Beklagten anders als geschehen zu fassen und daher gleichfalls die vierte und fünfte Appellationsbeschwerde als unbegründet sich darstellen;

wird auf eingelegte Unterinstanzacten und Recesse und nach stattgehabter mündlicher Verhandlung hierdurch von Obergerichtswegen für Recht erkannt:

daß das angefochtene Beweiserkenntniß des Süderdithmarscher Gerichts vom 5. September 1860 zu bestätigen und zur Vollstreckung an die Unterinstanz zurückzuweisen, Kläger und Appellant auch schuldig sei, dem Beklagten und Appellaten die Kosten dieser Instanz, deren Verzeichnung und Ermäßigung vorbehältlich, binnen Ordnungsfrist zu erstatten.

Wie denn solchergestalt hiedurch erkannt wird

V. R. W.

Urkundlich rc. Publicatum im Königl. Holsteinischen Obergericht zu Glückstadt, den 10. Mai 1861.

(Der Beschluß folgt.)

Allerhöchst privilegirte

Holsteinische Anzeigen.

Redigirt von den Obergerichtsräthen Etatsrath Henrici und Lucht.
Gedruckt bei Augustin in Glückstadt.

8. Stück. — Den 24. Februar 1862.

Beiträge zur Lehre vom Arrestproceß.

Mit besonderer Rücksicht der inländischen Praxis.

Von dem Herrn Advocaten Jpsen in Neumünster.

(Fortsetzung.)

In einem späteren Rechtsfall,

Anz. 1843, S. 192 ff.,

hat das Schleswigsche Obergericht dagegen mit Bestimmtheit ausgesprochen, daß der Arrest auf Güter, die sich im Besitz von Personen befinden, die das forum superius sortiren, bei dem Obergericht zu suchen sei, worin die ebendaselbst hinzugefügte Note der Redaction der Anzeigen eine Abweichung von den in der Holsteinischen Praxis befolgten Grundsätzen sieht, während

Francke, Proceß, II, S. 250 Not. 7,

einen Widerspruch darin nicht finden will. Der Fall ist, daß die das forum superius sortirende Mutter eines Cridars eine Anzahl Waaren von diesem gekauft haben wollte, was der Güterpfleger bestritt. Die Waaren, welche bereits im Besitz der Mutter waren, wollte der Güterpfleger durch bei der Unterinstanz nachgesuchte Arrestverhängung für die Masse sichern. Wäre die verhängte Maaßregel nur die Ausführung eines etwa gegen den Cridar selbst impetrirten Arrestes gewesen, so läge in der Entscheidung nichts Abweichendes von der Holsteinischen Praxis, da selbstverständlich eine solche Auflage an den Detentor einer Sache oder den Schuldner einer Forderung des Impetraten nur von dem persönlichen Gerichtsstand des Ersteren abgegeben, mithin bei diesem von dem Arrestforum requirirt sein muß. Allein die Mutter war hier im Besitz der Waare und behauptete Eigenthümerin zu sein, und der Arrest war daher direct gegen sie gerichtet; die angegangene Unterinstanz war das Gericht der belegenen Sache, da es hierbei auf den Unterschied von Mobilien und Immobilien nicht ankommt,

L. 38 D. 5, 1,

s. Linde, Proceß, § 90,

und dennoch hielt das Schleswigsche Obergericht das persönliche Forum der Mutter allein für competent, eine offenbare Abweichung von der bei den Holsteinischen Gerichten herrschenden Ansicht. Es mag daran erinnert werden, daß das vormalige Schleswigsche Obergericht überhaupt das forum rei sitæ anzuerkennen wenig geneigt war,

s. Francke, I, § 55 a. E.

Im Allgemeinen belegt man das den Arrest verhängende Gericht wohl auch mit dem Namen forum arresti, speciell versteht man unter dieser Bezeichnung aber etwas ganz anderes, nämlich, wenn das den Arrest anlegende Gericht kraft dieses Umstandes die Hauptsache, für welche es sonst nicht competent ist, an sich zieht, was gesetzlich durchaus nicht vorgeschrieben ist, wie

R. A. 1570 § 81 und 1594 § 81

sehr klar darthun. Dabei können nun zwar Fälle vorkommen, in denen die Attraction der Hauptsache eine Nothwendigkeit wird, z. B. wenn der Impetrat flüchtig ist, mithin keinen ordentlichen Gerichtsstand mehr hat oder überall keinen gehabt hat oder wenn er ein Ausländer ist.

Linde, Proceß, § 90,

macht sehr richtig darauf aufmerksam, daß hier die Attraction der Hauptsache nicht in der Arrestverhängung, sondern in andern Umständen ihren Grund hat, nämlich weil ein anderes Forum für die Hauptsache gar nicht vorhanden ist, und scheint es daher unrichtig, hier auch noch von einer Attraction im Gegensatz der Abziehung vom ordentlichen Forum des Impetraten zu reden. Gleichfalls hat die gemeine Praxis, nicht weniger auch früher die inländische, eine solche Attractionskraft des forum arresti angenommen. Diesem man kann sagen Unwesen ist die Verordnung vom 13. November 1782 entgegengetreten, indem sie anordnet, daß die Hauptsache in dem ordentlichen Forum des Impetraten, und zwar ohne Aufschub, anhängig gemacht werden solle. Vor Emanation dieser Verordnung scheint das Landgericht sich für die Attractionskraft des forum arresti auf die Landgerichtsordnung, III, 3, 3, gestützt zu haben, für welche Auffassung dieser Gesetzesstelle als eine richtige auch manches zu sprechen scheint.

Fuchs, introd. in proc. Hos. III 9 § 6 ff.,

hegt auch gar keinen Zweifel hinsichtlich solcher Attractionskraft, wobei er gleichfalls wohl an die cit. Stelle der Landgerichtsordnung denkt. „Sunt autem, beginnt er § 6, in processu arresti duae lites, una de ipso arresto ejusque validitate, altera de lite principali" u. s. w. Auch nach der 1782 erlassenen Verordnung hat das Landgericht diese Verordnung nicht als für sich maaßgebend betrachtet, wie die erste Abhandlung in

Schrader's collect. diss. § 14 und die Anmerkung dazu S. 37

ergiebt. Unsere jetzigen Obergerichte werden schwerlich noch solcher Ansicht anhängen.

Indeß bezieht sich die citirte Verordnung nur auf Realarreste, nicht auf Personalarreste, für welche die gegebene Vorschrift nach der oben gegebenen Andeutung zur Monstrosität werden würde. In den Fällen, wo der Impetrat keinen ordentlichen Gerichtsstand mehr hat oder ein Ausländer ist, muß nothwendiger Weise das Arrestforum auch zum Forum der Hauptsache werden.

s. Francke, a. a. O., § 60 a. E.

Aber auch bezüglich des Realarrestes macht das Holsteinische Obergericht eine Ausnahme, indem es die Schlußworte der Verordnung, daß „diese Anordnung vorerwähnten Unsern Unterthanen ohne Ausnahme zu Statten kommen solle —" stricte interpretirt, und wenn der Impetrat (die Abhandlung in den Anz. 1841, S. 333, sagt „von Ausländern impetrirte Arrest", denkt also an den Impetranten, was gar keine Ausnahme ist; Francke, II, S. 349 N. 3, hat richtig „Impetrat") ein Ausländer ist, die Attractionskraft des Arrestforums für die Hauptsache anerkannt.

Noch eine Frage ist hier zu berühren, die, welches eigentlich das Arrestforum sei in denjenigen Districten Holsteins, in welchen neben den Behörden für summarische Sachen ein Forum für Ordinariensachen vorhanden ist. So allgemein wird man diese Frage stellen müssen, wenn sie auch vorzugsweise da von practischer Bedeutung ist, wo noch die jährigen Dinggerichte, resp. die halbjährigen Amtsgerichte, bestehen. Abgesehen von der Herrschaft Pinneberg, in welcher den Kirchspielvögten, als den jetzigen Behörden für summarische Sachen, nach der Verordnung vom 19. Mai 1855 die Arrestsachen nicht beigelegt sind, wo aber neben dem neu eingerichteten Landgerichte doch die alten Land- resp. Gödinggerichte als bestehend anerkannt sind, ist es ganz außer Zweifel, daß den Amthäusern, die ja der Regel nach nur Jurisdiction in summarischen Sachen haben können, die Arrestanlegung zusteht. Die Justification eines Arrestes soll aber nach der Landgerichtsordnung, III, 3, 3, in einem Verfahren mit Recessen, d. h. im Ordinarienverfahren, statthaben. Gestattet man nun ein solches Verfahren nur vor dem foro ordinario, so stellen sich die Inconvenienzen heraus, welche

Francke, II, S. 253,

angedeutet hat. Ganz abgesehen von dem enormen Zeitverlust, der sich in solchem Arrestverfahren nothwendig ergeben muß, erscheint dasselbe auch in sich widersprechend. Das Amthaus verfügt den Arrest, und auf eine wie oberflächliche Beurtheilung der Voraussetzungen des Arrestes es auch beschränkt ist, hat es und muß es dabei schon die Justification desselben im Auge haben. Allein über diese Justification würde ein anderes, das Ding- oder Amtsgericht, erkennen (wie z. B.

Anz. 1849, S. 377,

das Plöner Amtsgericht über einen vom Plöner Amthause verhängten Arrest), ohne daß dieses die Gründe kennte, welche das Amthaus zur Arrestanlegung bewegen, denn Entscheidungsgründe werden dem Arrestdecret bekanntlich nicht beigefügt. Es wäre also gleichsam schon eine Art Instanzenzug vorhanden, dem im Uebrigen alle wesentlichen Erfordernisse eines solchen fehlen. Wenn man das Verhältniß des Amthauses zum Dinggericht resp. Amtsgericht auch anders auffassen wollte, nämlich, daß jenes nicht qua Behörde für summarische Sachen, sondern als Directorium des forum ordinarium handle, so wäre der Widerspruch doch nicht minder vorhanden. Denn in dieser seiner Qualität hat das Amthaus zwar die Proceßleitung, aber ist nicht zur Verhängung von richterlichen Verfügungen, wenn auch provisorischen, wohin die Arrestanlegung ja doch gehört, befugt. Und doch ist die Arrestanlegung Seitens des Amthauses nothwendig, weil, wenn das Ding- oder Amtsgericht selber den Arrest decretiren würde, die gewünschte Hülfe wohl regelmäßig zu spät kommen würde. Wäre nun auch die Competenz des Dinggerichts als Justificationsforum gesetzlich begründet, so ist doch gewiß, daß das practische Bedürfniß hiervon in den meisten Landesdistricten hat abweichen lassen und daß das Justificationsverfahren meistens auch vor den Amthäusern resp. den neu eingerichteten Land- und Amtsgerichten stattfindet.

Francke, II, S. 254,

hat als solche Districte schon Pinneberg, Grafschaft Ranzau, Neumünster, Cismar, Amt Kiel aufgeführt. Es mag hinzugefügt werden, daß die

Anz. 1843, S. 379,

aufgeführte Arrestsache vor dem Rendsburger, die

Anz. 1855, S. 381,

mitgetheilte vor dem Reinbecker Amthause justificirt, die

Anz. 1856, S. 327.

mitgetheilte vor dem Trittauer Amtsgericht verhandelt worden ist.*) Allein die Competenz des forum ordinarium, wenn es nicht etwa zugleich das arrestanlegende Gericht ist, scheint sich auch gesetzlich kaum begründen zu lassen. Es liegt keineswegs klar vor, wie die Landgerichtsordnung sich das von ihr angeordnete Arrestverfahren gedacht hat. Sie verlangt in

Landgerichtsordnung, III, 3, 2,

ehe ein Arrest verhängt wird, „fürgehendes schleuniges Verhör und Cognition", und darauf soll das „rechtliche Decret" erfolgen, so daß schon eine Art Justification vorangeht; wenn sie nun im § 3 von Prosequirung des Arrestes im Verfahren mit Recessen spricht, so ist gar nicht unwahrscheinlich, daß sie die Verfolgung des Hauptanspruches zugleich und mit der eigentlichen Justification des Arrestes wollte, ja jene als ein Stück von diesem ansah. Wir haben schon früher erwähnt, daß

Fuchs, introd. in proc. Hols. L. III c. 9,

eine solche Verbindung der Hauptsache mit der Arrestsache als in der Praxis hergebracht lehrt, daß nicht nur der Impetrant seinen Justificationslibell, sondern auch der Impetrat den seinigen (a. a. O., § 8 u. 9) entsprechend einzurichten habe, und nur wenn der Arrest für nicht justificirt erachtet werde, so brauche der Impetrat nicht ad causam principalem respondere, nisi arrestatus etiam ex alia causa v. g. ex delicto, domicilio etc. forum ibi sortiatur, hoc enim casu, licet arrestum sit injustum, nihilominus ad principalem causam respondere debet (§ 10). Von

*) Wo immer in den landgerichtlichen Jurisdictionsbezirken das forum superius sortirt wird, geschieht die Arrestverhängung von dem stellvertretenden Obergerichte. Die Justificationsverhandlung findet aber vor dem Landgerichte statt.

einem Arrestanlegungs- und einem Justificationsforum, als zwei verschiedenen Foris, giebt er nicht die leiseste Andeutung. Besonderes Gewicht dürfte denn doch auch ferner auf die Arrestverordnung von 1782 selber zu legen sein. Vergegenwärtigt man sich die Zustände damaliger Zeiten, so ist gewiß, daß die alten Dinggerichte damals weit mehr noch in Thätigkeit waren, als heut zu Tage, und die Proceßverzögerung, welche bei einer Justification von Arresten vor dem Dinggerichte entstehen mußte, kann den rechtskundigen Männern, welche bei Emanation der Verordnung thätig waren, schwerlich verborgen geblieben sein; und hätte die Verordnung die Justification vor dem ordentlichen Gerichte stillschweigends (denn ausdrücklich ist jedenfalls nicht davon die Rede) billigen wollen, so würde sie gerade selbst ihrem Hauptzweck entgegen gewesen sein und das von ihr angeordnete Mittel zu „einem schleunigen Fortgang der Justizpflege", nämlich das Verbot der Prorogation des Arrestforums für die Hauptsache, vollständig paralysirt sein. Mehr Gewicht noch ist auf die Worte der Verordnung selber zu legen, daß die Justification vor dem judice **arrestante** in gesetzlicher Frist und Ordnung bewerkstelligt werden solle. Es können diese Worte nichts anderes besagen, als daß ein und derselbe Richter den Arrest verhängen und über dessen Justification erkennen solle; wie denn die Verordnung, falls sie es gemeint hätte, es sicher würde hervorgehoben haben, daß die fora ordinaria vor sich sollten die Arreste justificiren lassen.*)

Endlich mag auch auf das Verhältniß des Altonaer Oberpräsidiums zum dortigen Magistrat hingewiesen werden. Nach dem Rescript vom 28. Decbr. 1750 hat der Magistrat nur in causis ord. eine cognitio simultanea mit dem Oberpräsidium, so wie hier eine Provocation vom Oberpräsidium an den Magistrat anerkannt ist. Für summarische Sachen ist das Oberpräsidium ausschließlich competent und die Provocation an den Magistrat ausgeschlossen. Gerade für den gleichfalls summarischen Arrestproceß hat das Oberappellationsgericht,

Anz. 1853, S. 352,

dies anerkannt und das Oberpräsidium als diejenige competente Behörde erachtet, von dem nicht allein der Arrest verhängt, sondern vor welchem derselbe auch zu justificiren ist, und daß der Umstand, daß im übrigen Holstein die Justification im Wege des ordentlichen Processes geschehe, nicht maaßgebend sein könne. Allein eben so wenig kann aus demselben Umstande geschlossen werden, daß im Uebrigen die Arreste ausschließlich in foro ordinario justificirt werden müßten. Wird doch auch im Concursverfahren, das die Justification auch im ordentlichen Verfahren vornimmt, die Competenz der Amthäuser u. s. w. nicht bezweifelt.

(Die Fortsetzung folgt.)

---

*) Anm. d. Red. Entscheidend muß doch wohl für die Gerichtszuständigkeit das Verfahren sein. Hat sich die Justificationsverhandlung in den Formen des ordentlichen Processes zu bewegen, so wird sie auch nothwendig vor das ordinarium gehören und kann für sie, gleich wie für andere im ordentlichen Verfahren zu erörternde Sachen, eine nur für summarische Sachen competente Behörde lediglich durch Convention der Parteien eine Zuständigkeit erlangen. Daß aber nicht bloß im Herzogthum Schleswig, sondern auch in Holstein es als Regel gilt, daß das ordentliche Verfahren für die Arrestjustification zur Anwendung kommt, kann wohl nicht mit Grund in Frage gestellt werden. Die Landgerichtsordnung normirt nicht nur das Arrestanlegungsverfahren, sondern enthält auch über das für die Prosequirung des Arrestes zu beobachtende Verfahren Vorschriften, welche keinem Zweifel darüber Raum lassen, daß es das ordentliche Verfahren der damaligen Zeit ist, welches sie für die Justificationsverhandlung festgesetzt hat,

vgl. Landgerichtsordnung P. III T. III § 3 und P. II T. III § 3.

Im Gebiete der Landgerichtsordnung aber sind die Vorschriften derselben bekanntlich auch bei den Untergerichten zur Anwendung gekommen und daher erklärt es sich, daß in Holstein abweichend vom gemeinen Recht sich das ordentliche Verfahren als Regel behauptet hat, obwohl es sich gewiß nicht verkennen läßt, daß das summarische Verfahren, auf Zweckmäßigkeit gesehen, entschieden den Vorzug verdienen würde.

Entscheidungen.

Für den Erwerb von Servituten kommt im Gebiete des Dithmarscher Landrechts die zehnjährige Acquisitivverjährung des Römischen Rechtes zur Anwendung. — Was zur Begründung der Einrede des Erwerbs einer Servitut durch Verjährung erfordert wird und wie der in dieser Hinsicht aufzuerlegende Beweis zu fassen ist.

(Beschluß.)

Auf die von dem Kläger zur Hand genommene Oberappellation gegen dies Erkenntniß erfolgte der nachstehende abschlägige Bescheid.

Namens Sr. Königl. Majestät.

Auf die unterm 15. Juli v. J. hieselbst eingereichte Appellationsschrift von Seiten des Hofbesitzers und Bauerschaftsgevollmächtigten Peter Jacob Janssen in Kattrepel, Namens der Kattrepeler Meeninteressentschaft, Klägers, jetzt Appellanten,

wider

den Eingesessenen Claus Jacob Lau in Ohlen, Beklagten, jetzt Appellaten,

wegen unbefugter Benutzung des Osterdollwegs, hierauf Appellation wider das Erkenntniß des Süderdithmarsischen Gerichts vom 5. September 1860, jetzt Appellation wider das Erkenntniß des Holsteinischen Obergerichts vom 10. Mai 1861,

wird,

in Erwägung, daß in den Entscheidungsgründen des angefochtenen Erkenntnisses genügend ausgeführt worden, daß die angestellte Klage als eine Negatorienklage aufzufassen ist, daß der Appellant den Beweis des der Kattrepeler Meeninteressentschaft an dem Osterdollwege angeblich zustehenden Eigenthums noch nicht vollständig beigebracht hat und daß die Beschwerde über die Fassung des dem Appellanten auferlegten Beweises unbegründet ist;

in Erwägung, die Einrede der durch Ersitzung erworbenen Servitut betreffend, daß die Ersitzung einer Servitut eine Erwerbung durch fortgesetzten Besitz ist, hierzu aber der animus possidendi gehört, daß mithin zur Ersitzung einer Servitut erforderlich ist, daß die Handlungen, durch welche sie ausgeübt sein soll, als ein Recht ausgeübt sind, daß nun aber, da der Appellat behauptet hat, er habe seit 10 Jahren und seine Vorbesitzer hätten über 20 Jahre die Ueberfahrt ungestört ausgeübt, und da er auf diese Thatsache die Einrede der Ersitzung gestützt hat, es keinen Zweifel leiden kann, daß er hat behaupten wollen und behauptet hat, daß er und seine Vorbesitzer mit dem Willen, dadurch ein Recht auszuüben, auf dem fraglichen Wege gefahren seien, daß folglich die Ausführung des Appellanten, daß die Einrede der durch Ersitzung erworbenen Servitut nicht genügend substantiirt sei, weil Appellat nicht behauptet habe, daß die Ueberfahrt als ein Recht ausgeübt worden sei, nicht für zutreffend erachtet werden kann;

in Erwägung, daß das Dithmarsische Landrecht keine Bestimmungen über die Ersitzung der Servituten enthält, daß aber hieraus nicht mit dem Appellanten gefolgert werden darf, daß in Dithmarschen wie nach Sächsischem Recht zur Ersitzung einer Servitut eine Zeit von 31 Jahren 6 Wochen und 3 Tagen erforderlich sei und daß, da Appellat die Ausübung der Servitut nur während eines Zeitraums von 30 Jahren behauptet habe, die Einrede der Ersitzung unbegründet sei, weil das Sächsische Recht ebenfalls über die Ersitzung von Servituten keine ausdrückliche Bestimmungen enthält und der Artikel 135 des Dithmarsischen Landrechts grade für solche Fälle auf das Römische Recht verweist, hiernach aber für die Ersitzung von Servituten ein Zeitraum von zehn Jahren genügt;

in Erwägung, daß, wenn dem Appellaten auch nicht ausdrücklich zu beweisen auferlegt worden ist, daß die Ueberfahrt als ein Recht ausgeübt worden sei, so doch selbstverständlich die nachzuweisenden Handlungen, durch welche die Servitut ausgeübt sein soll, sich als Ausübung eines Rechts darstellen müssen;

in Erwägung, daß die Behauptung des Appellanten, daß der Weg früher verschlossen gewesen sei, gar keine Replik, sondern nur eine Negation der zur

Begründung der Einrede vorgebrachten Thatsachen ist, daß daher dem Appellanten ein desfälliger Beweis mit Recht nicht auferlegt worden ist, wie es denn überhaupt auch an aller Veranlassung fehlt, die erkannten Beweise für den Appellanten günstiger, als geschehen ist, zu fassen; daß also die erste und die zweite Beschwerde unbegründet sind;

in Erwägung, die dritte Beschwerde betreffend, daß zur Vergleichung der Kosten der vorigen Instanz kein genügender Grund vorliegt;

hiemit

ein abschlägiger Bescheid

ertheilt.

Die Kosten werden bestimmt für den Anwalt des Appellanten auf 32 ℛ 40 β und für dessen Procurator auf 3 ℛ 77 β.

Urkundlich ꝛc. Gegeben im Königl. Oberappellationsgerichte zu Kiel, den 8. Januar 1862.

Ueber den Gerichtsstand der Nachklage.

In Sachen des Kaufmanns Louis Lefeld in Hamburg, Beklagten, so wie des Advocaten Wilhelm Eduard Wiggers in Rendsburg, Intervenienten, jetzt Supplicanten,

wider

den Kaufmann C. H. Collin in Rendsburg, Kläger, Interventen, jetzt Supplicaten,

wegen verlangter Rückzahlung zweier früherer Wechselforderungen von zusammen 172 ℛ Pr. Cour. oder 229 ℛ 32 β R.-M. nebst Provision, Zinsen und Kosten, jetzt wegen Rechtfertigung der Supplication,

ergeben die Acten:

Der Kläger wurde von dem Beklagten bei dem Rendsburger Wechselgericht auf Zahlung zweier Wechsel zum Gesammtbetrage von 172 ℛ Pr. Cour. belangt. Er schützte gegen diese Klage die Einreden der Zahlung, der Wechselfälschung und des Betruges vor, von dem Wechselgericht ward aber unterm 28. Februar v. J. erkannt, daß er mit den vorgebrachten Einreden in diesem Verfahren nicht zu hören, daher mit deren Ausführung ad separatum zu verweisen und schuldig sei, dem Wechselkläger gegen eine von demselben zu bestellende genügende Caution für die vollständige Gelebung des von ihm, dem Wechselbeklagten, in separato etwa zu erstreitenden Erkenntnisses innerhalb drei Tagen nach geschehener Cautionsbestellung die libellirte Wechselsumme s. w. d. a., ref. exp., zu bezahlen. Kläger gelebte diesem Erkenntnisse, nachdem ihm von dem Anwalt des jetzigen Beklagten, dem Advocaten Wiggers in Rendsburg, die in dem Erkenntnisse des Wechselgerichts angeordnete Caution bestellt worden war, erhob aber sodann bei dem Rendsburger Magistrat unter Geltendmachung seiner im Wechselproceß ad separatum verwiesenen Einreden eine Klage auf Rückgabe des in Gemäßheit des wechselgerichtlichen Erkenntnisses Gezahlten und Erstattung der Kosten.

Der Beklagte, welchem der Advocat Wiggers als accessorischer Intervenient beitrat, schützte gegen diese Klage zunächst die Einrede des incompetenten Gerichts vor, indem er bemerkte: der Rendsburger Magistrat sei für ihn weder der Gerichtsstand des Wohnorts, da er in Hamburg wohne, noch ein specieller Gerichtsstand, da alle Voraussetzungen eines solchen fehlten. Eben so wenig liege eine Prorogation der Parteien auf die Entscheidung des Magistrats vor, da, obwohl der Kläger die Verweisung seiner Einreden an den Magistrat vor dem Wechselgericht beantragt habe, doch weder dieses darauf eingegangen sei, noch Beklagter sich ausdrücklich oder stillschweigend diesem Verlangen gefügt habe. Auch sei keine Widerklage, also auch kein forum reconventionis, vorhanden, da dies specielle forum nothwendig für Vor- und Widerklage dasselbe Gericht voraussetze, das Rendsburger Wechselgericht und der Rendsburger Magistrat aber ganz verschiedene Gerichte seien. Endlich lasse sich auch aus der Bürgschaftsbestellung die Competenz des Magistrats nicht herleiten, denn theils sei dieselbe gar keine cautio de judicio sisti und pro reconventione und theils sei sie in Uebereinstimmung mit dem Wechselerkenntnisse erfolgt, welches trotz des jenseitigen Antrags die Verweisung der Sache an den Magistrat unterlassen habe. Der Beklagte schützte sodann noch proceßhindernd eine Einrede der fehlenden Passivlegitimation vor, ließ sich eventuell auf die Klage ein und opponirte schließlich eine Einrede der Zuvielforderung.

In seiner Replik bemerkte der Kläger, daß das forum reconvent. für jede Widerklage ohne Rücksicht darauf begründet sei, ob Klage und Widerklage in derselben Proceßart und vor demselben Richter oder in verschiedenen Proceßarten und vor verschiedenen Gerichten desselben Gerichtssprengels zu verhandeln seien und ob die Widerklage pari passu oder als s. g. Nachklage angestellt werde, daß daher im vorliegenden Fall aus dem Gesichtspunkte des forum reconvent. die Competenz des Magistrates begründet sei.

Nachdem sodann noch duplicirt worden war, erkannte der Rendsburger Magistrat unterm 31. Januar v. J. unter Verwerfung der Einrede des incompetenten Gerichts auf einen vom Kläger in der Hauptsache zu führenden Beweis,*) wogegen der Beklagte und der Intervenient hieher supplicirt und sich hauptsächlich darüber beschwert haben, daß erkannt, wie geschehen, und nicht vielmehr die vorgeschützte Einrede des in-

*) Die Entscheidungsgründe lauten:

In Erwägung 1) daß die erhobene Klage, welche sich nach den Präcedentien vor dem Wechselgericht, wo der jetzige Beklagte den Kläger wegen zweier Wechsel wechselrechtlich einklagte und der jetzige Kläger unter Verweisung seiner illiquiden Einreden ad separatum im Wechselverfahren zur Zahlung der Wechselsumme c. annexis und nebst Kosten schuldig erkannt wurde, und da der frühere Wechselbeklagte gegenwärtig die früher durch Einreden vorgebrachten Gegenforderungen der geschehenen Verweisung ad separatum gemäß nach geschehener Cautionsleistung des Wechselklägers nunmehr in ordinario klagend geltend macht, unzweifelhaft als eine Widerklage characterisirt an sich begründet erscheint, indeß als erwiesen nicht betrachtet werden kann, da der Widerbeklagte sich freiwillig auf den durch die Anlagen der Klage anticipirten Beweis nicht hat einlassen wollen und rechtlich nicht angehalten werden kann, sich auf einen solchen Beweis schon in diesem Stadio des Verfahrens einzulassen;

2) daß die Einrede des incompetenten Gerichts für begründet nicht erachtet werden kann, da der Gerichtsstand der Widerklage auf dem Grundsatze beruht, daß der Kläger es sich gefallen zu lassen hat, in demselben Gerichtssprengel, in welchem er Klage erhebt, auch in Betreff der von dem Beklagten zu erhebenden Gegenforderungen als Widerbeklagter sein Recht zu nehmen, es übrigens aber für das hier unbestreitbar vorhandene forum reconventionis gleichgültig ist, ob die Widerklage vor demselben oder vor einem anderen Gerichte desjenigen Gerichtssprengels, in welchem die Vorklage erhoben ist, angestellt wird, wie sich solches auch aus den Analogien ergiebt, welche die beim Mandatsprocesse vorkommende Widerklage an die Hand giebt;

3) daß die Einrede der mangelnden Passivlegitimation ebenfalls zu verwerfen ist, indem dieselbe auf den vom Widerbeklagten aufgestellten Satz basirt ist, daß an undatirten Wechseln, weil denselben ein wesentliches Erforderniß des Wechsels, das Datum, fehle, eine Wechselfälschung nicht begangen werden könne oder daß die Wechselfälschung wie jede andere Fälschung ein schon vorhandenes Object voraussetze, an welchem unerlaubte Veränderungen vorgenommen werden könnten, dieser Satz aber in sich unrichtig ist, da auch solche Handlungen, durch welche ein falsches Elaborat, z. B. eine falsche Bescheinigung, überhaupt erst hergestellt wird, unbestreitbar rechtlich für Fälschungen gelten, mithin auch die Herstellung eines falschen Wechsels durch Hinzufügen eines Datums in ein Wechselblanquett als eine Wechselfälschung angesehen werden muß und nach pass. 3 des § 111 der Wechselordnung vom 23. Februar 1854 die Einrede der Wechselfälschung auch dann nicht unzulässig ist, wenn sie nicht unmittelbar aus der Person des Beklagten gegen den Kläger selbst gerichtet ist;

4) daß dagegen die Einrede der pluspetitio als begründet sich darstellt, insofern Kläger sich dadurch, daß er auch Erstattung derjenigen Kosten verlangt hat, in welche er im Wechselprocesse rechtskräftig verurtheilt worden ist, einer Zuvielforderung unzweifelhaft schuldig gemacht hat, indem er diese Kosten dadurch selbst veranlaßt hat, daß er ungeachtet seines Bewußtseins der Illiquidität seiner Einreden gleichwohl die fraglichen Wechsel nicht einlöste, sondern es vielmehr zu einer Condemnation auf die gegnerische Wechselklage kommen ließ, daß Wechselerkenntniß auch als ein nur vorläufiges nur durch eine ungenaue Redeweise von den Parteien bezeichnet worden ist, da der Wechselrichter in seiner Sphäre selbstständig entscheidet und definitive Recht gesprochen hat, es auch irrelevant erscheint, ob Widerkläger oder derzeitiger Beklagter es für seine

competenten Gerichts gehört und demgemäß die erhobene Klage als nicht an den Magistrat erwachsen, unter Verurtheilung des Klägers in die Proceßkosten, zurückgewiesen worden sei.

Nach eingezogener Erklärung des Supplicaten steht zur Frage, ob diese Beschwerde gegründet ist.

In Erwägung nun, daß von dem Supplicaten keine eigentliche das forum reconventionis begründende Widerklage, welche nur im Laufe des durch die Vorklage veranlaßten Verfahrens angebracht werden kann,*) sondern eine nur uneigentlich als Widerklage zu bezeichnende s. g. Nachklage angestellt worden ist, welche nach allgemeinem Grundsatz in dem ordentlichen Forum des mit derselben Belangten zu erheben ist,**) so wie

in Erwägung, daß, selbst wenn ein forum reconventionis auch für die Nachklage begründet wäre, doch immer nur von einer Anstellung derselben bei dem Rendsburger Wechselgerichte, als dem Gerichte, bei welchem die Vorklage verhandelt worden, die Rede sein könnte, der Umstand aber, daß dieses nicht für derartige im ordentlichen Proceß zu verhandelnde Klagen competent ist, es nicht würde rechtfertigen können, die Competenz des zu dem Wechselgericht in keiner näheren Beziehung stehenden Magistratsgerichts für begründet zu erachten;

wird dem Supplicanten auf die sub praes. den 23. Mai v. J. hieselbst eingereichte Supplicationsschrift hiemittelst von Obergerichtswegen, unter Beseitigung des angefochtenen Erkenntnisses des Rendsburger Magistrats vom 31. Januar d. J., zum Bescheide ertheilt:

daß Kläger mit der erhobenen Klage wegen mangelnder Competenz des Gerichts abzuweisen, wie auch schuldig sei, dem Beklagten und Intervenienten die in der Unterinstanz ihnen angeursachten Kosten, deren Verzeichnung und Ermäßigung vorbehältlich, binnen vier Wochen ab insin. zu erstatten; unter Vergleichung der Kosten dieser Instanz.

Urkundlich rc. Gegeben im Königl. Holsteinischen Obergerichte zu Glückstadt, den 6. Januar 1862.

Zwecke rathsam und förderlich erachten mochte, erst ein Wechselverfahren durchzumachen, so wie daß als Folge der Erhörung dieser Einrede der Zuvielforderung in dem demnächstigen Definitiverkenntnisse auch, wenn Kläger in der Hauptsache obsiegen sollte, die Kostencompensation auszusprechen sein wird;

5) daß der Intervenient in Folge der von ihm loco cautionis für den Widerbeklagten bestellten selbstschuldigen Bürgschaft seines unläugbaren Interesses bei dem Ausfall dieses Verfahrens halber als accessorischer Intervenient zugelassen zu werden mit Recht prätendirt;

6) daß, da die Klage an sich begründet, die factischen Grundlagen derselben aber jenseits in Abrede gestellt worden sind, dem Widerkläger die relevanten Klagbehauptungen zum Beweise zu verstellen sein werden, als solche relevante Klagbehauptungen aber nur zu betrachten sind:

a. daß Widerkläger unterm 25. Februar 1859 das in der Klage erwähnte ihm von Wolffsohn aus Hamburg vorgelegte mit Orts- und Zeitangabe nicht versehene auf 100 ℛ Preußisch lautende Wechselblanquett ohne Ort und Datum auszufüllen mit seinem Accept versehen habe, so wie, daß Widerkläger am selbigen Tage einen anderweitigen ebenfalls mit Orts- und Zeitangabe nicht versehenen Wechsel so, wie in der Klage angeführt, nach Wolffsohn's Angabe geschrieben und mit seinem Accept versehen, auch darauf beide gedachte undatirte Wechsel dem Wolffsohn zugestellt habe, und

b. daß und wie Widerkläger vor Anstellung der jetzt vorliegenden Klage und zwar bis zum 20. Januar 1860 incl. sämmtliche seine bis dahin bestandene Schuldverhältnisse gegen Wolffsohn vollständig abgemacht habe.

*) cf. Wetzell, System des Civilprocesses, S. 361. Bayer, Vorträge über den ordentlichen Civilproceß (Aufl. 8), S. 214.

**) cf. Seuffert's Archiv, Bd. 1 S. 118.

Allerhöchst privilegirte

Holsteinische Anzeigen.

Redigirt von den Obergerichtsräthen Etatsrath Henrici und Lucht.

Gedruckt bei Augustin in Glückstadt.

9. Stück. — Den 3. März 1862.

Beiträge zur Lehre vom Arrestproceß.

Mit besonderer Rücksicht der inländischen Praxis.

Von dem Herrn Advocaten Ipsen in Neumünster.

(Fortsetzung.)

§ 7.

Verfahren. Arrestnachsuchung. Caution.

Die Verordnung vom 13. November 1782, welche lediglich den Zweck hatte, die Prorogation des Arrestforums für die Hauptsache zu verbieten, hat zwar für die Anhängigmachung der Hauptsache und in welcher Weise eben die Anhängigmachung für das Justificationsverfahren als Voraussetzung dienen solle, Normen gegeben; in Betreff dessen aber, was der Impetrant sonst noch bei der Justification des Arrestes oder allererst bei Nachsuchung desselben zu beobachten habe, läßt sie sich nicht weiter ein, als daß sie eingangsweise darauf verweist, was „die Rechte und Gesetze verstatten." Eben so äußert sich bekanntlich die Landgerichtsordnung, III, 3, 1 allgemein, daß der Arrest nur zulässig sein soll in solchem Fall, „in dem die Rechte specialiter einen Kummer und Hemmung nachgeben und zulassen", was nicht bloß auf die im Vorgehenden erörterten Voraussetzungen des Arrestes, sondern auch auf die Art und Weise, wie solche Voraussetzungen nun im Verfahren darzulegen sind, bezogen werden kann. Zwar hat die Landgerichtsordnung a. a. O. § 2 und 3 noch ein paar specielle Vorschriften für das Verfahren gegeben, von denen aber, wie schon erwähnt, der § 2 nicht mehr beachtet wird und der Inhalt des § 3 von dem in der gemeinrechtlichen Praxis Ueblichen abweicht. Die gegebenen Vorschriften sind überdies bei Weitem nicht ausreichend, um darnach allgemein die Regeln des Arrestverfahrens construiren zu können. Aber auch die gemeinrechtlichen Vorschriften sind hier sehr dürftig und man ist daher der Regel nach darauf angewiesen, zu untersuchen, wie die Theorie, mehr aber die Praxis noch, das Verfahren im Arrestprocesse dem Wesen dieses Rechtsinstituts entsprechend gebildet haben. Für uns kommt selbstverständlich vorzugsweise die inländische Praxis in Betracht.

Vor allem fragt sich nun, welche Obliegenheiten der Arrestimpetrant schon bei Nachsuchung des Arrestes zu beobachten habe. Zweierlei Arten Betrachtung, jede von dem entgegengesetzten Gesichtspunkte ausgehend, drängen sich hier auf. Die eine ist diese: der Arrest ist die härteste processualische Maaßregel, die Jemanden treffen kann, nicht sowohl, weil sie mit der Dispositionsentziehung beginnt, als vielmehr, weil letztere auf einseitiges Anhalten des Impetranten verfügt wird. Wenn nun schon im Mandatsverfahren der Richter verlangt, daß ihm, ehe er thätig wird, der Implorant seine Ansprüche liquide vorlege, so scheint es auf den ersten Blick, daß er von dem

Arrestimpetranten wenn nicht Liquidität, so doch zum Wenigsten eine Bescheinigung der für den Arrest nothwendigen Voraussetzungen müßte verlangen können. Hiergegen spricht aber die andere Betrachtung: es zeigt sich als eine fast ausnahmslose Erfahrungsregel, daß die Handlungen des Impetraten, welche wegen ihres gefährdenden Characters den Arrest erforderlich machen, dem Impetranten gar nicht Zeit lassen, die zur Liquidirung oder auch nur Bescheinigung der Arrestvoraussetzungen nöthigen Mittel zu sammeln. Denn das Ansammeln dieser Mittel würde die nöthig gewordene schleunige Hülfe hinausschieben, wenn nicht ganz unmöglich machen. Von irgend welchen förmlichen Beweiserbringungen schon bei Nachsuchung des Arrestes wird auch, als dem Wesen dieser Maaßregel widersprechend, und zwar um so mehr abzusehen sein, als für solche Beweise und Nachweise eben das spätere Justificationsverfahren angeordnet ist. Schwieriger ist die Frage, ob und welche Wahrscheinlichkeit, daß die Voraussetzungen des Arrestes vorhanden, bei Nachsuchung des Arrestes dem Richter zu liefern sei. Freilich in Betreff des vorhandenen Hauptanspruchs nicht; die Bescheinigung könnte sich hier nur auf die bereits angestellte Hauptklage beziehen, allein diese Forderung würde gegen die klaren Worte des Gesetzes von 1782 verstoßen,

Anz. 1860, S. 177.

Es wird hier demnach genügen müssen, daß Impetrat seine angeblichen Ansprüche in der Kürze factisch wie rechtlich begründe.*) Dies allerdings wird der Richter auch verlangen können, weil das bloße Behaupten einer Forderung ohne Grund und Ursache überall keine Bedeutung für ihn hat, und ferner, wenn aus dem Vorgebrachten sofort das Unbegründetsein einer Forderung sich ergäbe, er nicht berechtigt wäre, einen Arrest zu verhängen, da dessen Nothwendigkeit ja offenbar fehlen würde.

*) Etwas weiter scheint doch das Obergericht zu gehen, wenn es

Anz. 1856, S. 327,

sagt: die Arrestanlegung im Allgemeinen werde von einer nothdürftigen Bescheinigung des Hauptanspruchs abhängig gemacht werden dürfen, wenn der Impetrant nicht genügende Caution offerire.

Was nun weiter die gefährdende Handlungsweise des Impetraten anlangt, so scheint der Chicane ein weites Feld eröffnet zu werden, wenn auf die bloße Versicherung des Impetranten hin der Arrest soll verhängt werden dürfen. Man könnte etwa ein Beispiel dahin aufstellen, daß wider einen notorisch vermögenden aber mit Landbesitz gar nicht versehenen Impetraten ein ganz unvermögender Impetrant, der mithin auch nichts zu verlieren hätte, mit der Behauptung aufträte, daß selbiger Anstalten zur Abreise nach Amerika getroffen habe, auf Grund welcher Behauptung Impetrant denn zur Sicherung einer angeblichen Forderung über das Mobiliar des Impetraten, als den noch einzigen realen Gegenstand eines Arrestes, letzteren verhängt wünschte. Die Wahrheit der Handlungsweise des Impetraten vorausgesetzt, so wäre eine Arrestverhängung offenbar gerechtfertigt, möchte Impetrat im Uebrigen auch ein Mann von anerkannter Solidität sein. Aber die bloße Aufzählung und Behauptung solcher Handlungen kann sie dem Richter genügen, das Arrestdecret abzugeben? Der Landgerichtsordnung ist dieser Punkt nicht entgangen. Wir haben schon auf ihre Vorschrift III, 3, 2 hingewiesen, daß „die Sequestration oder Arrest anders nicht folgen mögen, denn mit fürgehender schleuniger Verhör und Cognition", womit sie zwar nicht auf eine Beweisung, aber unzweifelhaft doch auf eine Bescheinigung oder Wahrscheinlichmachung der Arrestgründe hindeutet, zu welchem Behuf sie sich u. A. nicht bloß die Vernehmung der Partieen selber, sondern auch von Zeugen wird zulässig gedacht haben. Der Index zur Landgerichtsordnung sub voce arrestum paraphrasirt auch allgemein, „und sollen (Arreste) anders nicht als mit vorhergehendem Verhör der Sachen geschehen." Daß darin eine große Garantie für den Impetraten liegen würde, ist klar. Allein schon Reinkingk muß gefunden haben, daß ein vor der Arrestverhängung anzustellendes Verhör oder causæ cognitio die doch erforderliche Hülfe nicht selten zu spät kommen lassen würde, indem er in seinem Promptuarium zur Landgerichtsordnung S. 123 § 3 in der Note die beschränkende Bemerkung des Sixtin in dessen Cons. Marp. 18 N. 33 hervorhebt: „nisi tamen evidens in mora sit periculum intervertendæ possessionis", ein Fall, der ja gerade sehr häufig vorkommt.

Die Abhandlung in den

Anz. 1841, S. 333,

bezeugt denn auch, daß in der Praxis die Vorschrift der Landgerichtsordnung nicht befolgt werde, sondern daß sich das vorgeschriebene der Arrestanlegung vorhergehende Verfahren durch Observanz bei sämmtlichen Gerichten Holsteins dergestalt festgestellt habe, daß der Arrestbefehl bei dem competenten Richter schriftlich gesucht und nach dem Ermessen desselben gewährt oder abgeschlagen werde,

(vgl. auch Anz. 1839, S. 178).

Die weitere Bemerkung daselbst, daß, wenn sich der Arrestanlegung Bedenklichkeiten entgegenstellen und keine Gefahr beim Verzuge, das Arrestgesuch auch binnen einer vorgeschriebenen kurzen Frist zur Gegenerklärung mitgetheilt werde, daß das Obergericht aber in solchem Fall keinen weiteren Schriftenwechsel zulasse, paßt zwar, als auf einen Ausnahmefall berechnet, nicht auf den gewöhnlichen Fall des periculum in mora; indeß ist doch aus ihr zweierlei zu entnehmen, einmal, daß der Richter in solchem Fall besondere Sorgfalt zu beobachten habe, dann aber, was wichtiger, daß diese Sorgfalt sich nicht in Untersuchungen auf Kosten der zu gewährenden Hülfe verlieren dürfe. Hängt nun aber die Hülfe eben von ihrer schleunigen Gewährung ab, so wäre es doch offenbar in sich widersprechend, dem Impetranten noch Bedingungen vorschreiben zu wollen, welche, und das ist gerade das Wesentliche, zu erfüllen ihm die gefährdende Handlung des Gegners unmöglich gemacht haben kann. Man wird daher nicht den Grundsatz aufstellen dürfen, auf die bloße Behauptung des Impetranten dürfe **niemals** ein Arrest verhängt werden. Vielmehr hat der Richter sämmtliche in Betracht kommende Umstände, z. B. die Persönlichkeit der Parteien, ihre Vermögensverhältnisse u. s. w. zu beurtheilen und daneben zugleich nach den Anführungen im Arrestgesuche zu ermessen, ob eine Bescheinigung des Vorgebrachten erforderlich, aber auch ob solche zu liefern dem Impetranten möglich gewesen. Daß diese Aufgabe für den Richter keine leichte ist, liegt auf der Hand; aber sie ist nothwendig, und insofern kann man sagen, daß der Arrest nur periculo judicis verhängt werden könne.*) Andererseits geht dies periculum judicis doch auch nicht weiter, als es ihm überhaupt möglich war, jener Aufgabe nachzukommen. Der oft gedachte Aufsatz

Anz. 1841, S. 334,

sagt freilich allgemein, daß der Impetrant, um einen Arrest zu erlangen, solche Handlungen des Schuldners behaupten und **bescheinigen** müsse u. s. w. Vielleicht ist aber diese Aeußerung nicht von dem ersten Gesuch des Impetranten zu verstehen, jedenfalls sind für diesen Fall die citirten Rechtsfälle nicht beweisend; in allen vier Fällen

(Anz. 1837, S. 105–107, und 1838, S. 167)

war im Gegentheil, wie es scheint, auf die bloßen Behauptungen der Impetranten hin der Arrest verhängt und erst im Justificationsverfahren ward wegen mangelnden Nachweises einer justa causa der impetrirte Arrest für nicht justificirt erachtet, mithin theils schon in inferiori, theils in supplicatorio wieder aufgehoben. Bezüglich des Personalarrestes scheint dagegen wirklich eine strengere Ansicht zu herrschen und, wie nicht zu verkennen, eben weil es die härteste Maaßregel, in gerechtfertigter Weise.

Anz. 1841, S. 334,

wird einer obergerichtlichen Entscheidung gedacht, dahin gehend, daß zwar in dringenden Fällen der Personalarrest gegen einen flüchtigen oder der Flucht sehr verdächtigen Schuldner zulässig sei, allein zu Verhängung desselben sowohl der dringende Verdacht der Flucht als der Mangel anderweitiger Sicherheit für die gefährdete Forderung genugsam bescheinigt werden müßten. Da der Impetrant es an diesen Bescheinigungen hatte fehlen lassen, ward seinem Arrestgesuch nicht deferirt.

Auf den ersten Blick scheint es nun etwas für sich

*) Eine auch von **Francke** hervorgehobene Ausnahme enthält das bei **Callisen**, promp. I, S. 8, abgedruckte Rescript vom 26. Juni 1755, wonach amtlich requirirte („wegen der Unser Allerhöchstes Interesse und andere Officialverrichtungen betreffenden Angelegenheiten") Arreste **sofort**, aber dann auch **immer** periculo impetrantis verfügt werden sollen, d. h. ausschließlich auf Gefahr des Impetranten.

zu haben, wenn man die Arrestverhängung von einer vorgängigen Cautionsbestellung Seitens des Impetranten abhängig machte. Zuerst ist hervorzuheben, daß die Cautionsfrage eigentlich nur von Bedeutung für die Arrestverhängung ist, nicht auch für die Justification desselben. Einerseits beginnt die Maaßregel, mithin auch ihre Folgen mit jener; andererseits ist, wie wir später noch des Näheren sehen werden, die Justification des Arrestes gar nicht davon abhängig, ob der Impetrant in der Hauptsache den Proceß gewinnt oder verliert, auf welches letztere doch immer nur eine für die Justification geforderte Caution zielen könnte. Bezüglich der Arrestverhängung könnte man nun fragen, ob die bestellte Caution jede Bescheinigung der gefährdenden Handlung und zwar unter allen Umständen ersetze oder ob die Caution nur noch zu den sonstigen Erfordernissen hinzutreten solle. Im ersteren Fall würde das richterliche Prüfungsrecht, resp. die Verpflichtung dazu ganz aufhören und alle Gefahr auf den Impetranten hinübergewälzt werden. Zu keiner Zeit ist aber in der Jurisprudenz eine solche Ansicht aufgestellt worden, welche auch offenbar eher zum Nachtheil als zum Vortheil des Impetraten gereichen würde. Denn bei einem ganz grundlos verhängten Arrest würde dieser niemals für alles das, was er erlitten, in der bestellten Caution einen Ersatz finden können, ganz abgesehen davon, daß bei solchem Grundsatz gleichsam eine Rechtlosigkeit des Impetraten gegenüber den möglichen Chicanen des Impetranten sanctionirt würde. Wollte man aber die sonstigen Obliegenheiten des Impetranten durch Cautionsbestellung erhöhen, so hieße das, ihm die gewünschte Hülfe sehr erschweren, wenn nicht unmöglich machen. Unvermögende Impetranten würden die Caution nicht erschwingen können; durch Erlangung des Armenrechts könnten sie davon dispensirt werden,*) aber ehe sie bis dahin gelangt, ist wieder die Hülfe, die eine schleunige sein soll, schon überflüssig geworden. Vermögende Impetranten wüßten nicht, in welcher Höhe sie die Caution offeriren sollten u. s. w. Wichtiger ist aber, daß, wenn einmal Gründe zur Arrestverhängung vorhanden sind, die Cautionsbestellung etwas Ueberflüssiges wäre; im andern Fall aber die Caution den Arrestgrund nicht schaffen kann.*) Weiter ist der Zeitraum bis zur Justification (wenn man nur nicht an die Dinggerichtstermine denkt) kein großer; wird der Arrest für justificirt erkannt, so ist kein Grund zur Caution; wenn nicht, so wäre der Schade doch übersehbar für den Impetraten und die Ersatzerlangung, wenn sie begründet, nicht viel schwieriger, als wenn Caution bestellt wäre. Kommt der Impetrant nach der Arrestverhängung seinen Obliegenheiten nicht nach, so wird der Arrest ex officio relaxirt; also die Lage des Impetraten macht die Caution nicht so unbedingt erforderlich; die des Impetranten aber würde sie ungebührlich erschweren.

Gesetzlich ist eine solche Arrestcaution auch nicht mehr vorgeschrieben, wie das Obergericht in den

Anz. 1846, S. 191,

u. A. dahin erörtert hat, „daß zwar im § 85 des R. A. von 1594 dem Arrestanten die Bestellung einer Arrestbürgschaft zur Pflicht gemacht sei"; daß jedoch der § 85 des R. A. von 1594, wie die dem § 85 unmittelbar vorhergehenden Paragraphen ergeben, mehr jene Arreste vor Augen gehabt, welche von den Reichsunmittelbaren oder ihren Unterobrigkeiten in eigenem Interesse und besonders in Landessachen gebraucht wurden, als diejenigen Arreste, welche „von einem Richter, Magistrat oder Obrigkeit auf Anrufen einer Partei gegen eine andere erlangt werden können"; daß überdies die Vorschrift des R. A. von 1594 hinsichtlich der zu bestellenden Caution durch den § 59 des Deputationsabschiedes von 1600 dahin abgeändert, daß eine volle Caution nicht mehr erforderlich, sondern das simple Versprechen der Cautionsübernahme genügen solle, daß aber die letztere Verbindlichkeit sowohl in der Praxis als in der Doctrin nicht mehr anerkannt werde. Was die Doctrin anlangt, so mag man auf die Anz. l. l. citirten Schriftsteller verwiesen werden,

s. auch Francke, II, S. 256.

---

*) Anm. d. Red. Nach einem unten (siehe Anm. auf Seite 69) mitgetheilten Ausspruch des Obergerichts befreit die Erlangung des Armenrechts nicht von jeder Arrestcaution.

*) Eine ähnliche Anschauung scheint dem vorhin erwähnten Rescript vom 26. Juni 1755 zu Grunde zu liegen. Soll in dem dort erwähnten Fall der amtliche Character des Requirenten die Wahrscheinlichkeit des vorhandenen Arrestgrundes ergeben, so erscheint eine Cautionsbestellung überflüssig, die auch ausdrücklich erlassen ist.

An practischen Rechtsfällen sind zu vergleichen

Anz. 1841, S. 335; 1840, S. 179; 1844, S. 303,

wo ausgesprochen, daß bei Realarresten eine vorgängige Bürgschaftsbestellung nirgends vorgeschrieben worden. Gleicher Ansicht war das vormalige Schleswigsche Obergericht,

cf. Anz. 1840, S. 382; 1841, S. 179,

Am letzteren Orte sagt dieses, daß der rechtliche Bestand eines Arrestes gesetzlich von der Bestellung einer Caution nicht abhängig gemacht sei, sondern es von dem richterlichen Ermessen abhänge, ob und wie weit diese von dem Arrestimpetranten zu leisten sei. Wollte das Schleswigsche Obergericht damit andeuten, daß der Richter doch unter Umständen Cautionsleistung auflegen dürfe, so scheint das nicht gerechtfertigt; der Richter hat lediglich die vorgelegten Arrestgründe zu prüfen und darnach zu ermessen, ob der Arrest zu verhängen oder nicht; die etwa mangelhaften Gründe darf er seinerseits niemals durch Auflegung einer Cautionsleistung zu completiren suchen. Dem Impetranten steht es zwar frei, zur Unterstützung seines Gesuches Caution zu offeriren und diese Offerte kann allerdings den Richter veranlassen, die Arrestverhängung eher zu decretiren, weil ihm dadurch eine Garantie für das begründete Auftreten des Impetranten mehr gegeben wird. *) Eine Cautionsleistung ist nur für einen Fall bei uns gesetzlich vorgeschrieben, durch die Königliche Verordnung vom 12. Juli 1737, wenn nämlich ein Fremder auf Verhängung des Personalarrestes anträgt. **)

Anz. 1843, S. 377 H.; 1846, S. 192 H.

Hier aber ist die Cautionsleistung nicht an Stelle der Arrestgründe, sondern zu diesen als Erforderniß hinzugetreten.

Die Frage: ob einem Dritten, welcher mittelst Intervention den bearrestirten Gegenstand als sein Eigenthum in Anspruch nimmt und den Arrest bestreitet, auf Verlangen Arrestbürgschaft geleistet werden müsse, soll nach

Anz. 1841, S. 335,

vom Holsteinischen Obergericht bejaht sein; aus welchen Gründen, ist nicht gesagt. *) Der, welcher eine

*) Die schon oben angeführte Aeußerung des Obergerichts,

Anz. 1856, S. 327,

dürfte hierfür wohl mit angezogen werden können.

**) Die cit. Verordnung stellt die Alternative auf, daß der Richter „hinlängliche Caution bestellen lasse, oder auch den Arrestanten zugleich in Gewahrsam behalte.“ Ob letzteres noch praktisch, steht wohl zu bezweifeln.

*) Anm. d. Red. Die Motive des Bescheides aus dem Jahre 1835 können zwar ein juristisches Interesse nicht in Anspruch nehmen. Da aber im Jahrg. 1841 a. a. O. dieser Entscheidung als eines beachtungswerthen Präjudicates gedacht worden, halten wir es für das Richtigste, dieselbe hier mitzutheilen. Wir wollen indessen dabei nicht unbemerkt lassen, wie es zwar richtig ist, wenn in den Motiven hervorgehoben wird, daß durch die Arrestcaution nicht blos dem Impetraten, sondern auch dem Richter Sicherheit gewährt werden solle und daß das für die Proceßführung bewilligte Armenrecht von der Bestellung einer Caution nicht befreie, im Uebrigen aber die dem Bescheide vorangestellten Entscheidungsgründe uns nicht von der Richtigkeit der getroffenen Entscheidung haben überzeugen können.

Der Bescheid lautet wie folgt:

In Supplicationssachen des Marx Kraft von Blangenmoor, Supplicanten,

wider

Maricke Suhl daselbst, Supplicatin,

in pcto. geforderter Arrestcaution, modo supplicationis contra decretum der Landvogtei zu Meldorf vom 27. August v. J.,

hat die Supplicatin Maricke Suhl, welche interveniendo gegen den Arrest protestirt hatte, der von dem Supplicanten Marx Kraft auf den ihrem Sohne Claus Suhl gehörigen, auf dem Moore des Claus Ritscher befindlichen Torf ausgebracht worden, nachdem dieser Arrest gegen den Claus Suhl unterm 15. August v. J. für justificirt erkannt, unterm 18. August v. J. eine Arrestbürgschaft wegen Schaden und Kosten, die ihr aus diesem Arreste erwachsen könnten, von dem jetzigen Supplicanten verlangt und ihr desfälliges Gesuch auf die Dauer des Processes und die Gefahr des Verderbens des auf dem Moore befindlichen Torfs gestützt. Gegen dieses Verlangen hat der jetzige Supplicant bei dem unterm 27. August v. J. vor der Süderdithmarsischen Landvogtei in Meldorf stattgehabten Termin eingewandt, daß der Arrest im ersten und demnächst auch im Justificationstermin selbst gegen den Interventionsantrag der jetzigen Supplicatin für haftend erkannt worden, daß die Einrede der fehlenden Arrest-

Pfändung vornehmen läßt, braucht dem als Vindicanten auftretenden Dritten keine Caution zu leisten; eine andere Stellung dem Dritten gegenüber hat der Arrestimpetrant nicht, so daß von diesem Cautionsbestellung zu verlangen kaum gerechtfertigt sein möchte.

(Die Fortsetzung folgt.)

Entscheidungen.

Eine Nichtigkeitsbeschwerde kann weder auf die Behauptung, daß unrichtig in Betreff der Legitimation zum Processe erkannt sei, noch auf die Behauptung, daß eine bereits als erwiesen vorliegende Thatsache noch zum Beweise verstellt sei, gegründet werden.

In Sachen des Rentiers K. F. A. Kemper in Kiel, Namens und im Auftrage der Liquidationscommission der allgemeinen Viehversicherungsgesellschaft für den Dänischen Staat daselbst, Imploranten,

---

caution damals nicht opponirt sei, und daß der Supplicant das Armenrecht habe, welches ihn von der Bestellung der Caution befreie. Hierauf hat die Landvogtei am 27. August v. J. erkannt, daß der Implorat binnen 3 Tagen der Implorantin geeignete Sicherheit für alle aus dem besagten Arrest ihr erwachsenden Schäden zu bestellen, widrigenfalls zu gewärtigen habe, daß der angelegte Arrest auf Anhalten der Implorantin wieder aufgehoben werde.

Gegen dieses Erkenntniß hat der Supplicant das Rechtsmittel der Supplication unterm 29. August v. J. eingewandt und dieselbe, nachdem ihm mittelst Decrets vom 25. September v. J., welches am 7. October insinuirt worden, eine 8tägige Frist zur Einbringung seiner Supplication bewilligt worden, unterm 14. October prosequirt. Dieser Supplication ist von der Supplicantin die exceptio desertæ supplicationis opponirt worden, da jedoch diese Einrede mit Rücksicht darauf, daß der Supplicant am 24. September v. J. mit einem Gesuche um Bewilligung einer vierwöchentlichen Frist zur Einbringung seiner Supplicationsschrift eingekommen, die am 25. September abgelaufen war, also noch vor Ablauf derselben eingekommen ist und die ihm auf dieses Gesuch unterm 25. September v. J. bewilligte Frist von 8 Tagen vom Tage der Insinuation, den 7. October, an berechnet werden muß, der Supplicant auch am 14. October, vor Ablauf der 8tägigen Frist, seine Supplicationsschrift eingebracht hat, für nicht begründet zu achten, so ist die streitige Frage zwischen den Parteien die, ob die Supplicatin für befugt zu halten, von dem Supplicanten die Bestellung einer genügenden Caution wegen des ihr aus dem angelegten Arreste erwachsenden Schadens zu verlangen.

In Erwägung nun, daß die Supplicatin, welche interveniendo gegen den vom Supplicanten auf den Torf gelegten Arrest eingekommen und denselben als ihr gehörig in Anspruch genommen hat, nunmehr, da der Arrest, in Betreff des Impetraten, des Claus Suhl, für justificirt erkannt, als diejenige anzusehen ist, welche bei dieser Sache ein hauptsächliches Interesse hat, und daß erst zu der Zeit, als dieser Arrest gegen den Impetraten Claus Suhl für justificirt erkannt wurde, den 15. August v. J., die Besorgniß für die Supplicatin eintrat, daß ihr in Anspruch genommenes Eigenthum durch den Arrest gefährdet werden könnte und dadurch ihr Anspruch auf Bestellung einer Caution wegen aller aus dem angelegten Arrest ihr erwachsenden Schäden und Kosten gegen den Supplicanten begründet erscheint; so wie

in Erwägung, daß die Arrestbürgschaft nicht allein dazu dient, dem Impetraten Sicherheit zu gewähren, sondern auch durch dieselbe dem Richter eventuelle Entschädigungsansprüche von der Hand gehalten werden sollen; und endlich

in Erwägung, daß das dem Supplicanten ertheilte Armenrecht nur eine Befreiung von Entrichtung der Proceßkosten in sich faßt, nicht aber ihn von dem Anspruch zur Bestellung einer Arrestcaution liberiren kann;

wird, in Erwägung vorstehender Gründe, dem Supplicanten auf seine unterm 14. October v. J. eingereichte Supplication von Gerichtswegen

ein abschlägiger Bescheid

ertheilt.

Urkundlich 2c. Gegeben im Königl. Holsteinischen Obergericht zu Glückstadt, den 18. März 1835.

wider
den Dr. med. & chir. C. F. N. Brodersen in Uetersen, Imploraten,
wegen rückständiger Actienbeiträge zum Belauf von 10 ℛ︎ R.-M. nebst 10 pCt. Aufschlag s. w. d. a.,

ergeben die Acten:

Im Jahre 1856 wurde eine allgemeine Viehversicherungsgesellschaft für den Dänischen Staat als eine Privatactiengesellschaft gegründet. Das ursprüngliche Statut vom Jahre 1856 wurde in Gemäßheit desfälligen Beschlusses der Generalversammlung vom 13. Januar 1857 durch ein neues Statut vom 28. März s. J. ersetzt. Der Beklagte zeichnete im Febr. 1857 zwei Actien erster Serie, jede zu 100 ℛ︎ R.-M., leistete einen sofortigen Einschuß von 5 pCt. und erhielt eine Interimsquittung zugestellt, so wie ihm auch demnächst die Actiendocumente eingehändigt worden sind. Die Gesellschaft konnte nicht bestehen und es ward daher in einer Generalversammlung vom 18. November 1858 ihre Auflösung beschlossen, zugleich aber das vorzunehmende Liquidationsverfahren dem Verwaltungsrath und dem Director Bödeker übertragen. Der Letztere trat späterhin aus und es wurden seine Geschäfte mit nachträglicher Genehmigung der Gesellschaft von dem Verwaltungsrath übernommen. Dieser hatte sofort nach dem Auflösungsbeschluß einen aus drei Mitgliedern bestehenden Ausschuß niedergesetzt und beschlossen, alles, was diese beschließen würden, zu genehmigen. In einer Generalversammlung vom 21. Februar v. J. wurde dann noch bestimmt, daß die Liquidationscommission unter Vorsitz des Rentiers Kemper die Direction bilden solle, und es ward sodann der Letztere von der Commission mit ihrer gerichtlichen Vertretung beauftragt.

Dieser hat nun unter Darlegung der angeführten Verhältnisse eine Klage auf Zahlung rückständiger Actienbeiträge gegen den Beklagten erhoben und zu dem Ende angeführt:

Zur Deckung der Schäden, Administrations- und Advocaturkosten sei es erforderlich geworden, auf die gezeichneten Actien 50 pCt. oder 10 Raten einzufordern. Die Einforderung der zehnten Rate sei speciell von der Generalversammlung auf Antrag des Verwaltungsraths beschlossen, auch demnächst die erforderliche öffentliche Bekanntmachung erlassen worden. Beklagter weigere sich aber der Zahlung dieser verfallenen zehnten Rate und sehe sich daher die Liquidationscommission veranlaßt, dieselbe nebst 10 pCt. Aufschlag in Gemäßheit des § 15 des Statuts gerichtlich beizutreiben.

Es ist gebeten, den Beklagten zur Zahlung von 11 ℛ︎ R.-M. und Erstattung der Proceßkosten zu verurtheilen.

Nachdem die klösterliche Obrigkeit zu Uetersen beauftragt worden, diese Sache vor sich verhandeln zu lassen, hat der Beklagte in dem am 27. November v. J. stattgehabten Verhandlungstermin eine schriftliche Vernehmlassung eingereicht und verlesen lassen. Er opponirte darin:

1) die Einrede der dunkeln, unvollständigen und rechtlich durchaus unbegründeten Klage, zu deren Begründung er anführt:

a. die allgemeine Viehversicherungsgesellschaft sei eben so wenig, wie ihre der Klage angeschlossenen Statuten, rechtlich existent geworden. Der § 25 des Statuts enthalte nämlich die Bestimmung, daß in dem Protocoll einer Generalversammlung die Namen derjenigen anwesenden Actionaire, welche mehr als eine Stimme abzugeben hätten, mit Angabe der von ihnen vertretenen Stimmenzahl aufgeführt werden sollten. Solches sei aber weder in dem Protocoll vom 28. März 1857, auf welches die Klage für die Genehmigung des Statuts sich berufe, noch in dem Protocoll vom 28. November 1856, welchemnach die Auflösung der Gesellschaft beschlossen sein solle, geschehen, es seien daher diese beiden Protocolle und damit auch die darin gefaßten Beschlüsse ungültig. In gleicher Weise würden auch die übrigen in der Klage erwähnten Protocolle geführt sein, selbige seien daher statutenwidrig und ungültig.

Keins der mitgetheilten Protocolle enthalte ferner eine Notiz über die stattgehabte Verlesung und Genehmigung.

Auch sei nirgends zu ersehen, wodurch die Personen, welche die Protocolle geführt hätten, zu dieser Protocollführung in Gemäßheit des § 25 des Statuts autorisirt worden seien.

b. die Klage sei weiter unbegründet, weil der § 4 des Statuts vom 28. März 1857 die Bestimmung enthalte, daß das Grundcapital der Gesellschaft vorläufig auf eine halbe Million Thaler R.-M. gebracht werden solle, aus der Klage aber zu ersehen sei, daß ein Actiencapital von nur 155,000 ₰ R.-M. zusammengebracht worden sei. Da nun aber der Einzelne nur auf Grund des Statuts seine Actien gezeichnet und damit etwa nur den dritten Theil des Risico, welches ihm jetzt aufgebürdet werden solle, übernommen habe, so könne von dem Beklagten, da der Geschäftsbetrieb unberechtigter und statutenwidriger Weise eröffnet, ein weiterer Actienbeitrag als die geleistete erste Einzahlung nicht verlangt werden;

c. die Klage sei in ihren factischen Voraussetzungen dunkel und unvollständig oder mindestens der Beschluß wegen Einforderung der zehnten Rate auf Grund einer durchaus dunkeln und unvollständigen Jahresrechnung zu Stande gekommen, daher nicht bindend. In der Jahresrechnung von 1858/59 nämlich, auf deren Grund die Einforderung beschlossen worden, sei im Eingang ein Actieneinschuß von 31,755 ₰ R.-M. aufgeführt, dieser aber demnächst gänzlich vergessen worden und unberücksichtigt geblieben. Die als Resultat der Jahresrechnung gefundene Unterbilance von 61,336 ₰ würde sich aber bei Berücksichtigung derselben ungefähr auf die Hälfte reduciren;

2) die exceptio deficientis legitimationis ad causam activæ, weil nach dem Statut nur die Direction die Gesellschaft zu vertreten habe, eine gültige Abänderung des Statuts in diesem Punkt aber nicht geschehen sei.

In seiner eventuellen Litiscontestation hat der Beklagte eingeräumt, daß er die beiden Actien gezeichnet habe, daß die Einzahlung der zehnten Rate in der Umschlag v. J. abgehaltenen Generalversammlung beschlossen und die statutenmäßige öffentliche Aufforderung erlassen worden sei, aber die Gültigkeit des gefaßten Beschlusses und die Nothwendigkeit der Einforderung in Abrede gestellt, wie auch über die Höhe der noch zu vergütenden Schäden sich mit Nichtwissen erklärt.

Eventuell hat Beklagter eine exceptio pluspetitionis und resp. doli theils auf die in der Klage vorkommende Bemerkung, daß ein etwaniger Ueberschuß den Actionairen restituirt werden würde, theils auf die schon früher erwähnte Thatsache, daß in der Jahresrechnung von 1858/59 ein Actieneinschuß von 31,755 ₰ nicht berücksichtigt sei, gegründet und schließlich einen Reconventionsantrag auf Rückzahlung der von ihm mit 90 ₰ bezahlten zweiten bis neunten Rate gestellt.

Replicando ist hiergegen von dem Kläger bemerkt worden: daß die verschiedenen Beschlüsse in statutenmäßiger Weise gefaßt seien, auch aus den gegnerischen Anführungen und Deductionen keinerlei Statutenwidrigkeiten hervorgingen. Durch das neue Statut sei der § 4 des alten, wonach der Geschäftsbetrieb erst nach Zeichnung von 1000 Actien zu beginnen habe, beseitigt werden. Hinsichtlich eines angeblich bei Aufmachung der Rechnungen vergessenen Postens im Betrage der jenseitigen Angabe müsse Kläger sich verneinend erklären, event. die Richtigkeit der aus Weglassung eines solchen Postens gemachten Folgerungen bestreiten. Die Widerklage ist als unstatthaft in dem eingeleiteten Bagatellverfahren und als materiell unbegründet bezeichnet worden, weil die Voraussetzungen der condictio indebiti nicht vorhanden wären, wobei namentlich hervorgehoben ist, daß der Beklagte bei den Generalversammlungen, speciell bei der wegen Ausscheidung des Directors Bödeker und Auflösung der Gesellschaft abgehaltenen, durch den Agenten Martens vertreten gewesen sei.

In der Duplik sind keine neue thatsächliche Behauptungen vorgebracht worden.

(Der Beschluß folgt.)

Allerhöchst privilegirte

Holsteinische Anzeigen.

Redigirt von den Obergerichtsräthen Etatsrath Henrici und Lucht.

Gedruckt bei Augustin in Glückstadt.

10. Stück. — Den 10. März 1862.

Beiträge
zur Lehre vom Arrestproceß.

Mit besonderer Rücksicht der inländischen Praxis.

Von dem Herrn Advocaten Ipsen in Neumünster.

(Fortsetzung.)

§ 8.

Fortsetzung. Einleitung zur Justification.

Wie viel Wahrscheinlichkeit nun auch der Impetrant gleichzeitig mit dem Arrestgesuche für die darin enthaltenen Behauptungen geliefert haben mag: ein völliger Beweis, der nur in contradictorio zu erbringen ist, kann schon deshalb nicht von ihm erbracht werden, weil er bis dahin immer nur einseitig thätig gewesen ist. Andererseits ist es eine bekannte Erfahrungsregel, daß der Impetrant nicht allzuviel Beweisdienliches schon in und mit dem Arrestgesuche zu liefern vermag. Wenn dennoch der Richter seinem Verlangen nachkommt, so kann er das nur in der Voraussetzung thun, daß der Impetrant hinterher vervollständige, was vorher in genügender Weise darzulegen die Umstände hinderten. Hieraus ergiebt sich die Nothwendigkeit des sog. Justificationsverfahrens, welches eben die beiden Momente in sich faßt, daß einerseits der Impetrant die Voraussetzungen des Arrestes als vorhanden nunmehr in genügender Weise darlege, und andererseits der Impetrat darüber gehört werde. Weiter folgt hieraus, daß unter den Parteien dem Impetranten obliegt, zuerst thätig zu werden in diesem ferneren Verfahren, daß er aber auch hierauf rechtlichen Anspruch hat. Jene Obliegenheit anlangend, so ist es mindestens eine irreleitende Auffassung Bayer's (summarischer Proceß, § 35), daß das Verfahren eher ein Impugnationsverfahren sei, weil der Impetrat zunächst die Grundlosigkeit des verhängten Arrestes nachzuweisen suche. Denn diese Deduction ist stets eine Gegendeduction und setzt die versuchte Rechtfertigung der auf einseitiges Verlangen erlassenen Maaßregel voraus. Es ist eine Zufälligkeit, wenn der Impetrant schon im Arrestgesuch das Erforderliche so genügend bescheinigt hat, daß er sich bei der Justification einfach darauf beziehen darf, wodurch er sich aber schon wieder als der zuerst Thätige, als der den Arrest Prosequirende, dargestellt hat,

s. auch Francke, II, S. 259 N. 4.

Auch die zur Einleitung des Justificationsverfahrens erforderlichen Schritte müssen von dem Impetranten ausgehen, weil er, nachdem er einseitig gehört ist, nunmehr auch veranlassen muß, daß der Gegner gehört werde. Ein Recht dazu hat er insofern, als er Zeit haben muß, die gehörige Begründung des Arrestes darzuthun, was beim Arrestgesuche schon darzuthun ihm nicht zu ermöglichen war. Auch anderweitige ganz unbestritten dastehende Regeln, z. B. daß gegen das Arrestdecret ein ordentliches Rechtsmittel nicht zulässig ist, daß der Impetrat zum Justificationstermin nur monitorisch geladen wird, welche Regeln weiter unten zu berühren sind, sprechen durchaus gegen die Ansicht von Bayer.

Gemeinrechtlich hat demnach der Impetrant um Anberaumung eines Justificationstermins schon im Arrestgesuch anzuhalten und, wenn das nicht geschehen, der Richter von Amtswegen einen solchen anzuberaumen; und im Allgemeinen gilt das auch für den inländischen Arrestproceß.*) Das Einzelne des Processes hier zu Lande weicht aber mehrfach von dem Gemeinrechtlichen ab. Die Landgerichtsordnung, III,3,3 verlangt, daß der Impetrant binnen 6 Wochen von der Verhängung des Arrestes angerechnet diesen prosequire. Das Rescript vom 6. August 1649 schreibt vor, daß der Richter zugleich den Parteien einen Termin ad prosequendum ex officio ansetze und solchen nach Umständen auf 3, 4, doch nicht über 6 Wochen determinire. Dieses Rescript bezieht sich freilich nur auf die Prosequirung der Arreste an den Orten, wo das Lübsche Recht gilt,

cfr. C. C. H., I, S. 96.

Ebenfalls enthält die für die Stadt Oldenburg ergangene Vorschrift vom 27. August 1774 Bestimmungen in Betreff der im Lübschen Recht angeordneten Fristen für die Prosecution des Arrestes. Die Arrestverordnung von 1782 hat zweifelsohne die bisher erwähnten Vorschriften im Auge, wenn sie von der „in gesetzlicher Frist und Ordnung zu bewerkstelligenden Justification“ spricht. Diese Frist hat keine andere Bedeutung, als daß der Impetrant binnen derselben den Arrest prosequiren, d. h. daß er in derselben seinen Justificationslibell einreichen und um Anberaumung eines Termins zur justificatorischen Verhandlung bitten soll, während die Praxis einer früheren Zeit nach

Francke, a. a. O., S. 261 N. 10,

innerhalb der Frist auch die Justification selber beschafft wissen wollte und jedenfalls verschiedene Rechtsfälle in den Anzeigen (z. B. 1837, S. 105 ff.) ergeben, daß die Justification innerhalb der vom Richter gestellten Frist wirklich beschafft worden ist, auch dies noch heut zu Tage von einzelnen Untergerichten verlangt und erreicht werden möchte. Diese Frist, binnen welcher der Impetrant zuerst thätig werden muß, ist eine Ordnungsfrist. Sie beginnt ihren Lauf nicht vom Datum des Arrestdecrets, sondern vom Datum der Insinuation desselben, wie schon ein in den „Anmerkungen über einige Stellen der Landgerichtsordnung“ zu § 3 T. 3 P. III angezogenes Urtheil vom Jahre 1732 ergiebt. Die Restitutionsverordnung vom 15. Mai 1834 schreibt im § 8 vor, daß gegen Ablauf der Frist zur gesetzlich erforderlichen Justification von Inhibitorien und arrestatorischen Verfügungen keine Restitution zu ertheilen sei, woraus die Abhandlung in den

Anz. 1850, S. 337,

mit Recht folgert, daß diese Frist immer eine präclusivische sei. Läßt der Impetrant sie unthätig verstreichen, so hat der Richter den Arrest aufzuheben, event. steht dem Impetraten die Einrede der deserten Justification zur Seite. Zu den Fatalien zählt die Frist aber nicht, sie ist der Verlängerung fähig. Eine desfällige Aeußerung des vormaligen Schleswigschen Obergerichts,

Anz. 1849, S. 379,

mag hier angeführt werden, dahin gehend, daß die Untergerichte ermächtigt seien, zur Justification von Arresten Dilation zu ertheilen, indem selbst dann, „wenn das Gericht sonst der Meinung sein sollte, daß keine fernere Frist zu bewilligen, doch wenigstens noch eine kurze Frist pro omni ertheilt zu werden pflegt, so wie daß keine genügende Veranlassung vorliegt, um in casu quo eine Ausnahme von der gedachten Regel zu statuiren, da kein Gesetz existirt, welches der Bewilligung des Dilationsgesuches entgegensteht, indem die Verfügung vom 3. März 1797 und die vom 13. März 1798 (beide Verfügungen sind bekanntlich gleichen Inhalts) resp. nur für die Obergerichte und das Gericht der Macht der Geschwornen auf Fehmarn erlassen sind und das Rescript vom 6. August 1649*)

*) Francke's Aeußerung a. a. O. S. 256 f., daß die vaterländische Praxis als Bestandtheil des Arrestgesuchs den eventuellen Antrag auf Ansetzung des Justificationstermins verlange, dürfte in dieser Form selbst durch die Verweisung auf die später von ihm gegebene „nähere Beleuchtung dieses Termins“ nicht gerechtfertigt erscheinen. Gegen die spätere „nähere Beleuchtung“ ist nichts einzuwenden.

*) Auch schreibt dies Rescript doch nur vor, daß die Frist „ohne sonderbare wichtige Ursachen“ nicht verlängert werden solle.

sich nur auf diejenigen Orte Holsteins bezieht, wo das Lübsche Recht gilt." Indeß erkannte das Schleswigsche Obergericht an, wie es nach dem Geiste unserer Gesetzgebung und der Natur der Sache sich rechtfertige, daß eine Verlängerung der Justificationsfrist nur aus erheblichen Gründen zu bewilligen sei.

§ 9.

Fortsetzung. Ob eine Justification stets erforderlich?

Ehe weiter auf das Justificationsverfahren eingegangen wird, soll hier zuvor die Frage berührt werden, ob es Fälle geben könne, in denen eine Justification als überflüssig, mithin auch als unzulässig erscheint. Zunächst ist es klar, daß, wenn der Impetrat den Anspruch des Impetranten, zu dessen Sicherheit der Arrest dienen sollte, vor der Justification erfüllt, der Arrest selbst keinen Zweck mehr hat, also an und für sich hinfällig werden muß. Wird damit auch schon die Justification des Arrestes überflüssig? Wären durch den impetrirten Arrest für die Parteien keinerlei Berechtigungen resp. Verpflichtungen erzeugt worden, so müßte die Frage bejaht werden. Allein auf der einen Seite sind dem Impetranten Kosten angeursacht, andererseits kann der Arrest dem Impetraten Schaden zugefügt haben: und wenn auch, wie später zu zeigen, eine Kostenerstattung nicht immer bei dem als gerechtfertigt erkannten Arrest dem Impetranten zuzusprechen und eine Schadensersatzpflicht nicht regelmäßig als die Folge der mißlungenen Justification anzusehen ist, so kann doch für diese beiden Fragen eine rechtliche Basis erst gewonnen werden, wenn man darüber im Reinen ist, ob die Anlegung des Arrestes gerechtfertigt war oder nicht. Sehr richtig sagt daher das vormalige Schleswigsche Obergericht,

Anz. 1850, S. 372,

„zur Zeit der Justification war der Arrest (der Impetrat hatte den Hauptanspruch erfüllt) bereits wieder aufgehoben und es stand damals nicht mehr in Frage, ob ein genügender Grund vorliege, denselben fortbestehen zu lassen, sondern es handelte sich lediglich um den Kosten- und Entschädigungspunkt, wobei alles von einer Entscheidung darüber abhing, ob der Antrag auf Verhängung des Arrestes zu der Zeit, als derselbe gestellt wurde, hinreichend motivirt oder gerechtfertigt war oder nicht; die Frage mußte ex tunc beantwortet werden." Gleicherweise ließ dasselbe Obergericht in dem

Anz. 1840, S. 381 ff.,

mitgetheilten Rechtsfall die Justification zu und verurtheilte den Justificaten in die Proceßkosten, obwohl derselbe den Hauptanspruch kurz vor der Verhandlung durch Zahlung erledigt hatte.

Noch weniger entbehrlich erscheint die Justification, wenn der Arrest selbst nicht aufgehört hat, sondern, wie in dem

Anz. 1856, S. 153,

mitgetheilten Fall, durch Vereinbarung der Parteien dem ursprünglichen Arrestobjecte ein anderes Object substituirt worden ist oder der Impetrat, wie ihm stets freistehen muß, wenn nicht etwa der Hauptanspruch auf das Arrestobject sich bezieht, die Befreiung des letzteren durch eine nach richterlichem Ermessen genügende Cautionsleistung erreicht hat. Denn mit der bloßen Substituirung des anderweitigen Objectes räumt der Impetrat dem Impetranten nicht das Recht auf den Arrest oder dessen Substituirung ein, vielmehr soll über solche Berechtigung resp. Nichtberechtigung eben das Justificationsverfahren entscheiden. In dem

Anz. 1857, S. 162,

mitgetheilten Fall hatte der Impetrat Caution bestellt und es war der Arrest über das ursprüngliche Arrestobject in Folge dessen aufgehoben worden. Das Altonaer Oberpräsidium fand, weil die Sache als erledigt anzusehen sei, keinen Anlaß, noch in justificatorio ein Erkenntniß abzugeben; es berief sich dabei auf die Verordnung von 1782, als ob deren Sinn lediglich die Frage angehe, ob der Arrest bis zur ausgemachten Sache haften solle. Das Oberappellationsgericht hat aber gleichfalls bei dieser Gelegenheit anerkannt, daß, wenn der Arrest auch in Folge der Caution aufgehoben worden, die Parteien bei dem fortgesetzten Justificationsverfahren doch insoweit interessirt seien, als davon, ob der Arrest mit Recht angelegt worden, worüber eben nur durch das Justificationsverfahren geurtheilt werden könne, die Entscheidung nicht bloß wegen der Kosten des Arrestprocesses, sondern auch wegen der event. Entschädigungsansprüche abhängt.

Andererseits kann der Fall vorkommen, daß vor dem Justificationstermin bereits in der Hauptsache zu Gunsten des Impetraten entschieden ist. Daß in solchem Fall der Arrest auch ohne Justificationsverfahren aufzuheben ist, bedarf nicht erst der Erörterung.

Anz. 1837, S. 350 Schl.

Ob aber auch noch eine Justification ex tunc erforderlich ist, liegt nicht so klar vor. Angenommen, der Impetrat hätte sich solche Handlungen zu Schulden kommen lassen, die eine Nachsuchung des Arrestes vollkommen zu rechtfertigen vermöchten. Zur Justification gehört freilich auch der Nachweis, daß der Hauptanspruch gerichtlich verfolgt werde; wenn nun schon die Hauptsache vorher und zwar zu Gunsten des Impetraten erledigt ist, so würde ja ein wesentliches Stück der Justification zu fehlen scheinen. Dies wäre aber offensichtlich eine unrichtige Folgerung. Die Voraussetzung der Justification, daß die Hauptsache anhängig gemacht sei, gilt nur so lange, als diese noch anhängig gemacht werden kann; sonst könnte derselbe Einwand erhoben werden, wenn bereits zu Gunsten des Impetranten die Sache entschieden worden. Auch lautet die Voraussetzung nicht dahin, daß die Hauptsache im Augenblicke der Justification noch anhängig sei, sondern, daß sie einmal anhängig gemacht worden sei. Endlich steht die Arrestsache, mag sie auch als Nebensache neben der Hauptsache stehen, doch neben dieser wieder auch selbstständig da, und ist es durchaus unzulässig, mit der Entscheidung über die Hauptsache auch die Rechtfertigung oder Nichtrechtfertigung des verhängten Arrestes entschieden sein zu lassen. Vielmehr fragt sich, auf welchem Wege der Impetrat zum Siege in der Hauptsache gelangte, und dabei drängt sich auch hier wieder die Kosten- und Entschädigungsfrage aus dem Arreste auf, die nicht absolut zu Ungunsten des Impetranten deshalb beantwortet werden kann, weil derselbe in der Hauptsache schon vor der Justification mit seiner Klage abgewiesen worden. Hierüber soll erst das Justificationserkenntniß und kann dasselbe sich auch erst genügend aussprechen, zumal, wenn man in Betracht zieht, daß der Arrestrichter und der Richter der Hauptsache keinesweges immer dieselbe Person ist. Zwar kann der Fall vorkommen, daß, wenn derselbe Richter für beide Sachen competent ist, dieser den Impetranten, den er bereits als frivolen Kläger in der Hauptsache erkannt hat, bei Aufhebung des Arrestes sofort in die Kosten des Arrestprocesses verurtheilt und dem Impetraten seine Entschädigungsansprüche vorbehält, mithin jede fernere Bemühung des Ersteren, den Arrest zu rechtfertigen, für unstatthaft erklärt. Allein solcher Fall bildet nicht die Regel, sondern eine gewiß selten ermöglichte Ausnahme.

Eine ganz andere ist die Sachlage, wenn eine der Parteien auf die Justification vor dem Justificationstermin verzichtet. Da der Impetrat ein Recht auf die Justification Seitens des Impetranten hat, so kann in der Person des Letzteren nur insofern von einem Verzichte die Rede sein, als er damit überhaupt das ganze Arrestverfahren fallen läßt; in solchem Fall versteht sich die Kostenerstattung und die Schadensersetzung an den Impetraten von selbst und es bedarf dieser zur Begründung solcher Ansprüche nicht erst eines Justificationserkenntnisses. Vom Verzicht auf die Justification des trotzdem bestehen bleibenden Arrestes kann nur auf Seiten des Impetraten geredet werden. Hat der Impetrant hier ein Interesse und mithin ein Recht, die Justification fortzusetzen? Da in Folge des Verzichts der Arrest ohne Weiteres bis zu erledigter Hauptsache haften bleibt, so reducirt sich das Interesse des Impetranten lediglich auf die Erstattung der ihm bis dahin erwachsenen Arrestproceßkosten. Da nun einerseits der Ausfall der Hauptsache für diese Frage regelmäßig ohne Einfluß ist, andererseits aber der Impetrat durch seinen Verzicht den Arrest als gerechtfertigt erkannt, mit anderen Worten, sich zu den ihm zur Last gelegten Handlungen, und zwar als gefährdender, bekannt hat, so ist die Erstattung der durch den Arrest angeursachten Kosten eine Selbstfolge, die nicht erst in justificatorio erörtert zu werden braucht. Vom Zeitpunkt des Verzichts an fehlt es daher einem ferneren Justificationsverfahren an jeglichem streitigen Gegenstande. Die Wiedererlangung der Kosten, deren Höhe richterlich jeder Zeit festgestellt werden kann, kann und muß der Impetrant, da hier alles liquide vorliegt, im anderweitigen Verfahren verfolgen. In gleicher Weise hat denn auch das vormalige Schleswigsche Obergericht,

Anz. 1845, S. 170,

richtig anerkannt, daß, wenn Streitigkeiten über die Justification von Arresten vor der Justificationsverhandlung in der Hauptsache erledigt sind, wegen der durch die Arrestanlegung ꝛc. angeursachten Kosten allein kein Justificationsverfahren stattfinde, sondern solche Kosten besonders einzuklagen seien. Ebenso dasselbe Obergericht ibidem, S. 350.

§ 10.
Fortsetzung. Proceßform. Verschiedene Stellung der Parteien.

Gemeinrechtlich ist das Justificationsverfahren ein summarisches, bei welchem aber bis zur Re- und Duplik verhandelt werden darf,

cf. Linde, Lehrbuch, § 352.

Denselben summarischen Character hat das Verfahren in Altona, in welcher Hinsicht wir u. A. auf die schon erwähnte Aeußerung des Oberappellationsgerichts in den

Anz. 1853, S. 352,

verweisen. Auch in den übrigen Theilen des Inlandes wird, sofern es sich um Sicherung eines Anspruches handelt, der sich für den unbestimmt summarischen Proceß eignet, zumal wenn es sich um eine geringfügige Forderung handelt, ferner bei sog. provisorischen Verfügungen, das Justificationsverfahren wohl in summarischer Weise vor sich gehen. Im Uebrigen ist es eine auf die Landgerichtsordnung, III, 3, 3 sich stützende constante Praxis, daß nicht allein im Justificationstermin mündlich nach vorgängig eingelegten schriftlichen Recessen verhandelt wird, sondern daß überhaupt die Formen des ordentlichen Verfahrens gewahrt werden müssen, und wenn hiervon abgewichen wird, so ist solches wohl mehr als Parteiconvention anzusehen, wie neuerdings beim Neumünsterschen Amthause und dem

Anz. 1856, S. 327,

mitgetheilten und von dem Trittauer Amtsgerichte verhandelten Fall. Eben deshalb finden auch die Vorschriften des Patentes vom 18. Februar 1823 hier Anwendung,

Anz. 1841, S. 334.

Eben dadurch wird es aber auch möglich, daß, vorausgesetzt, daß der Arrestrichter auch für die in ordinario zu verhandelnde Hauptsache competent ist, diese gleichzeitig mit der Arrestsache in denselben Recessen wie Terminen verhandelt werden kann; die rechtliche Zulässigkeit solcher gleichzeitigen Behandlung beider Sachen ist, da eine Proceßverwirrung nicht zu befürchten steht, wohl aber ein rascherer Proceßgang erzielt wird, niemals bezweifelt,

Anz. 1841, S. 334; 1842, S. 373 H.; 1852, S. 46 H.,

und in der älteren Praxis, welche noch die Prorogation des Arrestforums für die Hauptsache anerkannte, viel häufiger gewesen, als heut zu Tage. Wir haben schon darauf hingedeutet, daß der Landgerichtsordnung, III, 3, 3 höchst wahrscheinlich solche gleichzeitige Vornahme der Arrest- und Hauptsache vorschwebt und daß unser älterer Processualist Fuchs davon ganz allgemein und zwar in einer Weise spricht, daß er es für eine Verpflichtung des Impetranten erachtet. Gezwungen werden kann freilich heut zu Tage dieser zu solcher Cumulation nicht mehr.

Bis zum Justificationstermin hin, diesen eingeschlossen, liegt dem Justificanten, als demjenigen, der die einseitig erlangte Maßregel rechtfertigen soll, allein ob, eine Thätigkeit in positiver Richtung zu entfalten. Die Thätigkeit des Justificaten ist dagegen durchweg eine negative; sie beschränkt sich darauf, das vom Justificanten Vorgebrachte als unbegründet oder als unzureichend darzulegen. Der Justificat kann sich auch vollständig passiv verhalten; er braucht weder einen Receß einzureichen, noch im Termin zu erscheinen: der Termin ist zwar ein peremtorischer und daher beim ungehorsamen Ausbleiben des Justificaten nicht ein neuer Termin anzuberaumen (eine in einem älteren Rechtsfalle vorgekommene Ausnahme hatte einen anderen Grund,

s. Anz. 1852, S. 46),

wie denn solchen Falls auch derselbe mit seinen etwa zulässigen Einreden ausgeschlossen wird. Die Justification des Arrestes aber muß desungeachtet vom Justificanten dargethan werden. Der negative Character der Vertheidigung des Justificaten, wenn er sich überhaupt vertheidigt, ergiebt sich aus der Natur des Arrestprocesses von selbst, der seine positive Thätigkeit nicht verlangen kann, aber auch zurückweisen muß, sofern man nicht etwa dahin die Einwendung der stets zulässigen proceßhindernden Einreden, als der Activ- und Passivlegitimation, der fehlenden richterlichen Competenz und des ordnungswidrigen Verfahrens, rechnen will. Es ist schon oben erwähnt, daß mit Ausnahme des Falles der Verordnung von 1737 eine Arrestcaution nicht gefordert werden kann und die fehlende kann daher auch dem Justificaten keine Einrede begründen. Alle auf die Hauptsache aber sich beziehenden Einreden, z. B. der fehlenden Caution für die Widerklage, der mangelnden Documentenedition,

Anz. 1841, S. 179 Schl.,

sind ausgeschlossen, weil der Richter sich mit der Hauptsache gar nicht oder z. Z. nicht zu befassen hat.

Gegen welche Puncte im Uebrigen der Justificat seine Gegenerörterung zu richten hat, ergiebt sich aus den Obliegenheiten des Justificanten. Dieser soll im Justificationstermin die Voraussetzungen des Arrestes nachweisen, wofür man auch bei uns zu Lande, trotz des Verfahrens mit Recessen, die Bezeichnung „bescheinigen" und mit Recht beibehalten hat. Wie das zu verstehen, soll später erörtert werden. Hier ist vorerst hervorzuheben, daß mit dem Justificationstermin auch das Justificationsverfahren sein Ende erreichen soll, so daß also keiner Partei darnach noch processualische Schritte zu gestatten wären. Als Regel wird man das auch unbedingt festhalten müssen, wie denn das Holsteinische Obergericht,

Anz. 1851, S. 359,

es ausgesprochen hat, daß z. B. „regelmäßig ein gesondertes Beweisverfahren nicht werde vorkommen können, weil für den Impetranten die außerordentliche Maßregel, welche er für sich in Anspruch nimmt, die Verpflichtung begründet, die erforderlichen Bescheinigungen im Justificationstermine beizubringen, die Ausschließung illiquider, die Hauptsache betreffender Einreden aber ihre Rechtfertigung darin findet, daß beim eigentlichen Arreste die Hauptsache gleichzeitig zur Verhandlung gebracht werden kann, auch nach vaterländischem Rechte sogar vor dem Justificationstermin von dem Justificanten anhängig gemacht werden muß."*) Das Obergericht sagt „regelmäßig", und da fragt sich, ob es Ausnahmen von der Regel gebe, zunächst auf Seiten des Justificanten, dann auf der des Justificaten. Wenn im Justificationstermin vom Justificanten verlangt wird, daß er namentlich im Betreff der justa causa (denn was hinsichtlich des Hauptanspruches zu bescheinigen ist, davon wird zweckmäßiger erst weiterhin zu reden sein) die erforderlichen Bescheinigungen beibringe, so heißt das nicht, daß er unbedingt die schon liquiden Resultate eines vorangegangenen Bescheinigungsverfahrens vorlegen müsse, weil ihm solches sehr häufig gar nicht möglich; vielmehr soll derselbe nur seine Bescheinigungsmittel dem Richter vorlegen in einer Weise, daß dieser hieraus das Vorhandensein der justa causa entnehmen kann.

(Die Fortsetzung folgt.)

*) Anm. d. Red. Allerdings kommt das Verfahren regelmäßig mit dem Justificationstermin zum Abschluß. Aber daß dies nothwendig geschehen müsse, ist nirgends angeordnet. Auch giebt es bekanntlich keine Gesetzesvorschrift, die es den Parteien zur Pflicht macht, ihre sämmtlichen Beweismittel bei Vermeidung der Präclusion in diesem Termin beizubringen und sie dem Gerichte dergestalt vorzulegen, daß immer darüber erkannt werden könne, ob der Arrest haften bleiben solle oder nicht. Und selbst für das summarische Verfahren des gemeinen Rechts ist es keineswegs unzweifelhaft, daß ein Interlocut als ausgeschlossen anzusehen ist. Linde hat sich freilich in seinem Lehrbuch des Civilprocesses Aufl. 4 § 352 in der Note 9 dafür erklärt. Die entgegengesetzte Ansicht vertreten aber Martin, Lehrbuch des bürgerlichen Processes, Aufl. 11 § 248, Bayer, Theorie der summarischen Processe, § 87, und Heffter, Institutionen des Civilprocesses, S. 430 § 7, und beim Mangel einer gesetzlichen Bestimmung dürfte es, zumal bei uns, wo das Verfahren sich in den langsamen Formen des ordentlichen Processes bewegt, an ausreichendem Grunde fehlen, die Auflage einer näheren Bescheinigung einzelner für relevant erachteter Thatsachen für unzulässig zu erklären. Vgl. übrigens auch Holst. Anz., 1861, S. 126.

Entscheidungen.

Eine Nichtigkeitsbeschwerde kann weder auf die Behauptung, daß unrichtig in Betreff der Legitimation zum Processe erkannt sei, noch auf die Behauptung, daß eine bereits als erwiesen vorliegende Thatsache noch zum Beweise verstellt sei, gegründet werden.

(Beschluß.)

In Erwägung nun, daß, da der Beklagte es eingeräumt hat, daß er zwei Actien zu der allgemeinen Viehversicherungsgesellschaft gezeichnet hat, daß die

Einforderung der zehnten Rate, um welche es sich handelt, von der Generalversammlung der Actionaire beschlossen und daß dieser Beschluß statutenmäßiger Weise zur allgemeinen Kunde gebracht worden ist, die Klage begründet und bewiesen ist und es sich nur fragt, ob dieselbe durch die vorgebrachten Einreden elidirt sei;

in Erwägung nun, daß die erste Einrede des Beklagten als unbegründet erscheint, da

1) der § 25 des Statuts an die Nichtbeachtung der in demselben getroffenen Vorschrift über die namentliche Aufführung der Actionaire, welche mehr als eine Stimme geführt haben, keineswegs die Folge der Nichtigkeit des gefaßten Beschlusses knüpft, auch aus den verschiedenen Protocollen zu ersehen ist, wie viele Actien in den einzelnen Versammlungen vertreten gewesen und wie viele Stimmen abgegeben worden sind, und dies um so mehr genügen muß, als von dem Beklagten eine bei Berechnung der Stimmenzahl vorgekommene Unrichtigkeit nicht behauptet worden ist, da

2) von dem Beklagten nicht bestimmt behauptet worden ist, daß die Protocolle in den Generalversammlungen nicht vorgelesen und genehmigt und daß die Protocollführer nicht zur Protocollführung autorisirt gewesen seien, ein desfälliger Mangel aber auch höchstens die beweisende Kraft des Protocolls, nicht aber die Gültigkeit des gefaßten Beschlusses, beeinträchtigen würde, da

3) in der Bestimmung des § 4 des Statuts vom 28. März 1857, daß das Grundcapital der Gesellschaft vorläufig auf eine halbe Million Thaler R.-M. gebracht werden solle, nur eine Festsetzung darüber zu erblicken ist, wie groß vorläufig, d. h. bis zu etwa nach Maaßgabe des § 9 des Statuts gefaßtem anderweitigen Beschlusse, die Zahl der Theilnehmer werden sollte, damit aber nicht gesagt ist, daß der Geschäftsbetrieb erst nach Zeichnung eines solchen Actiencapitals beginnen solle, wie es in dem ersten Statut hinsichtlich eines Betrages von 1000 Actien allerdings bestimmt war, da endlich

4) selbst wenn die Behauptung des Beklagten richtig wäre, daß die Einforderung der zehnten Rate auf Grund einer verkehrten Darstellung in der Jahresrechnung beschlossen worden sei, dieses ihn doch nicht berechtigen würde, sich der Einzahlung der fraglichen Rate, welche die Gesellschaft mittelst eines formell gültigen und die Grenzen ihrer Befugnisse nicht überschreitenden Beschlusses angeordnet hat, zu entlegen;

in Erwägung, daß dagegen die Einrede der fehlenden Activlegitimation als begründet erscheint, da statutengemäß der ausführende Director die Gesellschaft in allen ihren Angelegenheiten, daher auch in den auf die beschlossene Liquidation bezüglichen, vertritt, demselben also nicht ohne eine Aenderung des Statuts eine aus mehreren Mitgliedern bestehende Liquidationscommission substituirt werden konnte, welche Aenderung nach dem § 27 sub 3 des Statuts in einer Generalversammlung, in welcher wenigstens die Hälfte der Actien vertreten war, zu beschließen gewesen wäre, während in der Generalversammlung vom 24. Februar 1860, in welcher beschlossen wurde, daß die Liquidationscommission die Direction für das Liquidationsverfahren bilden solle, nur 187 Actien vertreten gewesen sind;

in Erwägung aber, daß der Beklagte nicht berechtigt sein würde, die Vertretung der Gesellschaft durch die Liquidationscommission anzufechten, wenn er, wie der Kläger in seiner Replik vorgebracht hat, in der Versammlung vom 24. Februar v. J. durch den Agenten Martens vertreten gewesen ist, indem, wenn dies der Fall, der Beklagte den fraglichen Beschluß mitgefaßt haben muß, da nur fünf in dem Protocoll namhaft gemachte Mitglieder, unter denen der Agent Martens sich nicht befindet, gegen den Beschluß gestimmt haben; daß daher dem Kläger der Beweis seiner desfälligen Behauptung aufzuerlegen ist;

in Erwägung, daß die exceptio pluspetitionis und doli sich dadurch erledigt, daß, wie schon bemerkt ist, der Kläger nur dasjenige fordert, dessen Einforderung durch gültigen Beschluß der Generalversammlung angeordnet ist; und

in endlicher Erwägung, daß die erhobene Widerklage schon aus dem formellen Grunde zurückzuweisen ist, weil im summarischen Verfahren ein ins ordentliche Verfahren gehörender Anspruch nicht durch Widerklage geltend gemacht werden kann, wird hiedurch von Obergerichtswegen zum Bescheide ertheilt:

daß Kläger in einem von der klösterlichen Obrigkeit anzuberaumenden Termin zu bescheinigen habe:

daß der Beklagte in der am 24. Februar 1860 stattgehabten Generalversammlung der Gesellschaft durch den Agenten Martens vertreten gewesen sei.

Urkundlich ꝛc. Gegeben im Königl. Holsteinischen Obergericht zu Glückstadt, den 23. März 1861.

Der Kläger wandte sich gegen diesen Bescheid mit einer Nichtigkeitsbeschwerde an das Königliche Oberappellationsgericht zu Kiel, wurde aber von diesem, wie nachsteht, abschlägig beschieden.

Namens Sr. Königl. Majestät.

Auf die am 22. Juni v. J. hieselbst eingegangene Nichtigkeitsbeschwerde des Rentiers K. F. A. Kemper in Kiel, Namens und im Auftrage der Liquidationscommission der allgemeinen Viehversicherungsgesellschaft für den Dänischen Staat, Implorantin, jetzt Querulantin,

wider

den Dr. med. & chir. C. F. N. Brodersen in Uetersen, Imploraten, jetzt Querulaten,

wegen rückständiger Actienbeiträge, jetzt wider den Bescheid des Holsteinischen Obergerichts vom 23. März v. J.,

so wie auf die am 4. Juli v. J. hieselbst eingegangene nachträgliche Eingabe der Querulantin in derselben Sache,

wird,

in Erwägung, daß die von der Querulantin zur Rechtfertigung der erhobenen Nichtigkeitsbeschwerde zunächst aufgestellte Behauptung, daß die in dem angefochtenen Erkenntnisse bedingt ausgesprochene Aberkennung der Proceßlegitimation der Implorantin unbegründet sei, die unbegründete Verwerfung der Proceßlegitimation aber ebenso, wie der Mangel dieser Legitimation, das Erkenntniß nichtig mache, deshalb unrichtig ist, weil beim Mangel der Proceßlegitimation die betreffende Partei im Processe überall nicht vertreten und daher schon begriffsmäßig sowohl Verfahren als Urtheil nichtig ist, die Aberkennung der wirklich vorhandenen legitimatio ad processum aber lediglich einen Fehler in judicando enthält und daher in Gemäßheit des § 77 der provisorischen Instruction für das Oberappellationsgericht vom 15. Mai 1834 zur Rechtfertigung einer Nichtigkeitsbeschwerde nicht genügt;

in Erwägung, daß die ferner zur Begründung der Nichtigkeitsbeschwerde auf das angefochtene Erkenntniß bezogenen Grundsätze über den Irrthum bei Willenserklärungen, insbesondere der Satz: „Errantis nulla est voluntas", deshalb hier nicht zur Anwendung kommen können, weil ein Irrthum in judicando zur Rechtfertigung der Nichtigkeitsbeschwerde nicht hinreicht; und

in Erwägung, daß selbst unter Voraussetzung der Richtigkeit des von der Querulantin versuchten Nachweises, daß die Thatsache, auf deren Beweis erkannt worden, schon bewiesen gewesen, daraus eine Nichtigkeit des Erkenntnisses sich nicht ergeben würde, indem die Annahme der Querulantin, daß es dem Mangel des Beweises in dieser Beziehung gleichstehe, wenn auf Beweis bereits erwiesen vorliegender Thatsachen erkannt sei, deshalb unbegründet ist, weil dort ein Mangel in den wesentlichen Bestandtheilen des Verfahrens, hier aber nur ein Fehler in judicando, welcher das Urtheil nicht ungültig macht, vorliegt,

hiemit

ein abschlägiger Bescheid

ertheilt.

Die Kostenrechnung des Anwalts wird für die Nichtigkeitsbeschwerde auf 34 ℛ 24 β R.-M., für die nachträgliche Eingabe auf 2 ℛ 66 β R.-M., die des Actenprocurators in Betreff der Nichtigkeitsbeschwerde auf 3 ℛ 77 β R.-M. und in Betreff der nachträglichen Eingabe auf 2 ℛ bestimmt.

Urkundlich ꝛc. Gegeben im Königl. Oberappellationsgerichte zu Kiel, den 29. Januar 1862.

Allerhöchst privilegirte

Holsteinische Anzeigen.

Redigirt von den Obergerichtsräthen Etatsrath Henrici und Lucht.

Gedruckt bei Augustin in Glückstadt.

11. Stück. — Den 17. März 1862.

Beiträge
zur Lehre vom Arrestproceß.

Mit besonderer Rücksicht der inländischen Praxis.

Von dem Herrn Advocaten Jpsen in Neumünster.

(Fortsetzung.)

Es wird dem Justificanten daher auch namentlich nicht verwehrt werden können, Zeugen zur summarischen Vernehmung zu stellen. Ueber den Termin selbst hinaus soll aber kein Verfahren über die gelieferte oder nicht gelieferte Bescheinigung statt haben und braucht auch gar nicht statt zu haben bei solchen Bescheinigungsmitteln, deren Benutzung ganz unabhängig von dem Justificaten gestattet ist. Allein gewisse Bescheinigungen sind nicht unabhängig von dem Justificaten: so Urkunden, die von ihm selber ausgegangen und welche die Bescheinigung der gefährdenden Handlungen oder der Absicht, sie vorzunehmen, liefern können, vorausgesetzt, daß sie wirklich vom Justificaten herrühren. Zwar gelten solche Documente nach den Grundsätzen des summarischen Processes als echt, sofern Justificat keine Einwendungen dagegen macht, so daß eine ausdrückliche Agnition nicht erforderlich ist. Wie aber, wenn er die Echtheit leugnet? Die Justification auf die bloße Ablehnung des Justificaten hin für nicht beschafft zu erklären, wo doch der Schein gegen ihn spricht, würde offenbar ungerechtfertigt sein; und wiederum, den Arrest für justificirt zu halten, ungeachtet der Justificat die wesentlichste Voraussetzung, nämlich die Echtheit z. B. des seinen Namen tragenden Briefes, leugnet, hieße doch, ihn ungehört verurtheilen. Es würde hier gar nichts anderes übrig bleiben, als den Justificaten die Urkunde diffitiren zu lassen, mediante juramento, wie die Landgerichtsordnung, III, 19, 3 sagt. Allein die Erledigung dieses Punctes liegt auch schon außerhalb des eigentlichen Justificationsverfahrens und wird dadurch die obige Regel, daß der Justificant im Termin selbst die erforderlichen Bescheinigungen beibringe, nicht alterirt.

Ob weiter über illiquide Einreden des Justificaten ein Beweisverfahren unter Umständen gestattet werden müßte, steht nun zur Frage. Das Holsteinische Obergericht hat dies in dem obgedachten Fall,

Anz. 1851, S. 359,

bejahen zu müssen geglaubt. Die verhängte Maaßregel war nach Ansicht des Obergerichts nicht ein eigentlicher Arrest, sondern eine sog. provisorische Verfügung zur Aufrechthaltung des status quo. Impetrat hatte des Impetranten Haus gekauft; aber auch der Rückverkauf resp. Kauf war für den Fall der Auflösung einer unter den Parteien eingegangenen Societät vereinbart, nur daß Impetrant den Rückkauf in 12 Jahren nicht sollte verlangen können. Nachdem die Societät schon in den ersten Jahren aufgelöst worden, trat Impetrat mit einem Dritten wegen des Hauses in Kaufunterhandlungen und eben dieserwegen impetrirte der Impetrant ein Inhibitorium. Der Impetrat gab jene Uebereinkunft zu, behauptete aber, daß sie später unter den Parteien wieder aufgehoben worden sei. Die Unterinstanz legte dem Impetraten den Beweis dieser Einrede auf, was vom Obergericht bestätigt ward aus dem Grunde, „weil die Beschaffenheit des Rechts, zu dessen Schutz die provisorische Maaßregel dienen soll, es mit sich bringe, daß die Hauptsache nicht anhängig gemacht werden könne, die Illiquidität der vorgeschützten Einrede aber die Verwerfung derselben nicht zu rechtfertigen vermöge, indem der Grund, auf dem die Verpflichtung des Arrestimpetranten beruht, seine Bescheinigungen sogleich im Justificationstermin beizubringen, nicht auch für den durch die impetrirte außerordentliche Maaßregel in seinen Rechtsbefugnissen beschränkten Impetraten zutreffend ist und diesem die Vertheidigung auf eine völlig unzulässige Weise verkümmert werden würde, wenn er auch selbst in dem Fall, daß die Hauptsache nicht anhängig gemacht werden könnte, gegen das vermeintliche Recht des Impetranten, für welchen die provisorische Verfügung gegeben worden, nur liquide Einreden sollte vorbringen dürfen." Hieraus, wie auch aus der Ueberschrift des Rechtsfalles („Unterschied zwischen einem Arreste und einer provisorischen Verfügung") wird man schließen dürfen, daß das Obergericht die Frage, ob ein Beweisverfahren stattfinden dürfe oder nicht, zunächst davon abhängen läßt, ob nur eine sog. provisorische Verfügung oder ein eigentlicher Arrest verhängt worden. Ob nun in dieser Unterscheidung wirklich der Schwerpunkt der Entscheidung liegt? Es macht bedenklich, daß ganz dieselbe Sachlage, wie oben beschrieben, auch beim eigentlichen Arreste vorkommen kann. Es motivirt und justificirt z. B. A. eine über Mobilien des B. verhängte Maaßregel dadurch, daß B. ihm eine Anleihe schulde, die erst nach einem Jahre fällig sei; daß B. aber, zum Zweck der Auswanderung nach Amerika, eine Auction seiner sämmtlichen Mobilien öffentlich angekündigt habe; B. räumt alles ein, behauptet aber, daß er vor verhängter Maaßregel schon auf Anweisung des A. die Anleihe an den C. ausgekehrt habe. Daß hier keine provisorische Verfügung, sondern ein Arrest verhängt worden, wird nicht zu bestreiten sein. Warum hier die Qualität der Maaßregel als einer wirklich arrestatorischen die Zurückweisung der illiquiden Einrede rechtfertigen sollte, ist nicht abzusehen, da alles oben Angeführte der obergerichtlichen Entscheidung auch hier paßt. Läßt man aber hier dem Justificaten keine Beweisführung offen, so fehlt auch der Grund, solche bei der provisorischen Verfügung zu gestatten. Im Resultate sind wir mit obiger Entscheidung einverstanden; den eigentlichen Grund aber glauben wir doch anderswo als in der Verschiedenheit des Arrestes von einer provisorischen Maaßregel suchen zu müssen.

Es ist eine bekannte Sache, daß die Parteien in Folge ausdrücklicher oder stillschweigender Uebereinkunft das Proceßverfahren, so weit nicht absolut erforderliche Proceßformen verletzt werden, abkürzen und vereinfachen können, und so könnte es auch ermöglicht werden, Arrest und Hauptsache gleichzeitig zu behandeln; ja es bedarf der Justificant hiezu gar nicht der Zustimmung des Justificaten, wenn derselbe Richter für beide in gleicher Proceßform zu behandelnde Sachen competent ist, wie schon oben bemerkt worden. Ist der Hauptanspruch noch nicht fällig, so kann er ohne Zustimmung des Justificaten nicht als ein fälliger zur Sprache gebracht werden, welche Zustimmung der Justificat schwerlich zu geben geneigt sein würde. Aber mit seiner Zustimmung kann die Hauptsache doch sehr wohl zugleich im Arrestverfahren so zur Sprache gebracht werden, wie sie eben liegt. Der Justificant ist zwar gezwungen, im Justificationstermin seinen Hauptanspruch als einen betagten zu bescheinigen für den Fall, daß Justificat solchen überall leugnen sollte, dazu bedarf es aber noch keiner eingehenden Begründung des Rechtsverhältnisses; giebt er diese dennoch, so liegt darin gleichsam eine Offerte an den Justificaten, sich auf die Hauptsache einzulassen. Leugnet dieser den Hauptanspruch, so lehnt er damit zugleich ab, sich in diesem Verfahren näher auf die Hauptsache einzulassen, es dem Justificanten überlassend, was und wie er dies zu bescheinigen vermöge. Allein nicht immer ist solches Verfahren seinem Interesse entsprechend; ist die Erbringung einer ausreichenden Bescheinigung vom Justificaten auch nicht vorauszusehen, so liegt es jedenfalls dann nicht in des Justificaten Interesse, Arrest- und Hauptsache durch sein Leugnen zu trennen, wenn er den ursprünglich betagten Anspruch schon jetzt als getilgt weiß. Denn er käme vielleicht in die Lage, den Arrest bis zur Fälligkeit der Forderung und darüber hinaus zu seinem Nachtheil haften zu sehen. Zweckentsprechender ist es für ihn, das bloße Vorbringen des Justificanten affirmativ zu beantworten; damit ist auch die stillschweigende Uebereinkunft beider Parteien vorhanden, die Hauptsache, wie sie eben liegt, mit in den Arrestproceß hineinzuziehen; und eben hieraus folgt, daß Justificant nun nicht mehr das illiquide Vorbringen des Justificaten, daß der Hauptanspruch bereits wieder aufgehoben worden, zurückweisen kann, sondern diesem den Beweis seiner Einrede zu führen gestattet werden muß. Daß demnach die Beweisführung lediglich eine Folge der stillschweigend vereinbarten Hereinziehung der Hauptsache ist, scheint sich noch klarer zu ergeben, wenn man einmal annimmt, daß der Justificat den behauptetermaaßen betagten Hauptanspruch zunächst leugnet und event. die Einrede der schon geschehenen Tilgung einwendet. Hier ist keine Proceßconvention vorhanden; dem Justificanten kann in diesem Verfahren nicht der Beweis seines betagten Anspruches auferlegt werden und dem Justificaten nicht in eventum der Beweis seiner Einrede obliegen, vielmehr kommt es hier allein darauf an, wie der Erstere seine Behauptung bescheinigen kann und ob darauf hin der Arrest oder die provisorische Verfügung für justificirt zu erachten oder nicht. Die Hauptsache selbst des Genaueren zu erörtern gehört in ein anderes Verfahren. Hängt demnach die Statthaftigkeit eines an die Arrestsache sich anlehnenden Beweisverfahrens lediglich von der vereinbarungsmäßig hereingezogenen Hauptsache ab, nicht aber davon, daß der Hauptanspruch zur Zeit nicht geltend gemacht werden kann und in Folge dessen der Impetrat vermeintlich in eine ungünstigere Lage bezüglich seiner illiquiden Einreden käme, so ergiebt sich von selbst, daß auf solche conventionelle Weise nicht blos ein betagter, sondern auch jeder fällige Hauptanspruch sich in den Arrestproceß hineinziehen lasse, richtiger gesagt, daß dessen Behandlung sich an den Arrestproceß anlehnen könne. Zum Theil wenigstens wäre damit ein ähnliches Resultat erzielt, wie es die ältere Praxis kraft der sog. Attractionskraft des Arrestprocesses allgemein annahm.

§ 11.

Fortsetzung. Bescheinigung des Hauptanspruchs.

Den Hauptanspruch anlangend, so ist nicht schon im Justificationstermin dessen Vorhandensein zu erweisen; eine solche Anforderung zu erfüllen wäre dem Justificanten ganz unmöglich, da selbst die liquidesten Documente, weil über solche die Verhandlung in contradictorio fehlt, einen Beweis hier nicht zu erbringen vermögen,

vergl. auch Anz. 1838, S. 169; 1839, S. 370.

Es kann daher immer nur ein Bescheinigen des Hauptanspruches verlangt werden und diesem wird nach der Verordnung von 1782 schon genügt, wenn Justificant im Justificationstermine nachweist, daß er in der Hauptsache den Justificaten besprochen habe. In dem

Anz. 1838, S. 168,

mitgetheilten Rechtsfall hatte die Staatskasse gegen die Ehefrau eines Hebungsbeamten, weil dieselbe mit ihrem Vermögen für den Kassendefect des Letzteren einzustehen habe, einen Arrest impetrirt, ohne doch gegen die Impetratin selbst eine Klage zu erheben. Zwar ward im Justificationstermin nachgewiesen, daß gegen den Ehemann wegen des ermittelten Kassendefects Klage erhoben, auch auf dessen Concursproclam die Forderung angemeldet sei; allein dies ersetzte die fehlende Klage gegen die Impetratin nicht und ward daher der verhängte Arrest für nicht justificirt erachtet.

Andererseits faßt jedoch die Praxis die Verordnung von 1782 dahin auf, daß, vorausgesetzt, daß der Richter der Arrestsache auch für die Hauptsache competent oder als Director des ordentlichen Gerichtes zur Entgegennahme der Hauptklage befugt ist, es genüge, wenn im Justificationstermin die Klage überreicht wird. Von diesem Erforderniß wird nur dann abgesehen werden müssen, wenn der Justificat selbst die Anhängigmachung der Hauptsache bis dahin vereitelt hat, wie in dem

Anz. 1850, S. 369,

mitgetheilten Fall, in welchem der Impetrant gleich bei Nachsuchung des Arrestes die Abgebung einer Citation erwirkt hatte, deren Zustellung an den Impetraten lediglich deshalb unterblieben, weil durch Verlassen seines bisherigen Domicils der Aufenthaltsort desselben unbekannt geworden.

Es fragt sich, ob ausnahmsweise noch ein Mehreres an Bescheinigung verlangt werden müsse, als die Docirung, daß der Hauptanspruch eingeklagt worden. Hierher gehört nun zwar nicht der in den

Anz. 1842, S. 371 ff.,

mitgetheilte Fall. Hier spricht freilich das Obergericht sogar davon, „daß zur *Anlegung* eines Arrestes es der Bescheinigung einer vorhandenen Forderung (worunter in dem damaligen Fall eine hingegebene Anleihe zu verstehen war) bedürfe. Allein gemeint wird doch nur die *Justification* des Arrestes sein, da, so weit aus dem vorangehenden Actenextract zu ersehen, der Impetrant nicht schon bei der Nachsuchung, sondern erst bei der Justification die Bescheinigungen lieferte. Weiter ist hier im Betreff der Forderung aus der Anleihe der Bescheinigung durch Documente gedacht; indeß war hier die Forderung nicht selbst der Hauptanspruch, sondern bildete nur die Grundlage desselben, nämlich der angeblich versprochenen Protocollation in erster Priorität. Zur Bescheinigung dieses Hauptanspruches brachte der Impetrant nichts weiter bei, als daß er sofort klagend auftrat, und ein Weiteres verlangte das Obergericht auch nicht. Anders dagegen in dem

Anz. 1855, S. 384,

mitgetheilten Fall. Hier behauptete der Impetrant, mit dem Impetraten über des Letzteren Landstelle einen Kaufcontract abgeschlossen zu haben, und suchte um einen Arrest dahin nach, daß dem Impetraten die anderweitige Veräußerung der Landstelle obrigkeitlich nicht confirmirt werde. Im Justificationstermin wies Impetrant nach, daß er den Impetraten auf Vollziehung des Handels in ordinario besprochen habe, legte auch die Appunctuation, welche angeblich verabredet worden, vor; dieselbe war aber nicht von den Parteien unterschrieben. Zunächst sagt das Obergericht sehr richtig, daß in dem Verbot der Veräußerung litigiöser Gegenstände die impetrirte arrestatorische Maaßregel ihre Rechtfertigung nicht finden könne, da keine dingliche Ansprüche an der Landstelle qu. in Anspruch genommen worden. *) Dagegen erkennt das Obergericht an, daß nach heutigem Recht die Ausbringung eines Inhibitoriums zu dem Zweck, um es zu verhindern, daß der Gegner sich in die Lage setze, die *reelle* Erfüllung des von ihm eingegangenen Vertrages unmöglich zu machen, gerechtfertigt sein möge, aber nur „unter Umständen", d. h. also ausnahmsweise, was zwar nicht näher erörtert ist, aber auch schwerlich seine ausreichende Vertheidigung finden könnte. Nun setzt aber das Obergericht weiter hinzu, daß die Justification eines lediglich diesen Zweck verfolgenden Arrestes vor Allem nothwendig von der Beibringung der Bescheinigung bedingt sei, daß die Vereinbarung, deren wirkliche Vollziehung sicher gestellt werden solle, zu Stande gekommen. Auch dies wäre richtig, wenn nicht das Obergericht darunter grade hier ein Mehreres verstanden haben wollte, als die bloße Anstellung der Hauptklage. Dasselbe äußert nämlich weiter, daß es nicht einmal, auch nur einigermaaßen, wahrscheinlich gemacht sei, daß die Parteien Handels einig geworden, weil die Kaufbedingungen mit keiner Namensunterschrift versehen worden. Es scheint also, als ob das Obergericht geneigt wäre, die Handelseinigkeit über liegende Gründe erst mit der Unterschrift der Appunctuation seitens der Contrahenten anzunehmen, und daß der aus dem Fehlen der Unterschrift sich ergebende zu Ungunsten des Impetranten lautende Schluß durch die Klaganstellung nicht beseitigt werde. Hiergegen dürfte Folgendes zur Erwägung zu stellen sein. Es kommen Fälle vor, daß dem Kaufcontract über liegende Gründe eine Appunctuation überall nicht vorangegangen ist; es wäre doch sehr bedenklich, daß, wenn Parteien von solcher Appunctuationserrichtung abgesehen hätten und alsdann der Verkäufer die Contractssolemnisation verweigerte, der Käufer, welchem die Sicherung des contractlichen Gegenstandes offenkundig nothwendig geworden, nicht mit der schon durch die Klaganstellung gewonnenen Bescheinigung sollte ausreichen können für die Justification der verlangten Maaßregel. Regelmäßig pflegen nun bei solchem Kaufhandel Appunctuationen allerdings errichtet zu werden, aber ebenso regelmäßig doch nur in dem Sinne, daß sie den Inhalt des bereits mündlich vollständig vereinbarten Handels aufnehmen sollen, nicht aber, als ob bis zur Unterschrift jeder Contrahent noch beliebig zurücktreten

*) Bekanntlich halten manche Rechtslehrer diese Beschränkung des Begriffs der Litigiösität durch das canonische Recht für erweitert, s. dagegen

Zimmermann im Archiv für civ. Praxis, 46, S. 49,

Brinkmann, die rechtlichen Grundsätze über Litigiösität, S. 53 f.,

Eigenbrodt im Archiv für prakt. Rechtswissenschaft, 7, S. 199.

könnte. Es scheint daher, als ob der fehlenden Unterschreibung der Appunctuation im obigen Fall der Klaganstellung gegenüber nicht solches Gewicht hätte beigemessen werden dürfen. Die Fortsetzung des auch in den

Anz. 1859, S. 285,

mitgetheilten Hauptprocesses hat beiläufig gezeigt, daß die Beweisführung sich sehr zu Gunsten des klägerischerseits behaupteten Contractsabschlusses vor Entwerfung der Appunctuation neigte. Daß solchen Falls das Interesse des Impetranten sehr gefährdet werden kann, wenn man größere Bescheinigung des Hauptanspruches, als die Klaganstellung liefert, von ihm verlangt, dürfte nicht zweifelhaft sein. Und überdies ist doch beim Arreste immer das Hauptgewicht auf die Darlegung der die justa causa abgebenden gefährdenden Handlung des Impetraten zu legen, während der zu sichernde Anspruch in dem Hauptproceß zu erörtern ist, nicht aber schon in jenem Verfahren. Es mag noch erwähnt werden, wie das Obergericht in demselben Fall anerkannte, daß, sofern nicht lediglich in der Gefahr der Vereitelung der reellen Ausführung des Kaufs die causa arresti zu suchen wäre, die impetrirte Verfügung vielmehr auch schon als nothwendige Maaßregel zur Sicherheit des etwaigen Anspruches auf das Interesse gerechtfertigt erscheinen möchte, es bei der Anhängigkeit der Hauptsache einer weiteren Bescheinigung nicht bedurft haben würde, was nicht ganz folgerichtig sein möchte. Denn das Interesse ist doch auch abhängig davon, ob der Contractabschluß nachgewiesen werden kann in demselben Maaße, wie die reelle Erfüllung des Contractes; und fordert man hier im Arrestprocesse eine größere Bescheinigung des Hauptanspruches, so möchte man sie consequent auch dort fordern dürfen.

(Der Beschluß folgt.)

Entscheidungen.

Ueber den Ersatz des durch die Eisenbahnen angerichteten Schadens.

In Sachen der Anna Eggert, vulgo Eggers, in Bockel, c. c., Klägerin,

wider

die Direction der Altona-Kieler Eisenbahngesellschaft, Beklagte,

wegen Schadensersatzes s. w. d. a.,

hat die Klägerin vortragen lassen:

Am 2. November 1858 sei sie mit dem Abendzuge als Passagier dritter Classe von Altona nach Horst gefahren. Bei ihrer Ankunft auf dem Horster Bahnhofe habe sie mit einigen anderen Passagieren im Coupee und zwar auf dem Ecksitz vorwärts rechter Hand gesessen. Ihr Gepäck, bestehend aus zwei leichten Bündeln und einem Regenschirm, habe sie bei sich geführt. Da bei dem Stillstande des Zuges das Coupee nicht geöffnet worden, habe die Klägerin an dem ihr nächsten Thürfenster gerufen, daß die Thür geöffnet werden möchte, und sodann mit ihrem Gepäck unterm Arm diesen Ruf aus dem andern Fenster wiederholt, bis endlich ein Schaffner die Thür offen gemacht und, zum schnellen Aussteigen auffordernd, die Klägerin, während der Zug sich schon wieder fortbewegt, bei dem beschleunigten Aussteigen angefaßt und gleichsam aus dem Wagen gehoben und heruntergerissen habe. Dabei seien die Kleider der Klägerin festgehakt und sie selbst umgerissen und eine Strecke von dem Zuge mit fortgeschleppt worden. In Folge der erlittenen Verletzungen habe der Klägerin der linke Fuß amputirt werden müssen und leide sie auch noch gegenwärtig in den verletzten Theilen der linken Seite und auch im rechten Fuß häufig Schmerzen, sei auch zu jeder insbesondere der mit Bewegung verbundenen Arbeit unfähig.

Nach dem § 22 der Bekanntmachung vom 18. Mai 1840 und § 60 des Betriebsreglements für die Holsteinischen Eisenbahnen vom 5. April 1856 sei nun aber die Eisenbahngesellschaft für allen Schaden, welcher bei der Beförderung auf der Bahn an den auf derselben beförderten Personen entstehe, verantwortlich und genüge zur Fundirung der Ersatzklage daher die bloße Anführung des erwähnten Ereignisses.

Der fragliche Schadensanspruch umfasse

1) das bis zum Horster Bahnhofe bei sich in ihrer Tasche geführte baare Geld von wenigstens . . 5 ℛ 32 β, welches sie ganz eingebüßt, indem ihr davon nichts wieder zugestellt worden sei,
2) an Kleidungsstücken näher specificirt . . . . 7 ℛ 81 β,
3) an Cur- und Verpflegungskosten unter Vorbehalt der Angabe der Rechnungen des Dr. Pistor und des Physikus Saß . . . . . 158 ℛ 78 β,
4) an Alimentation jährlich die Summe von . . . . 287 ℛ 64 β,

und ist gebeten worden, die Beklagte schuldig zu erkennen, die sub 1, 2 und 3 aufgeführten Posten, so wie die Summe für die Alimentation vom 11. Febr. 1859 bis zur rechtskräftigen Entscheidung innerhalb Ordnungsfrist, so wie die späterhin fällig werdenden Quartale vierteljährlich prænumerando zu bezahlen, ref. exp.

Excipiendo hat die Beklagte zuvörderst eingewandt, daß die angezogenen gesetzlichen Bestimmungen über die Verpflichtung zum Schadensersatz im vorliegenden Fall überall nicht zur Anwendung kommen könnten, da der eigenen Darstellung der Klägerin nach diese nur bis Horst ein Billet genommen und erst auf der Weiterfahrt von Horst, wo sie also eine durchaus unberechtigte Passagierin gewesen, das Unglück ihr zugestoßen sei. Wenn freilich, wie die Klage behaupte, von der Beklagten aber geleugnet werde, die Thür des Coupee's, in welchem Klägerin sich befunden, bei dem Stillstand des Zuges nicht geöffnet worden sei, so falle diese Einwendung weg, ohne daß jedoch der Anspruch der Klägerin begründet erscheine, da sie ihrem eigenen Vorbringen nach an dem Unfall schuld sei und für diesen Fall des eigenen Verschuldens nach der erwähnten gesetzlichen Vorschrift die Ersatzpflicht wegfalle. Die von der Klägerin in der Untersuchung wider den Schaffner Späthmann vorgebrachte Erzählung stimme mit den Anführungen der Klage nicht überein, indem sie dort angegeben, daß der Schaffner ihr, nachdem der Zug schon wieder in Bewegung gewesen, auf ihr Anfordern die Thür geöffnet. Nun sei aber das Aussteigen aus den Eisenbahnwagen während der Fahrt nach dem Betriebsreglement auf das Bestimmteste verboten, im § 16 sei es sogar den Passagieren untersagt, sich während der Fahrt aus dem Wagen zu beugen oder auch nur gegen die Thür zu lehnen, und mache der § 48 des Bahnpolizeireglements vom 27. Juli 1844 die Befolgung der Vorschriften des Betriebsreglements ausdrücklich zur Pflicht. Die Klägerin habe daher durch das unerlaubte Aussteigen im Allgemeinen und insbesondere durch die Art und Weise desselben den Unfall verschuldet, und werde hieran auch nichts dadurch geändert, daß der Schaffner derselben behauptetermaaßen das Coupee geöffnet.

Die Beklagte hat sodann ihre Einlassung dahin beschafft: bei der Ankunft des Zuges habe der Schaffner die Station Horst angesagt und die Thür des Coupee's geöffnet. Diese sei so lange offen gewesen, daß die Klägerin Zeit genug zum Aussteigen gehabt, sie habe aber versäumt, dies rechtzeitig zu thun. Dies Versäumniß habe sie nachzuholen gesucht, als der Zug schon auf der Fahrt von Horst nach Wrist begriffen gewesen. Von der Klägerin und den Passagieren sei der Schaffner um Oeffnung der Thür laut angerufen. Derselbe habe die Thür geöffnet, die Klägerin sei während der Fahrt ausgestiegen und dabei habe sie das Unglück betroffen, obwohl der Schaffner ihr hülfreiche Hand geleistet und alles aufgeboten habe, um sie vor dem Unfall zu bewahren. Es ist sodann die erlittene Verletzung, insbesondere der Verlust des Fußes, eingeräumt und rücksichtlich der verschiedenen Schadensansprüche eventuell Nachstehendes bemerkt:

ad 1 fehle es in Betreff der Bemerkung über das verloren gegangene Geld an dem gehörigen Causalnexus, im Uebrigen werde die Thatsache ignorando in Abrede gestellt,

ad 2 und 3 sind keine Einwendungen erhoben,

ad 4 ist gegen die Höhe der gemachten Forderung Einspruch geschehen.

Nachdem re- und duplicirt worden, steht demnach nunmehr zur Frage, wie zu erkennen.

In Erwäguug nun, daß es zwischen den Parteien nicht streitig ist, daß die Klägerin die Beschädigung, wofür dieselbe Ersatz in Anspruch nimmt, bei der Beförderung auf der Altona-Kieler Eisenbahn erlitten habe, und daß daher die Klage nach dem § 22 der Bekanntmachung vom 18. Mai 1840 ohne Weiteres begründet erscheint, indem darnach zur Fundirung einer Klage auf Schadensersatz für einen bei der Beförderung auf der Eisenbahn erlittenen Schaden nichts weiter erforderlich ist, als die Thatsache, daß die beförderte Person zu Schaden gekommen ist;

in Erwägung, daß, wenn die beklagte Direction hervorgehoben hat, daß die Bestimmungen der angezogenen Bekanntmachung nur auf solche Personen Anwendung leiden könnten, welche sich in ordnungsmäßiger Weise mit einem Billet zu der jedesmaligen Fahrt versehen hätten, was von der Klägerin, die eingeräumtermaaßen nur ein Billet bis Horst gelöst und auf der Fahrt von Horst zu Schaden gekommen, nicht geschehen sei, diese Einrede, abgesehen davon, daß der Unfall noch auf dem Horster Bahnhof passirt ist, schon aus dem Grunde nicht berücksichtigt werden kann, weil der angezogene § 22 ganz allgemein die Ersatzpflicht für „allen Schaden, welcher bei der Beförderung auf der Bahn an den auf derselben beförderten Personen oder auch an anderen Personen entsteht", ausspricht, es sei denn, daß dieser Schaden entweder durch die eigene Schuld des Beschädigten, oder durch einen unabwendbaren äußeren Zufall bewirkt worden sei, darin aber, daß die Klägerin ohne Billet weiter gefahren sein soll, keinesweges ein Verschulden derselben gefunden werden kann, welches mit dem erlitenen Unfall, der eben nur die Folge des späteren Aussteigens war, in nothwendiger Verbindung gestanden hat, ein solches Weiterfahren ohne Billet vielmehr nur die in dem § 14 des Betriebsreglements angedrohten Folgen für die Klägerin nach sich ziehen konnte;

in Erwägung, daß eben so wenig das nicht rechtzeitige Aussteigen der Klägerin als ein mit dem stattgehabten Unglück in nothwendigem Zusammenhang stehender Umstand anzusehen ist und daher nichts weiter darauf ankommt, ob die Thür des Coupee's gleich nach der Ankunft in Horst geöffnet worden ist oder nicht;

in Erwägung, daß allerdings in dem § 16 des Betriebsreglements das Aussteigen aus den Eisenbahnwagen während der Fahrt untersagt ist und daß daher der Umstand, daß die Klägerin mit dem Aussteigen begonnen, nachdem der Zug sich schon in Bewegung gesetzt gehabt, ein Verschulden derselben involviren würde und daher, da es excipiendo behauptet, in der Klage aber keineswegs eingeräumt ist, der Beklagten, wenn weiter nichts vorläge, zum Beweise zu verstellen wäre;

in Erwägung, daß jedoch nach der von der Beklagten selbst vorgebrachten Geschichtserzählung der betreffende Schaffner der Klägerin, nachdem bereits der Zug sich in Bewegung gesetzt, das Coupee geöffnet hat und ihr beim Aussteigen behülflich gewesen ist, und daß nach der ganzen Stellung, welche die Beamten der Bahn nach den Bestimmungen des Betriebsreglements, insbesondere nach dem § 16, einnehmen, welcher vorschreibt, daß jedermann sich den Anordnungen der Angestellten unweigerlich zu fügen habe, eine Handlung, welche mit Einwilligung und Unterstützung der Bahnbeamten ausgeführt wird, selbst wenn sie mit den gedruckten Bestimmungen des Reglements nicht in Uebereinstimmung ist, dem Handelnden nicht als ein Verschulden angerechnet werden kann, das die Eisenbahngesellschaft von aller Verbindlichkeit zum Schadensersatz befreit, dieselbe vielmehr aus solchen von ihren Angestellten gebilligten Handlungen keine Einreden wird herleiten können;

in Erwägung, daß, da solchemnach die gegen den erhobenen Anspruch im Allgemeinen vorgebrachten Einreden unbegründet sind, es sich nur um die Größe des zu ersetzenden Schadens handelt;

in Erwägung, daß die sub 1 vorgebrachte Forderung hinsichtlich des angeblich eingebüßten Geldes einer genügenden Begründung ermangelt, da es nicht zu ersehen, wie diese Einbuße mit dem fraglichen Vorgang zusammenhängt, daß dagegen hinsichtlich der sub 2 und 3 angeführten Summen für verlorene Kleidungsstücke und Cur- und Verpflegungskosten keine Einwendungen erhoben sind;

in Erwägung, daß rücksichtlich der geforderten Alimente beide Parteien event. auf das richterliche Ermessen provocirt haben, den Umständen nach aber die

Summe von 200 ℛ R.-M. jährlich den Verhältnissen angemessen erscheint;

wird, nach geschehener mündlicher Verhandlung, auf eingelegte Recesse, in Erwägung vorstehender Gründe, hiedurch von Obergerichtswegen für Recht erkannt:

daß die Beklagte schuldig, der Klägerin die libellirten 7 ℛ 81 β und 158 ℛ 78 β, so wie an Alimenten für die Zeit vom 11. Februar 1859 bis zur rechtskräftigen Entscheidung 200 ℛ R.-M. jährlich binnen Ordnungsfrist zu bezahlen und innerhalb derselben Frist die erwachsenen Kosten, d. et m. s., zu erstatten, späterhin aber die gleichen Alimente vierteljährlich praenumerando zu berichtigen.

Wie denn solchergestalt hiedurch erkannt wird

V. R. W.

Urkundlich ꝛc. Publicatum im Königl. Holsteinischen Obergericht zu Glückstadt, den 27. Mai 1861.

Die beklagte Direction appellirte gegen dies Erkenntniß an das Königl. Oberappellationsgericht zu Kiel. Von diesem erging darauf die nachstehende Entscheidung:

Frederik der Siebente &c.

In Sachen der Direction der Altona-Kieler Eisenbahngesellschaft, Beklagten und Appellantin, wider die unverehelichte Anna Eggert, vulgo Eggers, cum cur. in Bockel, Klägerin und Appellatin,

wegen Schadensersatzes, jetzt die Appellation gegen das Erkenntniß des Holsteinischen Obergerichts vom 27. Mai 1861 betreffend,

wird, nach verhandelter Sache, unter abschriftlicher Mittheilung der eingezogenen Gegenerklärung der Appellatin an die Appellantin,

in Erwägung, daß die von der Appellatin wegen Unvollständigkeit der der Appellationsschrift angelegten Voracten vorgeschützte Einrede der nicht gehörig eingeführten und daher nicht devolvirten Appellation als unbegründet erscheint, da die von der Appellatin als bei der Appellationsschrift fehlend bezeichneten Actenstücke zum Theil der von der Appellantin eingereichten Abschrift des Ladungsgesuchs abschriftlich beigefügt, in Betreff der Anlagen 15 und 16 der Voracten der Appellatin aber aus dem Verhandlungsprotocoll nicht erhellt, daß dieselben im Verhandlungstermin producirt worden sind, überdies auch diese Actenstücke bei der gegenwärtigen Sachlage der Relevanz entbehren;

in Erwägung, die Sache selbst anlangend, daß zwar die drei ersten Appellationsbeschwerden mit Beziehung auf die dem angefochtenen Erkenntnisse vorangestellten Entscheidungsgründe zu verwerfen sind, daß aber die der Appellatin zugebilligten jährlichen Alimente als für deren Verhältnisse und wahrscheinlichen Bedürfnisse etwas zu hoch bestimmt erachtet werden müssen und daher eine theilweise Abänderung des Erkenntnisses auf Grund der vierten Beschwerde sich als gerechtfertigt darstellt, und

in endlicher Erwägung, daß es an einem hinreichenden Grunde zur Vergleichung der in der vorigen Instanz erwachsenen Kosten in Gemäßheit der fünften Beschwerde fehlt;

hiemit für Recht erkannt:

daß der Betrag der von der Appellantin an die Appellatin zu zahlenden jährlichen Alimente auf 150 ℛ R.-M. herabzusetzen, im Uebrigen aber das angefochtene Erkenntniß, jedoch mit der Berichtigung, daß der für beschädigte Kleider zu leistende Ersatz sich gefordertermaaßen nur auf 7 ℛ 71 β R.-M. beläuft, zu bestätigen sei, unter Vergleichung der Kosten dieser Instanz.

Die Rechnung des Anwalts der Appellantin wird zu 59 ℛ 60 β R.-M., die ihres Procurators zu 3 ℛ 10 β R.-M., die des Anwalts der Appellatin zu 33 ℛ 75 β R.-M. und die ihres Procurators zu 3 ℛ 77 β R.-M. bestimmt.

V. R. W.

Urkundlich ꝛc. Gegeben im Königl. Oberappellationsgerichte zu Kiel, den 8. Februar 1862.

Allerhöchst privilegirte

Holsteinische Anzeigen.

Redigirt von den Obergerichtsräthen Etatsrath **Henrici** *und* **Lucht.**
Gedruckt bei **Augustin** *in Glückstadt.*

12. Stück. — Den 24. März 1862.

Beiträge
zur Lehre vom Arrestproceß.
Mit besonderer Rücksicht der inländischen Praxis.

Von dem Herrn Advocaten Ipsen in Neumünster.

(Beschluß.)

Uebrigens kam im gedachten Fall diese letztere Ansicht des Obergerichts dem Impetranten auch nicht zu Statten, denn nunmehr fehlte es an der causa arresti, da der Impetrat noch im Inlande war und keine Anstalten zum Abzuge gemacht hatte.*) Später suchte derselbe Impetrant gegen denselben Impetraten in gleicher Hauptsache einen Arrest auf rückständige Kaufgelder, konnte sich hier auf gefährdende Handlungen des Justificaten beziehen, solche bescheinigen, und ward der Arrest für justificirt erachtet. In der Hauptsache handelte es sich nur noch immer um die Vollziehung des Contracts; die **reelle** Erfüllung aber konnte Impetrant nicht mehr erwarten, da die qu. Landstelle vom Impetraten nunmehr bereits an einen Dritten verkauft worden war. Die schließliche Verfolgung des Interesses, die dem Impetranten demnächst nur in Aussicht stand, ist ein Surrogat und ersetzt niemals die Sache selbst, die dem Impetranten doch gesichert worden wäre, wenn im ersteren Arrestprocesse nicht eine **weitere** Bescheinigung des Hauptanspruchs gefordert wäre, ein Ausspruch, der seine Folgen auch für den zweiten Arrestproceß hatte. Denn während eine Note, welche bei Mittheilung des ersten Processes in den

Anz. 1855, S. 384,

sich findet, darauf aufmerksam machen zu müssen glaubte, daß doch **in der Regel** der Nachweis der Anhängigkeit der Hauptsache genüge, wie schon vom Obergericht im Jahre 1845 anerkannt sei, so hielt doch auch im zweiten Arrestproceß die Unterinstanz mit offensichtlicher Anlehnung an die besagte frühere obergerichtliche Entscheidung trotz des sehr drängenden Arrestgrundes auch hier noch eine weitere Bescheinigung der Hauptsache für erforderlich und erkannte, da solche nicht geliefert werden konnte, den Arrest wieder für nicht justificirt, ein Erkenntniß, das, wie erwähnt, nunmehr in der höheren Instanz zu Gunsten des Impetranten reformirt ward.

*) Anm. d. Red. Es liegt nur ein scheinbarer Widerspruch darin, wenn das Holsteinische Obergericht in dem erwähnten Erkenntniß auf der einen Seite für einen Arrest, der dazu dienen soll, die Execution für Entschädigungsansprüche sicher zu stellen, außer der nachgewiesenen Anhängigkeit der Hauptsache nicht noch eine weitere Bescheinigung über letztere fordert und dann weiter untersucht, ob eine justa causa arresti vorliege, auf der anderen Seite aber für den Fall, daß der Arrest lediglich seine Rechtfertigung in der Betrachtung finden sollte, daß derselbe das einzige Mittel sei, um es zu verhindern, daß nicht die Vollziehung des angeblich vereinbarten Kaufcontracts unmöglich gemacht werde, zum genügenden Nachweis der causa arresti eine weitere Bescheinigung der Hauptsache verlangt. Denn die, wie auch das Oberappellationsgericht,

cf. Schl. Holst. Anz., 1843, S. 382,

durch Bezugnahme auf die Entscheidungsgründe des vormaligen Schleswigschen Obergerichts anerkannt hat, allerdings im Allgemeinen geltende Regel, daß es im Justificationstermin nicht außer der nachzuweisenden Anhängigkeit der Hauptsache noch einer Bescheinigung über die letztere bedürfe, leidet für den Fall eine Ausnahme, wo die Rechtfertigung des Arrestes mit der Existenz des Rechtsanspruches in engstem Zusammenhang steht und ohne nähere Bescheinigung der letzteren auch die causa arresti nicht als genügend nachgewiesen angesehen werden kann.

§ 12.

Fortsetzung.

Von der vorstehend erörterten Regel, daß zur Bescheinigung des Hauptanspruches die docirte Anhängigkeit der Hauptklage erforderlich sei, aber auch genüge, muß abgewichen werden, wenn der Hauptanspruch ein betagter, mithin z. B. nicht klagbarer ist. Da hier die Hauptklage augenblicklich gar nicht anhängig werden kann, so fragt sich, ob anderweitige Bescheinigung vom Justificanten zu erbringen ist oder ob die bloße Behauptung desselben, daß er einen solchen Anspruch habe, genüge. Gegen letztere Annahme spricht nun schon, daß offensichtlich dadurch der Chicane ganz freier Raum würde gewährt werden. Weiter aber: wenn ein solcher Gläubiger sich auf die Unmöglichkeit der Klaganstellung beruft, so ist das eine Ausnahme, die er eben zu bescheinigen hat, mag das Hinderniß in der Person des Justificaten (s. den obgedachten Fall,

Anz. 1850, S. 369),

in seiner eigenen Person oder in der Art der Forderung selbst liegen. So lange solche Bescheinigung nicht geliefert ist, spricht das Factum der Nichtanhängigkeit der Klage zu Gunsten des Justificaten, mag dieser sich ausdrücklich darauf berufen oder nicht; denn, wie schon erwähnt, hat der Richter von Amtswegen zu beurtheilen, ob die Voraussetzungen eines Arrestes als vorhanden in genügender Weise dargethan worden sind.

Auch hier ist noch schließlich wieder der sog. provisorischen Verfügung oder des auf Sicherung des Streitgegenstandes selbst gerichteten Arrestes zu gedenken. Dieselbe wird regelmäßig erst während der Anhängigkeit des Hauptprocesses erforderlich werden; allein schon vor solcher Anhängigkeit kann der Streitgegenstand gefährdet sein und in solchem ausnahmsweisen Fall hat auch sehr richtig das Holsteinische Obergericht kein Bedenken getragen, auszusprechen, daß die Verfügung schon vor Einleitung des Processes erlassen werden könne,

Anz. 1839, S. 154.

Selbstverständlich erfordert die provisorische Verfügung auch ihre Justification und dazu gehört auch hier der Nachweis der Klaganhängigkeit in der Hauptsache oder aber die Bescheinigung, daß die Klaganstellung zur Zeit nicht möglich sei. Hier ist nun der Ort, des bereits eben besprochenen Rechtsfalles,

Anz. 1843, S. 379 ff.,

wieder zu erwähnen, in welchem das Obergericht eine von der hier vertheidigten abweichende Ansicht aufgestellt hat, indem es den Satz aufstellt, daß die Verordnung von 1782 sich lediglich auf die auf Güter und Effecten zur Sicherung einer Forderung gelegten Arreste beziehe. Diese Ansicht als unhaltbar zu widerlegen ist schon oben versucht worden; die practisch wichtige Folgerung, die wir ebendaselbst andeuteten, ist nun die, daß da, wo die citirte Verordnung nicht Platz greife, auch ihre Vorschrift über die Anhängigmachung der Hauptsache unanwendbar sei, d. h. also da nicht, wo nicht anderweitige Gegenstände für die Execution, sondern der Executions- oder Streitgegenstand selbst gesichert werden soll. Es komme, abgesehen von der causa arresti, auf die sonstigen Requisite des Arrestes nicht an. Daß die Lage des Justificaten in Folge dieser Ansicht sehr erschwert, ja sogar gegen die Intention der Verordnung von 1782 erschwert wird, dürfte sehr klar sich nachweisen lassen. Im gedachten Fall räumte Justificat die ihm zur Last gelegte Handlung, den Holzhieb, ein; die Justificanten behaupteten zwar die Contractwidrigkeit der Handlung, Justificat eben so sehr die Contractmäßigkeit. Die Handlung an und für sich war nicht gefährdend, da ein Setzwirth, dem die Verwaltung der Hufe überlassen ist, auch zum ordnungsmäßigen Holzhieb befugt sein wird, und ein Schlagen von 4—5 Faden Holz nicht wohl schon Devastation einer Hölzung genannt werden kann. Ob die Handlung gefährdend, konnte lediglich aus dem Contracte ermessen werden; und wenn dessen Auslegung zweifelhaft erschien, so konnte sogar die justa causa nur dadurch ausreichend bescheinigt werden, daß die Justificanten nachwiesen, wegen contractswidrigen Handelns des Justificaten bereits klagbar geworden zu sein, weil nunmehr, aber auch nun erst, die Handlung den gefährdenden Charakter erhielt. Allein diese Klage war nicht angestellt, ja, so weit zu ersehen, selbst nicht einmal der Setzcontract im Justificationstermin vorgelegt worden. Nach dieser Sachlage konnte also immer nur noch gesagt werden, daß möglicher Weise die Handlung als eine justa causa angesehen werden könnte. Auf solche bloße durch gar nichts wahrscheinlich gemachte Möglichkeiten hin dürfte kein Arrest oder Inhibitorium jemals gerechtfertigt erscheinen. Doch erklärte das

Obergericht das abgegebene Inhibitorium bis zur ausgemachten Sache für haftend. Nur in Betreff des Kostenpunktes dachte das Obergericht günstiger; die Unterinstanz hatte den Justificaten in die Kosten verurtheilt, während in superiori Compensation sämmtlicher Kosten erkannt ward. Die hiergegen zu machenden Ausstellungen sollen weiter unten berührt werden.

Wenn nun in dem Fall das Inhibitorium bis zu ausgemachter Sache haften sollte, so konnten begreiflicher Weise die Justificanten einstweilen sich ganz ruhig verhalten; der Justificat mußte, um das Inhibitorium zu beseitigen, den ersten Schritt thun, d. h. die Gegner zur Klage auffordern. Und gerade das wollte die Verordnung von 1782 verhindern; sie wollte nicht, daß der, dem das Ungemach des Arrestes zugefügt worden, obendrein noch sich abmühen sollte, um den Gegner nur erst einmal zur Klage zu zwingen, und selbst wenn auch die Verordnung von 1782 nicht von solchen den status quo sichernden Inhibitorien gesprochen hätte, so würde man doch analog auf dieselben sie anwenden dürfen, weil ein Inhibitorium dieser Art gar nicht weniger belästigt als ein Arrest selber. Wie, wenn gegen den Eigenthümer, der seine Wiese abmäht, ein Dritter wegen dieser Handlung ein Inhibitorium erwirkt, weil er die Wiese gepachtet habe, könnte er, ohne irgend etwas anderes zu bescheinigen, als das vom Justificaten ohnehin eingeräumte Mähen, im Justificationstermin verlangen, daß das Inhibitorium bis zur ausgemachten Sache haften solle? Wohl nicht, denn auch die Abgebung eines Inhibitoriums setzt den Nachweis einer begangenen Rechtswidrigkeit voraus, ein Satz, der in einem dem eben fingirten ganz ähnlichen Rechtsfall,

Anz. 1853, S. 351,

vom Obergericht praktisch erläutert worden ist, und hier in durchaus befriedigender Weise. Hier heißt es: „daß, falls Implorant sich berechtigt hält, nach der provisorisch ermittelten und anerkannten Scheide und vor zu Stande gebrachter gemeinschaftlicher Befriedigung der etwaigen Gränze die bisherige Art und Weise der Beweidung der Wiese des Imploraten zu bestreiten, dies doch nicht auf dem eingeschlagenen Wege des ausgebrachten Inhibitoriums geschehen darf, weil dadurch Impetrat in der freien Benutzung seines Eigenthums gestört wird und demselben eine Rechtswidrigkeit in der Beweidung seiner an den Herrenteich angrenzenden Wiese zur Zeit nicht nachgewiesen ist."

cf. auch Anz. 1850, S. 375.

Neben der Bescheinigung der justa causa und des Hauptanspruches hat der Justificant beim Personalarrest auch den Mangel jeder realen Sicherheit darzuthun,

Anz. 1841, S. 334,

und endlich wird es wenigstens sehr zweckmäßig sein, auch darzulegen, daß der Umfang des Arrestes im Verhältniß zu dem zu sichernden Anspruch stehe.

§ 13.

Justificationserkenntniß und dessen Inhalt.

Nach stattgehabter Verhandlung hat der Richter das Vorhandensein der Voraussetzungen des Arrestes zu prüfen und je nach dem Ausfall dieser Prüfung zu erkennen, daß der Arrest für justificirt zu erachten oder nicht, wobei es, wie wir schon oben sahen, durchaus nicht Voraussetzung ist, daß die verhängte Maaßregel zur Zeit der Justification noch in Wirklichkeit bestehe, da die Anerkennung des Justificirtsein sich nicht auf diesen, sondern auf den Zeitpunkt, wo der Arrest verhängt ward, bezieht. Ein wesentlicher Punkt für ein solches Erkenntniß ist nun, ob es sich auch stets über den Kostenpunkt aussprechen müsse. Für die Bejahung dieser Frage beruft man sich auf die Selbstständigkeit des Arrestprocesses, auf dessen Beurtheilung die Entscheidung der Hauptsache keinen Einfluß habe. Und dies ist jedenfalls dann richtig, wenn die Nichtjustification des Arrestes auszusprechen ist, da begreiflicher Weise ein nicht mehr als existirend gedachter Gegenstand überall nicht mehr demnächst noch von außenher beeinflußt werden kann. Die Frage hat daher auch nur Bedeutung für den Fall, daß der Arrest für justificirt zu erachten wäre. In Fällen, wo die Hauptsache mit der Arrestsache cumulirt wird, wird es sehr häufig vorkommen, daß, wenn erstere im Beweisverfahren weiter läuft, mag auch die verhängte Maaßregel sofort pro justificata erachtet werden, doch nicht zugleich über die Arrestproceßkosten erkannt wird, sondern im Beweisinterlocut der Vorbehalt generell gestellt wird, daß nach geführtem oder nicht geführtem Beweise in der Hauptsache und der Kosten wegen weiter ergehen werde, was Rechtens,

cf. Anz. 1842, S. 373.

Daß hier ein äußerer Grund die Verschiebung des

Kostenpunkts meistens mit veranlaßt, nämlich die Behandlung der beiden Sachen in denselben Acten und die sich daraus ergebende Schwierigkeit, den Theil der Kosten, welcher auf den Arrestproceß fällt, auszusondern, soll nicht verkannt werden. Indeß ist diese Kostenabsonderung am Ende doch nicht unmöglich und es würde sogar unbillig erscheinen, die Entscheidung über die Arrestproceßkosten hinauszuschieben, wenn z. B. die Hauptsache eine streitige Rechtscontroverse zum Gegenstand hätte, der Impetrat aber, gerade um sich dem Hauptprocesse zu entziehen, so offenbar gefährdend gehandelt, daß kein Richter an der Rechtmäßigkeit des Arrestes zweifelte, und selbst wenn diese Arrestproceßkostenfrage bis zur Entscheidung in der Hauptsache ausgesetzt würde, so würde es wieder unbillig erscheinen, die für die Hauptsache vielleicht gerechtfertigte Kostencompensation generell für alle Proceßkosten auszusprechen. In einem solchen Fall müßte sich, mögen auch beide Sachen cumulativ behandelt sein, doch die Selbstständigkeit des Arrestprocesses auch bezüglich der durch ihn angeursachten Kosten geltend machen. Die Selbstständigkeit des Arrestes basirt also auf dem dolosen oder culposen Handeln des Impetraten, welches eben auch die selbstständige Ahndung desselben durch Verurtheilung in die Arrestproceßkosten rechtfertigt. Allein nicht immer wird man schon während des Arrestprocesses mit Sicherheit annehmen können, daß der Impetrat dolos oder culpos gehandelt habe; selbst die eingestandene gefährdendste Handlung hat doch nur unter der Voraussetzung den gefährdenden Character, daß ein Hauptanspruch da sei, der gefährdet werden könne. Daß der Impetrant die Hauptklage rechtzeitig anstellt, läßt wohl vermuthen, daß er auch einen Hauptanspruch, mindestens einen juristisch controversen, haben möge. Mit Gewißheit liegt das aber noch nicht vor; vielmehr kann der Hauptkläger im Verlaufe der Hauptsache sich als ein durchaus frivoler darstellen, wodurch zugleich die vordem anscheinend so gefährdende Handlung sich hinterher als eine ganz unverfängliche auswiese. Schon hier leuchtet ein, daß der Hauptproceß nicht ohne allen Einfluß auf die Arrestproceßkostenfrage sein kann, und der vorsichtige Richter wird daher, wo es thunlich ist, diese letztere Frage bis zu Ende des Hauptprocesses unerörtert lassen, und hierin erblicken wir vorzugsweise den Grund, daß, wenn beide Sachen cumulativ behandelt werden, regelmäßig die Kostenfrage überhaupt bis zur gänzlichen Erledigung der Sache verschoben wird. Unthunlich wird dies dagegen, wenn Arrest- und Hauptsache separat behandelt werden, denn die absolut gefährdende Handlung bedarf der bescheinigtermaaßen eingeklagten Hauptsache gegenüber einer Ahndung dahin, daß sie das wieder gut mache, was sie angeursacht hat, nämlich die Arrestproceßkosten erstatte. Insofern steht die Arrestfrage in sich abgeschlossen und selbstständig da; und wenn hinterher die Hauptklage als eine frivole sich darstellte oder solche vor der Entscheidung zurückgezogen würde, so würde das Justificationserkenntniß doch immer noch in seiner Kraft dastehen, freilich dem Impetraten aber unbenommen bleiben, den Schaden, den er durch das Arresterkenntniß erlitten, anderweitig wieder einzuholen. Es wäre also die etwaige Befürchtung der frivolen Hauptklage u. s. w. kein Grund, die Arrestproceßkostenfrage bei der Justification zu verschieben.

Wenn nun weiter die Handlung des Impetraten an sich eine objectiv durchaus ungefährdende wäre, vielmehr erst dadurch als eine gefährdende erschiene, daß sie in die zwischen den Parteien bestehenden contractlichen Verpflichtungen verletzend eingriffe, so möchte doch eine andere Betrachtung Platz greifen müssen. Die justa causa wird hier offenbar erst zu einer solchen, wenn die contractliche Verpflichtung als vorhanden gedacht wird; und erwiesen wird die Handlung, welche vorzunehmen der Impetrat an und für sich vollkommen berechtigt ist, erst dadurch, daß der angebliche Contract erwiesen worden, was aber nicht schon durch die bloße Klagerhebung erreicht ist. Hier erscheint der Ausfall der Hauptsache von entschiedenem Einfluß auf die Arrestsache; und wenn auch die Klagerhebung genügt, bis weiter den verhängten Arrest haften zu lassen, so würde eine Verurtheilung in die Kosten doch sich nicht rechtfertigen lassen, weil die angefochtene Handlung als eine gefährdende gar nicht früher als am Schluß des Hauptprocesses erkannt werden kann. Eine Verschiebung der Entscheidung über die Kosten des Arrestprocesses scheint daher der Sachlage entsprechend. In dem oben berührten Rechtsfall,

Anz. 1843, S. 379,

hatte die Unterinstanz, ungeachtet selbst nicht einmal die Hauptsache zur Erörterung gebracht war, den Impetraten, der den angefochtenen Holzhieb vorgenommen, in die Arrestkosten verurtheilt; das Obergericht, das gleichfalls den Arrest bis zur ausgemachten Sache haften ließ, ließ Kostencompensation eintreten. Ob es nicht auch hier entsprechender gewesen wäre, den Kostenpunkt bis zur ausgemachten Sache hinauszuschieben? In dem

Anz. 1856, S. 327,

mitgetheilten Rechtsfall, in welchem die dem Impetraten noch nicht ausgezahlten Kaufgelder mit Arrest belegt waren, ließ das Obergericht, obwohl es den Arrest für justificirt erkannt, gleichfalls Kostencompensation eintreten. Die Handlungen des Impetraten, daß er seine Landstelle verkauft und sein sämmtliches Mobiliar nach Hamburg hatte schaffen lassen, schienen dem Obergericht gefährdend, aber doch nicht in dem Grade, daß es für nothwendig erachtet hätte, auch in die Arrestkosten ihn zu verurtheilen. Wie, wenn damals nun schon in der Hauptsache vollständig zu Gunsten des Impetranten entschieden gewesen wäre, würde dadurch nicht jene Handlung des Impetraten einen so absolut gefährdenden Charakter angenommen haben, daß auch eine Verurtheilung in die Kosten hätte erfolgen müssen? Auch scheint es, daß die Ungewißheit des Ausgangs der Hauptsache nicht ohne Einfluß darauf gewesen, daß das Obergericht die Kostencompensation erkannte. Und so viel ist sicher: urgirt man in solchen Fällen die Selbstständigkeit des Arrestprocesses, auch hinsichtlich der Kostenfrage, so wird wegen Zweifelhaftigkeit der Sachlage wohl regelmäßig Kostencompensation erkannt werden müssen.

Uebrigens ergiebt aus dem Obigen sich auch weiter für den Impetranten, daß auch er, wenn der Arrest für nicht justificirt erachtet wird, nicht ausnahmlos zur Kostenerstattung zu verurtheilen ist. Ist die Handlung des Impetraten bezüglich ihres gefährdenden Charakters eine zweifelhafte, so fällt dem Impetranten in Nachsuchung der Maaßregel weder dolus noch culpa zur Last und, da hier eine Entscheidung über den Kostenpunkt, wie bemerkt, stets gefällt werden kann, wird in solchen Fällen nur Kostencompensation eintreten können. Von demselben Gesichtspunkte aus ist die Schadensklage, welche der Impetrat nach aufgehobenem Arreste anstellen will, zu betrachten. Es finden sich in dieser Beziehung mehrere interessante Entscheidungen in den

Anz. 1850, S. 369; 1857, S. 164 und 174.

Die Schadensbegründung wird nicht schon dadurch gegeben, daß der Impetrant im Justificationsprocesse unterlag, weil daraus noch nicht zu entnehmen, daß ihm ein schuldvolles Verhalten zur Last falle, wodurch allein eine solche Klage begründet wird.

Anz. 1857, S. 174.

Liegt ein solches schuldvolles Verhalten vor, so wird dies nicht dadurch exculpirt, daß der Impetrat durch sofortige Cautionsbestellung den Schaden hätte abwenden können; denn dieses zu thun, dazu liegt dem Impetraten nicht die rechtliche Verpflichtung ob; es steht in seinem Belieben, den widerrechtlich ihm zugefügten Schaden einstweilen zu dulden und alsdann im Wege der Ersatzklage Entschädigung zu suchen,

Anz. 1857, S. 164 H. u. O. A. G.,

nur können die Folgen einer schadenbringenden Handlung, wie das Oberappellationsgericht S. 170 weiter sagt, durch eine dazwischen liegende freie Handlung des Beschädigten als unterbrochen erachtet werden, wenn sich nicht erkennen läßt, daß dadurch die Abwendung eines sonst unvermeidlichen Schadens erzielt worden sei,

vgl. auch Anz. 1850, S. 369.

Ueber die weitere Substantiirung und Berechnung des Schadens gelten die gewöhnlichen Grundsätze.

§ 14.
Rechtsmittel.

Gegen das Arrestdecret als eine einseitig impetrirte Maaßregel ist kein ordentliches Rechtsmittel zulässig, sondern nur eine Nichtigkeitsbeschwerde,

Anz. 1840, S. 179 und sonst oft.

Im Uebrigen ist von den Parteien das Justificationserkenntniß abzuwarten,*) gegen welches, wie schon die

Anz. 1841, S. 334,

bezeugen und bis in die neueste Zeit sich bestätigt hat, falls in ordinario verhandelt worden, sowohl Appellation als Supplication bei uns für zulässig erkannt wird.**) Dagegen hat das vormal. Schlesw. Ober-

---

*) Anm. d. Red. Vgl. dagegen Holst. Anz., 1861, S. 128.

**) Anm. d. Red. Wir können mit der in dem Aufsatz der

Schl. Holst. Anz., 1841, S. 334,

ausgesprochenen Ansicht uns nicht einverstanden erklären. Bekanntlich ist es sehr gewöhnlich, daß die Supplication in Folge ausdrücklicher oder stillschweigender Parteiconvention der Appellation substituirt wird, und wollte man daraus, daß diese beiden Rechtsmittel promiscue gebraucht worden, den Schluß ziehen, daß sie sich gleichständen, so würde man diesen Satz mit demselben Recht überhaupt für

gericht nach Francke, II, S. 263, nur die Appellation zugelassen. Daß jedes Rechtsmittel seine Formen und Fristen gewahrt wissen will, versteht sich von selbst,

Anz. 1845, S. 349; 1846, S. 191.

Ist in der Unterinstanz summarisch verhandelt, so ist nur die Supplication zulässig, was bei der sog. provisorischen Verfügung die Regel,

Anz. 1850, S. 375.

In solchem Fall hält sich auch das Oberappellationsgericht nicht für competent, nach Maaßgabe des § 82 der Oberappellationsgerichtsordnung, während nach vorangegangenem Ordinarienverfahren und stattgehabter Appellation die Zulässigkeit der Oberappellation, deren sonstige Erfordernisse vorausgesetzt, nicht zu bezweifeln ist.

Entscheidungen.

Die irrige Auslegung eines früheren Erkenntnisses fällt nicht unter die Regel, daß Entscheidungen gegen das bereits rechtskräftig Erkannte nichtig sind. — Eine Uebereinkunft der Parteien über die Clausulirung eines Eides ist ohne bindende Kraft für den Richter.

In Sachen des Eingesessenen Albert Langeloh in Heist, Beklagten, Producten, Deducten und Eidesdelaten, jetzt Supplicanten und Querulanten,

wider

Johann Friedrich Conrad Schneidler in Pinneberg, Kläger, Producenten, Deducenten und Eidesdeferenten, jetzt Supplicaten und Querulaten,

wegen verlangter 85 ℳ 32 ß R.-M. Maklerprovision, jetzt Supplication und Nichtigkeitsbeschwerde wider das Erkenntniß der klösterlichen Obrigkeit zu Uetersen vom 31. August 1860,

ergeben die Acten:

Mittelst rechtskräftigen Erkenntnisses vom 21. März v. J. war dem Kläger zu beweisen auferlegt:

daß er im Frühjahre 1859 dem Beklagten die Suhl'sche und die Biesterfeldt'sche Stelle in Heist als käuflich bezeichnet, von dem Beklagten den Auftrag erhalten habe, den Ankauf einer dieser beiden genannten Stellen zu vermitteln, Beklagter ihm für solche Vermittelung gute Bezahlung versprochen, Kläger denselben wegen des Ankaufs der Stelle an Johann Röttger in Heist verwiesen und Johann Röttger als sein Beauftragter den Ankauf der Biesterfeldt'schen Stelle für den Beklagten vermittelt habe.

Kläger trat diesen Beweis durch Zeugen und eventuelle Eidesdelation an. Nachdem der Zeugenbeweis mißlungen, ward dem Beklagten aufgegeben, sich über den deferirten Eid zu erklären. Er that dies durch Annahme desselben und bemerkte dabei, daß der Eid etwa folgendermaaßen zu clausuliren sein möchte:

daß Kläger im Frühjahr v. J. (1859) dem Beklagten nicht die Suhl'sche und Biesterfeldt'sche Stelle in Heist als käuflich bezeichnet, von dem Beklagten nicht den Auftrag erhalten, den Ankauf einer dieser Stellen zu vermitteln u. s. w., sec. verba interlocuti.

In dem hierauf zur Eidesleistung anberaumten Termine bemerkte der klägerische Anwalt, daß er mit der in der Acceptationsschrift vom Eidesdelaten in Vorschlag gebrachten Clausulirung des acceptirten Eides zufrieden sei und nur bitte, daß der Eid gerichtsseitig etwas weniger dunkel und mehr allgemein verständlich construirt werden möge, er erbitte darnach gerichtsseitige Clausulirung und demnächst körperliche Ableistung durch den Delaten nach gehöriger vorheriger Verwarnung vor dem Meineide.

Der Eid wurde nun gerichtsseitig in Uebereinstimmung mit dem Vorschlage des Delaten clausulirt. Nachdem der Eid dem Beklagten vorgelesen und erklärt, äußerte derselbe sich in Uebereinstimmung mit seinen Exceptionalien dahin, daß der Kläger ihm wohl die Suhl'sche, aber nicht die Biesterfeldt'sche Stelle als käuflich bezeichnet habe, so wie, daß er wohl dem Kläger gute Zahlung versprochen habe, wenn er den Ankauf der Suhl'schen Stelle für ihn vermittele, welches aber nicht geschehen sei.

---

alle Ordinariensachen gelten lassen müssen. Unseres Erachtens kann für die Frage, welches Rechtsmittel das richtige sei, wie im Allgemeinen, so auch im Arrestprocesse es nur entscheidend werden, ob die Justification in den Formen des ordentlichen oder des summarischen Processes verhandelt worden ist.

Der Anwalt des Beklagten bemerkte dazu, daß, da diese Aeußerungen mit der Exceptionsschrift übereinstimmten, der Sinn des Beweiserkenntnisses kein anderer sein könne, als daß Kläger dem Beklagten nicht zugleich mit der Suhl'schen Stelle auch die Biesterfeldt'sche Stelle als käuflich bezeichnet und in Folge dieser gleichzeitigen Bezeichnung Beklagter nicht dem Kläger den Auftrag ertheilt habe, den Ankauf einer dieser Stellen zu vermitteln. Dies gehe auch aus dem ferneren Inhalte des Beweiserkenntnisses und den rationes decidendi hervor. Beklagter möge nach solcher Erklärung zum Eide admittirt werden.

Der Anwalt des Klägers protestirte hiergegen, indem er behauptete, das Beweisinterlocut habe den von dem Beklagten hineingelegten Sinn nicht, überdies sei die Fassung, nachdem Kläger den Vorschlag des Beklagten acceptirt habe, eine vereinbarte, und die nachträglich zu Protocoll gegebenen Geständnisse des Beklagten ständen mit dieser Fassung dem materiellen Inhalte nach in directem Widerspruche.

Es ist darauf erkannt, daß der Beklagte zur Leistung des acceptirten Eides nicht zuzulassen, derselbe vielmehr als verweigert anzusehen und Beklagter schuldig zu erkennen, dem Kläger einen ex aequo et bono auf 26 ℳ 64 ß R.-M. zu bestimmenden Maklerlohn innerhalb 4 Wochen zu bezahlen und die veranlaßten Proceßkosten mit Vorbehalt der Specification und eventuellen Bestimmung in gleicher Frist zu erstatten. *)

Gegen dieses Erkenntniß hat der Beklagte die Nichtigkeitsbeschwerde interponirt, supplicirt und gebeten, dahin zu entscheiden:

daß das Erkenntniß der klösterlichen Obrigkeit zu Uetersen vom 31. August 1860 aufzuheben, event. mit Rücksicht auf die theilweise Richtigkeit des Beweiserkenntnisses vom 24./30. Mai 1860 und wegen des darauf basirten Verfahrens in termino am 31. August s. J. zu cassiren, der Beklagte zur Ableistung des clausulirten Eides event. eines in Uebereinstimmung mit den objectiven Entscheidungsgründen des Beweiserkenntnisses vom 24./30. Mai 1860 zu clausulirenden Eides zuzulassen, der Kläger auch schuldig sei, die veranlaßten Kosten des Termins vom 31. August v. J., wie auch der Obergerichtsinstanz dem Beklagten zu erstatten, event., daß das Erkenntniß des jud. a quo dahin abzuändern, daß der Kläger schuldig sei, die Kosten des Zeugenbeweisverfahrens und der vorgenommenen mutatio libelli, praevia des. et event. mod., dem Beklagten zu erstatten, unter Compensation der übrigen Proceßkosten sammt der Kosten dieser Instanz.

Nach eingezogener Erklärung der Gegenpartei steht, da der vorgeschützte auf die Unvollständigkeit der eingereichten Voracten gestützte Einwand der deserten Rechtsmittel nach dem gemeinen Bescheide vom 28. August 1823 unbegründet ist, zur Frage, ob und in wie fern die aufgestellten Beschwerden für begründet zu erachten sind.

In Erwägung nun, daß die Nichtigkeitsbeschwerde unbegründet ist, da es sich im vorliegenden Falle nur um die Frage handeln kann, ob das rechtskräftig gewordene Beweiserkenntniß materiell richtig ist;

in Erwägung sodann, daß nach Maaßgabe der Exception so wie nach den dem Beweiserkenntniß vorangeschickten Entscheidungsgründen die Erzählung des Klägers, soweit sie die Suhl'sche Stelle betrifft, nur um deswillen in das Beweiserkenntniß aufgenommen ist, um die Identität der nach der klägerischen Behauptung stattgefundenen Beredung noch genauer zu bezeichnen, und daß, wenn lediglich durch einen Redactionsfehler an sich irrelevante Umstände, die nur zur näheren Bestimmung relevanter Punkte dienen sollen, in das Beweiserkenntniß hineingekommen sind, der Richter vollkommen befugt ist, sich ungeachtet der unrichtigen Fassung an den anderweitig erkennbaren richtigen Sinn des Erkenntnisses zu halten;

*) Die Entscheidungsgründe lauten:
In Erwägung, daß der clausulirte Eid mit den Worten des rechtskräftigen Beweisinterlocuts übereinstimmt, Beklagter also, wenn er mit den Worten desselben nicht einverstanden gewesen wäre, dagegen Rechtsmittel hätte einwenden müssen; ferner daß Beklagter selbst in der Schrift vom 16. d. M. den Eid ohne Weiteres den Worten des Beweisinterlocuts gemäß zu clausuliren vorgeschlagen hat, daß mithin davon nicht abgegangen werden kann, und da die Erklärungen des Beklagten in dem heutigen Termine theilweise im Widerspruche stehen mit dem clausulirten Eide derselbe nicht zur Ableistung des Eides zugelassen werden kann und insofern mit dem Wegfall eines Theils des zu schwörenden Beweisthemas auch der ganze clausulirte Eid als verweigert zu betrachten und mithin der Beklagte nach Antrag der Klage schuldig zu erkennen ist.

in Erwägung, daß der Anwendung dieser allgemeinen Regel im vorliegenden Falle auch nicht der Umstand entgegensteht, daß der Anwalt des Beklagten die Fassung sec. verba interlocuti vorgeschlagen hat, da der Beklagte mit den Worten einen andern Sinn verbunden hat und den Umständen nach auch verständigerweise verbinden konnte, als dies von dem Kläger geschehen ist;

in Erwägung, daß daher der Antrag des Beklagten, zur Ableistung des Eides in dem von ihm angegebenen Sinne zugelassen zu werden, gerechtfertigt erscheint, daß jedoch mit Rücksicht darauf, daß der Wortlaut des Eides eine verschiedene Auslegung erfahren und daher zu Zweifeln Veranlassung gegeben hat, der Eid anderweitig zu clausuliren ist;

wird bei abschriftlicher Mittheilung der eingezogenen Gegenerklärung von Obergerichtswegen hiedurch zum Bescheide ertheilt:

> daß das angefochtene Erkenntniß der klösterlichen Obrigkeit wiederum aufzuheben und ein neuer Termin zur Ableistung des folgendermaaßen zu clausulirenden Eides anzuberaumen:
>
> > wie es nicht wahr ist, daß Kläger im Frühjahre 1859 dem Beklagten unter anderen die Biesterfeldt'sche Stelle in Heist als käuflich bezeichnet, von dem Beklagten den Auftrag erhalten, den Ankauf dieser Stelle zu vermitteln, er demselben auch nicht für solche Vermittelung gute Zahlung versprochen, daß Kläger ihn auch nicht wegen Ankaufs der Stelle an Johann Röttger verwiesen habe, endlich, daß er nicht wisse, vielmehr glaube, daß Johann Röttger nicht als Beauftragter des Klägers den Ankauf der Biesterfeldt'schen Stelle für ihn, den Beklagten, vermittelt habe.

Urkundlich ꝛc. Gegeben im Königl. Holsteinischen Obergerichte zu Glückstadt, den 20. Juni 1861.

Auf die vom Supplicaten zur Hand genommene Nichtigkeitsbeschwerde gegen diesen Bescheid wurde derselbe von dem Königl. Oberappellationsgericht zu Kiel, wie nachsteht, abschlägig beschieden.

Namens Sr. Königl. Majestät.

Auf die am 28. September v. J. hier eingereichte Nichtigkeitsbeschwerde des Commissionairs Johann Friedrich Conrad Schneidler in Pinneberg, Klägers, dann Supplicaten, jetzt Querulanten,

wider

den Eingesessenen Albert Lungeloh in Heist, Beklagten, dann Supplicanten, jetzt Querulaten,

wegen Bezahlung von Maklerprovision, jetzt gegen das Erkenntniß des Holsteinischen Obergerichts vom 20. Juni 1861,

wird, mit Beziehung auf die dem angefochtenen Erkenntniß vorangestellten Entscheidungsgründe, so wie in Erwägung

1) daß das Interlocut der klösterlichen Obrigkeit zu Uetersen vom 24. März 1860 in dem angefochtenen Erkenntnisse nicht bei Seite gesetzt, sondern erklärt worden ist, die in einem Erkenntniß enthaltene Auslegung eines früheren Erkenntnisses aber, ganz abgesehen von der Richtigkeit desselben, niemals unter die gemeinrechtliche Regel fällt, daß Entscheidungen gegen das bereits rechtskräftig Erkannte nichtig wären;

2) daß eine Parteiübereinkunft über die Formulirung des Eides nicht vorliegt, indem von beiden Parteien auf richterliche Clausulirung des Eides angetragen worden ist, auch der Richter schon von Amtswegen befugt gewesen wäre, eine etwa vorliegende Parteienconvention bei Seite zu setzen, wenn, wie hier der Fall, die Beibehaltung des in Vorschlag gebrachten Eidesthema's zur Ableistung des Eides in einer zweideutigen Fassung Veranlassung gegeben hätte;

3) daß in dem angefochtenen Erkenntniß der Antrag des Beklagten in seiner beim Holsteinischen Obergerichte eingereichten Supplicationsschrift nicht überschritten ist, indem der Beklagte darin keineswegs bloß gebeten hatte, das ihn verurtheilende Erkenntniß der klösterlichen Obrigkeit zu Uetersen vom 31. August 1860 wieder aufzuheben, sondern eventuell auch ihn zum Eide in dem Sinne, wie er denselben auffasse, zuzulassen, und das angefochtene Erkenntniß grade diesem eventuellen Antrage entspricht;

hiemit ein abschlägiger Bescheid ertheilt.

Urkundlich ꝛc. Gegeben im Königl. Oberappellationsgerichte zu Kiel, den 15. Februar 1862.

Allerhöchst privilegirte

Holsteinische Anzeigen.

Redigirt von den Obergerichtsräthen Etatsrath Henrici und Lucht.

Gedruckt bei Augustin in Glückstadt.

13. Stück. — Den 31. März 1862.

Entscheidungen.

Sequestration als Mittel zur Sicherung der Execution eines rechtskräftigen Erkenntnisses.

In Sachen des Hugo v. Hirsch aus Petersdorf in Schlesien, Justificanten,

wider

den Landsassen Baron v. Seydlitz zu Rütschau, Justificaten,

in pcto. justificationis arresti,

ergeben die Acten:

Laut rechtskräftigen Erkenntnisses des Oberappellationsgerichts zu Kiel vom 9. April 1859 ist dem Justificanten eine Forderung von 10,000 ℛ R.-M. nebst 5 pCt. jährlicher seit dem 19. Juni 1851 laufender Verzugszinsen sammt Kosten gegen die Ehefrau des Justificaten zuständig. Die Realisirung dieser Forderung ist dem Justificanten dadurch vereitelt worden, daß in der Executionsinstanz die Ehefrau des Justificaten sich unpfändbar und angeblich vermögenslos erwies, indem sie ihr ganzes Vermögen und namentlich auch die ihr aus dem Meyer'schen so wie zur Hälfte aus dem Brodauer Fideicommisse competirenden Revenüen von zusammen ca. 11,046 ℛ 12 ß R.-M. jährlich ihrem Ehemann, dem Justificaten, durch Cessionsacte vom 31. Mai 1858 überwiesen hatte. Mit Rücksicht hierauf machte Justificant im April v. J. vorstellig, daß er diese in unverkennbar fraudulöser Absicht vorgenommene Cession mit der actio Pauliana anfechten wolle und, damit der status quo in Beziehung auf die Realisirung seines Anspruchs aufrecht erhalten werde, beantragte er als Sicherheitsmaaßregel, daß eine Sequestration der gedachten Fideicommißrevenüen verfügt und zur Vollstreckung gebracht werden möge. Durch obergerichtliches Decret vom 22. Mai v. J. wurde die betreffende Eingabe dem Justificaten zu seiner Erklärung und zwar mit dem Bemerken mitgetheilt, daß ihm dadurch zugleich habe Gelegenheit geboten werden sollen, geeignete Vorschläge zur Abwendung der beantragten Sequestration einzubringen. Durch obergerichtliches Decret vom 11. September v. J. ist darauf die erbetene Sequestration mit der näheren Bestimmung verfügt worden, daß die Sequestration nur so lange fortzubestehen habe, bis der zur vollständigen Befriedigung des Impetranten erforderliche Betrag beim Obergerichte ad depositum werde gebracht sein, und ist dabei dem Impetranten aufgegeben worden, innerhalb Ordnungsfrist zur Justification der impetrirten arrestatorischen Verfügung bei Vermeidung der Wiederaufhebung der verfügten Sequestration Ladung auszubringen. Bevor jedoch die zur Effectuirung jener Sequestration verfügten Maaßregeln zur Ausführung gediehen waren, wurde dem justificantischen Mandatar zur Vermeidung derselben von der Gegenpartei die Offerte gemacht, daß der Oberstlieutenant v. Ernst zu Hasselburg loco arresti die selbstschuldige Bürgschaft dafür übernehmen wolle, daß derselbe im Fall des Unterliegens des Justificaten in dem wider ihn erhobenen Processe in puncto actionis Paulianæ, so wie in dem ferneren Falle, daß die impetrirte arrestatorische Verfügung rechtskräftig für justificirt sollte erkannt werden, das judicatum in Gemäßheit des oberappellationsgerichtlichen Erkenntnisses vom 9. April 1859 innerhalb 6 Wochen nach eingetretener Rechtskraft der desfälligen Entscheidung an den Advocaten Wolfhagen mand. noie. des Justificanten zahlen werde, welche Offerte demnächst justificantischerseits gegen Ausstellung und Aushändigung einer desfälligen Acte Seitens des Oberstlieutenants v. Ernst acceptirt worden ist.

Zur Justification des Arrestes hat Justificant zunächst die mittlerweile erfolgte Anstellung der Hauptklage docirt. In Betreff der justa causa arresti hat er sodann mit Hinweisung darauf, daß die Ehefrau des Justificaten, nachdem der wider sie wegen nicht erfüllten Eheversprechens anhängig gemachte Proceß endlich in dasjenige Stadium gelangt sei, daß der am 7. Juni 1858 geschehenen Eidesleistung der endliche Sieg ihres Gegners mit Nothwendigkeit auf dem Fuße habe folgen müssen, kurz vor der gedachten Eidesleistung die Cession vorgenommen habe, durch welche ihrem Ehemann ihr ganzes Vermögen übertragen worden sei, weiter bemerkt: die Pfändung sei nach geschehener Verurtheilung der Ehefrau des Justificaten in Folge der von ihr vorgenommenen Cession erfolglos geblieben. Justificant habe daher, um seine Befriedigung zu ermöglichen, gegen denjenigen die actio Pauliana anstellen müssen, der von der Schuldnerin in fraudem ihres vollberechtigten Gläubigers mit demjenigen Vermögensobject bereichert worden, aus dem dieser seine Befriedigung habe gewärtigen dürfen. Daß es moralisch keinem Zweifel unterliege, wie hier durch jene Cession lediglich in fraudem des Justificanten gehandelt worden, bedürfe kaum der Erwähnung, und im Hinblick auf das ganze Verfahren der Gegnerin des Justificanten im vorliegenden Processe liege zur Besorgniß Grund vor, daß sie auch ferner gesonnen sein und nicht verfehlen werde, zu neuen Vermögensversuren zu greifen und dem Justificanten die Realisirung seiner Ansprüche zu vereiteln, falls dieser mit seiner actio Pauliana obsiegen würde. Daß aber der Justificat, welcher seiner Frau als ehelicher Curator in ihrem Rechtsstreite wider den Justificanten zur Seite gestanden, particeps et conscius fraudis derselben bei Vornahme der fraglichen Cession gewesen, darüber könne nicht wohl ein Zweifel obwalten, und daß Gefahr für den Justificanten, daß ihm im Falle seines Sieges mit der actio Pauliana dennoch die Realisirung seiner rechtskräftig erkannten Forderung vereitelt oder mindestens erschwert werden würde, dürfte aus dem Vorstehenden klar erhellen. Es würde nämlich ohne jenes Sicherheitsmittel dem Justificanten die unerquickliche Aussicht drohen, noch einmal mit einer dritten Person eine actio Pauliana über sein Executionsobject ausfechten, jedenfalls die Fälligkeit und geschehene Hebung der einzelnen Fideicommißrevenüen, bevor er sie als demnächstiges Executionsobject würde in Anspruch nehmen können, abwarten zu müssen, und da der Genuß der Fideicommißrevenüen dadurch bedingt sei, daß die zeitweilige Nutznießerin die jedesmaligen Fälligkeitstermine erlebe, so würde endlich, falls die Ehefrau des Justificaten während des Anfechtungsprocesses mit Tode abgehen sollte, die Expectanz des Justificanten, seine Befriedigung in den Fideicommißrevenüen zu finden, vereitelt sein. Mit Rücksicht hierauf hat Justificant gebeten:

> daß die impetrirte Sequestration für justificirt, Justificat auch schuldig erkannt werde, dem Justificanten die sämmtlichen Kosten dieses Verfahrens, des. et mod. ear. salva, innerhalb Ordnungsfrist zu erstatten.

Der Justificat hat auszuführen gesucht, daß es an allem Grunde mangele, aus dem der Justificant berechtigt sein sollte, die Sequestration der fraglichen Fideicommißrevenüen zu impetriren. An die Stelle des Streitgegenstandes, dessen Sequestration der malæ fidei possessor als Executionsmittel für denjenigen, dessen Recht an diesem Streitgegenstande in einem Rechtsstreite wider einen Dritten rechtskräftig anerkannt worden, sich gefallen lassen müsse, habe Justificant den Streitgegenstand der von ihm angestellten

Paulianischen Klage gestellt und nun ohne nähere Angabe jeden Rechtsgrundes die Sequestration der fraglichen Fideicommißrevenüen als Gegenstand der von ihm auf Rescission der von der Ehefrau des Justificaten an diesen vorgenommenen Cession dieser Fideicommißrevenüen angestellten Paulianischen Klage verlangt, also Execution verlangt, bevor ein rechtskräftiges Erkenntniß vorliege. Daß hienach im vorliegenden Falle die Sequestration der fraglichen Revenüen nicht den Character eines Executionsmittels, welches ein rechtskräftiges Erkenntniß voraussetze, sondern nur einer Sicherungsmaaßregel habe, die Sequestration daher auch zunächst in ersterer Beziehung nicht justificirt worden, erscheine unzweifelhaft.

Unter dem ferneren Hervorheben, daß Justificant mit der von ihm angestellten Paulianischen Klage lediglich den Antrag auf Aufhebung und Annullirung der mehrgedachten Cession verbinde, nicht aber irgend welche Leistung vom Justificaten verlangt habe, hat Justificat weiter bemerkt, der Justificant habe nichts angeführt, wodurch die Ausführung eines obsieglichen Erkenntnisses auf die von ihm angestellte Paulianische Klage auch nur im Mindesten gefährdet werde. Er habe offenbar in seiner Darstellung nicht die Realisirung des Erkenntnisses auf die Paulianische Klage, sondern die Realisirung seiner rechtskräftig erkannten Entschädigungsforderung wider die Ehefrau des Justificaten, vor Augen. Nicht die Befürchtung spreche Justificant aus, daß, wenn er mit der wider den Justificaten angestellten Paulianischen Klage obsiegen sollte, die Realisirung des auf Rescission der von des Justificaten Ehefrau an den Justificaten beschafften Cession ihrer fraglichen Fideicommißrevenüen abzugebenden Erkenntnisses irgend gefährdet sei. Habe der Justificant doch auch mit dem rechtskräftigen Erkenntnisse als solchem alles erreicht, was er in seiner wider den Justificaten angestellten Klage verlange, daß nämlich die Cession wieder aufzuheben und nichtig zu achten. Der Justificant habe nicht angeführt, worauf weiter eine Execution dieses Erkenntnisses gerichtet sein sollte, am wenigsten aber, wodurch die Realisirung eines durch ein solches Erkenntniß dem Justificanten wider den Justificaten etwa zuerkannten Anspruchs, obgleich Justificat keinen Gegenstand desselben ahne, irgend gefährdet werde. Ob eine Gefahr für den Justificanten vorliege, daß ihm im Falle seines Sieges mit der actio Pauliana dennoch die Realisirung seiner ihm rechtskräftig nicht wider den Justificaten, sondern wider des Justificaten Ehefrau zuerkannten Entschädigungsforderung möchte vereitelt oder doch sehr erschwert werden, sei für diesen Rechtsstreit durchaus irrelevant, denn zur Justification der wider den Justificaten verfügten Sequestration wäre vom Justificanten nachzuweisen gewesen, daß die Realisirung eines ihm gegen den Justificaten und nicht gegen einen Dritten zustehenden Anspruchs in dem Grade gefährdet sei, daß anderweitige Sicherheitsmaaßregeln nicht ausreichten. Auf Grundlage dieser Ausführungen ist schließlich vom Justificaten beantragt worden:

> daß die impetrirte Sequestration für nicht justificirt und Justificant zur Kostenerstattung schuldig erkannt werde.

Es steht demnach zur Frage, ob die vom Justificanten impetrirte Sequestration für justificirt zu erachten?

In Erwägung nun, daß der Endzweck des gerichtlichen Verfahrens nicht bloß auf die Entscheidung der streitigen Rechtsfrage, sondern auch auf die Realisirung des der obsiegenden Partei zustehenden Rechtsanspruchs gerichtet ist und daher in Fällen, in welchen es sich ergiebt, daß die schließliche Realisirung des geltend gemachten Rechtsanspruchs durch eine Verrückung des status quo entweder nicht erreicht oder wesentlich erschwert werden würde, die bedrohte Partei befugt ist, während jeder Lage des Processes vorläufige Maaßregeln zu beantragen, durch welche der status quo aufrecht erhalten werde;

in Erwägung, daß der Justificant, nachdem die Beitreibung der ihm rechtskräftig zuerkannten Forderung wider die Ehefrau des Justificaten dadurch vereitelt worden war, daß die justificatische Ehefrau während des Verkaufs des zwischen dem Justificanten und ihr geführten Rechtsstreits durch Cessionsacte vom 31. Mai 1858 ihr ganzes Vermögen und namentlich die Fideicommißrevenüen, um welche es sich handelt, ihrem Ehemanne übertragen hatte, die Rescission der gedachten Cession mittelst der Paulianischen Klage zu erwirken gesucht und zugleich die einstweilige Sequestration der fraglichen Fideicommißrevenüen impetrirt hat;

in Erwägung, daß Justificant in Beziehung auf die Justification dieser zur Aufrechthaltung des status quo von ihm impetrirten Sequestration zunächst die Anhängigkeit der Hauptsache genügend docirt hat und vom Justificaten mit Grund nicht geltend gemacht werden kann, daß ein gelinderes Sicherungsmittel hätte gewählt werden können, indem ihm vor Verfügung der Sequestration Gelegenheit gegeben worden ist, ein milderes Mittel in Vorschlag zu bringen, derselbe aber kein solches in Vorschlag gebracht hat;

in Erwägung, daß die verfügte Sequestration ihre fernere unzweifelhafte Rechtfertigung in dem Umstande findet, daß, wenn die actio Pauliana zu Gunsten des Justificanten entschieden werden sollte, nach den stattgehabten Vorgängen zu besorgen gegründete Veranlassung vorliegt, daß die inzwischen fällig gewordenen Revenüen consumirt sein werden, die dadurch für den Justificanten herbeigeführte Nothwendigkeit aber, die Realisirung seines Anspruchs hinstehen lassen zu müssen, bis der entsprechende Betrag der Fideicommißrevenüen fällig geworden, nicht nur eine erhebliche Erschwerung der Rechtsverfolgung, sondern auch eine Erschwerung der schließlichen Realisirung seines Anspruchs insofern involviren würde, als der Genuß der fraglichen Revenüen durch das Leben der Nutznießerin bedingt ist;

in Erwägung, daß der hiergegen vom Justificaten erhobene Einwand, daß mit der Paulianischen Klage lediglich der Antrag auf Annullirung der Cession verbunden, nicht aber irgend welche Leistung verlangt sei, zu deren Sicherung eine Sequestration nöthig wäre, auf Berücksichtigung keinen Anspruch machen kann, da, falls mittelst der Paulianischen Klage die Cession, durch welche Justificant um jedes Executionsobject gebracht worden, rescindirt werden sollte, der Justificant selbstverständlich zur Deckung seiner Forderung den Betrag der seit der Cession fällig gewordenen Revenüen wird beanspruchen können, diesen Betrag aber durch Sequestration der Dispositionsbefugniß des Justificaten vorläufig zu entziehen, demselben deshalb nicht hat versagt werden dürfen, weil die Rechtsverfolgung ihm unstreitig auch in dem Falle wesentlich erschwert werden würde, wenn er nach ausgefochtenem Processe mit dem Justificaten in Beziehung auf die Paulianische Klage genöthigt sein sollte, sich ferner in Betreff der inzwischen fällig gewordenen Revenüen bis zum Betrage der ihm zustehenden Forderung mit dem Justificaten in processualische Weiterungen einzulassen und die Aussicht, daß während der Dauer des eingeleiteten Rescissionsstreits ein zur Deckung seiner Forderung ausreichender durch die impetrirte Sequestration hinreichend gesicherter Betrag der fraglichen Revenüen fällig werden würde, ihm genügenden Grund dargeboten hat, den mit der Paulianischen Klage verbundenen Antrag auf Annullirung der Cession zu beschränken;

wird, nach eingelegten Recessen und stattgehabter mündlicher Verhandlung, von Landgerichtswegen hiedurch für Recht erkannt:

daß die vom Justificanten impetrirte Sequestration für justificirt zu erachten, Justificat auch schuldig sei, dem Justificanten die Kosten dieses Verfahrens, deren Verzeichnung und Ermäßigung vorbehältlich, binnen Ordnungsfrist zu erstatten.

Wie denn solchergestalt hiedurch erkannt wird

V. R. W.

Urkundlich rc. Publicatum im Königl. Holsteinischen Landgericht zu Glückstadt, den 11. Februar 1861.

Gegen dies Erkenntniß appellirte der Justificat an das Königl. Oberappellationsgericht zu Kiel, erhielt aber den nachstehenden abschlägigen Bescheid.

Namens Sr. Königl. Majestät.

Auf die unterm 25. März v. J. hieselbst eingereichte Appellationsschrift des Landsassen Barons von Seydlitz auf Rütschau, Justificaten, jetzt Appellanten,

wider

Hugo v. Hirsch aus Petersdorf in Schlesien, Justificanten, jetzt Appellaten,

wegen Justification eines Arrestes, jetzt Appellation wider das Erkenntniß des Holsteinischen Landgerichts vom 11. Februar 1861, wird,

in Erwägung, daß zur Justification einer Sequestration erforderlich ist, daß die Hauptklage angestellt worden, und daß eine Gefahr für die Realisirung des mit der Hauptklage erfolgten Anspruchs vorhanden ist;

in Erwägung, daß die Parteien darin einverstanden sind, daß Appellat wider den Appellanten die Paulianische Klage auf Rescission der an ihn von seiner Ehefrau geschehenen Uebertragung ihrer Fideicommißrevenüen angestellt hat, daß aber der Einwand des Appellanten, daß, da Appellat mittelst der Paulianischen Klage nur Annullirung der Cession der Fideicommißrevenüen, nicht aber eine Leistung, namentlich nicht die Restitution der während des Rechtsstreits fällig gewordenen Revenüen beantragt habe, der mittelst der Hauptklage geltend gemachte Anspruch gar nicht gefährdet sein könne, für unbegründet zu erachten ist, weil in dem mit der Paulianischen Klage verbundenen Antrage selbstverständlich der Antrag auf Restitution der mit Beschlag belegten Fideicommißrevenüen zum Zweck der Execution enthalten ist, folglich, da die Hauptklage angestellt ist und der mittelst derselben erfolgte Anspruch gefährdet sein kann, es nur noch darauf ankommt, ob dieser Anspruch auch wirklich gefährdet ist;

in Erwägung, daß Appellant, welcher seiner Ehefrau in deren langwierigem Processe wider den Appellaten als ehelicher Curator zur Seite gestanden hat, mit deren Rechtsverhältnissen zu dem Appellaten genau bekannt war, namentlich wußte, daß derselbe eine bedeutende Forderung an seine Ehefrau hatte, desungeachtet ihr in dem Bestreben behülflich gewesen ist, dem Appellaten die Execution in ihr Vermögen unmöglich zu machen, indem er sich ihr ganzes großes Vermögen von ihr hat übertragen lassen, so daß der Appellat, wenn er nicht mit der Paulianischen Klage obsiegt, keine Aussicht auf Befriedigung hat, daß aber dieses Verfahren des Appellanten dem Appellaten gegenüber mit Grund besorgen läßt, daß Appellant für den Fall, daß er in seinem Rechtsstreite mit dem Appellaten unterliegen sollte, alles, was in seinen Kräften steht, thun wird, um die Execution des Urtheils zu vereiteln, daß mithin die demnächstige Realisirung des von dem Appellaten gegen den Appellanten erhobenen Anspruchs als gefährdet erscheint, daher der Arrest mit Recht für justificirt erkannt worden ist und folglich die erste Beschwerde sich als unbegründet darstellt;

in Erwägung, die zweite Beschwerde betreffend, daß kein Grund vorliegt, von der Regel, daß der unterliegende Theil die Kosten zu erstatten hat, hier eine Ausnahme zu machen;

hiedurch

ein abschlägiger Bescheid

ertheilt.

Die Rechnung des Anwalts und Procurators ist auf 68 ℳ bestimmt worden.

Urkundlich rc. Gegeben im Königl. Oberappellationsgerichte zu Kiel, den 22. Februar 1862.

Das vorstehend abgedruckte landgerichtliche Erkenntniß ist schon in dem 40sten Stücke des vorjährigen Jahrgangs der Anzeigen mitgetheilt, damals aber durch ein Versehen mit einem Bescheide des Königl. Oberappellationsgerichts vom 11. September v. J. in Verbindung gebracht worden, welcher in einem anderweitigen zwischen denselben Parteien geführten Processe erfolgt war.

Es war nämlich von Hugo v. Hirsch gegen den Baron v. Seydlitz zur Anfechtung einer dem Letztern von seiner Ehefrau beschafften Cession die Paulianische Klage vor dem Holsteinischen Landgerichte erhoben worden. Von dem Beklagten ward die Einlassung auf diese Klage verweigert, indem er als proceßhindernd die Einrede der fehlenden Legitimation zur Sache und der unbegründeten Klage vorschützte. Zur Motivirung der erstern Einrede berief er sich darauf, daß der Kläger zum Zweck der Sicherstellung von Forderungen sowohl des Advocaten Wolfhagen in Oldesloe als des Particuliers Cretius aus Breslau an ihn dem Advocaten Wolfhagen die Erhebung des in seinem Processe gegen die Ehefrau des Beklagten erstrittenen judicatum ausschließlich und unwiderruflich übertragen habe und daß laut Vereinbarung zwischen dem Kläger und dem genannten Particulier Cretius diesem wegen der ihm anerkannter Maaßen zustehenden Forderung das zu erwartende judicatum aus dem fraglichen Processe hafte und verpfändet sei, daß daher der Kläger nicht mehr befugt sei, über seine Ansprüche aus dem von ihm erstrittenen Erkenntnisse zu disponiren und zur Sicherstellung derselben irgend welche gerichtliche oder außergerichtliche Schritte vorzunehmen. Für die Einrede der unbegründeten Klage ward angeführt, daß die Anstellung der Paulianischen Klage vor eröffnetem Concurse unstatthaft sei und daß die Forderung des Klägers, wegen deren er mit dieser Klage auftrete, zur Zeit der von der Ehefrau des Beklagten vorgenommenen Cession noch gar nicht existent gewesen sei.

Nachdem über diese beiden als proceßhindernd vorgeschützten Einreden nun verhandelt worden war, gab das Holsteinische Landgericht sofort im Termine das folgende Erkenntniß ab.

In Sachen des Hugo v. Hirsch aus Petersdorf in Schlesien, Klägers,

wider

den Landsassen Baron v. Seydlitz zu Rütschau, Beklagten,

in pcto. actionis Paulianæ zur Anfechtung einer dem Beklagten von seiner Ehefrau in fraudem des Klägers beschafften Cession,

wird auf eingelegte Recesse und nach bis zur Duplik stattgehabter mündlicher Verhandlung,

in Erwägung, daß die Einrede der fehlenden Caution für Widerklage und Kosten vom Beklagten im heutigen Termin zurückgenommen worden ist;

in Erwägung, daß die Einrede der fehlenden Legitimation zur Sache, abgesehen von ihrer völligen Illiquidität, auch materiell liquide unbegründet erscheint, da eine von dem Kläger vorgenommene Uebertragung der Erhebung des judicati in dem zwischen ihm und der Ehefrau des Beklagten geführten Processe an den Advocaten Wolfhagen in Oldesloe den Kläger natürlich nicht verhindern kann, seinerseits diejenigen gerichtlichen Schritte vorzunehmen, welches die Erhebung dieses judicati nicht bezwecken, sondern lediglich vorbereiten, und da eine etwaige Verpfändung der Forderung die Legitimation des Klägers nicht beeinträchtigt;

in Erwägung, daß die Einrede der unbegründeten Klage, da sie theils von einfach dilatorischer Natur, theils nicht ohne Prüfung der Hauptsache zu beurtheilen ist, unzweifelhaft nicht mit proceßhindernder Wirkung vorgeschützt werden kann,

von Landgerichtswegen hiemittelst erkannt:

daß Beklagter mit den als proceßhindernd vorgeschützten Einreden nicht zu hören, Kläger daher zur hauptsächlichen Verhandlung zuzulassen, Beklagter auch schuldig sei, die Kosten dieser Verhandlung, salva des. et moderatione, binnen Ordnungsfrist zu erstatten.

Wie denn solchergestalt hiedurch erkannt wird

V. R. W.

Urkundlich rc. Publicatum im Königl. Holsteinischen Landgerichte zu Glückstadt, den 5. October 1860.

Der Beklagte appellirte gegen dieses Erkenntniß an das Königl. Oberappellationsgericht zu Kiel und erhielt auf diese Appellation unterm 11. September v. J. den in dem 40sten Stück der vorjährigen Anzeigen bereits abgedruckten abschlägigen Bescheid.

Ueber das Forum der nicht aus dem Nexus entlassenen Hamburger Bürger.

Der Makler Witt in Hamburg klagte im v. J. bei der ersten Prätur der Stadt Hamburg eine gegen den Gastwirth Beenck in Elmshorn ihm zustehende Forderung ein, zu deren Zahlung der Beklagte nach stattgehabtem Contumacialverfahren schuldig erkannt wurde. Die Prätur wandte sich nun auf Antrag des Klägers mit dem Ersuchen an die Königl. Ranzauer Administratur, daß die Execution des Erkenntnisses in das in Elmshorn befindliche Vermögen des Beklagten vollzogen werden möge. Als die Administratur diesem

Antrage durch die Abgebung eines Mandates entsprach, reichte der Beklagte eine remonstrirende Vorstellung ein, in welcher er die Incompetenz der Hamburger Prätur zur Abgebung des gegen ihn gefällten Erkenntnisses unter Berufung darauf zu deduciren versuchte, daß er zur Zeit des gegen ihn eingeleiteten Verfahrens längst in Elmshorn domicilirt gewesen sei, der Umstand aber, daß er früher in Hamburg das Bürgerrecht erworben und selbiges bei seiner Niederlassung in Elmshorn nicht ausdrücklich aufgegeben habe, ohne alle Relevanz sei, weil mit dieser staatsrechtlichen Qualität eines Hamburger Bürgers die Frage, wo das forum domicilii für ihn begründet sei, gar nichts zu schaffen habe.

Nachdem von der Administratur über diese Remonstration noch eine Aeußerung der Prätur eingezogen worden war, worin diese darauf hinwies, daß nach Hamburger Gesetzen jeder dortige Bürger, auch wenn er nicht in Hamburg domicilirt sei, vor den dortigen Gerichten Recht zu nehmen habe, wurde dem Beklagten durch Decret vom 18. April v. J. eröffnet, daß,

in Erwägung, weil er eingeräumtermaaßen das Hamburger Bürgerrecht erworben hat und zur Zeit seiner Niederlassung in Elmshorn aus dem dortigen Unterthanenverbande nicht entlassen gewesen ist, weil aber nach Maaßgabe des Allerhöchsten Rescripts vom 12. Juni 1810 Hamburger Bürger, welche sich im hiesigen Districte niederlassen, bis zu ihrer Entlassung immer noch als solche anzusehen sind, und zufolge Kanzeleischreibens vom 8. April 1843 selbst durch Erwerbung eines Grundbesitzes im hiesigen Lande ihr generelles persönliches Forum vor der Hamburgischen Behörde nicht verlieren;

Supplicant mithin noch jetzt als den für Hamburger Bürger, welche sich außerhalb Hamburgs domicilirt haben, bestehenden Hamburgischen Gesetzen unterworfen zu betrachten ist;

die Beurtheilung der Frage aber, inwiefern das von der Hamburger Behörde eingeleitete Contumacialverfahren nach diesen letzteren Gesetzen als statthaft zu betrachten sei oder nicht, zur Cognition nicht des requirirten, sondern des requirirenden Gerichtes und der demselben vorgesetzten Behörden gehört;

es Einwendens unerachtet bei dem ihm beigelegten Zahlungsbefehl sein Bewenden behalten müsse, wobei ihm zugleich in Uebereinstimmung mit dem desfälligen Antrage der requirirenden Behörde ein geschärfter Zahlungsbefehl beigelegt wurde. Er wandte sich mit einer Supplication gegen diesen Bescheid an das Königl. Holsteinische Obergericht, wurde aber hier, wie nachsteht, abschlägig beschieden.

Auf die sub præs. den 29. Mai v. J. hieselbst eingegangene Vorstellung und Bitte abseiten des Gastwirths J. A. D. Beenck in Elmshorn, Supplicanten,

wider

den Hausmakler C. H. Witt in Hamburg, Supplicaten,

wegen einer angeblichen Forderung von 391 ℔ 11 ß Hamb. Cour. und wegen einer angeblichen Forderung von 167 ℔ 10 ß, jetzt Recurs wider die Sentenz der Ranzauer Administratur vom 19./20. v. M.,

wird nach eingegangener Gegenerklärung, unter Bezugnahme auf die dem angefochtenen Erkenntniß des judicium a quo vorangestellten Entscheidungsgründe, so wie

in Erwägung, daß der hiesigen requirirten Behörde die Entscheidung der Frage, ob die von der Hamburger Prätur bezeugte Verbindlichkeit eines Hamburger Bürgers, der aus dem dortigen Staatsverbande nicht entlassen worden, sich in Schuldsachen bei dortigen Behörden belangen zu lassen, durch ein anderswo erworbenes Domicil erlösche, nicht zusteht, diese Frage vielmehr in letzter Instanz von dem der requirirenden Behörde vorgesetzten Gerichte zu entscheiden ist;

dem Supplicanten von Obergerichtswegen

ein abschlägiger Bescheid

ertheilt, derselbe auch schuldig erkannt, die auf 20 ℛ 26 ß R.-M. bestimmten Kosten der abschriftlich angeschlossenen Gegenerklärung innerhalb 4 Wochen ab ins. huj. decr. dem Supplicaten zu erstatten.

Urkundlich rc. Gegeben im Königl. Holsteinischen Obergerichte zu Glückstadt, den 20. Juli 1861.

Auch der fernere Recurs des Supplicanten hatte für ihn den nachstehenden abschlägigen Bescheid zur Folge.

Namens Sr. Königl. Majestät.

Auf die am 18. August d. J. hieselbst eingegangene Recursschrift des Gastwirths Johannes Anton Desiré Beenck in Elmshorn, Querulanten,

wider

den Hausmakler C. H. Witt in Hamburg, Querulaten, wegen zweier in Hamburg wider ihn eingeklagter Forderungen von resp. 391 ℔ 11 ß und 167 ℔ 10 ß Hamb. Cour., jetzt Recurs wider den Bescheid des Holsteinischen Obergerichts vom 20. Juli d. J.,

wird,

in Erwägung, daß in dem in Folge Allerhöchst unmittelbaren Auftrages erlassenen Rescript vom 12. Juni 1810 die Wirksamkeit eines von dem Domicil unabhängigen generellen Gerichtsstandes unentlassener Hamburger Bürger vor den Hamburger Gerichten die Anerkennung der diesseitigen Gesetzgebung gefunden hat und daß die in Gemäßheit des Patents vom 5. November 1841, betreffend die Niederlassung und Versorgung von Ausländern, dem Querulanten ertheilte obrigkeitliche Erlaubniß zur Niederlassung an seinem jetzigen Wohnort Elmshorn ihrem Zwecke nach und da zu ihrer Erlangung die Aufhebung des fremden Staatsbürgerverbandes, in welchem der Querulant bis dahin gestanden hatte, nicht erforderlich gewesen ist, als ein zur Ausschließung aller rechtlichen Folgen jenes Verbandes geeignetes Moment sich nicht auffassen läßt; und

in Erwägung, daß es den vorliegenden Umständen nach der beikommenden diesseitigen Gerichtsbehörde an einem zulänglichen Motiv, die Vollziehung der in Hamburg abgesprochenen Erkenntnisse abzulehnen, gefehlt hat, mithin die über Gewährung solcher Rechtshülfe vom Querulanten geführte Beschwerde unbegründet erscheint und dieser sich eben so wenig mit Grund darüber beschweren kann, daß er zur Erstattung der durch seine unbegründeten Anträge bei hiesigen Gerichten seinem Proceßgegner verursachten Kosten verurtheilt worden ist,

hiemit

ein abschlägiger Bescheid

ertheilt.

Die Kosten des Actenprocurators werden auf 3 ℛ 77 ß bestimmt.

Urkundlich rc. Gegeben im Königl. Oberappellationsgericht zu Kiel, den 28. December 1861.

Allerhöchst privilegirte

Holsteinische Anzeigen.

Redigirt von den Obergerichtsräthen Etatsrath Henrici und Lucht.

Gedruckt bei Augustin in Glückstadt.

14. Stück. — Den 7. April 1862.

Entscheidungen.

Ueber die processualische Legitimation der Spar- und Leihkassen.

In Sachen der Administration der Spar- und Leihkasse des Amts Traventhal zu Geschendorf, Implorantin, jetzt Supplicantin und Supplicatin,

wider

den Käthner T. Häfner, früheren Hufner in Weede, Amts Traventhal, jetzt in Gr. Harrie, Imploraten, jetzt Supplicaten und Supplicanten,

wegen einer Schuld von 1600 ℳ nebst Zinsen aus selbstschuldiger Bürgschaft, jetzt wider das Erkenntniß des Bordesholmer Königl. Gerichts vom 16. Mai 1861,

ergeben die Acten:

Im Februar 1861 hat Implorantin bei dem Bordesholmer Gericht ein unbedingtes Mandat auf 1600 ℳ R.-M. nebst 5 pCt. jährlicher Zinsen, vom 16. Mai 1859 angerechnet, so wie auf die Proceßkosten wider den Imploraten impetrirt und in dem Gesuche angeführt:

Laut der angeschlossenen Schuld- und Bürgschaftsurkunde vom 24. Mai 1855 habe der Zimmermeister Cords in Segeberg 1600 ℳ R.-M. von der Implorantin angeliehen und sich verpflichtet, diese Summe nebst 5 pCt. Zinsen am 26. Mai 1856 zurückzuzahlen; der Implorat habe dieselben Verpflichtungen als selbstschuldiger Bürge übernommen und als solcher die Urkunde eigenhändig unterschrieben. Unterm 14. Juni 1856 sei darauf in Uebereinkunft mit dem Debitor und dem Bürgen die Rückzahlung des Darlehns ein Jahr weiter hinausgesetzt und der Prolongationsattest sei von Beiden wieder unterschrieben.

Auch an diesem Termin sei die Zahlung des Capitals nicht erfolgt, es seien aber die Zinsen berichtigt, welche auch bis zum 26. Mai 1859 einbezahlt worden seien.

Der Hauptschuldner sei im Mai 1860 in Concurs gerathen und der Implorat habe die Zahlung des Capitals wie der Zinsen auf desfällige Mahnung geweigert. Der Antrag sei daher begründet.

Gegen das am 11./15. Februar v. J. erbetenermaaßen abgegebene Mandat ist der Implorat rechtzeitig mit Weigerungsgründen eingekommen und hat darin ausgeführt:

Das klagende Subject sei in seinem Wesen nicht gehörig bezeichnet und die physischen Personen, welche es vertreten, hätten sich weder genannt noch in ihrer Qualität sich legitimirt. Es sei von der Administration der Spar- und Leihkasse des Amts Traventhal geklagt, eine beliebige Kasse könne aber nicht ohne Weiteres als Klägerin auftreten, und es sei nicht gesagt, ob dies Institut eine Gesellschaft, und welcher Art, oder eine juristische Person sei, es sei dem Anwalt des Imploraten kein Gesetz oder Rechtssatz bekannt, der den Gebrauch des Namens „Spar- und Leihkasse" in der Art privilegirte, daß Jeder, welcher ihn benutze und sich in concreto selber nicht einmal nenne, von allen processualischen Pflichten und Rechtsregeln dispensirt wäre.

In der Bezeichnung „Administration" der Kasse solle vermuthlich ein Stellvertretungsverhältniß ausgedrückt sein. Es hätten die Stellvertreter dann aber sich selbst nennen und ihre Berechtigung, die Kasse zu vertreten, liquide nachweisen müssen, um im Mandatsproceß zur Klage berechtigt zu sein.

Diese gerügten Mängel könnten nur zur Aufhebung des angefochtenen Zahlungsbefehles führen und nicht etwa in einer Replik nachgeholt werden.

Es sei unwahr, daß der Implorat die auf dem producirten Schuldschein enthaltene Prolongation vom 14. Juni 1856 selber mit seinem Namen unterschrieben habe, und sei er bereit, dieses eidlich zu erhärten. Dieses habe er schon dem Rechnungsführer Fischer, welcher ihm im Anfang 1860 im Auftrag der Administration geschrieben, sofort erklärt. Seitdem habe die Sache 13 Monate geruht. Um diese Erscheinung in ihrer juristischen Tragweite benutzen zu können, müsse er freilich wissen, wer ihm jetzt als Partei gegenüber stehe, und daraus ergebe sich wieder die Nothwendigkeit der voraufgehenden formellen Vertheidigung.

Der Hauptschuldner Cordts habe ihm nach Ablauf der ursprünglichen Zahlungsfrist versichert, daß die Schuld berichtigt sei, und Implorat würde, auch wenn er aufgefordert worden wäre, damals die Bürgschaft nicht verlängert haben.

Dem gegnerischen Anspruch obstire also die Einrede der Zahlung. Er deferire der Implorantin in eventum darüber den Eid.

Sollte diese Einrede nicht erwiesen werden, so würde dem Imploraten eine Einrede aus dem Umstande entgegen stehen, daß ohne sein Wissen dem Hauptschuldner das Capital prolongirt sei, während die Implorantin sehr wohl gewußt, daß die Vermögensverhältnisse des Hauptschuldners sich höchst bedenklich verschlechterten.

Die Prolongation sei aus dem Mandatsgesuche liquide. Wenn dann noch die Sache vom 26. Mai 1857 so hingestanden und vom Hauptschuldner sogar Zinsen angenommen seien, so sei das um so mehr eine negligentia, welche dem Bürgen eine Einrede gebe, als für die Administratoren der Kasse eine ausdrückliche Vorschrift gelte, daß sie keine auf einfache Schuldscheine hin ausgeliehene Capitalien dem Hauptschuldner ohne Mitwirkung des Bürgen prolongiren sollen. Dieses gehe schon aus den Formularen der Schuldscheine hervor, welche die Kasse benutze, indem auf ihnen auch Prolongationsblanquets für die Bürgen vorhanden seien.

Indem Implorat sich noch alle Rechte für jedes anderweitige Verfahren reservire, bitte er um Aufhebung des Mandats und Verurtheilung der Implorantin zur Kostenerstattung.

In ihrer replicarischen Erklärung hat die Implorantin angeführt: die Administration der Spar- und Leihkasse sei von dem Imploraten in dem von ihm mit unterschriebenen Schuld- und Bürgschaftsscheine als Creditrix anerkannt, er werde sie daher jetzt auch als Klägerin gelten lassen müssen und es sei daher ganz irrelevant, ob die Kasse eine juristische Person oder eine Societät bilde.

Die Spar- und Leihkassen seien von der Staatsgewalt als berechtigte Vereine anerkannt, welche durch ihre Administrationen oder Directionen gerichtlich vertreten würden, und in Fällen der vorliegenden Art geschehe die Vertretung überall ohne besondere weitere Legitimation auf Grund der producirten Urkunde. Eine andere Legitimation sei nur dann erforderlich, wenn ein persönliches Auftreten der Administratoren im Mandatsproceß bei einer etwanigen Eidesleistung nöthig werde.

Die allein wesentliche Begründung des Mandatsgesuches beruhe darauf, daß der Implorat die in der Schuldurkunde vom 24. Mai 1855 enthaltene Verpflichtung des Hauptschuldners durch Unterzeichnung als selbstschuldiger Bürge auf sich genommen habe. Die Behauptung des Imploraten, daß er die Prolongation der Schuld vom 14. Juni 1856 nicht unterschrieben, sei daher irrelevant und die Ableistung des Diffessionseides, zu welchem er sich erboten, unzuläßig. Uebrigens werde bestimmt behauptet, daß Implorat die Prolongation eigenhändig unterschrieben habe.

Was die Einrede der Zahlung anlange, so ermangle die angeblich vom Hauptschuldner dem Imploraten nach Ablauf der ursprünglichen Zahlungsfrist ertheilte Versicherung, die Schuld sei berichtigt, der zur Einrede der Zahlung erforderlichen bestimmten Behauptung, daß und wann die Schuld (Capital und Zinsen) von dem Hauptschuldner an die Implorantin bezahlt worden sei, in jeder Beziehung. Eventuell wolle Implorantin die Berichtigung der Schuld in Abrede stellen und den deferirten Eid dem Imploraten referiren. Dabei solle noch bemerkt werden, daß der Hauptschuldner im Concurse die in Rede stehende profitirte Forderung als richtig anerkannt habe.

Die von dem Gläubiger dem Hauptschuldner rücksichtlich der Zahlungszeit ertheilte ausdrücklich bewilligte Stundung oder stillschweigend gewährte Nachsicht befreie nicht den Indemnitätsbürgen, geschweige denn den selbstschuldigen Bürgen, und es sei bekannten Rechtens, daß dieser dem Gläubiger gleich wie der Hauptschuldner hafte, so daß eine wirkliche Nachlässigkeit des Gläubigers in der Beitreibung gegen den Schuldner solchem Bürgen eine Einrede wider die Klage aus der Bürgschaft nicht gewähre.

Die Einrede, welche der Implorat dem Umstande entnommen, daß dem Hauptschuldner ohne des Imploraten Wissen das Capital prolongirt worden, während die Implorantin sehr wohl gewußt habe, daß die Vermögensverhältnisse des Schuldners sich schon bedeutend verschlechterten, sei daher rechtlich unbegründet. Im Uebrigen werde geleugnet, daß dem Hauptschuldner das Capital zu einer Zeit prolongirt worden sei, als sie gewußt, daß seine Vermögensverhältnisse sich höchst bedenklich verschlechterten, so wie ferner, daß die Administration eine Schuld nicht ohne Mitwirkung des Bürgen prolongiren dürfe. Schließlich wolle Implorantin noch hinzufügen, daß Implorat zur Zeit der Vollziehung der Bürgschaft Hufenbesitzer im Traventhaler Dorf Weede gewesen, ihm also nicht allein die Einrichtung der Kasse genau bekannt sei, sondern er sogar die Sicherheit der Kasse mit seinem Grundbesitz verbürgt habe.

Hierauf gestützt ist gebeten, den Imploraten mit seinen Einreden abzuweisen und ihm ein geschärftes Mandat beizulegen.

Das Amtsgericht hat darauf unterm 16. Mai erkannt:*)

---

*) Entscheidungsgründe dieses Erkenntnisses:

In Erwägung, daß nun das Vorhandensein der legitima persona standi in judicio auf Seiten der Implorantin darzuthun, der durch die von derselben beigebrachte Schuld- und Bürgschaftsverschreibung gelieferte Nachweis genügt, daß Implorat mit der Administration der Amts Traventhaler Spar- und Leihkasse als solcher ein Rechtsgeschäft eingegangen ist, indem darnach, sofern nicht, wie hier nicht geschehen, Entgegenstehendes vom Imploraten speciell angeführt, resp. nachgewiesen wird, angenommen werden muß, daß diese „Administration" gleich wie zu anderen rechtlichen Handlungen so auch zur Proceßführung in Vertretung, einerlei, ob einer Corporation, einer Societät 2c., befugt ist, wobei namentlich auch Seitens des Imploraten nicht verlangt werden kann, daß ihm behufs der Proceßführung mit der Implorantin ein genauerer Nachweis über deren juristische Natur geliefert werde, als ihm früher bei Abschluß des beregten Geschäfts mit derselben zu Theil geworden ist;

in fernerer Erwägung, daß die eventuelle aus der Seitens der Implorantin unterlassenen rechtzeitigen Beitreibung der qu. Schuld von dem Hauptschuldner entnommene Einrede des Imploraten sich auch abgesehen von seiner Eigenschaft als selbstschuldiger Bürge schon deshalb als unbegründet darstellt, weil aus dem zur Begründung der imploratischen Einrede Angeführten nicht hervorgeht, daß eben durch die angebliche negligentia der Implorantin dem Imploraten der Regreß gegen den Hauptschuldner vereitelt sei, indem dabei nicht angeführt ist, daß vom Letzteren, wenn die stattgehabte Zögerung nicht geschehen, Zahlung zu erlangen gewesen wäre, — daß aber, weil die Unterlassung der Beitreibung vom Hauptschuldner, resp. die Prolongation des Zahlungstermins für Letzteren, ohne Vorwissen oder Genehmigung des Bürgen auf dessen Haftpflicht anerkannten Rechtens für sich allein von keinem Einfluß ist, das Erbieten des Imploraten, die unter dem Attest der geschehenen Prolongation befindliche Unterschrift seines Namens eidlich zu diffitiren, nicht weiter berücksichtigt werden kann;

in fernerer Erwägung, daß dagegen die Einrede der Zahlung Seitens des Imploraten genügend fundirt ist, da in der Anführung, „dem gegnerischen Anspruch obstirt also die Einrede der Zahlung", die

daß Implorat einen Eid dahin abzuleisten habe:

> daß er glaube und dafür halte, daß das laut Schuldscheins vom 24. Mai 1855 von ihm verbürgte der Amts Traventhaler Spar- und Leihkasse von dem Zimmermeister Cords in Segeberg geschuldete Darlehn von 1600 ℳ R.-M. nebst Zinsen an Erstere zurückbezahlt worden sei.

Dagegen haben beide Parteien hierher supplicirt, Implorat auch die Nichtigkeitsbeschwerde erhoben und sich darüber beschwert:

1) Implorat:

> daß nicht das Mandat vom 11./15. Februar v. J. wieder aufgehoben ist, ref. exp.,

2) Implorantin:

> daß die Einrede der Zahlung für fundirt erachtet und nicht vielmehr als unfundirt verworfen worden sei.

In Erwägung nun, daß der Implorat selbstschuldiger Bürge für ein nebst Zinsen der Administration der Amts Traventhaler Spar- und Leihkasse geschuldetes Capital geworden und er daher gleich wie der Hauptschuldner zur Rückzahlung an die Administration verpflichtet ist, mochte die Spar- und Leihkasse eine Corporation, eine Societät oder sonstige Gesellschaft sein, indem, sobald über die Identität des Creditors und Klägers kein Zweifel obwaltet, wie in dem vorliegenden Fall, es dem Imploraten an jedem rechtlichen Interesse fehlt, über die juristische Natur des Instituts näher instruirt zu werden;

in Erwägung, daß der Implorat berechtigt ist, die Personen seiner Gegner im Proceß kennen zu lernen und von ihnen ihre Legitimation zur Vertretung des Instituts, welchem er als Bürge ein Capital schulden soll, nachgewiesen zu erhalten, indem das mandatum praesumtum des implorantischen Anwalts zwar vorläufig ausreicht für das ihm von den Administratoren ertheilte Mandat, nicht aber für die Berechtigung dieser, im Namen der Spar- und Leihkasse vor Gericht aufzutreten, und indem die Production der Originalschuldurkunde gleichfalls einen genügenden Nachweis nicht liefert, daß die nicht namentlich genannten Administratoren auf Grund derselben wider den Imploraten zu verfahren beauftragt oder sonst berechtigt sind;

in Erwägung, daß der Implorantin jedenfalls obgelegen hätte, nachdem ihre Legitimation in den Weigerungsgründen bestritten war, bei Einreichung ihrer replicarischen Erklärung ihre Legitimation beizubringen, und daß, da solches nicht geschehen, das Mandat als nichtig wiederum aufzuheben ist; und

in Erwägung, daß bei fehlender Legitimation der Imploranten die von ihnen interponirte Supplication zurückzuweisen ist,

wird auf die resp. am 13. und 14. Juni v. J. hieselbst eingegangenen Supplicationsschriften, nach eingezogenen Gegenerklärungen, von welchen die Erklärung des Imploraten den Imploranten in Abschrift hieneben zugefertigt wird, so wie nach erstattetem Bericht des Bordesholmer Gerichts, hiedurch von Obergerichtswegen zum Bescheide gegeben:

> daß das Mandat vom 11. Februar und das Erkenntniß vom 16. Mai v. J. wiederum aufzuheben, Implorantin auch schuldig sei, dem Imploraten die Kosten der Unterinstanz, so wie die mit 16 ℳ 75 β passirenden Kosten seiner Gegenerklärung binnen 4 Wochen ab ins. zu erstatten. Unter Compensation der durch die Supplication des Imploraten erwachsenen Kosten.

Urkundlich ꝛc. Gegeben im Königl. Holsteinischen Obergerichte zu Glückstadt, den 31. Januar 1862.

---

freilich sehr mangelhaft gefaßte Behauptung gefunden werden muß, es sei die Schuld bezahlt worden, ohne daß es dabei auf die etwanigen Gründe, aus denen Implorat eine solche Behauptung aufstellen zu können meint, etwas ankommt;

in Erwägung endlich, daß demnach Implorat den über diese Einrede von ihm der Implorantin zugeschobenen und von Letzterer referirten Eid zu leisten haben wird, dieser aber, da es sich dabei für den Imploraten um ein factum alienum handelt, nur de credulitate zu leisten ist.

Ueber den Eintritt der Rechtskraft bei stattgehabter Reservation des Decendiums. — Der Lauf der Frist für die Anfechtung eines Erkenntnisses beginnt auch bei geschehener Publication mit dem Tage nach der Bekanntmachung desselben. — Gesetzliche Zinsen beim Kauf, deren Höhe.

In Sachen des Eingesessenen Claus Schlor im Kronprinzenkoege, Klägers und Deducten, jetzt Supplicanten,

wider

den Kornmakler J. J. Harborp in Neufeld, Beklagten und Deducenten, jetzt Supplicaten,

wegen schuldiger 242 ℳ 12 β für gekaufte und gelieferte Rappsaat, incid. Beweis, jetzt Supplication gegen das Erkenntniß des Süderdithmarscher Gerichts vom 29. Januar v. J.,

ergeben die Acten:

Der Beklagte kaufte von dem Kläger im Juli 1858 eine Quantität Rappsaat nach Probe für 14 ℳ 90 β a Tonne. Nachdem 32 Tonnen geliefert waren, wurde dieser Handel durch eine Uebereinkunft der Parteien dahin modificirt, daß der Preis der Tonne auf 14 ℳ 64 β herabgesetzt und statt des ursprünglichen Handels nach Probe ein Handel über die vom Beklagten besichtigte auf dem Boden des Klägers befindliche Quantität Rappsaat geschlossen wurde. Es wurden nun dem Kläger noch 24 Tonnen Rappsaat geliefert, über die Qualität der zuletzt gelieferten 8 Tonnen aber entstanden Differenzen, welche veranlaßten, daß Beklagter nicht nur einer noch weiteren Empfangnahme sich weigerte, sondern auch von dem auf 828 ℳ 76 β sich belaufenden Kaufpreise für die erhaltenen 56 Tonnen die Summe von 242 ℳ 12 β einbehielt.

Der Kläger ward nun gegen den Beklagten bei dem Süderdithmarscher Gerichte auf Auskehrung dieser Restsumme klagbar, gegen welche Klage der Letztere sich unter Anderem auf die schlechte Beschaffenheit der zuletzt gelieferten 8 Tonnen berief, die ihn nicht allein zu einer Minderung im Preise, sondern auch zu Schadensansprüchen berechtige. Von dem Süderdithmarscher Gericht ward unterm 7. Septbr. 1859 erkannt, daß Beklagter die mit eingeklagte Restschuld von 124 ℳ 76 β für die zuerst gelieferten nicht streitigen 48 Tonnen Rappsaat zu bezahlen, im Uebrigen aber zu beweisen habe:

> daß die zuletzt gelieferten 8 Tonnen Rappsaat von schlechterer Beschaffenheit gewesen, als die auf dem Boden des Verkäufers vom Beklagten besichtigte und gekaufte Quantität Rappsaat, und welchen Minderwerth dieselben gehabt.

Diesen Beweis trat der Beklagte, nachdem er sich nach geschehener Publication des Erkenntnisses das decendium reservirt, aber kein Rechtsmittel eingelegt und sodann eine zweimalige Erstreckung der Beweisfrist um je 6 Wochen erhalten hatte, unterm 21. Januar 1860 durch sechs Zeugen und zwei Sachverständige an. In dem stattgehabten Deductionsverfahren suchte der Kläger den versuchten Beweis zunächst als nicht rechtzeitig angetreten, daher desert, eventuell als materiell völlig mißlungen darzustellen, wobei er in ersterer Hinsicht sich darauf berief, daß der Lauf der Beweisfrist bei nicht geschehener Reservation des Decendiums von dem Augenblick der geschehenen Publication des Beweisinterlocuts, da dasselbe mit diesem in Rechtskraft getreten sei, begonnen habe.

Von dem Süderdithmarscher Gericht ward unterm 30. Januar v. J. erkannt:*)

---

*) Die Entscheidungsgründe dieses Erkenntnisses lauten:

In thatsächlicher Erwägung, daß dem Beklagten durch Gerichtsbescheid vom 7. September 1859 binnen Ordnungsfrist, unter Vorbehalt der Eide und des Gegenbeweises, rechtlicher Art nach zu beweisen auferlegt ist:

> daß die zuletzt abgelieferten 8 Tonnen Rappsaat von schlechterer Beschaffenheit gewesen sind als die auf dem Boden des Verkäufers vom Beklagten besichtigte und gekaufte Quantität Rappsaat und welchen Minderwerth dieselben gehabt;

in Erwägung, daß bei Berechnung des Fristenlaufs der Tag der Publication oder Insinuation des Erkenntnisses nicht mitgerechnet wird und bei geschehener Reservation des decendii abseiten des Deducenten die vom Tage der eingetretenen Rechtskraft des Erkenntnisses, 17. September 1859, zu laufen

daß, unter Abweisung der von dem Deducten vorgebrachten unbegründeten Beweiseinreden, der dem Deducenten durch Interlocut vom 7. Septbr. 1859 auferlegte Beweis für vollständig geführt zu erachten und der Deducent demnach berechtigt sei, für die zuletzt abgelie-

beginnende durch zweimalige Dilation auf 18 Wochen erstreckte Beweisfrist mit dem 21. Januar 1860 abgelaufen ist;

in Erwägung, daß der Deducent am 21. Januar 1860 den ihm auferlegten Beweis durch Ueberreichung von Artikeln und Denominirung seiner Beweismittel, mithin tempestive und rite angetreten hat;

in Erwägung, daß ein namentlich für eine kurze Fahrt und Zeit abgeschlossener Schiffsbefrachtungscontract kein Dienst- und Abhängigkeitsverhältniß zwischen Schiffer und Befrachter begründet, überdies die Vernehmung des Schiffers P. Gimmini ꝛc. als Zeugen lange nach Auflösung jenes contractlichen Verhältnisses stattgefunden hat und demnach Peter Gimmini, Jochim Gimmini und Albert Uken als vollständig glaubwürdige classische Zeugen anzusehen sind;

in fernerer Erwägung, daß die adhibirten Sachverständigen ihrer Stellung und ihrem Geschäfte nach zur Beurtheilung der ihnen vorgelegten Saatproben und Abgebung des erforderten Gutachtens als vollständig kundig und befähigt anzusehen sind, auch das abgegebene Gutachten nichts enthält, noch irgend etwas Begründetes von dem Deducten vorgebracht ist, welches geeignet erscheint, die Glaubwürdigkeit der Sachverständigen und des Gutachtens zu verdächtigen oder zu schwächen;

in Erwägung, daß nach eigener Anführung des Deducten und nach Inhalt der Acten von derjenigen Rappsaatsquantität, welche der Deducent auf dem Boden des Deducten besichtigt und gekauft hat, excl. der zuletzt abgelieferten 8 Tonnen, im Ganzen 48 Tonnen von dem Deducten ins Schiff verladen sind und er dieselben bezahlt erhalten hat, und demnach die excl. der zuletzt abgelieferten 8 Tonnen früher ins Schiff gebrachten bereits bezahlten 48 Tonnen Rappsaat dieselbe Rappsaat sind, welche der Deducent auf dem Boden des Deducten besichtigt und gekauft hat;

in Erwägung, daß nun zwei classische Zeugenaussagen (test. 1 und 3), „daß von dem letzten Fuder der von dem Sohne des Deducten angefahrenen Rappsaat 7½ Tonnen von dem Schiffer P. Gimmini zurückgewiesen worden und von dem Sohne des Deducten wieder mitgenommen werden mußten, und daß 8 Tonnen der schlechten Rappsaat von dem letzten Fuder ins Schiff kamen, daß sie es gesehen, daß diese zuletzt ins Schiff gebrachte Quantität Rappsaat sehr unrein, namentlich viel Grand darunter befindlich gewesen", wie test. 1 glaubt auch Flüsch, was beim Reinigen der Rappsaat von der Staubmühle immer zuerst weggeworfen werde, oder daß unter dieser letzten Quantität Rappsaat Grand und Flüsch befindlich gewesen, zu dessen Entfernung die Staubmühlen angewandt würden (test. 2), daß ferner der Schiffer P. Gimmini beim Anblick dieser Rappsaat in den Ausruf gegen des Deducten Sohn ausgebrochen: „das ist ja nichts als Dreck, das kann ja gar nicht Rappsaat heißen; das ist ja Dreck, was die Mühle weggeworfen hat und ist ja lange so gut nicht als das erste", und daß auf wiederholtes Vorhalten des Schiffers Gimmini der Sohn des Deducten erklärt hat: „wir haben zu der letzten Rappsaat von dem, was die Mühle weggeworfen hat, gekriegt, wir hätten dies wohl nicht thun müssen";

in Erwägung, daß drei Zeugen (test. 1, 3 u. 6) aussagen, daß der Schiffer P. Gimmini von den von dem Sohne des Deducten zuletzt angefahrenen und ins Schiff gebrachten 8 Tonnen schlechter Rappsaat sofort eine Probe abgenommen, in einen Beutel gefüllt und versiegelt durch einen Boten an den Deducenten übersandt hat;

in Erwägung, daß von test. 1 und 3 nicht blos die Unverletztheit des Siegels und Beutels bezeugt, sondern auch ein von dem Deducenten zu den Acten gebrachter ihnen vorgezeigter Beutel als derselbe, in welchen der Schiffer P. Gimmini zur Zeit der Ablieferung der letzten Rappsaat von den zuletzt ins Schiff gebrachten 8 Tonnen schlechter Rappsaat eine Probe gefüllt und versiegelt durch einen Boten an den Deducenten geschickt hat, wie auch die darin enthaltene ihnen vorgelegte Rappsaatprobe als dieselbe, welche der Zeit der Schiffer P. Gimmini von den zuletzt ans Schiff gebrachten 8 Tonnen schlechter Rappsaat des Deducten abgenommen, in einen Beutel gefüllt und versiegelt an den Deducenten geschickt hat, recognoscirt ist, demnach die Identität der in dem von dem Deducenten zu den Acten gebrachten Beutel enthaltenen Rappsaatprobe mit der von dem

ferten jetzt nur noch streitigen 8 Tonnen Rappsaat a Tonne 3 ℛ 19 β zu kürzen und nur schuldig sei, die eingeklagte Restschuld von 117 ℛ 32 β mit dem Betrage von 91 ℛ 72 β binnen 6 Wochen an den Deducten auszuzahlen, unter Compensation der bis zum 7. Septbr. 1859 erwachsenen Kosten und unter Verurtheilung des Deducten in die nach dem 7. Septbr. erwachsenen Kosten, d. et m. s., so weit nicht über sämmtliche Kosten rechtskräftig erkannt worden.

Gegen dieses Erkenntniß hat der Kläger hierher supplicirt und seine Beschwerden darin gesetzt:

1) daß, wie geschehen, erkannt und nicht vielmehr Supplicant mit der Einrede der nicht rechtzeitig vom Gegner geschehenen Antretung des ihm auferlegten Beweises gehört, selbiger nicht für desert erklärt und Supplicant schuldig erkannt worden ist, die eingeklagte Restschuld von 117 ℛ 32 β nebst 5 pCt. Verzugszinsen, vom 25. Juli 1858 angerechnet, unter Erstattung sämmtlicher Proceßkosten, deren Verzeichnung und Ermäßigung vorbehältlich, an den Supplicanten binnen 6 Wochen zu bezahlen, soweit nicht etwa über letztere sollte rechtskräftig erkannt sein;

2) daß nicht die gegnerische Beweisführung für nicht wie Rechtens erbracht erkannt und Supplicant schuldig erkannt ist, die qu. 117 ℛ 32 β nebst 5 pCt. Verzugszinsen, vom 25. Juli 1858 angerechnet, unter Erstattung sämmtlicher Kosten, s. d. et m., an den Supplicanten binnen sechs Wochen zu bezahlen, soweit nicht etwa über letztere sollte rechtskräftig erkannt sei; event.

3) daß nicht erkannt werden:

Könnte und würde Beklagter annoch eidlich erhärten, daß die von ihm dem Kläger zu-

---

Sohne des Deducten zuletzt ans Schiff gebrachten 8 Tonnen Rappsaat vollständig erwiesen vorliegt;

in Erwägung, daß zwei Sachverständige über die ihnen vorgelegte qu. Rappsaatprobe in ihrem Gutachten erklärt haben, daß schon von vorne herein eine Ansicht der vorgelegten Probe gezeigt habe, daß dieselbe im höchsten Grade schlecht gereinigt und voll mit s. g. Grand (gleichbedeutend mit den unentwickelt gebliebenen nicht zur Reife gelangten, daher hinsichtlich des Oelgehalts fast völlig werthlosen Körnern) behaftet sei und daß sich nach beschaffter Reinigung mittelst eines Saatsiebes ein Ausfall von 20 bis 25 pCt. von dem erwähnten Grand ergeben habe;

in Erwägung, daß zwei Sachverständige den Werth der ihnen vorgelegten mit den von dem Deducten zuletzt abgelieferten 8 Tonnen identischen Probe Rappsaat nach dem marktgängigen Preise guter Rappsaat zur Zeit der Ablieferung auf 11 ℛ 19 β bis 11 ℛ 70 β angegeben haben;

in Erwägung, daß darnach der in Betracht kommende Mittelwerth der qu. Rappsaat 11 ℛ 45 β beträgt und die zwischen dieser und der Kaufsumme von 14 ℛ 64 β a Tonne resultirende Differenzsumme von 3 ℛ 19 β den Minderwerth der qu. Rappsaat pro Tonne ausmacht, so daß sich der Werth der vom Deducten zuletzt abgelieferten 8 Tonnen Rappsaat auf 11 ℛ 45 β und der Minderwerth derselben nach dem contractlichen Kaufpreise auf 3 ℛ 19 β a Tonne — im Ganzen für die fragliche zuletzt abgelieferte schlechte Rappsaat auf 25 ℛ 56 β herausstellt;

in Erwägung, daß demnach der Deducent rechtlicher Art nach nachgewiesen hat, daß die vom Deducten zuletzt abgelieferten 8 Tonnen Rappsaat im höchsten Grade schlecht gereinigt gewesen, 20 bis 25 pCt. Grand enthalten und von schlechterer Beschaffenheit gewesen, als die vom Deducenten auf dem Boden des Deducten besichtigte, gekaufte, früher an's Schiffs verladene, bereits bezahlte Quantität Rappsaat, so wie auch, daß dieselben einen Minderwerth von 3 ℛ 19 β a Tonne gehabt;

in Erwägung, daß die ausgebrachte Klage nur auf Bezahlung der zuerst abgelieferten nicht streitigen 48 Tonnen Rappsaat begründet war und wegen der darin enthaltenen Pluspetition eine Compensation der Kosten bis zum 7. Septbr. 1859 incl. gerechtfertigt erscheint;

in schließlicher Erwägung jedoch, daß das weitere Verfahren und die desfälligen Kosten lediglich durch die mit Treu und Glauben, mit Ehrlichkeit, Redlichkeit und Rechtlichkeit, wie sie vor Allem im öffentlichen Verkehr und Handel Voraussetzung, Gebot und Pflicht und heilig zu halten sind, nicht in Einklang stehende durch nichts gerechtfertigte Handlungsweise des Deducten veranlaßt und entstanden sind.

letzt abgelieferten 8 Tonnen Rappsaat von schlechterer Beschaffenheit gewesen, als die von ihm auf dem Boden des Verkäufers (Supplicanten) besichtigte und gekaufte Quantität Rappsaat, so würde nach Ableistung solchen Eides, unter Compensation sämmtlicher Proceßkosten, soweit nicht darüber rechtskräftig erkannt sein sollte, Beklagter nur schuldig sein, die erkannten 91 ℳ 72 β nebst Verzugszinsen zu 5 pCt., vom 5. Juli 1858, an den Supplicanten binnen 6 Wochen zu bezahlen,

in Entstehung dieses Eides aber schuldig sein, die qu. 117 ℳ 32 β nebst den Verzugszinsen zu 5 pCt., vom 25. Juli 1858 angerechnet, binnen 6 Wochen an den Supplicanten zu bezahlen und sämmtliche Proceßkosten, soweit nicht etwa darüber rechtskräftig sollte erkannt sein, demselben, s. d. et m., binnen gleicher Frist zu erstatten;

event.

4) daß nicht mindestens Supplicat schuldig erkannt ist, die erkannten 91 ℳ 72 β nebst Verzugszinsen zu 5 pCt., vom 25. Juli 1858, an den Supplicanten binnen 6 Wochen, unter Compensation sämmtlicher Kosten, soweit nicht darüber rechtskräftig erkannt worden, zu bezahlen; event.

5) daß nicht sämmtliche Proceßkosten compensirt worden.

Der Supplicat hat in seiner Gegenerklärung zunächst die exceptio non devolutæ supplicationis vorgeschützt, weil das Rechtsmittel weder stante pede und viva voce nach publicirtem Urtheil interponirt, noch das decendium in dieser Hinsicht reservirt worden sei, und sodann den ersten drei Beschwerden des Supplicanten die Einrede des unrichtig gewählten Rechtsmittels und der daher nicht devolvirten Supplication entgegengestellt, weil nicht bloß der vom Supplicanten bewiesene Minderwerth der oftererwähnten 8 Tonnen, sondern vielmehr ganz allgemein die schlechtere Qualität derselben und folglich auch diese ganzen 8 Tonnen Rappsaat mit dem für sie eingeklagten Kaufpreise von 117 ℳ 32 β in gravamine befangen seien.

Die Grundlosigkeit dieser Einreden liegt indessen auf der Hand, da einestheils es für die Supplication nach Maaßgabe des § 10 der Verordnung wegen künftiger Behandlung der geringfügigen Sachen vom 25. Juli 1781 weder einer sofortigen Einwendung noch der Reservation des Decendiums bedarf und anderntheils es nicht zweifelhaft sein kann, daß der Supplicant sich lediglich dadurch gravirt erachten kann, daß ihm nicht außer den in dem angefochtenen Erkenntnisse ihm zugesprochenen 91 ℳ 72 β auch noch die ferner von ihm in Anspruch genommenen 25 ℳ 56 β zuerkannt worden sind, diese 25 ℳ 56 β also die für die Statthaftigkeit des Rechtsmittels entscheidende summa gravaminis bilden.

(Der Beschluß folgt.)

Allerhöchst privilegirte

Holsteinische Anzeigen.

Redigirt von den Obergerichtsräthen Etatsrath Henrici und Lucht.

Gedruckt bei Augustin in Glückstadt.

15. Stück. — Den 14. April 1862.

Entscheidungen.

Ueber den Eintritt der Rechtskraft bei stattgehabter Reservation des Decendiums. — Der Lauf der Frist für die Anfechtung eines Erkenntnisses beginnt auch bei geschehener Publication mit dem Tage nach der Bekanntmachung desselben. — Gesetzliche Zinsen beim Kauf, deren Höhe.

(Beschluß.)

Es steht daher zur Frage, ob die von dem Supplicanten erhobenen Beschwerden gegründet sind.

In Erwägung nun, was die erste Beschwerde betrifft, daß Supplicant bei Ausführung derselben zur Motivirung seiner Einrede der nicht rechtzeitig vom Gegner geschehenen Antretung des ihm auferlegten Beweises behauptet hat, daß

1) die Beweisfrist bei geschehener Publication des Beweisinterlocuts a momento ad momentum laufe, daher, da in concreto das Beweisinterlocut am 7. September 1859 publicirt worden, die zweimal um sechs Wochen verlängerte Beweisfrist spätestens am 20. Januar 1860 abgelaufen und demnach die vom Gegner am 21. Januar 1860 beschaffte Beweisantretung um einen Tag verspätet gewesen sei, daß aber auch

2) wenn man den Tag der Publication des Erkenntnisses nicht sollte mitzählen dürfen, die Beweisantretung deshalb verspätet sei, weil publicirte Erkenntnisse sofort rechtskräftig würden, wenn nicht entweder sofort die Appellation eingelegt oder vor der Publication des Erkenntnisses das decendium reservirt sei, der Supplicant aber diese Reservation erst nach publicirtem Erkenntniß vorgenommen habe, und daß

3) wenn man auch eine nach publicirtem Erkenntniß vorgenommene Reservation des decendium zulassen wolle, solche doch nur die Möglichkeit der Einwendung eines Rechtsmittels gebe und daher, wenn diese Einwendung innerhalb des Decendiums nicht erfolge, das Erkenntniß und zwar vom Tage der Publication an in Rechtskraft übergehe, daß aber, wenn man von diesem Gesichtspunkt ausgehe, die gegnerische Beweisantretung um zehn Tage zu spät geschehen sei;

in Erwägung aber, daß

1) nach unzweifelhafter Praxis bei der Publication nicht weniger als bei der Insinuation eines Erkenntnisses der Fristenlauf in Uebereinstimmung mit dem Grundsatz der Civilcomputation mit dem Tage nach der geschehenen Bekanntmachung des Erkenntnisses beginnt, daß

2) die Vorschrift der Landgerichtsordnung, wonach bei Publication endlicher Urtheile die Appellation stante pede eingelegt werden muß, in der Praxis des Süderdithmarscher Gerichts dahin beschränkt ist, daß es den Parteien, sofern sie sich im Termine unmittel-

bar nach der Publication der Sentenz das Decendium reserviren, freisteht, innerhalb der zehntägigen Frist das Rechtsmittel schriftlich einzuwenden, und daß

3) durch die geschehene Reservation des Decendiums nach richtigem Grundsatz der Eintritt der Rechtskraft des Erkenntnisses während der Dauer dieser Frist suspendirt wird, selbiger daher erst nach Ablauf des Decendiums Platz greifen kann;*)

daß daher im gegenwärtigen Fall, in welchem das am 7. September 1859 publicirte Beweiserkenntniß des Süderdithmarscher Gerichts nach Ablauf des 17. s. M. in Rechtskraft getreten, die nach zweimaliger Dilatirung der Beweisfrist am 21. Januar 1860 beschaffte Beweisantretung des Supplicaten mit Recht von dem judicium a quo für rechtzeitig geschehen erklärt worden ist;

in Erwägung sodann, zur zweiten und dritten Beschwerde, daß der Zeuge 1, Schiffer Gimmini zu Neufeld, welcher die von dem Supplicanten verkaufte Rappsaat in Empfang genommen, bezeugt hat, daß schon die erste Lieferung derselben unrein gewesen und er deshalb den Supplicaten zu einer Besichtigung derselben veranlaßt habe, worauf dieser sich mit dem Supplicanten über eine Herabsetzung des Preises um 26 ß R.-M. pr. Tonne einig geworden sei, daß aber die letzten 8 Tonnen, die Supplicant dann ans Schiff gebracht, so schlecht gewesen seien, daß er, sobald er es bemerkt, dem Sohn des Supplicanten erklärt, das sei ja keine Rappsaat, sondern Dreck, und jede weitere Annahme von solcher Saat verweigert, auch davon eine Probe in einen Beutel gethan und diesen versiegelt dem Supplicaten zugesandt habe, wie denn auch die Aussage des Zeugen ergiebt, daß der Sohn des Supplicanten ihm auf Vorhaltungen gestanden habe, daß sie den Schmutz der gereinigten Saat wieder mit der Saat vermischt hätten, was sie wohl eigentlich nicht hätten thun sollen;

in Erwägung, daß der Sohn des obengenannten Zeugen, der Zeuge 3, sodann wörtlich die unwillige Aeußerung seines Vaters über die schlechte Beschaffenheit der zuletzt gelieferten Rappsaat, wie auch das von dem Sohn des Supplicanten hierauf gemachte Zugeständniß der geschehenen Vermischung derselben mit Schmutz bestätigt, auch selbst gesehen hat, daß unter den zuletzt gelieferten 8 Tonnen Rappsaat Grand und Flüsch befindlich gewesen ist, zu dessen Entfernung Staubmühlen angewandt werden;

in Erwägung, daß ferner die Aussage der vernommenen beiden Sachverständigen, denen die von dem Zeugen 1 genommene Rappsaatprobe nach geschehener Recognition derselben durch diesen und den Zeugen 3 zur Begutachtung vorgelegt worden ist, sich dahin ausgesprochen haben, daß diese Probe im höch-

*) Es ist allerdings in einem in den Schl. Holst. Anzeigen von 1844, S. 150, mitgetheilten Präjudicate des Holsteinischen Obergerichts ausgesprochen, daß, wenn das Decendium reservirt, die Appellation aber nicht eingewandt sei, der Lauf der Beweisfrist schon mit der Publication des Beweisinterlocuts beginne. Dieser Grundsatz hat aber bei der vorgenommenen Prüfung desselben, zu welcher der obige Rechtsfall die Veranlassung gab, nicht für richtig erachtet werden können. Zur Motivirung desselben ist angeführt: die bloße Reservation des Decendiums suspendire nicht die Rechtskraft des Erkenntnisses, sondern gebe nur die Möglichkeit an die Hand, die Rechtskraft durch Einlegung der Appellation zu suspendiren. Dies ist aber offenbar irrig: würde die Rechtskraft des Erkenntnisses nicht durch die Reservation suspendirt, so würde sie mit Nothwendigkeit mit der Publication desselben eintreten. Die Wirkung der Reservation ist also nothwendig gerade die Suspendirung der Rechtskraft und, wie in den übrigen Fällen der Eintritt derselben durch die gesetzliche Anordnung des Decendiums suspendirt ist, so ist sie es hier durch die Reservation des Decendiums, welche eben der betreffenden Partei die Rechte geben soll, welche sonst die Existenz des Decendiums gewährt. Diese Suspension des Erkenntnisses fällt hinweg, wenn der Reservirende von der ihm gegebenen Möglichkeit der Einlegung des Rechtsmittels innerhalb der zehn Tage keinen Gebrauch macht, dann fehlt es aber an aller Berechtigung, durch eine Fiction rückwärts die Rechtskraft mit der Publication eintreten zu lassen, welches mit gleichem Rechte in allen übrigen Fällen geschehen müßte, wo nicht die Reservation des Decendiums, sondern die gesetzliche Regel der Partei die Möglichkeit an die Hand giebt, binnen zehn Tagen das Erkenntniß anzufechten, diese Möglichkeit aber nicht benutzt worden ist, in welchen Fällen doch kein Zweifel darüber besteht, daß die Rechtskraft erst mit dem Ablauf des Decendiums eintritt.

sten Grade schlecht gereinigt und voll mit s. g. Grand, d. h. den nicht zur Reife gelangten daher hinsichtlich des Oelgehalts fast völlig werthlosen Körnern, behaftet gewesen sei und daß sich nach beschaffter Reinigung von diesem Grand ein Ausfall von 20 bis 25 pCt. ergeben habe, weshalb sie den Werth dieser ihnen vorgelegten Probe unter Berücksichtigung des marktgängigen Preises guter Rappsaat zur Zeit der Ablieferung auf 11 ℛ 19 β bis 11 ℛ 70 β pr. Tonne geschätzt haben;

in Erwägung, daß nach dem Angeführten es für vollständig erwiesen erachtet werden muß, daß die zuletzt gelieferten 8 Tonnen Rappsaat von schlechterer Beschaffenheit gewesen sind, als die vorher vom Supplicaten besichtigte Quantität Rappsaat, und zugleich daß der Minderwerth der erstern gegen die letztere, wie vom Süderdithmarscher Gericht angenommen, auf 3 ℛ 19 β pr. Tonne sich belaufen hat, indem in der letzten Beziehung, wenn auch eine directe Vergleichung der schlechteren Rappsaat mit der früher besichtigten und verkauften Quantität durch die Sachverständigen nicht hat geschehen können, doch davon auszugehen ist, daß diese zuletzt gedachte Rappsaat von dem Supplicaten besichtigt und nach dem Resultat der Besichtigung ihr Preis auf 14 ℛ 70 β festgestellt worden war, welche Preisbestimmung, da es damals um eine dem wirklichen Werth dieser Rappsaat entsprechende geänderte Feststellung des Kaufpreises sich handelte, als auch eben in Berücksichtigung des derzeitigen Werthes guter Rappsaat getroffen betrachtet werden muß, so daß der Maaßstab, nach welchem die Sachverständigen den Preis der ihnen vorgelegten schlechten Rappsaat festgestellt haben, mit demjenigen Maaßstab übereinstimmt, nach welchem unter den Parteien der Preis der Rappsaat festgestellt worden ist, welche anstatt der gelieferten schlechten Rappsaat vom Supplicanten zu liefern gewesen wäre;

in Erwägung ferner, zur vierten Beschwerde, daß zwar der vom Supplicanten erhobene Anspruch auf Zuerkennung von Verzugszinsen für die in dem Erkenntniß ihm zugesprochenen 91 ℛ 72 β vom 25. Juli 1858, als dem contractlich bestimmten Zahlungstermin, angerechnet, als grundlos erscheint, da von einer mora des Supplicaten, welcher mit Rücksicht auf die Contractswidrigkeit des Supplicanten zur Retention des Kaufpreises berechtigt gewesen ist, nicht die Rede sein kann, daß aber allerdings der Supplicant auf Grund der L. 13 § 20 D. de A. E. V. die von der mora unabhängigen gesetzlichen Zinsen des ihm noch zukommenden Theils des Kaufpreises vom 25. Juli 1858 angerechnet beanspruchen kann, da der Supplicat sich seit dieser Zeit in dem gleichzeitigen Besitze der gekauften Waare und des Kaufpreises befunden hat und daher diese nach dem § 2 des Kanzeleipatents vom 25. Januar 1815, betreffend den Zinsfuß in den Herzogthümern Schleswig und Holstein, auf 5 pCt. zu bestimmenden gesetzlichen Zinsen dem Supplicanten zuzubilligen sind, weil, wenn aus den vorgetragenen Thatsachen der Rechtsanspruch einer Partei sich ergiebt, es ihr nicht entgegenstehen kann, daß sie zur Begründung desselben irrthümliche Rechtsbehauptungen vorgebracht hat; und

in endlicher Erwägung, daß die schließliche Beschwerde des Supplicanten über die nicht geschehene Compensation der Proceßkosten unbegründet ist, da derselbe lediglich durch sein wahrheitswidriges Leugnen der schlechten Beschaffenheit der oftererwähnten 8 Tonnen Rappsaat den Supplicaten zur Beweisführung über diese gezwungen, daher die Kosten des Beweisverfahrens zu erstatten hat,

wird dem Supplicanten auf seine sub præs. den 19. April v. J. hieselbst eingereichte Supplicationsschrift hiedurch von Obergerichtswegen, unter Vergleichung der Kosten dieser Instanz, zum Bescheide ertheilt:

> daß das angefochtene Erkenntniß des Süderdithmarscher Gerichts vom 30. Januar v. J., bei welchem es im Uebrigen sein Verbleiben behält, insofern abzuändern ist, als Supplicat schuldig erkannt wird, die in demselben erwähnten 91 ℛ 72 β nebst Zinsen zu 5 pCt. p. a., vom 25. Juli 1858 angerechnet bis zur Zahlung, binnen 6 Wochen ab ins. an den Supplicanten zu bezahlen.

Urkundlich rc. Gegeben im Königl. Holsteinischen Obergericht zu Glückstadt, den 3. März 1862.

Beweisführung in Betreff der Erfordernisse einer Testamentserrichtung.

In Sachen der Eingesessenen Johann Matthias Ramundt in Albersdorf, Hans Jacob Ramundt und Claus Diedrich Ramundt daselbst, Kläger und Appellanten, jetzt Producenten und Deducenten,

wider

den Eingesessenen Jürgen Hartwig Buhmann in Albersdorf, Beklagten und Appellaten, jetzt Producten und Deducten,

hauptsächlich wegen Annullirung eines Testamentes,

ist durch rechtskräftiges obergerichtliches Erkenntniß vom 25. Juni 1857 den Klägern zu beweisen auferlegt worden:

1) daß bei der Errichtung des zwischen dem Beklagten und dessen nunmehr verstorbenen Ehefrau Anna Elisabeth, geb. Ramundt, weil. in Albersdorf, am 25. Juni 1854 zu Stande gebrachten wechselseitigen Testamentes nicht beide von der Ehefrau zugezogenen Zeugen Thede Detlef Buhmann und Peter Bünz in Albersdorf von Anfang bis Ende gegenwärtig gewesen seien; oder

2) daß von den beiden von der Ehefrau des Beklagten hinzugezogenen Zeugen Thede Detlef Buhmann und Peter Bünz in Albersdorf bei der Errichtung des fraglichen Testaments der eine oder andere von der Ehefrau des Beklagten durch ein vorgehangenes Laken in der Weise getrennt gewesen, daß er verhindert und nicht im Stande gewesen, die Vorgänge der Testamentserrichtung, insbesondere von Seiten der Ehefrau des Beklagten, gehörig wahrzunehmen und zu beobachten; oder

3) daß die Ehefrau des Beklagten, Anna Elisabeth, geb. Ramundt, zur Zeit der Errichtung des gedachten Testamentes in einem solchen Zustande sich befunden habe, wo ihr die zu einer freien Dispositionsbefugniß erforderliche Freiheit des Willens gemangelt hätte; oder

4) daß die Ehefrau des Beklagten, Anna Elisabeth, geb. Ramundt, ihre Namensunterschrift unter dem vorgedachten wechselseitigen am 25. Juni 1854 errichteten Testament nicht selbst eigenhändig, sei es mit oder ohne fremde Beihülfe, unterschrieben habe.*)

In der Beweisantretung haben die Kläger zunächst die Erklärung abgegeben, daß der in dem Beweiserkenntniß sub 3 enthaltene Satz von der Beweisführung ausgeschlossen sein solle, indem auf dessen Probation verzichtet werde. Die drei übrigen Beweissätze haben die Kläger unter Anschließung einer den Zeugen vorzulegenden beglaubigten Abschrift des Testaments hauptsächlich durch einen Extract aus dem Vorforderungsprotocolle der Albersdorfer Kirchspielvogtei und fünf Zeugen event. durch Eideszuschiebung über die Negative der drei Beweissätze zu führen gesucht. Es sind darauf die fünf Zeugen:

test. I der Testamentszeuge Thede Detlef Buhmann,
test. II der Testamentszeuge Peter Bünz,
test. III der Testamentszeuge Johann Kruse,
test. IV der Testamentszeuge Carsten Schramm,
test. V der Verfasser des Testaments, der Pastor Paulsen,

nach Artikeln und Interrogatorien unter Vorlegung des Originaltestaments und einer Handzeichnung von der Buhmann'schen Wohnstube eidlich vernommen worden und nachdem Beklagter erklärt hat, daß er keinen weitern Gegenbeweis, als durch das in den Acten befindliche Material, namentlich aber durch das mit den Fragstücken ad acta gebrachte von Kläger demnächst als echt anerkannte Originaltestament, führen wolle, steht nach eingelegten Recessen und stattgehabter Deductionsverhandlung nunmehr zur Frage, in wie weit die von den Klägern versuchte Beweisführung für geführt zu erachten.

In Erwägung nun, daß der Verfasser des in Rede stehenden Testaments, der Pastor Paulsen, demselben am Schlusse die Attestation, daß die zugezogenen Zeugen alles mit angesehen und gehört haben, hinzugefügt, so wie bei seiner mündlichen Vernehmung eidlich erhärtet hat, daß, wenn er sich auch mancher einzelner bei der Testamentserrichtung vorgefallener Umstände nicht erinnere, in dem Testamente doch nichts Thatsächliches niedergeschrieben sei, was sich nicht in der Wirklichkeit so verhalte, und daher die den Deducenten obliegenden Beweise als directe Gegenbeweise

*) cf. Holst. Anz., 1858, S. 362 u. ff.

gegen eine ihrem Inhalte nach überdies als wahr vom Verfasser beschworne Urkunde zu beurtheilen sind;

in Erwägung, daß, den ersten dieser Gegenbeweissätze anlangend, nach den übereinstimmenden Aussagen der vier Testamentszeugen der Pastor Paulsen allerdings bei ihrem Eintritt in die Buhmann'sche Wohnung schon mit Schreiben beschäftigt gewesen,

art. 5 ad interrog. 35,

von keinem der Zeugen aber hat behauptet werden können, daß die schriftliche Redaction des Testaments damals begonnen und die schriftlichen Aufzeichnungen des Pastors Paulsen nicht vielmehr lediglich in Notizen zum Testament bestanden haben, indem derselbe bezeugt, daß er die Instruction zu dem von ihm abgefaßten Testamente im Buhmann'schen Hause erhalten, mit beiden Eheleuten sich über den Inhalt des Testaments besprochen, vor der Redaction des Testaments Namen, Stand und Wohnort der Testatoren, des Curators, so wie der Zeugen erfragt und die erforderlichen Notizen, ohne eine eigentliche Cladde zu machen, zu Papier gebracht habe,

art. 1 ad interrog. 21—25,

in Uebereinstimmung hiermit auch test. 2, 3, 4 deponiren, daß der Pastor Paulsen sie nach ihrem vollen Namen, Stand und Wohnort befragt habe,

art. 5 ad interrog. 47;

in Erwägung, daß zwar die vier Zeugen ad art. 8 erklären, daß sie nicht erinnern, gehört zu haben, resp. nicht gehört haben, daß die Testatrix dasjenige als ihren letzten Willen vorher ausgesprochen, was der Pastor Paulsen als ihr Testament aufgenommen hat, diese Aussagen jedoch in Ermangelung jeder positiven Behauptung, daß eine Nuncupation in Gegenwart der Zeugen nicht stattgefunden, als geeignet nicht erscheint, den Inhalt des Testaments, insoweit derselbe besagt, daß in Gegenwart der Zeugen die Testatoren ihren letzten Willen verordnet haben, zu widerlegen;

in Erwägung, daß gleichfalls die ferner bezeugte zeitweilige Abwesenheit des Testamentszeugen Bünz, um sein Petschaft zu holen, als eine Abwesenheit zur Zeit der eigentlichen Testamentserrichtung nicht angesehen werden kann, indem nach der Aussage der test. 1, 2, 3 bei dem Weggang des Bünz der Pastor Paulsen noch mit der Entwerfung von Notizen hat beschäftigt sein können, auch keiner der Zeugen eine Wissenschaft davon hat, ob das Schreiben, mit welchem der Pastor Paulsen nach der Rückkehr des Bünz nach der Meinung der test. 2 und 3 beschäftigt gewesen, nicht noch in Aufzeichnen von Notizen bestanden habe, wofür überdies die Aussage der test. 2 und 4,

art. 5 ad interrog. 57,

daß sie nach ihrer Rückkehr noch eine ziemliche von Schrumm auf 1—2 Stunden angegebene Zeit in der Stube geblieben, nicht weniger spricht, als die Depositionen der test. 2, 3, 4,

art. 5 ad interrog. 47,

daß der Pastor Paulsen zweimal etwas verlesen, jedenfalls aber nicht constirt, daß der Testamentszeuge Bünz bei wesentlichen Acten der Testamentserrichtung gefehlt hat, und da eine bloße Unterbrechung des Testiractes abseiten dieses Zeugen zum Behufe der Herbeischaffung seines Siegels, abgesehen davon, ob solche nach der

L. 21 § 3 D. (28, 1)

geeignet sein würde, die Gültigkeit des Testaments zu beeinträchtigen, nicht Gegenstand des Beweisthemas ist, der von den Deducenten versuchte Beweis des ersten Beweissatzes für verfehlt zu erachten ist;

in Erwägung, daß gleichfalls in Betreff des zweiten Beweissatzes die versuchte Beweisführung als eine durchaus mißlungene sich darstellt, indem anerkannten Rechten nach die Gültigkeit eines Testaments nicht dadurch bedingt ist, daß die Zeugen alles, was vorgefallen ist, wirklich gesehen und gehört haben, sondern daß ihnen die Möglichkeit nicht benommen worden ist, alles in Betracht kommende zu sehen und zu hören,

cfr. Glück, Commentar, Bd. XXXIV p. 308,

die Gelegenheit aber, die Testatrix zu sehen, dem Testamentszeugen Bünz nach seiner eigenen und den damit übereinstimmenden Aussagen der übrigen drei Zeugen durch das in der Buhmann'schen Stube angebrachte Bettlaken keineswegs abgeschnitten worden, derselbe nur von seinem Stuhl aus verhindert gewesen ist, sie zu sehen, und seiner eigenen Angabe nach hierzu nur nöthig gehabt hätte, von seinem Stuhle aufzustehen und näher zur Testatrix hinzutreten;

in Erwägung, daß auf die Führung des dritten Beweissatzes verzichtet und in Beziehung auf den vierten überall kein Material an die Hand gegeben worden ist, der Gebrauch des Schiedseides aber, da es sich hier um die Führung eines Gegenbeweises gegen ein öffentliches Document handelt, für statthaft nicht erachtet werden kann;

wird von Obergerichtswegen hierdurch für Recht erkannt:

daß Kläger und Deducenten dasjenige, was ihnen durch rechtskräftiges obergerichtliches Erkenntniß vom 25. Juni 1857 zu beweisen auferlegt worden ist, wie Rechtens nicht erwiesen haben, daher mit der angestellten Klage ab- und zur Ruhe zu verweisen sind, unter Vergleichung der Kosten dieser Instanz.

Wie denn solchergestalt hiedurch für Recht erkannt wird

V. R. W.

Urkundlich rc. Publicatum im Königl. Holsteinischen Obergericht zu Glückstadt, den 21. December 1860.

Auf die von den Klägern und Deducenten zur Hand genommene Appellation gegen dies Erkenntniß ward ihnen von dem Königl. Oberappellationsgericht zu Kiel der nachstehende abschlägige Bescheid zu Theil.

Namens Sr. Königl. Majestät.

Auf die am 14. Mai 1861 hieselbst eingegangene Appellationsschrift der Eingesessenen Johann Matthias Ramundt, Hans Jacob Ramundt und Claus Diedrich Ramundt in Albersdorf, Kläger, Deducenten, jetzt Appellanten,

wider

den Eingesessenen Jürgen Hartwig Buhmann daselbst, Beklagten, Deducten, jetzt Appellaten,

wegen Annullirung eines Testamentes, jetzt Appellation gegen das Erkenntniß des Holsteinischen Obergerichts vom 21. December 1860,

wird,

in Erwägung, den ersten Beweissatz anlangend, daß, da nach dem Dithmarsischen Landrecht Art. 26 zur gültigen Testamentserrichtung gehört, daß in Gegenwart der Zeugen der letzte Wille vom Testator erklärt, vom Prediger aufgeschrieben, darauf dem Testator vorgelesen und dann von diesem genehmigt und besiegelt wird, der den Klägern in Beziehung auf das fragliche Testament des Beklagten und seiner verstorbenen Ehefrau vom 25. Juni 1854 auferlegte Beweis:

daß nicht beide für die Ehefrau zugezogene Zeugen Thede Detlef Buhmann und Peter Bünz von Anfang bis zu Ende gegenwärtig gewesen seien,

allerdings für geführt erachtet werden müßte, wenn dargethan wäre, daß die beiden genannten Testamentszeugen nicht bei allem anwesend gewesen seien, was der Vorschrift des Landrechts zufolge im Beisein der Zeugen vorgenommen werden soll, und was auch das im gedachten Testament enthaltene von sämmtlichen Testamentszeugen durch ihr Siegel und Unterschriften bestätigte Attestat des Pastors Paulsen als vor den Zeugen geschehen angiebt;

in Erwägung, daß die Kläger zum Zwecke jenes Beweises behauptet und darzuthun gesucht haben, daß der Zeuge Thede Detlef Buhmann erst angekommen sei, als der Pastor Paulsen bereits mit dem Aufschreiben des Testaments beschäftigt gewesen sei, daß die Testatoren gar nicht vor den Zeugen ihren letzten Willen erklärt hätten und daß der Zeuge Peter Bünz sich während der Testamentserrichtung eine Zeitlang entfernt habe, um sein Pettschaft zu holen, wobei es auch nicht schadet, daß diese Behauptungen zum Theil nicht schon in der Klage speciell vorgebracht sind, weil der obige Beweissatz die Nichtanwesenheit der Zeugen Buhmann und Bünz auf keinen bestimmten Theil der Testamentserrichtung beschränkt hat, folglich den Klägern in der Beweisinstanz freistand, jeden Moment der Nichtanwesenheit jener beiden Zeugen geltend zu machen, gleichviel ob darauf bezügliche Behauptungen vorher aufgestellt waren oder nicht;

in Erwägung, daß aber der versuchte Beweis mit Recht für mißlungen erklärt worden ist, indem der als Zeuge producirte Pastor Paulsen nicht nur nichts den Klägern Dienliches ausgesagt, sondern bestimmt versichert hat, daß er nur Thatsächliches im Testamente geschrieben habe, und daß daher, obgleich er alle Einzelnheiten des Hergangs nicht mehr erinnere, das von ihm im Testamente Attestirte wahr sein werde und die andern producirten Zeugen ebenfalls nichts geliefert haben, was geeignet wäre, den erforderlichen Beweis herzustellen;

in Erwägung nämlich, was zuvörderst das angeblich zu späte Erscheinen des Zeugen Thede Detlef Buhmann betrifft, daß auch die anderen Zeugen (ad art. 5 interr. 37, ad art. 6 und ad art. 7 interr. 1) in Uebereinstimmung mit dem Pastor Paulsen (ad art. 6) es theils für gewiß, theils wenigstens für wahrscheinlich erklärt haben, daß Pastor Paulsen bei der Ankunft des Buhmann nur einige vorläufige Notizen aufgezeichnet habe, wogegen es nicht in Betracht kommen kann, wenn die frühere unbeeidigte Aussage des Zeugen Buhmann vor der Albersdorfer Kirchspielvogtei den Pastor Paulsen bereits mit der Abfassung des Testaments beschäftigt sein läßt;

in fernerer Erwägung, daß zwar keiner der Zeugen erinnern will, daß die Testatoren vor ihnen den vom Pastor Paulsen aufgeschriebenen Willen erklärt hätten (ad art. 8—10), daß indessen auch kein Zeuge bestimmt behauptet hat, daß eine solche Willenserklärung in Gegenwart der Zeugen nicht stattgefunden habe, weshalb dem ausdrücklichen Attestat im Testament gegenüber, wonach die Testatoren ihre Dispositionen vor den Zeugen getroffen haben sollen, wegen des bloßen Nichterinnerns der Zeugen das Gegentheil nicht angenommen werden darf, zumal da alle Zeugen bei vielen Punkten eingeräumt haben, sich nach so langer Zeit nicht mehr zu entsinnen, wie es sich damit verhalte, und die Unsicherheit ihrer Erinnerung auch darin hervortritt, daß dieselben nicht nur keineswegs überall mit einander in ihren Angaben übereinstimmen, sondern hin und wieder sogar von dem abweichen, was sie selbst an anderen Stellen des Zeugenrotuls oder früher vor der Albersdorfer Kirchspielvogtei ausgesagt haben, daher denn auch kein genügender Grund vorliegt, zu bezweifeln, daß die Zeugen Buhmann und Bünz bei der fraglichen Willenserklärung der Testatoren zugegen gewesen sind und diese nicht vor Ankunft der Zeugen vor dem Pastor Paulsen allein geschehen ist;

in Erwägung sodann, daß, wenn auch feststeht, daß von den bei der Testamentserrichtung zugezogenen Zeugen der Zeuge Bünz sich gleich dem Zeugen Schrumm etwa eine Viertelstunde entfernt hat, um ein Petschaft herbeizuholen, die Depositionen der Zeugen darüber, wann diese Entfernung stattgefunden habe, doch so unsicher und widersprechend sind (ad art. 5 interrog. 56—67 und ad art. 14), daß dieselben diesen Zeitpunkt völlig ungewiß lassen, also auch die Möglichkeit nicht ausschließen, daß selbiger in die Zeit hineingefallen sei, wo der Pastor Paulsen noch mit der Aufzeichnung vorläufiger Notizen beschäftigt war und der Act der Testamentserrichtung noch nicht begonnen hatte, was um so mehr angenommen werden muß, da im Testament auch die Beobachtung der unitas actus bezeugt ist;

in Erwägung, den zweiten Beweissatz anlangend, daß freilich der Natur der Sache nach die zur Testamentserrichtung erforderliche Gegenwart der Zeugen von der Beschaffenheit sein muß, daß dadurch eine Controle über den Testamentsact möglich ist, daß daher die Zeugen den ganzen Act und insbesondere den Vorgang abseiten der Testatoren gehörig müssen wahrnehmen können, daß es aber, wie auch schon vom Obergericht hervorgehoben worden, eines mehreren nicht bedarf, und daß mithin aus den im angefochtenen Erkenntniß enthaltenen Gründen auch in dieser Beziehung der von den Klägern und Appellanten versuchte Beweis für verfehlt zu erachten ist;

in Erwägung, daß in Betreff des vierten Beweissatzes die Kläger und Appellanten auch in dieser Instanz nichts vorgebracht haben, um zu zeigen, daß in den Aussagen der Zeugen irgend etwas Thatsächliches dafür enthalten sei; und

in endlicher Erwägung, daß, wie sich hieraus der Ungrund der drei ersten Appellationsbeschwerden ergiebt, so auch, was die vierte Beschwerde anlangt, vom Obergericht die Eidesdelation mit Recht verworfen ist, weil nach Lage der Acten, da der zur Entkräftung des angefochtenen Testaments versuchte Beweis vollständig verfehlt ist, das in seiner Rechtsbeständigkeit sogar durch das Zeugniß des von den Klägern producirten Pastors Paulsen bestärkte Testament, falls die Eidesdelation zugelassen würde, von dem Delaten benutzt werden könnte, sein Gewissen mit Beweis zu vertreten,

hiedurch den Appellanten

ein abschlägiger Bescheid

ertheilt.

Die Kosten der Appellationsschrift werden auf 75 ℛ︁𝔅, die der Actenprocuratur auf 5 ℛ︁𝔅 77 β bestimmt.

Urkundlich 2c. Gegeben im Königl. Oberappellationsgericht zu Kiel, den 19. März 1862.

Vermischtes.

Stempelpapier betreffend.

1.

Es kommt bekanntlich zuweilen vor, daß bei Errichtung schriftlicher Contracte mündliche Nebenberedungen getroffen werden, welche nach dem Willen der Contrahenten dieselbe Gültigkeit haben sollen, als die in den Contract aufgenommenen Bestimmungen. Meistentheils betreffen solche mündliche Nebenberedungen nur minder wesentliche Punkte und berühren daher das fiscalische Interesse nicht, aber ausgeschlossen ist es doch nicht, daß sie auch den Kaufpreis zum Gegenstand haben können, und in einem solchen Fall kam es neuerdings zur Erörterung, ob eine Stempelpapiercontravention vorliege. Die Contrahenten waren sich bei Abschluß des Handels über eine Kathe um den Kaufpreis von 533 ℛ︁ 32 β einig geworden und hatten auch demgemäß den schriftlichen Contract errichtet, der nichts enthielt über die gleichzeitig mündlich getroffene Nebenberedung, daß der Kaufpreis auf das Doppelte erhöht werden sollte, wenn eine gewisse Eventualität eintreten würde. Diese Bedingung hatte sich erfüllt und es war der getroffenen Abrede gemäß der doppelte Kaufpreis gezahlt worden. Als dies nun später zur Kunde der Localbehörde gelangte, glaubte dieselbe, es zur Entscheidung des Ministeriums verstellen zu müssen, ob nicht eine Stempelpapiercontravention vorliege.

Es kann nun zwar vorkommen, daß eine Nebenberedung wie die vorgedachte getroffen oder auch vorgegeben wird, um eine Stempelpapiercontravention damit zu verdecken. Wo dies aber nicht der Fall ist und wo im Gegentheil vielmehr die Contrahenten sich wirklich über den in den Contract aufgenommenen Kaufpreis einig geworden sind und durch die Nebenberedung nur festgesetzt haben, daß beim Eintritt eines noch ungewissen Ereignisses der Käufer zu einer Nachzahlung verpflichtet sein solle, da wird es für die Frage, ob gegen die Vorschriften der Stempelpapierverordnung contravenirt sei, entscheidend werden müssen, daß es keine Gesetzesvorschrift giebt, welche es den Contrahenten im fiscalischen Interesse zur Pflicht macht, mündliche Nebenberedungen entweder in den Contract aufzunehmen oder darüber eine besondere Urkunde zu errichten.

Demgemäß hat denn auch das Königl. Ministerium den erwähnten Fall aus dem Amte Segeberg dahin entschieden, daß der verwandte Stempelbogen als genügend angesehen werden müsse.

2.

Ein mit der Führung des Schuld- und Pfandprotocolls betrauter Beamter hatte auf Grund des Delirungsconsenses des Cessionars mehrere nicht mit dem gehörigen Folgebriefe versehene und mittelst einer Randbemerkung auf den Cessionar übertragene Schuld- und Pfandverschreibungen delirt und selbige demnächst zur Wahrnehmung des Erforderlichen in Betreff der Stempelpapiercontravention an das Königl. Ministerium eingesandt. In solcher Veranlassung kam es zur Frage, ob der Inhaber der Schuldverschreibungen als genügend legitimirt zur Erwirkung der Delirung habe angesehen werden dürfen, welche Frage vom Holsteinischen Obergericht mit Rücksicht auf die Bestimmungen des § 9 der Verordnung vom 31. October 1804 verneint worden ist.

Allerhöchst privilegirte

Holsteinische Anzeigen.

Redigirt von den Obergerichtsräthen Etatsrath Henrici und Lucht.

Gedruckt bei Augustin in Glückstadt.

16. Stück. — Den 21. April 1862.

Entscheidungen.

Die Nichtbeobachtung der in dem § 14 der Stempelpapierverordnung angeordneten Frist hat nur zur Folge, daß die Appunctuation ihre beweisende Kraft verliert.

In Sachen des Eingesessenen Asmus Hinrich Seligmann in Raade, Amts Rendsburg, Beklagten und Supplicanten,

wider

den Eingesessenen Hans Lau in Hemding, Kläger und Supplicaten,

wegen Solemnisation eines Kaufcontracts über die klägerische $^{1}/_{16}$ Hufe in Hemding, daher Supplication wider das Erkenntniß des Rendsburger Amthauses vom 22./25. Mai v. J.,

ergeben die Acten:

Kläger hat in einer beim Rendsburger Amthause am 24. Februar v. J. eingebrachten Klage vortragen lassen:

Am 2. August 1860 habe er seine in Hemding belegene $^{1}/_{16}$ Hufe mit dazu gehörigen Ländereien und Gebäuden, mit Kirchenständen und Begräbnißplatz, jedoch unter Reservirung eines bei der Stelle befindlichen kleinen Wohnhauses mit Garten an den Beklagten für 8160 ℳ R.-M. verkauft, wovon dieser beim Antritt der Stelle 4080 ℳ und zu Martini 1862 ferner 1066$^{2}/_{3}$ ℳ ausbezahlen, letztere auch bis zur Auszahlung mit 3$^{1}/_{2}$ pCt. p. a. verzinsen sollte; die dann noch restirenden 3073$^{1}/_{3}$ ℳ sollten in der Stelle auf halbjährige Loskündigung radicirt und gleichfalls mit 3$^{1}/_{2}$ pCt. p. a. verzinst werden.

Außerdem habe Kläger sich die unentgeltliche Lieferung von 2 Tonnen Roggen, 1 Tonne Buchwaizen, 4 Tonnen Kartoffeln, 10,000 Soden braunen und einem Fuder weißen Torf ausbedungen, welche nach geborgener Ernte, spätestens aber zu Martini des laufenden Jahres, beschafft werden sollten. Das damals auf der Stelle bestehende jetzt wegfällig gewordene Abschied habe Käufer contractlich zu liefern übernommen.

Die Tradition der Stelle sei auf den 17. August 1860 festgesetzt, an welchem Tage also auch die baar auszubezahlenden 4080 ℳ auszukehren gewesen sein würden. Die Solemnisation des abgeschlossenen Contracts habe baldmöglichst nach dem Antritt auf gemeinschaftliche Kosten beider Contrahenten vorgenommen werden sollen.

Nachdem dieses alles zwischen den Parteien festgesetzt worden, sei über die getroffene Vereinbarung die der Klage angeschlossene Appunctuation errichtet und von beiden Contrahenten unterschrieben.

Beklagter habe sich indeß weder am 17. August noch an den folgenden Tagen eingefunden, so daß Kläger sich veranlaßt gesehen habe, ihn am 24. August vor die Bramstedter Kirchspielvogtei laden zu lassen, Beklagter habe sich auch eingefunden und eingeräumt, die producirte Appunctuation unterschrieben zu haben, dabei aber behauptet, daß er an seine Unterschrift die Bedingung geknüpft habe, daß er nur an den Handel gebunden sein wolle, wenn seine Frau ihm beistimme. Diesen Consens habe er nicht erlangen können und könne sich daher auch nicht dazu verstehen, den Contract zu vollziehen.

Da nun Beklagter von solcher Bedingung bei Abschluß des Contracts nicht einmal gesprochen, geschweige denn, daß Kläger sie acceptirt hätte, so habe er die darauf gestützte Weigerung nicht als begründet ansehen können und am 29. August 1860 bei dem Segeberger Amthause die Anberaumung eines Audienztermins beantragt, welcher am 15. September vergeblich abgehalten und worin die Sache ad ordinarium verwiesen sei.

Als Kläger hierauf eine Klage nebst Ladungsgesuch bei dem Segeberger Amtsgericht eingereicht, habe das Decret dem Beklagten nicht infinuirt werden können, weil er inzwischen nach Raade, Amts Rendsburg, übergesiedelt sei.

Nun habe Kläger bei dem dortigen Amthause einen Audienztermin ausgebracht, welcher am 15. Februar v. J. abgehalten und in welchem gleichfalls ein Vergleich nicht zu vermitteln gewesen sei.

Er bitte daher auf Grund dieser Thatsachen, den Beklagten schuldig zu erkennen, die der Klagschrift anliegende Appunctuation binnen 6 Wochen bei der Königl. Administratur zu Ranzau zu vollziehen und zu solemnisiren, gleichzeitig auch die angeursachten Kosten dem Kläger zu erstatten.

In seiner Exceptionsschrift hat der Beklagte als proceßhindernd die Einrede des gesetzlich unerlaubten Klagbegehrens erhoben und sie darauf gestützt, daß die im § 14 der Stempelpapierverordnung für Solemnisirungsklagen vorgeschriebene Frist nicht eingehalten sei.

Nach dieser Bestimmung nämlich dürfe für die definitive Ausfertigung schriftlicher Appunctuationen keine längere Frist als eine sechsmonatliche verabredet werden, sei aber ein bestimmter Termin dazu nicht verabredet, was in concreto der Fall, so sollten sie spätestens binnen 6 Wochen auf Stempelpapier geschrieben werden und es sei auch aus solchen Appunctuationen binnen jener Frist nur die auf Solemnisirung des Contracts gerichtete Klage zu verstatten.

Nach Inhalt der Klage seien die hier fraglichen Appunctuationen am 2. August 1860 unterschrieben, der Antritt der Stelle sei auf den 17. August festgesetzt und im § 6 sei stipulirt worden, daß die Contractserrichtung baldmöglichst nach dem Antritt stattfinden solle. Da solchemnach ein bestimmter Termin für die Contractserrichtung nicht verabredet sei, so hätte die Vollziehung des Contracts bei Verlust der Klage innerhalb 6 Wochen, vom 2. August angerechnet, in rechtsgehöriger Weise gefordert werden müssen. Statt dessen habe Kläger mit Einbringung der Klage über 7 Monate gewartet. Die Ladung zum Vergleichsversuch in Segeberg, selbst wenn sie binnen der 6wöchigen Frist erfolgt wäre, sei ohne rechtliche Relevanz, da die prima audientia keine Litispendenz bewirke.

Möge es dem Kläger freigestanden haben, mit Beiseitesetzung der Appunctuation auf Erfüllung des Kaufhandels oder auf Entschädigung wegen Nichterfüllung klagbar zu werden, durch Vorzeigung der Appunctuationen vom 2. August und durch das hinsichtlich derselben seinerseits beobachtete Verhalten habe er seine gegenwärtige Klage unmöglich gemacht, und es rechtfertige sich die Bitte, daß Kläger mit seiner Klage unter Verurtheilung in die Kosten abzuweisen.

Sodann hat Beklagter litem folgendergestalt contestirt:

Es sei wahr, daß er Anfangs August 1860 mit dem Kläger über dessen Hembinger $^{1}/_{16}$ Hufe gehandelt habe, auch müsse er als richtig zugeben, daß Parteien sich über die in der Klagschrift aufgeführten Handelsbedingungen einig geworden seien. Geleugnet werde aber, daß die Klage sämmtliche Bedingungen des Handels enthalte, insbesondere, daß die Kaufberedung qu. zwischen den Parteien unbedingt abgeschlossen sei. Nicht minder dürfe Beklagter sich bis weiter mit Nichtwissen darüber erklären, ob er die der Klage angelegte Appunctuation vom 2. August 1860 unterschrieben habe, da das Original ihm bisher nicht zur Anerkennung vorgelegt sei.

Bei der Beredung des Handels über die fragliche Stelle sei Beklagter zum Abschluß gedrängt worden, auch endlich unvorsichtig genug gewesen, eine Kaufappunctuation zu unterschreiben, jedoch nicht, ohne sich vor und nach der Unterschrift eine anderweitige vom

Kläger gut geheißene Bedingung ausdrücklich zu reserviren. Diese Bedingung, welche Beklagter dem Handel qu. vor und nach unterschriebener Appunctuation hinzugefügt und Kläger gutgeheißen habe, sei nämlich die, daß Beklagter an den Handel nicht gebunden sein wolle, wenn seine Ehefrau denselben nicht genehmige, vielmehr solle es ihm gestattet sein, nochmals mit seiner Frau die Stelle zu besehen, und wenn er nicht wieder käme, solle der Handel für nichts gelten.

Diesen Vorbehalt habe Kläger ganz in der Ordnung gefunden und dem Beklagten jene Befugniß ausdrücklich eingeräumt, und zwar erstlich bei den der Appunctuationserrichtung am 2. August vorhergehenden Verhandlungen und schließlich noch am folgenden Tage, als Kläger ihn eine Strecke begleitet und beim Abschiednehmen bemerkt habe, daß, wenn ihm, dem Beklagten, der Handel leid thue, es damit gänzlich vorbei und gut sein solle.

In Uebereinstimmung hiermit habe Beklagter dem Kläger durch den bei der Unterhandlung betheiligten Makler Stamerjohann mitgetheilt, daß aus dem Handel nichts werden könne, weil seine Frau keine Neigung dafür habe, wodurch jede rechtliche Wirkung der Appunctuation hinweggefallen sei.

Dem Kläger obstire daher die Einrede der die Wirksamkeit des Kaufhandels aufhebenden Nebenbestimmung und er bitte:

> den Kläger mit seiner erhobenen Klage ab- und zur Ruhe zu verweisen, auch zur Erstattung der dem Beklagten angeursachten Kosten, d. et m. s., schuldig zu erkennen.

Replicando hat der Anwalt des Klägers der Einrede des gesetzlich unbegründeten Klagbegehrens mit Rücksicht auf die mora des Klägers die replica doli opponirt, beantragt, daß ihm aufgegeben werden möge, sich über die Unterschrift der Appunctuationen besser als geschehen einzulassen, und hervorgehoben, daß aus mündlichen Nebenbestimmungen bei schriftlich redigirten Contracten keine Einrede zu entnehmen sei.

Duplicando hat Beklagter bemerkt, daß seine Erklärung über seine Unterschrift unter den Appunctuationen ins Beweisverfahren gehöre.

Unterm 22./25. Mai hat das Amthaus dem Beklagten den Beweis auferlegt: *)

> daß Kläger es ihm nach errichteter Appunctuation noch freigestellt habe, von dem Handel zurückzutreten.

Gegen dies Erkenntniß hat Beklagter mit Einwilligung des Gegners rechtzeitig die Supplication interponirt und in seiner am 20. Juni hier eingegangenen Supplicationsschrift sich darüber beschwert:

1) daß er mit seiner proceßhindernden Einrede der gesetzlich unstatthaften Klage nicht gehört und nach seiner desfälligen Bitte nicht erkannt worden;
2) event., daß nach Gestalt der Replik das thatsächliche Fundament der vom Beklagten event. vorgeschützten Einrede des aufgehobenen Klaggrundes nicht für eingeräumt erachtet und Beklagter dieserwegen überhaupt mit einem Beweise bebürdet worden;

*) Die Entscheidungsgründe lauten:

In Erwägung, daß Parteien über den Verkauf einer dem Kläger gehörigen zu Hemding, Grafschaft Ranzau, belegenen $1/_{16}$ Hufe eine Appunctuation Anfangs August v. J. errichtet haben, daß Kläger auch innerhalb der für die rechtliche Dauer einer Appunctuation bestimmten 6wöchigen Frist gegen den die Erfüllung ablehnenden Beklagten im Wege der Klage vorgeschritten ist, daß aber der Beklagte durch Verlegung seines Wohnortes die rechtzeitige Fortsetzung der Klage verhindert hat und daher auch das Klagrecht des Klägers durch die ohne sein Verschulden eingetretene Verzögerung nicht hat verkümmert werden können, daß demnach der Beklagte mit seiner Einrede der unstatthaften Klage nicht weiter zu hören, die Klage vielmehr für factisch wie rechtlich begründet zu erachten ist;

in Erwägung jedoch, daß Beklagter behauptet, er habe sich vor und auch nach unterschriebener Appunctuation, und zwar mit ausdrücklicher Zustimmung des Klägers, den freien Rücktritt vom Handel vorbehalten, daß aber in einer solchen Vereinbarung ein Verzicht des Klägers auf die aus der Appunctuation fließenden Rechte liegen würde und daher auch Beklagter mit dieser seiner Einrede zu hören sein wird, die indessen dem Ableugnen des Klägers gegenüber annoch zum Beweise zu verstellen ist.

3) in pessimum eventum, daß nicht das Interlocut dahin gefaßt worden:

Kläger solle innerhalb 6 Wochen beweisen:

daß Beklagter die der Klagschrift sub 1 angelegte Kaufappunctuation unterschrieben habe,

und demnächst der Beklagte:

entweder: daß es ihm bei Unterschrift der Appunctuation von dem Kläger freigestellt worden, von dem Handel zurückzutreten, wenn seine, des Beklagten, Ehefrau den Handel nicht genehmige,

oder: daß Kläger es ihm am Tage nach errichteter Appunctuation freigestellt habe, von dem Handel zurückzutreten, wenn ihm der Handel leid thue,

oder wie diese Beweise sonst den Acten und Rechten nach zu fassen.

Nach eingezogener Gegenerklärung frägt es sich, ob diese Beschwerden begründet sind.

In Erwägung nun, daß die Nichtbeobachtung der Bestimmungen des § 14 der Stempelpapierverordnung nur die Folge hat, daß die Appunctuationen als Beweisurkunde gegenwärtig ohne Kraft sind, keineswegs aber, daß das Rechtsgeschäft, über welches die Appunctuationsurkunde errichtet worden, seine rechtsverbindliche Kraft verloren hat und daß mithin, da Kläger den Inhalt der errichteten Appunctuationsurkunde in die von ihm eingereichte Klage aufgenommen hat, die als proceßhindernd vorgeschützte Einrede der gesetzlich unstatthaften Klage nicht begründet ist,

cfr. Schl. Holst. Anz., 1851, S. 157;

in Erwägung, daß auch die zweite Beschwerde für begründet nicht erachtet werden kann, indem Kläger schon in der Klage, wo er von den Verhandlungen vor der Bramstedter Kirchspielvogtei redet, die eventuelle Einrede des Beklagten, es sei durch mündlich beredete Bedingung die Erfüllung des Contracts in den Willen seiner Frau gestellt, ausdrücklich geleugnet hat und somit diese Einrede nicht für eingeräumt angesehen werden kann;

in Erwägung, daß dem Kläger auch der Beweis, daß Beklagter die der Klagschrift angelegte Appunctuation unterschrieben habe, nicht aufzuerlegen ist, indem Beklagter eingeräumt hat, daß er sich mit dem Kläger über diejenigen Kaufbedingungen vereinbart habe, welche in der Klagschrift übereinstimmend mit den angelegten Appunctuationen genannt worden sind, und indem die behauptete Vereinbarung über diese Bedingungen den Klaggrund bildet;

in Erwägung, daß das Verlangen des Beklagten, es müsse ihm alternativ auch der Beweis auferlegt werden, daß es ihm bei Unterschrift der Appunctuation von dem Kläger freigestellt worden, von dem Handel zurückzutreten, wenn seine, des Beklagten, Ehefrau den Handel nicht genehmige, nicht gerechtfertigt erscheint, indem, abgesehen davon, daß in der Exceptionsschrift nur die Rede von Aufstellung dieser Bedingungen bei den Vorverhandlungen und nach errichteter Appunctuation, nicht aber bei Unterschrift derselben ist, beide Parteien darüber einig sind, daß über die Kaufbedingungen eine Appunctuationsurkunde errichtet ist, voraufgegangene mündliche Nebenberedungen aber, welche nicht zur Interpretation des Vertrages dienen, bei schriftlicher Redaction der Vereinbarung keine rechtliche Wirkung haben; und

in Erwägung, daß daher auch die dritte Beschwerde des Supplicanten unbegründet ist;

wird auf die am 20. Juni v. J. hieselbst eingegangene Supplicationsvorstellung, bei abschriftlicher Mittheilung der eingezogenen Gegenerklärung, von Obergerichtswegen hiedurch dem Supplicanten

ein abschlägiger Bescheid

ertheilt, derselbe auch schuldig erkannt, dem Supplicaten die mit 27 ℛ 10 β passirenden Kosten seiner Erklärung binnen 4 Wochen ab ins. zu erstatten.

Urkundlich ꝛc. Gegeben im Königl. Holsteinischen Obergericht zu Glückstadt, den 28. Januar 1862.

Allerhöchst privilegirte

Holsteinische Anzeigen.

Redigirt von den Obergerichtsräthen Etatsrath Henrici und Lucht.

Gedruckt bei Augustin in Glückstadt.

17. Stück. — Den 28. April 1862.

Entscheidungen.

Ueber die cautio de eventualiter restituendo im vaterländischen unbedingten Mandatsproceß.

In Sachen des Landmanns Joh. Dohse in Bossee, zur Zeit in Kiel, Imploranten,

wider

die Administratoren des Vermögens des Gutsbesitzers W. C. G. v. Bülow zu Bossee, den Klosterprobsten Carl von Qualen zu Preetz und den Grafen Ludwig von Reventlow in Kiel, Imploraten,

wegen einer liquiden Schuld von 600 ℛ R.-M. Kostgeld s. w. d. a.,

ergeben die Acten:

Der Implorat hat auf Grund eines Schuldscheines folgenden Inhalts:

„Mein künftiger Pächter Johann Dohse, jetzt zu Bossee, erhält für den Eleven der Landwirthschaft Ludwig Schlüter an Kostgeld bis Maitag 1861 die Summe von 600 Reichsbankthalern, welche ich, der Endesunterzeichnete, Maitag 1861 an obgenannten J. Dohse für den erwähnten L. Schlüter und zwar für die vergangene Zeit prompt zu bezahlen mich verpflichte.

Adeliges Gut Bossee, den 15. Novbr. 1860.

W. v. Bülow."

einen unbedingten Zahlungsbefehl impetrirt, der unterm 28. Mai 1861 dahin abgegeben worden, daß genannte Administratoren innerhalb 4 Wochen die libellirten 600 ℛ nebst 5 Procent Verzugszinsen, so wie die zu 4 ℛ 25 β bestimmten Kosten der Vorstellung und die verzeichneten Gerichts- und Insinuationsgebühren an den Imploranten zu bezahlen hätten.

Gegen dieses Mandat sind die Imploraten mit Einwendungen eingekommen und zwar haben sie opponirt:

1) die Einrede der unrichtig gewählten Proceßart, weil aus dem Schuldschein nicht mit genügender Klarheit erhelle, ob der Aussteller sich principaliter oder nur accessorisch verpflichtet habe, und

2) eventuell die Einrede der Nichtigkeit, weil der Landsasse v. Bülow auf Bossee schon seit Jahren gemüthskrank gewesen und sich zur Zeit der Eingehung der angeblichen Verpflichtung im Zustande völliger Handlungsunfähigkeit befunden habe.

Mit der ersten Einrede verbinden Imploraten die Bitte um Aufhebung des erlassenen Mandates, während sie in Beziehung auf die Einrede der Nichtigkeit bemerken, daß sie selbige begreiflich nicht sofort zur Liquidität erheben könnten, dieselbe vielmehr in separato würden auszuführen haben und daher sich erböten, in eventum die libellirte Summe s. w. d. a. gegen cautio de eventualiter restituendo an den Imploranten auszuzahlen oder bis zur endgültigen Entscheidung über ihre im Wege des ordentlichen Processes geltend zu machende Einrede der Nichtigkeit gerichtlich zu deponiren.

Imploraten richten demnach ihren eventuellen Antrag dahin:

> daß, unter Verweisung der Einrede der Nichtigkeit auf den ordentlichen Weg Rechtens, der Implorant verurtheilt werden möge, den Imploraten für die eventuelle Rückzahlung der libellirten Summe rechtsgenügliche Caution zu leisten.

In der hierüber eingezogenen Replik haben die Imploraten namentlich auch auszuführen gesucht, daß der eventuelle Antrag der Imploraten unbegründet sei, da eine Cautionsbestellung im unbedingten Mandatsprocesse nur unter der Voraussetzung gefordert werden dürfe, daß dem Imploraten eine eigentliche Widerklage zustehe, selbige auch einigermaßen bescheinigt sei. Eventuell hat Implorant sich erboten, drei Altona-Kieler Eisenbahnactien beim Obergerichte zu deponiren und bis zur rechtskräftigen Entscheidung über die von den Imploraten angedrohte s. g. Widerklage in deposito zu lassen, womit jedoch Implorant die fernere Bitte verbunden, daß den Imploraten aufgegeben werde, den Rückforderungsanspruch, dessen sie sich berühmt, bei Strafe des ewigen Stillschweigens und der Kostenerstattung binnen 6 Wochen durch ordentliche Klage geltend zu machen.

In der Duplik erklären sich die Imploraten eventuell mit der angebotenen Caution zufrieden und inhäriren im Uebrigen ihren Anträgen unter Anschließung eines ärztlichen Gutachtens über den Geisteszustand des Landsassen W. von Bülow.

Nach stattgehabtem Schriftenwechsel steht sonach zur Frage:

1) ob die Einrede der unrichtig gewählten Proceßart für begründet zu erachten und event.
2) ob dem Antrage auf Cautionsbestellung stattzugeben.

In Erwägung nun, daß der Inhalt der Schuldverschreibung keine Veranlassung zu der Annahme giebt, daß der Aussteller desselben sich nur accessorisch für eine fremde Verbindlichkeit zu der versprochenen Zahlungsleistung habe verpflichten wollen, und mithin, da die causa debendi mit genügender Klarheit aus dem Schulddocument erhellet, die Einrede der unrichtig gewählten Proceßart nicht begründet erscheint;

in Erwägung, daß, was ferner die Einrede der Nichtigkeit anlangt, es gegenwärtig lediglich in Frage kommt, ob mit Rücksicht auf die wegen der angeblichen Nichtigkeit des Rechtsgeschäftes demnächst zu erhebende Klage auf Wiedererstattung derjenigen Summe, zu deren Zahlung die Imploraten in diesem Verfahren bei mangelnder Liquidität ihrer vorgedachten Einrede werden schuldig erkannt werden müssen, der Implorant für verpflichtet zu erachten, genügende Caution dafür zu bestellen, daß er im Fall der Verurtheilung die an ihn gezahlte Summe wieder restituiren werde, welche Frage zu Gunsten der Imploraten entschieden werden muß;

in Erwägung nämlich,

1) daß zwar die dem ordentlichen Verfahren vorbehalten bleibende Klage auf Restitution nicht als eine Reconvention aufzufassen und also auch nicht in diesem Sinne als Widerklage bezeichnet werden darf, daß aber, gleichwie auch schon im gemeinrechtlichen Executivprocesse unter Verhältnissen, wie die vorliegenden, dem Beklagten die Befugniß eingeräumt wird, auf Cautionsbestellung für die demnächstige Restitution des Gezahlten zu bestehen und eventuell die libellirte Summe gerichtlich zu deponiren, es auch um so weniger zweifelhaft erscheinen kann, daß in dem, dem gemeinrechtlichen Executivprocesse entsprechenden, unbedingten Mandatsverfahren des vaterländischen Rechts dem Beklagten dieselbe Befugniß eingeräumt werden muß, als nicht nur die Verordnung vom 25. Juli 1781, sondern ebenfalls auch das Patent vom 7. Octbr. 1815 die Klage, mit der in ordinario dasjenige wieder gefordert wird, was im unbedingten Mandatsproceß erstritten worden, als Widerklage bezeichnet;

2) daß die Vorschrift des § 3 des Patents vom 7. October 1815, wo es heißt:

> „Hat der Implorat den Gegenstand der Widerklage namhaft gemacht und einigermaaßen bescheiniget, so kann er nur verlangen, daß in Ermangelung einer anderweitigen hinlänglichen Caution die im Mandatsprocesse eingeklagte Summe gerichtlich deponirt werde."

nicht in dem Sinne verstanden werden darf, daß im vorliegenden Falle das thatsächliche Begründetsein der wegen angeblicher Nichtigkeit des Rechtsgeschäftes zu erhebenden Klage bescheinigt werden mußte;

3) daß übrigens auch die Imploraten die in besonderem Verfahren näher auszuführende Einrede der Nichtigkeit in Beziehung auf deren thatsächliche Be-

gründung durch den beigebrachten ärztlichen Attest einigermaaßen bescheiniget haben und daß diese Bescheinigung zwar erst duplicando eingereicht worden, hierauf aber kein entscheidendes Gewicht gelegt werden darf, da es sich nicht um die allerdings unzulässige nachträgliche Liquidirung einer die Aufhebung des Mandats bezweckenden Einrede, sondern vielmehr lediglich um eine sich auf die beantragte Cautionsbestellung beziehende Bescheinigung handelt, für welche eine gesetzliche Vorschrift, derzufolge sie nur berücksichtigt werden durfte, sofern sie innerhalb der vierwöchigen Paritionsfrist des ersten Mandats beigebracht worden, nicht besteht;

in Erwägung endlich, daß die Imploraten sich mit der eventuell vom Imploranten offerirten Sicherheitsbestellung zufrieden erklärt haben, ohne Widerspruch zu erheben gegen den vom Imploranten gestellten Antrag, daß ihnen für die Einreichung ihrer s. g. Widerklage eine präclusivische Frist vorgeschrieben werden möge, und es daher um so weniger Bedenken haben kann, in dem abzugebenden Bescheid zugleich auch diesen Antrag zu berücksichtigen;

wird, bei abschriftlicher Mittheilung der sub præs. den 17. September d. J. eingegangenen duplicarischen Erklärung an den Imploranten, hiemittelst von Obergerichtswegen zum Bescheide ertheilt:

daß, unter Verweisung der Einrede der Nichtigkeit zum besonderen Verfahren, das Mandat vom 28. Mai d. J., Einwendens ungeachtet, zu bestätigen und Imploraten daher schuldig seien, nunmehr innerhalb 14 Tagen ab insin. bei Vermeidung der Pfändung dem gedachten Mandate in allen Stücken zu geleben, auch die Kosten der replicarischen Erklärung mit 12 ℛ 23 ß und die Kosten des Decrets vom 29. Juli d. J. mit 5 ℛ 82 ß, wie auch die in dorso hujus decreti verzeichneten Kosten dem Imploranten zu erstatten,

es sei denn, daß Implorant nicht innerhalb dieser Frist drei Altona-Kieler Eisenbahnactien zur Sicherheit für die dem ordentlichen Verfahren vorbehaltene Klage auf Restitution der zu zahlenden Summe hieselbst ad depositum bringen würde,

für welchen Fall nämlich die Imploraten berechtigt seien, die libellirte Summe s. w. d. a. hieselbst als Sicherheit für den zu erhebenden Rückforderungsanspruch zu deponiren, wobei jedoch den Imploraten anbefohlen werde, ihren vermeintlichen Rückforderungsanspruch bei Strafe des ewigen Stillschweigens und der Kostenerstattung binnen 6 Wochen ab ins. h. d. durch Einbringung ihrer Klage bei dem für selbige zuständigen Gerichte geltend zu machen.

Urkundlich ꝛc. Gegeben im Königl. Holsteinischen Obergerichte zu Glückstadt, den 23. December 1861.

Auf die von den Imploraten zur Hand genommene Supplication gegen dies Erkenntniß erfolgte der nachstehende abschlägige Bescheid des Königl. Oberappellationsgerichts.

Namens Sr. Königl. Majestät.

Auf die am 20. Januar d. J. hieselbst eingegangene Supplicationsrechtfertigung des Klosterpropsten C. v. Qualen in Preetz und des Advocaten Grafen L. Reventlow in Kiel, als obergerichtlich bestellter Curatoren des geisteskranken Landsassen Wilhelm von Bülow auf Bossee, Imploraten, jetzt Supplicanten,

wider

den Landmann J. Dohse, zur Zeit in Kiel, Imploranten, jetzt Supplicaten,

hauptsächlich wegen einer angeblichen liquiden Schuld von 600 ℛ R.-M. Kostgeld s. w. d. a., jetzt Supplication wider das Erkenntniß des Holsteinischen Obergerichts vom 23. December 1861,

wird,

in Erwägung, daß die von den Imploraten vorgeschützte Einrede der unrichtig gewählten Proceßart, welche darauf gestützt ist, daß aus der vom Imploranten producirten Urkunde nicht zu ersehen sei, ob eine principale Verbindlichkeit W. v. Bülow's, wie sie zur Begründung der erhobenen Klage erforderlich, vorliege, sich als unbegründet darstellt, indem in dem ersten Theil der gedachten Urkunde lediglich der Grund und Umfang der von W. v. Bülow im letzten Theil derselben übernommenen Verbindlichkeit enthalten ist, und zu der Annahme, daß letztere bloß eine accessorische sei, keine Veranlassung vorliegt, da die in dem letzten Theil der Urkunde vorkommenden Worte „für den erwähnten L. Schlüter" nicht auf eine diesem zunächst obliegende

Verbindlichkeit hindeuten, vielmehr, wie im ersten Theil der Urkunde, nur aussprechen, daß die fragliche Summe für die Beköstigung Schlüter's gezahlt werde, und da, wenn auch im ersten Theil der Urkunde nicht gesagt ist, von wem der Implorant das Geld für Schlüter erhalte, es doch mit Rücksicht darauf, daß die darin ohne Angabe des Debitors enthaltene Anerkennung der desfälligen Forderung des Imploranten in den von W. v. Bülow ausgestellten Schuldschein aufgenommen und dadurch allein das Zahlungsversprechen motivirt ist, einem begründeten Zweifel nicht unterliegen kann, daß auch im ersten Theil der Urkunde von einer einem Andern, als dem Aussteller, obliegenden Principalschuld, zu der sich die im letzten Theil der Urkunde vom Aussteller übernommene Verpflichtung als accessorische verhalte, nicht die Rede ist, und

in Erwägung, daß demnach die Einrede der unrichtig gewählten Proceßart in dem angefochtenen Erkenntnisse mit Recht als unbegründet verworfen worden, und mithin die darüber erhobene Beschwerde sich nicht als gerechtfertigt darstellt,

hiemit

ein abschlägiger Bescheid

ertheilt.

Die Kostenrechnung des Anwalts der Supplicanten wird auf 19 ℳ 77 β R.-M., die ihres Actenprocurators auf 3 ℳ 77 β R.-M. bestimmt.

Urkundlich 2c. Gegeben im Königl. Oberappellationsgericht zu Kiel, den 2. April 1862.

Ueber den Begriff des Altentheils.

In Sachen des Claus Rohwer in Hamweddel, Klägers und Supplicanten,

wider

den Hufner Peter Sievers daselbst, Beklagten und Supplicaten,

wegen Leistung eines Verlehnts s. w. d. a., jetzt wider den Bescheid des Königl. Rendsburger Amthauses vom 9. August v. J.,

ergeben die Acten:

Zwischen dem Hufner Eggert Rohwer in Hamweddel und seinem Sohne Jacob Rohwer ist am 8. November 1819 ein Ueberlassungscontract errichtet worden, in welchem im § 2 Nr. 6 den unverheiratheten Geschwistern des Uebernehmers für den Fall, daß sie nach dem Aufhören des dem Ueberlasser und seiner Ehefrau zugesicherten Verlehnts durch Krankheitsumstände außer Stand gesetzt werden sollten, Andern zu dienen, während der Krankheit und bis die Verheirathung erfolge, gewisse als Verlehnt bezeichnete Leistungen an Wohnung, Korn, Feuerung, Land u. s. w. stipulirt worden sind. Nachdem die Hufe mit den durch diesen Contract begründeten Verpflichtungen auf den Supplicaten übergegangen war, hat der Supplicant, ein Bruder des ursprünglichen Annehmers der Stelle, die in dem Contract ihm ausbedungene Versorgung wegen Kränklichkeit in Anspruch genommen und auch erhalten. Wegen einzelner Leistungen für dasselbe, nämlich der Instandsetzung der Wohnung und der Beschaffung von Buchwaizenaussaat, aber sind Differenzen unter den Parteien entstanden, welche den Supplicanten zur Erhebung einer Klage beim Rendsburger Amthause veranlaßt haben. In der Klage war bemerkt, daß, wenn man dieselbe als eine Klage aus dem Contract vom 8. November 1819, daher als Verlehntssache auffasse, das Amthaus zur definitiven Erledigung competent sei und nur eventuell, falls die Sache als eine Contractsklage aufgefaßt werden könnte, bei der die Qualität der jenseits in Abrede gestellten Verpflichtung als einer Verpflichtung zur Leistung von Verlehntsprästationen noch nicht in Betracht käme, von einem Audienzverfahren die Rede sein könne; es war demzufolge hauptsächlich die Anberaumung eines Termins zur mündlichen Erörterung und zur definitiven Entscheidung der Sache, eventuell die Verweisung derselben an das Ordinarium nach vergeblich angestelltem Vergleichsversuche beantragt.

In dem am 9. August v. J. stattgehabten Verhandlungstermine berief der Beklagte sich zunächst darauf, daß, weil dem Kläger in dem fraglichen Passus des Contractes nur temporaire und bedingte Leistungen zugesichert seien, ein Verlehnt nach dem juristischen Begriffe desselben nicht vorliege und daher von der summarischen Verhandlung einer Verlehntssache nicht die Rede sein könne, weshalb er die Abweisung des Klägers mit seinem Hauptantrag unter Kostenerstattung beantragte.

Nach stattgehabter weiterer Verhandlung ward darauf von dem Amthause den Parteien sofort im Termin zum Bescheide gegeben, daß die Sache sich zu einem Verfahren nach Vorschrift der Verordnung vom 20. Januar 1797 nicht qualificire, vielmehr sowohl nach der Natur des Objectes als auf Beweis und Gegenbeweis beruhend zum ordentlichen Verfahren zu verweisen sei, wogegen der Kläger hieher supplicirt und sich darüber beschwert hat, daß, wie geschehen, und nicht vielmehr dahin erkannt worden, daß die Sache als eine Verlehntesstreitigkeit in dem durch die Verordnung vom 20. Januar 1797 vorgeschriebenen summarischen Verfahren zu erörtern und zu entscheiden sei.

Nach eingezogener Erklärung des Supplicaten steht zur Frage, ob diese Beschwerde gegründet ist.

In Erwägung nun, daß es für die rechtliche Beurtheilung nicht entscheidend sein kann, daß die fraglichen Leistungen in dem Ueberlassungscontracte vom 8. November 1819 mit dem Namen Verlehnt bezeichnet worden sind, es sich vielmehr darum handelt, ob ein Verhältniß vorliegt, welches unter den juristischen Begriff des Altentheils fällt;

in Erwägung aber, daß als Altentheil, Abnahme oder Verlehnt in der Theorie ganz bestimmt nur die lebenslängliche Versorgung bezeichnet ist, welche dem von der Wirthschaft abtretenden Besitzer oder Bewirthschafter eines Bauernguts oder seiner Ehefrau von dem Uebernehmer gewährt wird und theils bei der s. g. anticipirten Erbfolge des Anerben, theils bei dem Aufhören der Interimswirthschaft vorkommt, womit auch die vaterländische Verordnung vom 20. Januar 1797 nach ihren Eingangsworten übereinstimmt;

in Erwägung, daß daher im gegenwärtigen Falle die Voraussetzungen des Altentheils weder in subjectiver noch auch, da keine lebenslängliche Leistungen stipulirt sind, in objectiver Beziehung vorhanden sind und demzufolge die nur auf das Altentheil sich beziehenden und bei ihrer exceptionellen Natur keine ausgedehntere Anwendung gestattenden Bestimmungen der Verordnung vom 20. Januar 1797 nicht haben zur Anwendung gebracht werden dürfen;

wird dem Supplicanten auf seine sub praes. den 23. August v. J. hieselbst eingereichte Supplicationsschrift hiedurch von Obergerichtswegen

ein abschlägiger Bescheid

ertheilt, derselbe auch schuldig erkannt, dem Supplicaten die angesetztermaaßen mit 17 ℛ︁ 37 β passirenden Kosten seiner in Abschrift anliegenden Gegenerklärung binnen 4 Wochen ab ins. zu erstatten.

Urkundlich ꝛc. Gegeben im Königl. Holsteinischen Obergerichte zu Glückstadt, den 27. Februar 1862.

Ueber die in Strafsachen von dem requirirten Richter zu befolgenden Grundsätze.

Den ergehenden Requisitionen Folge zu geben wird in den allermeisten Fällen kein Bedenken haben und namentlich inländischen Gerichten gegenüber kommt begreiflich eine Behörde nur selten in die Lage, deren Requisition ablehnen zu müssen. Dabei mag es manchen Behörden schon so zur Gewohnheit geworden sein, jede Requisition ohne Weiteres zur Ausführung zu bringen, daß ihnen die Stellung, die sie als requirirte Richter einzunehmen haben, ganz unklar geworden und sie kaum noch an die Möglichkeit denken, daß ihnen Fälle begegnen könnten, wo sie ihre Amtspflicht verletzen würden, wollten sie nicht Anstand nehmen, den Requisitionen zu entsprechen. Wenigstens hat es schon mehrfach den Anschein gewinnen müssen, als ob einzelne Localbehörden von der unrichtigen Ansicht ausgegangen wären, daß der requirirende Beamte allein alle Verantwortlichkeit trage, sie selbst dagegen sich nur verantwortlich machen könnten, wenn sie sich säumig bewiesen in der Erledigung von Ersuchungsschreiben.

Daher dürfte es nicht unangemessen erscheinen, hier an einen eben so bekannten als allgemein anerkannten Grundsatz des in Holstein geltenden gemeinen Deutschen Criminalprocesses zu erinnern.

Jeder requirirte Richter hat unzweifelhaft nicht nur das Recht, sondern auch die Verpflichtung, die

Rechtmäßigkeit, die materielle wie die formelle Begründung der Requisition zu prüfen. Ihm liegt dies auch ob, selbst wo es sich um mehr untergeordnete Verfügungen handelt, wie Citationen von Zeugen zum Erscheinen vor einem entfernteren Gericht.*) Aber von besonderer Wichtigkeit ist allerdings die Erfüllung dieser Amtspflicht, wo Maaßregeln bedenklicherer Art in Frage stehen. Die Aufgabe der Gerichte ist es, in ihrem Districte die Unschuld zu schützen und die Schuld zu verfolgen. Die Verhaftung und Auslieferung ihrer Amtsuntergehörigen kann daher nicht schlechthin von der Willkür eines fremden Gerichtes abhängen, sie haben vielmehr zu prüfen, ob die angeschuldigte Handlung ein strafbares Verbrechen ist und ob auch im Uebrigen der Folgeleistung der Requisition kein Bedenken entgegensteht.

Welcher Richter würde wohl der Requisition eines andern Gerichtes zur Verhaftung eines Civilzeugen Folge geben? oder zur Verhaftung und Auslieferung eines Untergehörigen zur Untersuchung wegen Almosengebens? oder zur Auslieferung und Verhaftung eines allgemein geachteten anerkannt rechtschaffenen reichen und angesessenen Mannes wegen nicht näher motivirter Anschuldigung des Raubmordes? Und doch ist es eben nur dasselbe Prinzip, welches sich in diesen Fällen geltend macht, die sich nur dadurch von andern unterscheiden, daß in ihnen es eclatanter hervortritt, wie wenig es mit einer gewissenhaften Amtsführung vereinbar wäre, solche Requisitionen auf die Verantwortlichkeit des Requirenten hin zur Ausführung bringen zu wollen.

Dies Prinzip in der Natur der Sache begründet, wird auch nicht nur in der gemeinrechtlichen Doctrin unseres Wissens ohne Widerspruch von allen Rechtslehrern gebilligt,

vgl. Mittermaier, Strafverfahren, Bd. I § 77,
Bauer, Anleitung zur Criminalpraxis, § 78,
Abegg, Criminalproceß, § 82,
Tittmann, Strafrechtswissenschaft, III § 718 und 719,
Stübel, Criminalverfahren, Bd. III § 1519 bis 1521,

sondern ist auch, was die Holsteinische Praxis anlangt, schon wiederholt vom Obercriminalgerichte anerkannt worden.

Bereits im Jahre 1852 sah sich dasselbe genöthigt, eine auf Requisition eines inländischen Gerichts vorgenommene Inhaftirung wegen fehlender formeller und materieller Begründung des Ersuchungsschreibens wieder aufzuheben, und in einem Rescript desselben vom 23. Januar 1857, erlassen an eine Behörde, welche die von ihr in einer Criminalsache auf Requisition eines anderen Gerichtes getroffene Verfügung nicht als Justiz-, sondern als Administrativbehörde vorgenommen haben wollte, heißt es unter Anderem:

„Es ist ein anerkannter Grundsatz des in Holstein geltenden gemeinen Criminalprocesses, daß die requirirte Behörde selbst verantwortlich ist für die auf Antrag des requirirenden Gerichts vorgenommenen Handlungen, sie also selbstständig das Begründetsein der Requisition zu prüfen hat und nicht etwa bloß auf Verantwortlichkeit der requirirenden Behörde hin thätig werden darf. Eben daher sind auch nur richterliche Behörden für die definitive Erledigung solcher Requisitionen competent und gleich wie bei entstehendem Zweifel sich die requirirte Behörde nicht an die vorgesetzte Regiminalbehörde, sondern an das Obercriminalgericht zu wenden hat, so können auch die von Holsteinischen Behörden auf Requisition auswärtiger Gerichte getroffenen Verfügungen zum Gegenstand der Beschwerdeführung beim Obercriminalgericht gemacht werden."

Im December v. J. wandte sich der Altonaer Magistrat, welcher sich mit dem Bordesholmer Amthause über die bei Requisitionen zu befolgenden Grundsätze nicht hatte verständigen können, mit einem berichtlichen Antrag an das Obercriminalgericht. Es hatte nämlich das Bordesholmer Amthaus Bedenken getragen, einer Requisition des Altonaer Magistrats, derzufolge einem Amtseingesessenen behufs seiner Zeugenvernehmung der Befehl zur Sistirung vor dem Altonaer Magistrat beigelegt werden sollte, zu entsprechen, und hatte sich deshalb darauf beschränkt, das Ersuchungsschreiben dem Betreffenden zu seinem rechtlichen Verhalten mitzutheilen. Hatte nun auch der einzelne Fall durch die freiwillige Sistirung des Zeugen seine Erledigung gefunden, so war doch der Ma-

*) vgl. unten die desfallsige Entscheidung von Differenzen zwischen dem Bordesholmer Amthause und dem Altonaer Magistrate.

gistrat, zur Vermeidung später etwa entstehender Weiterungen, mit dem Bordesholmer Amthause über die zu befolgenden Grundsätze in Correspondenz getreten, und da der Magistrat, davon ausgehend, daß die requirirte Behörde in solchen Fällen den Requisitionen unbedingt Folge geben müsse, sich bei der Antwort des Amthauses, welches sich die selbstständige Prüfung für jeden einzelnen Fall vorbehielt, nicht glaubte beruhigen zu dürfen, legte derselbe die entstandenen Differenzen dem Obercriminalgericht zur Entscheidung vor. Letzteres konnte jedoch mit den im eingezogenen Bericht des Bordesholmer Amthauses näher entwickelten Grundsätzen sich nur einverstanden erklären und erließ daher unterm 11. Januar d. J. nachstehendes Rescript:

Von Obercriminalgerichtswegen

wird dem Magistrat der Stadt Altona mit Beziehung auf dessen berichtlichen Antrag vom 5. December v. J., betreffend die Weigerung des Königl. Amthauses zu Bordesholm, den Requisitionen in einer beim Magistrat der Stadt Altona anhängigen Criminaluntersuchung zu entsprechen, hiedurch zu erkennen gegeben, daß dem requirirten Richter die Pflicht obliegt, zu prüfen, in wie weit der an ihn gestellten Requisition Folge zu geben sei, und daß die in dem abschriftlich angeschlossenen Bericht des Bordesholmer Amthauses in dieser Beziehung aufgestellten Grundsätze *) zu der erbetenen Instruction an dasselbe keine Veranlassung geben können.

---

*) In diesem Bericht heißt es unter Anderem:

Als allgemeine Regel dürfte es unzweifelhaft anzusehen sein, daß, wenn Jemandem vom Staate ein Gerichtsstand angewiesen ist, er auch nur vor dem ihm solchergestalt vorgesetzten Gerichte zu erscheinen und von demselben sich vernehmen zu lassen braucht. Abweichungen von diesem Grundsatze können streng genommen gewiß nur durch das Gesetz statuirt werden, wie es denn auch in vielen Ländern wirklich geschehen ist. Im Herzogthum Holstein fehlt es aber bisher an solchen Gesetzen und muß demnach die allgemeine Regel Platz greifen und zur Anwendung kommen, denn eine Praxis im rechtlichen Sinne des Worts hat sich in dieser Beziehung ebenfalls nicht gebildet, wie dieses freilich zunächst für das Herzogthum Schleswig bei der Gleichheit der in Strafsachen befolgten Normen, implicite aber auch für das Herzogthum Holstein, von einem unserer ersten Practiker, dem ehemaligen Obergerichtsrath Esmarch, bezeugt wird,

cf. practische Darstellung des Strafverfahrens im Herzogthum Schleswig von M. C. Esmarch, § 44, 6.

Dieser Verfasser bezeugt nämlich, daß der Fall, daß ein Zeuge sich geweigert hätte, behufs seiner Vernehmung vor einem ihm fremden Untersuchungsgerichte zu erscheinen, niemals zur Entscheidung gekommen ist. Zugleich macht er die Vorladung der Zeugen vor das für sie an sich nicht zuständige Untersuchungsgericht von äußeren Verhältnissen abhängig und bemerkt ausdrücklich, daß man sich bei weiterer Entfernung des Zeugen oder wenn seine Stellung seine Vernehmung vor der Untersuchungsbehörde nicht angemessen erscheinen lasse, damit begnüge, die Abhörung vor dem eigenen Gerichtsstande des Zeugen zu requiriren. Eine andere Auctorität, die Kieler Juristenfacultät, hat, und zwar in noch weit strengerer Form, die hier vertretene Ansicht ausgesprochen und erlaube ich mir deshalb auf die sub 2 angeschlossene Correspondenz zwischen dem akademischen Consistorio und einem Militairgericht Bezug zu nehmen. Nach allgemeinen Grundsätzen und den so eben allegirten Autoritäten dürfte daher wohl kein Zweifel darüber obwalten, was im vorliegenden Falle als recht- und gesetzmäßig zu betrachten ist. Dagegen aber soll es keineswegs von mir geleugnet werden, daß viele Gerichte kein Bedenken tragen, fremde Jurisdictionsuntergehörige behufs ihrer Vernehmung vorzuladen, so wie, daß ebenso die mehrsten Behörden nicht anstehen, desfälligen Requisitionen Folge zu leisten. Es hat dieses seinen Grund darin, daß in schweren Criminalfällen, bei Confrontationen, der Wiedererkennung nicht transportabler Gegenstände, Localitäten u. s. w. das öffentliche Wohl allerdings eine Ausnahme von der Regel verlangt, indem sonst der Zweck der Untersuchung vereitelt und der Lauf der Gerechtigkeit gehemmt werden könnte. Besser wäre es ohne Zweifel, wenn dieses ganze Verhältniß gesetzlich geregelt würde. Bis dieses geschehen, scheint es nur übrig zu bleiben, daß man die Regel im Ganzen aufrecht erhält und von derselben nur dann Ausnahmen statuirt, wenn sie durch die Nothwendigkeit geboten werden. Eine solche Nothwendigkeit läßt sich in jedem einzelnen Fall aber nur aus den dabei

Endlich hat auch noch neuerdings das Obercriminalgericht den obigen Grundsatz anerkannt in einem Schreiben an das Königliche Schleswigsche Appellationsgericht zu Flensburg, welches lautet, wie folgt:

In dem hieneben in Abschrift angeschlossenen Schreiben hat die Stallerschaft der Landschaft Eiderstedt beantragt, daß dem das forum superius sortirenden Dr. Wallichs in Neumünster, nachdem wider ihn die Einleitung einer Criminaluntersuchung verfügt worden, der Befehl beigelegt werde, sich sofort oder 24 Stunden nach Insinuation dieses Befehls, bei Vermeidung der Realcitation, nach Garding zu begeben und sich dort bei der angeordneten Commission des Everschop-Utholmischen Criminalgerichts zu melden. Da indeß das requirirte Gericht zu prüfen hat, ob diejenige Handlung, wegen welcher gegen eine der Jurisdiction desselben angehörige Persönlichkeit eine Criminaluntersuchung verfügt und mit Rücksicht darauf die Abgebung eines Befehls an den Angeschuldigten, sich bei der Untersuchungsbehörde zu sistiren, requirirt worden ist, den criminell strafbaren Handlungen beizuzählen sei, nach gemeinrechtlicher Doctrin aber, von der die Gesetzgebung des Inlandes keine abweichende Bestimmungen enthält, die Sammlung von Beiträgen zur Förderung der Angelegenheiten eines fremden Staats, zwischen welchem und dem Inlande friedliche Beziehungen obwalten, als eine criminell strafbare Handlung nicht anzusehen ist, so kann dem gedachten Antrage keine Folge geleistet werden.

Ein Königl. Appellationsgericht darf das unterzeichnete Obercriminalgericht dienstergebenst ersuchen, von Vorstehendem die Stallerschaft der Landschaft Eiderstedt in Kenntniß zu setzen.

Königliches Holsteinisches Obercriminalgericht zu Glückstadt, den 7. Februar 1862.

---

in Betracht kommenden Umständen erkennen. Es gehört dazu meines unmaaßgeblichen Erachtens vor allen Dingen, daß der criminelle Charakter der Sache über allen Zweifel erhaben ist, ferner aber auch, daß die Sache von Erheblichkeit und daß sie endlich von der Beschaffenheit ist, daß die Vernehmung der Zeugen durch den untersuchenden Richter als Bedingung für den Erfolg der Untersuchung selbst betrachtet werden muß. Die bloße Bequemlichkeit der Gerichte, ja selbst wirkliches Nützen durch Zeitersparung und Vereinfachung der Untersuchung dürfte dagegen einen Grund nicht abgeben, um einen Unterthan seinem gesetzlichen Gerichtsstande zu entziehen und zum Erscheinen vor einem fremden Gericht zu nöthigen. Das scheint denn auch durchaus nothwendig, wenn man nicht wichtige Interessen der Staatsbürger der Laune einer jeden Behörde preisgeben will. Bei geringen Entfernungen und bei Leuten geringen Standes macht man, wie schon Esmarch sagt, zwar nicht viele Umstände und ist es gewöhnlich für einen Taglöhner z. B. ziemlich gleichgültig, ob er seine tägliche Arbeit verrichtet oder für eine entsprechende Vergütung nach dem nächsten Gerichte geht und sich da vernehmen läßt. Unter andern Verhältnissen gestaltet die Sache sich aber ganz anders und man würde sich gewiß vielfach bedenken, bevor man einen großen Kaufherrn oder Fabrikanten aus Altona nöthigte, z. E. vor einem Gericht im Amte Aarhuus oder Viborg zu erscheinen, denn da würde es sich bald zeigen, daß die Entschädigung u. A. nicht einmal geschätzt werden könnte.

Es kann demnach von der bloßen Willkür der Behörden und von bloßen Zweckmäßigkeits- und Bequemlichkeitsrücksichten unmöglich abhängen, ob Jemand verpflichtet ist, sich vor einem ihm fremden Gerichte als Zeuge zu stellen oder nicht. Es bedarf dazu, wie bereits angeführt, erheblicher und für das Staatswohl wichtiger Gründe. Daß aber der judex requisitus über die Erheblichkeit derselben und mithin über die Rechtmäßigkeit der Requisition zu urtheilen hat, dürfte wohl rechtlich unzweifelhaft sein, indem, so wie jede Behörde zunächst über ihre eigene Competenz zu entscheiden hat, derselben auch die Zuständigkeit des judex requirens und etwanige Bedenken gegen die Legalität des Begehrens zu prüfen obliegt. Darüber sind die bewährtesten Rechtslehrer sich einig und würde im entgegengesetzten Fall der requisitus auch zum bloßen Diener des requirens herabsinken, während er sich doch, selbst wenn er es wollte, auch in einem solchem Fall der eigenen Verantwortlichkeit nicht entschlagen kann oder darf.

Allerhöchst privilegirte

Holsteinische Anzeigen.

Redigirt von den Obergerichtsräthen Etatsrath Henrici und Lucht.
Gedruckt bei Augustin in Glückstadt.

18. Stück. — Den 5. Mai 1862.

Entscheidungen.

In wie weit die Handlungsfähigkeit bei mündigen Personen zu präsumiren sei. — Cautio de event. restituendo im vaterländischen unbedingten Mandatsproceß.

In Sachen des Ludwig J. Chr. Schlüter aus Stolpe, adeligen Guts Depenau, Imploranten,

wider

die obergerichtlich bestellten Administratoren des Vermögens des Landsassen W. C. J. v. Bülow zu Bossee, Klosterprobsten C. v. Qualen in Preetz und Advocaten Grafen L. v. Reventlow in Kiel, Imploraten,

wegen einer liquiden Forderung von 600 ℛ R.-M.,

ergeben die Acten:

Auf Grund einer d. d. Bossee den 28. August 1860 von dem Landsassen W. v. Bülow ausgestellten Schenkungsacte über eine jährlich im Kieler Umschlag und zwar zuerst O. T. R. 1861 auszuzahlende Rente von 600 ℛ R.-M. hat der Implorant wider die Imploraten ein unbedingtes Mandat extrahirt, wogegen Letztere rechtzeitig mit einer Gegenvorstellung eingekommen sind, in der sie bemerken, daß sie nicht im Stande seien, sich ein Urtheil darüber zu bilden, ob die Schenkungsurkunde von dem Landsassen W. v. Bülow ausgestellt und unterschrieben worden, da derselbe gemüthsleidend sei. Unter der Voraussetzung der Echtheit und sonstiger Rechtsgültigkeit der Urkunde würden sie freilich in qual. qua verpflichtet sein, die eingeklagte Summe von 600 ℛ zu bezahlen und mit der jährlichen Rentenzahlung bis dahin fortzufahren, daß der Implorant im Ganzen den Werth von 500 solidi erhalten hätte. Dagegen würde von da an jegliche Verbindlichkeit cessiren, weil die Urkunde ausdrücklich den Uebergang der Zahlungspflicht auf die Erben des Schenkers bestimme und nach richtiger Interpretation der L. 34 § 5 C. de donat. 8, 54 die gerichtliche Insinuation stets erfordert werde, wenn die Schenkung auch nur auf die Erben eines der beiden Theile sich fortsetze (Puchta, Pandecten, § 69 not. e). Die Rechtsgültigkeit der angeblichen Schenkung werde aber von ihnen nicht anerkannt, den implorantischen Ansprüchen vielmehr die Einrede der Nichtigkeit entgegengesetzt. W. v. Bülow sei nämlich schon seit mehreren Jahren geisteskrank und sein Zustand daher namentlich zur Zeit der dem Imploranten angeblich gemachten Schenkung der eines Handlungsunfähigen gewesen. Sie sähen sich jedoch begreiflich außer Stande, diese Einrede sofort zur Liquidität zu erheben, und da das Mandatsverfahren demnach nicht wegfällig werden könne, so erböten sie sich, gegen cautio de eventualiter restituendo an den Imploranten Zahlung zu leisten, indem sie ihren Antrag dahin richteten:

> daß, unter Verweisung der vorstehenden Einrede auf den ordentlichen Weg Rechtens, Implorant schuldig erkannt werden möge, ihnen für die eventuelle Rückzahlung rechtsgenügliche Caution zu leisten.

In der eingezogenen Replik hat Implorant auszuführen gesucht, daß die Einrede der Nichtigkeit unbegründet sei, indem jeder mündige Mann als handlungsfähig anzusehen, bis ihm die Befugniß, rechtsverbindlich über sein Vermögen zu disponiren, gerichtlich entzogen werde, der Landsasse W. v. Bülow habe aber noch im März d. J. eine als gültig vom Obergericht angenommene Erklärung abgegeben, wodurch er sich der Disposition über sein Vermögen begeben und sich die Imploraten als Administratoren erbeten habe. Implorant hat ferner darauf hingewiesen, daß, wenn der Landsasse v. Bülow nicht handlungsfähig gewesen, die Imploraten auch nicht legitimirt wären, als Administratoren seines Vermögens sich auf Processe einzulassen, da ihre Legitimation auf seiner Erklärung beruhe, die wieder seine Handlungsfähigkeit voraussetze.

In Betreff der beantragten Cautionsbestellung bestreitet Implorant die Befugniß der Imploraten, eine solche Caution von ihm zu verlangen, da es sich nicht um eine Widerklage, sondern um eine in separato auszuführende Einrede handle, der Gegenstand der Widerklage auch weder namhaft gemacht noch bescheinigt worden.

Indem Implorant daher um Abgebung eines geschärften Mandats bittet, widerspricht er schließlich der Ansicht, daß in diesem Falle die Schenkung der gerichtlichen Insinuation bedürfe.

Da nun die Frage, ob die Schenkung die gerichtliche Insinuation erfordert um, in so weit sie die Summe von 500 solidi übersteigt, als rechtsgültig angesehen werden zu können, gegenwärtig nicht in Betracht kommt, so steht nach eingezogener Duplik, der ein ärztliches Gutachten über den Geisteszustand des Landsassen v. Bülow angelegt worden, lediglich zur Frage:

1) ob die Einrede der Nichtigkeit sich rechtlich als unbegründet darstellt, und event.
2) ob die Imploraten die Zahlung der eingeklagten Summe von der vorgängigen Bestellung einer Caution abhängig machen dürfen.

In Erwägung nun, daß die eine nothwendige Bedingung für die rechtsverbindliche Kraft eingegangener Rechtsgeschäfte bildende Handlungsfähigkeit allerdings bei mündigen Personen zu präsumiren ist, diese rechtliche Präsumtion aber nicht den Beweis des Gegentheils ausschließt, indem bekanntlich keine gesetzliche Vorschrift besteht, derzufolge vermöge einer Fiction oder s. g. praesumtio juris et de jure Jeder, auch der wirklich Handlungsunfähige, bis zur gerichtlichen Entziehung der Dispositionsbefugniß als handlungsfähig gelten müßte;

in Erwägung, daß hinfolglich der gegen die Einrede der Nichtigkeit erhobene Einwand völlig grundlos erscheint und, was die Legitimation der Imploraten anlangt, dieselbe, weil beruhend auf gerichtlicher Bestellung, bis zur Wiederaufhebung der letzteren als fortbestehend anzusehen ist, übrigens auch die Imploraten im Verlaufe dieses Processes nach über den Geisteszustand des Landsassen v. Bülow stattgehabter causae cognitio zu Curatoren für denselben bestellt sind und ihn also jetzt in dieser Eigenschaft zu vertreten haben;

in Erwägung ferner, anlangend die beantragte Cautionsbestellung, daß

1) die Imploraten in ihrer gegen das Mandat eingereichten Gegenvorstellung mit genügender Bestimmtheit zu erkennen gegeben haben, daß sie auf Grund der angeblichen Nichtigkeit des der Mandatsklage zum Grunde liegenden Rechtsgeschäfts mit der in ordinario zu erhebenden Klage die Restitution der Geldsumme in Anspruch nehmen werden, zu deren Zahlung sie in diesem Processe wegen mangelnder Liquidität ihrer Einrede werden verurtheilt werden müssen, ihnen daher nicht mit Grund vorgeworfen werden darf, daß sie den Gegenstand dieser Klage nicht namhaft gemacht hätten;

2) daß zwar eine solche Klage nicht als eine Reconvention aufzufassen und also auch nicht in diesem Sinne als Widerklage bezeichnet werden darf, daß aber, gleich wie auch schon im gemeinrechtlichen Executivprocesse dem Beklagten unter Verhältnissen, wie die vorliegenden, die Befugniß eingeräumt wird, auf Caution für die dem ordentlichen Verfahren vorbehaltene Klage auf Restitution zu bestehen und eventuell die libellirte Summe gerichtlich zu deponiren, es auch um so weniger zweifelhaft erscheinen kann, daß auch in dem dem gemeinrechtlichen Executivprocesse entsprechenden unbedingten Mandatsverfahren des vaterländischen Rechtes den Beklagten dieselbe Befugniß eingeräumt werden muß, als nicht bloß die Verordnung vom 25. Juli 1781, sondern ebenfalls auch das Patent vom 7. October 1815 diejenige Klage, mit der in ordinario wieder gefordert wird, was im unbedingten Mandatsprocesse erstritten worden, als Widerklage bezeichnet;

3) die Vorschrift des § 3 des Patents vom 7. October 1815, wo es heißt:

„Hat der Implorat den Gegenstand der Widerklage namhaft gemacht und einigermaaßen bescheinigt, so kann er nur verlangen, daß in Ermangelung einer anderweitigen hinlänglichen Caution die im Mandatsprocesse eingeklagte Summe gerichtlich deponirt werde,"

nicht in dem Sinne verstanden werden darf, daß für den vorliegenden Fall das thatsächliche Begründetsein der wegen angeblicher Nichtigkeit des Rechtsgeschäfts zu erhebenden Klage auf Restitution bescheinigt werden müsse;

4) überdies auch die Imploraten das thatsächliche Begründetsein der Einrede der Nichtigkeit einigermaaßen bescheinigt haben und wenn gleich diese Bescheinigung erst mit der Duplik eingebracht worden, hierauf doch kein entscheidendes Gewicht gelegt werden darf, da es sich nicht um die allerdings unzulässige nachträgliche Liquidirung einer die Aufhebung des Mandats begründenden Einrede, sondern vielmehr lediglich um eine sich auf die beantragte Cautionsbestellung beziehende Bescheinigung handelt, für welche eine gesetzliche Vorschrift, derzufolge sie nur berücksichtigt werden dürfte, sofern sie innerhalb der vierwöchigen Paritionsfrist des ersten Mandats beigebracht worden, nicht besteht;

in Erwägung, daß demnach auch die gegen die begehrte Cautionsbestellung erhobenen Einwendungen nicht begründet erscheinen, zufolge der Bestimmung des § 3 des Patents vom 7. October 1815 die Imploraten aber nur zu verlangen berechtigt sind, daß in Ermangelung einer genügenden Caution die eingeklagte Summe gerichtlich deponirt werde,

wird, bei abschriftlicher Mittheilung der eingezogenen duplicarischen Erklärung an den Imploranten, hiermittelst von Obergerichtswegen zum Bescheide ertheilt:

daß die Einrede der Nichtigkeit zum besondern Verfahren zu verweisen und Imploraten in qual. qua schuldig seien, nunmehr innerhalb 14 Tagen, bei Vermeidung der Pfändung, dem Mandate vom 18. Juni d. J. in allen Stücken zu geleben, auch die zu 12 ℛ R.-M. bestimmten Kosten der eingezogenen duplicarischen Erklärung und die 7 ℛ 44 β betragenden Kosten des Decretes vom 14. August d. J., wie auch die in dorso h. d. verzeichneten Gerichts- und Insinuationsgebühren an den Imploranten zu erstatten,

daß ihnen jedoch für den Fall, daß nicht annoch innerhalb dieser Frist Implorant ihnen durch hinlängliche Caution Sicherheit gebe für die demnächstige Restitution der libellirten Summe s. w. d. a., verstattet sei, die schuldige Summe zur Sicherheit hierfür ad depositum zu bringen.

Urkundlich 2c. Gegeben im Königl. Holsteinischen Obergerichte zu Glückstadt, den 23. December 1861.

Der Implorant supplicirte gegen dies Erkenntniß an das Königliche Oberappellationsgericht zu Kiel, ward aber von diesem, wie nachsteht, abschlägig beschieden.

Namens Sr. Königl. Majestät.

Auf die am 19. Februar d. J. hieselbst eingegangene Supplicationsschrift des Ludwig J. Chr. Schlüter aus Stolpe, adeligen Guts Depenau, Imploranten, jetzt Supplicanten,

wider

die obergerichtlich bestellten Administratoren des Vermögens des W. v. Bülow zu Bosser, den Klosterprobsten C. v. Qualen in Preetz und den Advocaten Grafen L. v. Reventlow in Kiel, Imploraten, jetzt Supplicaten,

princip. wegen einer liquiden fälligen Forderung von 600 ℛ R.-M. s. w. d. a., dann um einen unbedingten Zahlungsbefehl, jetzt Supplication gegen einen Bescheid des Holsteinischen Obergerichts vom 23. December 1861,

wird, mit Beziehung auf die dem angefochtenen Bescheide vorangestellten Entscheidungsgründe, und

in Erwägung, daß die Vorschrift des Kanzeleipatents vom 7. October 1815, wonach zur Rechtfertigung des Anspruchs auf Cautionsleistung oder, in deren Ermangelung, auf gerichtliche Deponirung der eingeklagten Summe erforderlich ist, daß der Implorat den Gegenstand der Widerklage namhaft gemacht und einigermaaßen bescheinigt habe, dahin zu verstehen, daß der im Wege der Widerklage geltend zu machende Anspruch näher bezeichnet und das Begründetsein desselben einigermaaßen wahrscheinlich gemacht werden muß und daß die gedachte Vorschrift in diesem Sinn zwar auch auf die im vorliegenden Fall wegen angeblicher Nichtigkeit des Rechtsgeschäfts geltend zu machende Rückforderung Anwendung leidet, diese aber nicht bloß gehörig bezeichnet, sondern auch ihrer thatsächlichen Begründung nach durch das beigebrachte ärztliche Gutachten für einigermaaßen bescheinigt zu erachten ist,

hiemit ein abschlägiger Bescheid ertheilt.

Urkundlich 2c. Gegeben im Königl. Oberappellationsgericht zu Kiel, den 12. April 1862.

Die Beschränkungen der Eidesdelation in Schwängerungssachen kommen auch in dem gegen die Erben des angeblichen Schwängerers geführten Processe zur Anwendung. — Welche Behörden zur Beglaubigung von Documenten befugt sind.

In Sachen der Anna Theod. Elis. Hahn, früher in Buchendorf, jetzt verheirathete Klüver, in Neustadt c. cur. mar., Klägerin und Producentin, jetzt Supplicantin,

wider

die Erben des wailand Hufenbesitzers C. H. Rüsch zu Steinrade, namentlich die Wittwe Charlotte Sophie Caroline Rüsch, geb. Hoofe, für sich und in mütterlicher Vormundschaft ihres unmündigen Kindes, resp. cum cur. et assist., Beklagte und Producten, jetzt Supplicaten,

hauptsächlich wegen Alimentation eines unehelichen Kindes, Deflorationsentschädigungen s. w. d. a.,

ergeben die Acten:

Klägerin hat klagend behauptet, von dem Erblasser der Beklagten, dem wailand Hufenbesitzer C. H. Rüsch in Steinrade, vor dessen Verheirathung geschwängert worden zu sein und in Folge dessen am 23. Mai 1858 ein Kind geboren zu haben. Sie hat deshalb Deflorations- und Alimentationsgelder beansprucht und zur Begründung ihrer letztern Forderung sich außerdem auf ein von ihr acceptirtes Versprechen des gedachten Rüsch berufen, für ihr zu erwartendes Kind sorgen zu wollen. Schließlich hat sie eine Forderung auf Restitution gewisser bei der Ahrensböcker Sparkasse belegter 128 ℛ︁ geltend gemacht. Nach verhandelter Sache ist von dem Plöner Landgericht unterm 5. Mai 1860 der Klägerin rechtskräftig zum Beweise verstellt worden:

a) daß der Erblasser der Beklagten mit ihr zu einer solchen Zeit den Beischlaf vollzogen, daß er dem Laufe der Natur und gesetzlicher Vermuthung zufolge Vater ihres am 23. Mai 1858 geborenen Kindes sein könne, oder

b) daß derselbe ihr versprochen, für ihr zu erwartendes Kind sorgen zu wollen und sie dieses Versprechen angenommen,

c) daß derselbe eine für sie bei der Ahrensböcker Sparkasse belegte Summe von 128 ℛ︁ erhoben und ihr zur Bestreitung der Reisekosten nach Oldesleben und der Verpflegungskosten in der dortigen Entbindungsanstalt des Dr. Gernhard, zu deren Abhaltung er sich ihr gegenüber früher verpflichtet, mit dem Versprechen zugestellt habe, ihr selbige als von ihm in seinem Interesse verwandt demnächst wieder ersetzen zu wollen.

Die beiden ersten dieser Beweise hat Klägerin durch Urkunden, Zeugen und event. durch Deferirung des Schiedseides, den letzten durch Urkunden und Deferirung des Schiedseides angetreten, und hat sie dabei den Schiedseid über speciell formirte Beweisartikel 27 — incl. 49, event. secundum verba interlocuti, deferirt.

Nachdem der Klägerin darauf die Verificirung mehrerer der von ihr producirten von Seiten der Gegner nicht anerkannten Documente sub Littr. A, C, J, K, L und P freigelassen worden, hat sie die Echtheit derselben durch den Dr. Gernhard in Oldesleben bescheinigen lassen und für die Richtigkeit seiner Unterschrift ein Attestat des Bürgermeisters Tester in Oldesleben vom 5. Februar 1861 beigebracht, so wie ein Attestat der Ahrensböcker Amtstube vom 22. Januar 1861 producirt, Inhalts dessen bezeugt wird, daß die angebogenen Extracte aus den Hauptbüchern der dortigen im Jahre 1836 gegründeten Spar- und Leihkasse und aus dem Contobuche der Theodore Hahn von dem Kassirer und Rechnungsführer derselben, Burmeister, eigenhändig ausgefertigt und unterzeichnet und durch die eigenhändigen Unterschriften der derzeitigen Administratoren beglaubigt worden.

Nach hierüber stattgehabter Verhandlung hat das Landgericht unterm 6. Mai 1861 mit Rücksicht darauf, daß die Beglaubigung der Unterschrift des Dr. Gernhard in Oldesleben durch das dasige Bürgermeisteramt aus dem Grunde als eine genügende Verificirung dieser Unterschrift nicht anzusehen sei, weil die Comgetreuz dieser Behörde zur Vornahme des fraglichen außergerichtlichen Acts durch die betreffende Großherzogliche Sachsen-Weimarsche Oberbehörde oder durch ein dortiges Königl. Dänisches Consulat nicht bezeugt worden, und die Ahrensböcker Amtstube zur Vornahme von Geschäften, welche zur freiwilligen Gerichtsbarkeit gehören, Mobiliarauctionen und Versiegelungen ausgenommen, nicht befugt sei, mithin Beglaubigungen derselben in Sachen, die nicht zu ihrem Wirkungskreise gehörten, die Wirkung öffentlicher Zeugnisse nicht haben könnten, erkannt:

> daß der der Klägerin freigelassene Echtheitsbeweis für mißlungen zu erachten und selbige zur Erstattung der durch das Verificationsverfahren veranlaßten Kosten schuldig sei.

In Betreff des Zeugenbeweises war von Beklagten mit dem Bemerken, daß von den drei denominirten Zeugen die beiden ersten als Eltern der Beklagten gänzlich inhabil wären, gebeten worden, daß die Zulassung derselben zum Zeugniß in dieser Sache untersagt werde, ferner die Zulässigkeit des Schiedeseides zum Nachweise der Paternität unter Hinweisung auf die Verfügung vom 22. October 1768 und das Patent vom 8. August 1826 aus dem Grunde bestritten, weil die Klage gegen die Erben des verheiratheten angeblichen Schwängerers angestellt, auch von ihr derselbe als Vater des außerehelich von ihr geborenen Kindes in der Geburtsnoth nicht angegeben worden, und ward dabei geltend gemacht, daß in den Fällen, in welchen die Eidesdelation gesetzlich untersagt worden, ebenfalls die Eideszuschiebung über Beweisartikel, mithin über die zur Eideshand verstellten Art. 34 bis 37 und 40, nicht statthaft sei. Gegen den zur Führung des Beweises sub b und c über die weitern Beweisartikel deferirten Schiedeseid ist vorgebracht worden, daß dieselben sich nicht an die betreffenden Beweissätze hielten, sondern mehr oder minder dahin gerichtet wären, eine Ausbeute für den Beweis der Paternität des Erblassers der Beklagten zu dem von der Klägerin gebornen Kinde zu liefern, und daher die Eidesdelation über diese Artikel gleichfalls unzulässig sei. Der secundum verba interlocuti deferirte Schiedeseid ward referirt und nachdem von Seiten der Klägerin versucht worden war, die wider ihre Beweisführung vorgebrachte Deduction zu widerlegen, ist von dem Plöner Landgerichte unterm 6. Mai 1861 erkannt:

1) daß die Eheleute Hoose als Zeugen in diesem Rechtsstreit zu verwerfen;

— — — — — — — — — — —

2) daß die von der Klägerin zur Beweishand genommene Eidesdelation über die Alternative a, so wie über gewisse Artikel ad b und c zu verwerfen sei, Beklagte daher nicht schuldig wären, sich über den ihnen in Beziehung hierauf zugeschobenen Eid rechtsbehörig zu erklären, dagegen bezüglich der Ableistung des den Beklagten ad b und c secundum verba interlocuti event. deferirten und von diesen der Klägerin zugeschobenen Eides näherer Antrag der beikommenden Partei zu gewärtigen wäre, Klägerin auch schuldig, die Kosten dieses Schriftenwechsels zu erstatten.

Klägerin hat gegen beide vorstehende Erkenntnisse des Plöner Landgerichts supplicirt und ihre Beschwerden darin gesetzt:

1) daß die in termino am 22. April 1860 vorgelegten beiden amtlichen Atteste des Bürgermeisteramts zu Oldesleben und des Localbeamten zu Ahrensböck nicht als für die Echtheitsbeweise genügend anerkannt, Klägerin auch in die desfalls erwachsenen Kosten verurtheilt;
2) daß die Eheleute Hoose als gänzlich inadmissible Zeugen verworfen worden;
3) daß die von der Klägerin über die Beweisalternative a, ad articulos und secundum verba interlocuti, so wie über die Artikel zur Beweisalternative b und endlich auch zum Beweise sub Littr. c ad articulos zur Hand genommenen Eidesdelationen für unzulässig erklärt; event.
4) daß nicht wenigstens diese Eidesdelationen über die zur Beweisalternative b und zum Beweise c, und in omnem eventum
5) daß nicht die Eidesdelation über die zum Beweissatz c formirten Artikel zugelassen, auch
6) nicht auf Kostencompensation erkannt oder die Kostenerkennung bis weiter ausgesetzt worden.

Dem eingelegten Recurse ist die Einrede der an das Obergericht nicht erwachsenen Supplication deshalb opponirt worden, weil Klägerin sie an das Landgericht und nicht an das Obergericht interponirt hat. Da indeß die Supplication bei dem zuständigen Gerichte introducirt worden, so kann der irrthümlich geschehenen Bezeichnung dieses Gerichts bei Interponirung des Rechtsmittels keine so wesentliche Bedeutung beigelegt werden, daß es sich rechtfertigen ließe, deshalb das Rechtsmittel für desert zu erklären, und steht daher zur Frage, ob die Supplicationsbeschwerden für begründet zu erachten.

In Erwägung nun, daß, was die erste Supplicationsbeschwerde betrifft, zur Beglaubigung von Unterschriften im Allgemeinen lediglich Notare und Beamte, denen die freiwillige Gerichtsbarkeit übertragen ist, competent, öffentliche Beamte im Uebrigen aber nur befugt sind, Documente, deren Inhalt ihre amtlichen Geschäfte zum Gegenstande hat, zu beglaubigen und mithin, da der Inhalt der von der Ahrensböcker Amtstube verificirten Documente notorisch nicht zum Geschäftkreise dieser Behörde gehört, auch nicht constirt, daß der Bürgermeister zu Oldesleben zur Ausübung der freiwilligen Gerichtsbarkeit befugt ist, die gedachte Beschwerde als unbegründet sich darstellt;

in Erwägung, daß die fernere Beschwerde darüber, daß die Eheleute Hoofe als inadmissible Zeugen verworfen worden, gleichfalls als unbegründet zu verwerfen ist, da die Eheleute Hoofe Eltern der beklagten Ehefrau Rüsch und als solche nach der l. 6 C. de testibus als Zeugen gegen sie nicht zuzulassen sind;

in Erwägung, daß auch die weitern Beschwerden über die erkannte Verwerfung der zur Hand genommenen Eidesdelation auf Berücksichtigung keinen Anspruch machen können, indem, wenn auch Zweifel darüber in Anrege gebracht werden konnten, ob die Gründe, welche die Eidesdelation an den verheiratheten Schwängerer unzulässig erscheinen lassen, nicht nach dessen Tode wegfällig geworden waren, diesen Zweifeln doch einestheils der Grundsatz entgegensteht, daß gegen die Erben nicht mehr Recht wie gegen den Erblasser geltend gemacht werden könne, anderntheils aber die Nennung des Vaters in der Geburtsnoth eine wesentliche Voraussetzung für die Zulässigkeit der von der Geschwängerten zur Hand genommenen Eidesdelation bildet, und diese Beschränkung der Eidesdelation eben so wie die Bestimmung, daß nur eine Erstgebährende den Eid deferiren könne, auf allgemeinen Gründen beruht, die eben so wohl nach dem Tode des angeblichen Schwängerers zutreffend sind;

in Erwägung, daß daher, wie von dem Landgericht mit Recht ausgesprochen worden, die Eidesdelation über das Factum der Schwängerung und hinfolglich über die formirten Beweisartikel, soweit selbige die Thatsache der stattgehabten Schwängerung der Klägerin von Seiten des Erblassers der Beklagten zum Gegenstand haben, zu verwerfen ist, auch die Eideszuschiebung über die fernern Beweisartikel, um dadurch den Beweis der Alternativen b und c zu erbringen, deshalb für unzulässig erachtet werden muß, weil diese Artikel theilweise mit dem zugeschobenen Eide zusammentreffen und nicht ersichtlich ist, daß selbige in ihrer Totalität eine genügende Schlußfolgerung auf die erfolgte Anerkennung und Uebernahme der Versorgung des von der Klägerin gebornen Kindes abseiten des Erblassers der Beklagten zulassen, auch, wie vom judicio a quo bemerkt worden, zum Theil über den Inhalt des Beweisthema's hinausgehen und Thatsachen berühren, die nicht zum Beweise verstellt sind;

in Erwägung, daß indeß die Zweifelhaftigkeit einiger der zur Entscheidung gebrachten Rechtsfragen zur Erkennung der Compensation der in dieser Instanz erwachsenen Kosten Veranlassung darbieten;

wird auf die vorrubricirte sub præs. den 20. Juni 1861 hieselbst eingegangene Supplicationsvorstellung und Bitte, nach eingezogener Gegenerklärung sub præs. den 30. September v. J., von Obergerichtswegen der Supplicantin c. c. hiedurch

ein abschlägiger Bescheid

ertheilt, unter Vergleichung der Kosten dieser Instanz.

Urkundlich rc. Gegeben im Königl. Holsteinischen Obergerichte zu Glückstadt, den 27. Februar 1862.

Ueber das Verhältniß der Ueberfrage und der Zuschreibung in Altona.

In Sachen des Obergerichtsadvocaten Alexander Schmidt, noie. des Altonaer Weinhändlers Johann Diedrich Weselmann, Impetraten und Supplicanten,

wider

den Altonaer Bürger Claus Tiedemann, Impetranten und Supplicaten,

in pcto. præt. Stadtbuchszinsen, nun ctr. Altonaer Magistratsbescheid vom 10. Octbr. v. J.,

ergeben die Acten:

Der Impetrant hat sein in der großen Elbstraße belegenes Erbe für 9600 ℳ R.-M. an den Impetraten verkauft, die übliche Zuschreibung vor dem Altonaer Stadtbuch ist am 29. Decbr. 1860 geschehen und dabei über die Berichtigung des Kaufpreises in em Stadtbuch bemerkt worden: der Käufer übernehme die in dem Erbe versicherten Capitalpöste zum Betrage von 5866 ℳ 64 β R.-M. und versichere an den Verkäufer in diesem Erbe nächst den genannten 5866 ℳ 64 β die Summe von 533 ℳ 32 β jährlich mit 4 pCt. zu verzinsen und ohne weitere Loskündigung am 1. Novbr. 1861 zu bezahlen, ferner nächst 6400 ℳ R.-M. die Summe von 2133 ℳ 32 β jährlich mit 4 pCt. zu verzinsen und nach halbjährlicher Loskündigung zu bezahlen. Die zu Himmelfahrt v. J. fällig gewesenen Zinsen dieser beiden Capitalien sind nach Angabe des Impetranten nicht bezahlt worden und es ist daher von ihm unter Producirung eines Extracts aus dem Stadtbuche bei dem Altonaer Magistrat ein am 11. Juli v. J. abgegebener Befehl an den Impetraten erwirkt worden, die fraglichen Zinsen mit resp. 7 ℳ 63 β und 30 ℳ 58 β nebst den Kosten binnen 14 Tagen an ihn zu bezahlen oder binnen gleicher Frist dawider rechtserhebliche Einwendungen vorzubringen, widrigenfalls auf ferneres Anhalten des Impetranten über das gedachte Erbe der Specialconcurs werde erkannt werden.

Der Impetrat hat in seinen gegen diesen Befehl eingereichten Exceptionalien vorgebracht: der Protocollextract über die vor dem Niedergericht vorgenommene Ueberfrage, bei welcher der Kaufcontract als solcher, nämlich als obligatorischer Vertrag, verlesen und in das Protocoll für außergerichtlich verkaufte Erben eingetragen werde, und der Extract über die Zuschreibung bildeten zusammen den Kaufbrief, nach der Bedeutung der Zuschreibungsacte aber, welche nur Jedermann gegenüber den Besitztitel des Käufers darthun solle, dürfe, was das obligatorische Verhältniß zwischen Verkäufer und Käufer betreffe, nur auf den Contract und niemals auf die durch die Natur einer Stadtbuchzuschreibung bedingten Erklärungen in der Zuschreibungsacte Gewicht gelegt werden. In concreto enthalte aber der § 3 des Contractes die Bestimmung: „Käufer tritt das Erbe zum 1. Mai 1861 für seine Rechnung an, Verkäufer bezahlt bis dahin sämmtliche Abgaben und die zu Himmelfahrt fälligen Zinsen, genießt dagegen die zum 1. Mai 1861 fälligen Miethen." Dies könne nur dahin verstanden werden, daß Verkäufer in Folge des erst auf den 1. Mai 1861 bestimmten Antritts des Käufers bis dahin wie die Lasten des Erbes zu tragen, so auch die Vortheile des Erbes zu genießen haben solle. Von einer vor diesem Antrittstermin beginnenden Verzinsung des Kaufpreises könne demnach keine Rede sein und bitte daher Impetrat um die Wiederaufhebung der abgegebenen Mandate unter Kostenerstattung.

Vom Impetranten ist in seiner Replik hiegegen bemerkt worden: der Umschreibungextract und der Ueberfrageextract bildeten keineswegs nothwendig ein Ganzes und es ließen sich aus der Praxis viele Fälle nachweisen, in denen der erstere etwas Anderes sage, als der letztere, weil entweder in der Zwischenzeit zwischen Ueberfrage und Umschreibung zwischen den Contrahenten etwas Anderes verabredet sei oder zu dem ursprünglichen Contract etwas hinzugesetzt oder aus demselben eine Bestimmung entfernt werden solle oder endlich der Contract etwas gar nicht oder nicht deutlich enthalte, was nachträglich in den Zuschreibungsextract aufgenommen werde. In allen diesen Fällen entscheide dieser Stadtbuchextract als das spätere und das Hauptdocument, in welches übrigens auch sehr häufig Nebenbestimmungen zum Contract, z. B. über den Beginn der Zinszahlungen, aufgenommen würden. In concreto müsse der Umstand, daß der Zuschreibungsextract über die Andersnormirung der Zinsen nichts erwähne, dafür entscheidend sein, daß die Pöste, von denen ganz allgemein gesagt sei, daß sie jährlich verzins't werden sollten, auch vom Tage der Zuschreibung an verzins't würden. Uebrigens enthalte auch der Contract nichts Entgegenstehendes, da die von dem Impetraten angezogene Bestimmung desselben über den hinausgeschobenen Antrittstermin in rein äußeren Umständen ihren Grund habe und eben deshalb auch durchaus nicht dem durch die Zuschreibung begründeten neuen Verhältnisse hindernd in den Weg trete. Impetrant beantrage daher die Aufrechterhaltung der abgegebenen Mandate unter Verurtheilung des Imploraten zur Erstattung der Kosten.

Nachdem sodann noch vom Impetraten ohne neue thatsächliche Anführungen duplicirt worden war, hat der Altonaer Magistrat unterm 10. October v. J. den Impetraten mit seinen erhobenen Einwendungen abgewiesen, ihn zur Kostenerstattung verurtheilt und zugleich den Specialconcurs über das in Rede stehende Erbe erkannt,*) wogegen Impetrat hieher supplicirt und sich darüber beschwert hat:

---

*) Die Entscheidungsgründe lauten:

In Erwägung, daß nach unbezweifelter hiesiger

1) daß die Einrede abgewiesen und nicht vielmehr die Mandate aufgehoben,

2) daß die Proceßkosten ihm und nicht vielmehr dem Imploranten aufgebürdet, und in pessimum eventum

3) daß auch noch Specialconcurs erkannt worden.

Nach eingegangener Erklärung des Gegentheils steht zur Frage, ob diese Beschwerden begründet sind.

Praxis die in die Kaufcontractsappunctuation aufgenommenen und im Niedergerichte verlesenen Bedingungen des Kaufhandels über ein Grundstück für die Partrien nicht bindend sind, vielmehr häufig von denselben vor der Umschreibung abgeändert werden, daß also bei einer Differenz in der Kaufcontractsappunctuation und der Umschreibungsacte letztere allein maaßgebend ist;

in fernerer Erwägung, daß es ebenfalls keinem Zweifel unterliegen kann, daß die Zinsen eines Capitals, welches der Eigenthümer eines Grundstücks auf seinem Folium im Stadtbuche versichern läßt, von dem Tage der Einschreibung an laufen, falls nicht im Stadtbuche ausdrücklich bemerkt wird, daß die Zinszahlung von einem früheren oder späteren Zeitpunkte angerechnet beginnen soll, und daß sowohl bei der Umschreibung von Grundstücken wie bei der bloßen Einschreibung von Capitalien solche von obiger Regel abweichende Bestimmungen über den Anfang der Zinszahlungen stets in das Stadtbuch aufgenommen werden;

in Erwägung, daß die Umschreibungsacte vom 29. December 1860 über den Verkauf des dem Impetranten gehörigen an der großen Elbstraße belegenen Erbes an den Impetraten über den Anfang der Zinszahlungen für die beiden Capitalien von 533 1/3 ℛ R.-M. und 2133 1/3 ℛ R.-M., welche Impetrat in dem gekauften Erbe zu 4 pCt. pro anno an den Impetranten versichert hat, keine von der Regel, daß die Zinsen vom Tage der Einschreibung in das Stadtbuch laufen, abweichende Bestimmung enthält, die von dem Impetranten bestrittene Behauptung des Impetraten, daß nach einer unter den Parteien getroffenen Vereinbarung von den eingeschriebenen Capitalien bis zum 1. Mai 1861 keine Zinsen zu entrichten seien, mithin als eine völlig illiquide in diesem Verfahren nicht berücksichtigt werden kann, Impetrat daher mit den von ihm wider die Zahlungsmandate sub poena concursus vom 11. Juli d. J. eingebrachten causales quare non abzuweisen ist.

In Erwägung nun, daß die Grundlosigkeit der ersten beiden Beschwerden sich aus den dem angefochtenen Erkenntnisse vorangestellten Entscheidungsgründen zur Genüge ergiebt, wie denn auch gar nicht mit Liquidität aus dem producirten Ueberfrageextracte hervorgeht, daß nach der Absicht der Contrahenten die Verzinsung der fraglichen Restkaufgelder ausnahmsweise erst von dem Tage des factischen Antritts hat geschehen sollen;

in Erwägung aber, daß die dritte Beschwerde des Supplicanten als begründet erscheint, da der Supplicat in seiner Replik lediglich um Aufrechterhaltung, d. h. Bestätigung, des Befehls unter Verurtheilung des Supplicanten in die Kosten, nicht aber um Erkennung des Specialconcurses gebeten hatte und es daher der Verhandlungsmaxime widersprach, wenn das judicium a quo desungeachtet den Specialconcurs erkannte, während in den Decreten vom 11. Juli v. J. ausgesprochen war, daß bei Nichtgelebung des Befehls der Specialconcurs auf ferneres Anhalten des Impetranten werde erkannt werden;

wird dem Supplicanten auf seine sub præs. den 20. October v. J. hieselbst eingegangene Supplicationsschrift hiedurch von Obergerichtswegen, unter Vergleichung der Kosten dieser Instanz, zum Bescheide ertheilt:

> daß das angefochtene Erkenntniß des Altonaer Magistrats vom 10. October v. J. dahin abzuändern, daß der Impetrat, jetzt Supplicant, mit den von ihm wider die Zahlungsmandate sub poena concursus vom 11. Juli v. J. erhobenen Einreden abzuweisen und schuldig sei, diesen Mandaten nunmehr innerhalb 14 Tagen ab insin. zu geleben, auch dem Impetranten binnen gleicher Frist die ihm in der Unterinstanz angeursachten Proceßkosten, deren Verzeichnung und eventuelle Ermäßigung vorbehältlich, zu erstatten, widrigenfalls auf ferneres Anhalten des Impetranten der in den Mandaten vom 11. Juli v. J. angedrohte Specialconcurs wider ihn werde erkannt werden.

Urkundlich ꝛc. Gegeben im Königl. Holsteinischen Obergerichte zu Glückstadt, den 22. Januar 1862.

Allerhöchst privilegirte

Holsteinische Anzeigen.

Redigirt von den Obergerichtsräthen Etatsrath Henrici und Lucht.

Gedruckt bei Augustin in Glückstadt.

19. Stück. — Den 12. Mai 1862.

Unter welchen Voraussetzungen wird durch die Anstellung einer gerichtlichen Untersuchung wegen eines Verbrechens die Ausübung der politischen Rechte der zur Untersuchung gezogenen Person suspendirt?

I.

Die Eröffnung einer Criminaluntersuchung wegen eines begangenen Verbrechens ist von empfindlichem Einfluß auf die Ehre des Angeschuldigten und hat eben daher eine Suspension aller derjenigen Rechte und öffentlichen Functionen desselben zur Folge, deren Voraussetzung bürgerliche Unbescholtenheit ist. Insbesondere bestimmt der § 19 der Holsteinischen Verfassungsverordnung vom 11. Juni 1854: „wer wegen eines Verbrechens in Criminaluntersuchung gezogen und wegen dieses Verbrechens nicht gänzlich freigesprochen worden, ist von der Wahlberechtigung ausgeschlossen." Dasselbe gilt nach § 20 auch von der Wählbarkeit.

Aber nicht jede wegen eines Verbrechens angestellte gerichtliche Untersuchung trägt von ihrem Beginn an den Character einer eigentlichen Criminaluntersuchung an sich und kann daher auch nicht ohne Weiteres jene Folgen haben. Die Untersuchung wird häufig veranlaßt schon durch eine sehr geringe Wahrscheinlichkeit einer verbrecherischen That und durch sehr entfernte Verdachtsgründe gegen eine bestimmte Person als Thäter, unter Umständen schon durch ein bloßes Gerücht. Es wäre widersinnig zu behaupten, daß die bloße Eröffnung einer solchen Untersuchung unter allen Umständen schon hinreiche, um die erwähnten Nachtheile über die in Untersuchung gezogene Person zu verhängen.

Es sind vielmehr regelmäßig in einer jeden wegen eines Verbrechens angestellten gerichtlichen Untersuchung, die man im Allgemeinen, nur uneigentlich, eine Criminaluntersuchung im weitern Sinn zu nennen pflegt, zwei Stadien zu unterscheiden, die vorbereitende oder Voruntersuchung und die Haupt- oder eigentliche Criminaluntersuchung.

Die Voruntersuchung befaßt den Inbegriff der gerichtlichen Handlungen zur Prüfung der Bedingungen der Zulässigkeit der Criminaluntersuchung, zur Ausmittelung des Thatbestandes eines Verbrechens, zur Entdeckung von Verdachtsgründen, welche eine bestimmte Person als verbrecherischen Thäter, Urheber oder Gehülfen darstellen und überhaupt zur Sammlung des Stoffes, welcher die künftige Beweisführung der Hauptuntersuchung vorbereitet und dazu dient, um darüber urtheilen zu können, ob gegen eine des Verbrechens verdächtige Person die Hauptuntersuchung einzuleiten sei. Nur dann, wenn das Dasein der Gewißheit oder wenigstens hoher Wahrscheinlichkeit, daß die That, welche Gegenstand der Anschuldigung ist, wirklich begangen worden und daß sie die Merkmale des Verbrechens an sich trage, so wie eine nach Erwägung aller Gegenvermuthungen und Gegenanzeigen noch übrig bleibende auf wahre Anzeigen gebaute Wahrscheinlichkeit, ein dringender Verdacht, daß der in den Stand der Anschuldigung zu Versetzende auf strafbare Art an der Verübung des Verbrechens Theil genommen habe, als Resultat der Voruntersuchung sich herausstellt, tritt die Hauptuntersuchung, die eigentliche Criminaluntersuchung, ein, die in dem Inbegriff der gerichtlichen Handlungen besteht, welche die Verstellung des vollen Beweises begreifen, um über die Schuld oder Unschuld der eines Verbrechens beschuldigten Person und die ihre Strafbarkeit bestimmenden Umstände urtheilen zu können.

So lange in dem gemeinen Deutschen Strafverfahren die Unterscheidung zwischen der General- und der Specialinquisition in ihrer ursprünglichen Bedeutung practisch war, bildete diese die auch äußerlich ganz bestimmt erkennbare Grenze zwischen der Voruntersuchung und der eigentlichen Criminaluntersuchung. Jene befaßte eben nur die Handlungen der oben charakterisirten Voruntersuchung; erst mit der Specialinquisition trat der eigentliche Criminalproceß und zwar, regelmäßig wenigstens, mit artikulirtem Verfahren ein. Die Specialinquisition mußte von dem Gericht förmlich erkannt werden und eben wegen der an sie geknüpften oben erwähnten die bürgerliche Ehre und die von derselben abhängigen Rechte des Angeschuldigten betreffenden Nachtheile war diesem gegen dieselbe eine besondere Vertheidigung (defensio pro avertenda inquisitione speciali) gestattet.

Die Unterscheidung zwischen General- und Specialinquisition hat nnn freilich in unserm heutigen Verfahren eine ganz andere Bedeutung erhalten, indem bei uns bekanntlich die s. g. Generalinquisition die ganze summarische Untersuchung umfaßt, welche, soweit als es möglich ist, fortgeführt wird, um das Verbrechen und die Schuld oder Unschuld des Angeschuldigten in volle Gewißheit zu setzen, so daß die Specialinquisition als eine ziemlich überflüssige, leere Formalität erscheint, welche, selbst bei todeswürdigen Verbrechen, nur noch in seltenen Fällen wirklich eintritt. Die Generalinquisition umfaßt also bei uns regelmäßig das ganze gerichtliche Verfahren, die Voruntersuchung sowohl als die Hauptuntersuchung. Es hieße aber das Wesen unsers heutigen Criminalprocesses gänzlich verkennen, wenn man annehmen wollte, daß mit dem Wegfallen der äußern Form auch das Wesen des Unterschiedes zwischen General- und Specialinquisition, zwischen Vor- und Hauptuntersuchung seine rechtliche Bedeutung ganz verloren habe, wenn man behaupten wollte, es trage nunmehr eine jede wegen eines Verbrechens angestellte Untersuchung von ihrem ersten Beginn an den Character eines eigentlichen Criminalverfahrens an sich, und jede Person, welche wegen noch so entfernten Verdachts der Theilnahme an einem an sich selbst noch gar nicht einmal genügend ermittelten Verbrechen in die Untersuchung hineingezogen werde, sei als in Criminaluntersuchung befangen anzusehen. Ist auch die Form weggefallen, geht auch die Voruntersuchung meistens unbemerkt in die Special- oder Hauptuntersuchung über, so bleibt doch das wahre Kennzeichen der Special- oder Hauptuntersuchung, d. i. der eigentlichen Criminaluntersuchung, die von dem Gerichte erfolgende Behandlung eines bestimmten Menschen als des untersuchten Verbrechens dergestalt verdächtig, daß er deshalb dem eigentlichen Criminalproceß zu unterwerfen sei. Wo also die Frage, ob eine Person in einer Criminaluntersuchung wegen eines Verbrechens sich befinde, von rechtlichem Interesse ist, und wo jenes nicht von dem Gerichte bereits ausdrücklich oder stillschweigend, z. B. durch Aufforderung des Angeschuldigten zur Vertheidigung wegen eines ihm zur Last gelegten Verbrechens, ausgesprochen werden, da bleibt nichts übrig, als einen ausdrücklichen Ausspruch des zuständigen Gerichts darüber einzuholen. Diesen Weg betrat denn auch z. B. im Jahre 1846 der Königliche Commissar bei der Schleswigschen Ständeversammlung, indem derselbe hinsichtlich des damaligen Obergerichtsadvocaten Beseler in Schleswig, gegen welchen wegen seines Verhaltens als Präsident der bekannten Neumünsterschen Volksversammlung von dem Holsteinischen Obercriminalgerichte eine Untersuchung eingeleitet worden war, an dieses mit der Vorfrage sich wandte, ob Beseler sich wegen eines Verbrechens bei demselben in Criminaluntersuchung befinde? worauf eine verneinende Antwort erfolgte.

Daß über die Frage, ob gegen eine Person wegen eines Verbrechens eine eigentliche Criminaluntersuchung einzutreten habe, nur von den Gerichten entschieden werden kann, ergiebt sich aus dem Vorstehenden von selbst. Freilich kann es keinen Zweifel leiden, daß der Regent als die höchste aufsehende Justizbehörde vollkommen befugt ist, den Gerichten die Anstellung einer Untersuchung wegen eines begangenen Verbrechens aufzutragen, wie das auch für Holstein in der Verordnung vom 30. März 1750, § 7, ferner in der Verordnung vom 4. November 1754, § 1, und der Instruction für die Holsteinischen Oberdicasterien vom 15. Mai 1834, § 34, ausgesprochen worden ist. Unter einem „auf immediaten Befehl durch die Oberdicasterien zu führenden Criminalprocesse", wovon hier die Rede ist, kann aber natürlich nur die Einleitung des Criminalprocesses im weitern Sinne, die Voruntersuchung, nicht aber die eigentliche Criminaluntersuchung verstanden werden. Jene Verordnungen haben in den angezogenen Paragraphen überhaupt nur den Zweck, über das Forum eine Bestimmung zu treffen; gewiß aber ist ihnen die den anerkanntesten Grundsätzen des Strafverfahrens widerstreitende, mit der Unabhängigkeit der Rechtspflege gar nicht zu vereinigende Absicht völlig fremd, als habe nicht das Gericht, sondern der Regent oder die höchste Verwaltungsbehörde, vormals die Schleswig-Holstein-Lauenburgische Kanzelei, jetzt das Ministerium, darüber zu entscheiden, ob hinreichende Gründe vorliegen, gegen eine bestimmte Person eine eigentliche Criminaluntersuchung, die Hauptuntersuchung, zu verfügen. Freilich ist das Gericht nach jenen Verordnungen auch verpflichtet, über die Ergebnisse solcher Untersuchungen den verlangten Bericht zu erstatten.*) Findet dasselbe aber nach beendigter Voruntersuchung, daß überall kein genügender rechtlicher Grund vorliege, gegen eine in Untersuchung gezogene Person ein eigentliches Criminalverfahren zu eröffnen, so hat es, unabhängig von dem Regenten und dem Ministerium, lediglich dieser seiner rechtlichen Ueberzeugung zu folgen. Die Eröffnung einer eigentlichen Criminaluntersuchung in den Formen des inquisitorischen Verfahrens erscheint da, wo nach dem rechtlichen Erachten des zuständigen Gerichts gar kein Verbrechen vorliegt, oder wo es an zureichenden Verdachtsgründen gegen die bezüchtigte Person fehlt, als eine rechtliche Unmöglichkeit.

Auch der § 50 der Instruction für die Holsteinischen Oberdicasterien enthält keine diesen Grundsätzen widerstreitende Bestimmung. Nach demselben sollen nämlich, wenn das Obergericht oder Oberconsistorium sich von Amtswegen veranlaßt findet, wegen eines Amtsverbrechens oder eines schwereren Amtsvergehens eines ihnen untergeordneten Beamten eine Untersuchung einzuleiten, nach Beendigung dieser Untersuchung die erwachsenen Protocolle von dem Oberdicasterium mit Bericht und Bedenken an die Kanzelei eingesandt werden, welche dem Oberdicasterium sodann die Entscheidung darüber mittheilen wird, ob der Angeschuldigte von dem beikommenden Oberconsistorium fiscalisch in Anspruch genommen oder ihm vorgängig die Frage vorgelegt werden soll, ob er sich einem auf die Acten, wie sie liegen, von dem Oberdicasterium abzugebenden Erkenntnisse unterwerfen wolle. Ganz unbestreitbar wird hier eben vorausgesetzt, daß nach dem Erachten des Oberdicasteriums hinreichende Gründe vorliegen, ein Strafverfahren gegen den Beamten einzuleiten. Hätte dasselbe nach geschlossener Untersuchung in seinem Bericht und Bedenken sich dahin ausgesprochen, daß nach den Ergebnissen derselben zu einem Strafverfahren gegen den in Untersuchung gezogenen Beamten gar kein rechtlicher Grund vorliege, so würde die Kanzelei ja unmöglich dem Oberdicasterium zumuthen können, daß es dem Beamten die Frage vorlege, ob er sich einem auf die Acten, wie sie liegen, gebauten Erkenntnisse unterwerfen wolle.

Uebrigens dürfte auch sogar aus den Worten des oben erwähnten § 19 der Holsteinischen Verfassungsverordnung schon klar genug hervorgehen, daß es nicht in der Absicht des Gesetzgebers gelegen habe, die Suspension der Wahlberechtigung schlechthin an jede wegen eines Verbrechens angestellte gerichtliche Untersuchung zu knüpfen, da er sich ausdrücklich der Worte bedient: „wegen eines Verbrechens in Criminalunter-

*) Bei solcher Berichterstattung wird übrigens das Oberdicasterium die sehr weise, ohne Zweifel auf alle Gerichte vollkommen anwendbare Bestimmung des § 16 der Oberappellationsgerichtsordnung vor Augen haben müssen, nach welcher in einer Sache von solcher Beschaffenheit, daß das Oberappellationsgericht in den Fall kommen könnte, in derselben ein Erkenntniß abzugeben, von demselben keine Rechtsgutachten gefordert werden dürfen.

suchung gezogen." Denn der Ausdruck „Criminal" würde ja sonst eine leere Tautologie sein.

Die Richtigkeit der oben entwickelten Grundsätze des in den Herzogthümern geltenden gemeinen Criminalprocesses ist so allgemein anerkannt, daß es überflüssig scheint, dafür wissenschaftliche Auctoritäten anzuführen. Doch mögen folgende hier hervorgehoben werden:

Mittermaier, Deutsches Strafverfahren, 4. Aufl., Bd. I § 2, 3, 62. Bd. II § 111, 112, 113, 136, 139.
Dessen Vertheidigungskunst, 4. Aufl., S. 4, 41.
Martin, Lehrb. des Criminalprocesses, 2. Aufl., § 15, 123, 127.
Müller, Lehrb. des Crim. Proc., § 172, 176.
Heffter, Lehrb. des Criminalrechts, 3. Aufl., § 658, 659, 664, 667, 672, 673.
Bauer, Lehrb. des Strafproc., § 220—223, 233—235.
Henke, Handb., Bd. IV § 129 (S. 810), § 133.
Abegg, Lehrb. des Crim. Proc., § 150—161.

II.

Daß nicht jede wegen eines Verbrechens angestellte gerichtliche Untersuchung als eine eigentliche Criminaluntersuchung anzusehen, daß vielmehr zwischen Voruntersuchung und eigentlicher Criminaluntersuchung zu unterscheiden und daß nur von dem Gerichte darüber zu entscheiden ist, ob gegen eine Person eine eigentliche Criminaluntersuchung zu eröffnen sei, das ist auch von den hiesigen Gerichten schon mehrfältig ausgesprochen worden. Folgende Fälle mögen als Beispiele dienen.

Im Jahre 1846 wurde in Folge allerhöchst unmittelbaren Rescripts Sr. Majestät des Königs von dem Holsteinischen Obercriminalgericht wider den Redacteur Th. Olshausen in Kiel „wegen der von demselben in einer öffentlichen Versammlung gemachten unzuläßigen und zur Widersetzlichkeit aufreizenden Vorschläge und Aeußerungen" eine Untersuchung eingeleitet und u. A. auch auf die Advocaten Friederici und Hedde in Kiel, welche Mitglieder des jene Versammlung vorbereitenden Comité's gewesen waren, erstreckt. Beide suchten, nachdem sie von einer zu dieser Untersuchung vom Obercriminalgericht bestellten Commission verhört worden waren, zu zeigen, daß durchaus kein Grund zu einer Criminaluntersuchung gegen sie vorliege, und wandten sich, da sie mit einem desfälligen Antrage bei dem Obercriminalgericht kein Gehör fanden, und zwar Ersterer besonders zur Wahrung seiner politischen Rechte, mit einer Beschwerde an das Oberappellationsgericht. Friederici beschwerte sich darüber: „daß nicht entschieden worden, es liege kein Grund zu einer Criminaluntersuchung gegen ihn vor, er mithin völlig freizusprechen und der Staat in die stattgehabten Kosten der Untersuchung zu verurtheilen sei." Diese Beschwerde konnte natürlich überall nur dann Erfolg haben, wenn wirklich eine Criminaluntersuchung gegen Friederici eröffnet worden war, nicht aber auch dann, wenn die eingeleitete Untersuchung diesen Character nicht an sich trug, sondern eine bloße Voruntersuchung war, da durch eine solche die in Untersuchung gezogene Person in ihren Rechten nicht beeinträchtigt werden, und ohne jene Voraussetzung auch überall nicht von einem abzugebenden Erkenntnisse, so wenig von einem freisprechenden als einem verurtheilenden, die Rede sein kann. Jene Voraussetzung aber war hier nicht vorhanden, und daher wurde vom Oberappellationsgericht dem Beschwerdeführer, nach eingezogenem Bericht des Obercriminalgerichts, am 28. November 1846 ein abschlägiger Bescheid ertheilt, weil, wie es in den Entscheidungsgründen heißt, „über die ausschließlich von den Gerichten zu entscheidende Frage, ob die, sei es in Folge eines unmittelbaren Auftrags oder auf andere Veranlassung, wegen eines Verbrechens eingeleitete Untersuchung aus den Grenzen der Voruntersuchung in ein criminelles Verfahren zu leiten sei, im vorliegenden Falle eine richterliche Entschließung noch nicht vorliegt, durch eine solche mithin auch der Querulant in seinen Rechten nicht verletzt sein kann."

Ein im Wesentlichen gleichlautender Bescheid des Oberappellationsgerichts erfolgte auf die Beschwerde des Advocaten Hedde.

Ein anderes Beispiel bietet der bekannte Lehmann'sche Proceß dar. Unter dem Vorsitze des Advocaten Lehmann in Kiel war im Januar 1861 von den Holsteinischen Mitgliedern des Deutschen Nationalvereins eine Versammlung abgehalten und eine demnächst veröffentliche Resolution beschlossen worden. Das Ministerium fand sich dadurch veranlaßt, den Advocaten Lehmann durch den Kieler Magistrat von der Advocaturpraxis zu suspendiren und die Einleitung einer Untersuchung zu verfügen, indem es den Magistrat beauftragte, Lehmann über die Vorgänge in der gedachten Versammlung und über seine Beziehung zu denselben, so wie insbesondere darüber zu vernehmen, ob die fragliche Versammlung von ihm convocirt und ob die von derselben zum Beschluß erhobene Proposition von ihm verfaßt und der Versammlung vorgelegt worden sei. Lehmann, die Befürchtung hegend, daß das Ministerium, statt die Untersuchung und das weitere Verfahren den Gerichten zu überlassen, seine Vernehmung nur zum Zwecke einer administrativen Behandlung der Sache zu benutzen beabsichtigte, verweigerte seine Vernehmlassung und bat um Wiederaufhebung der abgegebenen Ladung. Lehmann fand mit diesem Antrage bei dem Magistrat kein Gehör. Der Bescheid des Magistrats vom 17. Mai 1861 war aber u. A. durch die Erwägungen motivirt: „daß nach unzweifelhaften in den §§ 50 und 51 der Gerichtsordnung für die dem Oberappellationsgericht untergeordneten Landesdicasterien vom 15. Mai 1834 angewandten, namentlich auch von dem Königlichen Oberappellationsgericht anerkannten Rechtsgrundsätzen das Königliche Ministerium für die Herzogthümer Holstein und Lauenburg, als die höchste aufsehende Justizbehörde, für befugt zu erachten, behufs der Ermittelung der Frage, ob ein Verbrechen begangen und von wem, den Gerichten eine Voruntersuchung nebst Berichtserstattung aufzutragen; — daß in dem angezogenen Schreiben des Ministeriums nur der Auftrag zur Anstellung einer solchen Voruntersuchung gefunden werden kann, durch welche ermittelt werden soll, ob durch die fraglichen Vorgänge und durch die Beziehung des Advocaten Lehmann zu denselben ein Verbrechen begangen worden, ohne daß hierdurch der ausschließlich dem competenten Gerichte zustehenden Entscheidung der Frage, ob demnächst ein Criminalverfahren gegen den Advocaten Lehmann einzuleiten, ob ein Strafübel und welches gegen ihn zu erkennen sei, in irgend einer Weise hat präjudicirt werden sollen; — — daß die von dem Advocaten Lehmann ausgesprochene Befürchtung, die Vernehmung möge zum Zweck einer administrativen Behandlung der Sache benutzt werden, in so fern dadurch hat angedeutet werden sollen, als könne es die Absicht sein, dem competenten Gerichte die Behandlung dieser Sache zu entziehen, keiner Widerlegung bedarf, da selbstverständlich die Gesetzlichkeit der Intention des Königl. Ministeriums außer Frage steht."

Auf die demnächst von Lehmann an das Holsteinische Obergericht gegen den Magistratsbescheid ergriffene Beschwerde wurde ihm am 3. Juni 1861, „unter Bezugnahme auf die dem Bescheide des Kieler Magistrats vom 17. v. M. vorangestellten Entscheidungsgründe und in Erwägung, daß um so weniger ein Grund vorliegt zu der Befürchtung, es könne das Königliche Ministerium das wider den Supplicanten einzuleitende Verfahren der gerichtlichen Competenz zu entziehen suchen, als in dem Rescript des Ministeriums vom 23. Februar d. J. die Einleitung eines gerichtlichen Verfahrens ihm ausdrücklich zugesichert ist", — ein abschlägiger Bescheid ertheilt.

III.

Es bleibt noch die Beantwortung der Frage übrig: ob die Erhebung einer fiscalischen Anklage wegen eines Verbrechens die Suspension der politischen Rechte des Angeklagten rechtlich zur Folge habe?

In dem mehrerwähnten § 19 der Holsteinischen Verfassungsverordnung ist der fiscalischen Anklage jene Wirkung nicht beigelegt; es giebt auch keine andere desfällige gesetzliche Verfügung; schon deshalb kann die aufgeworfene Frage nur verneint werden.

Daß der § 19 des fiscalischen Processes gar nicht gedenkt, dürfte sich ganz einfach so erklären: Jeder fiscalischen Anklage wegen eines Verbrechens pflegt stets eine gerichtliche Untersuchung voranzugehen. Trägt diese Untersuchung, beurtheilt nach den oben dargelegten rechtlichen Grundsätzen, den Character einer eigentlichen Criminaluntersuchung an sich, so wird in Folge dieser Untersuchung eine Suspension der politischen Rechte des Angeklagten eintreten müssen, die natürlich während des fiscalischen Processes fortdauert; ist jenes nicht der Fall, so kann auch die Anstellung der fiscalischen Anklage jene Wirkung nicht hervorbringen.

Würde, was doch nicht leicht vorkommen möchte, ohne alle vorgängige Untersuchung eine fiscalische Anklage wegen eines Verbrechens wider eine Person erhoben, so würde der eingeleitete Proceß doch nur dann als ein eigentlicher Criminalproceß anzusehen sein, wenn die Anklage mit allen denjenigen Bedingungen umgeben wäre, welche das eigentliche Criminalverfahren erfordert, wenn also nicht nur die Anklage wegen solcher Handlungen erhoben wäre, welche alle Merkmale eines Verbrechens an sich tragen, sondern auch mit der Anklage schon mindestens die zur Einleitung eines Criminalverfahrens erforderliche Wahrscheinlichkeit der thatsächlichen Erfordernisse des Verbrechens und der Theilnahme des Angeklagten an dem verübten Verbrechen dargethan wäre. Und selbstverständlich hat hierüber nur das Gericht, nicht der Ankläger oder die Verwaltungsbehörde, welche zur Anstellung der fiscalischen Anklage den Auftrag gegeben, zu urtheilen.

Auch in dem gemeinrechtlichen accusatorischen Strafverfahren genügen für die Eröffnung eines eigentlichen Criminalverfahrens nicht bloße Behauptungen des Anklägers, sondern zur Veranlassung dieser Procedur müssen wenigstens die zur Eröffnung einer Specialinquisition nöthigen Erfordernisse vorhanden sein, und selbst eine von dem Ankläger gestellte Caution kann den Mangel bündiger Verdachtsgründe keineswegs ersetzen.*) Wenn nun auch der den Herzogthümern eigenthümliche fiscalische Proceß, welcher lediglich in den Formen des ordentlichen Civilprocesses sich bewegt, es mit sich bringen sollte, daß zur Begründung einer fiscalischen Anklage die sofortige Herstellung einer gewissen Wahrscheinlichkeit der in Betracht kommenden Thatsachen nicht erforderlich sei (was hier dahin gestellt bleiben kann), so wird doch das durch eine fiscalische Anklage, welcher jene Erfordernisse der gemeinrechtlichen Criminalanklage abgehen, eingeleitete Verfahren um so weniger ohne Weiteres als ein eigentlicher Criminalproceß mit den mehrgedachten nachtheiligen Folgen angesehen werden können, als unser sog. fiscalischer Proceß wegen begangener Verbrechen eben nur als ein erhaltener Ueberrest des ehemaligen rein accusatorischen Verfahrens zu betrachten ist,*) den man, um die vermeintlich infamirenden Wirkungen des articulirten Verhörs zu vermeiden, gerade als eine mildere und ehrenvollere Form des Strafprocesses betrachtet und daher vorzugsweise gegen Beamte wegen Amtsvergehen, dann auch wohl gegen angesehenere Personen, ohne Unterschied des Vergehens, in Anwendung bringt,**) daher es sogar dem Wesen dieses Institutes am meisten entsprechen dürfte, daß der fiscalische Proceß unter keinen Umständen als ein eigentlicher Criminalproceß anzusehen sei.

Da unser fiscalischer Proceß ganz wie eine Privatrechtssache in den Formen des ordentlichen Civilprocesses behandelt wird, so würde nach gemeinrechtlichen Grundsätzen, wie jede Civilklage, so auch die fiscalische Anklage, wenn sie rechtlich offenbar völlig unbegründet ist, vom Gerichte eigentlich sofort, a limine judicii, abzuweisen, die erbetene Ladung an den Angeklagten ganz zu versagen sein. Eine feste Praxis unserer Gerichte und namentlich auch der Holsteinischen Oberdicasterien weicht aber von den Grundsätzen des gemeinen Processes darin ab, daß auf eine im ordentlichen Proceß erhobene Klage, möge diese rechtlich noch so unbegründet sein, die erbetene Ladung stets erlassen wird, ohne daß überall eine eingehende Prüfung derselben, durch Bestellung eines Referenten und Correferenten, stattfindet, und nur dann, wenn ein gerichtliches Verfahren offenbar gar nicht zulässig ist, oder wegen unzweifelhafter Incompetenz wird von dieser Regel eine Ausnahme gemacht.

Diese Abweichung der hiesigen Praxis von dem gemeinen Proceß dürfte, wie hier beiläufig bemerkt werden mag, aus dem mündlichen Holsteinischen Proceßverfahren einigermaaßen zu erklären sein. Bis zur Erlassung der Verordnung vom 29. Januar 1770 wurden die Parteienvorträge, Klage, Vernehmlassung rc. beim Obergerichte im Verhandlungstermin zu Pro-

*) Martin, a. a. O., § 136 Not. 11. Müller, a. a. O., § 166. Heffter, a. a. O., § 654. Henke, a. a. O., § 137. Abegg, a. a. O., § 164.

*) Falck, Handbuch, Bd. III S. 784.

**) Falck, a. a. O., S. 74 Not. 41.

tocoll dictirt und für die Holsteinischen Untergerichte wurde dieses Verfahren erst durch die Verordnung vom 18. Februar 1823 abgeschafft. Bei jenem Verfahren konnte von Versagung der erbetenen Ladung wegen mangelnden rechtlichen Klaggrundes natürlich nicht die Rede sein. Aber auch noch heut zu Tage ist, wie Francke (Civilproceß, Bd. I § 96) sich ausdrückt: „die Mündlichkeit als die Basis der Verhandlungen zu betrachten" und daher tragen auch die schriftlichen Recesse, die Klaganträge wie die Exceptionalien, noch immer die protocollarische Form an sich; formell wird auch jetzt die Klage eigentlich erst im Verhandlungstermin angebracht. Wo die Proceßleitung nicht dem entscheidenden Gerichte, sondern einer andern Behörde zusteht, würde aus diesem Grunde die Abweisung einer Klage a limine judicii sich kaum einmal rechtfertigen lassen, so namentlich beim Landgerichte und den Dinggerichten.

Aber selbst abgesehen von der erwähnten hiesigen Praxis würde daraus, daß eine Klage nicht vom Gerichte sofort zurückgewiesen, sondern die erbetene Ladung abgegeben worden, keineswegs mit irgend einiger Sicherheit zu folgern sein, daß das Gericht die Klage als rechtlich wohl begründet ansehe, da, auch nach gemeinem Proceßrechte, die Klage bei dem leisesten Zweifel des Gerichts an ihrem Begründetsein, stets dem Beklagten zur Vernehmlassung mitzutheilen ist. Höchstens könnte doch aus der Erlassung der Ladung im fiscalischen Proceß wegen eines Verbrechens geschlossen werden, daß das Gericht die Klage nicht als offenbar gänzlich unbegründet ansehe, keineswegs aber auch, daß es in der rechtlichen Beurtheilung des thatsächlichen Grundes derselben mit dem Ankläger übereinstimme, und so könnte z. B. das Gericht, auch wenn es in den von dem Ankläger vorgebrachten Thatsachen gar kein Verbrechen erblickte, die Ladung doch etwa deshalb erlassen, weil nach gerichtlichem Erachten es sich hier um ein Polizeivergehen handele, in welchem Fall natürlich der fiscalische Proceß auf keinen Fall den Character eines eigentlichen Criminalverfahrens an sich tragen würde.

Jedenfalls dürfte aus dem Vorstehenden mit Evidenz hervorgehen, daß dem wegen eines Verbrechens eingeleiteten fiscalischen Proceß an und für sich, wie er hier zu Lande sich gestaltet hat, keineswegs ohne Weiteres der Character eines eigentlichen Criminalprocesses beigelegt werden kann, und daß daher die mehrerwähnten Bestimmungen der §§ 19 und 20 der Holsteinischen Verfassungsverordnung, welche ausdrücklich nur auf eine „**Criminal**untersuchung wegen eines Verbrechens" sich beziehen, auf den fiscalischen Proceß nicht ohne Weiteres angewandt werden können.

Preusser.

Entscheidungen.

Ueber die Geltung des Retentionsrechtes im Concurse.

In Sachen des Obergerichtsadvocaten Carstens, mand. noie. des Altonaer Bürgers und Buchbindermeisters Johann Friedrich Georg Schubering, Supplicanten,

gegen

den Advocaten Wedekind, als curator bonorum in concursu H. Böhme, Supplicaten,

wegen rückständiger schuldiger Wohnungsmiethe vom 1. Februar bis 1. November v. J., 120 ℛ R.-M., gesetzlichen Pfandrechts und Retentionsrechts des Supplicanten an den Invecten und Illaten des Cridars, jetzt Supplication gegen das Decret des Altonaer Magistratsgerichtes vom 14. November v. J.,

ergeben die Acten:

Nachdem der Lehrer Herrmann Böhme in Altona in einer am 5. October v. J. bei dem dortigen Magistrat eingereichten Vorstellung seine Insolvenz erklärt hatte, wurde von diesem am 7. s. M. der Concurs über seine Habe und Güter erkannt und sodann ein Concurscurator in der Person des Advocaten Wedekind bestellt. Von diesem ward in einem am 14. November v. J. stattgehabten Termine der Antrag gestellt, daß dem Hauswirth des Cridars, dem Buchbinder Schubering, der Befehl beigelegt werden möge, die in der Wohnung des Cridars befindlichen Mobilien an ihn als Massecurator auszuliefern. Dieser verweigerte die Auslieferung der Mobilien, indem er das Pfandrecht des Vermiethers und dessen Retentionsrecht für sich in Anspruch nahm. Von dem Magistrat ward darauf sofort im Termine decretirt, daß der Implorat schuldig sei, unter Vorbehalt seines Pfandrechts an dem Erlöse aus den in öffentlicher Auction zu verkaufenden invectis et illatis des Cridars, die Mobilien desselben an den curator bonorum auszuliefern, wogegen der Implorat hieher supplicirt und sich darüber beschwert hat:

> daß erkannt, wie geschehen, und nicht vielmehr sein Pfandrecht und Retentionsrecht anerkannt und demgemäß der curator bonorum mit seinem Antrage auf Auslieferung der invecta et illata des Cridars abgewiesen sei.

Nach eingezogener Erklärung des Supplicaten und erstattetem Bericht des Altonaer Magistrats vom 23. Januar und 6. Februar d. J. steht zur Frage, ob diese Beschwerde begründet ist.

In Erwägung nun, daß das Retentionsrecht, welches dem Supplicanten wegen rückständiger Miethe an dem eingebrachten Mobiliar des Cridars zusteht, in Folge des über das Vermögen seines Schuldners ausgebrochenen Concurses nicht hat erlöschen können, indem die activen Vermögensverhältnisse des Cridars nur auf die Gläubiger übergehen, wie der Schuldner sie hatte, und die s. g. attractive Eigenschaft des Concurses nicht gegen diejenigen Gläubiger geltend gemacht werden kann, welche nicht im Wege der Klage ihre Befriedigung suchen;

in Erwägung, daß daher so gut, wie der Schuldner selbst, auch das Gläubigercorps und folgeweise der dasselbe vertretende Massecurator das vorhandene Retentionsrecht anzuerkennen hat und die retinirte Sache nur gegen Berichtigung der Forderung, für welche sie retinirt wird, zur Masse ziehen kann, sofern nicht etwa der retinirende Gläubiger selbst mit seiner Forderung in den Concurs eintritt;

in Erwägung, daß, wenn auch ein besserer Pfandgläubiger mit der hypothecarischen Klage die Herausgabe der Sachen, an welchen der Supplicant das Retentionsrecht übt, würde verlangen können, doch der Massecurator, welcher zwar die Gläubigerschaft, in so weit sie Rechte durch die Erkennung des Concurses erlangt hat, hinsichtlich der Geltendmachung dieser Rechte, nicht aber daneben jeden einzelnen in den Concurs eingetretenen Gläubiger hinsichtlich seiner privativen Rechte vertritt, nicht als berechtigt erscheinen kann, ohne specielles Mandat des betreffenden Pfandgläubigers die erwähnte hypothecarische Klage zu erheben, noch weniger aber auf Grund dieses besseren Pfandrechts einfach die Zuziehung der retinirten Sachen zur Concursmasse zu verlangen, daß aber überdies auch in dem vorliegenden Fall, da nach dem Berichte des Magistrates noch kein Concursproclam erlassen worden, noch überall nicht constirt, ob Gläubiger mit besserem Rechte, als der Supplicant, unter den Böhme'schen Concursgläubigern sich befinden werden;

in Erwägung, daß daher der von dem Supplicaten ohne das Erbieten zur Berichtigung der supplicantischen Forderung gestellte Antrag auf Auslieferung der Mobilien des Cridars als unbegründet sich darstellt;

wird dem Supplicanten auf seine sub præs. den 1. December v. J. hieselbst eingereichte Supplicationsschrift hiedurch von Obergerichtswegen, unter Aufhebung des angefochtenen Decrets vom 14. November v. J. und Vergleichung der Kosten der Supplicationsinstanz, zum Bescheide ertheilt:

> daß der Supplicat mit dem von ihm gestellten Antrage auf Auslieferung der Mobilien des Cridars abzuweisen ist.

Urkundlich ꝛc. Gegeben im Königl. Holsteinischen Obergerichte zu Glückstadt, den 21. März 1862.

Allerhöchst privilegirte

Holsteinische Anzeigen.

Redigirt von den Obergerichtsräthen Etatsrath Henrici und Lucht.
Gedruckt bei Augustin in Glückstadt.

20. Stück. — Den 19. Mai 1862.

Entscheidungen.

Wie eine Rechnungsablage zu beschaffen sei. — Interpretation eines Beweisinterlocuts. — Beweisende Kraft der Schriftenvergleichung so wie des Zeugnisses eines Mandatars.

I.

In Sachen des Schiffscapitains Cornelius Hölck in Blankenese, Beklagten, modo Appellanten,

wider

die Wittwe Catharina Elisabeth Plaas, geb. Spiessen, in Teufelsbrücke cum cur. et assist., A. Plaas in Oevelgönne, Klägerin, modo Appellatin,

wegen verlangter Rechnungsablage s. w. d. a., modo appellat. contra sententiam des Königl. Pinneberger Landgerichts vom 23. September 1857,

ergeben die Acten:

Klägerin hat vorgebracht, der Beklagte habe im Anfange des Jahres 1853 von der Klägerin ein Drittheil ihres Schiffes „Amanda" gekauft und dasselbe darauf als Capitain für gemeinschaftliche Rechnung bis Ende 1856 gefahren und in dieser Eigenschaft fünf Reisen gemacht. Ueber die beiden ersten Reisen habe er der Klägerin Rechnung abgelegt, nicht aber über die drei letzten. Da nun ein vor der Blankeneser Kirchspielvogtei am 28. Mai 1856 abgehaltener Termin zum Versuch der gütlichen Erledigung ohne Erfolg geblieben, bitte Klägerin um das Erkenntniß:

daß der Beklagte gehalten sei, innerhalb 4 Wochen a publ. der Klägerin c. assist. die Abrechnung über die drei letzten mit dem gemeinschaftlichen Schiffe „Amanda" in den drei Jahren 1854, 1855 und 1856 resp. von Hamburg nach Buenos Ayres, Rio de Janeiro und von da nach Hamburg zurück, von Hamburg nach Marseille und zurück und von Hamburg nach Pernambuco, Valparaiso und zurück nach Hamburg unter Anlegung der Belege mitzutheilen, ref. exp.

Beklagter hat eingeräumt, daß er von der Klägerin im Jahre 1853 ein Drittheil ihres Schiffes „Amanda" gekauft habe, daß Klägerin Eigenthümerin der andern zwei Drittheile geblieben sei und daß er das Schiff als Capitain für gemeinschaftliche Rechnung geführt habe. Er leugnete indeß, das genannte Schiff bis Ende 1856 geführt zu haben, und bemerkte dagegen, daß er von der nach Pernambuco und Valparaiso unternommenen sub Nr. 5 der Klage aufgeführten Reise bereits im Frühjahr 1856 nach Hamburg zurückgekehrt sei und daß er seitdem mit der „Amanda" keine Reisen gemacht habe. Im Uebrigen seien die von der Klägerin namhaft gemachten Reisen richtig angegeben worden. Die Klägerin habe aber ferner die vor länger als einem Jahre stattgehabte Auseinandersetzung und beschaffte Rechnung ignorirt. Gleich nach dem Termin zum Versuch der Güte habe Beklagter den Beschluß gefaßt, die Mascopei aufzuheben und zu dem Ende sich erboten, entweder das ganze Schiff für die Summe von 13,333 ℳ 32 ß zu kaufen oder das ihm gehörende Drittheil für 4266 ℳ 64 ß wieder an die Klägerin zu verkaufen. Klägerin habe die letztere Offerte angenommen, worauf Beklagter am 13. Juni 1856 der Klägerin und ihrem Assistenten über die in der Klage gedachten letzten Reisen vollständige Rechnung abgelegt habe. Hierauf sei von der Klägerin eine von ihrem Assistenten mitunterschriebene Quittung über den Empfang des angegebenen Saldo ausgestellt und dabei bemerkt, daß sie die Richtigkeit der Rechnung anerkenne und allen Ansprüchen und Forderungen entsage. Die Rechnungsbelege befänden sich noch in den Händen der Klägerin. Beklagter setze daher der Klägerin entgegen habes quod petis.

Gebeten ist, daß Beklagter von der wider ihn angestellten Klage pure entbunden werde, ref. exp.

Replicando ist bemerkt: die Einrede, daß Beklagter sich nach stattgehabtem Güteversuch mit der Klägerin verglichen und diese ihm dieserhalb quittirt habe, werde geleugnet, sie habe vielmehr nur im Juni oder Juli 1856 wegen Empfanges von 400 ℔ v. Cour. an den Kaufmann Thun aus Altona als Bevollmächtigten des Beklagten quittirt, wobei ihr nur einige unvollständige sich größtentheils auf die beiden ersten Reisen beziehende Belege eingehändigt seien, die dem Beklagten jetzt bei der Rechnungsablage zur Disposition ständen. Klägerin könne nicht bestimmt sagen, ob sie an den genannten Thun quittirt habe, aber quittirt habe sie jedenfalls nur rücksichtlich der genannten Summe als Abschlag auf ihr Guthaben.

Duplicando ward vorgebracht, die replicarische Einlassung sei nicht vollständig erfolgt, nämlich darüber nicht, wie lange der Beklagte das Schiff geführt habe und daß die Klägerin den vom Beklagten gekauften Schiffspart von diesem wieder zurückgekauft habe. Beklagter gebe daher anheim, ob der Klägerin eine bessere Einlassung aufzugeben sei.

Von dem Pinneberger Landgericht ist darauf unterm 23. September v. J. dem Beklagten der Beweis auferlegt:

> daß er am 13. Juni 1856 oder an welchem anderen Tage die Abrechnung über die drei letzten mit dem gemeinschaftlichen Schiffe „Amanda" in den Jahren 1854 bis 1856 gemachten Reisen von Hamburg nach Buenos Ayres, Rio de Janeiro und von da nach Hamburg, von Hamburg nach Marseille und zurück und von Hamburg nach Pernambuco, Valparaiso und zurück nach Hamburg unter Anlegung der Belege der Klägerin mitgetheilt habe.

Gegen dieses Erkenntniß hat der Beklagte das Rechtsmittel der Appellation rechtzeitig eingewandt, die üblichen Solemnien prästirt, das eingewandte Rechtsmittel rechtzeitig eingeführt und seine Beschwerden darin gesetzt:

1) daß so, wie geschehen, erkannt und Klägerin nicht vielmehr mit ihrer unbegründeten Klage abgewiesen worden ist, unter Verurtheilung derselben in die veranlaßten Proceßkosten;
2) event. daß Klägerin nicht, unter Verurtheilung derselben in die Kosten des verzögerten Processes, schuldig erkannt worden ist, auf die Exceptionsbehauptungen replicando besser, als geschehen, sich einzulassen, namentlich:
   a. auf die Behauptung, daß der Beklagte von der nach Pernambuco und Valparaiso unternommenen sub Nr. 5 der Klage aufgeführten Reise bereits im Frühjahr 1856 nach Hamburg zurückgekehrt ist und daß er seitdem mit der „Amanda" keine Reise gemacht hat,
   b. auf die Behauptung, daß die Klägerin kurz nach dem 28. Mai 1856 von dem Beklagten dessen $^1/_8$ Part im Schiffe „Amanda" für die Summe von 4266 ℋ 64 ß R.-M. gekauft hat, so wie daß er sie inzwischen in den Besitz sämmtlicher Rechnungsbelege setzte,
   c. auf die Behauptung, daß der Beklagte der Klägerin und ihrem Assistenten Ahrend Plaas über die in der Klage gedachten letzten Reisen am 13. Juni 1856 vollständige Rechnung ablegte, nach welcher ihr 4485 ℋ 32 ß R.-M. zu Gute kam, so daß sie unter Kürzung der an den Beklagten für das gekaufte $^1/_8$ Part zu zahlende Summe von 4266 ℋ 64 ß annoch baar 218 ℋ 64 ß R.-M. empfing;
   d. auf die Behauptung, daß die Klägerin für den Empfang des Saldo von 218 ℋ 64 ß R.-M. c. ass. quittirt und die Richtigkeit der Rechnung anerkannt hat;
3) event. daß dem Beklagten zu beweisen aufgegeben, daß er seiner Abrechnung vom 13. Juni 1856 die Belege angelegt habe.

Es steht daher zur Frage, ob und in wie weit diese Beschwerden für begründet zu erachten sind.

In Erwägung nun, daß durch die in der Klage vorgetragenen Facta der Anspruch der Klägerin auf Rechnungsablage vollständig begründet ist, daß die Rechtmäßigkeit dieses Anspruches von dem Beklagten auch gar nicht bestritten, dessen Behauptung aber, daß die geforderte Rechnungsablage bereits beschafft sei, von der Klägerin geleugnet ist;

in Erwägung ferner, daß auch das zweite gravamen nicht begründet ist, da die in demselben bezeichneten Exceptionalbehauptungen theils irrelevant, theils von der Klägerin geleugnet sind, indem

a. es für den vorliegenden Rechtsstreit völlig irrelevant ist, ob die Reise nach Pernambuco und Valparaiso im Frühjahr oder im Herbst 1856 beendigt ist, da über die Frage, in Betreff welcher Reisen eine Abrechnung verlangt wird, gar keine Differenz zwischen den Parteien obwaltet;

b. der Umstand, daß Klägerin nach Beendigung der fraglichen Reisen das früher dem Beklagten verkaufte Drittheil des Schiffes wieder zurückgekauft hat, irrelevant ist, die Behauptung aber, daß Beklagter die Klägerin inzwischen in den Besitz sämmtlicher Rechnungsbelege gesetzt habe, von der Klägerin geleugnet ist;

c. die Behauptung, daß der Beklagte der Klägerin und ihrem Assistenten über die fraglichen Reisen am 13. Juni 1856 vollständig Rechnung abgelegt habe, geleugnet ist, womit zugleich die weitere Behauptung, daß bei dieser geleugneten Abrechnung der Klägerin in ihrem Guthaben der Preis für das von ihr zurückgekaufte Drittheil des Schiffes gekürzt worden sei, mit Nothwendigkeit als geleugnet zu betrachtet ist;

d. die Klägerin, indem sie replicando behauptet, daß sie, wenn sie für den Empfang von 400 ℔ v. Cour. quittirt habe, jedenfalls rücksichtlich der genannten Summe nur als Abschlag auf ihr Guthaben quittirt habe, die gegnerische Behauptung, daß Klägerin für den Empfang des Saldo von 218 ℳ 64 ß quittirt und die Richtigkeit der Rechnung, aus welcher dieser Saldo sich ergeben, anerkannt habe, geleugnet hat;

in Erwägung endlich, daß für die Ablegung einer Rechnung über das zwischen den Parteien bestandene Geschäftsverhältniß der Natur der Sache nach weder die Aufstellung einer Berechnung für sich allein, noch die Mittheilung von Belegen ohne eine Abrechnung genügen kann, vielmehr die Verpflichtung zur Rechnungsablage an sich sowohl die Verpflichtung zur Aufstellung einer Abrechnung als zur Beibringung der erforderlichen Belege in sich schließt;

wird auf eingelegte Recesse und eingereichte Unterinstanzacten, nach stattgehabter mündlicher Verhandlung, von Obergerichtswegen hiedurch für Recht erkannt:

daß das angefochtene Erkenntniß zu bestätigen, Appellant auch schuldig sei, der Appellatin die Kosten dieser Instanz, deren Verzeichnung und Ermäßigung vorbehältlich, binnen Ordnungsfrist zu erstatten.

Wie denn solchergestalt hiedurch erkannt wird

V. R. W.

Urkundlich rc. Publicatum im Königl. Holsteinischen Obergerichte zu Glückstadt, den 18. Mai 1858.

II.

In Appellationssachen des Schiffscapitains Cornelius Hölck in Blankenese, Beklagten, jetzt Appellanten,

wider

die Wittwe Catharina Elisabeth Plaas, geb. Spiersen, in Teufelsbrücke cum cur. et assist., A. Plaas in Övelgönne, Klägerin, jetzt Appellatin,

wegen verlangter Rechnungsablage s. w. d. a., jetzt Appellation wider das Erkenntniß des Königl. Pinneberger Landgerichts vom 28. März v. J.,

ergeben die Acten:

Durch Erkenntniß des Pinneberger Landgerichts vom 23. Septbr. 1857, welches in der Appellationsinstanz durch Erkenntniß des Obergerichts vom 18. Mai 1858 bestätigt worden, ist dem jetzigen Appellanten der Beweis auferlegt worden:

daß er am 13. Juni 1856 oder an welchem anderen Tage die Abrechnung über die drei letzten mit dem gemeinschaftlichen Schiffe „Amanda" in den Jahren 1854—56 gemachten Reisen von Hamburg nach Buenos Ayres, Rio de Janeiro und von da nach Hamburg, von Hamburg nach Marseille und zurück und von Hamburg nach Pernambuco, Valparaiso und zurück unter Anlegen der Belege der Klägerin mitgetheilt habe.

Diesen Beweis hat der Appellant durch Producirung von Documenten, Denominirung von Zeugen und Sachverständige angetreten und hat nach stattgehabtem Beweisverfahren das Pinneberger Landgericht unterm 25. Mai 1859 erkannt:

daß Beklagter dasjenige, was ihm durch Interlocut vom 23. September 1857 zu erweisen auferlegt, nur bis zum purgatorium erwiesen habe, Klägerin mithin schuldig sei, sich eidlich dahin zu reinigen, daß Beklagter weder am 13. Juni 1856 noch an irgend einem anderen Tage ihr die Abrechnung über die drei letzten mit dem gemeinschaftlichen Schiffe „Amanda" in den Jahren 1854—1856 gemachten Reisen von Hamburg nach Buenos Ayres, Rio de Janeiro und von da nach Hamburg, von Hamburg nach Marseille und zurück und von Hamburg nach Pernambuco, Valparaiso und zurück unter Anlegung der Belege der Klägerin mitgetheilt habe, worauf nach geleistetem Eide unter Vergleichung der Kosten dem Klagpetitum gemäß wird erkannt werden, bei verweigertem Eide aber die Klägerin unter Verurtheilung zur Kostenerstattung abgewiesen werden wird.

Gegen dieses Erkenntniß hat der Beklagte das Rechtsmittel der Appellation rechtzeitig eingewandt, die üblichen Solemnien prästirt und seine Beschwerden darin gesetzt:

1) daß der dem Beklagten auferlegte Beweis nicht für zur Genüge erbracht erachtet und er von der angestellten Klage entbunden sei, ref. exp.;
2) event. daß nicht auf ein suppletorium erkannt worden sei.

Solchemnach steht nunmehr zur Frage, ob und in wie fern diese Beschwerden begründet sind.

In Erwägung nun, daß von dem Beklagten ein Abrechnungsbuch zwischen ihm und der Klägerin über die libellirten Fahrten des ihnen gemeinschaftlich gehörigen Schiffes „Amanda" producirt worden ist, welches mit einem Saldo von 410 ℔ für die Klägerin schließt, und daß am Schlusse nachstehende Quittung hinzugefügt ist:

Obigen Saldo von 410 ℔ empfangen, so wie Anerkennung des Buches nebst Richtigkeit; entsagen also ferner allen Ansprüchen von Forderung, solches unterzeichnet mit Namens-Unterschrift
Hamburg, den 12. Juni 1856.
C. E. Plaas Wittwe.
A. Plaas, als Assistent.

in Erwägung, daß die Klägerin geleugnet hat, daß die fragliche Unterschrift von ihr herrühre, und daß Beklagter den Beweis dieser Thatsache durch ein Gutachten von Sachverständigen über die Identität der Handschrift mit der unter einer notarialiter beglaubigten Urkunde befindlichen Unterschrift der Klägerin und durch Zeugen zu führen gesucht hat; daß aber darauf, in wie weit ihm dieser Beweis gelungen ist, überall nichts ankommen kann, da, wie auch in den Entscheidungsgründen des obergerichtlichen Erkenntnisses vom 18. Mai 1858 ausdrücklich hervorgehoben und im Beweisinterlocut mit klaren Worten ausgesprochen ist, die Rechnungsablage unter Anlegung der erforderlichen Belege beschafft sein soll, und weder in dem fraglichen Rechnungsbuch irgend eine Bezugnahme auf Belege enthalten ist, noch die Zeugen über die Producirung derselben bei der Unterschrift der Quittung das Geringste aussagen;

in Erwägung, daß hierin auch dadurch nichts geändert wird, daß von dem Beklagten eine Quantität Belege producirt sind, die sich eingeräumtermaaßen im Besitz der Klägerin befunden haben, da dieselben einestheils nicht vollständig sind, anderntheils aber die Vorlegung von Belegen ohne die Abrechnung eben so wenig eine ordnungsmäßige Rechnungsablage enthält und das thema probandum erfüllt, als die Mittheilung der Abrechnung ohne die Belege;

in Erwägung, daß der auferlegte Beweis deshalb für gänzlich mißlungen zu erkennen gewesen wäre, bei der Unzulässigkeit einer reformatio in pejus aber das angefochtene Erkenntniß zu bestätigen ist;

wird auf eingelegte Recesse und Unterinstanzacten, nach stattgehabter mündlicher Verhandlung, von Obergerichtswegen hiedurch für Recht erkannt:

daß das angefochtene Erkenntniß zu bestätigen, Appellant auch schuldig sei, der Appellatin die Kosten dieser Instanz, deren Verzeichnung und Ermäßigung vorbehältlich, binnen Ordnungsfrist zu erstatten.

Wie denn solchergestalt hiedurch erkannt wird
V. R. W.

Urkundlich ꝛc. Publicatum im Königl. Holsteinischen Obergericht zu Glückstadt, den 16. März 1860.

Auf die von dem Appellanten hiergegen zur Hand genommene weitere Appellation erging das folgende reformirende Erkenntniß des Königl. Oberappellationsgerichts.

Frederik der Siebente &c.

In Sachen des Eingesessenen Hans Oestmann in Blankenese, cur. noie. des zur See abwesenden Schiffscapitains Cornelius Hölck, Beklagten, Appellanten und abermals Appellanten, jetzt der Wittwe des Letzteren, Elsabe Hölck, geb. Lange, in Blankenese cum cur. als Litisreassumtin,

wider

die Wittwe Catharina Elisabeth Plaas, geb. Spiesen, in Teufelsbrück cum cur., Klägerin, Appellatin und abermals Appellatin,

wegen verlangter Rechnungsablage, jetzt Appellation gegen das Erkenntniß des Holsteinischen Obergerichts vom 16. März 1860,

wird nach verhandelter Sache, unter Mittheilung einer Abschrift der eingezogenen Gegenerklärung an die Appellantin,

in Erwägung, daß dem Beklagten durch das rechtskräftige Beweiserkenntniß vom 23. September 1857 auferlegt worden war, zu beweisen:

daß er am 13. Juni 1856 oder an welchem anderen Tage die Abrechnung über die drei letzten mit dem gemeinschaftlichen Schiffe „Amanda" in den Jahren 1854 bis 1856 gemachten Reisen von Hamburg u. s. w. unter Anlegung der Belege der Klägerin mitgetheilt habe,

und daß Beklagter, indem er zu beweisen unternommen, daß die Klägerin ihm im Juni 1856 für richtige Rechnungsablage über die streitigen Reisen in dem von ihm producirten Abrechnungsbuche Quittung ertheilt habe, keinesweges ein in der ersten Verhandlung nicht zur Hand genommenes und daher in der Beweisinstanz nicht mehr zulässiges neues Vertheidigungsmittel, nämlich, wie Klägerin meint, die Einrede des Verzichts auf Rechnungsablage, geltend gemacht hat, sondern da eine bereits quittirte Abrechnung mindestens auch schlechthin eine Abrechnung ist, von der Aufgabe des Beweisinterlocuts in Ansehung der beschafften Mittheilung der Abrechnung nicht abgewichen ist, vielmehr noch ein Mehreres, nämlich den Beweis der Rechnungsanerkennung, hinzuzufügen versucht hat;

in Erwägung, daß das Obergericht in seinem jetzt angefochtenen Erkenntnisse die solchergestalt von dem Beklagten freiwillig mit zu beweisen unternommene Anerkennung als einen irrelevanten Punkt betrachtet hat, indem das rechtskräftige Interlocut vom Obergerichte dahin gedeutet wird, daß in der Beweisaufgabe unter Abrechnung eine ordnungsmäßig abgefaßte, allgemein verständliche Abrechnung und unter den beizufügenden Belegen vollständige Belege zu verstehen seien;

in Erwägung, daß dem Obergericht darin beigepflichtet werden muß, daß die in dem producirten Rechnungsbuche enthaltenen Abrechnungen als allgemein verständlich und ordnungsmäßig abgefaßt nicht angesehen werden können und daß die von der Klägerin zurückgegebenen Belege, an denen nach des Beklagten eigener Behauptung nur ein Stück fehlt, nicht vollständig sind, da sich alle nur auf die beiden letzten der streitigen drei Reisen beziehen;

daß es daher darauf ankommt, ob die obergerichtliche Auslegung des Beweisinterlocuts gerechtfertigt sei oder ob den Mängeln der Abrechnung und dem Vermisse in Ansehung der Belege durch den Beweis der Rechnungsanerkennung würde abgeholfen werden können;

in Erwägung, daß, wenn auch die strenge Wortbedeutung eher für die in dem angefochtenen Erkenntnisse enthaltene Auslegung des Beweisinterlocutes spricht, doch nach logischer Auslegung, welcher die Rechtskraft des Erkenntnisses nicht entgegensteht, dasselbe dahin aufzufassen ist, daß dem Beklagten dadurch auferlegt worden, die richterliche Ueberzeugung davon zu begründen, daß geschehen sei, was ausreicht, um den Anspruch der Klägerin auf Rechnungsablage in so weit für befriedigt anzusehen, daß es ihr nicht mehr zugestanden werden könne, eine neue Abrechnung zu verlangen;

in Erwägung, daß die richterliche Ueberzeugung von der erfolgten Befriedigung des erwähnten Anspruchs der Klägerin einmal in der Weise gewonnen werden kann, daß der Richter selbst nach allgemeinen Grundsätzen prüft, ob die geschehene Rechnungsablage formell so beschaffen sei, daß sie als eine Nullität betrachtet und zurückgewiesen werden könne oder daß sie vorbehältlich der Vermisse und Monituren anzunehmen sei, aber auch zweitens alsdann gewonnen wird, wenn die dispositionsfähige Klägerin selbst cum cur. die beschaffte Rechnungsablage als ihr verständlich und genügend anerkannt hat;

in Erwägung demnach, daß der Beweis der geschehenen Rechnungsanerkennung der Beweisaufgabe Genüge leistet und nur noch zu prüfen ist, ob oder wie weit dieser Beweis geführt ist;

in Erwägung nun, daß die Entschiedenheit, mit welcher die Sachverständigen ihr motivirtes Gutachten für die Einheit der verglichenen Handschriften ausgesprochen haben, eine erhebliche Wahrscheinlichkeit für die quittirende Unterschrift der Klägerin in dem Rechnungsbuche ergiebt und deren Curator selbst seine Unterschrift für so ähnlich erklärt, daß er dieselbe eidlich zu diffitiren nicht im Stande sei;

daß sodann der Zeuge Kaufmann Thun eidlich erhärtet hat, daß in seiner Gegenwart die Klägerin, nachdem ihr der Rechnungssaldo von ihm ausbezahlt und das Quittungs- und Anerkennungsformular im Rechnungsbuche vorgelesen worden, eigenhändig, später ebenfalls deren Curator, die Unterschrift im Rechnungsbuche vollzogen haben;

endlich auch der Zeuge Commis Wehler die Aussage des vorigen Zeugen in so fern unterstützt, als er weiß, daß die Klägerin auf Grund einer Abrechnung mit dem Capitain Hölck, also nicht als Vorschuß, in dem Comtoir seines Herrn das Geld empfangen und daselbst, wie er zu erinnern meint, in einem Buche quittirt hat;

in Erwägung, daß der letzte Zeuge classisch ist und der erstere durch das ihm vom Beklagten ertheilte Generalmandat zur Wahrnehmung außergerichtlicher Geschäfte desselben während seiner Abwesenheit auf Reisen, da ihn wegen des an die Klägerin auszubezahlten, geständigermaaßen von ihr empfangenen Postens von 410 ℔ vorm. Cour., jetzt 218 ℛ 64 ß R.-M., eine Verantwortung nicht treffen kann, nur in so fern in geringem Grade suspect wird, als ein Freundschaftsinteresse, welches sich auch in der Besprechung mit dem Anwalte des Beklagten verräth, bei demselben anzunehmen ist;

in Erwägung, daß durch die solchergestalt combinirten Beweisgründe für die Anerkennung und Quittirung der Abrechnung durch die Klägerin und deren Curator mehr als halber Beweis erbracht ist und daher der beklagtischen Litisreassumentin, wenn sie gleich nur einen Glaubenseid schwören kann, um so mehr der Erfüllungseid zuzuerkennen ist, als die Klägerin im Laufe dieses Streites sich mehrfach unaufrichtig bewiesen hat;

hiemit für Recht erkannt:

daß das angefochtene Erkenntniß des Holsteinischen Obergerichts vom 16. März 1860 nachstehendermaaßen abzuändern sei:

Würde die in Folge Litisreassumtion nunmehrige Beklagte und Appellantin annoch in einem innerhalb 6 Wochen auszubringenden Termine zur Erfüllung des unternommenen Beweises beschwören, wie sie glaube und dafür halte, daß die Klägerin und deren Curator A. Plaas das producirte Abrechnungsbuch ihres verstorbenen Ehemannes über Reisen, welche er mit dem Schiffe „Amanda" gemacht, wie daselbst unter dem schließlichen Quittungs- und Anerkennungsformulare vom 12. Juni 1856 enthalten, eigenhändig unterschrieben haben: so wird die Klägerin mit ihrer Klage abgewiesen, unter Vergleichung sämmtlicher auf diesen Proceß verwendeten Kosten, soweit nicht bereits rechtskräftig über Kosten erkannt ist; —

wogegen im Falle des verweigerten Eides Beklagter schuldig ist, der Klägerin innerhalb 4 Wochen Abrechnung über die drei letzten mit dem gemeinschaftlichen Schiffe „Amanda" von ihrem verstorbenen Ehemanne in den Jahren 1854 bis 1856 gemachten Reisen von Hamburg nach Buenos Ayres, Rio de Janeiro und von da nach Hamburg, von Hamburg nach Marseille und zurück und von Hamburg nach Pernambuco, Valparaiso und zurück nach Hamburg unter Anlegung der Belege mitzutheilen, auch derselben die Kosten der ersten Instanz, soweit nicht bereits rechtskräftig über solche erkannt ist, zu erstatten.

Wie denn solchergestalt, unter Vergleichung der Kosten dieser und der vorigen Instanz und unter Zurückverweisung der Sache zum weiteren Verfahren an die erste Instanz, hiedurch erkannt wird.

Urkundlich rc. Gegeben im Königl. Oberappellationsgericht zu Kiel, den 9. April 1862.

Polizeivergehen.

I.

Auf die mit Bericht des Rendsburger Magistrats sub præs. den 7. December v. J. hieselbst eingegangene Supplicationsschrift des Advocaten und Notaren Dittmann in Rendsburg,

wider ein gegen ihn Seitens des Rendsburger

Magistrats unterm 14./23. October v. J. wegen Vornahme einer unzulässigen politischen Demonstration abgegebenes Erkenntniß,*)

wird,

in Erwägung, daß kein Verbot besteht, wogegen vom Supplicanten mit der ihm zur Last gelegten Handlung contravenirt worden ist;

daß s. g. politische Demonstrationen, sofern sie weder eine Störung noch eine Gefährdung der öffentlichen Ruhe herbeiführen, um rechtlich als strafbare Handlungen angesehen werden zu können, eine Strafandrohung voraussetzen;

daß Toaste politischen Inhalts wie Hochs auf Schleswig-Holstein und auf Dänemark bis zur Eider zwar unter besonderen Verhältnissen möglicherweise die Veranlassung zu einer Störung der öffentlichen Ruhe werden können, in dieser Betrachtung aber die erkannte Brüche ihre Motivirung nicht finden kann, da, wenn auch unter Umständen die Gefährlichkeit einer Handlung an sich schon eine polizeiliche Ahndung rechtfertigen mag, dies doch immer zur Voraussetzung hat, daß die Herbeiführung der Gefahr, weil sie nothwendig mit der Handlung verbunden war, sich auf den Willen des Handelnden zurückführen läßt und dadurch die Handlung den Charakter eines polizeilich zu ahndenden Frevels annimmt, wovon in diesem Fall unzweifelhaft nicht die Rede sein kann;

daß die den Gerichten über die Anwälte zustehende Disciplinargewalt sich nicht auf Handlungen erstreckt, welche ganz außer aller Beziehung zu ihrem Berufe stehen, Handlungen dieser Art also, wenn sie an sich nicht strafbar sind, auch für die Anwälte nicht den Charakter eines strafbaren Vergehens annehmen können; und daß daher das angefochtene Brücherkenntniß der rechtlichen Begründung ermangelt;

hiemittelst von Obergerichtswegen zum Bescheide ertheilt:

daß das unterm 14./23. October v. J. vom Rendsburger Magistrat wider den Supplicanten abgesprochene Brücherkenntniß hierdurch wiederum aufgehoben werde.

Urkundlich rc. Gegeben im Königl. Holsteinischen Obergerichte zu Glückstadt, den 27. Februar 1862.

---

*) Dasselbe lautet:

In Denunciationssachen wider den Advocaten und Notar W. Dittmann hieselbst,

wegen Vornahme einer unzulässigen politischen Demonstration,

wird,

in Erwägung, daß der Denunciat geständigerund mit den ermittelten Umständen übereinstimmendermaaßen am 22. v. M. Abends nach 10 Uhr im Colb'schen Saale, in welchem in Veranlassung des Michaelismarkts eine ziemlich zahlreiche Gesellschaft von Civilisten und einigen Officieren sich eingefunden hatte, nachdem die Melodie der Marseillaise und eines deutschen Liedes gespielt, letzteres aber von dem Wirth als nicht erlaubt inhibirt worden, ein Hoch mit den Worten ausgebracht hat: na dann wollen wir 'mal unser Schleswig-Holstein leben lassen;

in Erwägung, daß in dem Ausbringen eines solchen Hochs unter solchen Umständen von Seiten des mit einer Königl. Bestallung versehenen Denunciaten eine unzulässige politische Demonstration gefunden werden muß, welche in der etwas angeregten Stimmung des Denunciaten keine Entschuldigung finden kann,

der Advocat und Notar W. Dittmann hierselbst wegen Vornahme einer unzulässigen politischen Demonstration in eine binnen 4 Wochen einzuzahlende Brüche von 8 ß R.-M. und in die Untersuchungskosten verurtheilt.

II.

Auf die mit Bericht des Rendsburger Magistrats vom 4. v. M. hieselbst eingegangene Supplicationsschrift für den Uhrmacher Carl Menthen, den Buchbinder W. Köster und den Auctionsassistenten H. Haase in Rendsburg, Supplicanten,

wider das von dem genannten Magistrat wegen unzulässiger politischer Demonstration unterm 24. October v. J. gegen sie abgegebene Brücherkenntniß,

wird,

in Erwägung, daß das von den Supplicanten in der Nacht vom 25./26. August v. J. in der Eisenbahnhalle zu Rendsburg vorgenommene Aufhängen eines Transparents mit der an das Versprechen Königs Christian I. erinnernden Inschrift: op ewig ungedeelt 1460 als politische Demonstration keiner Strafe unterliegt, da durch dasselbe gegen kein bestehendes Verbot contravenirt worden ist und bei Nichtexistenz eines solchen politische Demonstrationen, so fern sie weder eine Störung noch eine Gefährdung der öffentlichen Ruhe herbeiführen, nicht als strafbare Handlungen angesehen werden können;

in Erwägung, daß es daher im vorliegenden Fall zur Frage steht, ob durch die Aufhängung des gedachten Transparents eine Störung der öffentlichen Ruhe veranlaßt worden ist, für welche die Supplicanten zur Verantwortung gezogen werden können;

in Erwägung, daß in dieser Beziehung als das Resultat der theils vor dem Rendsburger Polizeiamt, theils vor dem Magistrat gegen die Supplicanten geführten Untersuchung sich herausstellt, daß in der fraglichen Nacht zur Begrüßung der mit einem Extrazuge von dem Kieler Feste zurückkehrenden Schleswiger eine beträchtliche Menschenmenge, unter welcher sich auch verschiedene Militairpersonen befanden, auf dem Rendsburger Bahnhofe versammelt gewesen ist; daß, als das beim Herannahen des Zuges aufgezogene Transparent von dem Publikum bemerkt ward, sofort ein lautes Hurrahrufen erschollen und das Lied „Schleswig-Holstein" angestimmt worden ist; daß darauf ein Lieutenant Riebau, nachdem er zunächst mit dem Supplicanten Menthen in einen Wortwechsel über die Entfernung des Transparents gerathen, von den anwesenden Polizeiofficialen die Herabnahme desselben mit der Erklärung gefordert hat: „wenn das Transparent nicht herunter komme, werde er es herunter hauen," daß dann ein Lieutenant Irminger, als die von den Polizeiofficialen vorgenommene Herabnahme des Transparents ihm nicht schnell genug von Statten ging, seinen Säbel zum Durchhauen einer Schnur benutzt und ein Unterofficier Oerstedt wüthend mit dem Fuß auf das herabgefallene Transparent getreten hat; daß nun das Publikum unter Hurrahruf die Officiere umdrängt hat, worauf diese, namentlich die Lieutenants Riebau und Irminger, der Erstere mit dem Ausruf: „wer mir zu nahe kommt, den schlage ich über den Kopf," so wie auch der Unterofficier Oerstedt, den Säbel gezogen haben; daß aber weitere Thätlichkeiten theils durch die angestrengten Bemühungen der Polizeiofficialen, theils durch das Erscheinen einer herbeigerufenen Patrouille verhindert worden sind, mit welcher sich die Officiere, nachdem inzwischen der Bahnzug vorbeipassirt war, nach Hause begeben haben, während das vom Bahnhof sich entfernende Publikum fortwährend die Patrouille umdrängte;

in Erwägung, daß dem Angeführten zufolge in Veranlassung der Aufhängung des Transparents allerdings eine erhebliche Störung der öffentlichen Ruhe stattgefunden hat, auch nicht zweifelhaft ist, daß die Supplicanten bei der ganzen Situation den entstandenen Conflict zwischen dem Publikum und dem Militair als eine nahe liegende Möglichkeit voraussehen mußten, wie denn auch von ihnen selbst in der Supplicationsschrift bemerkt worden ist, daß jeder Einspruch oder Widerspruch von Seiten der Militairpersonen voraussichtlich zu einem gefährlichen Conflict habe führen müssen;

in Erwägung, daß, wenn die Supplicanten sich darauf berufen, daß die Schuld der stattgehabten Ruhestörung lediglich dem Auftreten der Militairpersonen beizumessen sei, zwar nicht zu verkennen ist, daß die ungebührliche Einmischung in die polizeilichen Functionen und die provocirende Leidenschaftlichkeit einiger Militairpersonen einen wesentlichen Antheil der Schuld trägt, hierauf aber kein Gewicht zu Gunsten der Supplicanten gelegt werden kann, da es ihre Pflicht war, alles zu unterlassen, wodurch voraussichtlich eine Störung der öffentlichen Ruhe herbeigeführt werden mußte, sie mochte veranlaßt werden, von welcher Seite sie wollte; und

in endlicher Erwägung, daß demzufolge die Supplicanten zwar nicht wegen politischer Demonstration, wohl aber wegen des ihnen zur Last fallenden Polizeivergehens zu verurtheilen sind und daß gegen die Höhe der erkannten Brüchen nichts zu erinnern gefunden worden ist;

den Supplicanten hiedurch von Obergerichtswegen zum Bescheide ertheilt:

> daß das angefochtene Erkenntniß des Rendsburger Magistrats vom 24. October v. J. dahin abzuändern ist, daß die Supplicanten, Uhrmacher Menthen, Buchbinder Köster und Auctionsassistent Haase, wegen der durch sie veranlaßten Störung der öffentlichen Ruhe in eine binnen 4 Wochen ab insin. bei dem Rendsburger Stadtsecretariate einzuzahlende Brüche von resp. 20 ℛ︁, 4 ℛ︁ und 4 ℛ︁ R.-M., wie auch zur Erstattung der sie betreffenden Untersuchungskosten zu verurtheilen sind.

Urkundlich rc. Gegeben im Königl. Holsteinischen Obergerichte zu Glückstadt, den 17. März 1862.

Allerhöchst privilegirte
Holsteinische Anzeigen.

Redigirt von den Obergerichtsräthen Etatsrath Henrici und Lucht.
Gedruckt bei Augustin in Glückstadt.

21. Stück. — Den 26. Mai 1862.

Entscheidungen.

Interpretation eines Erbpachtcontractes. — Die von dem Kläger im Lauf des Processes vorgenommene Veräußerung seines Rechtes influirt nicht auf den Fortgang des Rechtsstreits unter den Parteien. — Die Ersitzung von Gerechtsamen, welche nicht unter den Begriff der Servituten fallen, setzt die Erlangung des Quasibesitzes justo titulo voraus. — In wie ferne die Ersitzung in bestimmter Zeit bei den Reallasten Anwendung finde.

In Sachen des Halbhufners und Erbpächters Johann Jöhnck zu Warder, adeligen Guts Emkendorf, Beklagten, jetzt Supplicanten,

wider

den Erbpachtsmüller Claus Hinrich Kreutzfeldt zu Mühlendorf, adeligen Guts Emkendorf, Kläger, jetzt Supplicaten,

wegen angeblich schuldiger Leistung von Hand- und Spanndiensten zur Reparatur der Wassermühle, jetzt wegen Rechtfertigung der Supplication gegen das Erkenntniß des Emkendorfer Justitiariats vom 8. October v. J.,

geben die Acten:

Der Erbpachtsmüller Claus Hinrich Kreutzfeldt zu Mühlendorf, adeligen Guts Emkendorf, hat wider den jetzigen Supplicanten, den Halbhufner und Erbpächter Johann Jöhnck zu Warder, bei dem Emkendorfer Justitiariat klagend vorgebracht: die zu Mühlendorf belegenen Wassermühlen, welche früher von der Gutsherrschaft in Zeitpacht gegeben worden, seien im Jahre 1776 mittelst Erbpachtscontracts vom 25. April s. J. dem Müller Bevensee in Erbpacht verkauft, der sie dem Vater des Klägers laut Kaufbrief vom 1. Juni überlassen, von dem sie dann durch Ueberlassungscontract vom 16. April 1828 an den Kläger übertragen worden.

Zur Reparation dieser Mühlen Hand- und Spanndienste nach Verhältniß ihres Besitzes zu leisten seien von jeher die Besitzer bäuerlicher Grundstücke im Gute Emkendorf verpflichtet gewesen und sei dies auch in den von der Gutsherrschaft mit ihnen errichteten Contracten, namentlich auch bei den Vererbpachtungen und eigenthümlichen Uebertragungen im Jahre 1771, ausdrücklich ausgesprochen, wogegen eine solche Verpflichtung selbstverständlich dem Haupthofe Emkendorf so wenig obgelegen, wie den diesem gleichstehenden Meierhöfen, vielmehr selbst bei der Parcelirung des Meierhofes Mühlendorf die aus demselben gebildeten vier Landstellen, laut Contracten vom 1. Mai 1776:

„von denen zur vorfallenden Reparation der Mühle zu Mühlendorf erforderlichen Fuhren und anderen Diensten"

befreit geblieben seien.

Es seien auch von Alters her und zwar nicht allein so lange die Mühle in Zeitpacht gegeben gewesen, sondern auch nachdem sie im Jahre 1776 von der Gutsherrschaft in Erbpacht verkauft sei, auf Anfordern des jedesmaligen Mühlenbesitzers, so oft ein Neubau der Mühle nebst Grundwerk oder eine Wiederherstellung erforderlich geworden, bis auf die Gegenwart, Hand- und Spanndienste von den Besitzern bäuerlicher Grundstücke geleistet.

Der Beklagte sei Besitzer einer Erbpachtsstelle und in dem Erbpachtscontracte vom 1. Mai 1779 werde im § 4 ausdrücklich festgesetzt:

daß der jedesmalige Besitzer dieser Hufenstelle verpflichtet, zur Unterhaltung der Heer- und Landstraßen im Verhältniß der übrigen Gutsuntergehörigen in Emkendorf Beitrag zu leisten, sein Getraide gleich ihnen zu Mühlendorf mahlen und sein Getränke ebendaher wie bisher holen zu lassen, mithin die seinem jetzigen Grundstücke zur Reparation derselben Mühle obgelegenen Hand- und Spanndienste nach wie vor zu leisten.

Die wider den Beklagten, welcher sich geweigert habe, zu einer nothwendig gewordenen Reparation der Mühle Hand- und Spanndienste zu leisten, zu erhebende Klage stelle sich hiernach als begründet dar und wolle event. Kläger unter Wiederholung des bereits Angeführten sich auch auf den Erwerb der Gerechtigkeit durch ordentliche event. unvordenkliche Verjährung berufen.

Der Antrag des Klägers geht auf ein Erkenntniß dahin:

daß Beklagter schuldig, als Besitzer seiner in Warder, Guts Emkendorf, belegenen Erbpachtshufenstelle zur Reparation der Wassermühle zu Mühlendorf bei eintretendem Bedürfniß auf Anfordern des Besitzers dieser Mühle nach Verhältniß der übrigen bäuerlichen Gutsuntergehörigen im Gute Emkendorf die erforderlichen Hand- und Spanndienste zu leisten, auch die Kosten dieses Processes, deren Ansetzung und Ermäßigung vorbehältlich, zu erstatten.

Beklagter hat dieser Klage zunächst proceßhindernd die Einrede der fehlenden Activlegitimation opponirt, indem er sich darauf berufen, daß Kläger aus dem Contract, den die Gutsherrschaft im Jahre 1779, also drei Jahre nach Errichtung des die Mühlen betreffenden Erbpachtscontracts, mit dem Vorbesitzer des Beklagten abgeschlossen habe, keine Rechte für sich ableiten könne, daß aber Kläger eine Uebertragung der Rechte der Gutsherrschaft auf seinen Vorbesitzer so wenig als eine Anerkennung der Verpflichtung zur Leistung von Hand- und Spanndiensten oder eine förmliche Uebernahme derselben Seitens des Vorbesitzers des Beklagten behauptet habe und daß überdies auch in dem § 7 des Mühlencontracts vom Jahre 1776 ausdrücklich bestimmt werde:

„dem Pächter werden zu der Mühle cum pertinentiis, ihrem Grundwerk, Schleusen, Brücken, Bollwerk und Vorsetzung und denen dazu gehörigen Wohnungen und Gebäuden weder Hartnoch Weichholz noch sonsten einige Materialien gereichet. Er ist sowohl dieses als alles übrige die Unterhaltung und Anschaffung eines neuen Mühlensteines ex propriis abzuhalten schuldig und werden ihm bei vorfallender Reparation oder Bau der Mühle weder Hand- noch Spanndienste geleistet;"

daß aber, was die Berufung auf Verjährung anlange, dieser Erwerbstitel aus dem Grunde ausgeschlossen erscheine, weil der Müller wider besseres Wissen und mit dem Bewußtsein der Rechtswidrigkeit gehandelt haben würde, wenn er der klaren Contractsvorschrift ungeachtet von den Gutsuntergehörigen Hand- und Spanndienste in Anspruch genommen und habe leisten lassen.

Sich event. auf die Klage einlassend hat Beklagter im Uebrigen die Klagbehauptungen im Wesentlichen als richtig anerkannt, dagegen geleugnet, daß an den jedesmaligen Besitzer der beklagtischen Stelle auch noch nach der im Jahre 1776 erfolgten Vererbpachtung der Mühle Hand- und Spanndienste geleistet seien, sobald ein Neubau der Mühle nebst Grundwerken oder eine theilweise Wiederherstellung derselben erforderlich geworden, und daß Beklagter, sei es von dem Kläger selbst oder von der Gutsherrschaft oder dem Bauervogt, zur Leistung von Hand- und Spanndiensten für die gegenwärtig in Frage stehende Reparation des Mühlen-Grundwerkes aufgefordert worden.

Auf diese Einlassung stützt Beklagter, indem er die vorgedachte Einrede als peremtorische wiederholt, die Einrede der noch nicht erwachsenen Klage, weil ihr keine Mahnung vorausgegangen, und opponirt ferner auch die Einrede der dunklen und unbestimmten Klage, weil sich aus ihr die Größe und die Modalität der in Anspruch genommenen Dienste nicht entnehmen ließen und weil auch, was insbesondere die Verjährung anlange, aus der Klage nicht ersichtlich sei, welche

Ersitzungsart Kläger gemeint habe und wie langen oder kurzen Zeitraum er zum Erwerbe für erforderlich erachtet habe.

Beklagter beruft sich endlich auch noch auf die Einrede der rechtlich unbegründeten Klage und der Arglist, da nach Inhalt des Erbpachtscontracts der Müller keine Hand- und Spanndienste in Anspruch nehmen dürfe.

Nach bis zur Duplik stattgehabter Verhandlung, wobei Kläger replicando hervorgehoben, daß, wenn es im § 7 seines Erbpachtcontracts heiße, daß ihm bei vorfallenden Reparaturen und Bauten der Mühle weder Hand- noch Spanndienste geleistet werden sollten, sich dies selbstverständlich nur auf die Freiheit des Haupthofes Emkendorf und der Meierhöfe beziehen könne, hat das Justitiariat des adeligen Guts Emkendorf am 8. October v. J. erkannt:*)

daß Beklagter mit seinen Einreden der fehlenden Activlegitimation, des unbegründeten Klagrechts und der Arglist, so wie der dunklen und unbe-

---

*) Die Entscheidungsgründe dieses Erkenntnisses lauten:

In Erwägung, daß Kläger als Erbpächter der Mühle zu Neumühlendorf legitimirt erscheint, Klagen in Betreff der seiner Erbpachtsstelle zustehenden Realgerechtigkeiten, falls sie auch ursprünglich von der Gutsherrschaft für sich selbst erworben sein sollten, im eigenen Namen anzustellen, ohne daß der Nachweis einer besonderen causa, durch welche die betreffenden Realgerechtigkeiten und Klagen auf ihn übergegangen, geliefert zu werden braucht, da nach

L. 16 D. de serv.,

L. 3 § 3, L. 9 D. de operis novi nunc.,

zur Geltendmachung von Realservituten der Emphyteuta, Superficiar oder Pfandgläubiger legitimirt ist, und nach

L. 1 pr., L. 5 § 1 D. si ususfr. pet.

der Nutznießer der herrschenden Sache sich wegen der in der Störung der Servitut liegenden Beeinträchtigung seines Nießbrauchs der actio confessoria bedienen kann;

in Erwägung, daß daher, nachdem der Beklagte eingeräumt hat, daß eine Verpflichtung zur Leistung von Hand- und Spanndiensten bei Neubauten oder Reparaturen der Mühlendorfer Mühle nebst Grundwerken den Gutsuntergehörigen obliege und solches auch aus dem § 7 des Erbpachtscontractes über die Hufenstelle des Beklagten, wo es heißt:

> daß der jedesmalige Besitzer dieser Hufenstelle verpflichtet — — die seinem Grundstück zur Reparatur derselben Mühle o b g e l e g e n e n Hand- und Spanndienste n a c h w i e v o r zu leisten,

unzweifelhaft hervorgeht, es um so weniger bestritten werden kann, daß der jedesmalige Besitzer der Mühlendorfer Mühle befugt sei, diese Dienste zu fordern und event. klagend geltend zu machen, da nach der bisher üblichen Beurtheilung der hier in Betracht kommenden Verhältnisse, wie in den

Schl. Holst. Anz., Jhg. 1845, pag. 881,

ausdrücklich anerkannt ist, Mühlendienste wie die hier in Anspruch genommenen Hand- und Spanndienste nicht zu den der Gutsherrschaft als solcher zu leistenden Hofdiensten gehören, sondern der Regel nach als ein von Alters her der Mühle beigelegtes und ihr anklebendes Realrecht anzusehen, deren Geltendmachung, wenn ihre Ausübung bestritten wird, lediglich Sache des Besitzers der Mühle ist;

in Erwägung, daß hier auch nichts weiter darauf ankommen kann, auf welchem Wege das fragliche Realrecht ursprünglich der Mühle erworben, und ob dasselbe nach der im Jahre 1776 erfolgten Vererbpachtung des berechtigten Grundstücks von dem Kläger oder dessen Besitzvorwesern der Stelle des Beklagten als verpflichtetem Grundstück gegenüber wirklich geltend gemacht ist, da das Bestehen desselben zur Zeit der Vererbpachtung der Mühle eingeräumt und erwiesen ist, Beklagter aber einen Untergang desselben durch Nichtausübung oder Verjährung nach der Vererbpachtung nicht behauptet hat;

in Erwägung sodann, daß, was die Berufung des Beklagten auf den § 7 des Erbpachtscontractes über die klägerische Mühle anbetrifft, in welchem es unter Anderm heißt:

> und werden ihm bei vorfallender Reparation oder Bau der Mühle weder Hand- noch Spanndienste geleistet,

die aus diesem Passus entnommenen Einwendungen des Beklagten für unbegründet zu erachten, da aus diesem zwischen dem ersten Erbpächter und der Gutsherrschaft abgeschlossenen Contract lediglich deren resp. Rechts- oder Besitznachfolger, nicht aber dritte Personen Rechte werden herleiten können und da die Auffassung dieses Paragraphen von Seiten des Klägers, wonach derselbe nur den Haupthof und etwa die ihm gleichstehenden Meierhöfe, nicht aber die übrigen bäuerlichen Ländereien von der Leistung der Hand- und Spanndienste ausgenommen haben soll, deshalb als die allein richtige anzusehen sein dürfte, weil nicht nur aus dem ganzen Zusammenhange dieses Paragraphen erhellt, daß derselbe nur von

stimmten Klage und des noch nicht erwachsenen Klagrechts zu enthören, vielmehr schuldig sei, zur Reparatur der Wassermühle zu Mühlendorf bei eintretendem Bedürfniß auf Anfordern des jedesmaligen Besitzers dieser Mühle nach Verhältniß der übrigen bäuerlichen Gutsuntergehörigen im Gute Emkendorf die erforderlichen Hand- und Spanndienste zu leisten und die Kosten dieses Processes, salva des. et mod., dem Kläger innerhalb Ordnungsfrist zu erstatten.

Gegen dies Erkenntniß hat Beklagter mit Genehmigung der Gegenpartei anstatt der Appellation das Rechtsmittel der Supplication interponirt und seine Beschwerden darin gesetzt:

> daß er nicht mit den der Klage opponirten Einreden Gehör gefunden habe und daß nicht in omnem eventum die Kosten compensirt worden.

Es steht demnach zur Frage: ob diese Beschwerden für begründet zu erachten.

In Erwägung nun, daß es unter den Parteien unbestritten ist, daß vor Errichtung des die Wassermühle betreffenden Erbpachtcontracts vom Jahre 1776 die Besitzer bäuerlicher Grundstücke im Gute Emkendorf zur Leistung von Hand- und Spanndiensten für Mühlenbauten pflichtig gewesen sind und daß auch noch im Contract vom Jahre 1779 über die Stelle des Beklagten der jedesmalige Besitzer dieser Stelle als gleich wie die übrigen Untergehörigen des Gutes zur Mühle zwangs- und dienstpflichtig bezeichnet wird;

in Erwägung, daß es zwar einerseits nicht zweifelhaft erscheinen kann, daß es der speciellen Uebertragung des Rechts auf den Erbpachtsmüller nicht bedurft hat, damit derselbe als berechtigt angesehen werden dürfe, Hand- und Spanndienste von den Gutsuntergehörigen in Anspruch zu nehmen, es andererseits aber auch eben so unzweifelhaft ist, daß bei Errichtung des Mühlenerbpachtcontracts der Gutsherrschaft das Recht zugestanden, sowohl die bisher pflichtigen Gutsuntergehörigen von der ferneren Leistung von Hand- und Spanndiensten völlig zu befreien, als auch dem Erbpachtsmüller die Berechtigung zu entziehen, von den Gutsuntergehörigen Hand- und Spanndienste für Bauten zu fordern;

in Erwägung, daß die allgemein lautenden Worte des § 7 des Erbpachtcontracts, wo es heißt:

> „und werden ihm bei vorfallender Reparation und Bau der Mühle weder Hand- noch Spanndienste geleistet“,

Leistungen redet, welche, wie die Lieferung von Bauholz, Unterhaltung der Mühlensteine u. s. w., bisher der Gutsherrschaft als Eigenthümerin der Mühle obgelegen, und welche durch jenen Contract dem Erbpächter auferlegt werden unter gleichzeitiger Entziehung der von den Hofländereien etwa früher geleisteten Hand- und Spanndienste bei Bauten und Reparaturen der Mühle, sondern weil auch in sämmtlichen **nach** der Vererbpachtung der Mühle von Seiten der Gutsherrschaft vorgenommenen Vererbpachtungen sonstiger bäuerlicher Grundstücke im Gute Emckendorf, jedesmal den Erbpächtern die fraglichen Hand- und Spanndienste ausdrücklich auferlegt sind, daß aber, wenn gleich die Mühlenbesitzer aus jenen späteren, lediglich zwischen der Gutsherrschaft und andern Gutsuntergehörigen abgeschlossenen Contracten hinsichtlich der **Entstehung** der fraglichen Reallasten für sich nur Rechte würde ableiten können, wenn man der Gutsherrschaft an den von ihr vererbpachteten Ländereien ein Obereigenthum mit der Wirkung, dingliche Rechte für dieselbe zu erwerben, unbestritten zugestehen könnte, es dagegen nicht zweifelhaft sein kann, daß diese spätern Contracte für die **Fortdauer** der schon bestandenen Reallast und deren beabsichtigten fortdauernden Verbindung mit dem damals bereits seit mehreren Jahren vererbpachteten Mühlengrundstück das vollgültigste Zeugniß ablegen;

in Erwägung, daß daher die Einreden der fehlenden Activlegitimation, der unbegründeten Klage und der Arglist nicht für zulässig zu erachten;

in Erwägung sodann, daß Kläger, indem er verlangt, daß Beklagter Hand- und Spanndienste nach Verhältniß der übrigen bäuerlichen Gutsuntergehörigen im Gute Emckendorf bei eintretendem Bedürfniß leiste, in genügender Weise einen Maaßstab angegeben, nach welchem die Größe und Modalität der geforderten Leistungen in jedem einzelnen Falle zu bemessen, daß aber ferner Kläger im vorliegenden Proceß nicht auf Leistung gewisser nicht geleisteter Dienste, sondern nur auf Anerkennung seines Rechts, solche Dienste eintretenden Falles in Anspruch nehmen zu können, geklagt hat, und daher ebensowenig Beklagter mit der Einrede der dunkeln, unbestimmten, so wie der noch nicht erwachsenen Klage zu hören sein wird.

nicht in dem Sinne aufgefaßt werden dürfen, als wenn damit nur habe ausgesprochen werden sollen, was sich ohnehin von selbst verstand, nämlich, daß dem Erbpächter von der Gutsherrschaft keine Hand- und Spanndienste geleistet würden oder daß Hoffeld, auch wenn es später Bauernfeld würde, von der Last der Leistung von Hand- und Spanndiensten befreit bleiben solle, da eine den Wortsinn in solcher Weise beschränkende Interpretation um so weniger gerechtfertigt erscheint, als in demselben Paragraph des Contracts in unmittelbarem Anschluß an die obige Bestimmung von den Gutsuntergehörigen die Rede ist, welche die Gutsherrschaft zur nöthigen Aufeisung und Reinhaltung anhalten werde, auch in den §§ 8 und 11 der Zwangspflichtigkeit der Untergehörigen gedacht wird, ohne dabei zu erwähnen, daß und in welchem Umfang sie der obigen Bestimmung ungeachtet dem Erbpachtsmüller Hand- und Spanndienste zu leisten verpflichtet sein sollten;

in Erwägung, daß es freilich dahingestellt bleiben muß, ob in den im Jahre 1779 abgeschlossenen Contract über die Stelle des Beklagten der die Pflichtigkeit zur Leistung von Hand- und Spanndiensten betreffende Passus lediglich aus Unachtsamkeit und weil die im Jahre 1771 errichteten Erbpachtcontracte diesem Contract als Formular gedient, Aufnahme gefunden oder ob dies aus dem Grunde geschehen, weil die Gutsherrschaft in Berücksichtigung des Falles, daß die Mühle ihr wieder zufallen sollte, die Pflichtigkeit des Besitzers zur Leistung von Hand- und Spanndiensten für solche Eventualitäten hat anerkannt wissen wollen; daß aber jedenfalls der Inhalt des beregten Contracts darüber keinen Zweifel aufkommen läßt, daß der jedesmalige Besitzer der jetzt dem Beklagten gehörigen Landstelle den übrigen zwangspflichtigen Gutsuntergehörigen hat gleichgestellt werden sollen und es nicht die Absicht gewesen, ihn in ein anderes rechtliches Verhältniß zum Erbpachtsmüller treten zu lassen, als im Allgemeinen für die Besitzer bäuerlicher Landstellen im Gute Emkendorf besteht;

in Erwägung, daß nach der oberwähnten Bestimmung des Mühlenerbpachtcontracts vom Jahre 1776 der Erbpachtsmüller nicht berechtigt ist, Hand- und Spanndienste für Mühlenbauten in Anspruch zu nehmen, und daß, wenn dessenungeachtet auch noch nach dem Jahre 1776 von den Untergehörigen, welche bisher Hand- und Spanndienste hätten leisten müssen und denen es an allem Grunde fehlte, sie dem Erbpachtsmüller zu verweigern, so lange ihnen die erwähnte Contractsbestimmung unbekannt blieb, nach wie vor Hand- und Spanndienste geleistet worden sind, diese Thatsache an sich die Rechte des Erbpachtsmüllers den Untergehörigen gegenüber nicht hat erweitern und eine Verpflichtung der Letzteren zur ferneren Leistung von Hand- und Spanndiensten an einen ausdrücklicher contractlicher Bestimmung gemäß zur Forderung derselben Unberechtigten vielmehr nur unter der in der Klage nicht behaupteten Voraussetzung hat begründen können, daß die Gutsuntergehörigen Kunde erlangt von der mehrgedachten Contractsbestimmung und dessenungeachtet fortgefahren sind, die von ihnen geforderten Hand- und Spanndienste zu leisten;

in Erwägung, daß daher die erhobene Klage sich als unbegründet darstellt;

wird auf die sub præs. den 16. December v. J. hieselbst eingereichte Supplicationsschrift, bei abschriftlicher Mittheilung der eingezogenen Erklärung des Gegentheils, hiemittelst von Obergerichtswegen, unter Beseitigung des angefochtenen Erkenntnisses, zum Bescheide ertheilt:

> daß Kläger mit der angestellten Klage abzuweisen sei, unter Vergleichung der auf diesen Rechtsstreit verwandten Kosten.

Urkundlich ꝛc. Gegeben im Königl. Holsteinischen Obergerichte zu Glückstadt, den 17. April 1861.

Der Kläger wandte sich mit einer Appellation an das Königl. Oberappellationsgericht zu Kiel; es erfolgte darauf das nachstehende reformirende Erkenntniß.

Frederik der Siebente ꝛc.

In Sachen des Erbpachtsmüllers Claus Heinrich Kreutzfeldt zu Mühlendorf, adel. Guts Emkendorf, Klägers und Appellanten,

wider

den Halbhufner und Erbpächter Johann Jöhnck in Warder daselbst, Beklagten und Appellaten,

> wegen Leistung von Hand- und Spanndiensten zur Reparatur der Wassermühle zu Mühlendorf s. w. d. a., dann Appellation in Form

der Supplication wider das Erkenntniß des Emkendorfer Justitiariats vom 8. Octbr. 1860, jetzt Appellation wider den Bescheid des Holsteinischen Obergerichts vom 17. April 1861,

wird nach verhandelter Sache, unter abschriftlicher Mittheilung der Gegenerklärung des Appellaten an den Appellanten,

in Erwägung, daß die vom Appellaten vorgeschützte Einrede der anhero nicht erwachsenen Appellation als unbegründet erscheint, da der zur Zeit der Litiscontestation gehörig zur Sache legitimirte Appellant zur Beendigung des von demselben angefangenen Rechtsstreits, des mittlerweile eingetretenen Verkaufs seiner Mühle ungeachtet, vollkommen berechtigt ist, wie sich nicht nur aus dem Wesen der ein obligatorisches Verhältniß zwischen den Partieen begründenden Litiscontestation, sondern aus auch ausdrücklichen Vorschriften der Gesetze ergiebt, indem, wenn ein Kläger im Lauf des Processes sein Recht veräußert hat, nichts desto weniger die einmal anhängige Sache, als wenn nichts verändert wäre, unter denselben Partieen fortgesetzt werden soll,

L. 2 C. de litigiosis (8, 37),

und der Singularsuccessor des Klägers, welcher zur Wahrnehmung seiner Interessen accessorisch interveniren kann, sich die rechtskräftige Entscheidung des von seinem Auctor geführten Processes gefallen lassen muß,

L. 63 D. de re judicata (42, 1);

in Erwägung aber, die Hauptsache anlangend, daß im § 7 des appellantischen Erbpachtscontracts vom 25. April 1776 nicht, wie der Appellant will, an eine Befreiung der Gutsherrschaft allein von der Leistung von Beihülfen zur Unterhaltung der in Erbpacht gegebenen Mühle gedacht sein kann, weil klar und bestimmt ausgesprochen ist, daß der Müller alles zur Unterhaltung der Mühle und ihrer Pertinentien Erforderliche „ex propriis abzuhalten schuldig sei", woraus von selbst als nothwendiger Sinn folgt, daß der Müller weder von den Gutsuntergehörigen, noch von der Gutsherrschaft irgend etwas von dem, was früher zur Unterhaltung der Mühle geliefert oder geleistet worden, wie Holz, Baumaterialien, Mühlensteine und Hand- und Spanndienste, solle fordern können;

in Erwägung, daß es auch nicht glaublich ist, daß, dafern im angezogenen § 7 nur eine Befreiung der Gutsherrschaft gemeint wäre, die Beihülfe der Gutsherrschaft durch Leute und Fuhrwerk als Hand- und Spanndienste bezeichnet und die Abschneidung des Anspruchs auf solche Dienste ganz allgemein ohne jegliche Andeutung ihrer beschränkten Beziehung hingestellt sein sollte;

in Erwägung ferner, daß der besagte Erbpachtscontract, der dawider vom Appellanten erhobenen Zweifel ungeachtet, augenscheinlich den Zweck hat, alle Rechte und Verbindlichkeiten des Erbpachtsmüllers, den Gutsuntergehörigen wie der Gutsherrschaft gegenüber, möglichst genau anzugeben und festzustellen und daß daher angenommen werden darf, daß, wenn man dem Müller Anspruch auf die früher von den Gutsuntergehörigen zur Unterhaltung der Mühle geleisteten Hand- und Spanndienste hätte einräumen wollen, dies irgendwo im Contract gesagt sein würde, was jedoch nicht geschehen ist, da weder in den §§ 8—11, welche das Verhältniß des Müllers zu den Gutsuntergehörigen enthalten, noch im § 13, wo die speciellen Bestimmungen über die Reparatur der Mühle vorkommen, noch an einem andern Orte davon die Rede ist, obgleich es den Contrahenten hätte einleuchten müssen, daß die allgemeine Fassung des § 7 über Hand- und Spanndienste die ausdrückliche Reservation eines dem Müller gegen die Untergehörigen annoch zustehenden Anspruches darauf unentbehrlich mache;

in Erwägung, daß wenn der Appellant für die angebliche Ungenauigkeit und Unvollständigkeit seines Erbpachtscontracts angeführt hat, daß im § 11 desselben der Getränkezwang der Mühle als auf die Schenken im Gute Emkendorf beschränkt erscheine, obschon derselbe gegen alle Gutsuntergehörigen stattfinde und in ihren Pachtcontracten, namentlich im Erbpachtscontract des Appellaten vom 1. Mai 1779 § 7, noch in diesem Umfange vorkomme, dies nicht für beweisend erachtet werden kann, weil die Gutsherrschaft im gedachten § 11 sich vorbehalten hat, „nach Befinden noch einem oder anderem die Braugerechtigkeit und einen mit dem Müller concurrirenden Absatz ihres Biers zuzugestehen," mithin möglich ist, daß der Getränkezwang des Müllers nicht aus Ungenauigkeit, sondern ganz absichtlich auf die Schenken beschränkt worden sei, um dem Inhaber der daneben zu gründenden zweiten Brauerei in den andern Untergehörigen, sonst, wenigstens im Gute, nicht vorhandene Kunden zu gewähren;

in Erwägung, daß zwar nichts darauf ankömmt, ob in den § 4 des erwähnten Contracts des Appellaten vom 1. Mai 1779 ebenfalls absichtlich oder nur durch sorgloses Abschreiben älterer Contracte hineingesetzt sei, daß die Besitzer der appellatischen Stelle nach wie vor Hand- und Spanndienste zur Reparatur der Mühle zu leisten hätten, da, was auch die Veranlassung davon sein mag, der Appellant keine Rechte aus diesem Vertrage zwischen andern Personen ableiten kann, daß indessen die Behauptung des Appellanten, daß die Gutsherrschaft kein Interesse gehabt haben könne, die Verpflichtung der Untergehörigen zu Hand- und Spanndiensten zur Reparatur der Mühle für den eventuellen Fall der Zurückerwerbung der Mühle zu conserviren, weil dem Müller völlig freies den Rückfall ausschließendes Eigenthum zustehe, sich als unbegründet darstellt, indem dem Appellanten seinem Contract zufolge keineswegs volles Eigenthum, sondern nur ein Erbpachtsrecht an der Mühle überlassen ist und die Gutsherrschaft sich in den §§ 3 und 13 des Contracts die Entziehung der Mühle wegen nicht rechtzeitiger Entrichtung des Canons, so wie im § 4 das Vorkaufsrecht reservirt hat;

in Erwägung, daß die erste Beschwerde demnach der Begründung ermangelt; daß aber auch die zweite Beschwerde, so weit sie die eventuell behauptete Ersitzung des fraglichen Rechts betrifft, verworfen werden muß, da die Ersitzung von Gerechtsamen, welche nicht unter den Begriff der Servituten fallen, die Erlangung des Quasibesitzes vermöge eines gerechten Titels, welcher hier nicht behauptet worden ist, voraussetzt, überdies auch die Ersitzung von Reallasten in bestimmten Jahren nur auf regelmäßig wiederkehrende Leistungen Anwendung leidet; *) und

in endlicher Erwägung, daß dagegen dem Appellanten nicht versagt werden kann, die Ausübung des fraglichen Rechtes nach Vererbpachtung der Mühlendorfer Mühle von Seiten seiner Vorbesitzer und ihm selbst in unvordenklicher Zeit zu beweisen und dadurch die Rechtsvermuthung eines nach 1776 stattgefundenen Erwerbs dieses Recht zu begründen;

*) cf. dagegen Holst. Anz., 1854, S. 123; 1858, S. 225.

hiedurch für Recht erkannt:

daß der angefochtene Bescheid dahin abzuändern:

Könnte und würde Kläger und Appellant binnen Ordnungsfrist, unter Vorbehalt des Gegenbeweises und der Eide, rechtlicher Art nach darthun und erweisen:

daß das in Anspruch genommene Recht auf Leistung von Hand- und Spanndiensten von Seiten der Besitzer der Erbpachtshufe des Beklagten und Appellaten in der Zeit nach dem 25. April 1776 über Menschengedenken von ihm und seinen Vorwesern im Besitz der Mühlendorfer Wassermühle ausgeübt worden sei,

so würde nach solchem geführten oder nicht geführten Beweise sowohl in der Hauptsache als der Kosten wegen weiter ergehen, was Rechtens.

Wie denn solchergestalt, unter Aussetzung der Entscheidung über die Kosten der ersten Instanz, unter Vergleichung der Kosten dieser und der vorigen Instanz und unter Zurückverweisung der Sache zum weiteren Verfahren an die erste Instanz, erkannt wird

V. R. W.

Urkundlich ꝛc. Gegeben im Königl. Oberappellationsgericht zu Kiel, den 26. April 1862.

Ueber die Berechnung des Biennium bei der exceptio non numeratæ pecuniæ.

In Sachen des Wagenfabrikanten H. Schröder in Flensburg, Justificanten, jetzt Supplicanten,

wider

den Advocaten Nissen in Segeberg, als gerichtlich bestellten Contradictor im Concurse des C. W. C. Wolter in Bramstedt, in qual. qua Justificaten, jetzt Supplicaten,

betreffend eine in der Drittelhufe des Cridars für den Supplicanten protocollirte Forderung von 3200 ℛ R.-M. nebst Zinsen, jetzt Supplication wider das Prioritätserkenntniß vom 5. December v. J., ergeben die Acten:

Der Drittelhufner Wolter in Bramstedt hat am 18. Juli 1857 dem Wagenfabrikanten Schröder in Flensburg eine demnächst protocollirte Obligation ausgestellt, in welcher er sich zum Empfange von 3200 ℳ R.-M. aus baarer Anleihe bekannt hat. Am 11. Juni v. J. ist über die Habe und Güter des Schuldners Concurs erkannt worden und es hat nun in dem am 7. November v. J. stattgehabten generellen Justificationstermin der Contradictor bestritten, daß die verschriebenen 3200 ℳ wirklich an den Cridar ausbezahlt seien und bemerkt, daß der Profitent, da nach den über die exc. non numer. pecuniæ geltenden Grundsätzen ein über ein Darlehn ausgestelltes Schulddocument für die wirkliche Auszahlung des Darlehns innerhalb der nächsten zwei Jahre nach der Ausstellung keinen Beweis zu liefern vermöge, den Beweis der geschehenen Auszahlung durch andere Beweismittel werde führen müssen.

In dem am 5. December v. J. abgegebenen Prioritätserkenntniß hat darauf das Segeberger Concursgericht mit Rücksicht darauf, daß von dem Tage der Ausstellung der Obligation bis zum abgegebenen Concurserkenntnisse noch keine zwei Jahre verstrichen seien, den Profitenten mit dem Betrage seiner Forderung inter protoc. collocirt, sofern er bewiese: daß der Cridar Wolter die in der Obligation vom 18. Juni (rect. Juli) 1857 verschriebenen Valuta baar und richtig erhalten habe.

Dagegen hat dieser mit Zustimmung des Gegners zu der Wahl des Rechtsmittels hieher supplicirt und sich darüber beschwert:

1) daß nicht der Contradictor mit seiner Einrede enthört und er, der Justificant, pure inter protocoll. collocirt worden,
2) event. daß nicht wenigstens dem Contradictor der Gegenbeweis der nicht gezahlten Valuta auferlegt worden.

Nach eingezogener Erklärung des Supplicaten steht zur Frage, ob und in wie weit diese Beschwerden gegründet sind.

In Erwägung nun, daß die von dem Cridar am 18. Juni 1857 an den Supplicanten ausgestellte Obligation, deren Echtheit von dem Supplicaten nicht in Zweifel gezogen worden ist, am 7. November v. J., dem Tage, an welchem der Contradictor ihre Beweiskraft bestritt, schon das zweijährige Alter erreicht hatte und demgemäß den vollen Beweis der gezahlten Valuta lieferte, da die Forderung des Concursgerichtes, daß das Biennium schon vor Abgebung des Concurserkenntnisses abgelaufen sein müsse, eine willkürliche ist, indem nach bestimmter Gesetzesvorschrift,

L. 14 pr. C. de exc. n. n. pecun.,

das Biennium, innerhalb dessen ein Schulddocument über ein Darlehn die volle Beweiskraft gewinnt, ein tempus continuum ist und der Grundsatz agere non valenti non currit præscriptio, abgesehen davon, daß hier keine Klagverjährung zur Frage steht, schon um deswillen nicht würde Platz greifen können, weil der Vertreter der Concursmasse unbehindert ist, den für diese aus dem Verstreichen des Bienniums hervorgehenden nachtheiligen Folgen durch Protestation oder Condiciren des Schulddocuments vorzubeugen;

in Erwägung aber, daß nach feststehender hiesiger Praxis auch nach abgelaufenem Biennium dem Schuldner nicht versagt werden darf, den Gegenbeweis der nicht bezahlten Valuta zu führen, daher eine Abänderung des angefochtenen Erkenntnisses nur nach Maaßgabe der eventuellen Beschwerde des Supplicanten erfolgen kann;

wird dem Supplicanten auf seine sub præs. den 25. Januar d. J. hieselbst eingereichte Supplicationsschrift hiedurch von Obergerichtswegen zum Bescheide ertheilt:

daß das angefochtene Erkenntniß des Segeberger Concursgerichts vom 5. December v. J. dahin abzuändern sei, daß dem Supplicaten noch der binnen 4 Wochen ab insin. von ihm anzutretende Gegenbeweis freigelassen werde:

daß der Drittelhufner Wolter in Bramstedt die von ihm in der fraglichen Obligation vom 18. Juli 1857 verschriebenen 3200 ℳ R.-M. nicht empfangen habe,

unter Vergleichung der Kosten dieser Instanz.

Urkundlich rc. Gegeben im Königl. Holsteinischen Obergerichte zu Glückstadt, den 21. Juni 1860.

Allerhöchst privilegirte

Holsteinische Anzeigen.

Redigirt von den Obergerichtsräthen Etatsrath Henrici und Lucht.

Gedruckt bei Augustin in Glückstadt.

22. Stück. — Den 2. Juni 1862.

Entscheidungen.

In wie ferne der Beweis des Betrags eines erlittenen Schadens durch Eidesdelation geführt werden könne.

In Sachen des Zuckerraffinadeurs Ch. de Vos, in Firma Ch. de Vos & Co., in Itzehoe, Klägers,

wider

die Glückstadt-Elmshorner Eisenbahngesellschaft, Beklagte,

wegen Schadensersatzes zum Betrage von 1208 ℳ 78 ß s. w. d. a.,

ist dem Kläger durch obergerichtlich bestätigtes Erkenntniß vom 16. Juni 1859 zu beweisen auferlegt worden:

1) daß der Unfall, welcher am 17. September 1857 die von dem Fuhrmann Struve aus Itzehoe transportirte Ladung Zucker auf der Auffahrt zu dem Eisenbahnübergange über die Itzehoe-Elmshorner Chaussee getroffen hat, durch die Beschaffenheit der Anlage dieser Ueberfahrt veranlaßt worden sei, und

2) daß dem Kläger durch die Beschädigung des Zuckers ein Schaden von 1208 ℳ 78 ß R.-M., eventuell von welchem geringeren Betrage, erwachsen sei.

Den ersten dieser beiden copulativen Beweise hat Kläger durch Denominirung von Zeugen angetreten, über den zweiten Beweissatz aber der Beklagten den Schiedseid dahin deferirt:

daß sie glaube und dafürhalte, daß ihm durch die Beschädigung des Zuckers ein Schaden von 1208 ℳ 78 ß R.-M. nicht erwachsen sei.

Da nun von der Beklagten in ihrer sub præs. den 30. November v. J. eingereichten Vorstellung die Zulässigkeit des Beweismittels der Eidesdelation bestritten worden und es auf die Beweisführung rücksichtlich des ersten Beweissatzes überall nicht mehr ankommen kann, wenn die gegen die Statthaftigkeit des in Beziehung auf den zweiten Beweissatz zugeschobenen Eides erhobenen Einwendungen für begründet anerkannt werden müssen, so steht es nach über die vorgedachte Vorstellung eingezogener Erklärung des Klägers und Eidesdeferenten zunächst zur Frage:

ob in diesem Fall der Schiedseid für ein zulässiges Beweismittel zu erachten sei.

In Erwägung nun, daß der Umstand, daß das Beweisthema nicht einen Gegenstand der unmittelbaren sinnlichen Wahrnehmung bildet, sondern ein Wissen über dasselbe nur auf dem Wege der Reflexion gewonnen werden kann, an sich nicht geeignet ist, die Eidesdelation als Beweismittel auszuschließen, da das Wissen fast in allen Fällen in höherem oder geringerem Grade auf Reflexion beruht, daher das Ausschließen des Eides in allen den Fällen, wo eine weitere Reflexion über das Beweisthema erforderlich wird, zu einer übermäßigen Beschränkung dieses Beweismittels führen würde;

in Erwägung, daß daher auch die Eideszuschiebung über den Verkaufswerth einer Waare für zulässig zu erachten ist, und zwar, ganz abgesehen davon, ob dem Delaten vermöge seiner Berufsbeschäftigung eine specielle Kunde über den Werth gerade dieser Sache schon zusteht oder nicht, weil diese Kunde von Jedem ohne besondere Schwierigkeiten zu erlangen ist;

in Erwägung, daß im vorliegenden Falle der eingeklagte Schaden die Differenz zwischen dem Werthe des auf dem Wagen des Fuhrmanns Struve verladenen und des nach dem Umwerfen des Wagens geretteten Zuckers ist, dessen Größe sich durch ein einfaches Rechnenexempel ergiebt, so daß es sich in der That nur um die Feststellung dieser beiden Werthe handelt;

in Erwägung, daß der verladene Zucker sowohl nach Quantität als Qualität von dem Kläger mit solcher Bestimmtheit bezeichnet ist, daß es der Beklagten nicht schwer fallen kann, sich über den Werth eine für die Eidesleistung genügende subjective Gewißheit zu verschaffen, daß dasselbe aber auch von den Angaben über den Minderwerth des geretteten Zuckers gilt, da von dem Kläger sowohl der gerettete und nur wenig beschädigte als auch der in dem Wasser des Chaussegrabens aufgelöste Zucker der Quantität nach genau angegeben ist und es zu einer Ermittelung des Werthes, wenn dieselbe auch factisch vielleicht größeren Schwierigkeiten unterliegen mag, doch specieller technischer Kenntnisse nicht bedarf,

wird, unter abschriftlicher Mittheilung der eingezogenen Erklärung des Klägers an die Beklagte, hiemittelst von Obergerichtswegen zum Bescheide ertheilt:

> daß Beklagte mit ihren Einwendungen gegen die vom Kläger zur Hand genommene Eidesdelation über den zweiten Beweissatz nicht zu hören, daher schuldig sei, sich nunmehr bei Strafe des verweigerten Eides innerhalb drei Wochen ab ins. über den deferirten Eid den Rechten gemäß zu erklären, auch gleichzeitig dem Kläger die Kosten dieses Incidentverfahrens, d. et m. s., zu erstatten.

Urkundlich ꝛc. Gegeben im Königl. Holsteinischen Obergerichte zu Glückstadt, den 17. Juni 1861.

Die beklagte Direction supplicirte gegen diese Entscheidung an das Königl. Oberappellationsgericht zu Kiel; es erging hierauf der folgende Bescheid:

Namens Sr. Königl. Majestät.

Auf die am 11. August v. J. hieselbst eingereichte Supplicationsschrift der Direction der Glückstadt-Elmshorner Eisenbahngesellschaft, Namens derselben, Beklagten, Supplicantin,

wider

den Zuckerraffinadeur Ch. de Vos, in Firma Ch. de Vos & Co., in Itzehoe, Kläger, Supplicaten,

> wegen verlangten Schadensersatzes von 1208 ℳ 78 β, dann Eidesdelation, jetzt wider den obergerichtlichen Incidentbescheid vom 17. Juni 1861,

wird, nach eingezogener Erklärung des Supplicaten, unter Mittheilung einer Abschrift dieser Erklärung an die Supplicantin,

in Erwägung, daß das Recht zur Eideszuschiebung, wie es gegenwärtig von der Praxis anerkannt wird, sich als ein eigenthümliches Recht der beweispflichtigen Partei darstellt, das Nichtwahr des Beweissatzes dem Gegner ins Gewissen zu verstellen und seiner Gewissenhaftigkeit die Entscheidung über das Wahr oder Nichtwahr anheimzugeben;

in Erwägung, daß zwar, da nur thatsächliche Verhältnisse zum Beweise verstellt werden dürfen, über Rechtssätze und über Rechtsverhältnisse als nur vom Richter zu ziehende Folgerungen aus gegebenen Thatsachen ein Eid nicht zugeschoben werden darf, daß jedoch die Eidesdelation auf s. g. reine, d. h. unmittelbar durch die Sinne wahrnehmbare, Thatsachen nicht zu beschränken ist, vielmehr der Eid auch über solche thatsächliche Verhältnisse zugeschoben werden darf, welche nur durch eine Reflexion über bestimmte Thatsachen erkennbar sind, wie ja denn auch die holsteinische Praxis einen Glaubenseid über fremde Thatsachen allgemein zuläßt, eine Ansicht oder ein Glauben über fremde nicht durch die eigenen Sinne wahrgenommene Thatsachen aber nur auf dem Wege der Reflexion begründet werden kann;

in fernerer Erwägung, daß der Delat, so wie er sich auf einen Wahrheitseid nicht einzulassen schuldig ist, wenn er kein bestimmtes Wissen von dem Beweisaß hat oder haben kann, so auch eine Erklärung über einen ihm deferirten Glaubenseid zu verweigern alsdann berechtigt, wenn er außer Stande ist, durch eine gewissenhafte Abwägung der in Betracht kommenden Umstände zu einem Glauben über das Wahr oder Nichtwahr des Beweissatzes zu gelangen, indem in einem solchem Falle die Forderung einer Erklärung über den Eid den wahrhaften und gewissenhaften Delaten beim Mangel einer ihm zu Gebote stehenden Gewissensvertretung in die Nothwendigkeit versetzen würde, den ihm deferirten Eid zu referiren oder zu recusiren, während ihm doch nach dem Zweck und Wesen der Eideszuschiebung die freie Wahl zwischen Annahme und Zurückschiebung des Eides gelassen werden soll;

in Erwägung, daß die Frage, ob in einem gegebenen Fall der Delat im Stande sei, eine zur Leistung eines Glaubenseides hinreichend begründete Ansicht über das Wahr oder Nichtwahr des Beweissatzes zu haben oder doch ohne besondere Sachkunde leicht zu gewinnen, von dem Richter nach Prüfung der vorliegenden Umstände zu beantworten ist;

in Erwägung, daß die vorstehenden aus dem Wesen des Schiedeseides sich ergebenden Sätze im Herzogthum Holstein um so mehr zur Anwendung zu bringen sind, als der gemeinrechtliche s. g. Quantitätseid von der Holsteinischen Praxis nicht anerkannt wird und sich daher bei einer beschränkteren Zulassung des Schiedeseides, als oben angenommen worden ist, in manchen Fällen eines zu erweisenden Schadens eine Lücke bei der Beweisführung fühlbar machen würde;

in Erwägung, daß, was den hier vorliegenden Fall betrifft, die vom Kläger aufgestellte Schadensberechnung theils auf solche Behauptungen von Thatsachen, über welche, wenn sie unmittelbar zum Beweise verstellt worden wären, unbestreitbar ein Glaubenseid deferirt werden durfte, — theils freilich auf Werthschätzungen von Waaren gebaut ist, daß es jedoch der beklagten Direction, welcher eine Einsicht in die bezüglichen Handlungsbücher und Correspondenzen des Klägers seiner Zeit gestattet worden ist, nicht an hinreichenden Anhaltspunkten zur Gewinnung einer Ansicht darüber fehlt, ob die von dem Letzteren zur Eideshand gestellte Gesammtersatzforderung den wahren Betrag des erlittenen Schadens erreicht oder nicht, und daher die Eideszuschiebung dem Obigen nach für statthaft zu erachten ist,

hiedurch der Bescheid ertheilt:

> daß der Bescheid des Obergerichts vom 17. Juni 1861 zu bestätigen ist, unter Vergleichung der Kosten dieser Instanz.

Die Kostenrechnung des Anwalts der Supplicantin wird auf 51 ℳ 85 β, die ihres Actenprocurators auf 5 ℳ 58 β, die Rechnung des Anwalts des Supplicaten auf 21 ℳ 92 β und die seines Actenprocurators auf 7 ℳ 45 β R.=M. festgestellt.

Urkundlich ꝛc. Gegeben im Königl. Oberappellationsgericht zu Kiel, den 26. April 1862.

Grundsätze des Wasserlaufs.

In Sachen des Eingesessenen Marx Kröger in Gockels und H. G. J. Lange und Jürgen Harders in Hanerau, Kläger,

wider

die Gutsherrschaft zu Hanerau, Beklagte,

> betr. Streitigkeiten über den Wasserlauf der Hanerauer Mühlenaue,

haben Kläger klagend vorgebracht:

Der von der Hanerauer Mühle nordwärts abfließende Mühlenbach entspringe auf den Feldmarken mehrerer Dorfschaften sowohl im Amte Rendsburg als im Gute Hanerau. Die Kläger seien Eigenthümer der Wiesen, welche an dem auf der eingereichten Situationszeichnung mit blauer Farbe bezeichneten alten Mühlenbach lägen. Seit unvordenklicher Zeit habe der Mühlenbach unmittelbar an diesen Wiesen seine Existenz gehabt und hier die Grenze gebildet zwischen dem Amte Rendsburg und dem Gute Hanerau. Es sei daher selbstverständlich die Hälfte des Mühlenbaches integrirender Theil des Amtes Rendsburg und zugleich als Pertinenz der an dem Mühlenbach belegenen Wiesen der Kläger anzusehen. Aber nicht bloß weil Kläger seit unvordenklicher Zeit

Miteigenthümer und Mitbesitzer des Mühlenbaches wären, sondern auch weil sie und ihre Vorbesitzer seit unvordenklicher Zeit denselben als ein ihnen zustehendes Recht zur Bewässerung ihrer Wiesen benutzt hätten, stände ihnen das Recht auf Benutzung des Mühlenbaches zur Bewässerung ihrer Wiesen auch noch jetzt im vollsten Maaße zu. Ihres wohlbegründeten Rechtes ungeachtet habe aber die Gutsherrschaft, deren Wiesen auf der andern Seite des alten Mühlenteiches lägen, mit Hülfe ihres Zollpächters alles Wasser der Mühlenau widerrechtlich in ihren Besitz genommen und in ihrem Interesse zur Bewässerung ihrer Wiesen verwendet, ohne sich um den großen Schaden zu bekümmern, den sie dadurch den Klägern verursacht, deren Wiesen in Folge dessen bedeutend an Werth verloren und zum Theil jetzt nur die Hälfte ihres früheren Ertrages liefern könnten. Nur durch Umleitung des Mühlenbaches sei dies zu ermöglichen gewesen. Im Jahre 1825 oder 1826 habe der damalige Zollpächter Johann Jacob Heinrich, wahrscheinlich mit bereitwilligster Genehmigung und Unterstützung der Hanerauer Gutsherrschaft, zuerst damit angefangen, einen unbedeutenden zwischen seinem Moore und seiner Viehwisch und Langwisch belegenen Scheide- oder Wallgraben zu erweitern und zu vertiefen. Dadurch in seinem rechtlichen Besitze bedroht habe sich gleich Anfangs im Jahre 1826 oder 1827 Kröger's Vorweser, weil. Claus Martens, bei dem derzeitigen Gutsbesitzer beschwert, habe aber die Erfahrung machen müssen, daß der Gutsbesitzer das Vorhaben seines Zollpächters in eigenem Interesse in Schutz nähme. Martens habe aus Unwissenheit in Proceßangelegenheiten und aus Furcht vor denselben es unterlassen, gerichtlich Klage zu erheben, und um das Jahr 1834 sei die Vergrößerung des Wallgrabens schon so weit gediehen, daß ein erstes Stauschutz am südlichen Ende der Langwisch vom Zollpächter darin angebracht worden, und da gleichzeitig der Graben um ein Bedeutendes wieder vertieft sei, so habe er von dieser Zeit an so ziemlich die Gestalt und Größe eines neuen Mühlenbaches angenommen. Etwa im Jahre 1846 sei weiter abwärts noch ein zweites Stauschutz von dem Zollpächter in dem zu einem neuen Mühlenbach umgestalteten Scheidegraben am südlichen Ende der Töllners Wiese N 1 I. eingesetzt. In früherer Zeit nun, als der Mühlenbach noch unmittelbar an der großen Mühlenbachwiese des Marx Kröger dahin geflossen, habe diese zu jeder Zeit sehr reichlich damit bewässert werden können. Als aber um das Jahr 1834 der s. g. neue Mühlenbach beinahe vollständig hergestellt und in demselben schon ein Stauschutz vorhanden gewesen, sei zwar, wenn das Stauschutz offen gestanden, fast alles Wasser durch den neu gegrabenen Mühlenbach geflossen, anders sei es jedoch in der Stauzeit gewesen, in welcher der Zollpächter das Stauschutz zur Bewässerung seiner Langwisch fast beständig zugesetzt gehabt, dann sei das Wasser so hoch aufgestaut, daß von demselben noch mindestens die Hälfte um die Viehwisch herum durch den alten Mühlenbach der Kröger'schen großen Mühlenbachswiese zugeströmt sei, so daß Kröger noch einigermaaßen gut seine Wiese damit habe bewässern können. Von der Kröger'schen Wiese sei denn auch das Wasser zugleich den Nordwiesen der Kläger zugeflossen. Auch der über die Langwisch fließende Theil des Wassers sei noch größtentheils den Nordwiesen der Kläger zu Gute gekommen, so daß sie in Ansehung dieser sich bis zu diesem Zeitpunkt noch gar nicht über Wasserentziehung hätten beklagen können. Seit Erbauung des letzten Stauschutzes hätten sich aber die Stauverhältnisse noch sehr wesentlich zum größten Nachtheil der Kläger verändert und sei von nun an immer mehr allen ihren Wiesen das Wasser entzogen worden. Als Kröger im Jahre 1854 versucht habe, durch Reinigen und Aufmachen des alten Mühlenbaches sich wieder etwas mehr Wasser zu verschaffen, habe der Gutsbesitzer unverzüglich gewaltsam und spoliatorisch den alten Mühlenbach an der südwestlichen Spitze der Viehwisch durch einen starken Damm gänzlich abdämmen lassen, so daß seitdem kein Tropfen Wasser mehr zu der Kröger'schen großen Mühlenbachswiese habe gelangen können. Ungefähr ein Jahr später habe der Damm ohne Wissen der Kläger einen Riß bekommen und hierauf habe die Gutsherrschaft 20 Arbeiter angeworben, durch welche der Damm wieder hergestellt worden, der auf der Charte mit A bis C bezeichnete Durchstich ausgeführt und neben diesem nicht allein der alte Mühlenbach von A bis zur Abdämmung B, sondern auch der Umleitungsgraben von der Abdämmung bis C mit der aus dem Durchstich gewonnenen Erde ausgefüllt und zugemacht worden, so daß nunmehr alles Wasser des Mühlenbaches vermittelst des Durchstiches ab- und umgeleitet und noch weiter von der Grenze entfernt worden. Endlich sei das am südlichen Ende der Langwisch zuerst erbaute Stauschutz wieder beseitigt und die Bewässerung dieser Wiese von ihrem jetzigen Pächter gänzlich aufgegeben, mithin könnten die Nordwiesen von der Bewässerung der Langwisch auch kein Wasser erhalten. Da nun endlich von der Gutsherrschaft das zwischen der großen Töllners Wiese Nr. 1 und der Langwisch zuletzt erbaute Stauschutz in der Stauzeit fast beständig zugesetzt gehalten und dadurch das Wasser gezwungen werde, berieselnd über diese Wiese zu fließen, entziehe sie solchergestalt auch alles Stauwasser für die Nordwiesen der Kläger, so daß diese als völlig trocken gelegt anzusehen seien.

Nachdem Kläger nach Maaßgabe der Wasserlösungsordnung diese Vorgänge unterm 19. April 1855 zunächst bei dem Rendsburger Amthause und demnächst bei dem Königlichen Ministerium für die Herzogthümer Holstein und Lauenburg wider die Hanerauer Gutsherrschaft zur Sprache gebracht, hätten sie unterm 20. November 1855 die angeschlossene Entscheidung des Ministeriums erhalten, in Folge dessen sie bei dem Amthause den Beweis für die Unrichtigkeit der Hanerauer Gutscharten geführt hätten. Nachdem hierauf die Angelegenheit wieder dem Ministerium vorgelegt worden, habe dasselbe unterm 15. Juni 1859 den gleichfalls anliegenden Bescheid abgegeben, demzufolge diese Sache zunächst auf den Weg Rechtens verwiesen worden. Das Ministerium gehe nämlich davon aus, daß es sich um den Verlust eines bisher genossenen Vortheiles hinsichtlich der Bewässerung handle und auf solchen Fall der Anhang des § 6 der Wasserlösungsordnung nur alsdann anwendbar erscheine, wenn den Klägern hinsichtlich des streitigen Wasserzuflusses durch den Grund und Boden der Gutsherrschaft ein auf den Besitzstand oder auf einen sonstigen speciellen Titel zu gründender Rechtsanspruch zustände. Auch halte das Ministerium eine vorgängige richterliche Entscheidung dieser für zweifelhaft erachteten Frage für erforderlich, ehe die Regulirung der fraglichen Wasserlaufsverhältnisse auf administrativem Wege erfolge. Es sei demnach nur die im Ministerialbescheide näher präcisirte Frage zur Cognition des Obergerichts verwiesen. In der Beweisführung über die Unrichtigkeit der Gutscharten hätten Kläger ihrer Ueberzeugung nach zugleich auch ihren unvordenklichen Besitzstand in Betreff des durch den Grund und Boden der Gutsherrschaft fließenden Mühlenbaches und dessen Benutzung zur Bewässerung ihrer Wiesen bereits erbracht und würden sie darauf ihre Rechtsansprüche wider die Gutsherrschaft begründen können. Sich eventuell weitere Beweisführung vorbehaltend überreichten sie in den Anlagen 1 bis 6 ihre Beweismittel, mit denen sie dargethan:

1) daß seit unvordenklicher Zeit westlich der Viehwisch und der Langwisch nur ein unbedeutender Scheide- oder Wallgraben neben einem kleinen mit Knick versehenen Walle gegangen;

2) daß später vom Jahre 1825 oder 1826 an der frühere Zollpächter Johann Jacob Hinrich beregten Scheide- oder Wallgraben nach und nach dergestalt erweitert und vertieft habe, daß durch ihn als durch einen künstlich hergestellten neuen Mühlenbach alles Wasser der Mühlenaue ab- und umgeleitet werde und Kläger dadurch in einen sehr großen Nachtheil versetzt seien;

3) daß seit unvordenklicher Zeit der Mühlenbach an der Wiese des Lange den Umlaufsbach in sich aufnehmend von hier an weiter abwärts zwischen den Wiesen der Kläger und den Hanerauer Wiesen alleinige und ungetheilte Existenz gehabt und hier die Grenze gebildet habe zwischen dem Amte Rendsburg und dem Gute Hanerau;

4) daß erst im Herbste 1854 der Mühlenteich von der Gutsherrschaft gänzlich abgedämmt worden;

5) daß Kläger seit unvordenklicher Zeit den Mühlenbach zur reichlichen Bewässerung ihrer Wiesen benutzt, die gutsherrschaftlichen Wiesen dagegen nur spärlich und zu einem geringen Theil bestaut worden, und

6) daß seit unvordenklicher Zeit auf Seite der Wiesen der Kläger immer bedeutende Staueinrichtungen vorhanden gewesen, die der gutsherrschaftlichen Seite dagegen immer sehr unbedeutend gewesen seien.

Nach den angeführten Thatsachen bestehe das Fundament ihrer Klage darin, daß der Mühlenbach an ihren Wiesen seit unvordenklicher Zeit ein gemeinschaftlicher gewesen, sie hinfolglich Miteigenthümer desselben seien und sie und ihre Vorbesitzer in dieser Eigenschaft seit unvordenklicher Zeit ihn mitbesessen und mitbenutzt hätten, daß demungeachtet die Hanerauer Gutsherrschaft durch Abdämmung und Umleitung ihnen widerrechtlich alles Wasser entzogen und sich dadurch eines Eingriffes in ihr Eigenthum an dem Mühlenbache schuldig gemacht habe. Sie dürften demnach bitten zu erkennen, daß den Klägern ein auf den Besitzstand zu gründender Rechtsanspruch zustehe und Kläger demzufolge mit Recht beanspruchen dürften

1) die Wiederherstellung des Mühlenbaches an ihren Wiesen, wie er vor der Umleitung seit unvordenklicher Zeit daselbst bestanden habe;

2) daß demgemäß die Umleitung seines Wassers westlich der Viehwisch und der Langwisch aufgehoben und der Mühlenbach wieder aufgemacht werde;

3) die Mitbenutzung des Mühlenbaches zur Bewässerung ihrer Wiesen in dem Maaße, wie solche von Klägern und ihren Vorbesitzern vor der Umleitung seit unvordenklicher Zeit ausgeübt worden sei;

4) daß der Gutsbesitzer zu Hanerau schuldig sei, den Klägern den seit der Abdämmung verursachten Schaden und Proceßkosten, salva design. et mod., in Ordnungsfrist zu ersetzen.

Beklagter hat dagegen in seinem eingelegten Exceptionalreceß vortragen lassen:

Allerdings möge im 17ten Jahrhundert der Mühlenbach die Richtung genommen haben, welche die Kläger als den Lauf des alten Mühlenbaches bezeichneten. In den Jahren 1664 bis 1670 habe aber der dermalige Besitzer von Hanerau bei einer Verlegung der Mühle den Mühlenteich in seinem jetzigen Umfange ausgraben lassen, was die Ausgrabung eines neuen Mühlenbaches behufs Abführung des aus der Radkuhle der Mühle zuströmenden Wassers erforderlich gemacht und schon damals sei dem Mühlenbach durch das Ausgraben eines Canals die Richtung gegeben, die er jetzt habe. Der s. g. alte Mühlenbach sei seitdem nur ein Grenzgraben und bilde die Fortsetzung des Mühlenbachumlaufes. Alles dies ergebe sich aus den Gutscharten und sei auch durch anderweitige Documente historisch nachweisbar und wenn im Laufe dieses Jahrhunderts das feste und sichere Bewußtsein des nachweisbaren älteren Zustandes sich allmählig verwischt und eine irrige Ansicht über die Natur der fraglichen Wasserläufe bei nicht instruirten Personen Eingang gefunden, so möge dies darin seinen Grund haben, daß das Pachtstück der Hanerauer Zollstelle sich seit Anfang des Jahrhunderts in Händen von Pächtern befunden, die wenig Sorgfalt auf die Landwirthschaft verwandt und sich nicht viel darum bekümmert hätten, was auf ihren Feldern vor sich gegangen. Diesen Umstand hätten die Gockelschen Nachbarn benutzt, um sich allmählig und unbemerkt von dem Wasser der Hanerauer Mühlenaue so viel anzueignen, als den Verhältnissen nach zu erlangen gewesen. Besonders geeignet für solche Operationen sei gewesen die jetzt streitige Stelle, an der der ältere und neue Mühlenteich sich bis auf eine Entfernung von kaum einer Ruthe einander näherten, und besonders thätig in dieser Richtung solle sich der Vorbesitzer des Marx Kröger, Claus Martens, gezeigt haben. Im Jahre 1826 habe sich der dermalige Zollpächter Heinrich über das Treiben des Martens und dessen Angriffe auf die Mühlenaue bei der Gutsherrschaft beschwert, die ihn angewiesen, vor Allem die seit Jahren versäumte Ausräumung des Hanerauer Mühlenbaches vorzunehmen. Hiernächst habe sich Martens nicht beschwerend, sondern bittweise, an die Gutsherrschaft gewandt und habe dieselbe ersucht, doch den bereits bestehenden Zustand zu dulden. Der Vorbesitzer des Beklagten habe mit Hülfe der Charten Martens nachgewiesen, daß er keine Spur von Recht an dem Wasser der Mühlenaue habe, dabei aber bemerkt, wie das bei vollem Gange der Mühle überströmende Wasser ihm gegönnt sein möge, bis es etwa ihm oder Anderen einfalle, wieder Hand an Hanerauer Gebiet zu legen, alsdann werde ohne weitere Rücksicht die Erdschicht zwischen beiden Wasserläufen so wieder restaurirt werden, wie sich gehöre. Seitdem seien weiter keine Differenzen vorgekommen, bis im Jahre 1854 Marx Kröger und Consorten es unternommen, zuerst den Umlaufs- und Grenzgraben zu erweitern und um circa 2 Fuß zu vertiefen und alsdann auf dem Gebiete der Gutsherrschaft an der Stelle, wo dem Claus Martens das überströmende

Wasser gegönnt gewesen, einen förmlichen Canal auszugraben und alles Wasser der Mühlenaue in den Umlaufsgraben abzuleiten. Nunmehr sei es unumgänglich erschienen, den früheren rechtmäßigen Zustand vollständig wieder herzustellen, gleichzeitig sei dem Rendsburger Amthause Anzeige gemacht von dem durch die Gockelser verübten gewaltthätigen Act. Hierauf sei in der Nacht vom 27./28. October 1855 wiederum das Hanerauer Gebiet und zwar offenbar mit zahlreicher Mannschaft angegriffen worden, die die errichtete Erd- und Faschinenarbeit herausgerissen, auch einen so tiefen Canal gegraben habe, daß das Bett der Mühlenaue damit trocken gelegt worden. Um sich vor solchen Attentaten zu schützen sei die Gutsherrschaft nun in die Nothwendigkeit versetzt gewesen, die Curve eines unbestritten auf Hanerauer Gebiet liegenden Wasserlaufs durch einen in gerader Linie ausgegrabenen Canal zu beseitigen und damit die Entfernung zwischen beiden Wasserläufen zu vergrößern, eine Maaßregel, welche nicht allein an sich vollständig berechtigt, sondern auch durch die erwähnten Vorgänge absolut geboten gewesen.

Beklagter hat sodann der Klage außer andern jetzt nicht in Betracht kommenden Einreden die Einreden der dunklen und mangelhaft begründeten Klage opponirt und nach stattgehabtem Termin zur mündlichen Verhandlung, in welchem von den persönlich erschienenen Klägern eine zu den Acten gelegte replicarische Erklärung verlesen worden, steht zunächst zur Frage: ob die Klage für begründet zu erachten.

In Erwägung nun, daß nach gemeinem Rechte zwar jeder Grundbesitzer verpflichtet ist, das von dem höher liegenden Lande seines Nachbarn der natürlichen Lage nach abfließende Wasser aufzunehmen, nicht aber andererseits auch ein Recht auf Zuleitung desselben in Anspruch nehmen darf und sich hierfür auch nicht auf eine fortgesetzte Benutzung des ihm bisher nach der Terrainbeschaffenheit zugeflossenen Wassers berufen kann, auch wenn dieselbe noch so lange gedauert hat,

cf. Holzschuher, Theorie und Casuistik, Bd. II, S. 98,

Kori im civilist. Archiv, Bd. XVIII, S. 40,

dem Eigenthümer des höher belegenen Landes vielmehr die Befugniß zustehet, das auf seinem Lande entspringende Quellwasser gleichwie auch das Regenwasser ausschließlich zu eigenem Nutzen zu verwenden, sofern er nicht in diesem ihm als Eigenthümer des Grund und Bodens zustehenden Rechte durch eine zu Gunsten seines Nachbarn bestehende Servitut beschränkt ist;

in Erwägung, daß Kläger sich auf vertragsmäßige Constituirung einer Servitut nicht berufen, auch nicht behaupten, daß auf dem Grund und Boden des Beklagten künstliche Vorrichtungen zur Zuführung des Wassers nach den Ländereien der Kläger existirt hätten oder daß andere Umstände hinzugetreten wären, wodurch die stattgehabte Nutzung des Mühlenbachwassers zur Bewässerung ihrer Wiesen den Character der Ausübung einer Servitut angenommen habe, so daß die angestellte Klage sich unzweifelhaft als unbegründet darstellen würde, wenn der vorliegende Fall nach den obigen Rechtsgrundsätzen zu beurtheilen wäre;

in Erwägung jedoch, daß diese Grundsätze nicht Anwendung leiden auf Bäche und andere fließende Gewässer, welche durch Ländereien verschiedener Eigenthümer ihren Lauf nehmen, hierfür vielmehr nach der richtigen Ansicht die Regel Geltung hat, daß an solchen Gewässern allen Landanliegern ein gemeinschaftliches Nutzungsrecht zustehet, in welchem Keiner den Anderen durch Umleitung des Wasserlaufes oder andere ihm das Wasser entziehende künstliche Vorrichtungen beeinträchtigen darf;

cf. Holzschuher, l. c., S. 102 u. ff.,
Kori, l. c., S. 43 u. ff.,
Mittermaier, Deutsches Privatrecht, Bd. I, § 222b,
Seuffert's Archiv, Bd. V, Nr. 140,
„ „ Bd. IX, Nr. 259,
„ „ Bd. X, S. 17 u. 18
und eod. Nr. 167 u. 168;

in Erwägung, daß daher den Klägern allerdings ein begründeter Rechtsanspruch auf Wiederzuführung des Wassers aus dem Mühlenbach zustehet, wenn letzterer nach seinem bisherigen Lauf zu den gemeinschaftlichen Gewässern hat gezählt werden dürfen, und, was insbesondere anlangt die nach der Behauptung des Beklagten schon vor etwa 200 Jahren durch Ausgrabung eines Canales vorgenommene Verändeänderung des Strombettes, eine solche Veränderung, auch wenn sie nach der Art der Entstehung oder mit Rücksicht auf die Dauer ihres Bestandes einen Anspruch auf Rechtsschutz gewonnen gehabt, doch im Laufe der Zeit gleichwie alle Einrichtungen dieser Art der Wandelbarkeit unterworfen und es also namentlich nicht ausgeschlossen gewesen, daß die Mühlenaue später in ihr altes Strombett geflossen und dieser Zustand sich so lange unverändert erhalten habe, daß die Kläger sich mit Erfolg auf unvordenkliche Verjährung würden berufen können;

in Erwägung aber, daß der angestellten Klage mit Recht der Vorwurf der Dunkelheit und mangelhaften Begründung gemacht wird und sie daher angebrachtermaaßen wird abgewiesen werden müssen;

in Erwägung nämlich

1) daß es völlig irrelevant ist, ob die Quellen des Mühlenbaches auf Gutsgrund oder auf Amtsgebiet entspringen und es ebenfalls nicht weniger unzutreffend erscheint, wenn die Kläger in ihrer selbstverfaßten Klage auch darauf Gewicht gelegt wissen wollen, daß der sogenannte alte Mühlenbach die Grenze bilde zwischen dem Gut und Amtsgebiet, wie denn auch in dem gegenwärtigen Stadio des im ersten Verfahren verhandelten Processes es nicht auf Prüfung des von den Klägern vorgelegten Beweismaterials ankommen kann;

2) daß, wenn auch in dem Vorbringen der Kläger, es sei der Mühlenbach seit unvordenklicher Zeit in ihrem Miteigenthum, sie hätten daran seit unvordenklicher Zeit ein Mitbenutzungsrecht und derselbe habe seit unvordenklicher Zeit da, wo er als alter Mühlenbach auf der eingereichten Charte verzeichnet stehe, seine Existenz gehabt, die beabsichtigte Fundirung der Klage auf die Eigenschaft des Mühlenbaches als eines gemeinschaftlichen auch ihre Ländereien mit berührenden Baches gefunden werden könnte, die Klage doch im Uebrigen die wesentlich in Betracht kommenden thatsächlichen Verhältnisse im Unklaren und es namentlich auch zweifelhaft läßt, bis zu welchem Zeitpunkt die Mühlenaue in dem s. g. alten Mühlenbett ihren regelmäßigen Lauf gehabt, wie denn auch, was die Berufung auf unvordenkliche Zeit anlangt, aus der Klage überall nicht zu entnehmen, von welchem Zeitpunkt zurückgerechnet ein über Menschengedenken hinausreichender Zustand hat behauptet werden sollen, so wie in welcher Beziehung Kläger sich auf unvordenkliche Verjährung haben berufen wollen;

3) daß sich ebenfalls aus der Klage nicht mit genügender Bestimmtheit erkennen läßt, gegen welche Handlungen des Beklagten sie hat gerichtet sein sollen, indem, während einerseits der Inhalt der Klage annehmen läßt, daß nur die im Jahre 1854 getroffenen Vorkehrungen eine Beeinträchtigung der Kläger in der Nutzung des Wassers herbeigeführt, andererseits die zum Theil kaum recht verständlichen Anträge der Klage es wieder zweifelhaft machen, ob nicht in Allem, was seit dem Jahre 1826 zur Ableitung des Wassers vorgenommen worden, eine Beeinträchtigung des den Klägern angeblich zustehenden Nutzungsrechtes hat gefunden werden sollen;

wird, nach Einlegung schriftlicher Recesse und stattgehabtem Termin zur mündlichen Verhandlung, hiemit von Obergerichtswegen für Recht erkannt:

> daß die Kläger angebrachtermaaßen mit ihrer erhobenen Klage abzuweisen, auch schuldig seien, dem Beklagten die Kosten dieses Processes, deren Designatur und Moderation vorbehältlich, innerhalb Ordnungsfrist zu erstatten.

Wie denn solchergestalt hiedurch erkannt wird

V. R. W.

Urkundlich rc. Publicatum im Königl. Holsteinischen Obergericht zu Glückstadt, den 24. Juni 1861.

Allerhöchst privilegirte

Holsteinische Anzeigen.

Redigirt von den Obergerichtsräthen Etatsrath Henrici und Lucht.

Gedruckt bei Augustin in Glückstadt.

23. Stück. — Den 9. Juni 1862.

Entscheidungen.

Spolium, durch Eingriffe in ein Realrecht verübt.

In Sachen der städtischen Collegien der Stadt Plön, Kläger,

wider

das Königliche Ministerium für die Herzogthümer Holstein und Lauenburg, Beklagten,

wegen gestörter Ausübung der der Stadt Plön zustehenden Befugniß des Aalfanges im Monat August jeden Jahres,

ergeben die Acten:

Die Stadt Plön hat das Recht des Aalfanges im Plöner See an näher festgesetzten Fangstellen während der ganzen Dauer des Augustmonates, welches Recht ihr auch jetzt nicht streitig gemacht wird. In den Bedingungen, unter denen die Kornwassermühle und der Aalfang im Jahre 1858 regierungsseitig an den jetzigen Pächter verpachtet worden, heißt es im § 9:

„— — — Während des Augustmonats aber hat der Pächter sich des Aalfanges in den Kisten zur vordersten und hintersten Wache so wie auch in den Auen derselben zu enthalten und muß den Aalfang in diesen beiden Kisten der Plöner Bürgerschaft auf dem bisherigen Fuße überlassen. Zu diesem Ende liefert er die Schlüssel zu den Aalkisten am 31. Juli dem Magistrat ab, die Schlüssel zu den Schütten aber behält er und muß jeden Abend, wenn die Schütten geöffnet und aufgezogen, und Morgens, wenn sie geschlossen und herabgelassen werden sollen, Jemanden zur Beaufsichtigung dieses Geschäftes nach den Aalkisten senden. Auch hat der Pächter die Oeffnung der Freiwühre im Frauenortscanal behufs der Ausübung des Aalfanges im Augustmonat abseiten der Stadt zu gestatten, wenn dies nach dem Erachten der Hausvogtei geschehen kann, ohne den normalen Wasserstand im See zu beeinträchtigen."

und weiter heißt es im § 11:

„Ueber die zu den Aalkisten gehörigen Schütten muß der Pächter fleißig Aufsicht führen und Acht haben lassen, daß solche des Abends zur rechten Zeit um 10 Uhr aufgezogen und nach Beschaffenheit der Jahreszeit Morgens 2 oder 3 Uhr wieder niedergelassen werden, damit das Wasser nicht unnütz weglaufe."

Am 4. August 1859 erklärte sich der Pächter Kreutzfeldt bereit, die Schütten zu den Aalkisten präcise um 9 Uhr aufziehen zu lassen, unter der Bedingung, daß selbige Morgens nicht später als $2^1/_2$ Uhr wieder zugeworfen und daß ihm gleich wie dem früheren Mühlenpächter jeden Morgen ein Aal von dem Fange verabfolgt werde. Diese am folgenden Tage von den städtischen Collegien acceptirte Offerte nahm er indessen schon am 6. s. M. wieder zurück, indem er erklärte, daß ihm zu viel Wasser entzogen werde, er sich auch nicht für befugt erachte, ohne Genehmigung des Ministeriums die contractlichen Bestimmungen über das Aufziehen und Zuwerfen der Schütten abzuändern.

Die städtischen Collegien beschlossen hierauf, dem Mühlenpächter zu eröffnen, daß sie ihm zwar das Recht zum einseitigen Rücktritt von der getroffenen Vereinbarung bestreiten müßten, daß sie jedoch, unter der Bedingung, daß damit auch die Gegenleistung der Stadt, wohin insonderheit die von dem Mühlenpächter stipulirte Aalabgabe zu rechnen sei, hinfällig werde, den Umständen nach darin consentirten, daß die Vereinbarung wieder aufgehoben werde.

Diesem Beschluß gemäß ward dem Mühlenpächter die Aalabgabe von einem Aal von jedem Fange verweigert und bei einer Correspondenz, zu welcher eine Beschwerde des Mühlenpächters Veranlassung gegeben, äußerte der Plöner Magistrat in einem Schreiben an das Plöner Amthaus, d. d. den 8. August 1859:

„Es hat seine Richtigkeit, daß früheren Mühlenpächtern, so lange selbige das der Stadt von Alters her zustehende Recht, die Schütten vor den Aalkisten um 9 Uhr Abends aufzuziehen, respectirten, von dem Fange jeder Nacht ein Aal verabfolgt worden ist. Als im vorigen Jahre der damalige Mühlenpächter Holst das Ziehen der Schütten unter Berufung auf den mit der Landesherrschaft errichteten Contract nicht vor 10 Uhr gestatten wollte, ist sofort, unter Einlegung einer Rechtsverwahrung Seitens der Stadtcollegien bei dem Königlichen Amthause, mit der vorerwähnten Aalabgabe inne gehalten und hat der Pächter sich hierbei beruhigt — — —"

Der Magistrat äußert sich hiernächst näher über die Beschwerde des jetzigen Mühlenpächters und schließt dann sein Schreiben mit den Worten:

„Im Uebrigen müssen wir, unter Bezugnahme auf die im Jahre 1856 über die Benutzung des Frauenortscanals und im vorigen Sommer über das Aufziehen der Schütten geführte Correspondenz wiederholen, daß sowohl durch die Entziehung der Fischerei im Frauenortscanal als durch das seit vorigem Jahre eingeführte spätere Aufziehen der Schütten die rechtlichen Interessen der Stadt einen solchen Abbruch erlitten haben, daß die Communevertreter sich verpflichtet sehen, alle übrigen mit dem Aalfang verbundenen Gerechtsame ihrem ganzen Umfange nach und mit allen ihnen zu Gebote stehenden Mitteln zu vertheidigen."

Dem Magistrate ward hierauf vom Amthause unterm 14. s. M. mitgetheilt, daß dasselbe vom Ministerium beauftragt worden, für den Fall, daß die Stadt Plön sich nicht bereit erklären sollte, die nun rückständigen Aale, so wie der dem Müller während der Zeit, daß der Stadt die Ausübung des Aalfanges zustehe, unter der Voraussetzung, daß überall Aale gefangen würden, täglich noch beikommenden Aaal zu liefern, den Mühlenpächter zu auctorisiren, die Schütten nicht fernerweitig zu öffnen. Demgemäß verweigerte denn der Mühlenpächter wegen Vorenthaltung des für jeden Fangtag in Anspruch genommnen Aales die Oeffnung der Schütten und die städtischen Collegien wandten sich hierauf am 17. s. M. an das Königliche Ministerium, welches ihnen unterm 10. Juli v. J. die Eröffnung zugehen ließ, daß die Schließung der Schütten vor den Aalkasten lediglich aus dem Grunde angeordnet worden sei, weil die Stadt Plön sich geweigert habe, dem Mühlenpächter die demselben in der Zeit, während welcher der Stadt die Ausübung des Aalfanges zustehe, zukommenden Aale zu liefern und sofort wieder aufgehoben werde, wenn die Stadt erkläre, dem Mühlenpächter die ihm beikommenden Aale nicht weiter vorenthalten zu wollen, und daß es im Uebrigen den städtischen Collegien lediglich überlassen bleiben müsse, in wie fern sie die der Stadt hinsichtlich des Aalfanges im Augustmonat vermeintlich zustehenden Gerechtsame auf dem Wege Rechtens zur Geltung bringen zu können glaubten.

Unterm 17. Juli v. J. erwiderte der Magistrat auf eine desfallsige Vorfrage des Amthauses, daß zufolge Beschlusses der Stadtcollegien diese sich, um der Entschädigungsfrage wegen Entziehung der Aalfangsgerechtsame keine noch größere Ausdehnung zu geben, zwar bereit erklärt hätten, die in Anspruch genommene Aalabgabe an den Mühlenpächter selbigem bis weiter zukommen zu lassen, sich dabei jedoch dagegen verwahren müßten, daß sie durch dies Zugeständniß jenen Anspruch als rechtlich begründet anerkannt haben wollten. Dem Mühlenpächter ward sodann in einem Erlaß des Amthauses vom 20. Juli s. J., in welchem bemerkt wird, daß die Stadt Plön bereit sei, an den Mühlenpächter während der Ausübung des Aalfanges im August einen Aal von jedem Fange abzugeben und auch demselben die von dem vorigen Jahre noch rückständigen Aale zu liefern, aufgegeben, im künftigen Monat die Schütten an den Aalkisten für den Aalfang der Stadt in herkömmlicher Weise zu öffnen, und unterm 27. machte der Mühlenpächter der Stadt die von den städtischen Collegien angenommene Offerte, ihm, der dann zugleich auch auf Nachlieferung der vom vorhergehenden Jahre rückständigen Aale verzichten wolle, für das Jahr 1860 die Ausübung des Aalfanges für eine Ablösungssumme von 102 ℛ 38 β zu überlassen.

Nachdem in solcher Weise die der Ausübung des Aalfanges entgegenstehenden Hindernisse für das Jahr 1860 beseitigt worden, haben die städtischen Behörden hieselbst sub præs. den 12. August v. J. eine wider das Königliche Ministerium für die Herzogthümer Holstein und Lauenburg rubricirte Spolienklage eingereicht, in welcher sie auszuführen suchen, daß die Störung, welche die Stadt Plön in der Ausübung ihres Rechtes des Aalfanges dadurch erlitten, daß der Mühlenpächter auf Auctorisation des Ministeriums die Schütten nicht geöffnet, sondern verschlossen gehalten habe, den Character der Eigenmacht und unerlaubter Selbsthülfe an sich trage. Durch diese Maaßregel solle die Erfüllung eines vermeintlichen Rechtes erzwungen werden, eines Rechtes, welches weit davon entfernt sei, den Character der Liquidität an sich zu tragen. Aber auch wenn die Verpflichtung zur täglichen Lieferung eines Aales an den Mühlenpächter wirklich liquide wäre, würde das vorliegende Verfahren doch völlig ungerechtfertigt erscheinen, da auch dann gegen die Stadt Plön der Weg Rechtens hätte eingeschlagen werden müssen. Und nicht einmal in dem Besitze oder in der factischen Erhebung des fraglichen Aales habe man sich beklagtischer Seits befunden. Weder in dem Jahre 1858 sei die fragliche Aalabgabe an den Mühlenpächter in dem prätendirten Umfange geleistet worden, noch sei in dem Jahre 1859 in den Tagen, an welchen die Ausübung des Aalfanges abseiten der Stadt Plön geschehen sei, der verlangte Aal geliefert. Der Anspruch auf die angeblich rückständigen Aale habe sich demnach offenbar in ein rein persönliches Forderungsrecht verwandelt und, um die Berichtigung dieser Forderung mit Umgehung des Rechtsweges zu erlangen, habe man den Weg der Selbsthülfe eingeschlagen.

Kläger haben gebeten für Recht zu erkennen:

1) daß das Ministerium für die Herzogthümer Holstein und Lauenburg die die Ausübung des Aalfanges im Monate August hindernden Maßregeln zu entfernen und sich der ferneren Störungen gegen die Stadt Plön bei der Ausübung des Aalfanges in den beiden Kisten im Augustmonat jeden Jahres zu enthalten habe,

2) daß dasselbe schuldig sei:

   a. der Stadt Plön den erweislichen Schaden zu ersetzen, den dieselbe durch die seit dem 15. August v. J. verwehrte Befugniß erlitten habe, dessen näherer Nachweis und Liquidation vorbehältlich;

   b. derselben die Kosten dieses Rechtsstreites, des. et mod. salva, zu erstatten.

In den vom Obersachwalteramte eingereichten Exceptionalien wird der Anführung der vorerwähnten Vorgänge noch hinzugefügt: Eine sich beim Amthause findende Darlegung des Verhältnisses besage:

„In der Nacht vom 31. Juli auf den 1. August jedweden Jahres nimmt der Plöner Magistrat durch einen Rathsherrn Besitz von den drei Aalkisten und die Schlüssel dazu in Empfang, öffnet und verschließet sie aber immer nur im Beisein des Mühlenpächters. Von den im Laufe des Monats gefangenen Aalen bekommen der committirte Rathsherr und der Müller täglich einen für ihre Bemühung, namentlich für den täglichen langen Weg nach den Kisten, und die Gerichtsdiener im Ganzen auch einige. Bei der Distribuirung empfängt jeder Bürgermeister 20 (also jetzt der alleinige 40), ferner der Stadtsecretair 12, jeder Rathsherr 4 und jeder Prediger 20 Stück. Der Rest geht zur Theilung unter die Bürgerschaft nach vollen, halben und viertel Häusern; es erhält aber der Mühlenpächter außer seinen oberwähnten 31 Aalen noch für jedes Stieg der Theilungsaale aus der Stadtkasse eine Recognition von 33 ß." So sei es denn auch bisher verhalten, und wenn in der Klage behauptet werde, daß schon in dem Jahre 1858 die Aalabgabe an den damaligen Mühlenpächter nicht in dem prätendirten Umfange geleistet worden, so sei dies dem Beklagten unbekannt.

Was nun die gewählte Proceßart anlange, so sei der Spolienproceß in diesem Falle unzulässig, denn

1) setze der Begriff des Spoliums voraus, daß Jemand unrechtmäßiger Weise aus dem Besitze einer Sache oder aus der Ausübung einer Befugniß gesetzt sei, also eine positive Handluug des Spolianten. An dieser aber fehle es nach der eigenen Darstellung der Kläger, die darnach nicht aus dem Besitze, sondern nur nicht in den Besitz gesetzt seien. Der Mühlenpächter habe in Beziehung auf das Recht der Stadt Plön die Verpflichtung, die Schütten, welche das ganze Jahr hindurch verschlossen gehalten würden, im Monat August täglich zu öffnen. Dieser Verpflichtung nun sei derselbe nicht nachgekommen und damit habe er so wenig ein Spolium begangen, als irgend jemand sonst, der einer contractlichen Verbindlichkeit nicht nachkomme;

2) die Kläger wären in der Lage, selbst die Behinderung der Ausübung ihres Rechtes beseitigen zu können und sie selbst seien es, welche diese Ausübung hinderten. So gewiß der Stadt das Recht des Aalfanges zustehe, so gewiß liege ihr die Verpflichtung ob, von jedem Fange dem Mühlenpächter wenigstens einen Aal abzugeben als Vergütung für seine Mühwaltung. Als ihm diese Leistung verweigert worden, hätte er seinerseits die Gegenleistung mit Fug und Recht verweigert und zwar unter ausdrücklicher Auctorisation des Ministeriums;

3) die Kläger seien im Besitze und der Ausübung des Rechtes, welches sie durch das behauptete Spolium verloren zu haben behaupteten, und zwar seien sie im Besitze und der Ausübung des Rechtes zu derselben Zeit gewesen, als sie die Klage dem Gerichte übergeben hätten. Denn in Folge der vom Amthause mit dem Magistrate geführten Correspondenz sei ja dem Mühlenpächter wieder aufgegeben, die Schütten zu öffnen, und habe hierauf der Magistrat sich mit dem Mühlenpächter verglichen. Der einzige mögliche Streitpunkt könne also die vermeintliche Schadensersatzforderung der Stadt sein und diese könne doch unmöglich die Grundlage eines Spolienprocesses bilden.

Indem Beklagter hierauf den Antrag auf Abweisung der Klage und Verurtheilung der Kläger zur Kostenerstattung stützt, bemerkt derselbe zur weiteren Begründung desselben schließlich wiederholten Antrages im Wesentlichen nur noch:

Der Mühlenpächter, welcher die Schütten jeden Abend aufziehen und jeden Morgen fallen lassen müsse, habe das Recht, sich jeden Tag von dem Fange einen Aal auszusuchen. Dies Recht sei von der Stadt auch nicht bestritten, vielmehr in dem Schreiben des Magistrates vom 8. August 1859 ausdrücklich eingeräumt. Es sei mithin das Recht der Stadt an eine Bedingung gebunden, die mit dem zum Aalfang durchaus erforderlichen Aufziehen und Herablassen der Schütten in engstem Zusammenhang stehe. Wenn nun die Stadt Plön diese Bedingung nicht erfülle, so sei die Weigerung des Mühlenpächters, die Schütten zu öffnen, eine wohlbegründete, und wenn die Stadt Plön ihre Verpflichtung zur Aallieferung davon abhängig machen wolle, ob die Schütten um 9 oder 10 Uhr aufgezogen würden, so sei dies eine eben so unerwiesene als unwahrscheinliche und zu dieser Sache nicht gehörige Behauptung. Zudem sei dem Müller ausdrücklich vorgeschrieben, die Schütten um 10 Uhr aufzuziehen, und wenn es auch dem Willen des Mühlenpächters überlassen bleiben müsse, die Schütten zu ziehen, wann er es für gut halte, so verstehe es sich doch ganz von selbst, daß der Pächter das gepachtete Grundstück durch seine Handlungen nicht dauernd belasten könne. Es sei daher auch ganz gleichgültig, ob der jetzige Mühlenpächter der Ansicht sei, die Aallieferung stehe mit der Zeit des Aufziehens der Schütten in Verbindung, oder ob der vorige Mühlenpächter sich in dem letzten Jahre seiner Pacht es habe gefallen lassen, daß ihm die Aallieferung nicht in dem prätendirten Umfange geleistet worden.

In der eingezogenen Replik haben Kläger das Recht des Mühlenpächters auf Lieferung eines Aales bestritten, auch bemerklich gemacht, daß, wie der Anblick der Anlage 9 lehre, eine Anerkennung dieses Rechtes Seitens der Stadt keineswegs stattgefunden.

Im Uebrigen enthalten die Replik wie auch die Duplik nur nähere Ausführungen der resp. von den Klägern und dem Beklagten vertretenen Ansichten.

Nach stattgehabtem Schriftenwechsel steht daher zur Frage:

ob die angestellte Klage für begründet zu erachten.

In Erwägung nun, daß es sich im gegenwärtigen Fall nicht um ein zweiseitiges contractliches Verhältniß handelt, wobei die Leistung von der Gegenleistung abhängig gemacht werden dürfte, es auch nicht zweifelhaft erscheinen kann, daß die nach der Darstellung des Obersachwalteramtes der Stadt Plön obliegende Verpflichtung, dem jedesmaligen Mühlenpächter als Vergütung für seine Mühwaltung beim Oeffnen und Schließen der Schütten, so oft Aale gefangen werden, täglich einen Aal zu liefern, dem der Stadt Plön unbestritten für die Dauer des Augustmonats zustehenden Recht des Aalfanges nicht den rechtlichen Character eines bedingten Rechtes verleihet und daher die verweigerte Lieferung des einen Aales nur zu einer Klagerhebung wegen der Aallieferung, nicht aber zur Ergreifung von Maaßregeln, wodurch die Ausübung des Rechtes des Aalfanges verhindert werden, hat berechtigen können;

in Erwägung, daß das zum Schutz gegen Handlungen unerlaubter Eigenmacht dienende summarische Verfahren, wie solches für den Fall eines s. g. spolium und für alle Streitigkeiten über Störungen in dem Besitz durch die Verordnung vom 13. Januar 1797 normirt worden, sich nach gemeinem wie auch nach vaterländischem Recht auf Realrechte und Reallasten erstreckt;

in Erwägung, daß für den vorliegenden Fall die Streitfrage, ob bei Reallasten die bloße Vorenthaltung der fortlaufenden Leistungen an sich schon einen ausreichenden Grund für eine Besitzklage geben könne, nicht in Betracht kommt, da es sich hier nicht um Leistungen dieser Art handelt, sondern Hindernisse in Frage stehen, welche der Ausübung eines Realrechts entgegengesetzt worden, und es dabei, abgesehen davon, daß in diesem Fall die Hindernisse auf der die Klagerhebung veranlassenden Anordnung, also auf einem positiven Handeln, beruhen, nicht darauf ankommen kann, ob die der Ausübung des Rechtes entgegenstehenden Hindernisse in einem positiven Handeln oder in einem unberechtigten Unterlassen ihren Grund haben;

in Erwägung, daß die Stadt Plön sich nur für den Fall, daß der Mühlenpächter schon um 9 Uhr Abends die Schütten öffnet, zur Lieferung eines Aales für verpflichtet erachtet und es daher unter den Parteien streitig ist, ob die Stadt auch dem erst später die Schütten öffnenden Mühlenpächter an jedem Tage, wo Aale gefangen werden, einen Aal zu liefern verbunden sei, so daß es um so weniger zweifelhaft erscheint, daß es für die rechtliche Beurtheilung der Sache nicht in Berücksichtigung kommen kann, daß bei der getroffenen Anordnung der Stadt Plön die Möglichkeit gegeben worden, durch Leistung dessen, was von ihr in Anspruch genommen worden, die Beseitigung des der Ausübung ihres Aalfangrechtes entgegenstehenden Hindernisses des Verschlossenhaltens der Schütten herbeizuführen;

in Erwägung, daß durch die inzwischen interimistisch von der Stadt Plön mit dem Mühlenpächter getroffene Vereinbarung die eingetretene Besitzstörung nicht aufgehoben worden, da die Anordnung noch fortbesteht, demzufolge die Stadt Plön nur zur Ausübung ihres Aalfangrechtes gelangen kann, wenn sie, ungeachtet sie die Verpflichtung dazu bestreitet, dennoch gewährt, was von ihr beansprucht wird;

in Erwägung, daß nach heutigem Recht es auf die Bezeichnung der Klage nicht ankommt und es daher auch nicht entscheidend werden kann, daß die Benennung der Klage darauf schließen läßt, daß über eine vorliegende Besitzentsetzung und nicht bloß wegen Störung im Besitz hat Klage erhoben werden sollen;

in Erwägung, daß der in der Klage gestellte Antrag sonach für begründet zu erachten,

wird, bei abschriftlicher Mittheilung der eingezogenen duplicarischen Erklärung, hiermittelst von Obergerichtswegen zum Bescheide ertheilt:

daß das beklagte Ministerium schuldig zu erkennen, die die Ausübung des Aalfanges im Monat August hindernden Maaßregeln zu beseitigen und sich aller ferneren Störungen in der Ausübung des Aalfangrechtes Seitens der

Stadt Plön zu enthalten, denselben auch den durch die stattgehabte Störung erwachsenen Schaden, dessen nähere Nachweisung und Liquidation vorbehältlich, zu ersetzen und die Kosten dieses Processes, des. et m. salva, zu erstatten.

Urkundlich ꝛc. Gegeben im Königl. Holsteinischen Obergerichte zu Glückstadt, den 26. Juli 1861.

Auf die von dem Obersachwalteramt hiegegen zur Hand genommene Supplication an das Königl. Oberappellationsgericht zu Kiel erging der nachstehende abschlägige Bescheid:

Namens Sr. Königl. Majestät.

Auf die am 14. September v. J. hieselbst eingereichte Supplicationsschrift in Sachen des Holsteinischen Obersachwalteramts, Namens des Königlichen Ministeriums für die Herzogthümer Holstein und Lauenburg, Beklagten und Supplicanten, wider die städtischen Collegien der Stadt Plön, Kläger und Supplicaten,

wegen angeblich gestörter Ausübung der der Stadt Plön zustehenden Befugniß des Aalfangs im Monat August eines jeden Jahres, jetzt gegen den Bescheid des Holsteinischen Obergerichts vom 26. Juli 1861,

wird, mit Beziehung auf die Entscheidungsgründe des angefochtenen Erkenntnisses, so wie

in Erwägung, daß, da der Besitz einer Realberechtigung durch die factische Möglichkeit der Ausübung des Rechtes bedingt ist, eine jede Handlung, wodurch diese Möglichkeit aufgehoben wird, als Entziehung des Besitzes aufgefaßt werden muß und folglich der Einwand des Beklagten, daß den Klägern durch die verweigerte Aufziehung der Schütten vor den Aalkisten nicht der Besitz entzogen worden, unbegründet ist, daß aber auch, selbst wenn in der verweigerten Aufziehung der Schütten nur eine Besitzstörung enthalten wäre, dies irrelevant sein würde, da das in der Verordnung zur Verminderung und Abkürzung der Spoliensachen vom 13. Januar 1797 normirte Verfahren nach dem § 1 dieser Verordnung auch bei Streitigkeiten über Besitzstörungen stattfindet,

hiedurch

ein abschlägiger Bescheid

ertheilt.

Die Rechnung des Anwalts und Procurators wird zu 20 ℛ︁ bestimmt.

Urkundlich ꝛc. Gegeben im Königl. Oberappellationsgericht zu Kiel, den 21. Mai 1862.

Criminalfälle.

Diebstahl
(Beurtheilung eines Indicienbeweises).

Von Obercriminalgerichtswegen

wird der Süderdithmarsischen Landvogtei bei Wiederauschließung der mittelst Bericht vom 18. v. M. eingesandten Untersuchungsacten wider den Schifferknecht Peter Soetje aus Wilster, wegen Diebstahls s. w. d. a., hiedurch aufgegeben, dem Inculpaten nachstehendes Straferkenntniß zu publiciren und für dessen Vollstreckung Sorge zu tragen.

In Erwägung, daß nach den übereinstimmenden beeidigten Aussagen der Eheleute Desau in Lieth so wie deren Tochter Margaretha Ploog in der Nacht vom 12./13. October v. J. in deren Wohnung auf zwei verschiedenen Stellen in der Weise ein Einbruch geschehen, daß die Bleieinfassung der Fenster zurückgebogen, eine Scheibe entfernt und die Fenster so geöffnet sind, worauf der Dieb durch dieselben eingestiegen ist und aus der Speisekammer einen Topf mit ungefähr 5 ℔ Butter so wie ein Stück Fleisch von 2—3 ℔ nebst einem s. g. Fleischtuch, ferner aus der in einer anderen Stube stehenden verschlossenen Lade der Ploog ein derselben gehöriges Kleid, Umschlagetuch und das Zeug zu einem zweiten Kleide, so wie 6 ℔ v. Cour. in Geld und einen Sack entwendet hat;

in Erwägung, daß der Verdacht, diesen Diebstahl ausgeführt zu haben, sofort auf den Inculpaten gefallen und er der Begehung desselben, seines Leugnens unerachtet, durch nachstehende Indicien überführt ist:

1) Inculpat ist acht Tage vor dem Diebstahl mit der Anna Lindburg, die mit ihm als Zuhälterin lebt und mit Desau's in Verwandtschaftsverhältnissen steht, bei diesen auch einige Tage zum Besuch gewesen. Während dieser Zeit hat die Ehefrau Desau der Anna Lindburg die in dem Koffer ihrer Tochter enthaltenen Sachen gezeigt und zu dem Ende den in der Tasche eines im Schrank hängenden Kleides befindlichen Schlüssel herausgenommen und damit den Koffer geöffnet. Im Laufe der Besichtigung ist der Inculpat in die Stube gekommen und hat die Ehefrau Desau in seiner Gegenwart den Koffer wieder verschlossen und den Schlüssel an seinen Platz gelegt. Dieser Schlüssel ist nun nach dem Diebstahl sogleich vermißt worden und ist es nicht zu bezweifeln, daß mit demselben der offen aber unverletzt gefundene Koffer aufgeschlossen worden ist. Die hieraus sich wider den Inculpaten ergebende Anzeige wird noch dadurch verstärkt, daß er der beeidigten Aussage der Ehefrau Desau gegenüber, mit welcher die Angaben der Anna Lindburg durchaus übereinstimmen, es in Abrede stellt, bei dem fraglichen Vorgang zugegen gewesen zu sein und überall etwas von den Sachen der Ploog zu wissen;

2) die sämmtlichen gestohlenen Sachen mit Ausnahme des Geldes sind bei einer zwei Tage später vorgenommenen Haussuchung in des Inculpaten Wohnung in Wilster in dem Sack verpackt unter einem Unterbett gefunden worden und von den Eigenthümern eidlich recognoscirt, mit Ausnahme des Fleisches und der Butter, welche theilweise schon verzehrt waren;

3) der Inculpat hat sich über den Erwerb dieser Sachen nicht zu legitimiren vermocht, indem seine Aussagen, daß er die Butter von einer unbekannten Bauersfrau gekauft und den Topf von ihr geliehen, das Fleisch bei dem Schlachter Kuhrt in Wilster gekauft, das s. g. Fleischtuch seit lange besessen, die übrigen Sachen aber in der Nähe von Wilster von einem unbekannten Juden erstanden habe, theilweise nachweislich falsch sind, wie die Angabe über das Fleischtuch und den Ankauf des Fleisches, welches von dem angeblichen Verkäufer, dem Schlachtergesellen Kuhrt in Wilster, eidlich in Abrede gestellt ist, theilweise den Stempel der Unglaubwürdigkeit, sowohl im Allgemeinen als, was die Details der Erzählung betrifft, an sich tragen;

4) der Inculpat, welcher über sein Verbleiben nach seinem Weggehen von Desau's im Uebrigen richtige und wenigstens nicht unwahrscheinliche Angaben beschafft, hat über seinen Aufenthalt während der Nacht vom 12./13. October nichts näher aussagen zu können behauptet, als daß er dieselbe bei einem alten ihm unbekannten Ehepaar eine halbe Stunde von der Chaussee nach Wilster zugebracht, eine Angabe, die offenbar keinen Glauben verdient, wie er denn auch nach den unverdächtigen Aussagen verschiedener Personen nicht am Morgen des 13. October, wie vom Inculpaten erzählt, sondern erst um Mittag in Wilster angelangt ist;

5) der Inculpat ist endlich eine Persönlichkeit, zu der man sich der That versehen kann, indem er bereits mehrfach wegen Diebstahls bestraft ist und zuletzt im Inlande in Gemäßheit obercriminalgerichtlichen Rescripts vom 12. März 1855 wegen dritten Diebstahls eine zweijährige Zuchthausstrafe erlitten hat, auch nach seiner Entlassung aus den Strafanstalten sein unordentliches Leben unverändert fortgesetzt hat;

in Erwägung, daß bei Bemessung der wider den Inculpaten zu erkennenden Strafe außer dem Rückfall der nicht unbedeutende Werth der gestohlenen Sachen, der die Summe des großen Diebstahls ungefähr erreicht, so wie die Qualification durch Einbruch und Einsteigen in Betracht kommt,

wird, in Erwägung vorstehender Gründe,

der Schifferknecht Peter Soetje aus Wilster wegen nach bereits erlittener Strafe des dritten Diebstahls abermals begangenen durch Einbruch und Einsteigen qualificirten Diebstahls zu einer vierjährigen Zuchthausstrafe und zur Erstattung der Kosten dieser Untersuchung, so weit er des Vermögens, verurtheilt.

Urkundlich rc. Gegeben im Königl. Holsteinischen Obercriminalgerichte zu Glückstadt, den 12. März 1862.

Der verurtheilte Inculpat supplicirte gegen dies Erkenntniß an das Königl. Oberappellationsgericht zu Kiel, erhielt aber den folgenden abschlägigen Bescheid:

Namens Sr. Königl. Majestät.

Auf die mit Bericht der Süderdithmarsischen Landvogtei am 28. April d. J. hier eingegangene Supplicationsschrift des Inculpaten Peter Soetje aus dem Landrechte bei Wilster gegen das von dem Obercriminalgericht normirte Straferkenntniß der gedachten Landvogtei vom 17. März d. J. wegen Diebstahls,

wird, unter Bezugnahme auf die Entscheidungsgründe des angefochtenen Erkenntnisses, und

in Erwägung,

zur ersten Beschwerde,

daß die überzeugende Kraft der von den Eheleuten Oesau beeidigten Recognition des s. g. Fleischtuches und des Buttertopfes blos deshalb, weil dergleichen Gegenstände in zahlreichen gleichartigen Exemplaren vorhanden sind, keineswegs aufgehoben wird, da die hier in Betracht kommenden Exemplare längere Zeit von den Bestohlenen gebraucht worden sind und dadurch deren individuelle Erkennbarkeit hinreichend sicher gestellt ist;

daß daher des Inculpaten Behauptung, das alte Fleischtuch, welches den Eheleuten Oesau erst in der Nacht vom 12./13. October v. J. entwendet worden ist, schon vor dem 12. October v. J. besessen zu haben, eine erwiesene Lüge enthält, welche auf das Schuldbewußtsein des Inculpaten schließen läßt;

in Erwägung, daß diesen und den sonstigen im angefochtenen Erkenntnisse zusammengestellten Anzeigen von der Schuld des Inculpaten gegenüber die Nachforschung nach der angeblichen Person des unbekannten Juden, von welchem der Inculpat unter offenem Himmel und ohne Beisein von Zeugen einen Theil der bei ihm vorgefundenen gestohlenen Sachen gekauft haben will, so wie nach der ebenfalls unbekannten Bauerfrau, von welcher Inculpat den gestohlenen Buttertopf bei Ankauf von 2 ℔ Butter geliehen erhalten haben will, zur Herstellung eines Entschuldigungsbeweises für nutzlos erachtet und daher unterlassen werden durfte, da jene leicht zu erfindenden jedes objectiven Anhaltes entbehrenden Ausreden nicht nur an sich unglaubwürdig sind, sondern überdies im vorliegenden Falle erfahrungsmäßig nicht für möglich gehalten werden kann, daß die in der Nacht vorher gestohlenen Sachen auf verschiedenen Wegen, resp. durch Verkauf von Seiten eines Unbekannten, durch leihweise Hingabe von Seiten einer andern Unbekannten, durch unbewußte Vertauschung mit einer eigenen Sache des Inculpaten, etwa sechs Meilen vom Orte des Diebstahls entfernt in der Hand des Inculpaten sich wieder zusammen gefunden haben sollten, ohne daß dieser an dem Diebstahl sich persönlich betheiligt gehabt hätte;

in Erwägung, daß die Möglichkeit, nach Raum und Zeit den Diebstahl auszuführen, rücksichtlich des Inculpaten nicht in Abrede gestellt werden kann, da dessen Behauptung, am 13. October v. J. schon gegen 8 Uhr Morgens in Wilster und Krummwehl angekommen zu sein, genugsam durch die Zeugen, auf welche er sich berufen hat, namentlich die Catharina Güld, Wittwe Maaßen, Barbierlehrling Sievers, widerlegt worden ist, und daher, selbst wenn er am 12. October v. J. im Wirthshause Stabfast noch gegen 4 Uhr Nachmittags gewesen sein sollte, von da an bis zum 13., Nachmittags gegen 1 Uhr, um welche Zeit er an diesem Tage zuerst in und bei Wilster gesehen worden ist, Zeit genug zur Hin- und Hertour und zur Verübung des Diebstahls herauskommt;

zur zweiten Beschwerde,

daß gegen die Annahme des objectiven Thatbestandes eines durch Einbruch und Einsteigen qualificirten Diebstahls nichts von Erheblichkeit vorgebracht worden ist und deshalb, auch unter Berücksichtigung des nicht geringfügigen Werthbetrages der gestohlenen Sachen, das erkannte Strafmaaß angemessen erscheint,

hiedurch dem Supplicanten

ein abschlägiger Bescheid

ertheilt.

Die Kostenrechnung des Defensors wird auf 20 ℳ 48 β R.-M. bestimmt.

Urkundlich rc. Gegeben im Königl. Oberappellationsgerichte zu Kiel, den 28. Mai 1862.

Allerhöchst privilegirte

Holsteinische Anzeigen.

Redigirt von den Obergerichtsräthen Etatsrath Henrici und Lucht.

Gedruckt bei Augustin in Glückstadt.

24. Stück. — Den 16. Juni 1862.

Das auf einen ungewissen Fall geschlossene Geschäft im Beweiserkenntniß.

Mitgetheilt von dem Herrn Advocaten Rave in Itzehoe.

Nachstehender Aufsatz behandelt die Controverse, wie die Beweislast zu vertheilen sei, wenn gegen den Anspruch aus dem einfachen Geschäft (purum negotium) die Entgegnung gestellt wird, es liege kein einfaches, sondern ein auf einen ungewissen Fall geschlossenes Geschäft vor. Die Ueberschrift ist in der gewählten Form gegeben, weil diese Form der für richtig gehaltenen Auffassung der Controverse am meisten zu entsprechen schien; das „bedingte Geschäft" bildet den Hauptgegenstand der Erörterung, aber alle auf einen Fall geschlossenen Geschäfte fallen gleichmäßig unter diese Controverse und darnach ist die Ueberschrift gewählt.

Veranlassung gaben zu diesem Aufsatz die in den Holsteinischen Anzeigen 1857, Stück 47, enthaltenen divergirenden Entscheidungen des Holsteinischen Obergerichtes und Oberappellationsgerichtes, so wie die daran anschließenden Bemerkungen der Redaction der Holsteinischen Anzeigen „über die Normirung der Beweislast bei einer von der beklagten Partei behaupteten Bedingtheit des Rechtsgeschäfts."

Mit Recht sagt die Redaction der Anzeigen, „es sei ein Uebelstand, wenn die Ansichten der Gerichtshöfe sich in solchen Fragen principiell entgegenstehen".

„Das onus probandi (Puchta, Vorlesungen, § 97) ist eine der wichtigsten Fragen, weil davon sehr häufig der Ausgang des Processes abhängt."

Die Sicherheit des Rechtes ist dessen vornehmste Eigenschaft, ohne welche dasselbe sich nach einer sehr wichtigen Seite hin wenig vom Unrecht unterscheidet; zwar mag es Juristen geben, die nicht ungern sehen, wenn der Controversenschatz ihrem Scharfsinn eine Fundgrube geistigen Strebens bietet, aber für das praktische Bedürfniß, für welches das Recht geschaffen wird, ist es ein großes Uebel, wenn das Recht den Experimenten der Juristen preisgegeben heute ein anderes als morgen ist. Zwar wird der Gegensatz der Juristen und Gerichtshöfe in der Rechtsauffassung über Fragen des Civilrechtes und Proceßrechtes die Rechtssicherheit und das Rechtsgefühl der Bevölkerung nicht in dem Maaße erschüttern, als wenn die Oberinstanzen des Landes dieselben Fälle des Criminalrechtes in geradezu widersprechendster Weise entscheiden; aber auch in den Rechtsfragen jener Fächer ist das Hin- und Herschwanken der Juristen, namentlich wenn dasselbe sich in den Oberinstanzen des Landes geltend macht und praktisch häufig vorkommende Rechtsfragen betrifft, von sehr schädlichem Einfluß.

Dies ist der Grund, welchem dieser Aufsatz entsprungen ist, nachdem bereits früher, namentlich aber seit 1857, schwankende Doctrin und zunehmendes Schwanken in der Praxis unseres Landes Beachtung und Prüfung der Literatur über die Bestimmung der Beweislast für bedingte Geschäfte nöthig gemacht hatten.

Absicht dieses Aufsatzes ist es, dahin mitzuwirken, daß die Schwankungen über die behandelte Rechtsfrage beseitigt werden mögen, und um die dazu nöthige Aufklärung zu gewähren, schien es gegeben, möglichst unbefangen die Gründe der verschiedenen Ansichten, wie solche in den ausführlicheren Behandlungen dieser Frage aufgestellt sind, anzuführen und zu würdigen; denn sehr viele Richter und Juristen unseres Landes (und für dieses namentlich ist diese Arbeit geschrieben) dürften der Zeit oder der Gelegenheit entbehren, die umfangreiche Literatur über diese Rechtsfrage weiter als bis in die Compendien und etwa eine oder die andere Zeitschrift zu verfolgen.

Die Schwierigkeiten, welche die Behandlung der hier vorgelegten Rechtsfrage begleiten, liegen darin, daß **sowohl** die richtigen Principien aus dem **Civilrecht als** aus dem **Proceßrecht** aufgesucht werden und gefunden werden müssen, um die richtige Entscheidung daraus herzuleiten. Die Wahl der richtigen Principien ist aber, wie das auch bisweilen, freilich sehr selten, von den Vertretern der entgegenstehenden Ansichten bemerkt wird, mehr eine Sache des Tactes — den jede Partei nur zu leicht ausschließlich für sich in Anspruch nimmt — als der logischen Folgerung, da über Principien ihrem Begriffe nach verständiger Weise schwer zu streiten ist. Man begegnet in jeder Behandlung dieser Frage der Behauptung, daß der Gegner seine Ansicht lediglich aus willkürlichen Voraussetzungen herleite, und leider trifft dieser Vorwurf die hervorragendsten Rechtsgelehrten nur zu häufig nicht mit Unrecht; während z. B. in den Holsteinischen Anzeigen 1857 Kierulff's Auffassung als besonders „klar" gelobt wird, sagt Dr. Joseph Unger, System des Oesterreichischen allgemeinen Privatrechtes, Bd. II, § 129 p. 572 Anm.: „Kierulff bewege sich in mannigfachen Widersprüchen;" R. Schneider in seiner Abhandlung § 12 sagt: „Alle Erwartungen einer verkehrten Behandlung übertrifft Kierulff" —.

Solche entgegenstehende Beurtheilungen der verschiedenen Deductionen giebt es gerade in dieser Rechtsfrage unzählige; die Civilisten und Processualisten sind auch darin nicht einig, wo der Schwerpunkt dieser Controverse zu suchen sei; manche Schriftsteller leiten die Entscheidung derselben allein oder hauptsächlich aus den Proceßrechtsregeln her; andere dagegen führen die Entscheidung derselben ausschließlich oder hauptsächlich auf Grundsätze des Civilrechtes zurück. Besonders Götting und nach ihm Robert Schneider und Joseph Unger haben die Controverse fast ausschließlich und zu einseitig für das Civilrecht in Anspruch genommen.

Sehen wir nun zunächst, welche Beachtung die Controverse in Rechtsbüchern, in der Praxis und in der Literatur gefunden hat, nachdem wir die Bemerkung vorausgeschickt haben, daß wir mit dem einfachen Ausdruck conditio und Bedingung stets nur die Suspensivbedingung, mit dem Ausdruck bedingtes Rechtsgeschäft stets nur das negotium conditionale im Sinn der Römischen Juristen bezeichnen wollen.

§ 1.

Im Corpus juris findet sich keine Entscheidung darüber, wie die Beweislast zu vertheilen sei, wenn einem eingeklagten Anspruch von der Gegenpartei entgegengehalten wird, der Anspruch sei unbegründet, weil demselben eine Suspensivbedingung zu Grunde liege, was man damit zu erklären gesucht hat, daß die feinen Römischen Juristen jene Frage als zu einfach der Erwähnung nicht werth geachtet hätten. Wir finden aber auch in modernen Gesetzgebungen diese Controverse kaum erwähnt und der Mangel einer Entscheidung hier wie dort möchte (ganz abgesehen davon, daß die Römischen Juristen Beweisfragen selten behandeln) einfach darin liegen, daß kein Gesetzbuch gegeben ist oder gegeben werden wird, in welchem alle denkbaren Controversen entschieden wären. Wünschenswerth wäre es, daß wir in den für uns geltenden Rechtsbüchern eine Entscheidung dieser Controverse hätten, da es zwar nicht gleichgültig sein mag, wie die Controverse entschieden wird, weil wichtiger aber, daß dieselbe eine definitive feste Erledigung erhalte, wie solche durch Praxis und Doctrin doch nie vollständig zu erzielen sein wird. So lange aber eine feste Entscheidung der Controverse nicht getroffen ist, wird das Resultat eines Processes, in welchem wie so häufig diese Controverse zur Frage steht, davon abhängen, bis in welche Instanz der Proceß (z. B. nach dem Werth seines Streitobjects) gebracht werden kann, wenn wie bei uns die oberen

Instanzen in der Entscheidung der Controverse divergiren. Gewiß ein höchst unerquicklicher Rechtszustand. Unter den älteren Deutschen Rechtsbüchern enthält das Rechtsbuch der Distinctionen Lib. III cap. 18 dist. II scheinbar eine Entscheidung der vorliegenden Controverse und zwar so, wie das Holsteinische Obergericht entschieden hat,

cf. Seuffert, Archiv, Bd. 14 Nr. 173.

Nur in einem sehr kleinen Rechtsgebiet, nämlich in Bremen, hat die neuere Gesetzgebung (im Jahre 1820) unsere Controverse dahin entschieden:

> Der, welcher klagend ein Recht aus Verträgen ableitet, hat das Nichtdasein vom Beklagten behaupteter Beschränkungen, Bedinge oder Modificationen zu erweisen.

Ein Gesetzentwurf für das Königreich Würtemberg vom Jahre 1844 enthielt eine gleiche Entscheidung der Controverse. Andere Gesetzgebungen haben sich wohl nicht mit derselben befaßt. Bestimmungen über die Untheilbarkeit der Geständnisse (wie z. B. im Französischen Recht) geben keinen festen Anhaltspunkt für die Entscheidung. Von großer Bedeutung für unsere Controverse scheint uns aber die Bestimmung des Allgemeinen Deutschen Handelsgesetzbuches Art. 322: „Eine Annahme unter Bedingungen oder Einschränkungen gilt als Ablehnung des Antrags, verbunden mit einem neuen Antrage." Diese sehr rationelle Bestimmung sieht also in dem bedingten Geschäft eine Negation des einfachen Geschäftes.

§ 2.

Die Praxis hat in früherer Zeit, wie es scheint, die vorliegende Controverse ziemlich allgemein dahin entschieden, daß in dem Vorschützen einer Suspensivbedingung eine Negation des Klaggrundes zu sehen sei; indeß früh mögen abweichende Ansichten sich geltend gemacht haben, da z. B. Just Henning Böhmer schon darauf hindeutet. Heutigen Tages kann von einer constanten Praxis weder im ganzen Umkreis des gemeinen Rechts, noch im Umkreis unseres partikularen Rechts für unsere Controverse die Rede sein. Es scheint zwar, als wenn die meisten höchsten Gerichtshöfe Deutschlands sich der Auffassung, in dem Vorschützen einer Suspensivbedingung liege eine Negation des Klaggrundes, zuneigen, indeß aus Seuffert's Archiv ersieht man doch, daß nicht wenige höchste Gerichtshöfe die abweichende Ansicht geltend machen.

cf. besonders Seuffert's Archiv, B. 14 Nr. 173.

In Holstein vertritt das Oberappellationsgericht die Ansicht, daß in dem Vorschützen einer Suspensivbedingung eine Negation des Klaggrundes liege, welche den Kläger nöthige, „die Unbedingtheit"*) seines Anspruches zu beweisen; das Obergericht faßt dagegen das Vorschützen einer Suspensivbedingung als eine exceptivische Behauptung auf, welche den Beklagten zum Beweis der vorgeschützten Bedingung verpflichte.

Holst. Anz., 1857, l. l.

Holst. Anz., 1859, Stück 1.

Unsere Untergerichte schließen sich bald dieser, bald jener Ansicht an; ja, es ist vorgekommen, daß dasselbe Untergericht heute diese, morgen jene Ansicht in seinen Erkenntnissen befolgte, wovon der Grund in einem Mangel an Einsicht und Ernsthaftigkeit des Gerichtes, bisweilen auch zugleich in einer Ungeschicklichkeit des Anwaltes lag. Das genaue Verhältniß der Untergerichte zu der Controverse möchte nicht leicht zu ermitteln sein, da die meisten Processe schon in der Unterinstanz beendigt oder abgebrochen werden.

§ 3.

Sehr lebhaft hat sich die juristische Literatur, besonders der Neuzeit, mit unserer Controverse beschäftigt. Die älteste specielle Entscheidung derselben findet sich bereits in der Glosse ad L. 9 C. de exceptionibus (8, 36), welche, Wenigen zugänglich, ihrem Wortlaut nach hier folgen mag: „Quodsi lite contestata ponat actor in caussa, quod reus ei promisit X. Reus respondet, se promisisse, sed sub conditione, adiiciens, non alio modo, vel non adiiciens. Quaeritur, an reus videatur confessus pure, nisi probet conditionem, an econtra videatur negasse,

*) Anm. d. Red. Das Oberappellationsgericht hat es neuerdings anerkannt, daß der Kläger jedenfalls zu dem Verlangen berechtigt ist, daß ihm nicht die Unbedingtheit, sondern nur die Abwesenheit der vom Beklagten speciell angeführten Bedingung zum Beweise verstellt werde. cf. Holst. Anz., Jahrg. 1859, S. 4.

nisi actor probet puritatem, vel conditionem extitisse. Et videtur, quod reus sit confessus, nisi probet conditionem. Nam duo videtur dixisse, scilicet se promisisse, et sub conditione promisisse. Unum ergo de istis est contra se et ei habetur fides, aliud pro se reo scilicet conditio et illi non habetur fides. Secundo quia sic diximus in exceptione pacti et similibus, quod siquis confiteatur, se debere, sed dicit factum pactum de non petendo, quod nisi probet pactum, condemnatur, nisi praemittat negationem, ut: nego me debere; sed si apparuit, dico pactum factum. Tertio, quia si actor ponat de Sticho sibi debito et reus fateatur, sed dicat de alio Sticho se sensisse, stamus dicto actoris. — Sed econtra videtur negasse puritatem, nisi actor probet puritatem, vel conditionem extitisse. Sicut enim actor non videtur in iudicium deduxisse, quod non sentit, sic nec reus videtur confiteri, quod non sentit. — Quarto, qui conditionem apponit in ipsa actionis nativitate, apponit quasi, nec sit nata actio et sic aliud est, quam si exceptione pacti vel simili, quae nascitur post nativitatem primae actionis. Cum ergo dicit, conditionaliter promisi vel sub conditione, tale est ac si diceret non confiteor actionem natam."

Die Glosse hat hier in einem zwar ziemlich schlechten lateinischen Styl recht scharf den Kern der Frage distinguirt und diejenige Meinung als die richtige anerkannt, welche in dem Vorschützen einer Bedingung eine Negation des Klaggrundes sieht, daher der Kläger zu beweisen habe die puritas negotii oder den Eintritt der Bedingung. Da die Glosse unzweifelhaft ein Hauptmotiv für die älteren Praktiker war, dergleichen Meinungen zu huldigen — denn früher stand das Ansehen der Glosse als Auctorität in Rechtsfragen höher als heut — so mag es sich der Mühe verlohnen, die Motivirung der darin ausgesprochenen Ansicht näher zu betrachten und zu erläutern, zumal da dies bisher nirgendwo geschehen sein dürfte. Die Glosse sagt: „Man könnte, dem Scheine folgend, so argumentiren wollen: Der Beklagte, welcher sagt, er habe bedingt versprochen, erkläre zweierlei, nämlich 1) er habe versprochen und 2) er habe bedingt versprochen. Das Erste spreche gegen den Beklagten und man glaube es, das Andere (nämlich die Bedingung) spreche für ihn, sei an sich unglaubwürdig und bedürfe also des Beweises von seiner Seite. — — — —

Aber nein, fährt die Glosse fort, der Beklagte scheint vielmehr (durch das Vorschützen der Bedingtheit) die Reinheit des Versprechens geleugnet zu haben, es sei denn, daß der Kläger die Reinheit des Versprechens beweist, oder den Eintritt der Bedingung. Denn so wenig der Kläger etwas eingeklagt zu haben scheint, woran er gar nicht dachte, ebensowenig scheint der Beklagte dasjenige eingestanden zu haben, woran er gar nicht dachte." Es heißt weiter: „Zum Vierten: Wer bei der Entstehung selbst einer Klage eine Bedingung einfügt, fügt gewissermaaßen hinzu, daß die Klage nicht entstehen solle, und ist dies anders, als bei einer exceptio pacti oder einer ähnlichen exceptio, welche erst nach der Entstehung der ersten Klage geschaffen wird. Wer also sagt: ich versprach bedingt oder unter einer Bedingung, sagt eigentlich: ich räume nicht ein, daß die Klage vorhanden sei." — Dies Motiv der Glosse würde auch auf eine betagte Forderung passen, wogegen sich Doctrin und Praxis bisher ziemlich übereinstimmend ausgesprochen haben. Diese Frage und dies vierte Motiv lassen wir hier jedoch zunächst unberücksichtigt.

Bei der ersten verkehrten Ansicht, sagt die Glosse, geht man von einem scheinbaren Dualismus des bedingten Versprechens aus und gelangt dann sehr natürlich zu einem gleichen Dualismus in der Aeußerung des Beklagten über das bedingte Geschäft. Einen solchen Dualismus darf man aber nimmermehr annehmen, derselbe widerspricht dem Gedanken des Beklagten und auf diesen kommt es bei seinen Aeußerungen eben so gut an, als bei den Aeußerungen des Klägers, dessen wesentliche Gedanken (Meinung) in Betracht kommen.*)

Die Glosse verwirft gewiß mit Recht die dualistische Auffassung der bedingten Geschäfte, welche heutigen Tags noch die Anhänger sowohl der von der Glosse

*) Fast wörtlich stimmt mit der Motivirung der Glosse die Motivirung des Oberappellationsgerichtes im dritten Erwägungsgrund überein, Holst. Anz. 1859, pag. 3.

verworfenen als der von ihr gebilligten Ansicht (darunter besonders übertrieben Götting) unter dem verschiedensten Gewande vortragen, leider nicht ohne einen Rückhalt zu finden in den oft zweideutigen und mangelhaften Definitionen selbst der angesehensten Juristen (z. B. v. Keller, Savigny) über den Begriff der Bedingung und des bedingten Geschäftes. Wenn Savigny den Begriff einer Bedingung so giebt: „Bedingung heißt der Zusatz*) (v. Keller sagt „Beisatz") einer Willenserklärung, welcher das Dasein eines Rechtsverhältnisses von einem künftigen ungewissen Ereigniß auf willkürliche Weise abhängig macht" — so ist eine solche Beschreibung einer Bedingung ganz geeignet, von vornherein die grundverkehrte Vorstellung hervorzurufen, daß die Bedingung in einem von dem übrigen Inhalt des Geschäftes getrennten Verhältniß stehe (1. promisi, 2. promisi sub conditione) oder gar ein selbstständiges Geschäft (Vertrag) neben dem übrigen Inhalt des Geschäftes (Vertrages) bilde (bedingender Vertrag und bedingter Vertrag — wie Götting und nach ihm Andere lehren). Zwar remonstriren einige Romanisten (z. B. v. Keller, Pandecten-Vorlesungen, § 50, NB. 5, Puchta, Pandecten, § 58, NB. a) entschieden gegen solche dualistische Auffassung, aber sie verfallen selbst durch ihre fehlerhaften Begriffsbestimmungen in jenen Irrthum und verleiten dadurch unzählige Schüler und Verehrer.

Wer darüber zweifelt, daß eine conditio die wesentliche Voraussetzung in einem Rechtsgeschäft ist, von deren Eintritt die Wirkung desselben abhängig gemacht ist, der kann zu einem richtigen Resultat über die Beweisfrage schwerlich gelangen; wer in der conditio einen Beisatz, einen Zusatz, eine Nebenbestimmung eines Rechtsgeschäftes siehet, mit dem können wir schwerlich zu einem Ziel über die Beweislast der Bedingung gelangen, weil wir mit einer conditio ganz wesentlich verschiedene Begriffe verbinden.

Die Glosse entscheidet mit Recht ebenso; ihre Schlußfolgerung, welche zwar nicht ganz entwickelt ist, geht dahin: „Ein Vertrag erhält seine Bedeutung durch den wesentlichen Sinn, welchen die Parteien demselben beilegen; verspreche ich also nur unter einer conditio, so verspreche ich nicht unter **jeder** conditio oder **ohne** conditio; wähnte mein Mitcontrahent, daß ich unter jeder oder ohne conditio versprochen hätte, wenn ich unter einer conditio versprach, so war er in einem wesentlichen Irrthum befangen, da ich vielmehr gar nicht versprochen hatte, außer in einem problematischen Fall. Gesetzt A würde behaupten: B hat mir zwar nur unter einer (noch nicht existenten) Bedingung 100 ₰ versprochen, ich habe das Versprechen aber als ein auf alle Fälle gegebenes angenommen, **also** schuldet er die 100 ₰ und muß zahlen! Welcher Jurist würde hier der Logik des A beipflichten und nicht vielmehr erklären, da B nach der eignen Erklärung des A nur unter einer nicht existenten Bedingung schuldig sein wollte, so schulde er überall nicht; würde A unter solchen Anführungen klagen, wo fände sich der Richter, welcher nicht sofort erkennen würde, A habe eine völlig unschlüssige Klage vorgetragen, gegen welche es gar keiner Vertheidigung bedürfe? Steht die Sache nun anders, wenn A klagt: B hat mir 100 ₰ versprochen, also verurtheile ihn; B erwidert: ich versprach nur unter einer nicht existenten Voraussetzung (conditio), also sonst versprach ich gar nicht? Von den Vorgängen **vor** der Klage hat der Richter keine Kunde; er hat die Vorträge beider Parteien also ebenso zu behandeln, als ob beide Parteien vor ihm das streitige Rechtsgeschäft durch Klage, Einlassung und Confession wie durch einen Vertrag erst construiren wollten. B bietet dem A an: ich will Dir unter einer nicht existenten Bedingung 100 ₰ versprochen haben? Wird A jetzt erwidern können: gut, Richter, ich acceptire das Versprechen; condemnire den B also auf 100 ₰! ich acceptire diese Aeußerung wie eine Zusage auf alle Fälle (sine conditione). Die Aeußerungen des Beklagten in seiner Einlassung oder auf richterliche Fragen, wo solche noch

*) Duaren (opera ed. 1592 pag. 411) findet den Ausdruck „aditio" bei der Untersuchung über den Begriff der Bedingung (quid sit conditio) so bedenklich, daß er den Ausdruck als doch für seinen augenblicklichen Zweck genügend mit Berufung auf L. 6 § 1 D. 28, 1 entschuldigt. Sintenis, Wangerow, Arndts, Wächter sehen in der conditio ebenfalls irrthümlich eine „Nebenbestimmung".

heute vorkommen, könnten von unsern Juristen nicht anders aufgefaßt werden, als wie die Römer sie bei der confessio in jure und interrogatio in jure auffaßten, nämlich als Auslassungen, welche nach den Regeln des Vertrages als contractsähnlich zu erklären und zu beurtheilen sind.

cf. Keller, Pandecten-Vorlesungen, § 99 und 100.

Das will die Glosse auch ausdrücken mit den Worten:

„sic nec reus videtur confiteri, quod non sentit"

(woran er gar nicht dachte).

Sowenig ein Jurist einen Vertrag als geschlossen ansehen kann in dem Fall, wenn A 100 ℛ︁ geschenkt erbittet von B, dieser aber nur unter einer Bedingung schenken will, A dagegen die Schenkung in dem Sinne einer unbedingten Schenkung (einer Schenkung auf alle Fälle) annehmen wollte (woran B gar nicht dachte) — ebensowenig kann der Richter eine Klage und Einlassung als durch Geständniß harmonirend ansehen, wenn A gegen B auf 100 ℛ︁ aus einem Versprechen (auf alle Fälle) klagt; B dagegen erwidert, er wolle ihm nur in einem Falle (unter einer nicht existenten Bedingung) 100 ℛ︁ versprochen haben, sonst nicht; A hierauf erwidert: nicht auf einen Fall (unter einer nicht existenten Bedingung), sondern auf alle Fälle will ich von Dir 100 ℛ︁ als versprochen annehmen. Hier disharmoniren der Sinn des Klägers und Beklagten ebenso wesentlich, wie dort der Sinn der beiden Contrahenten, und da der Richter das contractähnliche Verhältniß unter den Parteien hier nach denselben Grundsätzen zu beurtheilen hat, wie dort das Contractsverhältniß unter den Contrahenten, so muß er zu dem Schluß gelangen, dort wie hier: dissentiunt partes (nec reus videtur confiteri, quod non sentit), also ist aus den Verhandlungen hier wie dort ein Schluß auf rechtliche Verbindlichkeit (hier des Verurtheilens, es sei denn, daß Beklagter nachwiese, es sei anders, nur auf einen nicht eingetretenen Fall, contrahirt — dort der Anerkennung des Vertrages) nicht möglich. Freilich, der Jurist, welcher annehmen sollte, es sei contrahirt, wenn A ein Versprechen von 100 ℛ︁ auf alle Fälle (sine conditione) acceptiren will, B nur ein Versprechen auf einen einzigen Fall geben will, sonst überall nicht, — wäre auch entschuldigt, wenn er in der entsprechenden Klage und Einlassung des A und B eine Uebereinstimmung der Parteien dahin gehend sähe, daß B dem A 100 ℛ︁ auf alle Fälle versprochen haben wolle, wenn B auch ausdrücklich sagte, er habe die 100 ℛ︁ nur auf einen einzigen Fall — sonst gar nicht — versprechen wollen.

Sollte es aber einen Juristen geben, der wirklich ein negotium conditionale mit einem negotium purum wesentlich gleichartig hielte, so müßten wir einen solchen Gegner allerdings für unangreifbar ansehen, weil der Punkt des Zusammentreffens — eine nothwendige Voraussetzung für jeden Streit — nicht zu finden wäre.

Die unentwickelte Ansicht der Glosse, in welcher die richtigen Gedanken aber erkennbar angedeutet sind, sollte im Obigen deutlicher und in möglichst schlüssiger Form auseinandergelegt werden, damit man die Principien klar erkenne, aus welchen die Glosse die Entscheidung der Controverse richtig herleitet. Die Principien sind also: der Begriff des bedingten Geschäftes (conditionale negotium) und der contractartige Begriff, welcher in dem processualischen Geständniß und in der Einlassung zu sehen ist.

Möge es gelungen sein, die Deduction in der Kürze so stringent und überzeugend zu liefern, daß sie die Anhänger der Ansicht nicht ganz unbefriedigt läßt, den einen oder andern bisherigen Gegner aufklärt und vielleicht bekehrt. Eine weitere adminiculirende Motivirung der hier deducirten Entscheidung über die vorliegende Controverse soll im Verfolg dieser Arbeit Platz finden, zugleich auch die Besprechung anderer Ansichten; hier genügte es, die beiden Hauptseiten der Controverse schärfer, als bisher geschehen sein möchte, auseinander zu setzen und auf diejenige Autorität zurückzuführen, deren Bedeutung wir so gerne da anerkennen, wo unsere Ueberzeugung es zuläßt.

(Die Fortsetzung folgt.)

Criminalfälle.

Sachbeschädigung.

Von dem Steinburger Amtsgericht ist in einer wegen doloser Beschädigung fremden Eigenthums von demselben geführten Untersuchung das nachstehende Erkenntniß abgegeben worden.

In Untersuchungssachen wider den Höker Jacob Lau in Brockdorf wegen doloser Beschädigung fremden Eigenthums wird nach geführter Untersuchung,

in Erwägung, daß es als zur Genüge constatirt vorliegt, daß von 17 Stangen Butter, welche der Höker Johann Janß in Brockdorf am 18. Juni 1857 mit dem Schiffer Früchtenicht an den Kaufmann Grün in Altona abgesandt, 8 Stangen in so verdorbenem Zustande in Altona angekommen sind, daß selbige als Schmiere hat verkauft werden müssen, und dadurch dem Absender ein Schaden von 69 ℳ 47 β veranlaßt ist;

in Erwägung, daß Inculpat, welcher nebst dem Käthner Vollmert aus Brockdorf mit dem Schiffer Früchtenicht die Reise nach Hamburg gemacht hat, auf welcher Janß' Butter verdorben worden, geständig und überführt ist, unterwegs mit Vollmert sich in den Schiffsraum begeben, dort etwa acht von Janß' Tonnen geöffnet, mit einem Drath Löcher in die Butter gestochen und in diese Löcher aus einem zu diesem Behuf von ihm mitgebrachten Glase eine Flüssigkeit hineingegossen zu haben, welche, nach Aussage zweier Zeugen, ein bräunliches oder gelbliches Ansehen gehabt hat;

in Erwägung, daß es bewandten Umständen nach als unzweifelhaft zu betrachten, daß durch dieses Verfahren die Verschlechterung der Butter und der den Höker Janß betroffene erhebliche Schaden veranlaßt worden;

in Erwägung, daß die Behauptung des Inculpaten, daß er in Gemeinschaft mit Vollmert sich dieses Verfahrens schuldig gemacht, von Letzterem in Abrede gestellt wird, solche Behauptung, wenn selbige in der Wahrheit begründet sein sollte, zudem auch nicht geeignet sein würde, den Inculpaten zu exculpiren oder minder straffällig erscheinen zu lassen, vielmehr dadurch mit Rücksicht auf das diesem gemeinschaftlichen Verfahren zu Grunde liegende Complott eher noch die Strafbarkeit erhöht werden würde;

in Erwägung, daß das Vorgeben des Inculpaten, daß Vollmert zuerst geäußert, sie wollten Janß' Butter mit Ochsengalle bitter machen, und daß er lediglich, um solches zu verhindern, Theewasser mitgenommen und solches in Gemeinschaft mit Vollmert in die Butter gegossen habe, durch nichts erwiesen und mit Beziehung auf das angegebene Motiv jedenfalls durchaus unglaubwürdig erscheint;

in Erwägung, daß nach dem Ergebniß der Untersuchung es vielmehr keinem Zweifel unterliegt, daß es eben vom Inculpaten beabsichtigt werden, Janß' Butter schlecht zu machen und diesem in solcher Weise die Concurrenz mit ihm im Auf- und Verkauf der Butter zu erschweren;

in Erwägung, daß, wenn gleich dringender Verdacht vorliegt, daß die vom Inculpaten in die Butter gegossene Flüssigkeit in einer bittern Substanz und nicht in Theewasser bestanden habe, so doch solches füglich auf sich beruhen kann, da es zur Erreichung des Zwecks vollkommen ausreichte, das Aussehen der Butter in solcher Weise zu verschlechtern, daß dadurch deren Verwerthung als Eßbutter erschwert ward;

in Erwägung, daß hier alle diejenigen Voraussetzungen vorliegen, unter denen sowohl nach den Bestimmungen des gemeinen Rechts als auch der neuern Strafgesetzgebungen und nicht minder nach der Doctrin dolose Beschädigungen fremden Eigenthums, zumal, wenn, wie solches in concreto der Fall ist, die Untersuchung im Einverständniß mit dem Damnificaten veranlaßt worden, criminell zu ahnden sind, als insonderheit eine ganz offenbare eclatante Hinterlist und ein nicht nur beabsichtigter, sondern auch wirklich zugefügter, keineswegs unerheblicher Vermögensschaden;

in Erwägung, daß die Strafe dieses Vergehens eine arbitraire ist und entweder in einer temporairen Freiheitsentziehung oder auch einer angemessenen Geldstrafe zu bestehen pflegt;

in Erwägung, daß bei der Wahl zwischen diesen beiden Strafarten der Umstand, daß Inculpat bisher unbescholtenen Rufes gewesen, geeignet ist, von Erkennung einer Gefängnißstrafe abzusehen;

in Erwägung, daß dahingegen mit Rücksicht auf die persönlichen Verhältnisse des Inculpaten, die Art und Weise der Begehung des vorliegenden Vergehens und die Größe des zugefügten Schadens, unerachtet der demnächst stattgehabten Entschädigung des Damnificaten, nur die Erkennung einer größeren Geldstrafe als dem zur Bestrafung vorliegenden Vergehen entsprechend erscheint,

dahin für Recht erkannt:

daß der Inculpat Jacob Lau wegen doloser Beschädigung fremden Eigenthums in eine innerhalb 4 Wochen an die Königl. Amtstube einzuzahlende event. mit 23tägigem Gefängniß bei Wasser und Brod abzubüßende Brüche von 160 ℳ zu verurtheilen und zur Erstattung der Untersuchungskosten, so weit er des Vermögens, schuldig sei.

Der verurtheilte Inculpat supplicirte gegen dies Erkenntniß an das Holsteinische Obercriminalgericht, erhielt aber hier den nachstehenden Bescheid.

Auf die mittelst Berichts des Steinburger Amtsgerichts vom 10. Mai d. J. hieselbst eingegangene Supplicationsschrift des Obergerichtsadvocaten Kracht, als Defensors des Hökers Jacob Lau in Brockdorf,

betreffend Aufhebung des vom Amtsgericht am 27. März d. J. wider den Supplicanten wegen doloser Beschädigung fremden Eigenthums abgegebenen Straferkenntnisses s. w. d. a.,

wird dem Supplicanten,

in Erwägung, daß derselbe, wie in den Entscheidungsgründen des angefochtenen Erkenntnisses zur Genüge nachgewiesen und von dem Defensor auch nicht weiter bestritten worden, für überführt zu erachten ist, im Sommer 1857 heimlicher Weise verschiedene dem Höker Janß in Brockdorf gehörige Stangen Butter bei der Verschiffung nach Altona mit einer Flüssigkeit versetzt zu haben, wodurch die Butter in dem Grade verdorben ist, daß sie als Schmiere hat verkauft werden müssen, und daß nach den Ergebnissen der Untersuchung eben so unzweifelhaft das Motiv dieser Handlung in dem Wunsche zu suchen ist, die Concurrenz des Janß beim Aufkauf der Butter los zu werden;

in Erwägung, daß der Defensor dagegen hervorgehoben hat, daß eine solche Handlungsweise durch kein allgemeines oder specielles Gesetz mit öffentlicher Strafe bedroht sei und daher nach dem Grundsatz nulla pœna sine lege überall keine Veranlassung zur Einleitung eines Criminalverfahrens vorgelegen habe;

in Erwägung, daß allerdings in der Doctrin Zweifel darüber obwalten, ob und wie weit die gesetzlichen Bestimmungen hinsichtlich der Bestrafung der Beschädigung einzelner Sachen auszudehnen seien, daß aber der Ansicht derjenigen Rechtslehrer der Vorzug zu geben ist, die sich dafür aussprechen, daß dolose Beschädigungen fremder Sachen, wenn sie von einiger Bedeutung sind und unter erschwerenden Umständen begangen werden, criminell zu bestrafen sind;

in Erwägung, daß nun einerseits, abgesehen von dem mittelbaren Schaden, welchen der Höker Janß erlitten haben mag, dessen Verlust an dem Preise der versandten Butter circa 70 ℳ R.-M. beträgt, und daß andererseits die Verwerflichkeit des Motivs, so wie die große Gefährlichkeit der Handlungsweise des Supplicanten klar vorliegt, so daß die Erkennung einer criminellen Strafe wider ihn in jeder Hinsicht gerechtfertigt erscheint;

hiedurch von Obercriminalgerichtswegen

ein abschlägiger Bescheid

ertheilt.

Urkundlich rc. Gegeben im Königl. Holsteinischen Obercriminalgerichte zu Glückstadt, den 20. Juni 1861.

Als der Supplicant sich nun noch weiter an das Königliche Oberappellationsgericht wandte, ward ihm auch von diesem unterm 7. December v. J. mit Beziehung auf die dem Bescheide des Obercriminalgerichts vorangestellten Entscheidungsgründe und in Erwägung, daß das erkannte Strafmaaß seinem Verschulden entspreche, ein abschlägiger Bescheid zu Theil.

Allerhöchst privilegirte

Holsteinische Anzeigen.

Redigirt von den Obergerichtsräthen Etatsrath Henrici und Lucht.

Gedruckt bei Augustin in Glückstadt.

25. Stück. — Den 23. Juni 1862.

Entscheidungen.

Fiscalische Anklage wegen Hochverraths und Eidesbruchs. — Competenz der Gerichte zur Aufhebung der verfügten Suspension des Angeklagten.

In Sachen des Obersachwalters Justizrath Forchhammer im Auftrage des Königl. Ministeriums für die Herzogthümer Holstein und Lauenburg, ex officio Anklägers,

gegen

den Advocaten Theodor Heinrich Wilhelm Lehmann in Kiel, fiscalisch Angeklagten,

wegen Versuchs zum Hochverrath und Eidesbruchs,

ergeben die Acten:

Der Angeklagte hat als Ausschußmitglied des Deutschen Nationalvereins die Holsteinischen Mitglieder dieses Vereins zu einer Versammlung in der Kieler Harmonie auf den 13. Januar v. J. eingeladen. In dieser Versammlung, in welcher etwa 120 Personen erschienen sind, hat er eine von ihm selbst verfaßte Resolution vorgelegt und zum Beitritt aufgefordert, worauf diese Resolution nach einiger Discussion von den sämmtlichen Anwesenden einstimmig beschlossen worden ist. Nach diesem Beschlusse erkennen die Mitglieder des Deutschen Nationalvereins im Herzogthum Holstein, indem sie dem von der Generalversammlung des Vereins am 4. September 1860 aufgestellten Programm der staatlichen Einigung Deutschlands unter Preußens Führung rückhaltlos beitreten, es in Ausführung dieses Beschlusses für ihre besondere Aufgabe, auf die Wiederherstellung und weitere Ausbildung der alten Verbindung Schleswigs mit Holstein und auf den engsten Anschluß an das centralisirte Deutschland mit allen gesetzlichen Mitteln hinzuwirken.

Das Königl. Ministerium für die Herzogthümer Holstein und Lauenburg hat in Veranlassung dieser Vorgänge den Advocaten Lehmann zunächst am 17. Januar v. J. von der Praxis suspendirt und sodann, nachdem derselbe in einer vor dem Kieler Magistrat am 7. Juni v. J. stattgehabten Vernehmung seine vorerwähnte Betheiligung an dem gefaßten Beschlusse nicht in Abrede gestellt hatte, das Königl. Holsteinische Obersachwalteramt mit der Erhebung einer fiscalischen Anklage wider ihn beauftragt.

In der in Folge dessen von dem Obersachwalteramt eingereichten Klage ist bemerkt: der Beschluß der Holsteinischen Mitglieder des Deutschen Nationalvereins vom 13. Januar v. J. widerstreite geradezu der Allerhöchsten Bekanntmachung vom 28. Januar 1852, insofern nur die dort genannten nicht politischen Einrichtungen und Anstalten den beiden Herzogthümern gemeinschaftlich verbleiben sollten, und könne seinem natürlichen Zusammenhange nach nur dahin aufgefaßt werden, daß die Holsteinischen Mitglieder des Nationalvereins es gleichfalls als ihre Aufgabe betrachteten, für das Herzogthum Schleswig einen Anschluß an das unter Preußens Führung centralisirte Deutschland herbeizuführen, mithin eine die souverainen Rechte des Königs beschränkende Veränderung der staatsrechtlichen Stellung des Herzogthums Schleswig zu bewirken. Da nun die Rechtswidrigkeit des nach jenem Beschluß zu erstrebenden Zieles jede rechtliche Bedeutung des Reservates, daß dasselbe nur mit gesetzlichen Mitteln erstrebt werden solle, vernichte, so habe der Beklagte, welcher den Vorsitz in der gedachten Versammlung geführt und die Resolution entworfen habe, sich des Versuchs des Hochverraths schuldig gemacht.

Der Angeklagte sei mit einer Bestallung als Advocat für das Herzogthum Holstein, so wie mit einer Concession zur Treibung der Notariatsgeschäfte in den Herzogthümern Holstein und Lauenburg begnadigt, außerdem sei ihm durch Allerhöchste Resolution vom 13. August 1857 die Erlaubniß zur Advocatur in dem Herzogthum Lauenburg ertheilt worden. Vor Aushändigung der Advocatenbestallung sei von ihm unterm 20. Juni 1853 der der Klage im Original angelegte Homagialeid abgeleistet, in welchem von ihm gelobt worden:

> „nach allen Kräften und Vermögen darüber zu sein, damit Ihro Königlichen Majestät Souverainität und Erbgerechtigkeit über Ihro Königlichen Majestät Lande und Reiche unveränderlich erhalten und auf Ihro Königlichen Majestät rechtmäßige Erbsuccessores fortgepflanzt werde",

und ferner:

> „Ich will nicht gestatten oder zulassen, daß Jemand, wer es auch sein möge, dawider einigermaaßen heimlich oder öffentlich etwas Gefährliches vornehme, rede oder handele."

Durch sein Verhalten in der am 13. Januar v. J. in Kiel abgehaltenen Versammlung, welches eben auf eine Beschränkung der dem Könige zustehenden Souverainitätsrechte in einem Theile seines Landes abziele, habe der Angeklagte dem Inhalte dieses Eides zuwider gehandelt. Mit dem Versuch des Hochverraths concurrire also das Verbrechen des Eidesbruchs.

Die Strafe sei für diese beiden Verbrechen nach der Praxis eine arbitraire. Da die Versuchshandlungen des Angeklagten entferntere seien, werde für den Versuch des Hochverraths eine Festungsstrafe von halbjähriger Dauer als angemessen erscheinen, während der Eidesbruch im vorliegenden Fall mit dem Verlust der dem Angeklagten verliehenen Advocatenbestallung zu ahnden sein dürfe.

Der Antrag der Klage ist auf ein Erkenntniß des Inhalts gerichtet:

> daß der Angeklagte wegen Versuchs des Hochverraths und Eidesbruchs zu einer halbjährigen Festungsstrafe zweiten Grades zu verurtheilen und der ihm ertheilten Advocatenbestallung, so wie der ihm verliehenen Notariatsconcession für verlustig zu erklären, auch schuldig sei, die Kosten des Processes zu erstatten.

Der fiscalisch Angeklagte hat hiegegen in seiner Vernehmlassung im Wesentlichen Folgendes vorgebracht:

Unter den Begriff des Hochverraths fielen nicht alle und jede Handlungen, welche darauf abzielten, die Verfassung des Staats zu verändern, sondern es gehöre nothwendig dazu, daß die Erreichung dieses Zweckes auf rechtswidrige Weise erstrebt, daß andere als die gesetzlichen Mittel dazu angewandt würden; hierüber sei unter den Rechtslehrern keine Meinungsverschiedenheit. Nun sei es in der Resolution ausdrücklich hervorgehoben, daß nur gesetzliche Mittel angewandt werden sollten, um das Ziel zu erreichen, welches sie hinstelle. Die Abfassung der Resolution, ihre Verlesung in der Versammlung der Vereinsmitglieder, ihre Begründung in der Discussion und die Aufforderung zum Beitritt, also diejenigen Mittel, welche der Beklagte zunächst praktisch angewandt habe, um im Sinn der Resolution zu wirken, gingen nicht über das Maaß einer gesetzlichen Agitation durch Einwirkung auf die öffentliche Meinung und Verbreitung politischer Ueberzeugung hinaus. Es fehle also hier für die Anwendung des Hochverrathsbegriffs an einem wesentlichen Theile des Thatbestandes und die Anklage erweise sich dadurch schon im Allgemeinen als unhaltbar.

Näher sei dieselbe dadurch motivirt, daß die Resolution vom 13. Januar v. J. der Allerhöchsten Bekanntmachung vom 28. Januar 1852 widerspreche und eine die souverainen Rechte des Königs beschränkende Veränderung der staatsrechtlichen Stellung des Herzogthums Schleswig anstrebe.

Daß die Resolution mit der Allerhöchsten Bekanntmachung in Widerspruch stehe, sei unbestreitbar, aber auch unersichtlich, wie dieser Widerspruch hinreichen solle, sie als strafbar erscheinen zu lassen.

Die Anklage scheine anzunehmen, daß die Allerhöchste Bekanntmachung vom 28. Januar 1852 ein definitives Verfassungsgesetz sei. Selbst wenn dies der Fall wäre, würde doch eine auf ihre Aufhebung oder Abänderung gerichtete Thätigkeit nur unter der Voraussetzung verbrecherisch sein, daß dieses Ziel auf rechtswidrigem Wege, durch unerlaubte Mittel, erreicht werden solle. Die Bekanntmachung sei aber auch überall nicht ein definitives Verfassungsgesetz. Vielmehr bestehe die staatliche Selbstständigkeit der Herzogthümer und ihr Recht auf untrennbare Verbindung, wenn nicht in factischer Wirksamkeit, doch rechtlich unangetastet fort. Die Regierung habe durch die Allerhöchste Bekanntmachung, welche nur das Programm einer Umgestaltung der staatlichen Organisation aufstelle und daneben einen provisorischen Uebergangszustand schaffe, ebensowenig das Verfassungsrecht der Herzogthümer ändern wollen, wie sie durch dieselbe die angestrebten Veränderungen in rechtsgültiger Weise habe herstellen können. Sofern also die Resolution der Bekanntmachung widerspreche, liege ihr nur das Bestreben zu Grunde, einen anerkannt und unzweifelhaft provisorischen Zustand durch Wiederherstellung des alten Rechts zu ersetzen, welches Niemand als verbrecherisch werde bezeichnen wollen.

Was die zufolge der Resolution zu erstrebende Veränderung der staatsrechtlichen Stellung des Herzogthums Schleswig betreffe, so begegne die Anklage dem Einwurf, daß der Hochverrathsbegriff auf eine gesetzliche Agitation für diesen Zweck keine Anwendung finden könne, mit der Bemerkung, daß die beabsichtigte Verfassungsveränderung eine Beschränkung der Souverainität Sr. Majestät des Königs involvire und daß die Rechtswidrigkeit des Ziels jede rechtliche Bedeutung des Reservats, daß dasselbe nur mit den gesetzlichen Mitteln erstrebt werden solle, vernichte. Hier könne nur der Gedanke zu Grunde liegen, daß die ausgesprochene Absicht überall auf recht- und verfassungsmäßigem Wege nicht erreichbar sei. Wäre wirklich eine Beschränkung der souverainen Stellung des Herzogthums Schleswig rechtlich unmöglich und der Angeklagte wollte dies Ziel mit den gesetzlichen Mitteln, welche ihm zur Anbahnung von Verfassungsänderungen zu Gebote ständen, zu erreichen suchen, so würde daraus einfach nur folgen, daß er seine Kräfte an eine unmögliche Aufgabe verschwendete, keineswegs aber, daß er beabsichtige, zu andern rechtswidrigen Mitteln zu greifen. Aber auch der dieser verfehlten Schlußfolgerung der Anklage zu Grunde liegende Gedanke sei ein irriger. Warum die erstrebte Uebertragung von Hoheitsrechten auf die Krone Preußen nicht auf verfassungsmäßigem Wege, durch einen Verzicht des Landesherrn und die Zustimmung der Landesvertretung sollte geschehen können, dafür fehle es in der Klage an jeder Begründung. Die Natur der Dinge, so wie Theorie und Praxis des heutigen Staatsrechts, widerstritten auch ganz entschieden der von dem Königlichen Obersachwalteramt aufgestellten Doctrin.

Zur Zurückweisung der Anklage wegen des Eidesbruchs genüge der Hinweis darauf, daß nach der bisherigen Ausführung der Angeklagte sich des Hochverraths nicht schuldig gemacht habe, da eine Bestrafung wegen Bruchs des Homagialeides für sich, ohne die Concurrenz eines andern strafbaren Vergehens, nicht vorkommen könne. Der promissorische Eid bestärke überhaupt nur an sich schon rechtlich begründete Verpflichtungen, namentlich sei es anerkannt, daß durch die Leistung des Huldigungseides kein neues Rechtsverhältniß erzeugt und keine neue Verbindlichkeit übernommen, sondern nur das Unterthanenverhältniß in solenner Weise anerkannt und den durch dasselbe ohnehin begründeten Verpflichtungen eine weitere wesentlich moralische Garantie gegeben werde.

Es liege durchaus kein Grund zu der Annahme vor, daß unser Homagialeid ein Mehreres enthalten sollte. Zwar beziehe derselbe in der Fassung, in welcher der Angeklagte ihn abgelegt habe, sich zugleich auf die amtlichen Verpflichtungen und werde in dieser Fassung nur von Beamten, zu denen in diesem Sinne auch die Advocaten gerechnet seien, geleistet. Aber eine besondere Beamtentreue gebe es nicht, indem, abgesehen von den speciell auf die Führung des Amtes sich beziehenden Verbindlichkeiten, der Beamte zu dem Staat in keinem weiter gehenden Verpflichtungsverhältniß, als die übrigen Staatsbürger, stehe. Man dürfe daher nicht auf die in dem Homagialeide enthaltenen Phrasen besonderes Gewicht legen und aus ihnen selbstständige Folgerungen ziehen. Der Ausdruck „Souverainität" sei in demselben ersichtlich, da dieser Eid in dem Herzogthum Holstein über ein halbes Jahrhundert, ehe es durch die Auflösung des Deutschen Reiches souverain geworden, allgemein zur Anwendung gekommen sei, nicht im staatsrechtlich technischen Sinn, sondern ebenso wie das jetzt gestrichene „absolutum dominium" mit der daneben stehenden Erbgerechtigkeit gleichbedeutend gebraucht, um die Staatsgewalt zu bezeichnen, wie die ganze Formel nur eine Umschreibung des Begriffs der Unterthanentreue im Geschmack des siebzehnten Jahrhunderts, aus dem sie stamme, bezwecke.

Der Pflicht des Unterthanen widerstreite es aber keineswegs, mit den Mitteln, welche ihm die Staatsordnung biete, auf Verfassungsänderungen, seien sie auch von noch so tief greifender Art, hinzuwirken, und so wie es dem Landesherrn zustehe, eine Beschränkung seiner Souverainität auf dem verfassungsmäßigen Wege durchzuführen, so sei es auch ein Recht und, bei gewonnener Ueberzeugung von der dringenden Nothwendigkeit einer solchen Veränderung, eine Pflicht des Unterthanen, mit den Mitteln gesetzlicher Agitation dafür zu streben, daß die gleiche Ueberzeugung im Landesherrn und in den übrigen verfassungsmäßigen Organen der Gesetzgebung hervorgerufen und daß so den schweren Uebeln vorgebeugt werde, welche daraus entsprängen, wenn nicht rechtzeitig die bessernde Hand der Reform an das Staatsgebäude gelegt werde. Nur dieser Pflicht sei der Angeklagte nachgekommen, getreu der Zusage, welche er im Homagialeid geleistet, habe er damit nur sich bestrebt: „Ihro Königl. Majestät Nutzen und Bestes zu befördern, Schaden und Nachtheil aber zu hindern und abzuwenden."

Der schließliche Antrag der Vernehmlassung geht dahin: „es möge für Recht erkannt werden:

> daß das Königl. Obersachwalteramt mit der erhobenen Klage abzuweisen und schuldig sei, dem Angeklagten die Kosten dieses Processes, des. et mod. salva, zu erstatten, unter Aufhebung der gegen den Angeklagten verhängten Suspension von der Advocatur.

Nachdem sodann in dem dazu anberaumten Termin bis zur Duplik mündlich verhandelt worden ist, steht zur Frage: ob die erhobene Anklage für begründet zu erachten ist.

In Erwägung nun, daß, da die Verletzung der Rechtsordnung das wesentlichste Moment des Verbrechensbegriffes ist, ein Hochverrath so wenig wie irgend ein anderes Verbrechen durch Handlungen verübt werden kann, welche innerhalb der Schranken des Gesetzes sich bewegen;

in Erwägung aber, daß die Holsteinischen Mitglieder des Nationalvereins in ihrem am 13. Januar v. J. gefaßten Beschlusse ausdrücklich erklärt haben, auf das von ihnen zu erstrebende Ziel der Wiederherstellung und weitern Ausbildung der alten Verbindung Schleswigs mit Holstein und des engsten Anschlusses an das centralisirte Deutschland mit allen gesetzlichen Mitteln hinwirken zu wollen und daher, da ein diesem Beschlusse entsprechendes also gesetzliches Handeln als ein erlaubtes erscheinen würde, es dem fiscalisch Angeklagten nicht als eine verbrecherische Handlung zur Last gelegt werden kann, daß er die in Rede stehende Resolution verfaßt, sie der von ihm berufenen Versammlung der Vereinsmitglieder vorgelegt und zum Beitritt zu selbiger aufgefordert hat;

in Erwägung, daß die hiegegen vorgebrachte Behauptung der Anklage, daß die Rechtswidrigkeit des nach jenem Beschluß zu erstrebenden Ziels jede rechtliche Bedeutung des Reservates, daß dasselbe nur mit gesetzlichen Mitteln erstrebt werden solle, vernichte, nur dann als begründet erschiene, wenn sich behaupten ließe, daß die als das zu erstrebende Ziel hingestellte Veränderung bestehender Verfassungsverhältnisse, insbesondere die Beschränkung der Souverainität des Regenten, nur mit Verletzung der Rechte des Letztern und nicht auch in recht- und verfassungsmäßiger Weise geschehen könnte;

in Erwägung aber, daß diese Behauptung sowohl anerkannter Theorie wie auch der Praxis des Staatsrechts widerspricht und es daher nach dem bisher Bemerkten als nicht zweifelhaft erscheint, daß der fiscalisch Angeklagte des Versuchs des Hochverraths nicht für schuldig zu erachten ist;

in Erwägung sodann, daß der Huldigungseid nach anerkanntem staatsrechtlichen Grundsatz nur als eine Bestärkung der dem Unterthanen obliegenden Verpflichtung zum staatsbürgerlichen Gehorsam und zur Unterthanentreue zu betrachten ist und daher keine Verpflichtungen schafft, die nicht schon durch das Unterthanenverhältniß gegeben sind, hierin auch keine Aenderung eintreten kann, wenn mit diesem Eide ein auf die gewissenhafte Beobachtung amtlicher Pflichten sich beziehender Dienstеid in Verbindung gesetzt worden ist, wie denn auch nach dem Ausspruch bewährter Rechtslehrer der Huldigungseid nur gebrochen wird, wenn die Unterthanentreue durch ein bestimmtes anderweitiges Verbrechen verletzt ist;

in Erwägung, daß daher auch in den Bestimmungen des von dem fiscalisch Angeklagten geleisteten Homagialeides, auf welche die Anklage zur Begründung des Vorwurfs des Eidesbruches sich berufen hat, nur eine eidliche Anerkennung und Bestärkung der aus der Unterthanentreue sich ergebenden Verpflichtung des Unterthanen zur Aufrechterhaltung und Beschützung der Souverainität des Regenten gegen jeden rechtswidrigen Angriff auf selbige erblickt, nicht aber durch dieselben zu einem Verbrechen gestempelt werden kann, wenn ein Unterthan mit gesetzlichen Mitteln auf eine Beschränkung der Souverainität seines Landesherrn hinzuwirken versucht, welche Beschränkung, so wie sie einestheils, da ein gesetzliches Handeln vorausgesetzt ist, nur mit der freien Zustimmung des Regenten würde geschehen können, so auch anderntheils unter Umständen möglicher Weise durch das wahre Interesse des Landesherrn nicht weniger als des Landes geboten ist;

in Erwägung, daß demzufolge der Advocat Lehmann auch von der Anklage des Eidesbruchs freizusprechen, daher die ganze wider ihn erhobene Anklage als unbegründet zu verwerfen und in Folge dessen der ex officio Ankläger zur Erstattung der durch das stattgehabte Verfahren angeursachten Kosten zu verurtheilen ist; und

in Erwägung, daß mit der erfolgenden Freisprechung die in Bezug auf die einzuleitende Untersuchung verfügte polizeiliche Maaßregel der Suspension von der Praxis hinwegfallen muß;

wird auf eingelegte Recesse und stattgehabte mündliche Verhandlung hiedurch von Obergerichtswegen, unter Aufhebung der über den fiscalisch Angeklagten verhängten Suspension von der Praxis, für Recht erkannt:

daß der fiscalisch Angeklagte, Advocat Theodor Heinrich Wilhelm Lehmann in Kiel, von der gegen ihn wegen Versuchs des Hochverraths und Eidesbruchs erhobenen Anklage freizusprechen, das Königl. Holsteinische Obersachwalteramt in qual. qua auch schuldig sei, demselben die durch das stattgehabte Verfahren ihm angeursachten Kosten, deren Verzeichnung und Ermäßigung vorbehältlich, binnen Ordnungsfrist zu erstatten.

Wie denn solchergestalt hiedurch erkannt wird

V. R. W.

Urkundlich rc. Publicatum im Königl. Holsteinischen Obergerichte zu Glückstadt, den 20. Februar 1862.

Auf das wider dieses Urtheil vom Obersachwalteramte eingelegte Rechtsmittel der Appellation ist nachstehender Bescheid erfolgt.

Namens Sr. Königl. Majestät.

Auf die am 17. April d. J. hieselbst eingegangene Appellationsschrift in Sachen des Justizraths Obersachwalters Forchhammer in Kiel im Auftrage des Ministeriums für die Herzogthümer Holstein und Lauenburg, Anklägers, jetzt Appellanten,

wider

den Advocaten Theodor Heinrich Wilhelm Lehmann in Kiel, Angeklagten, jetzt Appellaten,

wegen Versuchs des Hochverraths und wegen Eidesbruchs, jetzt Appellation gegen das Erkenntniß des Holsteinischen Obergerichts vom 20. Februar d. J.,

wird,

in Erwägung, daß in der vom Angeklagten verfaßten und der von ihm berufenen Versammlung mit der Aufforderung zum Beitritt vorgelegten, auch von Letzterer einstimmig angenommenen Resolution ausgesprochen ist: „daß die Mitglieder des Deutschen Nationalvereins im Herzogthum Holstein, indem sie dem von der Generalversammlung des Vereins am 4. September 1860 aufgestellten Programm der staatlichen Einigung Deutschlands unter Preußens Führung rückhaltlos beitreten, es in Ausführung dieses Beschlusses für ihre besondere Aufgabe erkennen, auf die Wiederherstellung und weitere Ausbildung der alten Verbindung Schleswigs mit Holstein und auf den engsten Anschluß an das centralisirte Deutschland mit allen gesetzlichen Mitteln hinzuwirken;"

in Erwägung, daß die deshalb dem Angeklagten angeschuldigten Verbrechen des Versuchs des Hochverraths und des Eidesbruchs zu ihrem Thatbestande eine rechtswidrige Absicht erfordern, eine solche aber aus der Resolution an sich mit Nothwendigkeit nicht hervorgeht, indem die Worte derselben der Annahme entgegenstehen, daß für das Hinwirken auf das darin bezeichnete Ziel andere als gesetzliche Mittel von dem Angeklagten in Aussicht genommen sind und die Erreichung des hingestellten Ziels nicht als überhaupt rechtlich unmöglich erscheint, auch sonst keine Thatsachen vorliegen, die mit genügender Bestimmtheit ergäben, daß in Wirklichkeit, ungeachtet der Erklärung, daß die Erreichung des vorgesteckten Ziels nur in gesetzlicher Weise erstrebt werden solle, vom Angeklagten die Betretung gesetzwidriger Wege zu dem genannten Zwecke beabsichtigt worden;

in Erwägung, daß die Suspension des Angeklagten von der Praxis nach dem Inhalt des Ministerialschreibens vom 10. Juli v. J., wodurch das Holsteinische Obersachwalteramt mit der Erhebung der fiscalischen Anklage beauftragt worden, wegen der Handlung erfolgt ist, welche den Gegenstand der Anklage bildet, daher als eine provisorische Maaßregel in Beziehung auf das Anklageverfahren aufgefaßt werden muß und mithin das Gericht, welches darüber zu erkennen hat, ob der Angeklagte sich der ihm angeschuldigten Verbrechen schuldig gemacht habe, auch dazu berufen ist, mit dem freisprechenden Erkenntniß die Suspension aufzuheben; und

in Erwägung, daß es an einem zureichenden Grunde für die beantragte Abänderung des angefochtenen Erkenntnisses in Betreff des Kostenpunktes fehlt;

hiemit

ein abschlägiger Bescheid

ertheilt.

Die Kostenrechnung des Obersachwalters wird auf 27 ℳ 80 ß R.-M. bestimmt.

Urkundlich ꝛc. Gegeben im Königl. Oberappellationsgericht zu Kiel, den 14. Juni 1862.

Das auf einen ungewissen Fall geschlossene Geschäft im Beweiserkenntniß.

Mitgetheilt von dem Herrn Advocaten Rave in Itzehoe.

(Fortsetzung.)

Nur ein Punkt, welchen die Glosse ebenfalls erwähnt, ist hier noch zu erwähnen: Welche processualische Folge entspringt aus der in der Glosse vertretenen Entscheidung der Controverse? Die Antwort ergiebt sich unseres Bedünkens sehr einfach: Der Kläger hat dasjenige zu beweisen, was er zu beweisen haben würde, wenn der Beklagte sich in anderer Form verneinend eingelassen hätte. Zur Führung solchen Beweises stehen ihm dieselben Beweismittel in derselben Art zu Gebot, wie bei jeder verneinenden Einlassung. So antwortet auch die Glosse: sed econtra videtur negasse puritatem, nisi actor probet puritatem*) — vel extitisse conditionem. Den letzten Beweis verstattet die Glosse offenbar aus dem Grunde, weil ein bedingtes Geschäft existente conditione ebenso begründet und wirksam scheint, als ob es nie bedingt gewesen. Unger, System des Oesterreichischen Privatrechts, Bd. 2, l. l., äußert, „daß der Kläger nach Oesterreichischem Recht replicando Erfüllung der Bedingung behaupten könne und in solchem Falle zum Beweis dieser Behauptung zuzulassen sei, da Kläger auch so das gleiche Klagfundament beibehalte und Beklagter Gelegenheit in der Duplik habe, sich darüber zu erklären." (cf. Holst. Anz., 1857, S. 334, Absatz 1; entgegengesetzter Ansicht ist R. Schneider, l. l. § 8 und namentlich § 10, NB. 136.) Uns scheint die Replik, daß die Bedingung erfüllt sei, wenn aus einem einfachen Geschäft geklagt ist, unzulässig, weil darin eine mutatio libelli liegen dürfte. Freilich, wenn Beklagter sich diese mutatio libelli gefallen lassen will, kann vom Richter Nichts dagegen erinnert werden. Die er-

*) Puritas, d. h. „das Geschäft an sich", nicht, wie wir es wenigstens verstehen möchten, die „Unbedingtheit" des Geschäftes; Gesterding, l. l. p. 152, übersetzt und versteht puritas freilich als „Unbedingtheit", was aber philologisch kaum zu rechtfertigen sein dürfte.

gegenstehende Bestimmung des Oesterreichischen Rechts scheint uns eine Begünstigung des unvorsichtigen Klägers zu enthalten.

§ 4.

Die ältere Literatur mag auf sich beruhen, da in derselben kaum belangreiche Erörterungen über die vorliegende Controverse vorkommen dürften; dieselbe wird, so weit uns bekannt, kurzweg im Sinne der Glosse ohne weitere Deductionen entschieden; die modernen Juristen dagegen haben unsere Controverse in Monographien und Handbüchern, in ausführlichen und kurzen Darstellungen mit großem Eifer und oft nicht ohne ungehörige Leidenschaftlichkeit besprochen; namentlich bei der Behandlung des sog. qualificirten Geständnisses ist unsere Controverse specieller behandelt. Ueber die Literatur geben im Allgemeinen Aufklärung die Proceß- und Pandecten-Handbücher und einzelne Monographien dieser oder verwandter Controversen. Hier wird es genügen, auf folgende Schriftsteller unseres Jahrhunderts hinzuweisen: Weber: Ueber die Verbindlichkeit zur Beweisführung. 1804 (3. ed. v. Heffter 1845). Nepomuk Borst: Ueber die Beweislast im Civilproceß (Vorrede von Feuerbach) 1816 (2. ed. 1824). Gesterding: Ausbeute von Nachforschungen, 1819 und 1827 (interessant dadurch, daß Gesterding für beide Ansichten, zuletzt für diejenige der Glosse geschrieben hat). Bethmann-Hollweg: Versuche, pag. 354, 1827, und Rheinisches Museum, Jahrg. 3, 1829 (Beweis der Suspensivbedingung). Hasse im Rhein. Museum, Bd. 3, 1829. A. W. S. Francke: Versuch über das qualificirte Geständniß im Civilproceß, 1832. J. Knapp: Versuch über den Begriff der Exceptionen mit Rücksicht auf die Beweislast, 1835. J. A. Mich. Albrecht: Die Exceptionen des Civilprocesses, 1835. Kierulff: Theorie des gemeinen Civilrechts, pag. 299, 1839. Gölting: Ueber das Wesen der Suspensivbedingung in Zeitschrift für Civilrecht und Proceß, Neue Folge, Bd. 1, 1845, und besonders gegen Hänel's Arbeit gerichtet: Ueber die Beweislast beim qualif. Geständniß, ibid. Bd. 3, 1847. Hänel: Zeitschrift für Civilrecht und Proceß, Neue Folge, Bd. 1, 1845. Brackenhöft: Archiv für civilistische Praxis, Bd. 22, 1849. Th. L. v. Helmolt: Beitrag zur Lehre des Unterschiedes von Klagableugnung und Einreden, 1849. Robert Schneider: Ueber die Beweislast in dem Falle, wenn der Beklagte behauptet, es sei unter einer Suspensivbedingung contrahirt worden (Zeitschrift für Rechtspflege und Verwaltung zunächst für das Königreich Sachsen, Neue Folge, Bd. 9, pag. 1), 1851; Einert (gegen Schneider), ibid. pag. 193; Hänel (ebenfalls gegen Schneider), ibid. pag. 385; Robert Schneider: Noch einige Worte (gegen Einert und Hänel), ibid. pag. 399. Wetzell: System des ordentlichen Civilprocesses, § 19, 1854. Fitting: Archiv für civilistische Praxis, 1856. Reinhold: Zeitschrift für Civilrecht und Proceß, 1856. Holsteinische Anzeigen, 1857, S. 332. Langenbeck: Die Beweisführung, 1858. Joseph Unger: System des Oesterreichischen allgemeinen Privatrechts, Bd. 2, § 129, pag. 572, 1859. Bolgiano: Zeitschrift für Civilrecht und Proceß, Neue Folge, Bd. 16 (Zur Lehre vom qualif. Geständniß), 1859. J. Maren: Ueber Beweislast, Einreden und Exceptionen, 1861.

Genannt werden mögen noch v. Savigny, Puchta, Wächter, v. Linde, Baier, Heffter, Arndts, v. Vangerow, v. Keller als bedeutende Juristen, deren Ansichten über unsere Controverse mindestens nicht gleichgültig erscheinen.

Gegen die Ansicht der Glosse haben sich unter den Genannten entschieden: Bethmann-Hollweg, Kierulff, Einert, Savigny, Puchta, Wächter, v. Vangerow, J. Maren; der Ansicht der Glosse huldigen im Ganzen die übrigen namhaft gemachten Juristen, mit Ausnahme von Hänel, welcher eine ganz eigenthümliche Meinung vertritt; und auffallend ist es, daß die meisten Gegner der von der Glosse vertretenen Ansicht Civilisten, nicht Processualisten sind.

Wenden wir uns nun zu einer eingehenderen Erörterung der Entscheidungen unserer Controverse und der Hauptgründe, welche für dieselbe angeführt sind.

§ 5.

Beide Hauptansichten über unsere Streitfrage sind mit einem großen Aufwand von Scharfsinn vertreten worden; je tiefer die Juristen aber in den Grund dieser Streitfrage einzudringen suchten, desto weiter geriethen oft die Anhänger derselben Ansicht aus einander, sie verstanden einander nicht mehr — so daß sich hier, wie so oft bei den menschlichen Forschungen, der Mythus vom Babylonischen Thurmbau erfüllte; Verwirrung der Sprache tritt da ein, wo der Versuch gemacht wird, über die uns einmal gegebenen Principien hinaus lediglich auf den eigenen Verstand hin zu beweisen, ohne Rücksicht darauf, daß eine Einigung über Principien vorher erzielt werden muß, bevor eine Einigung in den Resultaten denkbar ist. Allenthalben in den Behandlungen dieser Streitfrage begegnet man dem Vorwurf, die Gegner wie die Anhänger einer Ansicht stützten ihre Deductionen auf Voraussetzungen (petitiones principii); selten bezeichnet ein Schriftsteller seine Ansicht als eine solche, für welche eine bestimmte Voraussetzung (petitio principii) das nothwendige Fundament des gemeinsamen Verständnisses bildet.

Die Ansicht derjenigen Rechtslehrer, welche der Partei, die ein negotium conditionale dem Anspruch aus einem negotium purum entgegenstellt, den Beweis des negotium conditionale auflegt, soll zunächst berücksichtigt werden und zwar möge Bethmann-Hollweg als ein Hauptvertreter dieser Ansicht vorangestellt werden; denn die älteren Anhänger derselben, wie Claproth, sind weniger glücklich in ihren Deductionen gewesen,

cf. Holst. Anz. l. l.

Bethmann-Hollweg baut seine Ansicht auf folgendes Argument: „Nicht derjenige hat zu beweisen, welcher sich auf die aus dem Begriffe eines Rechtes oder Rechtsgeschäfts abgeleiteten Regeln beruft, sondern derjenige, welcher sich auf die dem Begriff widersprechenden Ausnahmen beruft. Kläger habe nur die im Begriff eines Rechtes oder Rechtsgeschäfts liegenden Bedingungen zu beweisen, daher z. B. beim Eigenthum, Uebergang durch Kauf, Schenkung ꝛc. nicht Großjährigkeit, Handlungsfähigkeit, weil sie nicht zum Begriff des Eigenthums gehört, nicht deswegen nicht, weil sie präsumirt werden müßten. Zwar die unbedingten Geschäfte seien wohl nicht die häufigeren (wie Claproth will), noch würde eine Negative (Beweis der Unbedingtheit von Seiten des Klägers) unerweislich sein; aber der Kläger genüge seiner Beweispflicht, wenn er die **allgemeinen Merkmale** des behaupteten Geschäftes beweist; der Beklagte, welcher eine Bedingung behaupte, füge ein **neues Merkmal** hinzu, wodurch der **engere Begriff** eines **bedingten Vertrages** entstehe; der Kläger also berufe sich auf die Wirkung des Vertrages überhaupt, auf die Regel, der Beklagte auf die beschränktere Wirkung eines bedingten Vertrages, die Ausnahme; ebenso habe Beklagter nach demselben Princip diejenigen Eigenschaften der streitigen Sache zu beweisen, welche den Erwerb für den Kläger gehindert haben sollen (z. B. Unveräußerlichkeit als res dotalis oder litigiosa).

Aehnlich, doch minder ausführlich und methodisch, sucht Gesterding dieselbe Ansicht 1819 zu begründen, welche er 1827 völlig aufgab und zu widerlegen suchte. 1819 argumentirte er, der Kläger habe nicht die Abwesenheit aller Hindernisse der Perfection des von ihm eingeklagten Rechtsgeschäftes (z. B. nicht Abwesenheit des Betruges, der Simulation, des Irrthums, der Minderjährigkeit) zu beweisen, nicht alle allgemeinen Voraussetzungen des Geschäftes; daher habe er auch die Unbedingtheit nicht zu beweisen, da die vorgeschützte Bedingung nur als Hinderniß der Perfection zu betrachten sei; die entgegengesetzte Ansicht begeht den Irrthum, daß sie die (doch blos eingewandte) Bedingtheit des Vertrages, also daß er imperfect sei, voraussetze. (Dies äußern auch Kierulff und andere Juristen.)

(Die Fortsetzung folgt.)

Allerhöchst privilegirte

Holsteinische Anzeigen.

Redigirt von den Obergerichtsräthen Etatsrath Henrici und Lucht.

Gedruckt bei Augustin in Glückstadt.

26. Stück. — Den 30. Juni 1862.

Das auf einen ungewissen Fall geschlossene Geschäft im Beweiserkenntniß.

Mitgetheilt von dem Herrn Advocaten Rave in Itzehoe.

(Fortsetzung.)

Kierulff argumentirt so: er meine, daß der Beklagte die Abschließung des Nebenvertrages beweisen müsse, aber nicht deswegen, weil diese Behauptung eine Einrede, sondern weil sie die selbstständige Behauptung einer Thatsache sei, wodurch der Beklagte die Unbegründetheit der Klage darthut. Die entgegengesetzte Ansicht räume ein, der Kläger könne seiner Beweispflicht durch ein Document genügen, welches das Geschäft darstelle, ohne einer Bedingung zu erwähnen; hierdurch gerathe aber jene Ansicht durchaus in Widerspruch mit sich selbst. Der Beklagte leugne den Grund des Klagrechtes durch Behauptung der Bedingung; bis dahin, daß dies durch den Gegenbeweis des bedingt geschlossenen Vertrages erwiesen sei, müsse der Richter urtheilen, daß die durch das Geständniß bewiesene Behauptung des Klägers den Anspruch desselben begründe, und könne ihm deshalb nicht den Beweis aufbürden, daß der Vertrag nicht unter einer Bedingung geschlossen worden. — Uebrigens, sagt Kierulff, laufen die verschiedenen Ansichten im practischen Resultat auf eins hinaus, obgleich sie das nicht könnten, wenn man sie consequent durchführte.

Puchta (Vorlesungen, § 99) äußert sich, nachdem er die Begründung Bethmann-Hollweg's als falsch bezeichnet hat: der eigentliche Grund für die Ansicht, daß der Beklagte die behauptete Bedingung beweisen müsse, sei der: die Frage falle unter die für den Beweis von Rechtsgeschäften geltende præsumtio juris. Der Allegant habe seinem onus probandi genügt, wenn er die das Rechtsgeschäft bildenden Thatsachen bewiesen habe, Form und Inhalt, so weit er sich darauf berufe. Die Behauptung der Suspensivbedingung sei die Behauptung eines **besonderen Mangels**, den der ihn Behauptende beweisen müsse.

Weitläufig ist dieselbe Ansicht von Einert l. l. besonders gegen die Gegendeductionen von Robert Schneider behandelt. Nach einigen einleitenden allgemeinen Bemerkungen stellt Einert als Princip, aus welchem diese nach seiner Meinung rein processualistische Controverse zu entscheiden sei, den Satz des Paulus: „ei incumbit probatio, qui dicit, non ei qui negat" hin; vorher sei indeß hier die Frage so zu stellen: was ist im Proceß zu beweisen (nicht: wer hat zu beweisen)? die Antwort laute: facta sunt probanda; nur facta und zwar solche, welche die Partei vorbringe, habe sie regelmäßig zu beweisen. Sei dies richtig (und Schneider bestreite diese Rechtssätze nicht), so sei es unmöglich, den Beklagten mit dem Beweis der von ihm behaupteten Bedingung zu verschonen. Kläger klage nämlich aus einer **Abrede**; diese räume Beklagter offenbar ein, indem er ein neues Factum, die Bedingung, **zuerst** vorbringe, um dadurch die Abrede zu beseitigen; von den Gegnern (Schneider, Götting, Hasse rc.) selbst werde zugegeben, daß ein **doppelter** Vertrag, also neben dem Hauptvertrag ein besonderer Vertrag, ein **Nebenvertrag**, vorliege. Sei dies der Fall, so sei das Erzählen des zweiten Vertrages ein Erzählen eines neuen selbstständigen Factums, welches der Vorbringende (is qui dicit), d. h. der Beklagte, zu beweisen habe; Beklagter bringe zuerst und selbstständig die Geschichte von der Bedingung vor, welche außerhalb des Klagevorbringens liege; dies Factum sei nicht durch ein **bloßes** negando abgethan; es sei kein Leugnen und laufe auch nicht auf ein Leugnen hinaus; es sei auf das Wesen, nicht auf die Form der Einlassung zu sehen; nehme man zwei Verträge mit den Gegnern an, so lasse sich unmöglich darüber streiten, daß nur der Beklagte den **Nebenvertrag** vorbringe, also mehrere Verträge behaupte, während Kläger **nur einen** Vertrag behaupte, nämlich denjenigen, welchen Beklagter ebenfalls als Hauptvertrag hinstelle. Hier trete eine für die Beweislast unbestreitbare und unbestrittene præsumtio juris ein: „**pluralitas non præsumitur**" (Menochius de præsumtionibus, lib. 6, pr. 15, no. 2: „principio dicendum est, pluratitatem probandum esse ab eo, qui in ea fundamentum constituit".), welche gleichbedeutend sei mit dem Satz des Paulus: „ei incumbit probatio, qui dicit, non qui negat", ein Satz, welcher nicht nur im Proceß, sondern überall im Leben gelte.

Dies im Wesentlichen Einert's Argumentation, welcher manche wunderliche und verkehrte Dinge eingefügt sind, die, von Schneider in seiner Gegenausführung sehr betont, hier außer Acht gelassen werden können. Am Schluß seiner Abhandlung (pag. 246 l. l.) argumentirt Einert ebenso wie Kierulff gegen die entgegengesetzte Ansicht aus der Beweisführung mit Documenten.

Es ist versucht worden, im Vorstehenden den Kern derjenigen Deductionen für die gegnerische Auffassung unserer Controverse wiederzugeben, welche zu den besten gerechnet zu werden pflegen; die Wiederholungen in denselben und die nebensächlichen Verkehrtheiten, welche den eigentlichen Gang der Deduction nicht modificiren, haben wir, als gleichgültig für die letztere, nicht berücksichtigt, da es uns geschienen, daß sehr viele Schriftsteller in ihren Gegendeductionen den eigentlichen Streitgegenstand über Nebensachen aus dem Auge verloren oder den Nebensachen doch unbillige Aufmerksamkeit geschenkt haben.

Auf die Ausführungen der Redaction der Holsteinischen Anzeigen (1857) werden wir weiter unten besonders eingehen.

§ 6.

Der Versuch einer Kritik der von den im § 5 erwähnten Schriftstellern aufgestellten Argumente wird sich hauptsächlich in negativer Richtung zu bewegen haben, wobei wir namentlich auf die Abhandlung von R. Schneider l. l. § 12 sqq. hinweisen.

Es ist nicht richtig, wenn Bethmann-Hollweg sagt: Kläger habe nur die im Begriff eines **Rechtes** oder Rechtsgeschäftes liegenden Bedingungen zu beweisen, daher z. B. beim Eigenthum Uebergang durch Kauf, nicht Großjährigkeit, weil sie nicht zum Begriff des Eigenthums gehöre. In dem allgemeinen Begriff des Eigenthums liegt nicht der Entstehungsgrund, welcher vielmehr ein verschiedener und besonderer (Kauf, Occupation rc.) sein kann. Obwohl nun eine Vindication nur auf Anerkennung des Eigenthums geht, ist es doch selbst nach Bethmann-Hollweg's Aeußerung nicht zweifelhaft, daß der Vindicant einen nicht im allgemeinen Begriff des Eigenthums liegenden besonderen Erwerbsgrund seines besonderen Eigenthums beweisen muß (z. B. Kauf und Tradition), es sei denn, daß Beklagter sofort einräumte: ja, Kläger, es ist Dein Eigenthum, ich will es gar nicht bestreiten. Sagt Bethmann-Hollweg dann weiter: der Kläger genüge seiner Beweispflicht, wenn er die **allgemeinen Merkmale des behaupteten Rechtsgeschäftes** beweise, der Beklagte, welcher eine Bedingung behaupte, füge ein **neues** Merkmal hinzu, wodurch der **engere Begriff** eines **bedingten**

Geschäftes entstehe. Kläger berufe sich auf die Regel (Wirkung des Vertrages überhaupt), Beklagter auf die Ausnahme (beschränkte Wirkung des bedingten Vertrags) — so liegt in diesen Sätzen doch wohl ein innerer Widerspruch und zugleich eine verkehrte Ansicht: ein innerer Widerspruch ist es doch wohl, wenn Bethmann-Hollweg reines und bedingtes Geschäft als zwei verschiedene (einen weiteren und einen engeren) Begriffe anerkennt und sie gleichzeitig nur als Regel und Ausnahme gelten lassen will; ein begrifflicher Unterschied ist doch ein innerer, wesentlicher, unwillkürlicher; der Unterschied zwischen Regel und Ausnahme ein willkürlicher, nicht im Wesen liegender. Ein fernerer Widerspruch ist es wohl, wenn Bethmann-Hollweg das bedingte Geschäft als einen engeren **Begriff** hinstellt, auch behauptet, Kläger habe die im Begriff eines Geschäftes liegenden Voraussetzungen desselben zu beweisen, dann aber doch meint, Kläger habe dieser seiner Pflicht genügt dadurch, daß sein Gegner einen andern verschiedenen (wenn auch engeren) Begriff entgegenstelle. Verkehrt ist es auch, wenn Bethmann-Hollweg meint, Kläger habe nur die **allgemeinen** Merkmale des von ihm behaupteten Rechtsgeschäftes zu beweisen; da diese (z. B. beim Kauf: irgend ein Preis) sich überall nicht beweisen lassen; während vielmehr alle concreten Thatsachen, aus denen die gesammten Kennzeichen eines behaupteten Rechtsgeschäftes sich ergeben, (z. B. der bestimmte Preis von 100 ℳ R.-M. u. dgl.), Gegenstand des Beweises sind, wie dies auch von mehreren Juristen bereits gegen Bethmann-Hollweg genugsam hervorgehoben ist. Die eigentliche Argumentation Bethmann-Hollweg's läuft, wenn man die confusen Bemerkungen über allgemeine Merkmale eines Begriffes und über weitere und engere Begriffe unberücksichtigt läßt, auf die Behauptung hinaus, daß die Bedingung als eine **Ausnahme**-bestimmung des regelmäßigen Geschäftes anzusehen sei und es ist kaum zu verstehen, wie Puchta diese Behauptung Bethmann-Hollweg's als grundlos bezeichnen kann, da Puchta selbst keinen besseren Grund anzugeben weiß, denn er bezeichnet die Behauptung der Bedingung als Behauptung **„eines besonderen Mangels“** und legt deshalb dem Alleganten den Beweis auf. Ob es nun eine Verbesserung genannt werden kann, wenn Puchta die Bedingung als besondern Mangel statt als Ausnahme bezeichnet, darüber können wohl kaum zwei Meinungen existiren: Welcher Jurist würde folgende Definition gelten lassen: ein bedingtes Geschäft ist ein mit einem besonderen Mangel behaftetes Geschäft, in welchem die Wirkung von einem zukünftigen Umstande abhängig gemacht wird? — Ob man, wie Bethmann-Hollweg dagegen remonstrirt, die Behauptung, auf welche er seine Ansicht stützt, als praesumtio betrachtet zu wissen, oder ob man, wie Puchta lehrt, es sei eine praesumtio juris, daß eine Bedingung als besonderer Mangel eines Geschäftes von dem Alleganten zu beweisen sei, möchte kaum einen Vorzug der einen oder andern Motivirung begründen. Es mag hier nur bemerkt werden, was schon vielfach betont ist, daß eine praesumtio juris doch ihr Dasein entweder aus einer constanten Doctrin, Praxis oder aus der Gesetzgebung herleiten muß, was für die von Puchta aufgestellte praesumtio nicht nachgewiesen werden kann. Puchta freilich will diese praesumtio auf die Schuldistinctionen essentialia, naturalia, accidentalia negotii zurückführen, welche Eintheilung v. Keller mit Recht als ziemlich nichtssagend oder gar fehlerhaft tadelt. v. Keller, Vorlesungen, § 30. Puchta nimmt an, die naturalia negotii brauchten nicht, wohl aber die accidentalia negotii vom Alleganten bewiesen zu werden; zu den accidentalia negotii rechnet Puchta nun willkürlich die Bedingungen, ohne zu bedenken, daß die Eintheilung in essentialia, naturalia, accidentalia sich nur auf die characteristischen, gewöhnlichen und zufälligen Eigenheiten der in „feste Specialbegriffe gefaßten Arten von Rechtsgeschäften“ (z. B. Kauf, Miethe rc.) bezieht, nicht auf die bei allen oder zahlreichen Geschäften vorkommenden wesentlichen oder unwesentlichen Bestandtheile; es ist ein lediglich aus dem selbstgeschaffenen Schulbegriff willkürlich hergeleitetes Postulat, daß in einem bedingten Geschäft die Bedingung ein accidentale negotii sei. Mit Recht sagt v. Keller, daß diese willkürliche Einschachtelung der Bedingungen unter den willkürlichen Begriff accidentalia zur falschen Bestimmung der Beweislast für bedingte Geschäfte geführt habe. Kierulff stützt seine Ansicht auf die Behauptung, daß in dem Vorschützen einer Bedingung das Vorschützen eines Nebenvertrages, die selbstständige Behauptung einer Thatsache gegen die Klagbegründung liege. In dieser Ansicht Kierulff's liegt die verkehrte dualistische Auffassung des bedingten Geschäftes ausgesprochen, welche als richtig anerkannt sehr wohl zu der Ansicht Kierulff's über unsere Controverse führen könnte; indeß wir halten dieselbe für grundverkehrt und zweifeln auch nicht, daß Kierulff selbst die Definition: ein bedingtes Geschäft sei ein Geschäft, in welchem durch einen Nebenvertrag die Wirkung des Geschäftes von einem künftigen Umstand abhängig gemacht werde — für eine völlig verfehlte erkennen würde. Wenn wir nun Einert's Ausführung näher betrachten, so zeigt sich, daß dieselbe wesentlich auf dieselbe Grundlage zurückgeht, wie die Ausführungen von Bethmann-Hollweg, Puchta und Kierulff; denn obwohl Einert als Princip den Satz des Paulus: ei incumbit probatio, qui dicit non ei qui negat — aufstellt, so gelangt er doch zur Anwendung dieses Princips auf unsere Controverse dadurch, daß er die dualistische Auffassung der bedingten Geschäfte acceptirt und in dem Vorschützen einer Bedingung das Vorschützen eines neuen selbstständigen Nebenvertrages sieht; hieraus schließt Einert eben wie Kierulff und die Anderen: derjenige, welcher ein neues juristisch selbstständiges Factum (Nebenvertrag) im Proceß vorbringe, müsse selbiges beweisen, um mit den rechtlichen Folgerungen aus diesem Factum zu seinen Gunsten gehört zu werden; denn pluralitas non praesumitur, oder ei incumbit probatio, qui dicit, non ei qui negat.

Man kann gegen diese ganze Auffassungsweise mit nicht geringem Schein des Erfolges den Einwand vorbringen: die Anhänger derselben müßten auch in dem Fall die Klage als eingeräumt ansehen, wenn dieselbe auf ein bedingtes aber **anders** bedingtes Geschäft gegründet wurde, als welches der Beklagte eingeräumt haben wollte, z. B. A klagt, B habe ihm unter der Bedingung, daß X in 3 Wochen retournire, sein Haus verkauft; die Bedingung sei eingetreten, nun beanspruche A das Haus; B erwidert: er habe dem A das Haus nur unter der nicht existenten Bedingung, daß Y in 3 Wochen retournire, verkauft und bittet um Abweisung der Klage. In solchem Fall, scheint es, müßten die genannten Schriftsteller annehmen, daß Beklagter das factische Klagfundament des Klägers eingeräumt habe und nur dadurch einer Verurtheilung entgehen könne, daß er die Wahrheit der von ihm vorgeschützten Bedingung (Y solle vor 3 Wochen retourniren) beweise; denn in dem „Hauptvertrage" (abgesehen von den vorgebrachten Bedingungen) oder in den „allgemeinen Merkmalen des Geschäftes" (Kauf des Hauses um den eingeräumten Preis zwischen A und B) harmoniren beide Parteien doch, und mehr soll Kläger ja nicht zu beweisen genöthigt sein; daß Kläger selbst gutmüthig genug war, von einer nicht eingeräumten Bedingung (daß X vor drei Wochen retournire) in seiner Klagschrift zu sprechen, kann seine Beweislast nicht vermehren, da er aus dieser Beschränkung („Ausnahme, engerer Begriff" sagen Bethmann-Hollweg, Kierulff ꝛc.) keine besonderen Rechte ableiten und juristisch bedeutendere Folgerungen ziehen will, als aus dem „weiteren Begriff des Geschäftes, dem Hauptvertrag" (Ausdrucksweise von Kierulff, Puchta ꝛc.); es ist nicht zu sehen, warum der Kläger (ausgegangen von der kritisirten Auffassung) genöthigt werden sollte, die von ihm erzählte, angeblich existente Bedingung, welche Beklagter ableugnet, noch zu beweisen, da das unbedingte Geschäft, also das plus, durch des Gegners Einlassung ja als erwiesen gelten soll. Und welche Folge sollte es wohl haben, wenn man denn doch dem Kläger auch noch den Beweis der von ihm behaupteten (daß X vor 3 Wochen retournire) Bedingung auflegen wollte? Gelingt der Beweis nicht, so wird immer noch das (nach Ansicht der Gegner) eingeräumte unbedingte Geschäft bestehen, und soll der Richter dies etwa für wirkungsloser und weniger genügend zur Begründung des Anspruchs halten, als das „mangelhafte" (wie Puchta meint) bedingte Geschäft? Oder soll die nicht bewiesene, sondern nur behauptete Bedingung, welche ein Kläger vorbringt, etwas Anderes bedeuten für den sogenannten Hauptvertrag, als die nicht bewiesene, sondern nur behauptete Bedingung, welche ein Beklagter vorbringt? Hänel (Zeitschrift für das Königreich Sachsen l. l.) sucht dem Einwand zwar dadurch zu entgehen, daß er behauptet, zwei verschiedenartig bedingte Geschäfte bilden einen directen Gegensatz, wo dann die Assertion des Klägers durch die Assertion des Beklagten direct aufgehoben werde; dagegen bilde das bedingte Geschäft gegen das unbedingte Geschäft keinen directen Gegensatz. Diese Widerlegung erscheint uns indeß sehr schwach, denn ist das bedingte Geschäft kein directer Gegensatz des einfachen Geschäftes, so kann ein bedingtes Geschäft doch nur insofern als Gegensatz des anders bedingten Geschäftes gelten, als die verschiedenen Bedingungen sich gegensätzlich aufheben, wo dann das einfache Geschäft eben noch übrig bliebe und für den Kläger gegen den Beklagten gelten müßte.

Obige Einwendung scheint uns schlagend gegen die kritisirte Auffassungsweise zu sprechen, weil wir, auf das Fundament der kritisirten Ansicht eintretend — ohne die Absicht, zu solchen Resultaten zu gelangen — wie uns scheint, durch einfache Logik zu Resultaten gelangt sind, welche die Anhänger jener Auffassungsweise als logische Folgerungen aus ihren Voraussetzungen anerkennen müssen, ohne leugnen zu können, daß dieselben doch zu Absurditäten führen.

Manche Juristen haben gemeint, die von Bethmann-Hollweg, Kierulff u. And. vertretene Auffassung unserer Controverse sei schon aus dem Grunde zu verwerfen, weil sie den Kläger veranlassen könne, aus einem unbedingten Geschäft zu klagen, während er doch nur ein bedingtes Geschäft geschlossen habe; indeß hierin würde doch an sich nichts Unverständiges liegen, da Beklagter den Beweis der von ihm entgegengestellten Bedingung haben würde.

§ 7.

Besprechen wir nun schließlich specieller die Ausführung der Redaction der Holsteinischen Anzeigen im Jahrgang 1857 über unsere Controverse, so sei voraus bemerkt, daß wir die Frage, ob der Kläger nur das vorgetragene Geschäft an sich, oder die Unbedingtheit desselben zu beweisen habe, übereinstimmend mit der Redaction der Anzeigen beantworten und der Ansicht sind, daß dem Kläger hier nicht der Beweis einer Negative zuzumuthen sei. Der Hauptinhalt der Ausführung der Redaction der Anzeigen ist nun, wie uns scheint, mehr gegen die Ansicht gerichtet, welche dem Kläger den Beweis der Unbedingtheit des eingeklagten Geschäftes auflegt, als gegen die Ansicht, daß das Vorbringen eines bedingten Geschäftes die Negation eines unbedingten Geschäftes enthalte; in dieser Richtung gegen die Formulirung des Beweises (auf welchen Punkt auch ausdrücklich besonders Gewicht gelegt wird) sind von der Redaction in ihrem Aufsatz sehr gute und treffende Gründe aufgestellt, dagegen scheint uns die Argumentation über die Frage: liegt in der Behauptung eines bedingten Geschäftes das Geständniß des unbedingten Geschäftes? ungenügend.

Die Redaction stellt an die Spitze der Controverse die Frage, welche Thatsachen Kläger zur Begründung seiner Klage anzuführen habe (l. l. p. 334)? Nur diese habe Kläger zu beweisen. Diesen Satz erkennen alle Juristen auf beiden Seiten als richtig an; derselbe entscheidet also die Controverse nicht. Weiter wird gesagt: wenn man dem Kläger die von ihm replicando bestrittene vom Beklagten excipiendo behauptete Bedingtheit des streitigen Geschäftes in negativer Fassung zu beweisen auflegen wolle, so könne dies nur geschehen, insofern die Abwesenheit der Bedingung als zur Klagbegründung gehörig anzusehen sei, was zu behaupten aber keinem Juristen einfalle. Gegen die Ansicht, daß der Kläger die Unbedingtheit (generell oder speciell auf die bestimmte Bedingung gefaßt) des streitigen Geschäftes zu beweisen habe, wenn Beklagter die Bedingtheit behauptet habe, lasse sich als schlagendes Argument anführen, wie auch mehrfach geschehen, daß bei rein negativer Einlassung dem Kläger solcher Beweis der Unbedingtheit nicht aufgelegt werde und daß eine umfangreichere Negation des Klaggrundes als eine vollständige negative Litiscontestation doch nicht denkbar, eine vermehrte Beweislast daher auch nicht möglich sei.

Dies starke Argument suchen diejenigen Juristen, welche dem Kläger den Beweis „der Unbedingtheit“ auflegen, freilich wohl dadurch zu umgehen, daß sie annehmen wollen, in der Beweisauflage der Unbedingtheit des Geschäftes liege eine beschränktere, geringere Beweislast, als in der Beweisauflage über „das Geschäft an sich", ein Versuch, den wir aber als mißlungen ansehen müssen, weil ein negotium conditionale gar nicht als eine Beschränkung oder „Limitation", sondern als eine Negation des negotium purum anzusehen ist, ebenso wie ein Geschäft über eine species nicht als Ausnahme oder Beschränkung eines Geschäftes über einen nur dem genus nach bestimmten Gegenstand anzusehen ist. Der mißlungene Versuch, jenes Argument zu umgehen, beruht offenbar, eben wie die Beweisauflage über die Unbedingtheit des Geschäftes, auf der bewußten oder unbewußten verwerflichen dualistischen Auffassung des negotium conditionale als eines negotium und einer conditio. Eben so wenig überzeugend scheint uns das Motiv: „daß das Nichtbedingtsein des Geschäftes, als concludent in der sofort geforderten Erfüllung gelegen, vom Kläger einschließlich behauptet sei u. s. w."

cfr. Anzeigen 1857, pag. 332.

Hiergegen sei bemerkt: läge das Nichtbedingtsein in der Behauptung des einfachen Geschäftes, so läge doch auch in dem Beweis des behaupteten einfachen Geschäftes der Beweis des Nichtbedingtseins; es wäre also ganz überflüssig, hier anders als sonst das Beweisthema zu zerlegen. Der Hauptentschuldigungsgrund für die Formulirung des Beweises auf die „Unbedingtheit" des Geschäftes liegt sicherlich in einer übertriebenen Rücksicht auf den Eid als Beweismittel, und auf diesen Punkt soll am Schluß dieses Paragraphen näher eingegangen werden.

(Die Fortsetzung folgt.)

Entscheidungen.

Die Normirung der Beweislast betreffend.

In Sachen des Handlungshauses Johann Caspar Lange Nachfolger in Haspe bei Hagen, Kläger, jetzt Supplicanten,

wider

den Kaufmann W. Haß, F. Reyhers Nachfolger, in Kiel, Beklagten, jetzt Supplicaten,

wegen schuldiger 107 ℛ 9 Sgr., jetzt Supplication gegen das Erkenntniß des Kieler Magistrats vom 18. December 1860,

ergeben die Acten:

Die im Königreich Hannover wohnenden Kläger, welche für den Beklagten den Auftrag, eine Parthie alte Sensen und Strohmesser aufzuputzen, ausgeführt haben, haben den für diese Eisenwaaren nach 6 ℛ pr. Centner mit 68 ℛ 5 Sgr. 5 ₰ verlegten Zoll eingeklagt und bemerkt, bei Beredung des Geschäftes zwischen dem klägerischen Associe v. d. Crone und dem Beklagten habe Ersterer die Weitläuftigkeiten und Kosten hervorgehoben, die mit der Einführung solcher Eisenwaaren in den Zollverein verknüpft seien, auch sei ihm nicht bekannt, ob Sensen als feine oder grobe Eisenwaaren eingeführt werden müßten, erstere kosteten 10 ℛ, letztere 6 ℛ pr. Ctr.; vielleicht wäre es möglich, daß die verrostete Waare, die der Beklagte gereinigt zu haben wünschte, als altes Eisen eingehen könne, doch komme das durchaus auf die Auffassung der betreffenden Zollbeamten an, er sei daher nicht im Stande anzugeben, ob die Einführung als altes Eisen überhaupt zulässig sein werde, noch wie hoch sich der Eingangszoll hierfür stelle. Auf Bitten des Beklagten habe v. d. Crone sich bereit erklärt, die Reinigung der Waare zu besorgen und versprochen, zu versuchen, ob die Sensen u. s. w. als altes Eisen eingeführt werden könnten. Der Beklagte, der seine Berechnung gemacht, sei hiemit einverstanden gewesen und habe noch hinzugefügt, es blieben immerhin billige Sensen, da sie in dem dermaligen verrosteten Zustande ihm gar nichts werth wären. Nachdem diese Verhandlungen über die für den Beklagten aus der Versendung und Verzollung der zu reinigenden Waare eventuell zu gewärtigenden Unkosten stattgehabt, habe Beklagter die fragliche Waare an den Spediteur des klägerischen Hauses in Harburg, Brammer, abgesandt. Dieser habe dem Hause gemeldet, daß das Harburger Zollamt die Waare als grobe Eisenwaare mit 6 ℛ Pr. pr. Ctr. versteuert wissen wolle. Der gegebenen Zusage gemäß habe das klägerische Haus die Einführung der Waare als altes Eisen zu erreichen versucht, dies aber nicht durchsetzen können, da das Zollamt bei seiner Auffassung verblieben sei. Sonach habe das klägerische Haus dem Spediteur Brammer den Auftrag ertheilt, die Sendung des Beklagten, dem Verlangen des Zollamtes gemäß, als grobe Eisenwaaren zu versteuern, was auch geschehen.

Beklagter hat diese Erzählung des Hergangs bei der Beredung des Geschäftes geleugnet und behauptet, v. d. Crone habe versichert, daß der Eingangszoll sich auf 1 ℛ Pr. stellen würde, da die Sensen und Strohmesser wegen ihres alten und verrosteten Ansehens als altes Eisen würden eingeführt werden können. Beklagter habe nach dieser Angabe sein Calcül gemacht und das Geschäft abgeschlossen, worauf v. d. Crone ihm die Weisung gegeben, die Waare qu. als altes Eisen zu declariren, was auch geschehen sei. Im Uebrigen ist als durch eine spätere Correspondenz erwiesen zugegeben, daß Kläger versucht, die Sensen und Strohmesser als altes Eisen durchzubringen, daß die Zollbeamten sie aber als solche nicht hätten passiren lassen, daß der klägerische Spediteur Brammer in Harburg wegen der Declaration, in welcher sie als altes Eisen bezeichnet, die Waare in das dortige Entrepot habe aufnehmen lassen und sich vom Kläger Verhaltungsmaaßregeln ausgebeten und endlich, daß Kläger ihm Ordre ertheilt habe, die Waare nach dem Verlangen der Zollbeamten mit 6 ℛ pr. Centner zu versteuern.

Replicando ist eingeräumt, daß in Folge einer Weisung von Crone die Waare von dem Beklagten als altes Eisen declarirt worden sei, dies sei aber auch nothwendig gewesen, um den versprochenen Versuch zu machen, sie unter dieser Rubrik einzuführen.

Nach verhandelter Sache ist dem Kläger der Beweis auferlegt: *)

> daß der Mitkläger Crone, als derselbe im Juli oder August 1859 wegen des von seinem Hause zu übernehmenden Aufputzens und Schleifens von Sensen und Strohmessern mit dem Beklagten verhandelte, diesem nicht die Versicherung ertheilt habe, daß der Eingangszoll für selbige sich auf einen Thaler Pr. Cour. stellen werde.

Gegen dieses Erkenntniß haben Kläger supplicirt und ihre Beschwerden dahin formulirt:

---

*) In den Entscheidungsgründen dieses Erkenntnisses heißt es:

In Erwägung, daß in dem vorliegenden Rechtsgeschäfte außer der locatio conductio operis, als dem Hauptvertrage, ein denselben modificirender Nebenvertrag, der Auftrag zur Verzollung, enthalten ist und daß die aus dem Mandat hergeleitete Forderung des klägerischen Handlungshauses, welche rücksichtlich ihres Betrags von dem Beklagten bestritten wird, den Streitgegenstand bildet;

in Erwägung ferner, daß in der abweichenden Darstellung der Parteien über den Inhalt jenes pactum adjectum die klägerische Behauptung gefunden werden muß, der Beklagte habe einen unbeschränkten Auftrag zur Verzollung ertheilt, gegenüber dem qualificirten Geständniß des Beklagten, daß der Auftrag auf die Zahlung eines Einfuhrzolls von 1 ℛ Preußisch Courant pr. Centner sich beschränkt habe; und daß nach richtigen Proceßgrundsätzen das klägerische Handlungshaus den zur thatsächlichen Begründung der erhobenen Forderung nothwendigen Inhalt des Mandats, insoweit solcher vom Beklagten geleugnet worden, beweisen muß;

in Erwägung endlich, daß sowohl das Schreiben vom 5. December 1859 als die geschehene Declaration der Sensen und Strohmesser der Würdigung im Beweisverfahren vorbehalten werden muß, weil einerseits aus der dubitativen Fassung des Schreibens ein unbeschränkter Auftrag zur Verzollung nicht mit Sicherheit gefolgert werden kann und weil andererseits jene Declaration nicht unbedingt den Schluß gestattet, der Auftrag zur Verzollung sei dadurch bedingt, daß die betreffenden Zollbeamten die Declaration als richtig würden passiren lassen.

1) daß Beklagter nicht Einwendens unerachtet sofort dem Klagantrage gemäß schuldig erkannt,
2) event. daß nicht dem Beklagten der Beweis auferlegt worden:

daß der Mitkläger Crone, als derselbe im Juli oder August 1859 wegen des von seinem Hause zu übernehmenden Aufputzens und Schleifens von Sensen und Strohmessern mit dem Beklagten verhandelte, diesem die Versicherung ertheilt habe, daß der Eingangszoll für selbige sich auf einen Thaler Pr. Cour. stellen werde,

oder wie sonst der dem Beklagten aufzuerlegende Beweis nach Inhalt der Acten zu fassen sei.

Nach eingezogener Gegenerklärung steht zur Frage, ob diese Beschwerden für begründet zu erachten sind.

In Erwägung nun, daß, während die Kläger behaupten, Beklagter sei darauf aufmerksam gemacht, daß der Zoll sich auf 6 ℛ, vielleicht sogar auf 10 ℛ Pr. Cour. pr. Centner stellen könne und habe dessen ungeachtet das Geschäft abgeschlossen und daher implicite einen illimitirten Auftrag zur Verzollung ertheilt, der Beklagte seinerseits behauptet hat, das Geschäft sei nur auf die Versicherung des Crone, daß der Zoll sich auf 1 ℛ stellen werde, abgeschlossen und daher nur ein so beschränkter Auftrag zur Verzollung ertheilt, daß letztere Behauptung bestimmt und deutlich genug ist, um Berücksichtigung zu finden, und daß daher schon aus diesem Grunde auf die erste Beschwerde nicht eingetreten werden kann;

in Erwägung sodann, die zweite Beschwerde anlangend, daß für die Entscheidung der Frage, ob die Beweislast richtig vertheilt worden, die von den Supplicanten für ihren Antrag beigebrachte Motivirung, daß zur Begründung der Klage nur erforderlich sei, den Auftrag zur Besorgung des Aufputzens der Waare zu behaupten, weil darin zugleich als nothwendige Voraussetzung für die Ausführbarkeit der Auftrag zur Verzollung liege und es daher event. Sache des Beklagten sei, eine Beschränkung dieses Auftrags zur Verzollung zu behaupten und zu beweisen, für den vorliegenden Fall nicht zutreffend ist, weil nach den übereinstimmenden Angaben der Parteien nicht nur beim Abschluß des Geschäftes über die Verzollung speciell gesprochen ist, sondern auch Handlungen vorliegen, die nur unter der Voraussetzung einer speciellen Beredung, wie solche auch von dem Kläger behauptet ist, diese ermächtigt erscheinen lassen, die Waare nicht als altes Eisen, sondern als grobe Eisenwaaren zu verzollen. Es ist nämlich nicht streitig, daß Beklagter die fragliche Waare als altes Eisen declarirt und an den Spediteur der Kläger abgesandt hat und daß die Verzollung als grobe Eisenwaaren erfolgt ist, ohne daß der Beklagte gefragt worden, ob er die Verzollung in einer anderen als der von ihm declarirten Weise genehmigen wolle. Wäre nun in Betreff des Zolles nichts speciell verabredet worden, so hätten Kläger keinen höheren Zollsatz für den Beklagten bezahlen dürfen, als den, zu welchem die Waare declarirt war, weil sie nicht bona fide handeln würden, falls sie den Auftrag zum Aufputzen der Waaren unter anderen als den von dem Besteller gemachten Voraussetzungen zur Ausführung brächten. Ergiebt sich nun hieraus, daß die Kläger, um abweichend von der Declaration des Beklagten verzollen zu dürfen, sich auf einen desfälligen speciellen Auftrag berufen mußten, so folgt daraus ferner, daß der Beweis den Klägern und nicht dem Beklagten aufzuerlegen war;

in Erwägung endlich, daß dieser Beweis richtigen Grundsätzen nach nicht die Negative der Behauptung des Beklagten, sondern die zum Klaggrunde gehörenden positiven Behauptungen der Kläger hätte zum Gegenstande haben müssen, daß aber eine dahin gehende Abänderung des angefochtenen Erkenntnisses schon um deswillen nicht erfolgen kann, weil hierauf eine Beschwerde von den Supplicanten nicht gerichtet ist,

wird den Supplicanten, bei abschriftlicher Mittheilung der eingezogenen Gegenerklärung, von Obergerichtswegen hiedurch

ein abschlägiger Bescheid

ertheilt, unter Verurtheilung derselben zur Erstattung der auf 20 ℛ bestimmten Kosten der Gegenerklärung.

Urkundlich rc. Gegeben im Königl. Holsteinischen Obergerichte zu Glückstadt, den 14. März 1862.

Allerhöchst privilegirte

Holsteinische Anzeigen.

Redigirt von den Obergerichtsräthen Etatsrath Henrici und Lucht.

Gedruckt bei Augustin in Glückstadt.

27. Stück. — Den 7. Juli 1862.

Das auf einen ungewissen Fall geschlossene Geschäft im Beweiserkenntniß.

Mitgetheilt von dem Herrn Advocaten Rave in Itzehoe.

(Fortsetzung.)

Wenn die Redaction nun pag. 335 so weiter schließt: „Gehört nun die Unbedingtheit (die Negative des Klaggrundes) nicht zur Beweispflicht des Klägers, so ergebe es sich damit von selbst, wie die Beweislast zu normiren, wenn Beklagter zwar einräume, daß der Vertrag im Uebrigen so abgeschlossen sei, wie agendo behauptet worden, zugleich aber behaupte, Contrahenten hätten sich auch über eine Suspensivbedingung beim Abschluß des Vertrages geeinigt. Da das Geständniß Alles umfasse, was den Gegenstand einer Beweisauflage für den Kläger bilden könne, so bleibe für ihn Nichts zu beweisen übrig und werde nur dem Beklagten der Beweis über die von ihm behauptete Bedingung aufzulegen sein." Dies Raisonnement möchte doch verkehrt sein und lediglich darin seinen Grund haben, daß auch von Seiten der Redaction die Suspensivbedingung als ein Nebending des „Geschäftes an sich" aufgefaßt,*) oder einer das negotium purum hindernden Thatsache gleichgeachtet wird (pag. 334); darauf weist die Bezeichnung hin, „der Vertrag sei im Uebrigen abgeschlossen"; und noch deutlicher die im folgenden Absatz (pag. 335) gebrauchten Ausdrücke, welche unter Gleichstellung der Suspensivbedingung, Resolutivbedingung und Zeitbestimmung im Beweiserkenntniß lauten: „Allerdings sind Resolutiv- und Suspensivbedingungen ihrer Wirkung nach sehr verschieden. Aber in der Eigenthümlichkeit der letzteren, daß sie auf die Rechtsentstehung hindernd oder wenigstens aufschiebend einwirkt,*) kann nicht der Grund gesucht werden sollen, weshalb in dem Fall, wo Beklagter sich auf eine solche Bedingung beruft, die Beweislast anders

*) Anm. d. Red. Eine Suspensivbedingung gehört zu den wesentlichsten Vertragsbestimmungen und ihr Einfluß ist größer oder geringer, je nachdem die Bedingung sich auf alle durch den Vertrag entstehenden Rechte und Verbindlichkeiten bezieht oder nur für eine von verschiedenen im Contract übernommenen Verpflichtungen beredet worden ist. Dies haben wir keineswegs verkannt, daher auch die Bedingung nicht als ein Nebending des Geschäftes angesehen wissen wollen.

*) Anm. d. Red. Ein klagbarer Rechtsanspruch wird erst mit dem Eintritt der Bedingung existent und für die Entstehung eines solchen ist daher die Bedingung von aufschiebender und hindernder Wirkung. Nur dies ist mit jener Bemerkung gemeint gewesen und daß das durch den Vertrag erzeugte bedingte Recht als solches schon mit dem Abschluß des Vertrages existent geworden, kann nicht in Frage gestellt werden.

bestimmt werden soll, als wenn es eine für die rechtliche Beurtheilung relevante Resolutivbedingung ist, die behauptet wird. Denn daß der Beklagte die die Rechtsentstehung hindernden Thatsachen beweisen muß, ist ja nichts Ungewöhnliches und im Uebrigen stehen beide Fälle sich insofern völlig gleich, daß der Beklagte eine für die rechtliche Beurtheilung wesentliche Contractsbestimmung behauptet, welche in der Klage nicht erwähnt wird und welche, wenn man sich so ausdrücken will, den Contract zu **einem wesentlich andern** macht, als wie er sich nach Inhalt der Klage darstellt,

cf. Kierulff, l. c., S. 300."

Gegen diese Exposition möchten wir bemerken: Wenn man es als eine mögliche, d. h. richtige Bezeichnung einräumt, daß ein bedingtes Geschäft als ein **wesentlich anderes erscheint als ein einfaches (purum) Geschäft**, wie kann man dann von zweien Partien, welche von zwei so wesentlich verschiedenen Geschäften in Klage und Einlassung sprechen, sagen wollen, daß sie übereinstimmen, daß gestanden sei, wenn derjenige, welcher gestanden haben soll, einen **wesentlich** engeren Begriff (daß das negotium conditionale einen engeren Begriff bildet, bestreitet wohl Niemand) in seiner Aeußerung umfaßt, als den Begriff, welchen der Gegner mit seinen Aeußerungen bezeichnet. Jeder Contract ist doch ein Begriff; ist die Bedingung nun wesentlicher Theil desselben, so kann man doch beide nicht so von einander trennen, daß man den Begriff als ohne den wesentlichen Theil in Wirklichkeit bestehend darstellte, wie doch entschieden geschehen würde, wenn man sagen wollte, der Vertrag ist vorhanden, aber einen wesentlichen Theil desselben suchen wir noch. Man könnte uns entgegnen wollen, daß auch wir, obwohl eine wesentliche Verschiedenheit der Begriffe des bedingten Geschäftes und des einfachen (purum) Geschäftes annehmend, doch dazu kommen müßten, unter Umständen ein Geständniß des einen Geschäftes in dem Einräumen des anderen wesentlich verschiedenen zu sehen; wenn z. B. Kläger aus einem bedingten Geschäft klage und Beklagter das ähnliche Geschäft als einfaches (purum) einräume! Der Einwand erscheint nicht richtig; denn, indem wir hier ein Geständniß, eine wesentliche Uebereinstimmung, annehmen, trennen wir nicht die Bedingung als eine unwesentliche Nebenbestimmung von dem Geschäft, sondern wir nehmen nur an, daß derjenige, welcher mehreren wesentlichen Voraussetzungen zur Verwirklichung eines gleichartigen weiteren Begriffes einräumt, auch die wenigeren Voraussetzungen zur Verwirklichung des engeren gleichartigen Begriffes einräumt, daß also, wer auf alle einzelne Fälle (purum negotium) als Schuldner angesehen sein will, dies auch auf jeden einzelnen (negotium conditionale) Fall von sich gelten lassen will, eben wie derjenige sich schuldig bekennt, welcher, auf zehn Ducaten belangt, sich darauf beschränkt, zu erklären, er habe zehn Ducaten, welche in seiner Kasse liegen, versprochen.

Ist es ferner eine „Eigenthümlichkeit der **Suspensivbedingung**, daß sie auf die Rechtsentstehung **hindernd** oder wenigstens **aufschiebend** einwirkt? Wahrlich, wenn diese Aeußerung, welche übrigens nicht selten vorkommt, richtig wäre, so würde keine einzige Definition (einer Suspensivbedingung) **aller unserer Pandectisten** den mindesten Werth haben, da in **allen das Gegentheil** gelehrt wird: nicht nämlich, daß eine Suspensivbedingung die Rechtsentstehung hindert, sondern gerade, daß die Existenz der Bedingung die Wirksamkeit („das Dasein" nach Savigny) des Geschäftes hervorruft („erzeugt" nach Puchta). Dahin lauten auch die Aussprüche der Römischen Juristen. [§ 4 J. 3, 15: Sub conditione stipulatio fit, quum in aliquem casum differtur obligatio heißt doch nicht: eine Bedingung (aliquis casus) hindert die obligatio, schiebt dieselbe auf, sondern die obligatio ist aufgeschoben, und soll nur auf einen Fall — conditio, welche also gerade nicht als aufschiebendes Hinderniß gedacht wird — gelten.] Gerade darin liegt der Unterschied zwischen der Suspensivbedingung und der Resolutivbedingung, daß die eine erzeugend, die andere zerstörend wirkt.*) Leider ist die Bemerkung Unger's l. l. nicht unbegründet, daß in der Lehre über die Bedingungen und bedingte Geschäfte noch manche

*) v. Keller, Vorlesungen, p. 98: Die Bedingungen beziehen sich auf die Entstehung oder auf die Zerstörung eines Verhältnisses, suspensive oder resolutive.

Unklarheiten und Verkehrtheiten vorkommen und das möchte sich auch hier zeigen, wo die in einem Rechtsgeschäft enthaltene Bedingung als „Hinderniß" bezeichnet und gedacht wird.*) Ein bedingtes Geschäft ist ein auf einen möglichen künftigen Fall gewolltes Geschäft; diesen Fall (die Bedingung) als „Hinderniß" des Geschäftes anzusehen ist doch wohl eben so wenig möglich, als wenn man bei einem sogenannten gewagten Geschäft**) (z. B. emtio rei speratæ) die res sperata als Hinderniß des Geschäftes bezeichnen und ansehen wollte; das Geschäft ist auf die spes beschränkt, aber nicht dadurch gehindert und ebenso ist das negotium conditionale auf die Bedingung beschränkt, aber doch nimmermehr dadurch behindert. Die irrige Auffassung der Bedingung als „Ausnahme", „Hinderniß" des einfachen Geschäftes ist unzweifelhaft dadurch veranlaßt, daß unsere Juristen die allerdings häufige äußere Form, in welcher die Bedingung sich einführt, nämlich durch „wenn" und „wenn nicht", zu sehr bei ihren Betrachtungen vorwiegen lassen, während diese Form durchaus kein characteristisches Zeichen der bedingten Geschäfte ist, wie auch allgemein eingeräumt wird. Z. B. verspricht A dem B schenkend diejenigen 100 ß R.-M., welche A im Markt zu heben gedenke. Hier liegt ein bedingtes Geschäft vor, woran kein Jurist zweifeln würde, hätte A gesagt: er wolle dem B 100 ß R.-M., wenn er solche im Markt heben werde, schenken; bei der ersten Fassung wird das Geschäft wohl ein pactum rei speratæ genannt werden, — bei der einen Ausdrucksweise wird die incertitudo sprachlich auf die Thatsache des Hebens, in der andern auf das Geld (das gedacht, körperliche Object) direct bezogen, in beiden Fällen ist schließlich das Object der Obligation ungewiß.

Wir haben besonders deswegen gegen die von der Redaction der Anzeigen angenommene irrige Auffassung zu argumentiren versucht, weil die Redaction der Anzeigen eben wie Kierulff, Puchta und Andere die Entscheidung der vorliegenden Controverse aus dem Begriff der Bedingung — wenn auch nicht, wie es scheint, mit klarem Bewußtsein, daß hier der Hauptschwerpunkt der Controverse liegt — herleiten.

Wenn die vorliegende Controverse entschieden werden soll, so versteht es sich von selbst, daß wir zunächst von Principien ausgehen, welche uns in dem Begriff des bedingten Geschäftes und des Geständnisses zu liegen scheinen; wo andere Gesetze oder als bewährt anerkannte Hauptrechtsregeln (præsumtiones juris) mit jenen Principien, die wir als vorhanden annehmen, zusammenstoßen, da räumen wir ein, daß durch das Zusammentreffen jener Principien und der entgegenstehenden Gesetze oder als bewährt anerkannten Hauptrechtsregeln ein anderes juristisches Resultat entstehen könne, als da, wo jene Principien nicht mit solchen entgegenstehenden gewichtigeren Grundsätzen der Jurisprudenz zusammenstoßen; und daraus grade ist es vielleicht zu erklären, wenn die Resolutivbedingungen, Zeitbestimmungen u. s. w. im Beweiserkenntniß eine andere Behandlungsweise nöthig machen können als die Suspensivbedingungen, obwohl die Redaction der Anzeigen, wie manche andere juristische Auctoritäten, ausreichende innere Gründe für solche Verschiedenheiten nicht zu erkennen vermögen,

Holst. Anz. 1857, p. 335, Absatz 2.

Wünschen wir nun freilich nicht, die nothwendigen Grenzen unseres Themas zu überschreiten, so halten wir es doch für angemessen, diesen Punkt genauer zu erörtern, denn würden wir innere Gründe für eine mögliche oder nothwendige Abweichung in der Behandlung der Resolutivbedingung u. s. w. im Beweis-

*) Anm. d. Red. Vgl. die obige Anm. d. Red.

**) Diese Geschäfte (namentlich die sog. pacta rei speratæ) haben offenbar die größte Aehnlichkeit mit bedingten Geschäften; bei den gewagten Geschäften liegt die incertitudo meistens in der res (dem Object) selbst, L. 11 D. 18, 4, bei den übrigen bedingten Geschäften liegt die incertitudo dagegen meistens in einem besonders ausgedrückten Umstand, durch welchen das Object aber in derselben Weise afficirt wird, wie wenn die incertitudo in ihm selbst läge. Puchta, Pandecten, § 256 NB. i. nennt die Eigenthümlichkeit der gewagten Geschäfte selbst eine „Modification der Verträge" und hätte dieselben also nach seiner Auffassung gewiß systematisch richtiger bei der Lehre von den Bedingungen behandelt. § 4 J. 3, 15: ex conditionale stipulatione tantum spes est debitum iri. v. Keller, Vorlesungen, widmet daher sehr richtig den gewagten Geschäften keinen besonderen Platz, sondern nur den eigenthümlichen Spielverträgen und Wetten.

erkenntniß von der Behandlung der Suspensivbedingung nicht anerkennen, so würden wir einräumen müssen, daß unsere Ansicht über die Behandlungsweise der bedingten (Suspensivbedingung) Geschäfte als verkehrt und grundlos dastehe, wenn wir dieselbe auf diese bedingten Geschäfte allein beschränken wollten.

Der Kläger, welcher aus einem einfachen (purum) Geschäft klagt, beruft sich auf einen wesentlich anderen thatsächlichen und rechtlichen Grund, als derjenige ist, auf welchen der Beklagte sich stellt, wenn er sich dagegen auf ein resolutivbedingtes Geschäft beruft; Beide stimmen daher in ihren processualischen Auslassungen wesentlich nicht überein, es liegt also kein Geständniß vor; die natürliche Folge hiervon würde ebenso, wie wenn Beklagter ein suspensivbedingtes Geschäft vorschützte, diese sein, daß Kläger die von ihm behaupteten Thatsachen, welche die Substanz für den Klaggrund bilden, zu beweisen haben würde — wenn nicht die besondere Natur des resolutivbedingten Geschäftes es mit sich brächte, daß hier ein anderes Princip, eine sog. praesumtio juris, den Kläger von der ihm sonst zur Last fallenden Beweisführung befreite; dieses Princip (præsumtio juris), welches allgemein als richtig und verständig anerkannt ist, lautet: Derjenige, welcher die Fortdauer eines Zustandes bestreitet, hat den Beweis der Veränderung des Zustandes zu führen. Da nun derjenige, welcher einem behaupteten einfachen (purum) Geschäft gegenüber ein resolutivbedingtes vorbringt, behauptet, daß das Geschäft zu reiner Existenz gekommen, durch einen später eingetretenen einzelnen Umstand aber seine Existenz verloren habe und habe verlieren sollen, so wird ihm gemäß jenem allgemein als geltend anerkannten Princip der Beweis des Aufhörens des von ihm als existent eingeräumten Zustandes, und da das Aufhören nicht ohne jene Thatsache der willkürlich beigefügten Resolutivbedingung in dem gegebenen Fall gedacht werden kann — der Beweis der Behauptung, daß das Geschäft auf einen Fall aufhören solle, — aufgelegt. Die classischen Römischen Juristen nennen grade deswegen das negotium sub conditione resolvendum ein negotium purum, weil es in seinen nächsten äußeren Folgen und Wirkungen dem negotium purum (sine conditione) vollständig gleicht. Wäre jene præsumtio juris nicht auf die Beweisführung eines resolutivbedingten Geschäftes anzuwenden, so wären wir in Verlegenheit, für die Beweisführung solcher Geschäfte eine genügende Grundlage zu finden; daß diese præsumtio aber bei den resolutivbedingten Geschäften, nicht dagegen bei suspensivbedingten Geschäften zur Anwendung kommen muß, erklärt sich uns aus dem wesentlich verschiedenen Character beider Arten der Geschäfte, welcher den Römern schon so erheblich schien, daß sie die eine Art als negotium purum — die andere ausschließlich als negotium conditionale bezeichneten.

Schwieriger scheint es uns, die Ansicht zu begründen, daß derjenige, welcher sich gegenüber der Klage aus einem unbetagten Geschäft auf einen noch nicht eingetretenen **Anfangstermin** (bei einem Endtermin gilt das für die Resolutivbedingung Gesagte) beruft, den Beweis der Betagung zu führen haben soll, wie doch in der Praxis und Doctrin fast allgemein (Brackenhöfft und einige wenige Juristen ausgenommen) angenommen wird. Der Anfangstermin, wie der beigefügte Ort,

cfr. Puchta, Pandecten, § 246,

afficirt, insofern das Geschäft nicht so wesentlich, wie die Bedingung es thut, als durch die Wirksamkeit desselben nicht überhaupt, sondern nur zeitlich oder räumlich beschränkt wird.*) Aus diesem Grunde allein, daß der Anfangstermin, die Ortsbestimmung der Leistung u. dgl. m. das Geschäft doch nicht so wesentlich afficiren,**) oder wie es auch wohl, nur

---

*) Es sei denn, daß der dies mit dem fraglichen Geschäft unverträglich, also wesentlich für die Existenz desselben wäre — ein Fall, den wir hier unberücksichtigt lassen.

**) Hierfür spricht namentlich, daß die Römer selbst bei stricti juris obligationes die Beifügung eines Orts für die Leistung als unwesentlich wenigstens in einer Beziehung ansahen, wie aus der actio de eo, quod certo loco hervorgeht. Mit Recht stellen die Römer die an einem bestimmten Ort geknüpften Geschäfte den betagten und bedingten in manchen Beziehungen gleich; § 5 J. 3, 15: Loca etiam stipulatione inseri solent, veluti: Carthagine dare spondes? Quae stipulatio, licet pure fieri videatur, tamen re ipsa habet tempus injectum, quo promissor utatur ad pecuniam

mit einem andern Wort, ausgedrückt wird: daß die Unbetagtheit u. s. w. nicht zum Klaggrunde gehöre — läßt sich die übliche Ansicht über die Beweisführung eines Anfangstermines u. s. w. herleiten. Hält man diesen Grund für nicht genügend (und man könnte ihn wohl willkürlich nennen), so muß man eingestehen, daß die übliche Ansicht sich zwar auf die allgemeine Praxis und Doctrin stützt, einer inneren Begründung indeß wohl entbehrt. Gegen die übliche Ansicht entscheiden wir uns; denn wenn auch die Betagung als bloß zeitliche Schranke den Begriff des Geschäftes nicht so wesentlich modificirt, wie die Bedingung, so scheint uns die Beschränkung des Geschäftes dadurch doch zu wesentlich, als daß wir eine Uebereinstimmung der Parteien, d. h. ein Geständniß annehmen könnten, wenn die eine Partei ein unbetagtes, die andere ein betagtes meint und will, § 2 J. 3, 15: Omnis stipulatio aut pure, aut in diem, aut sub conditione fit. v. Keller, Vorlesungen, § 50, stellt die conditio, dies und modus als eigenthümliche wichtige Art von Elementen der Rechtsgeschäfte und Willenserklärungen zusammen, welche Selbstbeschränkungen des Willens man nicht als Nebenbestimmungen bezeichnen sollte, da sie nicht bloß den Inhalt, sondern auch die Kraft und Existenz des Rechtsgeschäftes betreffen. Recht sehr trifft dasjenige, wie uns scheinen will, hier (bei betagten und ähnlichen Geschäften) zu, was v. Keller l. l., § 43, von den zweiseitigen Obligationen sagt: „Dieselben dürfen gar nicht so angesehen werden, als wären es bloß zwei neben einander stehende einseitige Obligationen, vielmehr ist wohl zu beachten, daß die einander entgegenstehenden Rechte und Pflichten in einer genauen innern Verbindung zu einander stehen, daß sie einander kreuzen, binden und bedingen."

Mag es noch gestattet sein, auf die Glosse l. l. hinzuweisen; das darin von den Worten „Quarto, qui etc." bis ans Ende angeführte Motiv spricht scheinbar dafür, daß die Glosse derjenigen Partei, welche gegen eine Klage aus einem einfachen Geschäft die Betagung desselben aufstellte, den Beweis der Betagung nicht aufgelegt wissen wollte, sondern darin eine Verneinung des Klaggrundes sah, insofern darin die nativitas actionis geleugnet werde.

Wenn von manchen Anhängern der Ansicht, daß die Suspensivbedingung von dem Allegant en zu beweisen sei, darauf hingewiesen ist, daß doch auch derjenige, welcher Irrthum (als Motiv) oder Betrug, Simulation gegen die Klage aus einem Geschäft vorschützt, die Thatsachen, welche zur Begründung solcher Einwendung genügen, beweisen müsse, so ist dagegen zu bemerken, daß Irrthum und Betrug 2c. nur die von dem Geschäfte selbst factisch und juristisch trennbare Veranlassung desselben bilden, welcher Veranlassung (Motiv) das Recht eben so wenig anderswo als im Proceß einen directen unmittelbaren Einfluß auf das Geschäft selbst und seine Wirkung gestattet. Wer sich auf ein Motiv gegen die Wirkung eines bestimmten Geschäftes beruft, kann unmöglich das bestimmte Geschäft bestreiten wollen, ohne mit sich selbst in Widerspruch zu gerathen. Das Recht hat wirklich nur ausnahmsweise dem von dem Geschäft getrennten fehlerhaften Motiv einigen Einfluß gestattet; von allen solchen Fällen, wo das Recht eine Berücksichtigung des Motives zuläßt, kann man, wie beim Zwang, von jeder Partei sagen (coactus voluit) voluit tamen. Auch das simulirte Geschäft fällt unter die gleiche Beurtheilung. Das simulirte Geschäft ist nicht ein nicht gewolltes Geschäft, sondern ein zum Schein **gewolltes** Geschäft; auf den Schein, das Aeußere, das Thatsächliche des Geschäftes bezieht sich aber die Beweisführung und da derjenige, welcher die Simulation behauptet, doch behauptet, er habe das Geschäft gewollt und ausgeführt, wie wenn es ein ernstlich gewolltes wäre (darin liegt der Begriff der Täuschung), so wird er nimmermehr verlangen können, daß man ihm nachweise, er habe Alles gethan, was nöthig war, um das von ihm gewollte Geschäft abzuschließen, worauf unzweifelhaft der Beweis des Klägers zur Klagbegründung allein gerichtet sein kann.*)

Carthagine dandam. Et ideo si quis Romæ ita stipuletur: hodie Carthagine dare spondes? inutilis erit stipulatio, quum impossibilis sit repromissio.

*) Es würde überflüssig geschienen haben, die Simulation hier besonders zu betonen, wenn nicht in der oben citirten Monographie von Maxen in unverständiger Weise gesagt wäre: „Simulation und

Kehren wir zur Argumentation der Redaction der Anzeigen zurück, so geht diese im letzten Absatz der pagina 335 darauf hinaus: Die Suspensivbedingung sei zwar, wie Reinhold l. l. sage, eine wesentliche und einflußreiche Contractsbestimmung, indeß daraus sei die Entscheidung über die Beweislast nicht zu deduciren; hier werde nicht, wie wenn der Beklagte eine alternative Obligation gegen eine vom Kläger behauptete einfache setzt, das Object der Leistung bestritten (Savigny entscheidet auch hier anders und, wie uns scheint, jedenfalls consequenter); in dem letzteren Fall sei es eine Selbstfolge, daß das Geständniß des Beklagten nicht alle positiven Thatsachen umfasse, deren Beweis, wenn sie bestritten, Kläger zu führen habe; dagegen trete eine Bedingung den positiven Behauptungen in der Klage, welche Kläger zu beweisen habe, nur insofern negirend entgegen, als mit dem Vorschützen der Bedingung negirt werde, der Vertrag habe keinen andern als den vom Beklagten behaupteten Inhalt gehabt. An diese Ausführung knüpft die Redaction die Bemerkung, daß Reinhold l. l. nach Hasse's und Götting's Vorgang zur Begründung seiner entgegengesetzten Ansicht dazu komme, das bedingte Geschäft als ein doppeltes Geschäft aufzufassen, als einen besonderen (Kaufcontract, Miethcontract u. dgl.) Vertrag und ein pactum de contrahendo (die Vereinbarung, daß ein besonderer Vertrag unter Umständen geschlossen sein solle). Diese Ansicht leide aber an einer gewissen Unklarheit, da die Parteien bei einem negotium conditionale nicht vereinbarten, das negotium unter einer bestimmten Voraussetzung erst abschließen zu wollen, sondern das negotium, aus welchem die obligatio unter einer bestimmten Voraussetzung entstehen solle, vollständig von vornherein abgeschlossen hätten.

(Die Fortsetzung folgt.)

Bedingung sind nur darin verschieden, daß jene dauerndes Hinderniß der rechtserzeugenden Kraft der Willenserklärung ist, während bei der Suspensivbedingung das Hinderniß beseitigt werden kann."

Entscheidungen.

Die städtische Gerichtsverfassung, insbesondere die Protocollführung betreffend. — Amtliche Beschwerde.

Auf die am 1. Mai d. J. hieselbst eingegangene Recursschrift von Seiten des Bürgers und Malers Christian Bernhard Croninger in Oldesloe, Querulanten, event. Supplicanten,

wegen angeblich gröblicher Beleidigung des Cantors Jensen in Oldesloe und vermeintlicher Störung des Hausfriedens desselben, jetzt Nichtigkeitsbeschwerde und event. Supplication gegen das Erkenntniß des Oldesloer Magistrats vom 18. Novbr. 1859, so wie den am 15. Mai hieselbst eingegangenen Nachtrag zu dieser Recursschrift,

wird, nach erstatteten Berichten des Magistrats,

in Erwägung, daß nach der Verfassung der Stadt Oldesloe, welche in dieser Beziehung durch die neue Städteordnung keine Veränderung erlitten hat,

cf. Statut vom 23. Mai 1856, § 109,

in Justizsachen das Protocoll von dem Bürgermeister als Stadtsecretair und bei dessen Behinderung von dem ältesten Rathsverwandten zu führen ist, auch bereits früher das Ansuchen des Bürgermeisters, sich seines Sohnes zur Protocollführung bedienen zu dürfen, von der Schleswig-Holstein-Lauenburgischen Kanzelei abschlägig beschieden ist;

in Erwägung, daß dem Magistrate unterm 5. Juli 1855 vom Obergericht zu erkennen gegeben ist, daß gegen die bei Behinderung des Bürgermeisters und Stadtsecretairs von dem ältesten Rathsverwandten in den Gerichtsterminen eigenhändig zu übernehmende Protocollführung nach der bestehenden Stadtverfassung nichts zu erinnern gefunden worden, daß aber demselben die Befugniß, das Protocoll durch einen Dritten aufnehmen zu lassen und sich auf die bloße Unterschrift zu beschränken, ohne zuvor für diesen Protocollführer bewirkte Auctorisation des Königl. Ministerii nicht zugestanden werden könne;

in Erwägung, daß die in dieser Beziehung für die Protocollführung des ältesten Rathsverwandten geltenden Regeln selbstverständlich auch auf die Protocollführung des Stadtsecretairs Anwendung leiden;

in Erwägung, daß die in Untersuchungssachen wider Croninger erwachsenen Untersuchungsprotocolle, wie sich aus dem Berichte des Magistrats vom 22. Mai d. J. ergiebt, nicht von dem Stadtsecretair, sondern nach dessen Anweisung von dem Candidaten der Rechte Petersen aufgenommen und von dem Stadtsecretair lediglich unterschrieben sind, daß die Protocolle demnach, als von einer dazu nicht auctorisirten Person geführt, nicht beweisend sind; und

in Erwägung, daß die gegen Croninger eingeleitete Untersuchung daher in nichtiger Weise geführt ist;

hiedurch von Obergerichtswegen zum Bescheide gegeben:

daß die wider den Maler Christian Bernhard Croninger in Oldesloe wegen Beleidigung des Cantors Jensen und Störung des Hausfriedens geführte Untersuchung als nichtig zu cassiren.

Die Originalanlagen folgen hiebei zurück.

Urkundlich ꝛc. Gegeben im Königl. Holsteinischen Obergerichte zu Glückstadt, den 30. Juli 1860.

Gegen diesen Bescheid und ein gleichzeitig erlassenes Rescript, wodurch, unter Bezugnahme auf das frühere die Unzulässigkeit der Adhibirung eines dem Magistrat nicht angehörigen Dritten zur Protocollführung betreffende Rescript vom 5. Juli 1855, die verantwortliche Erklärung des Oldesloer Magistrates über sein in dieser Beziehung beobachtetes Verfahren eingezogen wurde, wandte sich dieser mit einer amtlichen Beschwerde an das Königl. Oberappellationsgericht, welches jedoch nachstehenden abschlägigen Bescheid ertheilte.

Namens Sr. Königl. Majestät.

Auf die am 25. Septbr. v. J. hieselbst eingegangene amtliche Beschwerde des Magistrats der Stadt Oldesloe über Verfügungen des Holsteinischen Obergerichts vom 30. Juli 1860 in Untersuchungssachen wider den Bürger und Maler Christian Bernhard Croninger in Oldesloe,

wegen gröblicher Beleidigung des Cantors Jensen und Störung des Hausfriedens desselben,

wird,

in Erwägung, daß das Obergericht in beregter Untersuchungssache Protocolle, welche der Bürgermeister und Stadtsecretair durch einen zur Protocollführung nicht auctorisirten Privatgehülfen hat schreiben lassen, für nicht beweisend erachtet, deshalb die Untersuchung mittelst Bescheides als nichtig cassirt und zugleich unter Bezugnahme auf ein früheres die Unzulässigkeit der Adhibirung eines dem Magistrat nicht angehörigen Dritten zur Protocollführung betreffendes Rescript die verantwortliche Erklärung des Magistrats über sein in jener Beziehung beobachtetes Verfahren erfordert hat, daß jetzt aber der Magistrat über die solchergestalt ergangenen Verfügungen Beschwerde geführt und die Anträge gestellt hat:

1) daß der obergerichtliche Bescheid aufgehoben und hieselbst über die geführte Untersuchung und das abgesprochene Urtheil so wie den dagegen ergriffenen Recurs erkannt werde; eventualiter, daß unter Beseitigung des obergerichtlichen Bescheides dem Obergericht aufgegeben werde, in der Hauptsache über die eingewandte und prosequirte Supplication zu erkennen;

2) in eventum, daß insbesondere auch mit Rücksicht auf die dem Magistrat aufgegebene verantwortliche Erklärung ausgesprochen werde, daß in dem in der Croningerschen Untersuchungssache beobachteten Verfahren eine Nichtigkeit nicht gefunden werden könne;

und

in Erwägung, daß die zuerst gedachten Anträge des Magistrats für statthaft nicht erachtet werden können, weil nach den über das Instanzenverhältniß geltenden Grundsätzen in der bloßen Cassation eines gerichtlichen Erkenntnisses von Seiten des höheren Richters, an den die Sache im Wege des Recurses gelangt ist, eine Verletzung amtlicher Interessen des Richters, dessen Erkenntniß als nichtig aufgehoben worden, nicht gefunden werden kann, hierin auch der von dem Magistrat hervorgehobene Umstand, daß wider Nichtigkeitserklärungen von Urtheilen in Untersuchungssachen von Niemandem ein Recurs ergriffen werden kann, sowenig etwas zu ändern vermag, als dem Oberappellationsgericht ein Oberaufsichtsrecht über die Justizpflege zusteht, vermöge dessen dasselbe die Cognition in Rechtssachen, welche nicht auf ordnungsmäßigem Wege zur diesseitigen Entscheidung vorgelegt worden sind, an sich zu ziehen berechtigt wäre; so wie

in Erwägung, daß zwar der Magistrat für seinen zweiten eventuellen Antrag durch Bezugnahme auf die ihm abverlangte verantwortliche Erklärung ein eigenes Interesse nachzuweisen versucht hat, daß aber die Beschwerde, so weit sie hierauf gestützt worden, unzulässig erscheint, weil durch das Erfordern einer verantwortlichen Erklärung Seitens der dazu berechtigten vorgesetzten Behörde noch keine Verletzung amtlicher Rechte oder Interessen zugefügt sein kann;

hiemit zum Bescheide ertheilt:

daß die gestellten Anträge als unstatthaft zu verwerfen seien.

Urkundlich rc. Gegeben im Königlichen Oberappellationsgericht zu Kiel, den 9. Februar 1861.

Nachdem sodann der Oldesloer Magistrat nach eingegangener verantwortlicher Erklärung wegen des bei der Protocollführung beobachteten Verfahrens unter Androhung einer Brüche für den Wiederholungsfall mit einem Verweis belegt worden, wandte sich derselbe abermals beschwerend an das Königl. Oberappellationsgericht, erhielt jedoch nachstehenden abschlägigen Bescheid.

Namens Sr. Königl. Majestät.

Auf die am 24. April d. J. hieselbst eingegangene Supplicationsschrift des Magistrats der Stadt Oldesloe, wider ein in Veranlassung der Untersuchung gegen den Maler Croninger wegen gröblicher Beleidigung des Cantor Jensen und mit Rücksicht auf das bei der Protocollführung beobachtete Verfahren vom Holsteinischen Obergericht am 2. April d. J. erlassenes Rescript,

wird,

in Erwägung, daß der hauptsächliche Antrag, wornach um einen Ausspruch dahin, daß der Magistrat sich rücksichtlich der Protocollführung in der Croninger'schen Untersuchungssache einen Verstoß gegen wesentliche Proceßvorschriften, mithin eine Nichtigkeit nicht habe zu Schulden kommen lassen, gebeten wird, aus den Gründen, welche in dem diesseitigen am 9. Februar d. J. auf die frühere Vorstellung des Magistrats abgegebenen Bescheide angeführt sind, für statthaft nicht erachtet werden kann; und

in Erwägung, den eventuellen auf Aufhebung des obergerichtlichen Rescripts vom 2. April d. J. gerichteten Antrag betreffend, daß, da die Zuverlässigkeit gerichtlicher Protocolle wesentlich darauf beruht, daß ein geeigneter und auf die Protocollführung beeidigter Mann seine eigenen sinnlichen Wahrnehmungen über die Vorgänge im Gericht direct berichtet, dem Magistrat das Recht nicht zustehen kann, die Aufzeichnungen eines Dritten durch seinen Protocollführer bloß controliren und beglaubigen zu lassen, wodurch eine gleiche Garantie für die vollständige Richtigkeit des Verzeichneten nicht zu erreichen steht, daß folgeweise, zumal nachdem der Magistrat auf die Unstatthaftigkeit seines in dieser Beziehung beobachteten Verfahrens durch das obergerichtliche Rescript vom 5. Juli 1855 hingewiesen worden, die Anwendung des gleichen Verfahrens in der Croninger'schen Untersuchungssache zu dem Einschreiten des Obergerichts, über welches Beschwerde geführt wird, hinreichende Veranlassung gegeben hat, ohne daß dagegen die Ansicht, welche der Magistrat über die Zweckmäßigkeit der von ihm getroffenen Einrichtung hegt, in Betracht kommen kann;

hiemit

ein abschlägiger Bescheid

ertheilt.

Urkundlich rc. Gegeben im Königl. Oberappellationsgericht zu Kiel, den 26. October 1861.

Allerhöchst privilegirte

Holsteinische Anzeigen.

Redigirt von den Obergerichtsräthen Etatsrath Henrici und Lucht.

Gedruckt bei Augustin in Glückstadt.

28. Stück. — Den 14. Juli 1862.

Das auf einen ungewissen Fall geschlossene Geschäft im Beweiserkenntniß.

Mitgetheilt von dem Herrn Advocaten Rave in Itzehoe.

(Fortsetzung.)

Gewiß ist die dualistische Auffassung des negotium conditionale, welche Reinhold annimmt, nicht zu billigen, wie wir das schon wiederholt anerkannt haben; aber jene Auffassung leidet nicht so sehr an Unklarheit, als an Spitzfindigkeit; nach jener Auffassung wird nicht ein pactum de contrahendo in dem gewöhnlichen Sinn und ein erst demnächst näher zu bestimmender Contract in dem negotium conditionale unterschieden, sondern 1) ein vorbereitender Vertrag, daß auf einen bestimmten Fall hin ein bestimmt characterisirtes Geschäft (z. B. eine emtio) als von Anfang dieses Vertrages an zwischen den Parteien abgeschlossen angesehen werden solle; 2) das bestimmte characteristische Geschäft (emtio), welches auf jenen bestimmten Fall als von Anfang an zwischen den Parteien als abgeschlossen angesehen werden soll. Klar scheint uns diese Auffassung zu sein, aber sie macht aus dem wesentlich einheitlichen negotium conditionale zwei todte Schulbegriffe, welche die ein solches Geschäft abschließenden Parteien nicht darin sehen und welche die Juristen eben so wenig daraus heraus anatomisiren dürfen, wenn sie das lebendige Ganze der Geschäfte nicht zerstören und vernichten wollen. Wie unnütz und todt eine solche spitzfindige dualistische Auffassung des bedingten Geschäftes für unsere Controverse ist, geht recht deutlich daraus hervor, daß dieselbe gerade aus diesem dualistischen Princip heraus in geradezu entgegengesetzter Weise entschieden wird; denn Einert und Andere berufen sich eben so wohl auf den angeblichen Dualismus, als Hasse, Götting, Schneider, Reinhold und Andere. Selbst die Redaction der Anzeigen scheint unbewußt, während sie die dualistische Auffassung Reinhold's bestreitet, derselben zu verfallen,*) denn einräumend, daß die Suspensivbedingung eine wesentliche, einflußreiche Contractsbestimmung sei, meint die Redaction dieselbe doch, ohne besondere Gründe dafür anzugeben, bei der Beweisfrage von dem Contract principiell trennen zu müssen. Es dürfte doch eine sehr gewagte Ansicht sein, welche davon ausginge, man dürfe wesentliche Contractsbestimmungen in der Beweisauflage von dem Contract abtrennen, ohne daß ganz besondere Gründe (z. B. bei der Resolutivbedingung die oben erwähnte præsumtio juris) dies veranlaßten. Einen solchen besonderen Grund kann man aber schwerlich darin finden, daß bei der alternativen Obligation im Gegensatz zur einfachen Obligation das Object**) der Leistung bestritten werde, wäh-

*) Anm. d. Red. Wir möchten doch glauben, zu dieser Annahme keine genügende Veranlassung gegeben zu haben.

**) Object der Leistung aus einer Obligation ist übrigens nicht der körperliche Gegenstand, sondern das besondere Recht an dem Körper (res), welches durch

rend dies bei der bedingten *Obligation nicht der Fall* sein soll; denn das Object der Leistung wird unzweifelhaft eben so stark durch die Suspensivbedingung afficirt, wie durch die Hinstellung einer Obligation auf die Leistung einer res alternativa, wie wir solches an dem weiter oben aufgestellten Beispiel eines Versprechens auf eine res sperata deutlich gezeigt zu haben glauben.

Von den beiden Schlußbemerkungen, welche die Redaction der Anzeigen (l. l. p. 337) macht, scheint uns die erste auf sich beruhen zu können; es giebt wohl kaum eine noch so abenteuerliche Ansicht, welche nicht irgend ein Jurist einmal vertreten hätte! Die *zweite* Bemerkung über die Fassung des Beweises, wenn man in dem bedingten Geschäft eine Negation des einfachen Geschäfts sieht, ist durchaus richtig und wohl begründet. Es ist gewiß unjuristisch, dem Kläger den Beweis der *Unbedingtheit* des von ihm behaupteten Geschäfts aufzulegen, mag der Beweis auf Unbedingtheit im Allgemeinen oder speciell auf die Abwesenheit der vom Beklagten behaupteten einzelnen Bedingung formulirt werden. Dieser Punkt ist indeß etwas ausführlicher zu behandeln. Einige Juristen, welche in dem Vorbringen eines bedingten Geschäfts ein Leugnen der Klage erkennen, legen dem Kläger einfach den Thatbestand des von ihm behaupteten Geschäftes auf, andere Juristen dagegen legen ihm den Beweis der Unbedingtheit auf, während wieder Andere dem Kläger zwar nur den von ihm selbst vorgebrachten Thatbestand zu erweisen aufgeben, indeß, *sofern* der Eid als Beweismittel benutzt wird, dem Richter freistellen, den Eid allgemein auf die Unbedingtheit zu formuliren oder auf das Nichtvorhandensein der bestimmten vom Beklagten behaupteten Bedingung. In der neuesten Zeit haben sich die meisten Schriftsteller, welche unsere Controverse behandelten, dafür ausgesprochen, daß die Beweisauflage sich nur auf das einfache vom Kläger behauptete Geschäft, nicht auf die Unbedingtheit zu richten habe; wenn indeß von manchen Juristen und Gerichten die Unbedingtheit mit in die Beweisauflage des Klägers aufgenommen werde, so geschehe dies lediglich, um Mißverständnissen und Mentalreservationen bei der Ableistung des Eides vorzubeugen und liege die Abweichung von der regelrechten und strikten Beweisformulirung dann nicht in einer verkehrten Auffassung über die Beweislast der bedingten Geschäfte, sondern in dem bedenklichen Character des Eides als Beweismittel. So spricht sich z. B. R. *Schneider* l. l. § 10 aus.

Ein wie bedenkliches Beweismittel der Eid ist, wird nun sicherlich kein practischer Jurist bezweifeln, da durch denselben der einen streitenden Partei selbst die Entscheidung über ihr Recht in die Hand gegeben wird. Hält das Recht es schon für nicht unwahrscheinlich, daß ein Richter, ein Zeuge ein ihn nur entfernt interessirendes Rechtsverhältniß parteilisch beurtheile, so muß eine solche Besorgniß gegen die Partei selbst besonders stark hervortreten und wird der Eid der Partei von vielen Juristen,

cf. Schletter's Jahrbücher, Bd. 7 p. 140,

eben daher als das bedenklichste Beweismittel angesehen. Dieser Umstand hat denn auch dahin geführt, daß man selbst in manchen Gesetzgebungen den Eid (es ist vom freiwilligen die Rede) in mancherlei Weise beschränkt hat, z. B. bei Stuprationsklagen; in einzelnen Ländern ist man so weit gegangen, den Eid auf einige wenige Rechtsstreitigkeiten zu beschränken. Wenn die Gesetzgebung nun mancherlei Cautelen für

die Obligation bezweckt, erzielt wird, z. B. beim Kauf das habere licere einer bestimmten Waare auf Seiten des Käufers, bei der Miethe das frui licere des Miethers u. s. w. Dies *juristische* Object des Vertrages wird wesentlich bedingt durch die Individualität des körperlichen Gegenstandes, auf welchen sich das juristische Object des Vertrages bezieht, aber nicht allein durch die Individualität des körperlichen Gegenstandes, sondern eben so wesentlich durch andere in den Vertrag aufgenommene Umstände, welche bestimmt sind, denselben wesentlich zu individualisiren. Uns scheint zweifelhaft, was die Redaction unter „Object der Leistung“ verstanden wissen will; ist die res corporalis gemeint (welche einen Theil des Substrats des juristischen Objects bildet), so ist es allerdings richtig, daß die Bedingung nicht direct und unmittelbar zu diesem Object gehört, aber mittelbar und indirect wird das körperliche Substrat dadurch eben so sehr afficirt, wie durch seine eigenen juristisch bedeutenden Eigenschaften, weil das körperliche Object mit der Bedingung und anderen Bestimmungen durch den Vertrag zu einer *juristischen* Einheit zusammengefaßt wird, die einheitliche Substanz des Vertrages bildet.

den Schiedseid festsetzt, weil sie ihn für gefährlich, dennoch aber für unentbehrlich hält, so läßt sich freilich wohl über die Zweckmäßigkeit solcher halben Maaßregeln streiten, indeß ihre Geltung steht einmal fest; sehr verfehlt aber will es uns scheinen, wenn die Gerichte außer jenen Cautelen noch allerlei Vorsichtsmaaßregeln, welche keinen gesetzlichen Boden haben, aus Zweckmäßigkeitsrücksichten einführen, deren Zweckmäßigkeit nicht bloß dem Laien, sondern sehr vielen Juristen höchst problematisch erscheinen muß. Solche willkürliche Vorsichtsmaaßregeln entspringen aus einer wohlwollenden aber sehr überflüssigen Bevormundung von Seiten der Gerichte gegen die Partrien und werden sicherlich nie dazu führen, einen Meineid, wo derselbe sonst vorkommen könnte, zu verhindern. Zu solchen überflüssigen, rechtlich nicht begründeten und oft sogar schädlichen Vorsichtsmaaßregeln gehört nun auch die Formulirung eines vom Kläger zu führenden Beweises dahin, daß ein gewisses streitiges Geschäft entweder unter keiner Bedingung oder nicht unter einer gewissen Bedingung abgeschlossen sei. Das Eidesthema soll deutlich und so verständlich abgefaßt sein, daß Jeder, der es will, dasselbe verstehen kann; aber es soll keine Ausdrücke enthalten, die eine gewissenlose Partei niemals beengen werden, einer gewissenhaften Partei aber unverdientes Mißtrauen beweisen; hat der Richter genügenden Grund, einen Meineid zu fürchten, so wird ihm eine wirklich ergreifende Meineidsverwarnung ein viel wirksameres Mittel zur Kräftigung schwacher Gewissen und zum Abschneiden von Mentalreservationen geben, als die Beweisformel, wie solches auch von einigen Juristen bereits befürwortet ist.

Da wir andere Gründe als die Bedenklichkeit des Eides als Beweismittel für die Ansicht, Kläger habe die bestrittene Unbedingtheit des streitigen Geschäfts zu beweisen, oben bereits berücksichtigten, so wird diese Ansicht einer weiteren Kritik nicht bedürfen, wobei wir nur noch bemerken, daß die hier reprobirte Ansicht, wie auch vielfach hervorgehoben ist, in einem inneren Zusammenhang mit der Frage, ob das bedingte Geschäft als eine Negation des einfachen Geschäfts zu gelten habe, nicht steht.

(Die Fortsetzung folgt.)

Entscheidungen.

Ueber die Befugnisse der Fideicommißadministratoren. — Nichtigkeit der Dispositionen über die Substanz des Fideicommisses. — Acquisitivverjährung in Anwendung auf veräußerte Fideicommißgrundstücke.

In Sachen des Justizraths L. A. F. Wyneken zu Lütjenburg und des Grafen C. v. Bernstorff zu Hanredder, als Executoren des von dem weiland Marschall Grafen von Luckner errichteten Testaments und als Administratoren des Gräflich von Luckner-Schulenburger Fideicommisses, Justificanten, Appellanten und Appellaten,

gegen

die Wittwe c. c. c. und die Erben des weiland Inspectors Nicolaus Wendt zu Schmachthagen, Justificaten, Appellaten und Appellanten,

wegen Justification der Angabe ad proclama über die beiden im Dorfe Schmachthagen belegenen von den Justificaten als Eigenthum in Anspruch genommenen Hufenstellen, jetzt Appellation gegen das Erkenntniß des combinirten Gerichts für Schulenburg d. d. 10./17. Januar 1861,

ergeben die Acten:

Nach dem Tode des am 15. April 1859 verstorbenen Inspectors des adel. Guts Schulenburg und Besitzers zweier in Schmachthagen belegener Hufenstellen, Nicolaus Wendt, haben dessen Erben über die beiden in ihren Besitz übergegangenen Hufenstellen ein Proclam extrahirt, welches von dem Gutsgerichte für Schulenburg am 3. September 1859 erlassen worden ist. Auf dieses Proclam haben die Justificanten profitirt hauptsächlich, daß die Proclamsextrahenten die eine sogenannte Schirr'sche Hufe, Nr. 3, cum pert. et fruct. perceptis et percipiendis vom 26. April 1859 angerechnet an die Profitenten in qual. qua auszuliefern hätten, und event. daß sie von dem Todestage ihres Erblassers an für die genannte Hufenstelle in Gemäßheit des sog. Ueberlassungscontracts vom 27./28. October 1818 einen jährlichen gutsherrlichen Canon von 6 ℛ 38 ß R.-M. von jeder bonitirten Tonne, im Ganzen also 277 ℛ 6 ß R.-M., pro anno zu erlegen und die anderweitigen Verpflichtungen auf Grundlage des erwähnten Contracts zu erfüllen hätten.

Zur speciellen Justification aufgefordert haben die Justificanten vor dem erwähnten Gerichte Folgendes vorgetragen:

Der wailand französische Marschall Graf v. Luckner habe unterm 6. August 1763 in einer demnächst allerhöchst bestätigten Fideicommißacte seine Güter Schulenburg und Blumendorf mit einem immerwährenden Fideicommiß belegt, so daß sie in keiner Weise veräußert, verringert, am Wenigsten mit Schulden beschwert und verhypothecirt, sondern ungetrennt und ungetheilt beiden Descendenten des Stifters verbleiben sollten. Durch Testament vom 27. März 1783 und dessen Beilage vom 6. October 1790 habe er das Fideicommiß bestätigt und im § 6 des Testaments die Anordnung getroffen, daß zwei Executoren bestellt werden sollten, damit auf solche Weise für die Erhaltung des Fideicommisses möglichst gesorgt werde.

Der erste Fideicommißerbe, der wailand Kammerherr und Amtmann Graf Nicolaus v. Luckner, dessen Vermögensverhältnisse derangirt gewesen seien, sei mit dem Plane umgegangen, Schulenburg mit Allerhöchstem Consens entweder zu verkaufen oder das Gut, namentlich die Meierhöfe und Bauernfelder, in Erbpacht niederzulegen. Die derzeitigen Executoren hätten sich, offenbar um die Veräußerung zu verhindern, der Vererbpachtung nicht abgeneigt erwiesen. In ihrer Erklärung vom 27./30. December 1800 hätten sie die Realisirung des Planes an die Bedingung geknüpft, daß bei allen zu verkaufenden Parcelen das Vorkaufsrecht dem jedesmaligen Fideicommißbesitzer vorbehalten werde, damit eine Aussicht auf die Wiedervereinigung des Guts möglich bleibe. Mit dieser Bedingung habe auch der Graf Luckner in seinem Gesuche um Gestattung der Niederlegung sich einverstanden erklärt. Die allerhöchste Erlaubniß zur Vererbpachtung sei unterm 13. Mai 1801 unter der Bedingung erfolgt, daß die jährlichen Einnahmen aus dem Gute Schulenburg sich auf 6000 ℛ v. Cour. herausstellen und solches den Executoren docirt würde.

In Folge dessen habe der Graf Luckner die Vererbpachtung vorgenommen und die sämmtlichen Hufen unter Vorbehalt des Näherkaufrechts in Erbpacht ausgethan, namentlich auch die hier in lite befangene Hufe Nr. 3 an Michel Schirr. Dem jedesmaligen Gutsherrn sei das Näherkaufrecht im Fall der Veräußerung der Hufenländereien oder eines Theils derselben vorbehalten und auf die Tonne Land sei ein jährlicher Canon von 6 ℛ 38 ß gelegt, an dessen Stelle jedoch eine Kornlieferung trete, die aber nicht in natura, sondern in Geld nach einer näher angegebenen Berechnung geleistet werde. Schirr sei als Kaufpreis resp. für die Gebäude und das Inventar 1000 ℛ v. Cour. und 231 ℛ schuldig geblieben, welche auf der Hufenstelle protocollirt seien. Schirr sei in Concurs gerathen und die Hufe öffentlich verkauft. Der Graf Luckner sei bei dem öffentlichen Aufgebot der Höchstbietende geblieben und die Hufe sei ihm unterm 6. Mai 1807 für die für ihn darin protocollirten 1337 ℛ 16 ß zugeschlagen und unterm 31. December 1807 vom Justitiariate adjudicirt.

Daß der Graf Luckner, wie er als fideicommissarischer Besitzer von Schulenburg die Hufe in Erbpacht gegeben hatte, so dieselbe auch für das Fideicommiß zurückgekauft habe, sei gewiß und könne schon mit Rücksicht auf das vorbehaltene Näherkaufsrecht nicht bezweifelt werden, welches allerseits als ein wesentliches Moment für die Wiedervereinigung des Guts hingestellt sei. Ohne dolus habe der Graf Luckner, der damals die Administration des Fideicommisses ausschließlich in Händen gehabt, die in Concurs gerathene Hufe nicht für sich, sondern nur für das Fideicommiß erwerben können, da sie trotz der Vererbpachtung nicht definitive aus dem Fideicommiß ausgeschieden sei. Daß der Adjudicationsbrief auf diese Qualität des Käufers nicht ausdrücklich Bezug nehme, sei erklärlich, da der Graf Luckner auch in den Erbpachtscontracten schlechthin als Besitzer des Guts angegeben sei. Die Hufe sei dem Käufer für die darauf protocollirten 1337 ℛ 16 ß Cour. zugeschlagen und der Graf habe deren Liquidirung und Abtragung übernommen. Davon hätten 106 ℛ 16 ß eine Privatforderung des Grafen Luckner gebildet. Die 231 ℛ v. Cour. für den Beschlag seien unzweifelhaft eine Forderung des Fideicommisses und seien vom Grafen

Luckner auch stets als solche angesehen, während er sich für berechtigt erachtet habe, die für die Gebäude von den Erbpächtern schuldig gebliebenen Summen im Gesammtbetrage von 10,200 ℛ︁ und in specie auch die obigen 1000 ℛ︁ als ihm privatim zuständige Forderung anzusehen. Daß diese Forderungen de jure dem Fideicommiß gehörten, sei nach dem Grundsatz pretium succedit in locum rei nicht zu bezweifeln. Die Kaufsumme habe mit den protocollatis, die theils Privat-, theils Fideicommißforderungen gewesen, abgetragen werden sollen. Dies habe nur geschehen können, wenn der Käufer für das Fideicommiß gekauft habe und deshalb ergebe auch der Adjudicationsbrief trotz der ungeschickten Fassung, daß die Hufe für das Fideicommiß gekauft sei, was auch aus dem Grunde nicht bezweifelt werden könne, weil der Kaufpreis zum Theil mit Fideicommißforderungen bezahlt worden sei. Es sei denn auch für die Folgezeit nicht der Canon und die Zinsen des in der Hufe protocollirten Fideicommißcapitals, sondern die Pacht für die in Zeitpacht gegebene Stelle in die Gutskasse geflossen. Im folgenden Jahre sei durch Allerhöchste Resolution vom 18. Juli 1808 auf Antrag des Grafen Luckner der Verkauf von Blumendorf und die Einsetzung einer Fideicommißadministration genehmigt, als deren Aufgabe bezeichnet sei, die Verkaufsgelder für Blumendorf in Empfang zu nehmen, mit den Gläubigern des Grafen Luckner eine Uebereinkunft zu treffen und die Bezahlung der Schulden so wie die künftige Completirung des Fideicommißcapitals von 170,000 ℛ︁ zu reguliren. Es seien nun der Baron v. Hammerstein und der Kammerherr v. Neergaard von dem Holsteinischen Obergerichte zu Administratoren der Fideicommißrevenüen ernannt und ihnen ein mit dem Inhalte der erwähnten Allerhöchsten Resolution conformes Constitutorium ertheilt. Unterm 13. December 1808 sei von diesen ein Proclam ad indagandum statum bonorum extrahirt und es sei ein obergerichtliches Rescript an die Gutsherrschaft ergangen, ein Publicandum zu erlassen, daß die Schuldner des Fideicommisses nur an die Administratoren der Fideicommißrevenüen zahlen dürften. In Folge obiger Anordnungen habe neben der Executel noch eine Administration der Fideicommißrevenüen bestanden. Der Graf Luckner habe sich dann auch zu Gunsten des Fideicommisses des Genusses und der Disposition über sein etwaiges Privatvermögen begeben und von den Administratoren sei ein von ihm gebilligter und von der S. H. Kanzelei genehmigter Schuldentilgungsplan im Jahre 1809 entworfen, in welchem die Schirr'sche Hufe nicht mit unter das Privatvermögen des Grafen Luckner aufgenommen, vielmehr als Theil des Fideicommisses aufgeführt sei. Daraus ergebe sich wiederum, daß die Hufe stets eine Pertinenz des Fideicommisses geblieben und als solche von dem Fideicommißnutznießer anerkannt sei. Selbst wenn sie jemals aufgehört hätte es zu sein, so sei sie doch auf das Fideicommiß übergegangen, nachdem dieses mit Allerhöchstem Consense die sämmtlichen Luckner'schen Activa und Passiva übernommen habe, um auf Grundlage des Schuldentilgungsplans das Fideicommiß wieder zu redintegriren.

Nachdem die früheren Administratoren ihr Mandat niedergelegt, sei der Graf Adam v. Moltke auf Nütschau unterm 19. August 1816 zum Administrator ernannt. Er habe den Vorschlag gemacht, an Stelle der früheren Gutsverwalter einen Verwalter zu ernennen und ihm den Nießbrauch der Schirr'schen Hufe einzuräumen. Dieser Vorschlag sei vom Grafen Luckner und den Testamentsexecutoren Umschlag 1817 angenommen. Unterm 1. October 1817 nun sei der Erblasser der Justificaten zum Observationsverwalter ernannt und in der ihm vom Grafen Moltke ausgestellten Bestallung sei ihm als Aequivalent die freie Benutzung der Schirr'schen Stelle verliehen und dabei die Zusicherung ertheilt, daß er bei Lösung seines Dienstverhältnisses und seine Erben nach seinem Tode die Stelle gegen einen jährlichen Canon von 4 ℛ︁ Cour., jetzt 6 ℛ︁ 38 β, in Erbpacht erhalten solle.

Conform damit sei unterm 27. December 1818 zwischen dem Grafen Moltke, als Administrator des gräfl. Lucknerschen Fideicommisses, und dem verstorbenen Inspector Wendt über die Stelle ein Ueberlassungscontract errichtet. Nach dem Vorangeführten sei der Administrator nicht befugt gewesen, dem Inspector Wendt nach seinem Dienstabgange und nach seinem Tode seinen Erben diese Pertinenz des Fideicommisses in Erbpacht zu überlassen. Der Act sei eine Nullität und diese habe durch die Umschreibung der Stelle im Schuld- und Pfandprotocoll auf Wendts Namen nicht getheilt werden können. Der verstorbene Wendt habe sich auch bis zum Jahre 1844 nicht als Eigenthümer der Stelle, sondern nur als Nutznießer derselben angesehen und nur als solcher die Stelle besessen.

Von der Widerrechtlichkeit des Grafen Moltke bei Vererbpachtung der Stelle sei der verstorbene Wendt eben so gut unterrichtet gewesen, als der Graf Moltke sich derselben bewußt gewesen sein müsse. In seiner Stellung als Gutsinspector habe ihm die fideicommissarische Qualität des Gutes und die beschränkte Befugniß der Administration um so weniger unbekannt sein können, als zwei Mal durch öffentliche Proclame die fideicommissarische Qualität von Schulenburg von der Holstein-Lauenburgischen Regierung zur öffentlichen Kunde gebracht und die Befugnisse der Administratoren im Gute Schulenburg publicirt worden seien. Es komme auch noch hinzu, daß der Ueberlassungscontract im Widerspruch mit dem § 14 der Verordnung vom 17. Juli 1805 nicht im Gerichte verlesen, erklärt und genehmigt sei, so daß auch aus diesem Grunde der Contract auf Rechtsbeständigkeit keinen Anspruch machen könne. Er sei um so mehr nichtig, als er eine reine Schenkung und mehr noch als ein sog. negotium mixtum enthalte. Die Hufe sei dem Fideicommiß mit 1337 ℛ 16 β Cour. zu Buch gestanden, habe eine jährliche Pacht von 229 ℛ v. Cour. getragen. Alle Erbpächter hätten bei der ursprünglichen Niederlassung Gebäude und Beschlag einlösen müssen und Schirr sei daher 1231 ℛ v. Cour. schuldig geblieben. Der Erblasser der Justificaten sei auf halbjährige Loskündigung angestellt gewesen und habe von diesem Recht nur Gebrauch machen können, um die Hufe sammt Gebäuden und Inventar ohne alles Entgelt gegen den jährlichen Canon von 173 ℛ 8 β zu bekommen. Der Graf Moltke sei zu einer solchen Verfügung nicht berechtigt gewesen und daß selbige in fraudem fideicommissi beiderseits geschehen sein müsse, könne nicht zweifelhaft sein.

So lange Wendt gelebt, habe für die Justificanten keine Veranlassung zur Klagerhebung vorgelegen. Nachdem mit seinem Tode aber die Nutznießung der Hufe aufgehört habe, habe den Justificanten ihre Pflicht geboten, die qu. Hufe für das Fideicommiß zu reclamiren. Sie hätten am 18./20. April an die Justificaten die Forderung gestellt, die Hufe zurückzuliefern, und da dieses abgelehnt worden sei, auf das inzwischen erlassene Proclam ihre Ansprüche profitirt.

Sie bäten, die Justificaten zu verurtheilen, ihnen in qual. qua die Schirr'sche Hufe Nr. 3 binnen Ordnungsfrist cum pert. et fruct. perceptis et percipiendis vom 26. April 1859 ab, event. von der Litiscontestation, auszuliefern und die Proceßkosten zu erstatten.

In Ansehung des eventuellen Professums ist bemerkt, daß die Hufe dem Wendt gegen einen Canon von 4 ℛ Cour., jetzt 6 ℛ 38 β, für die Tonne überlassen sei, die Justificaten aber vermeinten, nur einen Canon von 2 ℛ 32 β, jetzt 4 ℛ 26 β, per Tonne schuldig zu sein, weil der inzwischen auch zum Mitexecutor an Graf Ranzau's Stelle unterm 14. Juli 1825 ernannte Graf Moltke am 27. Februar 1843 dem verstorbenen Wendt diese Zusicherung ertheilt habe. Diese auch im Schuld- und Pfandprotocoll notirte Zusicherung sei aber nichtig, weil Graf Moltke zu einer solchen Liberalität gegen den Inspector Wendt nicht befugt gewesen sei, um so weniger als die 4 ℛ v. Cour. Canon per Tonne einen Theil der jährlichen Fideicommißrevenüen von 6000 ℛ Cour. ausmachten, deren Vorhandensein zur Bedingung der Niederlegung gemacht worden sei. Die Herabsetzung des Canons enthalte daher eine Schmälerung der Fideicommißsubstanz, zu der ohne Allerhöchsten Consens Niemand berechtigt sei.

Es ist daher gebeten, die Justificaten, unter Verurtheilung in die Proceßkosten, schuldig zu erkennen, vom Todestage ihres Erblassers für die libellirte Hufenstelle in Gemäßheit des sog. Ueberlassungscontracts vom 27./28. December 1818 einen jährlichen gutsherrlichen Canon von 6 ℛ 38 β R.-M. von jeder bonitirten Tonne, im Ganzen also 277 ℛ 6 β pro anno, zu erlegen und die anderweitigen Verpflichtungen auf Grund des erwähnten Contracts zu erfüllen.

In der Exceptionsschrift haben die Justificaten geleugnet, daß ein Belauf der jährlichen Revenüen auf 6000 ℛ v. Cour. zur Bedingung der Niederlegung der Schulenburger Gutsländereien gemacht, daß die Schirr'sche Hufe für das Fideicommiß zurück erworben und daß ihrem Erblasser mit der Hufe ein

Inventar oder Beschlag überliefert sei. Im Uebrigen haben sie die von den Justificanten vorgetragenen historischen Thatsachen in ihren wesentlichen Punkten als richtig anerkannt, jedoch die daraus gezogenen Schlußfolgerungen bestritten.

Sie haben zunächst die Einrede der fehlenden Legitimation zur Sache opponirt und bemerkt:

Der Graf Luckner habe 1809 die fragliche Hufe nur für seine Person, nicht für das Fideicommiß erworben, wie denn auch der Kaufpreis mit seinen Privatforderungen liquidirt und die Stelle ihm persönlich adjudicirt und zugeschrieben worden sei. Das Näherkaufsrecht sei nicht verletzt, sondern in der Person des Grafen als des Gutsherrn gewahrt und die Hufe sei als sein Privateigenthum sowohl von ihm als von den Fideicommißvertretern betrachtet worden, wie sich am klarsten aus der Verleihung derselben an Wendt ergebe. Die Hufe habe auch gar nicht dem Fideicommiß wieder anfallen können, denn durch die Vererbpachtung sei das fideicommissarische Band zwischen der Hufe und der übrigen Fideicommißsubstanz gelöst worden und es habe eine Reunion ohne einen desfälligen landesherrlichen Act gar nicht geschehen können. Wenn die Stelle aber nicht dem Fideicommiß in dem Schirr'schen Concurse erworben sei, so seien die Justificanten auch zu einer Zurückforderung derselben nicht berechtigt.

Ferner ist die Einrede der unbegründeten Klage erhoben, mit Beziehung auf die Behauptungen der Justificanten, daß der Ueberlassungscontract von 1818 nur das Benutzungsrecht verliehen, daß die Verleihung der Erbpacht eine Nullität enthalte und der Act eine Schenkung gewesen sei. In der erst erwähnten Beziehung haben sie sich auf den Wortlaut des Contracts berufen, wonach die Hufe dem Wendt sofort in Erbpacht überlassen und der Canon ihm loco salarii für seine Dienstzeit erlassen sei. Sie haben behauptet, daß die Vererbpachtung von dem Administrator mit Einwilligung des Grafen Luckner und der Testamentsexecutoren vorgenommen sei, so wie daß der Graf Moltke auch ohne deren Zustimmung in Folge des ihm ertheilten Constitutoriums, welches ihm weit gehende Rechte verleihe, zu der Vererbpachtung berechtigt gewesen sei. Dann haben sie ferner unter Bezugnahme auf die Zeitverhältnisse, unter welchen Wendt als Inspector angestellt worden sei, nachzuweisen gesucht, daß in der Vererbpachtung ein Act der Liberalität nicht enthalten und geleugnet, daß ihm der Beschlag der Stelle mit überliefert sei.

Zur Begründung der ferner erhobenen Einrede des dolus haben sie hervorgehoben, daß die nächsten Vorgänger im Amte der Justificanten ein Capital von 800 ℳ für das Fideicommiß in den Stellen des Inspectors Wendt protocolliren lassen und in officiellen Actenstücken die fragliche Stelle als das Eigenthum desselben bezeichnet haben, daß auch die Justificanten selbst sich in ihren Ausfertigungen dieser Auffassung angeschlossen, indem sie noch im Jahre 1859 in einer Quittung über die Zinsen jenes Capitals die Hufe Nr. 3 die des Inspectors Wendt genannt haben.

Endlich haben sie höchst eventuell die Einrede der Verjährung, sowohl der Acquisitiv- als auch der Klagverjährung, vorgeschützt. In ersterer Beziehung haben sie sich auf die Thatsachen bezogen, daß ihrem Erblasser durch den Ueberlassungscontract vom 27./28. December 1818 die in lite befangene Hufe erb- und eigenthümlich übertragen, sie auch auf seinen Namen unterm 13. Januar 1819 umgeschrieben sei, er sie ununterbrochen bis zu seinem Tode im Besitz gehabt und sich im guten Glauben befunden habe. In letzterer Beziehung haben sie angeführt, daß von Seiten des Fideicommisses dessen Recht an der von Wendt pro emtore besessenen Hufe über 40 Jahre niemals in Anspruch genommen worden, mithin durch Extinctivverjährung längst verloren sei.

In omnem eventum haben Justificaten die Einrede der Retention erhoben und darauf gestützt, daß ihr Erblasser viele Impensen auf die Stelle verwandt habe, die gewiß den halben Werth der Stelle ausmachten, namentlich 1114 ℳ, um auf der Stelle eine Scheune zu erbauen. So lange ihnen diese Impensen nicht erstattet seien, stehe ihnen das Recht der Retention der Stelle zu.

Sie haben daher gebeten, daß der von den Justificanten profitirte hauptsächliche Anspruch für nicht justificirt erkannt und dieselben zur Kostenerstattung verurtheilt werden möchten.

In Ansehung des eventuellen Professums haben Justificaten eingeräumt, daß nach dem Wortlaut des Erbpachtscontracts vom December 1818 sie nach dem Tode ihres Erblassers zur Zahlung eines Canons von 6 ℛ 38 ß per Tonne verpflichtet seien, jedoch der Behauptung der Justificanten widersprochen, daß der Graf Moltke nicht berechtigt gewesen sei, den Canon auf 4 ℛ 26 ß herabzusetzen, wie er solches in der Zusicherungsacte vom 27. Februar 1843 gethan habe. Sie haben ferner geleugnet, daß die Canonsprästation von 6 ℛ 38 ß einen Theil der stipulirten Schulenburger Revenüen von 6000 ℛ ausmache und daß das Vorhandensein dieser Revenüen Seitens der Landesherrschaft zur Bedingung der Niederlegung der Gutsländereien gemacht worden sei.

Sie haben sich ferner auf die Einrede der fehlenden Legitimation und der unbegründeten Klage berufen, hervorgehoben, daß die Machtbefugniß des Grafen Moltke zu jenem Act um so weniger zu bezweifeln sei, als er damals auch schon mit der Testamentsexecutel bekleidet gewesen und daß die Herabsetzung des Canons weniger einen Liberalitätsact als eine gerechte Belohnung der treuen Dienste des Inspectors enthalten habe.

Event. haben Justificaten noch die Einrede der Anerkennung und Ratihabition opponirt, indem die späteren Fideicommißvertreter die Herabsetzung genehmigt hätten.

Sie haben daher gebeten, auch das eventuelle Professum für nicht justificirt zu erkennen und die Justificanten zur Bezahlung der Kosten zu verurtheilen.

In der schriftlichen Replik haben Justificanten ihre früheren Behauptungen und Ausführungen aufrecht erhalten, nesciendo in Abrede gestellt, daß der Graf Luckner der Vererbpachtung der Stelle zugestimmt habe, die Relevanz dieses Umstandes bestritten, geleugnet, daß Wendt die Stelle seit dem Jahre 1818 in Erbpacht und nicht vielmehr in Nutznießung als Inspector besessen, seine bona fides rücksichtlich des Besitzes pro entore bestritten und darauf hingewiesen, daß sein etwaiger Irrthum über die Befugnisse des Grafen Moltke zur Vererbpachtung der Stelle ein error juris gewesen sei. Sie haben ferner angeführt, daß die behauptete Klagverjährung nicht vorhanden sei, da Wendt die Hufe loco salarii besessen und daher nicht vor seinem Tode, event. nicht vor des Graf Moltke im Jahre 1843 erfolgten Tode, actio nata gewesen sei.

Die Einrede der Impensen haben sie deshalb bestritten, weil keine bona fides behauptet und nicht angeführt sei, ob sie necessarie oder utiliter verwandt und die Hufe dauernd dadurch verbessert sei, was rücksichtlich des Scheunenbaues bestritten wird.

In Ansehung der Herabsetzung des Canons ist die Anerkennung derselben von den Nachfolgern des Grafen Moltke in officio geleugnet und event. deren Rechtsbestand bestritten.

Nachdem dann noch schriftlich duplicirt ist, hat das Gericht unterm 10./17. Januar erkannt:

> daß Justificanten schuldig seien, ihr hauptsächliches professum ad proclama über die beiden im Dorfe Schmachthagen belegenen, als Eigenthum von den Justificaten in Anspruch genommenen Hufenstellen binnen 14 Tagen ab insin. deliren zu lassen, daß dagegen der event. Anspruch auf das in Rede stehende Proclam für justificirt zu erkennen, demnach Justificaten schuldig seien, vom Todestage ihres Erblassers an für die libellirte Hufenstelle in Gemäßheit des Contracts vom 27./28. Decbr. 1818 einen jährlichen gutsherrlichen Canon von 6 ℛ 38 ß N.-M. von jeder bonitirten Tonne zu erlegen und die anderweitigen Verpflichtungen auf Grundlage des erwähnten Contracts zu erfüllen. Unter Compensation der Kosten.

(Der Beschluß folgt.)

Allerhöchst privilegirte

Holsteinische Anzeigen.

Redigirt von den Obergerichtsräthen Etatsrath Henrici und Lucht.

Gedruckt bei Augustin in Glückstadt.

29. Stück. — Den 21. Juli 1862.

Das auf einen ungewissen Fall geschlossene Geschäft im Beweiserkenntniß.

Mitgetheilt von dem Herrn Advocaten Rave in Itzehoe.

(Fortsetzung.)

§ 8.

Eine ganz eigenthümliche Ansicht über die vorliegende Controverse hat Hänel aufgestellt und wiederholt verfochten. Im Ganzen bekennt Hänel sich zwar zu der bisher kritisirten Ansicht; jedoch will er bei Schenkungen und unentgeltlichen Versprechungen, wenn die Leistung in einer Handlung besteht, in der vom Beklagten behaupteten Bedingung eine Negation des streitigen einfachen Geschäftes sehen, welche den Kläger zum Beweis der puritas negotii verpflichte, und zwar 1) weil die Vermuthung gegen eine reine Schenkung spreche, 2) weil bei solchen Verträgen in der Bedingung eine Gegenleistung verborgen liege, durch welche das Geschäft in ein ganz anderes übergehe; hier verneine der Beklagte nicht bloß die Perfection des Geschäfts, sondern auch die causa debendi; hier sei die Bedingung nicht wie sonst ein bloßer Nebenvertrag, sondern verwandle das ganze Geschäft.

Hänel führt als Belege seiner Ansicht an, daß die Glosse und ältere Rechtslehrer stets von Stipulationen sprechen, wo sie denn dem Kläger den Beweis der puritas negotii auflegen. Beim Maklercontract müsse man dem Makler, welcher das Geld (Provision) einklage, ohne die ihm obliegende Gegenleistung zu erwähnen, den Beweis der Unbedingtheit auflegen, weil sonst eine Schenkung vorliege, die nicht zu präsumiren sei (das letzte Beispiel scheint wenig geschickt gewählt, denn der Maklercontract ist eben so wenig ein einseitiges bedingtes Geschäft — freilich fassen unsere Juristen es häufig so auf — als die Contracte mit einem Professionisten, Advocaten ꝛc. es regelmäßig sind, welche Contracte Puchta auch mit jenem freilich als beschränkt einseitige zusammenfaßt,

cf. dagegen v. Keller, Vorlesungen, § 345.)

Ein mehrseitiger Vertrag ist nach Hänel eine Reihe von Verabredungen, bei welcher die wesentlichen (essentialia negotii) voranstehen und eine hinzugefügte Bedingung nur ein Mehr, einen Zusatz in der Reihe bildet; bei einseitigen Versprechen bilde die Bedingung zwar auch ein Mehr des factischen Stoffes, zugleich aber auch einen Gegensatz, ein Minus in der Sphäre der Freigiebigkeit, auf welche die Klage sich gründe; sie suspendire nicht bloß die verbindliche Eigenschaft des Geschäfts, sondern greife in dessen Grundcharacter ein.

Diese eigenthümliche Ansicht Hänel's beruht auf einer willkürlichen Unterscheidung der Bedingung eines einseitigen oder zweiseitigen Geschäfts. Wäre eine solche Unterscheidung begründet, dann freilich müßten wir sehr darüber erstaunen, daß in den Römischen Rechtsquellen nirgend einer so wesentlichen Verschiedenheit auch nur mit einer Silbe erwähnt ist, und schon dieses Bedenken hätte Hänel an der Richtigkeit seiner Ansicht zweifeln lassen müssen, gegen welche übrigens dieselben Argumente sprechen, die bereits gegen die Ansicht benutzt sind, daß der Allegant stets die Bedingung zu beweisen habe.

§ 9.

Da es nicht nöthig erscheint, geringere Abweichungen in einzelnen Nebenpunkten der Beantwortung unserer Controverse zu berücksichtigen, so wenden wir uns jetzt zu derjenigen Hauptansicht, welche in dem bedingten Geschäft eine Negation des einfachen Geschäftes sieht. Da diese Ansicht uns die richtige zu sein scheint und wir die Absicht haben, ihre Begründung etwas ausführlicher zu versuchen, so wird es nicht nöthig sein, die bisherigen Begründungen weitläuftiger zu behandeln; auf manche Schwächen der bisher versuchten Begründung ist auch bereits bei Criticirung der entgegengesetzten Ansicht über unsere Controverse aufmerksam gemacht, so namentlich auf die verkehrte dualistische Auffassung der bedingten Geschäfte, in welche selbst die ausgezeichnetsten Vertheidiger der richtigen Beantwortung unserer Controverse verfallen sind, z. B. Hasse, Schneider und Andere.

Unter den neuern Schriftstellern, welche unsere Controverse dahin beantwortet haben, daß das bedingte Geschäft als eine Negation des einfachen Geschäfts anzusehen, sind besonders Götting, Reinhold, R. Schneider in ihren ausführlichen Abhandlungen auszuzeichnen; kurz, jedoch denselben Argumenten folgend, hat Wetzell die Frage beantwortet. Bei allem Scharfsinn, welcher in den Arbeiten jener Juristen entwickelt ist, können wir aber doch der Fundirung der von ihnen als richtig aufgestellten Entscheidung, wie wir auch bereits ausgesprochen haben, nicht beistimmen. Dagegen scheint uns die von Dr. Joseph Unger l. l. gegebene Begründung bei Weitem vorzüglicher, da in derselben eine dualistische Auffassung des bedingten Geschäfts vollständig vermieden scheint; aber vermißt wird die Beachtung der processualistischen Seite der Controverse. Schneider stützt seine Ansicht auf folgenden Schluß:

1) der Kläger muß alle zur Begründung seiner Klage wesentlich gehörigen positiven Thatsachen beweisen, wenn Beklagter sie leugnet;

2) zu den wesentlichen Thatsachen, durch welche eine Vertragsklage begründet wird, gehört auch, daß der Vertrag geschlossen sei;

3) wenn Beklagter das Contrahiren unter einer Suspensivbedingung behauptet, so leugnet er dadurch den Abschluß des Vertrages;

4) folglich muß Kläger gegenüber dieser Behauptung des Beklagten beweisen.

Der erste Punkt mag auf sich beruhen; der zweite und der dritte Punkt sind aber von vielen Juristen bestritten, welche den Ausdruck „abgeschlossenes Geschäft“ und „negotium perfectum“ nicht für gleichbedeutand anerkennen wollen; darüber, was der Ausdruck perfectum (negotium) bedeute, sind diese Juristen nicht ganz einig; Einert z. B. übersetzt perfectum mit „klagbar“, was unzweifelhaft falsch ist; die Meisten nehmen es in der Bedeutung von „wirksam“ und diese Uebersetzung scheint uns gerechtfertigter. Die Uebersetzung Schneider's — deren Götting, Reinhold :c. sich auch bedienen — veranlaßt diese Juristen gerade zu der willkürlichen dualistischen Auffassung des bedingten Geschäftes; da sie nämlich leugnen, daß das negotium conditionale, d. i. der nach ihrer Ansicht auf die Bedingung gestellte Contract (z. B. emtio), abgeschlossen sei, so greifen sie zu der Fiction des vorbereitenden, eventuellen Vertrages, den sie als geschlossen einräumen, weil sie doch unmöglich behaupten können, daß ein negotium conditionale gar kein negotium sei, jedes negotium aber doch einen Abschluß in sich trägt, weil es sonst ein juristisches Nichts von vornherein sein würde. Sie sagen also: verkauft A dem B unter der Bedingung, daß C zum künftigen Mai aus Asien retournirt, sein Haus für 1000 ℛ, so liegt darin 1) der vorbereitende Vertrag: A will dem B auf jene Bedingung sein Haus für 1000 ℛ verkauft haben, und 2) existente conditione der wirkliche Verkauf des Hauses.

Wetzell drückt sich so aus: „ein bedingter Vertrag ist, so lange die Bedingung schwebt, noch gar nicht abgeschlossen (perfect), sondern es ist vorläufig nur ein dessen einstige Möglichkeit begründendes Uebereinkommen getroffen, durch welches die Contrahenten verpflichtet werden, den Eintritt der Bedingung über das Zustandekommen jenes Vertrages entscheiden zu lassen.“ Für diese Bedeutung bedingter Verträge beruft sich Wetzell auf L. 4 pr. D. 12, 1 und mit eben so wenigem Grund auf andere Stellen des Corpus juris. Jene L. 4 cit. besagt weiter gar nichts, als daß ich, ein depositum empfangend mit der Beredung, dasselbe beliebig für meine Geschäfte benutzen und convertiren zu dürfen, selbstverständlich für das periculum hafte. Besonders die L. 8 pr. D. 18, 6 wird mißbräuchlich von unseren Juristen für die Begründung ihrer dualistischen Auffassungsweise benutzt.

Diese Auffassung ist durchaus spitzfindig gesucht und in sich unwahr; hätten die Römer sich die Sache so gedacht, so wäre es nicht zu verstehen, wie sie dazu gekommen sind, die Retrotraction der Wirkung des bedingten Geschäfts auf den Moment des eingegangenen Geschäfts anzunehmen, da gerade diese Eigenthümlichkeit der rückwirkenden Kraft der bedingten Geschäfte, existente conditione jener Unterstellung eines doppelten Geschäfts schnurstracks widerspricht.

Obwohl wir daher im Resultat mit der Ansicht Hasse's, Götting's, Schneider's, Reinhold's, Wetzell's u. s. w. im Wesentlichen übereinstimmen, können wir doch ihrer Argumentation nicht beistimmen, da dieselbe davon ausgeht, daß das bedingte Geschäft aus einem ganz wunderlichen unorganischen Dualismus bestehe.

§ 10.

In diesem und den folgenden Paragraphen wollen wir nun versuchen, eine richtige Entscheidung der Controverse und eine richtige Begründung dafür näher auszuführen.

Der Gang der Darstellung wird folgender sein:

1) Bemerkungen über den Character der bedingten Geschäfte und derjenigen Geschäfte, welche ihnen processualisch gleich zu stellen sind.
2) Bemerkungen über das Geständniß im Proceß.
3) Folgerungen für die Entscheidungen der Controverse (Art. 322 des allg. Deutschen Handelsgesetzbuches). Geschäfte auf eine unmögliche Bedingung geschlossen.
4) Die Beweismittel in Bezug auf die Controverse (Kierulff's Irrthum) und
5) die praktische Bedeutung der richtigen Entscheidung.

§ 11.

Da die Suspensivbedingung eine so namhafte Rolle bei unserer Controverse spielt, so wird es angemessen sein, das „bedingte Geschäft" zuvörderst zu charakterisiren, namentlich da falsche Definitionen des bedingten Geschäftes, wie oben gezeigt, auf die Beantwortung der Controverse von großem Einfluß gewesen sind; im Verfolg wird sich, wie schon einleitend bemerkt ist, zeigen, daß unsere Controverse alle auf einen Fall abgeschlossenen Geschäfte gleichmäßig betrifft.

Bedingte Geschäfte sind diejenigen, welche unverzüglich auf einen möglichen künftigen Fall (Bedingung, casus, conditio) abgeschlossen sind. § 4 J. 3, 15: Sub conditione stipulatio fit, quum in aliquem casum differtur obligatio, ut, si aliquid factum fuerit aut non fuerit, stipulatio committatur *), veluti: Si Titius consul fuerit factus, quinque aures dare spondes? Si quis ita stipuletur: si in Capitolium non ascendero, dare spondes? perinde erit, ac si stipulatus esset, quum morerctor, sibi dari. Ex conditionali stipulatione tantum spes est, debitum iri, eamque ipsam spem ad heredem transmittimus, si priusquam conditio extat, mors nobis contigerit.

In obiger Erklärung möchte der Charakter bedingter Geschäfte so vollständig gegeben sein, daß sich aus derselben alle rechtlichen Eigenschaften derselben, welche die Römischen Juristen damit verbinden, consequent ableiten lassen. Auch harmonirt diese Erklärung vollständig mit der Ausdrucksweise unserer Quellen; nur möge man nicht vergessen, daß die Römischen Juristen nicht darnach trachteten, mit technischen Ausdrücken denselben Luxus zu treiben, wie die modernen Juristen, daß sie sich vielmehr bestrebten, auch für verständige Laien verständlich zu sprechen, ohne ihren Worten einen vom täglichen Sprachgebrauch möglichst abweichenden mystischen Sinn zu geben.

(Die Fortsetzung folgt.)

---

*) committi wird Deutsch wohl am treffendsten durch das Wort „verfallen" wiedergegeben.

Entscheidungen.

Ueber die Befugnisse der Fideicommißadministratoren. — Nichtigkeit der Dispositionen über die Substanz des Fideicommisses. — Acquisitivverjährung in Anwendung auf veräußerte Fideicommißgrundstücke.

(Fortsetzung.)

Gegen dieses Erkenntniß*) habe beide Partelen rechtzeitig die Appellation interponirt, Solennien präsiirt und sich darüber beschwert:

Justificanten:
daß nicht in Gemäßheit ihres Klagantrags rücksichtlich des hauptsächlichen Professums erkannt ist;

---

*) Die demselben vorangestellten Entscheidungsgründe lauten:

In Erwägung, daß die Allerhöchste Genehmigung zur Parcelirung des adel. Guts Schulenburg u. A. unter einer bestimmten s. Z. auch erfüllten Bedingung ertheilt ist, und daß demnach der Erbpachtscontract über die hier in Rede stehende früher Schirr'sche Hufe vom 1. Mai 1801 unzweifelhaft zu Recht besteht, daß ferner dieser Erbpachtscontract von dem Grafen N. v. Luckner, als damaligen Besitzer des Gutes Schulenburg, errichtet ist, und daß dem Erbpächter keine andere Eigenthumsbeschränkung als die Gestattung des Näherkaufsrechts auferlegt worden, in welcher Beziehung in dem § 37 des Erbpachtscontracts ausdrücklich bestimmt ist, daß dasselbe dem jedesmaligen Gutsherrn zustehe, mit der Beschränkung jedoch, daß dasselbe, wenn es nicht binnen 8 Tagen nach der Vorlegung der Kaufbedingungen in Anspruch genommen werde, für dasmal wegfällig werde;

in Erwägung, daß diese Schirr'sche Erbpachtsstelle im Jahre 1807 im Concurse des Erbpächters öffentlich verkauft worden ist, und daß der damalige Gutsherr Graf N. v. Luckner (derselbe, der die Vererbpachtung vorgenommen) dieselbe gekauft und adjudicirt bekommen hat, daß also, da der Gutsherr, dem das Näherkaufsrecht zustand, diese Stelle gekauft hat, hinsichtlich des Näherkaufsrechts Alles salvirt ist, — mag nun der Graf Luckner diese Erbpachtsstelle persönlich für sich oder für das Fideicommiß erstanden haben;

in Erwägung, daß bei der Vererbpachtung im Jahre 1801 Seitens des damaligen Besitzers des Gutes Schulenburg, mit Rücksicht auf die desfällige Allerhöchste Genehmigung, die Vererbpachtung unzweifelhaft für das Fideicommiß stattfand und daß der Rückkauf dieser Erbpachtsstelle Seitens des Gutsherrn — und Fiduciars — ungeachtet mancher Ungenauigkeiten und Dunkelheiten nach Maaßgabe der damaligen und späteren Sachverhalte und Verhandlungen nicht anders aufzufassen ist, als daß diese Erbpachtsstelle dem Fideicommiß zurückerworben, daher denn auch die Einrede der fehlenden Legitimation nicht für begründet erachtet werden kann;

in Erwägung, daß der Graf A. v. Moltke, nachdem er im Jahre 1818 Allerhöchst zum Administrator des in Rede stehenden Fideicommisses ernannt worden, in nicht zu bezweifelnder Uebereinstimmung mit dem derzeitigen Gutsherrn und Fiduciar und nach stattgehabter Verhandlung mit den Executoren des Testaments des weiland Marschall v. Luckner diese früher Schirr'sche Erbpachtstelle mittelst Contracts vom 27. December 1818 an den Erblasser der Provocanten und Justificaten gegen einen jährlichen Canon veräußert, mithin in Erbpacht gegeben hat, mit der Clausel, daß die Zahlung des Canons erst dann beginnen solle, wenn der gedachte Erblasser nicht mehr als Observationsverwalter fungiren werde, während bis dahin der Canon nicht zu zahlen und diese Nichtzahlung als Vergütung für die Dienstverwaltung anzusehen sei, daß die Berechtigung zur Vornahme dieser Vererbpachtung — die nicht entfernt als eine Schenkung angesehen werden kann — in keiner Weise zu bezweifeln ist, da nur das ursprüngliche Erbpachtsverhältniß unter Innehaltung der Allerhöchst vorgeschriebenen Bedingung, daß die jährliche reine Einnahme aus dem Gute Schulenburg künftig wenigstens die Summe von 6000 ℛ R.-M. ausmachen solle, wieder hergestellt wurde;

in Erwägung ferner, daß der Contract vom 27. December 1818 keineswegs für nichtig zu halten, weil die Bestimmungen des § 14 der Verordnung vom 17. Juli 1805 nicht beobachtet zu sein scheinen, jedenfalls in einer Beziehung nicht beobachtet sind, da, abgesehen davon, ob diese gesetzlichen Bestimmungen überall auf den vorliegenden Fall anzuwen-

Justificaten:

1) daß nicht auch das eventuelle Professum der Justificanten für nicht justificirt erkannt und dieselben demgemäß mit ihrem Antrage abgewiesen worden, und event.

2) daß nicht wenigstens den Justificanten zum Beweise verstellt worden:

a. daß in der Herabsetzung des Canons für die in lite befangene Hufenstelle von 6 ℛ 38 β auf 4 ℛ 26 β eine Schmälerung der Fideicommißsubstanz enthalten gewesen;

b. daß diese Canonspräſtation einen Theil der fixirten jährlichen Schulenburger Revenüen von 6000 ℛ bilde, und

c. daß das Vorhandensein dieser jährlichen Revenüen von 6000 ℛ in der desfälligen

---

den sind, eine solche Strafe in dem Gesetze selbst nicht angedroht ist; und

in Erwägung, daß dieses Erbpachtsverhältniß nach Maaßgabe der vorliegenden Acten auch bis zur Anmeldung des Professums von den Executoren des Testaments des wailand Marschall v. Luckner stets als zu Recht beständig anerkannt worden ist;

daß sonach die Einreden resp. der unbegründeten Klage und des dolus fundirt erscheinen;

in Betracht, daß, abgesehen von diesen im Allgemeinen zu Gunsten der Justificaten sprechenden Erwägungen, insbesondere hier zur Geltung kommen muß die Einrede der Acquisitivverjährung, indem der Erblasser der Justificaten die fragliche Erbpachtsstelle mittelst Contracts vom 27. December 1818 in Erbpacht bekommen und seitdem, nach beschaffter Zuschreibung im Schuld- und Pfandprotocolle, als solche besessen hat, daß auch die von den Justificanten hiergegen vorgebrachten Einwendungen unbegründet erscheinen, indem, wie bereits oben ausgeführt, der Graf Moltke vollständig legitimirt war, die fragliche Stelle, wie geschehen, in Erbpacht zu geben, womit auch alle Zweifel an der Existenz eines justus titulus und der bona fides beseitigt sind, wobei hinsichtlich der bona fides annoch hervorgehoben wird, daß die Extracte aus den resp. Gutsrechnungen zur Nachweisung des Gegentheils nicht für tauglich erachtet werden können, da die desfälligen Notizen nur den Grund angeben, weshalb in den betreffenden Jahren von dieser Stelle kein Canon eingegangen;

daß also das Hauptprofessum nicht für justificirt zu erachten, weshalb denn auch die Einreden resp. der Klagverjährung und der Impensen einer Erörterung nicht mehr zu unterziehen sind;

in fernerer Erwägung, daß Justificanten zufolge ihres eventuellen Anspruchs ad proclama nach Maaßgabe des Ueberlassungs- oder Erbpachtscontractes vom 27./28. December 1818 den in diesem Contract vorgeschriebenen Canon von 6 ℛ 38 β pr. bonitirte Tonne beanspruchen, während Justificaten unter Berufung auf eine spätere Acte vom 27. Februar 1843, wornach der Canon auf 4 ℛ 26 β pr. bonitirte Tonne herabgesetzt ist, nur diesen Canon zahlen wollen;

in Erwägung nun, daß die Herabsetzung des Canons von 6 ℛ 38 β auf 4 ℛ 26 β lediglich als eine Schenkung und Liberalität Seitens des Grafen Moltke, der seit dem 14. Juli 1825 als Mitexecutor eingesetzt war und 1843 als alleiniger Executor und Administrator fungirte, erscheint, und daß es sich zunächst fragt, ob gedachter Executor und Administrator hierzu berechtigt war;

in Erwägung, daß aus den Bestimmungen der Testamente des wailand Marschalls v. Luckner so wenig, als aus den betreffenden Constitutorien es sich nachweisen läßt, daß die Executoren oder Administratoren zur Vornahme solcher — bedeutender — Schenkungen und Liberalitätshandlungen, wenn auch zur Belohnung geleisteter guter Dienste, auctorisirt sind, daß solche einer Administration Seitens eines bonus paterfamilias wohl nicht entsprechende Schenkungen auch — jedenfalls ohne höhere Genehmigung — rechtlich unzulässig sind, da durch solche Acte der Bestand des Fideicommisses geschmälert wird, wobei vorliegenden Falles noch besonders in Betracht kommt, daß der reine Ertrag des Gutes Schulenburg bei der Parcelirung mindestens 6000 ℛ jährlich betragen solle, eine Bedingung, die nicht mehr innegehalten werden durfte, wenn solche Schenkungen zur Beeinträchtigung dieser ursprünglichen Fonds stattfinden:

daß demnach diese Canonsherabsetzung als zu Recht bestehend nicht anerkannt werden kann;

und

in endlicher Erwägung, daß den Umständen nach theils wegen der Unklarheit, welche bei einzelnen Verhandlungen geherrscht hat, theils weil Justificaten sich in gutem Glauben befinden durften, da der Graf Moltke als damaliger alleiniger Executor und Administrator den Canon herabsetzte, Compensation der Kosten motivirt erscheint.

Allerhöchsten Resolution zur Bedingung der Niederlegung der Schulenburger Hufenstellen gemacht worden, oder wie sonst der Actenlage nach interloquendo hätte erkannt werden müssen.

Es fragt sich, ob diese Beschwerden begründet sind.

In Erwägung nun, daß die Klage auf die beiden Thatsachen gestützt wird, daß die Schulenburger Hufe Nr. 3 aus dem Concurse des früheren Besitzers Schirr von dem Gräfl. Luckner'schen Fideicommiß erworben und in Folge eines Contracts, welcher zu Recht nicht bestehen könne, in den Besitz der jetzigen Justificaten gelangt sei, daß beide Thatsachen aber von den Justificaten durch die Einreden resp. der fehlenden Legitimation zur Sache und der unbegründeten Klage bestritten sind, demnach die Justification in beiden Beziehungen einer näheren Prüfung zu unterziehen ist;

in Erwägung, daß rücksichtlich des Erwerbs der Hufe hauptsächlich die von den Justificanten vorgelegte und von den Justificaten anerkannte Adjudications- und Ueberlassungsacte vom 31. Decbr. 1807 in Betracht kommt und in dieser als Erwerber der Hufe der Kammerherr Graf von Luckner zu Traventhal genannt ist, ohne seiner Eigenschaft als derzeitigen Besitzers des Guts Schulenburg zu erwähnen, auf welche in dem Schirr'schen Erbpachtscontracte ausdrücklich Bezug genommen ist, daß ferner die Hufe dem Grafen Luckner und zwar nach Maaßgabe des ursprünglichen Erbpachtcontracts vom 1. Mai 1801 überliefert worden ist, so daß der Acquirent jetzt rücksichtlich dieser Hufe in das Verhältniß eines Erbpächters zum Fideicommiß trat, wie dieses auch aus der Protocollation der Acte im Schuld- und Pfandprotocolle des Guts hervorgeht, indem bei einem Rückerwerb der Stelle für den Obereigenthümer, dem Erwerb des vollen Eigenthums, die Hufe keinen Platz im untergerichtlichen Schuld- und Pfandprotocolle mehr haben könnte, daß endlich der Acquirent hinsichtlich des Kaufgeldes die Liquidirung und die eventuelle Abtragung der in der Hufe radicirten Capitalien übernommen hat, welche nach Angabe beider Parteien resp. in eigenen Forderungen des Acquirenten und in Forderungen des Fideicommisses bestanden haben;

in Erwägung, daß aus diesen Bestimmungen der Adjudicationsacte unzweifelhaft hervorgeht, daß der Graf Luckner die Erbpachtsstelle für seine Person erworben habe, wie denn der Erwerb für das Fideicommiß nothwendig eine andere Fassung der Acte vorausgesetzt und nöthig gemacht haben würde, solches deutlich auszusprechen;

in Erwägung, daß auch aus den anderweitigen von den Justificanten angeführten Umständen ein anderes Resultat sich nicht ergiebt;

in Erwägung nämlich, daß zwar in dem mit Schirr abgeschlossenen Erbpachtscontract das Näherkaufsrecht dem Gutsherrn vorbehalten und der Gutsherr eben der Acquirent der Stelle ist, daß aber dem Gutsherrn als Nutznießer des Fideicommisses eine Verpflichtung zur Anwendung dieses Rechts nicht auferlegt ist und es daher seinem Ermessen überlassen war, ob er die Stelle für die Kaufsumme sich selbst erwerben oder im etwanigen Interesse des Fideicommisses von dem Näherkaufsrecht Gebrauch machen wollte;

in Erwägung ferner, daß die Stelle zwar theilweise mit Fideicommißgeld erworben ist, insofern als von den darin radicirten Capitalien 231 ℛ dem Fideicommiß gehörten, daß aber hieraus um so weniger ein Schluß auf den Erwerb für das Fideicommiß gezogen werden kann, als der Acquirent die eventuelle Abtragung der Schulden im Contracte übernommen hat und für ihn selbst bei Weitem größere Summen in der Hufe radicirt standen;

in Erwägung, daß ebenfalls aus einer Abführung der Pachtabgabe für die in Zeitpacht gegebene Stelle in die Gutskasse, so wie eventuell, daß in dem Schuldentilgungsplan die Stelle nicht unter dem Privatvermögen des Grafen Luckner aufgeführt steht, auf einen Erwerb des Fideicommisses nicht geschlossen werden kann, indem dem Grafen Luckner vor Ernennung der Administration die Revenüen sowohl des Fideicommisses als auch seines Privateigenthums zufielen und daher zu einer Ausscheidung des Canons aus der Pachtabgabe keine Veranlassung vorlag, späterhin aber nach dem Schuldentilgungsplan vom 21. Septbr. 1809 die Schulenburger Revenüen ihm als Competenz verblieben und indem bei Aufstellung des

Schuldentilgungsplanes die Scheidung zwischen Privat- und Fideicommißvermögen überall nicht von practischer Bedeutung war;

in Erwägung, daß hiernach als feststehend angesehen werden muß, daß die Schirr'sche Stelle dem Fideicommiß nicht erworben ist und die Klage daher nicht für begründet erachtet werden kann, daß ein gleiches Resultat sich aber auch in dem Falle ergeben würde, wenn die Hufe dem Fideicommiß erworben wäre, indem alsdann der Administrator Graf Moltke als befugt angesehen werden mußte, die Hufe wieder in Erbpacht zu vergeben;

in Erwägung nämlich, daß das von dem Marschall Graf Luckner unterm 16. August 1763 gestiftete Schulenburger Gutsfideicommiß durch die Allerhöchste Resolution vom 19. März 1801, mittelst welcher die Niederlegung und Parcelirung des Guts Schulenburg gestattet worden ist, in so weit eine Abänderung erlitten hat, als nach der vorgenommenen Vererbpachtung der Hufenstellen lediglich das Obereigenthum an denselben und das Recht auf die daraus sich ergebende Einnahme im fideicommissarischen Bande verblieb und den von dem Stifter des Fideicommisses ausgesprochenen Verbote der Veräußerung und Theilung unterworfen blieb, diese Abänderung auch als eine dauernde zu betrachten ist, indem ein Wiedererwerb der in Erbpacht ausgethanen Hufen in der Königl. Resolution nicht in Aussicht genommen oder vorgeschrieben ist, daß daher bei Erwerbung einer dieser Erbpachtsstellen für das Fideicommiß das Veräußerungsverbot nicht ohne Weiteres auf die Erbpacht sich beziehen konnte, vielmehr der Verwalter des Fideicommisses über die Erbpacht in derselben Weise zu disponiren befugt war, wie über jedes andere von dem Fideicommiß als Allodium erworbenes Grundstück, und wie jeder Besitzer eines Fideicommißgutes, in welchem in Erbpacht ausgethane Landstellen sich von Anfang an befunden haben, über solche Stellen im Fall der Acquisition derselben zu disponiren befugt ist;

in Erwägung, daß, wie sich aus der Adjudicationsacte ergiebt, diese Absicht auch bei der Acquisition der Stelle obgewaltet hat, falls sie dem Fideicommiß erworben sein sollte, indem dem Acquirenten die Schirr'sche Hufe nach Maaßgabe des ursprünglichen Erbpachtscontracts vom 1. Mai 1801 zum Eigenthum überliefert ist und im Schuld- und Pfandprotocoll des Untergerichts ihr Folium behalten hat, thatsächlich also eine Erbpachtsstelle verblieben und mit dem Fideicommiß nicht untrennbar vereinigt ist;

in Erwägung, daß den im § 6 des Testamentes des Marschalls Grafen v. Luckner am 21. März 1783 eingesetzten Testamentsexecutoren eine Verwaltung des Gutsfideicommisses nicht beigelegt ist, indem in den dispositiven Worten ihnen nur die Theilung der Masse, die Publication des für den jüngsten Sohn gestifteten Fideicommisses und die Verwaltung zum Fideicommiß gehöriger Capitalien übertragen ist und eine weiter gehende Befugniß sich höchstens aus den Eingangsworten des Paragraphen: „damit mein Wille desto gewisser befolget werde", so wie aus dem Schlußsatze herleiten lassen: „da also auf solche Weise für die Erhaltung dieses Fideicommisses möglichst gesorgt worden, so will ich auch nicht, daß von meinem Sohne eine cautio fideicommissaria verlangt oder gestellt werden solle;"

in Erwägung, daß diese dem Wortlaute nach eine verschiedene Interpretation zulassende Befugniß der Testamentsexecutoren auf eine Theilnahme an der Parcelirung des Guts Schulenburg und eine Verwaltung desselben sich thatsächlich nicht erstreckt hat, indem durch die bereits erwähnte Allerhöchste Resolution vom 19. März 1801 die Erlaubniß zu der Niederlegung dem Fideicommißnutznießer, dem Grafen Luckner, ertheilt und ihm nur die Bedingung auferlegt ist, den Testamentsexecutoren zu dociren, daß die jährliche reine Einnahme aus dem Gute künftig wenigstens die Summe von 6000 ℛ ausmachen werde; und indem die Vererbpachtung der Hufenstellen auch von dem Grafen v. Luckner allein als nunmehrigem Besitzer des adel. Gutes Schulenburg vorgenommen ist, wie solches der über die Schirr'sche Hufe am 1. Mai 1801 abgeschlossene Erbpachtscontract ergiebt;

in Erwägung, daß hiernach der Nutznießer des Fideicommisses, welcher selbst nach Ansicht des Justificanten zum Erwerb einer Erbpachtsstelle für das Fideicommiß befugt ist, auch die weitere Vererbpachtung einer acquirirten Stelle vorzunehmen für berechtigt angesehen werden muß;

in Erwägung, daß, nachdem durch Allerhöchste Resolution vom 18. Juli 1808 eine Fideicommißadministration angeordnet war, welche unter Anderem mit den Gläubigern des Grafen Luckner eine Uebereinkunft zu treffen, so wie die künftige Completirung des Fideicommißcapitals zu reguliren, auch die Fideicommißrevenüen zu erheben hatte und nachdem der Graf Luckner sich ferner der Disposition über sein Privatvermögen begeben hatte, worin die Administration gleichfalls eingetreten war, nunmehr die bisherigen Befugnisse des Grafen Luckner sowohl rücksichtlich des Fideicommisses als auch seines Privatvermögens auf die Administration übergegangen waren und diese daher hinsichtlich der Vererbpachtung der Schirr'schen Hufe, welche sowohl durch Privat- als Fideicommißgeld erworben war, dieselben Befugnisse hatte, welche, wie bereits erwähnt, früher dem Fideicommißnutznießer zustanden;

in Erwägung, daß daher der Graf Ad. v. Moltke als Administrator des Gräfl. Luckner'schen Fideicommisses zur Vererbpachtung der in lite befindlichen Hufe berechtigt war und der von ihm mit dem Erblasser der Justificaten unterm 28./27. Decbr. 1818 darüber abgeschlossene Erbpachtscontract als zu Recht bestehend betrachtet werden muß;

in Erwägung, daß dem Vorstehenden nach die Beschwerde der Justificanten unbegründet ist;

in Erwägung, die Beschwerden der Justificaten anlangend, daß, wie bereits nachgewiesen ist, das Obereigenthum an den vererbpachteten Schulenburger Hufenstellen und das Recht auf die daraus entspringenden Einnahmen dem Gräfl. Luckner'schen Fideicommiß verblieben ist und darauf sich das vom Stifter des Fideicommisses festgestellte Veräußerungsverbot noch fortwährend bezieht, daß daher die Fideicommißadministration zu einer dauernden Herabsetzung des Canons nicht befugt ist, um so weniger, wenn es sich dabei, wie im vorligenden Falle, um einen Act der Liberalität handelt, daß daher gleichfalls die Beschwerden der Justificaten nicht begründet sind;

in Erwägung vorstehender Gründe wird auf eingelegte Recesse und Unterinstanzacten, so wie nach stattgehabter mündlicher Verhandlung, unter Verweisung der Sache an die vorige Instanz, hierdurch von Landgerichtswegen für Recht erkannt:

daß das Erkenntniß des combinirten adel. Gutsgerichts für Schulenburg vom 10. Jan. d. J. zu bestätigen und die Kosten dieser Instanz zu compensiren.

Wie denn solchergestalt hiedurch erkannt wird

V. R. W.

Urkundlich 2c. Publicatum im Königl. Holsteinischen Landgericht zu Glückstadt, den 5. Juli 1861.

(Der Beschluß folgt.)

Allerhöchst privilegirte

Holsteinische Anzeigen.

Redigirt von den Obergerichtsräthen Etatsrath Henrici und Lucht.

Gedruckt bei Augustin in Glückstadt.

30. Stück. — Den 28. Juli 1862.

Das auf einen ungewissen Fall geschlossene Geschäft im Beweiserkenntniß.

Mitgetheilt von dem Herrn Advocaten Rave in Itzehoe.

(Fortsetzung.)

Die gewählte Erklärung schließt dem verständlichen Wortlaut nach nicht diejenigen Geschäfte ein, welche rein abgeschlossen doch mit einer Resolutivbedingung eingegangen werden, und zwar aus dem Grunde, weil diese Geschäfte ganz wesentlich von den bedingten Geschäften verschieden sind, nahezu so verschieden wie Entstehung und Vernichtung eines Geschäftes. Es bedarf keiner weiteren Ausführung, daß ein Geschäft, welches nur auf einen möglichen Fall wirken soll, ganz wesentlich von demjenigen verschieden ist, welches nur auf einen möglichen Fall wirkungslos sein soll.

„Das Geschäft wird unverzüglich abgeschlossen". Aus diesen Worten ergiebt sich, daß von zweien Geschäften (dem sogenannten eventuellen und definitiven Geschäft der Gegner) nicht die Rede sein darf. Es ist zugleich möglichst kurz und deutlich in diesen Worten die retrotractive Wirkung dieser Geschäfte — wenn sie überhaupt völlig wirksam werden — ausgedrückt; deswegen ist das sonst pleonastische Wort („unverzüglich") besonders hinzugefügt. Daß die bedingten Geschäfte sofort abgeschlossen werden, ergiebt sich daraus, daß ihnen ein nothdürftiges und doch für den Beweis ihrer Existenz wichtiges Maaß der unverzüglichen Wirksamkeit vom Recht beigelegt ist, nämlich: a) die Vererblichkeit, b) die Möglichkeit, über bedingte Geschäfte wiederum zu contrahiren (z. B. Verkauf einer bedingten Schenkung rc.), c) Sicherstellung (Caution und andere Sicherheitsmittel, L. 8 pr. in fine D. 18, 1) des bedingten Geschäftes.

Diese angeführten Aeußerungen der Wirksamkeit der bedingten Geschäfte sind zwar eben wie ihr Object problematischer, aber doch unzweifelhaft auch realer Natur und zwar so eigenthümlicher Natur, daß diese schwachen Wirkungen eben so wohl die eventuelle vollständige Vernichtung des bedingten Geschäftes zulassen, als die vollständige eventuelle Wirksamkeit sichern.

Die vollkommene Wirksamkeit des bedingten Geschäftes tritt nur auf den einen Fall (condicio) ein, das Geschäft wird perfectum, das heißt vollkommen wirksam; fällt der eine Fall aus, so wird das Geschäft vollkommen unwirksam, es wird vernichtet, nullum.

L. 8 pr. D. 18, 6: Necessario sciendum est, quondo perfecta sit emtio; tunc enim sciemus, cujus periculum sit, nam perfecta emtione periculum ad emtorem respiciet. Et si id, quod venierit, appareat, quid, quale, quantum sit, et pretium, et pure veniit, perfecta est emtio. Quodsi sub conditione res venierit, si quidem defecerit condicio, nulla est emtio, sicuti nec stipulatio; quodsi extiterit, Proculus et Octavenus emtoris esse periculum aiunt; idem Pomponius libro nono probat.

Aus dieser Stelle haben Manche irrthümlich geschlossen, daß ein bedingtes Geschäft (Kauf) ein nicht abgeschlossenes (ein nicht existentes) sei; denn es stehe darin, daß nur ein negotium purum ein negotium perfectum sei. Da nun ein negotium conditionale kein negotium purum sei, so sei es auch nicht „perfectum", das heiße nicht „abgeschlossen". In dieser Argumentation*) liegen mehrere Irrthümer, 1) das negotium conditionale bildet nicht den einzigen Gegensatz zum negotium purum; denn es heißt im § 2 J. 3, 15 ausdrücklich: omnis stipulatio aut pure, aut in diem, aut sub condicione fit und diese drei Verschiedenheiten werden dort weiter ausgeführt; 2) negotium perfectum heißt nicht ein abgeschlossenes, sondern ein vollendetes (ein völlig wirksames) Geschäft. Richtig ist vielmehr Folgendes: ein bedingtes Geschäft ist ein abgeschlossenes Geschäft (si quid non pure veniit — veniit tamen), aber ein Geschäft, dessen früherer Abschluß erst durch den Eintritt oder Ausfall eines bestimmten Falles (conditio) seine Bedeutung erhält, indem seine Wirkung entweder vollständig (perfectum) oder vernichtet (nullum) wird. Das betagte Geschäft (in diem) ist zwar auch nicht purum negotium, es ist aber perfectum, weil seine Wirkung nur zeitlich in geringerem Maaße beschränkt ist, seine vollständige Wirkung auf alle Fälle, wenigstens von einem Zeitpunkt an, außer Frage steht: vor diesem Zeitpunkt muß es zwar nicht, kann aber sehr wohl vollständig wirksam werden.

Wie verkehrt es ist, ein bedingtes Geschäft pendente conditione als nicht abgeschlossen, nicht existent zu bezeichnen, geht recht klar — worauf schon oben hingewiesen ist — aus den auf eine res sperata gerichteten Geschäften hervor:

L. 8 pr. D. 18, 1: Nec emtio nec venditio sine re, quæ veneat, potest intelligi; et tamen fructus et partus futuri recte ementur, ut, quum editus esset partus, iam tunc, quum contractum esset negotium, venditio facta intelligatur. Der Jurist sagt hier ausdrücklich, es liege der Abschluß eines Kaufgeschäfts vor, dessen Wirksamkeit und Bedeutung aber von der nur problematischen Entstehung des gekauften Gegenstandes abhänge; es ist also ein bedingtes Kaufgeschäft deutlich bezeichnet und geradezu gesagt, dasselbe gelte im Fall des Eintritts der Bedingung als wirksam (vollständig vorhanden) von dem Augenblick an, wo das Geschäft (der Handel) abgeschlossen wurde. Kein Laie, ja sogar kein Jurist, möchte auch wohl zweifeln zu sagen, er habe einen Handel abgeschlossen, wenn er auf einen möglichen künftigen Fall (conditio) hin eine Sache gekauft hat. Schon der einfache Sprachgebrauch hätte die Juristen davon abhalten sollen, das bedingte Geschäft durch ihre spitzfindige Unterscheidung zu vernichten.

Das bedingte Geschäft wird nur auf einen möglichen Fall abgeschlossen; daher ist ein Geschäft, welches nur auf einen unmöglichen Fall, also auf keinen Fall (conditio impossibilis) abgeschlossen ist, gar nicht abgeschlossen, d. h. von vornherein gar nicht gewollt, nichtig. (Die willkürliche Abweichung bei letztwilligen Dispositionen geht uns hier nicht an.) Ein Geschäft auf einen bereits existenten, wenn auch den Parteien unbekannten Fall abgeschlossen, ist ein unbedingtes Geschäft, seine Bedeutung und vollständige Wirkung oder Wirkungslosigkeit stand von Anfang an fest; dennoch ist ein solches Geschäft, welches auf einen existenten Fall, dessen Existenz aber nicht bekannt ist (conditio in præsens vel præteritum concepta), im Beweiserkenntniß eben so zu behandeln, wie ein bedingtes Geschäft, denn auch jenes Geschäft ist nur auf einen ungewissen Fall gewollt. Daß die Geschäfte auf einen bereits existenten Fall abgeschlossen, dessen Existenz aber unbekannt ist, gerade eben so im Beweisverfahren zu behandeln sind, wie ein wirklich „bedingtes Geschäft", wird unseres Wissens von keinem Juristen bezweifelt; es ergiebt sich daraus um so deutlicher, wie wenig die Behauptung der Juristen, ein bedingtes Geschäft sei ein nicht

*) Dieselbe findet sich auch bei Langenbeck l. l. p. 396, welcher sich auf Götting, Schneider und die von diesen angeführten aber mißverstandenen Stellen des Corpus juris (L. 18 § 5 D. 20, 1, L. 213 D. 50, 16, § 4 J. 3, 15) beruft.

abgeschlossenes, dazu geeignet sein würde, unsere Controverse zu entscheiden; denn daß ein Geschäft, welches auf einen bereits existenten aber nicht erwiesenen Fall contrahirt wurde, abgeschlossen und sogar perfect, d. h. vollständig wirksam ist, wird Niemand bezweifeln und demnach, weil das Geschäft, nur auf einen Fall gewollt, sich wesentlich von dem reinen Geschäft unterscheidet, wird das Geschäft im Beweisverfahren eben so wie ein bedingtes zu behandeln sein. Das wirklich „bedingte Geschäft" behandeln die Römer hauptsächlich aus dem Grunde im Civilrecht besonders, um die durch die Existenz der Bedingung eintretende rückwirkende Kraft deutlich zu machen und zu erörtern; in manchen anderen rechtlichen Beziehungen unterscheiden sie diese Geschäfte nicht von anderen Geschäften, welche auf einen ungewissen Fall abgeschlossen sind.

(Die Fortsetzung folgt.)

Entscheidungen.

Ueber die Befugnisse der Fideicommißadministratoren. — Nichtigkeit der Dispositionen über die Substanz des Fideicommisses. — Acquisitivverjährung in Anwendung auf veräußerte Fideicommißgrundstücke.

(Beschluß.)

Das gegen dies Erkenntniß von beiden Partien eingelegte Rechtsmittel der Appellation hatte nachstehende Bescheide zur Folge.

Namens Sr. Königl. Majestät.

Auf die am 23. Novbr. v. J. hieselbst eingegangene Appellationsrechtfertigung des Justizrath Wyneken zu Lütjenburg und des Grafen v. Bernstorff zu Hanredder, als Executoren des von dem Marschall Grafen v. Luckner errichteten Testaments und als Administratoren des Gräfl. v. Luckner-Schulenburger Fideicommisses, Justificanten, jetzt Appellanten,

wider

die Wittwe cum cur. und die Erben des Inspectors Nicolaus Wendt zu Schmachthagen, Justificaten, jetzt Appellaten,

betreffend Justification der Angabe ad proclama über die beiden im Dorfe Schmachthagen belegenen von den Appellaten als Eigenthum in Anspruch genommenen Hufen, jetzt Appellation gegen das Erkenntniß des Holsteinischen Landgerichts vom 5. Juli 1861,

wird,

in Erwägung, daß in den Entscheidungsgründen des angefochtenen Erkenntnisses hinreichend nachgewiesen worden ist, daß der Graf Nicolaus Luckner für seine Person das Nutzeigenthum an der streitigen früher an Schirr vererbpachtet gewesenen Hufe durch Ankauf derselben aus dem Schirr'schen Concurse erworben hat, in der Adjudication der Stelle an den genannten Käufer also kein Umstand erkannt werden kann, welcher die Wiederherstellung des durch die mit Allerhöchster Genehmigung erfolgte Vererbpachtung der Hufe an Schirr aufgehobenen Fideicommißbandes in Betreff jenes Nutzeigenthums zur rechtlichen Folge hätte haben können;

in Erwägung ferner, daß, wenn auch später in Folge des Allerhöchst genehmigten Schuldentilgungsplans wie sonstiges Allodialvermögen des Grafen von Luckner, so ebenfalls die beregte als Erbpachtsgut bis dahin in seinem Besitz befindlich gewesene Hufe der Allerhöchst angeordneten Fideicommißadministration in Verwaltung und zwar mit der Befugniß übergeben worden, selbige neben den Fideicommißrevenüen zur Schuldentilgung und zur Redintegrirung der Fideicommißcapitalien verwenden zu dürfen, dadurch doch solchen allodialen Vermögensstücken und namentlich jener Hufe die fideicommissarische Qualität weder dem Zweck jener Ueberweisung nach hat verliehen werden sollen, noch auch rechtlichen Grundsätzen nach ohne einen Act der Substituirung hat verliehen werden können;

in Erwägung also, daß die erhobene Klage, welche zu ihrem Fundament die Behauptung hat, daß die vindicirte Hufe nicht bloß rücksichtlich des Obereigenthumsrechts, sondern ihrer ganzen Substanz nach vor der Vererbpachtung an den Erblasser der Appellaten zu dem von den Appellanten verwalteten Fideicommiß gehört habe und wegen der Nichtigkeit jener Veräußerung des Nutzeigenthums in diesem rechtlichen Verhältniß geblieben sei, und welche ohne dieses Fundament weder nach der von den Appellanten angerufenen lehnrechtlichen Analogie noch auch nach den Römisch-rechtlichen Grundsätzen über die Condictionen aufrecht erhalten werden kann, unbegründet erscheint, weil ein zureichender Grund für die Annahme, daß das im Jahre 1801 in rechtsbeständiger Weise vom Fideicommißbande gelös'te Nutzeigenthum an der vindicirten Hufe in dieses Band später wieder eingetreten sei, aus den thatsächlichen Anführungen der Appellanten nicht zu entnehmen steht; und

in Erwägung, daß, wenn in der Vererbpachtung der fraglichen Hufe durch den früheren Administrator des Fideicommisses Grafen Adam v. Moltke an den Erblasser der Appellaten eine Verletzung von den Appellanten zu vertretender Rechte gefunden werden könnte, die Appellaten doch unter allen Umständen von der wider sie erhobenen Klage auf Grund der von ihnen vorgeschützten Einrede der Acquisitivverjährung würden entbunden werden müssen, da aus den Acten hervorgeht, daß ihr Erblasser nach jener Vererbpachtung die Hufe mehr als 40 Jahre hindurch besessen hat und die von den Appellanten gegen den dadurch bewirkten Rechtserwerb erhobenen Einwendungen unzutreffend erscheinen, da einerseits die Behauptung, daß der appellatische Erblasser die Hufe nicht als Erbpächter, sondern als amtlicher Nutznießer innegehabt habe, mit dem Inhalt des am 27. December 1818 errichteten und am 13. Januar 1819 protocollirten Ueberlassungscontracts in Widerspruch steht und andererseits von einer mala fides auf Seiten des Inspectors Wendt um so weniger die Rede sein kann, da die in jener Weise contractlich geschehene Uebertragung der Hufe in Erbpacht nur der ihm schon bei seiner Anstellung ertheilten Zusicherung entsprochen hat; übrigens auch der Irrthum über den Umfang der auf besonderer Verleihung beruhenden Verwaltungsbefugnisse des Grafen Moltke, wenn ein solcher bei Wendt anzunehmen wäre, nicht als ein Rechtsirrthum aufzufassen sein würde;

hiemit ertheilt. ein abschlägiger Bescheid

Die Kosten des Anwalts werden bestimmt auf 47 ℛ 88 β, diejenigen des Procurators auf 5 ℛ 77 β.

Urkundlich ꝛc. Gegeben im Königl. Oberappellationsgericht zu Kiel, den 18. Juni 1862.

Namens Sr. Königl. Majestät.

Auf die am 14. Novbr. v. J. hieselbst eingegangene Appellationsrechtfertigung der Wittwe c. cur. und Erben des Inspectors Nicolaus Wendt in Schmachthagen, Justificaten, jetzt Appellanten,

wider

den Justizrath Wyneken in Lütjenburg und den Grafen v. Bernstorff zu Hanredder, als Executoren des von dem Marschall Grafen v. Luckner errichteten Testaments und als Administratoren des Gräfl. v. Luckner-Schulenburger Fideicommisses, Justificanten, jetzt Appellaten,

betreffend Justification der Angabe ad proclama über zwei im Dorfe Schmachthagen belegene Hufenstellen, jetzt Appellation gegen das Erkenntniß des Holsteinischen Landgerichts vom 5. Juli v. J.,

wird, mit Beziehung auf die Entscheidungsgründe des angefochtenen Erkenntnisses, und

in Erwägung

1) daß das in der Fideicommißqualität gelegene Veräußerungsverbot in seiner Anwendung auf das Obereigenthum von einem Grundstück vorzugsweise auch, wie auch aus der Allerhöchsten Resolution vom 19. März 1801 hervorgeht, von dem Recht auf den stipulirten Canon zu verstehen ist, weil dieser hauptsächlich das Vermögensobject, welches durch jenes Verbot den Successoren ungeschmälert erhalten werden soll, die Substanz des Fideicommisses bildet;

2) daß Dispositionen, welche über die Substanz eines Fideicommisses, sei es von dem Nutznießer oder einem Administrator, getroffen worden, in Ermangelung eines besonderen Rechtsgrundes ungültig sind, deshalb auch die Appellaten, trotz der vom Grafen Moltke bewilligten Herabsetzung des Canons, für welche eine

Befugniß desselben nicht nachgewiesen ist und deren Protocollation im Schuld- und Pfandprotocoll den Appellanten als Erben des in dieser Weise Beschenkten gegenüber jedesfalls bedeutungslos bleibt, die unveränderte Fortdauer der in dem Ueberlassungscontract vom 27. December 1818 auf die Erbpachtshufe der Appellanten gelegten Canonspflicht mit Fug haben behaupten und wegen des dagegen von den Appellanten erhobenen Widerspruchs auf Anerkennung dieser Pflicht haben klagen können;

3) daß, so wie die Disposition, durch welche der Graf v. Moltke den Canon herabsetzte, eine ungültige war, so auch aus den nämlichen Gründen ein Gleiches von der etwanigen Anerkennung derselben Seitens seiner Nachfolger in der Verwaltung gelten muß;

hiemit ertheilt. ein abschlägiger Bescheid

Die Kosten werden bestimmt für den Anwalt auf 59 ℛ 39 β, für den Procurator auf 4 ℛ 77 β.

Urkundlich ꝛc. Gegeben im Königlichen Oberappellationsgericht zu Kiel, den 18. Juni 1862.

Ueber die Gültigkeit der zur Deckung der in den Jahren 1849 und 1850 ausgeschriebenen Zwangsanleihen contrahirten Commüneschulden. — In wie fern die Anleihen der Commünen der regiminellen Genehmigung bedürfen. — Die nach Contrahirung einer Schuld eingetretene Verminderung des Areals einer Commüne ist ohne Einfluß auf den Bestand ihrer Verpflichtung.

In Sachen des Käthners Claus Stave in Nübbel, Imploranten,

wider

den Amtmann und die sämmtlichen Kirchspielsgevollmächtigten des Amtes Rendsburg in Vertretung der Amtscommüne, Imploraten,

in pcto. deb. 1200 ℔ v. Cour., jetzt 640 ℛ R.-M. nebst Zinsen,

ergeben die Acten:

Der Käthner Claus Stave in Nübbel hat dem Amte Rendsburg im Jahre 1850 640 ℛ angeliehen und zwar, wie es in der darüber von dem Amtmann und Kirchspielsgevollmächtigten in Vertretung der Amtscommüne ausgestellten Obligation d. d. den 25. Mai 1850 heißt, „Behufs der durch die Verordnung vom 10. April 1850 verfügten Anleihe". In Gemäßheit der desfallsigen Bestimmung der Obligation ist dieselbe im Mai v. J. zur Auszahlung in den O. T. R. d. J. gekündigt worden, die Auszahlung ist jedoch im Umschlag nicht erfolgt, wie denn auch schon bei der Kündigung dem Stave eröffnet worden, daß mit Rücksicht auf die noch nicht geschehene Regulirung des den sechs Schleswigschen Dörfern zufallenden Antheils an den Amts Rendsburger Zwangsanleiheschulden bisher keine Obligationen an die Eingesessenen jener Dörfer ausbezahlt worden und erst ein Beschluß der Amtsgevollmächtigten darüber getroffen werden müsse, ob die Auszahlung der Obligation zu Umschlag geschehen könne.

Auf Antrag des Käthners Stave ist hierauf unterm 8. Februar d. J. ein unbedingter Zahlungsbefehl wider den Amtmann und die sämmtlichen Kirchspielsgevollmächtigten des Amts Rendsburg in Vertretung der Amtscommüne erlassen worden, wogegen die Letzteren mit Einwendungen eingekommen sind.

Dieselben gehen selbst davon aus, daß sie mit Grund sich auf die Einrede der fehlenden Passivlegitimation nicht berufen konnten, und wenn sie diese Einrede dennoch eventuell, nämlich nur für den Fall vorschützen, daß sich der leiseste Zweifel etwa erheben lassen sollte, so wird, da kein Grund vorliegt, die allerdings ex officio zu prüfende Legitimation in Zweifel zu stellen, das hierüber von den Imploraten Bemerkte übergangen werden können.

Für die sodann vorgeschützte exceptio sub- und obreptionis berufen sie sich auf ein in beglaubigtem Extracte angelegtes unterm 23. Januar 1854 an das Amthaus erlassenes Rescript des Königl. Ministeriums für die Herzogthümer Holstein und Lauenburg, worin es heiße:

daß Se. Majestät der König mittelst Allerhöchster Resolution vom 6. October 1853 das

Ministerium auctorisirt habe, die auf die Verzinsung und Abtragung der „im Namen der Commünen“ im Herzogthum Holstein zur Deckung der von denselben in den Jahren 1849 und 1850 geforderten sogenannten Zwangsanleihen contrahirten Schulden sich beziehenden Anträge zu erledigen, insofern es vorgängig constatirt worden, daß die Anerkennung der zu obgedachtem Zwecke Namens der Commünen contrahirten Anleihen als einer Communalschuld durch ordnungsmäßig gefaßte Commünebeschlüsse stattgefunden habe.

Es werde daher von Seiten der Commüne, mithin nicht lediglich der Commünerepräsentanten, welche meistens selbst die fraglichen Anleihen contrahirt haben würden, sondern der Commüneinteressenten selbst, eine Erklärung darüber vorliegen müssen, daß selbige die hier in Rede stehenden im Namen der Commüne contrahirten Schulden als Commüneschulden anerkennen, verzinsen und abtragen wollten und daß selbige hinsichtlich dieser Verzinsung und Abtragung eine Repartition nach dem Landsteuerwerth der Ländereien und dem Brandkassenwerth der haussteuerpflichtigen Gebäude oder etwa nach einem andern speciell anzugebenden Maaßstabe zum Grunde gelegt zu sehen und die Abtragung in näher in Vorschlag zu bringenden Terminen zu beschaffen wünschten.

Nach diesem Rescripte liege es klar vor: daß die von dem Amtmann und den Kirchspielsgevollmächtigten des Amtes für die Amtscommüne ausgestellten Obligationen von der Staatsgewalt an sich cassirt und annullirt, wenigstens für die Commüne unverbindlich erklärt seien, und aus ihnen allein eine Klage wider die Amtscommüne nicht weiter erhoben werden könne; daß vielmehr die Frage: ob die Obligationen für die Commünen wieder rechtsverbindliche Kraft erhalten hätten, lediglich nach Thatsachen außerhalb der Obligationen beurtheilt werden könne und von der Beantwortung der beiden Fragen abhänge:

1) ob die Schulden, über welche die Obligationen ausgestellt seien, demnächst durch ordnungsmäßig gefaßte Commünebeschlüsse als Commüneschulden anerkannt seien? und

2) ob die rechtserforderliche Genehmigung dieser Schulden abseiten des Königlichen Ministeriums Namens des Landesherrn erforderlich sei?

Da nun hierüber die Klage nichts besage, auch keinen Beweis enthalte, so stelle schon deshalb die obige Einrede sich als begründet dar. Eventuell aber wollten die Imploraten in qual. qua näher nachweisen, daß dem Imploranten zur Zeit und bis rücksichtlich der sechs früher zum Amte Rendsburg gehörigen Schleswigschen Dörfer die Verhältnisse derselben zu der Amtscommüne geordnet worden, kein Forderungs- und Klagrecht zustehe.

Das Ministerium für das Herzogthum Schleswig habe nämlich durch Rescript vom 16. Januar 1854 die land- und haussteuerpflichtigen Eingesessenen der sechs Dörfer von ihrer Mitverhaftung für die zur Beschaffung der Zwangsanleihe für die Amtscommüne contrahirten Anleihen entbunden, ihnen die Leistung ihrer Beiträge zur Verzinsung und Abbezahlung derselben untersagt und die Behörden des Amtes Hütten angewiesen, die etwa beantragt werdende Rechtshülfe zur Beitreibung solcher Beiträge zu verweigern, was die Folge gehabt:

1) daß die Behörden des Amtes Hütten die Rechtshülfe zur Beitreibung geradezu verweigert;

2) daß alle beitragspflichtigen Eingesessenen der sechs Dörfer ohne Ausnahme sich der Erfüllung ihrer Verpflichtung entlegt hätten;

3) daß dadurch der Rest der zur Aufbringung der in Rede stehenden Zwangsanleihen für das Amt Rendsburg contrahirten Schulden, deren ursprünglicher Gesammtbetrag von 89,856 ℛ 58 β durch successive Abzahlung vor der Abtrennung der sechs Dörfer auf 79,080 ℛ 90 β reducirt worden, thatsächlich dem südlich der Eider belegenen Amte Rendsburg aufgebürdet worden und von dem Gesammtsteuerwerth des Amtes Rendsburg in seiner seitherigen Ausdehnung, betragend . . . . . . 4,429,673 ℛ 17 β,
eine Summe von . . . . . . 512,199 „ 32 „
als der Betrag des Steuerwerths der sechs Dörfer weggefallen und
dem Reste von . . . . 3,917,473 ℛ 81 β

die Sorge für die Verzinsung und Abtragung der gemeinsamen Schuld allein überlassen geblieben wäre, sobald die Commüneinteressenten eben nur des nachgebliebenen Theils des Amtes die Schuld ohne Weiteres als Commüneschuld anerkannt hätten und dann die vom Holsteinischen Ministerium in Aussicht gestellte Genehmigung erfolgt wäre;

4) daß der nachgebliebene Theil der Amtscommüne bei der Abgebung der durch Rescript des Holsteinischen Ministeriums verlangten Erklärung über Anerkennung oder Nichtanerkennung der contrahirten Anleihen als Commüneschuld zur Abwendung der sub 3 erwähnten unbeikommenden Mehrbelästigung ausdrücklich sich davor verwahrt habe, den auf die abgetrennten sechs Dörfer von der Schuld fallenden Antheil mit übernehmen und als Schuld der nachgebliebenen Amtscommüne anerkennen zu wollen und daher die Schuld nur unter dieser Restriction als Commüneschuld anerkannt und sich zur Verzinsung und Abtragung derselben verpflichtet hätte; und

5) endlich, daß das Königliche Ministerium für die Herzogthümer Holstein und Lauenburg laut Rescripts vom 24. December 1854 aus demselben Grunde die Genehmigung der Schuld als Commüneschuld beanstandet hätte und bis weiter nicht zu ertheilen sich veranlaßt gefunden, deshalb auch nur so weit die Amtsgevollmächtigten für die Commüne zur Zinsen- und Capitalherbeischaffung auctorisirt hätte, als erforderlich, um nicht den Credit der Commüne zu compromittiren und größere Verwicklungen herbeizuführen. Das fragliche Ministerium habe demnach die zur rechtlichen Reconvalescirung der Schuld unbedingt nothwendige Genehmigung der Schuld ausgesetzt, bis die in Frage stehenden Verhältnisse der früher zum Amte Rendsburg gehörigen Dorfschaften einer schließlichen Regulirung zugeführt worden und das Rendsburger Amthaus lediglich auctorisirt:

„zur Aufbringung der diesjährigen Zinsen (pro 1854) und betreffenden Kosten eine Repartition nach dem Landsteuerwerthe der Ländereien und dem Brandversicherungswerthe der haussteuerpflichtigen Gebäude im Amte Rendsburg beschaffen zu lassen und zu genehmigen, wobei eine demnächstige Liquidation in Betreff der obgedachten an das Amt Hütten übergegangenen Dorfschaften und Areale hinsichtlich der für dieselbe zu berechnenden Quote werde vorbehalten bleiben können,

zugleich:

für den Fall, daß gekündigte Capitalien aus dieser sogenannten Zwangsanleiheschuld zur Zeit zurückzuzahlen sein würden und zur wünschenswerthen Erhaltung des status quo eine Rückgängigmachung dieser Kündigungen nicht etwa zu erreichen stehe,

die beikommenden Commüerepräsentanten zu ermächtigen, erforderlichen Falles Capitalien zu dem nämlichen Belaufe Behuf Abtragung der gedachten gekündigten Schuldposte im Namen des Amtes anzuleihen,

in welcher Hinsicht bei der demnächstigen Liquidation das Behufige seiner Zeit zu berücksichtigen sein werde.

Inzwischen sei nun keine Veränderung in diesen Verhältnissen eingetreten. Noch sei die von der Commüne für ihre Anerkennung der Schuld als einer Commüneschuld ausdrücklich gesetzte Bedingung nicht erfüllt, noch bestehe also ihr Protest gegen die Anerkennung der Gesammtschuld als einer Commüneschuld, noch habe das Holsteinische Ministerium die Genehmigung der Schuld nicht ertheilt, sondern noch immer nur zu dem oben näher angeführten Auskunftsmittel sich herbeilassen zu dürfen geglaubt; noch sei immer Jahr aus Jahr ein das Rendsburger Amthaus nur auctorisirt worden, die Ausschreibung zur Aufbringung des jährlichen nothwendigen Bedarfs beschaffen zu lassen und noch könnten die Commünerepräsentanten bei Vermeidung eigenen Haftens zur Abtragung auf die Schuld keine weiteren Geldmittel verwenden oder gar Anleihen contrahiren, als soweit die erklärte Absicht der von ihnen Repräsentirten unzweifelhaft gehe oder zur Aufrechterhaltung des Credits des Amtes absolut erforderlich sei. Wie weit die Commünerepräsentanten hierbei glaubten gehen zu müssen, sei lediglich ihrem eignen Ermessen überlassen, ohne daß den Inhabern der Obligationen ein perfectes Recht gegen sie zustehe. Denn so lange die ministerielle Genehmigung nicht ertheilt, existire die

Schuld rechtlich als eine Communeschuld noch nicht, existire noch keine obligatio perfecta des Amtes. Die Erfüllung erfolge nur noch einerseits als eine freiwillige und andererseits als vom Ministerium kraft der landesherrlichen Auctorisation zugelassene. Eine Rücksichtsnahme auf den Credit aber existire nicht gegen alle diejenigen, welche von ihrer Seite ihre in Beziehung auf die in Rede stehende Zwangsanleiheschuld ihnen obliegenden Pflichten und Leistungen nicht erfüllten; — ja die Zahlung des Capitals an diese würde gegen die Erklärung der Amtsinteressenten verstoßen, weil in Forderungen, welche dergleichen Leute hätten, die beste Garantie dafür liege, daß der Amtscommüne und dem einzelnen Mitgliede derselben nicht mehr aufgebürdet werde, als die Pflicht, welche freiwillig von ihr übernommen worden, erheische. Zu der Classe solcher Creditoren aber gehöre nach Ausweis der Anlage 3 der Implorant. Er sei also nicht bloß Creditor, sondern auch als Mitverhafteter Debitor der Commüne und er könne, ohne mit der exceptio doli zurückgewiesen zu werden, nicht in der einen Qualität die Rechtsbeständigkeit der Obligation und die Verpflichtung der steuerpflichtigen Commüneinteressenten behaupten und in der andern Beziehung die Rechtsbeständigkeit der Obligation bestreiten. Die Nichtanerkennung und Nichterfüllung seiner Verbindlichkeit schließe aber schon dieses dolus wegen, zugleich aber auch nach sonstigen allgemeinen auch in dem § 7 der Verordnung vom 25. Juli 1781 anerkannten Rechtsprincipien die Geltendmachung des von ihm in Anspruch genommenen Klagrechts unbedingt aus.

Indem Imploraten aus diesen Gründen die Wiederaufhebung des Mandats beantragen, stellen sie zugleich event. den Antrag, daß das Mandat auf die Quote des Capitals und der Zinsen beschränkt werde, für welche pro rata des Steuerwerthes die jetzige allein von den Imploraten vertretene Commüne nur hafte, indem sie hierfür geltend machen, daß die Anleihen von der alten Commüne, wie sie bestanden vor der Abtrennung der sechs Dörfer, nur contrahirt seien für sämmtliche steuerpflichtige Eingesessene des Amtes pro rata des Steuerwerthes ihres Besitzes, wohingegen die jetzige Amtscommüne nicht mehr den ganzen, sondern nur den nach Abzug des Steuerwerths des jetzt Schleswigschen Districts verbliebenen Rest des ursprünglichen Gesammtsteuerwerths repräsentire und also auch nur nach diesem Verhältniß für die Anleihen und deren einzelne Pöste hafte.

In omnem eventum endlich haben die Imploraten die Einrede der Compensation vorgeschützt mit dem Bemerken, daß der Amtscommüne eine Befugniß zur Compensation ihrer aus den Gesetzen vom 2. Mai 1844 und 10. April 1850 resultirenden Forderungen auf 2 Procent von dem Steuerwerthe des Imploranten und zwar mit Zinsen von Umschlag 1853 nicht werde abgesprochen werden können und darnach in eventum der Antrag begründet sein werde: daß das Mandat nur unter Abzug der 2 Procent des Steuerwerthes des Besitzes des Imploranten mit Verzugszinsen von Umschlag 1853 an unter Compensation der Kosten zu bestätigen sei.

In der Replik hat Implorant nicht nur die Liquidität der vorgebrachten Einwendungen bestritten, sondern auch das Unbegründetsein derselben nachzuweisen gesucht und um Abgebung eines geschärften Befehls unter Verurtheilung der Imploraten zur Kostenerstattung gebeten.

(Der Beschluß folgt.)

Allerhöchst privilegirte

Holsteinische Anzeigen.

Redigirt von den Obergerichtsräthen Etatsrath Henrici und Lucht.

Gedruckt bei Augustin in Glückstadt.

31. Stück. — Den 4. August 1862.

Das auf einen ungewissen Fall geschlossene Geschäft im Beweiserkenntniß.

Mitgetheilt von dem Herrn Advocaten Rave in Itzehoe.

(Beschluß.)

Wir stellen nun folgendes erste Postulat auf: **Alle Geschäfte, welche auf einen ungewissen Fall abgeschlossen sind, unterscheiden sich specifisch von den negotia, welche auf alle Fälle abgeschlossen sind.** Nicht richtig ist es, solche auf einen Fall abgeschlossene Geschäfte im Verhältniß zu den reinen Geschäften gleich der Ausnahme zur Regel zu stellen; viel eher sind jene zu diesen gleich den Geschäften über eine species zu den Geschäften über einen dem genus nach bestimmten Gegenstand hinzustellen.

Dies von uns aufgestellte Postulat wird, wie wir meinen, durch die bisherigen Ausführungen über bedingte Geschäfte — welchen andere Geschäfte auf einen ungewissen Fall geschlossen darin gleich stehen, daß sie wesentlich von den Geschäften auf alle Fälle verschieden sind — unterstützt.

Gesteht man uns das aufgestellte Postulat nicht zu, so kann von einem weiteren Streit freilich nicht die Rede sein; wir können aber eben so wenig folgende zwei Geschäfte specifisch und wesentlich gleich halten: 1) A schenkt dem B sein Haus auf den Fall, daß der Bruder des B verstorben sein sollte — und 2) A schenkt dem B sein Haus auf alle Fälle — als wir folgende zwei Geschäfte für specifisch und wesentlich gleich halten: 3) A schenkt dem B die 10 Hamb. Ducaten, welche in A's Geldkiste liegen — und 4) A schenkt dem B 10 Hamb. Ducaten. In den Beispielen 1 und 3 liegt nach unserem Dafürhalten ein von den Beispielen 2 und 4 specifisch verschiedenes Object oder Ziel des Geschäftes vor, daher kein Geständniß der Parteien, wenn sie darüber in ihren Ansichten divergiren, daß der Beklagte einen engeren Kreis der Verpflichtung, der Kläger einen weiteren behauptet, aus welchem letzteren, gerade so weit dieser weitere Kreis nicht durch den engeren gedeckt wird, [illegible] seine Ansprüche herleitet.

Will man nun den Beweis des bedingten Geschäfts dem Allegaten aufbürden, so möge man wohl bedenken, daß doch kein Grund aufzufinden sein möchte, die Beweislast anders zu vertheilen bei Verträgen über res speratæ (denn das sind auch recht eigentlich bedingte Geschäfte) und bei allen auf einen bestimmten Fall (also nicht bei conditio in præsens et præteritum concepta) geschlossenen Geschäften. Diesen Umstand scheinen die Juristen ganz zu übersehen, welche sich mit unserer Controverse beschäftigt haben; sie sprechen nicht bloß in den Ueberschriften ihrer Abhandlungen, sondern in letzteren selbst immer von der Beweislast bei Bedingungen, ohne den verschiedenen Character der unter der gewöhnlichen Bezeichnung Bedingung zusammengefaßten juristischen Momente gehörig zu untersuchen und darnach für die Beweislast zu unterscheiden oder zusammenzufassen.

§ 12.

Das Vorbringen des Beklagten, durch welches die von dem Kläger behaupteten Thatsachen nicht rein und unumwunden eingeräumt werden, hat man seit langer Zeit als „qualificirtes Geständniß“ bezeichnet, welchen Ausdruck man im Criminalproceß auch in anderem Sinn anwendet.

Weber, Beweisführung, S. 173.

Jener Ausdruck ist dann auch wohl mit anderen vertauscht, welche einzelne Juristen für passender hielten, z. B. bedingtes Geständniß, limitirtes Geständniß; ja in neuerer Zeit haben in den bedeutendsten Fällen, in welchen man früher von einem qualificirten Geständniß sprach, Juristen diesen Ausdruck fast umgekehrt, indem sie von einem motivirten Leugnen, indirecten Leugnen u. s. w. sprechen.

Wetzell, l. l., § 19.

Langenbeck, l. l., p. 332 NB. a.

Planck, Beweisurtheil, § 31 sqq.

Man kann also nicht umhin, einzuräumen, daß der Versuch, sich hier über technische Ausdrücke zu verständigen, mißlungen ist; daher es gewiß richtiger wäre, dieselben ganz zu vermeiden, da sie doch nur dann einen Werth haben, wenn jeder Techniker den gleichen klaren Sinn damit verbindet.

Richtiger, wie dies schon oben angedeutet ist, wird es sein, für diejenigen zweifelhaften Fälle, wo der Richter schwanken möchte, ob ein Geständniß vorliegt, dasjenige Princip aufzusuchen, welches hier maaßgebend sein dürfte, als daß man technische Ausdrücke (wie „qualificirtes Geständniß“) bildet, um aus solchen willkürlich gebildeten Ausdrücken wieder willkürliche Folgerungen zu ziehen, welche doch keine allgemeine Anerkennung finden.

Das Princip, welches dem Geständniß im Proceß seine Bedeutung giebt, liegt, wie uns scheinen will, ebenda, wo das Princip des Contracts, des Vertrags liegt. Selbst diejenigen Juristen, welche leugnen, daß das gerichtliche Geständniß als ein Quasicontract angesehen werden dürfe, räumen ein, daß zwischen dem Geständniß und einem Vertrage erhebliche Aehnlichkeit zugegeben werden müsse,

Langenbeck, l. l., p. 122 sqq.,

und gehen wir daher sicherlich nicht zu weit, wenn wir von der vertragsartigen Natur des Geständnisses sprechen und diese — dahin geht unser zweites Postulat — namentlich darein setzen, daß ein Geständniß eben wie ein Vertrag nur dann als vorhanden angenommen werden darf, wenn die Willenserklärungen der Parteien übereinstimmen, wodurch im Proceß jede Veranlassung zum Streit wegfällt. Dieselben Regeln also, welche das Recht über die Uebereinstimmung der Willenserklärungen bei Verträgen aufstellt, werden unzweifelhaft auch auf das Geständniß angewandt werden müssen. So wenig ein Vertrag existirt, wenn die eine Partei mit der anderen nicht übereinstimmt über die Person, über die Identität des Gegenstandes (dissensus in corpore) oder wesentliche Eigenschaften des Gegenstandes (dissensus in substantia) oder über das Geschäft, — eben so wenig existirt ein Geständniß, wenn die Parteien über diese Punkte in ihren Angaben vor Gericht dissentiren; liegt nun kein Geständniß vor, so wird diejenige Partei, welche aus ihren dissentirenden Angaben rechtliche Ansprüche gegen den Gegner herleiten will, solche Angaben beweisen müssen, sofern nicht besondere Rechtsvorschriften dieselbe von dem Beweis dispensiren.

Wenn es nun auch unzweifelhaft feststeht, daß der Dissens über das Geschäft einen Vertrag, ein Geständniß ausschließt (A will ein mutuum geben, B ein donum empfangen; A behauptet also im Proceß ein mutuum, B eine donatio), so fragt sich, ob ein Dissens darüber, ob pure oder sub conditione abgeschlossen sei, den Vertrag, also auch das Geständniß ausschließe; im vorigen Paragraphen haben wir schon unsere Ansicht ausgesprochen, daß ein Vertrag nicht als zu Stande gekommen angesehen werden könne, wenn eine Partei auf alle Fälle contrahiren wolle, die andere nur auf einen Fall — sonst gar nicht; namentlich haben wir diejenigen bedingten Geschäfte hervorgehoben, welche als Geschäfte über eine res sperata von den meisten Juristen besonders behandelt werden, welche wir aber als bedingte Geschäfte ansehen, wenn auch die incertitudo in die problematische Existenz des körperlichen Gegenstandes des Vertrages direct, nicht wie bei andern bedingten Geschäften indirect durch Verbindung mit einem besondern Umstand hineingelegt ist. Bei diesen bedingten Geschäften auf eine res sperata gerichtet wird kein Jurist zweifeln, daß ein Vertrag darüber nicht zu Stande komme, wenn die andere Partei nicht die res sperata, sondern ein anderes körperliches Object wollte; weil hier Dissens über den körperlichen Gegenstand unzweifelhaft vorliegt.

Hänel räumt ein, daß bei der Römischen Stipulation unzweifelhaft die bedingte Zusage eine Verneinung des unbedingt gestellten Antrags von Seiten des Creditors enthalten habe. Wenn aber bei der Stipulation im Römischen Recht eine von anderen Verträgen abweichende Regel gegolten hätte, so würde doch irgend einmal solcher Abweichung gedacht sein; ist also Hänel's Meinung richtig über die Ansicht der Römer, betreffend die Beweisfrage, wenn die eine Partei aus einer unbedingten Stipulation klagt, die andere diese bestreitet, indem sie eine bedingte Stipulation dagegen stellt — und wir halten diese Meinung für unzweifelhaft richtig —; so wird man dasselbe Princip als von den Römischen Juristen überall befolgt annehmen dürfen.

Die bedingten Geschäfte wie diejenigen auf einen ungewissen existenten Fall (conditio in præsens et præteritum concepta) scheinen uns so wesentlich von den einfachen Geschäften verschieden, daß von einem Consens der Parteien, deren eine ein einfaches, die andere ein auf einen Fall beschränktes Geschäft will, nicht die Rede sein kann; es liegt ein wesentlicher Dissens, also im Proceß kein Geständniß vor. Glaubt man freilich für das Geständniß im Proceß andere Bestimmungen über den Consens als wesentliche Voraussetzung desselben aufstellen zu dürfen als für den Vertrag außerhalb des Processes, dann wird unsere Conclusion nicht zutreffen; dann aber wäre es sehr wünschenswerth, daß die Juristen, welche so denken, sich nicht mit dem bloßen Critisiren begnügten, sondern einmal gründlich auseinandersetzten, was sie sich darunter vorstellen, wenn sie doch einräumen, das Geständniß im Proceß habe einen contractartigen Character, erhebliche Aehnlichkeit mit dem Vertrage. Im Uebrigen haben wir wiederholt, um möglichst deutlich zu sein, im Verlauf dieses Aufsatzes, an Beispielen zu erläutern gesucht, wie das Wollen eines bedingten einerseits und Wollen eines unbedingten Geschäfts andererseits nie einen Consens, die nothwendige Voraussetzung jedes Vertrages, erzeugen kann.

§ 13.

Von großer Bedeutung für die Entscheidung unserer Controverse ist, wie bereits oben bemerkt, der **Artikel 322 des allgemeinen Deutschen Handelsgesetzbuchs**. In diesem Artikel ist nämlich ausdrücklich gesagt, daß die Annahme eines vorgeschlagenen Vertrages unter Bedingungen oder Einschränkungen (ob hierunter dies, modus etc. zu verstehen sind, mag dahinstehen, jedenfalls sind darunter conditiones in præsens et præteritum conceptæ zu verstehen, wenn dieselben nicht schon in dem Ausdruck „Bedingungen" mitbegriffen sind) als Ablehnung des Antrages gilt. Es ist also klar, daß das allgemeine Deutsche Handelsgesetzbuch von dem ganz richtigen Gedanken ausgeht, welcher auch kurz und deutlich ausgedrückt ist, daß zwischen zweien Parteien, von denen die eine ein reines (auf alle Fälle), die andere ein bedingtes (auf einen Fall) Geschäft will, eine Uebereinstimmung gar nicht existirt und daß derjenige, welcher den Vertrag bedingt abschließen zu wollen erklärt, hierdurch einen neuen wesentlich divergirenden Antrag stellt, welcher nur so, wie er gestellt ist, d. h. als bedingtes Geschäft, angenommen werden kann. Da nun das allgemeine Deutsche Handelsgesetzbuch bald in ganz Deutschland, also auch in Holstein, gelten wird, so ist damit das erste Princip, welches als Grundlage für die Entscheidung unserer Controverse aufgestellt ist, allgemein und namentlich für Holstein als richtig anerkannt, daß nämlich Geschäfte auf einen ungewissen Fall (Bedingung) abgeschlossen, wesentlich von einfachen Geschäften verschieden sind, daß also der Wille zweier Parteien, deren eine ein einfaches, die andere ein bedingtes Geschäft will, sich gegenseitig negirt.

Wenn man nun auch das zweite Princip, aus welchem wir die Beantwortung unserer Controverse herleiten, nicht wird bestreiten können, daß nämlich beim processualischen Geständniß die Uebereinstimmung der Willenserklärungen beider Parteien nach denselben Regeln wie beim Vertrage zu beurtheilen ist, so wird die Folgerung aus diesen gewiß nicht zu bestreitenden beiden Principien einfach diese sein: da die Annahme eines Geschäfts unter Bedingungen gegen den Vorschlag auf Eingehung eines einfachen Geschäfts als eine Ablehnung, also eine Negation des einfachen Geschäfts anzusehen ist, da also auch die Einwendung im Proceß, es habe nur auf einen Fall (Bedingung) contrahirt sein sollen, als Ablehnung, Negation des gegnerischen Vorbringens, es sei einfach (pure, auf alle Fälle) contrahirt, anzusehen ist; da ferner die Existenz des geleugneten einfachen Geschäfts der thatsächliche Grund des erhobenen Anspruchs ist, so wird derjenige, welcher den Anspruch aus dem einfachen Geschäft erhebt (is qui dicit), da dasselbe vom Gegner geleugnet, also unerwiesen ist, beweisen müssen, es sei denn, daß eine besondere Rechtsregel (eine præsumtio juris oder eine Fiction) ihn dieses Beweises überhöbe.

Eine solche besondere Rechtsregel, welche bisher nirgendwo in den bekannten Rechtsquellen nachgewiesen ist, mögen diejenigen Juristen nun aufsuchen, welche die beiden von uns für die richtige Beantwortung unserer Controverse aufgestellten Principien billigen, die daraus entspringenden Folgerungen aber nicht anerkennen wollen.

§ 14.

Ueber die Resolutivbedingungen, für welche nach unserer Meinung eine besondere Rechtsregel die Beweisfrage abweichend bestimmt, ist oben im § 7 gesprochen. Hier soll noch der sogenannten unmöglichen Bedingungen Erwähnung geschehen. Die Ansichten darüber, welche Partei zu beweisen habe, wenn eine Partei aus einem einfachen (purum) negotium Ansprüche erhebt, die andere Partei sich hiergegen auf ein unter einer unmöglichen Bedingung abgeschlossenes Geschäft beruft, sind divergirend. Bei letztwilligen Verfügungen (bei Erbeinsetzungen gilt auch die Resolutivbedingung für nicht beigefügt,

Puchta, Pandekten, § 475)

kommt ein solcher Einwand natürlich gar nicht in Betracht; ist aber aus Geschäften unter Lebenden geklagt, so sind die meisten Juristen der Ansicht, der Einwand, das Geschäft sei unter einer unmöglichen Bedingung geschlossen, sei in Bezug auf die Beweislast ebenso zu behandeln, wie der Einwand, das Geschäft sei unter einer möglichen Bedingung geschlossen.

Wenn man von der Richtigkeit der von uns aufgestellten beiden Postulate ausgeht, so würde daraus folgen, daß der Einwand, es sei ein Geschäft unter einer unmöglichen Bedingung geschlossen, als Negation des Anspruches aus dem behaupteten reinen Geschäft anzusehen, das reine Geschäft also zu beweisen sei. Zweifelhaft kann es nur sein, ob etwa eine dem besonderen Charakter der unmöglichen Bedingungen entsprechende besondere Rechtsregel auch hier wie bei der Resolutivbedingung eine veränderte Normirung der Beweislast motivirt; indeß, obwohl wir den ganz eigenthümlichen Charakter namentlich unsittlicher Bedingungen,

cf. Savigny, System, Bd. 3 § 124,

anerkennen, glauben wir doch nicht, daß darin eine genügende Veranlassung*) liegt, die Beweislast für unmögliche namentlich unsittliche Bedingungen anders zu normiren als für mögliche Bedingungen.

§ 15.

Ein geringes Maaß von Wahrheit liegt in der Behauptung Kierulff's — welche auch schon wiederholt getadelt ist —, daß die verschiedenen Ansichten im praktischen Resultat auf Eins hinauslaufen (der Zusatz: „obgleich sie das nicht könnten, wenn man sie consequent durchführte" — ist freilich, wie sich gleich zeigen wird, ganz verfehlt). Diese Behauptung, so weit dieselbe wahr ist, erklärt sich aus folgendem natürlichen Grunde: Wenn die Beweisführung sich auf solche Beweismittel beschränkt, welche über ein streitiges Rechtsverhältniß referiren und den Partrien leicht zugänglich sind, wird es weniger darauf ankommen, welcher Partei der Beweis zunächst aufgelegt wird — und gerade hierauf bezieht sich unsere Controverse hauptsächlich — als darauf, daß diejenigen Thatsachen als relevant zum Beweis und Gegenbeweis verstellt werden, auf welche jene Beweismittel sich beziehen. Da bei der Benutzung solcher Beweismittel stets dasjenige als erwiesen gilt, was durch sie dem Richter, welcher selbst aus ihnen den Inhalt unter Assistenz der Parteien zu erforschen hat, dargebracht wird, nicht mehr und nicht minder, so wird es, wenn die Beweisführung sich auf solche Beweismittel beschränkt, nur meistens der

*) Nicht ganz unbedenklich scheint es nämlich, dem Angegriffenen dadurch ein Vertheidigungsmittel zu gewähren, daß derselbe sich auf eine von ihm selbst und dem Gegner angeblich beabsichtigte turpitudo beruft.

Gelegenheit bedürfen, diese Beweismittel benutzen zu können, und diese Gelegenheit schneidet der Richter sehr oft auch dann nicht ab, wenn er der verkehrten Partei den Beweis auflegt, z. B. A klagt aus einem mutuum, B räumt den Empfang des Geldes ein, leugnet das mutuum und fügt hinzu, er habe das Geld als depositum erhalten. Hat B nun ein Document oder zuverlässige Zeugen, welche referiren werden, daß deponirt sei, so kann es dem B gleichgültig sein, ob der Richter das mutuum zunächst zum Beweis des A verstellt oder ob er nur dem B den directen Beweis des depositum auflegt. Der Irrthum eines Richters, welcher in dem Vorbringen des B eine wahre Einrede, nicht eine Negation sähe, würde dem B hier ziemlich gleichgültig sein können, wenigstens nicht interessant genug, um auf halbschiedliche Kosten den Richter durch den höheren Richter über seinen Irrthum aufklären zu lassen.

In gleicher Weise kann es unter Umständen bei einer Klage aus dem einfachen Geschäft, wenn der Gegner sich auf ein bedingtes Geschäft beruft, der einen oder andern Partei gleichgültig sein, wie der Richter die Beweislast vertheilt, wenn ihr nur nicht die Benutzung ihrer guten referirenden Beweismittel dadurch abgeschnitten wird, aus denen sich derjenige Bestand des Rechtsverhältnisses ergibt, welchen sie als vorhanden behauptet. Kierulff begeht den Irrthum, daß er es als auffallend ansieht, daß derjenige Thatbestand so lange in seinem ganzen Umfang als erwiesen gilt, welchen referirende Beweismittel (Zeugen und Documente) darstellen, bis abweichende Beweismittel (wozu der Eid nicht benutzt werden darf) denselben beschränken oder erweitern. Ist in einem fehlerlosen Document ein Kauf beschrieben über einen generellen Gegenstand, so wird der Richter bis zum geführten Gegenbeweis einen Kaufcontract über einen generellen Gegenstand als geschlossen annehmen müssen, mag die eine oder andere Partei auch einen Kauf über einen speciell bezeichneten Gegenstand behaupten und umgekehrt. Ebenso wenn Zeugen (allein oder in Verbindung mit andern Beweismitteln) benutzt werden, z. B. A klagt aus einer Schenkung auf 1000 ₰ gegen B, B entgegnet, er habe 1000 ₰ oder ein Pferd geschenkt; mag man nun über die Beweislast denken, wie man will, so wird, wenn Zeugen nur die Schenkung von 1000 ₰ bestätigen, die Alternative als unwahr gelten, wenn dieselbe nicht durch abweichende Beweismittel bestätigt wird, welche jene Zeugenaussagen ergänzen oder beschränken. Meint Kierulff (und mit ihm andere Juristen), es sei inconsequent, dem Kläger den Beweis des einfachen Geschäftes, welchem Beklagter ein bedingtes Geschäft entgegenstellt, aufzulegen und doch anzunehmen, daß die puritas negotii durch ein Document, in welchem nur nicht von einer Bedingung gesprochen werde, bewiesen sei, so vergißt Kierulff, daß jeder Richter die gleiche Inconsequenz in allen andern Fällen der Beweisführung durch Documente und Zeugen begeht. Hierin liegt es auch, daß unsere Controverse bei letztwilligen Dispositionen kaum in Betracht kommen wird, da ihr Inhalt (abgesehen vom Oralfideicommiß) stets durch Documente und Zeugen in seiner Totalität hergestellt wird.

Von großer practischer Wichtigkeit ist in allen Fällen die richtige Entscheidung unserer Controverse, wo das so häufige und bedenkliche Beweismittel des Eides zur Hand genommen wird, da Gedächtnißschwäche und Interesse einer Partei hierbei nur zu leicht eine gefährliche Rolle spielen und die eigenthümliche Natur dieses Beweismittels die Sicherheit einer genügenden Controle des unparteiischen Richters nicht zuläßt.

§ 16.

Schon oben haben wir uns gelegentlich dahin ausgesprochen, daß der Richter denjenigen Kläger, welcher ein reines Geschäft seiner Klage zu Grunde legt, während der Gegner dies leugnet, indem er anführt, Kläger wolle nach seiner eigenen Behauptung pure contrahirt haben, er (Beklagter) nur auf einen ungewissen Fall, auch dann abweisen müsse, wenn Kläger nun replicirt, er wolle zwar pure contrahirt haben, behaupte aber eventuell den Eintritt des Falles, von dessen Existenz Beklagter behaupte, den Vertrag abhängig haben machen zu wollen. Das Oesterreichische Recht (cf. Unger), welches hier (wie scheinbar auch die Glosse) den Kläger zum Beweis der Existenz der Bedingung zuläßt (wir schließen hier die conditio in præsens vel præteritum mit ein), verkennt hier offenbar ganz den wahren Inhalt der Partienvorträge. Kläger und Beklagter dissentiren in ihren Vorträgen vollständig, ganz und gar; denn Beklagter, welcher sagt, er habe nur unter einer Bedingung contrahiren wollen, sagt damit nicht, daß unter einer Bedingung contrahirt sei; im Gegentheil wird er annehmen müssen, daß gar nicht contrahirt sei, weil sein Wille auf ein anderes Geschäft von Anfang an und namentlich bei dem scheinbaren Abschluß gerichtet war, als worauf des Klägers Wille nach dessen eigener Behauptung in der Klage — weil jeder Consens nach Klage und Einlassung zwischen den Parteien gefehlt haben mag und nach des Klägers eigenem Vorbringen für ein bedingtes Geschäft gefehlt haben muß. Läßt der Richter den Kläger zum Beweis der replicando erst behaupteten Existenz der klagend gar nicht behaupteten conditio zu, so gestattet er einfach eine mutatio libelli und handelt eben so verkehrt, wie derjenige Richter, welcher eine Klage aus einem bedingten Geschäft, in welcher der Eintritt der Bedingung gar nicht behauptet wäre, zulassen würde, sofern diese Behauptung nur in der Replik nachgeholt würde.

§ 17.

Eine Frage der Proceßpolitik hat unter den Juristen (namentlich Schneider und Einert nebst Hänel) heftige Erörterungen veranlaßt und diese soll daher nicht unberührt bleiben. Schneider in seinen Aufsätzen über unsere Controverse hatte die Ansicht ausgesprochen, es sei vorsichtig von derjenigen Partei, welche, aus einem purum negotium beklagt, dagegen ein bedingtes Geschäft behaupte, sich ausdrücklich verneinend einzulassen, weil mancher Richter sich sonst vielleicht irre leiten lasse und ein Geständniß in solchem Fall annehme, obwohl es in der That nicht vorliege. Hiergegen haben Einert und Hänel als gegen einen ganz unmoralischen Rath, welcher zum Meineid verleite, geeifert — gewiß sehr mit Unrecht, da Schneider nur räth, da ausdrücklich zu verneinen, wo nach seiner Ueberzeugung der Wahrheit gemäß eine Verneinung begründet ist. Freilich ist von Seiten eines Anwalts die größte Vorsicht bei diesen intricaten Fällen nöthig, da er durch Hinterhaltigkeit leicht, wenn auch nicht das Gewissen, so doch den Ruf seiner Partei schädigt und wiederum durch Offenherzigkeit in den Strudel mancher seiner Partei nachtheiliger verkehrter Rechtsansichten hineingetrieben zu werden fürchten muß.

Ein Richter möge sich aber auch wohl bedenken, bevor er einen Beklagten, welcher sich bereit erklärt hat, den ihm über die Negative des Contractsabschlusses zugeschobenen und acceptirten Eid zu schwören, deswegen von der Ableistung des acceptirten Eides abhält und beweisfällig macht, weil Beklagter vor Ableistung des Eides erklärt, er könne denselben schwören, da er nicht pure, sondern sub conditione habe contrahiren wollen. Derjenige Richter, welcher so handeln zu dürfen glaubt, würde, wenn Beklagter erst geschworen und dann jene erläuternde Erklärung abgegeben hätte, denselben consequent für meineidig ansehen und bestrafen müssen! Was doch ihm selbst wohl bedenklich erscheinen möchte.

§ 18.

Zum Schluß möge ganz kurz das Resultat dieses Aufsatzes nochmals zusammengefaßt werden:

Wird aus einem reinen Geschäft geklagt, vom Beklagten aber entgegnet, er habe nur auf einen ungewissen Fall (sub conditione) contrahiren wollen, so liegt ein Consens der Parteien, also ein Geständniß über die wesentliche Art des Geschäfts, nicht vor; bis zum geführten Beweise wird also weder der Abschluß des reinen noch des bedingten Geschäfts anzunehmen sein und hat daher Kläger zu beweisen, was er klagend behauptet hat, nämlich das von ihm seiner Klage zu Grunde gelegte Geschäft (nicht die Unbedingtheit).

Diese Entscheidung der Controverse beruht nicht auf dem gewöhnlichen Irrthum, daß ein bedingtes Geschäft ein nicht abgeschlossenes sei, sondern auf den beiden Principien: 1) daß das Geschäft, welches nur auf einen Fall abgeschlossen wird, wesentlich verschieden ist von dem reinen auf alle Fälle abgeschlossenen Geschäft, und 2) daß das Geständniß wie der Vertrag auf dem Consens über den wesentlichen Inhalt des Geschäfts beruht, daher durch den Dissens darüber ausgeschlossen ist.

Diese richtige Ansicht finden wir namentlich in der Glosse und in der neuesten Deutschen Gesetzgebung enthalten; möge dieselbe namentlich in Holstein durchdringen, um dem verderblichen Schwanken unserer Gerichte in allen Instanzen ein Ende zu machen!

Entscheidungen.

Ueber die Gültigkeit der zur Deckung der in den Jahren 1849 und 1850 ausgeschriebenen Zwangsanleihen contrahirten Commüneschulden. — In wie fern die Anleihen der Commünen der regiminellen Genehmigung bedürfen. — Die nach Contrahirung einer Schuld eingetretene Verminderung des Areals einer Commüne ist ohne Einfluß auf den Bestand ihrer Verpflichtung.

(Beschluß.)

Nach eingezogener duplicarischer Erklärung steht sonach zur Frage:

ob die vorgebrachten Einwendungen für begründet zu erachten.

In Erwägung nun, daß die fragliche Anleihe der Rendsburger Amtscommüne zur Zeit ihrer Contrahirung nach Inhalt der Verfügungen vom 2. Mai 1849 und 10. April 1850, betr. die Zwangsanleihen, der speciellen Genehmigung nicht bedurfte und es daher, auf die Zeit der Entstehung gesehen, um so weniger zweifelhaft erscheinen kann, daß eine obligatio perfecta existent geworden, nach anerkannten Rechtsgrundsätzen aber es nicht dem Creditor obliegt, darzuthun, daß später keine Ereignisse eingetreten sind, wodurch die rechtsverbindende Kraft der eingegangenen Verbindlichkeit wieder aufgehoben worden, sondern vielmehr umgekehrt der Debitor, welcher selbige behauptet, dieselbe auch nachzuweisen hat;

in Erwägung ferner, daß die Allerhöchste Resolution vom 6. Juni 1852 den Zwangsanleihen zwar der Staatskasse gegenüber ihre Verbindlichkeit abgesprochen, nicht aber die von den Commünen mit Privaten Behufs Aufbringung der Zwangsanleihen von den Commünen contrahirten Anleihen für unverbindlich erklärt hat,*) daß aber, was die Resolution vom 8. October 1853 anlangt, dieselbe weder als Gesetz publicirt ist, noch die Annullirung der beregten Anleihen, wenn auch nur bedingungsweise, verfügt hat, sich vielmehr ihrem wesentlichen Inhalt nach auf eine dem Ministerium für die Herzogthümer Holstein und Lauenburg bedingungsweise ertheilte Auctorisation, Anträge, welche sich auf die Zwangsanleihe beziehen, zu erledigen, beschränkt hat, ohne sich zugleich darüber auszusprechen, was geschehen solle, wenn die Bedingung nicht einträte, unter der die Genehmigung der Anleihen sollte ertheilt werden dürfen, wie es denn auch, selbst wenn bei der Ertheilung der erwähnten Auctorisation die Ansicht leitend gewesen, daß alle einzelnen Anleihen der Commünen, um als rechtsverbindlich gelten zu können, der Genehmigung bedürften, es doch für die rechtliche Beurtheilung immer entscheidend würde sein müssen, daß eine solche Ansicht nicht zu einem gesetzgeberischen Act geführt hat, wodurch die Rechtsbeständigkeit der Anleihen von der Anerkennung Seitens der Commünen und von der davon wieder bedingten Genehmigung des Ministeriums abhängig gemacht worden;

in Erwägung, daß auch das Rescript vom 15. Mai 1741, auf welches sich Imploraten in ihrer duplicarischen Erklärung berufen, es keineswegs rechtfertigt, wenn dieselben von der Ansicht ausgehen, daß die regiminale Genehmigung der Commüneanleihen die Bedingung ihrer Rechtsgültigkeit sei, indem in der gedachten Verfügung mit dem Verbote des Schuldenmachens nicht die Androhung der Nichtigkeit der ohne Auctorisation der Regiminalbehörde contrahirten Anleihen dergestalt verbunden worden, daß die Commüne von der Verpflichtung, das empfangene Geld an den Creditor wieder zurück zu zahlen, befreit wäre, die Folge einer solchen nicht auctorisirten Anleihe mithin nur die sein kann, daß dieselbe als eine bleibende Commüneschuld nicht anzuerkennen, vielmehr sofort zurück zu bezahlen und etwa die ihre Befugnisse überschreitenden Commünevertreter zur Verantwortung zu ziehen seien;*)

in weiterer Erwägung, daß die Abtrennung von sechs zur Zeit der Contrahirung der Anleihe zum Amte Rendsburg gehörigen Dörfern in keiner Beziehung von Einfluß hat sein können auf das Rechtsverhältniß, in dem die Commüne zu ihrem Creditor stehet, da die Amtscommüne eine juristische Person bildet, welche als solche nach wie vor unverändert

*) cf. Schl. Holst. Anzeigen, 1855, S. 25.

*) cf. Schl. Holst. Anzeigen, 1853, S. 283.

ihren Mitcontrahenten verhaftet bleibt, welche Veränderung ihres territorialen Umfangs auch immerhin eintreten möge;

in Erwägung endlich, daß auch von einer rechtlichen Verbindlichkeit des Imploranten zur Leistung eines aliquoten Beitrages zu der libellirten Summe um so weniger die Rede sein kann, als auch, selbst wenn eine zur Deckung der contrahirten Anleihen vorzunehmende Repartition über sämmtliche beitragspflichtige Grundeigenthümer auf die Eingesessenen der sechs früher zum Amte Rendsburg gehörigen Dörfer erstreckt werden könnte, die Rechtspflicht zur Zahlungsleistung für den Einzelnen doch immer erst nach vorgenommener Repartition würde existent werden;

in schließlicher Erwägung, daß sonach die von den Imploraten vorgebrachten Einwendungen sich sämmtlich als unbegründet darstellen,

wird, bei abschriftlicher Mittheilung der eingezogenen duplicarischen Erklärung an den Imploranten, hiemittelst von Obergerichtswegen zum Bescheide ertheilt:

daß das Mandat vom 8./13. Februar d. J. Einwendens ungeachtet zu bestätigen, Imploraten daher schuldig seien, nunmehr innerhalb 14 Tagen, bei Vermeidung der Pfändung, diesem Mandate in allen Stücken zu geleben, auch die zu 29 ℛ R.-M. bestimmten Kosten der eingezogenen replicarischen Erklärung wie die 3 ℛ 87 β betragenden Kosten des Decrets vom 27. April d. J. und die in dorso h. decr. verzeichneten Kosten dem Imploranten zu erstatten.

Urkundlich ꝛc. Gegeben im Königl. Holsteinischen Obergerichte zu Glückstadt, den 23. December 1861.

Die Imploraten wandten sich mit einer Supplication gegen diesen Bescheid an das Königl. Oberappellationsgericht zu Kiel, wurden aber von diesem, wie nachsteht, abschlägig beschieden.

Namens Sr. Königl. Majestät.

Auf die am 21. Januar d. J. hieselbst eingereichte Supplicationsschrift des Amtmanns und der sämmtlichen Kirchspielsgevollmächtigen des Amtes Rendsburg, in Vertretung der Amtscommüne, Imploraten, jetzt Supplicanten,

wider

den Käthner Claus Stave in Rübbel, Imploranten, jetzt Supplicaten,

wegen einer Schuld von 1200 ℔ vorm. Cour. oder 640 ℛ R.-M. s. w. d. a., jetzt die Supplication gegen den Bescheid des Holsteinischen Obergerichts vom 23. December 1861 betreffend,

wird,

in Erwägung, daß die den Supplicanten von dem Supplicaten unterm 15. Mai 1850 gemachte Anleihe von 640 ℛ in einer der damaligen Gesetzgebung entsprechenden mithin rechtsgültigen Weise zu Stande gekommen und dadurch eine privatrechtliche Verbindlichkeit begründet ist;

in Erwägung, daß, wenn auch der Allerhöchsten Resolution vom 8. October 1853, wodurch die Erledigung der auf die zur Deckung der in den Jahren 1849 und 1850 ausgeschriebenen Zwangsanleihen contrahirten Commüneschulden bezüglichen Anträge dem Ministerium für die Herzogthümer Holstein und Lauenburg übertragen ist, Bedenken gegen die Rechtsbeständigkeit dieser Schulden zum Grunde gelegen haben, die von Holsteinischen Commünen contrahirten Schulden dieser Art doch nicht gesetzlich für ungültig erklärt worden sind, wie denn auch in Uebereinstimmung hiemit das von den Supplicanten selbst producirte Ministerialschreiben vom 23. Januar 1854 augenscheinlich davon ausgeht, daß die vom Amte Rendsburg wegen der besagten Zwangsanleihen contrahirten Schulden noch fortbestehen, obgleich sich das Amt Rendsburg nur bedingungsweise für die Aufrechthaltung derselben ausgesprochen hatte, daß mithin die erste Beschwerde unbegründet ist;

in Erwägung, daß die zweite und dritte Beschwerde sich aus den Entscheidungsgründen des angefochtenen Erkenntnisses als grundlos darstellen;

hiemit ein abschlägiger Bescheid ertheilt.

Die Rechnung des Anwalts und Procurators der Supplicanten wird zu 47 ℛ 76 β bestimmt.

Urkundlich ꝛc. Gegeben im Königl. Oberappellationsgericht zu Kiel, den 25. Juni 1862.

Allerhöchst privilegirte

Holsteinische Anzeigen.

Redigirt von den Obergerichtsräthen Etatsrath Henrici und Lucht.
Gedruckt bei Augustin in Glückstadt.

32. Stück. — Den 11. August 1862.

Entscheidungen.

Ueber die bei Ermittelung der Entschädigung für den aufgehobenen Mühlenzwang zu beobachtenden Grundsätze.

In Sachen des Müllers Nic. Fr. Paustian, uxor. noie. Metta Elisabeth Paustian, geb. Wichmann, in Bramstedt, als Besitzerin der Bramstedter Mühle, Klägers,

wider

das Königl. Commissariat zur Leitung des die Aufhebung des Mühlenzwanges im Herzogthum Holstein betreffenden Entschädigungsverfahrens, Beklagten,

wegen verweigerter Entschädigung für die Aufhebung des mit der Bramstedter Mühle verbunden gewesenen Zwangsrechtes s. w. d. a.,

hat Kläger vortragen lassen, wie behufs Ermittelung der von dem Kläger beanspruchten von dem Commissariat verweigerten Entschädigung für die Aufhebung des mit der Bramstedter Mühle verbunden gewesenen Zwangsrechtes bereits zwei Taxationen stattgefunden. In beiden Fällen hätten die gegnerischen Taxatoren, welchen der Obmann schließlich beigetreten, das Vorhandensein irgend welchen Schadens verneint, während die Taxatoren des Klägers die Entschädigung das erste Mal auf 3,572 ℛ 88 ß R.-M., das zweite Mal auf 5,745 ℛ 30 ß R.-M. berechnet hätten. Kläger sei demnach genöthigt gewesen, den Rechtsweg einzuschlagen.

In der Klage sind sodann die Umstände hervorgehoben, welche den ungünstigen Ausfall der Taxationen bewirkt hätten und ist besonders darauf hingewiesen, daß die für den Kläger besonders gefährliche Concurrenz der Wassermühle zu Weddelbrock nicht gehörig in Rechnung gebracht worden sei. Diese Mühle sei nämlich nur als Schrotmühle concessionirt und hätten daher die Taxatoren nur den durch den freigegebenen Mehlhandel erwachsenen Schaden veranschlagt. Dabei sei jedoch übersehen, daß in solchen Fällen Contraventionen schwerlich nachweisbar sein würden, indem die Mahlgäste dem Müller ihr Korn verkauften und das Mehl wieder kauften. Eine Schrotmühle sei überhaupt zu jeder Concurrenz berechtigt, da eine feste Grenze zwischen Mehlmahlen und Schroten nicht existire.

Von dem Kläger ist dann eine Berechnung sowohl über den Abgang als den Zugang von Kundschaft angestellt und dabei des Weiteren ausgeführt, daß es eben nur auf den Unterschied in der Zahl der regelmäßigen Mahlgäste und auswärtigen Mehlconsumenten, so wie auf die Haltung etwaniger Mehllager ankommen könne, eine anderweitige Mehlausfuhr aber außer Berücksichtigung bleiben müsse.

Auf Grundlage dieser Berechnung hat Kläger sodann seinen Verlust, je nachdem die Weddelbrocker Mühle mit in Berücksichtigung gezogen werde oder nicht, auf 8,110 ℛ 90 ß R.-M. event. auf 4,573 ℛ 67 ß R.-M. angegeben und gebeten, das beklagte Commissariat schuldig zu erkennen, diese Summen in Gemäßheit des Gesetzes vom 10. Mai 1854, namentlich auch mit Zinsen vom 1. Juli s. J., an den Kläger auszuzahlen, ref. exp.

Excipiendo hat der Beklagte es in Abrede gestellt, daß der Kläger durch die Aufhebung des Zwangsrechts der Bramstedter Mühle Schaden erlitten habe, und ist die aufgestellte Berechnung als unrichtig bestritten worden. Was insbesondere die Weddelbrocker Mühle betreffe, so dürfe dieselbe nach wie vor nicht mit der Mühle des Klägers concurriren und nur durch den dem Weddelbrocker Müller freigestellten Mehlhandel sei eine Einbuße von Seiten des Klägers denkbar. Ein Verfahren wie das, welches in der Klage den Mahlgästen untergeschoben werde, wäre eine klare Umgehung des Gesetzes und daher eine offenbare Gewerbecontravention. Daß Mehlmahlen und Schroten dasselbe bedeute, sei vollständig verkehrt. Bei dem Gewinn, den der Kläger durch die allgemeine Aufhebung des Mühlenzwangs gehabt, müsse endlich nicht allein die Kundschaft, sondern auch die Mehlausfuhr, wie der Kläger sie besonders nach Neumünster in bedeutendem Umfange betreibe, mit berechnet werden und ist demnach, da der gehabte Vortheil den Verlust weit überwiege, auf Abweisung der Klage ref. exp. angetragen.

Nach stattgehabter mündlicher Verhandlung der Re- und Duplik steht solchemnach nunmehr zur Frage, wie zu erkennen.

In Erwägung nun, daß, da Kläger behauptet hat, durch die Aufhebung des Zwangsrechts der Bramstedter Mühle einen näher angegebenen Schaden erlitten zu haben, von dem Beklagten aber das Vorhandensein irgend welcher Verlüste geleugnet worden ist, der Kläger den Nachweis seiner Behauptung zu führen haben wird;

in Erwägung, daß dabei jedoch die Nachtheile, welche der Kläger aus der Concurrenz der Weddelbrocker Mühle herleitet, nur in so weit zu berücksichtigen sind, als dieselben durch den dem Weddelbrocker Müller freistehenden Mehlhandel hervorgerufen worden, indem es zwischen den Partheien nicht streitig ist, daß die fragliche Mühle durch die Verordnung vom 10. Mai 1854, betreffend die Aufhebung des Mühlenzwanges, nicht das Recht erworben hat, mit dem Kläger hinsichtlich des Mehlmahlens zu concurriren, und die größere und geringere Leichtigkeit, gegen die gesetzlichen Vorschriften zu contraveniren oder dieselben zu umgehen, bei der Ermittelung der Entschädigungsansprüche keine Beachtung finden kann, wie es dem auch irrig ist, daß Mahlen und Schroten dasselbe sei;

in Erwägung endlich, daß bei der Berechnung der dem Kläger durch die Aufhebung des Mühlenzwanges etwa erwachsenen Vortheile, wie auch in einem früheren Falle bereits entschieden worden,

cf. Anz. pro 1861, Stück 39,

die Wahrscheinlichkeit eines Gewinnes durch die Mehlausfuhr in anderweitige frühere Zwangsdistricte mit in Berücksichtigung zu ziehen ist,

wird auf eingelegte Recesse, nach stattgehabter mündlicher Verhandlung, hiedurch für Recht erkannt:

Könnte und würde Kläger, unter Vorbehalt des Gegenbeweises und der Eide, binnen Ordnungsfrist darthun und erweisen, daß ihm durch die Aufhebung des mit der Bramstedter Mühle verbunden gewesenen Zwangsrechts ein Schaden von 4573 ℛ 67 β R.-M. oder wie viel weniger entstanden sei, so würde nach solchen geführten oder nicht geführten Beweisen weiter ergehen, was den Rechten gemäß.

Wie denn solchergestalt hiedurch erkannt wird

V. R. W.

Urkundlich rc. Publicatum im Königl. Holsteinischen Obergericht zu Glückstadt, den 5. December 1861.

Auf die von der Klägerin zur Hand genommene Oberappellation gegen dieses Erkenntniß erging der folgende abschlägige Bescheid:

Namens Sr. Königl. Majestät.

Auf die unterm 13. März d. J. hieselbst eingereichte Appellationsschrift für die Besitzerin der früheren Zwangsmühle zu Bramstedt, Ehefrau Meta Elisabeth Paustian, geb. Wichmann, cum cur. mar., Klägerin und Appellantin,

wider

das Königl. Commissariat zur Leitung des die Aufhebung des Mühlenzwangs im Herzogthum Holstein betreffenden Entschädigungsverfahrens, Namens und im Auftrag des Königl. Ministeriums für die Herzogthümer Holstein und Lauenburg, Beklagten und Appellaten,

wegen verweigerter Entschädigung, jetzt Appellation wider das Erkenntniß des Holsteinischen Obergerichts vom 5. December 1861, wird,

in Erwägung, daß, da der Appellantin vor dem Gesetze vom 10. Mai 1854, betreffend die Aufhebung des Mühlenzwangsrechts, ein Zwangsrecht auf Schroten nicht zugestanden hat, der Weddelbrocker Müller schon vor Aufhebung des Mühlenzwangs für die Eingesessenen des früher zu der Mühle des Appellanten gehörigen Zwangsdistricts Korn zu schroten befugt war, mithin daraus, daß der Weddelbrocker Müller nach Aufhebung des Mühlenzwangsrechts für die Eingesessenen des früheren Zwangsdistricts der Bramstedter Mühle Korn zu schroten fortfährt, von der Appellantin ein Entschädigungsanspruch nicht hergeleitet werden kann, und zwar selbst auch dann nicht, wenn, wie Appellantin behauptet, der Unterschied zwischen feinem Schrot und grobem Mehl nicht mit der genügenden Bestimmtheit sollte festgestellt werden können, weil der Weddelbrocker Müller auch schon vor Aufhebung des Mühlenzwangsrechts in demselben Maaße wie jetzt schroten durfte und die jetzt etwa eingetretene größere Schwierigkeit der Ermittelung einer Ueberschreitung der dem Weddelbrocker Müller ertheilten Concession einen Entschädigungstitel nicht bildet,

hiemit ein abschlägiger Bescheid

ertheilt.

Die Rechnung des Anwalts und Procurators ist auf 27 ℳ 3 ß bestimmt.

Urkundlich ꝛc. Gegeben im Königlichen Oberappellationsgericht zu Kiel, den 28. Juni 1862.

In wie ferne der Richter befugt sei, ein auf einseitigen Antrag abgegebenes Decret ex officio wieder aufzuheben. — Die Termine in Wechselsachen sind in den adeligen Gütern an dem ordentlichen Gerichtsorte abzuhalten.

In Supplicationssachen des Einwohners H. Lensch in Rendsburg, Klägers, jetzt Supplicanten,

wider

den Eingesessenen Jürgen Wessel in Pöschendorf, Beklagten, jetzt Supplicaten,

wegen einer Wechselschuld s. w. d. a.,

ergeben die Acten:

Der jetzige Supplicant hat bei dem Justitiariat des Guts Drage eine Wechselklage wider den Supplicaten eingebracht und darauf angetragen, daß Termin zur Verhandlung der Sache auf die nächste ordentliche Gerichtssitzung anberaumt werde. Durch Decret vom 21. April d. J. hat darauf der Gerichtshalter unter Hinweisung auf den § 102 der Wechselordnung vom 23. Februar 1854, nach welchem nicht das Gutsgericht, sondern er in dieser Sache competent sei, Termin auf den 26. s. M. angesetzt und den Beklagten geladen, sich im Justitiariat in Itzehoe einzufinden. Dies Decret ist dem Beklagten am 23. April d. J. insinuirt, unterm 24. s. M. ist sodann das Ladungsdecret ex officio wieder aufgehoben worden und erkannt: daß Kläger mit seiner Wechselklage angebrachtermaaßen abzuweisen.

Gegen dieses Decret hat der Kläger das Rechtsmittel der Supplication eingewandt und sich über die Wiederaufhebung der Ladung beschwert und darauf angetragen, daß dem Gerichtshalter unter Verurtheilung desselben in die Kosten aufgegeben werde, einen neuen Termin auf wiederholtes Anhalten des Supplicanten anzuberaumen.

Nach eingezogener Erklärung des Gegentheils und unterm 4./5. Juni d. J. erstattetem Berichte des Justitiariats steht solchemnach zur Frage: ob die vorgebrachte Beschwerde begründet ist.

In Erwägung nun, daß es dem Gerichtshalter nach Maaßgabe des § 104 der Wechselordnung vom 23. Februar 1854 allerdings zusteht, eine angestellte Wechselklage nach vorgängiger Prüfung, ohne die Einwendungen des Gegners zu erwarten, sogleich angebrachtermaaßen abzuweisen, daß aber, ganz abgesehen von der Frage, ob im vorliegenden Fall überall Grund zur sofortigen Abweisung der Klage vorhanden gewesen wäre, der Gerichtshalter dies eben nicht gethan, vielmehr die erbetene Ladung abgegeben hat, und daß eine nachträgliche ex officio vorgenommene Wiederaufhebung des abgegebenen und insinuirten Ladungsdecrets dem Fundamentalgrundsatz des Processes, daß der Richter nur auf Antrag der Parteien handeln soll, widerspricht;

in Erwägung, daß der Grundsatz judex non procedat ex officio freilich Ausnahmen zuläßt, daß aber hier ein solcher Ausnahmefall nicht vorliegt, indem der in den Entscheidungsgründen des angefochtenen Erkenntnisses enthaltene Ausspruch, daß ein auf einseitigen Antrag abgegebenes Decret vom Richter wieder aufgehoben werden könne, in dieser Allgemeinheit offenbar unrichtig ist und den möglichen Verzicht von Seiten der Gegenpartei ganz unberücksichtigt läßt;

in Erwägung, daß das angefochtene Erkenntniß sich daher als nichtig darstellt und demnach eine neue Ladung wider den Supplicaten auf ferneren Antrag abzugeben ist, daß aber durch den § 102 der Wechselordnung die Vorschriften der §§ 34 und 38 der Gerichtsordnung für die adeligen Güter vom 19. Juli 1805 keinesweges abgeändert sind und der anzusetzende Termin daher an dem gewöhnlichen Gerichtsorte und unter Zuziehung von Beisitzern abzuhalten ist;

in Erwägung, daß der Gerichtshalter die lediglich durch einen Verstoß desselben gegen eine der wesentlichsten Proceßgrundsätze veranlaßten Kosten beantragtermaaßen zu erstatten haben wird;

wird auf die sub præs. den 11. März d. J. hieselbst eingereichte Supplicationsschrift hiemittelst von Obergerichtswegen zum Bescheide ertheilt:

daß, unter Beseitigung des angefochtenen Decrets vom 24. April d. J., der Gerichtshalter für das Gut Drage auf ferneres Anhalten des Supplicanten einen Termin zur Verhandlung der angestellten Wechselklage anzusetzen habe, auch schuldig sei, demselben die durch diese Decretur angeursachten Kosten zu erstatten.

Urkundlich ꝛc. Gegeben im Königl. Holsteinischen Obergerichte zu Glückstadt, den 23. August 1858.

Der Gerichtshalter des Guts Drage richtete eine Beschwerde über die in dem vorstehenden Decrete ihm auferlegte Erstattung der Kosten an das Königliche Oberappellationsgericht zu Kiel; es erfolgte hier der nachstehende Bescheid:

Namens Sr. Königl. Majestät.

Auf die am 7. September v. J. hier eingereichte Beschwerde des Gerichtshalters für das Gut Drage, Justizraths v. Harbou zu Itzehoe, Querulanten, betr. die in Supplicationssachen des Einwohners H. Lensch in Rendsburg, Klägers und Supplicanten, jetzt Querulaten, wider den Eingesessenen Jürgen Wessel in Pöschendorf, Beklagten und Supplicaten, wegen einer Wechselschuld s. w. d. a. mittelst Bescheides des Holsteinischen Obergerichts vom 23. August v. J. ihm auferlegte und durch Rescript desselben vom 28. s. M. näher normirte Kostenerstattung,

wird, nach eingezogenem Bericht des Holsteinischen Obergerichts, unter abschriftlicher Mittheilung der erforderten Erklärung des Querulaten an den Querulanten,

in Erwägung, daß es den Gerichten nicht zusteht, daß, was sie ein Mal einer Partei auf deren Ansuchen bewilligt haben, beliebig zurückzunehmen, und daß daher proceßleitende Decrete, insoweit dieselben eine erbetene Bewilligung an eine Partei enthalten, nicht von Amtswegen widerrufen werden können, außer wenn die Bewilligung eine Nichtigkeit des weiteren Verfahrens zur Folge haben würde, mithin die richterliche Pflicht, Nichtigkeiten vorzubeugen, Anwendung leidet; und

in Erwägung, daß demzufolge der Querulant den durch sein Decret vom 21. April v. J. dem Querulaten bewilligten Termin zur Verhandlung einer Wechselklage nicht von Amtswegen hätte wieder aufheben dürfen, indem, wenn auch im besagten Decret die Parteien unrichtigerweise nach Itzehoe, anstatt dem § 38 der Verordnung vom 19. Juli 1805 gemäß nach Drage citirt worden waren, dies Versehen doch durch ein nachträgliches Decret, ohne Aufhebung der ein Mal abgegebenen an sich keinesweges nichtigen Ladung, hätte berichtigt werden können,

hiemit der Bescheid ertheilt:

daß es bei den angefochtenen Verfügungen des Holsteinischen Obergerichts sein Bewenden behalte, Querulant auch schuldig sei, dem Querulaten die hierunter bestimmten Kosten der Gegenerklärung zu erstatten.

Die Rechnung des Anwalts des Querulaten wird zu 30 ß bestimmt.

Urkundlich ꝛc. Gegeben im Königl. Oberappellationsgericht zu Kiel, den 5. März 1859.

Ueber die Begründung der condictio sine causa.

In Sachen des Eingesessenen Timm Grabike in Dörpstedt, Beklagten, Supplicanten,

wider

den Häuerinsten Detlev Risch in Hohn, Kläger, Supplicaten,

wegen Aus- und Zurücklieferung eines Pferdes s. w. d. a.,

ergeben die Acten:

Kläger, welcher den Beklagten schon früher auf Zahlung von 172 ℛ 77 β als Kaufpreis für eine an denselben verkaufte Fuchsstute belangt hatte, jedoch, nachdem Beklagter beschworen, daß es nicht wahr sei, daß er bald nach dem Rendsburger Johannismarkte 1857 eine Fuchsstute für einen Preis von 172 ℛ 77 β R.-M. von dem Kläger gekauft habe, mit dieser Klage abgewiesen war, hat darauf den Beklagten auf Herausgabe des fraglichen Pferdes cum omni causa belangt und zur Begründung dieser neuen Klage Folgendes angeführt:

Im Rendsburger Johannismarkt 1857 habe er mit dem Beklagten einen Tauschhandel über 2 Pferde abgeschlossen, wonach der Beklagte eine dem Kläger gehörige Fuchsstute, welche dieser am Markt hatte, erhalten und dagegen dem Kläger ein damals 1½-jähriges braunes Pferd und 83 ℛ 19 β R.-M. Zulage in baarem Gelde geben sollte. Beklagter habe die eingetauschte Fuchsstute sofort in Empfang genommen und sich damit nach Hause begeben, dagegen sei verabredet, daß Kläger in einigen Tagen nach des Beklagten Hause in Dörpstedt kommen solle, um dort das von ihm eingetauschte Pferd und die Geldzulage in Empfang zu nehmen. Dieser Tausch sei, als Kläger der Verabredung gemäß sich in Dörpstedt bei dem Beklagten eingefunden, durch beiderseitiges Einverständniß rückgängig geworden. Nichts desto weniger sei die Fuchsstute im Besitze des Beklagten geblieben. Dieser habe nämlich statt des Tauschhandels einen reinen Kaufhandel auf die Bahn gebracht, worüber sofort verhandelt worden. Derselbe sei auch nach Klägers Meinung dahin abgeschlossen worden, daß Beklagter das Pferd für 172 ℛ 77 β gekauft und behalten. Nachdem Beklagter aber bei dem früheren Processe beschworen, daß dieser Kauf nicht abgeschlossen sei, dies mithin rechtlich gewiß sei, besitze Beklagter, der keinen anderen Act der Eigenthums-übertragung werde nachweisen können, dieselbe sine causa und sei daher verpflichtet, sie mit den etwanigen Accessionen unter Leistung einer angemessenen Vergütung für den dem Kläger entzogenen Genuß und Gebrauch wieder auszuliefern. In letzterer Beziehung sei eine jährliche Vergütung von 48 ℛ billig, da ein gesundes kräftiges Pferd, wie das in Rede stehende, so viel mindestens mit seiner Arbeit über die Fütterungskosten verdienen müsse, um Risico und Abnutzung zu compensiren. Event. hat Kläger die Bestimmung der Größe der Entschädigung dem richterlichen arbitrio unterworfen. Gebeten ist, den Beklagten schuldig zu erkennen, dem Kläger die libellirte Fuchsstute cum omni causa auszuliefern, demselben für den entzogenen Gebrauch und Genuß des Pferdes von Anfang Juli 1857, event. vom Tage des ersten Decrets in dem hiebevorigen Processe wegen Zahlung des vermeintlich stipulirten Kaufpreises, bis zur Ablieferung jährlich 48 ℛ R.-M., event. eine richterlich ermäßigte Summe als Vergütung zu zahlen.

Excipiendo ist außer der nicht mehr in Betracht kommenden dilatorischen Einrede der fehlenden Caution für Kosten und Widerklage die exceptio rei judicatæ vorgeschützt und zu deren Begründung angeführt: Kläger habe nur das Petitum seiner Klage geändert, aber keinen neuen Klaggrund angegeben. Sodann ist die Einrede des mangelnden Klaggrundes und der Dunkelheit vorgeschützt und bemerkt, es genüge nicht, daß Kläger ohne Weiteres sage, daß der Beklagte sine causa besitze, er müsse, um seine Klage zu begründen, angeben, worin denn dasjenige Rechtsgeschäft bestanden, welches er irrthümlich für einen Kauf gehalten haben wolle.

Event. hat Beklagter sich auf die Klage dahin eingelassen, es sei wahr, daß Kläger ihm eine Fuchsstute zu der fraglichen Zeit zum Kauf angeboten und daß sich Parteien zu einem Tausche gegenseitig bereit erklärt, es sei aber nicht wahr, daß dieser Tausch damals in der vom Kläger angegebenen Weise abgeschlossen worden, allerdings habe Beklagter die Fuchsstute derzeit mit sich genommen, aber dies sei auf Bitten des Klägers geschehen, um sie zur Weide mitzunehmen und weil der Kläger nach einigen Tagen zu dem Beklagten habe kommen wollen, um einen Tausch mit des Beklagten Pferden zu versuchen.

Beklagter habe demnächst auch die Fuchsstute vom Kläger zum Eigenthum erhalten und zwar weil der in Rendsburg verabredete Tausch kurz darauf in Dörpstedt dahin abgeschlossen worden, daß Beklagter die Fuchsstute behalten, dagegen dem Kläger eine schwarze Stute nebst Füllen und ein Aufgeld von 16 ℛ R.-M. geben solle, und dieser Tauschhandel sei beiderseits erfüllt. Auf diese Einlassung hat Beklagter die Einreden der unbegründeten Klage, des fehlenden Klagrechts und des dolus gestützt.

In pessimum eventum ist die Einrede der pluspetitio vorgeschützt und zu deren Begründung bemerkt, da Beklagter das Pferd bereits zur Zeit der Insinuation des ersten Decrets in dem hiebevorigen Processe wieder verkauft gehabt und eine mala fides ihm nicht nachgewiesen werden könne, so könne dem Kläger lediglich derjenige Kaufpreis zugesprochen werden, welchen Beklagter beim Wiederverkauf erhalten. Ueberdies habe Kläger während der Zeit, daß Beklagter die Fuchsstute besessen, die von Letzterem empfangene schwarze Stute in Händen gehabt.

Gebeten ist um Abweisung der Klage angebrachtermaaßen ref. exp., event. mit der zuviel geforderten Vergütung für den Gebrauch und Genuß des Pferdes comp. exp.

Replicando ist der von dem Beklagten behauptete Tausch geleugnet und bemerkt, daß Kläger die schwarze Stute und das Füllen lediglich deswegen mitgenommen habe, um im Auftrage des Beklagten den Verkauf für einen von demselben bestimmten Preis zu versuchen, dem Beklagten obstire also die Replik des dolus.

Duplicando ist nichts Neues vorgebracht.

Von dem Rendsburger Amthause sind darauf mittelst Erkenntnisses vom 24. Januar v. J.,*) unter Abweisung des Anspruches auf Entschädigung für den entzogenen Gebrauch, den Parteien folgende Beweise auferlegt:

---

*) Die demselben vorangestellten Entscheidungsgründe lauten:

In Erwägung, daß die angestellte Klage, welche darauf basirt ist, daß Parteien im Rendsburger Johannismarkt 1857 einen Tauschhandel über zwei Pferde mit einander abgeschlossen hätten, in Folge dessen der Beklagte die vom Kläger eingetauschte Fuchsstute gleich in Empfang genommen habe, und daß dieser Tauschhandel später wieder rückgängig geworden, Beklagter jedoch im Besitze der Stute geblieben sei, sich als eine condictio sine causa characterisirt und daß der darauf gestützte Antrag des Klägers, Beklagter möge zur Zurücklieferung der gedachten Fuchsstute verurtheilt werden, an und für sich begründet ist, weil derselbe nach der Klage ohne rechtlichen Grund im Besitz des Pferdes wäre;

in fernerer Erwägung, daß die dagegen auf Grund des früher zwischen den Parteien verhandelten und zu Gunsten des Beklagten entschiedenen Processes wegen Zahlung des Kaufpreises aus nach der Angabe des Klägers über dies Pferd zwischen den Parteien geschlossenem Kaufhandel vorgeschützte exceptio rei judicatae unbegründet ist, weil es sich hier um Herausgabe des Pferdes selbst, nicht um den Kaufpreis dafür handelt und nicht aus dem vom Beklagten eidlich in Abrede gestellten Kaufgeschäft, in Folge dessen nach der jetzt als irrthümlich zu betrachtenden Meinung des Klägers das Pferd im Besitze des Beklagten geblieben, sondern aus dem wieder rückgängig gewordenen Tausch geklagt wird, in Folge dessen dasselbe durch Tradition in das Vermögen des Beklagten gekommen sein soll, daß daher weder der Grund noch der Gegenstand der Klage mit den im früheren Processe identisch sind;

in fernerer Erwägung, daß deshalb und weil der Umstand, auf welche Weise Kläger später in den Besitz zweier anderer Pferde des Beklagten gekommen ist, in keiner Weise zur Begründung der vorliegenden Klage gehört, die Einreden der unbegründeten und dunkeln Klage gleichfalls zu verwerfen sind;

in Erwägung weiter, daß Beklagter den Abschluß und die Wiederaufhebung des vom Kläger behaupteten Tauschhandels in Abrede gestellt hat und diese Thatsachen daher vom Kläger zu erweisen sein werden, wobei es ihm unbenommen bleibt, zur Führung dieses Beweises die Aussagen der in dem früheren Processe vernommenen Zeugen und die Behauptungen des Beklagten, aus welchen nach seiner Meinung eine Schlußfolgerung auf die Wiederaufhebung des Tauschhandels gezogen werden kann, mit zu benutzen, daß aber zur Zeit über den solchergestalt vom Kläger zur Hand genommenen anticipirten Beweis noch überhaupt nicht erkannt werden kann, weil weder ihm die Vervollständigung desselben, noch dem Beklagten der Gegenbeweis abgeschnitten werden darf und über Beweis und Ge-

1) dem Kläger:

daß er im Johannismarkt 1857 in Rendsburg einen Tauschhandel über eine ihm gehörige Fuchsstute mit dem Beklagten geschlossen, in Folge dessen dieser die Stute in Empfang genommen, und daß dieser Handel später wieder rückgängig geworden;

2) event. dem Beklagten:

daß er in Dörpstedt mit dem Kläger über dessen Fuchsstute einen Tauschhandel abgeschlossen habe.

Gegen dieses Erkenntniß hat der Beklagte supplicirt und um eine reformatoria dahin gebeten:

daß er mit der exceptio rei judicatæ, event. der Einrede des mangelnden Klaggrundes und der Dunkelheit, event. der Einrede der unbegründeten Klage und des fehlenden Klagrechts, so wie des dolus, event. der Einrede der pluspetitio gehört und der Kläger daher definitiv, event. angebrachtermaaßen, ref. exp. mit seiner

---

genbeweis nur in Verbindung mit einander erkannt werden kann;

in fernerer Erwägung, daß die vom Beklagten aufgestellte Behauptung, er habe in Dörpstedt mit dem Kläger über die fragliche Fuchsstute einen Tauschhandel abgeschlossen, ein reines Exceptionalfactum enthält und, da sie vom Kläger geleugnet worden, dem Beklagten zum Beweise zu verstellen ist, wogegen die anderweitige Geschichtserzählung des Klägers über die Verhandlungen, denen zufolge er die nach der Behauptung des Beklagten für die Fuchsstute hingegebene schwarze Stute nebst Füllen mit sich genommen hat, und auf welche Kläger eine s. g. replica doli stützt, ebenso wie die vom Beklagten gegen die Klage vorgebrachte abweichende Geschichtserzählung nur das Material zu einem künstlichen directen Gegenbeweise enthalten;

in Erwägung weiter, daß Beklagter behauptet, die fragliche Fuchsstute bereits vor Anhängigmachung des ersten Processes verkauft zu haben und dieselbe daher nicht mehr zu besitzen, daß dieser Umstand aber keiner weiteren Beweisauflage bedarf, da er nicht für die Existenz, sondern nur für die praktische Geltendmachung des klägerischen Anspruches von Relevanz ist, indem der Beklagte, wenn er nach gelungenem Hauptbeweise seinen indirecten Gegenbeweis nicht sollte führen können, nach der Natur der angestellten Klage schuldig sein würde, dem Kläger das fragliche Pferd in unversehrtem Zustande zurückzuliefern oder aber, sofern er dazu nicht im Stande, als einer, der mala fide sich des Besitzes entäußert hat, demselben vollen Schadensersatz zu leisten, weshalb der Kläger auch kein Interesse daran hat, daß dem Beklagten der Beweis der Veräußerung des Pferdes auferlegt werde, weil, wenn der Beklagte zur Zeit der Execution etwa wirklich noch im Besitz des Pferdes sein sollte, der Kläger die Auslieferung desselben erzwingen, wenn dies aber nicht der Fall, doch nicht mehr als den Schadensersatz beanspruchen könnte, zu dessen Beweis ihm unter Vorbehalt des richterlichen Moderationsrechts das juramentum in litem freistehen würde, und daß auch dem Beklagten aus diesen Gründen an der Freilassung eines Beweises über die geschehene Veräußerung überhaupt nichts gelegen sein kann;

in Erwägung aber, daß dem Beklagten für den Fall, daß ihm der Beweis des von ihm behaupteten Tauschhandels mißlingen sollte, — im entgegengesetzten Fall wird der Kläger doch mit seiner Klage abgewiesen — nicht noch der Beweis freigelassen werden kann, daß er die fragliche Fuchsstute bona fide veräußert habe, in welchem Fall er allerdings nur zur Bezahlung des aus dem Verkauf des Pferdes gewonnenen Erlöses verbunden gewesen wäre, weil er außer dem Tauschhandel keine weitere Thatsache zur Fundirung seiner bona fides, die selbstverständlich einer näheren thatsächlichen Substantiirung bedarf, vorgebracht hat, der Beweis derselben daher mit dem Beweis des Tauschhandels steht und fällt, und daß er demzufolge, wenn er diesen Beweis nicht führen kann, rechtlich als einer anzusehen ist, der das Pferd, das sine causa in seinem Besitz war, mala fide veräußert hat, woraus seine Verpflichtung zum Schadensersatz von selbst resultirt;

in schließlicher Erwägung, daß, was den Fall der Restitution des Pferdes selbst anbetrifft, der von dem Kläger erhobene Anspruch auf Vergütung für den Gebrauch und Genuß des Pferdes abseiten des Beklagten nicht berücksichtigt werden kann, weil diese Forderung durch keine Thatsachen substantiirt ist, welche event. zum Beweise verstellt oder auch dem angerufenen richterlichen arbitrium zu Grunde gelegt werden könnten, und daß hinsichtlich des von dem Beklagten mit der Einrede der pluspetitio geltend gemachten Gegenanspruchs wegen des Gebrauchs, den Kläger von der schwarzen Stute und dem Füllen gehabt hat, dasselbe gilt, wenn es zur Leistung des Schadensersatzes abseiten des Beklagten kommt.

Klage abzuweisen, event. daß Kläger innerhalb Ordnungsfrist unter Vorbehalt des Gegenbeweises und der Eide zu erweisen habe, daß im Rendsburger Johannismarkt 1857 unter den Parteien über die Fuchsstute qu. ein solcher Tauschhandel, wie in der Klage angegeben, verabredet und geschlossen, daß in Folge dessen Beklagter die Stute in Empfang genommen habe und daß dieser Tauschhandel einige Tage später in Dörpstedt wieder rückgängig geworden sei, so wie daß Kläger ohne einen Rechtsgrund dem Beklagten die Fuchsstute übergeben und daß ein entschuldbarer Irrthum rücksichtlich seiner Verbindlichkeit vorgelegen habe, daß daher dem Kläger annoch das Eigenthum an diesem Pferde zustehe und daß dasselbe zur Zeit der Anstellung der Klage im Besitze des Beklagten gewesen sei, so wie endlich, daß er die vom Beklagten in Dörpstedt empfangene schwarze Stute nebst Füllen lediglich mit sich genommen, um solche für einen vom Beklagten bestimmten Preis für ihn zu verkaufen, oder wie sonst die klägerischen Beweise in einer der Actenlage entsprechenden Weise zu fassen sein möchten, unter Verurtheilung des Supplicaten in die Kosten dieser Instanz, des. et mod. salva und Aussetzung der Kosten der Unterinstanz.

Nach eingezogener Gegenerklärung steht zur Frage, ob diese Anträge für begründet zu erachten sind.

In Erwägung nun, daß jetzt nicht von Neuem aus einem Kaufcontracte geklagt wird, sondern das Haben sine causa auf Seiten des Beklagten das Fundament der Klage ist, mithin die vorgeschützte exceptio rei judicatæ unbegründet ist;

in Erwägung, daß die thatsächlichen Voraussetzungen der Klage: der abgeschlossene und von klägerischer Seite erfüllte, demnächst aber wieder rückgängig gewordene Tauschcontract und das daraus hervorgegangene Haben ohne Grund auf Seiten des Beklagten mit genügender Klarheit angegeben sind und den erhobenen Anspruch rechtfertigen, mithin die Einreden des fehlenden Klaggrundes und der Dunkelheit unbegründet sind;

in Erwägung, daß, nachdem Kläger mit seinem Anspruch auf Vergütung für den Gebrauch des Pferdes abgewiesen, die exceptio pluspetitionis bereits vollständig Anerkennung gefunden hat, mithin die wegen angeblicher Verwerfung dieser Einrede erhobene Beschwerde völlig unverständlich ist;

in Erwägung, daß, wie bereits bemerkt, die dem Kläger zum Beweise verstellten Thatsachen dessen Anspruch begründen und es daher nicht darauf ankommen kann, wie der Hergang bei Eingehung, Erfüllung und Rückgängigmachung des Tauschhandels im Einzelnen beschaffen gewesen, auch zur Begründung der angestellten condictio sine causa keineswegs die Behauptung gehört, daß Kläger noch das Eigenthum an der in Anspruch genommenen Sache und Beklagter noch den Besitz derselben habe oder daß Kläger dem Beklagten die Sache aus einem entschuldbaren Irrthum übergeben habe, vielmehr die im vorliegenden Falle aufgestellte Behauptung genügt, daß der ursprüngliche Rechtsgrund der Uebergabe später wieder weggefallen sei;

in Erwägung, daß Kläger daher mit keinem weiteren Beweise in dieser Richtung belastet werden darf und es Sache des Beklagten gewesen wäre, um nach den Grundsätzen der condictio nur auf die Bereicherung zu haften, zu behaupten, daß er das Pferd bona fide weiter veräußert habe, für welche seinerseitige bona fides aber, abgesehen von der ihm zum Beweise verstellten Berufung auf Eigenthumserwerb durch einen späteren Tausch, keine relevante Thatsachen von ihm vorgebracht sind;

wird dem Supplicanten bei abschriftlicher Mittheilung der eingezogenen Gegenerklärung von Obergerichtswegen hiedurch

ein abschlägiger Bescheid

ertheilt, derselbe auch schuldig erkannt, dem Supplicaten die mit 30 ℛ 4 β passirenden Kosten der Gegenerklärung binnen 4 Wochen zu erstatten.

Urkundlich ꝛc. Gegeben im Königl. Holsteinischen Obergerichte zu Glückstadt, den 7. Juli 1862.

Allerhöchst privilegirte

Holsteinische Anzeigen.

Redigirt von den Obergerichtsräthen Etatsrath Henrici und Lucht.

Gedruckt bei Augustin in Glückstadt.

33. Stück. — Den 18. August 1862.

Der Perceptionseid des einheimischen Proceßrechts und der Sächsische Bestärkungseid.

Von dem Herrn Prof. Dr. Schütze in Kopenhagen mitgetheilt.

§ 1.

Der heutige Perceptionseid.

Nach constanter Praxis in den Herzogthümern Schleswig und Holstein haben unter gewissen Voraussetzungen die im Concursverfahren zur Perception gelangenden Profitenten („Percipienten") die Richtigkeit ihrer Ansprüche eidlich zu erhärten, und zwar erst im Liquidations- (spätestens aber im Distributions-) termin, falls, nach vorgängiger genereller oder specieller Auferlegung im Prioritätsurtheile, die wirkliche Ableistung des Eides vom Contradictor oder einem Mitcreditor verlangt wird. Dieses höchst eigenthümliche Institut beruht auf allgemeinem Gerichtsgebrauch, nicht auf irgend einer ausdrücklichen älteren oder neueren Gesetzesvorschrift.

Man hat sich nun in neuerer Zeit, namentlich im Verlauf unseres Jahrhunderts, daran gewöhnt, den s. g. „Perceptionseid" als eine Species des Calumnieneides (Gefährdeeides) aufzufassen und ausdrücklich so zu bezeichnen;[1] eine Auffassung, welche durch die herkömmliche Eidesformel bestätigt zu werden scheint und auch lediglich darin ihren Ursprung gefunden haben dürfte. Ich bin dagegen der Ansicht, daß diese Auffassung nicht bloß dem Hauptinhalt wie dem Zwecke des Eides gemäß sehr erheblichen Bedenken unterliegt, sondern auch mit der rechtsgeschichtlichen Entwickelung desselben sowohl als mit der neueren Gesetzgebung in Widerspruch steht. Ehe indeß darauf näher eingegangen und über den Ursprung des Perceptionseides meine eigene Hypothese mitgetheilt werden kann, muß die heutige Anwendung desselben schärfer präcisirt werden.

Außerhalb seines Gebiets liegen alle der Existenz wie dem Vorzugsrechte nach bereits vollständig erwiesenen Ansprüche; weil man denselben keinerlei Beweislast mehr aufbürden kann, also auch keinen Eid. Stellt man sich dagegen mit der jetzt herrschenden Ansicht auf den Standpunkt des Calumnieneides, dann deshalb, weil keinerlei Verdacht der Gefährde mehr vorhanden ist. Dahin gehören nun vor Allem die im betreffenden Concursverfahren selbst, insonderheit nach s. g. specieller Justification (im gemeinen Rechte: nach beendigtem Liquidations- und Prioritätsverfahren) rechtskräftig anerkannten Professa. Ferner auch die früherhin dem Cridar gegenüber rechtskräftig festgestellten Ansprüche, es sei denn, daß sie auf solche

[1] S. namentlich S. H. Anz., 1840, S. 378. Francke, Civilproceß, II, § 210. Vgl. Anz., 1853, S. 204 (Holst. O. G.). Jur. Wochenschr. für das Herzogth. Schleswig, 1855, S. 15; 1858, S. 118. Näheres unten § 6.

Geständnisse des Letzteren hin anerkannt wären, welche den Verdacht der Collusion in fraudem creditorum erweckten.

Hiernach ergiebt sich ohne Schwierigkeit das Gebiet des Perceptionseides. Sammeln wir die Fälle unter eine Rubrik, so ist es diese: Professa, welche nicht speciell justificirt und demzufolge rechtskräftig anerkannt worden sind.[2]) Diese sind entweder

a. theilweise unerwiesene, d. h. solche, welche — ohne specielle Justification — im Termin oder zum Professionsprotocoll einigermaaßen (theilweise) aber nicht vollständig nachgewiesen worden sind; [3]) oder

b. ganz unerwiesene, d. h. solche, welche, obgleich sie überall nicht (nicht einmal theilweise) bewiesen oder bescheinigt worden, dennoch — ihrer Geringfügigkeit oder Unverdächtigkeit oder endlich der Unwahrscheinlichkeit der Perception wegen — vom Contradictor und den Mitgläubigern zur speciellen Justification nicht verwiesen worden sind.

Am häufigsten sind es eben diese letzteren, welche — wenn ihre Perception dennoch als möglich sich herausstellt — noch im Distributionstermin auf Verlangen eidlich erhärtet werden müssen.

§ 2.

Die ältesten einheimischen Zeugnisse.

Verfolgen wir zuvörderst die geschichtliche Entwickelung des s. g. Perceptionseides von den ersten nachweisbaren Spuren an, so finden wir auch hier eine Praxis und Gesetzgebung, welche der Theorie vorausgeeilt sind.

Die ältere, ursprünglichere Eidesformel tritt bereits deutlich hervor in einem Landgerichtsurtheile vom 17. December 1608,[4]) wo hinsichtlich einer Pfandverschreibung, deren Priorität bestritten worden, dahin entschieden wird, daß Creditor „mit seiner habenden Pfandverschreibung — — vorzuziehen, wenn er mit seinem corperlichen Eyde erhalten

daß mit solcher seiner Pfandverschreibung aller Dinge auffrichtig ist verfahren."

Der Zusammenhang scheint zu ergeben, daß der Gläubiger Datum und Inhalt[5]) der vom Gemeinschuldner ausgestellten Verschreibung durch seinen Eid vollbeweisen (vollschwören) soll. Ein solcher Eid kann und konnte bei Schuldverschreibungen auch außerhalb des Concursverfahrens dem Kläger auferlegt werden. Ein Calumnieneid reicht dazu nicht hin, wird auch durch obige Formel keineswegs angedeutet.

So und nicht anders ist denn auch von den Schriftstellern der Folgezeit der Sinn jener Formel verstanden worden. Bei Fuchs, Introd. in Proc. Holsat.[6]) (1696, 1705) Lib. II Cap. XI § 23 heißt es:

„In termino exsolutionis pretii — Creditores sua credita juramento verificant, daß nemlich ihre obligationes an summa, Jahr

---

[2]) Selbstverständlich darf, wenn bei und nach specieller Justification noch ein Rotheid (allenfalls auch ein Schiedseid) abzuleisten ist, dieser mit dem Perceptionseide nicht verwechselt werden.

[3]) Dahin gehören auch protocollirte (bei uns ex officio profitirte) Forderungen; indem das Schuld- und Pfandprotocoll natürlich vollen Beweis nicht erbringen kann; wohl für die Pfandrechtspriorität, aber nicht für die Existenz der Forderung und deren etwanige von der Protocollation unabhängige Vorzugsrechte.

[4]) Samml. der Landger. Urth. Anhang pag. 420. An dieses Erkenntniß knüpft neuerdings Brinkmann, Aus dem Deutschen Rechtsleben (Kiel, 1862) S. 331 die Bemerkung, der Perceptionseid werde „erfordert, wenn auch der juristische Beweis der Forderung völlig geführt (?) und durch keinen Gegenbeweis entkräftigt worden ist. Auch in dem vorliegenden Falle wird es an dem Beweise nicht gemangelt haben, J. Ranzows Anspruch gründete sich auf eine Pfandverschreibung, eines Ergänzungseides bedurfte es nicht." Die Acten sind mir nicht zugänglich gewesen; in dem Urtheile, wie es in der Sammlung der L. G. Urtheile vorliegt, vermag ich für Brinkmann's Behauptungen keinen Anhalt zu finden.

[5]) Verb.: „deren datum steht den 8ten Januar 1604 in den Gelübden, die er vorstehenden dato gethan."

[6]) Francke a. a. O. citirt dieselbe Stelle. In einer mir gehörigen Ausgabe von 1696 lautet der Titel des Werks: Fuchsii Introd. in Praxin forensem etc., was vermuthlich ein bloßer Druckfehler.

und Tag richtig, und sie noch nichts von dem, was sie anitzo fordern, darauff empfangen haben."

Was sollen Creditores beschwören? Daß die Forderungen behaupteter maaßen, richtig und rechtmäßig entstanden (die wirkliche Entstehung) und noch nicht getilgt sind (das Bestehen, die Nichtaufhebung); nicht weniger, nicht mehr. So heißt es ferner noch in der „Gründlichen Anleitung zu dem Rechtsgebräuchl. Proceß derer Holstein. Untergerichte" (Hamb. 1773) in Schrader's Coll. Dissert. IX pag. 220:

„Woselbst (im Distributionstermin) aber ein jedweder Creditor seine Obligation würcklich beschweren muß, daß sie an der Summe, Jahr und Tag it. qualitate privilegii richtig sei." —

Diese Auffassung dürfte auch durch einen bisher wenig beachteten Paragraphen der Landgerichtsordnung (bekanntlich vom 1. September 1636) bestätigt werden. Es heißt nämlich daselbst im Th. III Tit. 21 mit der Ueberschrift: „Von dem Eyde in Supplementum so zu Ergäntzung vorgeleisteter Kundschaft geschworen wird", nachdem in den §§ 1 und 2 das suppletorium im Allgemeinen erörtert worden, im § 3 folgendermaaßen:

„Dahero auch wegen der in vorhergehenden 19 Titul [7]) gemeldeten Schuldforderungen von Kramern und dergleichen, die angebende Creditores, wann selbige annoch im Leben, neben producirung der Register und Bücher, sich ad juramentum suppletorium, nach dero Todt aber die Erben und dero Tutores und Curatores ad juramentum credulitatis offerirn, So soll bey Unsern Landgerichten bestehen, in solchen Fällen die juramenta suppletoria und decisoria pro facti et personæ qualitate, dem Klägern oder Beklagten, aufflzulegen, massen auch nach gestalt der Sachen, der verstorbenen Kramer und Handler etc. Erben, auch deren Tutorn — — — — nicht so schlechts ad juramentum credulitatis zu admittiren, Sondern zugleich, daß sie in den nachgelassenen Büchern und Registern keine Unrichtigkeit befunden, Eydlich zu erhalten schuldig sein sollen. [8])

Was für die Verschreibungen des größern Geld- und Hypothekenverkehrs die Praxis bereits festgestellt hatte, daß ihre vollständige Richtigkeit nach Entstehung und Fortdauer durch den Eid des Gläubigers bestärkt werden könne, — das hat hier für die geringeren und chirographarischen Forderungen des täglichen Lebens (die s. g. Buchschulden) die Landgerichtsordnung normirt. Der Creditor selber soll zum Erfüllungseide (de veritate) zugelassen werden, ohne daß es hier eines weiteren Zusatzes bedürfte. [9]) Seine Erben event. deren Vormünder aber sollen außer dem Glaubenseide auch noch „daß sie keine Unrichtigkeit befunden", m. a. W., daß ihres Wissens die Bücher richtig geführt seien, „eydlich erhalten." [10]) Beides zusammen macht eben das suppletorium der Rechtsnachfolger aus.

---

[7]) Landgerichtsordnung III, 19, § 7; Bestimmungen, welchen bekanntlich durch die Verordnung vom 14. Mai 1768, wegen der den Büchern der Kauf- und Handelsleute — — zukommenden Beweiskraft und deren Verjährung, derogirt worden ist. Die Norm dieser Verordnung, wonach den Handlungsbüchern „die Kraft eines halben Beweises zur weiteren eidlichen Bestärkung beizulegen", basirt auf dem angezogenen § 3 der Landgerichtsordnung.

[8]) Vgl. dazu Fuchs, l. l. II, Cap. XIV, § 31: „de jure nostro (tamen) heredes mercatorum — — in supplementum ad juramentum credulitatis admittuntur, ita tamen ut simul jurent, se in defuncti libris nullum defectum reperisse." — Cf. Amthor. De Obstagio (Kil. 1712), pag. 235 (Erkenntnisse vom J. 1702).

[9]) Die Worte des § 3 „und decisoria" bezwecken lediglich eine weitere Bezeichnung des suppletorium, sind keineswegs auf den Schiedseid zu beziehen. Dies beweist der Zusammenhang („aufzulegen"); sodann der Umstand, daß es noch in unserm Jahrhundert durchaus nicht ungewöhnlich war, den Notheid „juramentum judiciale decisorium necessarium (cf. L. 1 D. de jurejur. verb: „ex auctoritate judicis deciduntur" etc.) im Gegensatz von litis decisorium voluntarium (Schiedseid) zu nennen. Vgl. u. A. Schrader a. a. O., § 53.

[10]) Man vgl. die Uebereinstimmung der Ausdrücke mit der Formel des obenerwähnten Landgerichtsurtheils von 1608.

Ja, noch in neuerer Zeit — nachdem die Formel des s. g. Perceptionseides längst den Zusatz erhalten hatte, welcher im folgenden Paragraphen näher erörtert werden wird — finden sich unzweideutige Spuren eines reinen Bestärkungseides abseiten gewisser Concursgläubiger. So lehrt Schrader im Handb. der vaterl. Rechte Th. IV pag. 113, und zwar im Anschluß an die Eidesdelation im Concurse:

(11) „In einzelnen Fällen wird sogar die eigne Beeidigung des Gläubigers loco probationis zugelassen. Dahin gehören:

a. die profitirten, geringfügigen, gut specificirten, vom Gemeinschuldner nicht zweifelhaft gemachten Rechnungsposte,

b. die Ehefrau, in den vormals gemeinschaftlichen Districten."

Wir werden unten zeigen, daß solche Aufzeichnungen der Schriftsteller damaliger Zeit (s. unten § 5) — freilich unbewußterweise — auf die eigentliche Quelle dieses Bestärkungseides im Concurse hinweisen. Jedenfalls dürfen wir nach Vorstehendem annehmen, daß man noch damals unter gewissen Voraussetzungen ein Professum, nämlich wenn der Gemeinschuldner es für richtig erklärte, dasselbe nicht allzu groß war und seiner „guten Specification" wegen von dem Contradictor und Milliquidanten zur speciellen Justification nicht verwiesen wurde, — brevi manu zur Eideshand zu verstellen kein Bedenken trug. Schrader setzt jenen Bestärkungseid auch mit dem „sogenannten Perceptionseide", welchen er erst weiterhin (Ebendas. § 96 pag. 115) erwähnt und formulirt, durchaus nicht in Verbindung.

Ebensowenig ist von einem „Gefährdeeide" dabei die Rede, weder bei Schrader a. a. O., noch auch in den angezogenen Paragraphen der Landgerichtsordnung. Ja, die letztere behandelt den Eid „für Gefährde, Calumniæ genannt", und zwar den generellen sowohl als den speciellen (das s. g. „juram. malitiæ") an einem ganz anderen Orte, nämlich im Tit. 6 des III. Theils (§§ 2—4).[11])

Während nun jener „Bestärkungseid" sich anderswo (s. unten § 4 über den Sächsischen Bestärkungseid) im Wesentlichen unverändert bis auf den heutigen Tag erhalten hat, ist er bei uns späterhin durch die Entstehung des s. g. Perceptionseides in der Entwickelung unterbrochen, und neuerdings von Praxis und Theorie dem Anschein nach gänzlich verkannt oder ignorirt worden.

(Die Fortsetzung folgt.)

Entscheidungen.

Unter welchen Umständen die Berufung des von dem Gläubiger in Anspruch genommenen Bürgen auf das beneficium cedendarum actionum von peremtorischer Wirkung sei.

In Sachen des Fleckensbürgers Jacob Friedrich Thiessen in Wesselburen, Imploraten, jetzt Supplicanten,

wider

den Fleckensbürger C. L. Pumplün jun. daselbst, als p. t. Kassirer der Wesselburener Spar- und Leihkasse, Imploranten, jetzt Supplicaten,

betreffend unbedingten Zahlungsbefehl s. w. d. a., jetzt Supplication gegen einen landvogteilichen Bescheid vom 7. September v. J.,

ergeben die Acten:

Der frühere Hofbesitzer D. F. Paulsen, gegenwärtig in Büttel, schuldete der Spar- und Leihkasse in Wesselburen laut Schuldscheins vom 13. Mai 1856 die nach Jahresfrist mit 4½ pCt. Zinsen zurückzuzahlende Summe von 640 ℛ R.-M., für welche

[11]) Vgl. dazu die vollständige Uebersicht der damaligen Praxis bei Fuchs, l. l. II, Cap. XII. De Juramento Calumniæ. Auch dieser deutet nirgends eine Verwandtschaft zwischen den Calumnieneiden und obigem Eide der Creditoren an.

Schuld der Implorat die selbstschuldige Bürgschaft übernommen hat. Der Schuldner verschwand im October 1858 plötzlich aus seinem Wohnort, setzte brieflich die Süderwöhrdener Kirchspielvogtei von dem mißlichen Stande seiner Vermögensverhältnisse in Kenntniß und bat um deren Regulirung. Die Kirchspielvogtei schritt hierauf amtlich ein, der Hofbesitzer Paulsen wurde pro prodigo erklärt und ihm in der Person seines Bruders ein Curator bestellt. Auf das nunmehr an seine Gläubiger erlassene Proclam profitirte der Implorant in qual. qua die vorerwähnte Forderung der Spar- und Leihkasse mit Zinsen und Kosten; da aber in dem abgehaltenen Liquidationstermin eine bedeutende Ueberschuldung des Hauptschuldners sich herausstellte, so ward zwischen dem Curator desselben und seinen Gläubigern eine Vereinbarung dahin abgeschlossen, daß Ersterer die sämmtlichen Güter seines Curanden öffentlich und gerichtlich durch die Kirchspielvogtei unter Beirath und Zustimmung eines von den Gläubigern zu bestellenden Ausschusses verkaufen und den Erlös sodann in ordnungsmäßiger Weise vertheilen lassen solle. Zugleich ward vereinbart, daß den scheidenleidenden Gläubigern ihre Rechte an die künftige Güterverbesserung des Schuldners mit der Beschränkung vorbehalten bleiben sollten, daß dem Schuldner diesen Gläubigern gegenüber stets das beneficium competentiæ zustehen, es also so angesehen werden solle, als wenn ihm das beneficium cessionis bonorum ertheilt worden wäre. Nach Maaßgabe dieser Vereinbarung fand sodann die Realisirung und Vertheilung des Paulsen'schen Vermögens unter seine Gläubiger statt, wobei die Forderung der Spar- und Leihkasse nebst den darauf bis zum 10. November 1859 rückständigen Zinsen nur mit 315 ℳ 73 β R.-M. zur Perception kam.

Unter Berufung auf vorstehende Thatsachen und mit dem Bemerken, daß die rückständigen Zinsen, auf die zunächst die Abrechnung habe geschehen müssen, 44 ℳ 18 β betragen hätten, daher noch ein unberichtigter Capitalrest von 368 ℳ 41 β verblieben sei, beantragte Implorant in qual. qua bei der Königl. Norderdithmarscher Landvogtei, daß dem Imploraten aufgegeben werden möge, die gedachten 368 ℳ 41 β nebst Zinsen zu $4\frac{1}{2}$ pCt. p. a. vom 10. November 1859 angerechnet bis zur Zahlung unter Kostenerstattung binnen 4 Wochen ab ins. an die Wesselburener Spar- und Leihkasse gegen eventuelle Ertheilung von jura cessa zu bezahlen.

Dies Mandat ward von der Landvogtei unterm 24. September 1860 beantragtermaaßen abgegeben.

Der Implorat kam gegen dasselbe mit Einwendungen ein, worin er die thatsächlichen Anführungen des Mandatsgesuchs nicht bestritt und nur berichtigend bemerkte, daß die rückständigen Zinsen am 10. November 1859 nicht 44 ℳ 18 β, sondern 43 ℳ 19 β betragen hätten und demzufolge an Capital nur 367 ℳ 42 β restirten, sodann aber eine exceptio sub- et obreptionis vorschützte, zu deren Begründung angeführt ward: das beneficium cedendarum actionum gebe dem Bürgen die Befugniß, gegen Zahlung von dem Gläubiger die Cession der Forderungsrechte des Letztern an den Hauptschuldner zu verlangen. Als die hienach zu cedirenden Forderungsrechte habe man sich aber nicht diejenigen zu denken, welche dem Gläubiger in dem Augenblick, wo er von dem Bürgen die Zahlung verlange, etwa zuständig seien, sein Anspruch gehe vielmehr dahin, daß der Gläubiger diejenigen Forderungsrechte, welche zur Zeit der Bürgschaftsbestellung vorhanden gewesen, und daß er sie in dem Zustande, in welchem sie sich damals befunden, cedire. Aus diesem Grunde könne der Bürge nicht zur Zahlung gezwungen werden, wenn der Gläubiger durch seine Schuld die zu cedirende Forderung oder das Recht ihrer Geltendmachung ganz oder theilweise verloren, wenn er z. B. die Hauptklage habe verjähren lassen,

cf. Puchta, Pandecten, § 405 Not. p,
L. 95 § 11 D. de fidejuss.

Im vorliegenden Fall aber gehe aus dem eigenen Vorbringen des Imploranten hervor, daß die qu. Forderung der Wesselburener Spar- und Leihkasse an den Hauptschuldner Paulsen nicht dieselbe geblieben sei, welche sie zur Zeit ihrer Entstehung und der Bürgschaftsbestellung gewesen, indem sie jetzt durch ein von der Gläubigerin dem Schuldner freiwillig eingeräumtes beneficium competentiæ beschränkt sei. Wenn nun die Spar- und Leihkasse dem Imploraten die Cession der qu. Forderung antrage, nachdem sie selbst solche durch die Ertheilung des beneficium competentiæ werthlos gemacht habe, so sei er vollkommen im Recht, die in Anspruch genommene Zahlung nicht zu leisten und beantrage daher die Wiederaufhebung des abgegebenen Zahlungsbefehls unter Kostenerstattung.

In seiner Replik räumte der Implorant die Richtigkeit der von dem Imploraten aufgestellten Berechnung der Zinsen ein, suchte aber die rechtliche Grundlosigkeit der aufgestellten Einrede nachzuweisen.

Nachdem sodann noch eine Duplik des Imploraten eingezogen worden war, gab die Landvogtei am 7. September v. J. zum Bescheide:*)

daß, unter Herabsetzung der Hauptforderung auf 367 ℳ 42 β, das Zahlungsmandat vom 27. September 1860, Einwendens unerachtet, zu bestätigen sei, unter Vergleichung der nach Erlassung desselben erwachsenen Kosten.

Hiegegen hat der Implorat hieher supplicirt und sich darüber beschwert:

daß der libellirte Zahlungsbefehl vom 27. September 1860 nicht wieder aufgehoben und der Implorant in qual. qua zur Erstattung der ihm angeursachten Kosten verurtheilt worden sei.

---

*) Die Entscheidungsgründe lauten:

In Erwägung, daß bei der Berechnung der Zinsen ein Versehen stattgefunden, insofern dieselben nicht 44 ℳ 18 β, sondern nur 43 ℳ 19 β betragen, wornach sich die eingeklagte Hauptforderung von 368 ℳ 41 β auf 367 ℳ 42 β vermindert;

in Erwägung, daß von den Creditoren des flüchtig gewordenen Hauptschuldners Detlef Friedrich Paulsen diesem, obgleich der Concurs über sein zurückgelassenes und unter sie zur Vertheilung gebrachtes Vermögen nicht erkannt war, von freien Stücken hinsichtlich der künftigen Bezahlung des unberichtigt gebliebenen Theils seiner Schulden das beneficium competentiæ vertragsmäßig ertheilt worden;

daß diesem Vertrage auch der damalige Anwalt des Imploranten für den ungedeckt bleibenden Theil der libellirten Forderung beigetreten ist, und daß dessen Beitritt, auch wenn er dazu, nach des Imploranten Behauptung, nicht bevollmächtigt gewesen, als von dem Imploranten in qual. qua selbst geschehen betrachtet werden muß, da in dem Mandatsgesuch von dem Imploranten auf den Vertrag in anerkennender Weise Bezug genommen worden, während er, wenn er den Beitritt seines Anwalts nicht genehm halten wollte, nach davon erhaltener Kunde seinen Widerspruch gegen denselben erheben mußte;

in Erwägung, daß durch die dem Hauptschuldner verliehene Rechtswohlthat der Competenz dem Imploraten die Wiedererlangung des von ihm als Bürgen Gezahlten durch Regreßnahme an den Hauptschuldner in dem Falle, wenn er für seinen Regreß lediglich auf die von dem Imploranten ihm abzutretende Klage angewiesen wäre, so wesentlich erschwert werden konnte, daß er deshalb mit vollem Recht gegen die jetzt von ihm verlangte Zahlung würde excipiren können, da dem Gläubiger nicht die Befugniß zugestanden werden kann, die Wirksamkeit der dem zahlenden Bürgen zu cedirenden Klage vorher, ohne rechtliche Nothwendigkeit und ohne Rücksprache und Verständigung mit dem Bürgen, durch Einräumungen an den Hauptschuldner zu vermindern;

daß aber die Voraussetzung dieser Exception im gegenwärtigen Falle nicht vorliegt, da zur Regreßnahme gegen den Hauptschuldner dem Bürgen, wenn er, wie es nach der vorliegenden Schuldurkunde hier der Fall ist, die Bürgschaft mit dessen Wissen und Willen übernommen, außer der abzutretenden Klage noch die Mandatsklage zuständig ist, auch von dem Imploraten im vorliegenden Falle nicht nachgewiesen oder nur behauptet worden, daß die letztere Klage hier für ihn von keinem oder geringerem Werthe sei, was den Umständen nach auch nicht anzunehmen steht, da nach dem Inhalt der bezüglichen Schuldurkunde einer einfachen „Schuldverschreibung" die abzutretende Forderung mit keinem Pfandrecht der sonstigen Prärogative verbunden ist, mithin beide Klagen sich in Hinsicht ihrer Wirksamkeit völlig gleichstehen;

daß sich solchermaßen die Behauptung des Imploraten, es sei die Realisirung seines Regreßanspruchs gegen den Hauptschuldner ihm durch die demselben bewilligte Wohlthat der Competenz beeinträchtigt worden, als ungegründet darstellt und daher die hierauf gestützte Einrede der Erschleichung eine Berücksichtigung nicht in Anspruch nehmen kann.

Nach eingezogener Gegenerklärung des Imploranten steht zur Frage: ob diese Beschwerde gegründet ist.

In Erwägung nun, daß zwar der belangte Bürge dem Gläubiger gegenüber sich auch dann mit Erfolg auf das ihm zustehende beneficium cedendarum actionum berufen und auf diesem Wege die Abweisung des Gläubigers mit seinem Anspruch erreichen kann, wenn der Letztere freilich zur Cession seiner Forderung an den Schuldner im Stande ist, dieser Forderung aber durch seine Schuld eine dieselbe elidirende Einrede entgegensteht,

arg. L. 95 § 11 D. de fidejuss.;

in Erwägung aber, daß ein solches Verschulden des Gläubigers im gegenwärtigen Fall nicht behauptet werden kann, da aus dem von dem Supplicanten nicht bestrittenen Umstande, daß die sämmtlichen Gläubiger des früheren Hofbesitzers Paulsen, welche bei der stattgehabten außergerichtlichen Regulirung seiner Schuldverhältnisse betheiligt gewesen sind, ihm das beneficium competentiæ bewilligt haben, mit Liquidität zu entnehmen ist, daß diese Bewilligung als eine von der implorantischen Spar- und Leihkasse im Interesse der möglichsten Realisirung ihrer Forderung getroffene den Umständen nach zweckmäßige Maaßregel betrachtet werden muß;

wird dem Supplicanten auf seine sub præs. den 30. September v. J. hieselbst eingerrichte Supplicationsschrift hiedurch von Obergerichtswegen

ein abschlägiger Bescheid

ertheilt, derselbe auch schuldig erkannt, dem Supplicaten die auf 28 ℛ R.-M. bestimmten Kosten seiner in Abschrift anliegenden Gegenerklärung binnen vier Wochen ab ins. zu erstatten.

Urkundlich ꝛc. Gegeben im Königl. Holsteinischen Obergerichte zu Glückstadt, den 16. Juni 1862.

Ob die unstatthafte Bewilligung einer processualischen Frist als ein Nichtigkeitsgrund zu betrachten sei.

In Sachen des Bahnwärters H. Piening in Elmshorn, Beklagten und Supplicanten,

wider

den Schneidermeister Richter in Altona und den Buchhändler Kelch in Hamburg, tutor. noie. des Hermann Chr. Emil, unehelichen Sohnes der Anna Margaretha Kauck aus Wahlstedt, Kläger und Supplicaten,

hauptsächlich in puncto alimentationis,

ist den Klägern durch Decret der Ranzauer Administratur vom 6. Juni 1861 auferlegt worden, einen ihnen vom Beklagten referirten Eid dahin zu leisten, wie sie glauben und dafürhalten, daß der Beklagte in der Zeit vom 17. Februar bis zum 13. Juni 1855 den Beischlaf mit der Mutter ihres Pupillen vollzogen habe. Nachdem der zur Ableistung dieses Eides angesetzte Termin auf Anhalten der Kläger drei Mal dilatirt worden, ward mit dem Anführen, daß der eine der Kläger erkrankt sei, die Aussetzung des Termins bis weiter, event. auf 6 Wochen, ferner beantragt, von der Administratur jedoch mittelst Decrets vom 4. December 1861 der Termin auf den 20. s. M. pro omni angesetzt. In einer hierauf unterm 15. December eingerrichten Eingabe machte der Anwalt der Kläger vorstellig, daß der Mitkläger und Vormund Kelch noch nicht hergestellt und die Folge der Nichtgewährung seiner Bitte die gewesen sei, daß die früheren Vormünder zu entlassen gewesen und an deren Stelle neue ernannt wären, die auch dem Anwalt gegenüber hätten erklären lassen, den fraglichen Eid ableisten zu wollen. Mit dem Bemerken, daß die Zeit zu kurz sei, die Legitimation dieser Vormünder zum Termin herstellig zu machen, ward gebeten:

bewandten Umständen nach dem Anwalt unter Aussetzung des auf den 20. Decbr. prorogirten Eidestermins eine Frist von 4 Wochen zur Legitimation der neuen Vormünder und für die von ihnen einzubringende Erklärung und etwa gebotene Litisreassumtion zu verwilligen.

Von der Administratur ist darauf durch Decret

vom 17. Decbr. v. J. mit Rücksicht auf die in der gedachten Vorstellung angeführten Umstände unter Aussetzung des auf den 20. Decbr. anberaumten Termins neuer Termin zur Ableistung des von den Klägern in qual. qua zu schwörenden Eides auf den 31. Januar pro omni mit dem Beifügen angesetzt worden, daß beim Ausbleiben des Beklagten Kläger dennoch zum Eide werden zugelassen, beim Ausbleiben der oder des einen der derzeitigen Vormünder des klägerischen Pupillen aber, oder falls sie sich in termino der Eidesleistung als solche nicht sollten legitimiren können, der Eid als recusirt werde angesehen werden.

Nach erfolgter Mittheilung dieses Decrets an den Beklagten hat derselbe dagegen Recurs eingelegt und das abgegebene Decret als nichtig angefochten mit der Bitte, daß das gedachte Decret als nichtig wiederum aufgehoben, die bisherigen Kläger und Supplicaten auch mit der erhobenen Klage ab- und zur Ruhe verwiesen werden, unter Erstattung der bisher erwachsenen Kosten, so weit nicht rechtskräftig bereits über selbige erkannt sei, und unter Verurtheilung der Administratur zur Erstattung der durch diese Supplication und Nichtigkeitsbeschwerde angeursachten Kosten.

Es steht daher zur Frage, ob durch die decretirte Aussetzung des Termins qu. eine Nichtigkeit begangen worden.

In Erwägung nun, daß der Querulant zunächst zu deduciren sucht, daß die decretirte Aussetzung des Termins nichtig sei, weil nach der Schauenburgischen Hofgerichtsordnung Theil 2 tit. XIII § 4 die vierte probandi dilatio nicht ohne die Bescheinigung der Verhinderung ertheilt werden dürfe, ein Verstoß gegen diese wesentliche Bestandtheile des Processes nicht berührende Vorschrift indeß, abgesehen davon, daß die gedachte Bestimmung der Schauenburgischen Hofgerichtsordnung von Beweisfristen redet, um die es sich jetzt nicht handelt, eine unheilbare Nichtigkeit nicht zur Folge hat;

in Erwägung, daß die fernere Berufung des Supplicanten darauf, daß der klägerische Anwalt nach Entlassung der bisherigen Vormünder nicht legitimirt gewesen, die Aussetzung des angesetzten Termins zu beantragen, auch deshalb auf Berücksichtigung keinen Anspruch machen kann, weil derselbe in seiner Eigenschaft als constituirter Anwalt des klägerischen Mündels unstreitig berechtigt gewesen ist, nach Entlassung der bisherigen Vertreter desselben die Aussetzung des zur Eidesleistung angesetzten Termins behufs Legitimirung der neuernannten Vormünder zu beantragen und daher die erhobene Supplication und Nichtigkeitsbeschwerde nicht begründet ist;

wird auf die vorrubricirte sub præs. den 7. Juni d. J. hieselbst eingereichte Supplicationsvorstellung und Nichtigkeitsbeschwerde, nach eingezogener Gegenerklärung und erstattetem Berichte der Administratur, dem Supplicanten von Obergerichtswegen hiedurch

ein abschlägiger Bescheid

ertheilt, derselbe auch schuldig erkannt, den Supplicaten die Kosten der Gegenerklärung, deren Verzeichnung und Ermäßigung vorbehältlich, so weit er des Vermögens, zu erstatten.

Urkundlich rc. Gegeben im Königl. Holsteinischen Obergerichte zu Glückstadt, den 20. Juni 1862.

Allerhöchst privilegirte

Holsteinische Anzeigen.

Redigirt von den Obergerichtsräthen Etatsrath Henrici und Lucht.

Gedruckt bei Augustin in Glückstadt.

34. Stück. — Den 25. August 1862.

Der Perceptionseid des einheimischen Proceßrechts und der Sächsische Bestärkungseid.

Von dem Herrn Prof. Dr. Schütze in Kopenhagen mitgetheilt.

(Fortsetzung.)

§ 3.

Die spätere Gestaltung.

Der im vorigen Paragraphen erwähnte eigne Eid des Gläubigers hat nun zunächst, und zwar nicht lange nach dem Zeitalter der Landgerichtsordnung, einen neuen Namen erhalten. Es lag sehr nahe, den Bestärkungseid — vorzugsweise bei Processis der entfernteren Classen — im Concurse nicht sofort ableisten zu lassen. Meist war es ja ungewiß, ob der Schwurpflichtige überall zur Perception werde gelangen können. Wenn nicht, so war die Ableistung offenbar verfrüht und vergeblich geschehen; überflüssige Eide aber sollten immer vermieden werden. Noch mehr. Die eidlich bestärkte, dann aber nicht zur Perception gelangte Forderung führte zu einem Conflicte, wenn sie nachträglich, nach beendigtem Concurse, im ordentlichen Verfahren gegen den Schuldner geltend gemacht wurde, indem man sie hier weder als rechtskräftig anerkannte gelten lassen, noch auch die geschehene Beeidigung füglich ignoriren durfte. Man fand bald einen vollkommen angemessenen Ausweg. Man brauchte nur die eventuelle Ableistung sämmtlicher Bestärkungseide bis dahin auszusetzen, wo es sich gezeigt haben würde, welche Ansprüche überall bei der Distribution würden percipiren können, also bis zum Liquidations-, spätestens zum Distributionstermin, und diesen Aufschub in Form eines generellen Vorbehalts, m. a. W. einer generellen eventuellen Auflage in das Prioritätsurtheil ausdrücklich aufzunehmen. Dies geschah, wie die Sammlung der Landgerichtsurtheile ergiebt, mindestens seit dem Beginn des achtzehnten Jahrhunderts, wahrscheinlich indeß schon früher; was ich daraus abnehme, daß die betreffende Formel der Erkenntnisse schon damals keineswegs das Gepräge einer neueingeführten an sich trägt.

Der Name „Perceptionseid" aber sowohl für die specielle (ältere) als für die generelle (neuere) Auflage mußte von Anfang an mehr als nahe liegen, da der Eid seinem Zwecke gemäß nur von wirklichen Percipienten, nachdem also die Möglichkeit der Perception sich ergeben hatte, abzuleisten war. Francke ist nachweisbar im Irrthum, wenn er meint, [18]) daß diese Benennung „sich zuerst in der zweiten Hälfte des vorigen Jahrhunderts finden dürfte." Vielmehr ergiebt die Sammlung der Landgerichtsurtheile gradezu, daß schon in der ersten Hälfte des achtzehnten Jahrhunderts der Name „Perceptionseid" bei unsern Gerichten an der Tagesordnung war. Man vergleiche

[18]) Francke, a. a. O., S. 538 Not. 3.

nur folgende Erkenntnisse aus dem Zeitraume vom Jahre 1723—1744:

Samml. der Landg. Urth. pag. 182, 212, 318, 393, 397,

um sich zu überzeugen, daß daselbst „alle, die zur Perception kommen", zu eidlicher Erhärtung schuldig erklärt werden, während dieser Eid bald ausdrücklich „Perceptionseid" genannt wird, bald der Zusatz der ganzen Fassung nach als überflüssig erscheinen muß.[13]) Ja, in einem der Erkenntnisse (pag. 393, vom J. 1739) wird sogar gesagt, daß

„Ihro Majest. die verwittw. Königin — — — die Richtigkeit Dero Forderungen weiter nicht als mit Dero Königl. Worte, statt des gewöhnlichen Perceptionseides, zu bekräftigen verbunden."

Schon um 1739 also war die Benennung eine „gewöhnliche".

Zu gleicher Zeit — vielleicht früher schon bei dem speciellen Bestärkungseide im Concurse — hatte sich aber eine neue Eidesformel gebildet, und zwar eine erweiterte, weitläuftigere. Wir finden dieselbe im Wesentlichen[14]) übereinstimmend in allen Prioritätserkenntnissen des achtzehnten Jahrhunderts. Sie lautet meist (s. Samml. der L. G. U. pag. 212, vom J. 1723):

„Also sollen alle und jede creditores, so ihre Bezahlung — — erhalten, in termino distribut. zuförderst, daß ihre angegebene prætensiones, Forderungen und obligationes (so sie in originali vorzuweisen) an datis und allen Inhalts richtig und ohne Gefährde, auch weder an Capital noch Zinsen weiter nicht, dann was angegeben, darauf bezahlet oder in solutum darauf empfangen, und zwar diejenigen, so noch am Leben, juramento veritatis, deren Erben und successores aber juram. credulitatis bestärken." [15])

Mit einer Ausnahme läßt sich diese gesammte Formel auf die oben (§ 2) angeführte Stelle der Landgerichtsordnung und auf die ältere Bestärkungseidesformel zurückführen, — nämlich mit Ausnahme der drei Worte: „und ohne Gefährde".

Dies spätere Einschiebsel, durch welches ein Calumnieneid als Zusatz dem Bestärkungseide angefügt wurde, hatte eine ganz naheliegende Veranlassung. Man wünschte nämlich, wie sogleich nachgewiesen werden soll, mit der Bestärkung der objectiven Richtigkeit auch die subjective Rechtmäßigkeit der Entstehung und nunmehrigen Geltendmachung zu verbinden. Der Percipient sollte (auf Verlangen) nicht bloß eidlich erhärten, daß die Forderung mit dem angegebenen Inhalt und zu der angegebenen Zeit (Existenz, Priorität) entstanden und bisher nicht getilgt sei, sondern auch, daß Profitent (und sein Auctor) selber bei der Constituirung nicht in fraudem creditorum verfahren sei, nicht Collusion mit dem nunmehrigen Gemeinschuldner, weder damals noch später, begangen habe oder begehe. Anstatt nun dieses juramentum resp. calumniæ und malitiæ als separaten Eid zu fordern, schien es zweckmäßig und bequem, dasselbe als Einschiebsel mit dem bisherigen Bestärkungseide zu combiniren.

Daß hierin wirklich der Anlaß der neuen combinirten Eidesformel zu suchen, geht klar genug aus Zeugnissen damaliger Praxis hervor. Die Eidesformel

[13]) Das. pag. 208 (vom J. 1705) heißt es zwar bei der generellen Auflage noch: „Die creditores, so zu ihrer Bezahlung ganz oder zum Theil gerathen, sollen &c.", was aber eine bloße Uebersetzung des „zur Perception gelangen" sein, und schwerlich ein Gegenargument abgeben dürfte.

[14]) Die Abweichung zwischen der Formel des in vor. Note citirten Erkenntnisses von 1705 — welchen die Herausgeber der Sammlung das. (pag. 203) Not. *) als die „Ehemalige Formul des Perceptionseides in Concursen bei dem Landgerichte" bezeichnen — und den späteren (vgl. das. pag. 212, 318 &c.) besteht nur in der Wortfassung, und dem Zusatze „auch keine Collusion u. s. w."; wovon später.

[15]) Der fernere Zusatz (a. a. O.) über eine dem cedens (Bonisbedent, Gemeinschuldner) auf Erfordern aufzuerlegende eidliche Erhärtung seiner in judicio geschehenen Recognition (vgl. Not. g der Herausg.), gehört nicht hierher, — bestätigt aber unsere Auffassung insofern, als derselbe nur das andere Glied einer Maaßregel gegen Collusion bildet.

eines Erkenntnisses von 1705 (Samml. der L. G. U. pag. 203) enthält noch die ausdrücklichen Worte:

„auch keine Collusion oder Unterschleif dabei gebraucht."

Eine spätere vom J. 1730 (ebend. pag. 318) lautet am Schlusse so:

„ohne Gefährde, und keine collusiones darunter gebraucht".

Endlich wird im J. 1737 (ebend. pag. 215) ein Käufer und Vindicant von nochmaliger Entrichtung der Kaufsumme freigesprochen, wenn er eidlich erhärten werde,

„daß er zur Zeit des geschlossenen Kaufs von dem vorstehenden Concurs nichts gewußt".

Wir sehen hier die Zusatzclausel in ihrer Entstehung: den verschiedenen Umständen angepaßte, specielle, weitläuftigere Formulirungen desselben Grundgedankens. Allmählig gewann sie aber die abstractere, generelle, kürzere Gestalt: „ohne Gefährde" und wurde nun in allen Fällen mit aufgenommen, um jeden Verdacht der malitia zu entfernen.

Somit hat sich ergeben, daß der s. g. Perceptionseid der späteren Landgerichtsurtheile [16]) wie der heutigen Praxis kein einfacher, sondern ein aus folgenden wohl zu unterscheidenden Bestandtheilen zusammengesetzter Eid ist:

1) aus dem Bestärkungseide, welcher die Richtigkeit (und Echtheit) des Anspruchs nach Inhalt und Zeit erweisen,

2) aus dem Gefährdeeide (resp. calumniæ oder malitiæ), welcher den Verdacht der Collusion in fraudem creditorum beseitigen soll.

So lange nun der generelle und specielle Calumnieneid der Landgerichtsordnung (III, Tit. 6) rechtliche Geltung hatte, war der Zusatz (sub 2) berechtigt. Seit der Abschaffung aller Calumnieneide durch die Eidesverordnung vom 11. Decbr. 1758 § 4 mußte er wiederum hinwegfallen, in der Perceptionseidesformel gestrichen werden. Doch hierauf werden wir unten zurückkommen.

[16]) Vgl. auch die bei Francke a. a. O. S. 689 nach Danzmann: Abh. vom Einleger (1754) pag. 49 referirte Formel.

§ 4.
Der Sächsische „Bestärkungseid."

Unser Perceptionseid steht übrigens keineswegs isolirt da. Er ist vielmehr in seiner älteren unvermischten Gestalt — als „Bestärkungseid" — auch noch heutigentags ein Institut des Sächsischen Processrechts.[17])

In Fällen, wo die Forderung eines Liquidanten nur unvollständig, vielleicht gar nur bis zum Reinigungseide erwiesen ist, erscheint es zweckmäßig, an die Stelle dieses Reinigungseides, dessen Leistung dem Contradictor nicht wohl zugemuthet werden kann, auf Verlangen des Contradictors einen Bestärkungseid des Liquidanten treten zu lassen. Namentlich bei Prozessen von geringfügigem Betrage, bei denen man also weder füglich auf Beweis erkennen, noch dem Liquidanten aus der Nichtbeibringung von Beweismitteln einen Vorwurf machen kann.

In Sachsen ist dieser Eid ausdrücklich gestattet, indem es in der Erläuterten Proceßordnung vom 10. Januar 1724 ad Tit. 41 § 4 heißt:

„Und sollen im Uebrigen, zu mehrerer Beschleunigung der Sache, befundenen Umständen nach, die creditores zur eidlichen Bestärkung ihrer Forderungen, wenn auch gleich keine semiplena probatio, sondern nur aliqualis demonstratio vorhanden, zugelassen und in dem Designations-Urthel oder Abschiede darauf erkannt werden".

Nach diesen Worten bedarf es nicht einmal eines darauf gerichteten Antrags des Contradictors.

Noch weiter geht die Praxis, indem sie es mit der in der Gesetzstelle erforderten aliqualis demonstratio bei nicht prioritätischen Forderungen, deren Summe die Höhe von 200 Thalern nicht übersteigt, nicht genau nimmt, sondern den Liquidanten, zumal wenn der

[17]) Zu dieser Vermuthung war ich bei meinen Nachforschungen über den Perceptionseid schon früherhin gelangt. Dieselbe ist nunmehr durch die in diesem Paragraphen folgenden Notizen aus dem Sächsischen Proceßrecht, welche ich der gütigen Mittheilung eines dortigen Collegen verdanke, vollkommen bestätigt worden.

Gemeinschuldner die Forderung im Status aufgeführt hatte, auch ohne alle Bescheinigung zum Bestärkungseide zuläßt, wobei freilich die vollständige Begründung der Forderung vorausgesetzt wird.[18])

Etwas Aehnliches kommt auch in Interventionsfällen vor, wenn ein Dritter im Hülfsverfahren das Eigenthum an abgepfändeten Gegenständen in Anspruch nimmt, wo nach dem Executionsgesetze vom 28. Februar 1838 nicht blos in dem Falle, wenn für das Eigenthum schon einige Wahrscheinlichkeit vorhanden ist, sondern auch ohne diese auf einen Bestärkungseid erkannt werden soll, wenn der Gegenstand ein geringfügiger (nach neuerer gesetzlicher Bestimmung also nicht über 100 Thaler werth) ist.

Der gedachte Eid ist unzweifelhaft kein Schiedseid, sondern ein Notheid, hat aber in dem Falle, wenn nur die Voraussetzungen zum purgatorium oder nicht einmal diese vorhanden sind, offenbar einen von dem gewöhnlichen Notheide sehr abweichenden Character. Auf einen Gefährdeeid kann man ihn natürlich nicht zurückführen.[19])

Die Bezeichnung dieses Eides als eines „Eides zur kurzen Hand"[20]) ist in Sachsen nicht üblich. Vielmehr nennt man ihn eben „Bestärkungseid".

So nach Sächsischem Recht. Ich bezweifle keinen Augenblick, daß unser älterer s. g. Perceptionseid (Bestärkungseid), wenn die Mischung mit dem Calumnien-Zusatze nicht stattgefunden hätte, eine ganz ähnliche Gestalt würde behalten, eine ähnliche Entwickelung erhalten haben.

[18]) Vgl. die in der Zeitschrift für Rechtspflege und Verwaltung N. Folge Bd. IV pag. 463 fg., Wochenbl. für merkw. Rechtsfälle Bd. X pag. 129 fg., 353 fg., N. Folge I pag. 374 fg., VII pag. 197 fg., Annalen des Kgl. Sächs. Oberapp. G. zu Dresden Bd. III pag. 187 mitgetheilten Entscheidungen.

[19]) In dieser Auffassung der heutigen Sächsischen Theorie liegt derselbe Grundgedanke, welchen meine Nachforschung ergeben hat. Es fehlt nur an der Entdeckung der Quelle, als deren Ausfluß eben jene „Abweichungen vom Notheide" sich darstellen (s. unten § 5).

[20]) Vgl. darüber unten (§ 5).

§ 5.

Die gemeinsame Quelle.

Ist nun dieser Bestärkungs- oder Perceptionseid ein Institut des gemeinen Proceßrechts? Für das heutige wage ich das keineswegs zu behaupten. Da gemeinrechtliche Gesetzgebung, auf diesem Gebiete wenigstens, nicht mehr existirt und der allgemeine Gerichtsgebrauch sich nicht nachweisen läßt, können wir bei der Doctrin allein Aufschluß suchen. In den neueren Lehrbüchern des Concursprocesses habe ich den Bestärkungseid als geltendes oder veraltetes Institut nicht erwähnt gefunden.

Anders bei den älteren Processualisten, namentlich denen des vorigen Jahrhunderts. So lehrt u. A. Claproth[21]) im Concursprocesse § 373: „Von der eydlichen Bestärkung der Forderung":

> „Wenn einige Vermuthung von der Richtigkeit der Forderung vorhanden und letztere nicht beträchtlich ist, so kann der Contradictor selbige zur kurzen Hand auf des Liquidanten eydliche Bestätigung stellen; arg. L. 17 § 3 D. de jurejur. (12. 2).

> (§ 374.) Bei beträchtlicheren Forderungen hingegen und bey solchen, deren Ungrund er weiß, oder von deren Beschaffenheit er nichts erfahren — — muß er die Forderung läugnen und Beweis fordern."

Daß die als Stütze citirte Stelle Nichts beweist — denn die L. 17 § 3 D. spricht von der Eideszuschiebung durch einen procurator —, daran dürfen wir bei Schriftstellern jener Zeit bekanntlich keinen Anstoß nehmen. Jedenfalls bezeugt Claproth — anerkanntermaaßen ein fleißiger Actensammler und

[21]) Einleit. in die sämmtl. summar. Proc. (1777—1806). Vgl. auch Ludovici, Einleit. zum Concursproc. (Halle, 1726), Cap. VII § 4. Schon hier findet sich die L. 17 § 3 D. citirt; im Uebrigen aber ist nur von Eidesdelation des curator bonorum an die Creditoren (als „remedium subsidiarium") die Rede, und zwar über die Thatsache, „daß sie noch nicht bezahlet worden". Ferner Schrader H. IV pag. 113 (s. oben § 2).

gründlicher Kenner der Praxis — und mit ihm gleichzeitige Processualisten die Existenz eines annähernd allgemeinen Gerichtsgebrauchs, wonach der Bestärkungseid im Concursverfahren unter gewissen Voraussetzungen verlangt und auferlegt werden konnte.

Die Voraussetzungen dieses Eides — welchen wir allenfalls „Eid zur kurzen Hand"**) nennen dürfen — scheinen im Wesentlichen folgende gewesen zu sein:

a. einige, wenn gleich geringe, Vermuthung (Nicht-unwahrscheinlichkeit) für die Forderung;

b. daß dieselbe nicht allzu beträchtlich;

c. daß der Contradictor (vielleicht auch ein Mitliquidant) die eidliche Bestärkung beantragt oder doch der Auferlegung zustimmt, indem er die Forderung nicht geradezu bestreitet und förmlichen Beweis fordert (bei uns: zur speciellen Justification verweist).

Es ist nun ersichtlich, daß man diesen Eid eigentlich als suppletorium nicht bezeichnen kann, ohne dem Begriff dieses Notheides Gewalt anzuthun. Oft fehlt es an der semiplena — um so mehr denn an der erforderlichen plusquamsemiplena — probatio, ja nicht selten an jedem Beweise und überdies an jedem vorgängigen förmlichen Beweisverfahren, geschweige denn dessen Beendigung.

Dadurch eben werden wir auf den wahren Ursprung und die eigentliche Beschaffenheit dieses Eides hingeführt. Derselbe ist, wo er — früherhin im gemeinen Rechte, jetzt noch in particulären Rechten unter dem Namen Perceptionseid, Bestärkungseid, Eid zur kurzen Hand — vorkommt, eines der vielfachen Ueberbleibsel des altgermanischen Parteieneides (eigner Eid, s. g. Reinigungseid).

(Der Beschluß folgt.)

**) Weil die Richtigkeit des Anspruchs brevi manu — ohne förmliches Beweisverfahren — zur Eideshand verstellt wird.

Entscheidungen.

Die auf einem Testament beruhende Legitimation im Proceß unterliegt, so lange dasselbe unter den Betheiligten nicht angefochten werden, der Anfechtung des Proceßgegners nicht. — Die im Testament verliehene Befugniß zur Nutznießung und Verwaltung des gesammten Vermögens befaßt die Befugniß zur Proceßführung.

In Sachen der Wittwe des Hofbesitzers Claus Jacob Lau in Ohlen, Sophie Cäcilie Lau, geb. Schlichting, daselbst c. c. c., Litisreassumentin, jetzt Implorantin,

wider

den Hofbesitzer und Bauerschaftsgevollmächtigten J. P. Jansen in Kattrepel, noie. der Kattrepeler Meentinteressentschaft, Imploraten,

ist in einem zwischen dem gegenwärtigen Imploraten als Kläger und dem Hofbesitzer Claus Jacob Lau in Ohlen als Beklagten geführten Processe, betreffend die unbeschränkte Benutzung des Osterdollweges, durch obergerichtliches Erkenntniß vom 10. Mai 1861 der Kläger mit einer wider das untergerichtliche Erkenntniß vom 3. Septbr. 1860 eingelegten Appellation abgewiesen und schuldig erkannt worden, die Kosten der Appellationsinstanz, deren Verzeichnung und Ermäßigung vorbehältlich, dem Beklagten binnen 6 Wochen zu erstatten. Nachdem der Kläger gegen dieses Erkenntniß bei dem Königl. Oberappellationsgericht Recurs eingelegt hatte, unterm 6. Januar d. J. aber ihm ein abschlägiger Bescheid ertheilt worden war, hat die Ehefrau des Beklagten mit der Anzeige, daß ihr Ehemann mittlerweile mit Tode abgegangen sei, in einer an die Süderdithmarscher Landvogtei eingereichten der Gegenpartei demnächst zur Nachricht mitgetheilten Eingabe erklärt, daß sie den Streit reassumiren wolle und ihre Berechtigung hiezu durch das Anführen motivirt, daß ihr durch Testament ihres Ehemannes vom 30. Novbr. 1861 die Verwaltung und Nutznießung der ganzen Verlassenschaft desselben bis nach erfolgter Mündigkeit des jüngsten Kindes vermacht worden. In ihrer Eigenschaft als Reassumentin hat sie darauf die von ihrem Gegner zu erstattenden Proceßkosten bestimmen lassen und einen obergerichtlichen Befehl vom 20. Mai d. J. an den Imploraten erwirkt, ihr die auf 15 ℛ 74 β und 115 ℛ 48 β nebst den auf 4 ℛ 40 β bestimmten Kosten ihrer desfälligen Vorstellung innerhalb 4 Wochen ab ins. zu bezahlen, auch binnen gleicher Frist derselben die verzeichneten Stempel-, Gerichts- und Insinuations- so wie Moderationskosten zu erstatten.

Gegen diesen Befehl hat der Implorat remonstrirt und die Legitimation der Implorantin zur Beanspruchung der gedachten Kosten angefochten,

1) weil das Testament, aus welchem sie ihr Recht auf Verwaltung und Nutznießung des ganzen Nachlasses ihres Ehemannes ableite, von der zur Errichtung desselben nach der Verordnung vom 30. August 1859 nicht berechtigten Kirchspielvogtei abgefaßt, daher nichtig und ungültig sei, und

2) weil in dieser Disposition des Claus Jacob Lau einer Erbeseinsetzung seiner Ehefrau überall nicht erwähnt, vielmehr ausdrücklich bestimmt werde, daß es nicht seine Absicht sei, in seiner Intestaterbfolge irgend eine Veränderung eintreten zu lassen und nur die Erben, nicht aber die Nutznießerin, darüber zu entscheiden hätten, ob der Proceß fortgesetzt werden solle.

Mit Rücksicht hierauf hat Implorat um Aufhebung des erlassenen Zahlungsmandats vom 20. Mai d. J. und Verurtheilung der Implorantin zur Erstattung der angeursachten Kosten gebeten.

Nachdem von der Implorantin in ihrer replicarischen Erklärung sub præs. den 14. Mai d. J. diese wider ihre Legitimation vorgebrachten Gründe zu widerlegen versucht und die Bestätigung des Befehls vom 20. Mai d. J., unter Verurtheilung des Imploraten zur Erstattung der Kosten der replicarischen Erklärung, beantragt worden, steht zur Frage, ob Implorantin zur Impetrirung des unterm 20. Mai d. J. erlassenen Zahlungsbefehls für legitimirt zu erachten.

In Erwägung nun, daß, was zuvörderst die Berufung darauf betrifft, daß das Testament des Claus Jacob Lau, durch welches seiner Ehefrau die Verwaltung und der Nießbrauch des gesammten Nachlasses ihres Ehemannes bis zur Mündigkeit des jüngsten Kindes vermacht worden, ungültig sein soll, diese Berufung, abgesehen davon, daß die Kirchspielvögte, wie solches auch durch Ministerialschreiben vom 15. Octbr. 1861 ausgesprochen worden, denjenigen Beamten zuzuzählen sind, welchen die Befugniß, letztwillige Verfügungen zu solennisiren, durch die Verordnung vom 30. August 1859 beigelegt worden, schon deshalb auf Berücksichtigung keinen Anspruch machen kann, weil Dritten gegenüber das gedachte Testament, so lange dasselbe von den Betheiligten nicht angefochten worden, als gültig anzusehen ist;

in Erwägung, daß ferner der Grund, daß nicht die Implorantin, sondern nur die Erben des verstorbenen Lau, zur Reassumtion des von ihm geführten Processes für legitimirt erachtet werden können, nicht geeignet ist, zur Anfechtung des von ihr impetrirten Zahlungsbefehls benutzt zu werden, indem die der Implorantin durch Testament ihres Ehemannes beigelegte Befugniß der Nutznießung und Verwaltung seines gesammten Vermögens die Berechtigung, Processe zu führen und unerledigte Rechtsstreitigkeiten zu reassumiren, in sich faßt;

wird auf die sub præs. den 14. Mai d. J. hieselbst eingereichte Erklärung der Implorantin von Obergerichtswegen hiedurch zum Bescheide ertheilt:

> daß der wider den Imploraten in qual. qua erlassene Zahlungsbefehl vom 20. Mai d. J. zu bestätigen und Implorat schuldig erkannt, der Implorantin die Kosten ihrer gedachten Erklärung, welche hiedurch auf 12 ℛ R.-M. bestimmt werden, binnen 4 Wochen ab ins. zu erstatten.

Urkundlich rc. Gegeben im Königl. Holsteinischen Obergerichte zu Glückstadt, den 16. Juni 1862.

Ueber die einer außerehelich Geschwängerten in der Landschaft Süderdithmarschen zustehenden Ansprüche.

In Sachen der Margaretha Schmoock c. c. p. in Sarzbüttel, Klägerin, jetzt Supplicantin,

wider

den Müllergesellen Claus Plöhn in Rastorf, Beklagten, jetzt Supplicaten,

in pcto. Schwängerung s. w. d. a., dann Bestimmung der landüblichen Präſtanden, jetzt Supplication gegen den Bescheid der Süderdithmarscher Landvogtei vom 2. December v. J.,

ergeben die Acten:

In einem von der Klägerin gegen den Beklagten geführten Schwängerungsprocesse ist von der Königl. Süderdithmarscher Landvogtei unterm 3. Mai v. J. erkannt worden:

daß Beklagter schuldig sei, das von der Klägerin am 3. März 1860 geborene uneheliche Kind als das seinige anzuerkennen und zu alimentiren, wie auch unter Kostenerstattung wegen der Sechswochengelder und sonstigen landüblichen Präſtanden, des. et event. mod. ear. salva, gerecht zu werden.

Die Klägerin ließ nun die übliche Liquidationscitation ausbringen und dem Beklagten eine Specification ihrer Forderungen mittheilen, in welcher sie unter Anderm für eine Mütze und für ein Paar Schuhe à 1 ℳ 58 β, pro defloratione 1000 ℳ, für eine Wiege 5 ℳ 32 β, für das nothwendige Kinderbettzeug 8 ℳ und für die Aufwartung im Wochenbett 4 ℳ 48 β, so wie 2 ℳ wöchentlich für die Alimentation des Kindes von seiner Geburt an bis zum Erlöschen der Alimentationsverbindlichkeit in Rechnung stellte.

Der Beklagte brachte hiergegen seine monita ein, in welchen er

1) gegen die verlangte Deflorationssumme von 1000 ℳ remonstrirte, weil nach dem art. 127 § 2 des Dithmarscher Landrechts der Ersatz für die Defloration lediglich und ausschließlich in einem Paar Schuhe und einer Mütze bestehe, die Klägerin auch diesen gesetzlichen Deflorationsansatz schon mit à 1 ℳ 58 β in Rechnung gestellt habe, und

2) die für die Alimentation des Kindes geforderte jährliche Summe von 104 ℳ als übertrieben bezeichnete, weil Beklagter ein in fremdem Hause und Brot dienender Müllergeselle oder Müllerknecht sei und bei den um Lohn dienenden Knechten das annuum zur Alimentation eines unehelichen Kindes nach der Praxis auf höchstens 16—20 ℳ bestimmt werde — und wenn auch Beklagter, wie nicht geleugnet werden könne, etwas Vermögen ererbt habe, doch jedenfalls eine Alimentationsklaſſ, wie sie höchstens doch nur einem wohlhabenden Hofbesitzer zugemuthet werden könne, damit in keinem Verhältniß stehe.

Hinsichtlich der anderen Rechnungsposte submittirte der Beklagte zur gerichtlichen Moderation.

Die Klägerin berief sich in ihrer Beantwortung der gestellten monita darauf, daß die vom Beklagten angezogene Bestimmung des Dithmarscher Landrechts längst unpraktisch geworden und außer Gebrauch gekommen, daher die Deflorationsentschädigung gegenwärtig nach den Vermögens- und Standesverhältnissen der Parteien zu bestimmen sei, und wies darauf hin, daß sie selbst eine Bauerntochter und der Beklagte ein junger Mann sei, der nicht allein ein Vermögen von circa 5000 ℳ besitze, sondern auch daneben mit seinem Geschäft außer freier Station ein Jahrgehalt von 80 — 100 ℳ verdiene, so daß nicht blos die geforderte Defloration, sondern auch die beanspruchte Alimentationssumme als angemessen erscheine.

Die Landvogtei hat hierauf durch Decret vom 2. December v. J. die für das Kind bis zu dessen vollendetem 18. Lebensjahre zu zahlende Alimentation auf 25 ℳ jährlich und die übrige Präſtandenrechnung auf 29 ℳ 36 β bestimmt,*) wogegen Klägerin hieher supplicirt und sich darüber beschwert hat:

*) Die Entscheidungsgründe dieses Decrets lauten:

In Erwägung, daß nach Maaßgabe des art. 127 § 2 des Dithmarscher Landrechts der stuprata pro defloratione nur ein Paar Schuhe und eine Mütze zukommen solle, als wofür herkommlich die Ansätze von resp. 1 ℳ 6 β und 1 ℳ 58 β passiren und daher die Mehrforderung von 52 β für jene, ebenso wie eine noch außerdem gestellte Deflorationsforderung von 1000 ℳ unbegründet ist;

1) daß ihr eine Entschädigung
   a. für eine Wiege,
   b. für das nothwendige Kinderbettzeug und
   c. für die Aufwartung im Wochenbett

   abgesprochen worden;
2) daß der Ansatz pro defloratione gänzlich gestrichen und ihr statt der geforderten 1 ℛ 58 β für ein Paar Schuhe nur 1 ℛ 6 β zuerkannt worden, und
3) daß die Alimentationssumme auf nur 25 ℛ jährlich und nicht auf 104 ℛ jährlich oder wie viel mehr als 25 ℛ jährlich den vorliegenden Umständen nach passiren können, bestimmt worden sei.

Der Beklagte hat in seiner Gegenerklärung eine offenbar grundlose exc. non devol. et des. suppl. vorgeschützt, da die am 12. December geschehene Einwendung und am 30. s. M. geschehene Einführung der Supplication gegen das Erkenntniß vom 2. December v. J. unzweifelhaft eine rechtzeitige ist; es steht daher zur Frage, ob die erhobenen Beschwerden begründet sind.

In Erwägung nun, zur ersten Beschwerde, daß, da der Supplicat verurtheilt worden ist, der Supplicantin wegen der Sechswochengelder und sonstigen landüblichen Prästanden gerecht zu werden, die Supplicantin nur diejenigen Ansätze beanspruchen kann, welche dem in der Landschaft Süderdithmarschen geltenden Herkommen entsprechen, daß aber unter diesen, wie von der Landvogtei in ihren Entscheidungsgründen bemerkt ist, die Kosten für eine Wiege und für das Kinderbettzeug sich nicht befinden, während an Wochenbettskosten nur die s. g. Sechswochengelder passiren, welche der Supplicantin auch zuerkannt worden sind;

in Erwägung sodann, zur zweiten Beschwerde, daß die Bestimmung des Dithmarscher Landrechtes art. 127 § 2, nach welcher der Schwängerer der Geschwängerten nicht mehr, denn ein Paar Schuhe und eine Mütze zu geben schuldig ist, in Süderdithmarschen, wie von der Landvogtei in ihrem hierüber eingezogenen Berichte bezeugt wird, stets, nur freilich mit der Modification zur Anwendung gebracht worden ist, daß an die Stelle der Naturallieferung bestimmte Geldsummen von resp. 1 ℛ 6 β und 1 ℛ 58 β R.-M. getreten sind, welche durch das Herkommen festgestellte Vergütung daher auch im vorliegenden Falle der Supplicantin mit Recht zugebilligt worden ist; und

in endlicher Erwägung, daß auch die erkannten Alimente als angemessen zu betrachten sind, da der Supplicat noch Müllergeselle ist und nach seiner Einräumung, gegen welche die durch nichts bescheinigten Angaben der Supplicantin zurückstehen müssen, außer einem Jahreslohn von 40—50 ℛ R.-M. nur einige 1000 ℛ Vermögen besitzt,

wird der Supplicantin auf ihre sub præs. den 27. Januar d. J. hieselbst eingereichte Supplicationsschrift, nach erstattetem Bericht der Königl. Süderdithmarscher Landvogtei vom 22. März d. J., hiedurch von Obergerichtswegen

ein abschlägiger Bescheid

ertheilt, dieselbe auch schuldig erkannt, dem Supplicaten die auf 8 ℛ bestimmten Kosten seiner Gegenerklärung, sobald sie des Vermögens, zu erstatten.

Urkundlich ꝛc. Gegeben im Königl. Holsteinischen Obergerichte zu Glückstadt, den 24. Mai 1862.

---

in Erwägung, daß ebenso die sonstigen „landüblichen" Prästanden durch langjähriges Herkommen in ihrem Betrage festgestellt sind und unter ihnen namentlich Kosten für eine Wiege, für Kinderbettzeug und für Beförderung des Predigers sich nicht befinden; so wie

in Erwägung, daß die Alimentationsprästanden auf höchstens 51 β R.-M. pr. Woche bestimmt zu werden pflegen.

Allerhöchst privilegirte

Holsteinische Anzeigen.

Redigirt von den Obergerichtsräthen Etatsrath Henrici und Lucht.

Gedruckt bei Augustin in Glückstadt.

35. Stück. — Den 1. September 1862.

Der Perceptionseid des einheimischen Proceßrechts und der Sächsische Bestärkungseid.

Von dem Herrn Prof. Dr. Schütze in Kopenhagen mitgetheilt.

(Beschluß.)

Im Gantverfahren ist der Gantgläubiger (Liquidant) nicht selten aus concreten Gründen näher zum Beweise, zum Eide. An sich freilich hat er darauf keinen Anspruch; denn die Masse (der Contradictor) ist zunächst der angegriffene Theil; allein unter folgenden Voraussetzungen hat er den Anspruch auf eignen Beweis: wenn seine Forderung nicht schlechthin eingeräumt, derselben aber auch keinerlei selbstständige Behauptung entgegengesetzt wird, welche zur Beweisauflage an den Gegentheil sich eignete, dann wird er durch diesen Widerspruch zur Beweisführung gezwungen, was ihn in die Lage des angegriffenen Theils versetzt. Verzichtet nun die Masse auf ihr eignes Beweisrecht (Unschuldsbeweis) schon durch jene Art des Widerspruchs, um so mehr denn durch Verlangen des liquidantischen Eides („zur Eideshand stellen" oder „legen"). So erhält der Liquidant das Eidesrecht,[28]) indem ihm anderweitige Beweismittel meist nicht zu Gebote stehen. Dazu kommt, daß Liquidant aus eigner Wissenschaft (de veritate), sein Rechtsnachfolger wenigstens nach dem Grade seines Wissens zu schwören im Stande ist; während der Wegschwur, die Eidesreinigung für die Masse aus mehrfachem Grunde mißlich ist: einmal, weil dann in den meisten Fällen ein geborner Glaubens- oder Unwissenheitseid vorliegen würde; sodann, weil der Gantschuldner selber nicht schwören kann, auch der Collusion mit dem Liquidanten leicht verdächtig wäre und dem Contradictor oder Güterpfleger oder einem Mitliquidanten der Eid nicht wohl zugemuthet werden kann. So erhärtete denn der Gläubiger die Richtigkeit seines Anspruchs, d. h. der Thatsachen, auf welche er denselben gestützt hatte, und reinigte zugleich sich selbst von allem Verdacht der Unrechtmäßigkeit, was von Ersterem als dessen Umkehrung unzertrennlich ist.

Nachdem unter solchen Umständen und auf diese Weise der eigne Eid des Liquidanten sich ausgebildet hatte, erhielt derselbe sich auch späterhin — nach Reception der fremden Rechte — in der gemeinrechtlichen Praxis, nunmehr aber unter den obigen schwankenden Voraussetzungen (a, b, c), welche den Namen von Modificationen kaum verdienen. Erst in neuester Zeit hat der Eid des Liquidanten auf das Gebiet einzelner — und zwar der conservativen —

[28]) S. analoge Fälle bei Michelsen: Der ehemalige Oberhof zu Lübeck, Urth. 111, 130, 167 (J. 1480—85); und über die älteren Grundsätze Homeyer Richtst. Landrechts §§ 21, 22, 25. Ueber Verzicht auf den Vorrang beim Beweise s. noch Sachße: Das Beweisverfahren (1855), S. 268.

Particularrechte sich zurückgezogen und daselbst die obenerwähnten neuen Benennungen erhalten.

Diese Hypothese wird in nicht geringem Grade wahrscheinlich, wenn man bedenkt, daß eben das Sächsische Proceßrecht, wie auch das der Herzogthümer Holstein und Schleswig, dem neueren gemeinen Recht gegenüber eine nicht geringe Zahl von ursprünglich germanischen Elementen sich bewahrt hat. Ja, noch mehr. Selbst das gemeine Recht bietet noch heut zu Tage Analogieen zur Genüge. So in dem Diffessions-, dem Editionseide, dem neueren Reinigungseide (purgatorium in der heutigen modificirten Gestalt), — welche Eide sämmtlich als Ueberreste des germanischen eignen Eides sich darstellen.

§ 6.
Folgerungen für das heutige Institut.

Ist unsere Vermuthung über die Quelle des Eides richtig, so ergiebt sich daraus zugleich dessen eigentliches Wesen. Der Bestärkungs- (Perceptions-) eid ist

1) an sich kein Erfüllungseid. Schon deshalb nicht (s. vor. Paragraphen), weil er auch allein beweisend wirkt und kein Beweisverfahren vorhergeht. Will man von letzterem Umstande absehen, den Begriff des Notheides also weiter fassen, so mag man ihn höchstens dann als ein (uneigentliches) suppletorium bezeichnen, wenn in concreto ein mehr als halber anticipirter Beweis für die Forderung vorlag, welcher also nur vollgeschworen werden soll.

2) Ist er niemals Schiedeseid, indem dessen characteristische Kennzeichen, als da sind: Acceptation, Relation oder aber Gewissensvertretung — sämmtlich fehlen, der Eid vielmehr auf Verlangen des Contradictors oder eines Mitgläubigers (oder ex officio vom Richter nach Sächsischem Rechte, s. oben § 4) vorbehalten oder auferlegt und erforderlichen Falls abgeleistet wird. Endlich aber ist der Eid selbst

3) eben so wenig ein Gefährdeeid, obwohl er nach unserer Praxis (§ 3) einen solchen als Zusatz in sich aufgenommen hat. Da ich hier mit den Aussprüchen unserer Obergerichte wie der neueren Theorie[24]) in Widerspruch trete, bedarf die Frage noch näherer Erörterung.

Am Ausführlichsten[25]) hat sich für die Calumnieneidesnatur das Holsteinische Obergericht erklärt, indem es in einem Erkenntnisse — s. S. H. Anzeigen von 1840, S. 378 — ausspricht:

„In Erwägung, daß der in dem Schleswig-Holsteinischen Concursprocesse annoch übliche Perceptionseid seiner ganzen Natur nach nicht als ein juramentum litis decisorium oder necessarium angesehen werden kann, sondern als ein Calumnieneid erscheint, wie er denn auch der Eidesformel nach ausdrücklich gegen Gefährde geschworen wird, welcher sich, den Vorschriften der Eidesverordnung vom 11. December 1758 unerachtet, in der Praxis der S. H. Gerichte fortwährend erhalten hat (dieser Eid mithin vermöge des ihm zustehenden Characters des Eides gegen Gefährde auch nur dann gefordert werden kann, wenn gegründeter Verdacht gegen eine zur Perception kommende Forderung vorhanden ist)" 2c. 2c.

Daran schließt sich a. a. O. eine Anmerkung[26]), worin das Vorkommen des Eides im gemeinen Recht verneint und einige Zeugnisse älterer Schriftsteller — welche indeß über die Natur des Eides sich nicht äußern — angeführt werden.

Selbst wenn wir von der historischen Entwickelung ganz absehen, läßt sich m. E. die Auffassung des Holsteinischen Obergerichts widerlegen. Zuvörderst ist ein Calumnieneid lediglich im Stande, den subjectiven Verdacht der Gefährde zu entfernen, keineswegs aber, die objective Richtigkeit der Thatsachen zu erweisen, welche einem Anspruch zum Grunde liegen. Letzteres aber ist eben die Bestimmung des Perceptionseides; derselbe soll entweder unvollständigen Beweis ergänzen, oder gar allen Beweis ersetzen. Der Calumnieneid ist eine juratorische Caution gegen

---

24) Francke, a. a. O., S. 538, 540. Brinckmann, a. a. O., S. 334. Die ältern Schriftsteller: Schrader, a. a. O., S. 115, Scholz, Concursr. u. s. w. im Herz. Schleswig, S. 48, 162, Hennings, Darstellung des Concursverfahrens im Herz. Holstein (1817), S. 118, 127 fg., enthalten sich der Erklärung über die Natur des Eides; was vielleicht bezeichnend ist.

26) Vgl. dazu die übrigen in Not. 1 (§ 1) angezogenen Entscheidungen.

Chicane im Rechtsstreite,[26]) also seinem Wesen nach ein promissorischer Eid; derselbe kann nicht assertorisch wirken, d. h. die Wahrheit relevanter Thatsachen der Vergangenheit oder Gegenwart feststellen, m. a. W. nicht Beweis führen. Er ist überall nur ein Cautionsmittel, kein Beweismittel. — Freilich ist der specielle Calumnieneid (juramentum malitiæ) im Mittelalter und später noch mißbräuchlicherweise als Bescheinigungsmittel vielfach benutzt worden;[27]) allein doch nur in summarischen Proceßarten. Ueberdies dürfte — den sehr deutlichen Anordnungen der Landgerichtsordnung III, 6 gegenüber — eine solche Anwendung des Gefährdeeides in unserer Praxis sich schwerlich nachweisen lassen.

Sodann fällt das aus der Eidesformel hergenommene Argument allganz zusammen, wenn mir der Nachweis gelungen sein sollte, daß die Worte „und ohne Gefährde" eine bloße später hinzugekommene Zusatzclausel bilden. Der gesammte übrige — und einzig ursprüngliche — Inhalt des Perceptionseides dagegen betrifft die Thatsachen des Anspruches selbst, deren Wahrheit resp. beschworen oder vollgeschworen wird. Endlich steht eben jene außerwesentliche Zusatzclausel in offenem Widerspruch mit der Eidesverordnung vom 11. December 1758 § 4, wo es heißt:

> „Aller Eyd für Gefährde, sowohl der allgemeine als der besondere, wird — — hiemit gänzlich abgeschaffet."

Nun sagt man zwar, der Perceptionseid bilde eine Ausnahme,[28]) aufrechterhalten durch constante Praxis (consuetudo legi contraria). Freilich, wäre derselbe seinem Hauptinhalte nach ein Calumnieneid, dann würde sich das so verhalten. Der Perceptionseid gilt und besteht unzweifelhaft. Allein zuvörderst ist es mehr als wahrscheinlich, daß die Eidesverordnung den eigentlichen herkömmlichen Eid der Concursliquidanten eben als Gefährdeeid (und mit Recht) nicht betrachtet hat. Soweit aber eine Calumnienclausel schon damals darin steckte, hat sie diese sicherlich „gänzlich abschaffen" wollen.

Es würde daher — um hier de lege ferenda zu sprechen — Nichts dabei verloren und die ursprüngliche einfache Reinheit des Perceptions- oder Bestärkungseides wiedergewonnen sein, wenn die Gesetzgebung im Geiste und zur Durchführung des § 4 unserer trefflichen Eidesverordnung aus der Eidesformel den Zusatz „und ohne Gefährde" hinwegstreichen wollte. Gegen Collusion, gegen fraus creditorum hat man zur Zeit andere Mittel, die — wie unzulänglich sie immer sein und bleiben mögen — jedenfalls bei Weitem besser sind als eine Calumnieneidesclausel.

Die Schlußresultate,[29]) zu welchen wir somit gelangen, lassen sich etwa so zusammenfassen:

1) Der Perceptionseid ist kein Gefährdeeid, enthält aber in der heutigen Formel einen Gefährdeeides-Zusatz (Einschiebsel), welcher — de lege ferenda gesprochen — mit dem Geiste unserer Gesetzgebung wie des heutigen Proceßrechts in entschiedenem Widerspruch steht.
2) Derselbe ist vielmehr — neben manchen anderen Parteieiden — ein Ueberbleibsel des germanischen eignen Eides und wirkt entweder allein beweisend oder beweisergänzend (s. oben § 1 a. E.). Im letzteren Falle nähert er sich dem Erfüllungseide, ohne doch ein solcher zu sein. Gleiches dürfte sich von den „Bestärkungseiden" anderer Particularrechte behaupten lassen.

Daß der Perceptionseid einzig und allein im Concursverfahren vorkomme[30]) und hier nur unter ge-

---

[26]) Vgl. u. A. Bayer, Vorträge (8. Aufl.), S. 88, 90.

[27]) S. darüber Wetzell, System, S. 187, 193.

[28]) Vgl. das angezogene obergerichtl. Erkenntniß; und Francke, a. a. O., § 83 Not. 6.

[29]) Näheres über die Voraussetzungen und das Verfahren des Perceptionseides s. bei Francke, a. a. O., § 210. Schmid, Slesv. Civilpr., § 113 a. E. — Vgl. hinsichtlich des Leistungstermins, außer den oben Not. 1 citirten Erkenntnissen, noch S. H. Anz., 1842, S. 193 (Schlesw. Oberg.); 1858, S. 203 (Holst. Oberg.).

[30]) Anders bei dem Sächsischen Bestärkungseide (oben § 4). Uebrigens dürfte die Zusammenstellung des Concursverfahrens (Generalexecution) mit der Intervention im Hülfsverfahren (Specialexecution) noch manche lehrreiche Gesichtspunkte bieten; worauf ich hier indeß nicht näher eingehen kann.

wissen Voraussetzungen (s. oben § 1) wirklich verlangt und vom Richter gestattet werden kann, — darüber sind Alle einig.

Entscheidungen.

Ueber die Zulässigkeit einer in der Recursinstanz vorgenommenen Vereinigung zur Streitgenossenschaft. — Welche Schritte die obsiegende Partei zur Erlangung der Kostenerstattung von dem Gegner vorzunehmen habe. — Im Spolienproceß dürfen die Kosten der von einem Anwalt verfaßten Replik dem Gegner in Rechnung gestellt werden.

In Sachen des Müllergesellen Fritz Bünning, des Arbeitsmannes Johann Hüttmann und des Arbeitsmannes Hinrich Köster, sämmtlich in Schönwalde, Beklagte und Citaten, event. des Großherzoglichen Oberinspectorats, Intervenienten, darauf Imploraten,

wider

die Wittwe Laudorn c. c. in Schönwalde, Klägerin und Citantin, event. Interventin, darauf Implorantin, jetzt Supplicatin,

in pcto. spolii, vorzüglich wegen Kostenerstattung und Zahlungsbefehl, jetzt wider den Bescheid des Justitiariats der Großherzoglich Oldenburgischen Fideicommißgüter vom 9./12. November v. J.,

ergeben die Acten:

Durch rechtskräftige Erkenntnisse des Justitiariats der Großherzoglich Oldenburgischen Fideicommißgüter sind die Supplicanten unterm 28. Mai v. J. schuldig erkannt worden, der Supplicatin, welche wider jeden der drei Supplicanten eine Spolienklage erhoben hatte, die Kosten dieser Processe, deren Verzeichnung und Ermäßigung vorbehältlich, zu erstatten, und auf Antrag der Supplicatin ist jedem der drei Supplicanten unterm 18. September v. J. der Befehl beigelegt worden, den zu resp. 8 ℛ 4 ß und 7 ℛ 16 ß bestimmten Betrag der eingereichten Kostenrechnungen, so wie die auf's Neue erwachsenen angesetztermaaßen mit 2 ℛ 40 ß passirenden Kosten innerhalb 4 Wochen zu berichtigen, auch innerhalb gleicher Frist die verzeichneten Gerichts- und Insinuationsgebühren zu erstatten.

Gegen diesen Zahlungsbefehl ist jeder der drei Imploraten mit Einwendungen eingekommen, indem von ihm opponirt worden ist:

1) die Einrede des erschlichenen Zahlungsbefehls, weil in dem im Spolienprocesse abgesprochenen Erkenntnisse keine Frist zur Zahlung der Kosten vorgeschrieben und ihm auch nicht außergerichtlich der Betrag derselben mitgetheilt worden;

2) die Einrede der Zuvielforderung, weil die Erstattung von Advocaturkosten für eine schriftliche Replik und die Bezahlung von angeblichen Versäumnissen der Partei gefordert sei.

Nach Einziehung einer replikarischen Erklärung hat jedoch das Justitiariat in allen drei Sachen mittelst gleichlautender Bescheide vom 9. November v. J. die erhobenen Einwendungen verworfen und die Imploraten zur Erstattung der durch dies Verfahren erwachsenen angesetztermaaßen passirenden Kosten verurtheilt. *)

---

*) Entscheidungsgründe dieses Bescheides:

In Betrachtnahme, was die wesentliche Einrede des erschlichenen Mandats betrifft, solche rechtlich völlig unbegründet erscheint, indem actenmäßig die Klägerin und Citantin nach dem am 28. Mai 1861 abgesprochenen rechtskräftig gewordenen Erkenntnisse erst am 16. September desselben Jahres, nachdem die gesetzliche Gelebungsfrist von 6 Wochen bereits unlängst verstrichen war, ihre Kostenrechnungen zur gerichtlichen Moderirung und Bestimmung eingereicht und um einen Zahlungsbefehl gebeten hat, bekannten Rechtens aber die gesetzliche Paritionsfrist eines Erkenntnisses entweder durch den Ablauf der richterlich präfigirten Frist oder in Entstehung dessen durch den Ablauf der gesetzlichen Gelebungsfrist von 6 Wochen gegeben ist,

Gegen diese Bescheide haben die Imploraten das Rechtsmittel der Supplication eingewandt und in einer gemeinschaftlichen Vorstellung prosequirt, ihre Beschwerden darin setzend:

daß sie nicht mit der Einrede des erschlichenen Zahlungsbefehls, und event.

daß sie nicht mit der Einrede der Pluspetition gehört worden.

In der eingezogenen Gegenerklärung hat die Supplicatin die Einrede der unzulässigen Streitgenossenschaft opponirt, weil bisher in getrennten Acten verhandelt worden.

Es steht daher zur Frage:

ob Supplicatin mit dieser Einrede zu hören ist, und eventuell

ob die Beschwerden der Supplicanten für begründet zu erachten.

In Erwägung nun, daß die analoge Anwendung des in Betreff der subjectiven Klagenhäufung anerkannten Grundsatzes, wonach diese, sofern damit die Einheit und Ordnung des gerichtlichen Verfahrens bestehen kann, statthaft ist, auf die subjective Cumulation der Rechtsmittel mit Rücksicht darauf, daß der Richter, soweit es ohne Verletzung anderer Proceßgrundsätze thunlich, eine unnöthige Vervielfältigung der Processe zu verhindern hat, als gerechtfertigt sich darstellt, Supplicatin daher mit der Einrede der unzulässigen Streitgenossenschaft nicht zu hören ist;*)

in weiterer Erwägung, die Hauptsache anlangend, daß die Supplicanten rechtskräftig zur Erstattung der Kosten verurtheilt sind, und wenn auch damit nicht zugleich festgesetzt worden, wie viel sie zu zahlen hatten, es doch ihre Aufgabe war, zur Erlebung des Erkenntnisses die Kostenrechnung von der Supplicatin einzuziehen und event. gerichtlich bestimmen zu lassen, soferne sie es nicht darauf ankommen lassen wollten, daß ihre Gegnerin die gerichtliche Bestimmung unter Erwirkung eines Zahlungsbefehles impetrirte, indem es dem obsiegenden Theil um so weniger zugemuthet werden darf, daß er unaufgefordert dem Verurtheilten die Kostenrechnung vorerst außergerichtlich mittheile, als auch mit der Aufmachung der Rechnung der zu entrichtende Kostenbetrag noch nicht festgestellt wird, es daher vielmehr auch noch der ebenfalls im Erkenntnisse vorbehaltenen gerichtlichen Bestimmung bedarf

---

§ 1 tit. 26 der Landgerichtsordnung Th. 3,
Holsteinische Anzeigen vom Jahre 1854, S. 367,
Francke, Schleswig-Holsteinischer Civilproceß, Bd. 2 § 172,

daß aber nach Ablauf dieser Frist die unterliegende Partei im Fall ihrer Kostenverurtheilung schuldig ist, die geeigneten Schritte zur Belebung des Erkenntnisses auch in dieser Beziehung vorzunehmen, insofern sie solche aber nicht gethan, wie hier der Fall, die obsiegende Partei vollkommen berechtigt ist, nach Ablauf jener Frist die Rechnung auch über die Kosten zur richterlichen Bestimmung und Abgebung eines Zahlungsbefehls einzureichen; und

in Betrachtnahme dann, was die fernere Einrede der Zuvielforderung betrifft, auch diese der rechtlichen Begründung ermangelt, da nämlich zunächst nach vaterländischem Rechte in Spoliensachen die etwanige Re- und Duplik nicht ausgeschlossen ist und diese in Ermangelung eines verbietenden Gesetzes sowohl mündlich als schriftlich vorgebracht werden kann, die Verlesung der schriftlich eingereichten Replik auch gerichtsseitig mit Rücksicht auf die Parteienverhältnisse zu Protocoll genehmigt worden ist, hiernach aber bei einer allgemeinen Verurtheilung zur Kostenerstattung auch die dadurch der obsiegenden Partei erwachsenen Kosten zu erstatten sind,

vergl. Francke, Schlesw. Holst. Civilproceß, B. 1 § 41 Anmerk. 2;

dann endlich aber auch die zur gerichtlichen Moderirung und Bestimmung eingereichten Kostenrechnungen sowohl überhaupt als insbesondere, soweit sie die nur irrthümlich aufgenommenen Procuraturkosten betreffen, nach Recht und Billigkeit gerichtlich ermäßigt sind, diese gerichtliche Bestimmung aber beim Mangel gesetzlicher Sporteltaxen rechtlich genügen muß.

---

*) Das Holsteinische Obergericht, welches früher in mehreren Entscheidungen,

cf. Schl. Holst. Anz., 1858, S. 28,
Holst. Anz., 1859, S. 66,

den entgegengesetzten Grundsatz ausgesprochen, hat sich jetzt in obiger Entscheidung der von dem Königl. Oberappellationsgericht in dieser processualischen Frage befolgten Ansicht angeschlossen.

und es offenbar eine unnöthige Kostenvermehrung herbeiführen würde, wenn die Kostenrechnung zunächst dem Gerichte zur event. Moderation vorgelegt werden sollte und erst, nachdem dann die richterlich bestimmte Rechnung dem Gegner außergerichtlich mitgetheilt worden, ein Zahlungsbefehl sollte extrahirt werden dürfen;

in Erwägung ferner, daß zwar die Ordnungsfrist nur für Ordinariensachen Geltung hat, daß aber der Mangel einer gesetzlich oder richterlich vorgeschriebenen Paritionsfrist nur die Folge haben kann, daß nicht sofort zur executivischen Beitreibung geschritten werden darf, sondern zunächst, wie in diesem Fall auch geschehen, ein vierwöchiger unbedingter Zahlungsbefehl impetrirt werden muß;

in Erwägung endlich, daß gleich wie im Uebrigen auch kein ausreichender Grund zu einer weiteren Herabsetzung der vom Untergericht moderirten Rechnungen vorliegt, so auch namentlich, was die Kosten der von einem Anwalte concipirten replicarischen Erklärung anlangt, die hiergegen von den Supplicanten erhobenen Einwendungen sich nicht als begründet darstellen, wenn in Berücksichtigung gezogen wird, daß Spoliensachen zu den Processen gehören, für welche die Partien Behufs der terminlichen Verhandlung der Instruirung durch einen rechtskundigen Anwalt regelmäßig nicht entbehren können;

wird auf die sub præs. den 5. November v. J. eingereichte Supplicationsschrift, nach darüber eingezogener Erklärung des Gegentheils, hiemittelst von Obergerichtswegen, unter Verwerfung der Einrede der unzulässigen Streitgenossenschaft,

ein abschlägiger Bescheid

ertheilt, die Supplicanten auch schuldig erkannt, der Supplicatin die zu 18 ℳ 40 ß bestimmten Kosten der eingezogenen Gegenerklärung innerhalb 4 Wochen zu erstatten.

Urkundlich ꝛc. Gegeben im Königl. Holsteinischen Obergerichte zu Glückstadt, den 1. Mai 1862.

In wie fern der Altentheiler an den Wirthschaftsbetrieb des Stellbesitzers gebunden sei.

In Sachen des Käthners Burmeister in Grossensee, Beklagten und Supplicanten,

wider

den Halbhufner Claus Singelmann daselbst, als Curator für den Altentheiler Langheim daselbst, Kläger und Supplicaten,

wegen Altentheilsstreitigkeiten, jetzt Supplication gegen das Erkenntniß des Königl. Amtsgerichts für das Amt Trittau vom 15. Januar d. J.,

ergeben die Acten:

Der Kläger in qual. qua hat gegen den Beklagten vor dem Trittauer Amtsgericht am 27. Juni v. J. klagend vorgebracht: zufolge Altentheilscontracts vom 5. Mai 1858 § 3, 1, sei seinem Curanden an Ackerland jährlich in dem Schlage, welchen der Hauswirth aufnehme, 192 □Ruthen durch 4 Saaten zugesprochen und außerdem stipulirt, „wenn der Hauswirth in die letzte Hafersaat Klee und Gras säet und mähet, steht den Altentheilern ein gleiches Recht auf ihrem Altentheilslande zu." Nun habe Beklagter im Jahre 1861 von dem in Klee und Gras stehenden Schlag zwei Stücke gemäht und auf das übrige Weideland habe er sein Vieh getrieben, so daß der Altentheiler jetzt gar kein Futter zum Mähen habe, wie ihm solches doch contractlich zugesichert sei. Auf dem dem Altentheiler von Rechtswegen zuständig gewesenen Futterstücke würde er ca. 4000 ℔ Heu geerntet haben und bitte demnach Kläger, daß Beklagter angehalten werde, die besagten 4000 ℔ Futter dem Altentheiler binnen 4 Wochen zu liefern, event. den Werth desselben mit 30 ℳ zu erstatten, ref. exp.

Der Beklagte bemerkte excipiendo, daß er im vorhergehenden Jahre seine Wirthschaft verändert und die eine große Koppel bis auf zwei Stücke gemäht und dann beweidet habe, während der Altentheiler auch damals das ihm zuständige Stück Land in dieser Koppel gemäht habe. Nunmehr habe Beklagter vor einigen Tagen die obgedachten von der großen Koppel übrig gelassenen zwei Stücke gemäht und auf das übrige Weideland sei das Vieh, sowohl das Altentheilsvieh wie das des Stellbesitzers, getrieben. Allerdings habe der Altentheiler in diesem Jahre auf dem Weidelande kein Stück zum Mähen mehr, jedoch habe Beklagter auch nichts und die von ihm gemähten zwei Stücke in der großen Koppel habe er sich ausdrücklich im vorigen Jahre reservirt, während der Altentheiler damals sein Futter vollständig erhalten habe. Eine Aenderung in der Wirthschaft sei dem Hauswirth nicht untersagt, der Altentheiler müsse ihm in Pflug und Saat folgen und da Beklagter kein Futter für sich habe, außer von den im vorigen Jahre hiezu reservirten beiden Stücken in der großen Koppel, so könne der Altentheiler auch kein Futter von ihm beanspruchen. Uebrigens würde der Altentheiler von dem prätendirten Futterstücke höchstens 2000 ℔ Heu haben ernten können, deren Werth auf 15 ℛ R.-M. Beklagter gelten lassen wolle.

Nachdem per priora re- und duplicirt worden war, verfügte das Amtsgericht die Einziehung eines dinggerichtlichen Gutachtens und instruirte sodann den Dingvogt Peemöller in Hoisdorf und den Dingmann Lübbers in Grande dahin, auf der Amtstube ein gemeinschaftliches sachverständiges Gutachten darüber zu Protocoll zu geben:

1) ob nach daselbst befolgten wirthschaftlichen Regeln und landüblichem Verhalten dem Altentheiler bei einer Seitens des Hauswirths vorgenommenen Wirthschaftsänderung der vorliegenden Art ein Anspruch auf Ersatz des dadurch weggefallenen Futterquantums zustehe, und

2) wie viel Heu auf dem dem Altentheiler contractmäßig zuständig gewesenen Futterstück bei einer Durchschnittsernte im laufenden Jahre zu erwarten gewesen wäre.

Nachdem die Sachverständigen in ihrem Gutachten die erste Frage bejaht und den fraglichen Heuertrag auf 2,500 ℔ geschätzt hatten, ist von dem Amtsgericht unterm 15. Januar d. J. erkannt worden:

> daß Beklagter schuldig, dem Kläger das entzogene Futterquantum mit 2,500 ℔ Heu binnen 3 Wochen zu liefern, event. ihm den Werth desselben mit 18 ℛ 72 β binnen gleicher Frist zu ersetzen, auch die angeursachten Kosten, vorbehältlich deren Specificirung und gerichtliche Bestimmung, dem Kläger zu erstatten.

Gegen dies Erkenntniß hat der Beklagte hieher supplicirt und sich darüber beschwert:

1) daß erkannt, wie geschehen, und Supplicat nicht vielmehr mit seiner unbegründeten Klage unter Verurtheilung in die Proceßkosten abgewiesen;

2) event. daß erkannt, wie geschehen, und nicht vielmehr dem Supplicaten der Beweis auferlegt worden:

> daß das in der Klage erwähnte Altentheilsland, von welchem der klägerische Altentheiler im v. J. (1861) kein Futter gehabt hat und auf welches sich der geltend gemachte Entschädigungsanspruch bezieht, zu demjenigen Schlage gehöre, auf welchem der Supplicant im v. J. Futter gemäht hat;

3) event. daß erkannt, wie geschehen, und nicht vielmehr dem Supplicanten der Beweis auferlegt ist:

> daß er auf demjenigen Schlage, auf welchem der klägerische Altentheiler im Jahre 1860 in seine Hafersaat Klee und Gras gesäet hat, im folgenden Jahre kein Futter gemäht habe,

oder wie sonst diese resp. Beweise nach Inhalt der Acten zu formuliren sein möchten.

Nach eingezogener Erklärung der Gegenpartei und erstattetem Bericht des Trittauer Amtsgerichts vom 6. Mai d. J. steht zur Frage, ob diese Beschwerden gegründet sind.

In Erwägung nun, daß, wenn auch der Altentheiler in der Regel an den Wirthschaftsbetrieb des Stellbesitzers gebunden ist, der Sinn dieser Regel doch nur der ist, daß der Altentheiler einer auf wirthschaftlichen Grundsätzen beruhenden Aenderung im Betriebe nicht zu widersprechen, nicht aber, daß er auch jeder willkürlichen und mit diesen landwirthschaftlichen Grundsätzen nicht harmonirenden Aenderung des Stellbesitzers sich zu fügen hat;

in Erwägung aber, daß es um eine Maaßregel der letztgedachten Art im gegenwärtigen Falle sich handelt, da die vernommenen beiden Sachverständigen sich dahin ausgesprochen haben, daß der Beklagte nach ihrer Meinung eine eigentliche Wirthschaftsänderung überall nicht, sondern nur eine Abweichung von seiner bisherigen und auch der landesüblichen Bewirthschaftung vorgenommen habe, indem er es unterlassen, in dem Schlage, in welchem er im vorigen Jahr in die Hafersaat Klee und Gras gesäet habe, selbiges im Jahre darauf zu mähen; und

in Erwägung, daß die gegen die beweisende Kraft des Gutachtens von dem Supplicanten vorgebrachten Einwendungen keine Berücksichtigung finden können, da

1) die Dinggerichtsmänner im Amte Trittau darauf beeidigt werden, Gewissenhaftigkeit in allen ihnen aufgetragenen gerichtlichen und außergerichtlichen Geschäften zu beobachten, da es

2) einer speciellen Leitung des Gerichts bei der Vornahme der Besichtigung nicht bedurfte, weil den Sachverständigen eine schriftliche Instruction gegeben und der Möglichkeit einer Verwechselung der Identität des zu besichtigenden Landstücks dadurch vorgebeugt war, daß den Sachverständigen anheimgegeben war, sich dasselbe von den Parteien zeigen zu lassen, wie denn auch von dem Supplicanten keine Bedenken gegen die Identität des besichtigten Landes ausgesprochen worden sind; da ferner auch

3) nicht von einer mangelhaften Instruirung der Sachverständigen mit Rücksicht darauf gesprochen werden kann, daß in der Instruction von einer „Wirthschaftsänderung der vorliegenden Art" die Rede ist, da sich aus dem ihnen mitgetheilten Verhandlungsprotocolle ergab, um welche Vorkehrungen des Supplicanten es nach seiner eigenen Behauptung sich handelte, und da endlich

4) durch die allerdings nicht gerechtfertigte Fassung der an die Sachverständigen gerichteten Frage, ob dem Kläger ein Anspruch auf Ersatz des ihm entzogenen Futterquantums zustehe, die Beweiskraft des Gutachtens nicht hat beeinträchtigt werden können, da die Sachverständigen sich nicht auf juristische Deductionen eingelassen, sondern über die factischen und wirthschaftlichen Verhältnisse in einer solchen Weise sich ausgesprochen haben, daß danach die Rechtsfrage vom Gericht zu beantworten war,

wird dem Supplicanten auf seine sub præs. den 31. Januar d. J. hieselbst eingereichte Supplicationsschrift hiedurch von Obergerichtswegen

ein abschlägiger Bescheid

ertheilt, derselbe auch schuldig erkannt, dem Supplicaten die auf 9 ℛ 69 β zu bestimmenden Kosten seiner Gegenerklärung binnen 4 Wochen ab ins. zu erstatten.

Urkundlich ꝛc. Gegeben im Königl. Holsteinischen Obergerichte zu Glückstadt, den 14. Juni 1862.

Allerhöchst privilegirte

Holsteinische Anzeigen.

Redigirt von den Obergerichtsräthen Etatsrath Henrici und Lucht.

Gedruckt bei Augustin in Glückstadt.

36. Stück. — Den 8. September 1862.

Einige Bemerkungen

zu der Abhandlung des Herrn Advocaten Rave: „das auf einen ungewissen Fall geschlossene Geschäft im Beweiserkenntniß“,

von dem Herrn Obergerichtsadvocaten Huß in Ahrensburg.

Die in diesen Anzeigen kürzlich mitgetheilte schätzenswerthe Abhandlung meines geehrten Collegen, des Herrn Advocaten Rave, hat zunächst das Verdienst, die Ansichten bekämpft zu haben, daß der Kläger, wenn von dem Beklagten das der Klage zu Grunde gelegte Geschäft für ein (suspensiv) bedingtes ausgegeben wird, die Unbedingtheit oder beweisen müsse, daß das Geschäft ohne die von dem Beklagten behauptete Bedingung geschlossen sei. Hoffentlich werden diese Ansichten sich hinfort nicht mehr in unserer Praxis geltend machen, von denen die letzte das seltsame Resultat mit sich führt, daß es von dem Belieben des Beklagten abhängt, das Beweisthema für den Kläger zu bestimmen und ihm die Facta vorzuschreiben, deren Negative er darthun soll. Werden nun diese beiden Ansichten bei Seite gesetzt, so bleiben nur die beiden Fragen übrig, ob dem Beklagten der Beweis der von ihm behaupteten Bedingung oder dem Kläger der Beweis des von ihm seiner Klage zu Grunde gelegten Geschäfts aufzugeben ist. Für ersteres hat sich die Redaction der Anzeigen, für letzteres Rave unter Bezugnahme auf die Glosse ausgesprochen, deren Ansicht von ihm weiter ausgeführt und gerechtfertigt ist. Die Divergenz betrifft indeß nicht die ursprüngliche Beweispflichtigkeit des Klägers, denn daß der Kläger sein Klagfundament zu beweisen hat, wird nicht von der Redaction bestritten, sie bezieht sich vielmehr lediglich auf das Vorhandensein eines Geständnisses und es handelt sich nur darum, ob der Kläger den Klaggrund annoch beweisen muß, weil dieser nicht zugegeben worden, oder ob er, weil solcher eingeräumt ist, ihn nicht mehr zu beweisen braucht und deshalb dem Beklagten der Beweis der von ihm angeführten Bedingung zufällt.

Ich meine nun, daß die Argumentation von Rave, aus welcher er ersteres ableitet, nicht zutrifft, sondern an wesentlichen Mängeln laborirt, und ich glaube, daß, wenn das Unzulängliche in solcher Argumentation aufgedeckt wird, um so weniger die Beweispflicht des Beklagten noch zweifelhaft sein kann, als der für die gegentheilige Meinung aufgestellte Grund, daß das negotium conditionale kein abgeschlossenes Geschäft sei, bündigst von Rave widerlegt worden.

Um sofort mitten in der Sache zu sein, setze ich folgenden Fall, statt dessen übrigens eben so gut hundert andere Beispiele aufgestellt werden können:

A klagt gegen B ex emto auf Tradirung eines näher beschriebenen Pferdes, welches dieser ihm zu einer näher angegebenen Zeit für den behandelten Preis von 100 ℳ verkauft habe.

B erwidert darauf, es sei allerdings wahr, daß er A das beschriebene Pferd zu der angegebenen Zeit verkauft und sich mit ihm um den Preis von 100 ℱ geeinigt habe, allein der Handel sei unter der Bedingung, daher nur für den Fall geschlossen, daß sein Vater seine Einwilligung dazu ertheile und diese sei nicht erfolgt.

Dem Augenschein nach ist nun von B so viel quoad factum eingeräumt, daß er sich mit A wegen Verkaufs des fraglichen Pferdes um den angegebenen Preis einig geworden sei und jeder Laie möchte erstaunen und es für eine bloß Juristen geläufige Verdrehung erklären, wenn man aus der Erwiderung von B herauslesen wollte, er habe geleugnet, sein Pferd an A für 100 ℱ verkauft zu haben. Juridisch, d. h. hier gegen den gewöhnlichen Menschenverstand, will jedoch Rave das, was von B als wahr erklärt ist, nicht für zugegeben, sondern für geleugnet angesehen wissen, indem er aus den Sätzen, das Geschäft, welches nur auf einen Fall abgeschlossen wird, ist specifisch verschieden von dem reinen, auf alle Fälle abgeschlossenen Geschäft und das Geständniß beruht wie der Vertrag auf dem Consens über den wesentlichen Inhalt des Geschäfts, die Folgerung abzieht, daß kein Geständniß vorliegt, wo der Beklagte sich dem aus einem negotium purum klagenden Gegner gegenüber auf die Bedingtheit des Geschäfts beruft, ergo über dessen wesentlichen Inhalt dissentirt.

Diese Deduction ist bei dem ersten Blick sehr bestechend, bei näherer Betrachtung aber nicht stichhaltig.

Der erste Satz ist so weit vollständig zuzugeben, daß das Geschäft, wenn es auf alle Fälle geschlossen, sogleich perfect ist, dagegen, wo es nur auf einen Fall geschlossen ist, erst mit dem Eintritt des letzteren seine volle Wirksamkeit erhält und vernichtet wird, wenn dieser deficirt. Im Uebrigen ist, wie auch Rave bemerkt, das Geschäft seiner rechtlichen Art nach dasselbe, mag es bedingt oder unbedingt geschlossen sein — si non pure venit, venit tamen — man kann also nur sagen, das Geschäft hat einen wesentlich anderen Inhalt, wo es bedingt, als wo es unbedingt geschlossen ist, der bedingte Kauf ist ein wesentlich anderer Kauf, als der unbedingte. Soll damit nun in Verbindung mit dem zweiten Satz das Resultat gewonnen werden, daß die Darstellung des Beklagten, wornach das abgeschlossene Geschäft ein conditionale ist, nicht als Geständniß gelten kann, so wird zunächst vorausgeschickt werden dürfen, daß auch das betagte Geschäft ein wesentlich anderes ist, als das unbetagte, gleichwohl aber hier allgemein dem Beklagten der Beweis des dies aufgegeben wird, wenn Kläger denselben leugnet. Ich kann hieraus freilich gegen Rave keinen Einwand entnehmen, denn er erklärt sich ganz consequent gegen die desfallsige allgemeine Doctrin und Praxis, wenn aber unleugbar allgemeine Doctrin und Praxis von sehr großem Gewicht sind, namentlich auf einem Felde, auf welchem es sehr wünschenswerth wäre, den Schwankungen ein Ende zu machen, so ist es von besonderer Bedeutung, daß jene allgemeine Doctrin und Praxis sich consequenterweise auch dafür entscheiden müßte, daß dem Beklagten der Beweis der conditio aufzugeben sei. Zwar will Rave die Beweislast des Beklagten bei seiner Behauptung eines dies daraus erklären, daß dieser insofern das Geschäft nicht so wesentlich afficire, wie die Bedingung, als dadurch die Wirksamkeit desselben nur zeitlich beschränkt werde. Allein abgesehen von den Bedenklichkeiten, die es hat, Grade in der Wesentlichkeit anzunehmen — entweder ist etwas wesentlich oder es ist es nicht — so ist ja eben im Proceß der dies dasjenige, worauf es wesentlich ankommt, wenn unter Behauptung desselben die Zurückweisung des Klägers zur Zeit verlangt wird. Der dies entscheidet für die gegenwärtige Klage, die conditio für die Klage überhaupt, das ist der Unterschied, steht aber die Zulässigkeit der Klage zur Zeit zur Frage und hat der Richter hierüber zu erkennen, so ist zweifelsohne in diesem Betreff der dies das einzig Wesentliche und es leuchtet ein, daß der Richter sich bei der Beweisauflage darüber gar nicht davon leiten lassen kann, daß im Uebrigen das Geschäft doch perfect geworden, weil dieser Umstand für jene Entscheidung durchaus müssig ist. Der dies ist eben so integrirender Bestandtheil des Vertrags, wie die conditio und ob die Wirksamkeit des Vertrags von jenem oder von dieser abhängt, ob sie nur pro tempore oder für immer in Frage steht, muß ganz gleichgültig sein, wo es sich um die gegenwärtige Wirksamkeit handelt und mit der Klage die gegenwärtige Wirksamkeit des negotium verfolgt wird.

Aus dem von Rave suppeditirten Grunde, den

er selbst auch einen ganz willkürlichen nennt, läßt es sich also nicht erklären, daß die allgemeine Doctrin und Praxis die Beweislast des Beklagten statuirte, wenn er behauptet, daß ein dies festgesetzt worden, Doctrin und Praxis können daher auch bei der conditio darin, daß diese dem Geschäft einen wesentlich andern Inhalt giebt, um so weniger ein Hinderniß erblicken, den Beklagten für beweispflichtig zu halten, als durch jene Behauptung in gleichem Maaße wie durch die Aufstellung einer conditio die Purität des Geschäfts geleugnet wird.

In der Rave'schen Argumentation besteht nun aber der Fehler darin, daß er das Gebiet des materiellen Civilrechts und des formellen Proceßrechts nicht gehörig von einander hält und daß er ein Geständniß wegen eines Dissenses negirt, der gar nicht das Gestandene, sondern etwas ganz anderes betrifft. Nach den Grundsätzen des Civilrechts ist ein Anspruch aus einem Geschäft, wenn dieses bedingt abgeschlossen, nicht vor dem Eintritt der Bedingung vorhanden, wo aber ein Geständniß in Frage kommt, befinden wir uns im Processe und auf dem Boden des Proceßrechts, worin die Regel gilt, daß des Klägers Anspruch fundirt ist, wenn er die Thatsachen anführt, die an sich denselben ergeben und daß derselbe ihm zuzusprechen ist, wenn die Wahrheit dieser Thatsachen vorliegt. Von einem Geständniß im ersten Verfahren ist daher nur zu reden, soweit es sich auf die Facta bezieht, die zur Fundirung des Klaganspruchs gehören, im heutigen Proceß sind es immer die Thatumstände, welche den Anspruch begründen. Das Geständniß kann allerdings weiter gehen, so sich auch darauf erstrecken, daß der Beklagte freiwillig, im Ernste gehandelt habe, zurechnungsfähig gewesen sei rc., darauf kommt es aber nicht an, weil diese Umstände nicht für die Fundirung der Klage erforderlich sind. Im obigen Beispiel ist nun zweifellos der Anspruch des A fundirt, weil die behauptete Willenseinigung mit B darüber, ihm ein bestimmtes Pferd für einen bestimmten Preis zu überlassen, einen abgeschlossenen Kauf und damit die Verpflichtung des B zur Tradirung des Pferdes ergiebt und dieses ganze historische Fundament der Klage wird durch die Antwort des B concedirt. Kann denn nun A noch schuldig sein, das Concedirte zu beweisen? Das Geständniß hat nur Werth als Willensact, es muß daher, um diesen zu haben, ernstlich und nicht irrthümlich geschehen. An der Absicht des B, die von dem A erzählten Facta gestehen zu wollen, läßt sich aber schlechterdings nicht zweifeln, die historische Richtigkeit dieser Thatsachen will er nicht leugnen, er erklärt geradezu, daß sie wahr sind. Eben so wenig wird diesem Geständniß durch die Berufung auf die Bedingung widersprochen und selbiges hiedurch wieder aufgehoben, denn diese Bedingung steht neben den zugegebenen Thatumständen und schließt sie nicht aus. B behauptet allerdings, daß die emtio venditio einen wesentlich andern Inhalt habe, wie Kläger angegeben, aber die Verschiedenheit ist kein Gegensatz zu dem Vortrage des Klägers und alterirt den factischen Bestand nicht, auf den sich dieser gestützt hat. Zugegeben ist und bleibt, daß mit A ein Handel über ein bestimmtes Pferd für einen bestimmten Preis geschlossen ist, das Andere ist kein Anderes derjenigen Thatsachen, welche die Klage referirt und worauf ihr Fundament beruht. Nichts desto weniger dissentirte B, aber nicht in Ansehung der von A angeführten Facta, sondern in Betreff ihrer Wirksamkeit, er leugnet, daß das in abstracto zulängliche Klagfundament in concreto den Anspruch erzeugt habe, welcher geltend gemacht ist, er bestreitet den Anspruch damit, daß ein weiterer Thatumstand vorliege, als agendo angegeben worden, daß außer den angeführten Thatumständen noch andere vorhanden seien und daß diesen zufolge, ungeachtet der Wahrheit der ersteren, das Geschäft nicht perfect geworden, eine Verbindlichkeit aus demselben für ihn nicht eingetreten ist. Dieser Dissensus des Beklagten ist es, zu welchem man allein durch eine Interpretation seiner exceptivischen Auslassung gelangen kann, er fängt aber erst da an, wo das Geständniß aufhört, denn er bezieht sich nicht auf die Anführungen, welche die Klage processualisch fundiren und die per se den Klaganspruch gewähren, sondern auf nicht im Klagfundament enthaltene Thatumstände, worüber gar keine Behauptung von dem Kläger aufgestellt ist. Leugnet nun Letzterer replicando die von dem Beklagten vorgebrachte Bedingung, so ist nur darüber noch eine Ungewißheit vorhanden, ob diese Bedingung gemacht ist, deren Inbezugnahme wegen ihres wesentlichen Einflusses auf die Statthaftigkeit der Klage von unzweifelhafter Relevanz erscheint, solche Ungewißheit betrifft aber eben nicht die Facta, welche das Klagfundament ausmachen, sondern die Thatumstände, auf deren Grund der Beklagte es bestreitet, daß aus jenen der geltend gemachte Anspruch abzuleiten sei. Es ist daher die von Rave gegen die Redaction gerichtete Bemerkung ohne Belang, „wenn ein bedingtes Geschäft als ein wesentlich anderes erscheine, wie ein einfaches Geschäft, wie kann man dann von zwei Partien, welche von zwei so wesentlich verschiedenen Geschäften in Klage und Einlassung sprechen, sagen wollen, daß sie übereinstimmen, daß gestanden sei, wenn derjenige, welcher gestanden haben soll, einen wesentlich engeren Begriff in seiner Aeußerung umfaßt, als den Begriff, welchen der Gegner mit seinen Aeußerungen verbindet." Denn der wesentlich engere Begriff entsteht erst durch das Weitere, welches der Beklagte außer seiner Erklärung über den Klagvortrag in facto vorbringt und dieses Weitere, das plus des Thatbestandes, wie ihn der Beklagte angiebt, schließt das minus desselben nicht aus, welches die klägerische Geschichtserzählung enthält und welches zur Fundirung des Klaganspruchs genügt, sondern läßt es gerade bestehen. Was der Beklagte negirt, ist nicht die Summe der Facten, welche den Klaggrund bilden, sondern ihre rechtliche Bedeutsamkeit, die er damit abweist, daß der Thatbestand unvollständig vorgetragen, daß der Kläger verschwiegen habe, was den weiteren Inhalt des geschlossenen Geschäfts ausmache und daß nach diesem weiteren Inhalt kein Klagerecht des Gegners existire. Er negirt, daß der Thatbestand vollständig angegeben, wie er sich wirklich verhalte, nicht aber den angegebenen Theil, der nur dann als ungenügend erscheinen kann, wenn es feststeht, daß er eben nur ein Theil des Geschäftes sei, nicht aber die Summe der Willenseinigung enthalte.

(Der Beschluß folgt.)

Entscheidungen.

Unter welchen Voraussetzungen ein gemeinschaftliches Testament unabänderlich sei.

In Sachen des Actuariatsgevollmächtigten C. Wörmbcke in Reinfeld, als gerichtlich bestellten Curators der Nachlaßmasse der Gebrüder Friedrich und Hans Jürgensen, wailand daselbst, Beklagten und Reconvenienten, jetzt Appellanten und Appellaten,

wider

die Kinder der Senatorin Maria Schmidt, geb. Lund, in Oldesloe, nämlich Maria Schmidt c. cur. patre daselbst, Philipp Schmidt, d. Z. zu München, und Amalie Krüger, geb. Schmidt, c. cur. mar. zu Oldesloe, ferner die Kinder der Ehefrau Margaretha Wichmann, geb. Lund, zu Oldesloe, nämlich Georg, Maria, Friedrich und Heinrich Wichmann c. tut. patre daselbst, ferner die Kinder der verstorbenen Christina Brodersen, geb. Lund, verwittwet gewesenen Möllhausen, zu Oldesloe, nämlich Dorothea Schröder, geb. Möllhausen, zu Christiania, Johann Möllhausen ebendaselbst, Georg Möllhausen in Jova und Heinrich Möllhausen, vertreten durch den Senator P. P. Schmidt in Oldesloe, als curator absentis, endlich des Senators P. P. Schmidt und des Landbürgers Wichmann zu Oldesloe, beider uxor. noie. Kläger und mit Ausnahme der Schmidtschen und Wichmannschen Kinder Reconventen, jetzt Appellaten und Appellanten,

hauptsächlich wegen prätendirter Anerkennung der codicillarischen Bestimmung des wailand Hans Jürgensen in conventione und Verwirkung der Ansprüche an den Nachlaß der wailand Gebrüder Jürgensen s. w. d. a. in reconventione,

ergeben die Acten:

In einem von den Gebrüdern Hans und Friedrich Jürgensen zu Reinfeld unterm 9. Juni 1847 gemeinschaftlich errichteten Testamente haben die Testatoren, nachdem sie sich gegenseitig zu Erben eingesetzt hatten, verfügt, daß nach dem Tode des Längstlebenden der Gesammtnachlaß, den des zuerst Verstorbenen mit einbegriffen, in zwei gleiche Theile getheilt und zur Hälfte den 4 Kindern ihrer in Oldesloe verstorbenen Schwester Anna Christiane Lund, geb. Jürgensen, nämlich

1) der Anna Christiane Johanna Brodersen,
2) der Maria Dorothea Schmidt,
3) der Johanna Martha Prahl,
4) der Margaretha Marie Bernhardine Wichmann,

zu gleichen Theilen event. deren ehelichen Descendenten, zur anderen Hälfte den 4 leiblichen Kindern ihrer Schwester, der Ehefrau Anna Catharina Pfingsten, geb. Jürgensen, in Schleswig, ebenfalls zu gleichen Theilen event. deren ehelichen Descendenten zufallen, der Zinsengenuß davon aber dieser ihrer Schwester für deren Lebenszeit zustehen solle. Sie haben sich demnächst im § 6 vorbehalten, ihre letzte Willensmeinung zu verändern oder gar aufzuheben, dabei jedoch ausdrücklich bestimmt, daß dies nicht anders, als mit ihrem beiderseitigen Consens und ihrer Unterschrift, geschehen solle und könne.

Demnächst haben sie im § 6 angeordnet, daß derjenige oder diejenigen, welche sich etwa unterstehen sollten, diesen ihren letzten Willen auf irgend eine Weise anzufechten oder gerichtlich oder außergerichtlich darüber Streit zu erheben, von ihrem Nachlasse ausgeschlossen und enterbt und die solchergestalt vacant gewordene Erbportion den Andern, die sie zur Erbschaft gerufen, zufallen solle. Endlich haben sie im § 7 erklärt, daß, sofern dieser ihr letzter Wille wider Erwarten nicht als ein zierliches testamentum mutuum gelten könne, dasselbe doch als ein Codicill, testamentum minus solenne, Erbvertrag, Schenkung auf den Todesfall oder in welcher Form es nur immer geschehen könne, bestehen und aufrecht erhalten werden solle.

In Gemäßheit dieses Testaments trat nach dem im Jahre 1856 erfolgten Ableben des Friedrich Jürgensen dessen Bruder Hans Jürgensen den Gesammtnachlaß an. Unterm 4. Februar 1857 errichtete derselbe indeß einseitig ein s. g. Codicill, mittelst dessen er verfügte, daß, wenn auch das von ihm und seinem Bruder unterm 9. Juni 1847 wechselseitig errichtete Testament, namentlich die im § 4 angeordnete Erbeinsetzung, im Wesentlichen in Kraft bleiben, doch von seinem Gesammtnachlasse eine Summe von 6960 ℳ R.-M. vorweggenommen und diese zu Legaten für die Enkel seiner verstorbenen Schwester Anna Christine Lund, geb. Jürgensen, verwendet werden, so daß davon auf die Kinder seiner inzwischen verstorbenen Schwestertochter Anna Christine Johanna Brodersen, geb. Lund, in Oldesloe die Summe von 2560 ℳ, auf die Kinder seiner Schwestertochter Maria Schmidt, geb. Lund, gleichfalls 2560 ℳ R.-M., auf die seiner Schwestertochter Margaretha Wichmann, geb. Lund, ebenfalls 2560 ℳ R.-M. und endlich auf die Kinder seiner verstorbenen Schwestertochter Johanna Prahl, geb. Lund, eine Summe von 1280 ℳ fallen, der Nießbrauch von den den Kindern der Maria Schmidt und der Margaretha Wichmann vermachten Legaten den Müttern ad dies vitæ verbleiben solle. Zur besseren Erreichung dieser seiner Absichten verbat er sich alle gerichtliche Einmischung und ernannte den Ehemann seiner gedachten Schwestertochter Marie Dorothea, geb. Lund, den Rathsverwandten Schmidt in Oldesloe, zum Testamentsexecutor.

Nachdem am 10. Juni 1858 Hans Jürgensen mit Tode abgegangen war, ward auf Anhalten des Rathsverwandten Schmidt, als executor testamenti des verstorbenen Hans Jürgensen, vom Reinfelder Amthause unterm 29. Juli 1858 ad indagandum statum bonorum ein Proclam erlassen, später indeß auf den Antrag der mittlerweile verwittweten Schwester der Erblasser, Anna Catharina Pfingsten, durch obergerichtliches vom Oberappellationsgericht unterm 6. August s. J. bestätigtes Rescript vom 29. März 1859, weil Hans Jürgensen nach Inhalt des gemeinschaftlichen Testaments nicht zur einseitigen letztwilligen Disposition über den Nachlaß befugt gewesen, die von ihm angeordnete Testamentsexecutel wieder beseitigt und gerichtliche Regulirung der Masse verfügt. Da im Laufe der gerichtlichen Regulirung die im Codicille des Hans Jürgensen bedachten Legatare mit Ausnahme der Kinder der verstorbenen Ehefrau Prahl verlangten, daß bei der Theilung die codicillarischen Bestimmungen des Hans Jürgensen mit zum Grunde gelegt werden sollten, dieses Verlangen aber abseiten der dadurch prägravirten Pfingstenschen Linie, welche das Testament aufrecht erhalten wissen wollte,

Widerspruch fand, so wurden Erstere mit ihren vermeintlichen Ansprüchen auf den Weg Rechtens verwiesen und sind demgemäß gegen den zum Curator der Erbmasse der verstorbenen Brüder Hans und Friedrich Jürgensen bestellten Actuariatsgevollmächtigten Wörmbcke in Reinfeld klagend aufgetreten.

In ihrer beim Plöner Landgerichte eingereichten Klage haben Kläger zur Begründung derselben im Wesentlichen Folgendes angeführt: das Codicill des Hans Jürgensen, worin er den Kindern resp. Enkeln seiner Schwester Anna Christine Lund die fraglichen Legate ausgesetzt habe, sei formell völlig correct und fehlerfrei und auf ein nicht minder fehlerfreies Testament basirt. Die im § 5 des letzteren enthaltene Vereinbarung, wornach etwanige Zusätze und Vereinbarungen desselben nicht anders, als mit beiderseitigem Consens und beiderseitiger Unterschrift der Erblasser, sollten vorgenommen werden können, habe mit dem Ableben des Einen von ihnen ihre Bedeutung verloren, weil von da an die Unmöglichkeit einer gegenseitigen Testamentsabänderung eingetreten sei. Ueberdieß würde eine solche Beschränkung im crassesten Widerspruch stehen mit der durch den § 2 des wechselseitigen Testaments dem Ueberlebenden eingeräumten Dispositionsfreiheit unter Lebenden. Jedenfalls aber sei Hans Jürgensen über seinen eigenen Nachlaß, der wenigstens die Hälfte des Gesammtnachlasses ausmache, anderweitig zu verfügen berechtigt gewesen, weil das Testament wohl ein reciprokes, jedoch kein correspectives sei und die Bestimmung desselben, daß die qu. Legatsumme vom Gesammtnachlaß vorweggenommen werden solle, höchstens den Wegfall der Hälfte desselben zur Folge haben könne. Kläger stützten hierauf den Antrag:

> daß die Zurechtbeständigkeit der codicillarischen Bestimmungen des defuncti Hans Jürgensen ratione der von ihm ausgesetzten Legate ausgesprochen und der Beklagte in qual. qua schuldig erkannt werde, innerhalb Ordnungsfrist den Klägern ihre Quote des Capitals nach Maaßgabe des § 2 des Codicills auszukehren,
>
> event. aber, daß erkannt werde, daß die von Hans Jürgensen ausgesetzten Legate von der Hälfte des Gesammtnachlasses, als dem von ihm herrührenden Theile desselben, zu entnehmen und den Klägern die ihnen competirenden Quoten auszukehren seien;
>
> in pess. event. aber, daß die qu. Legate um die Hälfte der legirten Summe von 8,960 ℱ als zu Recht beständig anzusehen, diese von der Hälfte des Gesammtnachlasses zu entnehmen und den Klägern nach Maaßgabe des § 2 des Codicills ihre Quoten auszukehren seien.

Excipiendo opponirte Beklagter:

1) die Einrede der unbegründeten Klage mit dem Anführen, daß Hans Jürgensen nicht befugt gewesen sei, einseitig letztwillige Verfügungen über den Nachlaß zu treffen, indem er sich dieses Rechts durch die gemeinschaftliche Disposition vom 9. Juni 1847 begeben habe. Es characterisire sich letztere nämlich als Erbeseinsetzungsvertrag und sei schon als solcher einseitig unwiderruflich, ein solcher könne in jede beliebige Form eingekleidet werden, in concreto sei die des Testaments gewählt und von Klägern als fehlerfrei anerkannt, doch dürfte man in Hinblick auf den fundamentalen Unterschied zwischen den römisch-rechtlichen Testamenten und deutsch-rechtlichen Erbverträgen die Grundsätze jener auf diese nicht anwenden, zumal die Römer wechselseitige Testamente überall nicht gekannt hätten. Ueberdies hätten zweitens die Erblasser in dem § 5 der Acte vom 9. Juni 1847 auf deren einseitige Abänderung vertragsweise ausdrücklich verzichtet. Die Auslegung aber, daß dieser Verzicht nur bis zum Tode des Ersteren bindend gewesen, richte sich selbst, denn wolle ein Disponent letztwillige Verfügungen gegen einseitige Abänderungen des Mitdisponenten sicher stellen, so wolle er das nicht blos für seine eigene Lebenszeit, sondern überhaupt, zumal die Gefahr einseitiger Abänderung gerade nach seinem Tode, wie der concrete Fall lehre, am größesten sei, und das sicherste Schutzmittel hiergegen biete eben der Vertrag. Auch der Einwand, daß mit einer solchen Beschränkung des Ueberlebenden hinsichtlich letztwilliger Verfügungen die ihm eingeräumte freie Disposition unter Lebenden im Widerspruch stehe, widerlege sich selbst, denn letztere sei als natürliches Gegengewicht gegen erstere gerade den Erbverträgen eigenthümlich. Sei aber Hans Jür-

gensen zu einseitigen letztwilligen Dispositionen überhaupt nicht befugt, so sei er es auch nicht über einen Theil des Gesammtnachlasses, überdies habe er mit seinem Bruder Friedrich von je her in vollständiger Gütergemeinschaft und ungetrennten Gütern gelebt, daher jetzt eine Scheidung des beiderseitigen Vermögens factisch eben so unausführbar, als eine Halbirung insbesondere rein willkürlich sei. Gesetzt endlich, es läge hier kein Erbvertrag, sondern ein wechselseitiges Testament vor, so wären selbst in diesem Falle die gemeinsamen Dispositionen nicht blos auf Grund des vertragsmäßigen Verzichts der Erblasser auf einseitige Abänderung, sondern auch in Folge der Erbschaftsantretung in Gemäßheit des Testaments für den Ueberlebenden hinsichtlich des gesammten Nachlasses unabänderlich geworden;

2) die Einrede der Präclusion, insofern mittelst Proclams vom 29. Juli 1858 behufs der Testamentsvollstreckung Alle und Jede, welche an den Nachlaß des weil. Hans Jürgensen aus irgend einem Grunde Forderungen und Ansprüche zu haben vermeinten, solche bei Verlust derselben anzumelden aufgefordert wären, Kläger aber gleichwohl ihre Ansprüche nicht profitirt hätten.

Demgemäß trug der Beklagte darauf an:

> die Kläger mit der von ihnen erhobenen Klage als unbegründet, event. auf Grund der Einrede der Präclusion ab- und zur Ruhe zu verweisen und schuldig zu erkennen, dem Beklagten in qual. qua die sämmtlichen durch diesen Rechtsstreit erwachsenen Kosten zu erstatten.

Reconveniendo ward demnächst vorgebracht: durch die gemeinsame Acte der Gebrüder Friedrich und Hans Jürgensen vom 9. Juni 1847 sei die Person der Erbnehmer und der Theilungsmodus ihres Gesammtnachlasses im Einzelnen vertragsmäßig bestimmt, sei ferner unter ihnen ausgemacht, daß diese Dispositionen nicht anders, als mit ihrem beiderseitigen Consense, sollten abgeändert werden können. Da letzteres nicht geschehen und die einseitigen codicillarischen Bestimmungen des Hans Jürgensen sich als nichtig darstellten, so wäre jene allerseits als rechtsgültig anerkannte Acte allein für die Beerbung maaßgebend. In deren § 6 hätten aber die Erblasser ausdrücklich verfügt, daß der oder diejenigen ihrer gemeinsamen Erben, welche sich etwa unterstehen sollten, diesen ihren letzten Willen auf irgend eine Weise anzufechten oder gerichtlich oder außergerichtlich darüber Streit zu erheben, von ihrem Nachlasse ganz ausgeschlossen und enterbt sein und die solchergestalt vacant gewordene Erbportion den Andern, welche sie zur Erbschaft gerufen, zufallen solle. Durch Anstellung der erhobenen Klage hätten daher Kläger ihre Erbgerechtsame an den Jürgensen'schen Gesammtnachlaß verwirkt und bitte daher Reconvenient um ein Erkenntniß dahin:

> daß Reconventen ihre Ansprüche an den Nachlaß der weil. Gebrüder Jürgensen verwirkt und schuldig seien, alles dasjenige, was sie bereits bei der vorläufigen Theilung empfangen, cum omni causa und unter Kostenerstattung an den Reconvenienten als den Curator der fraglichen Masse binnen Ordnungsfrist wieder auszukehren.

Replicando ward in Betreff der Einrede der Präclusion entgegnet, daß das ergangene Proclam kein Erbschaftsproclam, sondern lediglich ein proclama ad indagandum statum bonorum gewesen, daß mithin Kläger nicht verpflichtet gewesen, ihre Ansprüche aus dem Hans Jürgensen'schen Codicill zu profitiren und daß sie derzeit auch, da die Publication des fraglichen Codicills nicht stattgefunden, keine rechtliche Kunde über diese ihnen zustehenden Ansprüche gehabt hätten. Gegen die erhobene Widerklage ward bestritten, daß Beklagter als curator massae zur Anstellung dieser Klage berechtigt sei und die Widerklage als liquide unbegründet deshalb bezeichnet, weil von den Klägern keineswegs das gemeinschaftliche Testament angefochten, noch über den darin ausgesprochenen Willen beider Testatoren Streit erhoben, sondern nur die Aufrechthaltung der in dem Codicille enthaltenen legatarischen Bestimmungen beansprucht worden sei.

Nach verhandelter Sache ward unterm 20. Octbr. 1860 von dem Plöner Landgericht erkannt:*)

---

*) Entscheidungsgründe:

In Erwägung, daß das Testament der beiden Gebrüder Jürgensen vom 9. Juni 1847 von beiden

daß die Kläger mit ihrer Klage und der Beklagte in qual. qua mit seiner Widerklage abzuweisen, unter Vergleichung der Kosten.

Gegen dieses Erkenntniß haben beide Partien appellirt. Kläger haben ihre Beschwerde darin gesetzt: daß nicht den in der Klage gestellten Anträgen gemäß erkannt worden, und hat Beklagter darüber gravaminirt:

1) daß er mit seiner Widerklage abgewiesen und nicht vielmehr den Anträgen dieser Klage gemäß erkannt;

2) daß die Kosten der Vor- und Widerklage verglichen und nicht vielmehr Kläger resp. Widerbeklagte zur Erstattung der Kosten der Haupt- resp. Widerklage schuldig erkannt worden.

(Der Beschluß folgt.)

Parteien anerkannt wird und unter ihnen nur hinsichtlich der Zurechtbeständigkeit des von Hans Jürgensen nach dem Tode des Friedrich Jürgensen zu diesem Testamente unterm 4. Februar 1867 errichteten Codicills Streit obwaltet;

in Erwägung, daß die Gebrüder Jürgensen in ihrem Testamente vom 9. Juni 1847, nachdem sie sich in den §§ 1 und 2 gegenseitig zu Erben ihres Vermögens eingesetzt hatten, für den Todesfall des Längstlebenden von ihnen gemeinschaftlich, wie oben näher referirt, letztwillig verfügt haben und zwar, wie im § 4 des Testaments ausdrücklich hervorgehoben worden ist, über ihren gesammten beiderseitigen Nachlaß, den von dem Zuerstverstorbenen herrührenden Nachlaß mit eingerechnet, so wie mit der ausdrücklichen Bestimmung im § 5 des Testaments, daß Abänderungen und Zusätze zu diesem ihren gemeinschaftlichen Testamente nicht anders als mit ihrer beiderseitigen Zustimmung und Unterschrift geschehen sollten und könnten, mit Rücksicht hierauf aber die betreffende gemeinschaftliche Acte vom 9. Juni 1847, wenn auch nicht als ein Erbeinsetzungsvertrag, so doch als ein gegenseitiges correspectives Testament zu betrachten ist;

in fernerer Erwägung, daß der längstlebende Bruder Hans Jürgensen auf Grund des Testaments vom 9. Juni 1847 der Universalerbe des zuerstverstorbenen Bruders Friedrich Jürgensen geworden ist und demnach nicht befugt war, die mit seinem Bruder gemeinschaftlich getroffenen letztwilligen Verfügungen, wie in seinem Codicille vom 4. Februar 1867 geschehen, einseitig abzuändern, mithin dieses Codicill nicht als zu Recht beständig anzusehen und folgeweise auch der Beklagte mit seiner Einrede der unbegründeten Klage zu hören ist;

in Erwägung, daß hiernach die fernere Einrede der Präclusion nicht weiter in Betracht kömmt;

in Erwägung, was die Widerklage anlangt, daß der Beklagte zwar als zur Sache legitimirt anzusehen ist, indem er als gerichtlich bestellter curator massae befugt ist, erforderlichen Falls behufs Herbeischaffung der zur Masse gehörigen Gegenstände Processe zu führen, daß aber die Widerklage im vorliegenden Falle nicht begründet erscheint, weil die Kläger das Testament vom 9. Juni 1847 ausdrücklich anerkannt und nur die Zurechtbeständigkeit des Codicills vom 4. Februar 1867 zur gerichtlichen Entscheidung gebracht haben, hierin aber eine Anfechtung des Testaments im Sinne des § 6 desselben nicht gefunden werden kann.

Allerhöchst privilegirte

Holsteinische Anzeigen.

Redigirt von den Obergerichtsräthen Etatsrath Henrici und Lucht.

Gedruckt bei Augustin in Glückstadt.

37. Stück. — Den 15. September 1862.

Einige Bemerkungen

zu der Abhandlung des Herrn Advocaten Rave: „das auf einen ungewissen Fall geschlossene Geschäft im Beweiserkenntniß“,

von dem Herrn Obergerichtsadvocaten Hus in Ahrensburg.

(Beschluß.)

Eben so schief ist die weitere Phrase von Rave: „Jeder Contract ist doch ein Begriff. Ist die Bedingung ein wesentlicher Theil desselben, so kann man doch beide nicht so von einander trennen, daß man den Begriff als ohne den wesentlichen Theil in Wirklichkeit bestehend darstellte, wie doch entschieden geschehen würde, wenn man sagen wollte, der Vertrag ist vorhanden, aber einen wesentlichen Theil desselben suchen wir noch.“ Denn offenbar ist dabei ganz übersehen, daß zum Begriff eines Contracts nicht eine Bedingtheit desselben gehört und in dem Klagvorbringen ein wesentlicher Theil des Vertrags nicht fehlt. Erst der Beklagte behauptet durch seinerseitige Angabe, wie das Geschäft geschlossen, daß es an einem wesentlichen Theil des Vertrags mangelt. Damit ist aber kein wesentlicher Theil des processualischen Klagfundaments zur Sache, welches vielmehr an sich einen nicht defecten Vertrag substantiirt, sondern eben der von dem Beklagten behauptete weitere Inhalt des Vertrags, der von ihm angegebene Thatbestand, welcher über das Klagfundament hinausgeht, dieses aber nicht in seiner realen Existenz ausschließt, sondern nur die rechtliche Unmaaßgeblichkeit desselben involvirt. Mit der Behauptung des Beklagten, mit dem Dissense über den Inhalt des Geschäfts, fehlt noch kein wesentlicher Theil, — denn die Unbedingtheit gehört nicht zum Klagegrund — Sache des Klägers kann es aber doch nicht sein, die Möglichkeit, daß ein wesentlicher Theil des geschlossenen Geschäfts fehlen könne, welche bloße Möglichkeit aus dem Vortrag des Beklagten folgt, durch den Beweis zu entfernen, daß das nicht wahr sei, was der Beklagte über die concedirten Klagefacta hinaus vorgebracht hat. Sehr richtig bemerkt Rave, von den Vorgängen vor der Klage hat der Richter keine Kunde, aber es ist handgreiflich falsch, wenn er fortfährt, also hat der Richter die Vorträge beider Parteien eben so zu behandeln, als ob diese vor ihm das streitige Rechtsgeschäft durch Klage, Einlassung ꝛc. wie durch einen Vertrag erst construiren wollten. Die Parteien construiren den Streit und die Streitpunkte, aber nicht das Rechtsgeschäft, vor dem Richter, sie agiren vor diesem gegen einander, aber sie contrahiren nicht mit einander. Die Abmachung des Geschäfts steht außen vor und ist das præteritum, die Parteien geben nur an, wie es dabei von ihnen verhalten ist und hiernach hat der Richter zu beurtheilen, welche Facta streitig und welche noch zu erweisen sind. Von Offerten des Beklagten in der Einlassung und der Construirung eines Rechtsgeschäfts auf Grund derselben und ihrer

Aufnahme Seitens des Klägers ist daher allganz nicht zu reden. Ueberhaupt sehe ich nicht ein, was die contractsähnliche Natur des Geständnisses und die Analogie des Vertrags nützen sollen, die Rave in Bezug nimmt. Erstere Natur ist begreiflich ganz gleichgültig, wenn es sich eben darum handelt, ob ein Geständniß vorliegt; es kann daher das Postulat nur darauf lauten, die ganze Auslassung des Beklagten, seine ganze Geschichtserzählung, ist wie ein Vertrag zu behandeln. Damit ist aber, von der Frage nach der Richtigkeit abgesehen, ersichtlich nichts für die Behauptung gewonnen, das quoad factum von dem Beklagten zugegebene müsse als geleugnet angesehen werden und soll daraus abgezogen werden, daß die Parteien in ihren Intentionen dissentiren, daß der Beklagte dem klägerischen Anspruch nicht concedire, sondern die Wirksamkeit des von dem Kläger angeführten Geschäfts leugne und bestreite, so würde dieses Argument viel zu viel beweisen, indem ein Gleiches stattfindet, wo der Beklagte in seiner Vernehmlassung den Thatbestand zugiebt, jedoch urgirt, daß er im Irrthum befangen oder unzurechnungsfähig gewesen sei. Consequenterweise müßte man dann auch da ein Geständniß ausschließen, wo der Beklagte alle von dem Kläger angeführten Thatumstände für wahr erklärt, gleichwohl aber um seine Abweisung bittet, indem aus dieser Bitte folgen würde, daß er die Klagefacta nicht als ihn verpflichtend angesehen wissen wolle. — Weil der Beklagte bei seiner Berufung auf eine Suspensivbedingung einen besonderen Inhalt des Geschäfts für sich geltend macht, der mit den Thatsachen nicht im Widerspruch steht, welche den Klagegrund bilden und für diesen genügen, so ist es an ihm, diesen besonderen Inhalt auch zu beweisen und dadurch die Wirksamkeit dieser vom Kläger angeführten Thatsachen auszuschließen. Derselbe Grund bestimmt die Beweislast bei dem dies und meiner unvorgreiflichen Ansicht nach auch bei der Resolutivbedingung, die ja nicht ex post hinzutritt, sondern dem Vertrage eben so immanent ist, wie die conditio suspensiva. Mag Kierulff auch irren, wenn er die Aufstellung der Bedingung in einem Vertrag als einen Nebenvertrag ansieht, wobei jedoch bemerkt werden darf, daß der eigentliche Vertrag und die Aufstellung der Bedingung sehr wohl zeitlich auseinanderfallen können, so ist es doch richtig, wenn er sich für die Beweislast des Beklagten entscheidet, weil seine Behauptung die selbstständige Behauptung einer Thatsache sei, wodurch er die Unbegründetheit der Klage darthue. Im Uebrigen ist es quaestio facti, ob und wie weit die Einlassung des Beklagten das Klagfundament deckt und die Beweislast in dem Falle, wo Kläger ex mutuo klagt, der Beklagte eine donatio behauptet, gewährt keinen Stützpunkt für die Ansicht von Rave, weil das mutuum noch keineswegs aus dem bloßen Empfang des Geldes folgt, das Fundament also nur in tantum, nicht in totum, von der Einräumung des Beklagten gedeckt wird. Gleichfalls giebt es keinen Einwand ab, wenn der Kläger, wo er aus einem negotium conditionale klagt und der Beklagte eine andere Bedingung behauptet, die von ihm angeführte Bedingung und event. deren Eintritt beweisen muß, falls nämlich letzteres geleugnet worden, denn hier ist eben ein bedingtes Geschäft das Fundament, aus welchem geklagt wird und es handelt sich um die Wahrheit der eigenen Angabe des Klägers, ohne welche er den erhobenen Anspruch nicht erheben und dieser ihm nicht zugesprochen werden kann.

Wie endlich die dem materiellen Recht angehörige Bestimmung des allgemeinen Deutschen Handelsgesetzbuchs einen Einfluß auf die vorliegende Frage über die Beweislast äußern könne, vermag ich nicht einzusehen; höchstens kann sie meines Erachtens auf das Beweisthema, je nach den Umständen, influiren. Denn der Satz, daß der Wille zweier Parteien (Paciscenten), deren eine ein einfaches, die andere ein bedingtes Geschäft will, sich gegenseitig negire, ist auch schon jetzt dem Recht nicht fremd, das Recht in thesi giebt aber nichts dafür an die Hand, wie sich in hypothesi die Facten verhalten und im Processe ist es eben völlig ungewiß, daß der eine Theil nur ein bedingtes Geschäft gewollt hat, daß das Geschäft bedingt geschlossen ist. Wer hierüber Beweis zu liefern hat, das kann doch aus dem Dogma des Civilrechts unmöglich entnommen werden, daß Jemand, der sich nur bedingt obligirt, nicht unbedingt verpflichtet wird.

Zum Schluß weise ich nur noch kurz auf die Eigenthümlichkeiten hin, die damit verbunden sein würden, wenn der Beweis so, wie Rave will, dem Kläger aufgelegt würde. Der Richter soll dann das nicht für wahr annehmen, von dem der Beklagte selbst gesagt hat, es sei wahr, und würde die Eidesdelation gebraucht, so könnte der Delat nur zum Schwur zugelassen werden, wenn man mit dem Thema einen nicht in den Worten liegenden Sinn verbindet und der gewissenhafte Beklagte könnte sich zur Annahme des deferirten Eides nicht eher entschließen, als nachdem er belehrt wäre, daß es im Grunde nicht auf die Facta des Beweisthema's, sondern auf die Purität des Geschäfts ankomme, die von ihm geleugnet worden.

Die Rave'sche Ansicht kann, wie mir scheint, am wenigsten ansprechen, insofern er die Zugestehung des Klaggrundes künstlich und man darf wohl sagen sophistisch in ein Leugnen umwandelt, ungeachtet er sich dafür entschieden, daß die Unbedingtheit nicht zum Klaggrunde gehöre. Die Ansichten, daß der Kläger die Unbedingtheit resp. die Abwesenheit der von dem Beklagten angeführten Bedingung zu beweisen habe, sind wenigstens insoweit folgerichtiger, als sie in dem negotium conditionale den Gegensatz zu dem purum erblicken, die Purität als zum Klaggrunde gehörig und tacite mit behauptet betrachten und das Geständniß nicht leugnen, aber für unzulänglich halten, weil eben die Purität nicht mit gestanden sei. Beide Ansichten unterscheiden sich übrigens nicht im Princip, sondern nur in der Anwendung, denn auch diejenige, welche dem Kläger den Beweis aufgiebt, daß das Geschäft ohne die von dem Beklagten behauptete Bedingung geschlossen worden, geht davon aus und muß davon ausgehen, daß die Unbedingtheit zum Klaggrunde gehöre und sie beschränkt das Beweisthema nur deshalb auf die Abwesenheit der von dem Beklagten angegebenen Bedingung, weil es nicht auf abstracte Begriffe, sondern auf die concreten Verhältnisse ankommen müsse und Beklagter die Unbedingtheit nicht weiter geleugnet habe, als in Betreff des Punktes, rücksichtlich dessen die Bedingtheit behauptet worden.

Es ist allerdings sehr wünschenswerth, daß die Controverse über die Beweislast bei der Vorschützung einer Suspensivbedingung zum Abschluß komme, weshalb sträubt man sich aber, die allgemeine Regel, daß der Beklagte, wenn er sich auf nicht im Klaggrunde liegende Facta beruft, um die Abweisung der Klage herbeizuführen, seine Behauptungen zu erweisen hat, auf den Fall zur Anwendung zu bringen, wo die Bedingtheit des Geschäfts von dem Beklagten behauptet und hieraus die Unbegründetheit der Klage hergeleitet ist, weshalb ist man beflissen, diesen Fall singulair zu behandeln?!

Entscheidungen.

Unter welchen Voraussetzungen ein gemeinschaftliches Testament unabänderlich sei.

(Beschluß.)

Es steht solchemnach zur Frage: ob diese Beschwerden für begründet zu erachten.

In Erwägung nun, daß dem Hans Jürgensen die Befugniß nicht beigelegt werden kann, über seinen eigenen Nachlaß von den frühern abweichende Verfügungen zu treffen, weil, abgesehen davon, daß demselben schon in Folge des Antritts des Nachlasses seines verstorbenen Bruders die Verbindlichkeit obgelegen, nach seinem Tode in Gemäßheit des wechselseitigen Testaments sowohl das ererbte als das eigene Vermögen zu gleichen Theilen den damit im Testament bedachten beiden Linien zu hinterlassen, derselbe sich ausdrücklich und in unzweifelhafter Weise durch die mit seinem Bruder in dem § 5 des Testaments getroffene der einseitigen Widerruflichkeit nicht unterliegende Vereinbarung, derzufolge eine Abänderung ihres letzten Willens nur mit beiderseitigem Consense und ihrer Unterschrift sollte erfolgen können, des Rechts begeben hat, auch über seinen eigenen künftigen Nachlaß einseitig letztwillig zu disponiren;

in Erwägung, daß Kläger sich hiergegen zwar darauf berufen haben, daß diese Vereinbarung mit dem Ableben des einen der beiden Testatoren ihre Bedeutung deshalb verloren habe, weil von da an die Unmöglichkeit einer zweiseitigen Testamentsänderung eingetreten sei und die gedachte Vereinbarung im crassesten Widerspruche mit der dem Ueberlebenden eingeräumten Dispositionsbefugniß unter Lebenden stehen würde, diese Umstände aber zur Herleitung der daraus gezogenen Folgerungen nicht geeignet sind, indem einestheils die Vereinbarung, um welche es sich handelt, nicht bloß für die Dauer der Lebzeit beider Testatoren abgeschlossen, anderntheils durch selbige die Befugniß jedes der Testatoren, unter Lebenden über seinen Nachlaß frei zu verfügen, nicht berührt worden ist und mithin, da hiernach die angestellte Klage aller Begründung entbehrt, die aufgestellten Appellationsbeschwerden der Kläger auf Berücksichtigung keinen Anspruch machen können;

in Erwägung, daß, was daher die Beschwerde des Beklagten anlangt, ebenfalls dessen Beschwerde darüber, daß er als Reconvenient mit seiner Widerklage abgewiesen worden, der Begründung ermangelt, indem, wenn ihm auch als demjenigen, gegen welchen die Klage angestellt worden, formell die Berechtigung, eine Widerklage anzustellen, mit Grund nicht streitig gemacht und er auch als Curator der Masse legitimirt ist, Forderungen derselben gerichtlich geltend zu machen, doch das Testament der Gebrüder Jürgensen, dessen Anfechtung mit Enterbung im Testament bedroht wird, von Klägern nicht angefochten, sondern von denselben lediglich die Rechtsbeständigkeit der von dem einen der Testatoren später angeordneten codicillarischen Bestimmung zur gerichtlichen Entscheidung verstellt worden;

in Erwägung, daß dagegen die Beschwerde darüber, daß nicht Kläger resp. Widerbeklagte zur Erstattung der Kosten der Haupt- resp. der Widerklage schuldig erkannt worden, für begründet zu erachten ist, indem der Mangel der Begründung beider Klagen die Verurtheilung der resp. Kläger und des Widerbeklagten zur Erstattung der Kosten rechtlich zur Folge haben mußte;

wird nach eingelegten Recessen und Unterinstanzacten und nach stattgehabter mündlicher Verhandlung von Obergerichtswegen hiedurch für Recht erkannt:

daß das angefochtene Erkenntniß des Plöner Landgerichts vom 20. October 1860 in Betreff des Kostenpunkts dahin abzuändern, daß Kläger schuldig, dem Beklagten in qual. qua die durch Anstellung der Klage, Beklagter in qual. qua schuldig, den Klägern die durch Anstellung der Widerklage erwachsenen Kosten innerhalb Ordnungsfrist zu erstatten, im Uebrigen das gedachte Erkenntniß zu bestätigen, unter Vergleichung der Kosten dieser Instanz.

Wie denn solchergestalt hiedurch erkannt wird

V. R. W.

Urkundlich rc. Publicatum im Königl. Holsteinischen Obergericht zu Glückstadt, den 9. December 1861.

Auf die von beiden Parteien ergriffene Oberappellation gegen dies Erkenntniß erfolgte die nachstehende Entscheidung des Königl. Oberappellationsgerichts.

Frederik der Siebente &c.

In Sachen der Kinder der Senatorin Maria Schmidt, geb. Lund, in Oldesloe, nämlich Maria Schmidt c. cur. patre daselbst, Philipp Schmidt, d. Z. zu München, und Amalie Krüger, geb. Schmidt, cum cur. mar. zu Oldesloe, ferner der Kinder der Ehefrau Margaretha Wichmann, geb. Lund, zu Oldesloe, nämlich Georg, Maria, Friedrich und Heinrich Wichmann cum tut. patre daselbst, ferner der Kinder der verstorbenen Christine Brodersen, geb. Lund, verwittwet gewesenen Möllhausen, zu Oldesloe, nämlich Dorothea Schröder, geb. Möllhausen, zu Christiania, Johann Möllhausen ebendaselbst, Georg Möllhausen in Jova und Heinrich Möllhausen, vertreten durch den Senator P. P. Schmidt, als curator absentis, endlich des Senators P. P. Schmidt und des Landbürgers Wichmann zu Oldesloe, beider uxor. noie., Kläger und, mit Ausnahme der Schmidt'schen und Wichmann'schen Kinder, Reconventen, jetzt Appellanten und Appellaten,

wider

den Actuariatsgevollmächtigten C. Wörmbcke in Reinfeld, als gerichtlich bestellten Curator der Nachlaßmasse der Gebrüder Friedrich und Hans Jürgensen, wailand daselbst, Beklagten und Reconvenienten, jetzt Appellaten und Appellanten,

hauptsächlich wegen Anerkennung codicillarischer Bestimmungen des Hans Jürgensen in conventione und vermeintlicher Verwirkung der Ansprüche an den Nachlaß der wailand Gebrüder Jürgensen s. w. d. a. in reconventione, dann beiderseitige Appellation gegen das Erkenntniß des Plöner Landgerichts, jetzt beiderseitige Appellation gegen das Erkenntniß des Holsteinischen Obergerichts vom 9. Decbr. 1861,

wird nach verhandelter Sache, unter abschriftlicher Mittheilung der am 4. April d. J. eingegangenen Gegenerklärung des Beklagten und Reconvenienten an die Kläger und Reconventen, so wie der am 10. s. M. eingegangenen Gegenerklärung der Letzteren an den Ersteren, was zunächst

I. die Appellation der Kläger und Reconventen betrifft,

in Erwägung, daß, da im § 4 des am 9. Juni 1847 errichteten gemeinschaftlichen Testaments der wailand Gebrüder Hans und Friedrich Jürgensen in Reinfeld ausdrücklich bestimmt ist, wie es beim Tode des Längstlebenden von ihnen mit dem gesammten alsdann noch vorhandenen beiderseitigen Vermögen gehalten werden solle, diese Anordnung also von dem alsdann noch vorhandenen Vermögen nichts übrig läßt, worauf einseitige letztwillige Verfügungen des Längstlebenden Anwendung finden könnten, es bei der Errichtung des Testaments, wie sich hieraus mit Nothwendigkeit ergiebt, die Absicht und Meinung der Testatoren gewesen sein muß, daß die in den §§ 1 und 2 des Testaments dem Längstlebenden eingeräumte freie Dispositions- und Veräußerungsbefugniß sich nur auf Verfügungen unter Lebenden beziehen solle, der Längstlebende aber keine letztwilligen Verfügungen treffen dürfe weder über den ganzen Nachlaß, noch über den von ihm selbst herrührenden Theil desselben und daß mithin das im § 5 enthaltene Verbot einseitiger Abänderungen des Testaments nicht bloß für die Zeit, wo beide Testatoren noch am Leben wären, sondern auch für die spätere Zeit gelte;

in Erwägung, daß demzufolge Hans Jürgensen als Längstlebender die von ihm angetretene Erbschaft seines verstorbenen Bruders mit der beschränkenden Auflage und Bedingung erhalten hatte, den im § 7 des gedachten Testaments ernannten Erben nichts von dem bei seinem Tode vorhandenen Nachlaß durch letzte Willensordnung zu entziehen und dessen einseitig am 4. Februar 1857 errichtetes Codicill, wonach vom Gesammtnachlasse die Summe von 8,960 ℳ R.-M. vorweggenommen und zu Legaten verwendet werden soll, sowohl mit seiner eigenen Willenserklärung im Testament als mit der seines Bruders unzweifelhaft in Widerspruch tritt;

in Erwägung, daß nun zwar das im Testament enthaltene Verbot abweichender letzter Willensordnungen von Seiten des Längstlebenden nach den Vorschriften des Römischen Rechts den verstorbenen Hans Jürgensen nicht gehindert hätte, dennoch letztwillig über sein eigenes nicht vom Bruder ererbtes Vermögen zu verfügen, weil darnach ein Testator nicht selbst durch die im Testament aufgenommene Clausel der Unabänderlichkeit sich die Möglichkeit benehmen kann, später anders zu disponiren,

L. 6 § 2 D. de jure codicill. (29, 7),

L. 22 pr. D. de legat. III (32),

und die mit einer Erbeseinsetzung für den ernannten Erben, zum Besten seiner gesetzlichen oder früher instituirten Erben, verbundene Auflage, nicht zu testiren und überhaupt keinen letzten Willen zu errichten, wiewohl gültig,

L. 74 pr. D. ad Senatus cons. Trebell. (36, 1),

ihn doch nur zum Betrage des ererbten Vermögens bindet, indem niemand weiter durch Auflagen irgend einer Art onerirt werden kann, als er honorirt ist,

L. 1 § 17 D. eod.,

§ 1 J. de sing. reb. per fid. rel. (2, 24),

L. 41 § 3 D. de vulg. et pup. subst. (28, 6),

L. 114 § 3 D. de legat. I (30),

L. 70 § 1, L. 77 § 31 D. de legat. II (31),

daß jedoch nach den heutigen Grundsätzen über Erbverträge, wenn gemeinschaftlichen Testamenten ein Vertrag zum Grunde liegt, vermöge dessen die Testatoren was sie zusammen bestimmen wollen verabreden und folgeweise oder gar ausdrücklich einander die Beobachtung ihrer Anordnungen zugesichert haben, diese Anordnungen für den Längstlebenden auch in Rücksicht seines eigenen Vermögens bindend sind und von ihm gehalten werden müssen;

in Erwägung, daß es aber keinem gerechten Zweifel unterliegt, daß die beiderseitigen Anordnungen im gedachten Testamente als ein solcher Erbvertrag anzusehen sind, da die beiden Testatoren erst einander gegenseitig auf den Ueberlebungsfall eingesetzt und dies beiderseits acceptirt, dann gemeinschaftlich, was nach dem Tode des Längstlebenden mit der Gesammtmasse geschehen solle, festgesetzt, und darauf alle diese Bestimmungen für einseitig unabänderlich erklärt haben;

in Erwägung, daß demnach der verstorbene Hans Jürgensen die mit dem Paragraphen des Testaments unvereinbaren Legate eben so wenig aus seinem eigenen als aus dem von seinem Bruder ererbten Vermögen hat aussetzen können und daß daher die angestellte Klage nicht für begründet erachtet werden kann, ohne daß es nöthig wäre, auf die vom Beklagten vorgeschützte Einrede der Präclusion einzugehen, weshalb denn die drei ersten auf gänzliche oder wenigstens theilweise Anerkennung jener Legate gerichteten Beschwerden der Kläger und Reconventen sich als unhaltbar darstellen;

in Erwägung, daß dagegen die vierte Beschwerde wegen Verurtheilung der Kläger in die durch ihre Klage verursachten Kosten mit Rücksicht auf den Umstand, daß die Kläger den Willen des einen der beiden Testatoren für sich und nur gestützt darauf ihren Anspruch erhoben haben, als in der Billigkeit begründet erscheint;

sodann

II. die Appellation des Beklagten und Reconvenienten anlangend,

in Erwägung, daß die Einrede der anhero nicht devolvirten Appellation für nicht genugsam begründet zu erachten ist, weil der wesentliche Inhalt des in den Voracten des Beklagten vermißten Protocolls über den Verhandlungstermin vom 16. October 1860 sich in dem den Entscheidungen beider früheren Instanzen vorangestellten Actenextract findet und der Beklagte diese Entscheidungen seinen Voracten angelegt hat;

in Erwägung, daß die Einrede der dem Beklagten für die erhobene Widerklage fehlenden Legitimation zur Proceßführung gleichfalls zu verwerfen ist, da die Kläger den Beklagten als Vertreter der Erbmasse dadurch anerkannt haben, daß sie gegen ihn auf Auszahlung der Legate geklagt haben, und keine Veranlassung vorhanden ist, zu bezweifeln, daß auch die andern Erben ihn als zur Erhebung der Widerklage legitimirt betrachten und anerkennen;

in Erwägung, daß aber die angestellte Widerklage aller rechtlichen Begründung entbehrt, da eine irrige Ansicht darüber, was nach einem dabei als gültig anerkannten Testament zulässig sei und die Anstellung einer lediglich aus dieser unrichtigen Auffassung hervorgegangenen Klage nicht als Anfechtung des Testaments gelten kann, daher die Hauptbeschwerde des Beklagten und Reconvenienten wegen Abweisung seiner Widerklage als grundlos verworfen werden muß; und

in endlicher Erwägung, daß dagegen die Beschwerde in Betreff der Kosten auch hier als gerechtfertigt erscheint, weil die Kläger in voriger Instanz sich allerdings nur über das Erkenntniß der Unterinstanz in der Hauptsache, aber nicht über die Vergleichung der Kosten beschwert hatten, jedenfalls also, wenn ihre Beschwerden in der Hauptsache verworfen wurden, kein Grund vorlag, die Entscheidung über die Kosten zu ihren Gunsten zu reformiren;

hiemit für Recht erkannt:

daß das angefochtene Erkenntniß dahin abzuändern, daß die in der Unterinstanz sowohl durch die Widerklage als durch die Klage erwachsenen Kosten, soweit nicht etwa bereits rechtskräftig darüber erkannt worden, gegen einander zu vergleichen und aufzuheben, im Uebrigen aber das angefochtene Erkenntniß zu bestätigen sei, unter Vergleichung der Kosten dieser Instanz.

Die Rechnung des Anwalts der Kläger und Reconventen wird für die Appellationsschrift zu 37 ℛ 58 β, für die Gegenerklärung zu 22 ℛ 69 β; die ihres Procurators für die Appellationsschrift zu 5 ℛ 10 β, für die Gegenerklärung zu 3 ℛ 81 β; die des Anwalts des Beklagten und Reconvenienten für die Appellationsschrift zu 34 ℛ 63 β, für die Gegenerklärung zu 32 ℛ 62 β und die seines Procurators für die Appellationsschrift zu 4 ℛ 58 β und für die Gegenerklärung zu 4 ℛ 42 β bestimmt.

V. R. W.

Urkundlich ꝛc. Gegeben im Königlichen Oberappellationsgericht zu Kiel, den 16. August 1862.

Ueber die officielle Wahrnehmung der Rechte der protocollirten Gläubiger im Concurse. — Die Appellation ist bei vorhandener Appellationssumme das zur Anwendung kommende Rechtsmittel gegen Prioritätserkenntnisse.

In Sachen des Hufenpächters Friedrich Christian Bartels in Langenhagen, in Ehevogtschaft seiner Frau Margaretha Catharina Dorothea, geb. Klodt, Justificanten und Querulanten, event. Supplicanten,

wider

den Müller Guttau in Grube und den Handelsmann J. J. Dechen in Oldenburg, als protocollirte Creditoren im Concurse des Grobbäckers J. J. H. Schütt in Oldenburg, Justificaten und Querulaten, event. Supplicaten,

in pcto. prioritatis einer protocollirten Forderung von 640 ℛ R.-M. cum usuris, jetzt gegen mehrere passus des Prioritätserkenntnisses des Oldenburger Magistrats vom 11. November v. J.,

ergeben die Acten:

Die Ehefrau des Querulanten ist Inhaberin einer am 27. November 1853 protocollirten Forderung von 640 ℛ R.-M. an den Grobbäcker Schütt in Oldenburg. Der Schuldner hat im Juni v. J. Concurs movirt und es ist darauf am 7. October v. J. ein allgemeiner Justificationstermin abgehalten worden, in welchem die Ehefrau des Querulanten durch den Gastwirth Gier in Oldenburg vertreten gewesen ist. Am 11. November v. J. hat sodann der Oldenburger Magistrat das Prioritätserkenntniß abgesprochen, in welchem derselbe unter den protocollirten Gläubigern nach der in erster Priorität am 28. Januar 1853 protocollirten Capitalforderung der Oldenburger Spar- und Leihkasse secundo loco den Müller Guttau in Grube mit unterm 1. Februar 1854 protocollirten 160 ℛ R.-M. nebst 4 pCt. Zinsen und tertio loco den Handelsmann Dechen in Oldenburg mit dem Betrage von 160 ℛ R.-M. nebst 4 pCt. Zinsen von einer am 8. Mai 1855 protocollirten Capitalforderung von 213 ℛ 32 β R.-M. collocirte, „weil die Ehefrau des Cridars Elisabeth Dorothea, geb. Schloer, mit den für sie am 12. Mai 1853 protocollirten 320 ℛ R.-M. hinter diese beiden Creditoren zurückgetreten sei“ und sodann quarto loco dem Querulanten in qual. qua mit den am 27. November 1853 protocollirten 640 ℛ R.-M. nebst rückständigen Zinsen seinen Platz anwies. Durch diese Collocation hat der Querulant sich beschwert erachtet und daher gegen diejenigen Passus des Prioritätserkenntnisses, welche die Priorität des Müllers Guttau und des Handelsmanns Dechen aussprechen, das Rechtsmittel der Supplication eingelegt, bei Prosequirung desselben aber zugleich eine Nichtigkeitsbeschwerde erhoben, welche er darauf begründet hat, daß der Oldenburger Magistrat in dem abgesprochenen Prioritätserkenntnisse zweien der protocollirten Gläubiger auf angeblichen Vereinbarungen beruhende Ansprüche zuerkannt habe, die von diesen in dem generellen Justificationstermin gar nicht erhoben seien, mithin von dem Querulanten gar nicht hätten bestritten werden können.

Die Querulaten haben in ihrer eingezogenen Gegenerklärung zunächst die erhobene Nichtigkeitsbeschwerde als unbegründet darzustellen gesucht und gegen die eventuelle Supplication die Einrede des unzulässigen Rechtsmittels vorgeschützt, weil es sich um die vermeintliche Priorität eines Capitals von 640 ℛ R.-M.

und die Anfechtung des desfälligen Prioritätserkenntnisses handle, in den vormals großfürstlichen Districten aber gegen ein solches Erkenntniß, sobald der Streitgegenstand einen Werth von 160 ℛ R.-M. habe, lediglich die Appellation das zulässige Rechtsmittel sei.

Nach erstattetem Berichte des Oldenburger Magistrats vom 9. Mai d. J. steht zur Frage, ob die erhobene Nichtigkeitsbeschwerde begründet, eventuell ob auf die Supplication des Querulanten einzutreten ist.

In Erwägung nun, was die Nichtigkeitsbeschwerde des Querulanten betrifft, daß es

1) der Stellung besonderer Anträge der protocollirten Gläubiger auf eine ihrer Priorität entsprechende Collocirung im Termin der allgemeinen Justification nicht bedarf, da es die Aufgabe des Concursgerichtes ist, in den Fällen, wo kein Contradictor bestellt worden, auf Grundlage des nach dem Patent vom 22. November 1805, betreffend die Angabe protocollirter Forderungen, dem Professionsprotocoll beizufügenden Extracts aus dem Schuld- und Pfandprotocoll die Collocation der protocollirten Forderungen, so ferne dieselben von keiner Seite bestritten worden, von Amtswegen vorzunehmen, und daß

2) der Querulant sich eben so wenig darauf berufen kann, daß ihm keine Gelegenheit zur Anfechtung der querulatischen Forderungen gegeben worden sei, da, wie der Oldenburger Magistrat in seinem Bericht bezeugt hat, in dem Justificationstermine das Professionsprotocoll, in welches nach der gesetzlichen Vorschrift der Extract aus dem Schuld- und Pfandprotocoll eingetragen war, vorgelegt worden ist, so daß sämmtliche Forderungen, protocollirte und einfache, vollständig den versammelten Gläubigern zur Besprechung und Beurtheilung vorlagen und darauf die sämmtlichen Forderungen einzeln durchgegangen worden sind, um zu sehen, ob gegen dieselben in irgend einer Hinsicht etwas zu erinnern gefunden werde, was aber nicht der Fall gewesen ist; und

in Erwägung, daß die von dem Querulanten eventuell zur Hand genommene Supplication von den Querulaten mit Recht als ein unzulässiges Rechtsmittel bezeichnet worden ist, da gegen Prioritätserkenntnisse, wenn, wie dies in concreto der Fall, die summa appellabilis vorliegt, nur die Appellation das zulässige Rechtsmittel ist,

cfr. Francke, Schl. Holst. Civilpr., II, S. 517,
Schlesw. Holst. Anzeigen, 1852, S. 150,
Holst. Anzeigen, 1861, S. 22,

wird dem Querulanten und Supplicanten auf seine sub præs. den 9. December v. J. hieselbst eingerichte Nichtigkeitsbeschwerde und Supplication hiedurch von Obergerichtswegen

ein abschlägiger Bescheid

ertheilt, derselbe auch schuldig erkannt, den Querulaten und Supplicaten die angesetztermaaßen mit 14 ℛ 64 β R.-M. passirenden Kosten der in Abschrift anliegenden Gegenerklärung binnen 4 Wochen ab ins. zu erstatten.

Urkundlich ꝛc. Gegeben im Königl. Holsteinischen Obergerichte zu Glückstadt, den 7. Juni 1862.

Allerhöchst privilegirte

Holsteinische Anzeigen.

Redigirt von den Obergerichtsräthen Etatsrath Henrici und Lucht.

Gedruckt bei Augustin in Glückstadt.

38. Stück. — Den 22. September 1862.

Entscheidungen.

Die Anstellung der Paulianischen Klage ist nicht durch die stattgehabte Eröffnung des Concursverfahrens bedingt.

In Sachen des Hugo von Hirsch aus Petersdorf in Schlesien, Klägers,

wider

den Landsassen Baron von Seydlitz auf Rütschau, Beklagten,

in pcto. actionis Paulianæ zur Anfechtung einer dem Beklagten von seiner Ehefrau in fraudem des Klägers beschafften Cession,

ergeben die Acten:

Der Kläger hat zur Begründung seiner Klage vortragen lassen:

Die Ehefrau des Beklagten sei unterm 9. April 1859 vom Oberappellationsgericht schuldig erkannt worden, dem Kläger zur Entschädigung wegen eines nicht erfüllten Eheversprechens die Summe von 10,000 ℛ R.-M. nebst Verzugszinsen und Kosten zu bezahlen. Die zur executivischen Beitreibung dieser Forderungen vom Holsteinischen Obergerichte mittelst Decrets vom 24. October 1859 verfügte Pfändung sei aber von der Ehefrau des Beklagten dadurch frustrirt, daß sie erklärt, sich in gänzlicher Vermögenslosigkeit zu befinden und sie zum Beweise hierfür zwei Cessionsdocumente producirt, wodurch sie ihr gesammtes Vermögen dem jetzigen Beklagten cedirt habe. Mittelst dieser Cessionsdocumente, wovon sich beglaubigte Abschriften bei den obergerichtlichen Acten befänden, habe Beklagter von seiner Ehefrau cedirt erhalten:

1) deren Fideicommißrevenüen, welche ihrer eigenen Angabe und Behauptung nach durchschnittlich sich beliefen auf 11,046 ℛ 12 β R.-M. jährlich,

2) deren gesammtes sonstiges Vermögen.

Durch die Cession des letzteren habe Beklagter sowohl hinsichtlich der angeblich an seine Ehefrau ihm zuständigen Forderungen als auch hinsichtlich der Zahlungsverbindlichkeiten, welche er für dieselbe übernommen, seine vollständige Befriedigung und Deckung erhalten, wie solches von ihm ausdrücklich anerkannt worden. Es habe also für seine Ehefrau keine rechtliche Nöthigung irgend einer Art existirt, ihm auch ihre Fideicommißrevenüen zu cediren. Sie habe ihm selbige cedirt, um dem Kläger es unmöglich zu machen, sich daran halten zu können wegen der Entschädigungssumme, welche ihm würde zugesprochen werden; und zwar habe sie dies gethan, als der wider sie seit dem Jahre 1851 anhängige Proceß 8 Tage später beim Obergericht zur Finalentscheidung gestanden und es bereits gewiß gewesen, daß die Verurtheilung der Ehefrau des Beklagten zur Leistung einer Entschädigung erfolgen werde.

Kläger sehe sich daher genöthigt, die in fraudem creditoris vorgenommene Vermögensveräußerung mit der actio Pauliana anzufechten. Dieser Klage diene es zur Begründung:

daß durch die gedachte Vermögensveräußerung eine dem Kläger gegen die Ehefrau des Beklagten zuständige Forderung von 10,000 ♂ R.-M. nebst Verzugszinsen und Kosten unrealisirbar geworden;

daß Frau von Seydlitz dieser unausbleiblichen Folge ihrer Vermögensveräußerung sich bewußt gewesen, sie also die Veräußerung in fraudem des Klägers vorgenommen hätte;

daß der Beklagte um diese betrügerische Absicht seiner Ehefrau gewußt habe.

Uebrigens bedürfe es im vorliegenden Fall überall keines Eingeständnisses oder Beweises der in solcher Hinsicht von der Ehefrau des Beklagten unter Mitwissenschaft des Letzteren gehegten betrüglichen Intention, denn da die Ehefrau des Beklagten ihr gesammtes Vermögen veräußert habe, so sei es gesetzlich zu präsumiren, daß sie solches rücksichtlich der Forderungen des Klägers in betrüglicher Absicht gethan habe, und erforderlich sei es gesetzlich auch nicht, daß derjenige, an welchen die Veräußerung stattgefunden, um die betrügliche Absicht gewußt habe, cf. L. 17 D. quæ in fraudem creditorum.

Kläger sei, soweit dies sich bis jetzt herausgestellt, der einzigste Creditor, in fraudem dessen die Vermögensveräußerung stattgefunden habe, und da die Fideicommißrevenüen ihm genügende Deckung gewähren würden, so beschränke er seine Anfechtung auf diesen Theil der Vermögensveräußerung.

Seinen Antrag hat Kläger dahin gerichtet, daß die vorerwähnte Cession der Fideicommißrevenüen wiederum aufgehoben und für nichtig erachtet, auch Beklagter schuldig erkannt werde, dem Kläger die Kosten dieses Processes, deren Verzeichnung und Ermäßigung vorbehältlich, zu erstatten.

Beklagter hat zunächst die Einrede der unbegründeten und unschlüssigen Klage vorgeschützt und zu deren Rechtfertigung hervorgehoben, daß die Paulianische Klage nach der auch bisher in der Praxis befolgten Ansicht der anerkanntesten Rechtslehrer die vorgängige Eröffnung eines Concursverfahrens zur nothwendigen Voraussetzung habe, daß von dieser Ansicht ebenfalls die Gesetzgebung in der Verordnung vom 17. Juni 1859 ausgegangen sei, die Ständeversammlung auch die Gestattung des Anfechtungsrechts außerhalb des Concurses für wünschenswerth bezeichnet und die Vorlage eines desfallsigen Gesetzentwurfs beantragt habe, und daß, was insbesondere den vorliegenden Fall anlange, es für den Beklagten und dessen Ehefrau von wesentlichem Interesse sei, daß von dem gedachten Grundsatz nicht abgewichen werde, da, sofern nach eröffnetem Concurse die Cession der Fideicommißrevenüen mit Erfolg sollte angefochten werden können, die von der Ehefrau des Beklagten in den angeschlossenen Ehepacten vom 28. Mai 1851 unter Verpfändung ihrer sämmtlichen Güter übernommene Verpflichtung, die Kosten des Haushaltes und des ehelichen Zusammenlebens aus ihrer jährlichen Einnahme allein zu bestreiten, nebst dem Pfandrecht wieder in Kraft treten und Beklagter mit seinem hypothecarischen Anspruch der klägerischen Forderung vorgehen, selbst abgesehen hiervon aber jedenfalls der Ehefrau des Beklagten ein Recht auf die Competenz zustehen würde.

Sich sodann eventuell auf die Klage einlassend hat Beklagter die rechtskräftige Verurtheilung seiner Ehefrau zur Zahlung von 10,000 ♂ R.-M. nebst Verzugszinsen und Kosten nicht in Abrede stellen können, auch nicht zu leugnen vermocht, daß die zur executivischen Beitreibung dieser Forderungen verfügte Pfändung in Folge der von seiner Ehefrau unter Producirung der fraglichen Cessionsdocumente abgegebenen Erklärung, daß sie überall kein eigenes selbstständiges Vermögen besitze, nicht vollstreckt worden sei. Dagegen hat Beklagter unter Hinweisung auf die Ehepacten, denen zufolge seine Ehefrau auch nach der Verheirathung die freie Verwaltung und Verwendung ihres Vermögens ohne Mitwirkung des Beklagten behalten habe, sich dahin ausgesprochen, daß er nicht wisse, ob seine Ehefrau außer den ihm cedirten Vermögensobjecten noch sonstiges Vermögen besitze, hat ferner bestritten, daß in den Cessionsacten und insbesondere in der Uebertragung der Fideicommißrevenüen eine Veräußerung des ganzen Vermögens liege und auf diesen Fall die Bestimmung der L. 17 § 1 Dig. quae in fraudem creditorum Anwendung leiden könne, auch hervorgehoben, daß hier keine Schenkung, sondern mit Rücksicht auf den bei der Cession der Fideicommißrevenüen gleichzeitig seinerseits erfolgten Erlaß der Verpflichtung seiner Ehefrau zur Bestreitung der Haushaltungskosten ein oneroses Geschäft in Frage stehe; hat weiter unter dem Bemerken, daß seine Ehefrau ihre gedachte Verpflichtung unerfüllt gelassen und daß, als er und sie übereingekommen wären, daß ihm gegen Erlaß der von ihr übernommenen Verpflichtung die Fideicommißrevenüen cedirt werden sollten, es zweifellos erschienen, daß sie auch fernerhin nicht im Stande sein werde, ihrer Verpflichtung nachzukommen, geleugnet, daß für sie keine rechtliche Nöthigung irgend einer Art existirt habe, ihm Fideicommißrevenüen zu cediren, und hat endlich auch in Abrede gestellt, daß sie ihm selbige cedirt habe, um dem Kläger es unmöglich zu machen, sich wegen der Entschädigungsansprüche daran zu halten, wobei von ihm geltend gemacht worden, daß ihr eine solche Absicht um so mehr habe fern liegen müssen, als sie durch die gedachten Ehepacten sich verpflichtet gehabt, aus ihren jährlichen Einnahmen die Kosten des Haushaltes und des ehelichen Zusammenlebens zu bestreiten, sie aber aus Erfahrung gewußt, daß sie außer Stande sei, ihren Verpflichtungen nachzukommen und dem Beklagten in Folge der ihm zugesagten Hypothek wegen des ihm zustehenden Anspruches ein Vorzugsrecht vor anderen Gläubigern zugestanden hätte, so wie ferner, daß, als die Cessionsacte ausgestellt worden, die definitive Entscheidung ihres Processes mit dem Kläger noch von einem von Letzterem abzuleistenden Schiedseid abhängig gewesen, sie auch nicht habe voraussehen können, daß derselbe den Eid ableisten werde und daß endlich sie auch unmöglich habe erwarten können, zu einer Summe von 10,000 ℳ nebst Verzugszinsen verurtheilt zu werden.

Beklagter schließt seine Vernehmlassung mit dem Antrage auf Abweisung der Klage und Verurtheilung des Klägers zur Kostenerstattung.

Nach bis zur Duplik stattgehabter Verhandlung, wobei vom Kläger replicirend auf die vom Beklagten bei Gelegenheit des Pfändungsversuches selbst abgegebene Erklärung Bezug genommen worden, steht sonach zur Frage:

> ob die angestellte Klage rechtlich für begründet zu erachten, und eventuell ob dieselbe auch für erwiesen anzusehen ist.

In Erwägung nun, daß die erhobene Klage, deren Begründetsein im Uebrigen nicht hat in Frage gestellt werden können, allerdings zur Zeit als rechtlich unbegründet würde abgewiesen werden müssen, wenn man mit dem Beklagten der Ansicht derjenigen Rechtslehrer beistimmen dürfte, welche die vorgängige Eröffnung des Concurses als nothwendige Voraussetzung für die Paulianische Klage betrachten, daß jedoch rücksichtlich dieser Rechtsfrage die Meinung den Vorzug verdient, welche die Concurseröffnung nicht als nothwendige Bedingung für die Zulässigkeit der erwähnten Klage angesehen wissen will,

> vgl. Seuffert's Archiv, Bd. I Nr. 247 und 251, Bd. XI Nr. 321,

indem innere Gründe jener Ansicht offenbar nicht zur Seite stehen, die dafür angeführten äußeren Gründe aber es keineswegs außer Zweifel stellen, daß die Zulässigkeit der actio Pauliana für das heutige Recht an eine Bedingung geknüpft werden dürfe, welche das Römische Recht als solche nicht kannte.

Es läßt sich nämlich aus den von der missio in bona und der venditio bonorum handelnden Gesetzesstellen, auf die man sich beruft, immerhin doch nur entnehmen, daß die missio in bona bei den Römern eine nothwendige Vorbedingung für die actio Pauliana war, die missio in bona aber nahm bekanntlich im Römischen Executionsverfahren eine wesentlich andere Stellung ein, als unser Concursproceß in dem jetzigen Vollstreckungsverfahren, und wenn sich auch aus ihr allmählig ein unserm Concursproceß ähnliches Verfahren entwickelt hat, so wird man doch nicht übersehen dürfen, daß sie an sich eben einfach nur ein Executionsmittel für das judicatum war und sie keineswegs nothwendig die Folge hatte, daß sich an den von dem einzelnen Creditor mit der nachgesuchten missio in bona betretenen Weg der Execution ein

Verfahren anschloß, in dem auch andere Creditoren ihre Befriedigung fanden,

vgl. Heffter, Institutionen des Civilprocesses, S. 560.

Es ist nun freilich neuerdings,

vgl. Seuffert's Archiv, Bd. XIII Nr. 202,

geltend gemacht worden, daß die missio in bona gleich wie jetzt die Concurseröffnung die Dispositionsentziehung für den Schuldner zur Folge gehabt. Aber es ist nicht zugleich auch der für die Schlüssigkeit dieses Arguments erforderliche Nachweis geliefert worden, daß in der mit dem eigenthümlichen Executionsmittel der missio in bona nothwendig verbundenen Dispositionsentziehung der eigentliche Grund zu suchen sei, weshalb dieselbe der actio Pauliana habe vorausgehen müssen, und nach dem historischen Entwickelungsgange des Römischen Schuldverfahrens,

vgl. Juristische Zeitschrift des Schlesw. Holst. Lauenburgischen Advocatenvereins, erster Jahrg. S. 44 u. ff.,

und dem Zweck und dem Wesen der actio Pauliana scheint im Gegentheil die Annahme viel näher zu liegen, daß das zur Zeit der Einführung der actio Pauliana schon sehr gewöhnliche Executionsmittel der missio in bona nur deshalb die Vorbedingung für die Paulianische Klage geworden, weil der letzteren nothwendig ein Executionsverfahren vorausgehen mußte, in welchem sich die durch fraudulose Geschäfte eingetretene Beeinträchtigung eines Creditors ausweisen konnte. Auch nach heutigem Recht wird die actio Pauliana außerhalb des Concurses nicht zugelassen werden dürfen, ohne daß vorgängig in einem stattgehabten Vollstreckungsverfahren constatirt worden, daß die fraudulosen Geschäfte die Benachtheiligung des Creditors zur Folge gehabt, und wenn noch jetzt ein mit Dispositionsentziehung verknüpftes Executionsmittel in dem Vollstreckungsverfahren dieselbe Bedeutung hätte wie einst bei den Römern die missio in bona, würde dasselbe daher auch bei uns schon aus dem obigen Grunde, nicht aber wegen der damit verbundenen Dispositionsentziehung, die Voraussetzung für die actio Pauliana bilden müssen. — Was insbesondere das Herzogthum Holstein anlangt, so kann hier von einer feststehenden Praxis nicht die Rede sein, die Gesetzgebung aber, welche in der Verordnung vom 17. Juni 1859 allerdings nur die Bedingungen, unter denen vor eröffnetem Concurse eingegangene Rechtsgeschäfte nach erkanntem Concurse anfechtbar sein sollen, näher festgestellt und dadurch der Ständeversammlung mit Rücksicht auf das auch außerhalb des Concurses sich geltend machende Bedürfniß für eine Erleichterung der Anfechtung fraudulofer Geschäfte Veranlassung gegeben hat, die Vorlage eines desfallsigen Gesetzentwurfs zu beantragen, hat in jenem Gesetze keineswegs zu erkennen gegeben, daß sie die gemeinrechtlichen Grundsätze der Paulianischen Klage auf den Fall der stattgehabten Concurseröffnung beschränkt wissen wolle;

in Erwägung ferner, daß die solchemnach rechtlich für begründet zu erachtende Klage auch als erwiesen anzusehen ist;

in Erwägung nämlich

1) daß, so wie überhaupt im Rechte zum dolus so auch zu dem die Anfechtbarkeit eines in fraudem creditorum geschlossenen Rechtsgeschäfts bedingenden dolus nicht erforderlich ist, daß der Schuldner sich die Benachtheiligung seines Creditoren als Zweck gesetzt habe, vielmehr das Bewußtsein des Schuldners, daß durch das Geschäft seine Gläubiger beeinträchtigt werden und sein mit diesem Bewußtsein gefaßter Entschluß, dasselbe dennoch vorzunehmen, zur Begründung der auf seiner Seite erforderlichen betrügerischen Absicht genügt,

cfr. Holst. Anz., 1857, S. 232;

2) daß Rechtsgeschäfte, wodurch der Schuldner sich aller zur Befriedigung seines Creditors dienlichen Vermögensobjecte entäußert, ohne dafür andere Gegenstände zu erwerben, an die sich der Creditor zur Realisirung dieser Forderung würde halten können, der Natur der Sache nach nicht ohne das Bewußtsein und den Willen, den Creditor zu beeinträchtigen, abgeschlossen werden können, daher auch bei Rechtsgeschäften dieser Art das Vorhandensein der betrügerischen Absicht keines Beweises bedarf,

vgl. L. 17 § 1 D. quæ in fraudem creditorum;

3) daß die Baronin von Seydlitz mittelst der Cessionsacte vom 31. Mai 1858 ihrem Ehemann die ihr zukommenden auf dem Gute Hasselburg radicirt stehenden 64,573 ℛ 4 β cedirt, ihm auch ihr sämmtliches auf Nütschau vorhandenes Mobiliarvermögen zum Erb- und Eigenthum übertragen, so wie ebenfalls ihre Revenüen aus dem Fideicommißgut Brodau und aus dem Meyer'schen Fideicommiß cedirt und außerdem auch später noch eine besondere Acte errichtet hat, wodurch ihm auch noch ihre sämmtlichen Schmucksachen zum Eigenthum übertragen worden sind;

4) daß der vom Kläger wider die Ehefrau des Beklagten geführte Proceß zwar noch nicht definitiv entschieden war, als die erwähnten Rechtsgeschäfte vollzogen wurden, der dem Kläger gegen die Ehefrau des Beklagten wegen nicht erfüllten Eheversprechens zustehende Entschädigungsanspruch aber schon längst existent geworden war und der darüber geführte Proceß sich auch bereits seinem Ende näherte, als die Acte vom 31. Mai 1858 errichtet wurde;

5) daß die Ehefrau des Beklagten in der unterm 18. August 1858 beim Königl. Oberappellationsgericht cum cur. mar. eingereichten Appellationsschrift, auf welche bei der mündlichen Verhandlung vom Kläger Bezug genommen worden, p. 33 ff. selbst näher dargelegt hat, daß sie außer den ihrem Ehemann cedirten Vermögensobjecten kein Vermögen besitze, auch in dieser Schrift namentlich hervorgehoben hat, daß sie die Acte vom 31. Mai 1858 dem Obergerichte in dem am 7. Juni s. J. abgehaltenen Termin producirt habe, um das Obergericht davon zu überzeugen, daß sie in Folge der durch diese Acte vorgenommenen Dispositionen ihrem Ehemann, dem Baron v. Seydlitz, ihr gesammtes Vermögen und ihre gesammten Einkünfte übertragen hätte, daher zur Zeit völlig vermögenslos sei; daß ferner die Ehefrau des Beklagten dem auf Antrag des Klägers zur Vollstreckung des Erkenntnisses des Oberappellationsgerichts vom 9. April 1859 mit der Vollziehung der Pfändung beauftragten Landgerichtsnotar unter Bezugnahme auf die erwähnte Acte und das über die Schmucksachen errichtete Document erklärt hat: „daß sie überall kein eigenes selbstständiges Vermögen besitze, daß sie vielmehr alles dasjenige, was ihr aus fideicommissarischen Stiftungen und aus dem elterlichen Vermögen zugefallen sei, ihrem Gemahl zum ausschließlichen Eigenthum übertragen, überliefert und auch von ihm angenommen sei," daß überdies auch der Beklagte selbst dem gedachten Beamten Namens seiner Frau bei derselben Gelegenheit unter Anderem zu Protocoll erklärt hat: „endlich könne sie nochmals wiederholen, wie sie keinerlei Eigenthum oder Vermögen besitze, mit Ausnahme der Hälfte einer ihr und ihrer Tante, der Frau Majorin von der Horst auf Petersdorf, gemeinschaftlich gehörigen dem Gute Brodau zugeschriebenen Obligation, welche durch die s. Z. herrschenden Machthaber gedachtem Grundstücke unter dem Namen Zwangsanleihe auferlegt, jedoch die Anerkennung der legitimen Behörden nicht gefunden hat. Diese Obligation, deren Größe ihr nicht erinnerlich, befinde sich im Brodauer Archiv. Auf Grund der beigefügten Protestation beantrage sie eine Suspendirung des wider sie eingeleiteten Executionsverfahrens, bis die legislativen Behörden sich über den Rechtstitel der wider sie erlassenen Erkenntnisse ausgesprochen hätten;"

6) daß unter diesen Umständen und da auch jetzt noch Beklagter nicht behauptet, daß seine Ehefrau der von ihr und ihm abgegebenen Erklärungen ungeachtet dennoch außer den cedirten noch andere Vermögensobjecte besitze, die in der Vernehmlassung enthaltene Erklärung, daß Beklagter nicht wisse, ob seine Ehefrau nicht noch sonstiges Vermögen habe, es nicht in Frage stellen kann, daß die zu Gunsten ihres Ehemannes getroffenen Dispositionen und insbesondere auch die die Fideicommißrevenüen mit befassende am 31. Mai 1858 vorgenommene Cession nicht von der Ehefrau des Beklagten hat vollzogen werden können, ohne daß sie sich dabei bewußt geworden und den Willen gehabt, den Kläger dadurch zu beeinträchtigen;

7) daß es bei lucrativen Geschäften zur Begründung der Paulianischen Klage nicht darauf ankommt, ob der erwerbende Mitcontrahent die fraudulose Absicht des Veräußerers gekannt hat;

8) daß zwar Beklagter die stattgehabte Cession der Fideicommißrevenüen aus dem Grunde als ein oneroses Geschäft betrachtet wissen will, weil er in der

darüber errichteten Acte seine Ehefrau von der in den Ehepacten von ihr übernommenen Verpflichtung, die Kosten des gemeinschaftlichen Haushaltes und des ehelichen Zusammenlebens aus ihren Einnahmen zu bestreiten, entbunden sei, daß aber mit diesem Erlaß einer Verbindlichkeit, deren Erfüllung das Vorhandensein von der Ehefrau zufließenden Einnahmen zur Voraussetzung hatte, der rechtliche Character des titulo lucrativo die Vermögensobjecte der Ehefrau auf ihren Ehemann übertragenden Rechtsgeschäftes nicht hat alterirt werden können,

arg. L. 25 § 1 quæ in fraudem credit. (42, 8), vgl. auch Seuffert's Archiv, Bd. IX Nr. 106;

9) daß überdies dieselben Gründe, weshalb es von selbst gegeben ist, daß ein Rechtsgeschäft von solchem Umfang von dem Schuldner nicht eingegangen werden kann, wenn es nicht der Wille desselben ist, seinen Creditor zu beeinträchtigen, sich in diesem Fall auch auf Seiten des Beklagten geltend machen, da ihm der sich schon seinem Ende nähernde Proceß, den seine Ehefrau mit dem Kläger führte, nicht unbekannt geblieben war und auch er daher nicht Theil nehmen konnte an dem mit ihm abgeschlossenen Rechtsgeschäfte, ohne sich dabei bewußt zu werden, daß ein solches Geschäft mit Nothwendigkeit die Absicht voraussetze, dem Kläger die zur Vollstreckung des zu erwartenden Definitiverkenntnisses erforderlichen Vermögensobjecte zu entziehen;

10) daß endlich aber auch noch hinzukommt, daß der Inhalt der Acte vom 31. Mai 1858, der Gebrauch, der davon nach der hierüber in der oberwähnten Appellationsschrift enthaltenen Bemerkung wenige Tage nach der Errichtung derselben dem Kläger gegenüber im Verhandlungstermin vor dem Holsteinischen Obergericht gemacht worden ist, und der von dem Beklagten in seiner oben angeführten dem Landgerichtsnotar in Gegenwart der Ehefrau des Ersteren und mit deren Uebereinstimmung zu Protocoll gegebenen Erklärung unverholen sich aussprechende Wille, alles aufzubieten, um die Vollstreckung eines Urtheils des höchsten Gerichtshofes zu verhindern, nicht nur die fraudulose Absicht der bei Errichtung der fraglichen Acte mit einander contrahirenden Eheleute vollends außer Zweifel stellt, sondern zugleich auch mit aller Entschiedenheit darauf hinweiset, daß der eingetretene Erfolg, die Vereitelung der Execution eines in letzter Instanz gefällten Urtheils, der Zweck gewesen, den Beklagten und seine Ehefrau bei Errichtung des gedachten Documents verfolgt haben;

in Erwägung endlich, die Proceßkosten anlangend, daß, wenngleich die besondere Zweifelhaftigkeit einer zu entscheidenden Rechtsfrage zu den Gründen gehört, welche eine Kostenvergleichung motiviren können, doch nicht in jedem Proceß, in welchem eine ungewöhnlich zweifelhafte Rechtsfrage mit in Berücksichtigung kommt, unbedingt auch Kostencompensation erkannt werden muß, eine Kostenvergleichung vielmehr auch in solchem Fall immer nur in der Betrachtung ihre Motivirung findet, daß die Zweifelhaftigkeit der Rechtsfrage das von der unterliegenden Partei beobachtete Verfahren hinlänglich rechtfertigt;

daß aber davon im vorliegenden Fall nicht die Rede sein kann, da es außer Zweifel ist, daß es ein frauduloses der Anfechtung mit der Paulianischen Klage unterliegendes Rechtsgeschäft ist, welches angefochten wird, also auch darüber kein Zweifel obwalten kann, daß es die Rechtspflicht des Beklagten ist, die beregten Vermögensobjecte der richterlichen Execution nicht vorzuenthalten und die zur Beurtheilung vorliegende zweifelhafte Rechtsfrage nur insofern von Einfluß ist, als es von deren Entscheidung abhängt, ob Kläger schon jetzt mit der Anfechtung des fraudulosen Geschäfts zum Ziele gelangen kann oder ob er vorerst die Eröffnung eines Concursverfahrens wider die Ehefrau des Beklagten veranlassen muß;

daß zwar Beklagter sich darauf beruft, daß es für ihn und seine Ehefrau von Interesse sei, daß Kläger eventuell erst nach wider die Letztere eingeleitetem Concursverfahren mit der actio Pauliana die Nichtigkeitserklärung der fraglichen Disposition erwirke, daß aber selbstverständlich in Wirklichkeit nicht davon die Rede sein kann, daß es dem Interesse des Beklagten und seiner Ehefrau mehr entsprechend erscheinen könnte, wenn der Rescindirung der angefochtenen Cession der Fideicommißrevenüen eine Concurseröffnung vorausgegangen wäre;

daß es daher an einem zureichenden Grunde fehlt, um in diesem Fall mit Rücksicht auf die Zweifelhaftig-

bei jener Rechtsfrage Kostencompensation eintreten zu lassen,

wird nach auf eingelegte Recesse stattgehabter mündlicher Verhandlung hiemittelst von Landgerichtswegen für Recht erkannt:

daß die von der Baronin von Seydlitz, geb. von Ernst, verwittwet gewesenen von Sandes-Hoffmann, auf Rütschau an ihren Ehemann, den Beklagten, beschaffte Cession ihrer Fideicommißrevenüen, nämlich der Revenüen des Braudauer und des Meyerschen Fideicommisses, zu rescindiren und für nichtig zu erklären, Beklagter auch schuldig sei, dem Kläger die durch diesen Proceß verursachten Kosten, insoweit darüber nicht bereits rechtskräftig erkannt worden, deren Verzeichnung und Ermäßigung vorbehältlich, innerhalb Ordnungsfrist zu erstatten.

Wie denn solchergestalt hiedurch erkannt wird

V. R. W.

Urkundlich rc. Publicatum im Königl. Holsteinischen Landgerichte zu Glückstadt, den 10. Februar 1862.

Auf die von dem Beklagten zur Hand genommene Appellation gegen dies Erkenntniß erging folgender abschlägiger Bescheid.

Namens Sr. Königl. Majestät.

Auf die unterm 5. Mai d. J. hieselbst eingereichte Appellationsschrift des Landsassen Baron von Seydlitz auf Rütschau, Beklagten, jetzt Appellanten,

wider

Hugo von Hirsch aus Petersdorf in Schlesien, Kläger, jetzt Appellaten,

wegen Anfechtung einer dem Beklagten und Appellanten von seiner Ehefrau beschafften Cession, jetzt Appellation gegen das Erkenntniß des Holsteinischen Landgerichts vom 10. Februar d. J.,

wird, mit Beziehung auf die Entscheidungsgründe des angefochtenen Erkenntnisses, so wie

in Erwägung, daß in Uebereinstimmung mit den über die Wirkungen eines rechtskräftigen Erkenntnisses geltenden Grundsätzen der Sinn des landgerichtlichen Erkenntnisses vom 10. Februar d. J. nicht dahin aufgefaßt werden darf, daß die von der Ehefrau des Appellanten an den Appellanten beschaffte Cession ihrer Fideicommißrevenüen, nämlich der Revenüen des Brodauer und des Meyerschen Fideicommisses, schlechthin ungültig sei, der Sinn jenes Erkenntnisses vielmehr der ist, daß die Cession der fraglichen Fideicommißrevenüen dem Appellaten gegenüber von keiner Wirksamkeit ist, so daß das Erkenntniß des Oberappellationsgerichts vom 9. April 1859, durch welches die Ehefrau des Appellanten schuldig erkannt worden ist, an den Appellaten 10,000 ℛ nebst Verzugszinsen und Kosten zu bezahlen, in den cedirten Fideicommißrevenüen vollstreckt werden kann,

hiedurch

ein abschlägiger Bescheid

ertheilt.

Die Rechnung des Anwalts und Procurators wird auf 67 ℛ 77 ß bestimmt.

Urkundlich rc. Gegeben im Königlichen Oberappellationsgericht zu Kiel, den 3. September 1862.

Grundsätze der Bestimmung einer Advocaturrechnung.

In der nachstehenden Sache reichte der Supplicant, welcher in einem mit dem Supplicaten geführten Processe zur Erstattung von Proceßkosten verurtheilt worden war, zwei von dem Gegner ihm zugestellte Kostenrechnungen behufs gerichtlicher Bestimmung derselben bei der Itzehoer klösterlichen Obrigkeit ein, wobei er gegen verschiedene einzelne Ansätze derselben seine Monita erhob. Bei der von der klösterlichen Obrigkeit hierauf vorgenommenen Moderation der beiden Rechnungen wurde er mit einigen dieser Ausstellungen gehört, mit andern dagegen zurückgewiesen; letzteres rief den Recurs des Supplicanten hervor, auf welchen der folgende obergerichtliche Bescheid erging.

Auf die sub præs. den 21. August v. J. hieselbst eingereichte Vorstellung des Hinrich Weber zu Millingerheide in Rheinpreußen, Klägers, Supplicanten,

wider

Adolph Heick in Homfeld, Beklagten und Supplicaten,

hauptsächlich wegen schuldiger 533 ℛ 32 β, deshalb um Bestimmung der Kostenrechnung des beklagtischen Anwalts, jetzt wider den Bescheid der klösterlichen Obrigkeit zu Itzehoe vom 27. Juni v. J.,

wird,

in Erwägung, daß, da die Kosten der Appellationsinstanz verglichen worden und zu diesen Kosten auch die durch Abhaltung des Termins für die Prästation der Appellationssolennien erwachsenen zu rechnen sind, der desfällige Ansatz auf der Rechnung B von resp. 3 ℛ 19 β und 10 ℛ 38 β zu streichen ist;

in Erwägung, daß kein Grund vorliegt, bei der Berechnung von Copialien für Vollmachten andere Grundsätze zu befolgen, als hinsichtlich sonstiger processualischer Actenstücke, daß mithin die auf den Ansatz dieser Copialien gerichtete Beschwerde unbegründet ist;

in Erwägung, daß dasselbe von dem gleichfalls beanstandeten Ansatze für Reinschrift verschiedener Briefe gilt, mithin auch die hierauf gerichtete Beschwerde nicht begründet ist;

in Erwägung, daß die Recesse und sonstigen Vorstellungen des Supplicaten nicht kanzeleimäßig geschrieben sind und daß bei zu Grundelegung der kanzeleimäßigen Sylbenzahl und Berechnung des Honorars mit 2 ℛ pr. Bogen von der Rechnung A 5 ℛ 92 β und von der Rechnung B 10 ℛ 74 β in Abzug zu bringen sind;

in Erwägung, daß die Ansätze von 6 ℛ 38 β für Abhaltung des ersten Verhandlungstermins und des Deductionstermins, so wie von 3 ℛ 19 β für sonstige Termine bei dem judicium a quo üblich und nicht für übertrieben zu erachten sind, daß mithin die gegen diese Ansätze gerichtete Beschwerde nicht begründet ist;

in Erwägung, daß das gleiche von dem Ansatz der Diäten mit 4 ℛ gilt;

in Erwägung endlich, daß die darüber erhobene Monitur, daß von dem Anwalt des Supplicaten die Kosten seiner Reisen von Elmshorn nach Itzehoe zu verschiedenen dortigen Terminen nach der Extrapost-taxe berechnet worden, um deswillen nicht begründet erscheint, weil dem Anwalte nicht zugemuthet werden kann, daß er nach Abhaltung des Termins noch bis zum Abend in Itzehoe bleibe, um den um 6 Uhr abgehenden Eisenbahnzug abzuwarten, während er bei Beförderung durch Extrapost in der Regel schon zwischen 3 und 4 Uhr würde zu Hause sein können;

bei abschriftlicher Mittheilung der eingezogenen Gegenerklärung von Obergerichtswegen zum Bescheide ertheilt:

daß die eingelegte Rechnung A auf 35 ℛ 5 β und die Rechnung B auf 129 ℛ 67 β zu bestimmen.

Urkundlich ꝛc. Gegeben im Königl. Holsteinischen Obergerichte zu Glückstadt, den 4. Februar 1862.

Allerhöchst privilegirte
Holsteinische Anzeigen.

Redigirt von den Obergerichtsräthen Etatsrath Henrici und Lucht.
Gedruckt bei Augustin in Glückstadt.

39. Stück. — Den 29. September 1862.

Entscheidungen.

Ueber die Verpflichtung des Nutznießers zur Conservirung des Objectes des Nießbrauchs; ob derselbe auch gehalten sei, eine Versicherung der Gebäude gegen Feuersgefahr zu veranlassen.

In Supplicationssachen des Altentheilers Kunitz in Poppenbüttel, Klägers und Widerbeklagten, jetzt Supplicanten,

wider

den Käthner Schlorfeldt daselbst, Beklagten und Supplicaten,

wegen unbefugter Entfernung eines Kochofens s. w. d. a., jetzt um Aufhebung des vom Kieler Amtsgericht am 18./22. October v. J. gesprochenen Erkenntnisses,

ergeben die Acten:

Der jetzige Supplicant hat wider den Supplicaten beim Kieler Amtsgericht klagend vorgebracht: beim Verkauf seiner in Poppenbrügge belegenen Käthnerstelle an seinen Schwiegersohn Behrens habe Kläger sich nach Ausweis des eingelegten Contractes das vollständige Nutzungsrecht an derselben reservirt. Gegen Neujahr 1858 habe er dem Behrens gestattet, einen in der Wohnstube befindlichen festgemauerten s. g. Beilegeofen herauszunehmen und einen Kochofen dafür hinzusetzen, was Behrens mit der ausdrücklichen Erklärung gethan, daß der Kochofen an die Stelle des Beilegeofens treten solle. Im Uebrigen sei der Ofen auch eine Pertinenz des Hauses und als solche auch bei dem Verkauf desselben an den Beklagten behandelt, indem er ohne besondere contractliche Bestimmung dem Beklagten mitübergeben worden sei.

Da nun der Beklagte den Ofen im Frühjahr 1860 eigenmächtigerweise weggenommen, liege hierin ein Eingriff in das Nutzungsrecht des Klägers, und ist demnach gebeten, den Beklagten unter Vorbehalt etwaniger Schadensansprüche zu verurtheilen, den Ofen wieder zur Stelle zu schaffen, ref. exp.

Excipiendo hat der Beklagte eine im Wesentlichen affirmative Litiscontestation beschafft, jedoch geleugnet, daß nach dem Contract die Stube, worin der fragliche Ofen gestanden, überall dem Nutzungsrecht des Klägers unterworfen gewesen, so wie daß Behrens denselben um Erlaubniß gefragt, den Ofen wegzunehmen, oder erklärt, daß der Kochofen an die Stelle des Beilegeofens treten solle. Eben so wenig sei der Kochofen Theil des Hauses geworden, vielmehr nur durch ein Rohr mit dem Boden verbunden. Bei dem Verkauf der Stelle sei auch besonders über den Ofen verhandelt worden.

Gestützt hierauf hat Beklagter außer der hier nicht mehr in Betracht kommenden Einrede der Cautionsleistung die Einrede der unbegründeten Klage und des dolus vorgeschützt und außerdem eine Widerklage erhoben.

Aus dem Contract gehe nämlich hervor, daß der Kläger die Bewirthschaftung der Stelle landüblich beschaffen und für möglichste Conservation derselben sorgen, so wie auch alle Abgaben und Lasten tragen solle. Im Widerspruch hiemit habe derselbe unter Anderm das Dach der Kathe schon über ein Jahr ohne s. g. Holste gelassen und überhaupt nicht dicht gehalten. Die Steine zwischen dem Tafelwerk seien nicht ordentlich ausgefugt und an einigen Stellen gänzlich los, so daß das Holzwerk schon bedeutend gelitten. Die beiden bei der Kathe vorhandenen Ställe befänden sich nicht im ordnungsmäßigen Stande. Im letzten Winter seien sogar Düngerhaufen an den Wänden derselben von den Häuerlingen des Klägers aufgeschüttet, was dieser geduldet. Auch seien die Ställe nicht in Gemäßheit der Brandverordnung versichert. Ein Theil der Wiese sei verpachtet, ohne daß für Bedüngung derselben gesorgt worden. Am zweiten Ostertage v. J. habe Kläger den größten Theil der Kronen der auf der Stelle vorhandenen Eichbäume abhauen lassen. Die nordöstliche Einfriedigung, die an den Garten des Nachbars Mordhorst stoße, sei schlecht unterhalten, und sei es endlich ganz unbefugt, wenn der Kläger die fragliche Stube ohne Einwilligung des Beklagten vermiethet habe. Es ist demnach gebeten, den Kläger schuldig zu erkennen, den gedachten Mängeln abzuhelfen und für die Zukunft sich solcher Vernachlässigungen und Uebergriffe zu enthalten.

Replicando und excipiendo in reconventione hat Kläger darauf hingewiesen, wie die Frage, ob sich das ihm zustehende Nutzungsrecht auch auf die fragliche Stube erstrecke, vom Amtsgericht bereits rechtskräftig zu seinen Gunsten entschieden sei. Von einer contractwidrigen Behandlung der Stelle könne nicht die Rede sein, da das Land und die Gebäude zur Zeit mindestens in eben so gutem Stande seien, wie beim Antritt des Nießbrauchs. Die Holste seien erst im Frühjahr abgeweht und das Dach erst im vorigen Sommer dicht gemacht, der Mauermann, der es wieder nachsehen solle, sei schon bestellt. Das Tafelwerk habe einige schadhafte Stellen, die ebenfalls ausgebessert werden sollten, es sei aber nicht wahr, daß das Holzwerk gelitten. Die Düngerhaufen der Häuerlinge lägen allerdings nahe an den Wänden der Ställe, es sei aber kein anderer Platz für dieselben vorhanden, auch eine solche Placirung durchaus nicht unüblich. Daß auf die Wiese kein Dünger gebracht werde, sei nicht wahr. Von den Eichstämmen seien nur die überhängenden Zweige abgehauen, soweit wie nöthig. Die nordöstliche Einfriedigung sei noch vor zwei Jahren aufgegraben. Die Ställe wären noch nie versichert gewesen und dieses auch nicht von der beikommenden Behörde verlangt. Zur Vermiethung der Stube sei Kläger berechtigt.

Nachdem der Beklagte in der Verhandlung diesen Ausführungen widersprochen, hat das Kieler Amtsgericht unterm 17. October v. J. erkannt: *)

---

*) Die Entscheidungsgründe lauten:

In conventione:

In Erwägung, daß es durch rechtskräftiges Amtsgerichtserkenntniß vom 10. October 1860 zwischen den Parteien feststeht, daß Kläger an der fraglichen in Poppenbrügge belegenen Kathenstelle den ausschließlichen Nießbrauch habe, und dieser Nießbrauch sich mithin auch auf die Wohnstube erstrecke, in welcher der qu. Ofen gestanden; daß es ferner unbestritten ist, daß Beklagter einen Kochofen, welcher in der Wohnstube der fraglichen Kathenstelle gestanden, wider Willen des Klägers im Frühjahr 1860 herausgenommen habe; daß es aber bestritten ist, daß der klägerische Nießbrauch sich auch auf diesen Ofen erstrecke; daß Kläger zur Begründung seiner Behauptung zunächst angeführt hat, daß der Vorgänger des Beklagten J. H. Behrens gegen Neujahr 1858 den früher an der Stelle, wo später der qu. Ofen gestanden, befindlich gewesenen festgemauerten Beilegeofen herausgenommen und dafür den qu. Kochofen hingesetzt, was unbestritten ist, und dabei ausdrücklich dem Kläger erklärt habe, der neue Ofen solle an die Stelle des alten treten, daß diese letztere Erklärung, da der frühere Ofen mit dem qu. Hause als dessen Theil verbunden war, folglich der Nießbrauch des Klägers sich auch auf ihn erstreckte, als Einräumung des Nießbrauchs an dem neuen Kochofen an den Kläger zu betrachten, indem die Acceptation den Umständen nach zu vermuthen sein wird, übrigens aber bestritten ist; daß aber auch die zweite Begründung des Klägers, der neue Kochofen sei Theil des Hauses gewesen, hinreicht, daß sie aber bestritten ist, und keineswegs durch die Einräumung des Beklagten, der qu. Kochofen sei durch ein Rohr mit dem Hause in Verbin-

A. In conventione interloquendo:

daß Kläger zu beweisen:

entweder, daß gegen Neujahr 1858, als Behrens an die Stelle des alten Beilegeofens den streitigen Kochofen gesetzt habe, er ausdrücklich dabei dem Kläger erklärt

---

dung gebracht, liquide wird, da durch diesen Umstand allerdings der qu. Ofen zu einer Pertinenz der Kathe geworden ist, aber nicht zu einem solchen Theil des Hauses, daß er von dem klägerischen Nießbrauch ergriffen werden mußte, daß auch die Behauptung, Behrens und Beklagter hätten bei Ueberlassung der Kathe an Letzteren den Kochofen als Pertinenz des Hauses behandelt, ohne Relevanz ist, da der Nießbrauch nicht alle Pertinentien, noch weniger was als solche behandelt wird, begreift, sondern nur diejenigen, welche zugleich Theil der Hauptsache sind und es hierfür gleichgültig ist, was zwischen Behrens und dem Beklagten ausgemacht ist;

in Erwägung, daß Vorstehendem nach die Einrede der unbegründeten Klage sich von selbst erledigt, daß rücksichtlich der zweiten Einrede, der exceptio doli, es durch das bereits erwähnte Erkenntniß vom 10. October 1860 festgestellt ist, daß das dem J. H. Behrens zustehende Recht auf Wohnung in der Kathe für sich und seine Familie ein höchst persönliches ist, welches auf Andere nicht übertragen werden kann, mithin, so lange Behrens davon keinen Gebrauch macht, der Nießbrauch des Klägers ganz unbeschränkt ist, daß übrigens, hievon abgesehen, die Existenz des Nießbrauchs auch Behrens gegenüber ein Interesse am Stehenbleiben des Ofens auf seinem alten Platz gewähren würde.

In reconventione:

In Erwägung, daß es zugestanden ist, daß Widerkläger im Jahre 1860 Eigenthümer der früher dem J. H. Behrens gehörigen, jetzt fraglichen Kathenstelle geworden ist, daß Widerbeklagter auch sich schuldig bekennt, die Stelle zu conserviren und in gutem Stande zu erhalten, und daß hiedurch schon, bei der Unbestimmtheit der Angabe, sich die allgemein angesprochene Forderung, Widerbeklagter solle sich künftiger Vernachlässigungen enthalten, erledigt;

in Erwägung, daß Widerbeklagter eingeräumt hat, daß das Dach der Kathe ohne Holster und nicht dicht sei, übrigens auch zur Erfüllung sich bereit erklärt hat; daß derselbe eingeräumt hat, daß das Tafelwerk einige schadhafte Stellen habe, und zur Abhülfe sich bereit erklärt hat; daß er eingeräumt hat, die beiden auf der Stelle befindlichen Ställe seien nicht versichert, daß nach der Brandverordnung vom 20. Juni 1776 Sechsten Theil § 1 sämmtliche Gebäude zu versichern sind und die Brandkassegelder zu bezahlen dem Widerbeklagten nach seiner eigenen Einräumung obliegt, Widerkläger auch ein wohlbegründetes Interesse an der Erfüllung dieser Verpflichtung hat, daß es auch darauf gar nicht ankommt, ob vor der Ueberlassung der Stelle an Behrens die Ställe versichert waren oder nicht;

in Erwägung, daß, was die Erwähnung der Asche und der abgehauenen Eichbäume betrifft, Schadensansprüche nicht erhoben sind, und eine Abhülfe nur in der Unterlassung künftiger Wiederholungen bestehen kann, mithin ein Beweis der angeführten Thatsachen ohne Interesse ist, daß es übrigens zwar unzulässig ist, trockene Asche auf Düngerhausen zu schütten und Kläger möglichst dies verhüten muß, daß auch ein Abhauen der Kronen von Eichbäumen, zumal ein solches, wodurch dieselben leiden, nur durch besondere Rücksichten gerechtfertigt werden könne, aber daß Widerbeklagter dies Alles gar nicht bestreitet;

in Erwägung, daß das Nutzungsrecht des Klägers an der ganzen Kathenstelle zwischen den Parteien bereits rechtskräftig feststeht, auch Beklagter jedenfalls kein Recht hat, die dem Behrens für sich und seine Familie eingeräumte Wohnung zu benutzen, vielmehr das klägerische Nutzungsrecht unbeschränkt ist, so lange Behrens nicht die Wohnung verlangt;

in Erwägung, daß allerdings an sich jeder Eigenthümer dem Nießbraucher gegenüber ein Recht auf die cautio usufructuaria hat, allein im vorliegenden Fall die Einrede des Widerbeklagten, durch den Contract vom Jahre 1852 seien die gegenseitigen Leistungen des Nießbrauchers und Eigenthümers genau festgestellt und nach diesem habe zur Sicherheit wegen seiner Leistungen er, Widerbeklagter, seine Güter generell verpfändet, rücksichtlich der nicht mit der Natur dieses Rechtsgeschäftes als solchen zusammenhängenden Leistungen, zu welchen die Leistung einer cautio usufructuaria gehört, begründet ist, und daß übrigens ohnehin die generelle Güterverpfändung im vorliegenden Fall genügende Sicherheit bietet;

in Erwägung, daß es geleugnet ist, die Ställe befänden sich nicht in ordnungsmäßigem Stande, daß Widerbeklagter nicht auf ordnungsmäßige Bedüngung des verpachteten Wiesenstücks halte, daß

habe, der neue Ofen solle an die Stelle des alten treten, oder, daß der fragliche Kochofen Theil der Kathe gewesen sei.

In reconventione:

A. definitiv:

1) daß Widerbeklagter schuldig sei, binnen vier Wochen das Dach der Kathe mit Holsten ordnungsmäßig zu versehen und es dicht zu machen, das Tafelwerk ausbessern zu lassen und die beiden Ställe in der Königlichen Brandkasse des Amts Kiel zu versichern, auch die Kosten, soweit sie diesen Punkt betreffen, zu erstatten,

2) — — — — — — — — — — — —

B. Interloquendo:

1) daß Widerkläger zu beweisen:
   a. daß die Ställe sich nicht in ordnungsmäßigem Stande befinden,
   b. daß die nordöstliche Einfriedigung nicht unterhalten und bereits im Verschwinden sei,
   c. daß das Stück Wiese nicht ordnungsmäßig bedüngt werde.

2) Widerbeklagter:
daß zu einer andern Placirung der Düngerstätten der Häuerlinge kein Raum vorhanden sei.

Gegen dieses Erkenntniß hat der Kläger und Widerbeklagte hieher supplicirt und sich darüber beschwert:

1) in conventione, daß nicht unter Wegfall der auferlegten Beweise Beklagter, nun Supplicat, sofort dem Klagantrag gemäß schuldig erkannt ist;
   in reconventione:
2) daß Widerkläger, jetzt Supplicat, nicht mit seiner Widerklage, soweit sie auf Instandsetzung des Dachs und Ausbesserung des Tafelwerks sich bezieht, unter Kostenerstattung abgewiesen;
3) event. daß ihm nicht der Beweis auferlegt ist, daß das Dach der Kathe schon über ein Jahr ohne Holster gelassen sei und daß durch unterlassene Ausbesserung des Tafelwerks das Holzwerk schon bedeutend gelitten habe, und dagegen dem Widerbeklagten, nun Supplicanten, der Beweis freigelassen, daß Dach und Tafelwerk sich beim Abschluß des Contracts vom 11. December 1852 in keinem bessern Zustand befunden haben, als jetzt;
4) daß Widerkläger, jetzt Supplicat, nicht mit seiner Widerklage, soweit sie auf Versicherung der beiden Ställe sich bezieht, unter Kostenerstattung abgewiesen ist;
5) daß, soweit die Widerklage auf Instandsetzung der Ställe und der Einfriedigung, und auf Bedüngung der Wiese sich bezieht, dem Widerbeklagten, nun Supplicanten, nicht der Beweis seiner Exceptionalbehauptung freigelassen, daß die Stelle beim Abschluß des Contracts vom 11. December 1852 sich in diesen Beziehungen in keinem besseren Zustand befunden habe, als gegenwärtig;
6) daß Widerkläger, jetzt Supplicat, mit seiner Widerklage, soweit sie sich auf die Düngerstätten bezieht, nicht unter Kostenerstattung abgewiesen.

(Der Beschluß folgt.)

---

die nordöstliche Einfriedigung, welche an den Garten des Nachbars Mordhorst stößt, nicht unterhalten und im Verschwinden sei; daß eingeräumt ist, es seien die Düngerhaufen der Häuerlinge so nahe an den Wänden der Ställe, daß sie dieselben wohl theilweise berührten, daß die dagegen vorgeschützte Einrede, das sei nicht unüblich, unbegründet ist, weil der Nießbraucher die dienende Sache nicht wie jeder andere Eigenthümer, sondern nur wie ein guter Eigenthümer benutzen darf, daß die zweite Einrede dagegen, es sei kein anderer Platz zur Placirung vorhanden, allerdings fundirt, aber liquide ist.

Allerhöchst privilegirte

Holsteinische Anzeigen.

Redigirt von den Obergerichtsräthen Etatsrath Henrici und Lucht.

Gedruckt bei Augustin in Glückstadt.

40. Stück. — Den 6. October 1862.

Entscheidungen.

Ueber die Verpflichtung des Nutznießers zur Conservirung des Objectes des Nießbrauchs; ob derselbe auch gehalten sei, eine Versicherung der Gebäude gegen Feuersgefahr zu veranlassen.

(Beschluß.)

Nach eingezogener Erklärung der Gegentheils steht zur Frage, ob und wie weit diese Beschwerden begründet sind.

In Erwägung nun, daß hier abgesehen werden kann von der Frage, ob das Wohnrecht des Behrens nach dem Contracte als ein höchst persönliches zu betrachten und ob dieses durch rechtskräftige Entscheidung zwischen den Partei̇en festgestellt ist, worüber die Acten nicht beigebracht sind, da die Forderung des Klägers auch im Uebrigen nicht für begründet erachtet werden kann, indem der Eigenthümer des Hauses in der von ihm benutzten Wohnung Veränderungen vorzunehmen und diese wieder zu entfernen ohne Zweifel berechtigt ist und der Usufructuar keinen Anspruch auf das zur Stellebleiben dieser Veränderungen hat, sondern nur das Recht zu verlangen, daß der Eigenthümer den Zustand nicht verschlechtere, in welchem sich die Sache zu der Zeit befand, als der Usufruct derselben dem Nutznießer erworben wurde, und indem der Kläger daher auf das Verbleiben des zur Zeit des Erwerbes der Nutznießung im Hause nicht befindlichen Kochofens keinen Anspruch hat, wenn nicht der Eigenthümer eine desfällige Verpflichtung übernommen haben sollte, die Wiederherstellung des früheren Zustandes aber vom Kläger nicht verlangt ist;

in Erwägung, daß der Kläger im § 2 des Contractes vom 11. December 1852 die Verpflichtung übernommen hat, für die möglichste Conservation der Stelle zu sorgen, daß hiermit aber in Widerspruch steht, wenn er, wie eingeräumt, längere Zeit das Dach undicht und ohne Holster und das Tafelwerk unausgefugt läßt, es dabei auch nicht darauf ankommt, ob die Kathe sich zur Zeit des Contractabschlusses in einem gleich schadhaften Zustand befunden hat, indem es nicht beabsichtigt sein kann, daß der Kläger auch die Mängel conserviren solle und diese derartig sind, daß sie bei längerer Dauer auch auf den Zustand der anderen Theile des Gebäudes nachtheilig wirken;

in Erwägung, daß daher die ersten beiden in reconventione aufgestellten Beschwerden unbegründet sind;

in Erwägung, daß die beiden Ställe zwar in Gemäßheit der Brandverordnung vom 20. Juni 1776 tit. 6 § 1 zu versichern sind, daß aber kein Grund vorliegt, warum die Verpflichtung, die Versicherung zu veranlassen, welche regelmäßig der Eigenthümer hat, in diesem Falle dem Nutznießer obliegen sollte, da die Verpflichtung, die Brandkassegelder zu bezahlen, jene Verpflichtung nicht in sich schließt, und die übernommene Conservation der Stelle doch nicht zu Ergreifung von Maaßnahmen verbindlich macht, welche bis dahin zur Abwendung eines möglicher Weise eintretenden Schadens nicht für nöthig erachtet sind;

in Erwägung, daß die Behauptung des Widerklägers, die Ställe befänden sich nicht in ordnungsmäßigem Zustande, zu allgemein ist, um zum Beweise gestellt werden zu können, indem aus dieser Behauptung nicht zu ersehen ist, ob die fraglichen Mängel überall relevant sind oder nicht;

in Erwägung, daß dagegen eine Mangelhaftigkeit der Wiesenbedüngung und der Einfriedigung durch eine Berufung auf ähnliche Verhältnisse zur Zeit des Contractabschlusses nicht gerechtfertigt wird, indem der Widerbeklagte die landübliche Bewirthschaftung im § 2 des Contracts übernommen hat; und

in Erwägung, daß auch der letzte Beweissatz gerechtfertigt erscheint, indem die Placirung der Düngerhaufen an den Gebäuden diesen offenbar nachtheilig ist,

wird auf den am 19. November v. J. hieselbst eingegangenen Supplicationsantrag, nach eingezogener Gegenerklärung, hiedurch vom Obergericht zum Bescheide ertheilt:

> daß Widerkläger mit seinen Anträgen auf Verurtheilung des Widerbeklagten zur Versicherung der beiden Ställe in der Königlichen Brandkasse des Amtes Kiel, so wie zur Instandsetzung der Ställe abgewiesen werde, unter Verurtheilung zur Erstattung der Kosten der Unterinstanz, soweit sie sich auf diese Punkte beziehen, an den Widerbeklagten; daß im Uebrigen aber das Erkenntniß des Gerichts für das Amt Kiel vom 17. October v. J. bestätigt werde. Unter Compensation der Kosten dieser Instanz.

Urkundlich rc. Gegeben im Königl. Holsteinischen Obergerichte zu Glückstadt, den 11. Juni 1862.

Die gesetzliche Verpflichtung des Käufers zur Verzinsung des Kaufpreises greift nur dann Platz, wenn keine contractliche Bestimmung über die Verzinsung desselben getroffen ist. — Der Käufer ist von der gesetzlichen oder vertragsmäßigen Verbindlichkeit zur Verzinsung der Kaufgelder auch im Fall einer berechtigten Retention derselben nicht befreit.

In Sachen des Particuliers E. Tamm in Hamburg, Klägers,

wider

den Landsassen E. H. Heeren auf Muggesfelde, Beklagten,

> wegen schuldiger Zinsen im Betrage von Hamb. Bco. ℳ 1108. 5½ ß oder deren Werth in Reichsmünze,

ist unter den Parteien unbestritten, daß der Beklagte von dem Kläger durch Contract vom 1. November 1856 das adelige Gut Muggesfelde gekauft hat und daß dieses Gut ihm am Tage des Contractsabschlusses zu seiner Zufriedenheit tradirt worden ist. Der Contract enthielt unter Anderm die Bestimmung, daß ein Restkaufgeld von 107,466 ℳ 64 ß R.-M. nebst 3½ pCt. Zinsen p. a. vom Tage des abgeschlossenen Kaufcontracts am 1. Juli 1859 gezahlt werden sollte. An dem Zahlungstage aber ward von dem Beklagten die Zahlung beanstandet, weil der Kläger damals die in dem Kaufcontract von ihm übernommene Verpflichtung, dem Käufer ein reines Folium zu liefern, noch nicht hätte erfüllen können, es ward das Restkaufgeld nur bis zur Summe von 20,000 ℳ Bco. nebst Zinsen zu 3½ pCt. bis zum 1. Juli 1859 bezahlt und die Zahlung der letzten 20,000 ℳ Bco. erfolgte erst am 16. Januar v. J., nachdem der Kläger seiner contractlichen Verpflichtung vollständig nachgekommen war.

Der Beklagte hat sich aber der Entrichtung von Zinsen für die ebenerwähnten 20,000 ℳ Bco. geweigert und es ist in Folge dessen der Kläger klagend gegen ihn aufgetreten, indem er in thatsächlicher Hinsicht die vorher referirten Momente angeführt und dabei bemerkt hat, daß, als der Beklagte die Zahlung der Restkaufgelder beanstandet, er sich zur Vermeidung von Weiterungen damit einverstanden erklärt habe, daß der Beklagte als Sicherheit für die Erfüllung der vom Kläger rücksichtlich der Erlassung eines Proclams übernommenen Verbindlichkeiten eine Summe von 20,000 ℔ Bco. vom Kaufpreise zurückbehalte, und daß, als Beklagter später diese 20,000 ℔ an ihn habe auszahlen lassen, er dieselben nur unter Vorbehalt seiner Ansprüche auf Zinsvergütung angenommen habe. In rechtlicher Hinsicht ist deducirt worden: der Beklagte habe sich contractlich verpflichtet, den Rest des Kaufgeldes im Betrage von 107,466 ℛ 64 β R.-M. mit 3½ pCt. p. a. vom 1. November 1858 angerechnet zu verzinsen, welche Verpflichtung selbstverständlich, als Kläger diesen Rest des Kaufgeldes bis auf 20,000 Bco.℔ am 1. Juli 1859 berichtigt, rücksichtlich des noch unberichtigt gebliebenen Restes von Bco.℔ 20,000 fortgedauert habe. Aber auch abgesehen von diesem contractlichen Rechtsgrunde sei bekanntlich der Käufer gesetzlich verpflichtet, den Kaufpreis von der Zeit an, wo ihm die Sache überliefert worden, und zwar mit 4 pCt. jährlich zu verzinsen. Da es mit Rücksicht auf die contractliche Festsetzung des Zinsfußes zweifelhaft sein könne, ob Kläger die gesetzlichen 4 pCt. beanspruchen dürfe, wolle er sich damit zufrieden erklären, daß die fraglichen 20,000 ℔ Bco. ihm von dem Tage der Tradition des verkauften Gutes an nur mit 3½ pCt. verzinst würden. Die Retention des Kaufpreises, welche der Beklagte geübt, habe ihn nicht von der Verpflichtung befreien können, den noch restirenden Theil des Kaufpreises ferner zu verzinsen. Die Zinsen zu 3½ pCt. p. a. für die mehrerwähnten Bco.℔ 20,000 für die Zeit vom 1. Juli 1859 bis zum 16. Januar 1861 betrügen 1108 ℔ 5½ β Bco. Der Antrag des Klägers geht dahin, für Recht zu erkennen:

> daß der Beklagte schuldig sei, dem Kläger die libellirten Zinsen im Betrage von 1108 ℔ 5½ β Hamb. Bco. oder deren Werth in Reichsmünze binnen Ordnungsfrist zu bezahlen, so wie demselben die Kosten dieses Processes, deren Verzeichnung und Ermäßigung vorbehältlich, binnen gleicher Frist zu erstatten.

Der Beklagte hat in seinen Exceptionalien der Behauptung des Klägers, daß er in Folge einer mit diesem getroffenen Vereinbarung die qu. Summe von Bco.℔ 20,000 zurückbehalten habe, widersprochen und behauptet, es hätten vielmehr die Parteien sich am 1. Juli 1859 dahin vereinbart, daß die Summe von 20,000 ℔ Hamb. Cour. von der restlichen Kaufsumme bei Amsink in Hamburg, einem Schwager des Beklagten, dergestalt stehen bleiben sollte, daß keine von beiden Parteien über diese Summe einseitig verfügen oder sie gebrauchen dürfe, bis die zum Verkaufsproclam gemeldeten Ansprüche, welche Käufer nicht zu übernehmen verpflichtet sei, delirt worden seien, worauf sodann die deponirte Summe an den Verkäufer, den jetzigen Kläger, habe ausbezahlt werden sollen, und es sei in Gemäßheit dieser Vereinbarung von bedeutenderen Geldmitteln, welche Amsink von dem Beklagten in Händen gehabt habe, bis zur Summe von 20,000 ℔ Bco. ein Depot gebildet worden.

Der Beklagte hat sodann eine Einrede der unbegründeten Klage vorgeschützt und zu dem Ende bemerkt: so controvers es immerhin auch sein möge, ob stipulirter Zins vom Kaufpreise auch noch gefordert werden dürfe, wenn der Käufer zur Retention von Kaufgeldern berechtigt gewesen sei, so völlig erledigt sei diese Frage, wenn der Käufer die begründete Retention nur in Form einer Deposition geltend gemacht habe. Im vorliegenden Fall aber sei der ganze Act der qu. Deposition überdies auch in allen Stücken zwischen den Parteien vereinbart worden und es ständen daher sogar die Grundregeln des Vertragswesens und der bona fides im Geschäftsleben der Forderung des Klägers im Wege; denn daß von einer vereinbarungsgemäß deponirten Geldsumme Zins gefordert werden könne, werde wohl niemand behaupten wollen.

In omnem eventum hat der Beklagte eine Einrede der Zuvielforderung unter Hinweisung darauf vorgeschützt, daß die Zinssumme von Bco.℔ 20,000 zu 3½ pCt. für den in der Klage angegebenen Zeitraum berechnet nur die Summe von 1079 ℔ 2⅔ β Bco. ergebe, und schließlich gebeten:

> daß Kläger mit seiner Klage pure, eventuell insoweit abgewiesen werden möge, als sie mehr als die Summe von 1079 ℔ 2⅔ β Bco. fordern, ref. eventuell comp. exp.

Nach stattgehabter mündlicher Verhandlung, bei welcher der Kläger die in der Klage enthaltene Berechnung der libellirten Zinsen mit 1108 ℔ 5⅓ β Bco. für einen Rechnungsfehler erklärt hat, steht zur Frage, ob der von dem Kläger erhobene Anspruch begründet ist.

In Erwägung nun, daß, wenn auch nach der Anführung der Klage in dem Kaufcontract Zinsen für die Restkaufgelder ausdrücklich nur bis zum 1. Juli 1859, an welchem die Zahlung derselben erfolgen sollte, bedungen worden sind und es daher fraglich erscheinen kann, ob, nachdem diese Zahlung in dem dazu anberaumten Termine durch die Schuld des Klägers nur theilweise geschehen ist, noch für die fernere Zeit contractliche Zinsen für den damals unberichtigt gebliebenen Theil der Restkaufgelder gefordert werden können, der Kläger doch nach bestimmter Gesetzesvorschrift,

cf. L. 13 § 20 D. de A. E. V.,

berechtigt ist, von dem Tage der Tradition des verkauften Gutes an Zinsen des Kaufpreises bis zur völligen Zahlung desselben zu verlangen, und daher, da der Beklagte sich seit dem Contractsabschluß im Besitz des gekauften Gutes befunden hat, von diesem Gesichtspunkt aus der von dem Kläger erhobene Anspruch auf die libellirten Zinsen als begründet erscheint;

in Erwägung, daß diesem gesetzlichen Anspruch auf Verzinsung des Kaufgeldes auch nicht der Umstand entgegensteht, daß der Beklagte zur theilweisen Retention desselben wegen nicht vollständig geschehener Erfüllung der contractlichen Verbindlichkeit des Klägers befugt gewesen ist, da die in Rede stehende Zinsverbindlichkeit nicht auf einer Mora des Verkäufers in Betreff der Entrichtung des Kaufpreises, sondern auf der Rücksicht beruht, daß es als unbillig erscheinen würde, dem Käufer neben den Früchten der gekauften Sache, die er vom Augenblick der Besitzübertragung gewinnt, auch die Früchte des noch nicht gezahlten Kaufgeldes zuzusprechen, so daß die fraglichen Zinsen als ein billiges Aequivalent an den Verkäufer für den entbehrten Fruchtgenuß der verkauften Sache erscheinen;

in Erwägung, daß ebensowenig die vertragsmäßig stattgehabte Deponirung der 20,000 ℔ Hamb. Bco. den von dem Kläger erhobenen Anspruch elidirt, da einestheils dieselbe nach der Meinung der Contrahenten nicht die Bedeutung gehabt hat, den Beklagten von seinen contractlichen Verbindlichkeiten gleich einer gerichtlichen Deposition zu befreien und anderntheils durch dieselbe, auch wenn sie in der von dem Beklagten behaupteten Weise geschehen ist, dieser doch nur zeitweilig an der Nutzung des deponirten Geldes gehindert, nicht aber auch, soweit aus den Anführungen der Exception zu ersehen, der nachträgliche Genuß der während der Zeit der Deponirung des Geldes etwa fällig gewordenen Zinsen ihm entzogen worden ist; und

in endlicher Erwägung, daß, da der Kläger nach der ausdrücklichen Bemerkung seiner Klage die Zinsen für die Zeit vom 1. Juli 1859 bis zum 16. Januar 1861 in Anspruch genommen hat, die Berechnung einer Summe von 1108 ℔ 5⅓ β Hamb. Bco. für dieselben als das Resultat eines Rechnungsfehlers erscheint, welcher von dem Kläger in jedem Stadium des Processes redressirt werden kann und nicht geeignet ist, eine Einrede der Zuvielforderung zu begründen,

wird auf eingelegte Recesse und stattgehabte mündliche Verhandlung hiedurch von Landgerichtswegen für Recht erkannt:

> daß Beklagter schuldig sei, dem Kläger binnen Ordnungsfrist die eingeklagten Zinsen zum Betrage von 1079 ℔ 2⅔ β Hamb. Bco. oder deren Werth in Reichsmünze zu bezahlen, auch demselben binnen gleicher Frist die ihm angeursachten Proceßkosten, deren Verzeichnung und Ermäßigung vorbehältlich, zu erstatten.

Wie denn solchergestalt hiedurch erkannt wird

V. R. W.

Urkundlich rc. Publicatum im Königl. Holsteinischen Landgerichte zu Glückstadt, den 10. Februar 1862.

(Der Beschluß folgt.)

Allerhöchst privilegirte

Holsteinische Anzeigen.

Redigirt von den Obergerichtsräthen Etatsrath Henrici und Lucht.

Gedruckt bei Augustin in Glückstadt.

41. Stück. — Den 13. October 1862.

Beweislast bei qualificirtem Geständniß.

(Von dem Herrn Gerichtshalter Dr. Petersen in Oldenburg.)

Die praktische Wichtigkeit der zuletzt von den Herren Rave und Huß in diesen Anzeigen — 1862 Nr. 24 ff. und 36, 37 — behandelten Beweisfragen, deren Ungewißheit Parteien und Untergerichte ägyptisch umflort, fordert dringend ihre Lösung, für welche hier ein Versuch, wenigstens zur Provocirung des Besseren, gemacht wird.

Es sollte diese Lösung nur nicht durch gesetzliche Octroirung, wie zu Bremen, versucht werden; denn was ein Gesetz geben könnte, ist vorhanden, und was wegzuschaffen ist, besteht allein in Mißdeutung und verfehlter Subsumption factischer Verwicklung. Daß es hier nur auf klare Anschauung und Festhaltung logischer Consequenz ankomme, darauf hat schon Bethmann-Hollweg,

Anz. 1857, S. 332,

hingewiesen.

Unbestritten ist nämlich der Satz, daß jede Partei alle vom Gegner geleugneten Umstände, durch welche ihr Anspruch auf eine beantragte Entscheidung begründet wird, beweisen müsse. Da dieser Satz der oberste Regulator aller Beweisfragen ist, so dürfen wir nicht zweifeln, daß er sich auch für die hier fraglichen Fälle, in welchen der Begründung eines Anspruchs entgegengesetzt wird, derselbe sei von irgend einem in der Klage nicht angeführten Umstand abhängig, ohne daß dieser eine eigentliche Einrede bildet, bewähren werde. Dahin gehören z. B. folgende Fälle: Kläger fordert Vollziehung eines Eheversprechens, und Beklagter entgegnet, das sei nur unter der Bedingung ertheilt, daß Kläger vor der Hochzeit eine Landstelle erwerbe; Kläger fordert für verkaufte Eichenstämme den Preis von 1000 ℛ︁ und Beklagter behauptet, dieser sei nur unter der Bedingung versprochen, daß die zuerst gelieferten 93 Stämme 3900 Cubikfuß enthalten würden; Kläger fordert, daß seine Frau in sein Domicil zurückkehre, und sie erwidert, sie wären nicht wirklich, sondern nur so wie in der bekannten Behse'schen Geschichte copulirt; dem Anspruch auf den Kaufpreis für ein Pferd wird entgegengesetzt, des Beklagten eigenes Pferd, mit dessen Wiedergenesung der Handel habe hinfällig werden sollen, sei zeitig genesen.

In welchem Verhältnisse stehen denn diese Einwendungen zu den Klagbegründungen?

Jede Klage besteht aus der Vergleichung eines concreten Hergangs mit einem im Rechte generell vorgebildeten und als Grund eines Rechtsanspruches bezeichneten, um die wesentliche Identität des Concreten mit dem Abstracten darzuthun und den im Abstract gegebenen Rechtsanspruch concret gegen Jemand geltend zu machen.

Für unsere Frage interessirt uns davon nur die Darstellung jenes concreten Hergangs als factische Klagbegründung, und aus der Erwiderung des Beklagten nur der Theil, welcher die Wahrheit der klägerischen Geschichtserzählung bestreitet. Denn daß alle Thatsachen, derentwegen in diesem literarischen

Streite über die Beweislast verhandelt wird, diesen beiden Proceßtheilen und deren Analogien, den Exceptionen, Repliken u. s. w. angehören, darüber herrscht kein Streit.

Unbestritten ist ferner, daß alle Thatsachen, welche zur (factischen) Klagbegründung gehören, vom Kläger zu beweisen sind.

Zur Klagbegründung können nun jene Thatsachen in den angeführten Fällen nicht gehören; vielmehr fällt die Klagbegründung, wenn sie vom Kläger als wahr und in ihrer Wirksamkeit noch bestehend anerkannt werden, zusammen. So scheinen sie denn in der That zu sein, wofür gelehrte Juristen sie erklären, nämlich selbstständige Behauptungen, wodurch der Beklagte die Unbegründetheit der Klage darthut. Sind sie aber das — also Einreden —, so fällt die Beweislast unzweifelhaft auf den Beklagten. Auf ihre Selbstständigkeit wird es also hauptsächlich ankommen.

Wenn wir in solchen Fällen die ganze factische Entgegnung des Beklagten, wie sie in seiner Einlassung und diesen „selbstständigen" Behauptungen enthalten ist, in die Form einer Geschichtserzählung zusammenfassen, so erhalten wir damit die zweite Relation über einen und denselben Vorgang, wenn sich auch die Geschichte jedesmal wesentlich anders gestaltet; gleichsam eine zweite vermehrte und verbesserte Ausgabe derselben.

Aber nur die Erzählung des Klägers enthält seine Begründung seines Anspruches, und nur von der Wahrheit oder dem Beweise dieser Begründung hängt sein Sieg ab. Ganz unmöglich ist es, daß der Kläger siege, so lange seine Klagbegründung dem Gericht noch als eine ungewisse vorliegt, und niemals darf es zur Aufgabe des Beklagten gemacht werden, durch Beweise dafür zu sorgen, daß der Richter die unerwiesene Klagbegründung für wahr halte. So lange diese ungewiß bleibt, wird der Beklagte nicht verurtheilt, und sobald der processualische Zeitpunkt für die Herstellung des Beweises unbenutzt vorüber ist, wird der Kläger abgewiesen, ohne daß der Beklagte etwas zu beweisen hätte.

Soll also wegen jener Behauptungen ein Beweis (hier wohl zu sondern vom directen Gegenbeweis) auferlegt werden, so kann dieser nur den Kläger treffen. Was aber ist zum Beweise zu verstellen?

In jenen Defensionalbehauptungen kann ich nichts Anderes erkennen, als ein Ingrediens der negativen Einlassung, und möchte diese, insofern sie damit versehen ist, eine motivirte negative Einlassung *) nennen.

Weil jeder vom Kläger verfolgte Rechtsanspruch auf dem ganzen relevanten Bestande einer Geschichte beruht, so muß dieser gehörig gegliedert vorgetragen werden. Sobald nun der Beklagte in seiner Correlation die Fugen der vom Kläger verbundenen Geschichtsglieder von einander löset und andere Glieder dazwischen einfüget (resp. herausnimmt), so ist der Beides vergleichende Richter zu der Reflexion genöthigt, der Beklagte stelle die Wahrheit der klägerischen Geschichte, so wie sie vorgetragen und zur Rechtsbegründung gebraucht worden, in Abrede. Ich wüßte wenigstens nicht, wie der Richter die erste Frage, welche er nach der ersten Vernehmung beider Parteien zu thun hat, und für deren Beantwortung diese erste Vernehmung, sobald sie für gehörig beschafft gelten soll, die Motive enthalten muß, nämlich die Frage, ist die klägerische Geschichte zugestanden oder abgeleugnet, hier anders beantworten könnte. Sie bejahen und den Beklagten verurtheilen kann er doch unmöglich. Natürlich ist damit nicht gesagt, daß hier jedesmal die ganze klägerische Geschichte abgeleugnet ist; aber alle Bestandtheile, deren Wahrheit mit der Wahrheit der vom Beklagten eingefügten Umstände nicht zusammen bestehen kann, müssen für in Abrede gestellt erkannt werden. Fände der Richter hier ein non liquet, so müßte er bessere Einlassung fordern, bis er zum liquet käme und jene Frage mit Ja oder Nein beantworten könnte. So kommen wir zu der ferneren Frage, welche zur Klagerzählung gehörige Behauptungen sind denn z. B. in den oben angeführten Fällen auf diese Weise geleugnet? Wenn wirklichen Thatsachen das Ableugnen entgegentritt, so besteht es in einem einfachen „nicht wahr!" Tritt aber die Erzählungsdifferenz dadurch zu Tage, daß der Kläger eine relevante Thatsache ausläßt, während er doch verpflichtet ist, die Klagbegründung vollständig zu erzählen und Anspruch darauf macht, daß seine Erzählung als dieser Verpflichtung genügend ange-

*) Nachträglich erfahre ich, daß diese Bezeichnung bereits von Auctoritäten gebraucht und justificirt ist.

sehen werde, so muß der Richter das Schweigen des Klägers darüber als ein „nicht wahr!“ auffassen. Regelmäßig erfolgt dieses denn auch in der Replik vom Kläger noch ausdrücklich durch Verneinung der seiner Darstellung vom Beklagten incorporirten Umstände.

Darnach steckt also den Einfügungen des Beklagten gegenüber in den Fragen der klägerischen Erzählung jedesmal die Behauptung des Klägers: so wie ich die Geschichte erzähle und nicht anders ist sie vor sich gegangen. Da diese Behauptung nach dem Obigen ein nothwendiger, wenn auch latenter Bestandtheil der Klagbegründung ist, und von seiner Wahrheit der Erfolg der Klage abhängt, so muß diese Behauptung, sobald sie geleugnet ist, bewiesen werden, und zwar von dem sie aufstellenden Kläger.

Wenn demnach der Kläger das Nichtanderssein für seine Geschichtserzählung zu beweisen hat, so fällt dessen Kehrseite, das Anderssein, also der Beweis aller vom Beklagten behaupteten Modificationen diesem zu, jedoch als directer G e g e n b e w e i s.

So weit mir die Controversliteratur hierüber bekannt ist, würde dies Alles von den Vertheidigern der entgegengesetzten Ansicht zugegeben werden, wenn es sich dabei nicht um den Beweis einer Negative handelte. Bei der Behandlung einer Negative aber sind seit alter Zeit viele gute Juristen von einer ganz besonderen Bedenklichkeit befallen, grade wie die alten Physiker bei der Behandlung des leeren Raumes, welchem zu Ehren sie die ganze Natur mit dem horror vacui belegten, fast als müsse aus der Behandlung eines Nonens durchaus ein Nonsens*) entstehen. Allerdings hat die Unbestimmtheit, die Nichtmodificirtheit, als dem Nichts angehörig, keine besonderen Merkmale und läßt sich deshalb nicht direct bezeichnen und beschreiben, wenn auch mit aller Sicherheit a contrario ihr Dasein deducirt werden kann. Deshalb genügt es für die Vollständigkeit der Klagbegründung aber auch, daß der Kläger das Geschäft nach dessen positiven Bestandtheilen und Merkmalen darstelle, und indem er so seiner Verpflichtung zur Vollständigkeit genügt, durch den vollen positiven Inhalt den Schluß auf das Nichtanderssein in der allein möglichen Weise genügend motivirt.

Wie es effectiv einerlei ist, ob die Darstellung des Klägers die Unbedingtheit ihrer Thatsachen ausdrücklich behauptet oder sie stillschweigend als das Resultat eines unvermeidlichen Schlusses nachkommen läßt, so findet dasselbe statt bei dem Beweisinterlocut. Richtiger ist es jedoch, das Nichtanderssein ausdrücklich zum Beweise zu verstellen. Natürlich muß dann die Beweisauflage auf die Nichtexistenz derjenigen Umstände beschränkt werden, vermöge und vermittelst welcher der Beklagte das klägerische Nichtanderssein in Abrede gestellt hat, und dieselben Umstände hat dann das Interlocut positiv als Inhalt des Gegenbeweises zu bezeichnen. Denn wenn auch der Kläger nicht leicht mehr geben kann als ein a l l g e m e i n e s Ableugnen aller mit seiner Erzählung unverträglichen Momente, so erlauben dem Beklagten seine Mittel*) ein Weiteres, und über diese hat denn auch der Interloquent zu verfügen. Deshalb fordern denn die obersten Grundsätze der Proceßleitung und die hieraus entnommene bekannte Bestimmung des J. R. A., namentlich für die Einlassung, daß die Specificirung eintrete, wo und wie weit sie möglich ist.**) Bei uns ist eine solche interpretative Fassung der Beweiserkenntnisse auch noch ausdrücklich durch die vortreffliche Verfügung vom 31. August 1767 vorgeschrieben und dadurch der § 37 des J. R. A. auf das Beweisinterlocut extendirt und unnützem Streite über den Sinn des Orakels vorgebeugt, — wo sie befolgt wird.

Wenn Herr R a v e hier noch die Frage behandelt, was zu decretiren sei, wenn Kläger zu der ihm entgegengestellten Suspensivbedingung erwidert, die sei eingetreten und schade ihm deshalb nicht mehr, so erlaube ich mir, seine Beantwortung derselben bedenklich

*) Bekanntlich entstand aus dem horror vacui jedoch das Barometer, so daß wir auch auf die Fruchtbarkeit jener juristischen Bedenklichkeit hoffen dürfen.

*) Ihre Nichtbenutzung bildet die von den Theologen behandelte, juristisch nicht uninteressante interpretatio diabolica einer Bibelstelle.

**) Damit ist die Kreuzfrage der
Anz. 1857, S. 333 b,
„warum aber soll denn hier eine Ausnahme u. s. w.,“ beantwortet. Eine Ausnahme findet hier nicht statt, weil der als Ausnahme bezeichnete Fall gesetzlich der allein statthafte ist.

zu finden. Ich möchte doch glauben, daß in den Falten der Sprüchwörter superflua non nocent und utile per inutile non vitiatur auch Hülfe gegen das von einem Andern ausgehende superfluum oder inutile stecke, und daß deshalb die erweisliche Erwiderung des Klägers, die Bedingung ist durch ihren Eintritt irrelevant geworden, vom Proceßdirigenten nicht als mutatio libelli aufzufassen sei. Von mutatio libelli kann doch wohl nur die Rede sein, wenn ein noch wirksamer Umstand in die Klage hineingebracht oder aus ihr ausgesondert wird. Sollte die Abweisung des Klägers wegen mutatio libelli etwa auch dann eintreten, wenn Beklagter gleich mit anführte, eingetreten sei die Bedingung allerdings schon?

Uebrigens gäbe jene knappe Formulirung des Beweiserkenntnisses (welche indeß als unzulässig bezeichnet werden mußte) der Sache noch das Ansehen, als ob der Beweis in solchen Fällen nach der hier bestrittenen Ansicht dem Beklagten auferlegt würde. Doch dürfte, selbst wenn eine solche knappe Formulirung einträte, der Umstand, daß der von dem Beklagten beizubringende Beweis nach unserer Ansicht nur directer Gegenbeweis sein könnte, Kierulff's Bemerkung, daß hier die verschiedenen Ansichten im practischen Resultat auf eins hinauslaufen,

s. Anz. 1862, S. 197,

entgegenstehen.

Nicht grade zu einem falschen Grundsatze, aber doch zu vielen concreten Irrungen in dieser Materie führte das Studiren juristischer Compendien. Die nur als zufälliger und concreter Zusatz bei vielen Geschäften vorkommenden, bei andern aber fehlenden Nebenumstände werden von unsern Lehrern methodisch richtig abgesondert unter den Lehren von Bedingungen, Zeitbestimmungen, Modus, pacta adjecta, Einreden u. dgl. behandelt. Die theoretische Schulung verleitet uns dann später wohl dazu, dergleichen Dinge auch in der Praxis nach diesen theoretischen Gruppen begrifflich aus den Hauptgeschäften auszusondern und diese Nebenumstände dann als selbstständige Modificationen der Hauptgeschäfte zu behandeln. Dadurch gestalten sie sich dann verkehrterweise zu Exceptionen um, oder doch zu Dingen, welche von wirklichen Einreden sich nicht mehr unterscheiden lassen. Denn wenn diese Nebenumstände — nach des Beklagten Darstellung — mit zur streitigen Geschichte der Klagbegründung gehören, so sind sie wesentliche Bestandtheile des corpus obligationis, sind also so wenig selbstständig wie die Glieder jedes anderen Körpers, stehen sie dazu aber im Verhältniß der Selbstständigkeit, etwa wie Götz von Berlichingens eiserne Hand, so bilden sie gewiß auch wirkliche Einreden.*) Allerdings ist es methodisch richtig, daß im Lehrbuche die wesentlichen Geschäftstheile von den zufälligen abgesondert erörtert werden. Aber der Practiker darf nicht die vom Geschäftsleben aus einem Gusse gebildeten Contracte nach den Paragraphen seines Lehrbuchs zerreißen und ihre wesentlichen Bestimmungen darnach als Material der Klage, die zufälligen als Material der Einreden behandeln. Beruft sich also der Beklagte auf eine in der Klage übergangene contractliche Zahlungsfrist, so opponirt er damit keine Einrede, sondern giebt über diesen Punkt eine motivirte negative Einlassung, und deshalb darf der Richter dem Beklagten hier nicht den Beweis der Fristsetzung auferlegen, sondern ihm nur den directen Gegenbeweis vorbehalten. Etwas aus der hier bezeichneten Quelle von Irrungen scheint auch der Entscheidungsgrund in dem Kieler Schiffbauholzfalle,

Anz. 1859, S. 2a,

„die nach Maaßgabe dieses Geschäfts fällige Forderung" u. s. w. zu enthalten.

Besondere Bedenken hat noch die Resolutivbedingung veranlaßt, bei welcher auch das Oberappellationsgericht ausnahmsweise die hier vertheidigte Ansicht verläßt. Der Unterschied der Suspensiv- und der Resolutivbedingungen dürfte keinen Grund dafür enthalten. Ob der Beklagte eine Forderung zurückweist, weil sie wegen einer schwebenden Bedingung noch nicht existent geworden, oder weil sie wegen einer eingetretenen nicht existent geblieben; ob der Anfang oder ob das Ende des Geschäfts aufgehoben ist, dürfte, da das Characteristische von beiderlei Bedingungen, ungeachtet der dies etwas in den Hintergrund drängenden modernen Terminologie von c. suspensiva und resolutiva, im Aufschieben liegt, hier keinen Unterschied begründen.

*) Daß alles Vertheidigungsmaterial des Beklagten entweder der negativen Einlassung oder wirklichen Einreden angehöre, dürfte unstreitig sein.

Die Klagbarkeit aller bedingten Geschäfte hängt eben von der Bedingung ab. Soll die Klagbarkeit gleich mit Abschluß des Geschäfts eintreten, so kann die Bedingung nur eine resolutive sein, soll aber die Klagbarkeit erst mit dem Bedingungseintritt nachkommen, so wählt man die suspensive. Aber auch die resolutive wirkt auf den Geschäftsbestand schon vor ihrem Eintritt ein. Die sogleich eintretende Vollziehung des Geschäfts bringt bis zu dem Zeitpunkt, in welchem die Resolutivbedingung eintritt oder ihr definitives Nichteintreten als gewiß vorliegt, nie etwas anderes als einen provisorischen Zustand, welcher auf die Erwartung hin, daß die Bedingung nicht eintreten werde, geschaffen ist und welcher, wenn sie dennoch eintritt, regelmäßig — nach der bekannten Zurückbeziehung der Bedingungen — ganz und gar wieder rückgängig gemacht oder resolvirt wird. Es tritt dabei also durchaus das Gegentheil von dem ein, was bei der Suspensivbedingung gilt, bei welcher das Provisorium darin besteht, daß der vorher Berechtigte auch nach Abschluß des Geschäfts einstweilen als unverändert Berechtigter gilt, obgleich nach Eintritt der Bedingung der Mitcontrahent als bereits seit Abschluß des Geschäfts Berechtigter behandelt wurde. Die Zerstörung des Provisoriums und die Substituirung des Definitivums wird juristisch in beiderlei Fällen ganz gleichmäßig durchgeführt, und zwar in Gemäßheit der Geschäftsstipulationen. Diese construiren jedesmal zweierlei, ein Provisorium und ein Definitivum, und schreiben den Parteien für den Wechsel dieser Zustände ihre Berechtigung und ihr Verhalten vor. Bis zum Eintritt der Resolutivbedingung ist der Acquirent klagberechtigt, nach dem Eintritt aber nicht, und dieser Wechsel wird durch das Geschäft, aber nicht durch die Bedingung hervorgebracht, obgleich die Contrahenten erst durch das Schicksal der Bedingung erfahren, welcher von beiden Zuständen zur Zeit der geltende ist. Sobald nun der Acquirent nach Eintritt der Bedingung noch mit der nur für die bis dahin verlaufene Zeit erworbenen und ihm zuständig gewesenen Klage ein Recht in Anspruch nimmt, so kann er das nur, indem er die contractliche Beschränkung der ihm zugestandenen Befugniß und den Eintritt der Bedingung ignorirt. Sein Recht ist gleich als ein limitirtes entstanden. Deshalb kann der Kläger ohne Beachtung der Bedingung und ihres Eintritts die Klage nur noch anstellen, indem er implicite sein Recht gegen die inhärente Grenzbestimmung über die contractlich gezogene Grenze hinausschiebt und fremdes Gebiet occupirt. Sobald aber diese unerlaubte Operation in der Klage steckt, so genügt dem Beklagten zu seiner Vertheidigung die motivirte negative Einlassung, deren Wesen und Wirken grade darin besteht, daß sie solche Fehler aufdeckt. Für diese Ansicht spricht auch wohl L. 41 pr. rei vind. (6, 1), wenn mit actione utitur so viel gesagt ist, als: die Klage ist nicht begründet und für diese Synonymität ist L. 14 § 11 relig. (11, 7). Deshalb glaube ich mit der Redaction dieser Anzeigen (1857, S. 335) annehmen zu dürfen, die abweichende Behandlung der Resolutivbedingung hinsichtlich der Beweislast gehört noch nicht zum edictum perpetuum.

Entscheidungen.

Die gesetzliche Verpflichtung des Käufers zur Verzinsung des Kaufpreises greift nur dann Platz, wenn keine contractliche Bestimmung über die Verzinsung desselben getroffen ist. — Der Käufer ist von der gesetzlichen oder vertragsmäßigen Verbindlichkeit zur Verzinsung der Kaufgelder auch im Fall einer berechtigten Retention derselben nicht befreit.

(Beschluß.)

Der Beklagte appellirte gegen dies Erkenntniß an das Königl. Oberappellationsgericht zu Kiel; es erging darauf der folgende Bescheid.

Frederik der Siebente &c.

In Sachen des Gutsbesitzers Heeren zu Muggesfelde, Beklagten und Appellanten,

wider

den Particulier S. Tamm in Hamburg, Kläger und Appellaten,

wegen schuldiger Zinsen zum Betrage von 1079 ℛ 2⅓ β Hamb. Bco., jetzt die Appellation gegen das Erkenntniß des Holsteinischen Landgerichts vom 10. Februar 1862 betreffend,

wird nach verhandelter Sache, unter abschriftlicher Mittheilung der Gegenerklärung des Appellaten an den Appellanten,

in Erwägung, daß von der gesetzlich dem Käufer obliegenden Verbindlichkeit, den Kaufpreis, soweit er nicht bezahlt worden, zu verzinsen, dann nicht die Rede sein kann, wenn, wie in dem vorliegenden Fall, über die Verzinsung des Kaufgeldes eine contractliche Bestimmung getroffen ist, daß es sich folglich nicht fragt, ob die gesetzliche Zinspflicht in Folge irgend welcher Thatsache zu existiren aufgehört hat, sondern vielmehr ob die contractliche Bestimmung, nach welcher Beklagter die Restkaufgelder von 107,466 ℳ 64 β zu verzinsen hatte, neben der späteren Vereinbarung, zufolge welcher 20,000 ℛ Hamb. Bco., wie Kläger behauptet, von dem Beklagten zurückbehalten, wie Beklagter angiebt, deponirt werden sollten, noch fortbestanden hat;

in Erwägung, daß Beklagter ausgeführt hat, daß seine Weigerung, die am 1. Juli 1859 fälligen Restkaufgelder zu zahlen, welche Weigerung nach des Klägers Behauptung die Veranlassung zu der getroffenen Vereinbarung gegeben habe, eine berechtigte gewesen sei, weil Beklagter nur unter der Bedingung, daß Kläger das Professionsprotocoll von den angemeldeten dinglichen Ansprüchen befreit habe, zur Zahlung verpflichtet gewesen sei und Kläger diese Bedingung nicht erfüllt, die verweigerte Zahlung schuldvoll veranlaßt und sich in mora accipiendi befunden habe; daß freilich nicht durch die bloße mora des Gläubigers, sondern durch die gerichtliche Deposition der Lauf der vertragsmäßigen Zinsen sistirt werde, daß aber dabei, daß anstatt der gerichtlichen Deposition, zu welcher Beklagter berechtigt gewesen, eine mildere Form, die Zurückbehaltung eines nur sehr geringen Theils der Kaufgelder, gewählt worden sei, nicht der Wille der Parteien habe sein können, daß Beklagter, ungeachtet er sein Recht nicht in vollem Umfange ausgeübt habe, noch dazu Zinsen von dem zurückbehaltenen Gelde zahlen solle;

in Erwägung, daß Kläger sich contractlich verpflichtet hat, das Professionsprotocoll „baldthunlichst", nicht aber bis zu einem bestimmten Tage, zu reinigen, weshalb den Kläger nur dann eine Schuld treffen würde, wenn er sich in der Erfüllung der von ihm übernommenen Verbindlichkeit säumig bewiesen hätte, was aber von dem Beklagten nicht behauptet worden ist, daß also die Behauptung des Beklagten, Kläger habe die Weigerung des Beklagten, die Kaufgelder zu zahlen, schuldvoll veranlaßt und befinde sich in mora, unbegründet ist und daher die auf diese unbegründete Behauptung gestützte fernere Ausführung des Beklagten für verfehlt zu erachten ist und in der Zustimmung des Klägers dazu, daß Beklagter 20,000 ℛ Hamb. Bco. retinire, um so weniger ein stillschweigender Verzicht gefunden werden darf, als auch derjenige, welcher mit Recht Kaufgelder retinirt, von der gesetzlichen oder vertragsmäßigen Verbindlichkeit, dieselben zu verzinsen, nicht befreit ist, daß mithin die erste auf Abweisung der Klage gerichtete Beschwerde sich als unbegründet darstellt;

in Erwägung,

die zweite Beschwerde anlangend,

daß, falls die Vereinbarung, wie Beklagter behauptet, dahin gelautet hat:

„daß die Summe von 20,000 ℛ Bco. von der „restlichen Kaufsumme bei Amsinck dergestalt „stehen bleiben solle, daß keine von beiden Parteien über diese Summe einseitig verfügen und „sie gebrauchen dürfe, bis die zum Verkaufsproclam gemeldeten Ansprüche, welche Käufer „nicht zu übernehmen verpflichtet, delirt worden „seien,"

es darauf ankommt, ob es beim Abschlusse dieser Vereinbarung der Wille der Parteien gewesen ist, daß der Lauf der Zinsen sistirt werden solle;

in Erwägung, daß, wenn die in der Vereinbarung getroffene Bestimmung, „daß keine von beiden Parteien „über diese Summe einseitig verfügen und sie gebrauchen dürfe" den Sinn hätte, daß Beklagter nicht berechtigt sein solle, sich das Geld von Amsinck verzinsen zu lassen, hieraus allerdings geschlossen werden könnte, daß Beklagter auch seinerseits nicht ferner Zinsen an den Kläger zahlen solle, daß indessen dieser Auslegung der Umstand entgegensteht, daß beide Parteien nicht füglich ein Interesse daran gehabt haben können, daß das Geld unverzinslich bei Amsinck stehen bleiben solle, so daß die Worte „verfügen und gebrauchen" nur als ein Pleonasmus für „verfügen" aufzufassen sind;

in Erwägung, daß es jedenfalls Sache des Beklagten gewesen wäre, wenn er von der Zahlung fernerer Zinsen befreit sein wollte, dies deutlich zu sagen und sich auszubedingen, zumal da es gewiß in dem heutigen Geschäftsleben sehr selten vorkommt, daß große Summen Geld auf lange Zeit bei einem Kaufmann nutzlos liegen bleiben, mithin der Kläger wohl annehmen oder doch es für wahrscheinlich halten durfte, daß der Beklagte von Amsinck, dem inzwischen freie Verfügung über das Geld zustand, Zinsen erhalten werde und es daher nicht einmal wahrscheinlich ist, daß Kläger den Beklagten von seiner Zinsverbindlichkeit gänzlich habe befreien wollen, weshalb die Einrede des Vertrags als unbegründet erscheint und daher auch die zweite Beschwerde zu verwerfen ist,

hiedurch für Recht erkannt:

daß das angefochtene Erkenntniß zu bestätigen, Beklagter und Appellant auch schuldig sei, die Kosten dieser Instanz dem Kläger und Appellaten binnen Ordnungsfrist zu erstatten.

Die Rechnung des Anwalts des Appellanten wird zu 37 ℛ 79 β, die seines Procurators zu 5 ℛ 10 β und die des Anwalts und Procurators des Appellaten zu 43 ℛ 81 β bestimmt.

V. R. W.

Urkundlich ꝛc. Gegeben im Königl. Oberappellationsgericht zu Kiel, den 13. September 1862.

Ueber den Beweis des Werthes vernichteter Sachen durch Eidesdelation.

Der Höker Dencker in Woldenhorn, welcher nach dem stattgehabten Brande seines Wohnhauses bei dem Holsteinischen Landgericht gegen die Direction der Schleswig-Holsteinischen adeligen Brandgilde wegen Auszahlung von Brandentschädigungsgeldern klagbar geworden war, trat den ihm zuerkannten Beweis, daß bei dem Brande seines Hauses die in seiner Klagschrift specificirten Waaren verbrannt seien und daß selbige derzeit die daselbst angegebenen Preise gehabt hätten, durch Eidesdelation an.

Die beklagte Direction remonstrirte in ihrer Erklärung über die Beweisantretung gegen die Zulassung der Eidesdelation über den Werth der verbrannten Gegenstände, weil in der Klage die thatsächlichen Prämissen nicht angegeben seien, durch welche die Werthschätzung bedingt werde und weil der fragliche Beweissatz offenbar mehr enthalte, als durch einfache sinnliche Wahrnehmung festgestellt werden könne.

Die Einwendungen der Eidesdelatin wurden indeß durch das nachstehende obergerichtliche Decret verworfen.

Die am 19. v. M. hieselbst eingereichte Erklärung und Bitte von Seiten des Hausbesitzers und Hökers Joachim Heinrich Carl Dencker in Woldenhorn, Klägers und Eidesdeferenten,

wider

die Direction der Schleswig-Holsteinischen adeligen Brandgilde in Kiel, Beklagte und Eidesdelatin,

wegen Auszahlung von 2163 ℛ 55 β Brandentschädigungsgelder, hierauf Eidesdelation, jetzt zum Decret vom 14. März d. J.,

wird von Obergerichtswegen der Beklagten und Delatin hieneben in Abschrift mitgetheilt und derselben,

in Erwägung, daß die von ihr erhobenen Einwendungen gegen die Zulässigkeit der Eidesdelation über den zweiten Beweissatz als unbegründet erscheinen, da es bei der fraglichen Eidesleistung um die eine besondere Sachkenntniß nicht erfordernde Beurtheilung einer in der Vergangenheit liegenden Thatsache sich handelt, welcher nur etwa factische Schwierigkeiten sich entgegenstellen können;

in Erwägung, daß die Beklagte daher zu einer bessern Erklärung über den deferirten Eid verpflichtet, diese Erklärung aber von ihr, da ein factum alienum zur Frage steht, nur de credulitate zu beschaffen ist, wie denn auch der Beklagten nicht, wie eventuell von dem Kläger geschehen ist, eine Angabe des Werthes der verbrannten Sachen, welchen sie einräume, zugemuthet werden kann, da es die Sache des Eidesdeferenten ist, die Summe, über welche er den Eid deferiren will, bestimmt zu bezeichnen,

hiemittelst aufgegeben, sich nunmehr innerhalb 14 Tage ab insin. bei Strafe des verweigerten Eides besser als geschehen und in rechtsbehöriger Weise über den deferirten Eid zu erklären, dieselbe auch schuldig erkannt, dem Kläger und Eidesdeferenten die durch diesen Schriftwechsel ihm angeursachten Kosten, deren Verzeichnung und Ermäßigung vorbehältlich, binnen 4 Wochen ab ins. zu erstatten.

Urkundlich rc. Gegeben im Königl. Holsteinischen Obergerichte zu Glückstadt, den 8. Mai 1862.

Als die beklagte Direction sich gegen diesen Bescheid mit einer Supplication an das Königliche Oberappellationsgericht wandte, wurde sie auch von diesem, wie nachsteht, abschlägig beschieden.

Namens Sr. Königl. Majestät.

Auf die am 5. Juni d. J. hieselbst eingegangene Supplicationsrechtfertigung der Direction der Schleswig-Holsteinischen adeligen Brandgilde in Kiel, Beklagten, jetzt Supplicantin,

wider

den Hausbesitzer und Höker Jochim Heinrich Carl Dencker in Woldenhorn, Kläger und Supplicaten,

hauptsächlich wegen beanspruchter Auszahlung von 2163 ℛ︀ 55 β Brandentschädigungsgelder, jetzt Supplication wider den Bescheid des Holsteinischen Obergerichts vom 8. Mai d. J.,

wird,

in Erwägung, daß nach der Holsteinischen Praxis die Eidesdelation für ein zulässiges Beweismittel zum Beweise des Werths vernichteter Sachen, unter der Voraussetzung, daß zu deren Schätzung nicht eine besondere Sachkunde erforderlich ist, erachtet wird, und daß diese Praxis, durch welche einem in Processen der vorliegenden Art sich ergebenden Bedürfniß abgeholfen wird, mit den seitherigen Grundsätzen über das Wesen des Schiedeseides nicht in Widerspruch steht;

in Erwägung ferner, daß die Supplicantin sich zwar nicht ohne Anschein von Grund darauf hat berufen können, daß im vorliegenden Falle der Mangel einer hinreichend genauen Bezeichnung der verbrannten Waaren, um deren Ersatz es sich handelt, es ihr unmöglich mache, eine begründete Ansicht über die Richtigkeit der Preise, nach welchen die verlangte Ersatzsumme berechnet worden, zu gewinnen, daß jedoch in Wirklichkeit der Werth bei Landhökern gangbarer Sorten und Qualitäten der vom Kläger ihrer Gattung nach angegebenen Waaren nicht erheblich von einander zu differiren pflegt, so daß danach die Richtigkeit der vom Kläger gemachten Preisansätze im Wesentlichen bemessen werden kann und die Supplicantin, welche sich ihrer contractlich übernommenen Verpflichtung in allen Fällen würde entziehen können, wenn der Beweis der Größe eines eingetretenen Brandschadens bis in's Einzelne durch andere Beweismittel sollte geführt werden müssen, mit Fug sich nicht darüber beschweren kann, daß die klägerischen Preisansätze für die Bestimmung des von ihr zu leistenden Schadensersatzes maaßgebend werden, wenn sie selbst Bedenken trägt, durch Ableistung des von ihr verlangten Glaubenseides zu erhärten, daß sie wirklich begründete Ausstellungen gegen jene Preisansätze zu haben vermeint und nicht etwa der Eid im Fall der Relation vom Kläger verweigert wird; und

in Erwägung, daß aus diesen Gründen in der in dem angefochtenen Bescheide der Supplicantin gemachten Auflage, sich rechtsbehörig über den vom Kläger und Supplicaten deferirten Eid zu erklären, die von ihr behauptete Beschwerde nicht gefunden werden kann,

hiemit

ein abschlägiger Bescheid

ertheilt.

Die Kosten des Anwalts und Procurators werden auf 19 ℛ︀ 53 β bestimmt.

Urkundlich rc. Gegeben im Königlichen Oberappellationsgericht zu Kiel, den 9. August 1862.

Allerhöchst privilegirte

Holsteinische Anzeigen.

Redigirt von den Obergerichtsräthen Etatsrath Henrici und Lucht.

Gedruckt bei Augustin in Glückstadt.

42. Stück. — Den 20. October 1862.

Entscheidungen.

Ueber die rechtliche Natur des von einer Eisenbahngesellschaft erworbenen Grundeigenthums.

In Sachen der Executoren des Testaments des weil. S. S. Warburg in Altona, Beklagten, Appellanten,

wider

die Direction der Altona-Kieler Eisenbahngesellschaft, Klägerin, Appellatin,

wegen Negatorienklage, jetzt Appellation wider das Erkenntniß des Altonaer Magistrats vom 9. Januar v. J.,

ergeben die Acten:

Die Klägerin hat die Beklagten vor dem Altonaer Magistrat mit einer Negatorienklage belangt und angeführt:

Bei Anlage der Eisenbahn sei die Expropriation eines dem verstorbenen S. S. Warburg gehörigen Gartens nothwendig gewesen. Dieser Garten, welcher jetzt einen Theil des Bahnhofes und des vor demselben belegenen freien Platzes bilde, werde nach Westen begrenzt von dem in der Klopstockstraße belegenen gleichfalls dem weil. S. S. Warburg gehörigen Hause und dahinter belegenen Garten. Die Grenze werde durch die Hausmauer und die sich daran anschließende Planke gebildet. Diesen also begrenzten, ein selbstständiges Grundstück bildenden, Garten habe die Klägerin bei Anlage der Eisenbahn als freies und unbeschränktes Eigenthum und höchstens mit der hier nicht in Betracht kommenden Beschränkung, daß dem verstorbenen S. S. Warburg unter gewissen Bedingungen das Rückkaufsrecht an dem Garten zustehen solle, durch Expropriation erworben. Klägerin sei daher befugt, jede Einwirkung in ihr Eigenthumsrecht abzuweisen und die Freiheit des Eigenthums einem Jeden gegenüber zur Anerkennung zu bringen.

Nun seien in der Wand des Warburgschen Hauses sechs Schlagfenster befindlich, welche geöffnet auf das Grundstück der Klägerin hinausschlügen, und in der Grenzplanke eine Pforte und ein Thorweg, die gleichfalls auf das Grundstück hinausschlügen.

Die Beklagten nähmen als ein Recht in Anspruch, Fenster, Pforte und Thorweg auf das Grundstück der Klägerin ausschlagen zu lassen. Da diese nicht gewilligt sei, den Beklagten solches Recht einzuräumen, so bitte sie zu erkennen:

> daß die Beklagten in qual. qua nicht berechtigt seien, in der dem klägerischen vor dem eingefriedigten Altonaer Bahnhofe belegenen und zu demselben gehörenden Grundstücke zugekehrten Mauer des zum Nachlaß des defuncti S. S. Warburg gehörigen Hauses sechs nach außen schlagende Fenster und in der demselben Grundstück zugekehrten Planke eine nach außen schlagende Pforte, so wie einen nach außen schlagenden Thorweg zu haben und daher schuldig seien, binnen 4 Wochen Fenster, Pforte und Thorweg entweder ganz zu entfernen oder

so einzurichten, daß sie, wenn geöffnet, auf das klägerische Grundstück nicht hinausschlügen, der Klägerin auch in gleicher Frist die angeursachten Proßkosten, des. et mod. salvf. zu erstatten.

Excipiendo haben die Beklagten zunächst proceßhindernd die jetzt nicht mehr in Betracht kommende Einrede der dunkeln, unbegründeten Klage vorgeschützt und ferner die Einrede der fehlenden Activ- und Passivlegitimation. In dieser Beziehung ist bemerkt, eine Eisenbahn cum pert. stehe nicht unter den Vorschriften des Privatrechts, sondern des öffentlichen Rechts, ihr Grund und Boden sei eben so wohl wie bei andern Heer- und Kunststraßen eine via publica, indem der Gesellschaft die freie Benutzungs- und Veräußerungsbefugniß nicht zustände und selbst der ihr verstattete Nutzungsbetrieb so sehr von öffentlichen Interessen und Auctoritäten beschränkt sei, daß kaum ein civilrechtlicher Ususfruct daraus hergeleitet werden könne, wie denn auch die für das abgetretene Territorium entrichtete Widerlage sich nicht als Kaufpreis, sondern als Entschädigung dessen charakterisire, dem das Eigenthum zu diesem öffentlichen Zwecke entzogen werden mußte. Beklagte müßten daher schon principiell das private Eigenthum der Klägerin an dem Territorialbestand der Bahn in Abrede stellen, in concreto könne es aber jedenfalls nicht zweifelhaft sein, daß der fragliche Platz juris publici sei, indem der Requisitionstitel, auf Grund dessen die Expropriation vorgenommen, laute: „die Herstellung eines freien Platzes vor dem Bahnhofsgebäude", wie denn auch als Zweck der Expropriation die Anlage einer Straße und des Bahnhofes angegeben worden sei. Diese Zwecke seien auch später zur Ausführung gebracht, indem der hintere Theil des Platzes zum Bahnhofe, der vordere, um welchen allein es sich hier handle, zu einem freien, dem allgemeinen Verkehr offen gelegten Platze verwandt sei. Diesem Platze könne daher keine andere Bedeutung beigelegt werden, als die einer via publica. Die Gesellschaft sei auch durch allerhöchste Resolution vom 3. Januar 1844 verpflichtet werden, einen freien Platz zur Vermittelung des allgemeinen Verkehrs zur Eisenbahn herzustellen, und dazu habe der ganzen Lage nach eben nur dieser Platz dienen können. Als die Gesellschaft den Platz im Jahre 1847 habe einfriedigen wollen, habe sie den öffentlichen Character dieses Platzes auch nicht bestritten und Vorschläge gemacht, die nur für einen öffentlichen Platz Bedeutung haben könnten, und wenn sie sich bei dieser Gelegenheit ihr Eigenthum reservirt, so sei dieses nur in dem Sinne zu verstehen, daß sie durch Expropriation in den Besitz des Terrains gelangt sei, dessen Benutzung aber ihr so wenig wie Anderen zu anderen als öffentlichen Zwecken zustehe.

Ferner haben die Beklagten eine Einrede ex pacto erhoben, weil der verstorbene Warburg sich das Recht vorbehalten habe, die Rückgabe des expropriirten Landes fordern zu können, falls es dem Requisitionstitel zuwider nicht zu einem freien Platze benutzt werden sollte. Dieser Vorbehalt sei von der Direction nicht beanstandet, von dem Königlichen Commissariate genehmigt und auch jetzt in der Klage als bindend anerkannt.

Wenn die Klägerin jetzt mit einer actio negatoria auftrete, so erkläre sie damit selbst den Requisitionstitel für erledigt und Beklagte könnten ex pacto die Rückgabe des Platzes gegen Erstattung der Entschädigung verlangen.

Eventualiter haben Beklagte auszuführen versucht, daß der Klägerin das rechtliche Interesse an der Durchführung der Klage fehle. Weder die Fenster noch Pforte und Thüre hinderten irgendwie den Verkehr auf dem Platze. Die Fenster seien so hoch angebracht, daß sie überall für den Verkehr nicht hinderlich sein könnten, die Pforte werde regelmäßig verschlossen gehalten und nur im Herbste einige Mal geöffnet und auf allen freien Plätzen werde solches gestattet. Der Klägerin könne es daher ganz gleichgültig sein, ob Beklagte in qual. qua auf den Platz ausschlagende Fenster und Pforte hätten oder nicht.

In eventum haben Beklagte noch die Einrede der Verjährung erhoben und bemerkt, die ausschlagenden Fenster des Hauses hätten von jeher existirt und seien auch bei der Expropriation im Jahre 1844 nicht verändert. Durch die Expropriation eines Theils seines Landes zur Herstellung des freien Platzes sei der verstorbene Warburg genöthigt worden, den offen gelegten Garten zu befriedigen. Dieses sei in derselben Weise geschehen, in welcher die Befriedigung jetzt noch existire. Es sei bisher niemals ihm verwehrt worden, seine Fenster nach wie vor auf den Luftraum des Platzes anschlagen zu lassen, Pforte und Thür der Planke zu benutzen, er habe die Befriedigung unter den Augen der Klägerin hergestellt und die Eingänge benutzt, ohne Widerrede zu erfahren, habe daher im guten Glauben besessen, und zwar seit 1845, also länger als zur Verjährung erforderlich sei.

Nachdem Beklagte in omnem eventum noch vorgebracht, daß der verstorbene S. S. Warburg bei Gelegenheit der Expropriationsverhandlungen das Recht einer ausschlagenden Pforte sich ausdrücklich vorbehalten und die Gesellschaft dieses zugestanden, haben sie schließlich um Abweisung der Klägerin und ihre Verurtheilung zur Kostenerstattung gebeten.

Replicando ist angeführt, daß das von der Klägerin durch Expropriation erworbene Eigenthum nur in so weit beschränkt sei, daß es sich extra commercium befinde; daß der freie Platz, um welchen es sich handle, keinen öffentlichen Charakter und die städtische Commüne zu Altona das Eigenthum der Gesellschaft an dem Platze anerkannt habe, daß das vom verstorbenen Warburg bei den Vergleichsverhandlungen vorbehaltene Verkaufsrecht von der Direction nicht anerkannt sei, die Vergleichsverhandlungen sich zerschlagen hätten und der Platz durch Expropriation bedingungslos erworben, die betreffende Aeußerung in der Klage auch nicht als eine Anerkennung des behaupteten Verkaufsrechtes aufzufassen sei; daß es an den Bedingungen der Verjährung fehle.

Nachdem extra prot. duplicirt war, hat der Magistrat durch Erkenntniß vom 9. Januar v. J. *) den Beklagten zu beweisen auferlegt, entweder:

daß der verstorbene S. S. Warburg und sie selbst während eines Zeitraums von 10 Jahren vor Anstellung der Klage die in Anspruch ge-

*) Die Entscheidungsgründe dieses Erkenntnisses lauten:

In Erwägung, daß die proceßhindernd vorgeschützte Einrede der Dunkelheit und Unschlüssigkeit der Klage unbegründet ist, weil aus der Behauptung der Klägerin, daß die Eisenbahngesellschaft als Eigenthümerin des vor dem hiesigen Bahnhofe belegenen Platzes nicht zu dulden brauche, daß die sechs Fenster des Warburg'schen Nachbarhauses und die in der Warburg'schen Planke befindliche Pforte nebst Thorweg auf das Grundstück der Eisenbahngesellschaft herausschlagen, der alternativ gestellte Antrag eben so deutlich als schlüssig folgt, daß Beklagte schuldig zu erkennen seien, Fenster, Pforte und Thorweg entweder ganz zu entfernen oder sie so einzurichten, daß sie, wenn geöffnet, auf das klägerische Grundstück nicht herausschlagen;

in fernerer Erwägung, daß das Eigenthum der Eisenbahngesellschaft an den behufs Anlage der Eisenbahn expropriirten Ländereien in privatrechtlichen Beziehungen keinen gesetzlichen Beschränkungen unterworfen ist, die Direction der Gesellschaft als deren Vertreterin daher auch zur Anstellung der Klage genügend legitimirt erscheint, und daß das nach der Behauptung des Beklagten von dem Erblasser Samuel Salomon Warburg als damaligen Eigenthümer des expropriirten Platzes vorbehaltene Recht, dessen Rückgabe fordern zu können, falls das zur Herstellung eines freien Platzes expropriirte Grundstück diesem Titel zuwider später etwa anderweitig benutzt werden sollte, abgesehen davon, daß Klägerin die Annahme dieses Vorbehalts bestreitet, in diesem Processe schon aus dem Grunde sich zur Begründung der Einrede ex pacto nicht eignet, weil eine anderweitige Benutzung des Platzes Seitens der Eisenbahngesellschaft gar nicht zur Frage steht;

in fernerer Erwägung, daß die Einrede der Beklagten, es mangele der Eisenbahngesellschaft jegliches Interesse, um den Beklagten das Ausschlagen der Fenster, der Pforte und des Thorweges zu verwehren, ebenfalls unbegründet ist, weil es der Eisenbahngesellschaft lediglich überlassen bleibt, es zu beurtheilen, ob sie ein Interesse daran hat, ihr Recht zu verfolgen;

in fernerer Erwägung, daß die Behauptung der Beklagten, die Servitut auf ausschlagende Fenster, Pforte nebst Thorweg durch Ersitzung erworben zu haben, von der Klägerin in Abrede gestellt wird, daß die Rechtsverhältnisse der Eisenbahngesellschaft zu Privatpersonen nach privatrechtlichen Grundsätzen zu beurtheilen sind, daher auch Servituten gegen die Gesellschaft in derselben Frist wie gegen Privatpersonen durch Ersitzung erworben werden können, die Gesellschaft sich daher auch in ihren Rechtsverhältnissen zu Privatpersonen auf etwanige Beschränkungen in der Disposition über ihr Eigenthum nicht berufen kann, welche der Staat oder die Commüne in öffentlichem Interesse wider sie geltend zu machen befugt ist, daß ferner die Altona-Kieler Eisenbahndirection als Vertreterin der Gesellschaft ihren Wohnsitz in Altona hat, mithin ein zehnjähriger Zeitraum vor Anstellung der Klage zum Beweise der Ersitzung der von den Beklagten in Anspruch genommenen Servitut genügt, und daß endlich für

nommene Gerechtigkeit, die sechs Fenster in dem Warburg'schen Hause, so wie die Pforte und den Thorweg in der Planke hinter dem Hause nach außen aufschlagen zu lassen, ausgeübt haben,

oder:

daß der verstorbene S. S. Warburg das Recht auf eine nach außen aufschlagende Pforte in der Planke hinter seinem Hause durch einen Vertrag mit der Eisenbahngesellschaft erworben habe.

Gegen dieses Erkenntniß haben Beklagte die Appellation rechtzeitig eingelegt, Solennien prästirt und nach erlangter Restitution gegen den Ablauf der Einführungsfrist das Rechtsmittel rechtzeitig introducirt.

Sie haben sich darüber beschwert:

1) daß erkannt, wie geschehen, und nicht vielmehr die mangelnde Legitimation beider Parteien zur Abweisung der Klage ref. exp. geführt habe,

2) daß nicht die Klage als actio negatoria ref. exp. abgewiesen worden, und

3) daß nicht die Klage wegen mangelnden rechtlichen Interesses angebrachtermaaßen abgewiesen sei.

Es frägt sich, ob diese Beschwerden begründet sind.

In Erwägung nun, daß die Altona-Kieler Eisenbahngesellschaft wie jede Actiengesellschaft, welcher vom Staate Corporationsrechte verliehen sind, Eigenthum zu erwerben berechtigt ist, daß weder in der Concession vom 28. Juni 1842 noch in dem unterm 11. März 1843 allerhöchst genehmigten Statut der Gesellschaft Bestimmungen enthalten sind, welche die Freiheit des von der Gesellschaft erworbenen Grundeigenthums beschränken, und von den Beklagten gesetzliche Bestimmungen in dieser Beziehung nicht angeführt sind, daher die Behauptung, daß das von der Klägerin auf dem Wege der Expropriation erworbene Grundeigenthum den rücksichtlich der via publica geltenden Rechtsregeln zu unterwerfen sei, unbegründet ist, diese Behauptung auch weder aus dem Zwecke der Gesellschaft gerechtfertigt werden kann, noch aus der von den Beklagten geltend gemachten Gleichstellung der klägerischen Gesellschaft mit denjenigen Vereinen, welche die Chaussirung eines Weges auf eigene Kosten übernommen haben, indem hier bereits eine öffentliche Straße vorhanden ist, welche zur Beförderung des allgemeinen Verkehrs in besseren Stand gesetzt wird, während die Eisenbahngesellschaft den zu ihren Zwecken erforderlichen Grund und Boden sich erworben hat;

in Erwägung, daß zwar als Titel und Zweck der Expropriation die Herstellung eines freien Platzes vor dem Bahnhofsgebäude sich angegeben findet, die Aufstellung dieses Titels aber nur den Zweck hat, nachzuweisen, daß die Gesellschaft in Gemäßheit allerhöchster Verfügung vom 17. Juni 1842 die Expropriation eines bestimmten Grundstückes zu fordern berechtigt war, an sich aber dem Expropriirten keinen Anspruch darauf verleiht, daß die Gesellschaft das Grundstück beständig zu jenem Zwecke benutzt und nicht etwa zu anderen zu der Eisenbahn in unmittelbarer Beziehung stehenden Anlagen verwendet;

in Erwägung, daß auch in der vorschriftsmäßigen und thatsächlichen Verwendung des Grundstückes zu einem freien Platze vor dem Bahnhofe ein Aufgeben des erworbenen Eigenthums nicht gefunden werden kann, indem dadurch namentlich nicht ausgeschlossen ist, daß die Eisenbahngesellschaft mit Zustimmung der competenten Behörden zur Vermittlung des Verkehrs zum Bahnhofe nur einen Theil des fraglichen Platzes hergiebt, so wie daß die Gesellschaft auch bei den angezogenen Verhandlungen mit den Altonaer städtischen Behörden sich ihr Eigenthum an dem Platze

die Ersitzung einer Servitut der bloße Beweis genügt, daß sie während des erforderlichen Zeitraums als ein Recht ausgeübt worden ist, weil derjenige, welcher die Ersitzung einer Servitut behauptet, nicht darzuthun braucht, daß der Besitz der Servitut fehlerfrei gewesen sei, die Unredlichkeit des Besitzes so wie die Besitzmängel vielmehr zum Gegenbeweise gehören; und

in schließlicher Erwägung, daß Beklagte behaupten, der verstorbene Samuel Salomon Warburg habe bei Gelegenheit der Expropriationsverhandlungen sich ausdrücklich das Recht auf eine ausschlagende Pforte vorbehalten und es sei ihm dieses Recht von der Eisenbahngesellschaft zugestanden, denselben daher diese Einrede des Vertrages alternativ mit der Einrede der Ersitzung zum Beweise zu verstellen ist.

vorbehalten hat, und kein thatsächliches Moment von den Beklagten angeführt ist, woraus auf ein Aufgeben des Eigenthums oder eine Beschränkung desselben in der hier zur Frage stehenden Beziehung geschlossen werden könnte, daher Klägerin auch zur Anstellung einer Negatorienklage als berechtigt anzusehen ist;

in Erwägung, daß jeder Eigenthümer an der Freiheit seines Eigenthums von nachbarlichen Gerechtigkeiten ein Interesse hat und die hieraus entnommene Einrede mit Grund vom Altonaer Magistrat verworfen ist; und

in Erwägung, daß daher sämmtliche Beschwerden unbegründet sind,

wird auf eingelegte Recesse und nach verhandelter Sache, unter Remittirung der Sache an die vorige Instanz, hiedurch von Obergerichtswegen für Recht erkannt:

> daß das Erkenntniß des Altonaer Magistrats vom 9. Januar v. J. zu bestätigen, Appellanten auch schuldig seien, der Appellatin die hieselbst erwachsenen Kosten binnen 4 Wochen zu erstatten.

Wie denn solchergestalt hiedurch erkannt wird

V. R. W.

Urkundlich ꝛc. Publicatum im Königl. Holsteinischen Obergerichte zu Glückstadt, den 16. Mai 1861.

Auf die weitere Appellation der Beklagten erfolgte die nachstehende Entscheidung des Königl. Oberappellationsgerichts.

Frederik der Siebente &c.

In Sachen des M. S. Warburg, des Obergerichtsadvocaten Warburg und des J. J. Wetzlar, als Testamentsexecutoren des weil. Samuel Salomon Warburg in Altona, Beklagte und Appellanten,

wider

die Direction der Altona-Kieler Eisenbahngesellschaft, Klägerin und Appellatin,

> betreffend die von letzterer angestellte Negatorienklage, jetzt die Appellation gegen das Erkenntniß des Holsteinischen Obergerichts vom 16. Mai 1861,

wird, nach verhandelter Sache, unter abschriftlicher Mittheilung der am 5. Januar d. J. hier eingegangenen Erklärung der Appellatin an die Appellanten, mit Beziehung auf die dem angefochtenen Erkenntniß vorangestellten Entscheidungsgründe, so wie

in Erwägung, daß der Umstand, daß die in den Luftraum über dem fraglichen Platze der Eisenbahngesellschaft ausschlagenden Fenster im Warburg'schen Hause zur Zeit der Expropriation dieses Platzes bereits vorhanden gewesen sein sollen, und daß keine Entschädigung für Veränderung oder Wegnahme derselben bei der Expropriation verlangt und gewährt worden ist, nicht genügt, die Annahme einer stillschweigenden Einräumung der Beibehaltung des bestehenden Zustandes zu begründen, weil die Nichtberücksichtigung der Fenster auf einem Vergessen oder einem anderen unbekannten Grunde beruhen kann, daher auch in Ansehung jener Fenster das von den Beklagten und Appellanten in Anspruch genommene Recht, dieselben in den fremden Luftraum ausschlagen zu lassen, einen nach der stattgefundenen Expropriation erfolgten Erwerb voraussetzt,

hiemit für Recht erkannt:

> daß das angefochtene Erkenntniß zu bestätigen, Beklagte und Appellanten auch schuldig seien, der Klägerin und Appellatin die in dieser Instanz erwachsenen Kosten zu erstatten.

Wie denn solchergestalt, unter Zurückverweisung der Sache zum weiteren Verfahren an den Magistrat der Stadt Altona erkannt wird.

Die Rechnung des Anwalts der Appellanten wird zu 70 ℛ︎ 16 β, die ihres Procurators zu 5 ℛ︎ 54 β, die des Anwalts der Appellatin zu 78 ℛ︎ 21 β und die ihres Procurators zu 3 ℛ︎ 77 β bestimmt.

V. R. W.

Urkundlich ꝛc. Gegeben im Königlichen Oberappellationsgericht zu Kiel, den 24. September 1862.

Ueber die Berechnung der Recurssumme bei Besitzstreitigkeiten. — Der Richter hat von Amtswegen auf das Vorhandensein der Appellationssumme zu achten.

In Sachen des Eingesessenen Marx Hinrich Braacker in Nordhastedt, Klägers und Citanten, dann Deducenten, jetzt Appellanten,

wider

den Eingesessenen Hans Schladetsch daselbst, Beklagten und Citaten, dann Deducten, jetzt Appellaten,

wegen gestörten und daher zu schützenden Besitzes des Grenzstreifens einer Holzbüte, inzwischen Beweis, dann Appellation gegen das Erkenntniß des Süderdithmarsischen Gerichts vom 30. Januar v. J.,

wird auf eingelegte Recesse und Unterinstanzacten, so wie nach stattgehabter mündlicher Verhandlung,

in Erwägung, daß ex officio darauf zu achten ist, ob die summa appellabilis vorhanden ist,

cf. S. H. Anzeigen, 1843, S. 195 und 196; 1847, S. 76; 1854, S. 15;

in Erwägung, daß im vorliegenden Falle nicht nur der Appellant keinen Versuch gemacht, das Vorhandensein der summa appellabilis nachzuweisen, sondern auch der Appellat in inferiori erklärt hat, daß das streitige Landstück nicht höher als auf 5 ℛ R.-M. anzuschlagen und daß er bereit sei, dasselbe für 5 ℛ R.-M. an den Kläger abzutreten, mithin die summa appellabilis nicht vorhanden ist;

in Erwägung, daß sich mit Grund auch nicht einwenden läßt, daß es sich in vorliegender Streitsache nicht um das Eigenthum, sondern um den Besitz des fraglichen Landstückes handele und letzterer einer Schätzung nicht fähig sei, weil Beklagter sich erboten hat, das Eigenthum und mit demselben auch den Besitz dem Kläger für 5 ℛ R.-M. abzutreten;

hiemittelst von Obergerichtswegen für Recht erkannt:

daß Appellant mit dem anhero nicht erwachsenen Rechtsmittel der Appellation zurückzuweisen, auch schuldig sei, dem Appellaten die durch die Einwendung des Rechtsmittels angeursachten Kosten, deren Verzeichnung und Ermäßigung vorbehältlich, innerhalb Ordnungsfrist zu erstatten.

Wie denn solchergestalt hiedurch erkannt wird

V. R. W.

Urkundlich rc. Publicatum im Königl. Holsteinischen Obergerichte zu Glückstadt, den 19. Mai 1862.

Auf seinen hiergegen ergriffenen Recurs an die höhere Instanz erhielt Kläger den folgenden Bescheid.

Namens Sr. Königl. Majestät.

Auf die am 14. Juli d. J. hier eingereichte Recursschrift des Eingesessenen Marx Hinrich Braacker in Nordhastedt, Klägers, Appellanten, event. Supplicanten,

wider

den Eingesessenen Hans Schladetsch daselbst, Beklagten, Appellaten, jetzt wieder Appellaten, event. Supplicaten,

wegen gestörten, daher zu schützenden Besitzes des Grenzstreifens einer Holzbüte, jetzt gegen das Erkenntniß des Holsteinischen Obergerichts vom 19. Mai d. J.,

wird,

in Erwägung, daß Besitzstreitigkeiten nicht durch positive Vorschrift unter diejenigen Sachen aufgenommen worden sind, bei denen das Erforderniß der Recurssumme wegfallen soll,

auch eine thatsächliche Unmöglichkeit der Schätzung bei denselben nicht stattfindet, indem vollkommen schlüssig angenommen wird, daß die Schätzung des das Besitzrecht in sich schließenden Eigenthums den höchsten Werth, welchen der Besitzstreit haben könne, zu Tage lege;

in Erwägung, daß in der vaterländischen Gerichtspraxis der Grundsatz feststeht, daß die Beibringung genügender Bescheinigung über das Vorhandensein der Recurssumme mit zur ordnungsmäßigen Einführung der ordentlichen Rechtsmittel gehöre; und

da die Einschränkung des Instanzenzuges für Sachen von geringer Erheblichkeit keinesweges bloß auf Berücksichtigung des Parteieninteresses beruht, dem Richter allerdings zusteht, das Vorhandensein der Recurssumme von Amtswegen zu überwachen;

in Erwägung, daß der Appellant, event. Supplicant, so wenig hier als beim Obergerichte einen Nachweis über den Werth des anscheinend geringfügigen Streitobjects beigebracht hat und daher weder die Appellation noch die Supplication, sofern unter letterer das ordentliche Rechtsmittel der Supplication verstanden wird, anhero erwachsen sind;

daß aber auch, wenn der Ausdruck Supplication im weiteren Sinne hätte gebraucht und also auch von der einfachen Beschwerde hätte verstanden sein sollen, welche letztere, der stattgehabten Parteiverhandlung ohnerachtet, gegen das Erkenntniß vom 19. Mai d. J., weil dasselbe lediglich über ein von Amtswegen zu berücksichtigendes Processformale verfügt, zugelassen werden kann, dennoch die erhobene Beschwerde als ungegründet zurückgewiesen werden muß, weil, wie erwähnt, der Recurrent auch beim Obergericht seiner Obliegenheit, das Vorhandensein der Appellationssumme zu bescheinigen, nicht nachgekommen ist,

hiedurch zum Bescheide ertheilt:

daß die ordentlichen Rechtsmittel der Appellation, event. der Supplication, nicht anhero erwachsen seien und die Supplication, als einfache Beschwerde aufgefaßt, abzuweisen sei.

Urkundlich rc. Gegeben im Königl. Oberappellationsgericht zu Kiel, den 27. September 1862.

Welche Behörde zur processualischen Vertretung des Staates in den Angelegenheiten des Eidercanals legitimirt sei.

Der deputirte Bürger H. Sahr in Rendsburg, welcher sich durch eine von dem Königl. Canalinspectorate requirirte Sperrung der Schotten seines Mühlengewerkes in seinen Rechten verletzt erachtete, erhob bei dem Holsteinischen Obergericht eine desfällige Klage gegen das Königl. Ministerium für die Herzogthümer Holstein und Lauenburg. In dem stattgehabten Verhandlungstermin schützte dieses als proceßhindernd die Einrede des incompetenten Gerichts vor, sich darauf berufend, daß die Klage gegen die Verwaltung des Eidercanals gerichtet sei, daß aber diese weder bei dem beklagten Ministerium sei, noch unter demselben stehe, sondern ihre Functionen dem Ministerium für das Herzogthum Schleswig und dem Ministerium für die Herzogthümer Holstein und Lauenburg zur collegialischen Besorgung anvertraut seien, daß daher nur die beiden Ministerien, welche in Beziehung auf den Eidercanal e i n corpus ausmachten, zusammen verklagt werden könnten. Das Ministerium ward mit dieser Einrede nach stattgehabter Verhandlung laut nachstehenden Terminbescheides gehört:

In Sachen des deputirten Bürgers H. Sahr in Rendsburg, als Eigenthümers eines Mühlengewerkes am Regengraben daselbst, Klägers, Citanten,

wider

das Königl. Ministerium für die Herzogthümer Holstein und Lauenburg, Beklagten, Citaten,

wegen rechtswidriger Sperrung eines Mühlenwerks s. w. d. a.,

wird,

in Erwägung, daß es im vorliegenden Fall um eine Klage sich handelt, welche gegen die höchste Verwaltungsbehörde des Eidercanals hat gerichtet werden sollen;

in Erwägung aber, daß nach der Bekanntmachung des allerhöchsten Manifestes vom 28. Januar 1852, betreffend die Ordnung der Angelegenheiten der Monarchie, vom 3. Februar 1852 und nach der Bekanntmachung des Königl. Ministeriums für das Herzogthum Schleswig vom 6. April 1853, betreffend die Verwaltung des Eidercanals, die den Eidercanal betreffenden Angelegenheiten von dem Minister für das Herzogthum Schleswig und dem Minister für die Herzogthümer Holstein und Lauenburg collegialisch behandelt werden sollen, daß daher das Königl. Schleswigsche und das Königl. Holstein-Lauenburgische Ministerium mit einander für die Verwaltung dieser Angelegenheiten ein an die Stelle der früheren höchsten Verwaltungsbehörde des Schleswig-Holsteinischen Canals getretenes Collegium bilden;

in Erwägung, daß mit Rücksicht auf diese Verhältnisse das Königl. Ministerium für die Herzogthümer Holstein und Lauenburg nicht als legitimirt erscheinen kann, allein, ohne Mitwirkung des Schleswigschen Ministeriums, die Rechte des Staats in Bezug auf den Eidercanal vor Gericht zu vertreten, vielmehr, wenn auch im Uebrigen das Holsteinische Obergericht für competent zur Entscheidung der vorliegenden Sache zu erachten sein dürfte, wie denn auch schon früher eine ähnliche Klage gegen das vormalige Königl. General-Zollkammer- und Commerz-Collegium vor dem vormaligen Holstein-Lauenburgischen Obergericht zur Verhandlung gekommen ist, die zu erhebende Klage des Klägers gegen beide mit der Behandlung der

Angelegenheiten des Eidercanals betraute Ministerien zu richten gewesen wäre;

auf eingelegte Recesse und nach stattgehabter mündlicher Verhandlung hiedurch von Obergerichtswegen für Recht erkannt:

daß Beklagter mit der vorgeschützten Einrede der fehlenden Passivlegitimation zu hören, Kläger daher mit seiner Klage abzuweisen und auch schuldig sei, dem Beklagten die ihm angeursachten Kosten, deren Verzeichnung und Ermäßigung vorbehältlich, binnen Ordnungsfrist zu erstatten.

Wie denn solchergestalt erkannt wird

V. R. W.

Urkundlich rc. Publicatum im Königl. Holsteinischen Obergericht zu Glückstadt, den 6. Septbr. 1861.

Der von dem Kläger gegen dies Erkenntniß ergriffene Recurs an das Königl. Oberappellationsgericht zu Kiel hatte für ihn den folgenden abschlägigen Bescheid zur Folge.

Namens Sr. Königl. Majestät.

Auf die am 29. October v. J. hieselbst eingegangene Recursschrift des deputirten Bürgers H. Sahr in Rendsburg, als Eigenthümers eines Mühlengewefes am Regengraben daselbst, Klägers, jetzt Appellanten, event. Supplicanten,

wider

das Holsteinische Obersachwalteramt, Namens und im Auftrage des Königl. Ministeriums für die Herzogthümer Holstein und Lauenburg, Beklagten, jetzt Appellaten, event. Supplicaten,

hauptsächlich wegen rechtswidriger Sperrung des Mühlenwerks des Klägers s. w. d. a., jetzt Appellation, event. Supplication wider das Erkenntniß des Holsteinischen Obergerichts vom 6. Septbr. 1861,

wird,

in Erwägung, daß die Belegenheit des Mühlengewefes, in dessen Gerechtsame nach Behauptung des Klägers eingegriffen sein soll, für die Competenz des Gerichts, bei dem eine desfällige Klage anzustellen ist, von Bedeutung sein, auf die Wahl des mit solcher Klage in Anspruch zu nehmenden Beklagten aber an und für sich von Einfluß nicht werden kann, vielmehr, da der Kläger eine Maaßregel der Verwaltung des Eidercanals als diejenige Handlung bezeichnet, durch welche sein behauptetes Privatrecht verletzt und seine Befugniß, die an die Spitze dieser Verwaltung gestellte Behörde gerichtlich in Anspruch zu nehmen, begründet sein soll, nur festzustellen ist, welcher Behörde nach den bestehenden Verfassungsgesetzen die höchste Verwaltung der Canalangelegenheiten übertragen ist, um darnach ermessen zu können, gegen wen der Kläger seine Klage zu richten hat;

in Erwägung, daß nach der Bestimmung der allerhöchsten Bekanntmachung vom 28. Januar 1852 unter anderen auch die den Canal betreffenden Sachen von dem Minister für das Herzogthum Schleswig und dem Minister für die Herzogthümer Holstein und Lauenburg collegialisch behandelt werden sollen, daß in diesem Ausdruck nur die Bedeutung gefunden werden kann, daß beide Minister gemeinschaftlich die höchste Verwaltungsbehörde für den Canal sein sollen und daß namentlich der Gegensatz, in welchen der die Verwaltung der gemeinschaftlichen Angelegenheiten der Herzogthümer Schleswig und Holstein betreffende Passus zu der voraufgehenden Bestimmung über die jedem einzelnen Ministerium überwiesenen Verwaltungsangelegenheiten in dem ihm untergebenen Herzogthum gesetzt worden ist, die von dem Appellanten versuchte Deutung, als wenn neben der angeordneten gemeinschaftlichen Verwaltung jener Angelegenheiten durch die voraufgegangene allgemeine Bestimmung dem einzelnen Minister die Ausführung der gemeinschaftlichen Beschlüsse und deren Vertretung in seinem Verwaltungsbezirk zugewiesen wäre, ausschließt; und

in Erwägung, daß mit dieser Auffassung weder die Bekanntmachung vom 6. April 1853 noch auch sonst ein publicirtes Gesetz in Widerspruch tritt, so daß nach den für die Gerichte maaßgebenden Normen die beiden genannten Minister in Gemeinschaft als der rechte Beklagte für eine in Beziehung auf streitige Gerechtsame des Eidercanals anzustellende Klage erscheinen;

hiemit ertheilt. ein abschlägiger Bescheid

Urkundlich rc. Gegeben im Königlichen Oberappellationsgericht zu Kiel, den 13. Septbr. 1862.

Allerhöchst privilegirte

Holsteinische Anzeigen.

Redigirt von den Obergerichtsräthen Etatsrath Henrici und Lucht.

Gedruckt bei Augustin in Glückstadt.

43. Stück. — Den 27. October 1862.

Entscheidungen.

Eidesdelation zum Beweis der Größe eines erlittenen Schadens und über eine unbestimmt gelassene Zahlengröße.

In Sachen des Kaufmanns C. P. Timm in Kiel, Klägers, jetzt Appellanten,

wider

die Versicherungsgesellschaft „Deutscher Phönix" in Frankfurt a. M., Beklagte, jetzt Appellatin,

wegen Erstattung eines Feuerschadens s. w. d. a., jetzt Appellation gegen das Erkenntniß des Kieler Magistrats vom 14. Juni d. J.,

ergeben die Acten:

Der Kläger hat bei der beklagten Gesellschaft für 2133 ℛ 32 ß Glaswaaren, welche ihm gehört und sich in seinem auf dem Walkerdamm zu Kiel belegenen Hause befunden haben, versichert; diese Glaswaaren sind bei Gelegenheit eines am 20. April 1857 in einem Nachbarhause ausgebrochenen Brandes beschädigt worden. Nachdem der Versuch, den Betrag dieser Beschädigung durch außergerichtliche Taxation zu ermitteln, ohne Erfolg geblieben war, ist der Kläger bei dem Kieler Magistrat mit einer Klage auf Ersatz des erlittenen Schadens, welchen er auf 1422 ℛ 9 ß veranschlagt hat, aufgetreten und ist darauf, nachdem die beklagte Gesellschaft die behauptete Höhe des Schadens geleugnet hatte, dem Kläger durch Erkenntniß vom 26. Februar 1858 der Beweis auferlegt worden:

> daß der Schaden, welchen er durch die am 20. April 1857 in dem Hause des Brauers Arp ausgebrochene Feuersbrunst an den versicherten Glaswaaren erlitten, den Werth der Waaren nach den Tagespreisen zur Zeit des Brandes berechnet, die Summe von 1422 ℛ 9 ß oder wie viel weniger betrage.

Bei Antretung dieses Beweises producirte der Kläger zunächst ein Taxationsinstrument der Kaufleute Dose und Simons in Kiel, nach welchem diese das ganze versicherte Glaswaarenlager auf Grund der der Klage angelegten Specificationen zu den Tagespreisen vom 20. April 1857 abgeschätzt und darnach den Gesammtschaden des Klägers auf 1364 ℛ 49 ß berechnet hatten, wobei er jedoch erklärte, daß er dies Document nicht als Beweismittel, sondern nur als Anhalt für die Eidesdelation producire. Sodann schob er der Beklagten über das Beweisthema auf die Höhe dieses Taxatums von 1364 ℛ 49 ß den Schiedseid zu und deferirte zugleich und eventuell für den Fall der Annahme dieses Eides der Beklagten auch denselben Eid über jede in den 1364 ℛ 49 ß enthaltene geringere Summe, so daß Beklagte im Fall der Annahme des zunächst über die volle Summe von 1364 ℛ 49 ß deferirten Eides sich zu erklären haben würde, bis zu welcher niedrigeren Summe sie den Eid ableisten wolle.

In ihrer hierüber eingezogenen Erklärung bemerkte die Beklagte: der Versuch des Gegners, den ihm auferlegten Beweis durch Eidesdeferirung zu führen, stelle sich auf den ersten Blick als unzulässig dar, indem nach der heutigen Bedeutung des Eides als Beweismittels derselbe weder benutzt werden könne, um zur Bestimmung des Werthes von Gegenständen zu dienen, noch um die Größe eines erlittenen Schadens darzuthun. Der eventuell zugeschobene Eid sei außerdem noch aus dem besonderen Grunde unzulässig, weil dem Beklagten nicht die Pflicht oblirge, wenn er den Klaganspruch nicht in der geltend gemachten Höhe anerkennen könne und demnach die Negative des klägerischen Anspruchs eidlich betheuern wolle, es anzugeben, um wie viel er den Anspruch des Klägers zu hoch halte, und dann von dem Klaganspruche herab bis zu dem dem Kläger zugestehenden Schadensquantum alle einzelnen dazwischen liegenden Summen abzuschwören. Das vom Kläger beigebrachte Taxationsinstrument sei theils zu allgemein und unbestimmt, theils könne das Urtheil dritter dem Delaten fremder Personen der Eidesdelation nicht zur Basis dienen. Die Beklagte beantrage daher die Präclusion des Klägers mit dem ihm freigelassenen Beweise und die Abweisung seines erhobenen Anspruchs unter Erstattung der Kosten.

Nachdem sodann noch eine fernere Erklärung des Klägers eingezogen worden war, erkannte der Magistrat unterm 14. Juni v. J. für Recht:

> daß die von dem Kläger zur Hand genommene Eideszuschiebung für statthaft nicht zu erachten, derselbe mithin dasjenige, was ihm durch das Erkenntniß vom 26. Februar 1858 zu beweisen auferlegt worden, wie Rechtens nicht bewiesen habe und daher mit seiner Klage abzuweisen, auch schuldig sei, die Kosten dieses Processes, deren Verzeichnung und Ermäßigung vorbehältlich, soweit nicht über selbige bereits rechtskräftig erkannt worden, binnen Ordnungsfrist der Beklagten zu erstatten.

Gegen dieses Erkenntniß hat der Kläger das Rechtsmittel der Appellation rechtzeitig eingelegt und bei Einführung desselben darüber gravaminirt:

I. daß erkannt, wie geschehen, und nicht vielmehr der Beklagten aufgegeben worden, sich über die deferirten Schiedseide den Rechten gemäß durch Annahme, Zurückschiebung oder Gewissensvertretung zu erklären, unter Verurtheilung derselben in die Kosten des Incidentverfahrens, deren Verzeichnung und Ermäßigung vorbehältlich,

II. in eventum, daß erkannt, wie geschehen, und Kläger nicht vielmehr nur angebrachtermaaßen abgewiesen worden, unter Vergleichung der Kosten,

III. in omnem eventum, daß nicht wenigstens die Kosten verglichen worden.

Nach stattgehabter Appellationsverhandlung steht, da ein von dem Appellanten in seinem Receß zunächst gestellter Antrag auf Erkennung besserer Einlassung sich nicht zur Berücksichtigung eignet, weil die Beklagte sich über die beanspruchte Höhe des Schadens mit hinreichender Bestimmtheit erklärt hat, nunmehr zur Frage, ob und in wie weit die erhobenen Beschwerden begründet sind.

In Erwägung nun, daß der Umstand, daß das vorliegende Beweisthema nicht einen Gegenstand der unmittelbaren sinnlichen Wahrnehmung bildet, sondern ein Wissen über dasselbe nur auf dem Wege der Reflexion gewonnen werden kann, an sich nicht geeignet ist, die Eidesdelation als Beweismittel auszuschließen, da das Wissen fast in allen Fällen in höherem oder geringerem Grade auf Reflexion beruht, daher das Ausschließen des Eides in allen den Fällen, wo eine weitere Reflexion über das Beweisthema erforderlich wird, zu einer übermäßigen Beschränkung dieses Beweismittels führen würde;

in Erwägung, daß vielmehr für die Nichtzulassung des Schiedseides der Gesichtspunkt maaßgebend sein muß, ob die Leistung des Eides eine besondere Sachkenntniß auf Seiten des Schwörenden, welche ihm weder zugetraut noch von ihm verlangt werden kann, erfordern würde, da ein ohne solche Sachkenntniß über ein derartiges Thema geleisteter Eid dem Richter keine Garantie für die Wahrheit des Beschworenen geben könnte;

in Erwägung, daß von diesem Gesichtspunkt aus der Anhaltung der Beklagten zur Erklärung über den ihr hauptsächlich zugeschobenen Eid kein Bedenken entgegenstehen kann, da ein Urtheil über die Richtigkeit des von dem Kläger erhobenen Anspruchs sich durch die Beantwortung der beiden Fragen gewinnen läßt, welche von den versicherten Sachen bei dem stattgehabten Brande beschädigt worden sind und welches der Tagespreis dieser Sachen zur Zeit des Brandes gewesen ist, diese beiden Fragen aber ohne besondere Sachkenntniß zu beantworten sind, indem etwa nur factische Schwierigkeiten die Beantwortung derselben erschweren können;

in Erwägung, daß daher die Eidesdelation über das Beweisthema schon im Allgemeinen unbedenklich erscheint, der beklagten Gesellschaft gegenüber aber um so mehr für statthaft erachtet werden muß, als der eventuell zur Eidesableistung verpflichtete Vertreter der Beklagten präsumtiv schon oft in der Lage gewesen sein wird, sich mit der Erwägung von Fragen der vorliegenden Art zu beschäftigen;

in Erwägung dagegen, daß der eventuelle Eidesantrag des Klägers keine Berücksichtigung finden kann, da nach wiederholt hieselbst anerkanntem Grundsatz der Eidesdeferent nicht befugt ist, bei Benutzung der Eidesdelation vom Delaten zu verlangen, daß dieser die eidlich zu erhärtende Summe bestimme, um welche der Klagantrag eine Pluspetition enthält, indem vielmehr der Eidesdeferent derjenige ist, welcher mit Entschiedenheit die von ihm beanspruchte Summe behaupten muß, der Delat dagegen nur zu leugnen und event. sein Leugnen zu beschwören hat; und

in endlicher Erwägung, daß, da es für die Beklagte um ein factum alienum sich handelt, dieselbe eventuell nur zur Leistung eines Glaubenseides schuldig sein wird,

wird auf eingereichte Unterinstanzacten und eingelegte Recesse, so wie stattgehabte mündliche Verhandlung, hiedurch von Obergerichtswegen für Recht erkannt:

> daß das angefochtene Erkenntniß des Kieler Magistrats vom 14. Juni v. J. dahin abzuändern:
>
> > daß Beklagte schuldig, sich über den ihr hauptsächlich von dem Kläger deferirten Schiedseid binnen 4 Wochen ab insin. sub pœna recusati juramenti dahin zu erklären, ob sie denselben de credulitate acceptiren oder ihn referiren oder ihr Gewissen mit Beweis vertreten wolle, auch binnen gleicher Frist dem Kläger die Kosten des Incidentstreites, deren Verzeichnung und Ermäßigung vorbehältlich, zu erstatten.

Wie denn solchergestalt unter Vergleichung der Kosten dieser Instanz hiedurch erkannt wird

V. R. W.

Urkundlich rc. Publicatum im Königl. Holsteinischen Obergerichte zu Glückstadt, den 15. Juni 1860.

Beide Parteien wandten sich gegen dieses Erkenntniß mit einer Appellation an das Königl. Oberappellationsgericht zu Kiel, von welchem darauf die nachstehende reformatorische Entscheidung erfolgte, welche einen von dem Holsteinischen Obergerichte wiederholt,

cf. Schl. Holst. Anz., 1846, S. 366,
Holst. Anz., 1857, S. 20,

anerkannten processualischen Grundsatz verwirft.

Frederik der Siebente &c.

In Sachen des Kaufmanns C. P. Timm in Kiel, Klägers, jetzt Appellanten und Appellaten,

wider

die Frankfurter Versicherungsgesellschaft „Deutscher Phönix", Beklagte, jetzt Appellatin und Appellantin,

hauptsächlich wegen Ersatz eines Feuerschadens s. w. d. a., dann Beweisführung, jetzt beiderseitige Appellation gegen das Erkenntniß des Holsteinischen Obergerichts vom 15. Juni 1860 betreffend,

wird, nach verhandelter Sache, unter Mittheilung einer Abschrift der am 14. Mai 1861 eingereichten Erklärung der Beklagten an den Kläger, so wie der am 29. April 1862 eingereichten Erklärung des Klägers an die Beklagte,

in Erwägung, die erste Appellationsbeschwerde der Beklagten betreffend, daß das Recht der Eideszuschiebung, wie es gegenwärtig von der Praxis anerkannt wird, sich als ein eigenthümliches Recht der beweispflichtigen Partei darstellt, das Nichtwahr des Beweissatzes dem Gegner ins Gewissen zu verstellen und seiner Gewissenhaftigkeit die Entscheidung über das Wahr oder Nichtwahr anheim zu geben;

in Erwägung, daß zwar, da nur thatsächliche Verhältnisse zum Beweise verstellt werden dürfen, über Rechtssätze und über Rechtsverhältnisse als nur vom Richter zu ziehende Folgerungen aus gegebenen Thatsachen ein Eid nicht zugeschoben werden darf, daß jedoch die Eidesdelation auf s. g. reine, d. h.

unmittelbar durch die Sinne wahrnehmbare, Thatsachen nicht zu beschränken ist, vielmehr der Eid auch über solche thatsächliche Verhältnisse zugeschoben werden darf, welche nur durch eine Reflexion über bestimmte Thatsachen erkennbar sind, wie ja denn auch die Holsteinische Praxis einen Glaubenseid über fremde Handlungen allgemein zuläßt, eine Ansicht oder ein Glauben über fremde, nicht durch die eignen Sinne wahrgenommene Handlungen aber nur auf dem Wege der Reflexion begründet werden kann;

in fernerer Erwägung, daß zwar der Delat eine Erklärung über einen ihm deferirten Glaubenseid zu verweigern alsdann berechtigt, wenn er außer Stande ist, durch eine gewissenhafte Abwägung der in Betracht kommenden Umstände zu einem Glauben über das Wahr oder Nichtwahr des Beweissatzes zu gelangen und daß die Frage, ob in einem gegebenen Fall der Delat im Stande sei, eine zur Leistung eines Glaubenseides hinreichend begründete Ansicht über das Wahr oder Nichtwahr des Beweissatzes zu haben oder doch ohne besondere Sachkunde leicht zu gewinnen, von dem Richter nach Prüfung der vorliegenden Umstände zu beantworten ist, daß es aber, was den hier vorliegenden Fall betrifft, den Vertretern der beklagten Gesellschaft nicht an Anhaltspunkten fehlt, eine Ansicht über den ungefähren Betrag des von dem Kläger erlittenen Schadens zu gewinnen und daß daher die Eidesdelation dem Obigen nach im vorliegenden Fall für zulässig zu achten ist;

in Erwägung ferner, die Beschwerde des Klägers betreffend, daß der Kläger, welcher eine Schadensersatzsumme zu beweisen hat, nicht nur die bestimmte geforderte Summe als Betrag seines Schadens zu erweisen berechtigt und ihm dadurch zugleich das Recht eingeräumt ist, für den Fall der Benutzung des Schiedeseides diesen nicht nur hauptsächlich über die zunächst geforderte größte, sondern zugleich eventuell über jede darin enthaltene geringere Summe zu deferiren, daß es aber der Sache nach gleichgültig ist, ob der Kläger die geringeren Summen, worüber der Eid eventuell deferirt wird, einzeln namhaft macht, oder sich der Kürze wegen einer mehr allgemeinen Ausdrucksweise bedient, und in der indirecte für die Beklagte eintretenden Nothwendigkeit, diejenige Summe anzugeben, welche sie als die richtige, den wahren Schadensbetrag enthaltende, nicht bestreiten will, eine unzulässige Beschwerung derselben nicht enthalten ist, da in jener Angabe nur eine Abkürzung der ihr unbestreitbar obliegenden Erklärung liegt, daß sie den über jede größere Summe ihr deferirten Eid annehme, und

in Erwägung, die eventuelle zweite Beschwerde der Beklagten betreffend, daß die Entscheidung des in der Unterinstanz geführten Incidentstreites von der Beantwortung bestrittener Rechtsfragen abhängt und daher die durch diesen Streit verursachten Kosten zu vergleichen sind,

hiedurch für Recht erkannt:

daß das Erkenntniß des Holsteinischen Obergerichts vom 15. Juni 1860 auf Grund der Beschwerde des Klägers und der zweiten Beschwerde der Beklagten dahin abzuändern ist:

daß Beklagte schuldig, sich nicht nur über den ihr hauptsächlich von dem Kläger deferirten Schiedeseid, sondern auch über die ihr eventualiter deferirten Eide innerhalb 4 Wochen ab insin. bei Strafe des verweigerten Eides den Rechten gemäß zu erklären, jedoch die Kosten des in der Unterinstanz geführten Incidentstreites gegen einander zu vergleichen und aufzuheben seien; unter Vergleichung der Kosten der vorigen und dieser Instanz und unter Zurückverweisung der Sache zum weitern Verfahren an den Magistrat der Stadt Kiel.

Urkundlich rc. Gegeben im Königlichen Oberappellationsgericht zu Kiel, den 20. September 1862.

Berichtigungen zum 41. Stück.

S. 311 a Z. 8 statt „Fragen" ist „Fugen",
„ 312 b Z. 6 des Textes von unten statt „aufgeboben" ist „aufgeschoben" zu lesen.

Allerhöchst privilegirte

Holsteinische Anzeigen.

Redigirt von den Obergerichtsräthen Etatsrath Henrici und Lucht.

Gedruckt bei Augustin in Glückstadt.

44. Stück. — Den 3. November 1862.

Entscheidungen.

Ueber die Haftung des Fabrikanten für die Unschädlichkeit der von ihm gelieferten Waare.

I.

In Sachen des Mühlenbesitzers Dr. Heinrich Christ. Theodor Bahr, Inhaber der Firma H. J. H. Bahr in Rendsburg, Klägers und Widerbeklagten, jetzt Supplicanten,

wider

den Eingesessenen H. Micheels in Bramstedt, Beklagten und Widerkläger, jetzt Supplicaten,

wegen schuldiger 68 ℛ 55 β R.=M. für Oelkuchen, so wie Erstattung von Auslagen s. w. d. a.,

ergeben die Acten:

Kläger hat gegen den Beklagten die Summe von 68 ℛ 55 β für gekaufte und gelieferte 3000 ℔ Oelkuchen und 19 ℛ 70 β als Ersatz für aufgewandte Reisekosten eingeklagt. Zur Begründung der letzteren Forderung hat Kläger bemerkt, der Beklagte habe ihn bald nach Empfang der fraglichen Oelkuchen mittelst einer telegraphischen Depesche dringend ersucht, mit dem ersten Zuge nach Bramstedt zu kommen und einen Thierarzt mitzubringen. Kläger habe sich derzeit auf Madeira befunden, sein Geschäftsführer Krüger habe aber, da er verhindert gewesen, die Reise selbst anzutreten, einen seiner Müllergesellen und den Thierarzt Häseler zu der verlangten Zeit nach Bramstedt reisen lassen. Diese Reise, die Beklagter deshalb veranlaßt, um den Kläger zu der Ueberzeugung und Anerkennung zu bringen, daß das Vieh des Beklagten lediglich in Folge des Genusses der vom Kläger erkauften Oelkuchen erkrankt und resp. gestorben sei, habe an Honorar für den Thierarzt 10 ℛ 64 β und an Beförderungs- und Zehrungskosten 9 ℛ 6 β an Auslagen verursacht. Um sich nicht dem Vorwurf der Pluspetition auszusetzen, wolle Kläger übrigens event. auf die Reisekosten des Müllergesellen, event. auch des Thierarztes und schlimmsten Falles sogar auf das dem Thierarzte gezahlte Honorar verzichten.

Beklagter hat eingeräumt, die libellirte Quantität Rappkuchen zu dem eingeklagten Preise vom Kläger gekauft zu haben, dagegen bestritten, daß ihm Rappkuchen geliefert seien, er habe vielmehr mit Senf vermischte Rappkuchen erhalten. Da nun nicht das geliefert was verlangt, so sei der Anspruch auf Zahlung des Kaufpreises nicht gerechtfertigt.

Beklagter hat ferner eingeräumt, einige Tage nach Empfang der Rappkuchen den Kläger durch eine telegraphische Depesche aufgefordert zu haben, mit dem ersten Zuge nach Bramstedt zu kommen und einen Thierarzt mitzubringen, und daß dies blos deshalb geschehen, damit Kläger sich überzeuge und es anerkenne, daß allein die fehlerhafte Beschaffenheit der Kuchen die Veranlassung des Erkrankens und Hinsterbens der Thiere gewesen sei; auch hat Beklagter eingeräumt, daß durch diese Reise dem Kläger die specificirten Auslagen erwachsen seien und erklärt, daß er an und für sich gegen die Höhe der Pöste nichts einzuwenden habe. Beklagter hat aber gegen die deskfällige Forderung des Klägers bemerkt, daß Kläger den ihm telegraphisch ertheilten Auftrag nicht erfüllt habe, denn wenn er auch nicht selbst hätte kommen können, so hätte doch jedenfalls sein Bevollmächtigter Krüger kommen müssen, nicht aber ein beliebiger Müllergeselle, der sich außer Stande erklärt, den Kläger zu vertreten.

Eventualiter hat Beklagter die Einrede der Compensation vorgeschützt und zu deren Begründung bemerkt:

Rappkuchen würden lediglich deshalb angefertigt, um damit Vieh, namentlich Kühe und Ochsen, zu füttern, namentlich lasse die klägerische Firma lediglich zu diesem Zweck seit einer Reihe von Jahren solche Kuchen anfertigen und als Viehfutter verkaufen. Sowohl Kläger als dessen Bevollmächtigter hätten gewußt, daß Beklagter diejenigen Rappkuchen, deren Kaufpreis klagend in Anspruch genommen werde, lediglich zum Füttern seiner Kühe und Ochsen verwenden wolle. Dem Beklagten, welcher einen Theil dieser Rappkuchen zum Füttern seiner Kühe und Ochsen verwandt habe, seien in Folge des Genusses dieser Kuchen 36 Stück Hornvieh erkrankt, 5 Stück gestorben, während 2 erkrankte hätten geschlachtet werden müssen. Die von dem Beklagten zu Rathe gezogenen Thierärzte hätten sogleich erklärt, daß des Beklagten Viehstapel vergiftet sei und wahrscheinlich durch die Rappkuchen, in denen ätherisches Senföl enthalten sei, und sogar der von dem Kläger gesandte Thierarzt Häseler habe darin übereingestimmt, daß zwei von diesen Thieren, welche in Gegenwart des Letzteren und des Müllergesellen obducirt worden, nur in Folge des Genusses der Rappkuchen, in denen Senföl enthalten sei, gestorben seien. Den angerichteten Schaden specificirte Beklagter folgendermaaßen:

1) eine Milchkuh kurz vor'm Tode geschlachtet zum Werth von	80 ℛ
2) eine fette Quie desgl. zum Werth von	88 „
3) vier Milchkühe gestorben, das Stück zum Werth von 50 ℛ, zusammen .	200 „
Seitenbetrag . . .	368 ℛ.
Uebertrag . . .	368 ℛ.
4) eine Milchkuh gestorben zum Werth von	95 „
5) die erkrankten 36 Stück Hornvieh im Werth vermindert um	600 „
6) thierärztliche Behandlung	50 „
zusammen	1313 ℛ.

wovon jedoch der Werth des Fleisches der beiden geschlachteten Kühe und der Erlös aus den 7 Häuten der geschlachteten und gestorbenen Kühe im Gesammtbetrage von 100 ℛ abzurechnen, so daß der erwachsene Schade sich auf 1213 ℛ belaufe, den Beklagter event. compensando geltend machen wolle und um Abweisung der Klage ref. exp. bitte.

Zugleich hat Beklagter auf Grund dessen, was er zur Begründung der Einrede der Compensation angeführt, eine Widerklage erhoben und gebeten, den Kläger schuldig zu erkennen, den angeursachten Schaden von 1213 ℛ, soweit derselbe nicht etwa compensando in Betracht kommen sollte, zu erstatten, ref. exp.

Replicando ist bemerkt, die erste Einrede, welche sich nur als exc. non adimpl. contr. auffassen lasse, sei thatsächlich nicht genügend begründet, da weder angegeben, welche Quantität Senf den Rappkuchen beigemischt sei, noch welcher Art derselbe gewesen, ob nämlich Bauernsenf oder eigentlicher Senf, ersterer sei in jeder Rappsaat mit enthalten und völlig unschädlich, nur der letztere liefere das ätherische Oel. Angabe der Quantität und Qualität sei aber erforderlich gewesen, um darnach bestimmen zu können, ob eine andere Waare geliefert als bestellt worden. Was die Einrede der Compensation anlange, so sei es nicht wahr, daß Rappkuchen lediglich deshalb angefertigt würden, um damit Vieh zu füttern, daß namentlich auch die klägerische Firma lediglich zu diesem Zwecke seit einer Reihe von Jahren solche Kuchen anfertigen und sie als Viehfutter verkaufen lasse. Rappkuchen dienten eben so viel wie zum Viehfutter auch zum Düngen der Felder. Kläger verkaufe den größten Theil seiner Oelkuchen als Düngungsmittel nach England und bemerke dabei, daß auch in den Herzogthümern mit Oelkuchen gedüngt zu werden pflege. Es sei nicht wahr, daß Kläger und sein Bevollmächtigter gewußt hätten, daß Beklagter die fraglichen Rappkuchen lediglich zum Füttern seiner Kühe und Ochsen verwenden wolle. Es werde nesciendo in Abrede gestellt, daß Beklagter einen Theil der Kuchen zum Füttern seiner Kühe und Ochsen verwandt habe, daß in Folge des Genusses derselben 36 Stück Hornvieh erkrankt, 5 Stück gestorben und 2 Stück, die ebenfalls erkrankt, hätten geschlachtet werden müssen, daß Beklagter zwei Thierärzte zugezogen, daß diese sehr bald auf die Vermuthung gekommen, daß des Beklagten Viehstapel vergiftet sein müsse und dies wahrscheinlich durch die Rappkuchen, in denen ätherisches Senföl enthalten gewesen, geschehen sei, so wie daß im Beisein dieser beiden Thierärzte und des Müllergesellen und des Thierarztes Häseler zwei Stücke Vieh obducirt und sämmtliche gedachte Personen darin übereingestimmt, daß diese Kühe nur in Folge des Genusses der Rappkuchen, in denen Senföl enthalten, gestorben seien. Es ist endlich alles geleugnet, was von dem Beklagten zur Specification des Schadens vorgebracht worden.

Hieran ist die Replik der zu allgemeinen und dunkeln Einrede geknüpft und sodann event. die Replik der geschehenen Annahme und des Verbrauchs der Rappkuchen so wie der eigenen Verschuldung des Beklagten vorgeschützt, wobei zur Begründung der letzteren Replik angeführt ist, die Schuld liege nicht an den Kuchen, sondern theils an dem Vieh selbst, theils an der Fütterung desselben von Seiten des Beklagten, theils an demjenigen, was die Thiere außer den Kuchen gefressen.

Der Widerklage ist als Einrede dasselbe opponirt, was replicando gegen die Einreden des Beklagten vorgebracht ist.

Duplicando ist die eigene Verschuldung geleugnet, im Uebrigen per priora.

Erkannt ist darauf*) und zwar

a. in conventione:

daß Beklagter schuldig, die libellirten 68 ℳ 55 ß R.-M. nebst 5 pCt. jährlicher Verzugs-

*) Die Entscheidungsgründe lauten:

In Erwägung, daß die dem Vorbringen des Klägers, so weit dasselbe als Mandatsklage aufzufassen ist, vom Beklagten entgegengesetzte Einrede für begründet nicht erachtet werden kann, da die Kosten, um deren Erstattung es sich handelt und gegen deren Ansätze der Beklagte an sich nichts zu erinnern findet, dem Kläger durch die im Telegramm vom 9. Mai 1850 enthaltene Aufforderung des Beklagten veranlaßt sind, es dem Kläger aber bei der mangelnden Angabe eines jeglichen sein persönliches Erscheinen bedingenden Grundes selbstverständlich überlassen bleiben mußte, sich, sofern er dadurch sein Interesse für gewahrt hielt, auf der ihm zugemutheten Reise nach Bramstedt der Vertretung durch einen beliebigen Dritten zu bedienen;

in weiterer Erwägung, daß dagegen die vom Kläger der Einrede der Compensation und der auf denselben Fundamenten gestützten Widerklage opponirte Replik beziehungsweise Einrede der zu generellen und dunkeln Klage auf Berücksichtigung eben so wenig Anspruch hat, da die vom Beklagten seinen Behauptungen zum Grunde gelegten Thatsachen, daß durch die Beimischung von Senf, welche die vom Kläger bezogenen und wie er entweder gewußt oder aus dem Umstande, daß in den hiesigen Landen Rappkuchen überall nur zum Viehfutter verwendet werden, habe wissen müssen, zum Viehfutter bestimmten Rappkuchen mit Vorwissen des Klägers enthalten, seinem Viehstapel durch Erkrankung resp. Absterben und Werthverringerung verschiedener Stücke Schäden erwachsen, mit einer für die Formulirung des Beweises genügenden Klarheit und Bestimmtheit sich ausgedrückt finden und es dabei als ein Mangel nicht aufgefaßt werden kann, wenn weder die Art des Senfes oder das Verhältniß desselben zu den übrigen Theilen der Rappkuchen noch auch die Größe des Werthes oder auch das Maaß der Schäden und Kosten bei jedem einzelnen Stück Vieh resp. qualitativ und quantitativ näher bezeichnet worden; und

in weiterer Erwägung, daß, da es, den Beweis der excipiendo et reconveniendo vorgebrachten Behauptungen vorausgesetzt, auf die vom Kläger vorgeschützte Replik beziehungsweise Duplik der geschehenen Annahme und des Verbrauches der Rappkuchen nicht ankommen kann, die in derselben Richtung opponirte Behauptung des eigenen Verschuldens des Beklagten als eine für den directen Gegenbeweis in Betracht kommende Thatsache aufzufassen ist, in conventione die Verurtheilung des Beklagten, unter Vorbehalt des Beweises der Einrede der Compensation, für gerechtfertigt erscheint, während demselben in reconventione der Beweis der vorgebrachten Behauptungen freizulassen sein wird.

zinsen, vom Tage der Insinuation der Klage angerechnet, so wie die Auslagen für den Thierarzt und den Müllergesellen von resp. 10 ℛ 64 ß und 9 ℛ 6 ß, imgleichen die angeursachten Proceßkosten, Verzeichnung und Ermäßigung derselben vorbehältlich, binnen Ordnungsfrist an den Kläger auszukehren, es wäre denn, daß derselbe innerhalb derselben Frist unter Vorbehalt der Eide und des Gegenbeweises rechtlicher Art nach darthun und zu beweisen im Stande wäre, daß

1) die vom Kläger bezogenen 3000 ℔ Rappkuchen mit Vorwissen desselben eine Beimischung von Senf enthalten,
2) entweder Kläger die Bestimmung dieser Rappkuchen zum Viehfutter gewußt oder aber in den hiesigen Landen Rappkuchen überall nur zum Viehfutter gebraucht zu werden pflegen,
3) durch die Beimischung von Senf, welche die Rappkuchen enthalten, das Erkranken resp. Absterben und Werthverringerung in seinem Viehstapel verursacht worden, namentlich in Folge des Genusses der Rappkuchen:
   a. eine Milchkuh und eine fette schwarze Quie geschlachtet werden müssen und diese Stücke Vieh derzeit einen Werth von resp. 80 und 88 ℛ, eventuell wie viel weniger, gehabt,
   b. vier Milchkühe jede zum derzeitigen Werth von 50 ℛ und eine zum Werth von 95 ℛ, eventuell wie viel weniger, gestorben,
   c. sechs und dreißig Stück Hornvieh in dem Grade in ihrem Werthe zurückgesetzt worden, daß Beklagter dieselben um 800 ℛ, eventuell wie viel weniger, unter dem derzeit marktgängigen Preise verkaufen müssen,
   d. ihm an thierärztlicher Behandlung des Viehes ein Kostenaufwand von 50 ℛ, eventuell wie viel weniger, veranlaßt worden, und endlich
   e. daß der Erlös aus dem Fleisch und sonstigen Zubehör des geschlachteten und gestorbenen Viehes 100 ℛ, eventuell wie viel mehr, betragen habe,

nach welchen geführten oder nicht geführten Beweisen und Gegenbeweisen, unter Aussetzung der Kosten, weiter ergehen werde, was den Rechten gemäß;

B. in reconventione

sind dem Beklagten dieselben Beweise auferlegt.

Gegen dieses Erkenntniß haben beide Partien supplicirt.

Von dem Kläger ist ferner noch um eine Declaration des in dem angefochtenen Erkenntnisse gebrauchten Wortes Beimischung gebeten, ob dasselbe im activen Sinne, so daß es eine Thätigkeit auf Seiten des Klägers bezeichne, gebraucht sei oder nicht. Von dem Gericht ist hierauf mit Rücksicht darauf, daß es für die Beurtheilung der Sache überall nicht auf die Art, wie die Beimischung entstanden, sondern lediglich darauf ankomme, ob Kläger die Beimischung von Senf gekannt, ein abschlägiger Bescheid ertheilt.

Kläger hat seine Beschwerden dahin formulirt:

1) hauptsächlich, daß er nicht mit der gegen die ganz gleichlautende Compensationseinrede und Widerklage opponirten ebenfalls gleichlautenden Replik der zu allgemeinen und dunkeln Einrede, wie der Einrede der zu allgemeinen und dunkeln Widerklage gehört und Beklagter und Widerkläger nicht mit dieser Einrede und Widerklage unter Verurtheilung in die Proceßkosten angebrachtermaaßen abgewiesen worden;
2) eventuell, daß er nicht mit der Replik und Einrede der geschehenen Annahme und des Verbrauchs der Rappkuchen von Seiten des Beklagten und Widerklägers gehört und dieser daher nicht mit seiner Compensationseinrede und Widerklage unter Verurtheilung in die Proceßkosten abgewiesen worden;
3) noch eventueller, daß der dem Beklagten und Widerkläger auferlegte Beweis, so wie im Interlocute geschehen, und nicht vielmehr so, wie in der Replikschrift vorgeschlagen ist, oder so, wie

es den Acten und Rechten etwa anders gemäß sein möchte, gefaßt worden; endlich

4) höchst eventuell, daß dem Kläger und Widerbeklagten der Beweis seiner gleichlautenden Replik und Einrede des eigenen Verschuldens des Beklagten und Widerklägers geradezu abgeschnitten und nicht in der von ihm beantragten oder einer andern den Acten und Rechten mehr entsprechenden Fassung freigelassen worden.

Nach eingezogener Gegenerklärung steht zur Frage, ob diese Beschwerden für begründet zu erachten sind.

In Erwägung nun, daß von dem Beklagten einerseits mit hinreichender Deutlichkeit behauptet worden, daß in Folge des Genusses der von dem Kläger gekauften Rappkuchen, da selbige mit Senf vermischt gewesen, einiges Vieh des Beklagten gestorben und anderes erkrankt sei, wobei es selbstverständlich nur auf den Erfolg, nicht aber darauf ankommen kann, welche Quantität Senföl diesen Erfolg herbeigeführt hat, und daß andererseits von dem Beklagten jede einzelne Schadensposition mit solcher Genauigkeit angegeben ist, daß sehr wohl eine Einlassung auf diese Angaben hat erfolgen können und der nähere Nachweis des Einzelnen der Beweisinstanz vorbehalten bleiben muß;

in Erwägung, daß von dem Kläger nicht behauptet worden ist, daß der Beklagte vor der Benutzung die schädliche Beschaffenheit der Kuchen gekannt habe, daß daher, da höchstens unter dieser Voraussetzung von einem Verzicht auf den Ersatz des aus dieser schädlichen Beschaffenheit hervorgegangenen Schadens die Rede sein könnte, die zweite Beschwerde, daß Kläger mit seiner Replik der Annahme und des Verbrauchs der Rappkuchen kein Gehör gefunden habe, nicht begründet ist, da

1) was die Behauptung des Beklagten anlangt, daß Rappkuchen überall nur zum Viehfutter verwandt würden, es selbstverständlich im vorliegenden Processe nur darum sich handelt, was hier zu Lande geschieht, mithin die allgemeiner gefaßte Behauptung der Einrede und Widerklage ohnehin nur in der später vorgebrachten Beschränkung zu verstehen war;

2) der Verkäufer einer Waare für die Unschädlichkeit derselben auch ohne ein besonderes Versprechen und abgesehen davon, ob er die Schädlichkeit der darin enthaltenen Beimischung gekannt hat, herkommen muß, es mithin weder darauf, ob die vom Kläger bezogenen Rappkuchen mit Vorwissen desselben eine Beimischung von Senf enthalten, noch ob diese Beimischung vom Kläger veranlaßt, noch ob beim Handel zum Viehfutter dienliche Rappkuchen ausdrücklich ausbedungen worden, noch endlich darauf, ob Kläger die schädliche Wirkung der Beimischung gekannt habe, ankommen kann;

3) es irrelevant ist, ob jeder Senf in Rappkuchen für das Vieh schädlich ist, es vielmehr nur darauf ankommt, ob derjenige Senf für das Vieh schädlich ist, welcher in den vom Kläger verkauften Rappkuchen enthalten war;

4) dem Verletzten der Beweis nicht aufgebürdet werden darf, daß der erlittene Schaden nur durch das behauptete schadende Ereigniß herbeigeführt sei, vielmehr die Behauptung des Gegentheils ein Object des Gegenbeweises bildet;

in Erwägung, daß die von dem Kläger zur Begründung seiner Replik resp. Einrede der eigenen Verschuldung des Beklagten vorgebrachten Behauptungen, daß die Schuld des Erkrankens theils an dem Vieh selbst, theils an der Art der Fütterung, theils an dem anderweitig genossenen Futter gelegen habe, nicht den Character eigentlicher Repliken und Einreden tragen, sondern nur als Momente für den ganz allgemein freigelassenen Gegenbeweis in Betracht kommen können;

daß mithin auch die vierte Beschwerde nicht begründet ist,

wird bei abschriftlicher Mittheilung der eingezogenen Gegenerklärung dem Supplicanten von Obergerichtswegen hiedurch

ein abschlägiger Bescheid

ertheilt, derselbe auch schuldig erkannt, dem Supplicaten die auf 18 ℛ︁ℬ︁ bestimmten Kosten der Gegenerklärung innerhalb 4 Wochen zu erstatten.

Urkundlich rc. Gegeben im Königl. Holsteinischen Obergerichte zu Glückstadt, den 30. Juni 1862.

II.

In Sachen des Eingesessenen H. Micheels in Bramstedt, Beklagten und Reconvenienten, jetzt Supplicanten,

wider

den Mühlenbesitzer Dr. Heinrich Christ. Theodor Bahr, Inhaber der Firma H. J. H. Bahr in Rendsburg, Kläger und Reconventen, jetzt Supplicaten,

wegen schuldiger 68 ℳ 55 ß R.-M. für Oelkuchen, so wie Erstattung von Auslagen, jetzt Supplication wider Erkenntniß des Segeberger Amtsgerichts vom 20./25. Februar v. J.,

ergeben die Acten:

(Es folgt hier der Actenextract des vorhergehenden Erkenntnisses.)

Beklagter hat seine Beschwerden dahin formulirt:

1) daß erkannt, wie geschehen, und nicht vielmehr Kläger mit den Auslagen für den Thierarzt und Müllergesellen im Betrage von 19 ℳ 70 ß gänzlich abgewiesen worden, eventuell daß nicht mindestens die Begründetheit dieses Anspruches von einem von dem Kläger zu führenden Beweise:

daß die nach Empfang der telegraphischen Depesche von dem klägerischen Bevollmächtigten nach Bramstedt abgesandten Leute zur Vertretung der klägerischen Firma bevollmächtigt gewesen seien,

abhängig gemacht worden ist;

2) daß erkannt, wie geschehen, und nicht vielmehr anstatt der im angefochtenen Erkenntnisse sub pass. 1—3 sowohl in conventione als in reconventione dem Beklagten gemachten Beweisauflagen demselben Folgendes zum Beweise verstellt worden:

1) daß Kläger resp. dessen bevollmächtigten Geschäftsführer die Bestimmung der verkauften Rappkuchen zum Viehfutter gekannt, oder

daß Rappkuchen in hiesigen Landen überall nur zum Viehfutter gebraucht werden,

2) daß des Beklagten Vieh durch den Genuß der von dem Kläger gekauften Rappkuchen erkrankt resp. gestorben sei,

3) daß ihm hiedurch ein Schaden von 1213 ℳ oder wie viel weniger erwachsen sei,

eventuell wie sonst der Sachlage und den Acten gemäß die Beweissätze zu formuliren sein möchten.

Nach eingezogener Gegenerklärung steht zur Frage, ob diese Beschwerden für begründet zu erachten sind.

In Erwägung nun, daß Beklagter in der von ihm an den Kläger abgesandten telegraphischen Depesche den Zweck seines Verlangens nicht angegeben hat, daher mit Grund nicht verlangen konnte, daß Kläger seine Abgesandten zur Abschließung eines Vergleichs hätte bevollmächtigen müssen, die Bevollmächtigung zur Entgegennahme von Mittheilungen und Aufklärungen aber schon in der auf das Ersuchen des Beklagten erfolgten Absendung der beiden Leute lag, Kläger also, da er selbst seiner Abwesenheit halber nicht kommen konnte, den ihm ertheilten Auftrag so gut wie möglich erfüllt hat, Beklagter mithin zur Erstattung der desfälligen in ihren einzelnen Positionen nicht bestrittenen Kosten rechtlich verbunden ist, ohne daß es noch einer Beweisauflage bedurfte;

in Erwägung, daß auch die zweite Beschwerde, insofern sie darauf gerichtet ist, daß in das Beweiserkenntniß aufgenommen worden, daß die schädliche Wirkung der Rappkuchen durch eine Beimischung von Senf herbeigeführt worden und daß der behauptete Schaden nach der von dem Beklagten aufgestellten Specification und nicht lediglich die behauptete Gesammtsumme zum Beweise verstellt worden, nicht begründet ist, da die zum Beweise verstellten Thatsachen sämmtlich relevant und von dem Beklagten behauptet sind, auch demselben nicht das Recht zustehen würde, seinen Ansprüchen in der Beweisinstanz eine andere factische Grundlage zu geben, als die im ersten Verfahren vorgebrachte;

in Erwägung, daß dagegen der Verkäufer von Nahrungsmitteln, seien dieselben für Menschen oder Vieh bestimmt, für die Unschädlichkeit seiner Waare einstehen muß, ohne Rücksicht darauf, ob er die Fehlerhaftigkeit derselben gekannt hat oder nicht, und namentlich der Kläger, welcher selbst Fabrikant ist, nicht von dem Vorwurf der culpa freigesprochen werden kann, wenn die in seiner Fabrik angefertigte Waare einen Stoff enthielt, welcher sie bei ihrer gewöhnlichen Verwendung zu einer gefährlichen machte, daß mithin das Beweiserkenntniß in diesem Punkte abzuändern;

wird, bei abschriftlicher Mittheilung der eingezogenen Gegenerklärung, dem Supplicanten von Obergerichtswegen hiedurch zum Bescheide ertheilt:

daß aus dem ersten Absatz des Beweiserkenntnisses die Worte „mit Vorwissen desselben" zu streichen sind.

Urkundlich &c. Gegeben im Königl. Holsteinischen Obergerichte zu Glückstadt, den 30. Juni 1862.

Spolienklage. — Einrede der Verjährung.

In Sachen des Halbhufners Claus Mahrt in Holzbunge, Klägers,

wider

die Collegien des Magistrats und der Stadtverordneten der Stadt Rendsburg, als Verwalter und Vertreter des Stadtärars, Beklagte,

wegen geübter eigenmächtiger Besitzstörung und resp. Besitzentsetzung in Betreff einer Wiese,

ergeben die Acten:

Kläger hat gleich wie auch die Besitzer der zum s. g. Boizvieh gehörigen Wiesenparcelen Nr. 2, 4 und 5 die Rendsburger städtischen Collegien mit einer Spolienklage belangt und in seiner sub præs. den 7. November 1858 hieselbst eingereichten Klage im Wesentlichen vortragen lassen:

Er sei Eigenthümer und Besitzer der dritten Parcele im s. g. Boizvieh, einer auf Hörsterner Felde belegenen Wiese, welche im Jahre 1780 durch Verkauf aus dem Eigenthum der Stadtcommüne in Privateigenthum übergegangen und welche der Kläger im Jahre 1841 von dem Bürger- und Bäckermeister Hans Christopher Möller erkauft habe,

„so wie selbige in ihren Enden und Scheiden gegenwärtig — damals — an Ort und Stelle vorhanden."

Diese Wiese grenze nördlich an das der Rendsburger Stadtcommüne gehörige Gehege Boizholz bei Schachtholm und sei von diesem Gehege durch einen uralten Wall getrennt, der bereits im Jahre 1788 oder doch sehr bald darauf aufgeführt sei. Die östliche und westliche Grenze gehe resp. als Graben resp. als Wall bis an jenen das Gehege von der Wiese trennenden Wall. So wie die Wiese in diesen Enden und Scheiden von den Vorbesitzern verkauft und tradirt sei, so habe auch in diesen Enden und Scheiden der Kläger dieselbe von 1841 an ruhig besessen und genossen und zwar um so ruhiger, als bedingungsmäßig der Verkäufer ein Proclam erlassen, auf welches außer einigen rückständigen Abgaben nichts gemeldet worden. Zu Ende des vorigen Jahres hätten nun die beklagten Stadtcollegien in Beziehung auf diese Wiese eine ganz offenbare Eigenmacht, Besitzstörung und theilweise Besitzentsetzung verübt. Sie hätten nämlich ohne Wissen und Einwilligung des Besitzers quer durch die Wiese von Osten nach Westen ungefähr parallel mit dem Gehegewall einen Graben aufwerfen lassen und dadurch einen bedeutenden Theil von der Wiese abgeschnitten und solches für die Stadtcommüne in Besitz genommen, auch die Benutzung dieser Wiesenfläche im abgewichenen Sommer sich angemaaßt, indem sie die Heuwindung auf selbiger für Rechnung der Commüne verhäuert hätten. Von diesen Eigenmächtigkeiten habe der Kläger erst in diesem Sommer bei der Heuernte Kunde bekommen, indem er im Winter um die weit entlegene Wiese sich nicht zu kümmern pflege.

Die Beklagten, welche sich weigerten, den früheren Zustand wieder herzustellen und allen Schaden zu ersetzen, würden nun nicht leugnen können, daß der Kläger im ruhigen Besitze und Genusse der ganzen Wiese mit Einschluß des jetzt auf Anordnung der Beklagten abgegrabenen Stück Landes bis an den das Gehege davon abfriedigenden Wall, daher dieses Stückes selbst, bis zur Zeit der vollzogenen Abgrabung sich befunden habe. Die Beklagten würden ferner nicht in Abrede stellen können, daß sie den nördlichen Theil der Wiese durch einen quer von

Westen nach Osten über die Wiese gezogenen Graben eigenmächtig ohne Wissen und Einwilligung des Klägers hätten abgraben lassen und als Eigenthum der städtischen Commüne in Besitz genommen, auch das auf diesem abgegrabenen Landstücke wachsende Gras sich für die Commüne angeeignet hätten.

Event. schiebe Kläger den Beklagten den Schiedeseid über diese Thatsache zu und beantrage zugleich eine Localbesichtigung.

Seinen Antrag richtet Kläger auf ein Erkenntniß dahin:

> daß die beklagten Stadtcollegien in qual. qua schuldig, innerhalb 14 Tagen in Betreff der Wiese den früheren Zustand durch Zuwerfung des eigenmächtig gezogenen Grabens und Wiederinstandsetzung der ausgegrabenen Wiesenfläche so wie Zurückgabe des abgegrabenen Wiesentheils bis an den alten Grenzwall wieder herzustellen, den dem Kläger angeursachten Schaden, dessen nähere Specification und Liquidation vorbehältlich, demselben zu ersetzen, künftig aller Störungen im Besitze sich zu enthalten und die angeursachten Proceßkosten, deren Specification und Determination vorbehältlich, zu erstatten.

Beklagte haben dieser Klage zuvörderst die Einrede der Verjährung opponirt und zu deren Begründung im Wesentlichen angeführt: ein alter Scheidegraben, der das von dem Kläger jetzt in Anspruch genommene Stück Land von seiner Parcele geschieden, sei im Sommer 1857 so verschlickt gewesen, daß es geboten erschienen, denselben zu erneuern. Zu diesem Behufe hätten die Stadtcollegien beschlossen, eine Vermessung des gesammten in Betracht kommenden Areals vornehmen zu lassen, um auch auf diese Art die Richtigkeit der bestehenden Grenze noch einmal zu constatiren und Niemandem zu nahe zu treten. Der mit der Vollziehung dieses Beschlusses beauftragte Landmesser H. J. Meyer in Oldenhütten hätte denselben bereits im August 1857 ausgeführt und sei um diese Zeit die Scheide gegen die klägerische Wiesenparcele hin, wie sie jetzt von dem neugezogenen Graben gebildet werde, schon vollständig abgepfählt, Kläger habe dies bei der Nachmahd, als er das s. g. Ettgrün auf seiner Parcele gemäht, mithin Ende August, spätestens im September 1857, selbst gesehen und sich dabei beruhigt. Nach stattgehabter Vermessung sei beschlossen worden, die beabsichtigte Erneuerung des Scheidegrabens nun auch sofort ins Werk zu setzen und ist solches auch noch im nämlichen Herbste 1857 angefangen und vollendet worden. Diese letztere Thatsache, falls überhaupt von einer ganzen Reihe von Besitzhandlungen nothwendig auch die letzte außerhalb der Verjährungsfrist liegen müsse, zu der alsdann erforderlichen Liquidität zu erheben, fehle es den beklagten Stadtcollegien zwar an schriftlichen Beweismitteln, sie bäten indessen zur Ersetzung derselben die mit der Aufwerfung dieses Grabens beschäftigt gewesenen vier von ihnen namhaft gemachten Arbeiter eidlich vernehmen zu lassen. Gleicherweise bäten sie für den Fall, daß die im August 1857 geschehene Auspfählung der Grenze nicht schon durch die Anlage 1 und 2 liquide geworden, über diesen Punkt den Landmesser Meyer in Oldenhütten zu vernehmen.

Schließlich deferirten Beklagte für den Fall, daß die in der Verordnung vom 13. Januar 1797 vorgeschriebene Verjährungsfrist wider Vermuthen für einen annus utilis sollte erkannt werden, dem Kläger den Schiedeseid darüber, daß er bereits im Septbr. 1857 von der vorgedachten Abpfählung Wissenschaft gehabt.

(Der Beschluß folgt.)

Allerhöchst privilegirte

Holsteinische Anzeigen.

Redigirt von den Obergerichtsräthen Etatsrath Henrici und Lucht.

Gedruckt bei Augustin in Glückstadt.

45. Stück. — Den 10. November 1862.

Entscheidungen.

Spolienklage. — Einrede der Verjährung.

(Beschluß.)

Ueber den Sachverhalt bemerken dann Beklagte: sie wollten es keineswegs in Abrede stellen, daß sie das fragliche Landstück, welches Kläger den nördlichen Theil seiner Wiesenparcele nenne, hätten abgraben lassen mit dem Willen, darüber als über Commüne-eigenthum zu disponiren, auch darüber bereits disponirt hätten. Dagegen müßten sie in Abrede stellen, daß dies Landstück der nördliche Theil der dem Kläger gehörigen Parcele sei und dem Kläger daran jemals das geringste Besitzrecht zugestanden habe. Kläger habe auch nichts vorgebracht, woraus auf die Richtigkeit seiner Behauptung, besessen zu haben, geschlossen werden könne. Er habe sich auf die Angabe beschränkt, das qu. Landstück seit dem Jahre 1841 im ruhigen Besitz und Genuß gehabt zu haben und habe darüber den Beklagten den Eid zugeschoben. Besitz und zwar bis auf seine äußerlichste Form, die Detention, herab, sei aber ein juristischer Begriff, dessen Vorhandensein oder Nichtvorhandensein erst durch Schlüsse erkannt werde und worüber deshalb nicht geschworen werden könne und dürfe. Da nun dem Kläger eine nachträgliche Specification von Besitzhandlungen so wenig als eine nachträgliche Benutzung anderer Beweismittel gestattet werden könne, so dürften Beklagte auch aus diesem Grunde die Abweisung der Klage ref. exp. beantragen.

Schließlich haben Beklagte auch noch auszuführen gesucht, daß der fragliche Landstreifen nicht einen Theil der vom Kläger besessenen Parcele bilde, wofür Beklagte sich berufen auf die vom Landmesser Lensch im Jahre 1787 vorgenommene Vermessung, die von demselben entworfene Charte und aufgenommenes Vermessungsinstrument, so wie auch auf die Licitationsbedingungen, aus welchen Documenten hervorgehen soll, daß dem ersten Parcelenbesitzer nur ein Areal von 8 Tonnen, à Tonne zu 250 []Ruthen, verkauft worden, welches Landareal Kläger nach Ausweise der Vermessung des Landmessers Meyer im Besitz habe, wenn der gezogene Graben die Grenze bilde: dabei bemerken Beklagte mit Beziehung auf die im § 2 der Verkaufsbedingungen den Käufern auferlegte Verpflichtung, daß ein jeder derselben vor seiner Parcele nach vorgängiger Anweisung und auf seine Kosten einen gehörigen Wall zu ziehen habe. Die Klage wolle die Gehegebefriedigung als den conditionsmäßig gezogenen Wall angesehen wissen. Dies finde aber seine Widerlegung in dem Umstande, daß der Wall, den Kläger für das Werk seines Vorbesitzers ausgebe, bereits im Jahre 1763 vorhanden gewesen, wie sich dies erweise durch die im selbigen Jahre aufgenommene Peymann'sche Charte in Verbindung mit einer von dem Landmesser Meyer vorgenommenen Vermessung und deren Resultaten, wornach der zur

Zeit noch am Boitzholz vorhandene aber zum Theil verfallene Wall nicht der in den Verkaufsbedingungen vom 29. August 1788 vorgeschriebene Wall sein könne. Wären aber beide verschieden, so müßte nothwendig der conditionsmäßig zu ziehende Wall entweder mit allen Spuren wieder verschwunden oder er müsse gar nicht gemacht sein. Und letzteres sei auch erweislich die richtige Annahme. Die ersten Erwerber der Parcelen hätten nämlich denjenigen Wall, den sie zufolge des § 2 der Verkaufsbedingungen zu ziehen schuldig gewesen, in Wirklichkeit niemals gezogen, sondern sich mit der Ziehung eines Grabens begnügt und die Stadtcollegien hätten sich dabei beruhigt. Dieser alte den conditionsmäßigen Wall ersetzende Graben befinde sich genau da, wo jetzt der neue Graben von 8 Fuß Breite gezogen sei, nur daß diese 8 Fuß selbst von dem auf der Meyer'schen Charte zu 3 Tonnen 77 □Ruthen vermessenen Streifen Landes genommen worden und daher die jetzige Grenze anstatt einem Spolium ihre Existenz zu verdanken, noch weiter nördlich liege, als sie dem Kläger gegenüber zu liegen brauche. Dieser alte Graben sei nun im Laufe der Jahre fest verschlickt und für den Zweck, zu dem er habe dienen sollen, nämlich als Scheide gegen die Parcelen zu gelten, im Jahre 1857 nicht mehr wahrnehmbar genug gewesen und sei dies, wie bemerkt, der Grund, weshalb derselbe erneuert worden. Daß und wo ein solcher Graben vorhanden gewesen, werde nicht allein die von dem Kläger beantragte Localbesichtigung noch an einigen Stellen ausweisen, sondern werde auch der Landmesser Meyer zu Oldenhütten, den die Beklagten als Zeugen denominirt, bewahrheiten können, falls solches nicht schon aus den desfalls von ihm angefertigten Charten hinreichend erhellen sollte. Höchst eventuell werde aber dem Kläger auch über diesen Punkt der Eid deferirt. Wenn Kläger behaupte, daß die westliche und östliche Grenze seiner Parcele theils als Graben, theils als Wall bis an den alten Gehegewall gehe und in diesen Grenzen sonach das von dem Kläger in Anspruch genommene Stück des vielberegten Landstreifens eingeschlossen sei, so sei dagegen zu bemerken, daß in Form eines Walles eine solche Scheide überall nicht vorhanden sei und daß als Graben die Verlängerung der klägerischen Seitenscheiden nicht gehe bis an den alten Scheidewall. Diese Verlängerungen seien Abzugsgräben für das fast ohne Abfluß liegende Land zwischen dem alten Gehegewall und der klägerischen Nordgrenze, die man natürlich des besseren Abzugs wegen gerade auf die klägerischen Seitengräben hin dirigirt habe. Daß sie zum Erweise der Grenze völlig untauglich, gehe auch aus dem Umstand hervor, daß sie mitten in dem vom Kläger in Anspruch genommenen Terrain aufhörten.

Schließlich auch noch Bezug nehmend auf einen dem Holzvogt Wendel im Jahre 1837 von dem Magistrate beigelegten Befehl, darüber zu wachen, daß die zwischen den Wiesen im Boizvieh und dem Gehege Boitzholz befindlichen Holzgründe nicht von Nutznießern der Wiesenparcelen betreten und deren Grenze gegen diese Parcelen hin nicht überschritten würde, haben Beklagte den Antrag gestellt, daß Kläger unter Verurtheilung zur Kostenerstattung mit seiner unbegründeten und durch Gegenbeweis elidirten Spolienklage abgewiesen werden möge.

In seiner Replik bemerkt Kläger: die Einrede der Verjährung sei unbegründet, denn die Beklagten hätten nicht behauptet, daß er von den zum Gegenstand der Klage gemachten Eigenmächtigkeiten der Aufwerfung des Grabens und Benutzung des dadurch abgeschnittenen Theiles durch Verpachtung früher Kunde erhalten habe, als er selbst einräume und angebe, also nicht vor dem Sommer 1858 bei der Heuernte. Da nun aber der Besitz eines Immobile bei Abwesenheit des Besitzers erst mit der erlangten Kunde der Occupation verloren gehe, so sei erst von diesem Moment an für die Spolienklage actio nata und es könne nicht eher der Lauf der Verjährung beginnen. Von einem Verjährtsein der von dem Kläger im Herbste 1858 erhobenen Besitzentsetzungsklage könne also nicht die Rede sein. Der Vollständigkeit wegen wolle aber Kläger noch bemerken:

1) daß Beklagte rücksichtlich einer wesentlichen Handlung der Occupation, nämlich der Verpachtung der Heuwindung auf dem durch den Graben abgeschnittenen Lande, gar nicht behauptet hätten, daß sie vor dem 7. November 1857 geschehen sei, wie dieselbe denn auch in der That erst im Frühjahr 1858 stattgefunden habe;

2) daß Kläger bestreite, daß die Ziehung des Grabens bereits am 3. November 1857 vollendet worden, was vielmehr frühestens am 10. oder 11. November geschehen sei;

3) daß Kläger zwar als möglich zugebe, daß bereits im August 1857 die Grabenrichtung abgepfählt gewesen, indem er damals zwei oder drei Stangen auf seiner Parcele und auch in der Kreuz und Quere auf den anliegenden Parcelen ähnliche Stangen gesehen, daß dies aber ein für die jetzige Klage gleichgültiges Factum sei, weil Kläger über die nach der jetzigen Erklärung der Beklagten durch jene Abpfählung von ihnen begangene Besitzstörung überall nicht geklagt habe, weil ferner durch jene Handlung das jetzt zum Gegenstand der Klage gemachte Spolium nicht begangen, sondern nur vorbereitet sei, und weil, bevor durch den nach jener Abpfählung gezogenen Graben es zu Tage getreten sei, was durch selbige beabsichtigt worden, es nicht erkennbar gewesen, was sie habe bedeuten sollen, und Kläger, zumal da in der letzten Zeit häufig im Amte Rendsburg amtliche Vermessungen geschehen seien, nicht auf den Gedanken habe kommen können, daß selbige zur Vorbereitung des später begangenen Spoliums vorgenommen sei.

Im Uebrigen hat Kläger die gegen die Klage vorgebrachten Einwendungen zu widerlegen, Beklagte dagegen in ihrer Duplik die von ihnen geltend gemachten Argumente aufrecht zu erhalten gesucht und in Beziehung auf die Einrede der Verjährung bemerkt: die klägerische Berufung darauf, daß die Verpachtung des abgetrennten Landes erst im Frühjahr 1858 geschehen, sei unstatthaft, insofern sie das Klagfundament verändere, und von der Ziehung des Grabens, worin die Besitzentsetzung beruhen müßte, auf eine Thatsache überspringe, die einen bereits vorhandenen Besitz voraussetze. Auch könne es nach der Bestimmung der Verordnung vom 13. Januar 1797 § 10 nicht zweifelhaft sein, daß der Anfang der Verjährung von der Thatsache der Störung und nicht erst von der erlangten Kunde derselben zu berechnen sei, und nachdem Kläger zugestanden, daß die Vermessung und Abpfählung schon im August 1857 geschehen, sei die Klage jedenfalls ohne weitere Beweisaufnahme zu verwerfen, es bleibe nämlich nur die Alternative: entweder Kläger müsse die Vermessung und Abpfählung mit zum Gegenstand seiner Klage machen und dann sei diese verjährt, oder er müsse lediglich auf die Ziehung des Grabens seine Klage erstrecken und dann stehe ihm die Thatsache der Vermessung und Abpfählung als der Ziehung des Grabens nächst vorhergehende letzte von seinen Besitzhandlungen des Klägers abgelösete entgegen, welche der darauf folgenden Besitzhandlung aber dadurch schon ihre possessorische Berechtigung ertheile.

Nach stattgehabter Vernehmung der zum Beweise der Einrede der Verjährung denominirten Zeugen und vorgenommenen Localbesichtigung steht es sonach zur Frage:

1) ob die Einrede der Verjährung und eventuell
2) ob die angestellte Klage für begründet und erwiesen zu erachten.

In Erwägung nun, daß für die Einrede der Verjährung die unbestrittene Thatsache, daß Beklagte schon im August 1857 eine Vermessung haben vornehmen und das Resultat derselben durch Pfähle oder Stangen haben bezeichnen lassen, schon deshalb nicht in Berücksichtigung kommen kann, weil nicht wegen dieses Factums, sondern wegen einer anderen erst später eingetretenen Handlung Klage erhoben worden und für die Frage, ob diese Klage als verjährt zu betrachten, selbstfolglich nur auf den Zeitpunkt der Handlung, welche zum Gegenstand der Klage gemacht worden, und namentlich auch nicht darauf ankommen kann, ob etwa eine ihr vorausgegangene Handlung für die Beurtheilung der angestellten Klage von entscheidendem Gewicht möchte werden können, wie denn übrigens auch die ausgesetzten Pfähle so wenig die Nutzung des ganzen Wiesenareals behindert, als sie den Zweck, zu dem sie dienen sollten, haben erkennen lassen, das Vermessenlassen und das Setzen der Pfähle sich auch jedenfalls nur als eine vorbereitende Handlung und nicht schon als der Anfang der später erfolgenden Besitz entziehenden Handlung darstellt und selbst wenn man annehmen wollte, daß sie an sich schon zur Klagerhebung wegen Besitzstörung hätte berechtigen mögen, das Verjährtsein einer solchen Klage den Kläger nicht würde hindern können, nach wirklich erfolgter Besitzentziehung deshalb Klage zu erheben;

in Erwägung, daß dagegen andererseits bei Berechnung der Verjährungsfrist auch nicht auf die Zeit der Verpachtung des abgegrabenen Landstreifens wird gesehen werden können, da für die angestellte Spolienklage die Verpachtung des Landstücks an sich ein völlig irrelevantes Factum bildet;

in Erwägung, daß es daher allein auf den Zeitpunkt der Grabenziehung ankommt, daß aber nach dem Resultat der Zeugenvernehmung es sich nur als erwiesen darstellt, daß die Grabenarbeit jedenfalls schon vor dem 7. November 1857 begonnen worden, wohingegen die Aussagen der Zeugen es zweifelhaft lassen, wann die Arbeit vollendet worden, und namentlich nicht zu der Annahme berechtigen, daß sie schon vor dem 7. November beendet worden;

in Erwägung ferner, daß, wenn auch unter anderen Umständen es hätte in Frage kommen müssen, ob für die Einrede der Verjährung auf den Anfang oder auf das Ende der Arbeit zu sehen sei, diese Frage doch für den vorliegenden Fall deshalb bedeutungslos erscheint, weil die Zeugenaussagen keine Auskunft darüber geben, wann die das Areal der sämmtlichen gleichzeitig klagenden Parcelenbesitzer durchziehende Grabenarbeit auf dem Wiesenlande der einzelnen Parcelenbesitzer in Angriff genommen worden;

in Erwägung, daß daher die Einrede der Verjährung nicht für erwiesen zu erachten, indem die Streitfrage, ob die Unterbrechung der Verjährung voraussetze, daß die demnächst mitgetheilte Klage vor Ablauf der Verjährungsfrist eingereicht worden,

cf. Puchta, Pandekten, § 90,

oder ob sie erfordere, daß auch die Insinuation vor vollendeter Verjährungsfrist erfolgt sei, für den vorliegenden Fall außer Berücksichtigung wird bleiben müssen, da Beklagte bei thatsächlicher Begründung der Einrede der Verjährung nur auf den Tag der Einreichung der Klage Bezug genommen, auch nicht nachgewiesen haben, an welchem Tage die Klage ihnen insinuirt worden, und es mithin in diesem Fall unzweifelhaft nur darauf hat ankommen können, ob zur Zeit der Einreichung der Klage dieselbe bereits verjährt gewesen, wie denn auch, eben weil die Einrede der Verjährung schon wegen des mangelnden Beweises der dieselben begründenden thatsächlichen Behauptungen verworfen werden muß, gleichfalls auch die weitere Frage, ob sich Kläger eventuell mit Grund auf die Bestimmung der L. 15 § 5 quod vi aut clam würde berufen dürfen, nicht in Betracht kommt;

in Erwägung, die Hauptsache anlangend, daß Beklagte einräumen, daß sie den Graben qu. haben ziehen lassen und den abgegrabenen Landstreifen in Besitz genommen haben, daß sie auch nicht bestreiten, daß dies ohne Wissen und ohne Einwilligung des Klägers geschehen, von ihnen auch nicht in Abrede gestellt wird, daß Kläger Besitzer der Wiesenparcele ist, von welcher das Landstück qu. abgegraben worden, im Uebrigen aber die Klage ihre hinlängliche Begründung findet in der Behauptung, daß bis zum Zeitpunkt der erfolgten Grabenziehung Kläger das ganze Wiesenareal mit Einschluß des davon jetzt getrennten Landstreifens in ruhigem und ungestörtem Besitz und Genuß gehabt, indem in dieser Behauptung mit genügender Bestimmtheit ausgesprochen wird, daß Kläger das fragliche Landstück als ungetrennten Theil seiner Parcele mit dieser inne gehabt und genutzt habe und es nicht Aufgabe des Klägers hat sein können, näher darzulegen, in welcher Weise er das streitige Areal genutzt hat;

in Erwägung, daß es indessen einer Erklärung der Beklagten über den ihnen zugeschobenen Eid nicht bedarf, da es nach den localen Verhältnissen, wie sie sich nach dem Localbefunde und den eigenen Angaben der Beklagten darstellen — ganz abgesehen von den dies bestätigenden beiläufigen Aeußerungen der mit Beziehung auf die Einrede der Verjährung denominirten Zeugen — völlig zweifellos erscheint, daß das vom Kläger besessene Wiesenareal seiner äußeren Gestalt und Begrenzung nach mit Einschluß des jetzt abgegrabenen Theiles bisher ein ungetrenntes Ganzes gebildet hat; und es unter diesen Verhältnissen nicht Aufgabe des Klägers sein kann, speciell noch näher darzuthun, daß sein Besitz und die Nutzung des Wiesenareals sich nicht in Grenzen gehalten hat, die als solche für ihn äußerlich nicht hervorgetreten, es vielmehr den Beklagten obgelegen, nachzuweisen, daß dennoch sich der Besitz des Klägers in der Weise begrenzt habe, daß ihnen es nicht als Act unerlaubter Eigenmacht zum Vorwurf gemacht werden dürfe, wenn sie ohne Weiteres einen Theil des bisher ein ungetrenntes Ganzes bildenden Areals durch einen Graben davon getrennt und in Besitz genommen haben;

in Erwägung nämlich

1) daß die östlich und westlich vorhandenen Scheidegräben der verschiedenen Parcelen in ihrer Verlängerung sich heranziehen bis an eine nördlich vor dem Gehegewall vorhandene Erderhöhung;

2) daß die Unterbrechung, welche diese Seitengräben durch den neuerdings errichteten sie durchschneidenden Graben gefunden, es nicht zweifelhaft machen kann, daß diese Seitengräben früher ununterbrochen verlaufen sind, zumal da in dieser Beziehung das Ergebniß der Localbesichtigung ergänzt wird durch die Anführungen der Beklagten, welche einem Zweifel darüber nicht Raum lassen;

3) daß ebenfalls auch nach den eigenen Angaben der Beklagten und dem Resultat der Localbesichtigung, wie auch zufolge der vom Landmesser Meyer entworfenen Charte und Vermessungsinstrument die Linie, welche Beklagte als die nördliche Grenze der Parcelen angesehen wissen wollen, nicht als Grenze äußerlich sichtbar hervorgetreten ist;

4) daß die an einer Stelle allerdings sich findende Vertiefung, welche als Spur eines alten Grabens bezeichnet wird, nicht von der Beschaffenheit befunden worden, daß in ihr ein Scheidegraben äußerlich erkennbar geworden;

5) daß es nicht in Betracht kommen kann, ob die Landmesserkunst aus dieser und anderen Vertiefungen mit genügender Sicherheit einen Schluß auf die frühere Existenz eines Grabens und auf dessen ursprüngliche Eigenschaft als Grenzgraben mag ziehen können, da hier, wo es sich zunächst eben nur um den factischen Zustand handelt, es lediglich in Frage hat kommen können, ob schon vor der Errichtung des neuen Grabens irgend welche als solche Jedem erkennbar in die äußere Erscheinung tretende Grenze vorhanden gewesen, wodurch derzeit schon der jetzt abgegrabene Theil von dem übrigen Wiesenareal getrennt worden und es daher entscheidend ins Gewicht fallen muß, daß von der Existenz eines derartig beschaffenen Grabens, wie zur Genüge auch aus den eigenen Anführungen der Beklagten erhellt, nicht hat die Rede sein können;

in Erwägung, daß die der Errichtung des Grabens vorausgehende Vermessung sich nicht als eine Besitzhandlung, noch weniger aber als eine solche Handlung auffassen läßt, wodurch schon dem bisherigen Besitzer der Besitz entzogen worden, Beklagte im Uebrigen auch nicht behauptet haben, das der abgegrabene Landstreifen vorher schon in dem Besitze der Stadt sich befunden, indem sie vielmehr, ohne der Behauptung des Klägers, auch diesen Landstreifen bisher in Besitz und Genuß gehabt zu haben, einen Widerspruch entgegen zu setzen, sich lediglich darauf beschränkt haben, das Besitzrecht des Klägers zu bestreiten;

in weiterer Erwägung, daß die von den Beklagten producirten Documente es keineswegs zur Liquidität erheben, daß ursprünglich die nördliche Grenze der Parcelen da gewesen, wo Beklagte neuerdings einen Graben haben ziehen lassen, im Gegentheil vielmehr nach diesen Documenten überwiegende Gründe dafür sprechen, daß die Parcelen von Anfang an im Norden ihre Begrenzung gefunden in der vorerwähnten Erderhöhung;

in Erwägung nämlich

1) daß bei der im Jahre 1787 behufs der Parcelirung des s. g. Boitzviehes vorgenommenen Vermessung, wie das darüber vom wailand Landmesser Lensch aufgemachte Instrument ausweist, der ganze Inhalt des Boitzviehes zu 63 Tonnen 97 []Ruthen angenommen worden, wohingegen nach der im August 1857 von dem Landmesser Meyer vorgenommenen Vermessung das Boitzvieh im Ganzen einen Inhalt hat von 68 Tonnen 30 []Ruthen, so daß schon hieraus hervorgehen dürfte, daß der Landmesser Lensch entweder einen größeren Maaßstab bei der Vermessung und Vertheilung zum Grunde gelegt hat, als der Landmesser Meyer, oder, sofern die Messung des letzteren als die richtige angesehen werden darf, weniger genau dabei verfahren ist, als dieser, wie es denn auch bekanntlich erfahrungsmäßig keine ungewöhnliche

Erscheinung ist, daß bei Nachmessung der in älterer Zeit vermessenen Landstücke sich ein größeres Areal ergiebt;

2) daß zufolge des Vermessungsinstruments und der Charte des Landmessers Lensch angenommen werden muß, daß sich die von ihm vorgenommene Vermessung und Vertheilung auf das ganze Areal des Boitzviehes erstreckt hat, indem so wenig die Charte als auch das Vermessungsinstrument mit der Annahme vereinbar erscheint, daß bei der Parcelirung des Boitzviehes ein Landstreifen desselben davon ausgeschlossen worden;

3) daß auch das unterm 29. August 1788 aufgenommene Protocoll mit der Annahme übereinstimmt, daß das ganze Boitzvieh, auf das derzeit kein großer Werth gelegt worden, ohne Reservirung eines Theils desselben hat parcelirt und veräußert werden sollen;

4) daß namentlich auch nach den in das Protocoll aufgenommenen Bedingungen die einzelnen Parcelen „solchergestalt, wie sie vermessen und abgetheilet worden" veräußert worden sind und nicht ohne Weiteres vorausgesetzt werden darf, daß es dennoch die Absicht gewesen, nicht das ganze Areal so wie es von dem Landmesser Lensch vermessen und vertheilt worden, zu übertragen, sondern davon einen Theil auszuschließen für den Fall, daß sich etwa demnächst ergeben sollte, daß die Käufer mehr als das Tonnenmaaß erhalten, wozu auf Grund der Vermessung des Landmessers Lensch die einzelnen Parcelen in den Bedingungen angegeben worden;

5) daß auch, selbst wenn man es mit dem Wortinhalt der Verkaufsbedingungen sollte vereinbar finden können, daß die einzelnen Parcelen nicht so wie sie derzeit vermessen und vertheilt worden, sondern nur das angegebene Tonnenmaaß auf die ersten Erwerber zum Eigenthum habe übertragen werden sollen, es doch an allem Grunde für die Annahme fehlen würde, daß die Parcelen nicht im Jahre 1788 in den Grenzen, welche die Charte und das Vermessungsinstrument vom Jahre 1787 ergiebt, und mit dem Maaße, welches sich für die einzelnen Parcelen bei einer Vermessung und Vertheilung herausgestellt hat, wobei das ganze Areal unrichtig anstatt zu 68 Tonnen 30 □Ruthen nur zu 63 Tonnen 97 □Ruthen angenommen worden, an die ersten Erwerber zum Besitze überwiesen sind;

6) daß nach Inhalt des § 2 derselben Bedingungen die Käufer der Parcelen vor denselben nach gegebener näherer Anweisung einen behörigen Wall haben ziehen sollen, daß aber mit dieser Bestimmung der Umstand correspondirt, daß vor dem Boitzholz sich eine Erderhöhung findet, welche sehr wohl von einem allmählig in Verfall gerathenen Wall herrühren kann;

7) daß dagegen die Annahme, daß kein Wall errichtet und statt dessen ein Graben als nördliche Grenze hergestellt worden und daß die sich vorfindenden Vertiefungen oder Spuren eines alten Grabens von diesem Scheidegraben herrühren, völlig willkürlich erscheint und namentlich nicht in dem dafür geltend gemachten Resultat der Vermessung des Landmessers Meyer ihre Rechtfertigung finden kann, da, wenn es auch richtig sein mag, daß die Parcelenbesitzer bei Begrenzung ihrer Parcelen durch den neuerdings gezogenen Graben die Maaße erhalten, zu welchem die Parcelen in den Bedingungen angegeben worden, doch selbstverständlich für die Frage, wo im Jahre 1788 auf Grund der stattgehabten Vermessung die Grenzen angewiesen worden, nur die im Jahre 1787 für die Parcelirung vorgenommene Vermessung in Berücksichtigung kommen kann und es nicht übersehen werden darf, daß nach der Charte des Landmessers Lensch, nach seinem Vermessungsinstrumente und nach dem Protocoll vom 29. August 1788 die Annahme ausgeschlossen erscheint, daß ein Theil des Boitzviehes von der Vertheilung und Parcelirung ausgenommen und eine Grenze nach Norden zu gezogen worden, wornach ein Landstreifen des Boitzviehes der Stadt reservirt worden wäre;

in Erwägung, daß es unter diesen Umständen um so weniger noch des weiteren Beweises bedurft hat, daß Kläger mit der unbestritten in seinem Besitze befindlichen Parcele auch den jetzt abgegrabenen Theil besessen hat, daß aber auch, wenn es nach den von den Beklagten selbst producirten Documenten weniger klar vorläge, daß bei der Parcelirung nicht der fragliche Landstreifen davon ausgeschlossen worden, der factische Zustand doch jedenfalls derart gewesen, daß es als ein Act unerlaubter Eigenmacht bezeichnet werden muß, daß die Beklagten ohne Weiteres auf Grund einer einseitig von ihnen veranlaßten Nachmessung einen Theil des bisher ein ungetrenntes Ganze bildenden Areals haben abgraben lassen und in Besitz genommen haben;

in Erwägung, daß sonach die Klage nicht bloß als begründet, sondern auch als erwiesen anzusehen,

wird, unter abschriftlicher Mittheilung der duplicarischen Erklärung an den Kläger und unter abschriftlicher Mittheilung des aufgenommenen Localbefundes und des über die Zeugenvernehmung erwachsenen Protocolls an denselben, hiemittelst von Obergerichtswegen zum Bescheide ertheilt:

daß die beklagten Stadtcollegien in qual. qua schuldig, innerhalb 14 Tagen in Betreff der Wiese qu. den früheren Zustand durch Zuwerfung des eigenmächtig gezogenen Grabens und Wiederinstandsetzung der ausgegrabenen Wiesenfläche, so wie Zurückgabe des abgegrabenen Wiesentheiles bis an den alten Grenzwall wieder herzustellen, den dem Kläger angeursachten Schaden, dessen nähere Specification und Liquidation vorbehältlich, zu ersetzen, künftig aller Störungen am Besitze sich zu enthalten und die angeursachten Proceßkosten, deren Specifiation und Determination vorbehältlich, zu erstatten.

Urkundlich rc. Gegeben im Königl. Holsteinischen Obergerichte zu Glückstadt, den 13. December 1860.

Gegen dies Erkenntniß, so wie gegen die im Wesentlichen gleichlautenden Erkenntnisse, welche auf die Klage der übrigen Parcelenbesitzer gleichzeitig abgesprochen worden, haben die Beklagten mit dem Bemerken, daß sie in Ansehung der Einrede der Verjährung die ergangenen Erkenntnisse als rechtskräftig gelten lassen wollten, das Rechtsmittel der Supplication eingelegt. Der hierauf vom Königl. Oberappellationsgericht abgegebene Bescheid lautet folgendermaaßen:

Namens Sr. Königl. Majestät.

Auf die am 21. März v. J. hieselbst eingegangene Supplicationsschrift des Magistrats und des Collegium der Deputirten der Stadt Rendsburg, als Verwalter und Vertreter des Stadtärars, Beklagte und Supplicanten,

wider

die Eingesessenen Hans Sieck und Peter Sieck in Holzbunge, den Halbhufner Claus Mahrt daselbst, die Viertelhufner Hans Solterbeck und Claus Haß in Trenrade und die Eingesessenen Hans Mohr und J. H. Lohse in Holzbunge, Kläger und Supplicaten,

wegen angeblich geübter eigenmächtiger Besitzstörung und resp. Besitzentsetzung in Betreff einer Wiese, daher Supplication wider die Erkenntnisse des Holsteinischen Obergerichts vom 13. Decbr. 1860,

wird, unter Mittheilung einer Abschrift der Gegenerklärung der Supplicaten an die Supplicanten,

in Erwägung, daß die von den Supplicaten erhobene Spolienklage aus den von dem Obergericht entwickelten Gründen und weil die an sich schon unzweideutige Berufung auf den ungestörten „Besitz und Genuß“ der fraglichen Wiesenparcelen um so mehr als eine zur Begründung der angestellten Spolienklage ausreichende factische Behauptung aufzufassen ist, da dieselbe in der Replik ausdrücklich annoch durch die Bemerkung näher erläutert worden, daß jener Besitz und Genuß in Heumähen bestanden habe, für fundirt zu erachten ist;

in Erwägung, daß die erhobene Klage aber auch als erwiesen anzusehen, da bei dem vom Obergericht bereits nachgewiesenen völligen Ungrund der Behauptung der Beklagten, daß die von ihnen angeordnete Vermessung und Abpfählung als die letzte Besitzhandlung erscheine, der von den Klägern, bis zur Zeit der von den Beklagten eigenmächtig angeordneten Grabenziehung, an dem fraglichen Landstreifen ausgeübte Besitz zur Gewißheit erhoben ist

1) durch die Erklärung der Beklagten, daß sie das zwischen dem Gehegewall und dem neuen Graben liegende Stück Land, welches Kläger den nördlichen Theil ihrer Wiesenparcelen nennen, im Jahre 1857 haben abgraben lassen, worin implicite das Zugeständniß enthalten ist, daß bis zur Grabenziehung der nördliche Theil des Boizvieh sich in demselben factischen Zustande befunden habe, wie der südliche, folg-

lich in Verbindung mit den übrigen Wiesenparcelen im Besitz der Kläger;

2) durch den Inhalt des gerichtlichen Befundes und der von den Beklagten producirten Situationscharten, wornach die unter dem Namen „Boizvieh" unbestritten im Besitz der Kläger sich befindenden Wiesenparcelen, abgesehen von dem gegenwärtig von den Beklagten gezogenen Graben, sich in ihrer ganzen Ausdehnung von Süden bis nördlich nahe an den Gehegewall des Boizholz als eine ununterbrochen zusammenhängende Fläche darstellen und wornach die östlichen und westlichen Scheidelinien der einzelnen Parcelen, wenn auch nicht bis unmittelbar an den Gehegewall hinan, so doch jedenfalls nördlich über den von den Beklagten angelegten Graben hinausgehen, daher von letzterem durchschnitten werden;

3) durch die Aussagen der von den Beklagten producirten Zeugen, deren Beweiskraft die Producenten, wiewohl sie dieselben direct nur zum Beweise der vorgeschützten Einrede der Verjährung producirt haben, auch gegen sich gelten lassen müssen, indem diese Zeugen in wesentlicher Uebereinstimmung mit einander deponiren, daß sie im Auftrag der Beklagten den fraglichen Graben quer durch die platten, flachen Wiesen gezogen und daß sie daselbst keinen andern Graben gesehen, als diejenigen, welche in der Richtung auf den neuen Graben zugegangen, während der Zeuge Haack bemerkt, daß die gegenwärtig durch den Graben qu. durchschnittenen Wiesen, welche in früherer Zeit von der Stadt Rendsburg verkauft worden, jetzt im Besitz verschiedener Leute sich befänden, und dann hinzusetzt:

„die dortigen Wiesen gingen heran bis zur Befriedigung des s. g. Boiz und wisse Zeuge auch, daß die Wiesen regelmäßig bis zu dieser Befriedigung von den Bauern gemäht werden seien. Durch den neuen Graben seien von diesen Wiesen Stücke abgeschnitten u. s. w.;"

in Erwägung, daß, selbst wenn Beklagte, wie nicht geschehen, bewiesen hätten, daß sie Eigenthümer des geständigermaaßen von ihnen durch eigenmächtige Ziehung des Grabens in Besitz genommenen Landstücks seien, hierdurch die auf das Spolium gestützte Klage der bisherigen Besitzer nicht elidirt sein würde; daß demnach nicht nur die erste, sondern auch die zweite Supplicationsbeschwerde sich als unbegründet und folgeweise die dritte und vierte Beschwerde als hinfällig darstellt;

in Erwägung, die fünfte Beschwerde betreffend, daß, wenn, worüber beide Parteien einverstanden sind, zwischen dem von den Beklagten gezogenen Graben und dem Wall vor dem Gehege Boizholz kein anderer alter Wall vorhanden ist, die in dem obergerichtlichen Erkenntniß den Beklagten gemachte Auflage der „Zurückgabe des abgegrabenen Wiesentheils bis an den Wall" nur von dem ganzen zwischen dem neuen Graben und dem Gehegewall belegenen Terrain verstanden werden kann und in dieser Bedeutung sich auch durch das in Betreff der früheren Besitzverhältnisse Angeführte rechtfertigt,

hiedurch zum Bescheide ertheilt:

daß die angefochtenen Erkenntnisse zu bestätigen, unter Verurtheilung der Supplicanten in die Kosten dieser Instanz.

Die von dem Anwalt und Procurator der Supplicanten berechneten Kosten werden auf 89 ℛ 85 β, die für die Gegenerklärung und Procuratur berechneten Kosten auf 110 ℛ 68 β bestimmt.

Urkundlich ꝛc. Gegeben im Königl. Oberappellationsgericht zu Kiel, den 17. September 1862.

Allerhöchst privilegirte

Holsteinische Anzeigen.

Redigirt von den Obergerichtsräthen Etatsrath Henrici und Lucht.

Gedruckt bei Augustin in Glückstadt.

46. Stück. — Den 17. November 1862.

Entscheidungen.

Interpretation einer in einer Administrativsache erfolgten Verweisung zum gerichtlichen Verfahren. — Verzicht auf ein Realrecht. — Qualification zum Armenrecht.

In Sachen der Hofbesitzer Peter Blohm und Peter Hauschildt zu Schlickburg, Jacob Kahlcke, Johann von Leesen, Peter Harms, Michel Haegemann, Claus Springer und Martin Meyer vom Neuendeich, F. H. Möller Wwe., M. Nienburg und Johann Nienburg Wwe. zu Schadendorf, Kläger,

wider

die Käthner Otto Möller, Johann Döppel, H. F. Soltwedel und Heinrich Hauschildt zu Schlickburg, Beklagte,

wegen angeblicher Verpflichtung zur Gewährung weiterer Gräsung und Refundirung verlegter Grasgelder und erwachsener Kosten s. w. d. a.,

haben die Kläger vorgebracht: der Schlickburger Deich, welcher seit längerer Zeit ein Mitteldeich sei, werde von den Deicheignern, zu denen die Kläger gehörten, schlagweise unterhalten, wogegen den Deichschlägen seit unvordenklicher Zeit das Recht zugestanden habe, seine Deicherde zu bepflanzen oder anderweitig zu cultiviren und eigenthümlich darüber zu verfügen. Neben den Deichschlägen habe ein Theil der Deicherde als Gemeinweide dagelegen, welche von den Anliegern mit Vieh betrieben worden sei.

Im Verlauf der Zeit seien Streitigkeiten zwischen den Neuendeicher und Schlickburger Interessenten einer- und den übrigen Deichbandsinteressenten andererseits entstanden und habe das ehemalige Pinneberger Oberappellationsgericht unterm 5./30. April 1803 den Bescheid abgegeben:

> daß die Benutzung der Neuendeicher Deicherde pro rata des Antheils der Appellanten öffentlich unter zweckmäßigen Bedingungen und mit Rücksicht auf die am Deiche wohnenden kleinen Leute, welche kein Land haben, zu verhäuern.

Eine zur Ausführung dieses Bescheides ernannte Commission habe sodann unterm 29. August 1803 Folgendes festgesetzt:

> „Den am Deiche wohnenden kleinen Leuten, die kein Land oder weniger als zu einer Kuhgrasung erforderlich, haben, muß es verstattet sein, in einer mit Vieh nicht zu übertriebenen Parcele im Sommer eine Kuh für 2 ℳ oder ein Stück Jungvieh für 1 ℳ oder zwei Stück Schaafe für 32 ß Cour. zu gräsen, zu welchem Ende die ganze Anzahl dieser kleinen Leute über die Interessenten nach Verhältniß der Theilnahme an der Deicherde zu vertheilen ist."

Auf Grundlage dieser Entscheidung sei am 1. Mai 1811 ein Vergleich abgeschlossen und hätten die Schlickburger Interessenten die Abfindung der kleinen Leute, die auf Schlickburg wohnten, übernommen. Vor Unterzeichnung des Vergleichs sei mit diesen bereits ein

Abkommen getroffen worden, indem die Wittwe Döppel der Zeit für sich und ihre Nachwirthe auf jegliche Gräsung verzichtet habe, die übrigen drei Käthner, Möller, Nienburg und Wittwe Rave, in der Weise abgefunden seien, daß ihnen der Schlickburger Mitteldeich vom Kreuzdeich an längs dem Eschdeich bis zu Claus Hauschildt's Wichelhofe zur Gräsung ihrer Kühe unentgeltlich überlassen worden.

Dieser Zustand habe bis zum Jahre 1825 gedauert, wo die Barriere zwischen dem Schlickburger und Neuendeicher Antheil der Deicherde niedergerissen sei, so daß nun das Vieh von beiden Seiten die Gränze habe überschreiten können. Im März 1855 habe indessen der Deichgrefe die Barriere wieder herstellen lassen und seien dadurch eine Reihe von administrativen Maaßregeln hervorgerufen, die bei der Weigerung der Interessenten, den Käthnern mehr wie die 1811 vereinbarte Weide zu liefern, damit geendigt, daß der Deichgrefe von der Oberdeichgrefschaft den Befehl erhalten, für die Kühe der Schlickburger kleinen Leute Gräsung zu miethen und das Grasgeld unter die Schlickburger Interessenten zu repartiren.

Auf den gegen diese Verfügung ergriffenen Recurs habe das Ministerium unterm 31. Mai v. J. resolvirt, daß die Landdrostei zur Ermöglichung des Rechtsweges ihre obrigkeitliche Assistenz den Schlickburger Käthnern nur dann zu gewähren habe, nachdem sie sich vorgängig verpflichtet, den Klägern wegen der daraus erwachsenen und erwachsenden Kosten zu Recht zu stehen. Dieser Verpflichtung seien die Beklagten nachgekommen.

Indem die Kläger sich nun wegen des Untergangs der den Beklagten durch den Bescheid vom 29. August 1803 beigelegten Rechte zuvörderst auf die Nichtausübung von 1811—1855, event. auf den Verzicht berufen, haben sie gebeten, daß erkannt werden möge:

> daß den Beklagten abgesehen von der Benutzung des Deiches vom Kreuzdeich über den Eschdeich bis zu Claus Hauschildt's Wichelhof ein weiteres Recht auf Gräsung den Klägern gegenüber nicht zustehe, dieselben auch schuldig seien, die von den Klägern verlegten Grasgelder salva liquidatione pro 1856—1858, so wie auch die Kosten der Eingaben an die Landdrostei und das Ministerium zu erstatten, ref. exp.

Excipiendo haben die Beklagten eine im Uebrigen von der klägerischen Darstellung in wesentlichen Punkten nicht abweichende Geschichtserzählung geliefert, dagegen die Thatsachen, daß die Vorwirthe der Beklagten im Jahre 1811 auf ihre Rechte verzichtet und sich resp. mit der fraglichen Gräsung hätten abfinden lassen, so wie daß es bis 1825 nach Maaßgabe dieses angeblichen Abkommens verhalten sei, geleugnet, wie denn überall von einem Untergang ihrer Rechte durch non usus nicht die Rede sein könne.

Sie haben sodann

1) die Einrede der mangelnden Activlegitimation vorgeschützt, weil die Rechte der Beklagten ihnen der ganzen Deichinteressentschaft gegenüber zuständen und sie mit den einzelnen Interessenten überall nichts zu thun hätten;

2) die Einrede der unzulässiger Weise den Beklagten aufgenöthigten Streitgenossenschaft, indem dies ihnen nicht allein deswegen nachtheilig sei, weil zwei von ihnen, Döppel und Hauschildt, dadurch behindert seien, das Armenrecht, für welches sie sich ihren Vermögensumständen nach vollkommen qualificirten, zu benutzen, sondern nicht einmal der Untergang der Rechte der Beklagten aus einem und demselben Rechtsgrunde behauptet worden, indem theils ein Verzicht, theils eine Abfindung stattgefunden haben solle. Endlich sei in der angezogenen Ministerialresolution von dem einen der Beklagten, Döppel, überall nicht die Rede und müsse daher die Klage gegen ihn sofort als unstatthaft verworfen werden.

Nachdem die Beklagten sodann noch evem. die Verpflichtung, die Kosten der Eingaben an die Administrativbehörden zu ersetzen, unter allen Umständen bestritten, haben sie um Abweisung der Klage unter Kostenerstattung gebeten.

Nachdem mündlich re- und duplicirt worden, steht solchemnach nunmehr zur Frage, wie zu erkennen sei.

In Erwägung nun, daß in dem Bescheide des Ministeriums vom 31. Mai v. J. auf die von den Klägern eingereichte Recursschrift, in welcher sie um Refusion der eingezahlten Gräsungsgelder und Verweisung der Käthner auf den Rechtsweg gebeten haben, ausgesprochen worden ist, daß die ganze Angelegenheit im Allgemeinen als Communalsache zu betrachten sei, und daß daher eine Geltendmachung der behaupteten Ansprüche im Wege der Klage nur insoweit zulässig erscheint, als die streitigen Punkte ausdrücklich zur gerichtlichen Entscheidung verwiesen sind;

in Erwägung, daß in dem gedachten Bescheide ferner ausgeführt ist, daß von den Klägern behauptet worden sei, daß die Vorbesitzer der Käthner Otto Möller, H. F. Soltwedel und Hinrich Hauschildt auf die fraglichen Ansprüche verzichtet hätten, und daß eine Entscheidung über die Wahrheit dieser Thatsache und ihre Consequenz für die gegenwärtigen Stellbesitzer sich für das administrative Verfahren nicht eigne, und daß deshalb die bisher gewährte obrigkeitliche Assistenz fernerhin an die vorgängig zu übernehmende Verpflichtung, den Klägern wegen eventueller Erstattung der Kosten zu Recht zustehen, geknüpft werden solle;

in Erwägung, daß hiedurch einerseits die Beschränkung der gerichtlichen Dijudicatur auf die als für das administrative Verfahren nicht geeignet bezeichneten Punkte, andererseits die Activlegitimation der Kläger, denen grade hinsichtlich dieser Fragen der Weg Rechtens eröffnet werden soll, von selbst gegeben ist;

in Erwägung, daß das von den Klägern gewählte Verfahren, wornach sie, statt gegen die einzelnen Käthner klagbar zu werden, dieselben zusammen mit einer Klage belangt haben, sowohl als dem Inhalt des Ministerialbescheides entsprechend als auch durchaus zweckmäßig und für die Beklagten vortheilhaft erscheint, da einestheils die Gründe, aus denen ihre Rechte verloren gegangen sein sollten, nämlich Nichtbenutzung und Verzicht, ganz dieselben sind, wobei darauf, ob dieser Verzicht pure oder gegen eine Abfindung ausgesprochen, nichts ankommen kann, anderntheils auf die behauptete Qualification einiger Beklagten zum Armenrecht um so weniger Gewicht gelegt werden kann, als den Besitzern von Grundstücken das Armenrecht überall nicht bewilligt zu werden pflegt;

in Erwägung, daß freilich in dem Bescheide des Ministeriums der Mitbeklagte Johann Döppel nicht mit genannt worden ist, und daß daher die zwischen ihm und den Klägern obwaltenden Streitigkeiten allerdings dem Wortlaut des Bescheides nach nicht zur gerichtlichen Entscheidung verwiesen sind, daß aber dies offenbar darin seine Erklärung findet, daß Döppel sich eingeräumtermaaßen den Forderungen der anderen drei Beklagten erst später angeschlossen hat und an der Absicht des Ministeriums, den Klägern bezüglich der ganzen Angelegenheit den Weg Rechtens zu gestatten, nicht gezweifelt werden kann, auch der Mitbeklagte Johann Döppel, der vor der Landdrostei mit den Andern die fragliche Caution geleistet und dadurch die Vortheile der administrativen Assistenz erlangt hat, sich jetzt nicht, ohne mit seinen eigenen Handlungen in Widerspruch zu gerathen, der angestellten Klage als gegen ihn überhaupt unzulässig entziehen kann;

in Erwägung, daß, wenn solchemnach auch die aus dem den Beklagten zugemutheten litisconsortium entnommene Einrede sich als unbegründet darstellt, die in der Klage angeregte Frage über den Untergang der bestrittenen Rechte durch Nichtgebrauch, als durch den Ministerialbescheid nicht zur gerichtlichen Entscheidung verwiesen, ganz unerörtert bleiben kann;

in Erwägung, daß, da die Vorwirthe der Beklagten die fraglichen Weiderechte eben nur als Besitzer der ihnen gehörigen Kathenstellen, nicht als ein persönliches Recht ausgeübt haben, wie solches auch nicht von den Beklagten behauptet wird, ein Verzicht auf ihre Gerechtsame das gänzliche Erlöschen derselben herbeiführen mußte, so daß, falls der behauptete Verzicht bewiesen würde, die Frage nach der Wirksamkeit desselben für die jetzigen Beklagten weiter kein Zweifel erregen kann;

in Erwägung, daß die Thatsache des Verzichts, da sie von den Beklagten in Abrede gestellt ist, zum Beweise verstellt werden muß, daß aber im Falle der Führung desselben eine Verurtheilung der Beklagten nur hinsichtlich der fraglichen Grasgelder und der Proceßkosten erfolgen kann, indem die durch das Administrativverfahren erwachsenen Kosten hier nicht zur Frage stehen;

wird, auf eingelegte Recesse, nach stattgehabter mündlicher Verhandlung, hiedurch für Recht erkannt:

Könnten und würden Kläger innerhalb Ordnungsfrist, unter Vorbehalt des Gegenbeweises und der Eide, darthun und beweisen, daß die Vorbesitzer der Beklagten auf die ihnen in Folge der Normirung vom 29. August 1803 zustehenden Weidegerechtsame im Jahre 1811 resp. gegen Zuweisung des Schlickburger

Mitteldeichs vom Kreuzdeich längs dem Eschdeiche bis zu Claus Hauschildt's Wichelhofe und ohne Weiteres verzichtet hätten, so würde nach solchen geführten oder nicht geführten Beweisen und Gegenbeweisen weiter erfolgen, was den Rechten gemäß.

Wie denn solchergestalt hiedurch erkannt wird

V. R. W.

Urkundlich rc. Publicatum im Königl. Holsteinischen Obergerichte zu Glückstadt, den 3. Januar 1859.

Die Kläger appellirten gegen dies Erkenntniß, worauf von dem Königl. Oberappellationsgericht zu Kiel die folgende Entscheidung abgegeben worden ist.

Frederik der Siebente &c.

In Sachen der Hofbesitzer Peter Blohm und Peter Hauschildt zu Schlickburg, Johann Hauschildt, Jacob Kahlcke, Johann von Leesen, Peter Harms, Michel Haegemann, Claus Springer und Martin Mein vom Neuendeich, J. H. Möller Wwe., M. Nienburg und Johann Nienburg Wwe. zu Schadendorf, resp. cum cur., Kläger und Appellanten,

wider

die Käthner Otto Möller, Johann Döppel, H. J. Soltwedel und Hinrich Hauschildt zu Schlickburg, Beklagte und Appellaten, so wie der Letzteren als Appellanten gegen die Ersteren als Appellaten,

wegen angeblicher Verpflichtung zur Gewährung weiterer Gräsung und Refundirung verlegter Grasgelder und erwachsener Kosten s. w. d. a.,

wird, nach verhandelter Sache, unter abschriftlicher Mittheilung der beiderseits eingezogenen Gegenerklärungen an die respectiven Appellanten, aus den dem angefochtenen Erkenntnisse vorangestellten Entscheidungsgründen, so wie

in Erwägung, daß die streitige Gewährung einer Theilnahme an der den Klägern eingeräumten Nutzung nicht als eine Servitut aufzufassen und daher der Nichtgebrauch als Erlöschungsgrund der erhobenen Ansprüche nicht in Betracht zu ziehen ist und daß ferner nicht etwa eine Klagenverjährung in der vorliegenden Angelegenheit Platz greifen kann, weil erst durch den Ministerialbescheid vom 31. Mai 1858 das gerichtliche Verfahren in dieser Sache zugelassen worden,

hiemit für Recht erkannt:

daß das angefochtene Erkenntniß des Holsteinischen Obergerichts vom 3. Januar 1859 zu bestätigen, unter Vergleichung der Kosten dieser Instanz.

Die Kosten des Anwalts der Kläger werden für deren Appellationsschrift zu 69 ℳ 5 β, die ihres Actenprocurators zu 3 ℳ 29 β, wie die Kosten ihrer Gegenerklärung zu 26 ℳ 23 β und die Kosten ihres Actenprocurators zu 2 ℳ bestimmt. Die Kosten des Anwalts der Beklagten für deren Appellationsschrift werden zu 54 ℳ 78 β, die ihres Actenprocurators zu 5 ℳ 29 β bestimmt.

V. R. W

Urkundlich rc. Gegeben im Königl. Oberappellationsgerichte zu Kiel, den 20. Juni 1860.

Der Beklagte kann auch in illiquiden Sachen die Einlassung vor dem Altonaer Oberpräsidium nicht verweigern.

In der bei dem Altonaer Oberpräsidium anhängig gemachten Proceßsache der curatores bonorum im Concurse der Lebens- & Rentenversicherungsgesellschaft Hammonia in Hamburg, Kläger, wider den Makler Friedrich Jürgen Martin Karpf in Altona, Beklagten, haben die Kläger von dem Beklagten die Einzahlung restirender 900 ℔ Bco. auf eine dem Letzteren unterm 1. April 1852 ertheilte Actie der genannten Gesellschaft gefordert. Zur Begründung und Liquidirung des gestellten Antrages ist Seitens der Kläger das Original einer desfalls von dem Beklagten am 29. März 1852 unterschriebenen s. g. Obligation producirt, in welcher derselbe sich verpflichtet, auf jene von ihm gezeichnete Actie zum Betrage von 1000 ℔ Bco. zunächst 10 pCt. und für den Fall, daß künftig weitere baare Einschüsse erforderlich sein sollten, die durch den Verwaltungsrath der Gesellschaft bestimmte Rate drei Monate nach geschehener Aufforderung zu entrichten. Zugleich ist eine Bescheinigung darüber beigebracht, daß eine solche Aufforderung rechtzeitig von den Klägern an den Beklagten gerichtet sei.

Der Beklagte hat aus mehrfachen Gründen die Liquidität der Klage bestritten und deshalb die Einlassung vor dem Oberpräsidium verweigert, indem er auf die Verhältnisse hingewiesen, welche seiner Ansicht nach demnächst im Wesentlichen für die Beurtheilung der erhobenen Ansprüche bei einem Verfahren in ordinario würden in Betracht kommen müssen, ist jedoch unterm 29. Juni 1859 von dem Oberpräsidium zur Einlassung, so wie zur Erstattung der Kosten des verzögerten Processes schuldig erkannt worden, und die von ihm gegen dieses Erkenntniß eingelegte Supplication an das Königl. Oberappellationsgericht hat nachstehenden abschlägigen Bescheid zur Folge gehabt.

Namens Sr. Königl. Majestät.

Auf die am 30. Juli v. J. hieselbst eingereichte Recursschrift des Maklers Friedrich Jürgen Martin Karpf in Altona, Beklagten, Supplicanten,

wider

die curatores bonorum im Concurse der Lebens- und Rentenversicherungsgesellschaft Hammonia in Hamburg, Kläger, Supplicaten,

wegen angeblich schuldiger Nachzahlung von 900 ℔ Bco. auf eine Actie, jetzt Supplication wider den Bescheid des Altonaischen Oberpräsidium vom 29. Juni v. J.,

wird, unter Mittheilung einer Abschrift der eingezogenen Erklärung der Supplicaten an den Supplicanten,

in Erwägung, daß die Ausführungen des Supplicanten, nach welchen es der erhobenen Klage an der für erforderlich erachteten Liquidität fehlen soll, auf deren Grund der Beklagte die Einlassung auf die Klage vor dem Oberpräsidium verweigert hat, schon deshalb nicht in Betracht kommen, weil nach dem Rescript vom 28. December 1750, betreffend die dem Oberpräsidenten in Altona zustehende Cognition, das Oberpräsidium auch für illiquide Sachen insoweit competent ist, als dasselbe diese nicht, weil sie etwa altioris indaginis sind und summario processu nicht erledigt werden können, an den Magistrat verweist, oder die Parteien nicht selbst von dem Ausspruch oder Bescheide des Oberpräsidenten an den Magistrat provociren; und

in Erwägung, daß, wenn dem Vorstehenden nach die behauptete Illiquidität der erhobenen Klage die vorgeschützte Einrede der Incompetenz des Oberpräsidium und eine sofortige Abweisung der Klage nicht rechtfertigen würde, auch die Aufgabe an den Beklagten, sich auf die Klage einzulassen, nicht aus dem vom Supplicanten geltend gemachten Grunde, daß es im vorliegenden Fall für die Abgebung des Erkenntnisses einer weiteren Einlassung auf die Klage nicht bedürfe, angefochten werden kann, indem es vielmehr lediglich Sache des Richters ist, der demnächst zu erkennen hat, für die Feststellung und Aufklärung des nach seiner Ansicht relevanten thatsächlichen Materials zu sorgen,

hiemit ein abschlägiger Bescheid

ertheilt, Supplicant auch schuldig erkannt, den Supplicaten die Kosten dieser Instanz zu erstatten.

Die Kostenrechnung des Anwalts des Supplicanten wird auf 39 ℳ 39 β, die seines Actenprocurators auf 5 ℳ 10 β, die des Anwalts der Supplicaten auf 21 ℳ 34 β und die ihres Actenprocurators auf 3 ℳ 77 β R.-M. bestimmt.

Urkundlich rc. Gegeben im Königl. Oberappellationsgericht zu Kiel, den 21. März 1860.

In einer anderweitigen Supplicationssache hat sich das Königl. Oberappellationsgericht zu Kiel näher über die Gründe ausgesprochen, weshalb von dem Beklagten auch in einer Ordinariensache die Einlassung vor dem Oberpräsidium nicht verweigert werden kann. Der Bescheid lautet folgendermaaßen:

Namens Sr. Königl. Majestät.

Auf die am 11. Novbr. v. J. hieselbst eingereichte Supplicationsschrift des Torfhändlers Peter Valentin Meyn in Altona, Klägers und Supplicanten,

wider

den Torfhändler Peter Nicolaus Behrens daselbst, Beklagten und Supplicaten,

wegen Auslieferung eines Reverses, jetzt gegen den Bescheid des Altonaer Oberpräsidium vom 21. October v. J., wird, unter abschriftlicher Mittheilung der eingezogenen Gegenerklärung,

in Erwägung, daß der vom Supplicanten aufgestellte thatsächliche Klaggrund unzweifelhaft der Liquidität ermangelt und nicht einmal durch sofortige Eideszuschiebung zur Liquidität hätte erhoben werden können, geschweige denn durch die erst in der Replik geschehene Eideszuschiebung zur Liquidität erhoben worden ist;

in Erwägung sodann, daß zwar die von dem Beklagten vorgeschützte exceptio fori incompetentis zu verwerfen gewesen wäre, da die dem Oberpräsidium durch das Rescript vom 28. Decbr. 1750 in Ordinariensachen beigelegte cognitio simultanea, nach richtigem Verständnisse der Worte:

> daß . . . es auf der Parteien Willkür beruhen müsse, ob sie selbige (Ordinariensache) vor dem Oberpräsidenten oder vor dem Gerichte zur Entscheidung bringen wollen,

keinesweges von einer Einwilligung des Beklagten abhängig gemacht worden ist, vielmehr die erwähnten Worte nur eine den klagenden Parteien verstattete Willkür nach unzweideutiger Absicht der Gesetzgebung haben bezeichnen sollen, weil sonst sogar eine Einwilligung des Beklagten auch zu dem Ende erfordert werden müßte, um eine Ordinariensache gleich bei dem Magistratsgerichte anhängig zu machen,

daß es indeß dem Oberpräsidium freisteht, die daselbst in Gemäßheit freier Wahl des Klägers verhandelte Ordinariensache, wenn dieselbe altioris indaginis erscheint, ohne Abgebung eines Spruches, an das Magistratsgericht zu verweisen;

hiedurch dem Supplicanten

ein abschlägiger Bescheid

ertheilt, unter Compensation der Kosten dieser Instanz.

Die Kostenrechnung des Anwaltes für den Supplicanten wird auf 16 ₰, die seines Actenprocurators auf 4 ₰, die Rechnung des Anwaltes für den Supplicaten auf 18 ₰ bestimmt.

Urkundlich ɪc. Gegeben im Königlichen Oberappellationsgericht zu Kiel, den 27. März 1858.

Actienzeichnung und Beitritt zu einer Actiengesellschaft. — Durch Erkennung des Concurses über das Vermögen einer Actiengesellschaft ist es bis zur Aufhebung des Concurses juristisch festgestellt, daß die Passiva der Gesellschaft deren Activa übersteigen. — Von den Erkenntnissen des Altonaer Oberpräsidiums findet eine Provocation an das Magistratsgericht nicht statt, wenn eine bei dem Oberpräsidium anhängig gemachte Sache durch das erste Erkenntniß definitiv entschieden wird.

Nachdem in der Proceßsache der curatores bonorum im Concurse der Lebens- und Rentenversicherungsgesellschaft Hammonia in Hamburg, Kläger, wider den Makler Friedrich Jürgen Martin Karpf in Altona, Beklagten, wegen angeblich schuldiger Nachzahlung von 900 ℔ Bco. auf eine Actie, der Beklagte von dem Königlichen Oberappellationsgerichte zu Kiel zur Einlassung verurtheilt war,*) erkannte derselbe in dem hierauf vor dem Altonaer Oberpräsidium fortgesetzten Verfahren die Echtheit der von den Klägern producirten Obligation an und räumte ein, daß eine Aufforderung zur Bezahlung der eingeklagten 900 ℔ Bco. rechtzeitig an ihn von den Klägern erlassen sei.

Dagegen suchte der Beklagte des Näheren auszuführen, daß die angestellte Klage wegen deren Illiquidität sich nicht für eine Verhandlung im Wege des liquiden Oberpräsidialprocesses eigne und trug in dieser Beziehung vor:

Die eingeklagte s. g. Obligation sei keine Schuld- und Pfandverschreibung im gewöhnlichen Sinne des Wortes, auf deren Grund der Mandats- oder Executionsproceß eingeleitet werden dürfe, sondern lediglich eine Urkunde über den Umfang der Verpflichtung eines Actionairs gegen die Gesellschaft. Zu einer ausreichenden Liquidirung der erhobenen Ansprüche sei aber ein vollständiger Nachweis aller sich auf den hier vorliegenden Societätscontract beziehenden Verhältnisse erforderlich, welche nur aus dem Programm und Statut der Gesellschaft in Verbindung mit der

---

*) vgl. oben Seite 349.

ihm, dem Beklagten, ertheilten und von ihm producirten Actie nebst der s. g. Obligation hervorgingen. Ueberdies gehöre nach den Grundsätzen des in Altona geltenden gemeinrechtlichen Executionsprocesses bei zweiseitigen Verträgen die urkundliche Liquidirung der Erfüllung des Contracts von Seiten des Klägers zum Klaggrunde. Es sei mithin, da das erwähnte Programm und Statut der Klage nicht angelegt seien und die Erfüllung des Contracts Seitens der Gesellschaft von den Klägern nicht nachgewiesen worden, die Einleitung eines liquiden Verfahrens unzulässig. Ferner sei auch der Beklagte nach Inhalt der s. g. Obligation nur verpflichtet, außer den bereits gezahlten 10 pCt. weitere Einschüsse zu leisten für den Fall, daß dieselben künftig erforderlich sein sollten. Ein dahin gehender Nachweis sei aber in keiner Weise erbracht und aus der Erkennung des Concurses über das Vermögen der Gesellschaft sei hierfür keine schlüssige Folgerung zu ziehen, da deren Insolvenz sich möglicher Weise schon durch Einzahlung eines weit geringeren Betrags, als die geforderten 90 pCt., heben lasse. Mit Beziehung hierauf beantragte Beklagter die Verweisung der Klage ad ordinarium wegen ihrer Illiquidität.

Sodann bemerkte er, daß die Zusagen in dem veröffentlichten Programm, auf welches hin die Actienzeichnung für die Hammonia erfolgt sei, sich als durchaus unwahr herausgestellt hätten, daher die Actionaire der Gesellschaft und mithin auch den bei derselben Versicherten gegenüber nicht an die übernommenen Verpflichtungen, zu denen sie durch Betrug verleitet werden, gebunden sein könnten. Die für die Beurtheilung dieser Verhältnisse in Betracht kommenden von dem Beklagten näher dargelegten Thatsachen seien aber so sehr altioris indaginis, daß ein Urtheil in der vorliegenden Sache nicht auf Grund eines summarischen Verfahrens abgesprochen werden könne. Es rechtfertige sich also der Antrag, daß die Klage angebrachtermaaßen und zur Zeit abgewiesen werden möge.

Replicando erwiderten die Kläger: der erhobene Anspruch werde durch die producirte Verpflichtungsacte ausreichend begründet; hiezu sei die Beibringung der übrigens der Replik angeschlossenen Gesellschaftsstatuten nicht erforderlich; das erwähnte Programm sei für die zur Beurtheilung stehenden Fragen durchaus irrelevant. Die Verpflichtung der Actionaire zur Bezahlung des vollen Actienbetrages werde durch die Insolvenz der Gesellschaft constatirt. Die Behauptungen des Beklagten über den angeblich stattgehabten Betrug, durch welchen die Actionaire zur Actienzeichnung verleitet seien, könnten hier nicht in Betracht kommen, indem die Actionaire als Mitglieder einer Gesellschaft, welche nach außen als solche aufgetreten und mit Dritten contrahirt habe, auch deren Creditoren mit dem vollen Betrage ihrer Actien haften müßten.

Auf Antrag der Parteien wurden hiemit die Acten geschlossen und es verurtheilte darauf das Oberpräsidium unter dem 1. August 1860 den Beklagten zur Bezahlung des libellirten Betrages nebst den Proceßkosten. Als derselbe sodann gegen dies Erkenntniß die Provocation an das Magistratsgericht einlegte, wurde dieses Rechtsmittel als in einer liquiden Sache unzulässig verworfen, dagegen der zugleich eventuell interponirten Supplication an das Königl. Oberappellationsgericht stattgegeben. Der Beklagte prosequirte hierauf das eingewandte Rechtsmittel der Supplication, indem er zugleich wegen verweigerter Deferirung der Provocation die einfache Beschwerde erhob, ihm ward jedoch nachstehender Bescheid ertheilt.

Namens Sr. Königl. Majestät.

Auf die am 18. September v. J. hieselbst eingereichte Supplications- und Beschwerdeschrift des Maklers Friedrich Jürgen Martin Karpf in Altona, Beklagten, jetzt Supplicanten &c.,

wider

die curatores bonorum im Concurse der Lebens- und Rentenversicherungsgesellschaft Hammonia in Hamburg, Kläger, jetzt Supplicaten &c.,

wegen Nachzahlung von 900 ℔ Bco. auf eine Actie, jetzt Supplication wider das Erkenntniß des Altonaer Oberpräsidiums vom 1. August 1860, eventuell Beschwerde wegen verweigerter Deferirung der Provocation an das Magistratsgericht,

wird,

in Erwägung, daß die Kläger als gerichtlich bestellte curatores bonorum der in Concurs gerathenen Actiengesellschaft Hammonia den Beklagten als

Actionair dieser Gesellschaft auf Erfüllung der von ihm in dem Reverse vom 29. März 1852 anerkannten Verbindlichkeiten in Anspruch genommen haben und daher Einreden, welche dem Beklagten aus dem Societätsverhältnisse zustehen möchten, an sich statthaft sind, daß jedoch die Einrede des nicht erfüllten Contracts unbegründet ist, da die der Leistung des Actionairs gegenüberstehende Gegenleistung im vorliegenden Falle nach Ausweis der Actie vom 1. April 1852, der Statuten der Hammonia vom Jahre 1852 und der angezogenen Obligation vom 29. März 1852 darin bestand, daß die Gesellschaft dem Beklagten eine Actie zu ertheilen und ihn dadurch in alle statutenmäßig den Actionairen zustehenden Rechte eintreten zu lassen hatte, der Beklagte aber nicht behauptet hat, daß die Gesellschaft es an der Erfüllung dieser Gegenleistung habe fehlen lassen, und da weder diejenigen Täuschungen, durch welche der Beklagte von den ursprünglichen Unternehmern zum Eintritt in die demnächst zu Stande gekommene Gesellschaft verleitet zu sein angiebt, den Societätsvertrag für ihn haben nichtig machen können, — weil derjenige Vertrag, welcher durch Zeichnung einer Actie auf Grund eines veröffentlichten Programms zwischen dem Aussteller des Letzteren und dem Zeichnenden geschlossen wird, von demjenigen Vertrage verschieden ist, welcher bei oder nach Constituirung der Actiengesellschaft zwischen dem einzelnen eintretenden Actionair und der Gesellschaft eingegangen wird, weshalb der Actionair, auch wenn seine vorhergegangene Zeichnung für ihn nicht verbindlich gewesen sein sollte, er gleichwohl aber der Gesellschaft beigetreten ist, für die bei diesem Eintritt übernommenen Verbindlichkeiten haftet —, noch spätere nach Constituirung der Gesellschaft von den Vorstehern in dem ihnen übertragenen Geschäft begangene Widerrechtlichkeiten, für welche die Letzteren selbstverständlich den Gesellschaftern verantwortlich bleiben, die Verbindlichkeiten des einzelnen Actionairs den übrigen Gesellschaftern oder den Creditoren der Gesellschaft gegenüber zu mindern vermögen;

in Erwägung, daß durch Vorstehendes die drei ersten Supplicationsbeschwerden ihre Widerlegung gefunden haben, die eventuelle vierte Beschwerde aber deshalb als verwerflich erscheint, weil in der Erklärung des Concurses über das Vermögen der Hammonia der Ausspruch lag, daß die passiva dieser Gesellschaft die activa derselben, zu welchen letzteren auch die Forderungen auf Einzahlung des vollen Betrages der einzelnen Actien gehören, übersteigen und weil, so lange nicht eine Wiederaufhebung des Concurses bewirkt worden ist, die Insolvenz der Gesellschaft eines Beweises nicht bedarf;

in Erwägung, daß die eventuelle fünfte Beschwerde schon aus den angegebenen Gründen als unhaltbar sich darstellt, wie denn überdies auch ein darauf sich beziehender Antrag in der vorigen Instanz nicht gestellt worden ist;

in Erwägung, daß bei der Unerheblichkeit der gegen die Klage vorgebrachten Einwendungen zur Vergleichung der Proceßkosten eine genügende Veranlassung nicht vorliegt; so wie

in Erwägung, die Beschwerde über die Verwerfung der Provocation betreffend, daß die vorliegende Klage durch Urkunden und Geständniß erwiesen und gegen dieselbe nicht etwa illiquide, aber relevante, sondern nur rechtlich nicht begründete, mithin liquidermaaßen unbegründete Einreden vorgeschützt worden sind, weshalb das Oberpräsidium zur Erledigung dieser Sache competent war,

hiedurch

ein abschlägiger Bescheid

ertheilt.

Die Kostenrechnung des Anwalts des Supplicanten ist auf 40 ℛ 62 β, die des Actenprocurators auf 3 ℛ 77 β R.-M. festgestellt worden.

Urkundlich ꝛc. Gegeben im Königlichen Oberappellationsgericht zu Kiel, den 16. März 1861.

Allerhöchst privilegirte

Holsteinische Anzeigen.

Redigirt von den Obergerichtsräthen Etatsrath Henrici und Lucht.
Gedruckt bei Augustin in Glückstadt.

47. Stück. — Den 24. November 1862.

Entscheidungen.

Justiz und Administration.

I.

In Veranlassung einer von dem Dr. Bahr in Rendsburg als Pächters der dortigen landesherrlichen Kornmühle erhobenen Beschwerde über eine von Seiten des Müllers H. Sahr daselbst vorgenommene unerlaubte Anlage eines Mühlenbetriebes wurde von dem K. Ministerium der Rendsburger Magistrat mit einer Vernehmung des Denunciaten und Besichtigung der Anlage beauftragt. Als sich in Folge dessen herausstellte, daß in der Mühle zwei Grützgänge, ein Schellgang und ein Mehlgang für Buchweizen, Hafer und Gerste vorhanden waren, wurde dem Müller Sahr unterm 10. Mai d. J. von dem Magistrat in Gemäßheit desfälligen Ministerialrescriptes eröffnet, daß, da nach dem § 36 des Gesetzes vom 10. Mai 1854, betr. die Aufhebung des Mühlenzwanges, die Errichtung neuer Kornmühlen zum gewerblichen Betriebe nur nach vorgängig desfalls von dem Ministerium ertheilter Erlaubniß stattfinden dürfe, dem gedachten H. Sahr aber eine Concession zum Vermahlen von Korn auf den in seiner am Regengraben erbauten Wassermühle eingerichteten zwei Grützgängen, einem Schellgang und einem Mehlgang nicht verliehen worden sei, dieser Betrieb als ein unstatthafter zu betrachten und demzufolge zu inhibiren sei. Der Müller Sahr remonstrirte gegen diese Verfügung bei dem Rendsburger Magistrat mit der Bitte, daß dieselbe zurückgenommen und das K. Ministerium wegen Geltendmachung seiner vermeintlichen Prohibitivgerechtsame auf den ordentlichen Weg Rechtens verwiesen werden möge. Der Magistrat gab ihm aber am 13. Mai d. J. zum Bescheide, daß, da dem Magistrate in Betreff der von dem K. Ministerium in dieser administrativ-polizeilichen Sache erlassenen Verfügung eine Cognition nicht zustehe, auf seine Anträge daselbst nicht eingetreten werden könne, und nahm am folgenden Tage die Schließung des Betriebes vor.

Der Müller Sahr wandte sich nun mit einer Nichtigkeitsbeschwerde an das Holsteinische Obergericht, ward aber von diesem in nachstehender Weise abschlägig beschieden.

Auf die sub præs. den 11. d. M. hieselbst eingereichte Nichtigkeitsbeschwerde und Bitte abseiten des Müllers H. Sahr in Rendsburg, Querulanten,

> hauptsächlich wider ein Rescript des K. Ministerii für die Herzogthümer Holstein und Lauenburg vom 7./8. Mai und eine darauf bezügliche Eröffnung des Rendsburger Magistrats vom 10./12. ejusdem, betreffend die Beseitigung einer angeblich unzulässigen Einrichtung zum Vermahlen von Sommerkorn, so wie deren am 14. ejusdem stattgehabte Ausführung,

wird, unter abschriftlicher Mittheilung der eingezogenen Erklärung des Obersachwalteramts,

in Erwägung, daß es der richterlichen Cognition nicht unterliegt, ob nach den für die Gewerbepolizei geltenden Grundsätzen das von dem Ministerium als Administrativbehörde eingeleitete Verfahren gerechtfertigt erscheint; und

in Erwägung ferner, daß die auf Anordnung des Ministeriums getroffene Verfügung sich nicht als eine beim Magistrat als Gerichtsbehörde requirirte arrestatorische Maaßregel auffassen läßt,

hiemittelst von Obergerichtswegen

ein abschlägiger Bescheid

ertheilt, Querulant auch schuldig erkannt, die zu 4 ℛ R.-M. bestimmten Kosten der eingezogenen Erklärung innerhalb 4 Wochen an das Obersachwalteramt zu erstatten.

Urkundlich ꝛc. Gegeben im Königl. Holsteinischen Obergerichte zu Glückstadt, den 5. Juli 1862.

Auch von dem Königl. Oberappellationsgericht zu Kiel erhielt der Querulant auf seine fernere Recursnahme den folgenden abschlägigen Bescheid.

Namens Sr. Königl. Majestät.

Auf die am 2. August d. J. hieselbst eingegangene Supplicationsvorstellung und Bitte abseiten des Müllers H. Sahr in Rendsburg, Querulanten, jetzt Supplicanten,

> hauptsächlich wider ein Rescript des Ministeriums für die Herzogthümer Holstein und Lauenburg vom 7./8. Mai d. J. und eine darauf bezügliche Eröffnung des Rendsburger Magistrats vom 10.12. ejusdem, betreffend die Beseitigung einer angeblich unzulässigen Einrichtung zum Vermahlen von Sommerkorn, so wie deren am 14. ejusdem stattgehabte Ausführung, jetzt Supplication wider den abschlägigen Bescheid des Holsteinischen Obergerichts vom 5. Juli d. J.,

wird,

in Erwägung, daß die vom Rendsburger Magistrat am 14. Mai d. J. ausgeführte Schließung des Mühlenbetriebes des Supplicanten von dem Ministerium für die Herzogthümer Holstein und Lauenburg auf Grund des § 36 des Gesetzes vom 10. Mai 1854, betreffend die Aufhebung des Mühlenzwanges, angeordnet worden ist;

in Erwägung, daß die in jener Gesetzesvorschrift angeordnete Beschränkung in der Anlegung neuer Mühlen den durch die Vermehrung der Zahl der Mühlen in ihrem Interesse gefährdeten Besitzern der vorhandenen Mühlen kein gerichtlich geltend zu machendes Widerspruchsrecht gegen neue derartige Anlagen und deren Betrieb verleiht, wie dies bei gleichen Verhältnissen in Beziehung auf das im Regulativ vom 6. August 1783 enthaltene Verbot der Anlegung von Mühlen auf Streugründen wiederholt anerkannt worden, daß daher die Fürsorge für die Aufrechthaltung der betreffenden Vorschriften des Gesetzes vom 10. Mai 1854 als Aufgabe der Polizei aufgefaßt werden muß und folgeweise weder die Frage, ob es nach denselben im einzelnen Fall zur Anlegung neuer Mühlen einer Concession bedarf, noch auch die Frage, in welchem Umfange Controlmaaßregeln zur Verhütung des Betriebs einer für unstatthaft erachteten neuen Mühlenanlage gerechtfertigt sind, der gerichtlichen Entscheidung unterliegen kann; und

in Erwägung, daß demnach die Beschwerden des Supplicanten darüber, daß bei der gegen ihn getroffenen Anordnung die Grundsätze des gerichtlichen Verfahrens nicht innegehalten worden, für unbegründet zu erachten sind,

hiemit

ein abschlägiger Bescheid

ertheilt.

Die Kostenrechnung des Anwalts und Actenprocurators wird auf 27 ℛ 38 β R.-M. bestimmt.

Urkundlich ꝛc. Gegeben im Königlichen Oberappellationsgericht zu Kiel, den 5. November 1862.

II.

In Sachen der Syndici der Dorfschaft Beringstedt, Hans Lucht, Hans Voß und Claus Ruge, Namens der Dorfschaft, Supplicanten und Querulanten,

wider

des Erbpachtsmüllers Hinrich Voß zu Ostermühlen Erben, Supplicaten und Querulaten,

hauptsächlich wegen angeblicher Grenzstreitigkeit, jetzt wider das desfällig von dem Königl. Rendsburger Amthause eingeleitete Verfahren und den auf selbiges abgegebenen Bescheid vom 3./10. Januar d. J.,

ergeben die Acten:

Im Südwesten eines mit einer Befriedigung versehenen Stück Landes, welches dem Supplicaten gehört, ist ein uncultivirtes Landareal belegen, das nach Westen hin an das Land des Beringstedter Eingesessenen Koop grenzt, von diesem aber durch eine Einfriedigung getrennt ist. Im Süden wird das Landstück von einem Wege, im Norden von eingefriedigten Wiesen begränzt. Nach übereinstimmenden Angaben der Parteien ist das Landstück von der Koopschen Stelle aus mit beweidet worden, auch wollen beide Parteien es als Sandmagazin benutzt haben.

Im Juli 1859 hatte die Dorfschaft Beringstedt bei dem Rendsburger Amthause Beschwerde geführt, daß Koop auf dem eben bezeichneten Landstücke Holz gehauen und geschält habe und im August s. J. hatte der jetzige Supplicat in einem Protocollantrage bei dem Amthause vorgebracht, daß nicht der Dorfschaft oder Koop, sondern ihm das Landstück gehöre und gebeten, durch die Landauftheilungscommission die Sache näher untersuchen zu lassen und der Dorfschaft den Befehl beizulegen, die Bäume bis weiter nicht von der Stelle zu bringen.

In Folge dessen hat das Amthaus am 14. s. M. der Landauftheilungscommission des Kirchspiels Schenefeld den Auftrag ertheilt, nach Vernehmung Beikommender und geführter Untersuchung zu berichten, auch dafür Sorge zu tragen, daß die auf dem Landstück gefällten einstweilen mit Arrest zu belegenden Bäume bis weiter zur Stelle blieben.

Die Landauftheilungsbeamten haben dann eine Localbesichtigung gehalten, welche die bereits angeführte Situation ergeben und wobei sich bemerkt findet, daß über das Landstück ein Weg von Ostermühlen nach den Wiesen führt und daß die Grenze zwischen diesem Landstück und Koop's Land auch die Grenze der Beringstedter Feldmark bilde, da Koop's Land auf der Charte der Beringstedter Feldmark von 1786 die Grenze nach Ostermühlen bilde.

Der protocollarisch vernommene Supplicat hat für die Nachweisung seines Eigenthums Thatsachen angeführt, auch Charten zweier Feldmesser eingelegt, wornach ihm das streitige Landstück gehören soll. Der Vogt von Beringstedt hat Namens der Dorfschaft behauptet, daß das streitige Areal bei der Landauftheilung von 1786 übrig geblieben und von der Dorfschaft als Sandmagazin benutzt sei, daß er aber gegen die vorzunehmende Localbesichtigung protestire und in aller und jeder Beziehung der Dorfschaft ihre Gerechtsame reservire.

Auf Anordnung des Amthauses näher darüber vernommen, warum er die von den Feldmessern aufgenommene Charte nicht als richtig anerkennen wolle, hat der Bauervogt am 20. April 1860 erklärt, das fragliche Landstück befinde sich nicht auf der Charte von 1786, es werde von der Dorfschaft als ein Ueberschuß angesehen und sei von ihr als Sandmagazin von Alters her benutzt. Die Dorfschaft müsse darauf bestehen, daß die Ostermühlener Charte verglichen und durch Zusammenhalten der Charten über beide Feldmarken die richtige Grenze festgestellt werde.

Im September 1860 hat der Müller Voß dann wieder ein Gesuch beim Amthause eingereicht. In demselben hat er vorgebracht, das fragliche Land gehöre seit Menschengedenken zu seinem Gewese und sei von ihm und seinen Vorbesitzern ausschließlich benutzt. Es sei die Grenze des Areals nach dem Koop'schen Lande zwar nicht mehr sichtbar aber doch unzweifelhaft und bilde auch die Grenze der Beringstedter Feldmark. Schon vor 16 Jahren habe er das Landstück von dem beeidigten Landmesser Treede vermessen lassen und dieser wie auch der Landmesser Kühl hätten die Gränze ermittelt. Dennoch habe die Dorfschaft Beringstedt erklärt, es sei die Grenze zwischen der Beringstedter und Ostermühlener Feldmark zweifelhaft und das gedachte Landstück gemeinschaftliches Eigenthum der Dorfschaft Beringstedt. Das sei, wie von ihm ausgeführt, nicht richtig. Da Koop jetzt sein

Land urbar gemacht habe, trete für den Antragsteller die Nothwendigkeit ein, sein Land zu befriedigen. Es sei aber vorauszusehen, daß er, wenn er dies thue, in einen langwierigen Proceß mit der Dorfschaft Beringstedt gerathen werde. Diesen wünsche er zu vermeiden und die Erledigung der Differenz im administrativen Wege zu erreichen, bitte daher auf Grund des Schlußpassus im § 22 der Landaufstheilungsverordnung vom 19. November 1771, das Amthaus wolle behufs Regulirung der Grenze zwischen dem Lande des Supplicanten und dem Beringstedter Felde, etwa unter Berücksichtigung des § 1 der Verordnung vom 4. August 1786, Landverständige ernennen und der Landaufstheilungscommission des Kirchspiels Schenefeld den für die Direction der Regulirung erforderlichen Auftrag ertheilen.

Auf diesen Antrag hat das Amthaus am 19. März 1861 der Landaufstheilungscommission den Auftrag ertheilt, zwei unparteiische Sachverständige in Vorschlag zu bringen und, da der verlierende Theil die Kosten zu tragen habe, die Dorfschaft Beringstedt hierauf aufmerksam zu machen und ihr anheim zu stellen, ihre Ansprüche auf das fragliche Landstück noch fallen zu lassen.

In einer am 23. August v. J. zu Ostermühlen aufgenommenen Acte haben die beiden Landverständigen, über deren Beeidigung die Acten nichts ergeben, unter Zuziehung des Landmessers Kühl und in Gegenwart des Bauervogts Lucht und verschiedener Dorfseingesessenen die Erklärung abgegeben, daß die unkennbar gewordene Grenze dahin festzustellen, wie selbige nach der von ihnen als richtig angenommenen Kühl'schen Charte aufgenommen und angegeben sei, und es sich darnach herausgestellt habe, daß das zwischen der Dorfschaft Beringstedt und dem verstorbenen Müller Hinrich Voß zu Ostermühlen streitige Landstück als ein der Dorfschaft Beringstedt gehöriges nicht angesehen werden könne.

Hierauf hin hat das Amthaus der Dorfschaft am 3. Januar d. J. den Bescheid ertheilt, daß die Landverständigen die Grenze dahin regulirt haben, daß das streitige Landstück nicht auf der Feldmark der Dorfschaft Beringstedt, sondern außerhalb derselben liege. Zugleich ist das dabei erwachsene Protocoll den Parteien zur Nachricht und Nachachtung für die Zukunft zugestellt und den Erben des Müllers Voß freigestellt, die ermittelte Grenze unter Leitung der Landaufstheilungscommission kenntlich zu bezeichnen.

Endlich ist die Dorfschaft schuldig erkannt, die Kosten des Verfahrens innerhalb 4 Wochen zu bezahlen.

Hiergegen haben die Supplicanten die Nichtigkeitsbeschwerde hierher ergriffen und gebeten, das seither stattgehabte Verfahren und den darauf unterm 3. Januar 1862 abgegebenen Bescheid als nichtig zu cassiren, auch die Erstattung der Kosten an die Dorfschaft Beringstedt zu erkennen.

Nach eingezogener Gegenerklärung und eingezogenem Berichte des Amthauses, in welchem darauf hingewiesen ist, daß ein der richterlichen Dijudicatur nicht unterworfenes Administrativverfahren vorliege, steht zur Frage, ob die Nichtigkeitsbeschwerde begründet und von hieraus zu beurtheilen ist.

In Erwägung nun, daß die Schlußbestimmung des § 22 der Verordnung vom 19. November 1771 nach dem Zwecke des Gesetzes und dem Zusammenhang, in welchem sie steht, nicht auf die Grenzstreitigkeiten von Privatpersonen, sondern auf die Ermittelung und Erneuerung der Grenzen verschiedener Dorfsgemeinheiten sich bezieht und daher auf den vorliegenden Fall keine Anwendung leidet;

in Erwägung, daß überdies hier gar nicht von einer Grenzregulirung die Rede ist, sondern von dem Eigenthum oder Besitz eines zwischen dem eingefriedigten Lande des Müllers Voß und dem nicht eingefriedigten Lande des Eingesessenen Koop belegenen Landstückes und daß dieses Eigenthum oder dieser Besitz nur von den beikommenden Gerichten erstritten und festgestellt werden kann,

cf. § 23 der Instruction und Gerichtsordnung für die Landesdicasterien;

in Erwägung, daß daher die Entscheidung des Amthauses vom 3. Januar d. J. den Parteien in Beziehung auf das fragliche Landstück Rechte weder zu geben noch zu nehmen geeignet ist;

in Erwägung, daß der Bescheid sich auf eine Feststellung von Districtsgränzen, also eine Bezirksabgränzung, bezieht und in so weit eine administrative Maaßregel ist, welche der richterlichen Cognition nicht unterliegt; und

in Erwägung, daß die arrestatorische Verfügung vom 14. August 1859 unzweifelhaft ein gerichtlicher

Act, und daß sie ohne allen Grund erlassen, als nichtig aufzuheben ist,

cf. Holst. Anz. 1861, pag. 266,

wird auf die am 7. Februar d. J. hieselbst eingegangene Nichtigkeitsbeschwerde, nach eingezogener Gegenerklärung und erstattetem Bericht des Amthauses, hiedurch vom Obergericht zum Bescheide gegeben:

daß der Arrestbefehl vom 14. August 1859 als nichtig cassirt wird, daß im Uebrigen den Querulanten ein abschlägiger Bescheid zu ertheilen, unter Compensation der Kosten dieser Instanz.

Urkundlich ꝛc. Gegeben im Königl. Holsteinischen Obergerichte zu Glückstadt, den 14. Juli 1862.

III.

Von den nachbenannten Supplicanten ist ein Beitrag zu den Kosten des im Flecken Elmshorn in der s. g. Flammweger Hinterstraße neu gelegten Steinpflasters gefordert und, als sie sich der Entlegung desselben wegen vermeintlich nicht vorhandener Pflichtigkeit weigerten, von der K. Administratur zu Ranzau die Pfändung gegen sie verfügt worden.

Sie haben sich mit einer Supplication und Nichtigkeitsbeschwerde gegen diese Verfügung an das Holsteinische Obergericht gewandt, in welcher sie zwar nicht in Abrede stellten, daß die Frage der Beitragspflichtigkeit zu den Pflasterungskosten administrativer Natur sei, aber bemerkten, daß mit dem Beginn des executivischen Verfahrens und namentlich, wenn die Pfändung, ein rein judicieller Act, verfügt sei, die Sache in das Gebiet der Civiljustiz hinüber trete, und dann hervorhoben, daß ein eigentliches Mandat gegen sie weder impetrirt noch abgegeben, vielmehr nur eine mündliche Anzeige des Untervogts ihnen geworden und daß es ihnen unbekannt sei, ob ein Impetrant vorhanden oder ob die Administratur das Executivverfahren ex officio eingeleitet habe, und daß eventuell der Fleckensgevollmächtigte nicht zur Beitreibung der qu. Beiträge legitimirt gewesen sei, weil eine Communalanlage gar nicht in Frage stehe.

Nach erstattetem Berichte der Ranzauer Administratur, aus welchem hervorgeht, daß die fragliche Pflasterung vorläufig für Rechnung der Fleckenskasse ausgeführt, daß für diesen Bau eine aus dem Kirchspielvogt und dem Fleckensgevollmächtigten von Elmshorn bestehende Commission niedergesetzt worden ist, jedoch nach dem Rücktritte des Kirchspielvogts der Fleckensgevollmächtigte allein fungirt hat, und daß auf den Antrag dieses Letzteren wider die Supplicanten zunächst die Execution und nach fruchtlos zugelegter Execution die Pfändung erkannt worden ist, hat das Obergericht den folgenden abschlägigen Bescheid ertheilt.

Auf die sub præs. den 2. Juli d. J. hier eingereichte Vorstellung und Bitte der Eingesessenen Joh. Engelbrecht, A. Lübcke, P. Twiselmann, Ludw. Behrens, F. Kröger sen., F. Neumann, Jasper Deecke, F. Kröger jun., H. H. Dreyer, Michael Mosis, H. D. W. Mohr, D. Massy, H. H. Starck, S. N. Oppenheim und G. F. Junge, sämmtlich in Elmshorn, Supplicanten,

betreffend verlangte Zahlung von Beiträgen zu den Kosten einer Straßenpflasterung, jetzt Einführung der Supplication und Nichtigkeitsbeschwerde gegen das Executiv- und Pfändungsverfahren,

wird,

in Erwägung, daß die Pflasterung der Fleckensstraßen zum Ressort der Verwaltung gehört und daher die Frage, ob Supplicanten zur Leistung eines Beitrags zur Pflasterung der s. g. Flammweger Hinterstraße überall für verpflichtet zu erachten, der gerichtlichen Dijudicatur nicht unterliegt;

in Erwägung ferner, daß nach dem Inhalt des von der Ranzauer Administratur eingezogenen Berichts, nachdem durch Ministerialschreiben genehmigt worden, daß die Kosten der Pflasterung der gedachten Hinterstraße durch eine für Rechnung der Elmshorner Fleckenscommüne zu contrahirende Anleihe aufgebracht und die anzuleihende Summe durch jährliche Ausschreibung über die betreffenden Straßenanlieger zu repartiren sei, die Repartitionslisten vor erfolgter Approbation derselben nach vorgängiger öffentlicher Bekanntmachung ordnungsmäßig zur Einsicht der Contribuenten und Vorbringung etwaniger Reclamation 14 Tage ausgelegt, von den Supplicanten aber Reclamationen dagegen nicht vorgebracht worden sind;

in Erwägung, daß daher ihre Beschwerde darüber, daß wider sie auf Antrag der Fleckensgevollmächtigten wegen ihrer in Rückstand gelassenen Quoten nach fruchtlos zugelegter Execution die Pfändung erkannt worden, alles Grundes entbehrt, indem es sich im vorliegenden Falle um die Beitreibung einer Communallast handelt, und das wider sie angeordnete Beitreibungsverfahren mit demjenigen übereinstimmt, welches bei Beitreibung von Communallasten regelmäßig in Anwendung gebracht wird,

nach erstattetem Bericht der Ranzauer Administratur den Supplicanten hiemittelst von Obergerichtswegen

ein abschläglicher Bescheid

ertheilt.

Urkundlich ꝛc. Gegeben im Königl. Holsteinischen Obergerichte zu Glückstadt, den 29. August 1862.

Ueber den Character des Rechtes des Fiscus an dem erblosen Gut.

In Sachen des Arbeitsmannes Hinrich Detlef Borchert in Nordhusen, Citanten und Klägers, jetzt Querulanten,

wider

das Königliche Obersachwalteramt in Kiel, Namens des Fiscus, als Nachfolger des Curators der Sterbmasse des Peter Oelrich in Menghusen, Citaten und Beklagten, Querulaten,

betreffend Justification eines Professums zum Proclam des verstorbenen Peter Oelrich in Menghusen und Ansetzung eines Termins zur Fortsetzung der Klagsache, jetzt Beschwerdeführung wegen Justizverweigerung, event. um einen Befehl zur Fortsetzung der Klagsache,

ergeben die Acten:

Nach dem Tode des Einwohners Peter Oelrich in Menghusen wurde, da seine Erben unbekannt waren, sein Nachlaß von der Marner Kirchspielvogtei der gerichtlichen Behandlung unterzogen. Auf das in Folge dessen erlassene Proclam profitirte der Querulant gewisse Ansprüche, mit denen er wegen ihrer Illiquidität von der Kirchspielvogtei auf die gerichtliche Geltendmachung binnen einer präfigirten Präclusivfrist verwiesen wurde. Er reichte darauf bei der Süderdithmarscher Landvogtei eine Klage gegen den Curator der Oelrich'schen Erbmasse, den Eingesessenen Holm in Dieckhusen, ein, welche diesem am 7. Juni v. J. insinuirt wurde. Bevor es jedoch zur Verhandlung der Sache kam, sprach die Marner Kirchspielvogtei am 21. Juni v. J. ein Erkenntniß ab, in welchem sie die Oelrich'sche Erbmasse dem Fiscus als bonum vacans mit der Verpflichtung adjudicirte, die daran von dem Querulanten profitirten und bereits klagend geltend gemachten Ansprüche zu übernehmen und abzuhalten.

In einem am 28. Juni v. J. stattgehabten Termin erklärte nun der beklagte Curator, daß, obwohl er als Curator noch nicht entlassen worden, doch der Nettobelauf der Erbmasse vom Marner Theilungsgericht bereits res. res. dem Fiscus zugesprochen sei, und bat, daß dem desfalls schon gestellten amtlichen Antrage gemäß hievon dem Fiscus Kunde gegeben und derselbe veranlaßt werde, in die Beklagtenrolle einzutreten, bis dahin aber die Sache aussetze. Der Anwalt des Klägers war damit einverstanden und die Sache ward nach Uebereinkunft der Parteien dilatirt.

Nach verschiedenen ferneren Aussetzungen überreichte der Anwalt des Beklagten in einem Termin vom 15. November v. J. das Adjudicationserkenntniß der Marner Kirchspielvogtei, zwei Atteſtate derselben Behörde, wonach der Beklagte als der Curatel entschlagen anzusehen, und ein Communicatorium der Landvogtei an die Marner Kirchspielvogtei, betreffend die Beauftragung des Obersachwalteramts zur Wahrnehmung der Rechte des Fiscus in der vorliegenden Sache, und stellte es hiernach dem Kläger anheim, seine Klage gegen den Fiscus zu richten, worauf dieser in dem folgenden Termin vom 22. s. M. nach genommener Einsicht der communicirten Documente erklärte, seine gegen den beklagten Massecurator ausgebrachte Klage gegen selbigen jedoch unter Vorbehalt seiner Gerechtsame gegen das Holsteinische Obersachwalteramt nicht weiter verfolgen zu wollen, womit der Anwalt des Beklagten sich befriedigt erklärte.

Nun reichte der Kläger unterm 25. April d. J. bei der Süderdithmarscher Landvogtei eine Vorstellung ein, in welcher er unter Hinweisung auf die referirten Vorgänge und mit dem Hinzufügen, daß der Fiscus von dem Erbtheilungsgericht zur Uebernahme und Abhaltung der von dem Kläger gegen den Curator der Oelrich'schen Verlassenschaft geltend gemachten Ansprüche schuldig erkannt worden sei, auch das Königl. Ministerium für die Herzogthümer Holstein und Lauenburg das Holsteinische Obersachwalteramt bereits beauftragt habe, in dem von dem Kläger angestrengten Processe die Rechte des Fiscus wahrzunehmen, darauf antrug, daß ein neuer Termin zum Vortrag in dieser Sache anberaumt und Mittheilung hieren an das Holsteinische Obersachwalteramt verfügt werden möchte.

Die Landvogtei decretirte hierauf am 29. April v. J., daß zufolge Terminsdecrets vom 22. November v. J. die gegen den Massecurator der Erbmasse des Peter Oelrich, wailand in Menghusen, ausgebrachte Klage durch die im gedachten Termin vom Kläger abgegebene Erklärung ihre Erledigung gefunden habe und es dem Kläger überlassen werden müsse, falls er in dieser Sache gegen den Fiscus weiter zu procediren gemeint sein sollte, dieserhalb bei dem Königl. Holsteinischen Obergericht Citation auszubringen.

Gegen dieses Decret hat sich der Kläger mit einer Beschwerde über verweigerte Justiz und dem Antrage hierher gewandt, daß der Landvogtei aufgegeben werden möge, dem von ihm an dieselbe gerichteten Antrage um Anberaumung eines neuen Termins und desfällige Mittheilung an das Obersachwalteramt zu deferiren.

Es steht daher zur Frage, ob die von dem Querulanten erhobene Beschwerde gegründet ist.

In Erwägung nun, daß der Fiscus die Verlassenschaft des Oelrich als bonum vacans an sich genommen hat und damit, da das Recht des Fiscus an den bona vacantia, namentlich auch in Bezug auf den Uebergang der Verbindlichkeiten, nach der Analogie des Erbrechts behandelt wird, in alle Verpflichtungen, welche diese Masse afficiren, eingetreten und daher auch verpflichtet ist, den gegen die Erbmasse, als deren bloßer Vertreter der Curator erscheint, von dem Querulanten anhängig gemachten Proceß in der Lage aufzunehmen, in welcher sich derselbe bei dem Erwerb des bonum vacans befand, also, da damals schon die Sache bei der Landvogtei anhängig war, in den obschwebenden Proceß als Beklagter einzutreten; und

in Erwägung, daß ein Verzicht des Querulanten auf die Fortführung des Processes in der Unterinstanz aus der von seinem Anwalt in dem Termine vom 22. November v. J. abgegebenen Erklärung nicht zu entnehmen ist, welche nur besagt, daß er den seitherigen Vertreter der Oelrich'schen Erbmasse nicht weiter in Anspruch nehmen, nicht aber daß er auch gegen die Erbmasse selbst und deren neuen Erwerber, den Fiscus, nicht weiter in der Unterinstanz processiren wolle,

wird dem Querulanten auf seine sub præs. den 27. Mai v. J. hieselbst eingereichte Recursschrift, nach erstattetem Bericht der Königl. Süderdithmarscher Landvogtei vom 11. v. M., hiedurch von Obergerichtswegen, unter Beseitigung des angefochtenen Decrets vom 29. April v. J., zum Bescheide ertheilt:

daß von dem judicium a quo dem Antrage des Querulanten vom 20. April v. J. gemäß ein neuer Termin zum Vortrage der vorliegenden Klagsache anzuberaumen und eine Mittheilung davon an das Königl. Holsteinische Obersachwalteramt zu erlassen sei.

Urkundlich ꝛc. Gegeben im Königl. Holsteinischen Obergerichte zu Glückstadt, den 27. August 1862.

Der Stuprator kann sich der gegen ihn erhobenen Alimentationsklage gegenüber nicht darauf berufen, daß er bereit sei, die Klägerin zu heirathen.

In Sachen des Tischlergesellen Marcus Fock in Grauel, Beklagten und Supplicanten,

wider

Anna Rathjen c. c. p. in Tappendorf, Klägerin und Supplicatin,

wegen Schwängerung s. w. d. a.,

ergeben die Acten:

Klägerin hat in ihrer wider den Beklagten bei dem Dinggerichte des Kirchspiels Hohenwestedt eingereichten Klage mit dem Bemerken, daß sie vom Beklagten im Frühjahr 1859 geschwängert worden sei und in Folge dieser Schwängerung am 6. Febr. 1860 einen unehelichen Sohn geboren habe, beantragt:

daß Beklagter schuldig erkannt werde, ihr an Wochenbettskosten s. w. d. a. in Ordnungsfrist

9 ℛ 58 ß zu erstatten und ihr zur Alimentation des mit ihr erzeugten Kindes von der Geburt des Kindes an für das erste Jahr 32 ℛ, für die folgenden Jahre bis zum vollendeten 18ten Lebensjahre desselben, event. bis dasselbe einen eigenen Stand ergriffen haben werde, jährlich 16 ℛ R.-M., und zwar für die Vergangenheit gleichfalls in Ordnungsfrist, für die Zukunft in vierteljährlichen prænumerando zu berichtigenden Terminen zu bezahlen, so wie die Kosten zu erstatten.

Beklagter hat unter dem Einräumen, mit der Klägerin den Beischlaf zu einer mit ihrer Niederkunft übereinstimmenden Zeit vollzogen zu haben, wider die Höhe der von ihr geltend gemachten Ansprüche keinen Einwand erhoben, dagegen der Klage die Einrede entgegengesetzt, daß er sich erboten habe und sich noch erbiete, die Klägerin zu heirathen, auch die Einrede des dolus mit dem Bemerken opponirt, daß Klägerin unter Beistimmung ihrer beiderseitigen Väter mit dem Beklagten vor ihrer Entbindung wegen Vollziehung der Heirath einig gewesen sei, und mit Rücksicht hierauf um Abweisung der Klägerin mit ihrer Klage ref. exp. gebeten. Das Dinggericht hat darauf, nachdem re- und duplicando nichts Neues vorgebracht worden, am 3. Januar d. J. erkannt:

> daß Beklagter schuldig, der Klägerin die Wochenbettskosten mit 9 ℛ 58 ß innerhalb Ordnungsfrist zu erstatten, derselben auch für das erste Lebensjahr des Kindes 16 ℛ und die ferneren Lebensjahre desselben bis zum vollendeten 16. Jahre, für die Vergangenheit binnen Ordnungsfrist, für die Zukunft prænumerando in jährlichen Raten 8 ℛ zu bezahlen, unter Vergleichung der Kosten.

Gegen dieses Erkenntniß hat Beklagter mit gegnerischer Einwilligung statt des Rechtsmittels der Appellation die Supplication interponirt und gebeten, daß, unter Aufhebung des angefochtenen Erkenntnisses, für Recht erkannt werde, daß die Klägerin und Supplicatin mit ihrer unbegründeten Klage abzuweisen sei, unter Verurtheilung in die angeursachten Kosten der Unterinstanz, event. mit Compensation der Kosten, event. daß die Klägerin und Supplicatin sich besser als geschehen auf die Einrede des mangelnden Klagrechts und des dolus einzulassen oder dem Supplicanten ein den Acten entsprechender Beweis über die Exceptionalfacta aufzulegen sei, comp. exp.

Es steht demnach zur Frage, ob der von dem Beklagten der Klage opponirte Einwand, daß er sich erboten habe, die Klägerin zu heirathen, selbige auch wegen ihrer Verheirathung mit ihm vor ihrer Entbindung einig gewesen sei, geeignet ist, den von ihr erhobenen Anspruch auf Alimentationsbeiträge und Wochenbettskosten zu elidiren?

In Erwägung nun, daß die Verneinung dieser Frage rechtlich keinem Zweifel unterliegt, da, wenn auch allerdings dem Schwängerer in dem Falle, in welchem aus der Thatsache der stattgehabten Schwängerung von ihm eine Entschädigung für den erlittenen Verlust einer schicklichen Heirathsgelegenheit beansprucht wird, die Wahl zusteht, die Geschwängerte zu entschädigen oder sie zu heirathen, es sich doch im vorliegenden Falle nicht um eine solche Satisfactionssumme, sondern um Erstattung von Wochenbettskosten und Beitrag zur Alimentation des von der Geschwängerten gebornen Kindes handelt, in Beziehung auf welche das gedachte Wahlrecht keine Anwendung findet;

in Erwägung, daß daher auch die event. von dem Beklagten vorgeschützte exceptio doli aller Begründung entbehrt, indem es in Ermangelung jeder Berechtigung des Beklagten, die wider ihn geltend gemachten Ansprüche durch das Erbieten, die Klägerin zu heirathen, von sich abzuwenden, gänzlich irrelevant ist, ob Klägerin vor ihrer Entbindung mit ihm unter Consens der beiderseitigen Väter über ihre Verheirathung einig geworden sei,

wird auf die vorrubricirte Supplicationsvorstellung und Bitte sub præs. den 26. Januar d. J., nach eingezogener Gegenerklärung, dem Supplicanten von Obergerichtswegen hiedurch

ein abschlägiger Bescheid

ertheilt, derselbe auch schuldig erkannt, der Supplicantin die Kosten der Gegenerklärung, welche hiemittelst auf 18 ℛ 81 ß bestimmt werden, binnen 4 Wochen ab ins. zu erstatten.

Urkundlich ꝛc. Gegeben im Königl. Holsteinischen Obergerichte zu Glückstadt, den 27. Mai 1862.

Allerhöchst privilegirte

Holsteinische Anzeigen.

Redigirt von den Obergerichtsräthen Etatsrath Henrici und Lucht.
Gedruckt bei Augustin in Glückstadt.

48. Stück. — Den 1. December 1862.

Entscheidungen.

Constitutum possessorium. — Legitimation des Contradictors zur Vorschützung der exc. Pauliana. — Für die Gültigkeit des constitutum debiti proprii genügt es, wenn in demselben eine allgemeine Angabe der ursprünglichen causa debendi enthalten ist. Es ist bei demselben nicht die Aufgabe des Gläubigers, die frühere Existenz der durch das constitutum anerkannten Schuld nachzuweisen. — Im Concurse ist eine separate Entscheidung nur über Vindicationsansprüche zulässig, wogegen über alle Forderungen erst im Prioritätserkenntniß entschieden werden darf.

In Sachen des Kaufmannes Friedrich Ernst Kranichfeldt aus Wandsbeck, propr. et mand. noie. seiner Schwester, der Majorin Natalie Friedericke von Avemann, geb. Kranichfeldt, c. c. mar., und Rosalie Friedericke Horst, geb. Kranichfeldt, c. c. mar., als alleinige nachgelassene Kinder und Erben des weil. Eingesessenen Joh. Friedrich Anton Kranichfeldt, weil. zu Wandsbeck, Profitenten und Justificanten, Litisreassumenten und Appellanten,

wider

den gerichtlich bestellten Contradictor im Concurse der Fabrikanten A. Lejeune & Co. zu Wandsbeck, Advocaten Bargum daselbst, Justificaten und Appellaten,

in pcto. just. prof. sub passu 32 prot. prof. auf das im genannten Concurse ergangene Proclam, jetzt Appellation wider das Erkenntniß des Wandsbecker Concursgerichts vom 22./23. Juni v. J.,

ergeben die Acten:

Nachdem Justificant im Jahre 1852 an die vorbenannten Cridare seine zu Wendemuth belegene Fabrik für eine jährliche, halbjährlich am 1. Mai und 1. November zu entrichtende Pachtsumme von 800 ℛ︁ℳ︁ R.-M. verpachtet hatte, entstanden nach seiner Angabe zwischen ihm und den Cridaren theils aus diesem Pachtcontract, theils aus anderen Gründen verschiedene Schuldverhältnisse, rücksichtlich deren von ihm folgende hier in Betracht kommende Documente producirt worden sind:

a. ein Kaufcontract, d. d. 23. April 1854, Inhalts dessen die Cridare dem Justificanten für eine Schuld von 19,733 ℛ︁ℳ︁ 32 ß R.-M. die sämmtlichen von ihnen und ihren Geschäftsvorwesern auf dem Pachtstück aufgeführten in dem Contract sub Nr. 1 speciell angegebenen Gebäude und Baulichkeiten, ferner verschiedene sub Nr. 2 specificirt aufgeführte Gegenstände und endlich in einem Nachtrage noch das vorhandene Farbelager und sämmtliche zur Fabrik gehörige Utensilien und Fabrikgeräthe zum Eigenthum überlassen haben;

b. eine Acte, d. d. 4. September 1856, enthaltend

1) eine Erklärung der Cridare, daß, nachdem in der Nacht vom 17./18. September 1855 ein Theil der Fabrik durch Feuer zerstört und die in der vorerwähnten Verkaufsacte vom 23. April 1854 sub I und II speciell aufgeführten Gebäude, Maschinen und Inventargegenstände, soweit sie vom Feuer zerstört oder lädirt worden, durch Mittel der dafür ausgezahlten Versicherungssumme wieder hergestellt, zum Theil erweitert und ergänzt worden, durch diese Refectionen, Erweiterungen und Ergänzungen das Eigenthum des Justificanten an diesen Gegenständen in keiner Weise verändert worden sei, sondern, daß vielmehr diese Gegenstände in ihrer wiederhergestellten Beschaffenheit alleiniges und ausschließliches Eigenthum desselben seien und die Cridare an demselben für die darin geschehenen Refectionen, Erweiterungen und Wiederherstellungen keinerlei Ansprüche hätten; und

2) einen Kaufcontract über die in dem Nachtrage zu der Acte vom 23. April 1854 erwähnten Gegenstände, welche darnach von den Cridaren wieder zurückgekauft sind;

c. eine Pfandverschreibung vom 31. März 1858, in welcher die Cridare dem Justificanten für eine Forderung von 2976 ℳ 54 ß R.-M., welche sie ihm resp. aus baarer Anleihe und für Miethe schuldig geworden, den auf seinem Grund und Boden von ihnen neu erbauten Pferdestall sammt dem Pferde, welches sie für das von ihm dazu geliehene Geld angeschafft hätten, und ferner sämmtliche zur Fabrik gehörige Utensilien und Betriebsgeräthe, welche ihnen gehörig, verpfändet haben, letztere mit der Bestimmung, daß für den Abgang aus diesen Sachen allemal der Zugang in den Pfandnexus wieder eintreten solle;

d. eine Acte, d. d. 22. November 1858, enthaltend verschiedene Erklärungen der Cridare, nämlich:

1) daß der Pachtcontract mit dem Justificanten aufgehoben sei und daß sie demselben für die am 1. November 1858 fällig gewesene Pacht von 800 ℳ R.-M. ihren vorhandenen Steinkohlenvorrath und ihr vorhandenes Futter zum Eigenthum überlassen und überliefert hätten;

2) daß sie die in der Acte vom 31. März 1858 verpfändeten Sachen für die Schuldsumme von 2976 ℳ 54 ß R.-M. nunmehr ebenfalls dem Justificanten zum Eigenthum übertragen und tradirt hätten, und

3) desgleichen die in der Fabrik vorhandenen vier kupfernen Walzen, letztere für eine von dem Justificanten übernommene Schuld der Cridare im Betrage 348 ℳ R.-M.

Nachdem nun nach Ausbruch des Concurses über das Vermögen von Lejeune und Bopsen, in Firma A. Lejeune & Co., bei der Inventarisirung ihrer Habe und Güter die in den obigen Documenten angeführten Gegenstände in das Inventarium der Masse mit aufgenommen worden sind, hat Justificant auf das alsbald erlassene Concursproclam angemeldet:

sein Eigenthum an denjenigen Gegenständen, welche ihm nach Inhalt der Acte vom 23. April 1854 mit Ergänzungsacte vom 4. September 1856 und vom 22. November 1858 von A. Lejeune & Co. verkauft und zum Eigenthum tradirt sind, cum jure vindicationis, eventualiter falls sein Eigenthum mit Grund könnte bestritten werden, seine aus dem mit dem Cridaren abgeschlossenen Miethcontract, so wie aus der Verpfändungsacte vom 31. März 1858 herrührenden und liquidirten Forderungs- so wie generellen und speciellen Pfandrechte sammt gezahltem Kaufpreise für vier kupferne Walzen mit 348 ℳ R.-M. und alle ihm sonst zustehenden Rechte und Befugnisse aus den mit den Cridaren geschlossenen Geschäften.

In dem allgemeinen Justificationstermin ist justificatischerseits das Eigenthum des Justificanten an den in dem Document vom 22. November 1858 erwähnten vier kupfernen Walzen, so wie die Rechtsbeständigkeit der Verkaufsacte vom 23. April 1854 und das Eigenthum des Justificanten an den darin aufgeführten Gegenständen und damit die Verpflichtung der Masse zur Auslieferung derselben an den Justificanten, soweit sie noch vorhanden, und nicht zufolge der Acte vom 4. September zurückverkauft seien, anerkannt, wogegen Justificant mit den übrigen profitirten Ansprüchen zur speciellen Justification provocirt und verwiesen worden ist.

In seinem hierauf eingebrachten Justificationslibell hat Justificant, unter Berufung auf die vorerwähnten Documente, im Wesentlichen angeführt:

A. zur Rechtfertigung der profitirten Eigenthumsansprüche:

1) Alles, was mit einem Grundstück erd-, wand-, band-, niet- und nagelfest verbunden sei, bilde, so lange diese Verbindung dauere, einen Theil desselben, und verbleibe so lange als solcher im eigenthümlichen Besitz des Eigenthümers des Grundstücks; und ferner erwerbe der Vermiether eines Grundstücks an allen von dem Miether in solcher Weise mit dem Pachtstück verbundenen Gegenständen ein unbeschränktes und unbedingtes Eigenthumsrecht, wenn er ihn für die darauf gemachten Verwendungen abfinde. Da nun die in der Acte vom 23. April 1854 sub I benannten Baulichkeiten sämmtlich, so wie auch zum größten Theil die sub II daselbst verzeichneten Gegenstände in der obigen Weise resp. mit dem Grund und Boden und den Gebäuden des Justificanten verbunden, alle übrigen dort aufgeführten Gegenstände aber nach Ausweis dieser Acte ihm tradirt und für diese wie für die ersteren der Kaufpreis bezahlt und dafür quittirt sei, so stehe sein Eigenthumserwerb an den sämmtlichen in der gedachten Acte bezeichneten Gegenständen außer Zweifel;

2) das Gleiche müsse den obigen Rechtssätzen zufolge auch von den in der Acte vom 4. September 1856 erwähnten Refectionen, Erweiterungen und Wiederherstellungen gelten, welche nach dem theilweisen Brande der Fabrik an den Eigenthumsgegenständen des Justificanten vorgenommen und gemacht seien. Daß aber die Pächter für diese Refectionen, Erweiterungen und Wiederherstellungen keinen weiteren Anspruch an ihn gehabt, ergebe sich aus dieser Acte, aus welcher überdies auch hervorgehe, daß die Refectionen, Erweiterungen und Wiederherstellungen durch Mittel der dafür ausgezahlten Versicherungssumme beschafft seien, also nicht aus dem Vermögen der Pächter, sondern aus dem Accessorium der Sachen selbst, welches den Eigenthümern zu Gute komme;

3) hinsichtlich seines Eigenthumserwerbes an den in der Acte vom 22. November 1858 genannten Sachen hat Justificant sich auf den Inhalt dieser Acte bezogen, wornach ihm dieselben für die dort angegebenen Forderungen zu Eigenthum überlassen und tradirt worden sind, und insbesondere rücksichtlich des hier angeführten Pferdestalles sich auch darauf berufen, daß derselbe auch dem Grund und Boden habe folgen müssen, auf welchem er erbaut worden, mithin dem Justificanten eigenthümlich gehörig sei. Zugleich ist bemerkt, daß die in dieser Acte angeführten Rechtsgeschäfte schon am 11. November 1858 abgeschlossen und vollzogen seien;

B. in Betreff der eventuell für den Fall der Aberkennung der erhobenen Eigenthumsansprüche geltend gemachten Forderungs- und Pfandrechte enthält der Justificationslibell folgende Angaben:

1) für die in der Acte vom 23. April 1854 als Kaufpreis angeführten 19,133⅓ ℛ R.-M., welche Forderung theils aus baaren Anleihen, theils aus geleisteter selbstschuldiger Bürgschaft entstanden, hätten die Cridare schon vorher nach Ausweis einer dem Justificationslibell beigelegten Acte, d. d. 10. April 1854, dem Justificanten die von ihnen auf dem Pachtstück aufgeführten Gebäude und sämmtliche darin vorhandenen Maschinen, Geräthe und Inventariengegenstände verpfändet;

2) die in der Acte vom 22. November 1858 angeführte Forderung von 2976 ℛ 54 β R.-M. gründe sich theils auf baare Anleihen, theils bestehe sie in rückständiger Miethеschuld. Das dafür beanspruchte Pfandrecht sei durch die oben angeführte Pfandverschreibung vom 31. März 1858 entstanden, und zwar sei dies Pfandrecht ein gesetzlich privilegirtes, weil die Anleihe theils zum Bau des verpfändeten Pferdestalles und zur Anschaffung des verpfändeten Pferdes hergegeben und der Miethеforderung als solcher schon dies Privilegium gesetzlich beigelegt sei;

3) für die am 1. November 1858 fällig gewordene Miethеforderung von 800 ℛ ist gleichfalls ein gesetzlich privilegirtes Pfandrecht an den invectis und illatis der Miether in Anspruch genommen.

In seinen Exceptionalien hat der Justificat

A. rücksichtlich der profitirten Eigenthumsansprüche

1) seine zuvor schon erklärte Anerkennung der Rechtsbeständigkeit der Acte vom 23. April 1854

und des justificantischen Eigenthumsrechtes an den sub I und II daselbst verzeichneten Sachen wiederholt, auch eingeräumt, daß die sämmtlichen sub I daselbst aufgeführten Baulichkeiten, so wie von den sub II aufgeführten Gegenständen die Dampfmaschine nebst einem Dampfkessel, die 26 Drucktische, der einspännige bedeckte Wagen und die Presse in der Masse befindlich wären, rücksichtlich der andern sub II benannten Gegenstände aber deren Vorhandensein in der Masse nesciendo in Abrede gezogen;

2) dem auf der Acte vom 4. September 1856 gestützten Eigenthumsanspruch ist

a) als proceßhindernd die Einrede der unjustificirlichen und unbegründeten Klage opponirt und diese darauf basirt, daß einmal weder in der Acte noch in dem Justificationsantrage die Sachen, welche unter dem Ausdruck „Refectionen, Erweiterungen und Wiederherstellungen" verstanden werden sollten, angegeben seien, der Mangel einer genauen Bezeichnung des Klagobjects aber dem Justificaten eine gehörige Einlassung unmöglich mache, und daß außerdem auch eine stattgehabte Tradition der qu. Gegenstände von dem Justificanten nicht behauptet worden sei. Diese fehlende Behauptung könne nicht ersetzt werden durch die Angabe, daß die qu. Gegenstände mit der Versicherungssumme, welche für die vorbenannten Sachen der Justificanten gehoben worden, angeschafft seien, und ebensowenig durch die Berufung auf den Satz, daß mit dem Hause auch sämmtliche Accessionen Eigenthum des Herrn des Grund und Bodens würden, da einerseits die Versicherungssumme keineswegs ein Accessorium der Sachen selbst sei, und da andererseits von einem Eigenthumserwerb durch Accession nur dann die Rede sein könne, wenn die Verbindung zweier Sachen in der Weise eine integrirende sei, daß beide unbeschadet ihrer Existenz nicht wieder von einander getrennt werden könnten. Letzteres zu behaupten sei Justificant aber nicht im Stande gewesen;

b) in der eventuellen Litiscontestation hat Justificat die formelle Gültigkeit der Acte vom 4. September 1856 anerkannt, dagegen über das Vorhandensein der darin aufgeführten „Refectionen, Erweiterungen und Wiederherstellungen" in der Masse sich mit Nichtwissen erklärt und geleugnet, daß dies Accessionen und daß die Versicherungsgelder dem Justificanten zugehörig gewesen, so wie daß das in der Acte aufgeführte überall aus diesen Geldern beschafft sei;

3) von den in der Acte vom 22. November 1858 gedachten Gegenständen sind nur wiederum die vier kupfernen Walzen als Eigenthum des Justificanten anerkannt, im Uebrigen aber ist

a) den in dieser Acte bezeugten Rechtsgeschäften als proceßhindernd und durch Gerichtsnotorietät so wie durch die eigenen Angaben des Justificanten liquide die Einrede der fraudulösen Hingabe an Zahlungsstatt entgegengestellt worden, zu deren Begründung angeführt ist, daß die Cridare zur Zeit der angeblichen Vornahme dieser Rechtsgeschäfte schon längst überschuldet gewesen, daß daher es nur als ein factum in fraudem creditorum angesehen werden könne, wenn sie in diesem ihnen wohlbekannten Zustande materieller Insolvenz dem Justificanten für eine simple Buchschuld den Rest ihrer Güter erst zum Unterpfande gesetzt und selbige dann noch am Vorabend des Concurses an Zahlungsstatt gegeben hätten, und daß andererseits auch dem Justificanten diese Beschaffenheit der Vermögensverhältnisse der Cridare wohl bekannt gewesen sei;

b) die Litiscontestation ist dahin beschafft, daß die als Kaufpreis bezeichneten Forderungen des Justificanten an die Cridare von 800 ℳ und 2976 ℳ 54 ß R.-M. ignorando in Abrede gestellt sind und ebenso die Hingabe der qu. Gegenstände an Zahlungsstatt, so wie deren Tradition, während das Vorhandensein in der Masse eingeräumt ist;

c) endlich ist in omnem eventum die Paulianische Einrede als einfache peremtorische Einrede von dem Justificaten wiederholt worden;

B. in Betreff der event. in Anspruch genommenen Forderungs- und Pfandrechte ist

1) vor der Einlassung die Einrede der Erlöschung durch Confusion opponirt, da die Pfandsachen durch spätere Rechtsgeschäfte, und zwar die in der Acte vom 31. März 1858 angeführten Gegenstände, unter Voraussetzung des Beweises des durch die Acte vom 22. November s. J. bezeugten Rechtsgeschäfts, in das Eigenthum des Justificanten übergegangen seien;

2) ist dem durch die Acte vom 31. März 1858 bezeugten Rechtsgeschäft die Einrede der fraudulösen Verpfändung als liquide und proceßhindernd wie auch event. als peremtorische Einrede opponirt;

3) hat Justificat

a) hinsichtlich der angemeldeten Forderung von 2976 ℳ 54 ß, welche nach Angabe des Justificanten die Cridare demselben bei Errichtung der Acte vom 30. März 1858 aus baaren Anleihen und Miethe-rückständen angeblich schuldig gewesen, bemerkt, daß er nicht wisse, ob und wie eine Miethe damals rückständig gewesen sei und daß er sich nicht darauf einlassen könne, da der Betrag derselben nicht angegeben sei; übrigens ist diese Schuld generell geleugnet und gleichfalls die Bestellung des dafür beanspruchten Pfandrechts in Abrede gestellt;

b) daß die am 1. November 1858 fällig gewordene Miethe nicht berichtigt worden, ist geleugnet, indeß der producirte Miethcontract als richtig anerkannt.

In omnem eventum hat Justificat für den Fall, daß Justificant mit seinen Eigenthumsansprüchen, insoweit sie auf den Erwerb durch Accession basirt sind, durchdringen sollte, der Concursmasse ihre Rechte, insonderheit des jus tollendi, eventualiter aber ihre Entschädigungsansprüche vorbehalten.

Replicando ist der rechtlichen Begründung der vorgeschützten Einrede widersprochen und insonderheit rücksichtlich der Paulianischen Einrede die Replik der fehlenden Legitimation des Justificaten zur Vorschützung derselben opponirt, wie auch deren Begründung bestritten.

Duplicando ist vom Justificaten nichts Neues vorgebracht worden und nach stattgehabter Verhandlung hat das Wandsbecker Justitiariat unterm 22./23. Juni v. J. erkannt:*)

I. Hinsichtlich der profitirten Eigenthumsansprüche:

1) daß dieselben rücksichtlich der in der Acte vom 22. November 1858 genannten vier kupfernen

---

*) Die Entscheidungsgründe lauten:

In Erwägung,

A. die profitirten Eigenthumsansprüche anlangend,

I. daß das auf die Acte vom 23. April 1854 gegründete Professum nur theilweise, und zwar lediglich insofern streitig ist, als das Vorhandensein der daselbst sub II angeführten Gegenstände in der Masse (mit Ausnahme der im § 4 der Exceptionalien namhaft gemachten Sachen) von dem Justificaten geleugnet ist, und daß der hiernach dem Justificanten zufallende Beweis dieser bestrittenen Thatsache auch nicht durch den replicando hervorgehobenen Umstand wegfällig wird, daß eben solche Sachen in dem Inventurprotocoll verzeichnet stehen, weil damit noch nicht die Identität dieser letzteren für die Masse in Besitz genommenen Gegenstände mit der von dem Justificanten als ihm gehörig in Anspruch genommenen erwiesen ist;

II. daß die Anführungen des Justificanten zur Begründung des profitirten Anspruchs auf die in der Acte vom 4. September 1856 genannten Refectionen, Erweiterungen und Wiederherstellungen für die rechtliche Beurtheilung dieses Professums nicht genügen; indem nämlich:

1) wenn Justificant den Erwerb dieser Refectionen ꝛc., auf deren Verbindung mit den in der Acte vom 23. April 1854 genannten ihm gehörigen Sachen gründen will, diese Fundirung ungenügend erscheinen muß, weil nicht jede körperliche Verbindung zweier Sachen den Uebergang des Eigenthums an der accedirenden Sache auf den Eigenthümer der Hauptsache zur Folge hat, sondern der Eigenthumserwerb durch Accession eine solche *wesentliche* Verbindung erfordert, daß die hinzukommende Sache ihre Selbstständigkeit verliert und sich nur noch als ein integrirender Theil der Hauptsache betrachten läßt,

cfr. L. 23 § 5 D de R. V. (6, 1),
L. 17 pr. D. de act. emt. (19, 1),
Arndt's Pandecten, § 152 und 54,
Puchta, Pandecten, § 164 und 37,

und

2) eine solche wesentliche Verbindung der qu. Refectionen ꝛc. mit den Eigenthumsgegenständen des Justificanten weder von demselben behauptet, noch überall die Art der Verbindung aus dem Justificationslibell und dem bezüglichen Document vom 4. Septbr. 1856 zu ersehen ist; wie denn übrigens auch eine specielle Proclamsanmeldung und Vindication dieser Refectionen ꝛc., falls sie wirklich als Accessionen der in der Acte vom 23. April 1854 genannten Sachen zu betrachten sein sollten, überflüssig und unthunlich erscheinen würde, da sie dann als Bestandtheile der Hauptsachen schon mit diesen profitirt und vindicirt wären und selbstverständlich mit denselben an den Justificanten ausgeliefert werden müßten; und

Walzen und der sämmtlichen in der Acte vom 23. April 1854 sub I genannten Gegenstände, wie auch der sub II angeführten Dampfmaschine nebst einem Dampfkessel, der 26 Drucktische, der Presse und des einspännigen bedeckten Wagens für justificirt, dagegen

3) endlich, wenn andererseits die profitirten Refectionen ꝛc. von dem Justificanten durch Accession nicht erworben worden, diese demnach aus selbstständigen Sachen bestehen, die vorliegende Justification insofern ungenügend bleibt, als die vindicirten Sachen, die Klagobjecte, nicht speciell namhaft gemacht worden sind und kein rechtlicher Erwerbsgrund angegeben ist, da solcher in dem von dem Justificanten hervorgehobenen Umstand, daß die Refectionen ꝛc. mit den für seine verbrannten oder beschädigten Sachen erhobenen Versicherungsgelder angeschafft seien, an sich noch nicht enthalten ist; und

in Erwägung

III. den profitirten Eigenthumsanspruch an den in der Acte vom 22. November 1858 gedachten Gegenständen anlangend,

1) daß die Verpflichtung der Masse zur Herausgabe der dort genannten 4 kupfernen Walzen excipiendo eingeräumt und mithin das darauf bezügliche Professum für justificirt zu erachten ist;

2) daß die Legitimation des Justificaten zur Vorschützung der exceptio Pauliana gegen die Vindication der übrigen in jener Acte angeführten Gegenstände mit Grund nicht bestritten werden kann, da der Justificat als Contradictor die Masse gegen alle von ihm für unbegründet erachteten Ansprüche zu vertreten hat und daher alle der Masse zuständigen Einreden dawider zu benutzen befugt und verpflichtet ist;

daß ferner von den Voraussetzungen dieser Einrede in concreto als erwiesen zu betrachten ist,

a) die schon zur Zeit der qu., der eigenen Angabe des Justificanten zufolge am 11. November 1858, also kaum 14 Tage vor Ausbruch des Concurses, geschehenen Veräußerung vorhanden gewesene Insolvenz der Cridare, da die auf das Concursproclam angemeldete beträchtliche Schuldmasse, deren Entstehung in allen ihren Bestandtheilen vor den 11. November 1858 fällt, außer allem Verhältniß steht, zu der höchst geringfügigen Activmasse, wie die Cridare bei ihrer Insolvenzerklärung ad protocollum denn auch declarirt haben, gar keine Masse zu besitzen und für die Berichtigung der Concursregulirungskosten anderweitig Caution habe stellen müssen; womit denn auch

b) die Annahme ausgeschlossen ist, daß die Cridare diese Veräußerung ohne das Bewußtsein, dadurch wenigstens die vorhandenen älteren Pfandgläubiger zu beeinträchtigen, vorgenommen haben sollten, und

c) der eventus fraudis hinsichtlich der nach der beregten Acte zur Deckung der behaupteten Forderung von 2976 ℛ 51 ß R.-M. vorgenommenen Veräußerung, insofern nämlich, wie unten näher dargethan werden wird, Justificant mit dieser Forderung und dem dafür in Anspruch genommenen Pfandrechte wegen mangelhaft beschaffter Justification von der Masse zu präcludiren ist, mithin die Ausscheidung der dafür ihm verschriebenen Gegenstände aus der Masse jedenfalls eine Benachtheiligung der chirographarischen Gläubiger zur Folge haben würde;

daß dagegen dieser Erfolg rücksichtlich der Eigenthumsübertragung des Steinkohlen- und Futtervorraths für die Miethforderung von 800 ℛ R.-M. noch des Beweises bedarf, da einmal von einer daraus resultirenden Benachtheiligung der chirographarischen Gläubiger keine Rede sein kann, weil auch im Falle der Rescission dieser Veräußerung schon das mit dieser Forderung verbundene gesetzliche Pfandrecht nichtsdestoweniger dem Justificanten einen Vorzug vor denselben verschaffen würde, in Betreff der vorhandenen älteren Pfandgläubiger bei der über den Bestand der Masse annoch obwaltenden Ungewißheit es noch als unentschieden betrachtet werden muß, ob dieselben nicht auch überdies aus der Masse volle Befriedigung erlangen würden; und daß ebenfalls die conscientia fraudis an Seiten des Justificanten nicht liquide und daher hierüber noch auf Beweis zu erkennen ist, da aus den desfalls excipiendo hervorgehobenen Umständen sich immer nur eine Wahrscheinlichkeit dafür ergiebt, daß dem Justificanten bei dem fraglichen Geschäfte die damals schon vorhandene Insolvenz der Cridare bekannt gewesen ist;

3) daß, wenn auch die zur Begründung des ꝛc. Eigenthumsanspruchs angeführten Facta von den Cridaren in der Acte vom 22. November 1858 bezeugt sind, dieser Erklärung doch nur die Bedeutung eines außergerichtlichen Geständnisses derselben beizumessen ist, welches dem Contradictor gegenüber nicht für beweisend erachtet werden kann, und daß daher bei der negativen Einlassung des Justificaten

2) hinsichtlich der übrigen daselbst aufgeführten Gegenstände nicht für justificirt zu erachten, Justificant könnte und würde denn binnen Ordnungsfrist, Gegenbeweis und Eide vorbehältlich, beweisen:

„daß diese Gegenstände sich in der Concursmasse befinden",

3) daß das Professum auf die in der Acte vom 4. September 1856 erwähnten „Refectionen, Erweiterungen und Wiederherstellungen" nicht für justificirt zu erachten,

4) daß das profitirte Eigenthumsrecht an den in der Acte vom 22. November 1858 aufgeführten Gegenständen 2c., abgesehen von den vorgedachten vier kupfernen Walzen, nicht für justificirt zu erachten, Justificant könnte und würde denn binnen Ordnungsfrist, Gegenbeweis und Eide vorbehältlich, beweisen:

daß er diese Gegenstände für die angegebenen Preise von den Cridaren Lejeune und Boisen gekauft und — abgesehen von dem darunter aufgeführten Pferdestall — tradirt erhalten habe,

---

die betreffenden Thatumstände dem Justificanten zum Beweise zu verstellen sind, und

daß der Justificant auch hinsichtlich des in der gedachten Acte erwähnten Pferdestalles durch den Umstand, daß derselbe schon durch Inädification sein Eigenthum geworden, dieses Beweises nicht überhoben wird, weil dadurch zugleich festzustellen ist, ob das event. für die Masse in Anspruch genommene jus tollendi erloschen ist;

in Erwägung,

B. die event. beanspruchten Forderungs- und Pfandrechte anlangend,

I. daß die in das Petitum des Justificationslibells aufgenommene Forderung von 19,133⅓ ℳ R.-M. nebst dem in der Acte vom 10. April 1854 dafür constituirten Pfandrecht als erloschen zu betrachten ist, da Justificant dafür durch die als rechtsgültig anerkannte in der Acte vom 23. April 1854 bezeugte Hingabe an Zahlungsstatt Befriedigung erhalten hat, daß übrigens auch abgesehen davon diese Forderung schon deshalb hier keine Berücksichtigung würde finden können, weil dieselbe nicht auf das Concursproclam angemeldet worden ist;

II. daß das Professum von 2970 ℳ 54 β R.-M. zwei verschiedene Forderungsrechte in sich begreift, welche um processualisch zur Geltung gebracht zu werden, beide einer gehörigen Begründung bedürfen, daß aber das Justificationslibell in dieser Beziehung lediglich die Andeutung enthält, daß das Professum theils aus einer Darlehns-, theils aus einer rückständigen Miethforderung bestehe, während nicht einmal die Größe einer jeden Forderung angegeben ist;

daß daher justificatischer Seits mit Recht die specielle Einlassung darauf als unthunlich verweigert und dies Professum als nicht genügend begründet zu verwerfen ist;

III. daß dagegen die profitirte Forderung von 800 ℳ R.-M. für die am 1. November 1858 fällig gewordene einjährige Miethe nebst dem dafür in Anspruch genommenen gesetzlichen Pfandrechte an den invectis und illatis nicht allein genügend fundirt, sondern auch durch den producirten und von dem Justificaten anerkannten Miethcontract vom 1. December 1852 bewiesen ist; daß jedoch ein singulairer von dem Alter unabhängiger Vorzug dieses Pfandrechts, welcher von dem Justificanten prätendirt wird, der Begründung entbehrt;

und daß die für den Fall, daß die nach der Acte vom 22. November 1858 für diese Forderung geschehene Hingabe des vorhandenen Futter- und Steinkohlenvorraths an Zahlungsstatt erwiesen, dies Geschäft aber in Folge der opponirten exceptio Pauliana rescindirt werden sollte, vorgeschützte Einrede des Erloschenseins dieser Forderung durch Confusion nicht für begründet zu erachten ist, da die actio oder exceptio Pauliana dem Effect nach der restitutio in integrum gleich stehen,

cfr. Burchardi, Lehre von der Wiedereinsetzung in den vorigen Stand, § 1,

bei welcher regelmäßig, abgesehen von einzelnen speciell normirten, hier nicht zutreffenden Ausnahmen, nicht allein der Restituirte, sondern auch dessen Gegner alle Rechte wieder erhält, welche er durch das rescindirte Geschäft aufgegeben und eingebüßt hat, da nämlich die actio Pauliana keine poenalis ist, derselben vielmehr nur die Tendenz zu Grunde liegt, daß der Creditor wegen seines dolus das Eigenthum wieder herausgeben, nicht aber die Forderung selber einbüßen soll,

cfr. Burchardi, Wiedereinsetzung, l. c., S. 356 u. f.,

L. 2 § 1 in fine, D. si ex noxali causa (2, 9),

L. 2 Cod. si adv. transact. (2, 32),

L. 1 § 1 Cod. de reputationibus (2, 48).

und daß er die in dieser Acte angegebenen Preise von resp. 800 ℳ und 2976 ℳ 54 ß durch Liquidation mit an die Cridare ihm zuständigen Forderungen bezahlt habe, wogegen alsdann, aber binnen Ordnungsfrist nach geführtem vorstehendem Beweise, dem Justificaten hinsichtlich der opponirten exceptio Pauliana der Beweis vorbehalten bleibt:

a. in Betreff der in der Acte vom 22. November 1858 sub I angegebenen Veräußerungen:

„daß dieselben anderen Creditoren zum „Nachtheil gereicht und daß Justificant „beim Abschluß dieses Geschäfts von dieser „Wirkung desselben Kunde gehabt habe,"

b. in Betracht der ebendaselbst sub II angeführten Veräußerungen:

„daß dem Justificanten bei Eingehung „derselben die daraus erfolgende Benachtheiligung anderer Creditoren der Cridare „bekannt gewesen",

II. hinsichtlich der event. profitirten Forderungs- und Pfandrechte:

daß das Professum von 2976 ℳ 54 ß nicht für justificirt, das Professum von 800 ℳ R.-M. dagegen nebst dem gesetzlich damit verbundenen Pfandrecht an den invectis und illatis für justificirt zu erachten.

Unter Compensation der Kosten dieses ersten Verfahrens.

Wider dies Erkenntniß hat Justificant das Rechtsmittel der Appellation ergriffen und seine Beschwerden darin gesetzt:

daß erkannt, wie geschehen, und nicht vielmehr seiner Bitte gemäß sein Professum sub passu 32 prot. prof. vollständig für justificirt erachtet ist, und zwar speciell rücksichtlich

I. seiner hauptsächlichen Bitte:

1) daß nicht in Hinsicht aller in der Acte vom 23. April 1854 genannten Gegenstände das Eigenthum des Justificanten und Appellanten daran für justificirt und daß er daher mit denselben inter vindicantes zu classificiren sei, erkannt worden, vielmehr ihm wegen verschiedener Sachen sub I, 2 des Erkenntnisses ein vorgängiger Beweis auferlegt worden ist;

2) daß das Professum auf die in der Acte vom 4. September 1856 erwähnten Refectionen, Erweiterungen und Wiederherstellungen für nicht justificirt erachtet worden und nicht vielmehr auch darin das Professum für gerechtfertigt erkannt worden;

3) daß das profitirte Eigenthumsrecht an den in der Acte vom 22. November 1858 aufgeführten Gegenständen, abgesehen von den vorgedachten vier kupfernen Walzen, für nicht justificirt, sondern dieserhalb dem Justificanten und Appellanten noch mehrere Beweise auferlegt und nicht vielmehr das Professum auch in dieser Hinsicht gerechtfertigt erkannt ist;

4) daß rücksichtlich der exceptio Pauliana dem Justificaten und Appellaten sub I, 4, a u. b des Erkenntnisses Beweise nachgelassen, eventualiter die Beweissätze so gefaßt sind, wie geschehen, und namentlich nicht eine bösliche Absicht der Veräußerer der Sachen und eine Mitwissenschaft des Justificanten und Appellanten darin zum Beweise verstellt worden, jedenfalls doch der nachzuweisende Nachtheil der abgeschlossenen Geschäfte für andere Creditoren auf solche Creditoren beschränkt ist, welche zur Zeit des Abschlusses der Geschäfte ein besseres Recht, als der Justificant, hatten, oder wie sonst die Beweissätze zu fassen sein werden;

II. rücksichtlich seiner eventuellen Bitte:

daß das Professum von 2976 ℳ 54 ß R.-M. für nicht justificirt erachtet und nicht vielmehr für gerechtfertigt erkannt und ihm dafür sein profitirtes Pfandrecht nach der Acte vom 31. März 1858 zugesprochen worden.

(Der Beschluß folgt.)

Allerhöchst privilegirte

Holsteinische Anzeigen.

Redigirt von den Obergerichtsräthen Etatsrath Henrici und Lucht.
Gedruckt bei Augustin in Glückstadt.

49. Stück. — Den 8. December 1862.

Entscheidungen.

Constitutum possessorium. — Legitimation des Contradictors zur Vorschützung der exc. Pauliana. — Für die Gültigkeit des constitutum debiti proprii genügt es, wenn in demselben eine allgemeine Angabe der ursprünglichen causa debendi enthalten ist. Es ist bei demselben nicht die Aufgabe des Gläubigers, die frühere Existenz der durch das constitutum anerkannten Schuld nachzuweisen. — Im Concurse ist eine separate Entscheidung nur über Vindicationsansprüche zulässig, wogegen über alle Forderungen erst im Prioritätserkenntniß entschieden werden darf.

(Beschluß.)

Nach von Seiten der Erben des inzwischen verstorbenen Justificanten und Appellanten erfolgter Litisreassumtion und hiernächst stattgehabter Verhandlung steht solchemnach zur Frage:

ob und in wie weit diese Beschwerden für begründet zu erachten.

In Erwägung nun, daß es unter den Parteien nicht streitig ist, daß die im Kaufcontract vom 23. April 1854 im § 1 sub II namhaft gemachten Sachen dem Appellanten Kranichfeldt zum Eigenthum übertragen worden sind, daß aber, wenn es auch mit Rücksicht auf den inzwischen stattgehabten Brand hat in Frage kommen können, ob und in wie weit die in der Concursmasse vorhandenen Gegenstände mit den verkauften identisch seien, es doch in dieser Beziehung der Auflage eines Beweises in Berücksichtigung des Inhalts der Acte vom 4. September 1856, deren formelle Gültigkeit vom Appellaten anerkannt worden, nicht bedurft hat;

in Erwägung nämlich, daß, wie diese Acte ergiebt, die Contrahenten darüber einig geworden sind, daß die nach dem Brande zur Ergänzung der in dem Contract vom 23. April 1854 sub II aufgeführten zum Theil lädirten und vernichteten Sachen, neu angeschafften oder resp. wieder hergestellten Gegenstände ganz an die Stelle der dem Appellanten zufolge des gedachten Contracts gehörigen treten und ohne Rücksichtnahme auf damit vorgenommene Veränderungen und Erweiterungen als dem Appellanten eigenthümlich gehörige Sachen angesehen werden sollten, daß aber, was insbesondere anlangt die nicht bloß reficirten sondern neu angeschafften Sachen, auch wenn man davon wird ausgehen müssen, daß bei Anschaffung derselben die jetzigen Cridare im eigenen Namen gehandelt und daher zunächst für sich das Eigenthum erworben haben, der Eigenthumsübergang auf Kranichfeldt doch nicht zweifelhaft erscheinen kann, da in diesem Fall der Eigenthumserwerb die Vornahme eines äußeren Actes der Tradition deshalb nicht zur nothwendigen Voraussetzung gehabt, weil die Cridare, deren ausdrückliche Erklärung, den Kranichfeldt als Eigenthümer dieser Sachen ansehen zu wollen, vorliegt, im körperlichen Besitz derselben auch ferner noch haben verbleiben sollen und es also nur darauf hat ankommen können, daß von ihnen, wie dies durch Errichtung der Acte geschehen, eine Handlung vorgenommen worden, wodurch sie mit genügender Bestimmtheit zu erkennen gegeben, die fraglichen Gegenstände in Zukunft nur Namens des Kranichfeldt als des Eigenthümers derselben besitzen zu wollen;

in Erwägung, daß aus diesen Gründen sich zugleich auch die Beschwerde sub I, 2 als gerechtfertigt darstellt, da, was insbesondere die fortwährend der Veränderung unterliegenden Druckformen anlangt, ausdrücklich vereinbart worden, daß die neuangeschafften eo ipso Eigenthum des Kranichfeldt für die Abnutzung der bisher gebrauchten werden sollten, wie denn auch die Cridare sich in derselben Acte verpflichtet haben, dasjenige, was an den ihnen zur Benutzung überlassenen Sachen abgenutzt und verbraucht worden, auf ihre Kosten zu ergänzen;

in Erwägung, die Beschwerde I, 3 betreffend, daß die Auferlegung der erkannten Beweise schon in der Betrachtung ihre hinlängliche Motivirung findet, daß dem Appellaten, welcher die Beweiskraft der Acte vom 22. November 1858 bestreitet, in Beziehung auf diese Urkunde der Gegenbeweis nicht abgeschnitten werden und namentlich auch nicht die Gelegenheit entzogen werden darf, im Beweisverfahren diejenigen Momente näher darzuthun, durch welche die Beweiskraft des erwähnten Documentes vermeintlich aufgehoben oder geschwächt wird;

in Erwägung, daß dagegen die Beschwerde I, 4 insofern für begründet zu erachten, als schon mit Rücksicht auf den den Appellanten freizulassenden Gegenbeweis der aufzuerlegende Beweis auf alle in diesem Fall bestrittenen Voraussetzungen der exceptio Pauliana zu erstrecken ist, wohingegen der gegen die Legitimation des Contradictors erhobene Einwand sich als unbegründet darstellt, da schon vor Erlassung der Verordnung vom 17. Juni 1859, betreffend die Anfechtbarkeit und Strafbarkeit gewisser vor eröffnetem Concurse vorgenommener Rechtsgeschäfte, der Contradictor aus den dem angefochtenen Erkenntnisse vorangestellten Gründen zur Vorschützung der exceptio Pauliana für legitimirt erachtet worden, es übrigens auch nicht zweifelhaft erscheinen kann, daß die auf die Legitimation zum Processe sich beziehende Vorschrift des § 10 des gedachten Gesetzes Anwendung leidet auf Processe, welche Rechtsgeschäfte zum Gegenstand haben, die vor Emanirung der Verordnung eingegangen sind;

in Erwägung endlich, anlangend das gravamen II,

1) daß die Schuld- und Pfandverschreibung vom 31. März 1858, deren Echtheit vom Appellaten nicht in Frage gestellt worden, sich ihrem Inhalte nach nicht als ein bloß einfaches Geständniß über in der Vergangenheit liegende Thatsachen darstellt, sondern vielmehr ergiebt, daß mit der Errichtung dieser Urkunde ein Dispositionsact zum Vollzug gekommen ist, durch den die Aussteller bei gleichzeitiger Anerkennung einer bestehenden Schuld zur Sicherheit dafür ein Pfandrecht constituirt haben,

vergl. Seuffert's Archiv, Bd. III S. 458;

2) daß ein solcher als constitutum debiti proprii zu bezeichnender Rechtsact,

cfr. Holzschuher, Theorie und Casuistik, Bd. III S. 250,

einen selbstständigen Klaggrund bildet und es daher nicht gerechtfertigt erscheinen kann, wenn das jud. a quo das fragliche professum aus dem Grunde für nicht justificirt erachtet hat, weil nicht vom Justificanten näher angegeben worden, welcher Theil der Forderung aus baarer Anleihe, welcher durch Rückstände in der Miethe erwachsen sei, indem, wenn auch die Anerkennung einer Forderung, um als rechtsverbindliches constitutum debiti proprii gelten zu können, eine Bezugnahme auf die bestehende Forderung voraussetzt, doch nicht als nothwendige Bedingung erfordert wird, daß das Schuldverhältniß, auch wo es seiner Entstehung nach auf verschiedenen Verpflichtungsgründen beruhet, in seinem ganzen historischen Detail unter genauer Angabe der einzelnen Summen näher dargelegt werde, es vielmehr genügen muß, wenn, wie in diesem Fall bei Ausstellung der Verschreibung geschehen, nur im Allgemeinen die ursprüngliche causa debendi angegeben wird;

3) daß zwar die verbindende Wirksamkeit eines constitutum debiti proprii von der Vorexistenz der anerkannten Schuld abhängig ist, daß es aber nicht Aufgabe des Creditors ist, außer dem das constitutum debiti proprii vollziehenden Rechtsacte, der hier in der errichteten Urkunde unmittelbar vorliegt und daher des Beweises nicht bedarf, auch noch die Präexistenz der anerkannten Schuld zu erweisen, es vielmehr Sache des Gegners ist, wenn er wegen angeblich mangelnder Vorexistenz der Schuld die Gültigkeit des Rechtsactes glaubt bestreiten zu können, sich dafür auf die

Nichtexistenz der anerkannten Schuld zu berufen und solche Behauptung zu bewahrheiten;

4) daß, was die Einrede des Erloschenseins der fraglichen Forderung und des dafür bestellten Pfandes anlangt, wie dies bereits in den dem angefochtenen Erkenntniß vorangestellten Entscheidungsgründen mit Beziehung auf eine Forderung näher dargelegt worden, nach Rescindirung eines Rechtsgeschäftes mittelst der actio und exceptio Pauliana die durch dies Rechtsgeschäft aufgehobene Forderung mit dem dafür bestellten Pfandrecht wieder in Kraft tritt, wie denn übrigens auch eine eventuelle Collocirung der durch die angebliche datio in solutum getilgten Forderung zum Betrage von 2976 ℛ 54 β schon für den Fall erforderlich wird, daß die Appellaten den auferlegten Beweis in Betreff der gegen Liquidirung dieser Forderung geschehenen Eigenthumsübertragung nicht sollten erbringen können;

5) daß daher von den gegen die beantragte eventuelle Collocirung der gedachten Forderung erhobenen Einwendungen nur die von dem Appellaten zu erweisende exceptio Pauliana in Berücksichtigung kommt,

wird nach auf eingelegte Recesse und Unterinstanzacten stattgehabter mündlicher Verhandlung hiemittelst von Landgerichtswegen für Recht erkannt:

daß die sententia a qua unter Remittirung der Sache ad judicium a quo dahin abzuändern:

I. hinsichtlich der profitirten Eigenthumsansprüche,

1) daß dieselben rücksichtlich der sämmtlichen in der Acte vom 23. April 1854 sub I und II genannten in der Acte vom 4. September 1856 als Kranichfeldt eigenthümlich gehörig bezeichneten Gegenstände, so wie auch rücksichtlich der in der Acte vom 22. November 1858 erwähnten 4 kupfernen Walzen für justificirt zu erachten;

2) daß das profitirte Eigenthumsrecht an den in der Acte vom 22. November 1858 aufgeführten Gegenständen, abgesehen von den vorgedachten 4 kupfernen Walzen, nicht für justificirt zu erachten; Justificanten und Appellanten würden denn binnen Ordnungsfrist, Gegenbeweis und Eide vorbehältlich, darthun und erweisen:

daß der inzwischen verstorbene Justificant Kranichfeldt diese Gegenstände für die angegebenen Preise von den Cridaren Lejeune und Boisen gekauft und, abgesehen von dem darunter mit aufgeführten Pferdestall, tradirt erhalten habe,

und daß er die in dieser Acte angegebenen Preise von resp. 800 ℛ und 2976 ℛ 54 β durch Liquidation mit von den Cridaren ihm zuständigen Forderungen bezahlt habe;

für welchen Fall jedoch dem Justificaten der innerhalb Ordnungsfrist nach geführtem vorstehenden Beweise anzutretende Beweis hinsichtlich der exceptio Pauliana dahin freigelassen wird, daß er, Gegenbeweis und Eide vorbehältlich, darthue und erweise:

daß die Cridare Lejeune und Boisen die in der Acte vom 22. November 1858 als an Kranichfeldt veräußert bezeichneten Sachen mit Ausnahme der mehrgedachten vier Walzen in der Absicht oder mit dem Bewußtsein, dadurch andere Creditoren zu beeinträchtigen, an den verstorbenen Justificanten Kranichfeldt veräußert haben, daß Letzterer davon Kunde gehabt, daß diese Veräußerung von Lejeune und Boisen zur wissentlichen Beeinträchtigung anderer Creditoren derselben vorgenommen worden und endlich, daß diese Veräußerung anderen Creditoren zum Nachtheil gereicht habe;

II. hinsichtlich der eventuellen Forderungen und Pfandrechte,

1) daß das Professum von 800 ℛ nebst dem gesetzlich damit verbundenen Pfandrecht an den invectis et illatis für justificirt zu erachten, und daß ferner

2) auch das Professum von 2976 ℛ 54 β nebst dem dafür durch die Verschreibung vom 31. März 1858 constituirten generellen und speciellen Pfandrecht für justificirt zu erachten; es sei denn, daß, was das bestellte Pfandrecht anlanget, Justificat und Appellat, Gegenbeweis und Eide vorbehältlich, innerhalb Ordnungsfrist darthun und erweisen würde:

daß die Cridare Lejeune und Boisen in der Absicht oder mit dem Bewußtsein, dadurch andere Creditoren zu beeinträchtigen, die fragliche Pfandverschreibung vorgenommen haben, daß der verstorbene Justificant Kranichfeldt gewußt habe, daß die Verpfändung zur absichtlichen oder wissentlichen Beeinträchtigung anderer Creditoren vorgenommen werde, und daß das durch die Acte vom 31. März 1858 bestellte Pfandrecht anderen Creditoren zum Nachtheil gereicht habe.

Unter Compensation der Kosten dieser und der früheren Instanz.

Wie denn solchergestalt hierdurch erkannt wird

V. R. W.

Urkundlich rc. Publicatum im Königl. Holsteinischen Landgerichte zu Glückstadt, den 11. April 1861.

Auf die von dem Appellaten hiegegen zur Hand genommene Oberappellation ist aus dem K. Oberappellationsgericht zu Kiel das nachstehende Erkenntniß ergangen.

Frederik der Siebente &c.

In Sachen des Advocaten Th. Bargum in Wandsbeck, als gerichtlich bestellten Contradictors im Concurse der Fabrikanten J. F. D. Boisen und A. Lejeune, in Firma A. Lejeune & Co., in Wandsbeck, Justificaten, Appellaten, jetzt Appellanten,

wider

die Erben des wailand Eingesessenen F. A. Kranichfeldt in Wandsbeck, nämlich Friedrich Ernst Kranichfeldt daselbst und dessen Mandantinnen, die Majorin Natalie Friederike von Avemann, geb. Kranichfeldt, c. c. m. in Spandau und Rosalie Friederike Horst, geb. Kranichfeldt, c. c. m. in Cöln, Litisreassumenten, daher Justificanten, Appellanten, jetzt Appellaten,

wegen Justification der zum Proclam vom 1. December 1858 über die Concursmasse von A. Lejeune & Co. sub passu 32 beschafften Angabe, dann Appellation der Justificanten gegen das Erkenntniß des Wandsbecker Gutsgerichts vom 22. Juni 1860, jetzt Appellation des Justificaten gegen das Erkenntniß des Holsteinischen Landgerichts vom 11. April 1861,

wird, nach verhandelter Sache, unter abschriftlicher Mittheilung der über die fünfte Beschwerde eingezogenen Gegenerklärung der Appellaten an den Appellanten,

in Erwägung, daß die von den Justificanten, als ihnen laut Acte vom 23. April 1854 und vom 4. September 1856 gehörig, aus der Concursmasse vindicirten Sachen in der erstgedachten Acte bestimmt angegeben und bezeichnet sind, und daß dies auch von denjenigen Sachen gilt, welche, nachdem sie unterm 23. April 1854 den Justificanten von den Cridaren überlassen worden waren, im Jahre 1855 durch den stattgefundenen Brand beschädigt oder vernichtet, aber theils wieder hergestellt, theils durch andere Sachen gleicher Art ersetzt, oder welche später von den Cridaren für von ihnen abgenutzte Sachen angeschafft worden sind, weil nach der Acte vom 4. September 1856 nicht nur die in Folge des Brandes hergestellten oder an die Stelle gesetzten Sachen anstatt der beschädigten oder vernichteten Sachen den Justificanten gehören sollen, sondern auch diejenigen, welche sie später zum Ersatz für ihnen verkaufte aber von ihnen nachher aufgebrauchte Sachen anschaffen würden, wobei es auch nicht schadet, daß diese Acte die Sachen, worauf sich die darin angeführten Refectionen, Erweiterungen und Wiederherstellungen beziehen, nicht aufgezählt und einzeln namhaft gemacht hat, indem, wenn einmal die ursprünglich verkauften Sachen durch die substituirten Sachen gleicher Art vertreten werden, mithin das in der Acte vom 23. April 1854 enthaltene Verzeichniß auch auf letztere Anwendung leidet, nichts darauf ankommen kann zu wissen, welche der in diesem Verzeichniß genannten und in der Masse befindlichen Sachen noch in ihrer ursprünglichen und welche nur in einer neueren Gestalt vorhanden sind;

in Erwägung, daß freilich der Justificat in Rücksicht mehrerer der in jenem Verzeichniß enthaltenen Sachen bezweifelt hat, daß die in der Masse befindlichen Sachen derselben Art damit identisch wären, ohne übrigens anzugeben, weshalb die Identität bei einigen solcher Sachen von ihm anerkannt, bei anderen bezweifelt wird, daß jedoch, da nicht zugleich behauptet ist, daß sich von den im besagten Verzeichniß genannten Sachen eine Mehrheit von Exemplaren in der Masse befinde, welche Ungewißheit darüber erzeuge, welche der mehreren gleichnamigen Sachen im Verzeichniß gemeint sei, in dem bloßen durch nichts motivirten Zweifel des Justificaten keine genügende Veranlassung liegt, die Justificanten annoch mit einem Identitätsbeweis zu bebürden, daher die drei ersten Beschwerden des Justificaten sich als unbegründet darstellen;

in Erwägung, daß auch die vierte Beschwerde als verwerflich erscheint, weil die etwa in den Acten vorhandene Wahrscheinlichkeit für die Begründung einer Einrede nur für den Beweis dieser Einrede benutzt werden, aber niemals vom Beweise aller thatsächlichen Erfordernisse derselben befreien kann, so lange der Gegner nicht das Fundament der Einrede zugestanden hat und die Justificanten die Begründung der vorgeschützten exceptio Pauliana in jeder Hinsicht in Abrede gestellt haben; und

in endlicher Erwägung, daß dagegen die fünfte Beschwerde insofern eine Abänderung des Erkannten nöthig macht, als im Concurse nur über Vindicationsansprüche eine separate Entscheidung zulässig ist, über Forderungen aber, sei es mit oder ohne Pfandrecht, erst im Prioritätserkenntniß entschieden werden darf, damit die betheiligten Gläubiger Gelegenheit haben, gegen die etwa ihr Interesse verletzende Entscheidung den Recurs zu ergreifen, weshalb das Erkenntniß über die eventuell von den Justificanten beantragte Collocation ihrer Forderungen von resp. 2976 ℛ 54 β und 800 ℛ R.-M. nebst dem dafür in Anspruch genommenen Pfandrechte dem künftigen Prioritätsurtheil vorbehalten werden muß und die Erkenntnisse des Holsteinischen Landgerichts vom 11. April 1861, so wie des Wandsbecker Gutsgerichts vom 22. Juni 1860, so weit sie diesen eventuellen Antrag betreffen, als nichtig wieder aufzuheben sind;

hiemit für Recht erkannt:

daß die Entscheidung im angefochtenen Erkenntniß, so wie im Erkenntniß des Wandsbecker Gutsgerichts vom 22. Juni 1860 über den eventuellen Antrag der Justificanten und Appellaten als nichtig wieder aufzuheben, im Uebrigen aber das angefochtene Erkenntniß zu bestätigen sei.

Wie denn solchergestalt unter Aussetzung der Kosten der Unterinstanz, unter Vergleichung der Kosten dieser und der vorigen Instanz und unter Zurückverweisung der Sache an die Unterinstanz zum weiteren Verfahren erkannt und verfügt wird.

V. R. W.

Urkundlich rc. Gegeben im Königl. Oberappellationsgericht zu Kiel, den 5. November 1862.

Ueber den Umfang des den Advocaten in Concursfällen zustehenden Vorzugsrechtes.

Auf die am 3. Febr. d. J. hieselbst eingegangene Supplicationsschrift des Advocaten Bahr in Oldesloe, Justificanten und Supplicanten,

wider

den Advocaten Wolfhagen daselbst, als Contradictor im Concurse des Gastwirths G. F. Brasch in Reinfeld, Justificaten und Supplicaten,

in pcto. justif. passus XIII prot. prof.,

wird,

in Erwägung, daß Justificant auf das im Concurse des Gastwirths G. F. Brasch in Reinfeld erlassene Proclam eine Advocaturrechnung profitirt hat, nach vorgängiger Justification durch Erkenntniß des Reinfelder Amthauses vom 19. Decbr. v. J. mit seinen Auslagen für Gerichts- und Expeditionsgebühren, auch Stempelpapiergelder, darunter einbegriffen Auslagen für Porto, Copialien und Procuraturgebühren, inter privilegiatos ante omnes, mit dem übrigen Theil seiner Forderung aber inter personaliter privilegiatos collocirt ist und, hiergegen mit Einwilligung des Gegners supplicirend, sich darüber beschwert hat, daß ihm nicht rücksichtlich der übrigen in den beiden letzten Jahren vor dem Concurse beschafften Auslagen eine gleich bevorzugte Stelle eingeräumt worden ist;

in Erwägung, daß die Verordnung vom 2. Sept. 1782, wegen des den Forderungen der Advocaten in Concursfällen zukommenden Vorzugs, den Advocaten nur mit den von ihnen in den beiden letzten Jahren vor abgegebenem Concursproclamate vorgeschossenen Gerichts- und Expeditionsgebühren auch Stempelpapiergeldern eine Stelle unter den vor Allen privilegirten Gläubigern anweis't und diese Bestimmung nicht auf die übrigen Auslagen ausgedehnt werden kann, indem Privilegien stricte zu interpretiren sind, dieses Vorzugsrecht auch der im § 8 der Advocatenordnung enthaltenen Anordnung entspricht, wornach sie die von ihnen impetrirten Bescheide zu bezahlen und auszulösen und dagegen ein Vorzugsrecht in Concursen zugesichert erhalten haben;

in Erwägung, daß eine andere Auffassung der Verordnung vom 25. Septbr. 1782 sich auch nicht aus der Betrachtung ergiebt, daß in derselben die Vorschüsse an Gerichts- und Expeditionsgebühren wie auch an Stempelpapiergeldern einerseits den älteren Vorschüssen, andererseits dem Salarium entgegengesetzt sind, indem unter den älteren Vorschüssen eben die älteren Vorschüsse an Gerichts-, Expeditionsgebühren und Stempelpapiergeldern verstanden werden müssen und der Umstand, daß die Gesetzgebung anderen Vorschüssen der Advocaten kein Vorzugsrecht eingeräumt hat, auf dem Wege der Gesetzesinterpretation nicht geändert werden kann;

in Erwägung, daß diese Auslegung des Gesetzes auch durch die hieselbst eingesehenen Voracten zu der Verordnung vom 25. September 1782 Unterstützung findet;*)

in Erwägung, daß daher die Beschwerde des Supplicanten, nicht mit allen Auslagen unter die vor allen bevorzugten Gläubiger collocirt zu sein, unbegründet ist;

---

*) Anm. Die Erlassung der Verordnung vom 25. September 1782 ist bei den Verhandlungen über die Verordnung vom 6. November 1782, betreffend das Justizwesen und rechtliche Verfahren in der Landschaft Norderdithmarschen, von der Glückstädter Regierung angeregt. Die desfälligen speciellen Anträge sind im obergerichtlichen Archiv nicht mehr vorhanden, sondern nach Kopenhagen eingesandt. Aus einem Rescript der Deutschen Kanzelei an das Schleswigsche Obergericht vom 10. August 1782 ergiebt sich, daß es die Absicht war, ein gleichmäßiges Vorrecht der Forderungen der Advocaten im ganzen Lande einzuführen und ein in Norderdithmarschen bestehendes übermäßiges Vorrecht der Advocaten aufzuheben. Die Glückstädter Regierung hat daher in Vorschlag gebracht: daß den Advocaten wegen der von ihnen vorgeschossenen Gerichts- und Expeditionsgebühren auch Stempelpapiergelder locus privilegiatus ante omnes, wegen ihrer Salarien und Deserviten-Rechnungen aber inter personaliter privilegiatos beizulegen wäre, doch die Forderungen beider Art nicht über zwei Jahre alt sein müßten.

Die Bestimmung über das bis dahin den Advocaten in Norderdithmarschen zustehende Vorzugsrecht ist in der Verordnung vom 26. Juli 1771 wegen Einführung eines Schuld- und Pfandprotocolls enthalten und lautet im § 9:

„Unterdessen werden unter die simpliciter und ante omnes solum protocollatos privilegirten Forderungen gerechnet:

— — — — — — — — — — — — —

8) der Advocaten Vorschußgelder auf zwei und Salarienforderungen auf ein Jahr a dato decreti definitivi."

Da nun in dieser Bestimmung, um deren Abänderung und Einschränkung es sich handelte, der allgemeine Ausdruck: Vorschußgelder der Advocaten, gebraucht ist und in dem bei der Kanzelei gemachten Vorschlag dieser Ausdruck nicht wieder in Anwendung gebracht, sondern das Vorzugsrecht der Advocaten nur für die vorgeschossenen Gerichts- und Expeditionsgebühren so wie Stempelpapiergelder vorgeschlagen ist, so ist diese Aenderung offenbar bewußt und mit Absicht vorgenommen und es kann als unzweifelhaft angesehen werden, daß die Glückstädter Regierung in ihrem Antrage den Zweck verfolgte, das Vorzugsrecht auf diese bestimmten Vorschüsse zu beschränken.

Aus dem bereits erwähnten Rescripte der Kanzlei vom 10. August 1782, durch welches der Bericht des Schleswigschen Obergerichts erfordert worden ist, geht hervor, daß dem Rescripte ein von der Kanzlei ausgearbeiteter Gesetzentwurf über das Vorzugsrecht der Advocaten in Concursen angelegt und daß derselbe ausgearbeitet war nach Anleitung des Glückstädter Vorschlags, wie auch der unterm 26. Juni 1769 ergangenen Präferenz-Ordnung für die Landschaft Eiderstedt, § 8 Nr. 5. Der Gesetzentwurf ist bei den betreffenden Acten nicht vorhanden. Da das Schleswigsche Obergericht sich aber vollständig mit demselben einverstanden erklärt hat, das Gesetz auch gleich nach Eingang des am 23. August von dem Obergericht erstatteten Berichts erlassen worden ist, so wird der Entwurf mit dem erlassenen Gesetz übereingestimmt haben.

Die Präferenz-Ordnung für die Landschaft Eiderstedt bestimmt nun im § 5:

„Ein Vorzugsrecht an der Masse überhaupt haben:

— — — — — — — — — — — — —

8) die von den advocatis für ihre Parteien im letzten Jahre vor dem Concursprocesse vorgeschossenen Gerichts- und Expeditionsgebühren,"

und im § 8:

In der vierten Classe:

— — — — — — — — — — — — —

„5) die Advocatenrechnungen, insoweit sie aus älterem Vorschuß der Gerichts- und Expeditionsgebühren, als von dem letzten Jahre ante motum concursum und aus ihren Salariengeldern bestehen."

in Erwägung, daß gleichfalls sein Verlangen unbegründet ist, mit einigen auf der Rechnung Anl. 2 unterm 12. October 1858 notirten Vorschüssen eine bevorzugte Stelle zu erhalten, da nach Inhalt des angefochtenen Erkenntnisses das Concursproclam am 8. Januar 1861 erlassen ist und jene Auslagen daher nicht in den beiden letzten Jahren vor Erlaß des Proclams beschafft sind;

in Erwägung, daß die auf Beilage 14 sub 1860 September 27 notirten Forderungen von zusammen 14 ℳ 80 β nicht deshalb einen bevorzugten Platz erhalten können, weil sie durch Verhandlungen erwachsen sind, die auf Vermeidung des Concurses gerichtet waren, indem die zur Vermeidung des Concurses aufgewandten den ad promovendum concursum verausgabten Kosten durchaus nicht gleichgestellt sind,

cf. Rescript vom 11. Juni 1833, betreffend die Frage, welche Kosten als ad promov. concursum verwendet anzusehen sind;

und

in Erwägung, daß bei den Zweifeln, zu welchen die Fassung der Verordnung vom 25. September 1782 Anlaß giebt, und bei der verschiedenen Auslegung, welche sie in der Praxis gefunden hat, eine Vergleichung der Kosten der Supplication gerechtfertigt erscheint,

Wenn nun nach Anleitung dieser Bestimmung das Gesetz, um dessen Interpretation es sich handelt, ausgearbeitet ist, so kann es einem begründeten Zweifel nicht wohl unterliegen, daß die Gesetzgebung unter „den älteren Vorschüssen" in der Verordnung vom 25. September 1782 die älteren Vorschüsse der Gerichts- und Expeditionsgebühren, wie auch der Stempelpapiergelder verstanden hat.

Sie hat aus der Präferenz-Ordnung für die Landschaft Eiderstedt die Eintheilung der Forderung in Vorschüsse für Gerichts- und Expeditionsgebühren aus neuerer und aus älterer Zeit und aus den Vorschlägen der Glückstädter Regierung die Zeitbestimmung von 2 Jahren und den Zusatz „Vorschuß von Stempelpapiergeldern" entnommen.

In dieser Auffassung ist denn auch der Gegensatz richtig, wonach den Vorschüssen an Gerichts- und Expeditionsgebühren rc. aus den beiden letzten Jahren die älteren Vorschüsse, scil. der Gerichts- und Expeditionsgebühren, entgegengestellt werden.

nach eingezogener Gegenerklärung dem Supplicanten hiedurch von Obergerichtswegen unter Compensation der Kosten der Supplication

ein abschlägiger Bescheid

ertheilt.

Urkundlich rc. Gegeben im Königl. Holsteinischen Obergerichte zu Glückstadt, den 6. October 1862.

Die gesetzlichen Beschränkungen der Eidesdelation in Schwängerungssachen kommen auch dann zur Anwendung, wenn von dem Vormunde eines unehelichen Kindes gegen den angeblichen Vater desselben auf Alimentation geklagt worden ist.

In Sachen des Kaufmanns Glückstadt in Fridericia, tut. nole. des Hans Christian Johannsen daselbst, Klägers, Supplicanten,

wider

den Makler Myrau in Kiel, Beklagten, Supplicaten, wegen schuldiger Alimentation s. w. d. a., jetzt gegen das Erkenntniß des Kieler Magistrats vom 14. Juni d. J.,

ergeben die Acten:

Kläger hat den Beklagten beim Kieler Niedergerichte wegen Alimentation seines Mündels belangt und das Niedergericht hat ihm den Beweis auferlegt:

daß Beklagter zu einer mit der am 25. October 1849 erfolgten Geburt des klägerischen Pupillen übereinstimmenden Zeit mit dessen Mutter den Beischlaf vollzogen habe.

Kläger hat dem Beklagten den Eid darüber deferirt und dieser gegen die Zulässigkeit der Eideszuschiebung protestirt, weil die Geschwängerte ihn nicht in der Geburtsnoth als Vater benannt habe und er verheirathet sei.

Dagegen hat Kläger geltend gemacht, daß diese Beschränkung der Eidesdelation nur für den Fall zur Anwendung komme, wenn die uneheliche Mutter aus der Schwängerung Klage erhebe, nicht aber, wenn der Vormund des unehelichen Kindes den Vater zur Erfüllung der gesetzlich ihm obliegenden Alimentationspflicht anzuhalten versuche.

Das Niedergericht hat darauf unterm 28. Nov. 1860 den Kläger wegen mangelnden Beweises mit seiner Klage abgewiesen*) und zur Kostenerstattung verurtheilt und der Magistrat auf geschehene Provocation das Erkenntniß unterm 14. Juni v. J. bestätigt.

Dagegen hat Kläger hierher supplicirt und sich darüber beschwert, daß nicht der Beklagte schuldig erkannt sei, sich über den deferirten Eid sub poena juris zu erklären.

Es frägt sich, ob diese Beschwerde begründet ist.

In Erwägung nun, daß die Bestimmungen des Patents vom 8. August 1826, wie dieses in den dem Erkenntnisse des Niedergerichts vorangestellten Entscheidungsgründen nachgewiesen ist, sich auch auf den Fall beziehen, wenn von den Vormündern eines unehelichen Kindes auf Alimentation gegen den angeblichen Vater desselben geklagt wird; und

in Erwägung, daß das erwähnte Patent auch factisch in der Praxis so aufgefaßt ist, indem, obgleich das Patent vom 14. Mai 1839, dessen Bestimmung auch in der Armenordnung vom 29. December 1841 § 16 Aufnahme gefunden, den unehelichen Vater für den zunächst zur Alimentation Verpflichteten erklärt hat und solchemnach die Geschwängerte, welche eine Alimentationsklage gegen ihren Schwängerer anstellte, nach Erlaß des Patents vom 14. Mai 1839 dieses nicht mehr aus eigenem Rechte, sondern nur kraft mütterlicher Vormundschaft thun konnte, die Praxis dennoch ohne alles Bedenken den Eid auch in dem Falle auf Grund des Patents vom 8. August 1826 ausgeschlossen hat, wenn die uneheliche Mutter die Alimentationsansprüche ihres Kindes zur Geltung zu bringen versuchte;

wird auf die am 3. October v. J. hieselbst eingegangene Supplicationsschrift, bei abschriftlicher Mittheilung der am 27. September d. J. eingegangenen Gegenerklärung, hiedurch von Obergerichtswegen dem Supplicanten

ein abschlägiger Bescheid

ertheilt, derselbe auch schuldig erkannt, dem Supplicaten die mit 9 ℛ︁ 48 β passirenden Kosten der Gegenerklärung, sobald er des Vermögens, zu erstatten.

Urkundlich ꝛc. Gegeben im Königl. Holsteinischen Obergerichte zu Glückstadt, den 1. November 1862.

---

*) Die Entscheidungsgründe lauten:

In Erwägung, daß, wenn auch das Patent vom 8. August 1826, betreffend den Gebrauch der Eidesdelation in Schwängerungssachen, seinem Wortlaut nach nur auf den Fall sich bezieht, wenn die Geschwängerte selbst auf Alimentation ihres Kindes klagt, so doch um so weniger bezweifelt werden kann, daß diejenigen Bedingungen, an welche in diesem Falle der Gebrauch des Schiedeseides geknüpft ist, nach Maaßgabe des Patents auch dann zur Anwendung kommen sollen, wenn nicht die uneheliche Mutter, sondern die für das uneheliche Kind bestellten Vormünder auf Alimentation desselben gegen den unehelichen Vater klagen, weil nicht nur dieselben Gründe, welche für die Beschränkung des Schiedeseides im ersteren Falle sprechen und die gesetzliche Bestimmung offenbar veranlaßt haben, auch im letzteren Falle vorliegen, sondern überdies auch, wenn vom Gegentheil auszugehen, die Bestimmungen des Patents ganz illusorisch und ohne alle praktische Bedeutung sein würden;

in Erwägung, daß in dem vorliegenden Falle von den für die Eideszuschiebung erforderlichen Requisiten nicht nur der Nachweis, daß Beklagter in der Geburtsnoth als Vater genannt worden, sondern auch das Erforderniß des unverehelichten Standes des Beklagten zur Zeit der Klaganstellung fehlt, und daß, da mit Rücksicht auf diesen letztern Umstand die Bedingungen des Patents vom 8. August 1826 Seitens des Klägers auch nicht nachträglich erfüllt werden können, die geschehene Eidesdelation zu verwerfen.

Allerhöchst privilegirte

Holsteinische Anzeigen.

Redigirt von den Obergerichtsräthen Etatsrath Henrici und Lucht.
Gedruckt bei Augustin in Glückstadt.

50. Stück. — Den 15. December 1862.

Entscheidungen.

Der requirirte Richter hat in Strafsachen das Begründetsein der Requisition selbstständig zu prüfen.

Daß der requirirte Richter das materielle wie das formelle Begründetsein der Requisition selbstständig zu prüfen hat, ist ein in der Doctrin unbestrittener Grundsatz des gemeinen Criminalprocesses, welcher auch in der Holsteinischen Praxis wiederholt anerkannt worden, wie wir dies bereits in dem 17ten Stück des diesjährigen Jahrganges der Holsteinischen Anzeigen näher nachgewiesen haben. Damals konnten wir uns nur auf Entscheidungen des Holsteinischen Obercriminalgerichts berufen. Neuerdings aber hat auch das Königl. Oberappellationsgericht Gelegenheit gehabt, die Richtigkeit dieses Grundsatzes zu bestätigen.

Die Stallerschaft der Landschaft Eiderstedt, deren Requisition, betreffend den dem Dr. Wallichs in Neumünster beizulegenden Befehl zur Sistirung vor der angeordneten Commission des Everschop-Utholmischen Criminalgerichts, die Veranlassung gegeben zu dem l. c. S. 132 mitgetheilten Schreiben an das Königl. Schleswigsche Appellationsgericht vom 7. Febr. d. J., wandte sich in derselben Untersuchungssache unterm 30. Mai d. J. abermals mit einem Requisitionsschreiben an das Holsteinische Obercriminalgericht, welches auch dieser Requisition keine Folge geben konnte und sich darüber des Näheren aussprach in dem nachstehenden Schreiben an das Königl. Schleswigsche Appellationsgericht:

In dem hieneben abschriftlich angeschlossenen Schreiben hat die Stallerschaft der Landschaft Eiderstedt darauf angetragen, daß dem Dr. Wallichs in Neumünster der Befehl beigelegt werde, sich bei Vermeidung der Realcitation innerhalb 3 Tagen bei der angeordneten Commission in Garding zu melden.

Wie Einem Königl. Appellationsgericht erinnerlich sein wird, hat dieselbe Behörde bereits im Februar d. J. sich an das unterzeichnete Obercriminalgericht mit einem Requisitionsschreiben gewandt, dem keine Folge gegeben werden durfte, weil es nach diesseitigem Erachten für unzweifelhaft angesehen werden mußte, daß die dem Dr. Wallichs derzeit zur Last gelegte Handlung nicht als Criminalverbrechen zu characterisiren sei.

In ihrem jetzigen Schreiben bemerkt die Stallerschaft nur: „nach Hoher Verfügung ist eine abermalige Requisition zur Bewirkung der Sistirung des Dr. Wallichs mit dem Hinzufügen, daß derselbe dringend verdächtig ist, sich bei der fraglichen Gelegenheit in der von ihm gehaltenen Rede in einer an sich criminell strafbaren staatsverbrecherischen Weise ausgesprochen zu haben, nothwendig erachtet worden."

Da nun nach dem wiederholt, auch im Verhältniß Holsteinischer Behörden zu einander anerkannten

Grundsatze des in Holstein geltenden gemeinen Deutschen Criminalprocesses der requirirte Richter nicht auf die Verantwortlichkeit des requirirenden Gerichtes hin thätig werden darf, sondern selbstständig das formelle und materielle Begründetsein der Requisition zu prüfen hat,

vgl. Holst. Anz., Jahrg. 1862, S. 159 u. ff., und die dort allegirten Schriftsteller,

so sieht sich das unterzeichnete Obercriminalgericht schon aus diesem Grunde außer Stande, einem Requisitionsschreiben Folge zu geben, welches demselben eine selbstständige Prüfung unmöglich macht, und muß, bevor es eine Entscheidung darüber fällen kann, ob nunmehr die Requisition zur Ausführung gebracht werden darf, einer näheren Mittheilung entgegen sehen, über die nach den Ermittelungen der Untersuchung dem Dr. Wallichs zur Last fallenden Handlungen.

Es kommt aber auch noch ein anderer in speciellen Bestimmungen der vaterländischen Gesetzgebung beruhender Grund hinzu, der es dem Obercriminalgericht zur Pflicht macht, sich nicht der eigenen selbstständigen Prüfung zu entlegen, indem nach Vorschrift des § 2 der für die Herzogthümer Schleswig und Holstein Allerhöchst erlassenen Verordnung vom 16. Februar 1798 über den Gerichtsstand der Brüchfälligen die Beurtheilung der Frage, ob ein eigentliches Criminalverbrechen oder etwa ein mit arbitrairer Brüche zu ahndendes Vergehen vorliege, zugleich entscheidend ist für die Frage, ob diese Sache zur Cognition des Schleswigschen Gerichts als des forum delicti commissi gehört oder der Entscheidung des Holsteinischen Obergerichts als dem ordentlichen Gerichte des in Holstein domicilirten Dr. Wallichs unterliegt und das Holsteinische Obercriminalgericht daher, falls es des Erachtens sein sollte, daß kein Criminalverbrechen, wohl aber ein mit arbitrairer Brüche zu belegendes Vergehen in Frage stände, die Competenz des Everschop-Utholmischen Criminalgerichts nicht würde anerkennen dürfen, das Holsteinische Obergericht vielmehr als das zuständige Gericht würde ansehen müssen. Um so mehr erscheint es erforderlich, daß das Obercriminalgericht in die Lage versetzt werde, sich über die Ermittelungen der stattgehabten Untersuchung, insoweit sie den Dr. Wallichs betreffen, ein selbstständiges Urtheil bilden zu können und eben deshalb muß auch eine Mittheilung der erwachsenen Acten als besonders wünschenswerth bezeichnet werden, wie sich denn selbige auch für alle Fälle, sei es, daß die Abgebung der beantragten Citation sich als unbedenklich ausweisen würde, sei es, daß ein Vorgehen wider den Dr. Wallichs von hieraus für erforderlich erachtet werden müßte, sich als das sicherste Mittel zur raschen Erledigung dieser Angelegenheit empfehlen möchte.

Ein Königl. Appellationsgericht darf das unterzeichnete Obercriminalgericht dienstergebenst ersuchen, die Stallerschaft der Landschaft Eiderstedt gefälligst von Vorstehendem in Kenntniß setzen zu wollen.

Königliches Holsteinisches Obercriminalgericht zu Glückstadt, den 6. Juni 1862.

Das Everschop-Utholmische Criminalgericht wandte sich hiernächst an das Königl. Oberappellationsgericht zu Kiel, welches das folgende Schreiben an das Königl. Schleswigsche Appellationsgericht erließ.

In Veranlassung einer Verfügung des Königl. Ministeriums für das Herzogthum Schleswig in Betreff einzuleitender Criminaluntersuchung wegen Sammlung von Beiträgen zur Deutschen Flotte auf einer Hochzeitfeier in Garding hat die Stallerschaft der Landschaft Eiderstedt zu zwei Malen die Sistirung des als hauptsächlich angeschuldigt bezeichneten Dr. Wallichs aus Neumünster vor einer Commission des Everschop-Utholmischen Criminalgerichts bei dem Holsteinischen Obergericht, vor dem derselbe seinen ordentlichen Gerichtsstand hat, requirirt. Beide Requisitionen sind aber vom gedachten Obergericht, beziehungsweise vom Holsteinischen Obercriminalgerichte, wegen unzureichend befundener Begründung vorläufig abgelehnt worden.

Mit Beziehung auf die solchergestalt mit dem Oberdicasterium geführte dem Königl. Appellationsgericht bekannte Correspondenz und unter Berufung auf einen ihm gewordenen Auftrag, zu veranlassen, daß die beregte Entscheidung des Holsteinischen Obercriminalgerichts der Prüfung des Oberappellationsgerichts unterzogen werde, hat jetzt das Everschop-Utholmische Criminalgericht mittelst Schreibens vom

20. September d. J. hieselbst den Antrag gestellt, daß die Verfügung des Holsteinischen Obercriminalgerichts aufgehoben und wegen Sistirung des Dr. Wallichs das Erforderliche erkannt werden möge.

Nach Prüfung des gestellten Antrages muß indessen das Oberappellationsgericht des rechtlichen Dafürhaltens sein, daß das Holsteinische Obergericht und demnächst das Holsteinische Obercriminalgericht von dem Rechtssatze, wornach bei Requisitionen dem requirirten Richter obliegt, die Statthaftigkeit der requirirten Handlungen zu prüfen, im vorliegenden Fall eine unrichtige Anwendung nicht gemacht hat, und daß folgeweise die gegen die abgegebenen Entscheidungen erhobene Beschwerde unbegründet erscheint.

Das an uns gerichtete Schreiben weicht seinem Inhalte nach zwar in so fern von den früheren an das Obergericht gerichteten ab, als in jenem der dringende Verdacht, daß der Dr. Wallichs sich der Aufforderung zur Unterstützung eventueller feindseliger Angriffe auf den Dänischen Staat schuldig gemacht habe, als Grund der einzuleitenden Untersuchung bezeichnet wird. Wenn aber auch solchergestalt die dem Dr. Wallichs Schuld gegebene strafbare Handlung näher bezeichnet worden ist, so fehlt doch jede thatsächliche Begründung der erhobenen Anschuldigung, weshalb das Oberappellationsgericht in jener neuen Anführung einen zulänglichen Grund, die Sistirung des Dr. Wallichs zu verfügen, selbst dann nicht würde finden können, wenn nicht außerdem auch sein Wirkungskreis gesetzlich auf die Prüfung der Rechtsbeständigkeit der Entscheidungen der ihm unmittelbar untergeordneten Gerichte nach Maaßgabe der diesen vorgelegten factischen Begründung beschränkt wäre.

Wir ersuchen das Königl. Appellationsgericht, gefälligst das Evershop-Utholmische Criminalgericht hiervon in Kenntniß setzen zu wollen.

Königl. Oberappellationsgericht zu Kiel, den 29. November 1862.

Ueber die Begründung der exceptio doli. — Die verschiedenen Thatsachen, auf welchen eine Einrede beruht, sind dem Excipienten zu einem gleichzeitig zu führenden Beweise zu verstellen.

In Sachen des Hufners Jochim Hinrich Nicolaus Pott in Neverstorf, Beklagten und Appellanten,

wider

den Particulier Hans Hinrich Latendorf in Lübeck, Kläger und Appellaten,

hauptsächlich wegen einer Schuld von 3200 ℳ nebst Zinsen,

ergeben die Acten:

Kläger hat im Herbst 1860 seine in Neverstorf belegene Vollhufe an den Beklagten verkauft und diesen im Herbst 1861 bei dem Segeberger Amtsgericht auf den zu Maitag 1861 fälligen Rest des Kaufgeldes zum Betrage von 3200 ℳ R.-M. nebst 4% Jahreszinsen vom 13. October 1860 angerechnet und den vom Tage der Klaginsinuation nach 5% zu berechnenden Verzugszinsen belangt.

Der Beklagte hat sich auf die Klage bejahend eingelassen, aber die Einrede des dolus erhoben und zu deren Begründung Folgendes angeführt:

Vor Abschluß des Kaufhandels habe er von dem Kläger eine Beschreibung des dem J. H. Beckmann von der Hufe zukommenden Altentheils verlangt, um den Handel machen zu können. Kläger habe darauf den Altentheil folgendermaaßen specificirt:

I. so lange die Altentheilerin Harm lebe:

a) zur Wohnung das im Backhause eingerichtete Wohnlocal,

b) die Hälfte des Gartens bei der Scheune,

c) Weide für eine Kuh bei des Hufners milchgebenden Kühen und Futter für die Kuh,

d) an reinem Korn jährlich 6 Tonnen Roggen, 2 Tonnen Buchweizen, eine halbe Tonne Weizen,

e) an Feuerung jährlich 10,000 Soden Torf, frei angeliefert;

II. nach dem Ableben der Altentheilerin Harm bekomme Beckmann in der Hauptsache das dieser verschriebene Altentheil, Weide jedoch nicht für vier, sondern nur für drei Kühe;

III. nach J. H. Beckmann's Ableben bekomme dessen jetzige Ehefrau Maria, geb. Borchers, nichts als die freie Wohnung.

So sei ihm vom Kläger der Beckmann'sche Altentheil beschrieben. Kläger habe die Hufe im April 1859 gekauft und im Maimonat s. J. angetreten, habe im § 4 seines Kaufbriefes sich verpflichtet, die im Contracte vom 5. September 1844 den Beckmann'schen Eheleuten verschriebenen Altentheile in allen Stücken zu leisten, habe diese Altentheile genau gekannt, seit dem 1. Mai 1859 selber prästirt und durch die dem Beklagten gemachte Beschreibung ein specielles sicheres Wissen über die Beschaffenheit des Altentheils in so unzweideutiger Weise offenbart, daß der Beklagte an deren Richtigkeit zu zweifeln nicht wohl habe Veranlassung nehmen können. Beklagter habe daher, ohne Einsicht von der ihm nicht producirten Urkunde über die Altentheile zu nehmen, die Beschreibung auf Treu und Glauben als richtig angenommen und darauf hin seinen Handel gemacht und zur Prästation der den Eheleuten Beckmann verschriebenen Altentheile sich verpflichtet.

Nach Antritt der Hufe habe er in Erfahrung gebracht, daß den Beckmann'schen Altentheilern außer den angegebenen noch folgende Leistungen zukämen.

Ad 1 b, daß der Garten ein um's andere Jahr von dem Beklagten gedüngt werden müsse. Diese Prästation schätze er auf 6 ℛ 40 β jedes zweite Jahr, als annuum 3 ℛ 20 β;

ad c 1, daß, wenn die Altentheilskuh trocken stehe, dem Altentheiler der Gebrauch einer mittelmäßigen milchgebenden Kuh des Hufners zustehe. Er schätze dieses plus auf jährlich 12 ℛ 77 β;

ad c 2, freie Weide und Futter für 4 Schafe bei den Schafen der Hufe, zu schätzen auf 12 ℛ 77 β;

ad e, an Feuerung 4 Fuder Busch, frei angeliefert, jährlich 32 ℛ;

ferner zur Aussaat das zu 2 Spint Leinsamen und zum Auspflanzen von 3 Tonnen Kartoffeln erforderliche Land, letzteres gedüngt, geschätzt auf jährlich 27 ℛ 20 β, und an Taschengeld jährlich 10 ℛ Cour., gleich 16 ℛ R.-M.;

ad II. nach dem Ableben der Altentheilerin Harm:

Weide für 3 Kühe aus dem Hufenviehstapel, à Kuh 80 ℛ, gleich 240 ℛ;

ad III, nach Beckmann's Ableben dessen jetzige Ehefrau:

a) den Kohlhof, zu schätzen auf jährlich ca. 10 ℛ,

b) jährlich 5000 Soden Torf, ca. 6 ℛ 64 β werth,

c) jährlich 2 Fuder Busch, werth ca. 16 ℛ.

Danach ergebe sich, daß der Beklagte

1) bei Lebzeiten der Harm und des Beckmann mit einem annuum von ca. 104 ℛ 2 β,

2) nach dem Ableben der Harm, wenn Beckmann sie überlebe, mit ca. 240 ℛ,

3) nach Beckmann's Tod, wenn seine Frau ihn überlebe, mit einem annuum von ca. 32 ℛ 64 β mehr belastet sein werde, als es nach des Klägers Zusicherungen der Fall sein sollte, und für den durch diesen dolus ihm verursachten Schaden werde er vollen Ersatz zu fordern berechtigt sein.

Indem er in Ansehung des Quantums sich den Würderungseid und ein richterliches Schätzungsverfahren durch Sachverständige vorbehalte, bemerke er mit Bezugnahme auf die im fr. 68 pr. ad leg. Falcid. enthaltene Computation Folgendes:

Die Altentheilerin Harm habe ihr 60stes Jahr überschritten, es seien also für das Fortbestehen des Beckmann'schen Altentheils in seiner jetzigen Gestalt noch fünf Jahre zu rechnen, so daß Beklagter das fünfmalige annuum von 104 ℛ 2 β, mithin 520 ℛ 10 β, vom Kläger zu fordern habe.

Wenn vom 13. October 1860, als dem Tage des Antritts der Stelle, angerechnet jene fünf Jahre und dann fernere fünf Jahre, die auf die Dauer des Beckmann'schen Altentheils zu rechnen seien (Beckmann sei 1865 auch über 60 Jahre alt), so werde die Ehefrau Beckmann zum Genuß des Altentheils gelangen. Diese werde am 13. October 1870 im 49sten Jahre stehen, nach Ulpian's Computation werde man ihre Lebensdauer dann noch auf zehn Jahre zu berechnen haben. Das annuum von 32 ℛ 64 β gebe für

zehn Jahre einen Werth von	326	ℛ	64 β,
zu diesen	520	„	10 „
und	326	„	64 „
sei dann der Werth der drei Kühe mit	240	„	— „
zuzulegen, was zusammen	1086	ℛ	74 β

als die Summe ergebe, welche Beklagter in den Kaufgeldern zu kürzen berechtigt sei.

Es habe Beklagter ferner nach Abrede mit dem Kläger die vom 1. Mai 1860 bis dahin 1861 laufenden Zinsen von vier in der Stelle protocollirten Capitalien mit 76 ℳ 64 β an die Gläubiger bezahlt. Die Zinsen, soweit sie für die Zeit vom 1. Mai 1860 bis zum 13. October 1860, als dem Tage des Antritts der Stelle, zu berechnen seien, habe Kläger zu bezahlen gehabt. Dieses mache die Summe von 34 ℳ 52 β, welche Beklagter compensando geltend mache.

Hiernach bitte er nur schuldig erkannt zu werden, die eingeklagte Summe nebst Zinsen zu 4 % vom 13. October 1860 an zu bezahlen nach Abzug der 1086 ℳ 74 β, event. der statt dessen ermittelten Summe, nebst Zinsen mit 5 % vom 13. October 1860 angerechnet und nach Abzug der verlegten 34 ℳ 52 β Zinsen, ref. exp.

Replicando hat Kläger vorgebracht: es sei allerdings über den Altentheil vor Abschluß des Handels gesprochen und er habe dem Beklagten einzelne Bestandtheile desselben genannt, dabei jedoch ausdrücklich erklärt, daß ihm selber der Altentheil nicht genau bekannt sei und Beklagter es sich gefallen lassen müsse, wenn er Einiges übergangen habe.

Außer den in der Exceptionsschrift erwähnten habe er noch als Bestandtheile des Altentheils dem Beklagten genannt: 4 Fuder Busch, das zur Aussaat von Leinsaamen und Kartoffeln erforderliche Land und die eventuelle Verpflichtung, drei Kühe zu stellen. Daß er gesagt, die Wittwe Beckmann bekomme nichts als die Wohnung, stelle er in Abrede. Der Beklagte habe die Altentheilslast nicht als wesentliches Fundament des Kaufhandels betrachtet und er, Kläger, habe damals die Altentheile nicht genau gekannt. Daß diese in den Prästationen beständen, welche in der Einredeschrift aufgeführt seien, werde zugegeben, jedoch stehe dem Altentheiler an den drei Kühen nur ein Nießbrauch zu und für die vier Schafe sei kein Futter von der Stelle zu liefern, da sie auf der Dorfsweide geweidet würden.

Die in der Einredeschrift aufgestellten Berechnungen seien, vom Taschengelde abgesehen, sämmtlich zu hoch.

Es sei verabredet, daß Beklagter ihm über die verlegten Zinsen eine Rechnung zustellen solle. Das sei nicht geschehen. Im Uebrigen habe Beklagter höchstens 20 ℳ 28 β an Zinsen zu compensiren, da Kläger für ein Capital des Hamann von 640 ℳ die Zinsen bis zum 1. August 1860 bezahlt habe.

Dieses hat Beklagter in der Duplik bestritten und im Uebrigen sich auf seine früheren Behauptungen bezogen.

Unterm 10. October 1861 hat das Amtsgericht darauf erkannt: *)

---

*) Die diesem Erkenntniß vorangestellten Entscheidungsgründe lauten:

In Erwägung, daß die vom Beklagten vorgeschützte Einrede des dolus für unbegründet nicht erachtet werden kann, da sie sich auf die Behauptung stützt, daß Kläger, ungeachtet er von dem Umfange der den Eheleuten Johann Hinrich Beckmann und Maria, geb. Borchers, resp. bei Lebzeiten der Catharina Dorothea Harm und nach dem Tode derselben verschriebenen Altentheilsleistungen Kunde gehabt, dennoch den Beklagten bei den Verhandlungen über die Stelle durch Verheimlichung wesentlicher Theile irre geleitet habe, daß dagegen aber, da Kläger nicht nur jede genauere Kenntniß von den Verhältnissen des Beckmann'schen Altentheils, sondern auch geleugnet, daß er bei der gegebenen ungefähren Beschreibung des Altentheils die 4 Fuder Busch, das zur Aussaat von Leinsaamen und Kartoffeln herzugebende Land und den Einschuß der 3 Kühe übergangen, nicht weniger auch bestritten, daß er den eventuellen Altentheil der Ehefrau Beckmann als lediglich in freier Wohnung bestehend bezeichnet und daß die von dem Beklagten desfalls aufgestellte Schadensberechnung in ihren einzelnen Positionen den Verhältnissen entsprechend sei, dem Beklagten principaliter der Beweis der behaupteteten Kunde des Klägers von den Verhältnissen des Beckmannschen Altentheils und eventuell der Beweis der übrigen Fundamente seiner Einrede freizulassen, wobei auf den replicando vorgebrachten Einwand des Klägers, daß dem Beckmann an den aus dem Viehstapel der Hufe herstellig zu machenden Kühen nur der Nießbrauch zustehen, den 4 Schafen aber die Weide auf der Dorfsweide gewährt werden solle, mit Beziehung auf den Inhalt des diesen Altentheil constituirenden Contracts vom 5. September 1844 keine Rücksicht zu nehmen sein wird;

in weiterer Erwägung, daß die Einrede der Compensation ebensowohl auf Berücksichtigung Anspruch hat, da durch die vom Beklagten geschehene Berichtigung eines dem Kläger zur Zahlung beikommenden Zinsenbetrages jenem das Recht der Liquidirung dieses Betrages auf die schuldigen Restkaufgelder erwachsen sein würde, daß indeß mit Rücksicht auf die vom Kläger erfolgte Ableugnung

daß Beklagter schuldig, die eingeklagten 3200 ℛ nebst Zinsen und zwar von 4 % vom 13. Octbr. v. J. angerechnet und von 5 % vom Tage der Insinuation der Klage innerhalb Ordnungsfrist an den Kläger zu berichtigen und demselben binnen gleicher Frist die angeursachten Kosten, Verzeichnung und Ermäßigung vorbehältlich, zu erstatten; es wäre denn, daß derselbe innerhalb gleicher Frist, unter Vorbehalt der Eide und des Gegenbeweises, rechtlicher Art nach darthun und erweisen sollte:

1) daß Kläger von den Verhältnissen des den Eheleuten Beckmann verschriebenen Altentheils in allen Stücken unterrichtet gewesen; eventuell

2) daß derselbe bei den Unterhandlungen über den Verkauf der Stelle ihm, dem Beklagten,
   a. den Altentheil der Eheleute Beckmann zu Lebzeiten der Harm als aus Wohnung im Backhause, Hälfte des Gartens bei der Scheune, Weide und Futter für eine Kuh, 6 Tonnen Roggen, 2 Tonnen Buchweizen, eine halbe Tonne Weizen, so wie aus 10,000 Soden Torf;
   b. den Altentheil des Ehemannes Beckmann nach dem Ableben der Harm als nur in Vermehrung der Weide durch 3 Kühe;
   c. den Altentheil der Ehefrau Beckmann nach dem Ableben ihres Ehemannes als lediglich aus freier Wohnung

   bestehend bezeichnet;. eventuell

3) daß von den außerdem noch auf der Stelle haftenden Altentheilsleistungen
   a. die jedes zweite Jahr erforderliche Bedüngung des Gartenlandes auf einen Kostenaufwand von 6 ℛ 90 ß;
   b. die den Altentheilern während der Zeit, daß deren Kuh trocken stehe, zu gestattende Benutzung einer Kuh aus dem Viehstapel der Hufe auf jährlich 12 ℛ 77 ß;
   c. die Weide und Futter für 4 Schafe auf 12 ℛ 77 ß;
   d. der Werth der 4 Fuder Busch auf jährlich 8 ℛ;
   e. der Werth des zur Aussaat von 2 Spint Leinsaamen und 3 Tonnen Kartoffeln herzugebenden Landes auf jährlich resp. 3 ℛ 20 ß und 24 ℛ;
   f. der Werth der 3 aus dem Viehstapel der Hufe herstellig zu machenden Kühe auf 80 ℛ;
   g. die Benutzung des Kohlhofes auf jährlich 10 ℛ, und
   h. die jährliche Lieferung von 5000 Soden Torf auf à 6 ℛ 64 ß,

   oder in allen diesen Punkten event. auf wie viel weniger anzuschlagen;

4) daß Beklagter an Zinsen für die Zeit vom 1. Mai bis 13. Octbr. v. J. der in der Stelle protocollirten Capitalien von 640 ℛ, 320 ℛ, 640 ℛ und 320 ℛ für den Kläger 34 ℛ 52 ß, event. wie viel weniger bezahlt habe;

   und

Kläger ad pass. 4 auf den Fall binnen derselben Frist unter gleichem Vorbehalte darthun und erweisen sollte:

daß er für das Hamann'sche Capital von 640 ℛ die Zinsen bis 1. August v. J. berichtigt habe;

nach welchen geführten oder nicht geführten Beweisen und Gegenbeweisen, jedoch nur in Betreff der hiernach streitigen 1121 ℛ 30 ß nebst Zinsen und Verzugszinsen, unter Aussetzung der Kosten weiter ergehen würde, was den Rechten gemäß.

Gegen dies Erkenntniß hat Beklagter appellirt und seine Beschwerden darin gesetzt:

I. daß erkannt, wie geschehen,

II. daß nicht vielmehr der sub 1 dem Beklagten auferlegte Beweis:

daß Kläger von den Verhältnissen des den Eheleuten Beckmann verschriebenen Altentheils in allen Stücken unterrichtet gewesen,

---

dieser Zahlungen den Beklagten auch in dieser Beziehung eine Beweisauflage treffen muß, während dem Kläger die replicando vorgebrachte vom Beklagten bestrittene Behauptung, daß die Zinsen des dem Hamann in Schlamersdorf zuständigen Capitals von 640 ℛ bereits bis zum 1. August d. J. von ihm berichtigt worden, zum Beweise vorzubehalten ist.

aus dem Beweiserkenntnisse ganz hinweggelassen worden;

III. daß nicht in dem Passus 3 sub a des Interlocuts anstatt „6 ℛ 90 β" die Summe „6 ℛ 40 β", in demselben Passus sub d anstatt „der 4 Fuder Busch auf jährlich 8 ℛ" die Worte „der 4 Fuder Busch auf jährlich 8 ℛ à Fuder", in demselben Passus sub h anstatt „auf à 6 ℛ 64 β" nur „auf 6 ℛ 64 β" gesetzt worden,

IV. daß der Passus 3 des Beweises mit dem Worte „eventuell" eingeführt und nicht vielmehr als gleichzeitig mit dem Passus 2 des Beweises zu führen aufgegeben worden; eventualiter

V. daß der Passus 1 des Beweises nicht also gefaßt worden:

daß Kläger zur Zeit der am 4. October 1860 über den Verkauf der Stelle zwischen den Parteien gepflogenen Schlußverhandlung das dem Ehemann Beckmann auf den Fall des Ablebens der Wittwe Harm und das der Ehefrau Beckmann auf den Fall des Ablebens ihres Ehemannes verschriebene Altentheil in Betreff der in dem § 5 der Einredeschrift (B ad II und C ad III) aufgeführten Prästanda gekannt habe;

VI. daß der Passus 2 des Beweises mit dem Worte „eventuell" eingeführt und nicht vielmehr als gleichzeitig mit dem Passus 1 des Beweises zu führen aufgegeben worden.

Es handelt sich darum, ob diese Beschwerden begründet sind.

In Erwägung nun, daß in Ansehung der ersten Beschwerde die Frage zu beantworten ist, ob Kläger auch in dem Falle dolose wider den Beklagten bei Abschluß des Kaufes gehandelt, wenn er ohne genaue Kenntniß des den Eheleuten Beckmann zu leistenden Abschiedes darüber die in der Exceptionsschrift behaupteten Angaben dem Beklagten gemacht hat, und diese Frage bejaht werden muß, indem Kläger, der ohne jene Kenntniß eine in's Einzelne gehende Beschreibung der Abschiedsprästationen gab, sich so gerirte und den Kläger zu dem falschen Glauben verleiten mußte, als ob er genaue Kunde über die Altentheile besitze und seine Mittheilungen richtig und vollständig seien, so daß der Beklagte sich darauf verlassen zu können glauben mußte und mit Grund von dem Verlangen einer Inspection des ihm nicht mitgetheilten älteren Contracts absehen konnte;

in Erwägung, daß der größere oder geringere Umfang der zu leistenden Altentheile offenbar auf den Werth einer Landstelle von Einfluß ist und die Benachtheiligung des Beklagten durch das Verfahren des Klägers in dem Werthe besteht, um welchen der wirkliche Abschied den vom Letzteren angegebenen übersteigt;

in Erwägung, daß dagegen der Kläger, wenn er behauptetermaaßen bei Angabe der Altentheilsprästationen dem Beklagten erklärt hat, daß ihm der Altentheil nicht genau bekannt sei, daß Beklagter es sich gefallen lassen müsse, wenn er Einiges übergangen habe, den Beklagten durch seine specielle Aufzählung der Prästationen nicht getäuscht, vielmehr diesem Anlaß gegeben haben würde, sich darüber anderweitig besser zu instruiren, und daß daher diese Replik dem Kläger zum Beweise zu verstellen ist;

in Erwägung, daß diese Beweisauflage auch nicht dadurch verhindert wird, daß Kläger über die unterlassene Beweisauflage keine Beschwerde erhoben hat, indem ihm das untergerichtliche Erkenntniß überhaupt zu keiner Beschwerde Anlaß geben konnte, er dadurch vielmehr in eine günstigere Lage gekommen war, als worauf er einen rechtlichen Anspruch hatte;

in Erwägung, daß die dritte Beschwerde, welche lediglich durch Schreibfehler im untergerichtlichen Erkenntniß veranlaßt worden, begründet ist, und

in Erwägung, daß die verschiedenen Thatsachen, auf welchen eine Einrede beruht, dem Excipienten zu einem gleichzeitig zu führenden Beweis zu verstellen sind, um eine zwecklose Protrahirung des Processes zu vermeiden, und daß daher die Behauptungen des Beklagten in Betreff der klägerischen Angaben über die Größe des Abschiedes und in Betreff des Werthes der nicht angegebenen Leistungen dem Beklagten zu einem gleichzeitig zu führenden Beweise zu verstellen sind, weshalb die vierte Beschwerde begründet ist;

wird, auf eingelegte Unterinstanzacten und Recesse, so wie nach verhandelter Sache unter Aufhebung des vom Segeberger Amtsgerichte am 10. October v. J. gesprochenen Erkenntnisses hierdurch von Obergerichtswegen für Recht erkannt:

daß Beklagter und Appellant schuldig, die eingeklagten 3200 ℛ nebst Zinsen und zwar von 4 pCt. vom 13. October 1860 angerechnet, und von 5 pCt. vom Tage der Insinuation der Klage innerhalb Ordnungsfrist an den Kläger und Appellaten zu berichtigen und demselben binnen gleicher Frist die angeursachten Kosten, Verzeichnung und Ermäßigung vorbehältlich, zu erstatten,

es wäre denn, daß, unter Vorbehalt der Eide und des Gegenbeweises, rechtlicher Art nach darthue und erweise:

I. der Beklagte und Appellant binnen Ordnungsfrist

1) daß der Kläger bei den Unterhandlungen über den Verkauf der Stelle ihm, dem Beklagten,
   a. den Altentheil der Eheleute Beckmann zu Lebzeiten der Harm als aus Wohnung im Backhause, Hälfte des Gartenlandes bei der Scheune, Weide und Futter für eine Kuh, 6 Tonnen Roggen, 2 Tonnen Buchweizen, 1/2 Tonne Weizen, so wie aus 10,000 Soden Torf,
   b. den Altentheil des Ehemannes Beckmann nach dem Ableben der Harm als nur in Vermehrung durch Weide für drei Kühe,
   c. den Altentheil der Ehefrau Beckmann nach dem Ableben ihres Ehemannes als lediglich aus freier Wohnung bestehend bezeichnet habe;
2) daß von den außerdem noch auf der Stelle haftenden Altentheilsleistungen
   a. die jedes zweite Jahr erforderliche Bedüngung des Gartenlandes auf einen Kostenaufwand von 6 ℛ 40 β,
   b. die den Altentheilern während der Zeit, daß deren Kuh trocken stehe, zu gestattende Benutzung einer Kuh aus dem Viehstapel der Hufe auf jährlich 12 ℛ 77 β,
   c. die Weide und Futter für 4 Schafe auf jährlich 12 ℛ 77 β,
   d. der Werth der 4 Fuder Busch auf jährlich 8 ℛ à Fuder,
   e. der Werth des zur Aussaat von 2 Spint Leinsamen und 3 Tonnen Kartoffeln herzugebenden Landes auf jährlich resp. 3 ℛ 20 β und 24 ℛ,
   f. der Werth der drei aus dem Viehstapel der Hufe herstellig zu machenden Kühe auf à 80 ℛ,
   g. die Benutzung des Kohlhofes auf 10 ℛ jährlich und
   h. die jährliche Lieferung von 5000 Soden Torf auf 6 ℛ 64 β,

   oder in allen Punkten auf wie viel weniger anzuschlagen sei;
3) daß Beklagter an Zinsen für die Zeit vom 1. Mai bis 13. October 1860 den in der Stelle protocollirten Capitalien von 640 ℛ, 320 ℛ, 640 ℛ und 320 ℛ für den Kläger 34 ℛ 52 β, event. wie viel weniger bezahlt habe;

II. Kläger und Appellat:

a. ad passum 3 binnen Ordnungsfrist: daß er für das Hamann'sche Capital von 640 ℛ die Zinsen bis zum 1. August v. J. berichtigt habe,
b. event. daß er bei Beschreibung des Beckmann'schen Altentheils dem Beklagten erklärt habe, entweder daß ihm selber dieser Altentheil nicht genau bekannt sei, oder daß Beklagter es sich gefallen lassen müsse, wenn er Einiges übergangen habe,

nach welchen geführten oder nicht geführten Beweisen und Gegenbeweisen, jedoch nur in Betreff der hiernach streitigen 1121 ℛ 30 β nebst Zinsen und Verzugszinsen, unter Aussetzung der Kosten der vorigen und Compensation der Kosten dieser Instanz, weiter ergehen würde, was den Rechten gemäß.

Wie denn solchergestalt hierdurch erkannt wird

V. R. W.

Urkundlich 2c. Publicatum im Königl. Holsteinischen Obergerichte zu Glückstadt, den 29. September 1862.

Allerhöchst privilegirte

Holsteinische Anzeigen.

Redigirt von den Obergerichtsräthen Etatsrath Henrici und Lucht.

Gedruckt bei Augustin in Glückstadt.

51. Stück. — Den 22. December 1862.

Entscheidungen.

Ob die Leistung eines Wahrheitseides über die chemische Beschaffenheit einer Waare zulässig sei. — Die negative Einlassung auf eine von der Gegenpartei aufgestellte Behauptung erfordert nicht nothwendig die feste Ueberzeugung von der Wahrheit des Gegentheils.

In Sachen der Fabrikanten Beckhuis, Damsté & Co. in Gröningen, nach Gastrecht Kläger und Supplicanten,

wider

den Kaufmann H. G. Stuhr in Kiel, nach Gastrecht Beklagten und Supplicaten,

haben Kläger wider Beklagten beim Kieler Magistrate

wegen einer Forderung von 1623 fl. 18 Cent. Holländ. Cour. oder deren Betrag in Reichsmünze für verkaufte und gelieferte 10 Fässer Bleiweiß f. w. d. a.

Klage erhoben. Für drei dieser Fässer haben im Verlaufe dieses Processes Kläger mit 486 fl. 84 Cent. Zahlung erhalten, so daß nur die Forderung auf Zahlung für die übrigen 7 Fässer in Betracht kommt. Kläger hatten ihrer Klagbehauptung zufolge durch ihren Reisenden Beckel dem Beklagten diese 7 Fässer im Januar 1859 nach der ihm im Jahre 1858 von Beckel vorgezeigten Probe und auf Bestellung übersandten zwei Quantitäten Bleiweiß verkauft. Beklagter berief sich dagegen darauf, daß bei dem fraglichen Handel ihm von dem Reisenden der Kläger die ausdrückliche Zusicherung gegeben sei, daß er reines holländisches Bleiweiß haben solle, wobei auf das im Jahre vorher gelieferte, welches allerdings gute reine holländische Waare gewesen, Bezug genommen worden sei, die in Rede stehenden 7 Fässer aber mit 27 bis 28 pCt. Kreide vermischt wären.

Replicando leugneten Kläger, daß dem Beklagten reines holländisches Bleiweiß zugesagt worden, mit dem Anführen, daß sie nur eine Sorte Bleiweiß verfertigten und die dem Beklagten in den Jahren 1858 und 1859 gemachten Lieferungen von dieser Sorte und zwar mit 27 bis 28 pCt. Kreide gemischt gewesen wären.

Nachdem durch Erkenntniß des Kieler Magistrats den Klägern zum Beweise auferlegt worden:

daß die gegenwärtig noch in Rede stehenden 7 Fässer Bleiweiß von derselben Güte seien, wie das dem Beklagten von den Klägern im Jahre 1858 gelieferte Bleiweiß oder wie die demselben von dem Handelsreisenden der Kläger bei dem im Jahre 1858 geschlossenen Handel vorgezeigte Probe,

haben Kläger diesen Beweis durch Deferirung des Schiedeseides an den Beklagten angetreten. Beklagter, dem die Beweisantretungsschrift zu seiner innerhalb 8 Tagen einzureichenden Erklärung mitgetheilt worden, hat in der von ihm rechtzeitig eingereichten Erklärung zuvörderst die Zulässigkeit der von seinen Gegnern als Beweismittel benutzten Eidesdelation mit dem Bemerken zu bestreiten gesucht, der Eid könne nur über reine Thatsachen zugeschoben werden und nicht über Urtheile oder solche Thatsachen, die ein Urtheil involvirten. Ob aber eine Parthie Bleiweiß von gleicher oder geringerer Güte sei, als eine andere, lasse sich nur im Wege einer noch dazu sehr schwierigen chemischen Analyse ermitteln, zu deren Vornahme Beklagter um so weniger im Stande sei, als zwar die Waare vorliege, um die es sich jetzt handle, nicht aber die von 1858, von der Kläger die Probe nicht producirt, während Beklagter das Erhaltene verkauft habe. Mit Rücksicht hierauf hat Beklagter gebeten, daß der den Klägern auferlegte Beweis für desert zu erkennen und Kläger mit ihrer Klage unter Verurtheilung zur Kostenerstattung abzuweisen. Event. hat Beklagter sich erboten, den ihm deferirten Eid als Glaubenseid abzuleisten.

Von den Klägern ist hiergegen vorgebracht worden, daß, da über die Güte und Beschaffenheit der in Rede stehenden 7 Fässer Bleiweiß keine Differenz obwalte, vielmehr die Parteien sich einig wären, daß diese Fässer eine Mischung von circa 28 pCt. Kreide enthielten, der wesentliche Inhalt des den Klägern auferlegten Beweises dahin gehe, daß das im Jahre 1858 gelieferte Bleiweiß gleichfalls circa 28 pCt. Kreide enthalten habe und die Eideszuschiebung über diesen thatsächlichen Umstand zugelassen werden müsse. Mit Rücksicht hierauf ward gebeten:

1) daß Beklagter mit seinem Antrage, betreffend Deserterklärung des Beweises und Abweisung der Klage, zurückgewiesen,

2) daß erkannt werde, daß der deferirte Schiedseid nicht de credulitate vom Beklagten abzuleisten, demnach der den Klägern auferlegte Beweis für geführt zu erachten und Beklagter schuldig, für die noch in Frage stehenden 7 Fässer Bleiweiß dem Klagantrage gemäß, unter Erstattung der Kosten, an die Kläger zu bezahlen, event. daß der Entscheidungseid als referirt anzusehen und Kläger denselben zu beschwören haben, in omnem eventum, daß Beklagter den deferirten Eid de veritate abzuleisten habe und hierzu Termin angesetzt werde.

Nach eingezogener schließlicher Erklärung des Beklagten ist durch Bescheid des Kieler Magistrats vom 12. März 1861 erkannt worden: *)

---

*) Entscheidungsgründe:

In Erwägung, daß Kläger erklärt haben, den ihnen durch das Interlocut vom 14. September v. J. auferlegten Beweis durch Eidesdelation antreten zu wollen, daß darin selbstverständlich die Erklärung liegt, dem Beklagten über den Beweissatz den Eid deferiren zu wollen, daß diese Eidesdelation auch durch die fernere Aeußerung der Kläger: sie hätten, da sie bei der Deferirung des Schiedseides ihre Gerechtsame hinsichtlich der Clausulirung des Eides ausdrücklich reservirt, den Eid nicht, wie Beklagter behaupte, nach den Worten des Interlocuts deferirt, um so weniger zu einer dunkeln wird, als die Clausulirung des Eidesthema ohnehin dem Richter von Amtswegen obliegt, daß daher der Antrag des Beklagten, die ganze Beweisantretung als dunkel zu verwerfen und die Kläger als beweisfällig zu erkennen, kein Gehör finden kann;

in Erwägung ferner, daß durch das rechtskräftige Interlocut den Klägern der Beweis auferlegt worden ist:

> daß die gegenwärtig noch in Rede stehenden 7 Fässer Bleiweiß von derselben Güte seien, wie das dem Beklagten von den Klägern im Jahre 1858 gelieferte Bleiweiß, oder wie die demselben von dem Handelsreisenden der Kläger bei dem im Jahre 1858 geschlossenen Handel vorgezeigte Probe,

daß über die Beschaffenheit der fraglichen 7 Fässer Bleiweiß unter den Parteien kein Streit obwaltet, indem sie darüber einverstanden sind, daß dieses Bleiweiß mit 27 bis 28 pCt. kohlensaurer Kalkerde (Kreide) gemischt sei, und es also nur auf die Wahrheit der Thatsache ankommt, ob, wie Kläger behaupten, das im Jahre 1858 gelieferte Bleiweiß oder die erwähnte Probe gleichfalls mit 27 bis 28 pCt. Kreide gemischt, oder, wie Beklagter behauptet, reines Bleiweiß gewesen;

in Erwägung ferner, daß von dem Beklagten eine Gewißheit über diese streitige Thatsache nur mit Hülfe besonderer technischer Untersuchung erlangt werden konnte, zu welcher die Befähigung bei demselben nicht vorausgesetzt werden kann, daß daher der Beklagte nicht schuldig ist, die Negative des Beweissatzes aus eigener Wissenschaft zu beschwören, also den ihm deferirten Eid als Wahrheitseid abzuleisten, derselbe vielmehr nur verbunden ist, seine auf

daß Beklagter den ihm von den Klägern über den Beweissatz deferirten Eid als Glaubenseid abzuleisten habe, unter Compensation der Kosten dieses Incidentstreites.

Gegen diesen Bescheid haben Kläger supplicirt und ihre Beschwerden darin gesetzt, daß erkannt, wie geschehen, und nicht entschieden worden:

1) daß der deferirte Eid nicht de credulitate vom Beklagten abzuleisten, demnach der den Klägern auferlegte Beweis für geführt zu erachten und Beklagter schuldig sei, die noch in Frage stehenden 7 Fässer Bleiweiß dem Klagantrag gemäß an die Kläger zu bezahlen,

2) event. daß der Entscheidungseid als referirt anzusehen und Kläger denselben zu beschwören haben,

3) in omnem eventum, daß Beklagter den Schiedeseid de veritate abzuleisten habe und die den Klägern angeursachten Kosten zu erstatten schuldig sei.

Es steht daher zur Frage, in wie weit diese Beschwerden für begründet zu erachten.

In Erwägung nun, daß die Beschwerden darüber, daß der deferirte Eid nicht für verweigert erklärt, event. nicht für referirt erkannt worden, aller Begründung entbehren, da, wenn auch ein Glaubenseid unstatthaft sein sollte, in Folge der beschränkten Acceptation des Eides eine Verweigerung oder Referirung desselben rechtlich nicht würde statuirt, sondern nur dem Beklagten würde auferlegt werden können, sich besser als geschehen über die Eidesdelation zu erklären;

in Erwägung, daß, was daher die Frage anlangt, ob der Beklagte für berechtigt erachtet werden kann, den ihm deferirten Eid als Glaubenseid abzuleisten, ein wider einen Beklagten geltend gemachter Anspruch von Letzterem durch die bloße Berufung darauf, daß er die Wahrheit der zur Klagbegründung vorgebrachten Thatsachen nicht glaube, nicht elidirt werden kann, Beklagter daher die Zahlung des Preises für die ihm gelieferten 7 streitigen Fässer Bleiweiß mit Grund nur hat verweigern können, wenn er völlig davon überzeugt ist, daß die gedachten Fässer Bleiweiß nicht von derjenigen Güte gewesen, wie das ihm von den Klägern im Jahre 1858 gelieferte Bleiweiß oder wie die demselben von dem Handelsreisenden der Kläger bei dem im Jahre 1858 geschlossenen Handel vorgezeigte Probe, diese Ueberzeugung aber, nachdem ihm in der Beweisinstanz hierüber der Eid deferirt worden, nicht durch das Erbieten, diesen Eid als Glaubenseid leisten zu wollen, dargethan werden kann, indem nicht Handlungen Dritter, sondern ein der eignen Wahrnehmung des Beklagten unterliegender Umstand in Frage steht und mithin, da es rechtlich nicht in Betracht kommt, in welcher Weise Beklagter zu seiner durch den abzuleistenden Eid in Gewißheit zu setzenden Ueberzeugung von der Wahrheit seines Leugnens der der Klage zum Grunde gelegten Thatsachen gelangt ist, vom Beklagten, wie

---

mittelbarem Wege durch Schlußfolgerungen gewonnene Ueberzeugung, daß das im Jahre 1858 von den Klägern gekaufte und empfangene Bleiweiß, so wie die erwähnte Probe von einer bessern Beschaffenheit als das in Frage stehende Bleiweiß gewesen, durch Ableistung eines Glaubenseides zu erhärten, daß aber zur Ablehnung dieses Eides, zu welchem denn auch Beklagter eventuell sich erboten, kein genügender Grund vorliegt, indem, wenn auch nach heutigen Proceßgrundsätzen der Eid nur über reine Thatsachen, nicht auch über solche Thatsachen, deren Wahrnehmung eine besondere technische Untersuchung voraussetzt, zugeschoben werden kann, dies doch auf den hier in Rede stehenden Glaubenseid nicht angewandt werden kann, indem vielmehr die zu beweisende Thatsache, daß dem im Jahre 1858 gelieferten Bleiweiß von den Klägern oder einem Dritten eine Quantität Kreide beigemischt worden, für den Beklagten als ein factum alienum sich darstellt, über welches nach hiesigem Proceßrecht eben ein Glaubenseid von dem Delaten zu leisten ist;

in Erwägung, daß zu einer von den Worten des Beweisinterlocuts abweichenden Clausulirung des acceptirten Eides von richterlichem Amtswegen keine Veranlassung vorliegt, ein desfälliger Antrag von den Klägern auch nicht gestellt worden ist;

in Erwägung, daß der eventuelle Antrag der Kläger, daß der dem Beklagten zugeschobene Eid als von diesem zurückgeschoben anzusehen und Kläger daher zu dessen Leistung schuldig zu erkennen, jeglicher Begründung ermangelt;

in Erwägung endlich, daß, da beide Parteien in ihren Anträgen in Betreff der vorliegenden Beweisführung sich eine Zuvielforderung haben zu Schulden kommen lassen, die Kosten dieses Incidentstreits gegen einander aufzuheben sind.

Kläger in ihrer dritten Supplicationsbeschwerde verlangt haben, der ihm deferirte Eid de veritate abzuleisten ist,

wird auf die vorrubricirte Supplicationsvorstellung und Bitte, nach eingezogener Gegenerklärung, von Obergerichtswegen, unter Aufhebung des angefochtenen Erkenntnisses des Kieler Magistrats vom 12. März 1861, hiedurch

dem Beklagten aufgegeben, innerhalb 3 Wochen, von der Insinuation dieses Bescheides angerechnet, sich bei dem Kieler Magistrate, sub pœna recusati juramenti, darüber zu erklären, ob er den ihm deferirten Eid als Wahrheitseid ableisten oder selbigen den Klägern referiren oder sein Gewissen durch Beweis vertreten wolle, unter Compensation der Kosten dieses Incidentstreites.

Urkundlich rc. Gegeben im Königl. Holsteinischen Obergerichte zu Glückstadt, den 3. März 1862.

Auf die von dem Beklagten ergriffene Supplication gegen diesen Bescheid erfolgte die nachstehende reformirende Entscheidung des Königl. Oberappellationsgerichts.

Namens Sr. Königl. Majestät.

Auf die am 28. März d. J. hieselbst eingegangene Supplication des Kaufmanns H. G. Stuhr in Kiel, nach Gastrecht Beklagten, Supplicaten, jetzt Supplicanten,

wider

die Fabrikanten Beckhuis, Damsté & Co. in Gröningen, nach Gastrecht Kläger, Supplicanten, jetzt Supplicaten,

wegen einer Forderung von 1623 fl. 18 Cent. Holländ. Cour., oder deren Betrag in Reichsmünze, für verkaufte und gelieferte 10 Fässer Bleiweiß s. w. d. a., jetzt Supplication wider das Erkenntniß des Holsteinischen Obergerichts vom 3. März d. J.,

wird, unter Mittheilung einer Abschrift der eingezogenen Erklärung der Supplicaten an den Supplicanten,

in Erwägung, daß gegen den unterm 12. März v. J. vom Kieler Magistrat abgegebenen der Rechtskraft fähigen Bescheid, durch welchen der Beklagte schuldig erkannt worden, den ihm von den Klägern über den Beweissatz deferirten Eid als Glaubenseid abzuleisten, vom Beklagten ein ordentliches Rechtsmittel nicht eingewendet worden ist, daß demnach, da auch zu einer amtlichen Beseitigung dieses Bescheides kein Grund vorliegt, die Verbindlichkeit des Beklagten zur Ableistung des gedachten Glaubenseides als rechtskräftig festgestellt anzusehen ist;

in Erwägung aber, daß eine solche Ueberzeugung von dem Gegentheil des Beweissatzes, wie sie zur Ableistung eines Wahrheitseides erforderlich wäre, der Natur des zum Beweise verstellten Umstandes nach bei dem Beklagten nicht vorausgesetzt werden darf, und daß auch eine Verbindlichkeit desselben zur Leistung eines Wahrheitseides dadurch, daß er die zum Beweise verstellten Klagbehauptungen in Abrede gestellt hat, nicht begründet wird, indem die negative Einlassung auf eine von der Gegenpartei aufgestellte Behauptung nicht nothwendig die feste Ueberzeugung von der Wahrheit des Gegentheils erfordert,

hiemit der Bescheid ertheilt:

daß, unter Aufhebung des angefochtenen Bescheides und unter Compensation der Kosten dieser und der vorigen Instanz, der Bescheid des Kieler Magistrats vom 12. März v. J. wieder herzustellen ist.

Urkundlich rc. Gegeben im Königl. Oberappellationsgericht zu Kiel, den 29. November 1862.

Welche Appellationssumme für das Gut Tangstedt zur Anwendung komme.

In Supplicationssachen des Hofbesitzers Schmidt zu Trillup, Beklagten, jetzt Supplicanten,

wider

den Schlachter Münzel zu Poppenbüttel, Kläger, jetzt Supplicaten,

wegen einer Bürgschaftsschuld von 97 ₰ 74 ß R.-M.,

ergeben die Acten:

Der jetzige Supplicat hat wider den Supplicanten bei dem Tangstedter Justitiariat klagend vorgebracht, wie derselbe laut des der Klage angelegten Scheines für die bei ihm in Arbeit stehenden Zieglermeister Willms und Sander die Bürgschaft übernommen habe, wenn Kläger auf ihre Rechnung etwas aus seiner Schlachterei liefere. Für den Zieglermeister Sander sei demzufolge eine Rechnung für Fleischwaaren nach den gangbaren Preisen im Betrage von 97 ℳ 74 β R.-M. erwachsen. Während nun der Beklagte für Willms bezahlt habe, weigere er sich in seinem Briefe, d. d. den 16. Januar d. J., auch für Sander Zahlung zu leisten, indem er sich darauf beziehe, daß er aus seinem Verdienst den Betrag nicht decken könne und verlange, daß Kläger sich zuerst an Sander halten solle. Diese Forderung sei um so ungerechtfertigter, als der Zieglermeister Sander nicht allein ein Ausländer und längst wieder fort sei, sondern der Beklagte auch bereits im vorigen Jahre die Zahlung zu Mitte November zugesagt habe.

Es ist demnach gebeten, den Beklagten schuldig zu erkennen, die libellirte Summe nebst Verzugszinsen zu zahlen, ref. exp.

Excipiendo hat der Beklagte eingeräumt, den fraglichen Bürgschaftsschein ausgestellt zu haben, der aber nicht auf Fleischwaaren im Allgemeinen, sondern nur auf Speck laute. Dabei habe er aber dem Kläger gesagt, daß er seine etwaigen Rechnungen bis zum 14. October v. J. bei ihm einreichen solle, indem er bis dahin für die Bürgschaft haften wolle, da die Abrechnung mit den Zieglermeistern am 15. October und in einer späteren unbestimmten Zeit stattfinde. Kläger habe dieses auch versprochen, die Rechnungen aber nicht rechtzeitig übersandt. Bei der Abrechnung am 15. October habe Beklagter Sander gefragt, ob er bei dem Kläger noch eine Schuld habe, was dieser mit dem Hinzufügen bejaht, daß Kläger ihm eine neue Creditfrist bewilligt. Beklagter habe hieran nicht gezweifelt, da Kläger ihm auch keine Rechnung mitgetheilt und daher keinen Abzug gemacht. Etwa 14 Tage später habe Kläger freilich Zahlung vom Beklagten gefordert und dabei geleugnet, daß er Sander längeren Credit bewilligt, eben so wenig habe er aber mit zu Sander gehen und diesem gegenüber seine Behauptung aufrecht erhalten wollen. Beklagter habe demnach nicht gezahlt, dagegen aber die Einreichung der Rechnung gefordert. Diese sei nicht erfolgt und habe Beklagter daher bei der Schlußabrechnung mit Sander weder gewußt, ob die Rechnung noch existire, noch event. wie groß sie sei. Als Beklagter den Brief vom 12. Januar d. J. geschrieben, sei Sander noch im Lande gewesen und habe sich die Aufforderung, alles anzuwenden, um Zahlung zu erhalten, nur auf die Zeit seiner Anwesenheit im Lande bezogen. Unter der Voraussetzung, daß Kläger dieser Aufforderung nachkomme, habe Beklagter event. dessen Schadloshaltung in Aussicht gestellt. Jedenfalls sei die Klage verfrüht, da Beklagter bisher noch gar nicht in rechter Weise in Anspruch genommen worden, auch noch keine Rechnung erhalten habe. Endlich sei die der Klage angelegte Rechnung nicht richtig, da sie auch Ansätze für Schinken und Ochsenfleisch zum Betrage von 13 ℳ 70 β enthalte.

Nach verhandelter Sache hat das Justitiariat unterm 29. April d. J. erkannt: *)

---

*) Entscheidungsgründe:

In rechtlicher Erwägung, daß anerkannten Rechten nach dem Bürgen die Einrede der Vorausklage nicht zusteht, wenn die gerichtliche Besprechung des Hauptschuldners mit besonderen Schwierigkeiten für den Gläubiger verbunden ist, wie solches unzweifelhaft hier, wo der Schuldner außer Landes gezogen ist, der Fall ist, jedenfalls Beklagter sich nicht erboten hat, den Schuldner zur Stelle zu schaffen, daß ferner eine Fristbewilligung an den Schuldner den Bürgen nicht befreit;

in Erwägung ferner, daß Beklagter in dem von ihm anerkannten Schreiben an den Kläger vom 16. Januar d. J. noch selbst eingeräumt hat, sowohl, daß er von der Schuld des Sander Kenntniß gehabt habe, als auch, daß seine Verpflichtungen aus der übernommenen Bürgschaft noch beständen, damit also der Einwand, daß ihm bis zum 14. October v. J. keine Rechnung zugestellt sei, hinfällig wird;

in Erwägung sodann, daß die Einrede der verfrühten Klage unbegründet ist, da die Anstellung der Klage nicht durch Zusendung einer Rechnung oder eine vorgängige Mahnung bedingt ist, abgesehen davon, daß die desfälligen Behauptungen des Beklagten mit dem Inhalte des vorbemerkten Schreibens in Widerspruch stehen;

in Erwägung jedoch, daß, da die Bürgschaft sich nur auf die Lieferungen von Speck beziehen soll, wozu freilich Schinken auch zu rechnen ist und im vorliegenden Falle um so mehr gezählt werden kann, als Schinken der wohlfeilere Artikel ist, der auf der Rechnung angesetzte Posten von 77 β für Ochsenfleisch nicht begründet ist, daß diese Zuvielforderung jedoch zu unerheblich ist, um die von dem Beklagten beantragte Kostencompensation zu rechtfertigen.

daß Beklagter schuldig sei, dem Kläger aus der übernommenen Bürgschaft 96 ℛ 93 β R.=M. nebst 5 pCt. Verzugszinsen von der Insinuation der Klage angerechnet binnen Ordnungsfrist zu bezahlen und die Kosten zu erstatten.

Gegen dieses Erkenntniß hat der Beklagte hieher supplicirt und sich darüber beschwert:

1) daß die Klage nicht abgewiesen,
2) event. daß die Einrede der Pluspetition nicht in ihrem ganzen Umfange erhört,
3) daß nicht jedenfalls die Kosten compensirt worden.

In der eingezogenen Gegenerklärung hat der Supplicat die Einrede des verkehrt gewählten Rechtsmittels vorgeschützt und steht solchemnach nunmehr zur Frage, ob diese Einrede, event. die vorgebrachten Beschwerden, begründet sind.

In Erwägung nun, daß der Supplicat die Einrede des verkehrt gewählten Rechtsmittels darauf begründet hat, daß nach der Landgerichtsordnung die Appellationssumme 50 Gulden sei und daß daher in der vorliegenden weit mehr betragenden Streitsache die Appellation das richtige Rechtsmittel gewesen, in dessen Vertauschung mit der Supplication der Supplicat nicht gewilligt;

in Erwägung jedoch, daß durch den § 3 der Verordnung vom 26. April 1765 für die gesammten vormals Großfürstlichen Landestheile eine Appellationssumme von 100 ℛ normirt worden und diese Vorschrift auch seither immer in Anwendung geblieben ist, daß ferner das Gut Tangstedt ursprünglich zum Großfürstlichen Amte Tremsbüttel gehört und auch, nachdem es gegen Ende des 17ten Jahrhunderts separirt und als Gut constituirt worden, immer noch zum Amte Tremsbüttel gerechnet ist und unter der Großfürstlichen Justizcanzlei gestanden hat;

in Erwägung, daß der von dem Supplicaten angezogene § 21 der Verordnung vom 19. Juli 1805 überall keine Bestimmungen über die Größe der summa appellationis enthält, die Einrede des verkehrt gewählten Rechtsmittels sich daher als unbegründet darstellt;

in Erwägung, daß, die Hauptsache anlangend, der von dem Beklagten anerkannte Bürgschaftsschein folgendermaaßen lautet:

Wenn der Schlachter Müntzel meinen Ziegelleuten Speck liefert, so übernehme ich für die Bezahlung desselben die Bürgschaft.

Trillup, den 22. April 1861.

Schmidt.

Gut für Ziegelmeister Willms und Sander.

und daß, da in diesem Schein die Bürgschaft ganz unbedingt übernommen worden ist, die Behauptung des Beklagten, daß die Uebernahme der Bürgschaft an die Bedingung geknüpft worden sei, daß die Rechnung bis zum 14. October eingereicht worden, nicht weiter in Betracht kommen kann, indem für mündliche Nebenberedungen, insofern sie bei der schriftlichen Anfertigung eines Contracts nicht mit aufgenommen werden, keine Gültigkeit beansprucht werden kann;

in Erwägung, daß, wenn der Beklagte sich darauf berufen hat, daß die Klage verfrüht sei, weil er überhaupt nicht rechtzeitig in Anspruch genommen worden und keine Rechnung erhalten habe, diese Einwendung schon aus dem Grunde unzulässig erscheint, weil der Beklagte die Zahlung weder offerirt noch das Geld gerichtlich deponirt hat, vielmehr behauptet, überhaupt nicht schuldig zu sein, zu zahlen;

in Erwägung, daß demnach die auf Abweisung der Klage gerichtete Beschwerde der Begründung ermangelt und solches auch bei den eventuellen Beschwerden der Fall ist, indem die Bürgschaft, obgleich der Schein nur von Speck spricht, unzweifelhaft von allem geräucherten Schweinefleisch und daher auch von Schinken gelten muß und die Aberkennung der Forderung von 77 β R.=M. für geliefertes Ochsenfleisch eine Compensation der Kosten nicht rechtfertigen kann;

wird auf die sub praes. den 31. Mai d. J. hieselbst eingereichte Supplicationsschrift hiedurch von Obergerichtswegen

ein abschlägiger Bescheid

ertheilt, Supplicant auch schuldig erkannt, die mit 20 ℛ 16 β R.=M. passirenden Kosten der Gegenerklärung innerhalb 4 Wochen zu erstatten.

Urkundlich ꝛc. Gegeben im Königl. Holsteinischen Obergerichte zu Glückstadt, den 6. November 1862.

Der Contradictor ist in der Recursinstanz nicht zum Streit über ein in Anspruch genommenes benef. separationis legitimirt.

Auf das über die Habe des Gastwirths Braasch in Segeberg erlassene Concursproclam meldete der Apotheker Thun eine Forderung von 22 ℳ 95 β für Apothekerwaaren, welche dem verstorbenen Vater des Cridaren geliefert worden, der Dr. Marcus eine Forderung für ärztliche Bemühungen zum Belaufe von 61 ℳ 6 β, welche ebenfalls der Vater des Cridaren ihm schuldig geworden, und der Stadtkassirer Potent eine Forderung von 640 ℳ an, welche er dem Vater des Cridaren in zwei Pösten von je 320 ℳ resp. am 7. Januar und 15. April angeliehen hatte. Alle drei verlangten Separation der Erbmasse des Vaters von der Concursmasse und erklärten, daß sie nur als Separatisten sich immisciren wollten.

Der Contradictor widersprach diesem Antrage, weil die Erbmasse nach dem Vater mit dem Vermögen des Cridars bereits so vermischt sei, daß eine Sonderung nicht mehr vorgenommen werden könne, und fügte in Betreff des Stadtkassirers Potent noch hinzu, derselbe habe nicht allein wiederholt von dem Cridar Zinsen für die fraglichen Capitale erhalten, sondern auch durch die Art und Weise, wie er demselben gegenüber sich benommen, deutlich gezeigt, daß er den Cridar als seinen nunmehrigen Schuldner ansehe. Er habe nämlich die Hälfte der in zwei Schuldscheinen documentirten Forderung dem Cridar brieflich gekündigt und, nachdem dieser die Kündigung ebenfalls brieflich angenommen und den Profitenten gleichzeitig ersucht hätte, ihm die zweite Hälfte der Schuld vorläufig zu lassen, seine Bitte gewährt. Eventuell ist unter dem Bemerken, daß der Erbe nach angetretener Erbschaft frei und gültig über dieselbe disponiren, daher auch die zur Erbschaft gehörenden Grundstücke mit öffentlichen Pfandrechten beschweren könne, beantragt, daß die Separatisten erst nach den protocollarischen Gläubigern collocirt werden möchten.

Von den Profitenten ist dagegen geltend gemacht, daß, wenn es auch schwierig sein möge, genau zu constatiren, worin das Vermögen ihres verstorbenen Schuldners bestanden habe, so liege doch der Hauptbestandtheil desselben klar und sicher in dem Grundstücke nebst Zubehör vor, welches nur separat zu werden brauche. Die in Betreff des Stadtkassirers Potent vorgebrachten factischen Behauptungen seien richtig, doch folge daraus eine Novation noch nicht, auch habe Potent nicht so ganz lange nach dem Ableben seines Schuldners der Solvenz des Cridars getraut, so daß man nicht sagen könne, ejus fidem secutum esse. Ganz unfundirt sei die Behauptung, daß die Separatisten erst nach allen protocollirten Gläubigern zu befriedigen, denn nur die Protocollate dürften in Betracht kommen, welche zur Zeit des Ablebens des Verstorbenen bereits vorhanden gewesen, nicht aber solche, die erst durch Vermittelung des Testaments constituirt worden wären.

Nachdem dann noch duplicirt worden, ist von dem Segeberger Magistrat in der Prioritätssentenz in Betreff der fraglichen Professa erkannt:

> daß aus dem Grundstück und dessen Ertrag eine besondere Masse zu bilden ist, aus welcher nach Abhaltung der speciellen und des verhältnißmäßigen Antheils an den generellen Concurskosten die Justificanten mit den angemeldeten 22 ℳ 95 β, 640 ℳ nebst Zinsen und 61 ℳ 6 β mit gleicher Priorität unter sich nach den protocollirten Forderungen ihre Befriedigung zu gewärtigen haben, so weit diese Masse reicht.

Gegen dieses Erkenntniß supplicirten beide Parteien. Der Contradictor beschwerte sich darüber:

1) daß erkannt, wie geschehen, und nicht vielmehr die Profitenten mit ihren ad passus 6, 7, 15 erhobenen Separationsanträgen pure abgewiesen worden,
2) event. daß nicht wenigstens der Profitent ad passus 7, der Stadtkassirer Potent, abgewiesen.

Die Profitenten dagegen formulirten ihre Beschwerde dahin:

> daß erkannt, wie geschehen, und daß nicht vielmehr das zu der Erbmasse des wailand D. Braasch gehörige Wohnhaus nebst Zubehör, abgesehen von den erst nach dem Ableben des Collecteurs Braasch durch dessen testamentarische Verfügung und durch den Cridar entstandenen Schulden, behufs der Deckung der von den Profitenten angemeldeten Ansprüche von 22 ℳ 95 β, 640 ℳ nebst Zinsen und 61 ℳ 6 β aus der Concursmasse des Jürgen Friedrich

Elias Braasch separirt und, abgesehen von jenen später entstandenen Schulden, zur Deckung dieser von den Supplicanten profitirten Forderungen ausgewiesen worden ist.

Gegen die von den Profitenten eingewandte Supplication ward von dem Contradictor zunächst die Einrede der mangelnden Passivlegitimation vorgeschützt.

Das Holsteinische Obergericht erachtete nun den Contradictor in der Recursinstanz weder activ noch passiv legitimirt und ertheilte demgemäß den Parteien die nachstehenden Bescheide.

I.

Auf die Supplicationsschrift des Advocaten Petersen in Segeberg, als gerichtlich bestellten Contradictors im Concurse des Gastwirths J. F. E. Braasch in Segeberg, Justificaten und Supplicanten,

wider

den Apotheker Thun, Stadtkassirer Potent, Dr. Marcus, sämmtlich daselbst, Justificanten und Supplicaten,

betreffend die von den Justificanten ad passus 6, 7, 15 des Professionsprotocolls in Anspruch genommenen Separationsrechte wider die Prioritätssentenz vom 11. September v. J.,

wird,

in Erwägung, daß das von den Supplicaten in Anspruch genommene beneficium separationis nicht auf behauptetes Eigenthum an Sachen, die in der Masse befindlich sind, sondern darauf gestützt wird, daß sie ein Recht zu haben vermeinen, aus gewissen in der Masse befindlichen und zur Masse gehörenden Sachen vorzugsweise befriedigt zu werden;

in Erwägung, daß die Richtigkeit der profitirten Forderungen an sich anerkannt ist und es sich daher bei den Supplicationsanträgen des Contradictors nicht darum handelt, dem Cridar oder der Gesammtheit der Gläubiger gewisse Ansprüche von der Hand zu halten, sondern darum, wie einzelne der profitirten und anerkannten Ansprüche befriedigt werden sollen;

in Erwägung, daß einer feststehenden Praxis zufolge der Contradictor als solcher nicht für legitimirt zu erachten ist, Prioritätsstreitigkeiten in zweiter Instanz fortzusetzen, daß zwar von den Supplicaten ein desfallsiger Einwand nicht erhoben, der Legitimationspunkt aber von Amtswegen zu prüfen ist;

dem Supplicanten, bei abschriftlicher Mittheilung der eingezogenen Gegenerklärung, von Obergerichtswegen hiedurch

ein abschlägiger Bescheid

ertheilt.

Urkundlich 2c. Gegeben im Königl. Holsteinischen Obergerichte zu Glückstadt, den 13. December 1861.

II.

Auf die Supplicationsschrift des Apothekers Thun, Stadtkassirers Potent und Dr. Marcus in Segeberg, Justificanten, jetzt Supplicanten,

wider

den Advocaten Petersen in Segeberg, als gerichtlich bestellten Contradictor im Concurse des Gastwirths J. F. E. Braasch in Segeberg in qual. qua, Justificaten, jetzt Supplicaten,

betreffend die zu den pass. 6, 7 und 15 des Professionsprotocolls im Concurse des Fr. Jürgen Elias Braasch in Segeberg in Anspruch genommenen Separationsrechte, jetzt die Einführung der wider die Prioritätssentenz des Segeberger Magistrats vom 11. September v. J. unternommenen Supplication,

wird,

in Erwägung, daß es bei dem Anspruch der Supplicanten auf Befriedigung aus der Erbmasse des Collecteurs D. Braasch und zwar vor den in Folge dessen testamentarischer Verfügung und den durch spätere Acte des Cridars constituirten öffentlichen Pfandrechten sich lediglich um einen Prioritätsanspruch handelt, dem gegenüber der Contradictor nicht der rechte Beklagte ist, so daß er mit dem vorgeschützten Einwande der fehlenden Passivlegitimation zu hören ist,

den Supplicanten, bei abschriftlicher Mittheilung der eingezogenen Gegenerklärung, von Obergerichtswegen hiedurch

ein abschlägiger Bescheid

ertheilt.

Urkundlich 2c. Gegeben im Königl. Holsteinischen Obergerichte zu Glückstadt, den 13. December 1861.

Beilage
zum 1. Stück der Holsteinischen Anzeigen.

Montag den 6. Januar 1862.

Obergerichtliche Notification.

Wenn der Geheime Conferenzrath und Königl. Dänische Gesandte in Stockholm, Wulff Graf von Scheel-Plessen, als nach dem Ableben seines Vaters, des Geheimen Conferenzraths Mogens Joachim Grafen von Scheel-Plessen auf Sierhagen, succedirender Fideicommißerbe des weil. Geheimen Conferenzraths Wulff Heinrich von Thienen, unterm 26. v. M. um Publicirung der in dem von dem gedachten Fideicommißstifter unterm 15. Septbr. 1808 zu Lübeck errichteten Testamente enthaltenen fideicommissarischen Bestimmungen, dahin lautend:

§ 3.

Nach meinem tödtlichen Hintritt sollen mit einem immerwährenden Fideicommisse belegt sein:

A. In dem adel. Gute Sierhagen mit Mühlenkamp und deren Pertinentien, worüber sonst mein Erbe und dessen Substitute frei disponiren können, Zweimal Hundert Tausend Reichsthaler S. H. Courant Speciesmünze als zu 4 Procent erste und unablösliche Hypothek, wozu ich ferner als Familien-Fideicommiß-Capital lege:

1) Einmal Hundert Tausend Reichsthaler, die in den Gütern Wensien und Travenort (jedoch damit diese Güter nach Gefallen der Eigenthümer von einander getrennt werden können, Siebenzig Tausend in dem ersteren und Dreißig Tausend in dem letzteren),
2) Zwanzig Tausend Reichsthaler, die in dem Gute Müssen,
3) Zehn Tausend Reichsthaler, die in dem Gute Ehlerstorf, und
4) Eilf Tausend Reichsthaler, die in dem Gute Rosenhof unablöslich belegt stehen.

B. In den adelichen Gütern Löhrstorf, Claustorf, Großenbrode und Godderstorf mit allen dazu gehörigen Pertinentien, zu welchem ersteren, nämlich Löhrstorf, auch der Antheil der Güldensteiner Hölzung, welchem ich mir beim Verkauf von Güldenstein reservirt, und überdies die schon vorhin bei Löhrstorf gewesene Hölzung hiedurch von mir gelegt werden, die Summe von Zweimal Hundert Tausend Reichsthaler S. H. Courant Speciesmünze zu 4 Procent als erste unablösliche Hypothek, und zwar in Löhrstorf und Großenbrode und deren Pertinentien Ein Hundert und Zehn Tausend Reichsthaler, in Claustorf mit seinen Zubehörungen Funfzig Tausend Reichsthaler und in Godderstorf mit dessen Pertinentien Vierzig Tausend Reichsthaler.

§ 4.

Das adeliche Gut Sierhagen mit dem Zinsengenuß des darin fundirten Fideicommisses von **200,000 ℛ** und den Zinsen der in den Nummern 1, 2, 3 und 4 ferner als Fideicommiß dazu gelegten unablöslichen Capitalien von **141,000 ℛ** und was ich ferner dazu bestimmen möchte, bekommt mein instituirter Erbe und nach ihm dessen eheliche Nachkommenschaft, und in deren Ermangelung auf dieselbe Weise der erste und zweite Substitut und deren eheliche Descendenz nach der weiter unten von mir festgesetzten Vorschrift.

Die adelichen Güter Löhrstorf, Claustorf, Großenbrode und Godderstorf mit deren Pertinentien und zu Löhrstorf gelegten Hölzungen, zur freien Disposition über die Substanz dieser Güter und mit dem Zinsengenuß des dabei angeordneten Fideicommiß-Capitals von **200,000 ℛ**, legire und vermache ich dem Herrn Kammerherrn und Jägermeister Christian Heinrich August v. Hardenberg-Reventlow und nach ihm seiner ehelichen Descendenz auf die weiter unten festzusetzende Weise. Sollte indessen dieser mein **Legatarius** vor seiner jetzigen Frau Gemahlin Johanna, geb. Baronesse v. Reitzenstein, versterben, so vermache ich derselben hiemit, so lange sie lebt und sich nicht anderweitig wieder verheirathet, jährlich **3000 ℛ** aus den Revenüen dieser ihrem Herrn Gemahl und dessen ehelichen Descendenz allhier vermachten Gütern.

Mein obgedachter Erbe, dessen Substituten und dessen und deren allerseitige zum Genusse der Fideicommisse gelangende Successoren, imgleichen dieser mein **Legatarius** und dessen allerseitige Nachfolger, sind bei Verlust der Erbeinsetzung und dieses **Legati** schuldig, die fideicommissarische Qualität der resp. in Sierhagen radicirten und dabei gelegten **341,000 ℛ** und der in den Gütern Löhrstorf, Claustorf, Großenbrode und Godderstorf fundirten **200,000 ℛ** sowohl gleich nach dem Antritt der Erbschaft und des Le-

gatums, als auch demnächst alljährlich auf gemeinschaftliche Kosten, Jeder zur Hälfte, öffentlich publiciren zu lassen.
gebeten hat:

Wird von Obergerichtswegen diese testamentarische Disposition hiemittelst zur öffentlichen Kunde gebracht.

Urkundlich unterm vorgedruckten größern Gerichts-Insiegel. Gegeben im Königl. Holsteinischen Obergerichte zu Glückstadt, den 4. December 1861.

(L. S.) *v. Schirach.* *Henrici.*

v. Gyldenfeldt.

Bekanntmachung.

Wenn der Einlieger Christian Friedrich Hamann zum Sohren, Amts Reinfeld, sich der Verwaltung seines Vermögens freiwillig begeben hat und der Hufner Thomas Friedrich Westphal in Geschendorf, Amts Traventhal, ihm auf sein Ansuchen als **Curator bonorum** obrigkeitlich beigeordnet worden ist, wird solches mit dem Bemerken hiedurch zur öffentlichen Kunde gebracht, daß er fortan nur mit Zustimmung seines Curators rechtsverbindliche Geschäfte einzugehen im Stande ist.

Königl. Reinfelder Amthaus zu Traventhal, den 23. December 1861. *G. Grothusen.*

Zur Beglaubigung: **W. Baudissin.**

Testaments-Publication.

Zur Eröffnung und Publication der von dem kinderlos verstorbenen Altentheiler Johann August Drude in Oering hinterlassenen, im gutsgerichtlichen Archiv zu Borstel niedergelegten letztwilligen Verfügungen ist Termin auf

Montag den 27. Januar 1862,
Mittags 12 Uhr,

im Gerichtshause zu Borstel angesetzt, welches für die größtentheils unbekannten und abwesenden Intestaterben hiedurch veröffentlicht wird.

Ahrensburg, im Justitiariat des adeligen Guts Borstel, den 13. December 1861. *Huss.*

Glückstadt-Elmshorner Eisenbahn.

Die Rechnung über den Bau der Glückstadt-Itzehoer Eisenbahn bis ult. Decbr. 1858, so wie die Betriebsrechnung pro 1. April 1860/61 sind mit Belegen, Notaten und Decisionen bei dem Director, Hrn. Senator Schenck hieselbst, zur Einsicht Beikommender von heute an auf 6 Wochen ausgelegt, welches hiedurch bekannt gemacht wird.

Glückstadt, den 16. December 1861.

Der Ausschuß.
C. J. Rathjen, Vorsitzender.

Edictal-Citation.

Auf den bei dem unterzeichneten Consistorium gestellten Antrag des hiesigen Bürgers und Holzpantoffelmachers Jacob Kracht, Klägers, um Erlassung einer Edictalcitation an seine Ehefrau Anna Christine Louise, geb. Bramfeldt, Beklagte, welche sich im August 1859 heimlich von ihm entfernt habe, wird Letztere hiemit peremtorisch geladen und befehligt, am Dienstage den 29. April kommenden Jahres, Vormittags 11 Uhr, vor dem alsdann in hiesiger Probstei versammelten Consistorium zu erscheinen, zu vernehmen, was ihr obgenannter Ehemann wegen böslicher Verlassung und daher zu trennender Ehe wider sie vorbringen werde, darauf zu antworten und Spruch Rechtens zu gewärtigen, mit der ausdrücklichen Verwarnung, daß im Ausbleibungsfalle auf fernern Antrag des Klägers **in contumaciam** den Rechten gemäß wider sie werde erkannt werden.

Altona, im Königl. Consistorium, den 28. Decbr. 1861.

Vis. noie.: *H. F. Nievert.*

Proclamata.

№ 1.
Erste Bekanntmachung.
Von Gerichtswegen

wird auf Anhalten des A. N. Stammer in Heide, als Güterpflegers, den sämmtlichen nicht protocollirten Gläubigern des Tabacksfabrikanten Hans Peter Hoeck in Heide, über dessen Habe und Güter definitiv Concurs erkannt worden, hiedurch aufgegeben, ihre Forderungen und Ansprüche an den genannten Cridar, mögen dieselben beruhen, worin immer, innerhalb 12 Wochen, von der letzten Bekanntmachung dieses Proclams angerechnet, und zwar Auswärtige nach vorgängiger Procuraturbestellung, bei Vermeidung der Ausschließung von der Concursmasse, in der Kirchspielschreiberei zu Heide gesetzmäßig anzumelden und verzeichnen zu lassen.

Königl. Norderdithmarsische Landvogtei zu Heide, den 21. December 1861.

Hansen.

In fidem: **Scholtz.**
Pro copia: **Wiencke.**

№ 2.
Erste Bekanntmachung.

Am 9. August 1861 ist hierselbst die Wittwe des weil. hiesigen Korbmachers Christian Friedrich August Holzhausen, Anna Catharina, geb. Levens, ohne Hinterlassung eines Testaments verstorben, deren Sohn, Johann Friedrich August Holzhausen, geboren in Kiel den 5. Juni 1832, nach einem in der Masse gefundenen Briefe, d. d. Liverpool den 2. December 1852, damals nach Amerika zu reisen beabsichtigte, über dessen spätern Aufenthalt aber nichts bekannt ist. Auf

Antrag des Herrn Actuars Reiche, als Güterpflegers der Holzhausen'schen Erbmasse, und nach Vorschrift der Verordnung vom 9. November 1798 werden Alle, welche als Erben, Gläubiger oder Eigenthümer Ansprüche an den gedachten Nachlaß zu haben glauben, und wird in's Besondere der abwesende Johann Friedrich August Holzhausen hierdurch aufgefordert, innerhalb präclusivischer Frist von 12 Wochen, vom Tage der letzten Bekanntmachung dieses Proclams angerechnet, sich im hiesigen Syndicat anzugeben, bei Vermeidung der Ausschließung mit ihren etwanigen Ansprüchen, resp. der ferneren Behandlung dieser Masse in Gemäßheit der allegirten Verordnung, und haben diejenigen Profitenten, welche außerhalb Kiel's wohnen, Procuratoren zu bestellen.

Kiel, den 23. December 1861.

Der Magistrat.

In fidem: *G. F. Witte*, Syndicus.

№ 3.

Erste Bekanntmachung.

Da die Erben des wailand Gastwirths Gottfried Christian Ludolph Kriedt hieselbst, um eine genaue Kunde der Vermögensverhältnisse zu erlangen, die Erlassung eines Proclams beantragt haben, so werden Alle und Jede, mit Ausnahme der protocollirten Gläubiger, welche an den Nachlaß des wailand Gastwirths Gottfried Christian Ludolph Kriedt, namentlich auch dessen in der Schuhstraße dieser Stadt belegenes Vollbürgerhaus cum pert. nebst Ländereien aus irgend einem Grunde Ansprüche oder Forderungen zu haben vermeinen, hiedurch befehligt, sich, sub pœna præclusi et perpetui silentii, innerhalb 12 Wochen, vom Tage der letzten Bekanntmachung dieses Proclams angerechnet, bei dem hiesigen Syndicate zu melden, etwanige Documente zu produciren und, falls sie Auswärtige sind, Actenprocuratoren zu bestellen.

Oldenburg in Holstein, den 27. December 1861.

Der Magistrat.

W. Hensen.

№ 4.

Erste Bekanntmachung.

Wenn die Erben des wailand Organisten Asmus Jörgen Andresen in Segeberg, welcher zugleich die Functionen eines Districtscassirers der Schullehrerwittwencasse und Factors der Königlichen Schulbuchhandlung versehen, die Verlassenschaft des Verstorbenen nur unter dem Vorbehalt der Abtretung derselben zur concursmäßigen Behandlung angetreten haben, so werden Alle und Jede, welche in diese Masse aus irgend einem Grunde dingliche oder persönliche Ansprüche zu haben vermeinen, oder Pfänder von dem Verstorbenen in Händen haben sollten, hiedurch aufgefordert, sich damit innerhalb 12 Wochen, vom Tage der letzten Bekanntmachung dieses Proclams, welches als eventuelles Concursproclam anzusehen, resp. bei Strafe des Ausschusses und Verlustes ihres Pfandrechts, im Segeberger Königl. Actuariate des Consistorii, Auswärtige unter Procuraturbestellung, rechtsgehörig zu melden.

Segeberger Consistorium, den 27. December 1861.

Pr., Pr. et Ass. Consist.

In fidem: Witthöfft,

in Vertretung des Herrn Justizraths H. F. Jacobsen.

№ 5.

Zweite Bekanntmachung.

Nachdem der Metalldrechsler Peter Kreutzfeldt hieselbst am 17. Dec. 1861 seine Güter zur concursmäßigen Behandlung abgetreten hat:

Werden von Bürgermeister und Rath dieser Stadt Alle, mit alleiniger Ausnahme der protocollirten Gläubiger, welche Eigenthumsansprüche oder Forderungen irgend einer Art an den genannten Cridar oder dessen Masse zu haben glauben, hierdurch, bei Strafe der Präclusion von dieser Masse, aufgefordert, innerhalb präclusivischer Frist von 12 Wochen, vom Tage der letzten Bekanntmachung dieses Proclams angerechnet, im hiesigen Stadtsyndicat sich anzugeben, unter Bestellung eines Procurators, in soferne die Profitenten außerhalb Kiels wohnen.

Decretirt Kiel, in Curia, den 20. Decbr. 1861.

In fidem: *G. F. Witte*, Syndicus.

№ 6.

Zweite Bekanntmachung.

Auf desfallsiges Anhalten werden hiedurch Alle und Jede, mit Ausnahme der protocollirten Creditoren, welche dingliche Ansprüche und Forderungen

1) an die zu Eickoppel, Amts Cronshagen, belegene, früher dem Erbpächter Hans Detlev Vollbehr gehörige, von diesem an Hinrich Christian Beuck verkaufte, im Schuld- und Pfandprotocoll sub Fol. 221 aufgeführte Erbpachtstelle c. pert.;
2) an die in Wieck, Amts Cronshagen, belegene, von dem Instenkäthner, Tischler Johann Ludw. Otto an den Musikus Johann Adolph Lembcke daselbst verkaufte, im Schuld- und Pfandprotocoll sub Fol. 248 b aufgeführte Instenkathenstelle c. pert.

zu haben vermeinen, hiedurch aufgefordert und befehligt, sich mit solchen innerhalb 12 Wochen, von der letzten Bekanntmachung dieses Proclams angerechnet, bei Strafe des Ausschlusses, unter Producirung etwaiger Documente und Zurücklassung beglaubigter Abschriften bei den Acten, Auswärtige auch unter Bestellung von Actenprocuratoren, bei dem unterzeichneten Gericht anzugeben und zu melden.

Königliches Gericht für das Amt Cronshagen, Brunswieck, den 19. December 1861.

C. Rahtlev.

№ 7.

Zweite Bekanntmachung.

Extr. des Procl. des 52sten Stücks № 1.

Die Erben und nichtprotocollirten Gläubiger der verstorbenen Wittwe des Schiffscapitains Wilhelm Dalitz, Magdalena, geborene Friedrichsen, wailand in Thielenhemme, werden aufgefordert, ihre resp. Erbansprüche und Forderungen innerhalb 12 Wochen, vom Tage der letzten Bekanntmachung dieses Proclams angerechnet, bei Strafe der Ausschließung im Unterlassungsfall, in der Tellingstedter Kirchspielschreiberei anzugeben und verzeichnen zu lassen.

Königliche Kirchspielvogtei zu Tellingstedt, den 24. December 1861.

C. Wohlt.

№ 8.

Zweite Bekanntmachung.

Extr. des Procl. des 52sten Stücks № 2.

Nichtprotocollirte Forderungen und Ansprüche an den unter gerichtliche Behandlung genommenen Nachlaß des wailand Eingesessenen Karsten Sievers im Egstedter Holz, Kirchspiels Süderhastedt, so wie Pfandstücke aus diesem Nachlasse, sind, bei Strafe der Ausschließung und des Verlustes, innerhalb 12 Wochen, vom Tage der letzten Bekanntmachung dieses Proclams angerechnet, in der Königlichen Kirchspielschreiberei zu Süderhastedt gehörig anzugeben.

N. N. W.

Meldorf, den 22. December 1861.

Zur Beglaubigung: **Fabricius.**

№ 9.

Dritte und letzte Bekanntmachung.

Extr. des Procl. des 50sten Stücks № 8.

Wer gegen die Einrichtung neuer Folien in den Schuld- und Pfandprotocollen der Grafschaft Ranzau für nachbenannte Grundstücke, nämlich:

1) das 14 □Ruthen 20 □Fuß große Landstück nebst darauf erbautem Hause, welches der Eingesessene Claus Panje in Elmshorn an den Maurermeister Johann Zimmermann daselbst verkauft hat;

2) die in Bevern belegene 1/48-Hufenstelle, bestehend in einer 66 □Ruthen großen Landmaaße nebst darauf erbautem Hause, welche Johann Huckfeldt von seiner daselbst belegenen 1/24-Hufe an die Nachlaßmasse der Wittwe Hoyer und welche die Letztere wieder an den Eingesessenen Herrmann Humburg und dieser sodann an den Arbeitsmann Peter Mohr daselbst verkauft hat;

3) das 4/16 Scheffel R. M. große Landstück nebst darauf erbautem Hause, welches der Eingesessene Johann Mohr in Großendorf an den Schmiedemeister Jacob Schmidt in Barmstedt verkauft hat;

4) die 213,2 □Ruthen große Landmaaße, welche der Eingesessene Hans Hinrich Bockel in Elmshorn an Harder Dierks daselbst verkauft hat;

5) die 79 □Ruthen große Landmaaße nebst darauf erbautem Wohnhaus c. pert., welches derselbe an Matthias Harms in Elmshorn verkauft hat;

6) den 1/16-Scheffel 40 Fuß R. M. großen Landplatz nebst darauf erbautem Hause, welchen der Eingesessene P. Fr. Carius in Elmshorn an den Eingesessenen Jacob Carius daselbst verkauft hat;

7) das 4/16-Scheffel R. M. große Landstück nebst darauf erbautem Hause, welches der Eingesessene A. H. Kronenberg in Elmshorn von seinem daselbst belegenen Gewese behufs Einrichtung einer selbstständigen Familienstelle abgetrennt hat;

8) die 8 □Ruthen 96 □Fuß große Landmaaße, welche der Eingesessene Claus Panje in Elmshorn an den Eingesessenen Fritz Wagler in Elmshorn,

9) die 11 □Ruthen 65 □Fuß große Landmaaße, welche derselbe an denselben, und

10) die 8 □Ruthen 96 □Fuß große Landmaaße nebst darauf erbautem Hause, welche derselbe an denselben verkauft hat;

11) die 37 □Ruthen 12 □Fuß große zu den Dienstländereien des ersten Barmstedter Compastorats gehörige, auf dem sogenannten Großenkamp belegene Landmaaße nebst darauf erbautem Hause, welche dem Einwohner Wilhelm Timm in Barmstedt von den Juraten der dortigen Kirche käuflich überlassen ist,

Einwendungen erheben zu können, oder auf die gedachten Grundstücke Ansprüche irgend einer Art zu haben glaubt, muß sich damit binnen 12 Wochen, vom Tage der letzten Bekanntmachung dieses Proclams angerechnet, sub pœna præclusi, bei dem unterzeichneten Gerichte rechtsbehörig melden.

Königl. Administratur zu Ranzau, den 6. Decbr. 1861.

W. v. Levetzau, const.

№ 10.

Dritte und letzte Bekanntmachung.

Extr. des Procl. des 51sten Stücks № 1.

Nichtprotocollirte, dingliche und persönliche Ansprüche jeder Art an die Verlassenschaft des wailand Hufners Detlef Friedrich Petersen in Bornhöved, hauptsächlich an die dazu gehörige Vollhufe, sind innerhalb 12 Wochen, vom Tage der letzten Bekanntmachung dieses Proclams, bei Strafe des Ausschlusses, im Segeberger Königl. Actuariate rechtsgehörig zu melden.

Segeberger Amtsgericht, den 12. Decbr. 1861.

(L. S.) **Pr. et Ass. Jud.**

In fidem: H. F. Jacobsen.

Beilage
zum 2. Stück der Holsteinischen Anzeigen.

Montag den 13. Januar 1862.

Bekanntmachung.

Wenn der Einlieger Christian Friedrich Hamann zum Söhren, Amts Reinfeld, sich der Verwaltung seines Vermögens freiwillig begeben hat und der Hufner Thomas Friedrich Westphal in Geschendorf, Amts Traventhal, ihm auf sein Ansuchen als Curator bonorum obrigkeitlich beigeordnet worden ist, wird solches mit dem Bemerken hiedurch zur öffentlichen Kunde gebracht, daß er fortan nur mit Zustimmung seines Curators rechtsverbindliche Geschäfte einzugehen im Stande ist.

Königl. Reinfelder Amthaus zu Traventhal, den 23. December 1861. *G. Grothusen.*

Zur Beglaubigung: *W. Baudissin.*

Edictal : Citation.

Extract der Edictal-Citation an die abwesende Ehefrau Anna Christine Louise Kracht, geb. Bramfeldt.

Die Ehefrau des hiesigen Bürgers und Holzpantoffelmachers Jacob Kracht, Anna Christine Louise, geb. Bramfeldt, welche sich im August 1859 heimlich von hier entfernt hat, wird hiedurch peremtorisch geladen und befehligt, am Dienstage den 29. April des kommenden Jahres, Vormittags 11 Uhr, vor dem in hiesiger Probstei versammelten Consistorium zu erscheinen, zu vernehmen, was ihr obgenannter Ehemann wegen böslicher Verlassung und daher zu trennender Ehe wider sie vorbringen werde, darauf zu antworten und Spruch Rechtens zu gewärtigen, mit der ausdrücklichen Verwarnung, daß im Ausbleibungsfalle auf fernern Antrag des Klägers in contumaciam den Rechten gemäß wider sie werde erkannt werden.

Altona, im Königl. Consistorium, den 28. Decbr. 1861. Vis. noie.: *H. F. Nievert.*

Proclamata.

№ 1.

Erste Bekanntmachung.

Wenn von dem Kämmerier Herrmann v. Qualen in Altona, als executor testamenti des am 26. October 1861 daselbst verstorbenen Kammerherrn und pensionirten Zollcassirers Stanislaus August Poniatowsky v. Bertouch, die Erlassung eines Proclams ad indagandum statum bonorum hieselbst beantragt worden:

So werden von Obergerichtswegen in Deferirung dieses Antrags Alle und Jede, welche an den Nachlaß des weil. Kammerherrn und pensionirten Zollcassirers Stanislaus August Poniatowsky v. Bertouch aus irgend einem Grunde Ansprüche und Forderungen zu haben vermeinen, hiedurch aufgefordert und befehligt, diese, bei Strafe der Präclusion und des ewigen Stillschweigens, innerhalb 12 Wochen, vom Tage der letzten Bekanntmachung dieses Proclams angerechnet, bei dem Kanzelei- und Obergerichtssecretair v. Gyldenfeldt hieselbst zu melden, die ihre Forderungen und Ansprüche etwa begründenden Documente in Ur- und Abschrift zu produciren und, falls sie Auswärtige sind, Actenprocuratoren hieselbst zu bestellen.

Urkundlich unterm vorgedruckten größern Gerichtsinsiegel. Gegeben im Königl. Holsteinischen Obergerichte zu Glückstadt, den 4. Januar 1862.

(L. S.) *v. Schirach.* *Henrici.*

v. Prangen.

№ 2.

Erste Bekanntmachung.

Von Gerichtswegen.

Da der Hofbesitzer Claus Egge in Lieth mit Tode abgegangen und der Nachlaß desselben wegen Vorhandenseins unmündiger Notherben einer gerichtlichen Regulirung zu unterziehen ist: so werden auf Antrag des Landesgevollmächtigten Häfel in Lieth, als constituirten curatoris massae, hiemit Alle und Jede, welche an den gedachten Nachlaß nichtprotocollirte Forderungen und Ansprüche zu haben vermeinen, oder Pfandstücke von dem Verstorbenen in Besitz haben, hiedurch aufgefordert, solche ihre Forderungen, Ansprüche und Pfandstücke, bei Verlust ihrer Gerechtsame, binnen 12 Wochen, vom Tage der letzten Bekanntmachung dieses Proclams angerechnet, in der Königl Kirchspielschreiberei zu Hemmingstedt — Auswärtige nach zuvor bestellter Actenprocurator — gehörig anzugeben und verzeichnen zu lassen und darnach weitere rechtliche Verfügung gewärtigen.

Wornach sich zu achten.

Königl. Süderdithmarscher Landvogtei zu Meldorf, den 4. Januar 1862.

(L. S.) *Müllenhoff.*

Zur Beglaubigung: Fabricius.

№ 3.

Erste Bekanntmachung.

Es hat der Zimmermann Hinr. Sievers in Gr. Aspe hieselbst angezeigt, daß er seinen Grundbesitz in Gr. Aspe, bestehend aus einer Kathe und 2 Tonnen 41 Ruthen Landes, den er vig. contr. vom 8. April 1859 von dem Hufner Claus Griep erkauft habe und für den zur Zeit kein Folium im Schuld- und Pfandprotocoll eingerichtet sei, verkauft und dem Käufer nicht allein ein Folium im Schuld- und Pfandprotocoll, sondern auch ein von allen dinglichen Ansprüchen freies Grundstück zu liefern sich anheischig gemacht habe. In Deferirung des desfälligen von ihm auf Erlassung eines landüblichen Realproclams gestellten Antrags werden Alle und Jede, welche gegen die Einrichtung eines speciellen Foliums für diesen Sievers'schen Grundbesitz im Schuld- und Pfandprotocoll Einwendungen machen zu können vermeinen, so wie diejenigen, welche dingliche Ansprüche an die Hinrich Sievers'sche Kathe zu Gr. Aspe und die zu derselben gehörigen Landmaaße von 2 Tonnen 41 Ruthen haben, hiermittelst, bei Strafe des Verlustes ihrer Ansprüche und Forderungen, angewiesen und befehligt, sich damit binnen 12 Wochen, vom Tage der letzten Bekanntmachung dieses Proclams angerechnet, auf dem hiesigen Königl. Actuariat zu melden, die ihre Einwendungen und Ansprüche begründenden Documente im Original zu produciren und Abschriften davon einzulegen, auch, falls sie Auswärtige sind, einen Actenprocurator unter hiesiger Jurisdiction zu bestellen.

Königl. Amthaus zu Neumünster, den 31. Decbr. 1861. *v. Stemann.*

In fidem: K. Scheel.

№ 4.

Erste Bekanntmachung.

Wenn von dem Hofbesitzer Asmus Feldmann auf Sietwende, Kirchspiels Brockdorf, als gerichtlich bestelltem Curator über den Nachlaß des am 20. Dec. v. J. in Honigfleth mit Tode abgegangenen frühern Hofbesitzers zu Kleinwisch Rehder Witt zur Ermittelung etwaniger unbekannter Ansprüche und Forderungen an dessen Nachlaß die Erlassung eines landüblichen Proclams beantragt worden ist: so werden in Deferirung dieser Bitte Alle und Jede, welche Ansprüche oder Forderungen irgend einer Art an den Nachlaß des gedachten Rehder Witt zu haben vermeinen, hiedurch von Gerichtswegen aufgefordert und befehligt, sich mit ihren Ansprüchen, bei Strafe des Verlustes derselben, innerhalb 12 Wochen, vom Tage der letzten Bekanntmachung dieses Proclams angerechnet, bei der Königl. Landschreiberei der Wilstermarsch zu Wilster zu melden, die ihre Ansprüche begründenden Documente im Original zu produciren und beglaubigte Abschriften davon zurückzulassen, auch, insofern sie Auswärtige sind, einen Actenprocurator unter hiesiger Gerichtsbarkeit zu bestellen.

Königliches Gericht für das Amt Steinburg zu Itzehoe, den 7. Januar 1862.

A. v. Heintze, const.

№ 5.

Erste Bekanntmachung.

Wenn die Erben des am 1. December 1860 zu Oldesloe verstorbenen Bürgers und Schmiedemeisters Johannes Carl Heinr. Dittmann erklärt haben, dessen Nachlaß nur sub beneficio legis et inventarii antreten zu wollen, auch die Erlassung eines Proclams zur Ausmittelung des Güterbestandes beantragt haben, so werden nunmehr Alle und Jede, mit alleiniger Ausnahme der protocollirten Gläubiger, welche an die Erbmasse des gedachten Schmiedemeisters Johannes Carl Heinrich Dittmann, namentlich an das zu derselben gehörige, im 4. Quartier auf der Linde belegene Wohnhaus c. p. Forderungen und Ansprüche irgend welcher Art zu haben vermeinen, von Gerichtswegen hiedurch aufgefordert und befehligt, solche innerhalb 12 Wochen, vom Tage der letzten Bekanntmachung dieses Proclams, welches zugleich als event. Concursproclam anzusehen ist, angerechnet, Auswärtige unter Bestellung eines Actenprocurators, im Oldesloer Stadtsecretariate rechtsbehörig anzumelden, bei Vermeidung der Ausschließung und des ewigen Stillschweigens.

Decretum Oldesloe, in Curia, den 27. Decbr. 1861.

(L. S. C.) Bürgermeister und Rath hieselbst.

№ 6.

Erste Bekanntmachung.

Auf den Antrag des Asmus Hinrich Steen in Wackendorf werden, mit Ausnahme der protocollirten Crediteren, Alle und Jede, welche an die von demselben verkaufte, in Wackendorf belegene Drittelhufe c. p. dingliche Ansprüche und Forderungen zu haben vermeinen möchten, hiedurch aufgefordert, sich damit innerhalb 12 Wochen, vom Tage der letzten Bekanntmachung dieses Proclams, bei Strafe des Ausschlusses, im Segeberger Königl. Actuariate, Auswärtige unter Procuraturbestellung, rechtsgehörig zu melden.

Segeberger Amtsgericht, den 4. Januar 1862.

(L. S.) Pr. et Ass. jud.

In fidem: H. F. Jacobsen.

№ 7.

Erste Bekanntmachung.

Wenn die geisteskranke unverehelichte Johanna Ernestine Dorothea Christiana Wilms, eine Tochter des Pensionairs Johann Wilms, geboren im Kirchspiel Schwansen den 22. März 1777, unter Hinterlassung zum Theil abwesender Erben hieselbst verstorben ist, so werden Alle und Jede, welche an den Nachlaß der Verstorbenen Erb- oder sonstige Ansprüche und Forderungen zu haben vermeinen, hierdurch angewiesen und befehligt, sich damit, bei Strafe der Ausschließung von der Masse, innerhalb 12 Wochen, vom Tage der letzten Bekanntmachung dieses Proclams angerechnet, Auswärtige unter Bestellung von Actenprocuratoren, im hiesigen Stadtsecretariate zu melden und dabei die ihre Ansprüche begründenden Documente im Original zu produciren und die Abschrift zurückzulassen.

Decretum Segeberg, in curia, den 9. Januar 1862.

(L. S.) Bürgermeister und Rath.

№ 8.

Erste Bekanntmachung.

Wenn nach erklärter Insolvenz über die Habe und Güter des Tischlers Johann Friedrich Gercken zu Elmenhorst der Concurs erkannt worden, so werden, mit Ausnahme der protocollirten Creditoren, Alle und Jede, welche an den Cridar, insbesondere an dessen zu Elmenhorst belegene Kathe, Forderungen und Ansprüche zu haben vermeinen, oder Pfänder von ihm besitzen, bei Strafe der Ausschließung von der Concursmasse und des Verlustes der Pfandrechte, hiemit gerichtlich aufgefordert, ihre Ansprüche innerhalb 12 Wochen, vom Tage der letzten Bekanntmachung dieses Proclams angerechnet, hieselbst anzugeben, die etwanigen Belege ihrer Angaben ur- und abschriftlich einzureichen, auch den Umständen nach Actenprocuratur unter Jersbecker Gerichtsbarkeit zu bestellen.

Zugleich wird zum öffentlichen Verkauf der gedachten Kathe c. p. Termin auf

Montag den 3. März d. J.,
Mittags 12 Uhr,

im Gerichte zu Jersbeck angesetzt.

Decretum Ahrensburg, im Justitiariat des adel. Guts Jersbeck, den 6. Januar 1862.

Huss.

№ 9.

Zweite Bekanntmachung.

Von Gerichtswegen

wird auf Anhalten des A. R. Stammer in Heide, als Güterpflegers, den sämmtlichen nicht protocollirten Gläubigern des Tabacksfabrikanten Hans Peter Hoeck in Heide, über dessen Habe und Güter definitiv Concurs erkannt worden, hiedurch aufgegeben, ihre Forderungen und Ansprüche an den genannten Cridar, mögen dieselben beruhen, worin immer, innerhalb 12 Wochen, von der letzten Bekanntmachung dieses Proclams angerechnet, und zwar Auswärtige nach vorgängiger Procuraturbestellung, bei Vermeidung der Ausschließung von der Concursmasse, in der Kirchspielschreiberei zu Heide gesetzmäßig anzumelden und verzeichnen zu lassen.

Königl. Norderdithmarsische Landvogtei zu Heide, den 21. December 1861.

Hansen.

In fidem: Scholtz.

Pro copia: Wiencke.

№ 10.

Zweite Bekanntmachung.

Am 9. August 1861 ist hieselbst die Wittwe des weil. hiesigen Korbmachers Christian Friedrich August Holzhausen, Anna Catharina, geb. Levens, ohne Hinterlassung eines Testaments verstorben, deren Sohn, Johann Friedrich August Holzhausen, geboren in Kiel den 5. Juni 1832, nach einem in der Masse gefundenen Briefe, d. d. Liverpool den 2. December 1852, damals nach Amerika zu reisen beabsichtigte, über dessen spätern Aufenthalt aber nichts bekannt ist. Auf Antrag des Herrn Actuars Reiche, als Güterpflegers der Holzhausen'schen Erbmasse, und nach Vorschrift der Verordnung vom 9. November 1798 werden Alle, welche als Erben, Gläubiger oder Eigenthümer Ansprüche an den gedachten Nachlaß zu haben glauben, und wird in's Besondere der abwesende Johann Friedrich August Holzhausen hierdurch aufgefordert, innerhalb präclusivischer Frist von 12 Wochen, vom Tage der letzten Bekanntmachung dieses Proclams angerechnet, sich im hiesigen Syndicat anzugeben, bei Vermeidung der Ausschließung mit ihren etwanigen Ansprüchen, resp. der ferneren Behandlung dieser Masse in Gemäßheit der allegirten Verordnung, und haben diejenigen Profitenten, welche außerhalb Kiel's wohnen, Procuratoren zu bestellen.

Kiel, den 23. December 1861.

Der Magistrat.

In fidem: *C. F. Witte*, Syndicus.

№ 11.

Zweite Bekanntmachung.

Extr. des Procl. des 1sten Stücks № 3.

Wer an den Nachlaß des weiland Gastwirths Gottfried Christian Ludolph Kriedt hieselbst, namentlich dessen in der Schubstraße hiesiger Stadt belegenes Vollbürgerhaus cum pert., Ansprüche oder Forderungen zu haben vermeint, muß sich damit, sub pœna præclusi et perpetui silentii, innerhalb 12 Wochen, von der letzten Bekanntmachung dieses Proclams angerechnet, im hiesigen Syndicate rechtsgehörig melden.

Oldenburg in Holstein, den 27. December 1861.

Der Magistrat.

W. Hensen.

№ 12.
Zweite Bekanntmachung.
Extr. des Procl. des 1sten Stücks № 4.

Dingliche und persönliche Forderungen jeder Art an die Erbmasse des weil. Organisten Asmus Jürgen Andresen in Segeberg, so wie alle von dem Verstorbenen in Pfand gegebenen Gegenstände sind innerhalb 12 Wochen, vom Tage der letzten Bekanntmachung dieses Proclams, welches eventuell als Concursproclam anzusehen, resp. bei Strafe des Ausschlusses und Verlust des Pfandrechts, im Segeberger Königl. Actuariat des Consistorii rechtsgehörig zu melden.

Segeberger Consistorium, den 27. December 1861.

Pr., Pr. et Ass. Consist.
In fidem: Witthöfft,
in Vertretung des Herrn Justizraths
H. F. Jacobsen.

№ 13.
Dritte und letzte Bekanntmachung.

Nachdem der Metalldrechsler Peter Kreutzfeldt hieselbst am 17. Dec. 1861 seine Güter zur concursmäßigen Behandlung abgetreten hat:

Werden von Bürgermeister und Rath dieser Stadt Alle, mit alleiniger Ausnahme der protocollirten Gläubiger, welche Eigenthumsansprüche oder Forderungen irgend einer Art an den genannten Cridar oder dessen Masse zu haben glauben, hierdurch, bei Strafe der Präclusion von dieser Masse, aufgefordert, innerhalb präclusivischer Frist von 12 Wochen, vom Tage der letzten Bekanntmachung dieses Proclams angerechnet, im hiesigen Stadtsyndicat sich anzugeben, unter Bestellung eines Procurators, in soferne die Profitenten außerhalb Kiels wohnen.

Decretirt Kiel, in Curia, den 20. Decbr. 1861.

In fidem: *G. F. Witte*, Syndicus.

№ 14.
Dritte und letzte Bekanntmachung.

Auf desfallsiges Anhalten werden hiedurch Alle und Jede, mit Ausnahme der protocollirten Creditoren, welche dingliche Ansprüche und Forderungen

1) an die zu Eichkoppel, Amts Cronshagen, belegene, früher dem Erbpächter Hans Detlev Vollbehr gehörige, von diesem an Hinrich Christian Beuck verkaufte, im Schuld- und Pfandprotocoll sub Fol. 221 aufgeführte Erbpachtstelle c. pert.;
2) an die in Wieck, Amts Cronshagen, belegene, von dem Instenkäthner, Tischler Johann Ludw. Otto an den Musikus Johann Adolph Lembcke daselbst verkaufte, im Schuld- und Pfandprotocoll sub Fol. 248 b aufgeführte Instenkathenstelle c. pert.

zu haben vermeinen, hiedurch aufgefordert und befehligt, sich mit solchen innerhalb 12 Wochen, von der letzten Bekanntmachung dieses Proclams angerechnet, bei Strafe des Ausschlusses, unter Producirung etwaiger Documente und Zurücklassung beglaubigter Abschriften bei den Acten, Auswärtige auch unter Bestellung von Actenprocuratoren, bei dem unterzeichneten Gericht anzugeben und zu melden.

Königliches Gericht für das Amt Cronshagen, Brunswiek, den 19. December 1861.

C. Rahtlev.

№ 15.
Dritte und letzte Bekanntmachung.
Extr. des Procl. des 51sten Stücks № 2.

Alle dinglichen nichtprotocollirten Ansprüche an die von Paul Dwenger in Bargteheide verkaufte Käthnerstelle müssen, bei Strafe des Verlustes derselben, innerhalb 12 Wochen, vom Tage der letzten Bekanntmachung dieses Proclams angerechnet, auf der Königl. Tremsbütteler Amtstube zu Bargteheide ordnungsmäßig angemeldet werden.

Gegeben Königl. Gericht für das Amt Tremsbüttel. Trittau, den 13. December 1861.

G. v. Linstow.

№ 16.
Dritte und letzte Bekanntmachung.
Extr. des Procl. des 52sten Stücks № 1.

Die Erben und nichtprotocollirten Gläubiger der verstorbenen Wittwe des Schiffscapitains Wilhelm Dalitz, Magdalena, geborene Friedrichsen, wailand zu Thielenhemme, werden aufgefordert, ihre resp. Erbansprüche und Forderungen innerhalb 12 Wochen, vom Tage der letzten Bekanntmachung dieses Proclams angerechnet, bei Strafe der Ausschließung im Unterlassungsfall, in der Tellingstedter Kirchspielschreiberei anzugeben und verzeichnen zu lassen.

Königliche Kirchspielvogtei zu Tellingstedt, den 24. December 1861.

C. Wohlt.

№ 17.
Dritte und letzte Bekanntmachung.
Extr. des Procl. des 52sten Stücks № 2.

Nichtprotocollirte Forderungen und Ansprüche an den unter gerichtliche Behandlung genommenen Nachlaß des wailand Eingesessenen Karsten Sievers im Egstedter Holz, Kirchspiels Süderhastedt, so wie Pfandstücke aus diesem Nachlasse, sind, bei Strafe der Ausschließung und des Verlustes, innerhalb 12 Wochen, vom Tage der letzten Bekanntmachung dieses Proclams angerechnet, in der Königlichen Kirchspielschreiberei zu Süderhastedt gehörig anzugeben.

V. R. W.

Meldorf, den 22. December 1861.

Zur Beglaubigung: Fabricius.

Beilage
zum 3. Stück der Holsteinischen Anzeigen.

Montag den 20. Januar 1862.

Bekanntmachungen.

№ 1.

Da die Erben des weiland Gastwirths Gottfried Christian Ludolph Kriedt hieselbst nachträglich erklärt haben, daß sie die Nachlaßmasse nicht unbedingt, sondern nur sub beneficio legis et inventarii antreten wollen, so wird unter Bezugnahme auf das unterm 27. December v. J. erlassene Proclam hiedurch bekannt gemacht, daß dasselbe als sub beneficio legis et inventarii, so wie cum eventuali cessione bonorum erlassen zu betrachten ist.

Oldenburg in Holstein, den 13. Januar 1862.

Der Magistrat.
W. Hensen.

№ 2.

Wenn der Einlieger Christian Friedrich Hamann zum Söhren, Amts Reinfeld, sich der Verwaltung seines Vermögens freiwillig begeben hat und der Hufner Thomas Friedrich Westphal in Geschendorf, Amts Traventhal, ihm auf sein Ansuchen als Curator bonorum obrigkeitlich beigeordnet worden ist, wird solches mit dem Bemerken hiedurch zur öffentlichen Kunde gebracht, daß er forthin nur mit Zustimmung seines Curators rechtsverbindliche Geschäfte einzugehen im Stande ist.

Königl. Reinfelder Amthaus zu Traventhal, den 23. December 1861.

G. Grothusen.

Zur Beglaubigung: W. Baudissin.

Testaments-Publication.

Nachdem der Einlieger Geert Hinrich Lübcker in Zarpen mit Hinterlassung von Intestaterben, deren Aufenthalt theilweise nicht ermittelt werden können, verstorben ist, soll das von ihm errichtete Testament am 11. Februar d. J., Morgens 10 Uhr, hieselbst publicirt werden, was zur Nachricht aller Beikommenden hiedurch zur öffentlichen Kunde gebracht wird.

Königlich Reinfelder Actuariat, den 11. Januar 1862.

W. Baudissin.

Testaments-Publication.

Das von der verstorbenen Tochter des weiland Organisten und Schullehrers Andreas Hinrich Eggerling in Haseldorff, Juliane Henriette Sophie Eggerling, im Jahre 1857 hieselbst deponirte Testament wird

am Sonnabend den 15. Februar d. J.,
Morgens 10 Uhr,

im hiesigen Gerichtslocale eröffnet und publicirt werden, welches für die hieselbst unbekannten Intestaterben bekannt gemacht wird.

Haseldorff, im Justitiariate, den 17. Januar 1862.

Kœnigsmann.

Erledigter Steckbrief.

Der mittelst Steckbriefs vom 20. August v. J. verfolgte Hinrich Kloppenburg Boll aus Eddelack ist zur gefänglichen Haft gebracht.

Königl. Norderdithmarsische Landvogtei zu Heide, den 14. Januar 1862.

Hansen.

Edictal-Citation.

Auf geziemende Vorstellung und Bitte abseiten Sophie Hilbert, geb. Knoop, in Itzehoe c. c., Implorantin, pro edictali citatione ihres Ehemannes, des Schiffszimmermanns Heinrich Hilbert, welcher sie seit 8 Jahren verlassen, wird Namens des Münsterdorfischen Consistoriums erwähnter Heinrich Hilbert hiedurch ein für allemal, mithin peremtorisch von mir geladen und befehligt, am Dienstag nach dem Sonntage Cantate, wird sein der 20. Mai d. J., Vormittags um 9 Uhr, in der hiesigen Probstei vor dem alsdann zu haltenden Münsterdorfischen Consistorialgericht persönlich zu erscheinen, um zu vernehmen, was seine Ehefrau sodann wegen böslicher Verlassung und daher zu trennender Ehe wider ihn antragen wird, darauf zu antworten und nach verhandelter Sache Spruch Rechtens zu gewärtigen, mit der ausdrücklichen Verwarnung, daß im Falle seines Ausbleibens auf ferneren Antrag der Implorantin und Edictalcitantin wider ihn werde erkannt werden, was den Rechten gemäß ist.

Itzehoe, in der Münsterdorfer Kirchenprobstei und unter dem Insiegel des Consistoriums, den 11. Jan. 1862.

(L. S.)

Im höheren Auftrage:
E. Versmann.

Proclamata.

№ 1.

Erste Bekanntmachung.

Von Gerichtswegen

werden nach Ertheilung des Armenrechts und auf Antrag des Hrn. Kirchspielvogts Johannsen in Lunden, als officialis loci, die Erben und nichtprotocollirten Gläubiger folgender, in der Armen- und Arbeitsanstalt zu Lunden verstorbener Armenalumnen:

1) des Schneiders Plambeck, angeblich aus Lübeck,
2) des Matthias Adam Hümpel aus Krempel, und
3) der unverehelichten Margaretha Michaelsen aus Eckernförde,

hiemittelst aufgefordert, ihre vermeintlichen Erb- und sonstigen Ansprüche an die geringfügige Verlassenschaft der obengedachten Armenalumnen innerhalb 12 Wochen, vom Tage der letzten Bekanntmachung dieses Proclams, in der Kirchspielschreiberei zu Lunden — Auswärtige unter Bestellung der Actenprocuratur — gehörig angeben und verzeichnen zu lassen, im Widrigen aber zu gewärtigen, wie sie mit denselben werden präcludirt werden.

Königl. Norderdithmarsische Landvogtei zu Heide, den 20. December 1861.

Hansen.

In fidem: **Scholtz.**

№ 2.

Erste Bekanntmachung.

Von Gerichtswegen.

Wenn der in Hindorf gebürtige Tischlergeselle Jürgen Friedrich Holm in Esch verstorben ist und zu dessen Nachlaß unmündige Geschwister concurriren, und daher die gerichtliche Berichtigung seines Nachlasses erforderlich geworden ist: so ergehet auf Instanz des Massecurators an die nichtprotocollirten Gläubiger, so wie etwanige Pfandinhaber des Verstorbenen hiemittelst der Befehl, daß sie ihre Forderungen und Pfandrechte, bei Verlust derselben, Auswärtige nach vorher bestellter Actenprocuratur, in 12 Wochen, nach der letzten Bekanntmachung dieses Proclams, in der Königl. Kirchspielschreiberei zu Meldorf angeben. Wornach sich ein Jeder zu achten.

Königl. Süderdithmarscher Landvogtei zu Meldorf, den 2. Januar 1862.

(L. S.) *Müllenhoff.*

Zur Beglaubigung: **Fabricius.**

№ 3.

Erste Bekanntmachung.

Der Eingesessene Hans Harms, welcher mittelst Contracts vom 16. October v. J. von dem Käthner Johann Diedrich Dannmeyer in Kisdorf die im Kisdorfer Wohld belegene Fehrenwiese von 11 Tonnen 1 Scheffel Quantität = 3 Tonnen 5$^{11}/_{16}$ Scheffel Bonität gekauft, hat zur Sicherung des Kaufobjects gegen unbekannte dingliche Ansprüche die Erlassung eines Proclams beantragt.

Es werden daher, mit Ausnahme der protocollirten Creditoren, Alle und Jede, welche an das gedachte Grundstück aus irgend einem Grunde dingliche Ansprüche zu haben vermeinen möchten, hiedurch aufgefordert, sich damit innerhalb 12 Wochen, vom Tage der letzten Bekanntmachung dieses Proclams, bei Strafe des Ausschlusses, im Segeberger Königl. Actuariate, Auswärtige unter Procuraturbestellung, rechtsgehörig zu melden.

Segeberger Amtsgericht, den 10. Januar 1862.

(L. S.) **Pr. et Ass. jud.**

In fidem: **H. F. Jacobsen.**

№ 4.

Erste Bekanntmachung.

Auf den Antrag des hiesigen Fuhrmanns Marx Hinrich Schoer werden, mit Ausnahme der protocollirten Creditoren, Alle und Jede, welche an das von demselben verkaufte, hieselbst Quartier VI № 36 belegene Haus c. pert. dingliche Forderungen und Ansprüche zu haben vermeinen, hiedurch aufgefordert, sich damit, bei Strafe des Verlustes, innerhalb 12 Wochen, vom Tage der letzten Bekanntmachung dieses Proclams angerechnet, Auswärtige unter Bestellung eines Actenprocurators, im hiesigen Stadtsecretariate zu melden und die ihre Gerechtsame begründenden Documente im Original zu produciren und in Abschrift zurückzulassen.

Decretum Segeberg, **in Curia**, den 16. Januar 1862.

(L. S.) Bürgermeister und Rath.

№ 5.

Erste Bekanntmachung.

Auf Antrag Beikommender werden von Gerichtswegen hiedurch Alle und Jede, die an den von Peter Wulff verkauften, in Rethwisch belegenen, im Heiligenstedtener Schuld- und Pfandprotocoll Fol. 140 verzeichneten Hoflandes cum pert. dingliche, nichtprotocollirte Ansprüche und Forderungen machen zu können vermeinen, aufgefordert, solche binnen zwölf Wochen, vom Tage der letzten Bekanntmachung dieses Proclams angerechnet, bei Strafe des Ausschlusses und des ewigen Stillschweigens, Auswärtige unter Procuraturbestellung, hieselbst zur Anzeige zu bringen.

Heiligenstedtener Justitiariat zu Itzehoe, den 13. Januar 1862.

F. Rötger.

№ 6.

Erste Bekanntmachung.

Der Eingesessene Georg Robert Müller hat seine in Cölln, Kirchspiels Barmstedt, belegene $^{1}/_{24}$ Hufenstelle cum pert. verkauft und haben die Käufer die Erlassung eines landüblichen Proclams beantragt.

Von Gerichtswegen werden daher, mit alleiniger Ausnahme der protocollirten Creditoren, Alle und Jede, welche dingliche Ansprüche irgend einer Art an die erwähnte Landstelle c. pert. zu haben vermeinen, hiedurch befehligt, sich damit, bei Strafe des Verlustes dieser Rechte, binnen 12 Wochen, vom Tage der letzten Bekanntmachung dieses Proclams angerechnet, bei dem unterzeichneten Gerichte rechtsbehörig zu melden. Auswärtige haben einen Actenprocurator zu bestellen.

Königl. Administratur zu Ranzau, den 11. Jan. 1862. *W. v. Levetzau*, const.

№ 7.

Erste Bekanntmachung.

Es sind im Laufe des Jahres 1861 bei dem unterzeichneten Gericht verschiedene kleine Erbmassen zur gerichtlichen Regulirung gekommen, weil Miterben theils abwesend, theils unbekannt sind. Dahin gehört:

1. Die Erbmasse der am 24. Mai 1861 in Heist verstorbenen Wittwe des wail. Oellrich Lüdemann, Adelheid Lüdemann, geb. Bösche. Es werden aufgefordert, die als Erben angegebene Sophie Dorothea Bösch, verheirathet an Hinrich von Allwörden zu Fleth und die Kinder der verstorbenen Geschwister der Erblasserin, nämlich des Peter Bösch im Bützflether Moor, des Claus Bösch zu Appenfleth, der Abel Catharina Bösch, verheirathet gewesen an Cord Meyer im Bützflether Moor, der Anna Metta Bösch, verheirathet gewesen an Peter Brey oder Breyer zu Bützfleth. Ferner werden aufgefordert diejenigen, welche als nächste Verwandte des wail. Oellrich Lüdemann etwa Erbansprüche machen zu können vermeinen.

2. Die Erbmasse des am 14. Mai 1861 in Uetersen verstorbenen Lüder Harrstedt. Es werden aufgefordert die verschollenen Söhne Martin Harrstedt und Lüder Harrstedt und die Tochter Agneta Margaretha Harrstedt, verheirathet gewesen an Johann Peter Delfs, welche nach Amerika ausgewandert ist und sich dort wieder verheirathet haben soll, so wie die etwanigen Leibeserben dieser 3 Kinder.

3. Die Erbmasse des am 31. Mai 1861 in Uetersen verstorbenen Musikus Diedrich Adrian Brügmann oder Brückmann. Es werden aufgefordert dessen Geschwister Sören Brückmann, Christian Brückmann, Sophie Caroline Brückmann, Johann Friedrich und Marie Sophie Brückmann, Zwillinge, deren Leben oder Aufenthalt nicht zu ermitteln gewesen, so wie deren etwanige Leibeserben.

Demzufolge haben sich Alle, welche als Erben oder aus anderen Gründen Ansprüche an die vorgedachten Erbmassen zu machen beabsichtigen, unfehlbar innerhalb 12 Wochen, a publ. ult., auf dem Syndicate hieselbst zu melden und ihre Ansprüche zu justificiren, widrigenfalls dieselben damit gänzlich werden ausgeschlossen, resp. aber mit den Erbtheilen nach Vorschrift der Gesetze wird verfahren werden.

Erkannt Uetersen, den 15. Januar 1862.

Klösterliche Obrigkeit.

№ 8.

Zweite Bekanntmachung.

Wenn von dem Kämmerier Herrmann v. Qualen in Altona, als executor testamenti des am 26. October 1861 daselbst verstorbenen Kammerherrn und pensionirten Zollcassirers Stanislaus August Poniatowsky v. Bertouch, die Erlassung eines Proclams ad indagandum statum bonorum hieselbst beantragt worden:

So werden von Obergerichtswegen in Deferirung dieses Antrags Alle und Jede, welche an den Nachlaß des wail. Kammerherrn und pensionirten Zollcassirers Stanislaus August Poniatowsky v. Bertouch aus irgend einem Grunde Ansprüche und Forderungen zu haben vermeinen, hiedurch aufgefordert und befehligt, diese, bei Strafe der Präclusion und des ewigen Stillschweigens, innerhalb 12 Wochen, vom Tage der letzten Bekanntmachung dieses Proclams angerechnet, bei dem Kanzelei- und Obergerichtssecretair v. Gyldenfeldt hieselbst zu melden, die ihre Forderungen und Ansprüche etwa begründenden Documente in Ur- und Abschrift zu produciren und, falls sie Auswärtige sind, Actenprocuratoren hieselbst zu bestellen.

Urkundlich unterm vorgedruckten größern Gerichtsinsiegel. Gegeben im Königl. Holsteinischen Obergerichte zu Glückstadt, den 1. Januar 1862.

(L. S.) *v. Schirach.* *Henrici.*

v. Prangen.

№ 9.

Zweite Bekanntmachung.

Extr. des Procl. des 2ten Stücks № 2.

Nichtprotocollirte Forderungen und Ansprüche an den unter gerichtliche Behandlung genommenen Nachlaß des wail. Hofbesitzers Claus Egge in Lieth, sowie Pfandstücke aus diesem Nachlasse sind innerhalb 12 Wochen, vom Tage der letzten Bekanntmachung dieses Proclams angerechnet, in der Königl. Kirchspielschreiberei zu Hemmingstedt, sub pœna præclusi, gehörig anzugeben. B. R. W.

Meldorf, den 4. Januar 1862.

Zur Beglaubigung: **Fabricius.**

№ 10.

Zweite Bekanntmachung.

Extr. des Procl. des 2ten Stücks № 3.

Alle und Jede, welche gegen die Einrichtung eines speciellen Foliums im Schuld- und Pfandprotocoll für die Kathe des Zimmermanns Hinr. Sievers in Gr. Aeve Einwendungen zu machen oder dingliche Ansprüche an diese Kathe zu haben vermeinen, müssen sich damit, bei Vermeidung des Verlustes derselben, innerhalb 12 Wochen, vom Tage der letzten Bekanntmachung angerechnet, auf dem Königl. Actuariate hieselbst, unter Beobachtung des Erforderlichen, melden.

Königl. Amthaus zu Neumünster, den 31. Decbr. 1861.

v. Stemann.

In fidem: K. Scheel.

№ 11.

Zweite Bekanntmachung.

Extr. des Procl. des 2ten Stücks № 5.

Nichtprotocollirte, dingliche und persönliche Ansprüche und Forderungen an die Nachlaßmasse des weil. Schmiedemeisters Johannes Carl Heinr. Dittmann in Oldesloe sind innerhalb 12 Wochen, vom Tage der letzten Bekanntmachung dieses zugleich als eventuelles Concursproclam dienenden Proclams angerechnet, bei Vermeidung der Ausschließung und des ewigen Stillschweigens, im hiesigen Stadtsecretariate ordnungsmäßig anzumelden.

Decretum Oldesloe, in Curia, den 27. Decbr. 1861.

(L. S. C.) Bürgermeister und Rath hieselbst.

№ 12.

Zweite Bekanntmachung.

Extr. des Procl. des 2ten Stücks № 6.

Nichtprotocollirte dingliche Ansprüche an die von Asmus Hinrich Steen verkaufte, in Wakendorf belegene Drittelhufe c. pert. sind innerhalb 12 Wochen, vom Tage der letzten Bekanntmachung dieses Proclams, bei Strafe des Ausschlusses, im Segeberger Königlichen Actuariate rechtsgehörig zu melden.

Segeberger Amtsgericht, den 4. Januar 1862.

(L. S.) Pr. et Ass. jud.

In fidem: H. F. Jacobsen.

№ 13.

Zweite Bekanntmachung.

Extr. des Procl. des 2ten Stücks № 7.

Erb- und sonstige Ansprüche und Forderungen an den Nachlaß der hieselbst verstorbenen Johanna Ernestine Dorothea Christiana Wilms sind, bei Strafe der Ausschließung von der Masse, innerhalb 12 Wochen, vom Tage der letzten Bekanntmachung dieses Proclams angerechnet, im hiesigen Stadtsecretariate rechtsbehörig anzumelden.

Decretum Segeberg, in curia, den 9. Januar 1862.

(L. S.) Bürgermeister und Rath.

№ 14.

Zweite Bekanntmachung.

Extr. des Procl. des 2ten Stücks № 8.

Unprotocollirte Ansprüche an die Concursmasse des Tischlers Johann Friedrich Gercken zu Elmenhorst sind, bei Vermeidung der angedrohten Rechtsnachtheile, binnen 12 Wochen gehörig hieselbst anzugeben.

Der öffentliche Verkauf der Kathe des Cridars ist auf Montag den 3. März d. J., Mittags 12 Uhr, im Gerichtshause zu Jersbeck angesetzt.

Decretum Ahrensburg, im Jersbecker Justitiariat, den 6. Januar 1862.

Huss.

№ 15.

Dritte und letzte Bekanntmachung.

Am 9. August 1861 ist hierselbst die Wittwe des weil. hiesigen Korbmachers Christian Friedrich August Holzhausen, Anna Catharina, geb. Levens, ohne Hinterlassung eines Testaments verstorben, deren Sohn, Johann Friedrich August Holzhausen, geboren in Kiel den 5. Juni 1832, nach einem in der Masse gefundenen Briefe, d. d. Liverpool den 2. December 1852, damals nach Amerika zu reisen beabsichtigte, über dessen spätern Aufenthalt aber nichts bekannt ist. Auf Antrag des Herrn Actuars Reiche, als Güterpflegers der Holzhausen'schen Erbmasse, und nach Vorschrift der Verordnung vom 9. November 1798 werden Alle, welche als Erben, Gläubiger oder Eigenthümer Ansprüche an den gedachten Nachlaß zu haben glauben, und wird in's Besondere der abwesende Johann Friedrich August Holzhausen hierdurch aufgefordert, innerhalb präclusivischer Frist von 12 Wochen, vom Tage der letzten Bekanntmachung dieses Proclams angerechnet, sich im hiesigen Syndicat anzugeben, bei Vermeidung der Ausschließung mit ihren etwanigen Ansprüchen, resp. der ferneren Behandlung dieser Masse in Gemäßheit der allegirten Verordnung, und haben diejenigen Profitenten, welche außerhalb Kiel's wohnen, Procuratoren zu bestellen.

Kiel, den 23. December 1861.

Der Magistrat.

In fidem: *G. F. Witte*, Syndicus.

№ 16.

Dritte und letzte Bekanntmachung.

Extr. des Procl. des 1sten Stücks № 3.

Wer an den Nachlaß des wailand Gastwirths Gottfried Christian Ludolph Friedt hieselbst, namentlich dessen in der Schuhstraße hiesiger Stadt belegenes Vollbürgerhaus cum pert., Ansprüche oder Forderungen zu haben vermeint, muß sich damit, sub poena praeclusi et perpetui silentii, innerhalb 12 Wochen, von der letzten Bekanntmachung dieses Proclams angerechnet, im hiesigen Syndicate rechtsgehörig melden.

Oldenburg in Holstein, den 27. December 1861.

Der Magistrat.

W. Hensen.

Beilage
zum 4. Stück der Holsteinischen Anzeigen.

Montag den 27. Januar 1862.

Bekanntmachungen.

№ 1.

Da die Erben des weiland Gastwirths Gottfried Christian Ludolph Kriedt hieselbst nachträglich erklärt haben, daß sie die Nachlaßmasse nicht unbedingt, sondern nur **sub beneficio legis et inventarii** antreten wollen, so wird unter Bezugnahme auf das unterm 27. December v. J. erlassene Proclam hiedurch bekannt gemacht, daß dasselbe als **sub beneficio legis et inventarii, so wie cum eventuali cessione bonorum** erlassen zu betrachten ist.

Oldenburg in Holstein, den 13. Januar 1862.

Der Magistrat.

W. Hensen.

№ 2.

In der Nacht vom 18./19. d. M. erschoß sich vor der Thür eines Hauses zu Strohdeich, adel. Guts Klein-Collmar, ein Fremder. Derselbe war anscheinend 25—30 Jahre alt, 6 Fuß lang, dunkelbraun von Haaren, hatte blaue Augen, einen braunen Schnurr- und Kinnbart und war bekleidet mit einer schwarzen Tuchmütze, einem grauen Oberrock mit Hornknöpfen, schwarzer Tuchweste mit braunen Glasknöpfen, einer hellblauen Hose von Bocksking und einem weiß-roth und schwarz melirten halbwollenen Halstuche. Das Hemd war gezeichnet mit F. G., die Strümpfe mit P. St. 6. Die Sprache war hochdeutsch gewesen, im fremden Dialect. In seinem Taschenbuch befand sich ein Zettel, worauf mit Bleifeder geschrieben war:

> Ich bitte folgendes Inserat in die Hamb. Reform zu setzen. Liebe Amanda! Ich durfte Dich nicht lieben, und weil ich ohne Dich nicht leben konnte, so wollte ich sterben. Thue, was ich Dir gestern sagte. Den 17. Jan. 1862. Dein Karl.

Alle und Jede, welche im Stande sind, über die Persönlichkeit des Verstorbenen Näheres mitzutheilen, werden hiedurch aufgefordert, solches hieselbst anzuzeigen.

Glückstadt, im Justitiariate des adel. Guts Klein-Collmar, den 21. Januar 1862.

P. F. C. Matthiessen.

Testaments-Publication.

Das hieselbst gerichtlich deponirte Testament des hiesigen Schustermeisters Chr. Fr. Ehlers und seiner vor Kurzem verstorbenen Ehefrau Louise Henriette Christiane, gebornen Remien, früher verwittweten Süchting, wird am Dienstage, den 25. Februar d. J., Vormittags 11 Uhr, auf hiesigem Rathhause publicirt werden.

Lütjenburg, den 24. Januar 1862.

(L. S.) Bürgermeister und Rath.

Zur Beglaubigung: **H. Brinkmann.**

Testaments-Publication.

Das von dem am 6. d. M. hieselbst verstorbenen Eingessenen Johann Christian Bore hinterlassene, am 18. April 1856 zu Hamburg errichtete Testament soll am Mittwoch den 19. Februar d. J. Mittags 1 Uhr in dem Wandsbecker Gerichte publicirt werden, was für Beikommende hiedurch bekannt gemacht wird.

Decretum Wandsbecker Justitiariat bei Wandsbeck, den 18. Januar 1862.

Reimers.

Testaments-Publication.

Das von der verstorbenen Tochter des weiland Organisten und Schullehrers Andreas Hinrich Eggerling in Haseldorff, Juliane Henriette Sophie Eggerling, im Jahre 1857 hieselbst deponirte Testament wird

am Sonnabend den 15. Februar d. J.,
Morgens 10 Uhr,

im hiesigen Gerichtslocale eröffnet und publicirt werden, welches für die hieselbst unbekannten Intestaterben bekannt gemacht wird.

Haseldorff, im Justitiariate, den 17. Januar 1862.

Kœnigsmann.

Steckbrief.

Wenn der unten näher signalisirte Copist Friedr. Doormann unter dringendem Verdachte der Unterschlagung einer nicht unbeträchtlichen ihm anvertrauten Summe Geldes aus Elmshorn entwichen ist, so werden alle Behörden des In- und Auslandes hierdurch dienstlich ersucht, auf denselben vigiliren zu lassen, ihn im Betretungsfall anzuhalten und die Administratur über die geschehene Anhaltung in Kenntniß zu setzen, damit seine Abholung gegen Kostenerstattung veranlaßt werden könne.

Königl. Administratur zu Ranzau, den 18. Janr. 1862.
W. v. Levetzau, const.

Signalement

des Friedrich Doormann, gebürtig aus dem adeligen Gute Satjewitz.

Alter: 21 Jahr, Statur: lang, Haare: hellblond, Stirn: gewöhnlich, Nase: spitz, Augen: blau, Kinn: stark, Gesichtsfarbe: gesund, Gang: gebückt. Der Doormann war bei seiner Entfernung bekleidet mit einem Paletot von braunem Doublestoff, einem Gehrock von schwarzem Laken, einer Hose und Weste von feingestreiftem Burkin, einem runden braunen Filzhut, Halbstiefeln mit Gummi-Einsatz und Gummischuhen.

Edictal-Citationes.

№ 1.

Auf geziemende Vorstellung und Bitte abseiten Sophie Hilbert, geb. Knoop, in Itzehoe c. c., Implorantin, pro edictali citatione ihres Ehemannes, des Schiffszimmermanns Heinrich Hilbert, welcher sie seit 8 Jahren verlassen, wird Namens des Münsterdorfischen Consistoriums erwähnter Heinrich Hilbert hiedurch ein für allemal, mithin peremtorisch von mir geladen und befehligt, am Dienstag nach dem Sonntage Cantate, wird sein der 20. Mai d. J., Vormittags um 9 Uhr, in der hiesigen Probstei vor dem alsdann zu haltenden Münsterdorfischen Consistorialgericht persönlich zu erscheinen, um zu vernehmen, was seine Ehefrau sodann wegen böslicher Verlassung und daher zu trennender Ehe wider ihn antragen wird, darauf zu antworten und nach verhandelter Sache Spruch Rechtens zu gewärtigen, mit der ausdrücklichen Verwarnung, daß im Falle seines Ausbleibens auf ferneren Antrag der Implorantin und Edictalcitantin wider ihn werde erkannt werden, was den Rechten gemäß ist.

Itzehoe, in der Münsterdorfer Kirchenprobstei und unter dem Insiegel des Consistoriums, den 11. Jan. 1862.

Im höheren Auftrage:
(L. S.) *E. Versmann.*

№ 2.

Extract der Edictal-Citation an die abwesende Ehefrau Anna Christine Louise Kracht, geb. Bramfeldt.

Die Ehefrau des hiesigen Bürgers und Holzpantoffelmachers Jacob Kracht, Anna Christine Louise, geb. Bramfeldt, welche sich im August 1859 heimlich von hier entfernt hat, wird hiedurch peremtorisch geladen und befehligt, am Dienstage den 29. April des kommenden Jahres, Vormittags 11 Uhr, vor dem in hiesiger Probstei versammelten Consistorium zu erscheinen, zu vernehmen, was ihr obgenannter Ehemann wegen böslicher Verlassung und daher zu trennender Ehe wider sie vorbringen werde, darauf zu antworten und Spruch Rechtens zu gewärtigen, mit der ausdrücklichen Verwarnung, daß im Ausbleibungsfalle auf fernern Antrag des Klägers in contumaciam den Rechten gemäß wider sie werde erkannt werden.

Altona, im Königl. Consistorium, den 28. Decbr. 1861.
Vt. moie.: *H. F. Nievert.*

Proclamata.

№ 1.

Erste Bekanntmachung.

Auf den Antrag Beikommender werden Alle und Jede, mit alleiniger Ausnahme der etwanigen protocollirten Gläubiger, welche an den Nachlaß des verstorbenen Hufners Hinrich Fink in Crockau, namentlich an die dazu gehörige sub № 5 daselbst belegene volle Hufe aus irgend einem Grunde persönliche oder dingliche Forderungen oder sonstige Ansprüche zu haben glauben, hiedurch aufgefordert und befehligt, sich damit, bei Strafe der Ausschließung und des ewigen Stillschweigens, unter Einlieferung der ihre Forderungen und Ansprüche begründenden Documente in Ur- und Abschrift und gehöriger Procuraturbestellung, binnen 12 Wochen, von der letzten Bekanntmachung dieses Proclams angerechnet, ordnungsmäßig auf hiesiger Klosterschreiberei zu melden und ihre Gerechtsame wahrzunehmen.

Klösterliches Theilungsgericht zu Preetz, den 23. Januar 1862.
C. v. Qualen.

№ 2.

Erste Bekanntmachung.

Auf Anhalten der 11 Vollhufner und der 3 Halbhufner zu Großen Kummerfeld werden alle diejenigen, welche an eine Landmaaße von 89 Tonnen 1 Scheffel 91 Ruthen, die ihnen aus der dortigen Gemeinheit überlassen worden, und an die folgenden aus ihren resp. Voll- und Halbhufen zu derselben zugelegten Ländereien, als:

3 Scheffel 66 Ruthen aus der Hufe des Cl. Hinr. Hamann,
2 Scheffel 5 Ruthen aus der Hufe des J. Detlef Bülck,
2 Scheffel 17 Ruthen aus der Hufe des Johann Meyer,
3 Scheffel 64 Ruthen aus der Hufe der Anna Storm,
3 Scheffel 68 Ruthen aus der Hufe des Hinrich Hauschildt,
3 Scheffel 64 Ruthen aus der Hufe des Hinrich Runge,

3 Scheffel 65 Ruthen aus der Hufe des Carsten Hinrich Hauschildt,
3 Scheffel 95 Ruthen aus der Hufe des Nicolaus Frahm,
4 Scheffel 53 Ruthen aus der Hufe des Hartwig Harder,
3 Scheffel 76 Ruthen aus der Hufe der Margaretha Wittorff,
3 Scheffel 66 Ruthen aus der Hufe des Hans Hinr. Fischer,
1 Scheffel 84 Ruthen aus der Halbhufe des Hans Wulff,
1 Scheffel 84 Ruthen aus der Halbhufe des Hartw. Voß,
80 Ruthen aus der Halbhufe des Marx Brüggen, dingliche nichtprotocollirte Ansprüche zu haben vermeinen oder der Einrichtung eines speciellen Folii für diese sämmtlichen Ländereien widersprechen zu können glauben, hiedurch, bei Strafe des Verlustes derselben, angewiesen und befehligt, sich mit denselben innerhalb 12 Wochen, vom Tage der letzten Bekanntmachung dieses Proclams angerechnet, bei dem Königl. Actuariat zu Neumünster zu melden, die ihre Ansprüche begründenden Documente in Original zu produciren und Abschriften davon zurückzulassen, auch, falls sie Auswärtige sind, einen Actenprocurator unter hiesiger Jurisdiction zu bestellen.

Königl. Amthaus zu Neumünster, den 16. Januar 1862.

v. Stemann.
In fidem: K. Scheel.

№ 3.

Erste Bekanntmachung.

Auf den Antrag des Mühlenpächters Johann Hinrich Carstens zu Rensewühren, Guts Bothkamp, werden, mit Ausnahme der protocollirten Crediteren, Alle und Jede, welche an die von dem Extrahenten verkaufte, auf seinem Namen stehende und zu Blunck im hiesigen Amt belegene Hufe dingliche Ansprüche zu haben vermeinen möchten, hiedurch aufgefordert, sich damit innerhalb 12 Wochen, vom Tage der letzten Bekanntmachung dieses Proclams, bei Strafe des Ausschlusses, im Segeberger Königlichen Actuariate, Auswärtige unter Procuraturbestellung, rechtsgehörig zu melden.

Segeberger Amtsgericht, den 18. Januar 1862.

(L. S.) **Pr. et Ass. Jud.**
In fidem: H. F. Jacobsen.

№ 4.

Erste Bekanntmachung.

Mit Genehmigung des Königlichen Holsteinischen Obergerichts werden auf Anhalten Beikommender Alle und Jede, welche an nachbenannte im Schuld- und Pfandprotocoll der Stadt Segeberg protocollirte, angeblich verloren gegangene Documente:

1) den Fol. 112/113 Abthl. I protocollirten Häuercontract vom 8. Jan. 1830, wonach die Stadt Segeberg an Herrmann Fürst das sogenannte Communehaus von Ostern 1830 bis dahin 1831 für 96 ℛ︁ 51 β verhäuert hat;
2) den Fol. 112/113 und Fol. 97 Abthl. I protocollirten Häuercontract vom 23. März 1832, wonach die Kirchspielvögtin D. Springer, geb. Meyer, das vormals Lange'sche, jetzt dem Höker Hans Hinrich Wulff gehörige Haus von Ostern 1831 bis dahin 1836 für jährlich 120 ℛ︁ an Herrmann Fürst verhäuert hat;
3) den Fol. 112/113 Abthl. I protocollirten Häuercontract vom 4. März 1837, nach welchem Jacob Seligmann Moses Zwei Koppeln und Eine Wiese, welche Ländereien jetzt dem Schuhmachermeister Claus Friedrich Ahrberg gehören, an Herrmann Fürst von Allerheiligen 1835 bis dahin 1845 für jährlich 54 ℛ︁ 38 β verhäuert hat;
4) den Fol. 112/113 Abthl. I protocollirten Häuercontract vom 17. April 1845, nach welchem Caspar Hinr. Schmüser ein Stück Wiesenland auf der Hafwiese, jetzt dem Landmann Hans Hinrich Reher gehörig, von Neujahr 1845 bis dahin 1858 an den verstorbenen Bäckermeister Detlef Hinrich Saggau für jährlich 10 ℛ︁ 64 β verhäuert hat;
5) den Fol. 110 Abthl. I protocollirten Kaufcontract vom 17. Mai 1823, nach welchem der Arbeitsmann Friedrich Steffen an den verstorbenen Bäckermeister Johann Heinr. Reher pro resto 426 ℛ︁ 64 β schuldet;
6) die Fol. 5 Abthl. II protocollirte Cessions- und Bürgschaftsacte vom 22. Januar 1836, wonach der Kaufmann Jochim Ludw. Friedr. Lüttgens die Bürgschaft übernommen hat für die auf dem Folium seiner Bruders, des Bäckers Ludw. Jacob Lüttgens in Bargteheide, für die Kinder des Organisten Jedder Feddersen daselbst pro resto protocollirten 613 ℛ︁ 32 β R.-M.;
7) die Fol. 410 Abthl. I protocollirte Vereinbarung vom 8. November 1810 über den Nachlaß des weiland Kaufmanns Jochim Nicolaus Gaenge, nach welcher den beiden verstorbenen Töchtern a) Catharina Johanna Dorothea, später verheirathet an den verstorbenen Kammerassessor und Zollverwalter Mackprang in Segeberg, und b) Amalia Friederike Wilhelmine, später verheirathet an den Major Hwiid in Kopenhagen, jeder 2666 ℛ︁ 64 β R.-M. und diesen, so wie dem Sohn, dem Weinhändler Hans Christian Nicolaus Gaenge in Kiel, verschiedene Effecten an Bett-, Leinen- und Silberzeug auszukehren sind;
8) die Fol. 21/173 Abthl. II protocollirte Acte vom

22. Mai 1836, nach welcher der weil. Mühlenpächter Nicolaus Heinrich Hagen in einem Processe mit dem weiland Geheimen Staatsminister Grafen zu Rantzau wegen schuldiger Mühlenpacht die Appellationscaution für Schäden und Kosten übernommen hat;

9) die Fol. 169 Abthl. I protocollirte Obligation vom 16. Juli 1791 an Detl. Möhl zu Qualen über pro resto 26 ℳ 64 β zu 4 pCt. Zinsen;

10) den Fol. 340, 341 und 367 Abthl. I protocollirten Häuercontract vom 7. Mai 1842, nach welchem der weil. Schmiedemeister Carl Heinr. Christian Hinrichsen eine Werkstätte, Wohnung und Gartenland an den Schmiedemeister Nicol. Jürgen Fürböter von Ostern 1842 bis dahin 1854 für jährlich 160 ℳ R.-M. verhäuert hat,

Ansprüche irgend einer Art zu haben vermeinen, hiedurch aufgefordert, solche binnen 12 Wochen, vom Tage der letzten Bekanntmachung dieses Proclams angerechnet, Auswärtige unter Bestellung von Actenprocuratoren, im hiesigen Stadtsecretariate anzumelden und die ihre Ansprüche begründenden Documente im Original zu produciren und in beglaubigter Abschrift zurückzulassen, widrigenfalls sie zu gewärtigen haben, daß, unter Präcludirung der nicht angemeldeten Ansprüche, die Documente sub 1—4 und 6—10 mortificirt und im Schuld- und Pfandprotocoll delirt, das Document sub 5 dagegen durch eine Abschrift aus dem Contractenbuch wird ersetzt werden.

Decretum Segeberg, in Curia, den 22. Januar 1862.

(L. S.) Bürgermeister und Rath.

№ 5.

Erste Bekanntmachung.

Alle und Jede, welche an den Nachlaß des weil. Schusters Jochim Hinr. Spethmann in Zarpen Forderungen und Ansprüche zu haben vermeinen, werden durch nachstehendes Proclam, welches eventuell als Concursproclam angesehen sein soll, von Gerichtswegen hiemit aufgefordert, solche, bei Vermeidung der Präclusion, innerhalb 6 Wochen, vom Tage der letzten Bekanntmachung dieses Proclams angerechnet, auf dem Königl. Reinfelder Actuariat anzumelden, Auswärtige unter Bestellung eines Actenprocurators.

Königliches Reinfelder Amthaus zu Traventhal, den 17. Januar 1862.

Grothusen.

Zur Beglaubigung: **W. Baudissin.**

№ 6.

Erste Bekanntmachung.

Es hat der Vorsteher einer Lehranstalt, Gottlieb Green, als Curator des geisteskranken Doctors der Medicin Rudolph Cruse hieselbst, das am hiesigen Marktplatz belegene Haus desselben c. pert. mit obervormundschaftlicher Genehmigung verkauft und zur Sicherstellung des Käufers gegen unbekannte Realverpflichtungen die Erlassung eines Proclams beantragt. In Gewährung dieses Antrags werden Alle und Jede, welche an den hiesigen Grundbesitz des Dr. med. Rudolph Cruse nichtprotocollirte hypothekarische oder sonstige dingliche Forderungen und Ansprüche zu haben vermeinen, bei Strafe der Präclusion und eines immerwährenden Stillschweigens hiemit von Gerichtswegen aufgefordert, ihre Ansprüche innerhalb 12 Wochen, vom Tage der letzten Bekanntmachung dieses Proclams angerechnet, hieselbst anzugeben, die etwanigen Belege ihrer Angaben in Ur- und Abschrift einzureichen, auch den Umständen nach gehörige Actenprocuratur unter hiesiger Gerichtsbarkeit zu bestellen.

Decretum Ahrensburg, im Justitiariat des adel. Guts Ahrensburg, den 23. Januar 1862.

Huss.

№ 7.

Erste Bekanntmachung.

Demnach der hiesige Bürger und Bäckermeister Wilhelm Suhr sein Vermögen zu concursmäßiger Behandlung übergeben und demzufolge die Erlassung eines Proclams erforderlich geworden, so werden Alle und Jede, die an die Masse des gedachten Suhr Ansprüche und Forderungen irgend einer Art zu haben vermeinen, namentlich an das zur Masse gehörige im Sandberge belegene sub Qu. 6 № 141 katastrirte Haus, mit alleiniger Ausnahme derjenigen Gläubiger, deren Forderungen protocollirt sind, von Bürgermeister und Rath hiedurch aufgefordert, sich, bei Strafe des Verlustes ihrer Forderungen und Ausschließung von der Masse, binnen 12 Wochen, vom Tage der letzten Bekanntmachung dieses Proclams angerechnet, im Stadtsecretariate zu melden, unter Vorzeigung der ihre Forderungen begründenden Documente und, was Auswärtige betrifft, unter der Verpflichtung zur Bestellung eines Actenprocurators.

Itzehoe, den 23. Januar 1862.

Bürgermeister und Rath.

№ 8.

Erste Bekanntmachung.

Wenn von dem Eingesessenen Johann Witt in Sommerland behufs Regulirung seiner Vermögensverhältnisse um die Erlassung eines Proclams **ad indagandum statum bonorum** hieselbst gebeten ist, so werden in Deferirung dieses Antrags, mit alleiniger Ausnahme der protocollirten Creditoren, Alle und Jede, welche Ansprüche und Forderungen irgend einer Art an den Eingesessenen Johann Witt in Sommerland oder dessen daselbst belegene Landstelle zu haben vermeinen, oder Pfänder von demselben besitzen, hiemittelst von Gerichtswegen befehligt, sich mit diesen Ansprüchen innerhalb 12 Wochen, vom Tage der letzten Bekanntmachung dieses Proclams angerechnet, bei Strafe resp. des Ausschlusses und des ewigen Stillschweigens, so wie des Verlustes der Pfandrechte, bei dem unterzeichneten Gerichte rechtsbehörig zu melden. Auswärtige haben einen Actenprocurator zu bestellen.

Königl. Intendantur zu Ranzau, den 18. Januar 1862.

W. v. Levetzau, const.

№ 9.

Erste Bekanntmachung.

Wenn der Hr. Obergerichtsadvocat Adolph Schmidt Namens des Kaufmanns Gustav Kresse hieselbst und des Kaufmanns Eduard Gustav Homann in Pinneberg, bisher in Firma Kresse & Homann, den Antrag gestellt, daß, weil das zwischen den gedachten Associés bisher unter der Firma Kresse & Homann hier und in Pinneberg bestandene Wein- und Spritgeschäft nach freundschaftlicher Uebereinkunft vom 1. Decbr. v. J. angerechnet, aufgelöst ist, nunmehr behufs definitiver Auseinandersetzung ein Proclam an alle diejenigen, welche an besagte ihre Handlung bis zu dem genannten Tage Ansprüche erworben haben möchten, erlassen werde und dieser Bitte gerichtsseitig stattgegeben ist: so werden von Gerichtswegen Alle und Jede, welche an das unter der Firma Kresse & Homann hier und in Pinneberg bis zum 1. Decbr. v. J. geführte Wein- und Spritgeschäft aus irgend einem rechtlichen Grunde Ansprüche oder Forderungen zu haben vermeinen, hiedurch, bei Strafe der Ausschließung und des ewigen Stillschweigens, aufgefordert und befehligt, sich damit binnen 12 Wochen, nach der letzten Bekanntmachung dieses Proclams, im hiesigen ersten Stadtsecretariate, und spätestens am

12. Mai d. J.,

als dem peremtorischen Angabetermine, im Obergerichte hieselbst anzumelden, wobei die die Ansprüche begründenden Documente in Urschrift vorzuzeigen und in Abschrift zurückzulassen sind, Auswärtige auch wegen gehöriger Procuraturbestellung das Nöthige wahrzunehmen haben.

Wornach Beikommende sich zu achten!

Altona, im Obergerichte, den 16. Januar 1862.

Ex Decreto Senatus.

№ 10.

Erste Bekanntmachung.

Auf Anhalten Beikommender werden, mit alleiniger Ausnahme der Proclamextrahenten, Alle,

1) welche an den Nachlaß der im August v. J. hieselbst verstorbenen Ehefrau Maria Block, geb. Lemmermann;
2) welche an den Nachlaß des weil. hiesigen Bürgers und Tischlermeisters Johann Anton Behn;
3) welche an den Nachlaß der hieselbst verstorbenen Anna Christiana Heinsohn;
4) welche an den Nachlaß des in der Irrenanstalt bei Schleswig verstorbenen Advocaten, früheren Procurators in Altona, Carl Kiß — mit alleiniger Ausnahme der bereits bekannten Erben —
5) welche an den Nachlaß der weil. Wittwe des Advocaten Carl Kiß, Maria Margaretha Henriette, geb. Trumpf;

resp. Erb- oder sonstige Ansprüche zu haben vermeinen, hiedurch, bei Strafe der Ausschließung von diesen Massen, aufgefordert und befehligt, solche binnen 12 Wochen, nach der letzten Bekanntmachung dieses Proclams, im hiesigen ersten Stadtsecretariate und spätestens am

19. Mai d. J.,

als dem peremtorischen Angabetermine, im Obergerichte hieselbst anzumelden, wobei die die Ansprüche begründenden Documente in Urschrift vorzuzeigen und in Abschrift zurückzulassen sind, Auswärtige auch wegen gehöriger Procuraturbestellung das Nöthige wahrzunehmen haben.

Wornach Beikommende sich zu achten.

Altona, im Obergerichte, den 20. Januar 1862.

Ex Decreto Senatus.

№ 11.

Erste Bekanntmachung.

Wenn abseiten der Wittwe Christine Ingwersen, geb. Raabe, in Altona die Erklärung abgegeben worden ist, daß sie die Erbmasse ihres am 25. v. M. hieselbst verstorbenen Sohnes, des **Dr. jur.** Paul Ingwersen, nur **sub beneficio legis et inventarii** antreten könne und unter solchen Umständen die Erlassung eines landüblichen, eventuell auch für einen Concurs dienenden Proclams erforderlich geworden,

Werden von Gerichtswegen Alle und Jede, welche an die geringfügige Erbmasse des hieselbst verstorbenen **Dr. jur.** Paul Ingwersen aus Altona aus irgend einem Grunde Ansprüche zu haben vermeinen, hiedurch aufgefordert, solche binnen 12 Wochen, vom Tage der letzten Publication dieser eventuell auch als Concursproclam dienenden Bekanntmachung angerechnet, und zwar bei Strafe der Ausschließung und des ewigen Stillschweigens, in dem unterzeichneten Justitiariate ordnungsmäßig anzumelden, die ihre Ansprüche begründenden etwanigen Documente im Original zu produciren und beglaubigte Abschriften davon bei den Acten zu belassen, auch, wofern sie Auswärtige, Actenprocuratoren hieselbst zu bestellen.

Wornach sich zu achten.

Decretum Wandsbecker Justitiariat bei Wandsbeck, den 20. Januar 1862.

Reimers.

№ 12.

Zweite Bekanntmachung.

Von Gerichtswegen

werden nach Ertheilung des Armenrechts und auf Antrag des Hrn. Kirchspielvogts Johannsen in Lunden, als officialis loci, die Erben und nichtprotocollirten Gläubiger folgender, in der Armen- und Arbeitsanstalt zu Lunden verstorbener Armenalumnen:

1) des Schneiders Plambeck, angeblich aus Lübeck,
2) des Matthias Adam Hümpel aus Krempel, und
3) der unverehelichten Margaretha Michaelsen aus Eckernförde,

hiemittelst aufgefordert, ihre vermeintlichen Erb- und sonstigen Ansprüche an die geringfügige Verlassenschaft der obengedachten Armenalumnen innerhalb 12 Wochen, vom Tage der letzten Bekanntmachung dieses Proclams, in der Kirchspielschreiberei zu Lunden — Auswärtige unter Bestellung der Actenprocuratur — gehörig angeben und verzeichnen zu lassen, im Widrigen aber zu gewärtigen, wie sie mit denselben werden präcludirt werden.

Königl. Norderdithmarsische Landvogtei zu Heide, den 20. December 1861.

Hansen.

In fidem: Scholtz.

№ 13.

Zweite Bekanntmachung.

Auf Antrag Beikommender werden von Gerichtswegen hiedurch Alle und Jede, die an den von Peter Wulff verkauften, in Rethwisch belegenen, im Heiligenstedtener Schuld- und Pfandprotocoll Fol. 140 verzeichneten Hoflandes cum pert. dingliche, nichtprotocollirte Ansprüche und Forderungen machen zu können vermeinen, aufgefordert, solche binnen zwölf Wochen, vom Tage der letzten Bekanntmachung dieses Proclams angerechnet, bei Strafe des Ausschlusses und des ewigen Stillschweigens, Auswärtige unter Procuraturbestellung, hieselbst zur Anzeige zu bringen.

Heiligenstedtener Justitiariat zu Itzehoe, den 13. Januar 1862.

F. Rötger.

№ 14.

Zweite Bekanntmachung.

Es sind im Laufe des Jahres 1861 bei dem unterzeichneten Gericht verschiedene kleine Erbmassen zur gerichtlichen Regulirung gekommen, weil Miterben theils abwesend, theils unbekannt sind. Dahin gehört:

1. Die Erbmasse der am 24. Mai 1861 in Heist verstorbenen Wittwe des weil. Oellrich Lüdemann, Adelheid Lüdemann, geb. Bösche. Es werden aufgefordert, die als Erben angegebene Sophie Dorothea Bösch, verheirathet an Hinrich von Allwörden zu Fleth und die Kinder der verstorbenen Geschwister der Erblasserin, nämlich des Peter Bösch im Bützflether Moor, des Claus Bösch zu Appensleth, der Abel Catharina Bösch, verheirathet gewesen an Cord Meyer im Bützflether Moor, der Anna Metta Bösch, verheirathet gewesen an Peter Brey oder Breyer zu Bützfleth. Ferner werden aufgefordert diejenigen, welche als nächste Verwandte des weil. Oellrich Lüdemann etwa Erbansprüche machen zu können vermeinen.

2. Die Erbmasse des am 14. Mai 1861 in Uetersen verstorbenen Lüder Harrstedt. Es werden aufgefordert die verschollenen Söhne Martin Harrstedt und Lüder Harrstedt und die Tochter Agneta Margaretha Harrstedt, verheirathet gewesen an Johann Peter Delfs, welche nach Amerika ausgewandert ist und sich dort wieder verheirathet haben soll, so wie die etwanigen Leibeserben dieser 3 Kinder.

3. Die Erbmasse des am 31. Mai 1861 in Uetersen verstorbenen Musikus Diedrich Adrian Brügmann oder Brückmann. Es werden aufgefordert dessen Geschwister Sören Brückmann, Christian Brückmann, Sophie Caroline Brückmann, Johann Friedrich und Marie Sophie Brückmann, Zwillinge, deren Leben oder Aufenthalt nicht zu ermitteln gewesen, so wie deren etwanige Leibeserben.

Demzufolge haben sich Alle, welche als Erben oder aus anderen Gründen Ansprüche an die vorgedachten Erbmassen zu machen beabsichtigen, unfehlbar innerhalb 12 Wochen, a publ. ult., auf dem Syndicate hieselbst zu melden und ihre Ansprüche zu justificiren, widrigenfalls dieselben damit gänzlich werden ausgeschlossen, resp. aber mit den Erbtheilen nach Vorschrift der Gesetze wird verfahren werden.

Erkannt Uetersen, den 13. Januar 1862.

Klösterliche Obrigkeit.

№ 15.

Zweite Bekanntmachung.

Extr. des Procl. des 2ten Stücks № 4.

Alle und Jede, welche Ansprüche oder Forderungen irgend einer Art an den Nachlaß des am 20. Decbr. v. J. in Honigfleth mit Tode abgegangenen frühern Hofbesitzers zu Kleinwisch Rehder Witt zu haben vermeinen, werden hiedurch von Gerichtswegen aufgefordert und befehligt, sich mit ihren Ansprüchen, bei Strafe des Verlustes derselben, innerhalb 12 Wochen, vom Tage der letzten Bekanntmachung dieses Proclams angerechnet, bei der Königl. Landschreiberei der Wilster-Marsch zu Wilster gehörig anzumelden.

Königliches Gericht für das Amt Steinburg zu Itzehoe, den 7. Januar 1862.

A. v. Heintze, const.

№ 16.

Zweite Bekanntmachung.

Extr. des Procl. des 3ten Stücks № 2.

Nichtprotocollirte Forderungen und Ansprüche an den Nachlaß des in Esch verstorbenen, aus Hindorf gebürtigen Tischlergesellen Jürgen Friedrich Holm, so wie Pfandstücke aus demselben, sind innerhalb 12 Wochen, nach der letzten Bekanntmachung dieses Proclams, sub pœna praeclusi, in der Königl. Kirchspielschreiberei zu Meldorf gehörig anzugeben.

V. R. W.

Meldorf, den 2. Januar 1862.

Zur Beglaubigung: **Fabricius.**

№ 17.

Zweite Bekanntmachung.

Extr. des Procl. des 3ten Stücks № 3.

Nichtprotocollirte dingliche Ansprüche an die von Johann Diedrich Dammeyer in Kisdorf an Hans Harms verkaufte, zu Kisdorfer Wohld belegene Fehrenwiese von 11 Tonnen 1 Scheffel Quantität, gleich 3 Tonnen 5¹¹/₁₆ Scheffel Bonität, sind innerhalb 12 Wochen, vom Tage der letzten Bekanntmachung dieses Proclams, bei Strafe des Ausschlusses, im Segeberger Königl. Actuariate rechtsgehörig zu melden.

Segeberger Amtsgericht, den 10. Januar 1862.

(L. S.) **Pr. et Ass. jud.**

In fidem: H. F. Jacobsen.

№ 18.

Zweite Bekanntmachung.

Extr. des Procl. des 3ten Stücks № 4.

Dingliche nichtprotocollirte Ansprüche und Forderungen an das von dem Fuhrmann Marx Hinrich Schoer verkaufte, hieselbst Quart. 6 № 36 belegene Haus c. pert. sind, bei Strafe des Verlustes, innerhalb 12 Wochen, nach der letzten Bekanntmachung dieses Proclams, im Stadtsecretariate rechtsbehörig anzumelden.

Decretum Segeberg, in Curia, den 16. Januar 1862.

(L. S.) Bürgermeister und Rath.

№ 19.

Zweite Bekanntmachung.

Extr. des Procl. des 3ten Stücks № 6.

Mit Ausnahme der protocollirten Creditoren müssen sich Alle und Jede, welche dingliche Ansprüche irgend einer Art an die von Georg Robert Müller verkaufte in Cölln, Kirchspiels Barmstedt, belegene ¹/₄₈-Hufenstelle c. pert. zu haben vermeinen, bei Strafe des Verlustes dieser Rechte, binnen 12 Wochen, vom Tage der letzten Bekanntmachung dieses Proclams angerechnet, bei dem unterzeichneten Gerichte rechtsbehörig melden.

Königl. Administratur zu Ranzau, den 11. Jan. 1862. *W. v. Levetzau*, const.

№ 20.

Dritte und letzte Bekanntmachung.

Wenn von dem Kämmerer Herrmann v. Qualen in Altona, als **executor testamenti** des am 26. October 1861 daselbst verstorbenen Kammerherrn und pensionirten Zollcassirers Stanislaus August Poniatowsky v. Bertouch, die Erlassung eines Proclams **ad indagandum statum bonorum** hieselbst beantragt worden:

So werden von Obergerichtswegen in Deferirung dieses Antrags Alle und Jede, welche an den Nachlaß des wail. Kammerherrn und pensionirten Zollcassirers Stanislaus August Poniatowsky v. Bertouch aus irgend einem Grunde Ansprüche und Forderungen zu haben vermeinen, hiedurch aufgefordert und befehligt, diese, bei Strafe der Präclusion und des ewigen Stillschweigens, innerhalb 12 Wochen, vom Tage der letzten Bekanntmachung dieses Proclams angerechnet, bei dem Kanzelei- und Obergerichtssecretair v. Gyldenfeldt hieselbst zu melden, die ihre Forderungen und Ansprüche etwa begründenden Documente in Ur- und Abschrift zu produciren und, falls sie Auswärtige sind, Actenprocuratoren hieselbst zu bestellen.

Urkundlich unterm vorgedruckten größern Gerichtsinsiegel. Gegeben im Königl. Holsteinischen Obergerichte zu Glückstadt, den 1. Januar 1862.

(L. S.) *v. Schirach.* *Henrici.*

v. **Prangen.**

№ 21.

Dritte und letzte Bekanntmachung.

Von Gerichtswegen

wird auf Anhalten des A. R. Stammer in Heide, als Güterpflegers, den sämmtlichen nicht protocollirten Gläubigern des Tabacksfabrikanten Hans Peter Hoeck in Heide, über dessen Habe und Güter definitiv Concurs erkannt worden, hiedurch aufgegeben, ihre Forderungen und Ansprüche an den genannten Cridar mögen dieselben beruhen, worin immer, innerhalb 12 Wochen, von der letzten Bekanntmachung dieses Proclams angerechnet, und zwar Auswärtige nach vorgängiger Procuraturbestellung, bei Vermeidung der Ausschließung von der Concursmasse, in der Kirchspielschreiberei zu Heide gesetzmäßig anzumelden und verzeichnen zu lassen.

Königl. Norderdithmarsische Landvogtei zu Heide, den 21. December 1861.

Hansen.

In fidem: Schultz.

Pro copia: Wiencke.

№ 22.

Dritte und letzte Bekanntmachung.

Extr. des Procl. des 1sten Stücks № 4.

Dingliche und persönliche Forderungen jeder Art an die Erbmasse des wail. Organisten Asmus Jürgen

Andresen in Segeberg, so wie alle von dem Verstorbenen in Pfand gegebenen Gegenstände sind innerhalb 12 Wochen, vom Tage der letzten Bekanntmachung dieses Proclams, welches eventuell als Concursproclam anzusehen, resp. bei Strafe des Ausschlusses und Verlust des Pfandrechts, im Segeberger Königl. Actuariat des Consistorii rechtsgehörig zu melden.

Segeberger Consistorium, den 27. December 1861.

Pr., Pr. et Ass. Consist.

In fidem: Wittböfft,
in Vertretung des Herrn Justizraths
H. F. Jacobsen.

№ 23.

Dritte und letzte Bekanntmachung.

Extr. des Procl. des 2ten Stücks № 2.

Nichtprotocollirte Forderungen und Ansprüche an den unter gerichtliche Behandlung genommenen Nachlaß des weil. Hofbesitzers Claus Egge in Lieth, sowie Pfandstücke aus diesem Nachlasse sind innerhalb 12 Wochen, vom Tage der letzten Bekanntmachung dieses Proclams angerechnet, in der Königl. Kirchspielschreiberei zu Hemmingstedt, **sub pœna præclusi,** gehörig anzugeben. V. R. W.

Meldorf, den 4. Januar 1862.

Zur Beglaubigung: **Fabricius.**

№ 24.

Dritte und letzte Bekanntmachung.

Extr. des Procl. des 2ten Stücks № 3.

Alle und Jede, welche gegen die Einrichtung eines speciellen Foliums im Schuld- und Pfandprotocoll für die Kathe des Zimmermanns Hinr. Sievers in Gr. Aspe Einwendungen zu machen oder dingliche Ansprüche an diese Kathe zu haben vermeinen, müssen sich damit, bei Vermeidung des Verlustes derselben, innerhalb 12 Wochen, vom Tage der letzten Bekanntmachung angerechnet, auf dem Königl. Actuariate hieselbst, unter Beobachtung des Erforderlichen, melden.

Königl. Amthaus zu Neumünster, den 31. Decbr. 1861. *v. Stemann.*

In fidem: K. Scheel.

№ 25.

Dritte und letzte Bekanntmachung.

Extr. des Procl. des 2ten Stücks № 5.

Nichtprotocollirte, dingliche und persönliche Ansprüche und Forderungen an die Nachlaßmasse des weil. Schmiedemeisters Johannes Carl Heinr. Dittmann in Oldesloe sind innerhalb 12 Wochen, vom Tage der letzten Bekanntmachung dieses zugleich als eventuelles Concursproclam dienenden Proclams angerechnet, bei Vermeidung der Ausschließung und des ewigen Stillschweigens, im hiesigen Stadtsecretariate ordnungsmäßig anzumelden.

Decretum Oldesloe, **in Curia,** den 27. Decbr. 1861.

(L. S. C.) Bürgermeister und Rath hieselbst.

№ 26.

Dritte und letzte Bekanntmachung.

Extr. des Procl. des 2ten Stücks № 6.

Nichtprotocollirte dingliche Ansprüche an die von Asmus Hinrich Steen verkaufte, in Wackendorf belegene Drittelhufe **c. pert.** sind innerhalb 12 Wochen, vom Tage der letzten Bekanntmachung dieses Proclams, bei Strafe des Ausschlusses, im Segeberger Königlichen Actuariate rechtsgehörig zu melden.

Segeberger Amtsgericht, den 4. Januar 1862.

(L. S.) **Pr. et Ass. jud.**

In fidem: H. F. Jacobsen.

№ 27.

Dritte und letzte Bekanntmachung.

Extr. des Procl. des 2ten Stücks № 7.

Erb- und sonstige Ansprüche und Forderungen an den Nachlaß der hieselbst verstorbenen Johanna Ernestine Dorothea Christiana Wilms sind, bei Strafe der Ausschließung von der Masse, innerhalb 12 Wochen, vom Tage der letzten Bekanntmachung dieses Proclams angerechnet, im hiesigen Stadtsecretariate rechtsbehörig anzumelden.

Decretum Segeberg, **in curia,** den 9. Januar 1862.

(L. S.) Bürgermeister und Rath.

№ 28.

Dritte und letzte Bekanntmachung.

Extr. des Procl. des 2ten Stücks № 8.

Unprotocollirte Ansprüche an die Concursmasse des Tischlers Johann Friedrich Gercken zu Elmenhorst sind, bei Vermeidung der angedrohten Rechtsnachtheile, binnen 12 Wochen gehörig hieselbst anzugeben.

Der öffentliche Verkauf der Kathe des Cridars ist auf Montag den 3. März d. J., Mittags 12 Uhr, im Gerichtshause zu Jersbeck angesetzt.

Decretum Ahrensburg, im Jersbecker Justitiariat, den 6. Januar 1862.

Huss.

Beilage
zum 5. Stück der Holsteinischen Anzeigen.

Montag den 3. Februar 1862.

Bekanntmachungen.

№ 1.

Da die Erben des wailand Gastwirths Gottfried Christian Ludolph Kriedt hieselbst nachträglich erklärt haben, daß sie die Nachlaßmasse nicht unbedingt, sondern nur **sub beneficio legis et inventarii** antreten wollen, so wird unter Bezugnahme auf das unterm 27. December v. J. erlassene Proclam hiedurch bekannt gemacht, daß dasselbe als **sub beneficio legis et inventarii**, so wie **cum eventuali cessione bonorum** erlassen zu betrachten ist.

Oldenburg in Holstein, den 13. Januar 1862.

Der Magistrat.

W. Hensen.

№ 2.

In der Nacht vom 18./19. d. M. erschoß sich vor der Thür eines Hauses zu Strohbrich, adel. Guts Klein-Collmar, ein Fremder. Derselbe war anscheinend 25—30 Jahre alt, 6 Fuß lang, dunkelbraun von Haaren, hatte blaue Augen, einen braunen Schnurr- und Kinnbart und war bekleidet mit einer schwarzen Tuchmütze, einem grauen Oberrock mit Hornknöpfen, schwarzer Tuchweste mit braunen Glasknöpfen, einer hellblauen Hose von Bocksking und einem weiß-roth und schwarz melirten halbwollenen Halstuche. Das Hemd war gezeichnet mit F. G., die Strümpfe mit P. St. 6. Die Sprache war hochdeutsch gewesen, im fremden Dialect. In seinem Taschenbuch befand sich ein Zettel, worauf mit Bleifeder geschrieben war:

> Ich bitte folgendes Inserat in die Hamb. Reform zu setzen. Liebe Amanda! Ich durfte Dich nicht lieben, und weil ich ohne Dich nicht leben konnte, so wollte ich sterben. Thue, was ich Dir gestern sagte. Den 17. Jan. 1862. Dein Karl.

Alle und Jede, welche im Stande sind, über die Persönlichkeit des Verstorbenen Näheres mitzutheilen, werden hiedurch aufgefordert, solches hieselbst anzuzeigen.

Glückstadt, im Justitiariate des adel. Guts Klein-Collmar, den 21. Januar 1862.

P. F. C. Matthiessen.

Testaments-Publication.

Das hieselbst gerichtlich deponirte Testament des hiesigen Schustermeisters Chr. Fr. Ehlers und seiner vor Kurzem verstorbenen Ehefrau Louise Henriette Christiane, gebornen Remien, früher verwittweten Süchting, wird am Dienstage, den 25. Februar d. J., Vormittags 11 Uhr, auf hiesigem Rathhause publicirt werden.

Lütjenburg, den 24. Januar 1862.

(L. S.) Bürgermeister und Rath.

Zur Beglaubigung: **H. Brinkmann.**

Testaments-Publication.

Das von dem am 6. d. M. hieselbst verstorbenen Eingesessenen Johann Christian Bode hinterlassene, am 18. April 1856 zu Hamburg errichtete Testament soll am Mittwoch den 19. Februar d. J. Mittags 1 Uhr in dem Wandsbecker Gerichte publicirt werden, was für Beikommende hiedurch bekannt gemacht wird.

Decretum Wandsbecker Justitiariat bei Wandsbeck, den 18. Januar 1862.

Reimers.

Steckbriefe.

№ 1.

Der Kuhhirte Hinrich Benthien aus Gr. Barnitz, welcher während eines Brandes in Gr. Barnitz am 18. d. M. verschwunden und bisher nicht aufzufinden gewesen ist, ist der Urheberschaft jenes Brandes dringend verdächtig.

Alle Gerichts- und Polizeibehörden werden daher ersucht, auf den genannten Hinrich Benthien gefällig vigiliren, im Betretungsfall ihn anhalten und an das unterzeichnete Amthaus gegen Kostenerstattung abliefern zu lassen.

Benthien ist etwa 40 Jahr alt, von kleiner Statur, hat blondes Haar, dunklen Kinnbart, einen schleppenden Gang mit nach links gebogenen Knien und wird als etwas schwachsinnig bezeichnet. Bei seiner Entweichung war derselbe bekleidet mit einem schwarzen Kittel, weißer leinener Hose, schwarzer Tuchweste, schwarzer Mütze, baumwollenem Halstuch, blauer wollener Unterjacke und hölzernen Pantoffeln.

Königl. Rethwischer Amthaus zu Traventhal, den 27. Januar 1862. *G. Grothusen.*

№ 2.

Wenn der unten näher signalisirte Copüst Friedr. Doormann unter dringendem Verdachte der Unterschlagung einer nicht unbeträchtlichen ihm anvertrauten Summe Geldes aus Elmshorn entwichen ist, so werden alle Behörden des In- und Auslandes hierdurch dienstlich ersucht, auf denselben vigiliren zu lassen, ihn im Betretungsfall anzuhalten und die Administratur über die geschehene Anhaltung in Kenntniß zu setzen, damit seine Abholung gegen Kostenerstattung veranlaßt werden könne.

Königl. Administratur zu Ranzau, den 18. Janr. 1862.

W. v. Levetzau, const.

Signalement

des Friedrich Doormann, gebürtig aus dem adeligen Gute Satjewitz.

Alter: 24 Jahr. Statur: lang. Haare: hellblond, Stirn: gewöhnlich, Nase: spitz, Augen: blau, Kinn: stark, Gesichtsfarbe: gesund, Gang: gebückt. Der Doormann war bei seiner Entfernung bekleidet mit einem Paletot von braunem Doublestoff, einem Gehrock von schwarzem Laken, einer Hose und Weste von feingestreiftem Burkin, einem runden braunen Filzhut, Halbstiefeln mit Gummi-Einsatz und Gummischuhen.

Proclamata.

№ 1.

Erste Bekanntmachung.

Von dem hiesigen Einwohner und Stoutsfabrikanten Hermann Wille ist für sich und Heinrich Schumacher aus Kiel der Antrag gestellt, daß die Aufhebung der zwischen ihnen bisher unter der Firma „Heinrich Schumacher & Wille" bestandenen Stoutsfabrike zu Neumünster öffentlich bekannt gemacht und zugleich ein Proclam in Betreff dieser Firma erlassen werden möge; in Deferirung dieser Bitte wird hierdurch bekannt gemacht, daß die bisher hieselbst bestandene Firma „Heinrich Schumacher & Wille" aufgehoben ist, und werden zugleich alle diejenigen, welche Forderungen und Ansprüche an diese Firma zu haben vermeinen oder Pfänder von derselben in Händen haben, hiedurch angewiesen und befehligt, die desfällige Angabe, bei Strafe des Verlustes ihrer Ansprüche und ihres Pfandrechts, binnen 12 Wochen, vom Tage der letzten Bekanntmachung dieses Proclams angerechnet, auf dem hiesigen Königl. Actuariat zu beschaffen, die ihre Ansprüche begründenden Documente im Original zu produciren, in Abschrift zurückzulassen und, falls sie Auswärtige sind, einen Actenprocurator unter hiesiger Jurisdiction zu bestellen.

Königl. Amthaus zu Neumünster, den 25. Januar 1862.

v. Stemann.

In fidem: K. Scheel.

№ 2.

Erste Bekanntmachung.

Wenn behuf der gerichtlichen Regulirung des Nachlasses des weil. hiesigen Eingesessenen Johann Wilhelm Wichmann und seiner verstorbenen Wittwe die Erlassung eines Proclams erforderlich ist, so werden, mit alleiniger Ausnahme der protocollirten Creditoren, alle diejenigen, welche an den Nachlaß sowohl des weil. hiesigen Eingesessenen Johann Wilhelm Wichmann als auch dessen Wittwe, namentlich an den im hiesigen Flecken in der Bostedter-Straße belegenen, mit Nr. 5 im Brandcataster bezeichneten Grundbesitz und aus der für rückständige Kaufgelder zum Belauf von 186 ₰ 61 ß stattgehabten Schließung des Folii für solchen Grundbesitz, Ansprüche und Forderungen zu haben vermeinen oder Pfänder von dem Wichmannschen Eheleuten in Händen haben, hiemit aufgefordert und befehligt, ihre Ansprüche, bei Strafe des Verlustes derselben und des Verlustes ihres Pfandrechts, binnen 12 Wochen, vom Tage der letzten Bekanntmachung dieses Proclams angerechnet, bei dem hiesigen Königl. Actuariat anzugeben, die ihre Ansprüche begründenden Documente in Original zu produciren, in Abschrift zurückzulassen und, falls sie Auswärtige sind, einen Actenprocurator unter hiesiger Jurisdiction zu bestellen.

Königl. Amthaus zu Neumünster, den 25. Januar 1862.

v. Stemann.

In fidem: K. Scheel.

№ 3.

Erste Bekanntmachung.

Alle, mit Ausnahme der protocollirten Gläubiger, welche an die ehemals dem Martin Heinrich Jepp gehörige, jetzt von Thomas Jürgen Hinrich Sperr besessene und von Letzterem wiederum verkaufte, in Ahrensfelde, Guts Wulmenau, belegene Erbpachtstelle c. p. dingliche Ansprüche und Forderungen zu haben vermeinen, werden hiedurch aufgefordert, sich damit innerhalb 12 Wochen, vom Tage der letzten Bekanntmachung angerechnet, und zwar Auswärtige unter Procuraturbestellung, bei Strafe der Ausschließung und des ewigen Stillschweigens, beim Justitiariate hieselbst zu melden.

Stockelsdorf, im Justitiariat für Trenthorst und Wulmenau, den 24. Januar 1862.

Esmarch.

№ 4.

Erste Bekanntmachung.

Alle und Jede, welche an den Nachlaß des am 11. Dec. 1861 zum Nehmter Sande, adeligen Guts Nehmten, verstorbenen Schmiedegesellen Carl Philipp Christian Schröder, geboren am 2. Janr. 1798 zum Rüter, Kirchspiels Neuenkirchen auf der Insel Rügen, Erb- oder sonstige Ansprüche zu haben vermeinen, werden von Gerichtswegen hiemittelst aufgefordert und befehligt, sich damit binnen 12 Wochen, vom Tage der letzten Bekanntmachung dieses Proclams angerechnet, in dem unterzeichneten Justitiariat, bei Strafe der Präclusion, unter urschriftlicher Vorzeigung und abschriftlicher Zurücklassung der zur Begründung ihrer Ansprüche dienenden Documente, zu melden und, sofern sie Auswärtige sind, Actenprocuratur zu bestellen.

Decretum Segeberg, in der Gerichtshalterschaft des adeligen Guts Rehmten, den 24. Januar 1862.

(L. S.) *Esmarch.*

№ 5.

Zweite Bekanntmachung.

Auf den Antrag Beikommender werden Alle und Jede, mit alleiniger Ausnahme der etwanigen protocollirten Gläubiger, welche an den Nachlaß des verstorbenen Hufners Hinrich Finck in Crockau, namentlich an die dazu gehörige sub № 5 daselbst belegene volle Hufe aus irgend einem Grunde persönliche oder dingliche Forderungen oder sonstige Ansprüche zu haben glauben, hiedurch aufgefordert und befehligt, sich damit, bei Strafe der Ausschließung und des ewigen Stillschweigens, unter Einlieferung der ihre Forderungen und Ansprüche begründenden Documente in Ur- und Abschrift und gehöriger Procuraturbestellung, binnen 12 Wochen, von der letzten Bekanntmachung dieses Proclams angerechnet, ordnungsmäßig auf hiesiger Klosterschreiberei zu melden und ihre Gerechtsame wahrzunehmen.

Klösterliches Theilungsgericht zu Preetz, den 23. Januar 1862. *C. v. Qualen.*

№ 6.

Zweite Bekanntmachung.

Alle und Jede, welche an den Nachlaß des weil. Schusters Jochim Hinr. Spethmann in Zarpen Forderungen und Ansprüche zu haben vermeinen, werden durch nachstehendes Proclam, welches eventuell als Concursproclam angesehen sein soll, von Gerichtswegen hiemit aufgefordert, solche, bei Vermeidung der Präclusion, innerhalb 6 Wochen, vom Tage der letzten Bekanntmachung dieses Proclams angerechnet, auf dem Königl. Reinfelder Actuariat anzumelden, Auswärtige unter Bestellung eines Actenprocurators.

Königliches Reinfelder Amthaus zu Traventhal, den 17. Januar 1862. *Grothusen.*

Zur Beglaubigung: **W. Baudissin.**

№ 7.

Zweite Bekanntmachung.

Wenn der Hr. Obergerichtsadvocat Adolph Schmidt Namens des Kaufmanns Gustav Kresse hieselbst und des Kaufmanns Eduard Gustav Homann in Pinneberg, bisher in Firma Kresse & Homann, den Antrag gestellt, daß, weil das zwischen den gedachten Associés bisher unter der Firma Kresse & Homann hier und in Pinneberg bestandene Wein- und Spritgeschäft nach freundschaftlicher Uebereinkunft vom 1. Decbr. v. J. angerechnet, aufgelöst ist, nunmehr behufs definitiver Auseinandersetzung ein Proclam an alle diejenigen, welche an besagte ihre Handlung bis zu dem genannten Tage Ansprüche erworben haben möchten, erlassen werde und dieser Bitte gerichtsseitig stattgegeben ist: so werden von Gerichtswegen Alle und Jede, welche an das unter der Firma Kresse & Homann hier und in Pinneberg bis zum 1. Decbr. v. J. geführte Wein- und Spritgeschäft aus irgend einem rechtlichen Grunde Ansprüche oder Forderungen zu haben vermeinen, hiedurch, bei Strafe der Ausschließung und des ewigen Stillschweigens, aufgefordert und befehligt, sich damit binnen 12 Wochen, nach der letzten Bekanntmachung dieses Proclams, im hiesigen ersten Stadtsecretariate, und spätestens am

12. Mai d. J.,

als dem peremtorischen Angabetermine, im Obergerichte hieselbst anzumelden, wobei die die Ansprüche begründenden Documente in Urschrift vorzuzeigen und in Abschrift zurückzulassen sind, Auswärtige auch wegen gehöriger Procuraturbestellung das Nöthige wahrzunehmen haben.

Wornach Beikommende sich zu achten!

Altona, im Obergerichte, den 16. Januar 1862.

Ex Decreto Senatus.

№ 8.

Zweite Bekanntmachung.

Auf Anhalten Beikommender werden, mit alleiniger Ausnahme der Proclamsextrahenten, Alle,

1) welche an den Nachlaß der im August v. J. hieselbst verstorbenen Ehefrau Maria Block, geb. Lemmermann;
2) welche an den Nachlaß des weil. hiesigen Bürgers und Tischlermeisters Johann Anton Behn;
3) welche an den Nachlaß der hieselbst verstorbenen Anna Christiana Heinsohn;
4) welche an den Nachlaß des in der Irrenanstalt bei Schleswig verstorbenen Advocaten, früheren Procurators in Altona, Carl Kiss — mit alleiniger Ausnahme der bereits bekannten Erben —
5) welche an den Nachlaß der weil. Wittwe des Advocaten Carl Kiss, Maria Margaretha Henriette, geb. Trumpf;

resp. Erb- oder sonstige Ansprüche zu haben vermeinen, hiedurch, bei Strafe der Ausschließung von diesen Massen, aufgefordert und befehligt, solche binnen 12 Wochen, nach der letzten Bekanntmachung dieses Proclams, im hiesigen ersten Stadtsecretariate und spätestens am

19. Mai d. J.,

als dem peremtorischen Angabetermine, im Obergerichte hieselbst anzumelden, wobei die die Ansprüche begründenden Documente in Urschrift vorzuzeigen und in Abschrift zurückzulassen sind, Auswärtige auch wegen gehöriger Procuraturbestellung das Nöthige wahrzunehmen haben.

Wornach Beikommende sich zu achten.

Altona, im Obergerichte, den 20. Januar 1862.

Ex Decreto Senatus.

№ 9.

Zweite Bekanntmachung.

Extr. des Procl. des 4ten Stücks № 3.

Nichtprotocollirte dingliche Ansprüche an die von dem Mühlenpächter Johann Hinr. Carstens zu Rensmühren verkaufte, zu Blunck im hiesigen Amt belegene Hufenstelle c. p. sind innerhalb 12 Wochen, vom Tage der letzten Bekanntmachung dieses Proclams, bei Strafe des Ausschlusses, im Segeberger Königl. Actuariate rechtsgehörig zu melden.

Segeberger Amtsgericht, den 18. Januar 1862.

(L. S.) Pr. et Ass. Jud.

In fidem: H. F. Jacobsen.

№ 10.

Zweite Bekanntmachung.

Extr. des Procl. des 4ten Stücks № 6.

Nichtprotocollirte hypothekarische oder sonstige dingliche Forderungen und Ansprüche an den hiesigen Grundbesitz des Dr. med. Rudolph Cruse sind, bei Strafe der Präclusion und des immerwährenden Stillschweigens, binnen 12 Wochen gehörig hieselbst anzumelden.

Decretum Ahrensburg, im Ahrensburger Justitiariat, den 23. Januar 1862.

Huss.

№ 11.

Zweite Bekanntmachung.

Extr. des Procl. des 4ten Stücks № 7.

Alle, welche Forderungen an die Concursmasse des Bäckers Wilhelm Suhr zu haben vermeinen, werden, mit Ausnahme der Gläubiger, deren Forderungen auf dem Folio des zur Masse gehörigen sub Qu. 6 № 141 katastrirten Hauses protocollirt sind, von Bürgermeister und Rath hiedurch aufgefordert, sich mit solchen Forderungen, bei Verlust derselben, binnen 12 Wochen, vom Tage der letzten Bekanntmachung dieses Proclams angerechnet, im hiesigen Stadtsecretariate zu melden.

Itzehoe, den 23. Januar 1862.

Bürgermeister und Rath.

№ 12.

Zweite Bekanntmachung.

Extr. des Procl. des 4ten Stücks № 8.

Mit Ausnahme der protocollirten Creditoren müssen sich Alle und Jede, welche Ansprüche und Forderungen irgend einer Art an den Eingesessenen Johann Witt in Sommerland oder dessen daselbst belegene Landstelle zu haben vermeinen, oder Pfänder von demselben besitzen, sich mit selbigen innerhalb 12 Wochen, vom Tage der letzten Bekanntmachung dieses Proclams angerechnet, sub pœna præclusi, bei dem unterzeichneten Gerichte rechtsbehörig melden.

Königl. Intendantur zu Ranzau, den 18. Januar 1862.

W. v. Levetzau, const.

№ 13.

Dritte und letzte Bekanntmachung.

Von Gerichtswegen

werden nach Ertheilung des Armenrechts und auf Antrag des Hrn. Kirchspielvogts Johannsen in Lunden, als officialis loci, die Erben und nichtprotocollirten Gläubiger folgender, in der Armen- und Arbeitsanstalt zu Lunden verstorbener Armenalumnen:

1) des Schneiders Plambeck, angeblich aus Lübeck,
2) des Matthias Adam Hümpel aus Krempel, und
3) der unverehelichten Margaretha Michaelsen aus Eckernförde,

hiemittelst aufgefordert, ihre vermeintlichen Erb- und sonstigen Ansprüche an die geringfügige Verlassenschaft der obengedachten Armenalumnen innerhalb 12 Wochen, vom Tage der letzten Bekanntmachung dieses Proclams, in der Kirchspielschreiberei zu Lunden — Auswärtige unter Bestellung der Actenprocuratur — gehörig angeben und verzeichnen zu lassen, im Widrigen aber zu gewärtigen, wie sie mit denselben werden präcludirt werden.

Königl. Norderdithmarsische Landvogtei zu Heide, den 20. December 1861.

Hansen.

In fidem: Scholtz.

№ 14.

Dritte und letzte Bekanntmachung.

Extr. des Procl. des 2ten Stücks № 4.

Alle und Jede, welche Ansprüche oder Forderungen irgend einer Art an den Nachlaß des am 20. Decbr. v. J. in Honigfleth mit Tode abgegangenen frühern Hofbesitzers zu Kleinwisch Rehder Witt zu haben vermeinen, werden hiedurch von Gerichtswegen aufgefordert und befehligt, sich mit ihren Ansprüchen, bei Strafe des Verlustes derselben, innerhalb 12 Wochen, vom Tage der letzten Bekanntmachung dieses Proclams angerechnet, bei der Königl. Landschreiberei der Wilster Marsch zu Wilster gehörig anzumelden.

Königliches Gericht für das Amt Steinburg zu Itzehoe, den 7. Januar 1862.

A. v. Heintze, const.

Beilage
zum 6. Stück der Holsteinischen Anzeigen.

Montag den 10. Februar 1862.

Bekanntmachungen.

№ 1.

In der Nacht vom 18./19. d. M. erschoß sich vor der Thür eines Hauses zu Strohdeich, adel. Guts Klein-Collmar, ein Fremder. Derselbe war anscheinend 25 — 30 Jahre alt, 6 Fuß lang, dunkelbraun von Haaren, hatte blaue Augen, einen braunen Schnurr- und Kinnbart und war bekleidet mit einer schwarzen Tuchmütze, einem grauen Oberrock mit Hornknöpfen, schwarzer Tuchweste mit braunen Glasknöpfen, einer hellblauen Hose von Bockking und einem weiß-roth und schwarz melirten halbwollenen Halstuche. Das Hemd war gezeichnet mit F. G., die Strümpfe mit P. St. 6. Die Sprache war hochdeutsch gewesen, im fremden Dialect. In seinem Taschenbuch befand sich ein Zettel, worauf mit Bleifeder geschrieben war:

Ich bitte folgendes Inserat in die Hamb. Reform zu setzen. Liebe Amanda! Ich durfte Dich nicht lieben, und weil ich ohne Dich nicht leben konnte, so wollte ich sterben. Thue, was ich Dir gestern sagte. Den 17. Jan. 1862. Dein Karl.

Alle und Jede, welche im Stande sind, über die Persönlichkeit des Verstorbenen Näheres mitzutheilen, werden hiedurch aufgefordert, solches hieselbst anzuzeigen.

Glückstadt, im Justitiariate des adel. Guts Klein-Collmar, den 21. Januar 1862.

P. F. C. Matthiessen.

№ 2.

Wenn es in Veranlassung einer wegen mehrerer Raubanfälle hieselbst geführten Untersuchung von Relevanz ist, in den Besitz einer unten soweit möglich näher bezeichneten Uhr zu gelangen, welche dem Beraubten angeblich am 30. Mai 1860 auf dem sog. Wischfelde in der Herrschaft Pinneberg abgenommen worden ist, so werden alle Behörden des In- und Auslandes hiedurch dienstlich ersucht, nach der gedachten Uhr Nachforschungen anstellen zu lassen und dieselbe, falls sie angetroffen werden sollte, gegen Kostenerstattung hierher übersenden zu wollen.

Zugleich wird Jeder, der etwa in den Besitz der Uhr gekommen sein sollte oder in der fraglichen Beziehung etwas Näheres ergeben könnte, aufgefordert, die desfällige Angabe bei der unterzeichneten Behörde zu beschaffen, eventuell die Uhr selbst hierher abzuliefern.

Sämmtliche Kosten werden den Betreffenden erstattet werden.

Königl. Administratur zu Ranzau, den 4. Februar 1862.

W. v. Levetzau, const.

Bezeichnung der Uhr:

Die Uhr ist ziemlich dick, hat zwei Gehäuse, von denen das äußere neusilbern, während das innere wie die ganze übrige Uhr von Silber ist, und ist sie besonders dadurch kenntlich, daß an der Stelle, wo das innere Gehäuse geöffnet wird, das Zifferblatt etwas lädirt ist.

№ 3.

Es ist Seitens Beikommender hieselbst zur Anzeige gebracht worden, daß in der letzten Hälfte des Monats November v. J. 29 Körbe mit Steinzeug (Porzellan und Fayence), welche wahrscheinlich zur Ladung einer im hiesigen Hafen gesunkenen Schute der Everführerbaase Lütjens & Reimers in Hamburg gehört haben, von verschiedenen Personen an den hiesigen Strand geborgen seien, und ist darauf für die Inventirung und sonstige Sicherung dieses Bergguts, dessen Gesammtwerth sich auf etwa 461 ℛ beläuft, die nöthige Sorge getragen.

In dieser Veranlassung werden alle diejenigen, welche an obgedachtes Berggut oder den Erlös aus demselben Ansprüche zu haben glauben, hiedurch aufgefordert, solche innerhalb 12 Wochen, von der letzten Bekanntmachung angerechnet, eventuell mit ihren Beweisdocumenten bei dem Oberpräsidium hieselbst anzugeben, worauf sie, Auswärtige nach Bestellung gehöriger Bevollmächtigten, fernere rechtliche Verfügung zu gewärtigen haben.

Das geborgene, auf dem hiesigen Speicher der Firma Heöse, Newman & Co. lagernde Steingut wird auf diesem Speicher am 17. Febr. d. J., Vormittags 10 Uhr, öffentlich meistbietend werden. Die Verkaufsbedingungen sind auf dem Bureau der hiesigen Königl. Kämmerei einzusehen.

Königl. Oberpräsidium zu Altona, den 30. Janr. 1862.

v. Scheele.

Testaments-Publication.

Das hieselbst gerichtlich deponirte Testament des hiesigen Schustermeisters Chr. Fr. Ehlers und seiner vor Kurzem verstorbenen Ehefrau Louise Henriette Christiane, gebornen Remien, früher verwittweten Süchting, wird am Dienstage, den 25. Februar d. J., Vormittags 11 Uhr, auf hiesigem Rathhause publicirt werden.

Lütjenburg, den 24. Januar 1862.

(L. S.) Bürgermeister und Rath.

Zur Beglaubigung: H. Brinkmann.

Testaments-Publication.

Das von dem am 6. d. M. hieselbst verstorbenen Eingesessenen Johann Christian Bore hinterlassene, am 18. April 1856 zu Hamburg errichtete Testament soll am Mittwoch den 19. Februar d. J. Mittags 1 Uhr in dem Wandsbecker Gerichte publicirt werden, was für Beikommende hiedurch bekannt gemacht wird.

Decretum Wandsbecker Justitiariat bei Wandsbeck, den 18. Januar 1862.

Reimers.

Steckbrief.

Wenn der unten näher signalisirte Copiist Friedr. Doormann unter dringendem Verdachte der Unterschlagung einer nicht unbeträchtlichen ihm anvertrauten Summe Geldes aus Elmshorn entwichen ist, so werden alle Behörden des In- und Auslandes hierdurch dienstlich ersucht, auf denselben vigiliren zu lassen, ihn im Betretungsfall anzuhalten und die Administratur über die geschehene Anhaltung in Kenntniß zu setzen, damit seine Abholung gegen Kostenerstattung veranlaßt werden könne.

Königl. Administratur zu Ranzau, den 18. Janr. 1862.

W. v. Levetzau, const.

Signalement

des Friedrich Doormann, gebürtig aus dem adeligen Gute Satjewitz.

Alter: 24 Jahr, Statur: lang, Haare: hellblond, Stirn: gewöhnlich, Nase: spitz, Augen: blau, Kinn: stark, Gesichtsfarbe: gesund, Gang: gebückt. Der Doormann war bei seiner Entfernung bekleidet mit einem Paletot von braunem Doublestoff, einem Gehrock von schwarzem Laken, einer Hose und Weste von feingestreiftem Burkin, einem runden braunen Filzhut, Halbstiefeln mit Gummi-Einsatz und Gummischuhen.

Proclamata.

№ 1.

Erste Bekanntmachung.

Wenn der Nachlaß des zur See verunglückten Steuermannes Heinr. Detlev Eduard Reibisch-Pogge, unmündiger Miterben wegen, der gerichtlichen Behandlung hat unterzogen werden müssen, so werden Alle und Jede, welche an solchen Nachlaß Forderungen und Ansprüche zu haben vermeinen, oder Pfandstücke von dem Verstorbenen besitzen, hiedurch aufgefordert und befehligt, daß sie, und zwar bei Strafe des Ausschlusses und des Verlustes ihrer Rechte, solche ihre Forderungen, Ansprüche oder Pfandstücke binnen 6 Wochen, vom Tage der letzten Bekanntmachung dieses Proclams, Auswärtige nach zuvor bestellter Actenprocuratur, im hiesigen Stadtsecretariate gehörig angeben und verzeichnen lassen und darnach weitere rechtliche Verfügungen gewärtigen.

Decretum Heiligenhafen, in Curia, den 7. Febr. 1862.

Der Magistrat.

Helmcke.

№ 2.

Erste Bekanntmachung.

Auf Anhalten Beikommender und in Folge Autorisation des Königl. Holsteinischen Obergerichts resp. vom 31. Decbr. 1861 und 24. Januar 1862 werden Alle und Jede, welche an nachstehende verloren gegangene Obligationen:

1) Obligation des Johann Schild, Vorbesitzer des verpfändeten Hauses des Hans Christ. Däha in Oldesloe, an die Wittwenkasse der Salin Traumsalze vom 4. Juli 1796, groß 200 ₰ oder 106 ₰ 64 β R.-M. zu 4 pCt. Zinsen, protocollirt Fol. 1553 des Stadthauptbuchs;
2) Obligation des Jochim Runge, Vorbesitzers der verpfändeten Koppel des Martin Hinr. Bohler in Oldesloe an den commercirenden Bürger H. Chr. Friedrich Pöhls daselbst vom 8. Februar 1830, groß 213 Rbt. 32 β zu 4 pCt. auf Ostern fälliger Zinsen, protocollirt Fol. 974 des Stadthauptbuchs;
3) Obligation des Joch. Möller, Vorbesitzers der verpfändeten Gute des Johann Jochim Hinrich Möller in Oldesloe an die Lensch'sche Stiftung vom 23. Juni 1830, groß 320 Rbt. zu 4 pCt. auf Ostern fälliger Zinsen, protocollirt Fol. 1053 des Stadthauptbuchs;
4) Obligation des Heinrich Howe in Oldesloe an den Senator Joh. Hinr. Schüder daselbst vom 9. Janr. 1854, groß 640 Rbt. zu 4 pCt. auf Neujahr fälliger Zinsen, protocollirt Fol. 1353 des Stadthauptbuchs;
5) Obligation des weil. Schmiedeamtsältermanns Joh. Christoph Steen in Oldesloe an den Hrn. Wibel auf Tralau vom 28. März 1817, groß 90 ₰ oder 48 Rbt. zu 4 pCt. Zinsen, protocollirt Fol. 1413 des Stadthauptbuchs; und
6) Forderung des Joh. Joch. Daniel Eggers aus dem Testamente der weil. Wittwe Cath. Marg. Bornhöft, geb. Gosch, groß 26 ₰ 64 β, protocollirt den 19. Mai 1815 Fol. 820 des Stadthauptbuchs;

Ansprüche zu haben vermeinen, von Bürgermeister und Rath hieselbst aufgefordert, sich damit binnen 12 Wochen, vom Tage der letzten Bekanntmachung dieses angerechnet, im Stadtsecretariate hieselbst rechtsbehörig zu melden, widrigenfalls sie mit ihren Ansprüchen werden präcludirt und die vorbezeichneten Documente für mortificirt erklärt werden und daß hinsichtlich der Forderungen sub № 1, 2, 5 und 6 die Delirung verfügt, hinsichtlich derjenigen sub 3 und 4 aber das verlorene Original durch Legalisirung einer Abschrift aus dem Nebenbuch ersetzt werden wird.

Oldesloe, in Curia, den 28. Januar 1862.

(L. S. C.) Bürgermeister und Rath hieselbst.

№ 3.

Erste Bekanntmachung.

Da auf den Antrag des Kaufmanns Heinrich Wilhelm Meyer in Ahrensböck über dessen Habe und Güter der Concurs der Gläubiger erkannt worden ist, so werden, mit Ausnahme der protocollirten Gläubiger, alle diejenigen, welche Forderungen an denselben haben, hiedurch, bei Strafe der Ausschließung von der Masse, aufgefordert, selbige innerhalb zwölf Wochen, von der letzten Bekanntmachung an gerechnet, Auswärtige unter Bestellung eines Actenprocurators, im Ahrensböcker Actuariat zu Plön anzumelden.

Königliches Ahrensböcker Amthaus zu Plön, den 28. Januar 1862.

W. C. v. Levetzau.

In fidem: *Friederici.*

№ 4.

Erste Bekanntmachung.

Es hat der Eigenthümer Hans Hinrich Friedrich Schultz zu Rögen, Guts Jersbeck, als Alleinerbe seines im vorigen Jahre im Allgemeinen Krankenhause zu Hamburg verstorbenen Bruders, des Käthners Johann Friedrich Schultz, hieselbst vorgestellt, daß in dem an ihn ausgelieferten Nachlaß seines Bruders ein auf dessen Namen lautender Schein über ein bei der Sparkasse des Altonaischen Unterstützungsinstituts belegtes Capital von 800 ℔ vermißt und seither nicht aufgefunden sei, und behufs der Erhebung dieses ihm erblich zugefallenen Geldes die Mortification des abhanden gekommenen Sparkassenscheins beantragt.

In Gewährung dieses Antrags werden Alle und Jede, welche an den vorbemerkten von dem Sparkassenverein zu Altona auf Johann Friedrich Schultz in Hamburg ausgestellten Lit. D № 3551 bezeichneten Schein über 500 ℔ und 300 ℔ Cour. Ansprüche zu haben vermeinen, von Gerichtswegen hiemit aufgefordert, solche innerhalb präclusivischer Frist von 12 Wochen, von dem Tage der letzten Bekanntmachung dieses Proclams angerechnet, hieselbst anzugeben, widrigenfalls der gedachte Schein für mortificirt und gänzlich werthlos erklärt und der Proclamsextrahent zur ausschließlichen Erhebung der Valuta wird ermächtigt werden.

Decretum Ahrensburg, im Justitiariat des adel. Guts Jersbeck, den 6. Februar 1862.

Huss.

№ 5.

Erste Bekanntmachung.

Da die Wittwe des im Januar d. J. vor dem Kieler Hafen umgekommenen Schiffers Wilhelm Lienau aus Collmar, Eigenthümers des in der letzten Neujahrsnacht von dem Dampfschiffe „Freya" vor dem gedachten Hafen übergesegelten Evers „Margaretha", Margaretha Maria Lienau, geb. Carlsen, in Collmar, sich für insolvent erklärt und um die Rechtswohlthat der Güterabtretung c. cur. gebeten hat, diese ihr auch unter Vorbehalt der Einreden ihrer Gläubiger bewilligt worden ist, so ergehet an Alle, welche an den weil. Schiffer Wilhelm Lienau oder dessen genannte Wittwe in Collmar aus irgend einem Grunde Forderungen und Ansprüche zu haben vermeinen oder Faustpfänder von denselben besitzen, hiemit von Gerichtswegen der Befehl, diese ihre Forderungen oder Faustpfänder, resp. unter Bestellung der Actenprocuratur, binnen 12 Wochen a publ. ult., bei Strafe der Ausschließung und resp. Verlusts des Pfandrechts, hieselbst gehörig anzugeben.

Glückstadt, im Justitiariate des adel. Gutes Groß-Collmar, den 5. Februar 1862.

P. F. C. Matthiessen.

№ 6.

Erste Bekanntmachung.

Nach dem unlängst erfolgten Ableben des Wittwers und Abschieders Paasch Harder in Bockholdt, Kirchsp. Barmstedt, hat die Hinterlassenschaft desselben wegen Unbekanntschaft mit seinen Erben unter gerichtliche Behandlung genommen werden müssen. Mit Rücksicht hierauf werden demnach alle diejenigen, welche entweder Erbansprüche nach dem defuncto erheben oder irgend welche sonstige Forderungen und Ansprüche an dessen Nachlaß geltend machen zu können vermeinen möchten, hiemittelst, bei Vermeidung des Ausschlusses von der Masse und des Verlustes ihrer etwanigen Erbansprüche und Forderungen, von Gerichtswegen aufgefordert, sich deshalb vor Ablauf von 12 Wochen, vom Tage der letzten Bekanntmachung dieses Proclams an gerechnet, bei der unterzeichneten Behörde zu melden, die ihre Ansprüche begründenden event. ihre Verwandtschaft mit dem Erblasser nachweisenden Documente zu produciren und davon beglaubigte Abschriften beim Professionsprotocoll zurückzulassen, auch, so ferne sie Auswärtige sind, Actenprocuratoren hieselbst zu bestellen.

Wonach sich zu achten.

Königl. Administratur zu Ranzau, den 30. Januar 1862.

W. v. Levetzau, const.

№ 7.

Erste Bekanntmachung.

Da auf geschehene Insolvenz-Erklärung:

1) des hiesigen Bürgers und Commissionairs Rudolph Marcus, in Firma Rudolph Marcus & Co.;
2) des hiesigen Bürgers und Bierwirths Hermann Carl Adolph Günther,

über deren Habe und Güter, so wie auf Anhalten der Gläubiger über die Habe und Güter:

3) des hiesigen Bürgers und Gewürzwaarenhändlers Henning Elvers;
4) des hiesigen Bürgers und Buchbindermeisters Christian Goede;
5) des hiesigen Bürgers und Schenkwirths Johann Heinrich Schröder

der Concurs der Gläubiger erkannt worden: so werden von Gerichtswegen Alle und Jede, welche an obgenannte Personen aus irgend einem rechtlichen Grunde Ansprüche oder Forderungen zu haben vermeinen, bei Strafe der Ausschließung, aufgefordert und befehligt, solche binnen 12 Wochen, nach der letzten Bekanntmachung dieses Proclams, im hiesigen ersten Stadtsecretariate und spätestens am

26. Mai d. J.,

als dem peremtorischen Angabe-Termine, im Obergerichte hieselbst anzumelden, wobei die die Ansprüche begründenden Documente in Urschrift vorzuzeigen und in Abschrift zurückzulassen sind, Auswärtige auch wegen gehöriger Procuratur-Bestellung das Nöthige wahrzunehmen haben.

Wornach Beikommende sich zu achten.

Altona, im Obergerichte, den 27. Januar 1862.

Ex Decreto Senatus.

№ 8.

Erste Bekanntmachung.

Da von dem Gerichtsboten Joh. Abraham Bernhard Siemssen, als Testamentsexecutor des wailand hiesigen Bürgers und Zimmermannes Johannes Krohn, auf die Erlassung eines Proclams behufs Ausmittelung des Güterbestandes angetragen und solchem Antrage vom Magistrate stattgegeben ist: so werden von Gerichtswegen Alle und Jede, welche an den Nachlaß des gedachten Verstorbenen aus irgend einem rechtlichen Grunde Ansprüche oder Forderungen zu haben vermeinen — mit alleiniger Ausnahme der protocollirten Gläubiger — hiedurch, bei Strafe der Ausschließung und des ewigen Stillschweigens, aufgefordert und befehligt, solche binnen 12 Wochen, nach der letzten Bekanntmachung dieses Proclams, im hiesigen ersten Stadtsecretariate und spätestens am

26. Mai d. J.,

als dem peremtorischen Angabetermine, im Obergerichte hieselbst anzumelden, wobei die die Ansprüche begründenden Documente in Urschrift vorzuzeigen und in Abschrift zurückzulassen sind, Auswärtige auch wegen gehöriger Procuraturbestellung das Nöthige wahrzunehmen haben.

Wornach Beikommende sich zu achten.

Altona, im Obergerichte, den 30. Januar 1862.

Ex Decreto Senatus.

№ 9.

Erste Bekanntmachung.

Wenn zur Ermittelung etwaniger Erb- und sonstiger Ansprüche und Forderungen an die Erbmasse des am 22. d. Mts. zur Lohe verstorbenen Käthners und Rademachers Hans Eggert Köster die Erlassung eines landüblichen Proclams erforderlich geworden:

Werden von Gerichtswegen Alle und Jede, mit alleiniger Ausnahme der protocollirten Creditoren, welche an die Erbmasse des zur Lohe am 22. d. Mts. verstorbenen Käthners und Rademachers Hans Eggert Köster Erb- oder sonstige Ansprüche und Forderungen zu haben vermeinen, speciell auch Diejenigen, welche an die zur Masse gehörigen, im Dorfe Lohe, adel. Guts Wandsbeck, belegene Käthnerstelle c. p. dingliche Ansprüche zu erheben haben, hiermittelst aufgefordert, solche Ansprüche und Forderungen, resp. bei Strafe der Ausschließung von der Masse und des ewigen Stillschweigens, binnen 12 Wochen, vom Tage der letzten Bekanntmachung dieses Proclams angerechnet, in dem unterzeichneten Justitiariate ordnungsmäßig anzumelden, die ihre Ansprüche begründenden etwanigen Documente im Original zu produciren und beglaubigte Abschriften davon bei den Acten zu belassen, auch, wofern sie Auswärtige, Actenprocuratoren hieselbst zu bestellen.

Wonach sich zu achten.

Decretum Wandsbecker Justitiariat bei Wandsbeck, den 30. Januar 1862.

Reimers.

№ 10.

Zweite Bekanntmachung.

Auf Anhalten der 11 Vollhufner und der 3 Halbhufner zu Großen Kummerfeld werden alle diejenigen, welche an eine Landmaaße von 89 Tonnen 1 Scheffel 91 Ruthen, die ihnen aus der dortigen Gemeinheit überlassen worden, und an die folgenden aus ihren resp. Voll- und Halbhufen zu derselben zugelegten Ländereien, als:

3 Scheffel 66 Ruthen aus der Hufe des Cl. Hinr. Hamann,
2 Scheffel 5 Ruthen aus der Hufe des J. Detlef Bülck,
2 Scheffel 17 Ruthen aus der Hufe des Johann Meyer,
3 Scheffel 64 Ruthen aus der Hufe der Anna Storm,
3 Scheffel 68 Ruthen aus der Hufe des Hinrich Hauschildt,
3 Scheffel 64 Ruthen aus der Hufe des Hinrich Runge,

3 Scheffel 65 Ruthen aus der Hufe des Carsten Hinrich Hauschildt,
3 Scheffel 95 Ruthen aus der Hufe des Nicolaus Frahm,
4 Scheffel 53 Ruthen aus der Hufe des Hartwig Harder,
3 Scheffel 76 Ruthen aus der Hufe der Margaretha Wittorff,
3 Scheffel 66 Ruthen aus der Hufe des Hans Hinr. Fischer,
1 Scheffel 84 Ruthen aus der Halbhufe des Hans Wulff,
1 Scheffel 84 Ruthen aus der Halbhufe des Hartw. Voß,
80 Ruthen aus der Halbhufe des Marx Brüggen, dingliche nichtprotocollirte Ansprüche zu haben vermeinen oder der Einrichtung eines speciellen Folii für diese sämmtlichen Ländereien widersprechen zu können glauben, hiedurch, bei Strafe des Verlustes derselben, angewiesen und befehligt, sich mit denselben innerhalb 12 Wochen, vom Tage der letzten Bekanntmachung dieses Proclams angerechnet, bei dem Königl. Actuariat zu Neumünster zu melden, die ihre Ansprüche begründenden Documente in Original zu produciren und Abschriften davon zurückzulassen, auch, falls sie Auswärtige sind, einen Actenprocurator unter hiesiger Jurisdiction zu bestellen.

Königl. Amthaus zu Neumünster, den 16. Januar 1862.

v. Stemann.
In fidem: K. Scheel.

№ 11.

Zweite Bekanntmachung.

Alle, mit Ausnahme der protocollirten Gläubiger, welche an die ehemals dem Martin Heinrich Japp gehörige, jetzt von Thomas Jürgen Hinrich Sparr besessene und von Letzterem wiederum verkaufte, in Ahrensfelde, Guts Wulmenau, belegene Erbpachtstelle c. p. dingliche Ansprüche und Forderungen zu haben vermeinen, werden hiedurch aufgefordert, sich damit innerhalb 12 Wochen, vom Tage der letzten Bekanntmachung angerechnet, und zwar Auswärtige unter Procuraturbestellung, bei Strafe der Ausschließung und des ewigen Stillschweigens, beim Justitiariate hieselbst zu melden.

Stockelsdorf, im Justitiariat für Trenthorst und Wulmenau, den 24. Januar 1862.

Esmarch.

№ 12.

Zweite Bekanntmachung.

Mit Genehmigung des Königlichen Holsteinischen Obergerichts werden auf Anhalten Beikommender Alle und Jede, welche an nachbenannte im Schuld- und Pfandprotocoll der Stadt Segeberg protocollirte, angeblich verloren gegangene Documente:

1) den Fol. 112/113 Abthl. I protocollirten Häuercontract vom 8. Jan. 1830, wonach die Stadt Segeberg an Herrmann Fürst das sogenannte Commünehaus von Ostern 1830 bis dahin 1831 für 96 ℛ︁ 51 β verhäuert hat;

2) den Fol. 112/113 und Fol. 97 Abthl. I protocollirten Häuercontract vom 23. März 1832, wonach die Kirchspielvögtin D. Springer, geb. Meyer, das vormals Lange'sche, jetzt dem Höker Hans Hinrich Wulff gehörige Haus von Ostern 1831 bis dahin 1836 für jährlich 120 ℛ︁ an Herrmann Fürst verhäuert hat;

3) den Fol. 112/113 Abthl. I protocollirten Häuercontract vom 4. März 1837, nach welchem Jacob Seligmann Moses Zwei Koppeln und Eine Wiese, welche Ländereien jetzt dem Schuhmachermeister Claus Friedrich Ahrberg gehören, an Herrmann Fürst von Allerheiligen 1835 bis dahin 1845 für jährlich 54 ℛ︁ 38 β verhäuert hat;

4) den Fol. 112/113 Abthl. I protocollirten Häuercontract vom 17. April 1845, nach welchem Caspar Hinr. Schmüser ein Stück Wiesenland auf der Hafwiese, jetzt dem Landmann Hans Hinrich Reher gehörig, von Neujahr 1845 bis dahin 1858 an den verstorbenen Bäckermeister Detlef Hinrich Saggau für jährlich 10 ℛ︁ 64 β verhäuert hat;

5) den Fol. 110 Abthl. I protocollirten Kaufcontract vom 17. Mai 1823, nach welchem der Arbeitsmann Friedrich Steffen an den verstorbenen Bäckermeister Johann Heinr. Reher pro resto 426 ℛ︁ 64 β schuldet;

6) die Fol. 5 Abthl. II protocollirte Cessions- und Bürgschaftsacte vom 22. Januar 1836, wonach der Kaufmann Jochim Ludw. Friedr. Lüttgens die Bürgschaft übernommen hat für die auf dem Folium seiner Bruders, des Bäckers Ludw. Jacob Lüttgens in Bargteheide, für die Kinder des Organisten Fedder Feddersen daselbst pro resto protocollirten 613 ℛ︁ 32 β R.-M.;

7) die Fol. 440 Abthl. I protocollirte Vereinbarung vom 8. November 1810 über den Nachlaß des weiland Kaufmanns Jochim Nicolaus Gaenge, nach welcher den beiden verstorbenen Töchtern a) Catharina Johanna Dorothea, später verheirathet an den verstorbenen Kammerassessor und Zollverwalter Mackeprang in Segeberg, und b) Amalia Friederike Wilhelmine, später verheirathet an den Major Hwiid in Kopenhagen, jeder 2666 ℛ︁ 64 β R.-M. und diesen, so wie dem Sohn, dem Weinhändler Hans Christian Nicolaus Gaenge in Kiel, verschiedene Effecten an Bett-, Leinen- und Silberzeug auszukehren sind;

8) die Fol. 21/173 Abthl. II protocollirte Acte vom 22. Mai 1836, nach welcher der weil. Mühlen-

pächter Nicolaus Heinrich Hagen in einem Processe mit dem weiland Geheimen Staatsminister Grafen zu Rantzau wegen schuldiger Mühlenpacht die Appellationscaution für Schäden und Kosten übernommen hat;

9) die Fol. 169 Abthl. I protocollirte Obligation vom 16. Juli 1791 an Detl. Möhl zu Qualen über pro resto 26 ℛ 64 ß zu 4 pCt. Zinsen;

10) den Fol. 340, 341 und 367 Abthl. I protocollirten Häuercontract vom 7. Mai 1812, nach welchem der weil. Schmiedemeister Carl Heinr. Christian Hinrichsen eine Werkstätte, Wohnung und Gartenland an den Schmiedemeister Nicol. Jürgen Fürböter von Ostern 1842 bis dahin 1854 für jährlich 160 ℛ R.-M. verhäuert hat,

Ansprüche irgend einer Art zu haben vermeinen, hiedurch aufgefordert, solche binnen 12 Wochen, vom Tage der letzten Bekanntmachung dieses Proclams angerechnet, Auswärtige unter Bestellung von Actenprocuratoren, im hiesigen Stadtsecretariate anzumelden und die ihre Ansprüche begründenden Documente im Original zu produciren und in beglaubigter Abschrift zurückzulassen, widrigenfalls sie zu gewärtigen haben, daß, unter Präcludirung der nicht angemeldeten Ansprüche, die Documente sub 1—4 und 6—10 mortificirt und im Schuld- und Pfandprotocoll delirt, das Document sub 5 dagegen durch eine Abschrift aus dem Contractenbuch wird ersetzt werden.

Decretum Segeberg, in **Curia**, den 22. Januar 1862.

(L. S.) Bürgermeister und Rath.

№ 13.

Zweite Bekanntmachung.

Extr. des Procl. des 4ten Stücks № 11.

Ansprüche und Forderungen an die nur **sub beneficio legis et inventarii** angetretene geringfügige Erbmasse des hieselbst verstorbenen **Dr. jur.** Paul Ingwersen aus Altona sind binnen 12 Wochen, vom Tage der letzten Publication dieser eventuell auch als Concursproclam dienenden Bekanntmachung, in dem unterzeichneten Justitiariate ordnungsmäßig anzumelden, bei Strafe der Ausschließung und des ewigen Stillschweigens.

Wornach sich zu achten.

Decretum Wandsbecker Justitiariat bei Wandsbeck, den 20. Januar 1862.

Reimers.

№ 14.

Zweite Bekanntmachung.

Extr. des Procl. des 5ten Stücks № 1.

Alle und Jede, welche an die bisher hieselbst bestandene Firma „Heinrich Schumacher & Wille“ Forderungen und Ansprüche zu haben vermeinen, oder Pfänder von derselben in Händen haben, müssen sich damit, bei Strafe des Verlustes derselben, innerhalb 12 Wochen, vom Tage der letzten Bekanntmachung angerechnet, bei dem hiesigen Königl. Actuariat, unter Beobachtung des Erforderlichen, melden.

Königl. Amthaus zu Neumünster, den 25. Januar 1862.

v. Stemann.

In fidem: **K. Scheel.**

№ 15.

Zweite Bekanntmachung.

Extr. des Procl. des 5ten Stücks № 2.

Alle diejenigen, welche an den Nachlaß des weil. Johann Wilhelm Wichmann und dessen Wittwe in Neumünster, so wie aus der stattgehabten Schließung des Folii der Verstorbenen Ansprüche zu haben vermeinen, müssen sich damit binnen 12 Wochen, vom Tage der letzten Bekanntmachung dieses Proclams angerechnet, auf dem hiesigen Königl. Actuariat, unter Beobachtung des Erforderlichen, melden.

Königl. Amthaus zu Neumünster, den 25. Januar 1862.

v. Stemann.

In fidem: **K. Scheel.**

№ 16.

Zweite Bekanntmachung.

Extr. des Procl. des 5ten Stücks № 4.

Alle und Jede, welche an den Nachlaß des am 11. Decbr. v. J. zum Rehmter Sande verstorbenen Schmiedegesellen Carl Philipp Christian Schröder, gebürtig von der Insel Rügen, Erb- oder andere Ansprüche zu haben vermeinen, müssen sich damit, **sub poena praeclusi**, binnen 12 Wochen, von der letzten Bekanntmachung dieses Proclams angerechnet, unter Beobachtung des Rechtserforderlichen melden.

Decretum Segeberg, in der Gerichtshalterschaft des adeligen Guts Rehmten, den 21. Januar 1862.

(L. S.) *Esmarch.*

№ 17.

Dritte und letzte Bekanntmachung.

Auf den Antrag Bikommender werden Alle und Jede, mit alleiniger Ausnahme der etwanigen protocollirten Gläubiger, welche an den Nachlaß des verstorbenen Hufners Hinrich Fick in Crockau, namentlich an die dazu gehörige **sub** № 5 daselbst belegene volle Hufe aus irgend einem Grunde persönliche oder dingliche Forderungen oder sonstige Ansprüche zu haben glauben, hiedurch aufgefordert und befehligt, sich damit, bei Strafe der Ausschließung und des ewigen Stillschweigens, unter Einlieferung der ihre Forderungen und Ansprüche begründenden Documente in Ur- und Abschrift und gehöriger Procuraturbestellung, binnen 12 Wochen, von der letzten Bekanntmachung dieses Proclams angerechnet, ordnungsmäßig auf hiesiger Klosterschreiberei zu melden und ihre Gerechtsame wahrzunehmen.

Klösterliches Theilungsgericht zu Preetz, den 23. Januar 1862. *C. v. Qualen.*

№ 18.

Dritte und letzte Bekanntmachung.

Alle und Jede, welche an den Nachlaß des weil. Schusters Jochim Hinr. Spethmann in Jarpen Forderungen und Ansprüche zu haben vermeinen, werden durch nachstehendes Proclam, welches eventuell als Concursproclam angesehen sein soll, von Gerichtswegen hiemit aufgefordert, solche, bei Vermeidung der Präclusion, innerhalb 6 Wochen, vom Tage der letzten Bekanntmachung dieses Proclams angerechnet, auf dem Königl. Reinfelder Actuariat anzumelden, Auswärtige unter Bestellung eines Actenprocurators.

Königliches Reinfelder Amthaus zu Traventhal, den 17. Januar 1862. *Grothusen.*

Zur Beglaubigung: **W. Baudissin.**

№ 19.

Dritte und letzte Bekanntmachung.

Auf Antrag Beikommender werden von Gerichtswegen hiedurch Alle und Jede, die an den von Peter Wulff verkauften, in Reihwisch belegenen, im Heiligenstedtener Schuld- und Pfandprotocoll Fol. 140 verzeichneten Hoflandes cum pert. dingliche, nichtprotocollirte Ansprüche und Forderungen machen zu können vermeinen, aufgefordert, solche binnen zwölf Wochen, vom Tage der letzten Bekanntmachung dieses Proclams angerechnet, bei Strafe des Ausschlusses und des ewigen Stillschweigens, Auswärtige unter Procuraturbestellung, hieselbst zur Anzeige zu bringen.

Heiligenstedtener Justitiariat zu Itzehoe, den 13. Januar 1862. *F. Rötger.*

№ 20.

Dritte und letzte Bekanntmachung.

Es sind im Laufe des Jahres 1861 bei dem unterzeichneten Gericht verschiedene kleine Erbmassen zur gerichtlichen Regulirung gekommen, weil Miterben theils abwesend, theils unbekannt sind. Dahin gehört:

1. Die Erbmasse der am 24. Mai 1861 in Heist verstorbenen Wittwe des weil. Oellrich Lüdemann, Adelheid Lüdemann, geb. Bösche. Es werden aufgefordert, die als Erben angegebene Sophie Dorothea Bösch, verheirathet an Hinrich von Allwörden zu Fleth und die Kinder der verstorbenen Geschwister der Erblasserin, nämlich des Peter Bösch im Bützflether Moor, des Claus Bösch zu Appenfleth, der Abel Catharina Bösch, verheirathet gewesen an Cord Meyer im Bützflether Moor, der Anna Metta Bösch, verheirathet gewesen an Peter Brey oder Breyer zu Bützfleth. Ferner werden aufgefordert diejenigen, welche als nächste Verwandte des weil. Oellrich Lüdemann etwa Erbansprüche machen zu können vermeinen.

2. Die Erbmasse des am 14. Mai 1861 in Uetersen verstorbenen Lüder Harrstedt. Es werden aufgefordert die verschollenen Söhne Martin Harrstedt und Lüder Harrstedt und die Tochter Agneta Margaretha Harrstedt, verheirathet gewesen an Johann Peter Delfs, welche nach Amerika ausgewandert ist und sich dort wieder verheirathet haben soll, so wie die etwanigen Leibeserben dieser 3 Kinder.

3. Die Erbmasse des am 31. Mai 1861 in Uetersen verstorbenen Musikus Diedrich Adrian Brügmann oder Brückmann. Es werden aufgefordert dessen Geschwister Sören Brückmann, Christian Brückmann, Sophie Caroline Brückmann, Johann Friedrich und Marie Sophie Brückmann, Zwillinge, deren Leben oder Aufenthalt nicht zu ermitteln gewesen, so wie deren etwanige Leibeserben.

Demzufolge haben sich Alle, welche als Erben oder aus anderen Gründen Ansprüche an die vorgedachten Erbmassen zu machen beabsichtigen, unfehlbar innerhalb 12 Wochen, a publ. ult., auf dem Syndicate hieselbst zu melden und ihre Ansprüche zu justificiren, widrigenfalls dieselben damit gänzlich werden ausgeschlossen, resp. aber mit den Erbtheilen nach Vorschrift der Gesetze wird verfahren werden.

Erkannt Uetersen, den 15. Januar 1862.

Klösterliche Obrigkeit.

№ 21.

Dritte und letzte Bekanntmachung.

Wenn der Hr. Obergerichtsadvocat Adolph Schmidt Namens des Kaufmanns Gustav Kreeße hieselbst und des Kaufmanns Eduard Gustav Homann in Pinneberg, bisher in Firma Kreeße & Homann, den Antrag gestellt, daß, weil das zwischen den gedachten Associés bisher unter der Firma Kreeße & Homann hier und in Pinneberg bestandene Wein- und Spritgeschäft nach freundschaftlicher Uebereinkunft vom 1. Decbr. v. J. angerechnet, aufgelöst ist, nunmehr behufs definitiver Auseinandersetzung ein Proclam an alle diejenigen, welche an besagte ihre Handlung bis zu dem genannten Tage Ansprüche erworben haben möchten, erlassen werde und dieser Bitte gerichtsseitig stattgegeben ist: so werden von Gerichtswegen Alle und Jede, welche an das unter der Firma Kreeße & Homann hier und in Pinneberg bis zum 1. Decbr. v. J. geführte Wein- und Spritgeschäft aus irgend einem rechtlichen Grunde Ansprüche oder Forderungen zu haben vermeinen, hiedurch, bei Strafe der Ausschließung und des ewigen Stillschweigens, aufgefordert und befehligt, sich damit binnen 12 Wochen, nach der letzten Bekanntmachung dieses Proclams, im hiesigen ersten Stadtsecretariate, und spätestens am

12. Mai d. J.,

als dem peremtorischen Angabetermine, im Obergerichte hieselbst anzumelden, wobei die die Ansprüche begründenden Documente in Urschrift vorzuzeigen und in Abschrift zurückzulassen sind, Auswärtige auch wegen gehöriger Procuraturbestellung das Nöthige wahrzunehmen haben.

Wornach Beikommende sich zu achten!

Altona, im Obergerichte, den 16. Januar 1862.

Ex Decreto Senatus.

Engel, geb. Fuhlendorf, später verheiratheten Heusler, nach welcher den Kindern erster Ehe an baarem Gelde 200 ℔ versichert worden, protocollirt den 4. Novbr. 1795 auf Fol. 235;

5) Kaufcontract vom 1. Juni 1839 zwischen Marx Suse als Verkäufer und dem Bürger Dierck Münster in Crempe als Käufer über das Fol. 241 verzeichnete Haus c. p., wornach dem Verkäufer die Kaufsumme von 480 ℔ v. Ct. versichert worden, dergestalt, daß in den Martinigeldestagen 1839 200 ℔ zu bezahlen, der Rest aber als ein Pfingstcapital mit ½jähriger Kündigung zu 4 pCt. Zinsen stehen bleiben soll, protocollirt den 25. Juli 1839,

Ansprüche erheben möchten, hiemittelst von Gerichtswegen aufgefordert, solche binnen 12 Wochen, vom Tage der letzten Bekanntmachung dieses Proclams angerechnet, im hiesigen Stadtsecretariate gehörig anzugeben, die ihre Ansprüche begründenden Documente in Ur- und Abschrift zu produciren, Auswärtige unter Bestellung eines Actenprocurators, unter der Verwarnung, daß im Widrigen solche Documente werden mortificirt und für die sub 1 und 2 benannten beglaubigte Abschriften aus dem Nebenbuch an deren Stelle zum Original werden erhoben, in Betreff der sub 3—5 incl. benannten aber die darin angeführten Capitalpöste im Schuld- und Pfandprotocoll werden delirt werden.

Decretum Crempe in Curia, den 15. Febr. 1862.

Bendixen.

№ 6.

Erste Bekanntmachung.

Wenn in Folge desfälliger Insolvenzerklärung des Eingesessenen und Kupferschmieds Carl Heinr. Rathje in Pinneberg über dessen Habe und Güter der Concurs der Gläubiger, deren Einreden vorbehältlich, erkannt worden ist, so werden von Gerichtswegen hiedurch Alle und Jede, mit Ausnahme der protocollirten Creditoren, welche an die Concursmasse und insbesondere an das im Flecken Pinneberg belegene, im Schuld- und Pfandprotocoll № 1 a Fol. 101 aufgeführte Wohnhaus c. pert. des Cridars Ansprüche und Forderungen irgend einer Art zu haben vermeinen, hiedurch aufgefordert, sich damit, bei Vermeidung der Ausschließung von der Concursmasse, innerhalb 12 Wochen, vom Tage der letzten Bekanntmachung dieses Proclams angerechnet, im Actuariat des Gerichts zu melden, die ihre Ansprüche begründenden Documente im Original zu produciren, beglaubigte Abschriften davon beim Angabeprotocoll zurückzulassen und, wenn sie Auswärtige sind, einen Actenprocurator zu bestellen.

Pinneberger Concursgericht, den 17. Febr. 1862.

Wommelsdorff-Friedrichsen. H. A. Tetens.

Mohrdiek.

№ 7.

Zweite Bekanntmachung.

Von Gerichtswegen

wird auf Anhalten der Königl. Hennstedter Kirchspielvogtei, als Concursregulirungsbehörde, den sämmtlichen nichtprotocollirten Creditoren des Schusters Peter Gosch in Hennstedt, über dessen Habe und Güter definitiv Concurs erkannt ist, hiemittelst anbefohlen, alle ihre an den gedachten Bonisceđenten. ihnen zuständigen Forderungen und Ansprüche innerhalb 12 Wochen, von der letzten Bekanntmachung dieses Proclams angerechnet, in der Hennstedter Kirchspielschreiberei, Auswärtige nach geschehener Procuraturbestellung, ordnungsmäßig anzugeben und verzeichnen zu lassen, im Widrigen sie von dieser Concursmasse, für deren Regulirung das Creditrecht bewilligt ist, werden ausgeschlossen werden.

Königl. Norderdithmarsische Landvogtei zu Heide, den 29. Januar 1862.

Hansen.

In fidem: **Scholtz.**

Für richtige Abschrift:

Hansen, Kirchspielschreiber.

№ 8.

Zweite Bekanntmachung.

Extr. des Procl. des 7ten Stücks № 7.

Mit Ausnahme der protocollirten Creditoren, so wie der legitimirten Erben bezüglich ihrer Erbansprüche, müssen sich Alle und Jede, welche an das hieselbst unter gerichtlicher Behandlung befindliche Vermögen des weil. Eingesessenen und Schustermeisters Georg Conrad Kruse in Barmstedt und an das dazu gehörige daselbst belegene Haus c. pert. Forderungen und Ansprüche irgend einer Art zu haben vermeinen oder Pfänder von demselben besitzen, mit selbigen innerhalb 12 Wochen, vom Tage der letzten Bekanntmachung dieses Proclams angerechnet, sub poena praeclusi et perpetui silentii, bei dem unterzeichneten Gerichte rechtsbehörig melden.

Königl. Administratur zu Ranzau, den 8. Februar 1862.

W. v. Levetzau, const.

№ 9.

Zweite Bekanntmachung.

Extr. des Procl. des 7ten Stücks № 8.

Mit Ausnahme der protocollirten Creditoren müssen sich Alle und Jede, welche dingliche Ansprüche irgend einer Art an die von der Ehefrau Margaretha Ibe, geb. Kruse, c. cur. mar., verkaufte in Klein-Offenseth, Kirchspiels Barmstedt, belegene 1/48 Hufenstelle c. pert. zu haben vermeinen, bei Strafe des Verlustes dieser Rechte, binnen 12 Wochen, vom Tage der letzten Bekanntmachung dieses Proclams angerechnet, bei dem unterzeichneten Gerichte rechtsbehörig melden.

Königl. Administratur zu Ranzau, den 8. Februar 1862.

W. v. Levetzau, const.

Beilage
zum 7. Stück der Holsteinischen Anzeigen.

Montag den 17. Februar 1862.

Hospitalslæge
Nicolay Jacobsens
Familielegat.

Ved Dødsfald er en Portion af ovennævnte Legat paa 100 Rd. aarlig, det er dog muligt, at Legatportionen deles i 2, hver paa 50 Rd.

Ifølge den 9de Post i Opretterens Testamente af 23de Februar 1808, confirmeret den 4. Marts s. A., skulle „følgende den Afdødes Families 3 Linier have „lige Ret og Adgang til Understøttelse af Legatet, „nemlig: a) Arvingerne paa Testators Faders, David „Jacobsens, forhen Regimentschirurg ved det jydske „Infanteri-Regiment, hans Side; b) Arvingerne paa „den Afdødes Moders, Ida Margrethe Jacobsens, „født Bøhl, hendes Side og c) den Afdødes Stedbørn, der ere Jacob Christian Bloch, Præst; Johan „Friederich Bloch, Underlæge ved Almindeligt Hospital „her i Staden, og Maria Kirstine Bloch, i Ægteskab „med Sognepræst Rasmus Fog, samt disse Hans 3 „Stedbørns Arvinger efter dem, hvorhos det ikke skal „komme i Betragtning blandt Legatarierne, hvadenten „de ere nær eller langtfra Paarørende af den Afdøde, men Portionen skal uddeles efter deres Værdighed og Trang.“

De, der i Henhold til Foranstaaende ansee sig qvalificerede til at tages i Betragtning ved den nu ledige Legatportions Uddeling, opfordres herved i Medfør af Pl. 12. Juli 1843 § 1 til inden 12 Uger fra Dato skriftligt at melde sig og beviisliggjøre deres Berettigelse for Magistraten, i hvis 1ste Afdelings Contoir der dagligt kan afhentes Blanquetter til det Schema, der, behørigt udfyldt og attesteret, maa medfølge enhver Ansøgning.

Denne Vacance er kundgjort i Overeensstemmelse med Reglerne i den 10de Post af fornævnte Testamente.

Kjøbenhavns Magistrat, den 7. Februar 1862.

Bekanntmachungen.

№ 1.

Daß statt des auf seinen Wunsch entlassenen Müllers Carsten Borchers in Cleve unterm 21. Dec. 1861 der Eingesessene Peter Friedr. Mohr in Schlichting dem Gastwirth Christian Heinrich Ehrp in Cleve zum **curator personæ et bonorum** von hieraus ernannt worden, wird, nachdem zu diesem Zweck das Armenrecht bewilligt ist, unter dem Hinzufügen hiemittelst zur öffentlichen Kunde gebracht, daß der Curande Christian Heinr. Ehrp nur mit Zustimmung seines nunmehrigen obgenannten Curators P. F. Mohr rechtsverbindliche Geschäfte einzugehen im Stande ist.

Königl. Norderdithmarsische Landvogtei zu Heide, den 1. Februar 1862.

Hansen.

In fidem: Scholtz.

№ 2.

Einer heute eingegangenen Anzeige zufolge ist der Webergeselle Johann Claus Friedr. Gäde zu Bargfeld am Freitag den 7. d. M. Abends gegen 9 Uhr auf dem Rückwege von Fiertbruch von einem ihm unbekannten großen und starken, mit einem runden Filzhut bekleideten Menschen angefallen und seiner, 1 preuß. Thaler, 5 dänische Markstücke und einige hamburgische Schillinge enthaltenen Geldtasche beraubt worden. Die Geldtasche ist von dünnem, grünen Leder mit Stahlbügel und inwendig mit einer zweiten Abtheilung versehen, der äußere Ueberfall zum Verschließen ist gebrochen und das Leder abgescheuert. Der Stahlbügel hat die Form eines Halbmondes.

Sämmtliche beikommende Behörden werden zur Rechtshülfe und unter Zusicherung gleicher Rechtswillfährigkeit ersucht, auf die Geldtasche vigiliren zu lassen, vorkommenden Falls den verdächtigen Besitzer anzuhalten und behufs weiterer Verfügung eine gefällige Nachricht anhero mitzutheilen.

Ahrensburg, im Justitiariat des adeligen Guts Jersbeck, den 13. Februar 1862.

Huss.

№ 3.

Wenn es in Veranlassung einer wegen mehrerer Raubanfälle hieselbst geführten Untersuchung von Relevanz ist, in den Besitz einer unten soweit möglich näher bezeichneten Uhr zu gelangen, welche dem Beraubten angeblich am 30. Mai 1860 auf dem sog. Wischfelde in der Herrschaft Pinneberg abgenommen worden ist, so werden alle Behörden des In- und Auslandes hiedurch dienstlich ersucht, nach der gedachten Uhr Nachforschungen anstellen zu lassen und

Orte, kenntlich, gestohlen worden. — Sämmtliche Behörden sowohl als auch Privatpersonen werden aufgefordert, die gestohlenen Sachen vorkommenden Falls anzuhalten, so wie etwa sich ergebende sonstige, zur Entdeckung der Thäter dienliche Umstände förderfamst zur Kunde des unterzeichneten Gerichts zu bringen.

Königliches Gericht für das Amt Steinburg zu Itzehoe, den 26. Februar 1862.

A. v. Heintze, const.

№ 4.

Gestern Nachmittag ist zu Hohwacht, hiesigen Guts, eine ziemlich große, einhäusige, neusilberne Taschenuhr mit weißem Zifferblatt, worin das Schlüsselloch befindlich, römischen Zahlen und gelben Zeigern, in deren innern Gehäuseseite vermeintlich ein Name steht, an der vermittelst einer blau-wollenen Litze 2 Uhrschlüssel befestigt waren, von denen der eine, nicht zur Uhr gehörige, eine stählerne Kanone hat, der andere, ganz messingene, durch langen Gebrauch sehr verschlissen ist, und deren Gehäuse, weil sie lange nicht getragen, angelaufen war, gestohlen worden.

Dieses Diebstahls hat sich ein Fremder, der ein Hausirer Johannes Richter aus hannoversch Münden sein soll und die hiesige Stadt, wo er heimlich übernachtet, mit seiner Frau heute früh verlassen hat, angeblich um sich nach Lübeck zu begeben, dringend verdächtig gemacht.

Beikommende Behörden werden daher dienstergebenst ersucht, auf die Uhr und den hierunter thunlichst signalisirten J. Richter vigiliren, diesen, falls die Uhr bei ihm oder seiner Frau gefunden werden sollte, so wie den sonstigen verdächtigen Besitzer der Uhr, sammt dieser anhalten und davon, daß solches geschehen, Anzeige gefälligst anhero gelangen lassen zu wollen, damit das Erforderliche, namentlich die Abholung des etwanigen Arrestaten, unter Kostenerstattung verfügt werden könne.

Lütjenburg, den 19. Februar 1862.

Das Patrimonialgericht des adeligen Guts Neudorff.

Wyneken.

Signalement des Johann Richter.

Derselbe ist von mittlerer Größe, schlankem, aber kräftigem Körperbau und reichlich 30 Jahre alt; er hat dunkles Haar, trägt einen kleinen schwarzen Schnurrbart und spricht hochdeutsch, angeblich im mittel- oder süddeutschen Dialect. Er trägt eine graue Mütze und einen grauen Rock. Zwei der Lieder, die er verkauft hat, sind bei Johann Bock in Lübeck gedruckt und ist das eine: „die Verzweiflung, oder Arnold und Betti, die zwei Opfer väterlicher Härte", das andere: „Sechsfacher Raubmord auf der Mühle zu Churstorf bei Lippena, geschehen in der Nacht vom 10./11. Mai 1861", vor beiden Liedern steht eine Erzählung des betreffenden Vorgangs.

№ 5.

Daß der in der diesseitigen Bekanntmachung vom 19. d. M. gedachte Johann, richtiger Franz Richter, zur Haft gebracht ist, wird hiemit vorschriftsmäßig mit dem Beifügen bekannt gemacht, daß die in jener Bekanntmachung beschriebene Uhr, deren Entwendung dem Richter zur Last gelegt wird, nicht bei ihm gefunden ist, er aber eingeräumt hat, daß seine Frau eine ganz ähnliche Uhr in Schönberg von einem Unbekannten gekauft und am 23. d. M. in Stockelsdorf an einen unbekannten Müllergesellen verkauft habe.

Da solchergestalt an die Herbeischaffung der Uhr sehr gelegen ist, so werden beikommende Behörden um ihre desfallsige Beihülfe aufs Neue ganz ergebenst ersucht.

Lütjenburg, den 28. Februar 1862.

Das Patrimonialgericht des adeligen Guts Neudorff.

Wyneken.

Bekanntmachung.

Das am hiesigen Orte unter der Firma

Philips Söhne
A. Philip

betriebene Manufacturwaarengeschäft ist vom 1. Januar d. J. an auf den mitunterzeichneten Moritz M. Philip in Hamburg mit Activis und Passivis übergegangen und wird von demselben unter der Firma Philips Söhne für seine alleinige Rechnung fortgesetzt.

Glückstadt, den 24. Februar 1862.

Abraham Philip.

In Firma: Philips Söhne,
A. Philip.

Hamburg, den 26. Februar 1862.

Moritz M. Philip.

Testaments-Publication.

Zur Eröffnung und Publication des bei dem hiesigen Gerichte deponirten wechselseitigen Testaments des weil. hiesigen Bürgers Müllers Fritz Schmürsch und dessen Ehefrau Anna Elisabeth, geb. Spiekermann, ist Termin auf Freitag den 28. März d. J., Morgens 10 Uhr, auf dem hiesigen Rathhause angesetzt, welches Beikommenden zur Nachricht hierdurch öffentlich bekannt gemacht wird.

Heiligenhafen, den 18. Februar 1862.

Der Magistrat.

Helmcke.

Testaments-Publication.

Zur Publication des von der weil. Wittwe Magdalena Catharina Keßler, früher verheiratheten Bühring, geb. Kaak, in Steinbeck, hiesigen Amts, nachgelassenen Testaments ist Termin auf

Montag den 24. März d. J.,
Vormittags 10 Uhr,

angesetzt, welches, da der Aufenthalt der Intestaterben der Verstorbenen zum Theil unbekannt ist, hierdurch bekannt gemacht wird.

Königl. Traventhaler Amtstube vor Segeberg, den 10. Februar 1862. (gez.) *H. Krebs.*

Proclamata.

№ 1.

Erste Bekanntmachung.

Von Gerichtswegen wird auf Anhalten der Königl. Kirchspielvogtei zu Weddingstedt, als Erbregulirungsbehörde, den sämmtlichen nichtprotocollirten Gläubigern des verstorbenen Claus Christian Rolfs jun., wail. in Osterode, und dessen gleichfalls verstorbenen Ehefrau Margaretha, geb. Jürgens, wail. daselbst, deren Nachlaß wegen Vorhandenseins unmündiger Kinder der gerichtlichen Behandlung hat unterzogen werden müssen, hiemittelst anbefohlen, alle ihnen an den obgedachten Nachlaß der Eheleute Claus Christian Rolfs und dessen Ehefrau Margaretha, geb. Jürgens, zustehenden Forderungen und Ansprüche, sie rühren her woher sie wollen, innerhalb 12 Wochen, vom Tage der letzten Bekanntmachung dieses Proclams angerechnet, Auswärtige unter gehöriger Procuraturbestellung in hoc foro, bei Strafe der Ausschließung von dieser Erbmasse und des ewigen Stillschweigens, in der Kirchspielschreiberei zu Weddingstedt gesetzmäßig anzugeben und verzeichnen zu lassen.

Königl. Norderdithmarsische Landvogtei zu Heide, den 15. Februar 1862. *Hansen.*

In fidem: Scholtz.

Für die Abschrift: With.

№ 2.

Erste Bekanntmachung.

Von Gerichtswegen werden auf Antrag der Königlichen Süderwöhrdener Kirchspielvogtei zu Wöhrden, als beikommender Erbregulirungsbehörde, Alle und Jede, welche an den wegen Concurrenz eines unmündigen Erben einer gerichtlichen Regulirung unterzogenen geringfügigen Erbnachlaß des verstorbenen Johann Friedr. Dircks, wail. zu Büttlerdeich, früher im Epenwöhrdener Felde, Erbrechte, Forderungen oder Ansprüche zu haben vermeinen, oder Pfandstücke vom genannten Verstorbenen besitzen, hiedurch aufgefordert und befehligt, daß sie, und zwar bei Strafe des Ausschlusses und des Verlustes ihrer Rechte, binnen 12 Wochen, vom Tage der letzten Bekanntmachung dieses event. auch als Concursproclam geltenden Proclams angerechnet, solche ihre Erbrechte, Forderungen, Ansprüche oder Pfandstücke in der Königlichen Süderwöhrdener Kirchspielschreiberei zu Wöhrden gehörig, Auswärtige nach vorgängiger Procuraturbestellung, angeben und verzeichnen lassen und darnach weitere rechtliche Verfügungen gewärtigen.

Wornach ein Jeder sich zu achten.

Königl. Süderdithmarscher Landvogtei zu Meldorf, den 21. Februar 1862.

(L. S.) *Griebel*, c. m.

Zur Beglaubigung: Fabricius.

№ 3.

Erste Bekanntmachung.

Auf Antrag des Herrn Obergerichtsadvocaten A. Schmidt, als Curators des gerichtlich regulirten Nachlasses des am 6. Februar 1862 hieselbst verstorbenen Brauereibesitzers Hans Heinr. Arp, werden Alle, welche an den Nachlaß des Verstorbenen, sei es als Eigenthümer, Gläubiger oder aus anderm Grunde, Ansprüche oder Forderungen irgend einer Art zu haben glauben, hiedurch, bei Strafe der Präclusion von dieser Masse, aufgefordert, innerhalb 12 Wochen, vom Tage der letzten Bekanntmachung dieses Proclams angerechnet, sich im Stadtsyndicat zu melden, unter Bestellung eines Procurators, insofern die Profitenten außerhalb Kiels wohnen.

Kiel, den 21. Februar 1862.

Der Magistrat.

In fidem: *G. F. Witte*, Syndicus.

№ 4.

Erste Bekanntmachung.

Auf den Antrag der Erben des verstorbenen Particuliers August Friedr. Wilhelm Schwerdtfeger hieselbst werden, um vor unbekannten Ansprüchen für die Zukunft gesichert zu sein, Alle und Jede, welche aus irgend einem Grunde Forderungen und Ansprüche an den Nachlaß des Verstorbenen zu haben glauben, hiedurch aufgefordert und befehligt, sich damit, bei Strafe der Ausschließung und des ewigen Stillschweigens, innerhalb 12 Wochen, von der letzten Bekanntmachung dieses Proclams angerechnet, unter Einlieferung ihrer Documente in Ur- und Abschrift und gehöriger Procuraturbestellung, auf hiesiger Klosterschreiberei zu melden und ihre Gerechtsame wahrzunehmen.

Klösterliches Theilungsgericht zu Preetz, den 22. Februar 1862.

C. v. Qualen.

№ 5.

Erste Bekanntmachung.

Wenn dem Hufenpächter Hans Christian Bünsen zu Haßberg, hiesigen Guts, die nachgesuchte Rechtswohlthat der Güterabtretung bewilligt und in Folge dessen der Concurs der Gläubiger, deren Einreden vorbehältlich, über die Habe und Güter desselben zu Recht erkannt ist, so werden Alle und Jede, welche an den gedachten Hans Christian Bünsen aus irgend einem Grunde Forderungen und Ansprüche zu haben vermeinen, hiemit, der desfallsigen Ermächtigung des Königl. Holsteinischen Obergerichts gemäß, aufgefordert und befehligt, solche binnen 6 Wochen, vom Tage der letzten Bekanntmachung dieses angerechnet, bei Strafe der Ausschließung, hieselbst anzumelden, die ihre Forderungen und Ansprüche begründenden Urkunden dabei in Urschrift vorzulegen und beglaubte Abschriften davon zurückzulassen, auch, dafern sie Auswärtige sind, Procuratoren zu den Acten zu bestellen. Wornach sich zu achten.

Lütjenburg, den 26. Februar 1862.

Das Patrimonialgericht des adeligen Guts Neudorff.

Wyncken.

№ 6.

Erste Bekanntmachung.

Die Erben der verstorbenen Ehefrau des Weinhändlers Johann Christian Diederich Tegelmann in Ahrensböck, Anna Sophia, geb. Hayessen, haben erklärt, die Erbschaft defunctæ nur sub beneficio legis et inventarii antreten zu wollen und demgemäß um Erlassung eines Proclams zur Ermittelung des Massebestandes, welches zugleich als eventuelles Concursproclam gelten soll, gebeten.

In Stattgebung dieses Antrages werden hiedurch Alle und Jede, mit Ausnahme der protocollirten Creditoren, welche Forderungen und Ansprüche an den Nachlaß der gedachten weil. Ehefrau Tegelmann in Ahrensböck zu haben vermeinen, hiedurch aufgefordert und befehligt, diese ihre Ansprüche, bei Strafe der Ausschließung, innerhalb 12 Wochen, vom Tage der letzten Bekanntmachung dieses Proclams angerechnet, beim Ahrensböcker Actuariate zu Plön anzumelden. Auswärtige haben Actenprocuratur zu bestellen.

Königliches Ahrensböcker Amthaus zu Plön, den 18. Februar 1862.

W. C. v. Levetzau.

In fidem: C. Friederici.

№ 7.

Erste Bekanntmachung.

Wenn der hiesige Bürger Johann Hinr. Riesbeck die Erlassung eines Proclams zur Ermittelung des Bestandes seines Vermögens und zugleich die Erlassung eines Realproclams über die von ihm verkauften Grundstücke beantragt hat, so werden Alle und Jede, mit alleiniger Ausnahme der protocollirten Gläubiger, welche an den Bürger Johann Hinr. Riesbeck, namentlich auch an die von ihm verkauften Grundstücke:

1) das hieselbst Qu. V № 7 belegene Wohnhaus c. pert. und
2) die Fol. 156 Abtheil. II des Stadt Segeberger Schuld- und Pfandprotocolls aufgeführte Plumwiese,

dingliche oder persönliche Forderungen und Ansprüche zu haben vermeinen, hiedurch aufgefordert und befehligt, selbige innerhalb 12 Wochen, vom Tage der letzten Bekanntmachung dieses Proclams angerechnet, bei Strafe der Ausschließung und des ewigen Stillschweigens, Auswärtige unter Bestellung von Actenprocuratoren, im hiesigen Stadtsecretariat anzumelden, die ihre Gerechtsame begründenden Documente in Original zu produciren und in beglaubigter Abschrift zurückzulassen.

Decretum Segeberg, in curia, den 20. Februar 1862.

(L. S.) Bürgermeister und Rath.

№ 8.

Erste Bekanntmachung.

Der Bauervogt und Hofbesitzer Georg Diedrich Alexander Büttner in Breitenbecksthorst, Amts Trittau, hat seine daselbst belegenen beiden Halbhufenstellen c. pert. verkauft und zur Sicherstellung seines Käufers gegen unprotocollirte dingliche Ansprüche auf die Erlassung eines landüblichen Proclams angetragen.

In Stattgebung dieses Antrages werden von Gerichtswegen Alle und Jede, mit Ausnahme der protocollirten Gläubiger, welche an die gedachtermaaßen von dem Bauervogt und Hofbesitzer Georg Dietrich Alexander Büttner in Breitenbecksthorst verkauften beiden Halbhufenstellen c. p. dingliche Ansprüche irgend welcher Art haben oder zu haben vermeinen, hiemittelst aufgefordert und befehligt, solche Ansprüche, bei Vermeidung des Verlustes derselben, innerhalb 12 Wochen, vom Tage der letzten Bekanntmachung dieses Proclams angerechnet, auf der Königlichen Amtstube zu Trittau rechtsbehörigermaaßen anzumelden, Auswärtige unter Bestellung eines Actenprocurators in hiesiger Jurisdiction.

Gegeben Königl. Gericht für das Amt Trittau.
Trittau, den 23. Februar 1862.

G. v. Linstow.

№ 9.

Erste Bekanntmachung.

Wenn der Erbpächter Johann Conrad Wilhelm Langermann zu Pünstorf, Klosters Itzehoe, seine Erbpachtsstelle Pünstorf an Nathan Michel Nathansen aus Hamburg verkauft und Letzterem ein reines Professionatsprotocoll zu liefern versprochen hat, so werden, mit Ausnahme der protocollirten Gläubiger, Alle und Jede, welche an die Erbpachtsstelle Pünstorf und die damit bewirthschaftete ehemalige Kuhhirtenwiese der Dorfschaft Sude hypothecarische oder sonstige dingliche Ansprüche zu haben vermeinen, hiedurch aufgefordert und befehligt, diese Ansprüche, bei Strafe des Verlustes derselben, binnen 12 Wochen, vom Tage der letzten Bekanntmachung dieses Proclams angerechnet, bei dem Klösterlichen Protocolle in Itzehoe anzugeben, die ihre Ansprüche begründenden Documente im Original zu produciren, beglaubigte Abschriften derselben zurückzulassen und, insofern sie Auswärtige sind, Procuratoren zu den Acten zu bestellen.

Klösterliche Obrigkeit zu Itzehoe, den 22. Febr. 1862.

H. Rumohr.

№ 10.

Erste Bekanntmachung.

Wann der Schiffsbaumeister Johann Hinr. Kremer in Elmshorn, Klösterlichen Antheils Klostersande, verstorben und von den Erben, den Vormündern der unmündigen Miterben, mit Vorbehalt der Erbantretung unter der Wohlthat des Gesetzes und Inventars, auf Erlassung eines Proclams zur Erforschung des Vermögenebestandes der Nachlaßmasse angetragen worden ist: als werden hiedurch Alle, welche an den verstorbenen Johann Hinr. Kremer Forderungen und Ansprüche haben, hiedurch aufgefordert, sich, bei Vermeidung der Ausschließung und des Verlustes ihrer Forderungen, innerhalb 12 Wochen, a publ. ult., hieselbst auf dem Syndicate zu melden. Auch werden Alle, welche Debitoren der Erbmasse sind, aufgefordert, sich in gleicher Frist bei dem Massecurator, dem Essigfabrikanten Ernst Meyn in Elmshorn, anzugeben.

Gegeben Uetersen, den 21. Februar 1862.

Klösterliche Obrigkeit.

№ 11.

Erste Bekanntmachung.

Da auf geschehene Insolvenzerklärung Seitens des hiesigen Bürgers und Kaufmanns Friedr. Heinr. Julius Duncker, in Firma Friedrich Duncker, über dessen Habe und Güter der Concurs der Gläubiger erkannt worden: so werden von Gerichtswegen Alle und Jede, welche an denselben aus irgend einem rechtlichen Grunde Ansprüche oder Forderungen zu haben vermeinen, hiedurch, bei Strafe der Ausschließung von der unter Concursbehandlung genommenen Masse, aufgefordert und befehligt, solche binnen 12 Wochen, nach der letzten Bekanntmachung dieses Proclams, im hiesigen ersten Stadtsecretariate und spätestens am

26. Juni d. J.,

als dem peremtorischen Angabetermine, im Obergericht hieselbst anzumelden, wobei die die Ansprüche begründenden Documente in Urschrift vorzuzeigen und in Abschrift zurückzulassen sind, Auswärtige auch wegen gehöriger Procuraturbestellung das Nöthige wahrzunehmen haben.

Wornach Beikommende sich zu achten!

Altona, im Obergericht, den 17. Februar 1862.

Ex Decreto Senatus.

№ 12.

Erste Bekanntmachung.

Da auf geschehene Insolvenzerklärung Seitens des hiesigen Bürgers und Kleiderhändlers Lipmann Joseph Meyer, in Firma L. J. Meyer, über dessen Habe und Güter der Concurs der Gläubiger erkannt worden: so werden von Gerichtswegen Alle und Jede, welche an denselben aus irgend einem rechtlichen Grunde Ansprüche oder Forderungen zu haben vermeinen, hiedurch, bei Strafe der Ausschließung von der unter Concursbehandlung genommenen Masse, aufgefordert und befehligt, solche binnen 12 Wochen, nach der letzten Bekanntmachung dieses Proclams, im hiesigen ersten Stadtsecretariate und spätestens am

26. Juni d. J.,

als dem peremtorischen Angabetermine, im Obergerichte hieselbst anzumelden, wobei die die Ansprüche begründenden Documente in Urschrift vorzuzeigen und in Abschrift zurückzulassen sind, Auswärtige auch wegen gehöriger Procuraturbestellung das Nöthige wahrzunehmen haben.

Wornach Beikommende sich zu achten.

Altona, im Obergerichte, den 20. Februar 1862.

Ex Decreto Senatus.

№ 13.

Erste Bekanntmachung.

Da von den Herren Obergerichtsadvocaten Stoppel und Consul Christian Nielfeldt Sommer, als Testamentsexecutoren des weil. hiesigen Bürgers und Kaufmannes Johann Peter de Ney, auf die Erlassung eines Proclams behufs Ausmittelung des Güterbestandes angetragen und solchem Antrage vom Magistrate stattgegeben ist: so werden von Gerichtswegen Alle und Jede, welche an den Nachlaß des gedachten Verstorbenen aus irgend einem rechtlichen Grunde Ansprüche oder Forderungen zu haben vermeinen — mit alleiniger Ausnahme der protocollirten Gläubiger — hiedurch, bei Strafe der Ausschließung und des ewigen Stillschweigens, aufgefordert und befehligt, solche binnen 12 Wochen, nach der letzten Bekanntmachung dieses Proclams, im hiesigen ersten Stadtsecretariate, und spätestens am

26. Juni d. J.,

als dem peremtorischen Angabe-Termine, im Obergerichte hieselbst anzumelden, wobei die die Ansprüche begründenden Documente in Urschrift vorzuzeigen und in Abschrift zurückzulassen sind, Auswärtige auch wegen gehöriger Procuraturbestellung das Nöthige wahrzunehmen haben.

Wornach Beikommende sich zu achten.

Altona, im Obergerichte, den 20. Februar 1862.

Ex Decreto Senatus.

№ 14.

Zweite Bekanntmachung.

Auf Ansuchen des Kieler Bürgers und Holzhändlers E. Schwerdtfeger wegen Einrichtung eines Folium für das am 25. April 1861 an ihn verlassene, am Wall hierselbst unter Nris. 100 & 101 belegene Packhaus werden Alle, welche in Betreff des gedachten Packhauses protocollationsfähige Ansprüche oder Einwendungen gegen die beantragte Einrichtung des Folium zu haben vermeinen, hierdurch, bei Strafe der Präclusion mit ihren Einwendungen und unter dem Präjudiz, daß die nicht angegebenen protocollationsfähigen Ansprüche bei der Errichtung des Folium nicht werden berücksichtigt werden, aufgefordert, sich innerhalb 12 Wochen, vom Tage der letzten Bekanntmachung dieses Proclams angerechnet, im hiesigen Stadtsyndicat gehörig anzugeben, und zwar unter Bestellung der erforderlichen Actenprocuratur, falls die Profitenten Auswärtige sind.

Kiel, den 14. Februar 1862.

Der Magistrat.
In fidem: *G. F. Witte*, Syndicus.

№ 15.

Zweite Bekanntmachung.

Nachdem der Schiffsmakler Paul Hansen Lauritzen seine Güter am 12. d. M. zur concursmäßigen Behandlung abgetreten hat, werden Alle, welche als Eigenthümer, Gläubiger oder in anderer Weise Ansprüche oder Forderungen irgend einer Art an die geringfügige Concursmasse des Schiffsmaklers P. H. Lauritzen zu haben glauben, hierdurch aufgefordert, innerhalb präclusivischer Frist von 12 Wochen, vom Tage der letzten Bekanntmachung dieses Proclams angerechnet, sich im Syndicat hieselbst anzugeben und zwar unter Bestellung eines Procurators, insofern die Profitenten auswärts wohnen.

Decretirt Kiel, den 14. Februar 1862.

Der Magistrat.
In fidem: *G. F. Witte*, Syndicus.

№ 16.

Zweite Bekanntmachung.

Alle und Jede, welche an den Nachlaß der resp. am 21. Nov. 1858 und 23. Nov. 1861 verstorbenen Eheleute Johann Christian Daniel Dreyer vom Holstendorfer Moor, geboren im Gute Mandorow bei Wismar, Großherzogthums Mecklenburg-Schwerin, und Catharina Dorothea Dreyer, geb. Schmahl, Erb- oder sonstige Ansprüche zu haben vermeinen, werden hiedurch aufgefordert und befehligt, diese ihre Ansprüche binnen 12 Wochen, a dato der letzten Bekanntmachung, bei Verlust derselben, in rechtsbegründeter Form beim Ahrensböcker Actuariate zu Plön anzumelden. Auswärtige haben Actenprocuratur zu bestellen.

Königliches Ahrensböcker Amthaus zu Plön, den 11. Februar 1862.

W. C. v. Levetzau.
In fidem: C. Friederici.

№ 17.

Zweite Bekanntmachung.

Adolph Heinr. Harder verkaufte Hufe, genannt Lerchenfeld, Specialconcurs erkannt worden ist, so werden, mit Ausnahme der protocollirten Gläubiger, Alle und Jede, welche an diese Hufe und deren Pertinentien Eigenthumsrechte, Pfandrechte oder aus irgend einem sonstigen Grunde Ansprüche und Forderungen zu haben vermeinen, hiedurch aufgefordert und befehligt, sich damit, bei Vermeidung der Ausschließung von der Concursmasse, binnen 12 Wochen, vom Tage der letzten Bekanntmachung dieses Proclams angerechnet, bei dem Klösterlichen Protocoll in Itzehoe zu melden, die ihre Ansprüche begründenden Documente im Original zu produciren, beglaubigte Abschriften derselben zurückzulassen und, insofern sie Auswärtige sind, einen Actenprocurator zu bestellen.

Klösterliche Obrigkeit zu Itzehoe, den 12. Februar 1862.

H. Rumohr.

№ 18.

Zweite Bekanntmachung.

Extr. des Procl. des 7ten Stücks № 2.

Alle dingliche nichtprotocollirte Rechte und Ansprüche

1) an das den Erben des weil. Webers Johann Hinrich Kock gehörige, im 3. Quartier № 62 hieselbst belegene Wohnhaus cum pert. nebst 7½ Tonnen Parcelenland;
2) an das dem hiesigen Maurermeister Johann Friedrich Kähler gehörige, im 1. Quart. № 64 belegene Wohnhaus c. p.;
3) an das dem hiesigen Maurermeister Johann Friedr. Kähler gehörige, im 3. Quart. № 172 belegene neu erbaute Wohnhaus c. p.;
4) an das dem hiesigen Zimmermeister Carl Friedr. Trahn gehörige, im 3. Quart. № 162 belegene Wohnhaus c. p.;
5) an das dem hiesigen Zimmermeister Carl Friedr. Trahn gehörige, im 3. Quart. № 153 belegene Wohnhaus c. p.;

so wie etwaige Einwendungen gegen die Errichtung von Folien im Schuld- und Pfandprotocoll für die sub 3, 4 und 5 gedachten Grundstücke, sind, bei Strafe der Ausschließung und des ewigen Stillschweigens, binnen 12 Wochen, nach der letzten Bekanntmachung dieses Proclams, ordnungsmäßig im hiesigen Syndicat zu melden.

Decretum Neustadt, den 6. Februar 1862.

(L. S.) Bürgermeister und Rath.
L. Kohlmann.

№ 19.

Zweite Bekanntmachung.

Extr. des Procl. des 7ten Stücks № 3.

Alle Ansprüche an die von dem Rademacher Peter Hinr. Adolph Heß in Steenrade verkaufte Eigenkathenstelle und an die von dem Rademacher Johann Hinr. Viereck in Süsel im Vorwerk Süsel belegene Parzelenstelle, mit Ausnahme der protocollirten, sind, bei Strafe des Verlustes derselben, innerhalb 12 Wochen im Ahrensböcker Actuariat zu Plön anzumelden.

Königliches Ahrensböcker Amthaus zu Plön, den 11. Februar 1862.

W. C. v. Levetzau.
In fidem: C. Friederici.

№ 20.

Zweite Bekanntmachung.

Extr. des Procl. des 7ten Stücks № 5.

Alle dinglichen Ansprüche an den Erbpächter Peter Friedr. Christian Huwaldt in Angstfelde und an den

Halbhufner Hans Christian Deverdieck in Böstorf, Amts Plön, sind, mit Ausnahme der protocollirten, bei Strafe des Verlustes derselben, innerhalb zwölf Wochen im Amts Plöner Actuariate zu Plön anzumelden.

Königliches Amthaus zu Plön, den 11. Februar 1862.

W. C. v. Levetzau.

In fidem: C. Friederici.

№ 21.

Dritte und letzte Bekanntmachung.

Auf Anhalten Beikommender und in Folge Autorisation des Königl. Holsteinischen Obergerichts resp. vom 31. Decbr. 1861 und 24. Januar 1862 werden Alle und Jede, welche an nachstehende verloren gegangene Obligationen:

1) Obligation des Johann Schild, Vorbesitzer des verpfändeten Hauses des Hans Christ. Döhn in Oldesloe, an die Wittwenkasse der Saline Traumsalze vom 4. Juli 1796, groß 200 ℔ oder 106 ℳ 64 ß R.-M. zu 4 pCt. Zinsen, protocollirt Fol. 1553 des Stadthauptbuchs;
2) Obligation des Jochim Runge, Vorbesitzers der verpfändeten Koppel des Martin Hinr. Bohlen in Oldesloe an den commercirenden Bürger H. Chr. Friedrich Pöhls daselbst vom 8. Februar 1830, groß 213 Rbt. 32 ß zu 4 pCt. auf Ostern fälliger Zinsen, protocollirt Fol. 974 des Stadthauptbuchs;
3) Obligation des Joch. Möller, Vorbesitzers der verpfändeten Bude des Johann Jochim Hinrich Möller in Oldesloe an die Lensch'sche Stiftung vom 23. Juni 1830, groß 320 Rbt. zu 4 pCt. auf Ostern fälliger Zinsen, protocollirt Fol. 1033 des Stadthauptbuchs;
4) Obligation des Heinrich Howe in Oldesloe an den Senator Joh. Hinr. Schüder daselbst vom 9. Janr. 1854, groß 640 Rbt. zu 4 pCt. auf Neujahr fälliger Zinsen, protocollirt Fol. 1353 des Stadthauptbuchs;
5) Obligation des wail. Schmiedeamtsältermannes Joh. Christoph Steen in Oldesloe an den Hrn. Wibel auf Tralau vom 28. März 1817, groß 90 ℔ oder 48 Rbt. zu 4 pCt. Zinsen, protocollirt Fol. 1413 des Stadthauptbuchs; und
6) Forderung des Joh. Joch. Daniel Eggers aus dem Testamente der wail. Wittwe Cath. Marg. Bornhöft, geb. Gosch, groß 26 ℳ 64 ß, protocollirt den 19. Mai 1815 Fol. 820 des Stadthauptbuchs;

Ansprüche zu haben vermeinen, von Bürgermeister und Rath hieselbst aufgefordert, sich damit binnen 12 Wochen, vom Tage der letzten Bekanntmachung dieses angerechnet, im Stadtsecretariate hieselbst rechtsbehörig zu melden, widrigenfalls sie mit ihren Ansprüchen werden präcludirt und die vorbezeichneten Documente für mortificirt erklärt werden und daß hinsichtlich der Forderungen sub № 1, 2, 5 und 6 die Delirung verfügt, hinsichtlich derjenigen sub 3 und 4 aber das verlorene Original durch Legalisirung einer Abschrift aus dem Nebenbuch ersetzt werden wird.

Oldesloe, in Curia, den 28. Januar 1862.

(L. S. C.) Bürgermeister und Rath hieselbst.

№ 22.

Dritte und letzte Bekanntmachung.

Da auf den Antrag des Kaufmanns Heinrich Wilhelm Meyer in Ahrensböck über dessen Habe und Güter der Concurs der Gläubiger erkannt worden ist, so werden, mit Ausnahme der protocollirten Gläubiger, alle diejenigen, welche Forderungen an denselben haben, hiedurch, bei Strafe der Ausschließung von der Masse, aufgefordert, selbige innerhalb zwölf Wochen, von der letzten Bekanntmachung an gerechnet, Auswärtige unter Bestellung eines Actenprocurators, im Ahrensböcker Actuariat zu Plön anzumelden.

Königliches Ahrensböcker Amthaus zu Plön, den 28. Januar 1862.

W. C. v. Levetzau.

In fidem: Friederici.

№ 23.

Dritte und letzte Bekanntmachung.

Da die Wittwe des im Januar d. J. vor dem Kieler Hafen umgekommenen Schiffers Wilhelm Lienau aus Collmar, Eigenthümers des in der letzten Neujahrsnacht von dem Dampfschiffe „Freya" vor dem gedachten Hafen übergesegelten Evers „Margaretha", Margaretha Maria Lienau, geb. Carlsen, in Collmar, sich für insolvent erklärt und um die Rechtswohlthat der Güterabtretung c. cur. gebeten hat, diese ihr auch unter Vorbehalt der Einreden ihrer Gläubiger bewilligt worden ist, so ergehet an Alle, welche an den wail. Schiffer Wilhelm Lienau oder dessen genannte Wittwe in Collmar aus irgend einem Grunde Forderungen und Ansprüche zu haben vermeinen oder Faustpfänder von denselben besitzen, hiemit von Gerichtswegen der Befehl, diese ihre Forderungen oder Faustpfänder, resp. unter Bestellung der Actenprocuratur, binnen 12 Wochen a publ. ult., bei Strafe der Ausschließung und resp. Verlusts des Pfandrechts, hieselbst gehörig anzugeben.

Glückstadt, im Justitiariate des adel. Gutes Groß-Collmar, den 5. Februar 1862.

P. F. C. Matthiessen.

№ 24.

Dritte und letzte Bekanntmachung.

Da auf geschehene Insolvenz-Erklärung:

1) des hiesigen Bürgers und Commissionairs Rudolph Marcus, in Firma Rudolph Marcus & Co.;

2) des hiesigen Bürgers und Bierwirths Hermann Carl Adolph Günther,

über deren Habe und Güter, so wie auf Anhalten der Gläubiger über die Habe und Güter:

3) des hiesigen Bürgers und Gewürzwaarenhändlers Henning Elvers;

4) des hiesigen Bürgers und Buchbindermeisters Christian Goede;

5) des hiesigen Bürgers und Schenkwirths Johann Heinrich Schröder

der Concurs der Gläubiger erkannt worden: so werden von Gerichtswegen Alle und Jede, welche an obgenannte Personen aus irgend einem rechtlichen Grunde Ansprüche oder Forderungen zu haben vermeinen, bei Strafe der Ausschließung, aufgefordert und befehligt, solche binnen 12 Wochen, nach der letzten Bekanntmachung dieses Proclams, im hiesigen ersten Stadtsecretariate und spätestens am

26. Mai d. J.,

als dem peremtorischen Angabe-Termine, im Obergerichte hieselbst anzumelden, wobei die die Ansprüche begründenden Documente in Urschrift vorzuzeigen und in Abschrift zurückzulassen sind, Auswärtige auch wegen gehöriger Procuratur-Bestellung das Nöthige wahrzunehmen haben.

Wornach Beikommende sich zu achten.

Altona, im Obergerichte, den 27. Januar 1862.

Ex Decreto Senatus.

№ 25.

Dritte und letzte Bekanntmachung.

Da von dem Gerichtsboten Joh. Abraham Bernhard Siemsen, als Testamentsexecutor des weiland hiesigen Bürgers und Zimmermannes Johannes Krohn, auf die Erlassung eines Proclams behufs Ausmittelung des Güterbestandes angetragen und solchem Antrage vom Magistrate stattgegeben ist: so werden von Gerichtswegen Alle und Jede, welche an den Nachlaß des gedachten Verstorbenen aus irgend einem rechtlichen Grunde Ansprüche oder Forderungen zu haben vermeinen — mit alleiniger Ausnahme der protocollirten Gläubiger — hiedurch, bei Strafe der Ausschließung und des ewigen Stillschweigens, aufgefordert und befehligt, solche binnen 12 Wochen, nach der letzten Bekanntmachung dieses Proclams, im hiesigen ersten Stadtsecretariate und spätestens am

26. Mai d. J.,

als dem peremtorischen Angabetermine, im Obergerichte hieselbst anzumelden, wobei die die Ansprüche begründenden Documente in Urschrift vorzuzeigen und in Abschrift zurückzulassen sind, Auswärtige auch wegen gehöriger Procuraturbestellung das Nöthige wahrzunehmen haben.

Wornach Beikommende sich zu achten.

Altona, im Obergerichte, den 30. Januar 1862.

Ex Decreto Senatus.

№ 26.

Dritte und letzte Bekanntmachung.

Extr. des Procl. des 6sten Stücks № 1.

Forderungen und Ansprüche an den Nachlaß des zur See verunglückten Steuermannes Heinrich Detlef Eduard Reibisch-Pogge sind, bei Strafe der Ausschließung, binnen 6 Wochen, vom Tage der letzten Bekanntmachung dieses Proclams angerechnet, hieselbst ordnungsmäßig anzugeben.

Decretum Heiligenhafen, in Curia, den 7. Febr. 1862.

Der Magistrat.

Helmcke.

№ 27.

Dritte und letzte Bekanntmachung.

Extr. des Procl. des 6ten Stücks № 4.

Ansprüche an und aus einem von dem Sparkassenverein zu Altona an Johann Friedrich Schütt in Hamburg auf 500 ℳ und 300 ℳ ausgestellten Lit. D № 3551 bezeichneten, abhanden gekommenen Schein, sind, bei Verlust derselben und Mortificirung des gedachten Sparkassenscheins, binnen 12 Wochen hieselbst anzugeben.

Decretum Ahrensburg, im Jersbecker Justitiariat, den 6. Februar 1862.

Huss.

№ 28.

Dritte und letzte Bekanntmachung.

Extr. des Procl. des 6ten Stücks № 6.

Alle diejenigen, welche an den Nachlaß des unlängst in Bockholdt, Kirchspiels Barmstedt, verstorbenen Holzschieders und Wittwers Paasch Harder Erbansprüche oder sonstige Forderungen erheben zu können vermeinen, müssen sich, bei Verlust ihrer etwanigen Erbansprüche und Forderungen, innerhalb 12 Wochen vom Tage der letzten Bekanntmachung dieses Proclams angerechnet, bei der unterzeichneten Behörde rechtbehörig melden.

Wonach sich zu achten.

Königl. Administratur zu Ranzau, den 30. Januar 1862.

W. v. Levetzau, const.

№ 29.

Dritte und letzte Bekanntmachung.

Extr. des Procl. des 6ten Stücks № 9.

Erb- oder sonstige Ansprüche und Forderungen an die Erbmasse des am 22. d. Mts. zur Lohe verstorbenen Käthners und Rademachers Hans Eggert Stein, speciell auch dingliche Ansprüche an die zu dieser Masse gehörige, zur Lohe belegene Kathenstelle müssen binnen 12 Wochen, vom Tage der letzten Bekanntmachung dieses Proclams angerechnet, resp. bei Strafe des Ausschlusses von der Masse und des ewigen Stillschweigens, in dem unterzeichneten Justitiariat ordnungsmäßig angemeldet werden.

Wonach sich zu achten.

Decretum Wandsbecker Justitiariat bei Wandsbeck, den 30. Januar 1862.

Reimers.

Beilage

zum 11. Stück der Holsteinischen Anzeigen.

Montag den 17. März 1862.

Zweite Bekanntmachung.

Nach den eingegangenen Berichten verschiedener Zollämter des Herzogthums Holstein befinden sich in den Zollpackhäusern der unten angegebenen Orte folgende Güter, die länger als Ein Jahr daselbst gelagert haben, ohne daß ein Eigenthümer oder Commissionair sich gemeldet hat, um dieselben zu clariren oder die auf selbigen ruhende Packhausmiethe zu berichtigen, nämlich:

	Datum der Einfuhr.	Woher eingeführt.	Mit welcher Gelegenheit.	Name und Wohnort des Adressaten.	Anzahl, Beschaffenheit, Merkzeichen, Gewicht ꝛc. der Colli.	Beschaffenheit der Waaren, soweit dieselbe bekannt.
1. in Glückstadt	28. Nov. 1860	Hamburg	Frachtpost	L. Matthiessen, Wohnort unbekannt, angeblich z. Z. in Stuttgart.	1 Packet br. 5 ℛ 75 ß.	Photographie
2. in Kiel . . .	5. Sept. 1855	Hamburg	pr. Eisenbahn	H. F. A. Henningsen in Kiel.	1 Kiste, gem. H. H. № 10, br. 116 ℛ	Kautaback
	31. Jan. 1860	Hamburg	Frachtpost	Bülow in Kiel.	1 Packet, gem. H. B., br. 2 ℛ 25 ß.	unbekannt
	7. Mai 1860	Hamburg	Frachtpost	Reimers in Bordesholm.	1 Packet, gem. Adr., br. 7 ℛ 50 ß.	unbekannt
	20. Sept. 1860	Hamburg	Frachtpost	Ronge in Kiel.	1 Packet, gem. R. № 980, br. 3 ℛ 50 ß.	unbekannt
3. in Ottensen.	1860	Altona	vom Eigner	Peter Abiel in Schenefeld.	. . . .	1 blaue Tuchjacke, 1 ℛ 80 ß., 1 Weste von grauem Englisch-Leder, 80 ß.
		Altona	unbekannt	unbekannt	. . . .	1 Hose von Englisch-Leder, 2 ℛ 20 ß.
		Altona	durch die Eigner	Kinder des Schullehrers Hansen in Oevelgönne.	. . . .	1 Vogelbauer von lackirtem Eisenblech, 2 ℛ 80 ß.
4. in Wandsbeck	24. April 1860	Wandsbeck	durch die Eigner	Ehefrau Westphal aus Wandsbeck.	. . . .	2 Strohhüte mit Besatz, 50 ß.
	26. Juli 1860	Wandsbeck	durch die Eigner	Jentzen aus Wandsbeck.	. . . .	1 Strohhut, 15 ß.
	April 1860	Wandsbeck	durch die Eigner	Fritz Ockershausen in Wandsbeck.	. . . .	1 geschmiedete eiserne Schaufel, 3 ℛ, 1 geschmiedete eiserne Kuhkette, 1 ℛ 60 ß., 1 thönerne Schüssel, 3 ℛ 50 ß., 1 zerbrochene Lampe von Eisenblech.

Demnach werden in Beobachtung des § 228 der Zollverordnung vom 1. Mai 1838 die Eigenthümer der vorgenannten Waaren, so wie Alle und Jede, welche sonst rechtsbegründete Ansprüche auf die Auslieferung derselben zu haben vermeinen, hiemittelst aufgefordert, sich binnen 12 Wochen, von der dritten und letzten Bekanntmachung dieser Aufforderung angerechnet, bei der Zollbehörde desjenigen Orts, wo die betreffenden Güter dem obigen Verzeichnisse zufolge lagern, zu melden, ihr vermeintliches Recht zur Disposition über dieselben darzuthun und die fällige Packhausmiethe nebst anderen auf den Gütern rechtlich lastenden Kosten, so wie die Kosten dieser Bekanntmachung pro rata zu entrichten. Widrigenfalls werden die Waaren nach Ablauf obiger Frist und nach voraufgegangener ordnungsmäßiger Bekanntmachung von Seiten der betreffenden Zollämter in öffentlicher Auction verkauft und wird es mit dem Auctionserlöse nach Maaßgabe der Vorschriften des § 228 der Zollverordnung verhalten werden.

Königliches Generalzolldirectorat, Kopenhagen, den 1. März 1862. *W. C. E. Sponneck.*

Kirchhoff.

Bekanntmachungen.

№ 1.

Wenn der Hufner Hans Bendix Schacht zu Nienwold sich der eigenen Vermögensdisposition und Güterverwaltung begeben hat und ihm auf seinen Antrag der Hufner Hans Friedr. Schacht daselbst als Curator bestellt worden: so wird solches hiedurch mit dem Beifügen zur öffentlichen Kunde gebracht, daß von nun an alle von dem gedachten Curanden ohne Zustimmung seines Curators eingegangenen Rechtsgeschäfte und Verpflichtungen als für ihn unverbindlich zu betrachten sind.

Ahrensburg, im Justitiariate des adeligen Guts Jersbeck, den 10. März 1862.

Huss.

№ 2.

Daß dem Käthner und Rademacher Hinrich Mohr in Heidmühlen in der Person des dortigen Halbhufners Hans Hinrich Reher ein Curator der Person und des Vermögens bestellt worden, wird mit dem Hinzufügen hiedurch zur öffentlichen Kunde gebracht, daß der Curande nur mit Zustimmung seines Curators rechtsverbindliche Geschäfte einzugehen im Stande ist.

Segeberger Königl. Amthaus, den 12. März 1862.

Abs. Dom. Præf.: *Jacobsen.*

№ 3.

In der Zeit vom letzten Sonnabend-Nachmittag bis Montag-Morgen sind zu Neuhaus zwei Fuchsfelle gestohlen worden.

Dieselben sind umgezogen, die Haarseite nach innen, mittelst kleiner Nägel auf zwei Brettern ausgespannt gewesen und von diesen so herabgezogen, wobei in dem einen, wie der in dem Brette verbliebene Nagel ergiebt, ein kleiner Riß entstanden sein muß. Außerdem sind sie daran kenntlich, daß das Fell der Vorderbeine mit beschriebenem Papier ausgeklebt gewesen ist, das kaum spurlos entfernt sein dürfte, und daß an dem größern die Haare an ein paar Stellen theilweise abgescheuert sind.

Beikommende Behörden werden daher ganz ergebenst ersucht, auf diese Felle vigiliren und sie eventualiter nebst dem verdächtigen Besitzer anhalten lassen, davon aber, daß dies geschehen, gefälligst Anzeige anhero machen zu wollen, damit das Erforderliche wahrgenommen, namentlich die Abholung des etwanigen Arrestaten unter Kostenerstattung angeordnet werden kann.

Lütjenburg, den 6. März 1862.

Das Patrimonialgericht des adeligen Guts Neuhaus.

Wyncken.

Testaments-Publication.

Am Donnerstag den 27. März d. J., Morgens 11 Uhr, wird in der unterzeichneten Amtstube das von der am 13. d. M. zu Stellau verstorbenen Wittwe Catharina Brügmann, geb. Schütt, errichtete Testament publicirt werden.

Königl. Amtstube zu Reinbeck. *Graba.*

Testaments-Publication.

Nach erfolgtem Ableben des hiesigen Einwohners Rudolph Wicht soll das von demselben mit seiner Ehefrau Amalie Caroline, geb. Engelken, unterm 15. Februar 1854 errichtete und gerichtlich deponirte Testament am

Mittwoch den 23. April d. J., Mittags 12 Uhr,

im hiesigen Gerichte publicirt werden, was für Beikommende hierdurch bekannt gemacht wird.

Decretum Wandsbecker Justitiariat bei Wandsbeck, den 17. März 1862. *Reimers.*

König Christian VIII. Ostseebahn.

In Gemäßheit der §§ 25, 26 und 64 L des Statuts bringt der Ausschuß zur öffentlichen Kunde, daß die am 1. Mai d. J. fällige Dividende aus dem Reinertrage des Betriebsjahres 1861 (§ 21) auf Neun Procent oder Achtzehn Thaler R.-M. pro Actie festgesetzt worden ist.

Altona, den 19. März 1862.

Der Ausschuß.

Theod. Reincke, Vorsitzender.

Mit Bezugnahme auf vorstehende Bekanntmachung des Ausschusses wird hiemit angezeigt, daß vom 1. Mai d. J. an die Auszahlung der Dividende für das

Rechnungsjahr 1861 bis weiter Montags, Dienstags, Donnerstags und Freitags von 9 Uhr Vormittags bis 1 Uhr Nachmittags in den Bahnhofsgebäuden zu Altona und Kiel stattfinden wird.

Die Dividendenscheine müssen mit einem unterschriebenen Verzeichnisse der Nummern nach der Reihenfolge eingeliefert werden.

Altona, den 19. März 1862.

Die Direction
der Altona-Kieler Eisenbahngesellschaft.

Steckbriefe.

№ 1.

Da der, in den diesseitigen Bekanntmachungen vom 19. und 28. v. M. gedachte, des ihm zur Last gelegten Diebstahls geständige, hierunter signalisirte Franz Richter gestern aus dem Gefängnisse entsprungen ist, so werden beikommende Behörden zu öffentlichen Diensten ganz ergebenst ersucht, auf denselben vigiliren und ihn im Betretungsfalle inhaftiren, davon aber, daß dies geschehen, gefälligst Anzeige anhero gelangen lassen zu wollen, damit Richters Abholung unter Kostenerstattung verfügt werden kann.

Lütjenburg, den 6. März 1862.

Das Patrimonialgericht des adeligen
Guts Neudorff.
Wyneken.

Signalement:

Franz Richter ist am 28. September 1833 zu Minden geboren, 5' 4" preuß. groß und von schlanker, aber kräftiger Gestalt; er hat dunkelblondes, schlichtes Haar, eine freie Stirn, blonde Augbraunen, graubräunliche Augen, eine grade Nase, ein längliches Kinn, mehr rundes Gesicht, (starke Kinnladen), eine gesunde Gesichtsfarbe, schmale Ohren, einen langen Hals, grade Schultern und graden Rücken und proportionirte Arme, Hände, Beine und Füße. Er trägt einen dunkelblonden Schnurrbart und ist sonst rasirt; er geht rasch und grade und spricht hochdeutsch im preußischen Dialect. Als besonderes Kennzeichen hat er eine längliche Narbe, eben oberhalb der linken Augbraune, die von oben schräg nach unten verläuft.

Bei seiner Entweichung war Richter mit schwarzer Schirmmütze, weiß-buntem wollenen Halsnetz, halbseidener, roth und blau gestreifter Weste, schwarzem Tuchrocke, grauer, schmal gestreifter, baumwollener Hose und rindsledernen Halbstiefeln bekleidet. Er trug auf dem dritten Finger der rechten Hand einen goldnen Ring mit Haaren und einer kleinen Platte, so wie einen schlichten silbernen Ring.

№ 2.

Da die hieselbst wegen Diebstahls in Untersuchung befindliche, hierunter signalisirte angebliche Ehefrau des Franz Richter, Elise, geb. Horn, aus Oberellebach in Hessen in letzter Nacht dem Gefängnisse entsprungen ist, so werden beikommende Behörden zu öffentlichen Diensten ganz ergebenst ersucht, auf sie vigiliren und sie event. inhaftiren lassen, von der geschehenen Inhaftirung aber Anzeige anhero gefälligst machen zu wollen, damit die Abholung der Richter unter Kostenerstattung angeordnet werden kann.

Lütjenburg, den 8. März 1862.

Das Patrimonialgericht des adeligen
Guts Neudorff.
Wyneken.

Signalement:

Die angebliche Ehefrau Richter ist 30 Jahre alt und von kleiner, gedrungener Gestalt; sie hat dunkelblondes Haar (mit einem Kamm aufgesteckt), eine freie Stirn, blonde, schwache Augenbraunen, graue Augen, eine grade unten breite Nase, einen kleinen Mund, ein längliches Kinn, schmale Ohren, ein rundes Gesicht, eine gesunde Gesichtsfarbe, grade Schultern und einen etwas runden Rücken. Sie spricht hochdeutsch im mitteldeutschen Dialect. Besondere Kennzeichen: zwei Narben von der Form und Größe einer halben weißen Bohne auf der rechten Stirnhälfte, die Eine fast auf der Mitte der Stirn dicht am Haarwuchs, die Zweite etwas tiefer nach der Nase hin, und eine längliche Narbe auf der inneren Fläche der rechten Hand dicht an der Maus. Sie war bekleidet mit einem grüncarrirten Kleide, braunem Umschlagetuch, gelber Schürze, blauwollener Unterjacke und ledernen Pantoffeln. Auf dem dritten Finger der rechten Hand trug sie einen schmalen silbernen Ring mit einem Herz und ist sie wahrscheinlich von einem kleinen Hunde von brauner Farbe, mit weißer Brust und weißen Pfoten, langem Schwanze und ungestutzten Ohren begleitet, der auf den Namen Polly hören soll.

Edictal-Citation.

Auf Anhalten des Herrn Obergerichts-Advocaten Stoppel, als gerichtlich bestellten Curators des abwesenden Heinrich Wilhelm Nicolaus Harms, welcher am 30. Juli 1829 in Altona geboren und dem Vernehmen nach im Jahre 1852 nach Australien ausgewandert ist, wird der obgedachte Heinrich Wilhelm Nicolaus Harms hiedurch in Gemäßheit des § 4 der Verordnung vom 9. November 1798 aufgefordert und befehligt, hieselbst persönlich oder durch einen gehörig legitimirten Bevollmächtigten das Vermögen, welches ihm nach dem Tode seines Vaters Hartwig Harms und seines Bruders Hartwig Harms jun. zugefallen ist, in Empfang zu nehmen und zwar mit der Eröffnung, daß gedachtes Vermögen, so lange dasselbe nicht von ihm reclamirt worden, durch den ihm hieselbst gerichtlich bestellten Curator verwaltet werden wird, bis seine Todeserklärung nach vollendetem 70. Lebensjahre ausgesprochen werden kann.

Altona, im Obergerichte, den 27. Februar 1862.

Ex Decreto Senatus.

Proclamata.

№ 1.

Erste Bekanntmachung.

Von Gerichtswegen

wird auf Anhalten des Eingesessenen Hinrich Freitag in Tellingstedt, als zufolge Erb-Ueberlassungscontracts vom 21. April 1836 rechtmäßigen Besitzers der gesammten Verlassenschaft seines Vaters, des wail. Eingesessenen Harm Freitag daselbst, Allen und Jeden, welche an eine unterm 14. August 1763 von Peter Reyer in Tellingstedt an Peter Agge in Hahmdorff für ein Darlehn von 600 ℔ damal. S. H. Cour. ausgestellte, unterm 21. December 1809 von Harm Freitag in Tellingstedt, als Nachfolger im Besitze der für solches Darlehn von gedachtem Peter Reyer mitverpfändeten Immobilien zur Uebernahme der Darlehnsschuld agnoscirte und am 22. December 1809 auf des vorerwähnten Harm Freitag Folium im Norderdithmarscher Schuld- und Pfandprotocoll protocollirte, scheinbar verloren gegangene Obligation Ansprüche und Forderungen zu haben vermeinen, nach desfalls erlangter Auctorisation von Seiten des Königl. Holsteinischen Obergerichts vom 1. d. M. hiemittelst aufgegeben, solche ihre Forderungen und Ansprüche innerhalb 12 Wochen, von der letzten Bekanntmachung dieses Proclams angerechnet, Auswärtige unter gehöriger Procuraturbestellung, in der Tellingstedter Kirchspielschreiberei anzugeben und verzeichnen zu lassen, die etwa dieselben begründenden Documente dort zu produciren und Abschriften von denselben zurückzulassen, im Widrigen aber zu gewärtigen, daß auf ferneren Antrag des Proclamsextrahenten die Obligation qu. für mortificirt werde erklärt und das betreffende Protocollat auf dem Folium des wail. Harm Freitag im Norderdithmarscher Schuld- und Pfandprotocoll werde delirt werden.

Königl. Norderdithmarsische Landvogtei zu Heide, den 4. März 1862.

Hansen.

In fidem: **Scholtz.**

№ 2.

Erste Bekanntmachung.

Von Gerichtswegen.

Gläubiger und Pfandinhaber der verstorbenen Eheleute Hinrich Johann Dohrmann und Wiebcke Catharina, geb. Schütt, am Barlter Neuendeich, deren Nachlaß wegen vorhandener unmündiger Kinder einer gerichtlichen Regulirung unterzogen worden, werden hiemit auf Antrag des Hrn. Kirchspielvogts Heinsohn in Barlt aufgefordert und befehligt, ihre etwanigen nichtprotocollirten Forderungen und sonstigen Ansprüche oder Pfandstücke binnen 12 Wochen, vom Tage der letzten Bekanntmachung dieses Proclams angerechnet, bei Strafe der Ausschließung und des Verlustes ihrer Rechte, in der Königl. Kirchspielschreiberei zu Barlt, und zwar Auswärtige nach vorher bestellter Actenprocuratur, gehörig angeben und verzeichnen zu lassen und darauf weitere rechtliche Verfügung zu gewärtigen.

Königl. Süderdithmarscher Landvogtei zu Meldorf, den 15. März 1862.

(L. S.) *Müllenhoff.*

Zur Beglaubigung: **Fabricius.**

№ 3.

Erste Bekanntmachung.

Von Gerichtswegen.

Nachdem der Eingesessene Detlef Finck zu Schermoor seine Insolvenz hieselbst angezeigt hat und demgemäß genereller Concurs über seine Habe und Güter erkannt ist, ergeht auf Antrag des Eingesessenen Peter Studts zu Schermoor, als gerichtlich bestellten Güterpflegers, hiedurch an sämmtliche nichtprotocollirte Gläubiger und Pfandinhaber des gedachten Detlef Finck der Befehl, ihre Forderungen und Pfandrechte, resp. bei Vermeidung der Ausschließung von der Concursmasse und des Verlustes, Auswärtige nach vorgängig bestellter Actenprocuratur, innerhalb 12 Wochen, nach der letzten Bekanntmachung dieses Proclams, in der Königl. Kirchspielschreiberei zu Albersdorf anzugeben.

Wornach sich zu achten.

Königl. Süderdithmarscher Landvogtei zu Meldorf, den 15. März 1862.

(L. S.) *Müllenhoff.*

Zur Beglaubigung: **Fabricius.**

№ 4.

Erste Bekanntmachung.

Auf den Antrag Beikommender und mit ertheilter Autorisation des Königl. Holsteinischen Obergerichts werden Alle und Jede, welche an die von dem wail. Hufner Hinrich Blunck unterm 8. November 1834 beschaffte, auf dem Folio der jetzt dem Christian Hinrich Burmeister zuständigen, zu Bimöhlen belegenen Hufe im Schuld- und Pfandprotocoll protocollirte und verloren gegangene Auslagacte, wodurch der genannte Blunck seinen Kindern erster Ehe, als: Claus, Anna Gesche, Catharina und Friedrich, jedem ein Capital von 106 ℳ 64 ß und eine Aussteuer ausgesetzt, Ansprüche irgend einer Art zu haben vermeinen möchten, hierdurch aufgefordert, sich damit innerhalb 12 Wochen, vom Tage der letzten Bekanntmachung dieses Proclams, im Segeberger Königl. Actuariate rechtsgehörig zu melden, unter der Verwarnung, daß im Widrigen jene Acte für mortificirt erklärt und die Delirung derselben im Schuld- und Pfandprotocolle werde verfügt werden.

Segeberger Amtsgericht, den 14. März 1862.

Pr. et Ass. jud.

In fidem: **H. F. Jacobsen.**

№ 5.

Erste Bekanntmachung.

Alle und Jede, welche an den Nachlaß des am 29. Januar d. J. in Treubolz verstorbenen Altentheilers Johann Mathias Hinrich Voß Forderungen und Ansprüche zu haben vermeinen, werden durch dieses zugleich als eventuelles Concursproclam dienende Proclam aufgefordert und befehligt, solche, bei Vermeidung der Präclusion, innerhalb 6 Wochen auf der Königl. Amtstube zu Rethwisch rechtsbehörigermaaßen anzumelden.

Königl. Rethwischer Amthaus zu Traventhal, den 18. März 1862. *G. Grothusen.*

In fidem: E. v. Colditz.

№ 6.

Erste Bekanntmachung.

Auf Anhalten Beikommender und in Folge Autorisation des Königl. Holsteinischen Obergerichts werden Alle und Jede, welche an nachstehende verlorene Extracte aus dem Reinbecker Schuld- und Pfandprotocolle, nämlich:

1) den Extract vom 27. November 1850 über ein für den jetzt verstorbenen Hamburger Bürger Johann Heinrich Christian Möller auf dem Folium der Stelle des Käthners Ernst Friedrich Andreas Harders zu Sande protocollirtes Capital von 320 ℳ zu 4 pCt. Zinsen;
2) den Extract vom 4. März 1812 über ein für die unmündigen Kinder des weiland Anbauers Hans Jacob Eggers zu Stemwarde auf dem Folium der Käthnerstelle des weil. Hans Mathias Petersen zu Braack, jetzt Claus Wagener gehörend, protocollirtes Capital von 80 ℳ, welches nach Abbezahlung und Delirung von 21 ℳ 32 ß noch 58 ℳ 64 ß validirt,

Ansprüche geltend machen wollen, von Gerichtswegen aufgefordert, diese ihre Ansprüche innerhalb 12 Wochen, vom Tage der letzten Bekanntmachung dieses Proclams angerechnet, auf der Königl. Amtstube zu Reinbeck anzumelden, widrigenfalls sie derselben für verlustig und die vorbezeichneten Documente für mortificirt erklärt werden, so wie das sub 1 bezeichnete Protocollat delirt, der sub 2 bezeichnete Extract aber durch eine in vigorem originalis aus dem Nebenbuche zu ertheilende fidemirte Abschrift ersetzt werden wird.

Königliches Gericht für das Amt Reinbeck.

Trittau, den 19. März 1862.

G. v. Linstow.

№ 7.

Erste Bekanntmachung.

Im Schuld- und Pfandprotocolle der Grafschaft Ranzau stehen folgende Verpflichtungen protocollirt, hinsichtlich welcher von Beikommenden resp. auf Delirung und auf Mortification der bezüglichen verlorengegangenen Documente angetragen worden ist:

1) auf dem Folio 64 der Mittel-Gilde eine unterm 1. December 1823 notirte eod. dato angeordnete cura des Eingesessenen J. Hudfeldt für den abwesenden Hans Jacob Krogmann aus Heede,
2) auf dem Folio 613 der Mittel-Gilde ein unterm 4. Januar 1842 zwischen Friedrich August Burghardt Backhaus aus Barmstedt und Marcus Fuchs aus Ehlersberg, Guts Wuchtsfelde, abgeschlossener, die jetzt dem J. H. Pohlmann in Barmstedt gehörige daselbst belegene 1/16 Hufe betreffender Kaufcontract, aus welchem noch 5000 ℛ v. Cour. undelirt stehen;
3) ein unterm 21. Februar 1822 erlassenes Mortificationsdecret über einen auf dem Folio 23 der Ueberauer-Gilde unterm 15. Februar 1811 zwischen Dittmer Wulff und seiner Tochter Margaretha Jacobs, verehelichten Lohmann, abgeschlossener, die jetzt der Letzteren gehörende, in Bevern belegene 1/24 Hufe betreffender Kaufcontract, aus welchem annoch 400 ℛ v. Cour. undelirt stehen;
4) auf dem Folio 304 der Ueberauer-Gilde ein unterm 6. April 1806 (recl. 1807) zwischen Jasper Hudfeldt und Wilhelm Tietjen abgeschlossener, die jetzt dem Hinrich Tietjen gehörende in Heede belegene 1/8 Hufe betreffender Kaufcontract, aus welchem annoch 500 ℛ v. Cour. undelirt stehen.

Nach erfolgter Auctorisation des Königl. Holsteinischen Obergerichts werden daher alle Diejenigen, welche aus vorbemerkten, im hiesigen Schuld- und Pfandprotocolle radicirten Documenten und Verpflichtungen Ansprüche und Rechte irgend einer Art herleiten zu können vermeinen, hiedurch befehligt, binnen 12 Wochen, vom Tage der letzten Bekanntmachung dieses Proclams angerechnet, dieserhalb im Gerichtshause zu Ranzau gehörige Angabe zu beschaffen, widrigenfalls aber zu gewärtigen, daß die vorbemerkten Documente werden mortificirt und die aus den unter № 1 namhaft gemachten Verpflichtungen, so wie die aus den unter № 2—4 erwähnten Contracten annoch undelirt stehenden Kaufgelder auf Antrag Beikommender im Schuld- und Pfandprotocoll werden delirt werden.

Auswärtige haben einen Actenprocurator zu bestellen.

Königl. Administratur zu Ranzau, den 15. März 1862. *W. v. Levetzau*, const.

№ 8.

Zweite Bekanntmachung.

Alle und Jede, mit Ausnahme der protocollirten Creditoren, welche dingliche Forderungen und Ansprüche irgend einer Art an die von dem Hufner Marx Hinr. Daniel Dibbern in Mönkeberg verkaufte, ebendaselbst belegene Hufenstelle cum pert. zu haben vermeinen, werden hiedurch aufgefordert und befehligt, sich damit, bei Vermeidung der Ausschließung, innerhalb 12 Wochen, von der letzten Bekanntmachung dieses Proclams angerechnet, ordnungsmäßig bei der Königl. Kieler Amtstube hieselbst zu melden.

Königl. Gericht für das Amt Kiel, Brunswieck, den 28. Februar 1862. *C. Rahtlev.*

№ 9.

Zweite Bekanntmachung.

Wenn auf Andringen der Gläubiger über die Habe und Güter der Wittwe des weil. Käthners und Böttchers Johann Jacob Miedeke zu Stockelstorf und den bisher ungetheilt verbliebenen Nachlaß desselben der Concurs erkannt worden ist:

So werden Alle und Jede, mit alleiniger Ausnahme der protocollirten Gläubiger, welche an die Wittwe des weil. Käthners und Böttchers Miedeke und an den bisher in **communione prorogata** der Wittwe Miedeke und deren Kinder verbliebener Nachlaß des weil. Käthners und Böttchers Miedeke, namentlich an die zum letzteren gehörige, in Marienthal belegene Kathe c. p. Ansprüche und Forderungen zu haben vermeinen, hiedurch aufgefordert, sich damit binnen 12 Wochen, vom Tage der letzten Bekanntmachung angerechnet, bei dem hiesigen Justitiariat zu melden, die ihre Forderungen und Ansprüche begründenden Documente in Ur- und Abschrift zu produciren und, falls sie Auswärtige sind, Actenprocuratoren zu bestellen.

Stockelstorf, im Justitiariate, den 10. März 1862. *Esmarch.*

№ 10.

Zweite Bekanntmachung.

Auf den Antrag Beikommender und mit Genehmigung des Königl. Holsteinischen Obergerichts werden alle diejenigen, welche an nachstehende verloren gegangene, im Schuld- und Pfandprotocoll des Klosters Itzehoe protocollirte Documente Ansprüche zu haben vermeinen, nämlich:

1) einen auf dem Folio der Hufe der verstorbenen Margaretha Christina Schlüter, geb. Wichmann, in Langwedel protocollirten, unterm 26. Juni 1813 zwischen Catharina Wichmann c. c. in Langwedel und Christian Wichmann daselbst errichteten Kaufcontract über die Hufe der Ersteren, wonach für die Catharina Wichmann in Langwedel 500 ℛ v. Crt. Kaufgelder und gewisse eventuelle Verpflichtungen an deren Schwester protocollirt sind;
2) eine auf dem Folio der Hufe des Marx Eggers in Edendorf protocollirte, von der Cicilia Baumann, geb. Eggers, c. c. m. in Edendorf unterm 25. Novbr. 1818 an die Vormünder des Hartwig Eggers in Edendorf ausgestellte Obligation auf 200 ℛ v. Crt.;
3) eine auf dem Folio der Erbpachtsstelle des Marx Rathjen im Holze bei Itzehoe protocollirte Ausweisungsacte vom 23. September 1816, wonach der frühere Besitzer der Erbpachtsstelle, Marx Rathjen, seinem Sohn erster Ehe Johann Hinr. Rathjen ein Capital von 100 ℛ v. Crt. und verschiedene Präſtanden ausgewiesen hat;
4) eine auf dem Folio des Wohnhauses der Erben des Claus Wischmann in Itzehoe protocollirte, von der Christina Harder in Itzehoe an Hans Eggers in Itzehoe ausgestellte Obligation auf 100 ℛ v. Crt.;

hiedurch aufgefordert und befehligt, solche Ansprüche, bei Strafe des Verlustes derselben, binnen 12 Wochen, vom Tage der letzten Bekanntmachung dieses Proclams angerechnet, bei dem Klösterlichen Protocolle zu Itzehoe gehörig anzugeben, widrigenfalls zu gewärtigen ist, daß die angeführten Documente mortificirt und im Schuld- und Pfandprotocoll delirt werden.

Klösterliche Obrigkeit zu Itzehoe, den 4. März 1862. *H. Rumohr.*

№ 11.

Zweite Bekanntmachung.

Wann dem längst verschollenen Johann Wulf aus Collmar, geb. den 20. Sept. 1769, einem Sohne des weil. Claus Wulf und der Rebecca, geb. Timm, daselbst, ein kleiner Erbtheil zugefallen ist, als werden der gedachte Johann Wulf, falls derselbe sich noch am Leben befindet, und zugleich dessen Intestaterben hiedurch von Gerichtswegen aufgefordert, sich binnen 12 Wochen, **a publ. ult.**, hieselbst, unter Beibringung der nöthigen Bescheinigungen, in Form Rechtens zu melden, widrigenfalls Ersterer für todt erklärt wird und Letztere von der Erbfolge ausgeschlossen werden.

Glückstadt, im Justitiariate des adeligen Guts Groß-Collmar, den 10. März 1862. *P. F. C. Matthiessen.*

№ 12.

Zweite Bekanntmachung.

Wenn der Pfänderverleiher David Levisohn zu Wandsbeck bei dem Gerichte die Erlassung eines üblichen Proclams zum Zweck des Verkaufs der bei ihm versetzten, aber uneingelösten Pfänder beantragt hat, werden in Stattgebung dieser Bitte Alle und Jede, welche bei dem gedachten David Levisohn Pfänder versetzt und Geld darauf entliehen, die Pfänder aber seither nicht eingelöst haben, hiedurch aufgefordert und befehligt, die resp. Pfänder spätestens innerhalb sechs Wochen, vom Tage der letzten Bekanntmachung dieses Proclams angerechnet, wieder einzulösen, widrigenfalls die uneingelösten Pfänder auf Antrag und für Rechnung des David Levisohn, und nur unter Vorbehalt einer etwanigen Liquidation des Pfandverleihers über den Erlös für die Pfandsachen, öffentlich werden verkauft werden.

Decretum Wandsbecker Justitiariat bei Wandsbeck, den 4. März 1862. *Reimers.*

№ 13.

Zweite Bekanntmachung.

Extr. des Procl. des 10ten Stücks № 2.

Alle und Jede, welche an die Concursmassen

1) des hiesigen Schlachtermeisters Ferdinand Reimers,

2) des hiesigen Kaufmanns H. Piehl

Forderungen und sonstige Ansprüche haben, müssen solche, bei Vermeidung der rechtlichen Nachtheile, innerhalb 12 Wochen, vom Tage der letzten Bekanntmachung dieses Proclams angerechnet, im hiesigen Stadtsyndicate ordnungsmäßig angeben.

Gegeben Oldenburg in Holstein, den 3. März 1862.

Der Magistrat.

W. Hensen.

№ 14.

Zweite Bekanntmachung.

Extr. des Procl. des 10ten Stücks № 3.

Nichtprotocollirte dingliche Ansprüche an die von Hans Saggau von dem weiland Christian Diedrich Bevensee gekaufte, zu Schönmoor bei Fehrenbötel belegene Kathenstelle c. p. sind innerhalb 12 Wochen, vom Tage der letzten Bekanntmachung dieses Proclams, bei Strafe des Ausschlusses, im Segeberger Königl. Actuariat rechtsgehörig zu melden.

Segeberger Amtsgericht, den 5. März 1862.

Pr. et Ass. jud.

In fidem: H. F. Jacobsen.

№ 15.

Zweite Bekanntmachung.

Extr. des Procl. des 10ten Stücks № 4.

Alle und Jede, welche an den unter hiesiger Jurisdiction belegenen, nunmehr verkauften Hof Lerchenfeld des Carl Friedr. Martens daselbst dingliche nichtprotocollirte Forderungen, Ansprüche und Rechte zu haben vermeinen, müssen sich damit, bei Strafe der Präclusion und des immerwährenden Stillschweigens, innerhalb 12 Wochen, von der letzten Bekanntmachung dieses Proclams angerechnet, im hiesigen Justitiariate ordnungsmäßig melden.

Hanerau, im Justitiariate, den 24. Februar 1862.

H. Lundius.

№ 16.

Zweite Bekanntmachung.

Extr. des Procl. des 10ten Stücks № 6.

Mit alleiniger Ausnahme der protocollirten Creditoren müssen sich Alle und Jede, welche Ansprüche und Forderungen irgend einer Art an die Nachlaßmasse des am 15. d. M. verstorbenen Eingesessenen und Schmiedemeisters Johann Bockel in Elmshorn und dessen daselbst belegenes Wohnhaus c. pert. zu haben vermeinen oder Pfänder von dem defuncto besitzen, damit innerhalb 12 Wochen, vom Tage der letzten Bekanntmachung dieses eventuell auch als Concursproclam erlassenen Proclams angerechnet, sub pœna præclusi et perpetui silentii, bei dem unterzeichneten Gerichte rechtsbehörig melden.

Königl. Administratur zu Ranzau, den 28. Febr. 1862.

W. v. Levetzau, const.

№ 17.

Zweite Bekanntmachung.

Extr. des Procl. des 10ten Stücks № 7.

Ansprüche und Forderungen irgend einer Art an den Schiffsbauer Johann Peter Dirks in Oevelgönne und dessen daselbst belegenen Grundbesitz sind von Allen und Jeden, mit alleiniger Ausnahme

1) der protocollirten Creditoren,

2) derjenigen Creditoren, welche sich in der am 7. Febr. d. J. im Zing'schen Hotel in Hamburg abgehaltenen Gläubigerversammlung dem Majoritätsbeschlusse dieser Gläubiger angeschlossen und das darüber aufgenommene Protocoll unterschrieben haben,

innerhalb 12 Wochen, vom Tage der letzten Bekanntmachung dieses Proclams angerechnet, im Actuariat des Gerichts rechtsbehörig anzumelden.

Pinneberger Concurs- und Erbtheilungsgericht, den 26. Februar 1862.

Wommelsdorff-Friedrichsen. H. A. Tetens.

Mohrdieck.

№ 18.

Zweite Bekanntmachung.

Extr. des Procl. des 10ten Stücks № 8.

Alle und Jede, welche an die früher dem Eingesessenen J. H. Carstens in Eidelstedt, jetzt der Wittwe Gesa Borchers, geb. Cords, daselbst gehörende, in Eidelstedt belegene Besitzung dingliche nichtprotocollirte Ansprüche zu haben vermeinen, müssen solche innerhalb 12 Wochen, vom Tage der letzten Bekanntmachung dieses Proclams angerechnet, im Actuariat des Gerichts anmelden, Auswärtige unter Bestellung eines Actenprocurators.

Pinneberger Concurs- und Erbtheilungsgericht, den 27. Februar 1862.

Wommelsdorff-Friedrichsen. H. A. Tetens.

Mohrdieck.

№ 19.

Zweite Bekanntmachung.

Extr. des Procl. des 10ten Stücks № 9.

Mit Ausnahme der protocollirten Creditoren müssen Alle und Jede, welche an die Nachlaßmasse der weil. Eheleute Albert Kröger und Anna Margaretha Kröger, geb. Ramke, in Blankenese und insbesondere an die dazu gehörige, in Blankenese belegene, im Schuld- und Pfandprotocoll № 11 a Fol. 529 aufgeführte Zubauerstelle Ansprüche und Forderungen irgend einer Art zu haben vermeinen, solche innerhalb 12 Wochen, vom Tage der letzten Bekanntmachung dieses Proclams, welches eventuell zugleich als Concursproclam gilt, angerechnet, im Actuariate des Gerichts, sub pœna præclusi, anmelden.

Pinneberger Concurs- und Erbtheilungsgericht, den 27. Februar 1862.

Wommelsdorff-Friedrichsen. H. A. Tetens.

Mohrdieck.

№ 20.

Zweite Bekanntmachung.

Extr. des Procl. des 10ten Stücks № 11.

Alle und Jede, welche resp. Erb- oder sonstige Ansprüche und Forderungen

1) an die Nachlaßmasse der hieselbst verstorbenen Ehefrau Caroline Bodien, geb. Usinger;
2) an die geringfügige Concursmasse des hiesigen Einwohners Bäckers Johann Christoph Klebe;
3) an die geringfügige Concursmasse der hiesigen Wittwe Johanna Griem, geb. Evers; und
4) an die geringfügige Concursmasse des Arbeitsmanns Johann Hinrich Hack in Wandsbeck,

zu haben vermeinen, müssen solche binnen 12 Wochen, vom Tage der letzten Bekanntmachung dieses Proclams angerechnet, und zwar bei Strafe des Ausschlusses von den resp. Massen, in dem unterzeichneten Justitiariate ordnungsmäßig angeben.

Decretum Wandsbecker Justitiariat bei Wandsbeck, den 28. Februar 1862.

Reimers.

№ 21.

Zweite Bekanntmachung.

Extr. des Procl. des 11ten Stücks № 1.

Nichtprotocollirte Forderungen und Ansprüche an den Nachlaß des weil. Einwohners Hinrich Pfeil in Wiehl, so wie Pfandstücke aus demselben sind, bei Strafe der Ausschließung und des Verlustes, innerhalb 12 Wochen, vom Tage der letzten Bekanntmachung dieses Proclams angerechnet, in der Königl. Kirchspielschreiberei zu Meldorf gehörig anzugeben.

B. G. W.

Meldorf, den 3. März 1862.

Zur Beglaubigung: **Fabricius.**

№ 22.

Zweite Bekanntmachung.

Extr. des Procl. des 11ten Stücks № 4.

Alle und Jede, welche an die in gerichtlicher Behandluug befindliche Nachlaßmasse des am 19. Febr. d. J. verstorbenen Eingesessenen Jasper Dammann vor Drage Ansprüche oder Forderungen haben, mit Ausnahme der protocollirten Gläubiger, werden hiedurch aufgefordert, ihre Ansprüche, bei Vermeidung der Ausschließung und des Verlustes ihrer Forderungen, binnen 12 Wochen, vom Tage der letzten Bekanntmachung, beim unterzeichneten Justitiariate ordnungsmäßig anzumelden.

Itzehoe, im Justitiariat des adeligen Guts Drage, den 10. März 1862. *A. v. Heintze*, const.

№ 23.

Zweite Bekanntmachung.

Extr. des Procl. des 11ten Stücks № 6.

Nichtprotocollirte Forderungen und Ansprüche an die Eheleute Jürgen und Anna Lötje und deren Kleinkathe in Hetlingen sind innerhalb 12 Wochen, nach der letzten Bekanntmachung dieses Proclams, im hiesigen Justitiariat, bei Strafe der Ausschließung und des ewigen Stillschweigens, ordnungsmäßig anzumelden.

Haseldorff, im Justitiariate des Gutes Hetlingen, den 12. März 1862.

Koenigsmann.

№ 24.

Dritte und letzte Bekanntmachung.

Nachdem der Kieler Bürger C. Wulff, Agent verschiedener Gesellschaften, am 14. v. Mts. seine Güter zur concursmäßigen Behandlung übergeben hat, werden Alle, welche an den genannten Cridar und dessen geringfügige Masse, sei es als Eigenthümer oder aus irgend einem anderen Grunde, Ansprüche oder Forderungen zu haben glauben, hierdurch bei Strafe der Präclusion von dieser Masse aufgefordert, innerhalb präclusivischer Frist von 12 Wochen, vom Tage der letzten Bekanntmachung dieses Proclams angerechnet, im Stadtsyndicat sich zu melden und zwar unter Bestellung eines Procurators, falls die Profitenten außerhalb Kiels wohnen.

Decretirt Kiel, den 4. März 1862.

Der Magistrat.

In fidem: *G. F. Witte*, Syndicus.

№ 25.

Dritte und letzte Bekanntmachung.

Da von dem Hrn. Obergerichtsadvocaten Stoppel, als gerichtlich bestelltem Administrator des Nachlasses des verstorbenen Hartwig Harms junior, weiland hieselbst, auf die Erlassung eines Proclams behufs Ausmittelung des Güterbestandes angetragen und solchem Antrage vom Magistrate stattgegeben ist: so werden von Gerichtswegen Alle und Jede, welche an den Nachlaß des Verstorbenen aus irgend einem rechtlichen Grunde Ansprüche oder Forderungen zu haben vermeinen, hiedurch, bei Strafe der Ausschließung und des ewigen Stillschweigens, aufgefordert und befehligt, solche binnen 12 Wochen, nach der letzten Bekanntmachung dieses Proclams, im hiesigen ersten Stadtsecretariate und spätestens am

26. Juni d. J.,

als dem peremtorischen Angabetermine, im Obergerichte hieselbst anzumelden, wobei die die Ansprüche begründenden Documente in Urschrift vorzuzeigen und in Abschrift zurückzulassen sind, Auswärtige auch wegen gehöriger Procuraturbestellung das Nöthige wahrzunehmen haben.

Wornach Beikommende sich zu achten.

Altona, im Obergerichte, den 27. Februar 1862.

Ex Decreto Senatus.

Beilage
zum 13. Stück der Holsteinischen Anzeigen.

Montag den 31. März 1862.

Bekanntmachung des Königl. Finanzministeriums, betreffend die Einberufung gewisser Staatsobligationen zur Umtauschung.

Kraft der dem Finanzministerium durch das Gesetz vom 31. März 1858, betreffend die Einberufung und Umtauschung älterer zur gemeinschaftlichen inländischen Staatsschuld der Monarchie gehöriger Staatsobligationen u. a. m., ertheilten Ermächtigung werden hierdurch

> die von der Direction der Königlichen Deposito-Casse in den Jahren 1804 bis 1812 ausgestellten, mit 4 pCt. verzinsten Obligationen

zur Einsendung an das Finanzministerium vor dem 15. Juli 1862 einberufen, um gegen neue beständig auf Inhaber lautende Obligationen mit Coupons umgetauscht oder, insofern es verlangt werden sollte, in die zufolge Bekanntmachung des Finanzministeriums vom 20. September 1859 eingerichteten Einschreibebücher aufgenommen zu werden.

Die Verzinsung der einberufenen Obligationen hört vom 11. Juni 1862 an auf.

Hinsichtlich des Verfahrens, welches beim Umtausche der Obligationen zu befolgen ist, wird auf die Bekanntmachung des Finanzministeriums vom 22. September 1859 verwiesen.

Nicht einberufene Obligationen können durch die öffentlichen Cassen außerhalb Kopenhagens zur Umtauschung gegen Coupons-Obligationen eingesandt werden, doch nur wenn solches in Verbindung mit einer oder mehreren einberufenen Obligationen geschieht. Diejenigen Obligationen, deren Zinsentermine durch die Bekanntmachung des Finanzministeriums vom 17. April 1861 verändert worden, können auch zur Umtauschung, wie oben angeführt, eingesandt werden, ohne daß einberufene Obligationen mitzufolgen brauchen.

Zur Einschreibung können sämmtliche unaufkündbare 4 pCt. oder geringere Zinsen tragende Staatsobligationen durch die Cassen eingesandt werden.

Kopenhagen, den 19. März 1862.

Fenger.

J. A. Hasselberg.

Bekanntmachungen.

№ 1.

Wenn der Hufner Hans Bendix Schacht zu Nienwold sich der eigenen Vermögensdisposition und Güterverwaltung begeben hat und ihm auf seinen Antrag der Hufner Hans Friedr. Schacht daselbst als Curator bestellt worden: so wird solches hiedurch mit dem Beifügen zur öffentlichen Kunde gebracht, daß von nun an alle von dem gedachten Curanden ohne Zustimmung seines Curators eingegangenen Rechtsgeschäfte und Verpflichtungen als für ihn unverbindlich zu betrachten sind.

Ahrensburg, im Justitiariate des adeligen Guts Jersbeck, den 10. März 1862.

Huss.

№ 2.

Daß dem Käthner und Rademacher Hinrich Mohr in Heidmühlen in der Person des dortigen Halbhufners Hans Hinrich Neher ein Curator der Person und des Vermögens bestellt worden, wird mit dem Hinzufügen hiedurch zur öffentlichen Kunde gebracht, daß der Curande nur mit Zustimmung seines Curators rechtsverbindliche Geschäfte einzugehen im Stande ist.

Segeberger Königl. Amthaus, den 12. März 1862.

Abs. Dom. Præf.: *Jacobsen.*

№ 3.

Wenn für den hieselbst gebürtigen geistesschwachen Georg Andersen der hiesige Bürger und Makler Carl Theodor Bechtold zum Curator bestellt worden ist, so wird Solches mit dem Hinzufügen hiedurch bekannt gemacht, daß nur diejenigen Handlungen für den gedachten Andersen als rechtsverbindlich anzusehen sind, welche sein erwähnter Curator für ihn eingehen wird.

Altona, im Obergerichte, den 22. März 1862.

Ex Decreto Senatus.

№ 4.

Daß die unterm 2. Septbr. 1859 über Johann Friedrich Spfle in Hamberge verhängte Curatel von Gerichtswegen wiederum aufgehoben worden ist, solches wird hiermittelst zur öffentlichen Kunde gebracht.

Königliches Reinfelder Amthaus zu Traventhal, den 20. März 1862.

Grothusen.

Zur Beglaubigung: **W. Baudissin.**

Testaments-Publication.

Nach erfolgtem Ableben des hiesigen Einwohners Rudolph Wicht soll das von demselben mit seiner Ehefrau Amalie Caroline, geb. Engelken, unterm 18. Februar 1854 errichtete und gerichtlich deponirte Testament am

Mittwoch den 23. April d. J.,
Mittags 12 Uhr,

im hiesigen Gerichte publicirt werden, was für Beikommende hierdurch bekannt gemacht wird.

Decretum Wandsbecker Justitiariat bei Wandsbeck, den 17. März 1862.

Reimers.

König Christian VIII. Ostseebahn.

In Gemäßheit der §§ 25, 26 und 64 f. des Statuts bringt der Ausschuß zur öffentlichen Kunde, daß die am 1. Mai d. J. fällige Dividende aus dem Reinertrage des Betriebsjahres 1861 (§ 24) auf Neun Procent oder Achtzehn Thaler R.-M. pro Actie festgesetzt worden ist.

Altona, den 19. März 1862.

Der Ausschuß.
Theod. Reincke, Vorsitzender.

Mit Bezugnahme auf vorstehende Bekanntmachung des Ausschusses wird hiemit angezeigt, daß vom 1. Mai d. J. an die Auszahlung der Dividende für das Rechnungsjahr 1861 bis weiter Montags, Dienstags, Donnerstags und Freitags von 9 Uhr Vormittags bis 1 Uhr Nachmittags in den Bahnhofsgebäuden zu Altona und Kiel stattfinden wird.

Die Dividendenscheine müssen mit einem unterschriebenen Verzeichnisse der Nummern nach der Reihenfolge eingeliefert werden.

Altona, den 19. März 1862.

Die Direction
der Altona-Kieler Eisenbahngesellschaft.

Steckbrief.

Da die hieselbst wegen Diebstahls in Untersuchung befindliche, hierunter signalisirte angebliche Ehefrau des Franz Richter, Elise, geb. Horn, aus Oberellebach in Hessen in letzter Nacht dem Gefängnisse entsprungen ist, so werden beikommende Behörden zu öffentlichen Diensten ganz ergebenst ersucht, auf sie vigiliren und sie event. inhaftiren lassen, von der geschehenen Inhaftirung aber Anzeige anhero gefälligst machen zu wollen, damit die Abholung der Richter unter Kostenerstattung angeordnet werden kann.

Lütjenburg, den 8. März 1862.

Das Patrimonialgericht des adeligen
Guts Neudorff.
Wyneken.

Signalement:

Die angebliche Ehefrau Richter ist 30 Jahre alt und von kleiner, gedrungener Gestalt; sie hat dunkelblondes Haar (mit einem Kamm aufgesteckt), eine freie Stirn, blonde, schwache Augenbraunen, graue Augen, eine grade unten breite Nase, einen kleinen Mund, ein längliches Kinn, schmale Ohren, ein rundes Gesicht, eine gesunde Gesichtsfarbe, grade Schultern und einen etwas runden Rücken. Sie spricht hochdeutsch im mitteldeutschen Dialect. Besondere Kennzeichen: zwei Narben von der Form und Größe einer halben weißen Bohne auf der rechten Stirnhälfte, die Eine fast auf der Mitte der Stirn dicht am Haarwuchs, die Zweite etwas tiefer nach der Nase hin, und eine längliche Narbe auf der inneren Fläche der rechten Hand dicht an der Maus. Sie war bekleidet mit einem grüncarrirten Kleide, braunem Umschlagetuch, gelber Schürze, blauwollener Unterjacke und ledernen Pantoffeln. Auf dem dritten Finger der rechten Hand trug sie einen schmalen silbernen Ring mit einem Herz und ist sie wahrscheinlich von einem kleinen Hunde von brauner Farbe, mit weißer Brust und weißen Pfoten, langem Schwanze und ungestutzten Ohren begleitet, der auf den Namen Pollo hören soll.

Edictal-Citation.

Auf Anhalten des Herrn Obergerichts-Advocaten Stoppel, als gerichtlich bestellten Curators des abwesenden Heinrich Wilhelm Nicolaus Harms, welcher am 30. Juli 1829 in Altona geboren und dem Vernehmen nach im Jahre 1852 nach Australien ausgewandert ist, wird der obgedachte Heinrich Wilhelm Nicolaus Harms hiedurch in Gemäßheit des § 4 der Verordnung vom 9. November 1798 aufgefordert und befehligt, hieselbst persönlich oder durch einen gehörig legitimirten Bevollmächtigten das Vermögen, welches ihm nach dem Tode seines Vaters Hartwig Harms und seines Bruders Hartwig Harms jun. zugefallen ist, in Empfang zu nehmen und zwar mit der Eröffnung, daß gedachtes Vermögen, so lange dasselbe nicht von ihm reclamirt worden, durch den ihm hieselbst gerichtlich bestellten Curator verwaltet werden wird, bis seine Todeserklärung nach vollendetem 70. Lebensjahre ausgesprochen werden kann.

Altona, im Obergerichte, den 27. Februar 1862.

Ex Decreto Senatus.

Proclamata.

№ 1.

Erste Bekanntmachung.

Wenn der suspendirte Branddirector für die Stormarnschen Aemter, Lieutenant a. D. Johann Heinrich Schramm in Reinbeck, seine Habe und Güter zur concursmäßigen Behandlung übergeben hat und in Folge dessen durch Decret vom heutigen Tage über sein Vermögen, etwanige Eintreten der Gläubiger vorbehältlich, Concurs erkannt worden ist:

So werden von Obergerichtswegen Alle und Jede, mit Ausnahme der Inhaber protocollirter Forderungen, welche an das Vermögen des suspendirten Branddirectors für die Stormarnschen Aemter, Lieutenants a. D. Johann Heinrich Schramm in Reinbeck, insbesondere an dessen in Schöningstedt belegene Käthnerstelle, aus irgend einem Grunde Ansprüche und Forderungen zu haben vermeinen, hiedurch, bei Strafe des Ausschlusses von dieser Concursmasse, aufgefordert, sich mit denselben innerhalb 12 Wochen, vom Tage der letzten Bekanntmachung dieses Proclams angerechnet, bei dem Obergerichtssecretair v. Gyldenfeldt hieselbst zu melden, die ihre Forderungen und Ansprüche etwa begründenden Documente in Ur- und Abschrift zu produciren und, falls sie Auswärtige sind, Actenprocuratoren zu bestellen.

Wornach sich zu achten.

Urkundlich unterm vorgedruckten größern Gerichtsinsiegel. Gegeben im Königl. Holsteinischen Obergerichte zu Glückstadt, den 21. März 1862.

(L. S.) *v. Schirach.* *Henrici.*

v. Prangen.

№ 2.

Erste Bekanntmachung.

Auf desfallsigen Antrag Beikommender werden Alle und Jede, resp. mit alleiniger Ausnahme der protocollirten Gläubiger, welche an nachbenannte verkaufte Grundstücke, als:

1) das Wohnhaus № 309 in Preetz des Carl Bauer zu Rastorffer Passau;
2) den Gartenplatz des Ernst Bendix Schnoor in Elmschenhagen, groß 65 []-Ruthen, und davon zu trennende Hälfte;
3) die Kathe № 20 der geistesschwachen Curandin Magdalena Dorothea Christina Löptien in Postfeldt, für welche ein Folium im Schuld- und Pfandprotocolle errichtet werden soll;
4) das Haus № 49 des Zimmermeisters Johann Friedrich Jonas in Preetz, wovon das Hintergebäude nebst 2 Ställen und einem Stück Gartenlande getrennt werden soll;

so wie

5) an das Haus № 311 des Landmannes Johann Jochim Conrad Rath hieselbst c. pert.,

dingliche Forderungen und Ansprüche zu haben glauben, resp. bei Einrichtung des Folii für die sub 3 gedachte Kathe berücksichtigt werden und gegen die Trennung der sub 2 und 4 genannten Grundstücke Einsprüche erheben wollen, hiedurch aufgefordert und befehligt, sich damit, resp. bei Strafe der Ausschließung, der Nichtberücksichtigung und des Verlustes ihres Einspruchsrechtes, innerhalb 12 Wochen, von der letzten Bekanntmachung dieses Proclams angerechnet, ordnungsmäßig auf hiesiger Klosterschreiberei zu melden und ihre Gerechtsame wahrzunehmen.

Klösterliche Obrigkeit zu Preetz, den 25. März 1862.

C. v. Qualen.

№ 3.

Erste Bekanntmachung.

Durch nachstehendes Proclam, welches zugleich als eventuelles Concursproclam anzusehen ist, werden Alle und Jede, welche an den geringen Nachlaß des weil. Altentheilers Hans Christian Bruhn in Reinfeld Forderungen und Ansprüche zu haben vermeinen, von Gerichtswegen hiemittelst aufgefordert, solche, bei Vermeidung des Verlustes derselben, innerhalb 6 Wochen, vom Tage der letzten Bekanntmachung dieses Proclams angerechnet, auf dem Königl. Reinfelder Actuariate anzumelden, Auswärtige unter Bestellung eines Actenprocurators.

Königliches Reinfelder Amthaus zu Traventhal den 22. März 1862.

Grothusen.

Zur Beglaubigung: **W. Baudissin.**

№ 4.

Erste Bekanntmachung.

Wenn auf geschehene Insolvenzerklärung über die Habe und Güter des hiesigen Bürgers und Tischlermeisters Carl Christian Samuel Bornhöft, unter Vorbehalt der Einreden der Gläubiger, Concurs erkannt ist, so werden Alle und Jede, mit Ausnahme der protocollirten Creditoren, welche an die Concursmasse, namentlich an das hieselbst Quart. V № 45 belegene Wohnhaus c. p., dingliche oder persönliche Ansprüche und Forderungen zu haben vermeinen oder Pfänder von dem Cridar besitzen, hiedurch befehligt, sich damit, bei Strafe der Ausschließung resp. des Verlustes der Ansprüche und Pfandrechte, Auswärtige unter Bestellung von Actenprocuratoren, innerhalb 12 Wochen, vom Tage der letzten Bekanntmachung dieses Proclams angerechnet, im hiesigen Stadtsecretariat zu melden und die ihre Gerechtsame begründenden Documente im Original zu produciren und in beglaubigter Abschrift zurückzulassen.

Decretum Segeberg, in curia, den 24. März 1862.

(L. S.) **Bürgermeister und Rath.**

№ 5.

Zweite Bekanntmachung.

Von Gerichtswegen

wird auf Anhalten des Eingesessenen Hinrich Freitag in Tellingstedt, als zufolge Erb-Ueberlassungscontracts vom 21. April 1836 rechtmäßigen Besitzers der gesammten Verlassenschaft seines Vaters, des wail. Eingesessenen Harm Freitag daselbst, Allen und Jeden, welche an eine unterm 14. August 1763 von Peter Reyer in Tellingstedt an Peter Agge in Hahmdorff für ein Darlehn von 600 ℛ damal. S. H. Cour. ausgestellte, unterm 21. December 1809 von Harm Freitag in Tellingstedt, als Nachfolger im Besitze der für solches Darlehn von gedachtem Peter Reyer mitverpfändeten Immobilien zur Uebernahme der Darlehnsschuld agnoscirte und am 22. December 1809 auf des vorerwähnten Harm Freitag Folium im Norderdithmarscher Schuld- und Pfandprotocoll protocollirte, scheinbar verloren gegangene Obligation Ansprüche und Forderungen zu haben vermeinen, nach desfalls erlangter Auctorisation von Seiten des Königl. Holsteinischen Obergerichts vom 1. d. M. hiemittelst aufgegeben, solche ihre Forderungen und Ansprüche innerhalb 12 Wochen, von der letzten Bekanntmachung dieses Proclams angerechnet, Auswärtige unter gehöriger Procuraturbestellung, in der Tellingstedter Kirchspielschreiberei anzugeben und verzeichnen zu lassen, die etwa dieselben begründenden Documente dort zu produciren und Abschriften von denselben zurückzulassen, im Widrigen aber zu gewärtigen, daß auf ferneren Antrag des Proclamsextrahenten die Obligation qu. für mortificirt werde erklärt und das betreffende Protocollat auf dem Folium des wail. Harm Freitag im Norderdithmarscher Schuld- und Pfandprotocoll werde delirt werden.

Königl. Norderdithmarsische Landvogtei zu Heide, den 4. März 1862.

Hansen.

In fidem: Scholtz.

№ 6.

Zweite Bekanntmachung.

Alle und Jede, welche an den Nachlaß des am 29. Januar d. J. in Treuholz verstorbenen Alentheilers Johann Mathias Hinrich Voß Forderungen und Ansprüche zu haben vermeinen, werden durch dieses zugleich als eventuelles Concursproclam dienende Proclam aufgefordert und befehligt, solche, bei Vermeidung der Präclusion, innerhalb 6 Wochen auf der Königl. Amtstube zu Rethwisch rechtsbehörigermaaßen anzumelden.

Königl. Rethwischer Amthaus zu Traventhal, den 18. März 1862.

G. Grothusen.

In fidem: E. v. Colditz.

№ 7.

Zweite Bekanntmachung.

Auf Anhalten Beikommender und in Folge Autorisation des Königl. Holsteinischen Obergerichts werden Alle und Jede, welche an nachstehende verlorene Extracte aus dem Reinbecker Schuld- und Pfandprotocolle, nämlich:

1) den Extract vom 27. November 1850 über ein für den jetzt verstorbenen Hamburger Bürger Johann Heinrich Christian Möller auf dem Folium der Stelle des Käthners Ernst Friedrich Andreas Harders zu Sande protocollirtes Capital von 320 ℛ zu 4 pCt. Zinsen;

2) den Extract vom 4. März 1842 über ein für die unmündigen Kinder des wailand Anbauers Hans Jacob Eggers zu Stemwarde auf dem Folium der Käthnerstelle des wail. Hans Mathias Petersen zu Braack, jetzt Claus Wagener gehörend, protocollirtes Capital von 80 ℛ, welches nach Abbezahlung und Delirung von 21 ℛ 32 β noch 58 ℛ 64 β validirt,

Ansprüche geltend machen wollen, von Gerichtswegen aufgefordert, diese ihre Ansprüche innerhalb 12 Wochen, vom Tage der letzten Bekanntmachung dieses Proclams angerechnet, auf der Königl. Amtstube zu Reinbeck anzumelden, widrigenfalls sie derselben für verlustig und die vorbezeichneten Documente für mortificirt erklärt werden, so wie das sub 1 bezeichnete Protocollat delirt, der sub 2 bezeichnete Extract aber durch eine in vigorem originalis aus dem Nebenbuche zu ertheilende fidemirte Abschrift ersetzt werden wird.

Königliches Gericht für das Amt Reinbeck.

Trittau, den 19. März 1862.

G. v. Linstow.

№ 8.

Zweite Bekanntmachung.

Extr. des Procl. des 12ten Stücks № 2.

Nichtprotocollirte Ansprüche und Forderungen an den Nachlaß der wailand Eheleute Hinrich Johann Dohrmann und Wiebcke Catharina, geb. Schütt, vom Barlter Neuendeich, so wie Pfandstücke aus diesem Nachlasse sind, bei Strafe der Ausschließung und des Verlustes, innerhalb 12 Wochen, vom Tage der letzten Bekanntmachung dieses Proclams angerechnet, in der Königl. Kirchspielschreiberei zu Barlt gehörig anzugeben.

B. G. W.

Meldorf, den 15. März 1862.

Zur Beglaubigung: Fabricius.

№ 9.

Zweite Bekanntmachung.

Extr. des Procl. des 12ten Stücks № 3.

Nichtprotocollirte Forderungen, so wie etwanige Pfand- und sonstige Ansprüche an den insolventen Eingesessenen Detlef Finck zu Schormoor, Kirchspiels Albersdorf, und dessen Vermögensmasse, sind, bei Strafe resp. der Ausschließung von der Masse und des Verlustes der Pfandrechte, binnen 12 Wochen, von der letzten Bekanntmachung dieses Proclams angerechnet, in der Königlichen Kirchspielschreiberei zu Albersdorf gehörig anzugeben.

B. G. W.

Meldorf, den 15. März 1862.

Zur Beglaubigung: **Fabricius.**

№ 10.

Zweite Bekanntmachung.

Extr. des Procl. des 12ten Stücks № 4.

Nach Maaßgabe Autorisation des Königl. Holsteinischen Obergerichts sind Ansprüche an die von dem weil. Hufner Hinr. Blunck unterm 8. Novbr. 1834 beschaffte, auf dem Folio der jetzt dem Christian Heinrich Burmeister zuständigen, zu Bimöhlen belegenen Hufe im Schuld- und Pfandprotocoll protocollirte und verloren gegangene Aussageacte, wodurch der genannte Blunck seinen Kindern erster Ehe, als: Claus, Anna Gesche, Catharina und Friedrich, jedem ein Capital von 106 ℛ 64 β und eine Aussteuer ausgesetzt, innerhalb 12 Wochen, vom Tage der letzten Bekanntmachung dieses Proclams, im Segeberger Königl. Actuariate rechtsgehörig zu melden, unter der Verwarnung, daß im Widrigen jene Acte für mortificirt erklärt und die Delirung derselben im Schuld- und Pfandprotocolle werde verfügt werden.

Segeberger Amtsgericht, den 14. März 1862.

Pr. et Ass. jud.

In fidem: H. F. Jacobsen.

№ 11.

Zweite Bekanntmachung.

Extr. des Procl. des 12ten Stücks № 7.

Alle diejenigen, welche Ansprüche und Rechte zu haben vermeinen an nachbenannte verloren gegangene Documente und dem hiesigen Schuld- und Pfandprotocolle inserirte Verpflichtungen, als:

1) an eine auf dem Folio 64 der Mittelgilde unterm 1. December 1823 notirte eod. dato angeordnete cura des Eingesessenen J. Hudfeldt für den abwesenden Hans Jacob Krogmann aus Heede,

2) einen auf dem Folio 613 der Mittelgilde unterm 4. Januar 1842 zwischen Friedrich August Burghardt Backhaus aus Barmstedt und Marcus Fuchs aus Ehlersberg, Guts Wuchtsfelde, abgeschlossenen, die jetzt dem J. H. Pohlmann in Barmstedt gehörige daselbst belegene $^1/_{16}$ Hufe betreffenden Kaufcontract, aus welchem noch 5000 ℔ v. Cour. undelirt stehen;

3) ein unterm 21. Februar 1822 erlassenes Mortificationsdecret über einen auf dem Folio 23 der Ueberauer-Gilde unterm 15. Februar 1811 zwischen Dittmer Wulff und seiner Tochter Margaretha Jacobs, verehelichten Lohmann, abgeschlossener, die jetzt der Letzteren gehörende, in Bevern belegene $^1/_{24}$ Hufe betreffender Kaufcontract, aus welchem annoch 400 ℔ v. Cour. undelirt stehen;

4) einen auf dem Folio 304 der Ueberauer-Gilde unterm 6. April 1806 (recl. 1807) zwischen Jasper Hudfeldt und Wilhelm Tietjen abgeschlossenen, die jetzt dem Hinrich Tietjen gehörende in Heede belegene $^1/_2$ Hufe betreffenden Kaufcontract, aus welchem annoch 500 ℔ v. Cour. undelirt stehen,

müssen sich damit binnen 12 Wochen, vom Tage der letzten Bekanntmachung dieses Proclams angerechnet, bei dem unterzeichneten Gerichte rechtsbehörig melden, widrigenfalls sie zu gewärtigen haben, daß die vorbemerkten Documente werden mortificirt und die aus den unter № 1 nambaft gemachten Verpflichtungen, so wie die aus den unter № 2—4 erwähnten Contracten annoch undelirt stehenden Kaufgelder auf Antrag Beikommender im Schuld- und Pfandprotocoll werden delirt werden.

Königl. Administratur zu Ranzau, den 15. März 1862.

W. v. Levetzau, const.

№ 12.

Dritte und letzte Bekanntmachung.

Alle und Jede, mit Ausnahme der protocollirten Creditoren, welche dingliche Forderungen und Ansprüche irgend einer Art an die von dem Hufner Marx Hinr. Daniel Dibbern in Mönckeberg verkaufte, ebendaselbst belegene Hufenstelle cum pert. zu haben vermeinen, werden hiedurch aufgefordert und befehligt, sich damit, bei Vermeidung der Ausschließung, innerhalb 12 Wochen, von der letzten Bekanntmachung dieses Proclams angerechnet, ordnungsmäßig bei der Königl. Kieler Amtstube hieselbst zu melden.

Königl. Gericht für das Amt Kiel, Brunswiek, den 28. Februar 1862.

C. Rahtlev.

№ 13.

Dritte und letzte Bekanntmachung.

Wenn auf Andringen der Gläubiger über die Habe und Güter der Wittwe des weil. Käthners und Böttchers Johann Jacob Miedeke zu Stockelstorf und den bisher ungetheilt verbliebenen Nachlaß desselben der Concurs erkannt worden ist:

So werden Alle und Jede, mit alleiniger Ausnahme der protocollirten Gläubiger, welche an die Wittwe des weil. Käthners und Böttchers Miedeke und an den bisher in communione prorogata der Wittwe Miedeke und deren Kinder verbliebener Nachlaß des weil. Käthners und Böttchers Miedeke, namentlich an die zum letzteren gehörige, in Marienthal belegene Kathe c. p. Ansprüche und Forderungen zu haben vermeinen, bei Vermeidung der Ausschließung von dieser Concursmasse, hiedurch aufgefordert, sich damit binnen 12 Wochen, vom Tage der letzten Bekanntmachung angerechnet, bei dem hiesigen Justitiariat zu melden, die ihre Forderungen und Ansprüche begründenden Documente in Ur- und Abschrift zu produciren und, falls sie Auswärtige sind, Actenprocuratoren zu bestellen.

Stockelstorf, im Justitiariate, den 10. März 1862.

Esmarch.

№ 14.

Dritte und letzte Bekanntmachung.

Auf den Antrag Beikommender und mit Genehmigung des Königl. Holsteinischen Obergerichts werden alle diejenigen, welche an nachstehende verloren gegangene, im Schuld- und Pfandprotocoll des Klosters Itzehoe protocollirte Documente Ansprüche zu haben vermeinen, nämlich:

1) einen auf dem Folio der Hufe der verstorbenen Margaretha Christina Schlüter, geb. Wichmann, in Langwedel protocollirten, unterm 26. Juni 1813 zwischen Catharina Wichmann c. c. in Langwedel und Christian Wichmann daselbst errichteten Kaufcontract über die Hufe der Ersteren, wonach für die Catharina Wichmann in Langwedel 500 ℔ v. Crt. Kaufgelder und gewisse eventuelle Verpflichtungen an deren Schwester protocollirt sind;
2) eine auf dem Folio der Hufe des Marx Eggers in Evendorf protocollirte, von der Cicilia Baumann, geb. Eggers, c. c. m. in Evendorf unterm 25. Novbr. 1818 an die Vormünder des Hartwig Eggers in Evendorf ausgestellte Obligation auf 200 ℔ v. Crt.;
3) eine auf dem Folio der Erbpachtsstelle des Marx Rathjen im Holze bei Itzehoe protocollirte Ausweisungsacte vom 23. September 1816, wonach der frühere Besitzer der Erbpachtsstelle, Marx Rathjen, seinem Sohn erster Ehe Johann Hinr. Rathjen ein Capital von 100 ℔ v. Crt. und verschiedene Präftanden ausgewiesen hat;
4) eine auf dem Folio des Wohnhauses der Erben des Claus Wischmann in Itzehoe protocollirte, von der Christina Harder in Itzehoe an Hans Eggers in Itzehoe ausgestellte Obligation auf 100 ℔ v. Crt.;

hiedurch aufgefordert und befehligt, solche Ansprüche, bei Strafe des Verlustes derselben, binnen 12 Wochen, vom Tage der letzten Bekanntmachung dieses Proclams angerechnet, bei dem Klösterlichen Protocolle zu Itzehoe gehörig anzugeben, widrigenfalls zu gewärtigen ist, daß die angeführten Documente mortificirt und im Schuld- und Pfandprotocoll delirt werden.

Klösterliche Obrigkeit zu Itzehoe, den 4. März 1862.

H. Rumohr.

№ 15.

Dritte und letzte Bekanntmachung.

Wann dem längst verschollenen Johann Wulf aus Collmar, geb. den 20. Sept. 1769, einem Sohne des weil. Claus Wulf und der Rebecca, geb. Timm, daselbst, ein kleiner Erbtheil zugefallen ist, als werden der gedachte Johann Wulf, falls derselbe sich noch am Leben befindet, und zugleich dessen Intestaterben hiedurch von Gerichtswegen aufgefordert, sich binnen 12 Wochen, a publ. ult., hieselbst, unter Beibringung der nöthigen Bescheinigungen, in Form Rechtens zu melden, widrigenfalls Ersterer für todt erklärt wird und Letztere von der Erbfolge ausgeschlossen werden.

Glückstadt, im Justitiariate des adeligen Guts Groß-Collmar, den 10. März 1862.

P. F. C. Matthiessen.

№ 16.

Dritte und letzte Bekanntmachung.

Wenn der Pfänderverleiher David Levisohn zu Wandsbeck bei dem Gerichte die Erlassung eines üblichen Proclams zum Zweck des Verkaufs der bei ihm versetzten, aber uneingelösten Pfänder beantragt hat, werden in Stattgebung dieser Bitte Alle und Jede, welche bei dem gedachten David Levisohn Pfänder versetzt und Geld darauf entliehen, die Pfänder aber seither nicht eingelöst haben, hiedurch aufgefordert und befehligt, die resp. Pfänder spätestens innerhalb sechs Wochen, vom Tage der letzten Bekanntmachung dieses Proclams angerechnet, wieder einzulösen, widrigenfalls die uneingelösten Pfänder auf Antrag und für Rechnung des David Levisohn, und nur unter Vorbehalt einer etwanigen Liquidation des Pfandverleihers über den Erlös für die Pfandsachen, öffentlich werden verkauft werden.

Decretum Wandsbecker Justitiariat bei Wandsbeck, den 4. März 1862.

Reimers.

№ 17.

Dritte und letzte Bekanntmachung.

Extr. des Procl. des 10ten Stücks № 2.

Alle und Jede, welche an die Concursmassen
1) des hiesigen Schlachtermeisters Ferdinand Reimers,
2) des hiesigen Kaufmanns H. Piehl

Forderungen und sonstige Ansprüche haben, müssen solche, bei Vermeidung der rechtlichen Nachtheile, innerhalb 12 Wochen, vom Tage der letzten Bekanntmachung dieses Proclams angerechnet, im hiesigen Stadtsyndicate ordnungsmäßig angeben.

Gegeben Oldenburg in Holstein, den 3. März 1862.

Der Magistrat.

W. Hensen.

№ 18.

Dritte und letzte Bekanntmachung.

Extr. des Procl. des 10ten Stücks № 3.

Nichtprotocollirte dingliche Ansprüche an die von Hans Saggau von dem weiland Christian Diedrich Bevensee gekaufte, zu Schönmoor bei Fehrenbötel belegene Kathenstelle c. p. sind innerhalb 12 Wochen, vom Tage der letzten Bekanntmachung dieses Proclams, bei Strafe des Ausschlusses, im Segeberger Königl. Actuariat rechtsgebörig zu melden.

Segeberger Amtsgericht, den 5. März 1862.

Pr. et Ass. jud.

In fidem: H. F. Jacobsen.

№ 19.

Dritte und letzte Bekanntmachung.

Extr. des Procl. des 10ten Stücks № 4.

Alle und Jede, welche an den unter hiesiger Jurisdiction belegenen, nunmehr verkauften Hof Lerchenfeld des Carl Friedr. Martens daselbst dingliche nichtprotocollirte Forderungen, Ansprüche und Rechte zu haben vermeinen, müssen sich damit, bei Strafe der Präclusion und des immerwährenden Stillschweigens, innerhalb 12 Wochen, von der letzten Bekanntmachung dieses Proclams angerechnet, im hiesigen Justitiariate ordnungsmäßig melden.

Rantzau, im Justitiariate, den 24. Februar 1862.

H. Lundius.

№ 20.

Dritte und letzte Bekanntmachung.

Extr. des Procl. des 10ten Stücks № 6.

Mit alleiniger Ausnahme der protocollirten Creditoren müssen sich Alle und Jede, welche Ansprüche und Forderungen irgend einer Art an die Nachlaßmasse des am 15. d. M. verstorbenen Eingesessenen und Schmiedemeisters Johann Bockel in Elmshorn und dessen daselbst belegenes Wohnhaus c. pert. zu haben vermeinen oder Pfänder von dem defuncto besitzen, damit innerhalb 12 Wochen, vom Tage der letzten Bekanntmachung dieses eventuell auch als Concursproclam erlassenen Proclams angerechnet, sub pœna præclusi et perpetui silentii, bei dem unterzeichneten Gerichte rechtsbehörig melden.

Königl. Administratur zu Ranzau, den 28. Febr. 1862.

W. v. Levetzau, const.

№ 21.

Dritte und letzte Bekanntmachung.

Extr. des Procl. des 10ten Stücks № 7.

Ansprüche und Forderungen irgend einer Art an den Schiffsbauer Johann Peter Dirks in Oevelgönne und dessen daselbst belegenen Grundbesitz sind von Allen und Jeden, mit alleiniger Ausnahme
1) der protocollirten Creditoren,
2) derjenigen Creditoren, welche sich in der am 7. Febr. d. J. im Zing'schen Hotel in Hamburg abgehaltenen Gläubigerversammlung dem Majoritätsbeschlusse dieser Gläubiger angeschlossen und das darüber aufgenommene Protocoll unterschrieben haben,

innerhalb 12 Wochen, vom Tage der letzten Bekanntmachung dieses Proclams angerechnet, im Actuariat des Gerichts rechtsbehörig anzumelden.

Pinneberger Concurs- und Erbtheilungsgericht, den 26. Februar 1862.

Wommelsdorff-Friedrichsen. *H. A. Tetens.*

Mohrdiek.

№ 22.

Dritte und letzte Bekanntmachung.

Extr. des Procl. des 10ten Stücks № 8.

Alle und Jede, welche an die früher dem Eingesessenen J. H. Carstens in Eidelstedt, jetzt der Wittwe Gesa Borchers, geb. Cords, daselbst gehörende, in Eidelstedt belegene Besitzung dingliche nichtprotocollirte Ansprüche zu haben vermeinen, müssen solche innerhalb 12 Wochen, vom Tage der letzten Bekanntmachung dieses Proclams angerechnet, im Actuariat des Gerichts anmelden, Auswärtige unter Bestellung eines Actenprocurators.

Pinneberger Concurs- und Erbtheilungsgericht, den 27. Februar 1862.

Wommelsdorff-Friedrichsen. *H. A. Tetens.*

Mohrdiek.

№ 23.

Dritte und letzte Bekanntmachung.

Extr. des Procl. des 10ten Stücks № 9.

Mit Ausnahme der protocollirten Creditoren müssen Alle und Jede, welche an die Nachlaßmasse der weil. Eheleute Albert Kröger und Anna Margaretha Kröger, geb. Ramke, in Blankenese und insbesondere an die dazu gehörige, in Blankenese belegene, im Schuld- und Pfandprotocoll № 11 a Fol. 529 aufgeführte Zubauerstelle Ansprüche und Forderungen irgend einer Art zu haben vermeinen, solche innerhalb 12 Wochen, vom Tage der letzten Bekanntmachung dieses Proclams, welches eventuell zugleich als Concursproclam gilt, angerechnet, im Actuariate des Gerichts, sub pœna præclusi, anmelden.

Pinneberger Concurs- und Erbtheilungsgericht, den 27. Februar 1862.

Wommelsdorff-Friedrichsen. H. A. Tetens.

Mohrdieck.

№ 24.

Dritte und letzte Bekanntmachung.

Extr. des Procl. des 10ten Stücks № 11.

Alle und Jede, welche resp. Erb- oder sonstige Ansprüche und Forderungen

1) an die Nachlaßmasse der hieselbst verstorbenen Ehefrau Caroline Bodien, geb. Usinger;
2) an die geringfügige Concursmasse des hiesigen Einwohners Bäckers Johann Christoph Klebe;
3) an die geringfügige Concursmasse der hiesigen Wittwe Johanna Griem, geb. Evers; und
4) an die geringfügige Concursmasse des Arbeitsmanns Johann Hinrich Hack in Wandsbeck,

zu haben vermeinen, müssen solche binnen 12 Wochen, vom Tage der letzten Bekanntmachung dieses Proclams angerechnet, und zwar bei Strafe des Ausschlusses von den resp. Massen, in dem unterzeichneten Justitiariate ordnungsmäßig angeben.

Decretum Wandsbecker Justitiariat bei Wandsbeck, den 28. Februar 1862.

Reimers.

№ 25.

Dritte und letzte Bekanntmachung.

Extr. des Procl. des 11ten Stücks № 1.

Nichtprotocollirte Forderungen und Ansprüche an den Nachlaß des weil. Einwohners Hinrich Pfeil in Biehl, so wie Pfandstücke aus demselben sind, bei Strafe der Ausschließung und des Verlustes, innerhalb 12 Wochen, vom Tage der letzten Bekanntmachung dieses Proclams angerechnet, in der Königl. Kirchspielschreiberei zu Meldorf gehörig anzugeben.

B. G. W.

Meldorf, den 3. März 1862.

Zur Beglaubigung: **Fabricius.**

№ 26.

Dritte und letzte Bekanntmachung.

Extr. des Procl. des 11ten Stücks № 4.

Alle und Jede, welche an die in gerichtlicher Behandluug befindliche Nachlaßmasse des am 19. Febr. d. J. verstorbenen Eingesessenen Jasper Dammann vor Drage Ansprüche oder Forderungen haben, mit Ausnahme der protocollirten Gläubiger, werden hiedurch aufgefordert, ihre Ansprüche, bei Vermeidung der Ausschließung und des Verlustes ihrer Forderungen, binnen 12 Wochen, vom Tage der letzten Bekanntmachung, beim unterzeichneten Justitiariate ordnungsmäßig anzumelden.

Itzehoe, im Justitiariat des adeligen Guts Drage, den 10. März 1862.

A. v. Heintze, const.

№ 27.

Dritte und letzte Bekanntmachung.

Extr. des Procl. des 11ten Stücks № 6.

Nichtprotocollirte Forderungen und Ansprüche an die Eheleute Jürgen und Anna Lötje und deren Kleinkathe in Hetlingen sind innerhalb 12 Wochen, nach der letzten Bekanntmachung dieses Proclams, im hiesigen Justitiariat, bei Strafe der Ausschließung und des ewigen Stillschweigens, ordnungsmäßig anzumelden.

Haseldorff, im Justitiariate des Gutes Hetlingen, den 12. März 1862.

Kœnigsmann.

Beilage
zum 14. Stück der Holsteinischen Anzeigen.

Montag den 7. April 1862.

Bekanntmachung des Königl. Finanzministeriums, betreffend die Einberufung gewisser Staatsobligationen zur Umtauschung.

Kraft der dem Finanzministerium durch das Gesetz vom 31. März 1858, betreffend die Einberufung und Umtauschung älterer zur gemeinschaftlichen inländischen Staatsschuld der Monarchie gehöriger Staatsobligationen u. a. m., ertheilten Ermächtigung werden hierdurch

die von der Direction der Königlichen Deposito-Casse in den Jahren 1804 bis 1812 ausgestellten, mit 4 pCt. verzinsten Obligationen

zur Einsendung an das Finanzministerium vor dem 15. Juli 1862 einberufen, um gegen neue beständig auf Inhaber lautende Obligationen mit Coupons umgetauscht oder, insofern es verlangt werden sollte, in die zufolge Bekanntmachung des Finanzministeriums vom 20. September 1859 eingerichteten Einschreibebücher aufgenommen zu werden.

Die Verzinsung der einberufenen Obligationen hört vom 11. Juni 1862 an auf.

Hinsichtlich des Verfahrens, welches beim Umtausche der Obligationen zu befolgen ist, wird auf die Bekanntmachung des Finanzministeriums vom 22. September 1859 verwiesen.

Nicht einberufene Obligationen können durch die öffentlichen Cassen außerhalb Kopenhagens zur Umtauschung gegen Coupons-Obligationen eingesandt werden, doch nur wenn solches in Verbindung mit einer oder mehreren einberufenen Obligationen geschieht. Diejenigen Obligationen, deren Zinsentermine durch die Bekanntmachung des Finanzministeriums vom 17. April 1861 verändert worden, können auch zur Umtauschung, wie oben angeführt, eingesandt werden, ohne daß einberufene Obligationen mitzufolgen brauchen.

Zur Einschreibung können sämmtliche unaufkündbare 4 pCt. oder geringere Zinsen tragende Staatsobligationen durch die Cassen eingesandt werden.

Kopenhagen, den 19. März 1862.

Fenger.

J. A. Hasselberg.

Bekanntmachungen.

№ 1.

Daß dem Käthner und Rademacher Hinrich Mohr in Heidmühlen in der Person des dortigen Halbhufners Hans Hinrich Reher ein Curator der Person und des Vermögens bestellt worden, wird mit dem Hinzufügen hiedurch zur öffentlichen Kunde gebracht, daß der Curande nur mit Zustimmung seines Curators rechtsverbindliche Geschäfte einzugehen im Stande ist.

Segeberger Königl. Amthaus, den 12. März 1862.

Abs. Dom. Præf.: *Jacobsen.*

№ 2.

Wenn für den hieselbst gebürtigen geistesschwachen Georg Andersen der hiesige Bürger und Makler Carl Theodor Bechtold zum Curator bestellt worden ist, so wird Solches mit dem Hinzufügen hiedurch bekannt gemacht, daß nur diejenigen Handlungen für den gedachten Andersen als rechtsverbindlich anzusehen sind, welche sein erwähnter Curator für ihn eingehen wird.

Altona, im Obergerichte, den 22. März 1862.

Ex Decreto Senatus.

Testaments-Publication.

Nach erfolgtem Ableben des hiesigen Einwohners Rudolph Wicht soll das von demselben mit seiner Ehefrau Amalie Caroline, geb. Engelken, unterm 18. Februar 1854 errichtete und gerichtlich deponirte Testament am

Mittwoch den 23. April d. J.,
Mittags 12 Uhr,

im hiesigen Gerichte publicirt werden, was für Beikommende hierdurch bekannt gemacht wird.

Decretum Wandsbecker Justitiariat bei Wandsbeck, den 17. März 1862.

Reimers.

König Christian VIII. Ostseebahn.

In Gemäßheit der §§ 25, 26 und 64 f. des Statuts bringt der Ausschuß zur öffentlichen Kunde, daß die am 1. Mai d. J. fällige Dividende aus dem Reinertrage des Betriebsjahres 1861 (§ 24) auf

Neun Procent oder Achtzehn Thaler R.-M. pro Actie festgesetzt worden ist.

Altona, den 19. März 1862.

Der Ausschuß.
Theod. Reincke, Vorsitzender.

Mit Bezugnahme auf vorstehende Bekanntmachung des Ausschusses wird hiemit angezeigt, daß vom 1. Mai d. J. an die Auszahlung der Dividende für das Rechnungsjahr 1861 bis weiter Montags, Dienstags, Donnerstags und Freitags von 9 Uhr Vormittags bis 1 Uhr Nachmittags in den Bahnhofsgebäuden zu Altona und Kiel stattfinden wird.

Die Dividendenscheine müssen mit einem unterschriebenen Verzeichnisse der Nummern nach der Reihenfolge eingeliefert werden.

Altona, den 19. März 1862.

Die Direction
der Altona-Kieler Eisenbahngesellschaft.

Bekanntmachung.

Am gestrigen Tage ist aus einer Kathenwohnung in Grebien, hiesigen Guts, eine silberne Taschenuhr, welche an der Wand gehangen, entwendet worden. Die Uhr ist eingehäuslig, hat inwendig eine messingene Kapsel, worin das Schlüsselloch, ein weißes Zifferblatt mit schwarzen römischen Zahlen, ein geschliffenes Glas und auf dem Stengel, in welchem der Ring sitzt, die Zahl 5, sonst aber keine besondere Merkmale. Auf dem Zifferblatt und auf der inneren Kapsel finden sich die Worte „Lepini (oder ein ähnlicher Name) Paris". An der Uhr war eine gelbe messingene Kette mit Haken befestigt. Gleichzeitig sind in derselben Wohnung zwei Rasirmesser gewöhnlicher Art mit schwarzen Einschlagheften abhanden gekommen, vermuthlich also auch gestohlen, von denen die Klinge des einen zum Theil im Zickzack geflammt war. An alle Behörden ergehet das dienstergebene Ersuchen, auf die vorbeschriebenen Sachen vigiliren lassen, vorkommenden Falles deren verdächtigen Inhaber anhalten und behuf weiterer Verfügung eine gefällige Anzeige hieselbst machen zu wollen.

Lütjenburg, in der Gerichtshalterschaft des adeligen Guts Schönweide, den 31. März 1862.

Lorentzen.

Steckbrief.

Folgende hiesige Detentionsgefangene:

1) Herrmann Friederich Hintz, Schuster und Handelsmann aus Fackenburg,
2) Friederich Wilhelm Freiberg, Handelsmann aus Fackenburg,
3) Johann Heinrich Carl Karberg, Fischer aus Dümmerstück, Großherzogthums Mecklenburg-Schwerin, und
4) Johann Friederich Schmidt, Maurer aus Gronenberg, Kirchspiels Süsel,

sind in der vorigen Nacht aus dem Gefängnisse entflohen.

Unter Hinweisung auf die untenstehenden Signalements dieser gefährlichen Verbrecher werden sämmtliche Behörden des In- und Auslandes dienstergebenst ersucht, auf dieselben zu vigiliren, sie im Betretungsfalle zu arretiren und event. behufs ihrer Abholung gegen Kostenerstattung demnächst eine Anzeige an die unterzeichnete Behörde zu beschaffen.

Königliches Amthaus zu Plön, den 3. April 1862.

W. C. v. Levetzau.

1. Signalement des Hintz:

Alter: 47 Jahr, Statur: mittlere, Haare: dunkelblond, Stirn: frei, Augenbraunen: dunkelblond, Augen: braun, Nase: gewöhnlich, Zähne: defect, Kinn: rund, Gesicht: oval, Gesichtsfarbe: gesund, Schultern: breit, Arme, Hände, Beine, Füße: proportionirt, Sprache: plattdeutsch. Besondere Kennzeichen: auf der rechten Hand zwei krumme Finger. Kleidung: Stiefel, dunkle Sommerhose, dunkle Weste, dunkelbrauner Düffelrock, schwarze, etwas aufstehende Mütze, dunkles Halstuch.

2. Signalement des Freiberg:

Alter: 33 Jahr, Statur: mittlere, Haare: hellblond, Stirn: niedrig, Augenbraunen: hellblond, Augen: blau, Nase: gewöhnlich, Zähne: defect, Kinn: rund, Gesicht: oval, Gesichtsfarbe: gesund, Schultern: schmal, Arme, Hände, Beine und Füße: proportionirt, Sprache: plattdeutsch. Besondere Kennzeichen: hat einen hellblonden Kinnbart. Kleidung: Stiefel, schwarze Tuchhose, weißbunte Sommerweste, schwarzer Tuchrock, Mütze mit Pelzwerk ohne Schirm, dunkles Halstuch.

3. Signalement des Karberg:

Alter: 26 Jahr, Statur: mittlere, Haare: mittelblond, Stirn: hoch, Augenbraunen: blond, Augen: blau, Nase: gewöhnlich, Mund: gewöhnlich, Zähne: gesund, Kinn: rund, Gesicht: oval, Gesichtsfarbe: gesund, Schultern: breit, Arme, Hände, Beine und Füße: proportionirt, Sprache: plattdeutsch. Besondere Kennzeichen: hat einen ziemlich starken dunkelblonden Backenbart. Kleidung: Stiefel, dunkelgraue Sommerhose, schwarze Weste, brauner Düffelrock, schwarze platte Mütze, dunkles Halstuch.

4. Signalement des Schmidt:

Alter: 46 Jahr, Statur: mittlere, Haare: dunkelblond, Stirn: frei, Augenbraunen: blond, Augen: blau, Nase und Mund: gewöhnlich, Zähne: gesund, Kinn und Gesicht: oval, Schultern: schmal, Arme, Hände, Beine und Füße: proportionirt, Sprache: plattdeutsch. Besondere Kennzeichen: hat einen starken dunklen Backen- und Kinnbart. Kleidung: Stiefel, dunkelgraue Hosen, helle carrirte Weste, kurzer abgetragener Rock von weißgelbem englischen Leder, rothbuntes Halstuch, hohe dunkle Mütze.

Proclamata.

№ 1.

Erste Bekanntmachung.

Von Gerichtswegen.

Der Einwohner Christian Haack im Ammerswurther Sandberg und dessen Ehefrau Margaretha, geborne Schuuk, sind mit Hinterlassung unmündiger Kinder verstorben, deren Vormünder die Nachlaßmasse derselben nur **sub beneficio legis et inventarii** antreten zu wollen erklärt haben, weshalb eine gerichtliche Behandlung derselben erforderlich ist. Es ergehet daher auf Instanz des bestellten Massecurators an Alle, welche an die Nachlaßmasse der gedachten Eheleute Haack nichtprotocollirte Forderungen und Pfandrechte haben, hiedurch der Befehl, dieselben binnen 12 Wochen, nach der letzten Bekanntmachung dieses eventuell zugleich als Concursproclam geltenden Proclams, Auswärtige nach zuvor bestellter Actenprocuratur, in der Königl. Kirchspielschreiberei zu Meldorf anzugeben, und zwar bei Verlust ihrer Forderungs- und Pfandrechte.

Wornach sich zu achten.

Königl. Süderdithmarscher Landvogtei zu Meldorf, den 1. April 1862.

(L. S.) *Müllenhoff.*

Zur Beglaubigung: **Fabricius.**

№ 2.

Erste Bekanntmachung.

Wenn nach dem am 1. October v. J. erfolgten Tode des Eingesessenen und Gastwirths Hans Hinrich Thode in Schenefeldt, dessen Nachlaßmasse wegen Concurrenz unmündiger Erben der gerichtlichen Behandlung unterzogen und die Erlassung eines Proclams erforderlich geworden ist, so werden hiedurch Alle und Jede, welche an den gedachten Hans Hinrich Thode oder dessen Nachlaß Forderungen und Ansprüche zu haben glauben, mit Ausnahme der protocollirten Gläubiger und derjenigen, welche ihre desfälligen Ansprüche bereits bei der Königl. Kirchspielvogtei zu Schenefeldt angegeben haben, aufgefordert, ihre Ansprüche und Forderungen, bei Vermeidung der Ausschließung, innerhalb 12 Wochen, vom Tage der letzten Bekanntmachung dieses Proclams, und zwar Auswärtige unter Bestellung eines Actenprocurators, beim Actuariate des Amts Rendsburg anzumelden, auch die ihre Forderung begründenden Documente in Original zu produciren und Abschrift davon zurückzulassen.

Rendsburger Amthaus, den 2. April 1862.

E. v. Harbou.

Brenning.

№ 3.

Erste Bekanntmachung.

Da abseiten der Erben des am 5. Januar d. J. verstorbenen Hufenpächters Hans Friederich Scheef zum Qualser Felde, im Gute Gaartz, nunmehr erklärt ist, daß sie den Nachlaß des Verstorbenen nur unter der Wohlthat des Gesetzes und Inventars antreten, so werden Alle, welche an den Verstorbenen oder dessen Nachlaß Forderungen und Ansprüche haben, hiemit aufgefordert, dieselben, bei Strafe ihres Verlustes und ewigen Stillschweigens, binnen sechs Wochen, von der letzten Bekanntmachung dieses an, hieselbst gehörig zu melden.

Justitiariat des adel. Guts Gaartz zu Oldenburg, den 28. März 1862.

Petersen.

№ 4.

Erste Bekanntmachung.

Wenn der Schullehrer Georg Christian Wilhelm Pasche zu Wankendorf im adel. Gute Depenau am 19. Januar d. J. mit Hinterlassung eines seine nur zum Theil hieselbst bekannten Intestaterben instituirenden Testamentes verstorben, so werden Alle und Jede, welche an die Verlassenschaft des Verstorbenen, so wie an diejenige seiner am 22. März v. J. mit Tode abgegangenen Ehefrau Caroline Marie Elisabeth, geb. Wüstenberg, Erb- oder sonstige Ansprüche zu haben vermeinen möchten, hiedurch aufgefordert, sich damit innerhalb 12 Wochen, vom Tage der letzten Bekanntmachung dieses Proclams, bei Strafe des Ausschlusses, im Segeberger Actuariat des Consistorii rechtsgehörig zu melden.

Segeberger Consistorium, den 29. März 1862.

Pr., Pr. et Ass. Consist.

In fidem: **H. F. Jacobsen.**

№ 5.

Zweite Bekanntmachung.

Wenn der suspendirte Branddirector für die Stormarnschen Aemter, Lieutenant a. D. Johann Heinrich Schramm in Reinbeck, seine Habe und Güter zur concursmäßigen Behandlung übergeben hat und in Folge dessen durch Decret vom heutigen Tage über sein Vermögen, etwanige Einreden der Gläubiger vorbehältlich, Concurs erkannt worden ist:

So werden von Obergerichtswegen Alle und Jede, mit Ausnahme der Inhaber protocollirter Forderungen, welche an das Vermögen des suspendirten Branddirectors für die Stormarnschen Aemter, Lieutenants a. D. Johann Heinrich Schramm in Reinbeck, insbesondere an dessen in Schöningstedt belegene Käthnerstelle, aus irgend einem Grunde Ansprüche und Forderungen zu haben vermeinen, hiedurch, bei Strafe des Ausschlusses von dieser Concursmasse, aufgefordert, sich mit denselben innerhalb 12 Wochen, vom Tage der letzten Bekanntmachung dieses Proclams angerechnet, bei dem Obergerichtssecretair v. Gyldenfeldt hieselbst zu melden, die ihre Forderungen und Ansprüche etwa begründenden Documente in Ur- und Abschrift zu produciren und, falls sie Auswärtige sind, Actenprocuratoren zu bestellen.

Wornach sich zu achten.

Urkundlich unterm vorgedruckten größern Gerichtsinsiegel. Gegeben im Königl. Holsteinischen Obergerichte zu Glückstadt, den 21. März 1862.

(L. S.) *v. Schirach.* *Henrici.*

v. Prangen.

№ 6.

Zweite Bekanntmachung.

Auf desfallsigen Antrag Beikommender werden Alle und Jede, resp. mit alleiniger Ausnahme der protocollirten Gläubiger, welche an nachbenannte verkaufte Grundstücke, als:

1) das Wohnhaus № 309 in Preetz des Carl Bauer zu Rastorffer Passau;
2) den Gartenplatz des Ernst Bendix Schnoor in Elmschenhagen, groß 65 □-Ruthen, und davon zu trennende Hälfte;
3) die Kathe № 20 der geistesschwachen Curandin Magdalena Dorothea Christina Löptien in Postfeldt, für welche ein Folium im Schuld- und Pfandprotocolle errichtet werden soll;
4) das Haus № 49 des Zimmermeisters Johann Friedrich Jonas in Preetz, wovon das Hintergebäude nebst 2 Ställen und einem Stück Gartenlande getrennt werden soll;

so wie

5) an das Haus № 311 des Landmannes Johann Jochim Conrad Rath hieselbst c. pert.,

dingliche Forderungen und Ansprüche zu haben glauben, resp. bei Einrichtung des Folii für die sub 3 gedachte Kathe berücksichtigt werden und gegen die Trennung der sub 2 und 4 genannten Grundstücke Einsprüche erheben wollen, hiedurch aufgefordert und befehligt, sich damit, resp. bei Strafe der Ausschließung, der Nichtberücksichtigung und des Verlustes ihres Einspruchsrechtes, innerhalb 12 Wochen, von der letzten Bekanntmachung dieses Proclams angerechnet, ordnungsmäßig auf hiesiger Klosterschreiberei zu melden und ihre Gerechtsame wahrzunehmen.

Klösterliche Obrigkeit zu Preetz, den 25. März 1862.

C. v. Qualen.

№ 7.

Zweite Bekanntmachung.

Durch nachstehendes Proclam, welches zugleich als eventuelles Concursproclam anzusehen ist, werden Alle und Jede, welche an den geringen Nachlaß des weil. Altentheilers Hans Christian Bruhn in Reinfeld Forderungen und Ansprüche zu haben vermeinen, von Gerichtswegen hiemittelst aufgefordert, solche, bei Vermeidung des Verlustes derselben, innerhalb 6 Wochen, vom Tage der letzten Bekanntmachung dieses Proclams angerechnet, auf dem Königl. Reinfelder Actuariate anzumelden, Auswärtige unter Bestellung eines Actenprocurators.

Königliches Reinfelder Amthaus zu Traventhal, den 22. März 1862.

Grothusen.

Zur Beglaubigung: **W. Baudissin.**

№ 8.

Zweite Bekanntmachung.

Extr. des Procl. des 13ten Stücks № 4.

Alle und Jede, mit Ausnahme der protocollirten Gläubiger, welche dingliche oder persönliche Ansprüche an die Concursmasse des hiesigen Tischlermeisters Carl Christian Samuel Bornhöft, namentlich an das Qu. 5 Nr. 45 belegene Wohnhaus cum pert. haben oder Pfänder von dem Cridar besitzen, müssen sich damit, bei Strafe der Ausschließung resp. des Verlustes der Ansprüche und Pfandrechte, innerhalb 12 Wochen, vom Tage der letzten Bekanntmachung dieses Proclams angerechnet, im hiesigen Stadtsecretariat rechtsbehörig melden.

Decretum Segeberg, in curia, den 24. März 1862.

(L. S.) Bürgermeister und Rath.

№ 9.

Dritte und letzte Bekanntmachung.

Extr. des Procl. des 12ten Stücks № 2.

Nichtprotocollirte Ansprüche und Forderungen an den Nachlaß der weiland Eheleute Hinrich Johann Dohrmann und Wiebcke Catharina, geb. Schütt, vom Barlter Neuendeich, so wie Pfandstücke aus diesem Nachlasse sind, bei Strafe der Ausschließung und des Verlustes, innerhalb 12 Wochen, vom Tage der letzten Bekanntmachung dieses Proclams angerechnet, in der Königl. Kirchspielschreiberei zu Barlt gehörig anzugeben.

B. G. W.

Meldorf, den 15. März 1862.

Zur Beglaubigung: **Fabricius.**

№ 10.

Dritte und letzte Bekanntmachung.

Extr. des Procl. des 12ten Stücks № 3.

Nichtprotocollirte Forderungen, so wie etwanige Pfand- und sonstige Ansprüche an den insolventen Eingesessenen Detlef Finck zu Schormoor, Kirchspiels Albersdorf, und dessen Vermögensmasse, sind, bei Strafe resp. der Ausschließung von der Masse und des Verlustes der Pfandrechte, binnen 12 Wochen, von der letzten Bekanntmachung dieses Proclams angerechnet, in der Königlichen Kirchspielschreiberei zu Albersdorf gehörig anzugeben.

B. G. W.

Meldorf, den 15. März 1862.

Zur Beglaubigung: **Fabricius.**

Beilage

Stück der Holsteinischen Anzeigen.

Montag den 14. April 1862.

:machungen.

№ 1.

eheliche Tochter des wailand
t, für ihre Person und Güter
gesessenen Engel Marckmann
ist, so wird dieses hierdurch
er Verwarnung, daß nur die
eselbe geschlossenen Geschäfte
ngesehen werden.
l 1862.

Klösterliche Obrigkeit.

№ 2.

st gebürtigen geistesschwachen
ger Bürger und Makler Carl
urator bestellt worden ist, so
hinzufügen hiedurch bekannt
zen Handlungen für den ge-
htsverbindlich anzusehen sind,
rator für ihn eingehen wird.
chte, den 22. März 1862.

Ex Decreto Senatus.

VIII. Ostseebahn.

uß gemäß § 64 o. p. des
abschluß des Jahres 1861
nden hat, werden die Bücher
l q. vom 12. April bis zum
en Wochentag des Morgens
Büreau der Gesellschaft im
ona zur Einsicht der Herren
. — Zur Legitimation genügt
ctie, mit Hinterlassung der
des Vorzeigenden, daß die-
ehöre.
l 1862.

Der Ausschuß.

od. Reincke, Vorsitzender.

ntmachung.

l aus einer Kathenwohnung
us, eine silberne Taschenuhr,
ehangen, entwendet worden.
hat inwendig eine messingene
sselloch, ein weißes Zifferblatt
Zahlen, ein geschliffenes Glas
n welchem der Ring sitzt, die
Zahl 5, sonst aber keine besondere Merkmale. Auf dem Zifferblatt und auf der inneren Kapsel finden sich die Worte „Lepini (oder ein ähnlicher Name) Paris". An der Uhr war eine gelbe messingene Kette mit Haken befestigt. Gleichzeitig sind in derselben Wohnung zwei Rasirmesser gewöhnlicher Art mit schwarzen Einschlaghefteu abhanden gekommen, vermuthlich also auch gestohlen, von denen die Klinge des einen zum Theil im Zickzack geflammt war. An alle Behörden ergehet das dienstergebene Ersuchen, auf die vorbeschriebenen Sachen vigiliren lassen, vorkommenden Falles deren verdächtigen Inhaber anhalten und behuf weiterer Verfügung eine gefällige Anzeige hieselbst machen zu wollen.

Lütjenburg, in der Gerichtshalterschaft des adeligen Guts Schönweide, den 31. März 1862.

Lorentzen.

Proclamata.

№ 1.

Erste Bekanntmachung.

Von Gerichtswegen.

Da die Wittwe und die beiden unmündigen Kinder des weil. Hofbesitzers Herrmann Boje Thiessen, Anna Elsabea, geb. Jacobsen, in Norderbarlt bisher in ungetheilten Gütern sich befunden haben, nunmehr aber die besagte Wittwe zur zweiten Ehe schreiten will und gerichtliche Theilung beantragt hat, so werden auf den Antrag des Herrn Kirchspielvogts Heinsohn in Barlt hiemit Alle und Jede, welche, mit Ausnahme protocollirter Gläubiger, an den Nachlaß des weil. Hofbesitzers Herrmann Boje Thiessen in Norderbarlt Forderungen oder Ansprüche zu haben vermeinen oder Pfandstücke von dem Verstorbenen besitzen, hiedurch aufgefordert und befehligt, solche ihre Forderungen, Ansprüche oder Pfandstücke, bei Strafe der Ausschließung und des Verlustes derselben, binnen 12 Wochen, vom Tage der letzten Bekanntmachung dieses Proclams angerechnet, in der Königl. Kirchspielschreiberei zu Barlt gehörig, Auswärtige nach zuvor bestellter Actenprocuratur, angeben und verzeichnen zu lassen und darnach weitere rechtliche Verfügung zu gewärtigen.

Wornach ein Jeder sich zu achten.

Königl. Süderdithmarscher Landvogtei zu Meldorf, den 8. April 1862.

(L. S.) *Müllenhoff.*

Zur Beglaubigung: Fabricius.

№ 2.

Erste Bekanntmachung.

Wenn der Nachlaß des hieselbst verstorbenen Bürgers, Glasers und Malers Johann Peter Hoffmann der gerichtlichen Behandlung hat unterzogen werden müssen, so werden, mit alleiniger Ausnahme der Protocollgläubiger, Alle und Jede, welche an solchen Nachlaß Forderungen und Ansprüche zu haben vermeinen, hierdurch aufgefordert und befehligt, daß sie, und zwar bei Strafe des Ausschlusses, solche ihre Forderungen und Ansprüche binnen 12 Wochen, vom Tage der letzten Bekanntmachung dieses Proclams, welches zugleich eventuell als Concursproclam anzusehen ist, im hiesigen Stadtsecretariate, Auswärtige nach zuvor bestellter Actenprocuratur, gehörig angeben und verzeichnen lassen und darnach weitere rechtliche Verfügungen gewärtigen.

Decretum Heiligenhafen, **in curia**, den 8. April 1862.

Der Magistrat.

Helmcke.

№ 3.

Erste Bekanntmachung.

Nachdem die Erben des am 25. December v. J. hieselbst verstorbenen Kaufmanns und Senators Adam Jansen, in Firma A. Jansen, dessen Nachlaß nunmehr ausgeschlagen, resp. nur **sub beneficio legis et inventarii** angetreten haben, sonach die Erlassung eines Proclams erforderlich ist, so werden Alle und Jede, welche an den Nachlaß des wail. Kaufmanns und Senators A. Jansen aus irgend einem Grunde Ansprüche und Forderungen zu haben vermeinen, hiemittelst aufgefordert und befehligt, sich damit, bei Strafe der Ausschließung und des ewigen Stillschweigens, binnen 12 Wochen, nach der letzten Bekanntmachung dieses Proclams, im hiesigen Syndicate zu melden, unter Producirung der etwanigen bezüglichen Documente und Auswärtige unter Bestellung eines Procurators.

Decretum Neustadt, den 28. März 1862.

(L. S.) Bürgermeister und Rath.

L. Kohlmann.

№ 4.

Erste Bekanntmachung.

Wenn über die sämmtlichen Habe und Güter des Claus Gehlsen zu Oersdorf der Concurs erkannt worden ist, so werden, mit Ausnahme der protocollirten Creditoren, Alle und Jede, welche an gedachten Claus Gehlsen oder an die zur Masse gehörende, im Erdbuch der Dorfschaft Oersdorf **sub** № 122 aufgeführte und daselbst belegene Landstelle Ansprüche und Forderungen, mit Einschluß etwaiger Eigenthumsansprüche auf einzelne Theile der Concursmasse, zu haben vermeinen, oder Pfänder von ihm besitzen, hierdurch aufgefordert, selbige innerhalb 12 Wochen, von der letzten Bekanntmachung dieses Proclams angerechnet, bei Strafe der Ausschließung von dieser Masse und des Verlustes ihres Pfandrechts, im hiesigen Justitiariate anzugeben, auch wegen Vorlegung der ihre Forderungen begründenden Documente und der Bestellung der Actenprocuratur das Erforderliche wahrzunehmen.

Hanerau im Justitiariate, den 5. April 1862.

H. Lundius.

№ 5.

Erste Bekanntmachung.

Da auf geschehene Insolvenz-Erklärung

1) des hiesigen Bürgers und Schuhmachermeisters Jacob Casper Dieckmann,
2) des hiesigen Bürgers und Küpermeisters Johann Carl Nicolaus Eckermann und dessen Ehefrau Anna Catharina Margaretha Eckermann, verwittwet gewesenen Brumm, geb. Mohr,
3) des hiesigen Bürgers und Zimmermeisters Johann Simon Averhoff

der Concurs der Gläubiger erkannt worden, so werden von Gerichtswegen Alle und Jede, mit alleiniger Ausnahme der protocollirten Gläubiger, welche an obgenannte Personen aus irgend einem rechtlichen Grunde Ansprüche und Forderungen zu haben vermeinen oder Pfandstücke oder Sachen von ihnen besitzen sollten, bei Strafe der Ausschließung und resp. des Verlustes ihres Pfandrechts, hiedurch aufgefordert und angewiesen, solche binnen 12 Wochen, nach der letzten Bekanntmachung dieses Proclams, Auswärtige unter Procuratur-Bestellung, in dem hiesigen Stadtsecretariate anzumelden, auch die ihre Ansprüche begründenden Documente im Original zu produciren.

Gleichzeitig werden, da dem seit vielen Jahren abwesenden und verschollenen Advocaten Wilhelm von Prangen nach seiner kürzlich hieselbst verstorbenen Mutter, der wail. Wittwe Engel Catharina von Prangen, geb. Boie, ein Erbtheil zugefallen, dieser Abwesende, eventuell dessen unbekannte Erben, in Gemäßheit der Verordnung vom 9. November 1798 unter der Androhung, daß widrigenfalls nach Vorschrift dieser Verordnung mit diesem Erbtheil werde verfahren werden, sowie auch die etwanigen Gläubiger der genannten Verstorbenen, letztere bei Strafe des Verlustes ihrer Ansprüche, hiedurch aufgefordert, binnen der gedachten Frist von 12 Wochen in dem hiesigen Stadtsecretariat sich zu melden, sich resp. zu legitimiren und wegen Procuratur-Bestellung und Producirung ihrer Documente das Erforderliche wahrzunehmen.

Signatum Glückstadt, den 7. April 1862.

(L. S. C.) Präsident, Bürgermeister und Rath.

№ 6.

Erste Bekanntmachung.

Auf Antrag des Vogts Peter Heinsohn in Schulau als gerichtlich bestellten Curators der Nachlaßmasse des wail. Dierk Wientapper in Schulau, werden Alle und Jede, welche wegen Erbrechts oder aus irgend einem andern Grunde Ansprüche irgend welcher Art an den Nachlaß des wailand Dierk Wientapper in

Schulau, insbesondere an die dazu gehörige in Schulau belegene, im Schuld- und Pfandprotocoll Nr. 3 Fol. 240 aufgeführte Besitzung zu haben vermeinen, allein die protocollirten Gläubiger ausgenommen, hiedurch von Gerichtswegen, unter Androhung der Präclusion und des ewigen Stillschweigens, befehligt, solche Ansprüche innerhalb 12 Wochen, vom Tage der letzten Bekanntmachung dieses Proclams angerechnet, unter Producirung der betreffenden Originaldocumente und Zurücklassung beglaubigter Abschriften, so wie, wenn sie Auswärtige sind, unter gehöriger Procuraturbestellung, im Actuariat des Gerichts anzumelden.

Pinneberger Concurs- und Erbtheilungsgericht, den 10. April 1862.

Vemmelsdorff-Friedrichsen. H. A. Tetens.

Mohrdiek.

№ 7.

Erste Bekanntmachung.

Da auf geschehene Insolvenz-Erklärung

1) des hiesigen Bürgers und Commissionairs August Friedrich Conrad Burmeister;
2) des hiesigen Commissionairs Charles Adler,

über deren Habe und Güter, so wie auf Anhalten der betreffenden Gläubiger über die Habe und Güter:

3) des hiesigen Bürgers und Commissionairs Andreas Friedrich Julow;
4) des hiesigen Bürgers und Schenkwirths Simon Kahlcke;
5) des hiesigen Commissionairs Barthold Fritsche & Co.,

der Concurs der Gläubiger erkannt worden: so werden von Gerichtswegen Alle und Jede, welche an obgenannte Personen aus irgend einem rechtlichen Grunde Ansprüche oder Forderungen zu haben vermeinen, hiedurch, bei Strafe der Ausschließung, aufgefordert und befehligt, solche binnen 12 Wochen, nach der letzten Bekanntmachung dieses Proclams, im hiesigen ersten Stadtsecretariate und spätestens am

24. Juli d. J.,

als dem peremtorischen Angabetermine, im Obergericht hieselbst anzumelden, wobei die die Ansprüche begründenden Documente in Urschrift vorzuzeigen und in Abschrift zurückzulassen sind, Auswärtige auch wegen gehöriger Procuraturbestellung das Nöthige wahrzunehmen haben.

Wornach Beikommende sich zu achten!

Altona, im Obergericht, den 10. April 1862.

Ex Decreto Senatus.

№ 8.

Erste Bekanntmachung.

Da auf geschehene Insolvenz-Erklärung

1) des hiesigen Bürgers und Kleiderhändlers Lazarus Levy;
2) des hiesigen Bürgers und Mehlhändlers Heinrich Matthias Kloppenburg;
3) des hiesigen Bürgers und Klempnermeisters Adolph Georg Christoph Dietz;
4) des hiesigen Bürgers und Kleiderhändlers Levy Abraham Popert;
5) des hiesigen Bürgers und Seilermeisters Johann Friedrich Wilhelm Stein;

über die Habe und Güter derselben der Concurs der Gläubiger erkannt worden: so werden von Gerichtswegen Alle und Jede, welche an obgenannte Personen aus irgend einem rechtlichen Grunde Ansprüche oder Forderungen zu haben vermeinen, hiedurch, bei Strafe der Ausschließung, aufgefordert und befehligt, solche binnen 12 Wochen, nach der letzten Bekanntmachung dieses Proclams, im hiesigen ersten Stadtsecretariate und spätestens am

24. Juli d. J.,

als dem peremtorischen Angabetermine, im Obergerichte hieselbst anzumelden, wobei die die Ansprüche begründenden Documente in Urschrift vorzuzeigen und in Abschrift zurückzulassen sind, Auswärtige auch wegen gehöriger Procuraturbestellung das Nöthige wahrzunehmen haben.

Wornach Beikommende sich zu achten.

Altona, im Obergerichte, den 10. April 1862.

Ex Decreto Senatus.

№ 9.

Erste Bekanntmachung.

Da auf geschehene Insolvenz-Erklärung

1) des hiesigen Bürgers und Schenkwirths Friedr. Heuer;
2) des hiesigen Bürgers und Manufacturwaarenhändlers Marcus Salomon Engers, in Firma M. Engers;
3) des hiesigen Bürgers, Buch- und Steindruckers Hinrich Poppe;
4) der Wittwe Mathilde J. Lazarus, geb. Bieber;
5) des hiesigen Bürgers und Detaillisten Charles Walter,

über die Habe und Güter derselben der Concurs der Gläubiger erkannt worden: so werden von Gerichtswegen Alle und Jede, welche an obgenannte Personen aus irgend einem rechtlichen Grunde Ansprüche oder Forderungen zu haben vermeinen, hiedurch, bei Strafe der Ausschließung, aufgefordert und befehligt, solche binnen 12 Wochen, nach der letzten Bekanntmachung dieses Proclams, im hiesigen ersten Stadtsecretariate und spätestens am

24. Juli d. J.,

als dem peremtorischen Angabe-Termine, im Obergerichte hieselbst anzumelden, wobei die die Ansprüche begründenden Documente in Urschrift vorzuzeigen und in Abschrift zurückzulassen sind, Auswärtige auch wegen gehöriger Procuratur-Bestellung das Nöthige wahrzunehmen haben.

Wornach Beikommende sich zu achten.

Altona, im Obergerichte, den 10. April 1862.

Ex Decreto Senatus.

№ 10.

Dritte und letzte Bekanntmachung.

Von Gerichtswegen

wird auf Anhalten des Eingesessenen Hinrich Freitag in Tellingstedt, als zufolge Erb-Ueberlassungscontracts vom 21. April 1836 rechtmäßigen Besitzers der gesammten Verlassenschaft seines Vaters, des wail. Eingesessenen Harm Freitag daselbst, Allen und Jeden, welche an eine unterm 14. August 1763 von Peter Reyer in Tellingstedt an Peter Agge in Hahmdorff für ein Darlehn von 600 ℔ damal. S. H. Cour. ausgestellte, unterm 21. December 1809 von Harm Freitag in Tellingstedt, als Nachfolger im Besitze der für solches Darlehn von gedachtem Peter Reyer mitverpfändeten Immobilien zur Uebernahme der Darlehnsschuld agnoscirte und am 22. December 1809 auf des vorerwähnten Harm Freitag Folium im Norderdithmarscher Schuld- und Pfandprotocoll protocollirte, scheinbar verloren gegangene Obligation Ansprüche und Forderungen zu haben vermeinen, nach desfalls erlangter Auctorisation von Seiten des Königl. Holsteinischen Obergerichts vom 1. d. M. hiemittelst aufgegeben, solche ihre Forderungen und Ansprüche innerhalb 12 Wochen, von der letzten Bekanntmachung dieses Proclams angerechnet, Auswärtige unter gehöriger Procuraturbestellung, in der Tellingstedter Kirchspielschreiberei anzugeben und verzeichnen zu lassen, die etwa dieselben begründenden Documente dort zu produciren und Abschriften von denselben zurückzulassen, im Widrigen aber zu gewärtigen, daß auf ferneren Antrag des Proclamsextrahenten die Obligation qu. für mortificirt werde erklärt und das betreffende Protocollat auf dem Folium des wail. Harm Freitag im Norderdithmarscher Schuld- und Pfandprotocoll werde delirt werden.

Königl. Norderdithmarsische Landvogtei zu Heide, den 4. März 1862.

Hansen.

In fidem: Scholtz.

№ 11.

Dritte und letzte Bekanntmachung.

Alle und Jede, welche an den Nachlaß des am 29. Januar d. J. in Treuholz verstorbenen Alten-theilers Johann Mathias Hinrich Voß Forderungen und Ansprüche zu haben vermeinen, werden durch dieses zugleich als eventuelles Concursproclam dienende Proclam aufgefordert und befehligt, solche, bei Vermeidung der Präclusion, innerhalb 6 Wochen auf der Königl. Amtstube zu Rethwisch rechtsbehörigermaaßen anzumelden.

Königl. Rethwischer Amthaus zu Traventhal, den 18. März 1862.

G. Grothusen.

In fidem: E. v. Colditz.

№ 12.

Dritte und letzte Bekanntmachung.

Auf Anhalten Beikommender und in Folge Autorisation des Königl. Holsteinischen Obergerichts werden Alle und Jede, welche an nachstehende verlorene Extracte aus dem Reinbecker Schuld- und Pfandprotocolle, nämlich:

1) den Extract vom 27. November 1850 über ein für den jetzt verstorbenen Hamburger Bürger Johann Heinrich Christian Möller auf dem Folium der Stelle des Käthners Ernst Friedrich Andreas Harders zu Sande protocollirtes Capital von 320 ℳ zu 4 pCt. Zinsen;
2) den Extract vom 4. März 1842 über ein für die unmündigen Kinder des wailand Anbauers Hans Jacob Eggers zu Stemwarde auf dem Folium der Käthnerstelle des wail. Hans Mathias Petersen zu Braak, jetzt Claus Wagener gehörend, protocollirtes Capital von 80 ℳ, welches nach Abbezahlung und Delirung von 21 ℳ 32 β noch 58 ℳ 64 β validirt,

Ansprüche geltend machen wollen, von Gerichtswegen aufgefordert, diese ihre Ansprüche innerhalb 12 Wochen, vom Tage der letzten Bekanntmachung dieses Proclams angerechnet, auf der Königl. Amtstube zu Reinbeck anzumelden, widrigenfalls sie derselben für verlustig und die vorbezeichneten Documente für mortificirt erklärt werden, so wie das sub 1 bezeichnete Protocollat delirt, der sub 2 bezeichnete Extract aber durch eine in vigorem originalis aus dem Nebenbuche zu ertheilende fidemirte Abschrift ersetzt werden wird.

Königliches Gericht für das Amt Reinbeck.
Trittau, den 19. März 1862.

G. v. Linstow.

№ 13.

Dritte und letzte Bekanntmachung.

Extr. des Procl. des 12ten Stücks № 4.

Nach Maaßgabe Autorisation des Königl. Holsteinischen Obergerichts sind Ansprüche an die von dem wail. Hufner Hinr. Blunck unterm 8. Novbr. 1834 beschaffte, auf dem Folio der jetzt dem Christian Heinrich Burmeister zuständigen, zu Bimöhlen belegenen Hufe im Schuld- und Pfandprotocoll protocollirte und verloren gegangene Aussageacte, wodurch der genannte Blunck seinen Kindern erster Ehe, als: Claus, Anna Gesche, Catharina und Friedrich, jedem ein Capital von 106 ℳ 64 β und eine Aussteuer ausgesetzt, innerhalb 12 Wochen, vom Tage der letzten Bekanntmachung dieses Proclams, im Segeberger Königl. Actuariate rechtsgehörig zu melden, unter der Verwarnung, daß im Widrigen jene Acte für mortificirt erklärt und die Delirung derselben im Schuld- und Pfandprotocolle werde verfügt werden.

Segeberger Amtsgericht, den 14. März 1862.

Pr. et Ass. jud.

In fidem: H. F. Jacobsen.

Beilage
zum 16. Stück der Holsteinischen Anzeigen.

Montag den 21. April 1862.

Bekanntmachung des Königl. Finanzministeriums,
betreffend
die Einberufung gewisser Staatsobligationen zur Umtauschung.

Kraft der dem Finanzministerium durch das Gesetz vom 31. März 1858, betreffend die Einberufung und Umtauschung älterer zur gemeinschaftlichen inländischen Staatsschuld der Monarchie gehöriger Staatsobligationen u. a. m., ertheilten Ermächtigung werden hierdurch

die von der Direction der Königlichen Deposito-Casse in den Jahren 1804 bis 1812 ausgestellten, mit 4 pCt. verzinsten Obligationen

zur Einsendung an das Finanzministerium vor dem 15. Juli 1862 einberufen, um gegen neue beständig auf Inhaber lautende Obligationen mit Coupons umgetauscht oder, insofern es verlangt werden sollte, in die zufolge Bekanntmachung des Finanzministeriums vom 20. September 1859 eingerichteten Einschreibebücher aufgenommen zu werden.

Die Verzinsung der einberufenen Obligationen hört vom 11. Juni 1862 an auf.

Hinsichtlich des Verfahrens, welches beim Umtausche der Obligationen zu befolgen ist, wird auf die Bekanntmachung des Finanzministeriums vom 22. September 1859 verwiesen.

Nicht einberufene Obligationen können durch die öffentlichen Cassen außerhalb Kopenhagens zur Umtauschung gegen Coupons-Obligationen eingesandt werden, doch nur wenn solches in Verbindung mit einer oder mehreren einberufenen Obligationen geschieht. Diejenigen Obligationen, deren Zinsentermine durch die Bekanntmachung des Finanzministeriums vom 17. April 1861 verändert worden, können auch zur Umtauschung, wie oben angeführt, eingesandt werden, ohne daß einberufene Obligationen mitzufolgen brauchen.

Zur Einschreibung können sämmtliche unaufkündbare 4 pCt. oder geringere Zinsen tragende Staatsobligationen durch die Cassen eingesandt werden.

Kopenhagen, den 19. März 1862.

Fenger.

J. A. Hasselberg.

Bekanntmachungen.

№ 1.

Vor dem beikommenden, unterzeichneten Gemeindesecretair und dem hiezu beigezogenen Gemeindebeamten ist am 10. d. Mts. mittelst desfällig errichteten Ehevertrages zwischen dem hiesigen Färber Herrn Nathan, genannt William Gans, und seiner ihm seit dem 27. November v. J. angetrauten Ehefrau Therese Gans, geb. Halberstadt, die eheliche Gütergemeinschaft **in forma probante** ausgeschlossen worden; was hiemittelst, zur behufigen Nachachtung Dritter, öffentlich bekannt gemacht wird.

Altona, im Gemeindesecretariate, den 11. April 1862.

Louis Falk, Gemeindesecretair.

№ 2.

Daß dem gemüthskranken ehemaligen Schullehrer Friedrich Ferdinand Busch, vormals in Hardebeck, jetzt in Brachenfeld, ein Curator der Person und des Vermögens in dem Particulier W. Wilckens in Neumünster gerichtlich bestellt worden, wird mit dem Hinzufügen hiedurch zur öffentlichen Kunde gebracht, daß der Curande nur mit Zustimmung seines Curators rechtsverbindliche Geschäfte einzugehen im Stande ist.

Segeberger Consistorium, den 12. April 1862.

Pr., Pr. et Ass. Consist.

In fidem: H. F. Jacobsen.

№ 3.

Da Elsabe Carstens, eheliche Tochter des weiland Christian Carstens in Heist, für ihre Person und Güter unter Curatel des Eingesessenen Engel Marckmann in Heist gestellt worden ist, so wird dieses hierdurch bekannt gemacht, unter der Verwarnung, daß nur die mit dem Curator für dieselbe geschlossenen Geschäfte für rechtsgültig werden angesehen werden.

Uetersen, den 1. April 1862.

Klösterliche Obrigkeit.

König Christian VIII. Ostseebahn.

Nachdem der Ausschuß gemäß § 61 o. p. des Statuts den Rechnungsabschluß des Jahres 1861 revidirt und richtig befunden hat, werden die Bücher und Belege gemäß § 64 q. vom 12. April bis zum 24. Mai d. J. incl. jeden Wochentag des Morgens von 9 bis 12 Uhr im Büreau der Gesellschaft im Bahnhofsgebäude in Altona zur Einsicht der Herren Actionaire ausgelegt sein. — Zur Legitimation genügt die Vorzeigung einer Actie, mit Hinterlassung der schriftlichen Versicherung des Vorzeigenden, daß dieselbe ihm eigenthümlich gehöre.

Altona, den 10. April 1862.

Der Ausschuß.
Theod. Reincke, Vorsitzender.

Bekanntmachung.

Am gestrigen Tage ist aus einer Kathenwohnung in Grebien, hiesigen Guts, eine silberne Taschenuhr, welche an der Wand gehangen, entwendet worden. Die Uhr ist eingehäusig, hat inwendig eine messingene Kapsel, worin das Schlüsselloch, ein weißes Zifferblatt mit schwarzen römischen Zahlen, ein geschliffenes Glas und auf dem Stengel, in welchem der Ring sitzt, die Zahl 5, sonst aber keine besondere Merkmale. Auf dem Zifferblatt und auf der inneren Kapsel finden sich die Worte „Lepini (oder ein ähnlicher Name) Paris". An der Uhr war eine gelbe messingene Kette mit Haken befestigt. Gleichzeitig sind in derselben Wohnung zwei Rasirmesser gewöhnlicher Art mit schwarzen Einschlagheften abhanden gekommen, vermuthlich also auch gestohlen, von denen die Klinge des einen zum Theil im Zickzack geflammt war. An alle Behörden ergehet das dienstergebene Ersuchen, auf die vorbeschriebenen Sachen vigiliren lassen, vorkommenden Falles deren verdächtigen Inhaber anhalten und behuf weiterer Verfügung eine gefällige Anzeige hieselbst machen zu wollen.

Lütjenburg, in der Gerichtshalterschaft des adeligen Guts Schönweide, den 31. März 1862.

Lorentzen.

Edictal-Citation.

Auf geziemende Vorstellung und Bitte der Ehefrau Anna Wriedt, geb. Voß, zu Kirch-Barkau **cum cur.**, Klägerin und Implorantin, **pro edictali citatione** ihres heimlich von ihr fortgegangenen Ehemannes, des Insten Hans Wriedt aus Kirch-Barkau, wird benannter Hans Wriedt ein für alle Mal, mithin peremtorisch von Gerichtswegen hierdurch geladen und befehligt, vor dem am ersten Mittwoch im Monat November d. J., als dem 5. November, auf dem Rathhause der Stadt Kiel abzuhaltenden Landconsistorialgericht persönlich zu erscheinen, um zu vernehmen, was seine Ehefrau alsdann wegen böslicher Verlassung und daher zu trennender Ehe wider ihn vortragen wird, darauf zu antworten und nach verhandelter Sache Spruch Rechtens zu gewärtigen, unter der ausdrücklichen Verwarnung, daß auch im Falle seines Ausbleibens auf der Klägerin und Implorantin ferneres Anhalten werde erkannt werden, was den Rechten gemäß.

Königl. Kieler Landconsistorium, den 15. April 1862.

Director, Probst und Assessoren.
In fidem: C. Rahtler.

Proclamata.

№ 1.

Erste Bekanntmachung.

Die wailand Majorin v. Schmidt, geb. Gräfin v. Ahlefeldt-Laurwig, hat unterm 2. April 1822 zu Rendsburg eine testamentarische Disposition errichtet, in welcher die Jungfer Margaretha Catharina Schmidt im ersten § zu ihrer Universalerbin eingesetzt, im folgenden § jedoch über ein Capital von 10,000 ℛ Dän. Crt. dahin verfügt worden ist, daß die gedachte Jungfer Marg. Schmidt nur, so lange sie lebe, jährlich die Zinsen desselben genießen, das ganze Capital dagegen nach ihrem Tode den Geschwistern der Erblasserin oder deren sonstigen gesetzlichen Erben zufallen solle. Da nunmehr auch obgedachte Jungfer Marg. Schmidt in Rendsburg mit Tode abgegangen und daher die Vorschriften des § 2 der erwähnten testamentarischen Disposition, welche wörtlich folgendermaaßen lauten:

> „Ebenfalls verordne ich hiedurch **cum Do. cur.**,
> „daß meine mehrgedachte Jungfer Margaretha
> „Catharina Schmidt, um derselben so viel mög-
> „lich ein sorgenfreies Alter zu sichern, diejenigen
> „Zinsengelder, welche ich von dem in dem väter-
> „lichen Testamente d. d. Tranekier Schloß den
> „17. Mai 1791 mir ausgesetzten Capital von
> „10,000 ℛ Dänisch. Courant oder deren Wäh-
> „rung nach jetziger verordnungsmäßiger Berech-
> „nungsweise jährlich beziehe, auch nach meinem
> „Tode, so lange sie lebt, jährlich genießen soll,
> „wohingegen das mir ausgesetzte Capital selbst
> „nach dem Tode meiner oftverwähnten Jungfer
> „Margaretha Catharina Schmidt meinen Ge-
> „schwistern oder sonstigen gesetzlichen Erben zu-
> „fallen soll",

jetzt zur Anwendung kommen, so ist die Erlassung eines öffentlichen Proclams an Beikommende für erforderlich erachtet worden.

Demnach werden von Obergerichtswegen Alle und Jede, welche nach Maaßgabe und in Anleitung des vorerwähnten § 2 des Testaments der wailand Majorin v. Schmidt, geb. Gräfin v. Ahlefeldt-Laurwig, nunmehr Erbansprüche an den in einem Capitalvermögen von 10,000 ℛ Dän. Crt. bestehenden Nachlaß zu haben vermeinen, hiemittelst, sub pœna praeclusi et perpetui silentii, aufgefordert und befehligt, sich innerhalb 12 Wochen, vom Tage der letzten Bekanntmachung dieses Proclams angerechnet, bei dem Kanzlei- und Obergerichtssecretair v. Prangen hieselbst zu melden, ihre etwanigen Legitimationsdocumente in Ur- und Abschrift zu produciren und, falls sie Auswärtige sind, Actenprocuratoren zu bestellen.

Wornach sich zu achten!

Urkundlich unterm vorgedruckten größeren Gerichts-Insiegel. Gegeben im Königl. Holsteinischen Obergericht zu Glückstadt, den 26. März 1862.

(L. S.) *v. Schirach. Henrici.*

v. Prangen.

№ 2.

Erste Bekanntmachung.

Von Gerichtswegen

werden auf Antrag des Andreas Stammer in Heide, als Güterpflegers, die Creditoren des Kaufmanns Friedrich Emil Dehn in Heide, jedoch mit gesetzlicher Ausnahme der protocollirten, hiemittelst geladen, alle ihre an den gedachten Bonitcedenten habende Forderungen und Ansprüche innerhalb 12 Wochen, vom Tage der letzten Bekanntmachung dieses Proclams (und zwar Auswärtige nach vorher bestellter Actenprocuratur), in der Kirchspielschreiberei zu Heide gehörig anzugeben und verzeichnen zu lassen, im Widrigen aber zu gewärtigen, wie sie von dieser Concursmasse werden präcludirt werden.

Wornach sich zu achten.

Königl. Norderdithmarsische Landvogtei zu Heide, den 2. April 1862.

Hansen.

In fidem: Scholtz.

Pro copia: Wiencke.

№ 3.

Erste Bekanntmachung.

Wenn die Wittwe des weiland hiesigen Bürgers und Zimmermeisters Johann Martin Friedrich Wittig, Dorothea Christine Wittig, geb. Schmackels, unlängst hieselbst verstorben und deren Nachlaß mit Rücksicht auf die Concurrenz eines unmündigen Sohnes zu demselben in gerichtliche Behandlung genommen worden ist, so werden Alle und Jede, welche an den Nachlaß der gedachten Eheleute Wittig aus was immer für einem Grunde Forderungen und Ansprüche oder an die zu diesem Nachlasse gehörige in hiesiger Altstadt bei der Schleifmühle sub № 6 belegene Wohnbude nichtprotocollirte dingliche Rechte zu haben vermeinen oder etwa Pfänder von einem der verstorbenen Eheleute Wittig besitzen möchten, hiedurch aufgefordert und angewiesen, solche ihre Rechte, Forderungen und Ansprüche, bei Vermeidung gänzlichen Ausschlusses, wie auch die Pfandstücke, bei Verlust der Pfandrechte, binnen 12 Wochen, von der letzten Bekanntmachung dieses Proclams, Auswärtige unter Procuraturbestellung, im städtischen Actuariat hieselbst gehörig anzumelden.

Rendsburg, den 16. April 1862.

(L. S. C.) Der Magistrat.

№ 4.

Erste Bekanntmachung.

Alle und Jede, mit Ausnahme der protocollirten Creditoren, welche Forderungen und Ansprüche zu haben vermeinen:

1) an den Bäcker Hans Hinrich August Schröder in Ahrensböck auf Grund etwaniger Pfand- oder sonstiger dinglicher Rechte an den ihm laut Kaufcontracts vom 28. Februar 1854 zuständigen Ahrensböcker Altfleckens- und Vorwerksländereien;
2) an den Viertelhufner Johann Hinrich Steen in Havekost auf Grund etwaniger Pfand- oder sonstiger dinglicher Rechte an den ihm laut Kaufcontracts vom 31. August 1846 zugehörenden Theil vom Gehege Scharfen Köhlen;
3) an den Nachlaß des weil. Majors a. D. von Krabbe, R. v. D., in Ahrensböck, insonderheit rücksichtlich des zu demselben gehörenden Grundbesitzes im Vorwerk Ahrensböck;
4) an den Nachlaß des weiland Parzelisten Peter Hinrich Weede im Vorwerk Süsel, und
5) an den Nachlaß des weiland Haushalters Hans Jochim Stender in Bohl, Amts Plön,

haben diese ihre Ansprüche innerhalb 12 Wochen, a dato der letzten Bekanntmachung dieses Proclams, bei Strafe der Präclusion, beim Königl. Plön-Ahrensböcker Actuariate zu Plön anzumelden. Auswärtige haben Actenprocuratur zu bestellen.

Königl. Amthaus zu Plön, den 12. April 1862.

Abs. Dom. Pr.: *Friederici.*

In fidem: Friederici.

№ 5.

Erste Bekanntmachung.

Wenn der hiesige Bürger und Hausbesitzer Ernst Barfknecht sein in der hiesigen Altstadt sub № 127 belegenes Haus c. p. so wie sein auf dem Hohenberg bei Plön belegenes mit № 43 auf der Charte bezeichnetes Stück Kaufland, groß $6^1/_{16}$ Scheffel Hamburger Maaß, verkauft und, um die Käufer gegen etwanige unbekannte dingliche Ansprüche an den verkauften Grundstücken sicher zu stellen, um die Erlassung eines landüblichen Realproclams gebeten hat, so werden in Deferirung dieser Bitte Alle und Jede, mit alleiniger Ausnahme der protocollirten Gläubiger, welche an die obgedachten Grundstücke dingliche Ansprüche zu haben vermeinen, hiemittelst aufgefordert, solche, bei Strafe des Verlustes derselben, innerhalb 12 Wochen, vom Tage der letzten Bekanntmachung dieses Proclams angerechnet, im hiesigen Stadtsecretariat anzumelden, etwanige ihre Ansprüche begründenden Documente, unter Zurücklassung beglaubigter Abschriften, im Original vorzuzeigen, auch, sofern sie Auswärtige sind, Procuratoren zu den Acten zu bestellen.

Decretum Plön, **in Curia**, den 15. April 1862.

Bürgermeister und Rath.

M. Fahlberg, consl.

№ 6.

Erste Bekanntmachung.

Wenn zu den Miterben des in Lohe verstorbenen Hinrich Saß auch der zur See abwesende Johann Saß, ehelicher Sohn der wail. Eheleute Jochim Saß und Gesche Saß, geb. Kelting, gehört und über dessen Aufenthalt nichts hat in Erfahrung gebracht werden können: so wird derselbe nach gesetzlicher Vorschrift aufgefordert, sich innerhalb 12 Wochen, **a publ. ult.**, auf dem hiesigen Syndicate zu melden, widrigenfalls mit seinem Erbtheil nach Vorschrift der Gesetze auf seine Kosten wird verfahren werden.

Gegeben Uetersen, den 12. April 1862.

Klösterliche Obrigkeit.

№ 7.

Zweite Bekanntmachung.

Da auf geschehene Insolvenz-Erklärung

1) des hiesigen Bürgers und Schuhmachermeisters Jacob Casper Dieckmann,
2) des hiesigen Bürgers und Küpermeisters Johann Carl Nicolaus Eckermann und dessen Ehefrau Anna Catharina Margaretha Eckermann, verwittwet gewesenen Brumm, geb. Mohr,
3) des hiesigen Bürgers und Zimmermeisters Johann Simon Averhoff

der Concurs der Gläubiger erkannt worden, so werden von Gerichtswegen Alle und Jede, mit alleiniger Ausnahme der protocollirten Gläubiger, welche an obgenannte Personen aus irgend einem rechtlichen Grunde Ansprüche und Forderungen zu haben vermeinen oder Pfandstücke oder Sachen von ihnen besitzen sollten, bei Strafe der Ausschließung und resp. des Verlustes ihres Pfandrechts, hiedurch aufgefordert und angewiesen, solche binnen 12 Wochen, nach der letzten Bekanntmachung dieses Proclams, Auswärtige unter Procuratur-Bestellung, in dem hiesigen Stadtsecretariate anzumelden, auch die ihre Ansprüche begründenden Documente im Original zu produciren.

Gleichzeitig werden, da dem seit vielen Jahren abwesenden und verschollenen Advocaten Wilhelm von Prangen nach seiner kürzlich hieselbst verstorbenen Mutter, der wail. Wittwe Engel Catharina von Prangen, geb. Boie, ein Erbtheil zugefallen, dieser Abwesende, eventuell dessen unbekannte Erben, in Gemäßheit der Verordnung vom 9. November 1798 unter der Androhung, daß widrigenfalls nach Vorschrift dieser Verordnung mit diesem Erbtheil werde verfahren werden, sowie auch die etwanigen Gläubiger der genannten Verstorbenen, letztere bei Strafe des Verlustes ihrer Ansprüche, hiedurch aufgefordert, binnen der gedachten Frist von 12 Wochen in dem hiesigen Stadtsecretariat sich zu melden, sich resp. zu legitimiren und wegen Procuratur-Bestellung und Producirung ihrer Documente das Erforderliche wahrzunehmen.

Signatum Glückstadt, den 7. April 1862.

(L. S. C.) Präsident, Bürgermeister und Rath.

№ 8.

Zweite Bekanntmachung.

Da auf geschehene Insolvenz-Erklärung

1) des hiesigen Bürgers und Commissionairs August Friedrich Conrad Burmeister;
2) des hiesigen Commissionairs Charles Adler,

über deren Habe und Güter, so wie auf Anhalten der betreffenden Gläubiger über die Habe und Güter:

3) des hiesigen Bürgers und Commissionairs Andreas Friedrich Julow;
4) des hiesigen Bürgers und Schenkwirths Simon Kahlcke;
5) des hiesigen Commissionairs Barthold Fritsche & Co.,

der Concurs der Gläubiger erkannt worden: so werden von Gerichtswegen Alle und Jede, welche an obgenannte Personen aus irgend einem rechtlichen Grunde Ansprüche oder Forderungen zu haben vermeinen, hiedurch, bei Strafe der Ausschließung, aufgefordert und befehligt, solche binnen 12 Wochen, nach der letzten Bekanntmachung dieses Proclams, im hiesigen ersten Stadtsecretariate und spätestens am

24. Juli d. J.,

als dem peremtorischen Angabetermine, im Obergericht hieselbst anzumelden, wobei die die Ansprüche begründenden Documente in Urschrift vorzuzeigen und in Abschrift zurückzulassen sind, Auswärtige auch wegen gehöriger Procuraturbestellung das Nöthige wahrzunehmen haben.

Wornach Beikommende sich zu achten!

Altona, im Obergericht, den 10. April 1862.

Ex Decreto Senatus.

№ 9.

Zweite Bekanntmachung.

Da auf geschehene Insolvenz-Erklärung
1) des hiesigen Bürgers und Kleiderhändlers Lazarus Levy;
2) des hiesigen Bürgers und Mehlhändlers Heinrich Mathias Kloppenburg;
3) des hiesigen Bürgers und Klempnermeisters Adolph Georg Christoph Dietz;
4) des hiesigen Bürgers und Kleiderhändlers Levy Abraham Poperl;
5) des hiesigen Bürgers und Seilermeisters Johann Friedrich Wilhelm Stein;

über die Habe und Güter derselben der Concurs der Gläubiger erkannt worden: so werden von Gerichtswegen Alle und Jede, welche an obgenannte Personen aus irgend einem rechtlichen Grunde Ansprüche oder Forderungen zu haben vermeinen, hiedurch, bei Strafe der Ausschließung, aufgefordert und befehligt, solche binnen 12 Wochen, nach der letzten Bekanntmachung dieses Proclams, im hiesigen ersten Stadtsecretariate und spätestens am

24. Juli d. J.,

als dem peremtorischen Angabetermine, im Obergerichte hieselbst anzumelden, wobei die die Ansprüche begründenden Documente in Urschrift vorzuzeigen und in Abschrift zurückzulassen sind, Auswärtige auch wegen gehöriger Procuraturbestellung das Nöthige wahrzunehmen haben.

Wornach Beikommende sich zu achten.

Altona, im Obergerichte, den 10. April 1862.

Ex Decreto Senatus.

№ 10.

Zweite Bekanntmachung.

Da auf geschehene Insolvenz-Erklärung
1) des hiesigen Bürgers und Schenkwirths Friedr. Heuer;
2) des hiesigen Bürgers und Manufacturwaarenhändlers Marcus Salomon Engers, in Firma M. Engers;
3) des hiesigen Bürgers, Buch- und Steindruckers Hinrich Poppe;
4) der Wittwe Mathilde J. Lazarus, geb. Bieber;
5) des hiesigen Bürgers und Detaillisten Charles Walter,

über die Habe und Güter derselben der Concurs der Gläubiger erkannt worden: so werden von Gerichtswegen Alle und Jede, welche an obgenannte Personen aus irgend einem rechtlichen Grunde Ansprüche oder Forderungen zu haben vermeinen, hiedurch, bei Strafe der Ausschließung, aufgefordert und befehligt, solche binnen 12 Wochen, nach der letzten Bekanntmachung dieses Proclams, im hiesigen ersten Stadtsecretariate und spätestens am

24. Juli d. J.,

als dem peremtorischen Angabe-Termine, im Obergerichte hieselbst anzumelden, wobei die die Ansprüche begründenden Documente in Urschrift vorzuzeigen und in Abschrift zurückzulassen sind, Auswärtige auch wegen gehöriger Procuratur-Bestellung das Nöthige wahrzunehmen haben.

Wornach Beikommende sich zu achten.

Altona, im Obergerichte, den 10. April 1862.

Ex Decreto Senatus.

№ 11.

Zweite Bekanntmachung.

Extr. des Procl. des 14ten Stücks № 1.

Nichtprotocollirte Forderungen und Ansprüche an den von den Erben nur sub beneficio legis et inventarii angetretenen Nachlaß der weiland Eheleute Christian Haack und Margaretha, geb. Schunck, im Ammerswurther Sandberge, so wie Pfandstücke aus diesem Nachlasse, sind, bei Strafe resp. des Ausschlusses von dieser Masse und des eventuellen Verlustes der Rechte, innerhalb 12 Wochen, vom Tage der letzten Bekanntmachung dieses eventuell auch als Concursproclam erlassenen Proclams, in der Königl. Kirchspielschreiberei zu Meldorf gehörig anzugeben.

V. G. W.

Meldorf, den 1. April 1862.

Zur Beglaubigung: **Fabricius.**

№ 12.

Zweite Bekanntmachung.

Extr. des Procl. des 14ten Stücks № 2.

Nichtprotocollirte Forderungen und Ansprüche an den Nachlaß des weil. Eingesessenen und Gastwirths Hans Hinrich Thode in Schenefeldt sind, bei Strafe der Ausschließung, innerhalb 12 Wochen, vom Tage der letzten Bekanntmachung dieses Proclams, event. unter Procuraturbestellung, beim Rendsburger Amtsactuariat anzumelden.

Rendsburger Amthaus, den 2. April 1862.

E. v. Harbou.

Brenning.

Zur Beglaubigung: **Brenning.**

№ 13.

Zweite Bekanntmachung.

Extr. des Procl. des 14ten Stücks № 3.

Forderungen und Ansprüche an den verstorbenen Hufenpächter Hans Friederich Schreef zum Qualser

Felde, im Gute Gaarz, sind, bei Strafe ihres Verlustes, binnen 6 Wochen, von der letzten Bekanntmachung dieses an, hieselbst gehörig zu melden.
Justitiariat des adel. Guts Gaarz zu Oldenburg, den 28. März 1862.

Petersen.

№ 14.

Zweite Bekanntmachung.

Extr. des Procl. des 14ten Stücks № 4.

Erb- und sonstige Ansprüche an die Verlassenschaft des wailand Schullehrers Georg Christoph Wilhelm Pasche und seiner gleichfalls verstorbenen Ehefrau Caroline Marie Elisabeth, geb. Wüstenberg, zu Wankendorf, im adel. Gute Depenau, sind innerhalb 12 Wochen, vom Tage der letzten Bekanntmachung dieses Proclams, bei Strafe des Ausschlusses, im Segeberger Actuariat des Consistorii rechtsgehörig zu melden.
Segeberger Consistorium, den 29. März 1862.

Pr., Pr. et Ass. Consist.
In fidem: H. F. Jacobsen.

№ 15.

Zweite Bekanntmachung.

Extr. des Procl. des 15ten Stücks № 1.

Nichtprotocollirte Forderungen und Ansprüche an den Nachlaß des wail. Hofbesitzers Herrmann Boje Thiessen in Norderbarlt, so wie Pfandstücke aus diesem Nachlasse sind, bei Strafe der Ausschließung und des Verlustes, innerhalb 12 Wochen, vom Tage der letzten Bekanntmachung dieses Proclams angerechnet, in der Königl. Kirchspielschreiberei zu Barlt gehörig anzugeben. V. G. W.
Meldorf, den 8. April 1862.

Zur Beglaubigung: **Fabricius.**

№ 16.

Zweite Bekanntmachung.

Extr. des Procl. des 15ten Stücks № 2.

Forderungen und Ansprüche an den Nachlaß des wail. hiesigen Bürgers, Glasers und Malers Johann Peter Hoffmann sind, bei Strafe der Ausschließung, binnen 12 Wochen, von der letzten Bekanntmachung dieses Proclams angerechnet, hieselbst ordnungsmäßig anzugeben.
Decretum Heiligenhafen, in curia, den 8. April 1862.

Der Magistrat.
Helmcke.

№ 17.

Zweite Bekanntmachung.

Extr. des Procl. des 15ten Stücks № 3.

Alle Forderungen und Ansprüche an den Nachlaß des wailand hiesigen Kaufmanns und Senators A. Jansen sind, bei Vermeidung der Ausschließung und des ewigen Stillschweigens, binnen 12 Wochen, nach der letzten Bekanntmachung dieses Proclams, rechtsbehörigermaaßen im hiesigen Syndicate anzumelden.
Decretum Neustadt, den 28. März 1862.

(L. S.) Bürgermeister und Rath.
L. Kohlmann.

№ 18.

Zweite Bekanntmachung.

Extr. des Procl. des 15ten Stücks № 4.

Alle und Jede, welche an die Concursmasse des Claus Gehlsen zu Dersdorf nichtprotocollirte Ansprüche und Forderungen, mit Einschluß etwaiger Eigenthumsansprüche auf einzelne Theile der Concursmasse, zu haben vermeinen, oder Pfänder von ihm besitzen, müssen sich damit, bei Strafe der Ausschließung von dieser Masse und des Verlustes ihres Pfandrechts, innerhalb 12 Wochen, von der letzten Bekanntmachung dieses Proclams angerechnet, im hiesigen Justitiariat ordnungsmäßig melden.
Danerau im Justitiariate, den 5. April 1862.

H. Lundius.

№ 19.

Zweite Bekanntmachung.

Extr. des Procl. des 15ten Stücks № 6.

Alle und jede Ansprüche, sei es wegen Erbrechts oder aus irgend einem andern Grunde, an den Nachlaß des wailand Dierk Wientapper in Schulau, insbesondere an die dazu gehörige, in Schulau belegene, im Schuld- und Pfandprotocoll Nr. 3 Fol. 240 aufgeführte Besitzung, allein die protocollirten Forderungen ausgenommen, sind, bei Vermeidung der Präclusion und des ewigen Stillschweigens, innerhalb 12 Wochen, vom Tage der letzten Bekanntmachung dieses Proclams angerechnet, im Actuariate des Gerichts rechtsbehörig anzumelden.
Pinneberger Concurs- und Erbtheilungsgericht, den 10. April 1862.

Wommelsdorff-Friedrichsen. H. A. Tetens.

Mohrdiek.

№ 20.

Dritte und letzte Bekanntmachung.

Wenn der suspendirte Branddirector für die Stormarnschen Aemter, Lieutenant a. D. Johann Heinrich Schramm in Reinbeck, seine Habe und Güter zur concursmäßigen Behandlung übergeben hat und in Folge dessen durch Decret vom heutigen Tage über sein Vermögen, etwanige Einreden der Gläubiger vorbehältlich, Concurs erkannt worden ist:

So werden von Obergerichtswegen Alle und Jede, mit Ausnahme der Inhaber protocollirter Forderungen, welche an das Vermögen des suspendirten Branddirectors für die Stormarnschen Aemter, Lieutenants a. D. Johann Heinrich Schramm in Reinbeck, insbesondere an dessen in Schöningstedt belegene Käthnerstelle, aus irgend einem Grunde Ansprüche und Forderungen zu haben vermeinen, hiedurch, bei Strafe des Ausschlusses von dieser Concursmasse, aufgefordert, sich mit denselben innerhalb 12 Wochen, vom Tage der letzten Bekanntmachung dieses Proclams angerechnet, bei dem Obergerichtssecretair v. Gyldenfeldt hieselbst zu melden, die ihre Forderungen und Ansprüche etwa begründenden Documente in Ur- und Abschrift zu produciren und, falls sie Auswärtige sind, Actenprocuratoren zu bestellen.

Wornach sich zu achten.

Urkundlich unterm vorgedruckten größern Gerichtsinsiegel. Gegeben im Königl. Holsteinischen Obergerichte zu Glückstadt, den 21. März 1862.

(L. S.) *v. Schirach.* *Henrici.*

---

v. Prangen.

№ 21.

Dritte und letzte Bekanntmachung.

Auf desfallsigen Antrag Beikommender werden Alle und Jede, resp. mit alleiniger Ausnahme der protocollirten Gläubiger, welche an nachbenannte verkaufte Grundstücke, als:

1) das Wohnhaus № 309 in Preetz des Carl Bauer zu Rastorffer Passau;
2) den Gartenplatz des Ernst Bendix Schnoor in Elmschenhagen, groß 65 □-Ruthen, und davon zu trennende Hälfte;
3) die Kathe № 20 der geistesschwachen Curandin Magdalena Dorothea Christina Löptien in Postfeldt, für welche ein Folium im Schuld- und Pfandprotocolle errichtet werden soll;
4) das Haus № 49 des Zimmermeisters Johann Friedrich Jonas in Preetz, wovon das Hintergebäude nebst 2 Ställen und einem Stück Gartenlande getrennt werden soll;

so wie

5) an das Haus № 311 des Landmanns Johann Jochim Conrad Rath hieselbst c. pert.,

dingliche Forderungen und Ansprüche zu haben glauben, resp. bei Einrichtung des Folii für die sub 3 gedachte Kathe berücksichtigt werden und gegen die Trennung der sub 2 und 4 genannten Grundstücke Einsprüche erheben wollen, hiedurch aufgefordert und befehligt, sich damit, resp. bei Strafe der Ausschließung, der Nichtberücksichtigung und des Verlustes ihres Einspruchsrechtes, innerhalb 12 Wochen, von der letzten Bekanntmachung dieses Proclams angerechnet, ordnungsmäßig auf hiesiger Klosterschreiberei zu melden und ihre Gerechtsame wahrzunehmen.

Klösterliche Obrigkeit zu Preetz, den 25. März 1862.

C. v. Qualen.

№ 22.

Dritte und letzte Bekanntmachung.

Durch nachstehendes Proclam, welches zugleich als eventuelles Concursproclam anzusehen ist, werden Alle und Jede, welche an den geringen Nachlaß des weil. Altentheilers Hans Christian Bruhn in Reinfeld Forderungen und Ansprüche zu haben vermeinen, von Gerichtswegen hiemittelst aufgefordert, solche, bei Vermeidung des Verlustes derselben, innerhalb 6 Wochen, vom Tage der letzten Bekanntmachung dieses Proclams angerechnet, auf dem Königl. Reinfelder Actuariate anzumelden, Auswärtige unter Bestellung eines Actenprocurators.

Königliches Reinfelder Amthaus zu Traventhal, den 22. März 1862.

Grothusen.

Zur Beglaubigung: **W. Baudissin.**

№ 23.

Dritte und letzte Bekanntmachung.

Extr. des Procl. des 12ten Stücks № 7.

Alle diejenigen, welche Ansprüche und Rechte zu haben vermeinen an nachbenannte verloren gegangene Documente und dem hiesigen Schuld- und Pfandprotocolle inserirte Verpflichtungen, als:

1) an eine auf dem Folio 64 der Mittelgilde unterm 1. December 1823 notirte **eod. dato** angeordnete **cura** des Eingesessenen J. Huckfeldt für den abwesenden Hans Jacob Krogmann aus Heede,
2) einen auf dem Folio 613 der Mittelgilde unterm 4. Januar 1842 zwischen Friedrich August Burghardt Backhaus aus Barmstedt und Marcus Fuchs aus Ehlersberg, Guts Wuchtsfelde, abgeschlossenen, die jetzt dem J. H. Pohlmann in Barmstedt gehörige daselbst belegene $^1/_{16}$ Hufe betreffenden Kaufcontract, aus welchem noch 5000 ℔ v. Cour. undelirt stehen;
3) ein unterm 21. Februar 1822 erlassenes Mortificationsdecret über einen auf dem Folio 23 der Ueberauer-Gilde unterm 15. Februar 1811 zwischen Dittmer Wulff und seiner Tochter Margaretha Jacobs, verehelichten Lohmann, abgeschlossener, die jetzt der Letzteren gehörende, in Bevern belegene $^1/_{24}$ Hufe betreffender Kaufcontract, aus welchem annoch 400 ℔ v. Cour. undelirt stehen;

4) einen auf dem Folio 304 der Ueberauer-Gilde unterm 6. April 1806 (reet. 1807) zwischen Jasper Huckfeldt und Wilhelm Tietjen abgeschlossenen, dir jetzt dem Hinrich Tietjen gehörende in Heede belegene $^1/_4$ Hufe betreffenden Kaufcontract, aus welchem annoch 500 ℔. v. Cour. undelirt stehen,

müssen sich damit binnen 12 Wochen, vom Tage der letzten Bekanntmachung dieses Proclams angerechnet, bei dem unterzeichneten Gerichte rechtsbehörig melden, widrigenfalls sie zu gewärtigen haben, daß die vorbemerkten Documente werden mortificirt und die aus den unter № 1 namhaft gemachten Verpflichtungen, so wie die aus den unter № 2—4 erwähnten Contracten annoch undelirt stehenden Kaufgelder auf Antrag Beikommender im Schuld- und Pfandprotocoll werden delirt werden.

Königl. Administratur zu Ranzau, den 15. März 1862. *W. v. Levetzau*, const.

№ 24.

Dritte und letzte Bekanntmachung.

Extr. des Procl. des 13ten Stücks № 4.

Alle und Jede, mit Ausnahme der protocollirten Gläubiger, welche dingliche oder persönliche Ansprüche an die Concursmasse des hiesigen Tischlermeisters Carl Christian Samuel Bornhöft, namentlich an das Qu. 5 Nr. 45 belegene Wohnhaus cum pert. haben oder Pfänder von dem Cridar besitzen, müssen sich damit, bei Strafe der Ausschließung resp. des Verlustes der Ansprüche und Pfandrechte, innerhalb 12 Wochen, vom Tage der letzten Bekanntmachung dieses Proclams angerechnet, im hiesigen Stadtsecretariat rechtsbehörig melden.

Decretum Segeberg, in curia, den 24. März 1862.

(L. S.) Bürgermeister und Rath.

Beilage
zum 17. Stück der Holsteinischen Anzeigen.

Montag den 28. April 1862.

Bekanntmachungen.

№ 1.

Vor dem beikommenden, unterzeichneten Gemeindesecretair und dem hiezu beigezogenen Gemeindebeamten ist am 10. d. Mts. mittelst dresfällig errichteten Ehevertrages zwischen dem hiesigen Färber Herrn Nathan, genannt William Gans, und seiner ihm seit dem 27. November v. J. angetrauten Ehefrau Therese Gans, geb. Halberstadt, die eheliche Gütergemeinschaft in forma probante ausgeschlossen worden; was hiemittelst, zur behufigen Nachachtung Dritter, öffentlich bekannt gemacht wird.

Altona, im Gemeindesecretariate, den 11. April 1862.

Louis Falk, Gemeindesecretair.

№ 2.

Daß dem gemüthskranken ehemaligen Schullehrer Friedrich Ferdinand Busch, vormals in Hardebeck, jetzt in Brachenfeld, ein Curator der Person und des Vermögens in dem Particulier W. Wickens in Neumünster gerichtlich bestellt worden, wird mit dem Hinzufügen hiedurch zur öffentlichen Kunde gebracht, daß der Curande nur mit Zustimmung seines Curators rechtsverbindliche Geschäfte einzugehen im Stande ist.

Segeberger Consistorium, den 12. April 1862.

Pr., Pr. et Ass. Consist.

In fidem: H. F. Jacobsen.

№ 3.

Da Elsabe Carstens, eheliche Tochter des weiland Christian Carstens in Heist, für ihre Person und Güter unter Curatel des Eingesessenen Engel Marckmann in Heist gestellt worden ist, so wird dieses hierdurch bekannt gemacht, unter der Verwarnung, daß nur die mit dem Curator für dieselbe geschlossenen Geschäfte für rechtsgültig werden angesehen werden.

Uetersen, den 4. April 1862.

Klösterliche Obrigkeit.

Testaments-Publication.

Daß das hieselbst verwahrlich niedergelegte Testament des neulich zu Nessendorf, hiesigen Guts, verstorbenen Hufenpächters Christian Friedrich Schlünsen am Sonnabend den 10. k. M., Mittags 12 Uhr, im Gerichtszimmer zu Kletkamp publicirt werden soll, solches wird für Beikommende hiemit bekannt gemacht.

Lütjenburg, den 22. April 1862.

Das Patrimonialgericht des adeligen Guts Kletkamp.

Wyneken.

König Christian VIII. Ostseebahn.

Nachdem der Ausschuß gemäß § 64 o. p. des Statuts den Rechnungsabschluß des Jahres 1861 revidirt und richtig befunden hat, werden die Bücher und Belege gemäß § 64 q. vom 12. April bis zum 24. Mai d. J. incl. jeden Wochentag des Morgens von 9 bis 12 Uhr im Büreau der Gesellschaft im Bahnhofsgebäude in Altona zur Einsicht der Herren Actionaire ausgelegt sein. — Zur Legitimation genügt die Vorzeigung einer Actie, mit Hinterlassung der schriftlichen Versicherung des Vorzeigenden, daß dieselbe ihm eigenthümlich gehöre.

Altona, den 10. April 1862.

Der Ausschuß.

Theod. Reincke, Vorsitzender.

Glückstadt-Elmshorner Eisenbahn.

Der Ausschuß hat die Dividende für die Prioritätsactien pro 1861 auf $2\frac{1}{2}$ Procent oder 5 Thaler Reichsmünze per Actie festgesetzt, welches hiedurch zur Kunde der Actionaire gebracht wird.

Glückstadt, den 24. April 1862.

Der Ausschuß.

C. J. Rathjen, Vorsitzender.

Unter Bezugnahme auf die vorstehende Anzeige des Ausschusses der Glückstadt-Elmshorner Eisenbahngesellschaft macht die Direction hiedurch bekannt, daß die Erhebung der pro 1861 zu zahlenden Dividenden gegen Einbringung der bezüglichen Coupons vom 1. bis zum 15. Mai d. J., täglich von 9 bis 12 Uhr Vormittags, jedoch mit Ausnahme der Sonntage, bei dem zweiten Director, dem Ober- und Landgerichtsadvocaten Knoop hieselbst, und für die Hamburger Actionaire bei dem Herrn S. J. Cahen, Neustädter Fuhlentwiete, geschehen kann.

Glückstadt, den 24. April 1862.

Die Direction

der Glückstadt-Elmshorner Eisenbahngesellschaft.

Edictal-Citation.

Auf den Antrag der Ehefrau Anna Elise Lentsch, geb. Schmidt, in Wiemerstorf wird deren seit August 1855 verschollener Ehemann, der vormals zu Bramstedt wohnhaft gewesene Johannes Adolph Hinrich Lentsch, hiedurch citirt und geladen, sich am Donnerstag den 2. October d. J., Vormittags 10 Uhr, auf dem hiesigen Amthause vor dem alsdann versammelten Consistorio einzufinden, um zu vernehmen, was die Citantin wegen böslicher Verlassung wider ihn vorbringen wird und darauf zu antworten, im Falle des Ausbleibens aber zu gewärtigen, daß wider ihn erkannt werde, was den Rechten gemäß.

Segeberger Consistorium, den 19. April 1862.

Pr., Pr. et Ass. Consist.

In fidem: H. F. Jacobsen.

Proclamata.

№ 1.

Erste Bekanntmachung.

Wenn die Erlassung eines landüblichen Proclams über den wegen Concurrenz abwesender und unmündiger Erben der gerichtlichen Regulirung unterzogenen Nachlaß des am 6. Mai v. J. in Wandsbeck verstorbenen Justizraths C. A. Olien, ehemaligen Zollcassirers in Husum, für erforderlich erachtet worden ist,

So wird von Obergerichtswegen Allen und Jeden, mit Ausnahme der bekannten Erben, welche aus irgend einem Grunde nichtprotocollirte Forderungen und Ansprüche an den Nachlaß des weil. Justizraths C. A. Olien zu haben vermeinen, hiedurch anbefohlen, dieselben, bei Strafe der Ausschließung und des ewigen Stillschweigens, innerhalb 12 Wochen, vom Tage der letzten Bekanntmachung dieses Proclams angerechnet, bei dem Kanzlei- und Obergerichtssecretair v. Prangen hieselbst, unter Producirung der betreffenden Originaldocumente und Zurücklassung beglaubigter Abschriften, so wie von Auswärtigen unter Procuraturbestellung, anzumelden.

Wornach sich zu achten.

Urkundlich unterm vorgedruckten größern Gerichtsinsiegel. Gegeben im Königl. Holsteinischen Obergericht zu Glückstadt, den 24. April 1862.

(L. S.) *v. Schirach.* *Henrici.*

v. Prangen.

№ 2.

Erste Bekanntmachung.

Auf Ansuchen der Wittwe Margaretha Lischau, geb. Langbehn, als testamentarischer Erbin des am 13. März 1862 hieselbst verstorbenen Weinhändlers Joachim David Lischau, werden Alle, welche an den genannten Erblasser und dessen Nachlaß aus irgend einem Grunde als Eigenthümer, Gläubiger oder in anderer Weise Ansprüche oder Forderungen zu haben glauben, mit alleiniger Ausnahme der protocollirten Gläubiger, bei Strafe der Präclusion, aufgefordert, innerhalb 12 Wochen, von der letzten Bekanntmachung dieses Proclams angerechnet, im Stadtsyndicat sich zu melden und, insoweit die Profitenten außerhalb Kiels wohnen, Procuratoren zu bestellen.

Kiel, den 19. April 1862.

Der Magistrat.

In fidem: *G. F. Witte*, Syndicus.

№ 3.

Erste Bekanntmachung.

Es haben die Erben des weil. Johann Detlev Wilms in Neumünster hieselbst angezeigt, daß sie den von ihrem Bruder nachgelassenen, in Neumünster belegenen, früher mit 1. Quart. Nr. 11, jetzt mit Großflecken Nr. 19 im Brandcataster bezeichneten Grundbesitz nebst Kaufländereien verkauft hätten und, um dem Käufer ein von allen dinglichen nichtprotocollirten Ansprüchen freies Grundstück liefern zu können, die Erlassung eines landüblichen Proclams beantragt. In Deferirung dieser Bitte werden daher alle diejenigen, welche an den obgedachten Grundbesitz nebst Kaufländereien des weil. Johann Detlev Wilms dingliche nichtprotocollirte Ansprüche zu haben vermeinen, bemittelst, bei Strafe des Verlustes derselben, angewiesen und befehligt, sich damit innerhalb 12 Wochen, vom Tage der letzten Bekanntmachung dieses Proclams angerechnet, auf dem hiesigen Königl. Actuariate zu melden, die ihre Ansprüche begründenden Documente im Original zu produciren, Abschriften davon zurückzulassen und, falls sie Auswärtige sind, einen Actenprocurator unter hiesiger Jurisdiction zu bestellen.

Königl. Amthaus zu Neumünster, den 15. April 1862.

v. Stemann.

In fidem: K. Scheel.

№ 4.

Erste Bekanntmachung.

Auf Anhalten des hiesigen Schustermeisters Gottfried Heinrich Timm werden mit Ausnahme der protocollirten Gläubiger alle Diejenigen, welche an die gegenwärtig von demselben verkaufte, hieselbst im 1sten Quartier sub № 19 am Kirchhofe belegene Wohnbude nebst Zubehör dingliche Ansprüche zu haben vermeinen, hiedurch aufgefordert, solche Ansprüche, bei Strafe des Verlustes derselben, binnen spätestens 12 Wochen, vom Tage der letzten Bekanntmachung dieses Proclams angerechnet, im hiesigen Stadtsecretariate rechtsgehörig anzumelden.

Lütjenburg, den 23. April 1862.

(L. S.) Bürgermeister und Rath.

Zur Beglaubigung: H. Brinkmann.

№ 5.

Zweite Bekanntmachung.

Die wailand Majorin v. Schmidt, geb. Gräfin v. Ahlefeldt-Laurwig, hat unterm 2. April 1822 zu Rendsburg eine testamentarische Disposition errichtet, in welcher die Jungfer Margaretha Catharina Schmidt im ersten § zu ihrer Universalerbin eingesetzt, im folgenden § jedoch über ein Capital von 10,000 ℛ Dän. Crt. dahin verfügt worden ist, daß die gedachte Jungfer Marg. Schmidt nur, so lange sie lebe, jährlich die Zinsen desselben genießen, das ganze Capital dagegen nach ihrem Tode den Geschwistern der Erblasserin oder deren sonstigen gesetzlichen Erben zufallen solle. Da nunmehr auch obgedachte Jungfer Marg. Schmidt in Rendsburg mit Tode abgegangen und daher die Vorschriften des § 2 der erwähnten testamentarischen Disposition, welche wörtlich folgendermaaßen lauten:

„Ebenfalls verordne ich hiedurch cum Vo. cur., „daß meine mehrgedachte Jungfer Margaretha „Catharina Schmidt, um derselben so viel mög„lich ein sorgenfreies Alter zu sichern, diejenigen „Zinsengelder, welche ich von dem in dem väter„lichen Testamente d. d. Traneklier Schloß den „17. Mai 1791 mir ausgesetzten Capital von „10,000 ℛ Dänisch. Courant oder deren Wäh„rung nach jetziger verordnungsmäßiger Berech„nungsweise jährlich beziehe, auch nach meinem „Tode, so lange sie lebt, jährlich genießen soll, „wohingegen das mir ausgesetzte Capital selbst „nach dem Tode meiner oftserwähnten Jungfer „Margaretha Catharina Schmidt meinen Ge„schwistern oder sonstigen gesetzlichen Erben zu„fallen soll",

jetzt zur Anwendung kommen, so ist die Erlassung eines öffentlichen Proclams an Beikommende für erforderlich erachtet worden.

Demnach werden von Obergerichtswegen Alle und Jede, welche nach Maaßgabe und in Anleitung des vorerwähnten § 2 des Testaments der wailand Majorin v. Schmidt, geb. Gräfin v. Ahlefeldt-Laurwig, nunmehr Erbansprüche an den in einem Capitalvermögen von 10,000 ℛ Dän. Crt. bestehenden Nachlaß zu haben vermeinen, hiemittelst, sub pœna præclusi et perpetui silentii, aufgefordert und befehligt, sich innerhalb 12 Wochen, vom Tage der letzten Bekanntmachung dieses Proclams angerechnet, bei dem Kanzlei- und Obergerichtssecretair v. Prangen hieselbst zu melden, ihre etwanigen Legitimationsdocumente in Ur- und Abschrift zu produciren und, falls sie Auswärtige sind, Actenprocuratoren zu bestellen.

Wornach sich zu achten!

Urkundlich unterm vorgedruckten größeren Gerichts-Insiegel. Gegeben im Königl. Holsteinischen Obergericht zu Glückstadt, den 26. März 1862.

(L. S.) *v. Schirach.* *Henrici.*

v. Prangen.

№ 6.

Dritte und letzte Bekanntmachung.

Da auf geschehene Insolvenz-Erklärung

1) des hiesigen Bürgers und Commissionairs August Friedrich Conrad Burmeister;
2) des hiesigen Commissionairs Charles Adler,

über deren Habe und Güter, so wie auf Anhalten der betreffenden Gläubiger über die Habe und Güter:

3) des hiesigen Bürgers und Commissionairs Andreas Friedrich Julow;
4) des hiesigen Bürgers und Schenkwirths Simon Kahlcke;
5) des hiesigen Commissionairs Barthold Fritsche & Co.,

der Concurs der Gläubiger erkannt worden: so werden von Gerichtswegen Alle und Jede, welche an obgenannte Personen aus irgend einem rechtlichen Grunde Ansprüche oder Forderungen zu haben vermeinen, hiedurch, bei Strafe der Ausschließung, aufgefordert und befehligt, solche binnen 12 Wochen, nach der letzten Bekanntmachung dieses Proclams, im hiesigen ersten Stadtsecretariate und spätestens am

24. Juli d. J.,

als dem peremtorischen Angabetermine, im Obergericht hieselbst anzumelden, wobei die die Ansprüche begründenden Documente in Urschrift vorzuzeigen und in Abschrift zurückzulassen sind, Auswärtige auch wegen gehöriger Procuraturbestellung das Nöthige wahrzunehmen haben.

Wornach Beikommende sich zu achten!

Altona, im Obergericht, den 10. April 1862.

Ex Decreto Senatus.

№ 7.

Dritte und letzte Bekanntmachung.

Da auf geschehene Insolvenz-Erklärung

1) des hiesigen Bürgers und Kleiderhändlers Lazarus Levy;
2) des hiesigen Bürgers und Mehlhändlers Heinrich Matthias Kloppenburg;
3) des hiesigen Bürgers und Klempnermeisters Adolph Georg Christoph Dietz;
4) des hiesigen Bürgers und Kleiderhändlers Levy Abraham Popert;
5) des hiesigen Bürgers und Seilermeisters Johann Friedrich Wilhelm Stein;

über die Habe und Güter derselben der Concurs der Gläubiger erkannt worden: so werden von Gerichtswegen Alle und Jede, welche an obgenannte Personen aus irgend einem rechtlichen Grunde Ansprüche oder Forderungen zu haben vermeinen, hiedurch, bei Strafe der Ausschließung, aufgefordert und befehligt, solche binnen 12 Wochen, nach der letzten Bekanntmachung dieses Proclams, im hiesigen ersten Stadtsecretariate und spätestens am

24. Juli d. J.,

als dem peremtorischen Angabetermine, im Obergerichte hieselbst anzumelden, wobei die die Ansprüche begründenden Documente in Urschrift vorzuzeigen und in Abschrift zurückzulassen sind, Auswärtige auch wegen gehöriger Procuraturbestellung das Nöthige wahrzunehmen haben.

Wornach Beikommende sich zu achten.

Altona, im Obergerichte, den 10. April 1862.

Ex Decreto Senatus.

№ 8.

Dritte und letzte Bekanntmachung.

Da auf geschehene Insolvenz-Erklärung

1) des hiesigen Bürgers und Schenkwirths Friedr. Heuer;
2) des hiesigen Bürgers und Manufacturwaarenhändlers Marcus Salomon Engers, in Firma M. Engers;
3) des hiesigen Bürgers, Buch- und Steindruckers Hinrich Poppe;
4) der Wittwe Mathilde J. Lazarus, geb. Bieber;
5) des hiesigen Bürgers und Detaillisten Charles Walter,

über die Habe und Güter derselben der Concurs der Gläubiger erkannt worden: so werden von Gerichtswegen Alle und Jede, welche an obgenannte Personen aus irgend einem rechtlichen Grunde Ansprüche oder Forderungen zu haben vermeinen, hiedurch, bei Strafe der Ausschließung, aufgefordert und befehligt, solche binnen 12 Wochen, nach der letzten Bekanntmachung dieses Proclams, im hiesigen ersten Stadtsecretariate und spätestens am

24. Juli d. J.,

als dem peremtorischen Angabe-Termine, im Obergerichte hieselbst anzumelden, wobei die die Ansprüche begründenden Documente in Urschrift vorzuzeigen und in Abschrift zurückzulassen sind, Auswärtige auch wegen gehöriger Procuratur-Bestellung das Nöthige wahrzunehmen haben.

Wornach Beikommende sich zu achten.

Altona, im Obergerichte, den 10. April 1862.

Ex Decreto Senatus.

№ 9.

Dritte und letzte Bekanntmachung.

Extr. des Procl. des 14ten Stücks № 1.

Nichtprotocollirte Forderungen und Ansprüche an den von den Erben nur **sub beneficio legis et inventarii** angetretenen Nachlaß der wailand Eheleute Christian Haack und Margaretha, geb. Schunck, im Ammerswurther Sandberge, so wie Pfandstücke aus diesem Nachlasse, sind, bei Strafe resp. des Ausschlusses von dieser Masse und des eventuellen Verlustes der Rechte, innerhalb 12 Wochen, vom Tage der letzten Bekanntmachung dieses eventuell auch als Concursproclam erlassenen Proclams, in der Königl. Kirchspielschreiberei zu Meldorf gehörig anzugeben.

V. G. W.

Meldorf, den 1. April 1862.

Zur Beglaubigung: **Fabricius.**

№ 10.

Dritte und letzte Bekanntmachung.

Extr. des Procl. des 15ten Stücks № 1.

Nichtprotocollirte Forderungen und Ansprüche an den Nachlaß des wail. Hofbesitzers Herrmann Boje Thiessen in Norderbarlt, so wie Pfandstücke aus diesem Nachlasse sind, bei Strafe der Ausschließung und des Verlustes, innerhalb 12 Wochen, vom Tage der letzten Bekanntmachung dieses Proclams angerechnet, in der Königl. Kirchspielschreiberei zu Barlt gehörig anzugeben. V. G. W.

Meldorf, den 8. April 1862.

Zur Beglaubigung: **Fabricius.**

№ 11.

Dritte und letzte Bekanntmachung.

Extr. des Procl. des 14ten Stücks № 2.

Nichtprotocollirte Forderungen und Ansprüche an den Nachlaß des wail. Eingesessenen und Gastwirths Hans Hinrich Thode in Scheuefeldt sind, bei Strafe der Ausschließung, innerhalb 12 Wochen, vom Tage der letzten Bekanntmachung dieses Proclams, event. unter Procuraturbestellung, beim Rendsburger Amtsactuariat anzumelden.

Rendsburger Amthaus, den 2. April 1862.

E. v. Harbou.

Brenning.

Zur Beglaubigung: **Brenning.**

№ 12.

Dritte und letzte Bekanntmachung.

Extr. des Procl. des 14ten Stücks № 3.

Forderungen und Ansprüche an den verstorbenen Hufenpächter Hans Friederich Scheef zum Quellerfelde, im Gute Gaarz, sind, bei Strafe ihres Verlustes, binnen 6 Wochen, von der letzten Bekanntmachung dieses an, hieselbst gehörig zu melden.

Justitiariat des adel. Guts Gaarz zu Oldenburg, den 28. März 1862.

Petersen.

№ 13.

Dritte und letzte Bekanntmachung.

Extr. des Procl. des 14ten Stücks № 4.

Erb- und sonstige Ansprüche an die Verlassenschaft des wailand Schullehrers Georg Christoph Wilhelm Pasche und seiner gleichfalls verstorbenen Ehefrau Caroline Marie Elisabeth, geb. Wüstenberg, zu Wankendorf, im adel. Gute Depenau, sind innerhalb 12 Wochen, vom Tage der letzten Bekanntmachung dieses Proclams, bei Strafe des Ausschlusses, im Segeberger Actuariat des Consistorii rechtsgehörig zu melden.

Segeberger Consistorium, den 29. März 1862.

Pr., Pr. et Ass. Consist.

In fidem: H. F. Jacobsen.

Beilage
zum 18. Stück der Holsteinischen Anzeigen.

Montag den 5. Mai 1862.

Bekanntmachungen.

№ 1.

Im Jahre 1861 sind an die Strandbehörden des Herzogthums Holstein folgende an den Holsteinischen Küsten oder in offener See geborgenen Gegenstände von geringfügigem Werthe abgeliefert worden:

Nach Bericht

1) der Königlichen Pinneberger Landdrostei:
ein Pappelbaum, ein föhrener Balken, ein oberländischer Kahn, eine alte Schute, das Wrack eines alten Bootes, ein altes Boot mit zwei Rudern, gemerkt **R. William „Sand“**, ein Anker mit zwei Schäkeln Kette, verschiedene Schiffsinventarienstücke von einer gestrandeten englischen Collierbrigg und 2 Böte;

2) der Obrigkeit der adeligen Güter Seestermühe, Groß- und Klein-Collmar und der Engelbrechtschen Wildniß:
ein föhrener 4kantiger Balken von 21 Fuß Länge und 1 Fuß 2" Dicke, gemerkt **p. E.**;

3) der Norderdithmarscher Landvogtei:
ein runder föhrener Baum von 25 Fuß Länge und 14/14 Zoll Dicke, 2 runde föhrene Bäume, à 15 Fuß lang und 12/12 Zoll dick, ein eiserner Winkel, eine eiserne Stange, 3 Enden Schiffsmast, à 4 Fuß lang, 2 Stück metallene Hängen, 1 do. Bolzen und 12 do. Nägel, ein Schoonerbaum, 40 Fuß lang und 9/9 Zoll dick, ein runder föhrener Balken, 19 Fuß lang, 7/7 Zoll dick, 2 Stück Wrackholz, ein Boot, 14½ Fuß lang und 5 Fuß breit, getheert, 2 Tonnen Thran, gemerkt am Spundloch und am Boden **H. P.**, 7 Rennthierhäute, ein Compashaus, ein hölzernes Spucknapf, eine Barkasse von Föhrenholz, 20 Fuß lang und 9 Fuß breit, gemerkt am Spiegel **Johanna Elisabeth**, und ein Schnarrmast, 32 Fuß lang und 9/9 Zoll dick;

4) der Süderdithmarscher Landvogtei:
eine alte eichene Schiffsplanke, 21 Fuß lang, 10/2 Zoll dick, ein Schiebebaum, 28 Fuß lang, ein Schiffsboot von Eichenholz, 15 Fuß lang und 4½ Fuß breit, 9 Stücke Eisen, eine defecte eichene Bohle, 4½ Fuß lang, 15/2½ Zoll dick, 3 Schiffsanker mit 45, 15 und 30 Faden Ketten, ein stark verfaulter föhrener Baum, 22 Fuß lang, ein föhrenes Schiffsboot, 14½ Fuß lang, 5 Fuß breit, eine föhrene Kiehne, 37½ Fuß lang und 18½ Zoll Durchmesser, ein do. 38 Fuß lang, 16½ Zoll Durchmesser, ein beschädigter Kahn 14 Fuß lang, ein Schiffsboot von Eichenholz, 14 Fuß lang, ein Boot, ein Beinkleid, eine Wasserpütze, eine Fangleine, ein Boot **„John Fair“**, ein abgebrochener Schiffsmast von Föhrenholz, 43 Fuß lang, eine Schiffsraae von Föhrenholz, 39 Fuß lang, 180 ℔ altes Eisen;

5) des Königlichen Steinburger Amthauses:
eine Jolle und ein föhrener Baum, gemerkt **A. S.**;

6) des Inspectorats des Hedwigenkooges:
eine föhrene Raae von 50 Fuß Länge, verschiedenes Wrackholz;

7) des Justitiariats der Güter Haselau und Haseldorf:
ein Weidenbaum, 34 Fuß lang;

8) des Heiligenhafener Magistrats:
ein Schiffsboot, 16 Fuß lang, 5 Fuß breit;

9) des Oberpräsidiums der Stadt Altona:
eine alte Jolle, ein föhrener Pfahl und ein Faß.

Die Eigenthümer der vorgenannten Gegenstände werden hiedurch aufgefordert, sich, insofern es nicht bereits geschehen, binnen 4 Wochen, nach der letzten Bekanntmachung dieses Proclams, bei den zugleich angegebenen Behörden zu melden, indem jene Strandgüter, soweit solches nicht schon verfügt ist, nach Maaßgabe des Patents vom 27. November 1804 öffentlich verkauft und die weiteren Bestimmungen über den Erlös aus denselben getroffen werden sollen.

Königliches Ministerium für die Herzogthümer Holstein und Lauenburg, den 24. April 1862.

Für den Minister:
W. Rumohr.

Griebel.

№ 2.

Vor dem beikommenden, unterzeichneten Gemeindesecretair und dem hiezu beigezogenen Gemeindebeamten ist am 10. d. Mts. mittelst desfällig errichteten Ehevertrages zwischen dem hiesigen Färber Herrn Nathan, genannt William Gans, und seiner ihm seit dem 27. November v. J. angetrauten Ehefrau Therese Gans, geb. Halberstadt, die eheliche Gütergemeinschaft **in forma probante** ausgeschlossen worden; was hiemittelst, zur behufigen Nachachtung Dritter, öffentlich bekannt gemacht wird.

Altona, im Gemeindesecretariate, den 11. April 1862.
Louis Falk, Gemeindesecretair.

18

№ 3.

Daß dem gemüthskranken ehemaligen Schullehrer Friedrich Ferdinand Busch, vormals in Hardebeck, jetzt in Brachenfeld, ein Curator der Person und des Vermögens in dem Particulier W. Wilckens in Neumünster gerichtlich bestellt worden, wird mit dem Hinzufügen hiedurch zur öffentlichen Kunde gebracht, daß der Curande nur mit Zustimmung seines Curators rechtsverbindliche Geschäfte einzugehen im Stande ist.

Segeberger Consistorium, den 12. April 1862.

Pr., Pr. et Ass. Consist.
In fidem: H. F. Jacobsen.

Testaments-Publication.

Daß das hieselbst verwahrlich niedergelegte Testament des neulich zu Neffendorf, hiesigen Guts, verstorbenen Hufenpächters Christian Friedrich Schlünsen am Sonnabend den 10. k. M., Mittags 12 Uhr, im Gerichtszimmer zu Kletkamp publicirt werden soll, solches wird für Beikommende hiemit bekannt gemacht.

Lütjenburg, den 22. April 1862.

Das Patrimonialgericht des adeligen Guts Kletkamp.
Wyneken.

Glückstadt-Elmshorner Eisenbahn.

Der Ausschuß hat die Dividende für die Prioritätsactien pro 1861 auf $2\frac{1}{2}$ Procent oder 5 Thaler Reichsmünze per Actie festgesetzt, welches hiedurch zur Kunde der Actionaire gebracht wird.

Glückstadt, den 24. April 1862.

Der Ausschuß.
C. J. Rathjen, Vorsitzender.

Unter Bezugnahme auf die vorstehende Anzeige des Ausschusses der Glückstadt-Elmshorner Eisenbahngesellschaft macht die Direction hiedurch bekannt, daß die Erhebung der pro 1861 zu zahlenden Dividenden gegen Einbringung der bezüglichen Coupons vom 1. bis zum 15. Mai d. J., täglich von 9 bis 12 Uhr Vormittags, jedoch mit Ausnahme der Sonntage, bei dem zweiten Director, dem Ober- und Landgerichtsadvocaten Knoop hieselbst, und für die Hamburger Actionaire bei dem Herrn S. J. Cahen, Neustädter Fuhlentwiete, geschehen kann.

Glückstadt, den 24. April 1862.

Die Direction
der Glückstadt-Elmshorner Eisenbahngesellschaft.

Steckbrief.

Die unverehelichte Ida Margaretha Johanna Schütt aus Wielen, adel. Guts Wahlsdorf, ist eines in Neumünster verübten Diebstahls dringend verdächtig. Dieselbe ist 20 Jahr alt und wird mit einem neuerdings von der Klösterlichen Obrigkeit zu Preetz ausgefertigten Dienstbuche versehen sein.

Da nun der jetzige Aufenthaltsort derselben unbekannt ist, so werden die verehrlichen Polizeibehörden dienstlich ersucht, auf die gedachte Schütt vigiliren, dieselbe im Betretungsfall anhalten, sowie das Amthaus behufs ihrer Abholung hiervon gefällig in Kenntniß setzen zu wollen.

Königliches Amthaus zu Neumünster, den 1. Mai 1862.
v. Stemann.

Edictal-Citationes.

№ 1.

Auf Ansuchen der Ehefrau Anna Christine Marie Dreis, geb. Friederichsen, hieselbst ist zur mündlichen Verhandlung der von ihr gegen ihren behauptlich seit dem 27. August 1855 abwesenden Ehemann, den Fabrikarbeiter Adolph Sebastian Dreis, auf Trennung der Ehe gerichteten Klage ein Termin auf den 14. Juli 1862, Mittags 12 Uhr, anberaumt worden, wozu der abwesende Beklagte hierdurch edictaliter und peremtorisch geladen wird, unter der Aufgabe, in diesem Termin persönlich zu erscheinen, die Klage zu vernehmen, darauf zu antworten und Spruch Rechtens zu gewärtigen, und unter der Drohung, daß im Fall seines ungehorsamen Ausbleibens dennoch das Rechtliche werde erkannt werden.

Decretirt Kiel, den 22. April 1862.

Das Stadtconsistorium.
In fidem: *G. F. Witte*, Syndicus.

№ 2.

Da die Ehefrau Margaretha Wilhelmine Dorothea Grönwoldt, geb. Imbeck, in Blankenese c. cur. hieselbst vorgestellt, daß ihr Ehemann, der Steuermann Johann Hermann Grönwoldt aus Blankenese, sie böslich verlassen habe und sein jetziger Aufenthalt ihr unbekannt sei, weshalb sie um eine Edictalladung gebeten hat:

So wird in Deferirung dieser Bitte gedachter Ehemann Johann Hermann Grönwoldt hiedurch peremtorisch geladen und befehligt, vor dem am Montage den 16. Juni d. J. zu haltenden ordentlichen Pinneberger Consistorium bereit und gefaßt zu erscheinen und zu vernehmen, was seine Ehefrau wegen böslicher Verlassung wider ihn vorbringen wird, darauf zu antworten und Spruch Rechtens zu gewärtigen, mit der Verwarnung, daß, er erscheine alsdann oder nicht, dennoch auf ferneren Antrag der Klägerin in dieser Sache ergehe, was den Rechten gemäß.

Pinneberger Consistorium, den 25. April 1862.

Wommelsdorff-Friedrichsen. Meutorff.

Mohrdiek.

№ 3.

Da die Ehefrau Catharina Piening, geb. Steckfleth, zu Klevendeich c. cur. hieselbst vorgestellt, daß ihr Ehemann Johann Piening aus Elmshorn sie böslich verlassen habe und sein jetziger Aufenthalt ihr unbekannt sei, weshalb sie um eine Edictalladung gebeten hat:

So wird in Deferirung dieser Bitte gedachter Ehemann Johann Piening hiedurch peremtorisch geladen und befehligt, vor dem am Montage den 16. Juni d. J. zu haltenden ordentlichen Pinneberger Consistorium bereit und gefaßt zu erscheinen und zu vernehmen, was seine Ehefrau wegen böslicher Verlassung wider ihn vorbringen wird, darauf zu antworten und Spruch Rechtens zu gewärtigen, mit der Verwarnung, daß, er erscheine alsdann oder nicht, dennoch auf ferneren Antrag der Klägerin in dieser Sache ergehe, was den Rechten gemäß.

Pinneberger Consistorium, den 25. April 1862.

Wommelsdorff-Friedrichsen. Messtorff.

Mohrdiek.

Proclamata.

№ 1.

Erste Bekanntmachung.

In Gewährung desfälligen Antrages werden, mit alleiniger Ausnahme der protocollirten Gläubiger, alle diejenigen, welche dingliche Ansprüche und Forderungen an die von dem Eingesessenen Hans Hinr. Glißmann an Hinr. Breiholz verkaufte $^1/_{16}$ Hufe in Raade, Kirchspiels Hohenwestedt, zu haben meinen, hierdurch, bei Strafe der Ausschließung und ewigen Stillschweigens, aufgefordert, unfehlbar innerhalb 12 Wochen, vom Tage der letzten Bekanntmachung dieses Proclams, ihre Ansprüche im hiesigen Amtsactuariat auf rechtsgehörige Weise anzugeben; Auswärtige unter Bestellung eines Actenprocurators.

Rendsburger Amthaus, den 23. April 1862.

E. v. Harbou.

Brenning.

№ 2.

Erste Bekanntmachung.

Auf Ansuchen der betreffenden Creditoren und nach erwirkter Auctorisation des Königl. Holsteinischen Obergerichts vom 14. April 1862 werden Alle, welche an den nachbenannten, verloren gegangenen Obligationen:

1) einer von dem Bürger Claus Hinrich Bendix Wipperling in Kiel am 31. Januar 1858 an den Hufner Jürgen Diedr. Hamann in Stubbendorf über 160 ℛ R.-M. zu 5 pCt. Zinsen ausgestellte, zuerst am 4. Februar 1858 auf dem Folium des Debitors für dessen im 1. Quartier unter Nr. 176 auf dem kleinen Kuhberg belegenes Wohnhaus, und später am 3. Februar 1860 auf dem erwähnten Folium nach dessen Umschreibung auf den Namen des Gastwirths Johann Detlev Ehmcke nebst Agnitionsacte des neuen Debitors wieder protocollirte Schuld- und Pfandverschreibung;

2) einer von dem hiesigen Kaufmann Otto Timm am 7. Novbr. 1843 an den Altentheiler Peter Timm in Schlesen auf 250 ℛ Cour., jetzt 400 ℛ R.-M., zu 4 pCt. Zinsen ausgestellten, zuerst am 10. Novbr. 1843 auf dem Folium des Debitors für dessen am Walkerdamm belegenes Wohnhaus Nr. 80 protocollirten und später nach geschehener Umschreibung des Folium auf den jetzigen Eigenthümer des erwähnten Grundstücks, den Kaufmann Claus Peter Timm hieselbst, nebst dessen Agnitionsacte am 10. Juli 1846 wiederum protocollirten, auf den Hufenpächter Hans Hinrich Timm zu Schlesen vererbten Schuld- und Pfandverschreibung,

aus irgend einem Grunde Ansprüche zu haben glauben, hiemit aufgefordert, sich innerhalb präclusivischer Frist von 12 Wochen, vom Tage der letzten Bekanntmachung dieses Proclams, im hiesigen Stadtsyndicat anzugeben und, insofern die Profitenten außerhalb Kiel's wohnen, Procuratoren hieselbst zu bestellen, widrigenfalls aber zu gewärtigen, daß die verlorenen Documente behufs deren Exemplification oder Delirung für mortificirt erkannt werden.

Kiel, den 22. April 1862.

Der Magistrat.

In fidem: *G. F. Witte*, Syndicus.

№ 3.

Erste Bekanntmachung.

Wenn der Hofbesitzer Ludolph Heinr. Ernst Gabe zu Bockhorst seine Güter zur Concursbehandlung übergeben hat und demgemäß, unter Vorbehalt der Rechte der Gläubiger, der Concurs wider ihn erkannt ist; so werden, mit Ausnahme der protocollirten Creditoren, Alle und Jede, welche an gedachten Ludolph Heinr. Ernst Gabe zu Bockhorst oder an die zur Masse gehörende und daselbst belegene Landstelle Ansprüche und Forderungen, mit Einschluß etwaiger Eigenthumsansprüche auf einzelne Theile der Concursmasse, zu haben vermeinen oder Pfänder von ihm besitzen, hiedurch aufgefordert, selbige innerhalb 12 Wochen, von der letzten Bekanntmachung dieses Proclams angerechnet, bei Strafe der Ausschließung von dieser Masse und des Verlustes ihres Pfandrechts, im hiesigen Justitiariat anzugeben, auch wegen Vorlegung der ihre Forderungen begründenden Documente und der Bestellung der Actenprocuratur das Erforderliche wahrzunehmen.

Hanerau, im Justitiariate, den 26. April 1862.

H. Lundius.

№ 4.

Zweite Bekanntmachung.

Von Gerichtswegen

werden auf Antrag des Andreas Stammer in Heide, als Güterpflegers, die Creditoren des Kaufmanns Friedrich Emil Dehn in Heide, jedoch mit gesetzlicher

Ausnahme der protocollirten, hiemittelst geladen, alle ihre an den gedachten Boniscedenten habende Forderungen und Ansprüche innerhalb 12 Wochen, vom Tage der letzten Bekanntmachung dieses Proclams (und zwar Auswärtige nach vorher bestellter Actenprocuratur), in der Kirchspielschreiberei zu Heide gehörig anzugeben und verzeichnen zu lassen, im Widrigen aber zu gewärtigen, wie sie von dieser Concursmasse werden präcludirt werden.

Wornach sich zu achten.

Königl. Norderdithmarsische Landvogtei zu Heide, den 2. April 1862. *Hansen.*

In fidem: Scholtz.

Pro copia: Wiencke.

№ 5.

Zweite Bekanntmachung.

Wenn zu den Miterben des in Lohe verstorbenen Hinrich Saß auch der zur See abwesende Johann Saß, ehelicher Sohn der weil. Eheleute Jochim Saß und Gesche Saß, geb. Kelting, gehört und über dessen Aufenthalt nichts hat in Erfahrung gebracht werden können: so wird derselbe nach gesetzlicher Vorschrift aufgefordert, sich innerhalb 12 Wochen, a publ. ult., auf dem hiesigen Syndicate zu melden, widrigenfalls mit seinem Erbtheil nach Vorschrift der Gesetze auf seine Kosten wird verfahren werden.

Gegeben Uetersen, den 12. April 1862.

Klösterliche Obrigkeit.

№ 6.

Zweite Bekanntmachung.

Extr. des Procl. des 16ten Stücks № 3.

Gläubiger und Pfandinhaber der verstorbenen Eheleute Joh. Martin Friedr. Wittig, weil. Zimmermeister in Rendsburg, und Dorothea Christine Wittig, geb. Schmadels, müssen ihre Forderungen und Ansprüche an den Nachlaß derselben, so wie nichtprotocollirte dingliche Rechte an die zu diesem Nachlasse gehörige, in hiesiger Altstadt bei der Schleifmühle sub Nr. 6 belegene Wohnbude, endlich etwanige von den Verstorbenen erhaltene Faustpfänder, resp. sub pœna præclusi und bei Verlust der Pfandrechte, binnen 12 Wochen, von der letzten Bekanntmachung dieses Proclams, Auswärtige unter Procuraturbestellung, im städtischen Actuariat hieselbst gehörig anmelden.

Rendsburg, den 16. April 1862.

(L. S. / C.) Der Magistrat.

№ 7.

Zweite Bekanntmachung.

Extr. des Procl. des 16ten Stücks № 4.

Alle Ansprüche an die dem Bäcker Hans Hinrich August Schröder in Ahrensböck zuständigen Ahrensböcker Altfleckens- und Vorwerksländereien, an den dem Viertelhufner Johann Hinrich Steen in Havekost zugehörenden Theil vom Gehege Scharfen Köhlen, an den Nachlaß des weil. Majors a. D. von Krabbe in Ahrensböck, an den Nachlaß des weil. Parzelisten Peter Hinrich Weede im Vorwerk Süsel, und an den Nachlaß des weil. Haushalters Hans Jochim Stender in Bohl, Amts Plön, mit Ausnahme der protocollirten, sind, bei Strafe des Verlustes derselben, innerhalb 12 Wochen im Plön-Ahrensböcker Actuariate anzumelden.

Königl. Amthaus zu Plön, den 12. April 1862.

Abs. Dom. Pr.: *Friederici.*

In fidem: Friederici.

№ 8.

Zweite Bekanntmachung.

Extr. des Procl. des 16ten Stücks № 5.

Alle und Jede, welche nichtprotocollirte dingliche Ansprüche an das dem hiesigen Bürger und Hausbesitzer Ernst Barfknecht gehörig gewesene, sub Nr. 127 hiesiger Altstadt belegene Haus c. p. nebst Kaufland zu haben vermeinen, haben solche, bei Vermeidung der rechtlichen Nachtheile und unter Wahrnehmung des Erforderlichen, innerhalb 12 Wochen, vom Tage der letzten Bekanntmachung dieses Proclams angerechnet, im hiesigen Stadtsecretariat anzumelden.

Decretum Plön, in Curia, den 15. April 1862.

Bürgermeister und Rath.

M. Fahlberg, cons.

№ 9.

Dritte und letzte Bekanntmachung.

Extr. des Procl. des 15ten Stücks № 2.

Forderungen und Ansprüche an den Nachlaß des weil. hiesigen Bürgers, Glasers und Malers Johann Peter Hoffmann sind, bei Strafe der Ausschließung, binnen 12 Wochen, von der letzten Bekanntmachung dieses Proclams angerechnet, hieselbst ordnungsmäßig anzugeben.

Decretum Heiligenhafen, in curia, den 8. April 1862. Der Magistrat.

Helmcke.

№ 10.

Dritte und letzte Bekanntmachung.

Extr. des Procl. des 15ten Stücks № 3.

Alle Forderungen und Ansprüche an den Nachlaß des weiland hiesigen Kaufmanns und Senators A. Janssen sind, bei Vermeidung der Ausschließung und des ewigen Stillschweigens, binnen 12 Wochen, nach der letzten Bekanntmachung dieses Proclams, rechtsbehörigermaaßen im hiesigen Syndicate anzumelden.

Decretum Neustadt, den 28. März 1862.

(L. S.) Bürgermeister und Rath.

L. Kohlmann.

Beilage
zum 19. Stück der Holsteinischen Anzeigen.

Montag den 12. Mai 1862.

Bekanntmachungen.

№ 1.

Extract

aus dem im 18ten Stück dieser Zeitung inserirten Proclam über die im Jahre 1861 im Herzogthum Holstein geborgenen geringfügigen Strandgüter.

Im Jahre 1861 sind zufolge der Berichte der Pinneberger Landdrostei, der Obrigkeit der adeligen Güter Seestermühe und Groß- und Klein-Collmar, der Norderdithmarscher Landvogtei, der Süderdithmarscher Landvogtei, des Steinburger Amthauses, des Inspectorats des Hedwigenkoogs, des Justitiariats der Güter Haselau und Haseldorf, des Heiligenhafener Magistrats und des Oberpräsidiums der Stadt Altona verschiedene im 18ten Stück dieser Zeitung näher angegebene, an der Holsteinischen Küste oder in offener See geborgene Güter von geringfügigem Werthe an die bezeichneten Behörden abgeliefert.

Die Eigenthümer derselben werden hiedurch aufgefordert, sich, insofern es nicht bereits geschehen, binnen 4 Wochen, nach der letzten Bekanntmachung dieses Proclams, bei den zugleich angegebenen Behörden zu melden, indem jene Strandgüter, soweit solches nicht schon verfügt ist, nach Maaßgabe des Patents vom 27. November 1804 öffentlich verkauft und die weiteren Bestimmungen über den Erlös aus denselben getroffen werden sollen.

Königliches Ministerium für die Herzogthümer Holstein und Lauenburg, den 24. April 1862.

Für den Minister:

W. Rumohr.

Griebel.

№ 2.

Wenn der Setzwirth Johann Hinrich Bohlens zu Willinghusen sich freiwillig der Verwaltung seines Vermögens und des seiner Ehefrau begeben hat und der Setzwirth Jacob Bohlens zu Willinghusen ihm zum Vermögenscurator, dessen Ehefrau aber als curator sexus bestellt worden ist, so wird dieses hierdurch angezeigt mit dem Hinzufügen, daß alle Rechtsgeschäfte, welche von J. H. Bohlens und dessen Ehefrau ohne Einwilligung des genannten Curators in Zukunft abgeschlossen werden, nichtig sind.

Königliches Gericht für das Amt Reinbeck.

Trittau, den 27. April 1862.

G. v. Linstow.

Glückstadt-Elmshorner Eisenbahn.

Der Ausschuß hat die Dividende für die Prioritätsactien pro 1861 auf $2\frac{1}{2}$ Procent oder 5 Thaler Reichsmünze per Actie festgesetzt, welches hiedurch zur Kunde der Actionaire gebracht wird.

Glückstadt, den 24. April 1862.

Der Ausschuß.

C. J. Rathjen, Vorsitzender.

Unter Bezugnahme auf die vorstehende Anzeige des Ausschusses der Glückstadt-Elmshorner Eisenbahngesellschaft macht die Direction hiedurch bekannt, daß die Erhebung der pro 1861 zu zahlenden Dividenden gegen Einbringung der bezüglichen Coupons vom 1. bis zum 15. Mai d. J., täglich von 9 bis 12 Uhr Vormittags, jedoch mit Ausnahme der Sonntage, bei dem zweiten Director, dem Ober- und Landgerichtsadvocaten Knoop hieselbst, und für die Hamburger Actionaire bei dem Herrn S. J. Cahen, Neustädter Fuhlentwiete, geschehen kann.

Glückstadt, den 24. April 1862.

Die Direction

der Glückstadt-Elmshorner Eisenbahngesellschaft.

Steckbriefe.

№ 1.

Der wegen Diebstahls in Untersuchung gezogene Tischler Friedrich Wilhelm Kruse aus Tankenrade ist aus der Detention in Ahrensböck entsprungen.

Sämmtliche Behörden des In- und Auslandes werden, unter Hinweisung auf das untenstehende Signalement, dienstergebenst ersucht, auf diesen Menschen zu vigiliren, ihn im Betretungsfalle zu arretiren und eventuell behufs seiner Abholung gegen Kostenerstattung demnächst eine Anzeige anhero zu beschaffen.

Königliches Ahrensböcker Amthaus zu Plön, den 7. Mai 1862.

W. C. v. Levetzau.

Signalement:

Alter: 46 Jahr, Statur: groß und schlank, Haare: blond, weiß melirt, Stirn: hoch, Augenbraunen: blond, Augen: grau, Nase: lang und spitz, Mund: gewöhnlich, Bart (Kinn- und Backenbart): blond, Kinn: spitz, Gesicht: länglich und schmal, Gesichtsfarbe: gesund. Besondere Kennzeichen: Wanne am untern Augenliede des linken Auges. Die Spitze des ersten Gliedes am linken Zeigefinger fehlt. Kleidung: schwarzer Tuchrock, Tuchweste mit einer Reihe Knöpfen, Hose von grobem schwarz-grauen Buckskin, Vorhemd, schwarz seidenes Halstuch, Tuchmütze mit Schirm, Halbstiefeln.

№ 2.

Der bei dem unterzeichneten Justitiariate wegen Diebstahls in Untersuchung befindliche und in Trenthorst detinirte Maurergeselle Franz Joachim Jacob Bahr aus Juliusburg, Herzogthums Lauenburg, ist in der Nacht vom 3. auf den 4. d. M. aus dem dortigen Gefängnisse ausgebrochen.

Alle Gerichts- und Polizeibehörden werden daher ersucht, auf den unten näher signalisirten Bahr gefällig vigiliren, im Betretungsfalle ihn anhalten und an das unterzeichnete Justitiariat abliefern zu lassen.

Steckelsdorf, im Justitiariate für Trenthorst, den 5. Mai 1862.

Esmarch.

Signalement:

Name: Franz Joachim Jacob Bahr aus Juliusburg, Alter: 39 Jahr, Größe: $62\frac{1}{2}$'' Seel. Maaße, Haare: dunkelblond und lang, Stirn: rund, Augenbraunen: braun, Augen: blau, Nase: spitz, Mund: klein, Zähne: gesund, Ohren: klein, Kinnbart: dunkelblond, Kinn: rund, Gesichtsfarbe: gesund, Gesicht: länglich, Sprache: hoch- und plattdeutsch, Rücken: grade, Schultern und Beine: stark, Hände: klein, Finger: lang und dünn. Besondere Kennzeichen: keine.

Bekleidet mit kurzem grau wollenen Oberrock, schwarzer Tuchhose und Weste, ohne Halstuch und Strümpfe, alten abgeschliffenen und abgeschnittenen Stiefeln, so wie mit grauem runden Filzhut.

№ 3.

Die unverehelichte Ida Margaretha Johanna Schütt aus Wielen, adel. Guts Wahlsdorf, ist eines in Neumünster verübten Diebstahls dringend verdächtig. Dieselbe ist 20 Jahr alt und wird mit einem neuerdings von der Klösterlichen Obrigkeit zu Preetz ausgefertigten Dienstbuche versehen sein.

Da nun der jetzige Aufenthaltsort derselben unbekannt ist, so werden die verehrlichen Polizeibehörden dienstlich ersucht, auf die gedachte Schütt vigiliren, dieselbe im Betretungsfall anhalten, sowie das Amthaus behufs ihrer Abholung hiervon gefällig in Kenntniß setzen zu wollen.

Königliches Amthaus zu Neumünster, den 1. Mai 1862.

v. Stemann.

Bekanntmachung.

Unter Bezugnahme auf den unterm 1. d. M. wider die unverehelichte Ida Margaretha Schütt aus Wielen erlassenen Steckbrief wird bemerkt, daß die genannte Schütt zwar ein unterm 28. August 1861 ausgefertigtes und auf ihren Namen lautendes Dienstbuch erhalten hat, indeß wahrscheinlich ein auf den Namen der Magdalena Wilhelmine Ulricke Hitzfeldt aus Preetz, geb. den 23. Octbr. 1841, am 27. April 1856 zu Preetz ausgestelltes Dienstbuch zu ihrer Legitimation benutzt.

Königl. Amthaus zu Neumünster, den 8. Mai 1862.

v. Stemann.

Edictal-Citationes.

№ 1.

Auf Ansuchen der Ehefrau Anna Christine Maria Dreis, geb. Friederichsen, hieselbst ist zur mündlichen Verhandlung der von ihr gegen ihren behauptlich seit dem 27. August 1855 abwesenden Ehemann, den Fabrikarbeiter Adolph Sebastian Dreis, auf Trennung der Ehe gerichteten Klage ein Termin auf den 14. Juli 1862, Mittags 12 Uhr, anberaumt worden, wozu der abwesende Beklagte hierdurch edictaliter und peremtorisch geladen wird, unter der Aufgabe, in diesem Termin persönlich zu erscheinen, die Klage zu vernehmen, darauf zu antworten und Spruch Rechtens zu gewärtigen, und unter der Drohung, daß im Fall seines ungehorsamen Ausbleibens dennoch das Rechtliche werde erkannt werden.

Decretirt Kiel, den 22. April 1862.

Das Stadtconsistorium.

In fidem: *G. F. Witte*, Syndicus.

№ 2.

Auf den Antrag der Ehefrau Anna Elise Lentsch, geb. Schmidt, in Wiemersdorf wird deren seit August 1855 verschollener Ehemann, der vormals zu Bramstedt wohnhaft gewesene Johannes Adolph Hinrich Lentsch, hiedurch citirt und geladen, sich am Donnerstag den 2. October d. J., Vormittags 10 Uhr, auf dem hiesigen Amthause vor dem alsdann versammelten Consistorio einzufinden, um zu vernehmen, was die Citantin wegen böslicher Verlassung wider ihn vorbringen wird und darauf zu antworten, im Falle des Ausbleibens aber zu gewärtigen, daß wider ihn erkannt werde, was den Rechten gemäß.

Segeberger Consistorium, den 19. April 1862.

Pr., Pr. et Ass. Consist.

In fidem: H. F. Jacobsen.

№ 3.

Da die Ehefrau Margaretha Wilhelmine Dorothea Grönwoldt, geb. Imbeck, in Blankenese c. cur. hieselbst vorgestellt, daß ihr Ehemann, der Steuermann

Johann Hermann Grönwoldt aus Blankenese, sie böslich verlassen habe und sein jetziger Aufenthalt ihr unbekannt sei, weshalb sie um eine Edictalladung gebeten hat:

So wird in Deferirung dieser Bitte gedachter Ehemann Johann Hermann Grönwoldt hiedurch peremtorisch geladen und befehligt, vor dem am Montage den 16. Juni d. J. zu haltenden ordentlichen Pinneberger Consistorium bereit und gefaßt zu erscheinen und zu vernehmen, was seine Ehefrau wegen böslicher Verlassung wider ihn vorbringen wird, darauf zu antworten und Spruch Rechtens zu gewärtigen, mit der Verwarnung, daß, er erscheine alsdann oder nicht, dennoch auf ferneren Antrag der Klägerin in dieser Sache ergehe, was den Rechten gemäß.

Pinneberger Consistorium, den 25. April 1862.

Wommelsdorff-Friedrichsen. *Mestorff.*

Mohrdiek.

№ 4.

Da die Ehefrau Catharina Piening, geb. Stockfleth, zu Klevendeich c. cur. dieselbst vorgestellt, daß ihr Ehemann Johann Piening aus Elmshorn sie böslich verlassen habe und sein jetziger Aufenthalt ihr unbekannt sei, weshalb sie um eine Edictalladung gebeten hat:

So wird in Deferirung dieser Bitte gedachter Ehemann Johann Piening hiedurch peremtorisch geladen und befehligt, vor dem am Montage den 16. Juni d. J. zu haltenden ordentlichen Pinneberger Consistorium bereit und gefaßt zu erscheinen und zu vernehmen, was seine Ehefrau wegen böslicher Verlassung wider ihn vorbringen wird, darauf zu antworten und Spruch Rechtens zu gewärtigen, mit der Verwarnung, daß, er erscheine alsdann oder nicht, dennoch auf ferneren Antrag der Klägerin in dieser Sache ergehe, was den Rechten gemäß.

Pinneberger Consistorium, den 25. April 1862.

Wommelsdorff-Friedrichsen. *Mestorff.*

Mohrdiek.

№ 5.

Extract der Edictal-Citation
an den abwesenden Hans Wriedt aus Kirch-Barkau.

Der Inste Hans Wriedt aus Kirch-Barkau, welcher sich heimlich von dort entfernt hat, wird hierdurch peremtorisch geladen und befehligt, am Mittwoch den 5. November d. J. vor dem alsdann auf dem Rathhause der Stadt Kiel versammelten Königlichen Kieler Landconsistorialgerichte zu erscheinen, zu vernehmen, was seine Ehefrau Anna Wriedt, geb. Voß, wegen böslicher Verlassung gegen ihn vortragen wird, darauf zu antworten und Spruch Rechtens zu gewärtigen, unter der Verwarnung, daß auch im Falle des Ausbleibens auf seiner genannten Ehefrau ferneres Anhalten werde erkannt werden, was den Rechten gemäß.

Königl. Kieler Landconsistorium, den 15. April 1862.

Director, Probst und Assessoren.

In fidem: C. Rahtlev.

Proclamata.

№ 1.

Erste Bekanntmachung.

Demnach der Nachlaß des unlängst verstorbenen Popke Abels Poppen im Kronprinzenkoege wegen unmündiger Leibeserben gerichtlich zu reguliren steht, so wird auf Antrag des Hrn. Inspectors Kier im König Frederik VII. Koege den nichtprotocollirten Gläubigern des benannten defuncti, und zwar den auswärtigen mit der Auflage, Procuratur zu bestellen, hiemittelst anbefohlen, ihre Ansprüche, bei Verlust derselben, binnen 12 Wochen, von der letzten Bekanntmachung dieses Proclams angerechnet, im Königlichen Inspectorat der vereinigten Süderdithmarscher Koege anzugeben.

Königliches Oberinspectorat der vereinigten Süderdithmarscher Koege zu Meldorf, den 7. Mai 1862.

Müllenhoff.

In fidem copiae: Müllenhoff.

№ 2.

Erste Bekanntmachung.

Auf desfallsiges Anhalten werden Alle und Jede, welche an die zu Eiderstede, Amts Bordesholm, belegene von dem bisherigen Besitzer Jürgen Friedrich Hesse an Claus Hamann daselbst verkaufte Hufenstelle c. p. nichtprotocollirte Forderungen und Ansprüche zu haben vermeinen, von Gerichtswegen hiedurch aufgefordert, sich damit, bei Strafe der Ausschließung und des Verlustes ihrer Gerechtsame, binnen 12 Wochen, vom Tage der letzten Bekanntmachung dieses Proclams angerechnet, und zwar Auswärtige unter Bestellung von Actenprocuratur, im Amtsactuariate zu Bordesholm rechtsgehörig zu melden.

Königl. Gericht für das Amt Bordesholm.

Bordesholm, den 6. Mai 1862.

Carstens.

In fidem: Carstens.

№ 3.

Erste Bekanntmachung.

Alle, welche an die vier im Gute Stockelsdorf belegenen, von dem bisherigen Besitzer Jacob Hachmann an den Justizrath Michelsen aus Oldesloe verkauften Erbpachtsstellen, als nämlich:

die Erbpachtsstelle zu Bohnrade;
die ebendaselbst belegenen, den früheren Besitzern des Arfrader Hofes in Erbpacht überlassenen, zum Gute Stockelstorf gehörigen Ländereien;
die ebendaselbst situirte frühere Damm'sche Stelle, und
die zu Bareneck belegene, ehemals dem Friederich Nicolaus Rieck gehörig gewesene Erbpachtsstelle,

dingliche nichtprotocollirte Ansprüche und Forderungen irgend einer Art zu haben vermeinen, werden, mit Rücksicht darauf, daß Verkäufer dem Käufer ein reines Folium versprochen hat, hiedurch, bei Strafe der Ausschließung und des ewigen Stillschweigens, aufgefordert, sich mit diesen ihren Ansprüchen innerhalb 12 Wochen, vom Tage der letzten Bekanntmachung angerechnet, beim hiesigen Justitiariat zu melden, die ihre Ansprüche begründenden Documente in Ur- und Abschrift einzulegen, und zwar Auswärtige unter Bestellung von Actenprocuratoren.

Stockelstorf, im Justitiariate, den 2. Mai 1862.

Esmarch.

№ 4.

Erste Bekanntmachung.

Auf den Antrag des Nicolaus Sellhorn werden, mit Ausnahme der protocollirten Creditoren, Alle und Jede, welche an die von demselben verkaufte zu Boßhöblen bei Todesfelde belegene Kathenstelle c. pert. dingliche Ansprüche und Forderungen zu haben vermeinen möchten, hiedurch aufgefordert, sich damit innerhalb 12 Wochen, vom Tage der letzten Bekanntmachung dieses Proclams, bei Strafe des Ausschlusses, im Segeberger Königl. Actuariat rechtsgehörig, Auswärtige unter Procuraturbestellung, zu melden.

Segeberger Amtsgericht, den 3. Mai 1862.

Pr. et Ass. jud.

In fidem: H. F. Jacobsen.

№ 5.

Erste Bekanntmachung.

Nachdem über die Habe und Güter des weil. Peter Georg Carl Hansen in Blankenese und dessen Wittwe Henriette Hansen, geb. Teppe, daselbst, der Concurs der Gläubiger erkannt worden ist, werden von Gerichtswegen hiedurch Alle und Jede, welche an das gedachte Vermögen aus irgend einem Grunde Ansprüche und Forderungen zu haben vermeinen, hiedurch aufgefordert, sich damit, bei Vermeidung der Ausschließung von der Concursmasse, innerhalb 12 Wochen, vom Tage der letzten Bekanntmachung dieses Proclams angerechnet, im Actuariate des Gerichts zu melden, die ihre Ansprüche und Forderungen begründenden Documente im Original zu produciren, beglaubigte Abschriften davon beim Angabeprotocoll zurückzulassen und, wenn sie Auswärtige sind, einen Actenprocurator zu bestellen.

Pinneberger Concursgericht, den 28. April 1862.

Wommelsdorff-Friedrichsen. H. A. Tetens.

Mohrdiek.

№ 6.

Erste Bekanntmachung.

Da auf Anhalten eines Creditors über das auf des verstorbenen Gysbert Elking Münster Namen im hiesigen Stadtbuche beschriebene, an der großen Marienstraße belegene, mit Johann Hinrich Bernett im Westen, Franz Heinrich Johann Jürgens im Osten und den Gebrüdern Hörmann im Norden benachbarte Erbe der Specialconcurs erkannt worden: so werden von Gerichtswegen Alle und Jede, welche an dasselbe aus irgend einem rechtlichen Grunde Ansprüche oder Forderungen zu haben vermeinen — mit alleiniger Ausnahme der protocollirten Gläubiger — bei Strafe der Ausschließung und des ewigen Stillschweigens, aufgefordert und befehligt, solche, in Gemäßheit der Verordnung vom 14. April 1840, betreffend das Subhastationsverfahren, binnen 6 Wochen, nach der letzten Bekanntmachung dieses Proclams, im hiesigen ersten Stadtsecretariate und spätestens am

7. Juli d. J.,

als dem peremtorischen Angabetermine, im Obergericht hieselbst anzumelden, wobei die die Ansprüche begründenden Documente in Urschrift vorzuzeigen und in Abschrift zurückzulassen sind, Auswärtige auch wegen gehöriger Procuraturbestellung das Nöthige wahrzunehmen haben.

Zum öffentlichen Verkaufe des beregten Erbes ist Termin auf

Montag den 16. Juni d. J.

anberaumt worden, an welchem Tage, Nachmittags 2 Uhr, die Kaufliebhaber im hiesigen Rathskeller sich einfinden und den Handel versuchen können.

Wornach Beikommende sich zu achten!

Altona, im Obergerichte, den 1. Mai 1862.

Ex Decreto Senatus.

№ 7.

Zweite Bekanntmachung.

Wenn die Erlassung eines landüblichen Proclams über den wegen Concurrenz abwesender und unmündiger Erben der gerichtlichen Regulirung unterzogenen Nachlaß des am 6. Mai v. J. in Wandsbeck verstorbenen Justizraths C. A. Glien, ehemaligen Zollkassirers in Husum, für erforderlich erachtet worden ist,

So wird von Obergerichtswegen Allen und Jeden,

mit Ausnahme der bekannten Erben, welche aus irgend einem Grunde nichtprotocollirte Forderungen und Ansprüche an den Nachlaß des wail. Justizraths C. A. Ølien zu haben vermeinen, hiedurch anbefohlen, dieselben, bei Strafe der Ausschließung und des ewigen Stillschweigens, innerhalb 12 Wochen, vom Tage der letzten Bekanntmachung dieses Proclams angerechnet, bei dem Kanzlei- und Obergerichtssecretair v. Prangen hieselbst, unter Producirung der betreffenden Originaldocumente und Zurücklassung beglaubigter Abschriften, so wie von Auswärtigen unter Procuraturbestellung, anzumelden.

Wornach sich zu achten.

Urkundlich unterm vorgedruckten größern Gerichtsinsiegel. Gegeben im Königl. Holsteinischen Obergericht zu Glückstadt, den 24. April 1862.

(L. S.) *v. Schirach.* *Henrici.*

v. Prangen.

№ 8.

Zweite Bekanntmachung.

Auf Ansuchen der Wittwe Margaretha Lischau, geb. Langbehn, als testamentarischer Erbin des am 13. März 1862 hieselbst verstorbenen Weinhändlers Joachim David Lischau, werden Alle, welche an den genannten Erblasser und dessen Nachlaß aus irgend einem Grunde als Eigenthümer, Gläubiger oder in anderer Weise Ansprüche oder Forderungen zu haben glauben, mit alleiniger Ausnahme der protocollirten Gläubiger, bei Strafe der Präclusion, aufgefordert, innerhalb 12 Wochen, von der letzten Bekanntmachung dieses Proclams angerechnet, im Stadtsyndicat sich zu melden und, insoweit die Profitenten außerhalb Kiels wohnen, Procuratoren zu bestellen.

Kiel, den 19. April 1862.

Der Magistrat.

In fidem: *G. F. Witte*, Syndicus.

№ 9.

Zweite Bekanntmachung.

Auf Ansuchen der betreffenden Creditoren und nach erwirkter Auctorisation des Königl. Holsteinischen Obergerichts vom 14. April 1862 werden Alle, welche an den nachbenannten, verloren gegangenen Obligationen:

1) einer von dem Bürger Claus Hinrich Bendix Wipperling in Kiel am 31. Januar 1858 an den Hufner Jürgen Diedr. Hamann in Stubbendorf über 160 ℛ R.-M. zu 5 pCt. Zinsen ausgestellte, zuerst am 4. Februar 1858 auf dem Folium des Debitors für dessen im 1. Quartier unter Nr. 176 auf dem kleinen Kuhberg belegenes Wohnhaus, und später am 3. Februar 1860 auf dem erwähnten Folium nach dessen Umschreibung auf den Namen des Gastwirths Johann Detlev Ehmcke nebst Agnitionsacte des neuen Debitors wieder protocollirte Schuld- und Pfandverschreibung;

2) einer von dem hiesigen Kaufmann Otto Timm am 7. Novbr. 1843 an den Altentheiler Peter Timm in Schlesen auf 250 ℛ Cour., jetzt 400 ℛ R.-M., zu 4 pCt. Zinsen ausgestellten, zuerst am 10. Novbr. 1843 auf dem Folium des Debitors für dessen am Walkerdamm belegenes Wohnhaus Nr. 80 protocollirten und später nach geschehener Umschreibung des Folium auf den jetzigen Eigenthümer des erwähnten Grundstücks, den Kaufmann Claus Peter Timm hieselbst, nebst dessen Agnitionsacte am 10. Juli 1846 wiederum protocollirten, auf den Hufenpächter Hans Hinrich Timm zu Schlesen vererbten Schuld- und Pfandverschreibung,

aus irgend einem Grunde Ansprüche zu haben glauben, hiemit aufgefordert, sich innerhalb präclusivischer Frist von 12 Wochen, vom Tage der letzten Bekanntmachung dieses Proclams, im hiesigen Stadtsyndicat anzugeben und, insofern die Profitenten außerhalb Kiel's wohnen, Procuratoren hieselbst zu bestellen, widrigenfalls aber zu gewärtigen, daß die verlorenen Documente behufs deren Exemplification oder Delirung für mortificirt erkannt werden.

Kiel, den 22. April 1862.

Der Magistrat.

In fidem: *G. F. Witte*, Syndicus.

№ 10.

Zweite Bekanntmachung.

Extr. des Procl. des 17ten Stücks № 3.

Alle und Jede, welche an den von dem weiland Johann Detlev Wilms nachgelassenen, im Gohfflecken in Neumünster belegenen, jetzt mit Nr. 19 im Brandcataster bezeichneten Grundbesitz nebst Kaufländereien dingliche, nichtprotocollirte Ansprüche zu haben vermeinen, müssen sich damit, bei Strafe des Verlustes derselben, innerhalb 12 Wochen, vom Tage der letzten Bekanntmachung dieses Proclams angerechnet, auf dem hiesigen Königlichen Actuariat, unter Beobachtung des Erforderlichen, melden.

Königl. Amthaus zu Neumünster, den 15. April 1862.

v. Stemann.

In fidem: **K. Scheel.**

№ 11.

Zweite Bekanntmachung.

Extr. des Procl. des 17ten Stücks № 4.

Alle dinglichen, nichtprotocollirten Ansprüche an die hieselbst im 1sten Quart. sub № 19 am Kirchhofe belegene Wohnbude des Schustermeisters Gottfried Heinrich Timm müssen binnen 12 Wochen, vom Tage der letzten Bekanntmachung dieses Proclams angerechnet, bei Strafe des Verlustes derselben, im hiesigen Stadtsecretariate rechtsgehörig angemeldet werden.

Lütjenburg, den 23. April 1862.

(L. S.) Bürgermeister und Rath.

Zur Beglaubigung: H. Brinkmann.

№ 12.

Zweite Bekanntmachung.

Extr. des Procl. des 18ten Stücks № 1.

Dingliche nicht protocollirte Ansprüche an die von dem Eingesessenen Hans Hinrich Glißmann an Hinr. Breiholz verkaufte $^{1}/_{16}$ Hufe in Raade, Kirchspiels Hohenwestedt, sind innerhalb 12 Wochen im hiesigen Amtsactuariat anzugeben.

Rendsburger Amthaus, den 23. April 1862.

E. v. Harbou.

Brenning.

№ 13.

Zweite Bekanntmachung.

Extr. des Procl. des 18ten Stücks № 3.

Alle und Jede, welche an die Concursmasse des Ludolph Heinrich Ernst Gabe zu Bockhorst nicht protocollirte Ansprüche und Forderungen, mit Einschluß etwaiger Eigenthumsansprüche auf einzelne Theile der Concursmasse, zu haben vermeinen oder Pfänder von ihm besitzen, müssen sich damit, bei Strafe der Ausschließung von dieser Masse und des Verlustes ihres Pfandrechts, innerhalb 12 Wochen, von der letzten Bekanntmachung dieses Proclams angerechnet, im hiesigen Justitiariate ordnungsmäßig melden.

Hanerau, im Justitiariate, den 26. April 1862.

H. Lundius.

№ 14.

Dritte und letzte Bekanntmachung.

Die weiland Majorin v. Schmidt, geb. Gräfin v. Ahlefeldt-Laurwig, hat unterm 2. April 1822 zu Rendsburg eine testamentarische Disposition errichtet, in welcher die Jungfer Margaretha Catharina Schmidt im ersten § zu ihrer Universalerbin eingesetzt, im folgenden § jedoch über ein Capital von 10,000 ℛ Dän. Crt. dahin verfügt worden ist, daß die gedachte Jungfer Marg. Schmidt nur, so lange sie lebe, jährlich die Zinsen desselben genießen, das ganze Capital dagegen nach ihrem Tode den Geschwistern der Erblasserin oder deren sonstigen gesetzlichen Erben zufallen solle. Da nunmehr auch obgedachte Jungfer Marg. Schmidt in Rendsburg mit Tode abgegangen und daher die Vorschriften des § 2 der erwähnten testamentarischen Disposition, welche wörtlich folgendermaaßen lauten:

„Ebenfalls verordne ich hiedurch cum Do. etc., „daß meine mehrgedachte Jungfer Margaretha „Catharina Schmidt, um derselben so viel mög„lich ein sorgenfreies Alter zu sichern, diejenigen „Zinsengelder, welche ich von dem in dem väter„lichen Testamente d. d. Tranekier Schloß den „17. Mai 1791 mir ausgesetzten Capital von „10,000 ℛ Däuisch. Courant oder deren Wäh„rung nach jetziger verordnungsmäßiger Berech„nungsweise jährlich beziehe, auch nach meinem „Tode, so lange sie lebt, jährlich genießen soll, „wohingegen das mir ausgesetzte Capital selbst „nach dem Tode meiner oftermähnten Jungfer „Margaretha Catharina Schmidt meinen Ge„schwistern oder sonstigen gesetzlichen Erben zu„fallen soll“,

jetzt zur Anwendung kommen, so ist die Erlassung eines öffentlichen Proclams an Beikommende für erforderlich erachtet worden.

Demnach werden von Obergerichtswegen Alle und Jede, welche nach Maaßgabe und in Anleitung des vorerwähnten § 2 des Testaments der weiland Majorin v. Schmidt, geb. Gräfin v. Ahlefeldt-Laurwig, nunmehr Erbansprüche an den in einem Capitalvermögen von 10,000 ℛ Dän. Crt. bestehenden Nachlaß zu haben vermeinen, hiemittelst, sub poena praeclusi et perpetui silentii, aufgefordert und befehligt, sich innerhalb 12 Wochen, vom Tage der letzten Bekanntmachung dieses Proclams angerechnet, bei dem Kanzlei- und Obergerichtssecretair v. Prangen hierselbst zu melden, ihre etwanigen Legitimationsdocumente in Ur- und Abschrift zu produciren und, falls sie Auswärtige sind, Actenprocuratoren zu bestellen.

Wornach sich zu achten!

Urkundlich unterm vorgedruckten größeren Gerichts-Insiegel. Gegeben im Königl. Holsteinischen Obergericht zu Glückstadt, den 26. März 1862.

(L. S.) *v. Schirach.* *Henrici.*

v. Prangen.

№ 15.

Dritte und letzte Bekanntmachung.

Von Gerichtswegen

werden auf Antrag des Andreas Stammer in Heide, als Güterpflegers, die Creditoren des Kaufmanns Friedrich Emil Dehn in Heide, jedoch mit gesetzlicher Ausnahme der protocollirten, hiemittelst geladen, alle ihre an den gedachten Bonicedenten habende Forderungen und Ansprüche innerhalb 12 Wochen, vom Tage der letzten Bekanntmachung dieses Proclams (und zwar Auswärtige nach vorher bestellter Actenprocuratur), in der Kirchspielschreiberei zu Heide gehörig anzugeben und verzeichnen zu lassen, im Widrigen aber zu gewärtigen, wie sie von dieser Concursmasse werden präcludirt werden.

Wornach sich zu achten.

Königl. Norderdithmarsische Landvogtei zu Heide, den 2. April 1862.

Hansen.

In fidem: Scholtz.

Pro copia: Wiencke.

№ 16.

Dritte und letzte Bekanntmachung.

Da auf geschehene Insolvenz-Erklärung

1) des hiesigen Bürgers und Schuhmachermeisters Jacob Caspar Dieckmann,

2) des hiesigen Bürgers und Küpermeisters Johann Carl Nicolaus Eckermann und dessen Ehefrau Anna Catharina Margaretha Eckermann, verwittwet gewesenen Brumm, geb. Mohr,

3) des hiesigen Bürgers und Zimmermeisters Johann Simon Averhoff

der Concurs der Gläubiger erkannt worden, so werden von Gerichtswegen Alle und Jede, mit alleiniger Ausnahme der protocollirten Gläubiger, welche an obgenannte Personen aus irgend einem rechtlichen Grunde Ansprüche und Forderungen zu haben vermeinen oder Pfandstücke oder Sachen von ihnen besitzen sollten, bei Strafe der Ausschließung und resp. des Verlustes ihres Pfandrechts, hiedurch aufgefordert und angewiesen, solche binnen 12 Wochen, nach der letzten Bekanntmachung dieses Proclams, Auswärtige unter Procuratur-Bestellung, in dem hiesigen Stadtsecretariate anzumelden, auch die ihre Ansprüche begründenden Documente im Original zu produciren.

Gleichzeitig werden, da dem seit vielen Jahren abwesenden und verschollenen Advocaten Wilhelm von Prangen nach seiner kürzlich hierselbst verstorbenen Mutter, der weil. Wittwe Engel Catharina von Prangen, geb. Boie, ein Erbtheil zugefallen, dieser Abwesende, eventuell dessen unbekannte Erben, in Gemäßheit der Verordnung vom 9. November 1798 unter der Androhung, daß widrigenfalls nach Vorschrift dieser Verordnung mit diesem Erbtheil werde verfahren werden, sowie auch die etwanigen Gläubiger der genannten Verstorbenen, letztere bei Strafe des Verlustes ihrer Ansprüche, hiedurch aufgefordert, binnen der gedachten Frist von 12 Wochen in dem hiesigen Stadtsecretariat sich zu melden, sich resp. zu legitimiren und wegen Procuratur-Bestellung und Producirung ihrer Documente das Erforderliche wahrzunehmen.

Signatum Glückstadt, den 7. April 1862.

(L. S. C.) Präsident, Bürgermeister und Rath.

№ 17.

Dritte und letzte Bekanntmachung.

Wenn zu den Miterben des in Lohe verstorbenen Hinrich Saß auch der zur See abwesende Johann Saß, ehelicher Sohn der weil. Eheleute Jochim Saß und Elsche Saß, geb. Kelting, gehört und über dessen Aufenthalt nichts hat in Erfahrung gebracht werden können: so wird derselbe nach gesetzlicher Vorschrift aufgefordert, sich innerhalb 12 Wochen, a publ. ult., auf dem hiesigen Syndicate zu melden, widrigenfalls mit seinem Erbtheil nach Vorschrift der Gesetze auf seine Kosten wird verfahren werden.

Gegeben Uetersen, den 12. April 1862.

Klösterliche Obrigkeit.

№ 18.

Dritte und letzte Bekanntmachung.

Extr. des Procl. des 15ten Stücks № 4.

Alle und Jede, welche an die Concursmasse des Claus Oehlsen zu Oersdorf nichtprotocollirte Ansprüche und Forderungen, mit Einschluß etwaiger Eigenthumsansprüche auf einzelne Theile der Concursmasse, zu haben vermeinen, oder Pfänder von ihm besitzen, müssen sich damit, bei Strafe der Ausschließung von dieser Masse und des Verlustes ihres Pfandrechts, innerhalb 12 Wochen, von der letzten Bekanntmachung dieses Proclams angerechnet, im hiesigen Justitiariat ordnungsmäßig melden.

Hanerau im Justitiariate, den 5. April 1862.

H. Lundius.

№ 19.

Dritte und letzte Bekanntmachung.

Extr. des Procl. des 15ten Stücks № 6.

Alle und jede Ansprüche, sei es wegen Erbrechts oder aus irgend einem andern Grunde, an den Nachlaß des weiland Dierk Wientapper in Schulau, insbesondere an die dazu gehörige, in Schulau belegene, im Schuld- und Pfandprotocoll Nr. 3 Fol. 240 aufgeführte Besitzung, allein die protocollirten Forderungen ausgenommen, sind, bei Vermeidung der Präclusion und des ewigen Stillschweigens, innerhalb 12 Wochen, vom Tage der letzten Bekanntmachung dieses Proclams angerechnet, im Actuariate des Gerichts rechtsbehörig anzumelden.

Pinneberger Concurs- und Erbtheilungsgericht, den 10. April 1862.

Wommelsdorff-Friedrichsen. H. A. Tetens.

Mohrdieck.

№ 20.

Dritte und letzte Bekanntmachung.

Extr. des Procl. des 16ten Stücks № 3.

Gläubiger und Pfandinhaber der verstorbenen Eheleute Joh. Martin Friedr. Wittig, weil. Zimmermeister in Rendsburg, und Dorothea Christine Wittig, geb. Schmackels, müssen ihre Forderungen und Ansprüche an den Nachlaß derselben, so wie nichtprotocollirte dingliche Rechte an die zu diesem Nachlasse gehörige, in hiesiger Altstadt bei der Schleifmühle sub Nr. 6 belegene Wohnbude, endlich etwanige von den Verstorbenen erhaltene Faustpfänder, resp. sub pœna præclusi und bei Verlust der Pfandrechte, binnen 12 Wochen, von der letzten Bekanntmachung dieses Proclams, Auswärtige unter Procuraturbestellung, im städtischen Actuariat hieselbst gehörig anmelden.

Rendsburg, den 16. April 1862.

(L. S. C.) Der Magistrat.

№ 21.

Dritte und letzte Bekanntmachung.

Extr. des Procl. des 16ten Stücks № 4.

Alle Ansprüche an die dem Bäcker Hans Hinrich August Schröder in Ahrensböck zuständigen Ahrensböcker Altfleckens- und Vorwerksländereien, an den dem Viertelhufner Johann Hinrich Steen in Havekost zugehörenden Theil vom Gehege Scharfen Köhlen, an den Nachlaß des weil. Majors a. D. von Krabbe in Ahrensböck, an den Nachlaß des weil. Parzelisten Peter Hinrich Weede im Vorwerk Süsel, und an den Nachlaß des weil. Haushalters Hans Jochim Stender in Bohl, Amts Plön, mit Ausnahme der protocollirten, sind, bei Strafe des Verlustes derselben, innerhalb 12 Wochen im Plön-Ahrensböcker Actuariate anzumelden.

Königl. Amthaus zu Plön, den 12. April 1862.

Abs. Dom. Pr.: *Friederici.*

In fidem: Friederici.

№ 22.

Dritte und letzte Bekanntmachung.

Extr. des Procl. des 16ten Stücks № 5.

Alle und Jede, welche nichtprotocollirte dingliche Ansprüche an das dem hiesigen Bürger und Hausbesitzer Ernst Barfknecht gehörig gewesene, sub Nr. 127 hiesiger Altstadt belegene Haus c. p. nebst Kaufland zu haben vermeinen, haben solche, bei Vermeidung der rechtlichen Nachtheile und unter Wahrnehmung des Erforderlichen, innerhalb 12 Wochen, vom Tage der letzten Bekanntmachung dieses Proclams angerechnet, im hiesigen Stadtsecretariat anzumelden.

Decretum Plön, in Curia, den 15. April 1862.

Bürgermeister und Rath.

M. Fahlberg, conſt.

Beilage
zum 20. Stück der Holsteinischen Anzeigen.

Montag den 19. Mai 1862.

Bekanntmachungen.

№ 1.

Letzte Bekanntmachung.

Extract

aus dem im 18ten Stück dieser Zeitung inserirten Proclam über die im Jahre 1861 im Herzogthum Holstein geborgenen geringfügigen Strandgüter.

Im Jahre 1861 sind zufolge der Berichte der Pinneberger Landdrostei, der Obrigkeit der adeligen Güter Seestermühe und Groß- und Klein-Collmar, der Norderdithmarscher Landvogtei, der Süderdithmarscher Landvogtei, des Steinburger Amthauses, des Inspectorats des Hedwigenkoogs, des Justitiariats der Güter Haselau und Haseldorf, des Heiligenhafener Magistrats und des Oberpräsidiums der Stadt Altona verschiedene im 18ten Stück dieser Zeitung näher angegebene, an der Holsteinischen Küste oder in offener See geborgene Güter von geringfügigem Werthe an die bezeichneten Behörden abgeliefert.

Die Eigenthümer derselben werden hiedurch aufgefordert, sich, insofern es nicht bereits geschehen, binnen 4 Wochen, nach der letzten Bekanntmachung dieses Proclams, bei den zugleich angegebenen Behörden zu melden, indem jene Strandgüter, soweit solches nicht schon verfügt ist, nach Maaßgabe des Patents vom 27. November 1804 öffentlich verkauft und die weiteren Bestimmungen über den Erlös aus denselben getroffen werden sollen.

Königliches Ministerium für die Herzogthümer Holstein und Lauenburg, den 24. April 1862.

Für den Minister:
W. Rumohr.

Griebel.

№ 2.

Von Gerichtswegen

wird hiedurch zu Jedermanns Kunde gebracht, daß, nachdem der bisherige curator personæ et bonorum des geistesschwachen Johann Klüfer auf dem Dingen von dieser Curatel seine Entlassung erhalten hat, dem Letzteren nunmehr in der Person des Eingesessenen Jürgen Dohrn auf dem Dingen ein anderweitiger Curator hinwiederum bestellt worden ist, so daß ohne dessen Genehmigung keine Rechtsgeschäfte mit gedachtem Johann Klüfer rechtsgültig eingegangen werden können.

Königl. Süderdithmarscher Landvogtei zu Meldorf, den 9. Mai 1862.

(L. S.) *Müllenhoff.*

Fabricius.

Zur Beglaubigung: Fabricius.

№ 3.

Wenn der Setzwirth Johann Hinrich Behlens zu Willinghusen sich freiwillig der Verwaltung seines Vermögens und des seiner Ehefrau begeben hat und der Setzwirth Jacob Bohlens zu Willinghusen ihm zum Vermögenscurator, dessen Ehefrau aber als curator sexus bestellt worden ist, so wird dieses hierdurch angezeigt mit dem Hinzufügen, daß alle Rechtsgeschäfte, welche von J. H. Behlens und dessen Ehefrau ohne Einwilligung des genannten Curators in Zukunft abgeschlossen werden, nichtig sind.

Königliches Gericht für das Amt Reinbeck.

Trittau, den 27. April 1862.

G. v. Linstow.

Testaments-Publication.

Von Gerichtswegen

werden auf Anhalten der Wittwe Anna Catharina Woodmann, geb. Peters, in Süderdeich, als angeblicher Testamentserbin nach ihrem unlängst verstorbenen Ehemann Johann Hinrich Adolph Woodmann daselbst, die unbekannten Intestaterben des genannten Johann Hinrich Adolph Woodmann, wailand in Süderdeich, hiemittelst geladen, am Montag den 16. Juni d. J., Vormittags 10 Uhr, im landschaftlichen Hause zu Heide vor dem alsdann daselbst versammelten Norderdithmarscher Gericht zu erscheinen, um der Eröffnung und Publication des von dem genannten defunctus hinterlassenen Testaments beizuwohnen, mit der Verwarnung, daß auch im Falle ihres Ausbleibens mit solchen Acten den Rechten nach wird verfahren werden.

Königl. Norderdithmarsische Landvogtei zu Heide, den 3. Mai 1862.

Hansen.

In fidem: Scholtz.

Testaments-Publication.

Zur Publication des in gerichtlichem Verwahrsam befindlichen Testaments der am 28. v. M. in Garstedt verstorbenen Wittwe Catharina Münster, geb. Fischer, früher in Ellerau, adel. Guts Caden, ist Termin auf Mittwoch den 4. Juni d. J., Vormittags 11 Uhr, anberaumt, welches für Beikommende zur Wahrnehmung ihrer Gerechtsame hiedurch bekannt gemacht wird.

Altona, im Cadener Justitiariat, den 9. Mai 1862.

J. C. Hilmers.

König Christian VIII. Ostseebahn.

General-Versammlung der Actionaire

am Donnerstag den 12. Juni 1862,
Vormittags 12 Uhr,
im Bahnhofsgebäude in Altona.

Gegenstände der Verhandlung:

1) Berichterstattung des Ausschusses und der Direction.
2) Wahl für die in Gemäßheit § 54 des Statuts austretenden fünf Ausschußmitglieder.

Der Generalversammlung beizuwohnen und in derselben die Rechte der Actionaire auszuüben sind zufolge § 41 des Statuts nur diejenigen Actionaire berechtigt, welche am Mittwoch den 11. Juni von 10 bis 1 Uhr Morgens und von 4 bis 7 Uhr Nachmittags, oder am Tage der Generalversammlung von 9 bis 11½ Uhr Morgens im Büreau der Gesellschaft im Bahnhofsgebäude in Altona die vorgeschriebenen schriftlichen Erklärungen, wozu die gedruckten Schemata ebendaselbst abzufordern sind, unter Vorzeigung ihrer Actien eingereicht haben. Die Actien werden sogleich zurückgegeben, nebst Einlaßkarten, die auch zur Legitimation beim Stimmen dienen.

Altona, den 14. Mai 1862.

Der Ausschuß.
Theod. Reincke, Vorsitzender.

Steckbriefe.

№ 1.

Der wegen Diebstahls in Untersuchung gezogene Tischler Friedrich Wilhelm Kruse aus Tankenrade ist aus der Detention in Ahrensböck entsprungen.

Sämmtliche Behörden des In- und Auslandes werden, unter Hinweisung auf das untenstehende Signalement, dienstergebenst ersucht, auf diesen Menschen zu vigiliren, ihn im Betretungsfalle zu arretiren und eventuell behufs seiner Abholung gegen Kostenerstattung demnächst eine Anzeige anhero zu beschaffen.

Königliches Ahrensböcker Amthaus zu Plön, den 7. Mai 1862. *W. C. v. Levetzau.*

Signalement:

Alter: 46 Jahr, Statur: groß und schlank, Haare: blond, weiß melirt, Stirn: hoch, Augenbraunen: blond, Augen: grau, Nase: lang und spitz, Mund: gewöhnlich, Bart (Kinn- und Backenbart): blond, Kinn: spitz, Gesicht: länglich und schmal, Gesichtsfarbe: gesund. Besondere Kennzeichen: Wanne am untern Augenliede des linken Auges. Die Spitze des ersten Gliedes am linken Zeigefinger fehlt. Kleidung: schwarzer Tuchrock, Tuchweste mit einer Reihe Knöpfen, Hose von grobem schwarz-grauen Buckskin, Vorhemd, schwarz seidenes Halstuch, Tuchmütze mit Schirm, Halbstiefeln.

№ 2.

Der bei dem unterzeichneten Justitiariate wegen Diebstahls in Untersuchung befindliche und in Trenthorst detinirte Maurergeselle Franz Joachim Jacob Bahr aus Juliusburg, Herzogthums Lauenburg, ist in der Nacht vom 3. auf den 4. d. M. aus dem dortigen Gefängnisse ausgebrochen.

Alle Gerichts- und Polizeibehörden werden daher ersucht, auf den unten näher signalisirten Bahr gefällig vigiliren, im Betretungsfalle ihn anhalten und an das unterzeichnete Justitiariat abliefern zu lassen.

Stockelstorf, im Justitiariate für Trenthorst, den 5. Mai 1862. *Esmarch.*

Signalement:

Name: Franz Joachim Jacob Bahr aus Julinsburg, Alter: 30 Jahr, Größe: 62¼" Seel. Maaße, Haare: dunkelblond und lang, Stirn: rund, Augenbrauen: braun, Augen: blau, Nase: spitz, Mund: klein, Zähne: gesund, Ohren: klein, Kinnbart: dunkelblond, Kinn: rund, Gesichtsfarbe: gesund, Gesicht: länglich, Sprache: hoch- und plattdeutsch, Rücken: grade, Schultern und Beine: stark, Hände: klein, Finger: lang und dünn. Besondere Kennzeichen: keine.

Bekleidet mit kurzem grau wollenen Oberrock, schwarzer Tuchhose und Weste, ohne Halstuch und Strümpfe, alten abgeschlissenen und abgeschnittenen Stiefeln, so wie mit grauem runden Filzhut.

№ 3.

Die unverehelichte Ida Margaretha Johanna Schütt aus Wielen, adel. Guts Wahlsdorf, ist eines in Neumünster verübten Diebstahls dringend verdächtig. Dieselbe ist 20 Jahr alt und wird mit einem neuerdings von der Klösterlichen Obrigkeit zu Preetz ausgefertigten Dienstbuche versehen sein.

Da nun der jetzige Aufenthaltsort derselben unbekannt ist, so werden die verehrlichen Polizeibehörden dienstlich ersucht, auf die gedachte Schütt vigiliren, dieselbe im Betretungsfall anhalten, sowie das Amthaus behufs ihrer Abholung hiervon gefällig in Kenntniß setzen zu wollen.

Königliches Amthaus zu Neumünster, den 1. Mai 1862. *v. Stemann.*

Bekanntmachung.

Unter Bezugnahme auf den unterm 1. d. M. wider die unverehelichte Ida Margaretha Schütt aus Wielen erlassenen Steckbrief wird bemerkt, daß die genannte Schütt zwar ein unterm 26. August 1861 ausgefertigtes und auf ihren Namen lautendes Dienstbuch erhalten hat, indeß wahrscheinlich ein auf den Namen der Magdalena Wilhelmine Ulricke Hitzfeldt aus Preetz, geb. den 23. Octbr. 1841, am 27. April 1856 zu Preetz ausgestelltes Dienstbuch zu ihrer Legitimation benutzt.

Königl. Amthaus zu Neumünster, den 8. Mai 1862.
v. Siemann.

Edictal-Citationes.

№ 1.

Von Präsidial-Consistorial-Gerichtswegen wird auf Anhalten der Ehefrau des Hinrich Ehlers aus Dellstedt, Dorothea, geb. Stange, z. Z. zu Heinnenstruck, Kirchspiels Albersdorf, gedachter ihr Ehemann Hinrich Ehlers, der sie ihrer Angabe gemäß vor nunmehr 8 Jahren böslich verlassen hat und nach Amerika ausgewandert ist, hiedurch geladen, am 23. Juni d. J., Vormittags 11 Uhr, vor dem alsdann versammelten Norderdithmarsischen Consistorialgerichte zu erscheinen und zu vernehmen, was Citantin alsdann in pcto. böslicher Verlassung gegen ihn werde vorzutragen haben, mit der Verwarnung, daß auch im Falle seines ungehorsamen Ausbleibens dennoch den Rechten gemäß werde erkannt werden.

Königl. Norderdithmarsische Landvogtei zu Heide, den 1. Mai 1862.
Hansen. Simonsen.
In fidem: Scholtz.

№ 2.

Da die Ehefrau Margaretha Wilhelmine Dorothea Grönwoldt, geb. Imbeck, in Blankenese c. cur. hieselbst vorgestellt, daß ihr Ehemann, der Steuermann Johann Hermann Grönwoldt aus Blankenese, sie böslich verlassen habe und sein jetziger Aufenthalt ihr unbekannt sei, weshalb sie um eine Edictalladung gebeten hat:

So wird in Deferirung dieser Bitte gedachter Ehemann Johann Hermann Grönwoldt hiedurch peremtorisch geladen und befehligt, vor dem am Montage den 16. Juni d. J. zu haltenden ordentlichen Pinneberger Consistorium bereit und gefaßt zu erscheinen und zu vernehmen, was seine Ehefrau wegen böslicher Verlassung wider ihn vorbringen wird, darauf zu antworten und Spruch Rechtens zu gewärtigen, mit der Verwarnung, daß, er erscheine alsdann oder nicht, dennoch auf ferneren Antrag der Klägerin in dieser Sache ergehe, was den Rechten gemäß.

Pinneberger Consistorium, den 25. April 1862.
Wommelsdorff-Friedrichsen. Messtorff.
Mohrdiek.

№ 3.

Da die Ehefrau Catharina Piening, geb. Stockfleth, zu Klevendeich c. cur. hieselbst vorgestellt, daß ihr Ehemann Johann Piening aus Elmshorn sie böslich verlassen habe und sein jetziger Aufenthalt ihr unbekannt sei, weshalb sie um eine Edictalladung gebeten hat:

So wird in Deferirung dieser Bitte gedachter Ehemann Johann Piening hiedurch peremtorisch geladen und befehligt, vor dem am Montage den 16. Juni d. J. zu haltenden ordentlichen Pinneberger Consistorium bereit und gefaßt zu erscheinen und zu vernehmen, was seine Ehefrau wegen böslicher Verlassung wider ihn vorbringen wird, darauf zu antworten und Spruch Rechtens zu gewärtigen, mit der Verwarnung, daß, er erscheine alsdann oder nicht, dennoch auf ferneren Antrag der Klägerin in dieser Sache ergehe, was den Rechten gemäß.

Pinneberger Consistorium, den 25. April 1862.
Wommelsdorff-Friedrichsen. Messtorff.
Mohrdiek.

Proclamata.

№ 1.

Erste Bekanntmachung.

Wenn von dem Obergerichtsadvocaten Lübbes in Altona, als obergerichtlich bestelltem Güterpfleger für den Nachlaß des weiland Kriegsraths Friedrich Carl Theodor Geutebrück daselbst, zur Regulirung der Masse auf die Erlassung eines Proclams angetragen und solchem Antrage vom Obergericht stattgegeben ist:

So werden von Obergerichtswegen Alle und Jede, welche an den Nachlaß des am 8. October 1861 in Altona verstorbenen Kriegsraths Friedr. Carl Theodor Geutebrück Ansprüche oder Forderungen irgend einer Art, insonderheit diejenigen, welche außer den bereits angemeldeten präsumtiven Erben — Geschwistern und Geschwisterkindern — des Erblassers, als: Juliane Christiane Auguste Walter, geb. Geutebrück, und Johanne Louise Christiane Siebler, geb. Geutebrück, in Ibenhain, Marie Friederike Theodore Rosalie Koch, geb. Hölbe, in Burgtonna, Therese Amalie Juliane Kirchner, geb. Hölbe, in Tüttleben, Friedrich Wilhelm Geutebrück in Manebach, Carl August Constantin Geutebrück in Kälberfeld, Dorothea Juliane Auguste Welcker, geb. Geutebrück, in Gotha, Georg August Eduard Geutebrück daselbst und Christian Franz Geutebrück daselbst, Erbansprüche machen zu können vermeinen, namentlich die Bruderkinder des Verstorbenen, Friedr. Wilhelm Geutebrück, Böttcher, welcher sich nach den letzten Nachrichten in Pittsburg im Staate Pennsylvanien — Nordamerika — aufgehalten und Dr. Franz Dorotheus Geutebrück, welcher sich nach den letzten Nachrichten in Atlanta im Staate Georgia — Nordamerika — aufgehalten, beide aus

Goldbach bei Gotha gebürtig, hiedurch aufgefordert und befehligt, sich innerhalb 12 Wochen, vom Tage der letzten Bekanntmachung dieses Proclams angerechnet, mit ihren Ansprüchen, unter Wahrnehmung des Rechtserforderlichen sowohl hinsichtlich der zu bestellenden Procuratur als der vorzuzeigenden Originaldocumente, bei dem Kanzelei- und Obergerichtssecretair v. Gyldenfeldt hieselbst gehörig zu melden, im Allgemeinen bei Strafe der Ausschließung und des ewigen Stillschweigens, für die beiden abwesenden Bruderkinder des Verstorbenen insbesondere mit der Androhung, daß im Nichtanmeldungsfalle mit dem ihnen zufallenden Vermögen nach gesetzlicher Vorschrift werde verfahren werden.

Urkundlich unterm vorgedruckten größeren Gerichts-Insiegel. Gegeben im Königl. Holsteinischen Obergericht zu Glückstadt, den 9. Mai 1862.

(L. S.) *v. Schirach.* *Henrici.*

v. Prangen.

№ 2.

Erste Bekanntmachung.

Wenn die Erben des weil. Hegereiters und Forstraths Johann Heinr. Ohrt zu Barlohe mit dem Bemerken, daß sie den Nachlaß desselben zwar unbedingt angetreten hätten, um in Zukunft gegen etwaige Ausforderungen Dritter gesichert zu sein, auf die Erlassung eines landüblichen Proclams hieselbst angetragen haben:

So werden von Obergerichtswegen in Deferirung dieser Bitte Alle und Jede, welche an den Nachlaß des weil. Hegereiters und Forstraths Johann Heinr. Ohrt zu Barlohe Ansprüche und Forderungen irgend welcher Art zu haben vermeinen, sub poena praeclusi et perpetui silentii, aufgefordert und befehligt, diese ihre Ansprüche und Forderungen innerhalb 12 Wochen, vom Tage der letzten Bekanntmachung dieses Proclams angerechnet, bei dem Kanzelei- und Obergerichtssecretair v. Gyldenfeldt, unter Producirung ihrer Originaldocumente und Zurücklassung beglaubigter Abschriften, zur Angabe zu bringen und, insofern sie Auswärtige sind, einen Actenprocurator zu bestellen.

Wornach sich zu achten!

Urkundlich unterm vorgedruckten größern Gerichtsinsiegel. Gegeben im Königl. Holsteinischen Obergerichte zu Glückstadt, den 12. Mai 1862.

(L. S.) *v. Schirach.* *Henrici.*

v. Gyldenfeldt.

№ 3.

Erste Bekanntmachung.

Von Gerichtswegen

wird auf Anhalten des Johann Georg Biesten, zur Zeit Apotheker in Finkenwärder, als instituirten Universalerben seines unlängst verstorbenen Bruders, des Particuliers Ludwig Christian Biesten, weil. in Heide, welcher zwar den Nachlaß des Letzteren unbedingt angetreten, zugleich aber zur Sicherung gegen unbegründete Forderungen in Nachlagen um Erlassung eines landüblichen Proclams ad indagandum statum bonorum gebeten hat, Allen und Jedem, jedoch mit Ausnahme der protocollirten Gläubiger, welche an den verstorbenen Particulier Ludwig Christian Biesten, weiland in Heide, oder an dessen Nachlaß dingliche oder persönliche Forderungen und Ansprüche aus irgend einem Grunde zu haben vermeinen, hiemit aufgegeben, selbige binnen 12 Wochen, vom Tage der letzten Bekanntmachung dieses Proclams angerechnet, in der Kirchspielschreiberei zu Heide, und zwar als Auswärtige unter gehöriger Actenprocuraturbestellung, bei Strafe der Ausschließung und des ewigen Stillschweigens, ordnungsmäßig anzugeben und verzeichnen zu lassen.

Königl. Norderdithmarsische Landvogtei zu Heide, den 19. April 1862. *Hansen.*

In fidem: Scholtz.

Pro copia: Wiencke.

№ 4.

Erste Bekanntmachung.

Von Gerichtswegen

werden auf Anhalten der beikommenden Norder-Meldorfer Kirchspielvogtei alle diejenigen, welche an die der gerichtlichen Behandlung unterzogene Nachlaßmasse der verstorbenen Eheleute Hinrich Schütt und Catharina Schütt, geb. Grabbe, weil. in Barsfleth, nichtprotocollirte dingliche oder persönliche Ansprüche und Forderungen zu haben vermeinen, hiemit aufgefordert, solche, bei Verlust derselben, binnen 6 Wochen, von der letzten Bekanntmachung dieses eventuell als Concursproclam geltenden Proclams angerechnet, in der Königlichen Kirchspielschreiberei zu Meldorf ordnungsmäßig — und zwar Auswärtige unter Actenprocuraturbestellung — anzugeben und verzeichnen zu lassen.

Königl. Süderdithmarscher Landvogtei zu Meldorf, den 13. Mai 1862.

(L. S.) *Griebel*, c. n.

Zur Beglaubigung: Fabricius.

№ 5.

Erste Bekanntmachung.

Unterm heutigen Dato ist über das hieselbst im 1. Quartier sub Nr. 4 am Markte belegene Wohnhaus nebst Zubehör des Friedrich Theodor Krems, jetzt Hülfsmanns in Ottensen, früher Kaufmanns in Lütjenburg, wegen rückständiger Gefälle der Concurs der Gläubiger zu Recht erkannt worden. Es werden demnach alle diejenigen, welche an das gedachte Grundstück Ansprüche und Forderungen zu haben vermeinen, mit Ausnahme der protocollirten Gläubiger, hiedurch aufgefordert, solche Ansprüche und Forderungen, bei Vermeidung der Ausschließung mit denselbigen, innerhalb 12 Wochen, vom Tage der letzten Bekanntmachung dieses Proclams angerechnet, im hiesigen Stadtsecretariate, Auswärtige unter Procuraturbestellung, rechtsgehörig anzumelden.

Lütjenburg, den 6. Mai 1862.

(L. S.) Bürgermeister und Rath.

Zur Beglaubigung: **H. Brinkmann.**

№ 6.

Erste Bekanntmachung.

Da die Erbschaft des am 5. d. M. verstorbenen Bauervogts und Hufners Claus Sievert zu Kembs, Kirchspiels Heiligenhafen, nur unter der Wohlthat des Gesetzes und des Inventars angetreten ist, so werden Alle, mit alleiniger Ausnahme der protocollirten Gläubiger, welche an dessen Person oder Vermögen, namentlich auch dessen zu Kembs belegene Hufenstelle, aus irgend einem Grunde Forderungen und Ansprüche haben, hiemit, bei Strafe ihres Verlustes und ewigen Stillschweigens, aufgefordert, sich damit binnen 12 Wochen, von der letzten Bekanntmachung dieses, hieselbst gehörig zu melden.

Justitiariat der Lübschen Stadtstiftsdörfer Kembs u. s. w. zu Oldenburg, den 11. Mai 1862.

Petersen.

№ 7.

Erste Bekanntmachung.

Demnach von dem Hofbesitzer Carsten Mahn in der Engelbrechtschen Wildniß, als gerichtlich bestelltem Curator für Person und Vermögen des irrsinnigen Peter Mahn aus der Blomeschen Wildniß, zum Zweck der Ermittelung des von ihm zu administrirenden Vermögens die Erlassung eines desfälligen Proclams beantragt worden: so werden von Gerichtswegen Alle und Jede, mit Ausnahme der protocollirten Gläubiger, welche an das für den irrsinnigen Peter Mahn verwaltete Vermögen rechtliche Ansprüche zu haben vermeinen, hiedurch, bei Vermeidung der Ausschließung, aufgefordert, innerhalb 12 Wochen, nach dem Datum der letzten Bekanntmachung dieses Proclams, ihre Forderungen hieselbst im Justitiariat, Auswärtige unter Bestellung der Actenprocuratur, gehörig anzugeben und weitere Verfügung zu gewärtigen.

Itzhoe, im Justitiariat der Blomeschen Wildniß, den 8. Mai 1862.

F. Rötger.

№ 8.

Erste Bekanntmachung.

Auf den Antrag Beikommender und mit Genehmigung des Königlichen Holsteinischen Obergerichts werden alle Diejenigen, welche an

1) eine auf dem Folium 15 im Neuendorfer Schuld- und Pfandprotocolle der Bauleute protocollirte, verloren gegangene Bürgschaftsacte vom 4. December 1833, wonach der Hofbesitzer Jacob Thamling zu Neuendorf die Bürgschaft rücksichtlich einer von Catharina Wohlenberg zu Groß-Colmar an die Pupillen Daniel und Peter Tiedemann ausgestellten Schuldverschreibung über 426 ℛ︁ 64 ß übernommen hat,
2) desgleichen Alle, welche an ein hieselbst befindliches, mit der Etikette „Otte Stockfleth in Amsterdam und Elf. Diedmann 13. August 1850“ versehenes Depositum, groß 67 ℛ︁ 19 ß, dessen Eigenthümer unbekannt sind,

Ansprüche zu haben vermeinen, hiedurch befehligt, solche, bei Verlust derselben, binnen 12 Wochen, vom Tage der letzten Bekanntmachung dieses Proclams angerechnet, hieselbst gehörig anzugeben, widrigenfalls zu gewärtigen ist, daß das sub 1 angeführte Document mortificirt und im Schuld- und Pfandprotocolle delirt und mit dem sub 2 aufgeführten Depositum als herrenlos den Gesetzen gemäß wird verfahren werden.

Glückstadt, im Justitiariate des adel. Guts Neuendorf, den 13. Mai 1862.

A. Burchardi.

№ 9.

Erste Bekanntmachung.

Wenn der abwesende Carl Friedrich August Setzer aus Uetersen, dessen geringfügiges Vermögen bisher unter Curatel gestanden, am 28. October 1860, wenn noch am Leben, das 70. Jahr überschritten haben würde, deshalb auch von den Erben auf Erlassung eines Mortificationsproclams angetragen worden ist: als wird gedachter Setzer hierdurch aufgefordert, sich innerhalb 12 Wochen, a publ. ult., auf dem Syndicate hieselbst zu melden, widrigenfalls seine Todeserklärung erfolgen und das Vermögen den sich legitimirenden Erben nach Vorschrift des Gesetzes ausgeliefert werden wird.

Erkannt Uetersen, den 8. Mai 1862.

Klösterliche Obrigkeit.

№ 10.

Erste Bekanntmachung.

Auf Anhalten des Eingesessenen Johann Diedrich Knickmann in Riendorf, als Käufers der früher der Ehefrau Benitt, geb. Köhler, in Riendorf gehörigen, daselbst belegenen, im Schuld- und Pfandprotocoll Nr. 7 Fol. 123 aufgeführten Vollhufe cum pert. et invent. werden Alle und Jede, welche an die gedachte Besitzung aus irgend einem Grunde dingliche nicht protocollirte Ansprüche zu haben vermeinen, hiemittelst von Gerichtswegen aufgefordert, sich damit, bei Strafe der Ausschließung und des Verlustes derselben, innerhalb 12 Wochen, vom Tage der letzten Bekanntmachung dieses Proclams angerechnet, im Actuariate des Gerichts zu melden, die ihre Ansprüche begründenden Documente im Original zu produciren, beglaubigte Abschriften davon beim Angabeprotocoll zurückzulassen und, wenn sie Auswärtige sind, einen Actenprocurator zu bestellen.

Pinneberger Concurs- und Erbtheilungsgericht, den 8. Mai 1862.

Wommelsdorff-Friedrichsen. H. A. Tetens.

Mohrdieck.

№ 11.

Erste Bekanntmachung.

Wenn der Besitzer des adeligen Gutes Marienthal, Herr Johann Anton Wilhelm Carstenn zu Marienthal, gewilligt, nachfolgende zu der Gesammthypothek des genannten Gutes gehörige Grundstücke, nämlich:

1) ein westlich der Schillerstraße im Schloßpark belegenes Landstück, welches im Norden von dem Grundstück des Herrn Salinger und auf den anderen Seiten von den Promenaden begränzt wird, an Areal 1 Tonne 109 □ Ruthen;
2) ein östlich der Schillerstraße daselbst belegenes Grundstück, außerdem begränzt im Norden von den Grundstücken der Herren Simon und Ahrens, im Osten von dem Wege nach dem Hofe und im Süden von dem Grundstück des Herrn Frambeim, an Areal 234 □ Ruthen;
3) ein östlich der Claudiusstraße belegenes, noch im Besitz des Herrn J. A. W. Carstenn befindliches Stück von der Wiese „Fresenteich", an Areal 1 Tonne 52 □ Ruthen;
4) der östlich der Claudiusstraße belegene Rest von dem vorigen Grundstück, incl. des an Günther verkauften Stücks, an Areal 20 Tonnen 214 □ Ruthen;
5) der westlich der Claudiusstraße belegene Theil der Koppel „Auf dem Loofft", an Areal 11 Tonnen 110 □ Ruthen;
6) ein östlich der Claudiusstraße belegener Theil der Koppel „Auf dem Loofft", an Areal 11 Tonnen 76 □ Ruthen;
7) ein am Tonndorfer Moor östlich des Weges von Wandsbeck nach Jenfeldt belegenes Landstück, an Areal 236 □ Ruthen;

als selbstständige Grundstücke separiren und selbige, frei von allen dinglichen Ansprüchen, auf eignen Folien im hiesigen Schuld- und Pfandprotocolle verzeichnen zu lassen, und zu dem Ende die Erlassung eines landüblichen Evictions- und Folien-Proclams beantragt hat,

Werden, nach dazu ertheilter Genehmigung abseiten des Königlichen Holsteinischen Obergerichts, Alle und Jede, welche an die vorbezeichneten, sub 1 bis 7 aufgeführten Grundstücke cum pert. dingliche Ansprüche zu haben vermeinen, namentlich auch Diejenigen, welche gegen die beabsichtigte Trennung der vorgenannten Grundstücke von der Gesammthypothek des adeligen Gutes Marienthal und gegen die Einrichtung besonderer Folien für selbige im hiesigen Schuld- und Pfandprotocolle, Einsprüche zu erheben sich berechtigt halten, hierdurch von Gerichtswegen aufgefordert, solche An- oder Einsprüche binnen 12 Wochen, vom Tage der letzten Bekanntmachung dieses Proclams angerechnet, und zwar bei Strafe der Ausschließung und des ewigen Stillschweigens, in dem unterzeichneten Justitiariate ordnungsmäßig anzumelden, die ihre Ansprüche begründenden etwanigen Documente im Originale zu produciren und beglaubigte Abschriften davon bei den Acten zu belassen, auch, wofern sie Auswärtige sind, Actenprocuratoren hieselbst zu bestellen.

Decretum Marienthaler Justitiarial bei Wandsbeck, den 10. Mai 1862.

Reimers.

№ 12.

Zweite Bekanntmachung.

Alle, welche an die vier im Gute Stockelstorf belegenen, von dem bisherigen Besitzer Jacob Hachmann an den Justizrath Michelsen aus Oldesloe verkauften Erbpachtsstellen, als nämlich:

die Erbpachtsstelle zu Bohnrade;
die ebendaselbst belegenen, den früheren Besitzern des Arfrader Hofes in Erbpacht überlassenen, zum Gute Stockelstorf gehörigen Ländereien;
die ebendaselbst situirte frühere Damm'sche Stelle, und
die zu Bareneck belegene, ehemals dem Friederich Nicolaus Rieck gehörig gewesene Erbpachtsstelle,

dingliche nichtprotocollirte Ansprüche und Forderungen irgend einer Art zu haben vermeinen, werden, mit Rücksicht darauf, daß Verkäufer dem Käufer ein reines Folium versprochen hat, hiedurch, bei Strafe der Ausschließung und des ewigen Stillschweigens, aufgefordert, sich mit diesen ihren Ansprüchen innerhalb 12 Wochen, vom Tage der letzten Bekanntmachung angerechnet, beim hiesigen Justitiariat zu melden, die ihre Ansprüche begründenden Documente in Ur- und Abschrift einzulegen, und zwar Auswärtige unter Bestellung von Actenprocuratoren.

Stockelstorf, im Justitiariate, den 2. Mai 1862.

Esmarch.

№ 13.

Zweite Bekanntmachung.

Da auf Anhalten eines Creditors über das auf des verstorbenen Gysbert Elking Münster Namen im hiesigen Stadtbuche beschriebene, an der großen Marienstraße belegene, mit Johann Hinrich Bernett im Westen, Franz Heinrich Johann Jürgens im Osten und den Gebrüdern Hörmann im Norden benachbarte Erbe der Specialconcurs erkannt worden: so werden von Gerichtswegen Alle und Jede, welche an dasselbe aus irgend einem rechtlichen Grunde Ansprüche oder Forderungen zu haben vermeinen — mit alleiniger Ausnahme der protocollirten Gläubiger — bei Strafe der Ausschließung und des ewigen Stillschweigens, aufgefordert und befehligt, solche, in Gemäßheit der Verordnung vom 14. April 1840, betreffend das Subhastationsverfahren, binnen 6 Wochen, nach der letzten Bekanntmachung dieses Proclams, im hiesigen ersten Stadtsecretariate und spätestens am

7. Juli d. J.,

als dem peremtorischen Angabetermine, im Obergericht hieselbst anzumelden, wobei die die Ansprüche begründenden Documente in Urschrift vorzuzeigen und in Abschrift zurückzulassen sind, Auswärtige auch wegen gehöriger Procuraturbestellung das Nöthige wahrzunehmen haben.

Zum öffentlichen Verkaufe des beregten Erbes ist Termin auf

Montag den 16. Juni d. J.

anberaumt worden, an welchem Tage, Nachmittags 2 Uhr, die Kaufliebhaber im hiesigen Rathskeller sich einfinden und den Handel versuchen können.

Wornach Beikommende sich zu achten!

Altona, im Obergerichte, den 1. Mai 1862.

Ex Decreto Senatus.

№ 14.

Zweite Bekanntmachung.

Extr. des Procl. des 19ten Stücks № 1.

Die nichtprotocollirten Gläubiger des verstorbenen Popke Abels Poppen im Kronprinzenkoege haben binnen 12 Wochen, vom Tage der letzten Bekanntmachung dieses Proclams, ihre Ansprüche, bei Verlust derselben, beim Königl. Inspectorat im Frederikskoeg anzugeben.

Zur Beglaubigung: *Müllenhoff.*

№ 15.

Zweite Bekanntmachung.

Extr. des Procl. des 19ten Stücks № 2.

Mit alleiniger Ausnahme der Inhaber protocollirter Forderungen müssen Alle und Jede, welche an die von Jürgen Friedrich Hesse verkaufte, zu Eiderstede, Amts Bordesholm, belegene Hufenstelle c. p. dingliche Forderungen und Ansprüche zu haben vermeinen, sich damit, bei Strafe der Ausschließung und des Verlustes ihrer Gerechtsame, binnen 12 Wochen, vom Tage der letzten Bekanntmachung dieses Proclams angerechnet, im Amtsactuariate zu Bordesholm ordnungsmäßig melden.

Königl. Gericht für das Amt Bordesholm.

Bordesholm, den 6. Mai 1862.

Carstens.

In fidem: Carstens.

№ 16.

Zweite Bekanntmachung.

Extr. des Procl. des 19ten Stücks № 4.

Nichtprotocollirte dingliche Ansprüche an die von Nicolaus Sellhorn verkaufte, zu Moßhöhlen bei Todesfelde belegene Kathenstelle c. pert. sind innerhalb 12 Wochen, vom Tage der letzten Bekanntmachung dieses Proclams, bei Strafe des Ausschlusses, im Segeberger Königl. Actuariate rechtsgehörig zu melden.

Segeberger Amtsgericht, den 3. Mai 1862.

Pr. et Ass. jud.

In fidem: H. F. Jacobsen.

№ 17.

Zweite Bekanntmachung.

Extr. des Procl. des 19ten Stücks № 5.

Alle und Jede, welche an die Concursmasse des weil. P. G. C. Hansen in Blankenese und dessen Wittwe Henriette Hansen, geb. Teppe, daselbst aus irgend einem Grunde Ansprüche und Forderungen zu haben vermeinen, müssen solche innerhalb 12 Wochen, vom Tage der letzten Bekanntmachung dieses Proclams angerechnet, im Actuariate des Gerichts rechtsbehörig anmelden.

Pinneberger Concursgericht, den 28. April 1862.

Wommelsdorff-Friedrichsen. *H. A. Tetens.*

Mohrdiek.

№ 18.

Dritte und letzte Bekanntmachung.

Wenn die Erlassung eines landüblichen Proclams über den wegen Concurrenz abwesender und unmündiger Erben der gerichtlichen Regulirung unterzogenen Nachlaß des am 6. Mai v. J. in Wandsbeck verstorbenen Justizraths C. A. Glien, ehemaligen Zollkassirers in Husum, für erforderlich erachtet worden ist,

So wird von Obergerichtswegen Allen und Jeden, mit Ausnahme der bekannten Erben, welche aus irgend einem Grunde nichtprotocollirte Forderungen und Ansprüche an den Nachlaß des weil. Justizraths C. A. Glien zu haben vermeinen, hiedurch anbefohlen, dieselben, bei Strafe der Ausschließung und des ewigen Stillschweigens, innerhalb 12 Wochen, vom Tage der letzten Bekanntmachung dieses Proclams angerechnet, bei dem Kanzlei- und Obergerichtssecretair v. Prangen hieselbst, unter Producirung der betreffenden Originaldocumente und Zurücklassung beglaubigter Abschriften, so wie von Auswärtigen unter Procuraturbestellung, anzumelden.

Wornach sich zu achten.

Urkundlich unterm vorgedruckten größern Gerichtsinsiegel. Gegeben im Königl. Holsteinischen Obergericht zu Glückstadt, den 24. April 1862.

(L. S.) *v. Schirach.* *Henrici.*

v. Prangen.

№ 19.

Dritte und letzte Bekanntmachung.

Auf Ansuchen der Wittwe Margaretha Lischau, geb. Langbehn, als testamentarischer Erbin des am 13. März 1862 hieselbst verstorbenen Weinhändlers Joachim David Lischau, werden Alle, welche an den genannten Erblasser und dessen Nachlaß aus irgend einem Grunde als Eigenthümer, Gläubiger oder in anderer Weise Ansprüche oder Forderungen zu haben glauben, mit alleiniger Ausnahme der protocollirten Gläubiger, bei Strafe der Präclusion, aufgefordert, innerhalb 12 Wochen, von der letzten Bekanntmachung dieses Proclams angerechnet, im Stadtsyndicat sich zu melden und, insoweit die Profitenten außerhalb Kiels wohnen, Procuratoren zu bestellen.

Kiel, den 19. April 1862.

Der Magistrat.

In fidem: *G. F. Witte*, Syndicus.

№ 20.

Dritte und letzte Bekanntmachung.

Auf Ansuchen der betreffenden Creditoren und nach erwirkter Auctorisation des Königl. Holsteinischen Obergerichts vom 14. April 1862 werden Alle, welche an den nachbenannten, verloren gegangenen Obligationen:

1) einer von dem Bürger Claus Hinrich Bendix Wipperling in Kiel am 31. Januar 1858 an den Hufner Jürgen Diedr. Hamann in Stubbendorf über 160 ℛ R.-M. zu 5 pCt. Zinsen ausgestellte, zuerst am 4. Februar 1858 auf dem Folium des Debitors für dessen im 1. Quartier unter Nr. 176 auf dem kleinen Kubberg belegenes Wohnhaus, und später am 3. Februar 1860 auf dem erwähnten Folium nach dessen Umschreibung auf den Namen des Gastwirths Johann Detlev Ehmcke nebst Agnitionsacte des neuen Debitors wieder protocollirte Schuld- und Pfandverschreibung;

2) einer von dem hiesigen Kaufmann Otto Timm am 7. Novbr. 1843 an den Altentheiler Peter Timm in Schlesen auf 250 ℛ Cour., jetzt 400 ℛ R.-M., zu 4 pCt. Zinsen ausgestellten, zuerst am 10. Novbr. 1843 auf dem Folium des Debitors für dessen am Walkerdamm belegenes Wohnhaus Nr. 80 protocollirten und später nach geschehener Umschreibung des Folium auf den jetzigen Eigenthümer des erwähnten Grundstücks, den Kaufmann Claus Peter Timm hieselbst, nebst dessen Agnitionsacte am 10. Juli 1846 wiederum protocollirten, auf den Hufenpächter Hans Hinrich Timm zu Schlesen vererbten Schuld- und Pfandverschreibung,

aus irgend einem Grunde Ansprüche zu haben glauben, hiemit aufgefordert, sich innerhalb präclusivischer Frist von 12 Wochen, vom Tage der letzten Bekanntmachung dieses Proclams, im hiesigen Stadtsyndicat anzugeben und, insofern die Profitenten außerhalb Kiel's wohnen, Procuratoren hieselbst zu bestellen, widrigenfalls aber zu gewärtigen, daß die verlorenen Documente behufs deren Exemplification oder Delirung für mortificirt erkannt werden.

Kiel, den 22. April 1862.

Der Magistrat.

In fidem: *G. F. Witte*, Syndicus.

№ 21.

Dritte und letzte Bekanntmachung.

Extr. des Procl. des 17ten Stücks № 3.

Alle und Jede, welche an den von dem weiland Johann Detlev Wilms nachgelassenen, im Großflecken in Neumünster belegenen, jetzt mit Nr. 19 im Brandcatafter bezeichneten Grundbesitz nebst Kaufländereien dingliche, nichtprotocollirte Ansprüche zu haben vermeinen, müssen sich damit, bei Strafe des Verlustes derselben, innerhalb 12 Wochen, vom Tage der letzten Bekanntmachung dieses Proclams angerechnet, auf dem hiesigen Königlichen Actuariat, unter Beobachtung des Erforderlichen, melden.

Königl. Amthaus zu Neumünster, den 15. April 1862.

v. Stemann.

In fidem: K. Scheel.

№ 22.

Dritte und letzte Bekanntmachung.

Extr. des Procl. des 17ten Stücks № 4.

Alle dinglichen, nichtprotocollirten Ansprüche an die hieselbst im 1sten Quart. sub № 19 am Kirchhofe belegene Wohnbude des Schustermeisters Gottfried Heinrich Timm müssen binnen 12 Wochen, vom Tage der letzten Bekanntmachung dieses Proclams angerechnet, bei Strafe des Verlustes derselben, im hiesigen Stadtsecretariate rechtsgehörig angemeldet werden.

Lütjenburg, den 23. April 1862.

(L. S.) Bürgermeister und Rath.

Zur Beglaubigung: H. Brinkmann.

№ 23.

Dritte und letzte Bekanntmachung.

Extr. des Procl. des 18ten Stücks № 1.

Dingliche nicht protocollirte Ansprüche an die von dem Eingesessenen Hans Hinrich Glissmann an Hinr. Breiholz verkaufte $^1/_{16}$ Hufe in Raade, Kirchspiels Hohenwestedt, sind innerhalb 12 Wochen im hiesigen Amtsactuariat anzugeben.

Rendsburger Amthaus, den 23. April 1862.

E. v. Harbou.

Brenning.

№ 24.

Dritte und letzte Bekanntmachung.

Extr. des Procl. des 18ten Stücks № 3.

Alle und Jede, welche an die Concursmasse des Ludolph Heinrich Ernst Gabe zu Bockhorst nicht protocollirte Ansprüche und Forderungen, mit Einschluß etwaiger Eigenthumsansprüche auf einzelne Theile der Concursmasse, zu haben vermeinen oder Pfänder von ihm besitzen, müssen sich damit, bei Strafe der Ausschließung von dieser Masse und des Verlustes ihres Pfandrechts, innerhalb 12 Wochen, von der letzten Bekanntmachung dieses Proclams angerechnet, im hiesigen Justitiariate ordnungsmäßig melden.

Hanerau, im Justitiariate, den 26. April 1862.

H. Lundius.

Beilage
zum 21. Stück der Holsteinischen Anzeigen.

Montag den 26. Mai 1862.

Bekanntmachungen.

№ 1.

Von Gerichtswegen

wird hiedurch zu Jedermanns Kunde gebracht, daß, nachdem der bisherige curator personæ et bonorum des geistesschwachen Johann Klüfer auf dem Dingen von dieser Curatel seine Entlassung erhalten hat, dem Letzteren nunmehr in der Person des Eingesessenen Jürgen Dohrn auf dem Dingen ein anderweitiger Curator hinwiederum bestellt worden ist, so daß ohne dessen Genehmigung keine Rechtsgeschäfte mit gedachtem Johann Klüfer rechtsgültig eingegangen werden können.

Königl. Süderdithmarscher Landvogtei zu Meldorf, den 9. Mai 1862.

(L. S.) *Müllenhoff.*

Fabricius.

Zur Beglaubigung: Fabricius.

№ 2.

Wenn der frühere Hufenpächter Wulf Peter Kahl zu Garbeck sich freiwillig der eigenen Disposition über sein Vermögen begeben und demselben der Hufenpächter Friedrich Christopher Otto zu Garbeck am heutigen Tage als Curator bestellt worden, so wird solches hiedurch mit dem Bemerken bekannt gemacht, daß in Zukunft rechtliche Geschäfte mit gedachtem Wulf Peter Kahl nur unter Zuziehung des ihm gerichtlich bestellten Curators verbindliche Kraft haben.

Neustadt, den 15. Mai 1862.

Justitiariat des adel. Guts Wensien.

Romundt.

Testaments-Publication.

Zur Publication des bei dem hiesigen Magistratsgerichte deponirten Testamentes des wailand hiesigen Bürgers, Müllers Lorenz Jürgens, ist Termin auf Freitag, den 13. Juni d. J.,

Morgens 10 Uhr, auf dem hiesigen Rathhause, angesetzt, welches Beikommenden zur Nachricht und Wahrnehmung ihrer Gerechtsame hierdurch zur öffentlichen Kunde gebracht wird.

Heiligenhafen, den 17. Mai 1862.

Der Magistrat.

Helmcke.

König Christian VIII. Ostseebahn.

General-Versammlung der Actionaire

am Donnerstag den 12. Juni 1862, Vormittags 12 Uhr, im Bahnhofsgebäude in Altona.

Gegenstände der Verhandlung:

1) Berichterstattung des Ausschusses und der Direction.

2) Wahl für die in Gemäßheit § 51 des Statuts austretenden fünf Ausschußmitglieder.

Der Generalversammlung beizuwohnen und in derselben die Rechte der Actionaire auszuüben sind zufolge § 41 des Statuts nur diejenigen Actionaire berechtigt, welche am Mittwoch den 11. Juni von 10 bis 1 Uhr Morgens und von 4 bis 7 Uhr Nachmittags, oder am Tage der Generalversammlung von 9 bis 11½ Uhr Morgens im Büreau der Gesellschaft im Bahnhofsgebäude in Altona die vorgeschriebenen schriftlichen Erklärungen, wozu die gedruckten Schemata ebendaselbst abzufordern sind, unter Vorzeigung ihrer Actien eingereicht haben. Die Actien werden sogleich zurückgegeben, nebst Einlaßkarten, die auch zur Legitimation beim Stimmen dienen.

Altona, den 14. Mai 1862.

Der Ausschuß.

Theod. Reincke, Vorsitzender.

Steckbriefe.

№ 1.

Der wegen Diebstahls in Untersuchung gezogene Tischler Friedrich Wilhelm Kruse aus Tankenrade ist aus der Detention in Ahrensböck entsprungen.

Sämmtliche Behörden des In- und Auslandes werden, unter Hinweisung auf das untenstehende Signalement, dienstergebenst ersucht, auf diesen Menschen zu vigiliren, ihn im Betretungsfalle zu arretiren und eventuell behufs seiner Abholung gegen Kostenerstattung demnächst eine Anzeige anhero zu beschaffen.

Königliches Ahrensböcker Amthaus zu Plön, den 7. Mai 1862. *W. C. v. Levetzau.*

Signalement:

Alter: 46 Jahr, Statur: groß und schlank, Haare: blond, weiß melirt, Stirn: hoch, Augenbrauen: blond,

Augen: grau, Nase: lang und spitz, Mund: gewöhnlich, Bart (Kinn- und Backenbart): blond, Kinn: spitz, Gesicht: länglich und schmal, Gesichtsfarbe: gesund. Besondere Kennzeichen: Wanne am untern Augenliede des linken Auges. Die Spitze des ersten Gliedes am linken Zeigefinger fehlt. Kleidung: schwarzer Tuchrock, Tuchweste mit einer Reihe Knöpfen, Hose von grobem schwarz-grauen Buckskin, Vorhemd, schwarz seidenes Halstuch, Tuchmütze mit Schirm, Halbstiefeln.

№ 2.

Der bei dem unterzeichneten Justitiariate wegen Diebstahls in Untersuchung befindliche und in Trenthorst detinirte Maurergeselle Franz Joachim Jacob Bahr aus Juliusburg, Herzogthums Lauenburg, ist in der Nacht vom 3. auf den 4. d. M. aus dem dortigen Gefängnisse ausgebrochen.

Alle Gerichts- und Polizeibehörden werden daher ersucht, auf den unten näher signalisirten Bahr gefällig vigiliren, im Betretungsfalle ihn anhalten und an das unterzeichnete Justitiariat abliefern zu lassen.

Steckelstorf, im Justitiariate für Trenthorst, den 5. Mai 1862.

Esmarch.

Signalement:

Name: Franz Joachim Jacob Bahr aus Juliusburg, Alter: 39 Jahr, Größe: 62½" Seel. Maaße, Haare: dunkelblond und lang, Stirn: rund, Augenbrauen: braun, Augen: blau, Nase: spitz, Mund: klein, Zähne: gesund, Ohren: klein, Kinnbart: dunkelblond, Kinn: rund, Gesichtsfarbe: gesund, Gesicht: länglich, Sprache: hoch- und plattdeutsch, Rücken: grade, Schultern und Beine: stark, Hände: klein, Finger: lang und dünn. Besondere Kennzeichen: keine.

Bekleidet mit kurzem grau wollenen Oberrock, schwarzer Tuchhose und Weste, ohne Halstuch und Strümpfe, alten abgeschlissenen und abgeschnittenen Stiefeln, so wie mit grauem runden Filzhut.

Erledigter Steckbrief.

Der unterm 3. v. M. nach den aus der hiesigen Haft entflohenen Verbrechern Freiberg, Hintz, Karberg und Schmidt erlassene Steckbrief ist durch die Verhaftung derselben erledigt.

Königl. Amthaus zu Plön, den 19. Mai 1862.

W. C. v. Levetzau.

Edictal-Citationes.

№ 1.

Von Präsidial-Consistorial-Gerichtswegen wird auf Anhalten der Ehefrau des Hinrich Ehlers aus Dellstedt, Dorothea, geb. Stange, z. Z. zu Heinnenstruck, Kirchspiels Albersdorf, gedachter ihr Ehemann Hinrich Ehlers, der sie ihrer Angabe gemäß vor nunmehr 8 Jahren böslich verlassen hat und nach Amerika ausgewandert ist, hiedurch geladen, am 23. Juni d. J., Vormittags 11 Uhr, vor dem alsdann versammelten Norderdithmarsischen Consistorialgerichte zu erscheinen und zu vernehmen, was Citantin alsdann in pcto. böslicher Verlassung gegen ihn werde vorzutragen haben, mit der Verwarnung, daß auch im Falle seines ungehorsamen Ausbleibens dennoch den Rechten gemäß werde erkannt werden.

Königl. Norderdithmarsische Landvogtei zu Heide, den 1. Mai 1862.

Hansen. Simonsen.

In fidem: Scholtz.

№ 2.

Auf Ansuchen der Ehefrau Anna Christine Maria Dreis, geb. Friederichsen, hieselbst ist zur mündlichen Verhandlung der von ihr gegen ihren behauptlich seit dem 27. August 1855 abwesenden Ehemann, den Fabrikarbeiter Adolph Sebastian Dreis, auf Trennung der Ehe gerichteten Klage ein Termin auf den 14. Juli 1862, Mittags 12 Uhr, anberaumt worden, wozu der abwesende Beklagte hierdurch edictaliter und peremtorisch geladen wird, unter der Aufgabe, in diesem Termin persönlich zu erscheinen, die Klage zu vernehmen, darauf zu antworten und Spruch Rechtens zu gewärtigen, und unter der Drohung, daß im Fall seines ungehorsamen Ausbleibens dennoch das Rechtliche werde erkannt werden.

Decretirt Kiel, den 22. April 1862.

Das Stadtconsistorium.

In fidem: *G. F. Witte*, Syndicus.

Proclamata.

№ 1.

Erste Bekanntmachung.

Wenn nach dem Tode der weiland Justizräthin Charlotte von Destinon, geb. Claussen, in Glückstadt die Erlassung eines Proclams ad indagandum statum bonorum über den beim Vorhandensein unmündiger Erben der gerichtlichen Regulirung unterzogenen Nachlaß derselben erforderlich ist und von den bestellten Vormündern der Kinder der Verstorbenen auf die Erlassung eines solchen mit einer auf 6 Wochen beschränkten Angabefrist angetragen worden ist,

So wird von Obergerichtswegen Allen und Jeden, welche an den Nachlaß der am 5. April d. J. verstorbenen Justizräthin Charlotte von Destinon, geb. Claussen, aus irgend einem Grunde Ansprüche oder Forderungen machen zu können vermeinen, hiedurch, bei Strafe der Ausschließung und des ewigen Stillschweigens, anbefohlen, sich innerhalb 6 Wochen, vom Tage der letzten Bekanntmachung dieses Proclams angerechnet, bei dem Kanzlei- und Obergerichtssecretair v. Prangen hieselbst zu melden, die ihre Forderungen und Ansprüche etwa begründenden Documente in Ur-

und Abschrift zu produciren und, falls sie Auswärtige sind, Actenprocuratoren hieselbst zu bestellen.

Wornach sich zu achten.

Urkundlich unterm vorgedruckten größern Gerichtsinsiegel. Gegeben im Königl. Holsteinischen Obergericht zu Glückstadt, den 23. Mai 1862.

(L. S.) *v. Schirach.* *Henrici.*

v. Prangen.

№ 2.

Erste Bekanntmachung.

Von Gerichtswegen

wird auf Anhalten des Hans Nicolaus Stemmermann auf Unterschaar und des Hans Ruge auf Hellschen, als gerichtlich bestellter Vormünder des unmündigen Kindes und Erben des verstorbenen Claus Hartz auf Hellschen, so wie auf Anhalten der Wittwe des Letzteren, Antje, geb. Timm, allda, c. c. c., Allen und Jeden, welche an den Nachlaß des gedachten Claus Hartz, weil. auf Hellschen, nichtprotocollirte Ansprüche zu haben vermeinen, hiedurch aufgegeben, solche ihre Ansprüche, bei Strafe der Ausschließung, innerhalb 12 Wochen, vom Tage der letzten Bekanntmachung dieses Proclams angerechnet, Auswärtige unter Bestellung gehöriger Actenprocuratur, in der Kirchspielschreiberei zu Wesselburen gehörig anzumelden und verzeichnen zu lassen.

Königl. Norderdithmarsische Landvogtei zu Heide, den 19. April 1862.

Hansen.

In fidem: Scholtz.

Zur Beglaubigung der Abschrift: H. v. Senden,
Kirchspielschreiber.

№ 3.

Erste Bekanntmachung.

Von Gerichtswegen

wird auf Anhalten der unmündigen Erben des verstorbenen Hofbesitzers Peter Friedrich Kröger am Oesterdeichstrich, welche den Nachlaß dieses ihres Erblassers zwar unbedingt angetreten, aber zur Sicherung in Nachtagen um ein Proclam ad indagandum statum bonorum gebeten haben, Allen und Jeden, welche an den genannten Peter Friedrich Kröger oder dessen Nachlaß nicht protocollirte Ansprüche irgend einer Art zu haben vermeinen, mit Bewilligung des Königlichen Holsteinischen Obergerichtes in Glückstadt hierdurch aufgegeben, ihre Forderungen und Ansprüche, bei Strafe des Ausschlusses von der Erbmasse, innerhalb 6 Wochen, von der letzten Bekanntmachung dieses Proclams angerechnet, in der Kirchspielschreiberei zu Büsum, Auswärtige unter Procuraturbestellung, anzumelden und verzeichnen zu lassen.

Königl. Norderdithmarsische Landvogtei zu Heide, den 9. Mai 1862.

Hansen.

In fidem: Scholtz.

Zur Beglaubigung der Abschrift: Niemand.

№ 4.

Erste Bekanntmachung.

Von Gerichtswegen

wird nach Ertheilung des Creditrechts auf Anhalten der Königl. Kirchspielvogtei zu Wesselburen als Concursregulirungsbehörde, den sämmtlichen nicht protocollirten Creditoren des Joh. Heinr. Kähler an der Reinsbütteler Weide, welcher seine Güter zur concursmäßigen Regulirung abgetreten hat, hiedurch aufgegeben, ihre Forderungen und Ansprüche an den gedachten Bonicedenten innerhalb 12 Wochen, von der letzten Bekanntmachung dieses Proclams angerechnet, und zwar Auswärtige nach vorgängiger Procuraturbestellung, bei Vermeidung der Ausschließung von der Concursmasse, in der Kirchspielschreiberei zu Wesselburen gesetzmäßig anzumelden und verzeichnen zu lassen.

Königl. Norderdithmarsische Landvogtei zu Heide, den 13. Mai 1862.

Hansen.

In fidem: Scholtz.

In fidem copiae: H. v. Senden.

№ 5.

Erste Bekanntmachung.

Von Gerichtswegen

wird auf Anhalten der Kinder und Erben des vorlängst verstorbenen Johann Landau, weil. in Strübbel, welche zwar den Nachlaß des Verstorbenen unbedingt angetreten, zugleich aber zur Sicherung gegen unbegründete Forderungen in Nachtagen um Erlassung eines landüblichen Proclams ad indagandum statum bonorum gebeten haben, Allen und Jeden, jedoch mit Ausnahme der protocollirten Gläubiger, welche an den verstorbenen Johann Landau, weil. in Strübbel, oder an dessen Nachlaß dingliche oder persönliche Ansprüche und Forderungen aus irgend einem Grunde zu haben vermeinen, hiedurch aufgegeben, selbige binnen zwölf Wochen, vom Tage der letzten Bekanntmachung dieses Proclams angerechnet, und zwar Auswärtige unter gehöriger Actenprocuraturbestellung, bei Strafe der Ausschließung und des ewigen Stillschweigens, in der Kirchspielschreiberei zu Wesselburen gesetzmäßig anzumelden und verzeichnen zu lassen.

Königl. Norderdithmarsische Landvogtei zu Heide, den 14. Mai 1862.

Hansen.

In fidem: Scholtz.

Zur Beglaubigung der Abschrift: H. v. Senden,
Kirchspielschreiber.

№ 6.

Erste Bekanntmachung.

Auf Antrag des Hufenpächters Detlev Christian Kähler zu Stelböden, hiesigen Guts, als des vertragsmäßigen alleinigen Erben seines unlängst daselbst verstorbenen Vaters, des Hufenpächters Marx Detlev Kähler, werden Alle und Jede, welche an den Nachlaß des Letzteren aus irgend einem Grunde Forderungen und Ansprüche zu haben vermeinen, hiermit aufgefordert und befehligt, solche, bei Strafe der Ausschließung und des ewigen Stillschweigens, und zwar der desfallsigen Genehmigung des Königlichen Holsteinischen Obergerichts gemäß binnen 6 Wochen, vom Tage der letzten Bekanntmachung dieses angerechnet, hieselbst anzumelden, die ihre Forderungen und Ansprüche begründenden Urkunden dabei in der Urschrift vorzulegen und beglaubigte Abschriften davon zurückzulassen, auch, dafern sie Auswärtige sind, Procuratoren zu den Acten zu bestellen.

Wornach sich zu achten.

Lütjenburg, den 22. Mai 1862.

Das Patrimonialgericht des adeligen Guts Wittenberg.

Wyneken.

№ 7.

Erste Bekanntmachung.

Auf desfallsigen Antrag werden Alle und Jede, resp. mit Ausnahme der protocollirten Gläubiger, welche

1) an die Verlassenschaften des Claus Peter Efflandt und seiner früher verstorbenen Ehefrau Wolber, geb. Kummerfeldt, in Wisch, namentlich an die dazu gehörige Kathe Nr. 18 daselbst,
2) an das verkaufte Wohnhaus des Maurermeisters Christian Heinrich Gans in Preetz,

aus irgend einem Grunde resp. persönliche und dingliche Forderungen zu haben glauben, hiedurch aufgefordert und befehligt, sich damit, bei Strafe der Ausschließung, innerhalb 12 Wochen, von der letzten Bekanntmachung angerechnet, ordnungsmäßig auf hiesiger Klosterschreiberei zu melden und ihre Gerechtsame wahrzunehmen.

Klösterliche Obrigkeit zu Preetz, den 15. Mai 1862.

C. v. Qualen.

№ 8.

Erste Bekanntmachung.

Wenn der Hufenpächter Friedrich Christopher Otto zu Garbeck, adel. Guts Wensien, als gerichtlich bestellter Curator für den bisherigen Hufenpächter Wulff Peter Kahl zu Garbeck, zur Ermittelung der Schulden des Letzteren die Erlassung eines Proclams hieselbst beantragt hat, so werden von Gerichtswegen Alle, welche an gedachten Wulf Peter Kahl zu Garbeck Ansprüche und Forderungen irgend einer Art zu haben vermeinen, hiemittelst, bei Strafe der Ausschließung, angewiesen und befehligt, sich mit selbigen innerhalb 12 Wochen, von der letzten Bekanntmachung an, im unterzeichneten Justitiariat, unter Wahrnehmung des Erforderlichen wegen Procuraturbestellung und Producirung der Documente, zu melden.

Decretum Neustadt, den 15. Mai 1862.

Justitiariat des adel. Guts Wensien.

Romundt.

№ 9.

Erste Bekanntmachung.

Wenn von der Concursmasse des Einwohners Jürgen Christian Wriedt in Bevern die von dem jetzigen Cridaren f. Z. an seinen Sohn Hans Friedrich Christian Wriedt verkaufte, in Bevern belegene $^1/_{24}$ Hufenstelle c. pert. mittelst rechtskräftigen Administraturerkenntnisses erstritten und daher die Erlassung eines Proclams über diese Landstelle erforderlich geworden ist, so werden unter Bezugnahme auf das unterm 24. Juni 1860 erlassene Concursproclam Alle und Jede, mit Ausnahme der protocollirten Creditoren, welche an die erwähnte, zu dieser Concursmasse gehörende, in Bevern belegene $^1/_{24}$ Hufenstelle c. pert. Ansprüche und Forderungen haben, hiemittelst aufgefordert, sich damit innerhalb 12 Wochen, vom Tage der letzten Bekanntmachung dieses Proclams angerechnet, bei Vermeidung der Strafe des Ausschlusses von der Masse, beim hiesigen Gerichte zu melden. Auswärtige haben einen Actenprocurator zu bestellen.

Königl. Administratur zu Ranzau, den 17. Mai 1862.

W. v. Levetzau, const.

№ 10.

Erste Bekanntmachung.

Wenn in Folge desfälliger Insolvenzerklärung der Gebrüder Tischlers Carl Hinrich Bostelmann und Zimmermanns Johann Christian Bostelmann in Pinneberg über deren Habe und Güter der Concurs der Gläubiger erkannt worden ist, so werden von Gerichtswegen hiedurch, mit alleiniger Ausnahme der protocollirten Gläubiger, Alle und Jede, welche an die Concursmassen der beiden Cridare und insbesondere an nachstehende dazu gehörige im Flecken Pinneberg belegene Besitzungen:

1) die ihnen gemeinschaftlich zuständigen im Schuld- und Pfandprotocoll resp. Nr. 1a, Fol. 49, und Nr. 1c, Fol. 119, aufgeführten Wohnhäuser cum pert.;
2) das dem Carl Hinrich Bostelmann gehörige, im Schuld- und Pfandprotocoll Nr. 1c, Fol. 27, aufgeführte Wohnhaus cum pert.;
3) das dem Johann Christian Bostelmann gehörige, im Schuld- und Pfandprotocoll Nr. 1b, Fol. 377, aufgeführte Wohnhaus cum pert.,

Ansprüche und Forderungen irgend einer Art zu haben vermeinen, hiedurch aufgefordert, sich damit, bei Strafe der Ausschließung, innerhalb 12 Wochen, vom Tage der letzten Bekanntmachung dieses Proclams angerechnet, unter Producirung ihrer Original-Documente, Zurücklassung beglaubigter Abschriften und, wenn sie Auswärtige sind, unter Bestellung gehöriger Procuratur, im Actuariate des Gerichts zu melden.

Pinneberger Concursgericht, den 14. Mai 1862.

Wommelsdorff-Friedrichsen. H. A. Tetens.

Mohrdiek.

№ 11.

Erste Bekanntmachung.

Da auf geschehene Insolvenzerklärung des hiesigen Bürgers und Schlachters Abraham Simon über die Habe und Güter desselben der Concurs der Gläubiger erkannt worden: so werden von Gerichtswegen Alle und Jede, welche an denselben oder dessen untenbezeichnetes Erbe aus irgend einem rechtlichen Grunde Ansprüche oder Forderungen zu haben vermeinen — mit alleiniger Ausnahme der protocollirten Gläubiger — bei Strafe der Ausschließung von der unter Concursbehandlung genommenen Masse, aufgefordert und befehligt, solche binnen 12 Wochen, nach der letzten Bekanntmachung dieses Proclams, im hiesigen ersten Stadtsecretariate und spätestens am

11. September d. J.,

als dem peremtorischen Angabetermine, im Obergericht hieselbst anzumelden, wobei die die Ansprüche begründenden Documente in Urschrift vorzuzeigen und in Abschrift zurückzulassen sind, Auswärtige auch wegen gehöriger Procuraturbestellung das Nöthige wahrzunehmen haben.

Zum öffentlichen Verkaufe des zu dieser Concursmasse gehörigen, an der Ecke der Bachstraße und der nach dem Schlachterbudenthor führenden Straße belegenen, das Falk Simon'sche Erbe umschließenden, mit Rickmer Peter Krohn im Norden, Johann Jacob Wahlen im Osten und Süden und dem Grenzgange im Osten benachbarten Erbes, ist Termin auf

Montag den 30. Juni d. J.

anberaumt worden, an welchem Tage, Nachmittags 2 Uhr, die Kaufliebhaber im hiesigen Rathskeller sich einfinden und den Handel versuchen können.

Wornach Beikommende sich zu achten!

Altona, im Obergerichte, den 22. Mai 1862.

Ex Decreto Senatus.

№ 12.

Erste Bekanntmachung.

Da von der Wittwe des wail. hiesigen Kaufmanns Otto Georg Christian Degetau, c. c., und den Herren Obergerichtsadvocaten Stoppel und Kaufmann Theodor Reincke, als Testamentsexecutoren des gedachten Verstorbenen, auf die Erlassung eines Proclams behufs Ausmittelung des Güterbestandes angetragen und solchem Antrage vom Magistrate stattgegeben ist: so werden von Gerichtswegen Alle und Jede, welche an den Nachlaß des gedachten verstorbenen Kaufmanns Otto Georg Christian Degetau, so wie an dessen frühere Firma O. G. C. Degetau und dessen spätere Firma O. G. C. Degetau & Hinrichsen, aus irgend einem rechtlichen Grunde Ansprüche oder Forderungen zu haben vermeinen, hiedurch, bei Strafe der Ausschließung und des ewigen Stillschweigens, aufgefordert und befehligt, solche binnen 12 Wochen, nach der letzten Bekanntmachung dieses Proclams, im hiesigen ersten Stadtsecretariate und spätestens am

8. September d. J.,

als dem peremtorischen Angabetermine, im Obergerichte hieselbst anzumelden, wobei die die Ansprüche begründenden Documente in Urschrift vorzuzeigen und in Abschrift zurückzulassen sind, Auswärtige auch wegen gehöriger Procuraturbestellung das Nöthige wahrzunehmen haben.

Wornach Beikommende sich zu achten.

Altona, im Obergerichte, den 22. Mai 1862.

Ex Decreto Senatus.

№ 13.

Erste Bekanntmachung.

Wenn von der Wittwe des hieselbst verstorbenen Particuliers Rudolph Wicht, Amalia, geb. Engelken, hieselbst vorstellig gemacht worden ist, daß sie die laut desfälligen Testaments ihr deferirte Erbschaft ihres genannten wail. Ehemannes zwar unbedingt antrete, jedoch um gegen alle Erb- oder sonstige Ansprüche und Forderungen, welche an die gedachte Erbmasse gemacht werden könnten, künftighin gesichert zu sein, die Erlassung eines landüblichen Proclams wünschen müsse, und dieselbe demnach gemeinschaftlich mit dem zum Testamentsvollstrecker ernannten Advocaten Kochen in Wandsbeck um die Erlassung eines solchen Proclams gebeten hat,

Werden, in Stattgebung dieses Antrages, Alle und Jede, welche an die Erbmasse des hieselbst verstorbenen Particuliers Rudolph Wicht, früher zu Hinschenfelde, Erb- oder sonstige Ansprüche und Forderungen zu haben vermeinen, hiermittelst aufgefordert, selbige binnen spätestens 12 Wochen, vom Tage der letzten Bekanntmachung dieses Proclams angerechnet, und zwar bei Strafe der Ausschließung und des ewigen Stillschweigens, in dem unterzeichneten Justitiariate ordnungsmäßig anzumelden, etwanige ihre Ansprüche begründende Documente im Originale zu produciren und beglaubigte Abschriften davon bei den Acten zu belassen, auch, wofern sie Auswärtige, Actenprocuratoren hieselbst zu bestellen.

Wornach sich zu achten!

Decretum Wandsbecker Justitiariat bei Wandsbeck, den 14. Mai 1862. *Reimers.*

№ 14.

Zweite Bekanntmachung.

Wenn von dem Obergerichtsadvocaten Lübbes in Altona, als obergerichtlich bestelltem Güterpfleger für den Nachlaß des wailand Kriegsraths Friedrich Carl Theodor Geutebrück daselbst, zur Regulirung der Masse auf die Erlassung eines Proclams angetragen und solchem Antrage vom Obergericht stattgegeben ist:

So werden von Obergerichtswegen Alle und Jede, welche an den Nachlaß des am 8. October 1861 in Altona verstorbenen Kriegsraths Friedr. Carl Theodor Geutebrück Ansprüche oder Forderungen irgend einer Art, insonderheit diejenigen, welche außer den bereits angemeldeten präsumtiven Erben — Geschwistern und Geschwisterkindern — des Erblassers, als: Juliane Christiane Auguste Walter, geb. Geutebrück, und Johanne Louise Christiane Eisler, geb. Geutebrück, in Ibenhain, Marie Friederike Theodore Rosalie Koch, geb. Hölbe, in Burgtonna, Therese Amalie Juliane Kirchner, geb. Hölbe, in Tüttleben, Friedrich Wilhelm Geutebrück in Manebach, Carl August Constantin Geutebrück in Kälberfeld, Dorothea Juliane Auguste Welcker, geb. Geutebrück, in Gotha, Georg August Eduard Geutebrück daselbst und Christian Franz Geutebrück daselbst, Erbansprüche machen zu können vermeinen, namentlich die Bruderkinder des Verstorbenen, Friedr. Wilhelm Geutebrück, Böttcher, welcher sich nach den letzten Nachrichten in Pittsburg im Staate Pennsylvanien — Nordamerika — aufgehalten und Dr. Franz Dorotheus Geutebrück, welcher sich nach den letzten Nachrichten in Atlanta im Staate Georgia — Nordamerika — aufgehalten, beide aus Goldbach bei Gotha gebürtig, hiedurch aufgefordert und befehligt, sich innerhalb 12 Wochen, vom Tage der letzten Bekanntmachung dieses Proclams angerechnet, mit ihren Ansprüchen, unter Wahrnehmung des Rechtserforderlichen sowohl hinsichtlich der zu bestellenden Procuratur als der vorzuzeigenden Originaldocumente, bei dem Kanzelei- und Obergerichtssecretair v. Gyldenfeldt hieselbst gehörig zu melden, im Allgemeinen bei Strafe der Ausschließung und des ewigen Stillschweigens, für die beiden abwesenden Bruderkinder des Verstorbenen insbesondere mit der Androhung, daß im Nichtanmeldungsfalle mit dem ihnen zufallenden Vermögen nach gesetzlicher Vorschrift werde verfahren werden.

Urkundlich unterm vorgedruckten größeren Gerichts-Insiegel. Gegeben im Königl. Holsteinischen Obergericht zu Glückstadt, den 9. Mai 1862.

(L. S.) *v. Schirach.* *Henrici.*

v. Prangen.

№ 15.

Zweite Bekanntmachung.

Wenn die Erben des wail. Hegereiters und Forstraths Johann Heinr. Ohrt zu Barlohe mit dem Bemerken, daß sie den Nachlaß desselben zwar unbedingt angetreten hätten, um in Zukunft gegen etwaige Anforderungen Dritter gesichert zu sein, auf die Erlassung eines landüblichen Proclams hieselbst angetragen haben:

So werden von Obergerichtswegen in Deferirung dieser Bitte Alle und Jede, welche an den Nachlaß des wail. Hegereiters und Forstraths Johann Heinr. Ohrt zu Barlohe Ansprüche und Forderungen irgend welcher Art zu haben vermeinen, **sub pœna præclusi et perpetui silentii**, aufgefordert und befehligt, diese ihre Ansprüche und Forderungen innerhalb 12 Wochen, vom Tage der letzten Bekanntmachung dieses Proclams angerechnet, bei dem Kanzelei- und Obergerichtssecretair v. Gyldenfeldt, unter Producirung ihrer Originaldocumente und Zurücklassung beglaubigter Abschriften, zur Angabe zu bringen und, insofern sie Auswärtige sind, einen Actenprocurator zu bestellen.

Wornach sich zu achten!

Urkundlich unterm vorgedruckten größern Gerichts-insiegel. Gegeben im Königl. Holsteinischen Obergerichte zu Glückstadt, den 12. Mai 1862.

(L. S.) *v. Schirach.* *Henrici.*

v. Gyldenfeldt.

№ 16.

Zweite Bekanntmachung.

Von Gerichtswegen

wird auf Anhalten des Johann Georg Biesten, zur Zeit Apotheker in Finkenwärder, als instituirten Universalerben seines unlängst verstorbenen Bruders, des Particuliers Ludwig Christian Biesten, wail. in Heide, welcher zwar den Nachlaß des Letzteren unbedingt angetreten, zugleich aber zur Sicherung gegen unbegründete Forderungen in Nachtagen um Erlassung eines landüblichen Proclams **ad indagandum statum bonorum** gebeten hat, Allen und Jedem, jedoch mit Ausnahme der protocollirten Gläubiger, welche an den verstorbenen Particulier Ludwig Christian Biesten, wailand in Heide, oder an dessen Nachlaß dingliche oder persönliche Forderungen und Ansprüche aus irgend einem Grunde zu haben vermeinen, hiemit aufgegeben, selbige binnen 12 Wochen, vom Tage der letzten Bekanntmachung dieses Proclams angerechnet, in der Kirchspielschreiberei zu Heide, und zwar als Auswärtige unter gehöriger Actenprocuraturbestellung, bei Strafe der Ausschließung und des ewigen Stillschweigens, ordnungsmäßig anzugeben und verzeichnen zu lassen.

Königl. Norderdithmarsische Landvogtei zu Heide, den 19. April 1862. *Hansen.*

In fidem: **Scholtz.**

Pro copia: **Wiencke.**

№ 17.

Zweite Bekanntmachung.

Demnach von dem Hofbesitzer Carsten Mahn in der Engelbrechtschen Wildniß, als gerichtlich bestelltem Curator für Person und Vermögen des irrsinnigen Peter Mahn aus der Blomeschen Wildniß, zum Zweck der Ermittelung des von ihm zu administrirenden Vermögens die Erlassung eines desfälligen Proclams beantragt worden: so werden von Gerichtswegen Alle und Jede, mit Ausnahme der protocollirten Gläubiger, welche an das für den irrsinnigen Peter Mahn verwaltete Vermögen rechtliche Ansprüche zu haben vermeinen, hiedurch, bei Vermeidung der Ausschließung, aufgefordert, innerhalb 12 Wochen, nach dem Datum der letzten Bekanntmachung dieses Proclams, ihre Forderungen hieselbst im Justitiariat, Auswärtige unter

Bestellung der Actenprocuratur, gehörig anzugeben und weitere Verfügung zu gewärtigen.

Itzehoe, im Justitiariat der Blomeschen Wildniß, den 8. Mai 1862.

F. Röger.

№ 18.

Zweite Bekanntmachung.

Auf den Antrag Beikommender und mit Genehmigung des Königlichen Holsteinischen Obergerichts werden alle Diejenigen, welche an

1) eine auf dem Folium 15 im Neuendorfer Schuld- und Pfandprotocolle der Bauleute protocollirte, verloren gegangene Bürgschaftsacte vom 4. December 1833, wonach der Hofbesitzer Jacob Thamling zu Neuendorf die Bürgschaft rücksichtlich einer von Catharina Wohlenberg zu Groß-Colmar an die Pupillen Daniel und Peter Tiedemann ausgestellten Schuldverschreibung über 426 ₰ 64 ß übernommen hat,

2) desgleichen Alle, welche an ein hieselbst befindliches, mit der Etikette „Otte Stockfleth in Amsterdam und Els. Dieckmann 13. August 1850" versehenes Depositum, groß 67 ₰ 19 ß, dessen Eigenthümer unbekannt sind,

Ansprüche zu haben vermeinen, hiedurch befehligt, solche, bei Verlust derselben, binnen 12 Wochen, vom Tage der letzten Bekanntmachung dieses Proclams angerechnet, hieselbst gehörig anzugeben, widrigenfalls zu gewärtigen ist, daß das sub 1 angeführte Document mortificirt und im Schuld- und Pfandprotocolle delirt und mit dem sub 2 aufgeführten Depositum als herrenlos den Gesetzen gemäß wird verfahren werden.

Glückstadt, im Justitiariate des adel. Guts Neuendorf, den 13. Mai 1862.

A. Burchardi.

№ 19.

Zweite Bekanntmachung.

Wenn der abwesende Carl Friedrich August Setzer aus Uetersen, dessen geringfügiges Vermögen bisher unter Curatel gestanden, am 28. October 1860, wenn noch am Leben, das 70. Jahr überschritten haben würde, deshalb auch von den Erben auf Erlassung eines Mortificationsproclams angetragen worden ist: als wird gedachter Setzer hierdurch aufgefordert, sich innerhalb 12 Wochen, a publ. ult., auf dem Syndicate hieselbst zu melden, widrigenfalls seine Todeserklärung erfolgen und das Vermögen den sich legitimirenden Erben nach Vorschrift des Gesetzes ausgeliefert werden wird.

Erkannt Uetersen, den 8. Mai 1862.

Klösterliche Obrigkeit.

№ 20.

Zweite Bekanntmachung.

Extr. des Procl. des 20sten Stücks № 4.

Nichtprotocollirte Ansprüche und Forderungen an den unter gerichtliche Behandlung genommenen Nachlaß der weil. Eheleute Hinr. Schütt und Catharina, geb. Grabbe, in Barsfleth sind, bei Strafe des Verlustes, innerhalb 6 Wochen, von der letzten Bekanntmachung dieses eventuell auch als Concursproclam erlassenen Proclams angerechnet, in der Königlichen Kirchspielschreiberei zu Meldorf gehörig anzugeben.

B. R. W.

Meldorf, den 13. Mai 1862.

Zur Beglaubigung: **Fabricius.**

№ 21.

Zweite Bekanntmachung.

Extr. des Procl. des 20sten Stücks № 5.

Alle Ansprüche und Forderungen, mit Ausnahme der protocollirten, an das hieselbst im 1. Quartier sub Nr. 4 am Markte belegene Vollhaus nebst Zubehör des Friedrich Theodor Kems, jetzt Hülfsmanns in Ottensen, früher Kaufmanns in Lütjenburg, müssen, bei Vermeidung der Ausschließung, innerhalb 12 Wochen, vom Tage der letzten Bekanntmachung dieses Proclams angerechnet, im hiesigen Stadtsecretariate rechtsgehörig angemeldet werden.

Lütjenburg, den 6. Mai 1862.

(L. S.) Bürgermeister und Rath.

Zur Beglaubigung: **H. Brinkmann.**

№ 22.

Zweite Bekanntmachung.

Extr. des Procl. des 20sten Stücks № 6.

Nichtprotocollirte Forderungen und Ansprüche an den verstorbenen Bauervogt Claus Sievert zu Kembs, Kirchspiels Heiligenhafen, und seinen Nachlaß sind, bei Strafe ihres Verlustes und ewigen Stillschweigens, binnen 12 Wochen, von der letzten Bekanntmachung dieses an, hieselbst gehörig zu melden.

Justitiariat der Lübschen Stadtstiftsdörfer Kembs u. s. w. zu Oldenburg, den 11. Mai 1862.

Petersen.

№ 23.

Zweite Bekanntmachung.

Extr. des Procl. des 20sten Stücks № 10.

Alle und Jede, welche an die Vollhufe des Eingesessenen Johann Diedrich Knickmann in Niendorf dingliche nichtprotocollirte Ansprüche zu haben vermeinen, müssen solche, bei Strafe des Verlustes, innerhalb 12 Wochen, vom Tage der letzten Bekanntmachung dieses Proclams angerechnet, im Actuariate des Gerichts rechtsgehörig anmelden.

Pinneberger Concurs- und Erbtheilungsgericht, den 8. Mai 1862.

Wommelsdorff-Friedrichsen. *H. A. Tetens.*

Mohrdiek.

№ 24.

Dritte und letzte Bekanntmachung.

Alle, welche an die vier im Gute Stockelstorf belegenen, von dem bisherigen Besitzer Jacob Hachmann an den Justizrath Michelsen aus Oldesloe verkauften Erbpachtsstellen, als nämlich:

die Erbpachtsstelle zu Bohnrade;
die ebendaselbst belegenen, den früheren Besitzern des Arfrader Hofes in Erbpacht überlassenen, zum Gute Stockelstorf gehörigen Ländereien;
die ebendaselbst situirte frühere Damm'sche Stelle, und
die zu Barenock belegene, ehemals dem Friederich Nicolaus Rieck gehörig gewesene Erbpachtsstelle,

dingliche nichtprotocollirte Ansprüche und Forderungen irgend einer Art zu haben vermeinen, werden, mit Rücksicht darauf, daß Verkäufer dem Käufer ein reines Folium versprochen hat, hiedurch, bei Strafe der Ausschließung und des ewigen Stillschweigens, aufgefordert, sich mit diesen ihren Ansprüchen innerhalb 12 Wochen, vom Tage der letzten Bekanntmachung angerechnet, beim hiesigen Justitiariat zu melden, die ihre Ansprüche begründenden Documente in Ur- und Abschrift einzulegen, und zwar Auswärtige unter Bestellung von Actenprocuratoren.

Stockelstorf, im Justitiariate, den 2. Mai 1862.

Esmarch.

№ 25.

Dritte und letzte Bekanntmachung.

Da auf Anhalten eines Creditors über das auf des verstorbenen Gysbert Elking Münster Namen im hiesigen Stadtbuche beschriebene, an der großen Marienstraße belegene, mit Johann Hinrich Bernett im Westen, Franz Heinrich Johann Jürgens im Osten und den Gebrüdern Hörmann im Norden benachbarte Erbe der Specialconcurs erkannt worden: so werden von Gerichtswegen Alle und Jede, welche an dasselbe aus irgend einem rechtlichen Grunde Ansprüche oder Forderungen zu haben vermeinen — mit alleiniger Ausnahme der protocollirten Gläubiger — bei Strafe der Ausschließung und des ewigen Stillschweigens, aufgefordert und befehligt, solche, in Gemäßheit der Verordnung vom 14. April 1840, betreffend das Subhastationsverfahren, binnen 6 Wochen, nach der letzten Bekanntmachung dieses Proclams, im hiesigen ersten Stadtsecretariate und spätestens am

7. Juli d. J.,

als dem peremtorischen Angabetermine, im Obergericht hieselbst anzumelden, wobei die die Ansprüche begründenden Documente in Urschrift vorzuzeigen und in Abschrift zurückzulassen sind, Auswärtige auch wegen gehöriger Procuraturbestellung das Nöthige wahrzunehmen haben.

Zum öffentlichen Verkaufe des beregten Erbes ist Termin auf Montag den 16. Juni d. J. anberaumt worden, an welchem Tage, Nachmittags 2 Uhr, die Kaufliebhaber im hiesigen Rathskeller sich einfinden und den Handel versuchen können.

Wornach Beikommende sich zu achten!

Altona, im Obergerichte, den 1. Mai 1862.

Ex Decreto Senatus.

№ 26.

Dritte und letzte Bekanntmachung.

Extr. des Procl. des 19ten Stücks № 1.

Die nichtprotocollirten Gläubiger des verstorbenen Popke Abels Poppen im Kronprinzenkoge haben binnen 12 Wochen, vom Tage der letzten Bekanntmachung dieses Proclams, ihre Ansprüche, bei Verlust derselben, beim Königl. Inspectorat im Frederikskoog anzugeben.

Zur Beglaubigung: ***Müllenhoff.***

№ 27.

Dritte und letzte Bekanntmachung.

Extr. des Procl. des 19ten Stücks № 2.

Mit alleiniger Ausnahme der Inhaber protocollirter Forderungen müssen Alle und Jede, welche an die von Jürgen Friedrich Hesse verkaufte, zu Eiderstede, Amts Bordesholm, belegene Hufenstelle c. p. dingliche Forderungen und Ansprüche zu haben vermeinen, sich damit, bei Strafe der Ausschließung und des Verlustes ihrer Gerechtsame, binnen 12 Wochen, vom Tage der letzten Bekanntmachung dieses Proclams angerechnet, im Amtsactuariate zu Bordesholm ordnungsmäßig melden.

Königl. Gericht für das Amt Bordesholm.

Bordesholm, den 6. Mai 1862.

Carstens.

In fidem: Carstens.

№ 28.

Dritte und letzte Bekanntmachung.

Extr. des Procl. des 19ten Stücks № 4.

Nichtprotocollirte dingliche Ansprüche an die von Nicolaus Sellhorn verkaufte, zu Voßhöhlen bei Todesfelde belegene Kathenstelle c. pert. sind innerhalb 12 Wochen, vom Tage der letzten Bekanntmachung dieses Proclams, bei Strafe des Ausschlusses, im Segeberger Königl. Actuariate rechtsgehörig zu melden.

Segeberger Amtsgericht, den 3. Mai 1862.

Pr. et Ass. jud.

In fidem: H. F. Jacobsen.

№ 29.

Dritte und letzte Bekanntmachung.

Extr. des Procl. des 19ten Stücks № 5.

Alle und Jede, welche an die Concursmasse des weil. P. G. C. Hansen in Blankenese und dessen Wittwe Henriette Hansen, geb. Teppe, daselbst aus irgend einem Grunde Ansprüche und Forderungen zu haben vermeinen, müssen solche innerhalb 12 Wochen, vom Tage der letzten Bekanntmachung dieses Proclams angerechnet, im Actuariate des Gerichts rechtsbehörig anmelden.

Pinneberger Concursgericht, den 28. April 1862.

Wommelsdorff-Friedrichsen. H. A. Tetens.

Mohrdieck.

Beilage
zum 22. Stück der Holsteinischen Anzeigen.

Montag den 2. Juni 1862.

Bekanntmachung.

Von Gerichtswegen

wird hiedurch zu Jedermanns Kunde gebracht, daß, nachdem der bisherige curator personæ et bonorum des geistesschwachen Johann Klüfer auf dem Dingen von dieser Curatel seine Entlassung erhalten hat, dem Letzteren nunmehr in der Person des Eingesessenen Jürgen Dehrn auf dem Dingen ein anderweitiger Curator hinwiederum bestellt worden ist, so daß ohne dessen Genehmigung keine Rechtsgeschäfte mit gedachtem Johann Klüfer rechtsgültig eingegangen werden können.

Königl. Süderdithmarscher Landvogtei zu Meldorf, den 9. Mai 1862.

(L. S.) *Müllenhoff.*

Fabricius.

Zur Beglaubigung: Fabricius.

Testaments = Publication.

Zur Publication des bei dem hiesigen Magistratsgerichte deponirten Testamentes des wailand hiesigen Bürgers, Müllers Lorenz Jürgens, ist Termin auf

Freitag, den 13. Juni d. J.,

Morgens 10 Uhr, auf dem hiesigen Rathhause, angesetzt, welches Beikommenden zur Nachricht und Wahrnehmung ihrer Gerechtsame hierdurch zur öffentlichen Kunde gebracht wird.

Heiligenhafen, den 17. Mai 1862.

Der Magistrat.
Helmcke.

König Christian VIII. Ostseebahn.

General - Versammlung der Actionaire

am Donnerstag den 12. Juni 1862,

Vormittags 12 Uhr,

im Bahnhofsgebäude in Altona.

Gegenstände der Verhandlung:

1) Berichterstattung des Ausschusses und der Direction.
2) Wahl für die in Gemäßheit § 54 des Statuts austretenden fünf Ausschußmitglieder.

Der Generalversammlung beizuwohnen und in derselben die Rechte der Actionaire auszuüben sind zufolge § 41 des Statuts nur diejenigen Actionaire berechtigt, welche am Mittwoch den 11. Juni von 10 bis 1 Uhr Morgens und von 4 bis 7 Uhr Nachmittags, oder am Tage der Generalversammlung von 9 bis 11½ Uhr Morgens im Büreau der Gesellschaft im Bahnhofsgebäude in Altona die vorgeschriebenen schriftlichen Erklärungen, wozu die gedruckten Schemata ebendaselbst abzufordern sind, unter Vorzeigung ihrer Actien eingereicht haben. Die Actien werden sogleich zurückgegeben, nebst Einlaßkarten, die auch zur Legitimation beim Stimmen dienen.

Altona, den 14. Mai 1862.

Der Ausschuß.
Theod. Reincke, Vorsitzender.

Erledigter Steckbrief.

Der unterm 5. d. M. nach dem aus dem Trenthorster Gefängniß entwichenen Franz Joachim Jacob Bahr aus Juliusburg, Amts Lauenburg, erlassene Steckbrief ist durch Verhaftung des Inculpaten erledigt.

Stockelstorf, im Justitiariate für Trenthorst und Wulmenau, den 30. Mai 1862.

Esmarch.

Edictal = Citationes.

№ 1.

Von Präsidial=Consistorial=Gerichtswegen,

wird auf Anhalten der Ehefrau des Hinrich Ehlers aus Delfstedt, Dorothea, geb. Stange, z. Z. zu Heinnenstruck, Kirchspiels Albersdorf, gedachter ihr Ehemann Hinrich Ehlers, der sie ihrer Angabe gemäß vor nunmehr 8 Jahren böslich verlassen hat und nach Amerika ausgewandert ist, hiedurch geladen, am 23. Juni d. J., Vormittags 11 Uhr, vor dem alsdann versammelten Norderdithmarsischen Consistorialgerichte zu erscheinen und zu vernehmen, was Citantin alsdann in pcto. böslicher Verlassung gegen ihn werde vorzutragen haben, mit der Verwarnung, daß auch im Falle seines ungehorsamen Ausbleibens dennoch den Rechten gemäß werde erkannt werden.

Königl. Norderdithmarsische Landvogtei zu Heide, den 1. Mai 1862.

Hansen. Simonsen.

In fidem: Scholtz.

№ 2.

Auf den Antrag der Ehefrau Anna Elise Lentsch, geb. Schmidt, in Wiemerstorf wird deren seit August 1855 verschollener Ehemann, der vormals zu Bramstedt wohnhaft gewesene Johannes Adolph Hinrich Lentsch, hiedurch citirt und geladen, sich am Donnerstag den 2. October d. J., Vormittags 10 Uhr, auf dem hiesigen Amthause vor dem alsdann versammelten Consistorio einzufinden, um zu vernehmen, was die Citantin wegen böslicher Verlassung wider ihn vorbringen wird und darauf zu antworten, im Falle des Ausbleibens aber zu gewärtigen, daß wider ihn erkannt werde, was den Rechten gemäß.

Segeberger Consistorium, den 19. April 1862.

Pr., Pr. et Ass. Consist.

In fidem: H. F. Jacobsen.

№ 3.

Extract der Edictal-Citation an den abwesenden Hans Wriedt aus Kirch-Barkau.

Der Juste Hans Wriedt aus Kirch-Barkau, welcher sich heimlich von dort entfernt hat, wird hierdurch peremtorisch geladen und befehligt, am Mittwoch den 5. November d. J. vor dem alsdann auf dem Rathhause der Stadt Kiel versammelten Königlichen Kieler Landconsistorialgerichte zu erscheinen, zu vernehmen, was seine Ehefrau Anna Wriedt, geb. Voß, wegen böslicher Verlassung gegen ihn vortragen wird, darauf zu antworten und Spruch Rechtens zu gewärtigen, unter der Verwarnung, daß auch im Falle des Ausbleibens auf seiner genannten Ehefrau ferneres Anhalten werde erkannt werden, was den Rechten gemäß.

Königl. Kieler Landconsistorium, den 15. April 1862.

Director, Probst und Assessoren.

In fidem: C. Raktlev.

Proclamata.

№ 1.

Erste Bekanntmachung.

Von Gerichtswegen

wird auf Anhalten des Nicolaus Detlefs in Hennstedt, als Güterpflegers der Erbmasse des verstorbenen Licentiaten Knölck, wail. in Hennstedt, dessen Nachlaß von den Vormündern des unmündigen Sohnes des defunctus unbedingt angetreten ist, den sämmtlichen nichtprotocollirten Gläubigern des obgedachten verstorbenen Licentiaten Knölck, wail. in Hennstedt, hiemittelst anbefohlen, alle ihre an den gedachten Licentiaten Knölck habenden Forderungen und Ansprüche, Auswärtige unter gehöriger Procuraturbestellung in hoc foro, bei Vermeidung der Ausschließung von der Masse und des ewigen Stillschweigens, binnen 12 Wochen, von der letzten Bekanntmachung dieses Proclams angerechnet, in der Kirchspielschreiberei zu Hennstedt gesetzmäßig anzumelden und verzeichnen zu lassen.

Königl. Norderdithmarsische Landvogtei zu Heide, den 16. Mai 1862. Hansen.

In fidem: Scholtz.

Für richtige Abschrift: J. Hansen, Kirchspielschreiber.

№ 2.

Erste Bekanntmachung.

Alle und Jede, mit Ausnahme der protocollirten Gläubiger, welche an den Nachlaß des zu Sprangerade, adel. Guts Ascheberg, verstorbenen Erbpächters Matthias Schnoor, namentlich an die dazu gehörige daselbst belegene im Schuld- und Pfandprotocoll für die Untergehörigen des adel. Guts Ascheberg Fol. 100 aufgeführte Erbpachtsstelle cum pert. dingliche und persönliche Ansprüche zu haben vermeinen, werden hiedurch aufgefordert, solche, bei Strafe des Ausschlusses, binnen 12 Wochen, von der letzten Bekanntmachung dieses Proclams angerechnet, bei dem unterzeichneten Justitiariat rechtsbehörig anzumelden.

Kiel, im Justitiariate des adel. Gutes Ascheberg, den 30. Mai 1862. Nordhorst.

№ 3.

Erste Bekanntmachung.

Nachdem die Vormünder der unmündigen Kinder des am 16. d. M. hieselbst verstorbenen Kaufmanns Cornelius Heinr. Remien erklärt haben, daß sie den Nachlaß nur sub beneficio legis et inventarii antreten könnten, so werden Alle und Jede, mit einziger Ausnahme der protocollirten Gläubiger, welche aus irgend einem Grunde an den Nachlaß des wailand Kaufmanns C. H. Remien, namentlich auch an die dazu gehörigen, im III. Quartier Nr. 111 und 112 belegenen Häuser mit Garten und $7^1/_2$ Tonnen Parcelenland, Ansprüche und Forderungen zu haben vermeinen, hiemittelst aufgefordert und befehligt, sich damit, bei Strafe der Ausschließung und des ewigen Stillschweigens, binnen 12 Wochen, nach der letzten Bekanntmachung dieses event. zugleich als Concursproclam geltenden Proclams, unter Producirung der etwanigen bezüglichen Documente und Auswärtige unter Procuraturbestellung, im hiesigen Syndicat zu melden.

Decretum Neustadt, den 23. Mai 1862.

(L. S.) Bürgermeister und Rath.

L. Kohlmann.

№ 4.

Erste Bekanntmachung.

Alle und Jede, mit Ausnahme der protocollirten Creditoren, welche Forderungen und Ansprüche an folgende in gerichtlicher Regulirung befindliche Nachlaßmassen zu haben vermeinen, als:

1) an die Masse des wail. Altentheilers Johann Christoph Burmeister in Meinstorf, und
2) an die Masse des wail. Halbhufners Claus Christian Bülck in Stocksee und seiner nach-

verstorbenen Ehefrau Anna Friederike Catharina Bülck, geb. Pries,

werden hiedurch von Gerichtswegen aufgefordert und befehligt, diese Ansprüche, bei Strafe der Ausschließung und des ewigen Stillschweigens, binnen 12 Wochen, a dato der letzten Bekanntmachung dieses Proclams, beim Königl. Actuariate des Amtes Plön zu Plön anzumelden. Auswärtige haben Actenprocuratur zu bestellen.

Königl. Amthaus zu Plön, den 19. Mai 1862.

W. C. v. Levetzau.

In fidem: C. Friederici, const.

№ 5.

Erste Bekanntmachung.

Auf Antrag des Erbpächters Johann Malchau zu Eckhorst werden — mit Ausnahme der protocollirten Pfandgläubiger — alle diejenigen, welche an die von ihm käuflich erstandene, vorher von Hans Andreas Stehn besessene, im Gute Eckhorst belegene Erbpachtsstelle c. p. dingliche Ansprüche und Forderungen zu haben vermeinen, hiedurch, bei Strafe der Ausschließung und des ewigen Stillschweigens, aufgefordert, sich damit binnen 12 Wochen, von der letzten Bekanntmachung dieses Proclams angerechnet, und zwar Auswärtige unter Procuraturbestellung, beim unterzeichneten Justitiariat zu melden.

Stockelsdorf, im Justitiariat für Eckhorst, den 26. Mai 1862. *Esmarch.*

№ 6.

Erste Bekanntmachung.

Wenn auf geschehene Insolvenzerklärung

1) des hiesigen Bürgers und Schneidermeisters Claus Jacob Wittorf,
2) der hiesigen Einwohnerin Sophie Lisette Henrike Beck,

über die Habe und Güter derselben der Concurs der Gläubiger erkannt ist, so werden, mit Ausnahme der protocollirten Gläubiger, Alle und Jede, welche an die obgenannten Personen und namentlich auch

an das zur Concursmasse der Beck gehörige und annoch auf dem Namen ihres Vaters, des weil. Hutmachers Johann Heinrich Beck, stehende, hieselbst Quartier II Nr. 15 belegene Wohnhaus c. pert.,

persönliche oder dingliche Forderungen und Ansprüche zu haben vermeinen oder Pfänder von den gedachten Personen besitzen, hiedurch, bei Strafe der Ausschließung resp. des Verlustes der Ansprüche und Pfandrechte, befehligt, sich damit, Auswärtige unter Bestellung von Actenprocuratoren, innerhalb 12 Wochen, nach der letzten Bekanntmachung dieses Proclams, im hiesigen Stadtsecretariat zu melden und die ihre Gerechtsame begründenden Documente in Original zu produciren und in beglaubigter Abschrift zurückzulassen.

Decretum Segeberg, **in Curia**, den 28. Mai 1862.

(L. S.) Bürgermeister und Rath.

№ 7.

Zweite Bekanntmachung.

Wenn nach dem Tode der weiland Justizräthin Charlotte von Destinon, geb. Claussen, in Glückstadt die Erlassung eines Proclams **ad indagandum statum bonorum** über den beim Vorhandensein unmündiger Erben der gerichtlichen Regulirung unterzogenen Nachlaß derselben erforderlich ist und von den bestellten Vormündern der Kinder der Verstorbenen auf die Erlassung eines solchen mit einer auf 6 Wochen beschränkten Angabefrist angetragen worden ist,

So wird von Obergerichtswegen Allen und Jeden, welche an den Nachlaß der am 5. April d. J. verstorbenen Justizräthin Charlotte von Destinon, geb. Claussen, aus irgend einem Grunde Ansprüche oder Forderungen machen zu können vermeinen, hiedurch, bei Strafe der Ausschließung und des ewigen Stillschweigens, anbefohlen, sich innerhalb 6 Wochen, vom Tage der letzten Bekanntmachung dieses Proclams angerechnet, bei dem Kanzlei- und Obergerichtssecretair v. Prangen hieselbst zu melden, die ihre Forderungen und Ansprüche etwa begründenden Documente in Ur- und Abschrift zu produciren und, falls sie Auswärtige sind, Actenprocuratoren hieselbst zu bestellen.

Wornach sich zu achten.

Urkundlich unterm vorgedruckten größern Gerichtsinsiegel. Gegeben im Königl. Holsteinischen Obergericht zu Glückstadt, den 23. Mai 1862.

(L. S.) *v. Schirach.* *Henrici.*

v. Prangen.

№ 8.

Zweite Bekanntmachung.

Von Gerichtswegen

wird auf Anhalten des Hans Nicolaus Stemmermann auf Unterschaar und des Hans Ruge auf Hellschen, als gerichtlich bestellter Vormünder des unmündigen Kindes und Erben des verstorbenen Claus Hartz auf Hellschen, so wie auf Anhalten der Wittwe des Letzteren, Antje, geb. Timm, alida, c. c. c., Allen und Jeden, welche an den Nachlaß des gedachten Claus Hartz, weil. auf Hellschen, nichtprotocollirte Ansprüche zu haben vermeinen, hiedurch aufgegeben, solche ihre Ansprüche, bei Strafe der Ausschließung, innerhalb 12 Wochen, vom Tage der letzten Bekanntmachung dieses Proclams angerechnet, Auswärtige unter Bestellung gehöriger Actenprocuratur, in der Kirchspielschreiberei zu Wesselburen gehörig anzumelden und verzeichnen zu lassen.

Königl. Norderdithmarsische Landvogtei zu Heide, den 19. April 1862.

Hansen.

In fidem: Scholtz.

Zur Beglaubigung der Abschrift: **H. v. Senden,** Kirchspielschreiber.

№ 9.

Zweite Bekanntmachung.

Von Gerichtswegen

wird auf Anhalten der unmündigen Erben des verstorbenen Hofbesitzers Peter Friedrich Kröger am Oesterdeichstrich, welche den Nachlaß dieses ihres Erblassers zwar unbedingt angetreten, aber zur Sicherung in Nachtagen um ein Proclam ad indagandum statum bonorum gebeten haben, Allen und Jeden, welche an den genannten Peter Friedrich Kröger oder dessen Nachlaß nicht protocollirte Ansprüche irgend einer Art zu haben vermeinen, mit Bewilligung des Königlichen Holsteinischen Obergerichtes in Glückstadt hierdurch aufgegeben, ihre Forderungen und Ansprüche, bei Strafe des Ausschlusses von der Erbmasse, innerhalb 6 Wochen, von der letzten Bekanntmachung dieses Proclams angerechnet, in der Kirchspielschreiberei zu Büsum, Auswärtige unter Procuraturbestellung, anzumelden und verzeichnen zu lassen.

Königl. Norderdithmarsische Landvogtei zu Heide, den 9. Mai 1862.

Hansen.

In fidem: Scholtz.

Zur Beglaubigung der Abschrift: Niemand.

№ 10.

Zweite Bekanntmachung.

Von Gerichtswegen

wird nach Ertheilung des Creditrechts auf Anhalten der Königl. Kirchspielvogtei zu Wesselburen als Concursregulirungsbehörde, den sämmtlichen nicht protocollirten Creditoren des Joh. Heinr. Kähler an der Reinsbütteler Weide, welcher seine Güter zur concursmäßigen Regulirung abgetreten hat, hiedurch aufgegeben, ihre Forderungen und Ansprüche an den gedachten Bonicedenten innerhalb 12 Wochen, von der letzten Bekanntmachung dieses Proclams angerechnet, und zwar Auswärtige nach vorgängiger Procuraturbestellung, bei Vermeidung der Ausschließung von der Concursmasse, in der Kirchspielschreiberei zu Wesselburen gesetzmäßig anzumelden und verzeichnen zu lassen.

Königl. Norderdithmarsische Landvogtei zu Heide, den 13. Mai 1862.

Hansen.

In fidem: Scholtz.

In fidem copiæ: H. v. Senden.

№ 11.

Zweite Bekanntmachung.

Von Gerichtswegen

wird auf Anhalten der Kinder und Erben des vorlängst verstorbenen Johann Landau, weil. in Strübbel, welche zwar den Nachlaß des Verstorbenen unbedingt angetreten, zugleich aber zur Sicherung gegen unbegründete Forderungen in Nachtagen um Erlassung eines landüblichen Proclams ad indagandum statum bonorum gebeten haben, Allen und Jeden, jedoch mit Ausnahme der protocollirten Gläubiger, welche an den verstorbenen Johann Landau, weil. in Strübbel, oder an dessen Nachlaß dingliche oder persönliche Ansprüche und Forderungen aus irgend einem Grunde zu haben vermeinen, hiedurch aufgegeben, selbige binnen zwölf Wochen, vom Tage der letzten Bekanntmachung dieses Proclams angerechnet, und zwar Auswärtige unter gehöriger Actenprocuraturbestellung, bei Strafe der Ausschließung und des ewigen Stillschweigens, in der Kirchspielschreiberei zu Wesselburen gesetzmäßig anzumelden und verzeichnen zu lassen.

Königl. Norderdithmarsische Landvogtei zu Heide, den 14. Mai 1862.

Hansen.

In fidem: Scholtz.

Zur Beglaubigung der Abschrift: H. v. Senden, Kirchspielschreiber.

№ 12.

Zweite Bekanntmachung.

Auf desfallsigen Antrag werden Alle und Jede, resp. mit Ausnahme der protocollirten Gläubiger, welche

1) an die Verlassenschaften des Claus Peter Efflandt und seiner früher verstorbenen Ehefrau Wolber, geb. Kummerfeldt, in Wisch, namentlich an die dazu gehörige Kathe Nr. 18 daselbst,
2) an das verkaufte Wohnhaus des Maurermeisters Christian Heinrich Gans in Preetz,

aus irgend einem Grunde resp. persönliche und dingliche Forderungen zu haben glauben, hiedurch aufgefordert und befehligt, sich damit, bei Strafe der Ausschließung, innerhalb 12 Wochen, von der letzten Bekanntmachung angerechnet, ordnungsmäßig auf hiesiger Klosterschreiberei zu melden und ihre Gerechtsame wahrzunehmen.

Klösterliche Obrigkeit zu Preetz, den 15. Mai 1862.

C. v. Qualen.

№ 13.

Zweite Bekanntmachung.

Wenn der Hufenpächter Friedrich Christopher Otto zu Garbeck, adel. Guts Wensien, als gerichtlich bestellter Curator für den bisherigen Hufenpächter Wulff Peter Kahl zu Garbeck, zur Ermittelung der Schulden des Letzteren die Erlassung eines Proclams hieselbst beantragt hat, so werden von Gerichtswegen Alle, welche an gedachten Wulf Peter Kahl zu Garbeck Ansprüche und Forderungen irgend einer Art zu haben vermeinen, hiemittelst, bei Strafe der Ausschließung, angewiesen und befehligt, sich mit selbigen innerhalb 12 Wochen, von der letzten Bekanntmachung an, im unterzeichneten Justitiariat, unter Wahrnehmung des Erforderlichen wegen Procuraturbestellung und Producirung der Documente, zu melden.

Decretum Neustadt, den 15. Mai 1862.

Justitiariat des adel. Guts Wensien.

Romundt.

№ 14.

Zweite Bekanntmachung.

Da auf geschehene Insolvenzerklärung des hiesigen Bürgers und Schlachters Abraham Simon über die Habe und Güter desselben der Concurs der Gläubiger erkannt worden: so werden von Gerichtswegen Alle und Jede, welche an denselben oder dessen untenbezeichnetes Erbe aus irgend einem rechtlichen Grunde Ansprüche oder Forderungen zu haben vermeinen — mit alleiniger Ausnahme der protocollirten Gläubiger — bei Strafe der Ausschließung von der unter Concursbehandlung genommenen Masse, aufgefordert und befehligt, solche binnen 12 Wochen, nach der letzten Bekanntmachung dieses Proclams, im hiesigen ersten Stadtsecretariate und spätestens am

11. September d. J.,

als dem peremtorischen Angabetermine, im Obergericht hieselbst anzumelden, wobei die die Ansprüche begründenden Documente in Urschrift vorzuzeigen und in Abschrift zurückzulassen sind, Auswärtige auch wegen gehöriger Procuraturbestellung das Nöthige wahrzunehmen haben.

Zum öffentlichen Verkaufe des zu dieser Concursmasse gehörigen, an der Ecke der Bachstraße und der nach dem Schlachterbudenthor führenden Straße belegenen, das Falk Simon'sche Erbe umschließenden, mit Ridmer Peter Krohn im Norden, Johann Jacob Wahlen im Osten und Süden und dem Greuzgange im Osten benachbarten Erbes, ist Termin auf

Montag den 30. Juni d. J.

anberaumt worden, an welchem Tage, Nachmittags 2 Uhr, die Kaufliebhaber im hiesigen Rathskeller sich einfinden und den Handel versuchen können.

Wornach Beikommende sich zu achten!

Altona, im Obergerichte, den 22. Mai 1862.

Ex Decreto Senatus.

№ 15.

Zweite Bekanntmachung.

Da von der Wittwe des wail. hiesigen Kaufmanns Otto Georg Christian Degetau, c. c., und den Herren Obergerichtsadvocaten Stoppel und Kaufmann Theodor Reincke, als Testamentsexecutoren des gedachten Verstorbenen, auf die Erlassung eines Proclams behufs Ausmittelung des Güterbestandes angetragen und solchem Antrage vom Magistrate stattgegeben ist: so werden von Gerichtswegen Alle und Jede, welche an den Nachlaß des gedachten verstorbenen Kaufmanns Otto Georg Christian Degetau, so wie an dessen frühere Firma O. G. C. Degetau und dessen spätere Firma O. G. C. Degetau & Hinrichsen, aus irgend einem rechtlichen Grunde Ansprüche oder Forderungen zu haben vermeinen, hiedurch, bei Strafe der Ausschließung und des ewigen Stillschweigens, aufgefordert und befehligt, solche binnen 12 Wochen, nach der letzten Bekanntmachung dieses Proclams, im hiesigen ersten Stadtsecretariate und spätestens am

8. September d. J.,

als dem peremtorischen Angabetermine, im Obergerichte hieselbst anzumelden, wobei die die Ansprüche begründenden Documente in Urschrift vorzuzeigen und in Abschrift zurückzulassen sind, Auswärtige auch wegen gehöriger Procuraturbestellung das Nöthige wahrzunehmen haben.

Wornach Beikommende sich zu achten.

Altona, im Obergerichte, den 22. Mai 1862.

Ex Decreto Senatus.

№ 16.

Zweite Bekanntmachung.

Wenn der Besitzer des adeligen Gutes Marienthal, Herr Johann Anton Wilhelm Carstenn zu Marienthal, gewilligt, nachfolgende zu der Gesammthypothek des genannten Gutes gehörige Grundstücke, nämlich:

1) ein westlich der Schillerstraße im Schloßpark belegenes Landstück, welches im Norden von dem Grundstück des Herrn Salinger und auf den anderen Seiten von den Promenaden begränzt wird, an Areal 1 Tonne 109 [] Ruthen;
2) ein östlich der Schillerstraße daselbst belegenes Grundstück, außerdem begränzt im Norden von den Grundstücken der Herren Simon und Ahrens, im Osten von dem Wege nach dem Hofe und im Süden von dem Grundstück des Herrn Frambeim, an Areal 234 [] Ruthen;
3) ein östlich der Claudiusstraße belegenes, noch im Besitz des Herrn J. A. W. Carstenn befindliches Stück von der Wiese „Fresenteich", an Areal 1 Tonne 52 [] Ruthen;
4) der östlich der Claudiusstraße belegene Rest von dem vorigen Grundstück, incl. des an Günther verkauften Stücks, an Areal 20 Tonnen 214 [] Ruthen;
5) der westlich der Claudiusstraße belegene Theil der Koppel „Auf dem Looft", an Areal 11 Tonnen 110 [] Ruthen;
6) ein östlich der Claudiusstraße belegener Theil der Koppel „Auf dem Looft", an Areal 11 Tonnen 76 [] Ruthen;
7) ein am Tonndorfer Moor östlich des Weges von Wandsbeck nach Jenfeldt belegenes Landstück, an Areal 236 [] Ruthen;

als selbstständige Grundstücke separiren und selbige, frei von allen dinglichen Ansprüchen, auf eignen Folien im hiesigen Schuld- und Pfandprotocolle verzeichnen zu lassen, und zu dem Ende die Erlassung eines landüblichen Evictions- und Folien-Proclams beantragt hat,

Werden, nach dazu ertheilter Genehmigung abseiten des Königlichen Holsteinischen Obergerichts, Alle und Jede, welche an die vorbezeichneten, sub 1 bis 7 aufgeführten Grundstücke cum pert. dingliche Ansprüche zu haben vermeinen, namentlich auch Diejenigen, welche gegen die beabsichtigte Trennung der vorgenannten Grundstücke von der Gesammthypothek des adeligen Gutes Marienthal und gegen die Einrichtung besonderer Folien für selbige im hiesigen Schuld- und Pfandprotocolle, Einsprüche zu erheben sich berechtigt halten, hierdurch von Gerichtswegen aufgefordert, solche An- oder Einsprüche binnen 12 Wochen, vom Tage der letzten Bekanntmachung dieses Proclams angerechnet, und zwar bei Strafe der Ausschließung und des ewigen Stillschweigens, in dem unterzeichneten Justitiariate ordnungsmäßig anzumelden, die ihre Ansprüche begründenden etwanigen Documente im Originale zu produciren und beglaubigte Abschriften davon bei den Acten zu belassen, auch, wofern sie Auswärtige sind, Actenprocuratoren hieselbst zu bestellen.

Decretum Marienthaler Justitiariat bei Wandsbeck, den 10. Mai 1862.

Reimers.

№ 17.

Zweite Bekanntmachung.

Extr. des Procl. des 21sten Stücks № 6.

Alle Forderungen und Ansprüche an den Nachlaß des unlängst zu Stelböcken, hiesigen Guts, verstorbenen Hufners Marx Detlev Kähler müssen, bei Strafe der Ausschließung und des ewigen Stillschweigens, binnen 6 Wochen, vom Tage der letzten Bekanntmachung dieses angerechnet, hieselbst gehörig angemeldet werden.

Wornach sich zu achten.

Lütjenburg, den 22. Mai 1862.

Das Patrimonialgericht des adeligen Guts Wittenberg.

Wyneken.

№ 18.

Zweite Bekanntmachung.

Extr. des Procl. des 21sten Stücks № 9.

Alle diejenigen, mit alleiniger Ausnahme der protocollirten Creditoren, welche Forderungen und Ansprüche aus irgend einem Grunde an die zur Concursmasse des Einwohners Jürgen Christian Wriedt in Bevern gehörige daselbst belegene $^1/_{24}$ Hufenstelle c. p. zu haben vermeinen, müssen sich damit, bei Vermeidung des Ausschlusses von der Concursmasse, binnen 12 Wochen, vom Tage der letzten Bekanntmachung dieses Proclams angerechnet, bei dem unterzeichneten Gerichte rechtsbehörig melden.

Königl. Administratur zu Ranzau, den 17. Mai 1862.

W. v. Levetzau, const.

№ 19.

Zweite Bekanntmachung.

Extr. des Procl. des 21sten Stücks № 10.

Mit Ausnahme der protocollirten Creditoren müssen Alle und Jede, welche an die Concursmassen der Gebrüder Tischler Carl Hinrich Bostelmann und Zimmermann Johann Christian Bostelmann in Pinneberg, insbesondere an die dazu gehörigen, im Flecken Pinneberg belegenen Besitzungen:

1) die ihnen gemeinschaftlich zuständigen im Schuld- und Pfandprotocoll resp. Nr. 1a, Fol. 49, und Nr. 1c, Fol. 119, aufgeführten Wohnhäuser cum pert.;
2) das dem Carl Hinrich Bostelmann gehörige, im Schuld- und Pfandprotocoll Nr. 1c, Fol. 27, aufgeführte Wohnhaus cum pert.;
3) das dem Johann Christian Bostelmann gehörige, im Schuld- und Pfandprotocoll Nr. 1b, Fol. 377, aufgeführte Wohnhaus cum pert.,

Ansprüche und Forderungen irgend einer Art zu haben vermeinen, solche innerhalb 12 Wochen, vom Tage der letzten Bekanntmachung dieses Proclams angerechnet, im Actuariate des Gerichts, **sub pœna præclusi**, anmelden.

Pinneberger Concursgericht, den 14. Mai 1862.

Wommelsdorff-Friedrichsen. *H. A. Tetens.*

Mohrdiek.

№ 20.

Zweite Bekanntmachung.

Extr. des Procl. des 21sten Stücks № 13.

Erb- oder sonstige Ansprüche und Forderungen an die unbedingt angetretene Erbmasse des hieselbst verstorbenen Particuliers Rudolph Wicht, früher zu Hinschenfelde, müssen binnen 12 Wochen, vom Tage der letzten Bekanntmachung dieses Proclams angerechnet, in dem unterzeichneten Justitiariate, unter Wahrnehmung des Erforderlichen, angemeldet werden.

Wornach sich zu achten!

Decretum Wandsbecker Justitiariat bei Wandsbeck, den 14. Mai 1862. *Reimers.*

№ 21.

Dritte und letzte Bekanntmachung.

Wenn von dem Obergerichtsadvocaten Lübbes in Altona, als obergerichtlich bestelltem Güterpfleger für den Nachlaß des weiland Kriegsraths Friedrich Carl Theodor Geutebrück daselbst, zur Regulirung der Masse auf die Erlassung eines Proclams angetragen und solchem Antrage vom Obergericht stattgegeben ist:

So werden von Obergerichtswegen Alle und Jede, welche an den Nachlaß des am 8. October 1861 in Altona verstorbenen Kriegsraths Friedr. Carl Theodor Geutebrück Ansprüche oder Forderungen irgend einer Art, insonderheit diejenigen, welche außer den bereits angemeldeten präsumtiven Erben — Geschwistern und Geschwisterkindern — des Erblassers, als: Juliane Christiane Auguste Walter, geb. Geutebrück, und Johanne Louise Christiane Siekler, geb. Geutebrück, in Ibenhain, Marie Friederike Theodore Rosalie Koch, geb. Hölbe, in Burgtonna, Therese Amalie Juliane

Kirchner, geb. Hölbe, in Tüttleben, Friedrich Wilhelm Geutebrück in Manebach, Carl August Constantin Geutebrück in Kälberfeld, Dorothea Juliane Auguste Welcker, geb. Geutebrück, in Gotha, Georg August Eduard Geutebrück daselbst und Christian Franz Geutebrück daselbst, Erbansprüche machen zu können vermeinen, namentlich die Bruderkinder des Verstorbenen, Friedr. Wilhelm Geutebrück, Böttcher, welcher sich nach den letzten Nachrichten in Pittsburg im Staate Pennsylvanien — Nordamerika — aufgehalten und Dr. Franz Dorotheus Geutebrück, welcher sich nach den letzten Nachrichten in Atlanta im Staate Georgia — Nordamerika — aufgehalten, beide aus Goldbach bei Gotha gebürtig, hiedurch aufgefordert und befehligt, sich innerhalb 12 Wochen, vom Tage der letzten Bekanntmachung dieses Proclams angerechnet, mit ihren Ansprüchen, unter Wahrnehmung des Rechtserforderlichen sowohl hinsichtlich der zu bestellenden Procuratur als der vorzuzeigenden Originaldocumente, bei dem Kanzelei- und Obergerichtssecretair v. Gyldenfeldt hieselbst gehörig zu melden, im Allgemeinen bei Strafe der Ausschließung und des ewigen Stillschweigens, für die beiden abwesenden Bruderkinder des Verstorbenen insbesondere mit der Androhung, daß im Nichtanmeldungsfalle mit dem ihnen zufallenden Vermögen nach gesetzlicher Vorschrift werde verfahren werden.

Urkundlich unterm vorgedruckten größeren Gerichts-Insiegel. Gegeben im Königl. Holsteinischen Obergericht zu Glückstadt, den 9. Mai 1862.

(L. S.) *v. Schirach.* *Henrici.*

v. Prangen.

№ 22.

Dritte und letzte Bekanntmachung.

Wenn die Erben des wail. Hegereiters und Forstraths Johann Heinr. Ohrt zu Barlohe mit dem Bemerken, daß sie den Nachlaß desselben zwar unbedingt angetreten hätten, um in Zukunft gegen etwaige Anforderungen Dritter gesichert zu sein, auf die Erlassung eines landüblichen Proclams hieselbst angetragen haben:

So werden von Obergerichtswegen in Deferirung dieser Bitte Alle und Jede, welche an den Nachlaß des wail. Hegereiters und Forstraths Johann Heinr. Ohrt zu Barlohe Ansprüche und Forderungen irgend welcher Art zu haben vermeinen, sub pœna præclusi et perpetui silentii, aufgefordert und befehligt, diese ihre Ansprüche und Forderungen innerhalb 12 Wochen, vom Tage der letzten Bekanntmachung dieses Proclams angerechnet, bei dem Kanzelei- und Obergerichtssecretair v. Gyldenfeldt, unter Producirung ihrer Originaldocumente und Zurücklassung beglaubigter Abschriften, zur Angabe zu bringen und, insofern sie Auswärtige sind, einen Actenprocurator zu bestellen.

Wornach sich zu achten!

Urkundlich unterm vorgedruckten größern Gerichtsinsiegel. Gegeben im Königl. Holsteinischen Obergerichte zu Glückstadt, den 12. Mai 1862.

(L. S.) *v. Schirach.* *Henrici.*

v. Gyldenfeldt.

№ 23.

Dritte und letzte Bekanntmachung.

Von Gerichtswegen

wird auf Anhalten des Johann Georg Biesten, zur Zeit Apotheker in Finkenwärder, als instituirten Universalerben seines unlängst verstorbenen Bruders, des Particuliers Ludwig Christian Biesten, wail. in Heide, welcher zwar den Nachlaß des Letzteren unbedingt angetreten, zugleich aber zur Sicherung gegen unbegründete Forderungen in Nachlagen um Erlassung eines landüblichen Proclams ad indagandum statum bonorum gebeten hat, Allen und Jedem, jedoch mit Ausnahme der protocollirten Gläubiger, welche an den verstorbenen Particulier Ludwig Christian Biesten, wailand in Heide, oder an dessen Nachlaß dingliche oder persönliche Forderungen und Ansprüche aus irgend einem Grunde zu haben vermeinen, hiemit aufgegeben, selbige binnen 12 Wochen, vom Tage der letzten Bekanntmachung dieses Proclams angerechnet, in der Kirchspielschreiberei zu Heide, und zwar als Auswärtige unter gehöriger Actenprocuraturbestellung, bei Strafe der Ausschließung und des ewigen Stillschweigens, ordnungsmäßig anzugeben und verzeichnen zu lassen.

Königl. Norderdithmarsische Landvogtei zu Heide, den 19. April 1862. *Hansen.*

In fidem: Scholtz.

Pro copia: Wiencke.

№ 24.

Dritte und letzte Bekanntmachung.

Demnach von dem Hofbesitzer Carsten Mahn in der Engelbrechtschen Wildniß, als gerichtlich bestelltem Curator für Person und Vermögen des irrsinnigen Peter Mahn aus der Blomeschen Wildniß, zum Zweck der Ermittelung des von ihm zu administrirenden Vermögens die Erlassung eines desfälligen Proclams beantragt worden: so werden von Gerichtswegen Alle und Jede, mit Ausnahme der protocollirten Gläubiger, welche an das für den irrsinnigen Peter Mahn verwaltete Vermögen rechtliche Ansprüche zu haben vermeinen, hiedurch, bei Vermeidung der Ausschließung, aufgefordert, innerhalb 12 Wochen, nach dem Datum der letzten Bekanntmachung dieses Proclams, ihre Forderungen hieselbst im Justitiariat, Auswärtige unter Bestellung der Actenprocuratur, gehörig anzugeben und weitere Verfügung zu gewärtigen.

Itzehoe, im Justitiariat der Blomeschen Wildniß, den 8. Mai 1862.

F. Rölger.

№ 25.

Dritte und letzte Bekanntmachung.

Auf den Antrag Beikommender und mit Genehmigung des Königlichen Holsteinischen Obergerichts werden alle Diejenigen, welche an

1) eine auf dem Folium 15 im Neuendorfer Schuld- und Pfandprotocolle der Bauleute protocollirte, verloren gegangene Bürgschaftsacte vom 4. December 1833, wonach der Hofbesitzer Jacob Thamling zu Neuendorf die Bürgschaft rücksichtlich einer von Catharina Wohlenberg zu Groß-Colmar an die Pupillen Daniel und Peter Tiedemann ausgestellten Schuldverschreibung über 426 ℛ︁ 64 ß übernommen hat.
2) desgleichen Alle, welche an ein hieselbst befindliches, mit der Etikette „Otto Stockfleth in Amsterdam und Elf. Dieckmann 13. August 1850" versehenes Depositum, groß 67 ℛ︁ 19 ß, dessen Eigenthümer unbekannt sind,

Ansprüche zu haben vermeinen, hiedurch befehligt, solche, bei Verlust derselben, binnen 12 Wochen, vom Tage der letzten Bekanntmachung dieses Proclams angerechnet, hieselbst gehörig anzugeben, widrigenfalls zu gewärtigen ist, daß das sub 1 angeführte Document mortificirt und im Schuld- und Pfandprotocolle delirt und mit dem sub 2 aufgeführten Depositum als herrenlos den Gesetzen gemäß wird verfahren werden.

Glückstadt, im Justitiariate des adel. Guts Neuendorf, den 13. Mai 1862. *A. Burchardi.*

№ 26.

Dritte und letzte Bekanntmachung.

Wenn der abwesende Carl Friedrich August Setzer aus Uetersen, dessen geringfügiges Vermögen bisher unter Curatel gestanden, am 28. October 1860, wenn noch am Leben, das 70. Jahr überschritten haben würde, deshalb auch von den Erben auf Erlassung eines Mortificationsproclams angetragen worden ist: als wird gedachter Setzer hierdurch aufgefordert, sich innerhalb 12 Wochen, a publ. ult., auf dem Syndicate hieselbst zu melden, widrigenfalls seine Todeserklärung erfolgen und das Vermögen den sich legitimirenden Erben nach Vorschrift des Gesetzes ausgeliefert werden wird.

Erkannt Uetersen, den 8. Mai 1862.

Klösterliche Obrigkeit.

№ 27.

Dritte und letzte Bekanntmachung.

Extr. des Procl. des 20sten Stücks № 4.

Nichtprotocollirte Ansprüche und Forderungen an den unter gerichtliche Behandlung genommenen Nachlaß der weil. Eheleute Hinr. Schütt und Catharina, geb. Grabbe, in Barsfleth sind, bei Strafe des Verlustes, innerhalb 6 Wochen, von der letzten Bekanntmachung dieses eventuell auch als Concursproclam erlassenen Proclams angerechnet, in der Königlichen Kirchspielschreiberei zu Meldorf gehörig anzugeben.

B. R. W.

Meldorf, den 13. Mai 1862.

Zur Beglaubigung: **Fabricius.**

№ 28.

Dritte und letzte Bekanntmachung.

Extr. des Procl. des 20sten Stücks № 5.

Alle Ansprüche und Forderungen, mit Ausnahme der protocollirten, an das hieselbst im 1. Quartier sub Nr. 4 am Markte belegene Vollhaus nebst Zubehör des Friedrich Theodor Kems, jetzt Hülfsmanns in Ottensen, früher Kaufmanns in Lütjenburg, müssen, bei Vermeidung der Ausschließung, innerhalb 12 Wochen, vom Tage der letzten Bekanntmachung dieses Proclams angerechnet, im hiesigen Stadtsecretariate rechtsgehörig angemeldet werden.

Lütjenburg, den 6. Mai 1862.

(L. S.) Bürgermeister und Rath.

Zur Beglaubigung: **H. Brinkmann.**

№ 29.

Dritte und letzte Bekanntmachung.

Extr. des Procl. des 20sten Stücks № 6.

Nichtprotocollirte Forderungen und Ansprüche an den verstorbenen Bauervogt Claus Sievert zu Kembs, Kirchspiels Heiligenhafen, und seinen Nachlaß sind, bei Strafe ihres Verlustes und ewigen Stillschweigens, binnen 12 Wochen, von der letzten Bekanntmachung dieses an, hieselbst gehörig zu melden.

Justitiariat der Lübschen Stadtstiftsdörfer Kembs u. s. w. zu Oldenburg, den 11. Mai 1862.

Petersen.

№ 30.

Dritte und letzte Bekanntmachung.

Extr. des Procl. des 20sten Stücks № 10.

Alle und Jede, welche an die Vollhufe des Eingesessenen Johann Diedrich Knickmann in Niendorf dingliche nichtprotocollirte Ansprüche zu haben vermeinen, müssen solche, bei Strafe des Verlustes, innerhalb 12 Wochen, vom Tage der letzten Bekanntmachung dieses Proclams angerechnet, im Actuariate des Gerichts rechtsgehörig anmelden.

Pinneberger Concurs- und Erbtheilungsgericht, den 8. Mai 1862.

Wommelsdorff-Friedrichsen. *H. A. Telens.*

Mohrdiek.

Beilage
zum 23. Stück der Holsteinischen Anzeigen.

Montag den 9. Juni 1862.

Bekanntmachungen.

№ 1.

Daß dem geistesschwachen Erbpächter Hans Hinr. Franz Voß zu Howacht ein Curator in der Person des Bodenknechts Hinr. Detlev Rathje daselbst bestellt worden ist und daß daher von dem gedachten Voß ohne Zuziehung dieses seines Curators für ihn verbindliche Rechtsgeschäfte nicht eingegangen werden können, solches wird hiemit bekannt gemacht.

Lütjenburg, den 5. Juni 1862.

Das Patrimonialgericht des adeligen Guts Neudorff.

Wyneken.

№ 2.

Wenn der 1/12 Hufner Asmus Peter Groth in Heilshop sich der Verwaltung seines Vermögens begeben hat und der Hufner Johann Friedrich Wilhelm Ferdinand Mylius in Heilshop in Folge dessen zum curator bonorum des A. P. Groth gerichtlich bestellt worden ist, wird solches hiedurch mit dem Bemerken zur öffentlichen Kunde gebracht, daß der gedachte 1/12 Hufner Asmus Peter Groth in Heilshop fortan ohne Zustimmung seines Curators J. F. W. F. Mylius, Hufner in Heilshop, keine Rechtsgeschäfte eingehen kann.

Königliches Reinfelder Amthaus zu Traventhal, den 23. Mai 1862.

Grothusen.

In fidem: W. Baudissin.

№ 3.

Am 30. Mai d. J. ist am Störufer zu Beidenflether Uhrendorf die Leiche einer männlichen Person von mittlerer Größe, im ungefähren Alter von 50 Jahren gefunden. Die Leiche war bekleidet mit einer schwarzen Atlas-Weste, einem weißen Kragen oder s. g. Vorhemd mit kleinen Falten, blau-weiß gestreiftem baumwollenem Unterhemd mit weißen hörnernen Knöpfen, weiß-halbleinenem Hemd, dunkelgrau-Bukskin-Hose, ledernen Stiefeln, vorgeschuht, grau-parchim Unterhose, langen grau-wollenen Strümpfen, schwarzseidenem Halstuch. Das Hemd war gezeichnet I. G. (oder C.). Alle und Jede, welche über diese Leiche Auskunft zu ertheilen im Stande sein sollten, werden aufgefordert, dem unterzeichneten Gerichte Anzeige darüber zu beschaffen.

Königliches Gericht für das Amt Steinburg zu Itzehoe, den 2. Juni 1862.

A. v. Heintze, const.

Testaments-Publication.

Zur Publication des von der Wittwe Engel Catharina Klahn, geb. Röhl, in Oldenburg unterm 21. Januar 1850 errichteten Testaments ist Termin auf

Montag den 16. Juni d. J.

anberaumt und werden Beikommende geladen, sich am gedachten Tage Morgens 11 Uhr zur Wahrnehmung ihrer Gerechtsame auf hiesigem Rathhause einzufinden.

Oldenburg, den 1. Juni 1862.

Der Magistrat.

W. Hensen.

Testaments-Publication.

Zur Publication des bei dem hiesigen Magistratsgerichte deponirten Testamentes des wailand hiesigen Bürgers, Müllers Lorenz Jürgens, ist Termin auf

Freitag, den 13. Juni d. J.,

Morgens 10 Uhr, auf dem hiesigen Rathhause, angesetzt, welches Beikommenden zur Nachricht und Wahrnehmung ihrer Gerechtsame hierdurch zur öffentlichen Kunde gebracht wird.

Heiligenhafen, den 17. Mai 1862.

Der Magistrat.

Helmcke.

Glückstadt-Elmshorner Eisenbahn.

Am Montag den 30. Juni 1862, Mittags 12 Uhr, wird die in Folge des § 38 des Statuts zu haltende diesjährige regelmäßige Generalversammlung in der hiesigen Bahnhofshalle stattfinden.

Es wird

1) der Geschäftebericht der Direction vorgelegt;
2) die Wahl eines Ausschußmitgliedes für den statutenmäßig austretenden Herrn Advocaten Schenck in Elmshorn, wofür ein in Elmshorn wohnhafter Actionair zu wählen ist, vorgenommen;
3) Beschluß über die in Folge der Uebernahme des eigenen Betriebes vom Ausschusse vorzulegenden Veränderungen des Statuts, nament-

lich der in den §§ 64 bis 87 enthaltenen Bestimmungen, zu fassen sein.

Zur Beschlußnahme über die Vorlage Nr. 3 ist nach § 44 des Statuts eine Mehrheit von zwei Dritteln der Stimmen der Anwesenden erforderlich, jedoch nur dann ausreichend, wenn bei der Abstimmung drei Viertel der sämmtlichen Actien vertreten sind.

Diejenigen Actieninhaber, welche der Generalversammlung beizuwohnen beabsichtigen, haben sich am 29. Juni 1862, Abends von 7 bis 8 Uhr, oder am Versammlungstage von 9 bis 11 Uhr Morgens auf dem hiesigen Rathhause, unter Vorzeigung ihrer Actien, dem Ausschusse gemäß der Bestimmungen des § 40 des Statuts zu legitimiren und dagegen Einlaßkarten zur Generalversammlung entgegen zu nehmen.

Glückstadt, den 5. Juni 1862.

Der Ausschuß.
C. J. Rathjen, Vorsitzender.

Erledigter Steckbrief.

Der mittelst Steckbriefs vom 30. October v. J. verfolgte Schornsteinfegergesell August Ludwig Leopold Schulze aus Dessau ist in Hamburg zur gefänglichen Haft gebracht.

Königliches Polizeiamt zu Segeberg, den 5. Juni 1862. *G. Lueders.*

Proclamata.

№ 1.

Erste Bekanntmachung.

Wenn der Hofbesitzer Wilhelm Theodor Leonhardt zu Thaden, hiesiger Jurisdiction, seine daselbst belegene Landstelle verkauft und dem Käufer ein von dinglichen nichtprotocollirten Forderungen und Ansprüchen gereinigtes Professionsprotocoll zu liefern versprochen hat; so werden in Gemäßheit desfälligen Antrages Alle und Jede, welche an die zu Thaden belegene, bisher dem Hofbesitzer Wilhelm Theodor Leonhardt daselbst gehörig gewesene Landstelle dingliche nichtprotocollirte Forderungen, Ansprüche und Rechte zu haben vermeinen, von Gerichtswegen hiedurch aufgefordert, selbige innerhalb 12 Wochen, von der letzten Bekanntmachung dieses Proclams angerechnet, bei Strafe der Präclusion und des immerwährenden Stillschweigens, im hiesigen Justitiariate gehörig anzugeben, auch wegen Vorlegung der ihre Forderungen begründenden Documente und der Bestellung der Actenprocuratur das Erforderliche wahrzunehmen.

Hanerau, im Justitiariate, den 28. Mai 1862.

H. Lundius.

№ 2.

Erste Bekanntmachung.

Demnach die Eheleute Hans Lorenzen und Maria, geb. Zimmer, zu Bramstedt, mit Tode abgegangen und die hinterlassenen Kinder resp. durch Vormünder und Curator erklärt, daß sie die Verlassenschaft derselben pure anzutreten Bedenken tragen und daher um die Erlassung eines Proclams ad indagandum statum bonorum beantragen müßten;

so werden von Gerichtswegen Alle und Jede, mit Ausnahme der protocollirten Gläubiger, welche Ansprüche und Forderungen an diese Verlassenschaft, namentlich auch an die zu Bramstedt belegene adelige Kathe mit Land machen zu können vermeinen möchten, hierdurch aufgefordert, solche, bei Strafe der Ausschließung, binnen 12 Wochen, vom Tage der letzten Bekanntmachung dieses event. zugleich als Concursproclam dienenden Proclams an, hieselbst anzugeben, Auswärtige unter Bestellung der Actenprocuratur.

Bramstedter Justitiariat zu Itzehoe, den 2. Juni 1862. *F. Rötger.*

№ 3.

Zweite Bekanntmachung.

Von Gerichtswegen

wird auf Anhalten des Nicolaus Detlefs in Hennstedt, als Güterpflegers der Erbmasse des verstorbenen Licentiaten Knölck, weil. in Hennstedt, dessen Nachlaß von den Vormündern des unmündigen Sohnes des defunctus unbedingt angetreten ist, den sämmtlichen nichtprotocollirten Gläubigern des obgedachten verstorbenen Licentiaten Knölck, weil. in Hennstedt, hiemittelst anbefohlen, alle ihre an den gedachten Licentiaten Knölck habenden Forderungen und Ansprüche, Auswärtige unter gehöriger Procuraturbestellung in hoc foro, bei Vermeidung der Ausschließung von der Masse und des ewigen Stillschweigens, binnen 12 Wochen, von der letzten Bekanntmachung dieses Proclams angerechnet, in der Kirchspielschreiberei zu Hennstedt gesetzmäßig anzumelden und verzeichnen zu lassen.

Königl. Norderdithmarsische Landvogtei zu Heide, den 16. Mai 1862.

Hansen.

In fidem: Scholtz.

Für richtige Abschrift: Hansen,
Kirchspielschreiber.

№ 4.

Zweite Bekanntmachung.

Alle und Jede, mit Ausnahme der protocollirten Gläubiger, welche an den Nachlaß des zu Sprangsrade, adel. Guts Ascheberg, verstorbenen Erbpächters Matthias Schnoor, namentlich an die dazu gehörige daselbst belegene im Schuld- und Pfandprotocoll für die Untergehörigen des adel. Guts Ascheberg Fol. 100 aufgeführte Erbpachtsstelle cum pert. dingliche und persönliche Ansprüche zu haben vermeinen, werden hiedurch aufgefordert, solche, bei Strafe des Ausschlusses, binnen 12 Wochen, von der letzten Bekanntmachung dieses Proclams angerechnet, bei dem unterzeichneten Justitiariat rechtsbehörig anzumelden.

Kiel, im Justitiariate des adel. Gutes Ascheberg, den 30. Mai 1862.

Nordhorst.

№ 5.

Zweite Bekanntmachung.

Alle und Jede, mit Ausnahme der protocollirten Creditoren, welche Forderungen und Ansprüche an folgende in gerichtlicher Regulirung befindliche Nachlaßmassen zu haben vermeinen, als:

1) an die Masse des weil. Altentheilers Johann Christoph Burmeister in Meinstorf, und
2) an die Masse des weil. Halbhufners Claus Christian Bülck in Stocksee und seiner nachverstorbenen Ehefrau Anna Friederike Catharina Bülck, geb. Fries,

werden hiedurch von Gerichtswegen aufgefordert und befehligt, diese Ansprüche, bei Strafe der Ausschließung und des ewigen Stillschweigens, binnen 12 Wochen, a dato der letzten Bekanntmachung dieses Proclams, beim Königl. Actuariate des Amtes Plön zu Plön anzumelden. Auswärtige haben Actenprocuratur zu bestellen.

Königl. Amthaus zu Plön, den 19. Mai 1862.

W. C. v. Levetzau.

In fidem: C. Friederici, const.

№ 6.

Zweite Bekanntmachung.

Auf Antrag des Erbpächters Johann Malchau zu Eckhorst werden — mit Ausnahme der protocollirten Pfandgläubiger — alle diejenigen, welche an die von ihm käuflich erstandene, vorher von Hans Andreas Stehn besessene, im Gute Eckhorst belegene Erbpachtsstelle c. p. dingliche Ansprüche und Forderungen zu haben vermeinen, hiedurch, bei Strafe der Ausschließung und des ewigen Stillschweigens, aufgefordert, sich damit binnen 12 Wochen, von der letzten Bekanntmachung dieses Proclams angerechnet, und zwar Auswärtige unter Procuraturbestellung, beim unterzeichneten Justitiariat zu melden.

Stockelstorf, im Justitiariat für Eckhorst, den 26. Mai 1862. *Esmarch.*

№ 7.

Zweite Bekanntmachung.

Extr. des Procl. des 22sten Stücks № 3.

Alle und Jede, mit einziger Ausnahme der protocollirten Gläubiger, welche an den Nachlaß des weil. hiesigen Kaufmanns C. H. Remien, namentlich auch an die dazu gehörigen, im 3. Quartier Nr. 111 und 112 belegenen Häuser c. pert., Ansprüche und Forderungen zu haben vermeinen, müssen sich damit, bei Vermeidung der Ausschließung und des ewigen Stillschweigens, binnen 12 Wochen, nach der letzten Bekanntmachung dieses event. als Concursproclam geltenden Proclams, rechtsbehörigermaaßen im hiesigen Syndicat anmelden.

Decretum Neustadt, den 23. Mai 1862.

(L. S.) Bürgermeister und Rath.

L. Kohlmann.

№ 8.

Dritte und letzte Bekanntmachung.

Wenn nach dem Tode der wailand Justizräthin Charlotte von Destinon, geb. Claussen, in Glückstadt die Erlassung eines Proclams ad indagandum statum bonorum über den beim Vorhandensein unmündiger Erben der gerichtlichen Regulirung unterzogenen Nachlaß derselben erforderlich ist und von den bestellten Vormündern der Kinder der Verstorbenen auf die Erlassung eines solchen mit einer auf 6 Wochen beschränkten Angabefrist angetragen worden ist,

So wird von Obergerichtswegen Allen und Jeden, welche an den Nachlaß der am 5. April d. J. verstorbenen Justizräthin Charlotte von Destinon, geb. Claussen, aus irgend einem Grunde Ansprüche oder Forderungen machen zu können vermeinen, hiedurch, bei Strafe der Ausschließung und des ewigen Stillschweigens, anbefohlen, sich innerhalb 6 Wochen, vom Tage der letzten Bekanntmachung dieses Proclams angerechnet, bei dem Kanzlei- und Obergerichtssecretair v. Prangen hieselbst zu melden, die ihre Forderungen und Ansprüche etwa begründenden Documente in Ur- und Abschrift zu produciren und, falls sie Auswärtige sind, Actenprocuratoren hieselbst zu bestellen.

Wornach sich zu achten.

Urkundlich unterm vorgedruckten größern Gerichtsinsiegel. Gegeben im Königl. Holsteinischen Obergericht zu Glückstadt, den 23. Mai 1862.

(L. S.) *v. Schirach.* *Henrici.*

v. Prangen.

№ 9.

Dritte und letzte Bekanntmachung.

Da auf geschehene Insolvenzerklärung des hiesigen Bürgers und Schlachters Abraham Simon über die Habe und Güter desselben der Concurs der Gläubiger erkannt worden: so werden von Gerichtswegen Alle und Jede, welche an denselben oder dessen untenbezeichnetes Erbe aus irgend einem rechtlichen Grunde Ansprüche oder Forderungen zu haben vermeinen — mit alleiniger Ausnahme der protocollirten Gläubiger — bei Strafe der Ausschließung von der unter Concursbehandlung genommenen Masse, aufgefordert und befehligt, solche binnen 12 Wochen, nach der letzten Bekanntmachung dieses Proclams, im hiesigen ersten Stadtsecretariate und spätestens am

11. September d. J.,

als dem peremtorischen Angabetermine, im Obergericht hieselbst anzumelden, wobei die die Ansprüche begründenden Documente in Urschrift vorzuzeigen und in Abschrift zurückzulassen sind. Auswärtige auch wegen gehöriger Procuraturbestellung das Nöthige wahrzunehmen haben.

Zum öffentlichen Verkaufe des zu dieser Concursmasse gehörigen, an der Ecke der Bachstraße und der nach dem Schlachterbudenthor führenden Straße belegenen, das Fall Simon'sche Erbe umschließenden, mit Rickmer Peter Krohn im Norden, Johann Jacob Wahlen im Osten und Süden und dem Grenzgange im Osten benachbarten Erbes, ist Termin auf

Montag den 30. Juni d. J.

anberaumt worden, an welchem Tage, Nachmittags 2 Uhr, die Kaufliebhaber im hiesigen Rathskeller sich einfinden und den Handel versuchen können.

Wornach Beikommende sich zu achten!

Altona, im Obergerichte, den 22. Mai 1862.

Ex Decreto Senatus.

№ 10.

Dritte und letzte Bekanntmachung.

Da von der Wittwe des weil. hiesigen Kaufmanns Otto Georg Christian Degetau, c. c., und den Herren Obergerichtsadvocaten Stoppel und Kaufmann Theodor Reincke, als Testamentsexecutoren des gedachten Verstorbenen, auf die Erlassung eines Proclams behufs Ausmittelung des Güterbestandes angetragen und solchem Antrage vom Magistrate stattgegeben ist: so werden von Gerichtswegen Alle und Jede, welche an den Nachlaß des gedachten verstorbenen Kaufmanns Otto Georg Christian Degetau, so wie an dessen frühere Firma O. G. C. Degetau und dessen spätere Firma O. G. C. Degetau & Hinrichsen, aus irgend einem rechtlichen Grunde Ansprüche oder Forderungen zu haben vermeinen, hiedurch, bei Strafe der Ausschließung und des ewigen Stillschweigens, aufgefordert und befehligt, solche binnen 12 Wochen, nach der letzten Bekanntmachung dieses Proclams, im hiesigen ersten Stadtsecretariate und spätestens am

8. September d. J.,

als dem peremtorischen Angabetermine, im Obergerichte hieselbst anzumelden, wobei die die Ansprüche begründenden Documente in Urschrift vorzuzeigen und in Abschrift zurückzulassen sind, Auswärtige auch wegen gehöriger Procuraturbestellung das Nöthige wahrzunehmen haben.

Wornach Beikommende sich zu achten.

Altona, im Obergerichte, den 22. Mai 1862.

Ex Decreto Senatus.

№ 11.

Dritte und letzte Bekanntmachung.

Wenn der Besitzer des adeligen Gutes Marienthal, Herr Johann Anton Wilhelm Carstenn zu Marienthal, gewilligt, nachfolgende zu der Gesammthypothek des genannten Gutes gehörige Grundstücke, nämlich:

1) ein westlich der Schillerstraße im Schloßpark belegenes Landstück, welches im Norden von dem Grundstück des Herrn Salinger und auf den anderen Seiten von den Promenaden begränzt wird, an Areal 1 Tonne 109 □ Ruthen;
2) ein östlich der Schillerstraße daselbst belegenes Grundstück, außerdem begränzt im Norden von den Grundstücken der Herren Simon und Ahrens, im Osten von dem Wege nach dem Hofe und im Süden von dem Grundstück des Herrn Frambeim, an Areal 234 □ Ruthen;
3) ein östlich der Claudiusstraße belegenes, noch im Besitz des Herrn J. A. W. Carstenn befindliches Stück von der Wiese „Fresenteich", an Areal 1 Tonne 52 □ Ruthen;
4) der östlich der Claudiusstraße belegene Rest von dem vorigen Grundstück, incl. des an Günther verkauften Stücks, an Areal 20 Tonnen 214 □ Ruthen;
5) der westlich der Claudiusstraße belegene Theil der Koppel „Auf dem Looft", an Areal 11 Tonnen 110 □ Ruthen;
6) ein östlich der Claudiusstraße belegener Theil der Koppel „Auf dem Looft", an Areal 11 Tonnen 76 □ Ruthen;
7) ein am Tonndorfer Moor östlich des Weges von Wandsbeck nach Jenfeldt belegenes Landstück, an Areal 236 □ Ruthen;

als selbstständige Grundstücke separiren und selbige, frei von allen dinglichen Ansprüchen, auf eignen Folien im hiesigen Schuld- und Pfandprotocolle verzeichnen zu lassen, und zu dem Ende die Erlassung eines landüblichen Evictions- und Folien-Proclams beantragt hat,

Werden, nach dazu ertheilter Genehmigung abseiten des Königlichen Holsteinischen Obergerichts, Alle und Jede, welche an die vorbezeichneten, sub 1 bis 7 aufgeführten Grundstücke cum pert. dingliche Ansprüche zu haben vermeinen, namentlich auch Diejenigen, welche gegen die beabsichtigte Trennung der vorgenannten Grundstücke von der Gesammthypothek des adeligen Gutes Marienthal und gegen die Einrichtung besonderer Folien für selbige im hiesigen Schuld- und Pfandprotocolle, Einsprüche zu erheben sich berechtigt halten, hierdurch von Gerichtswegen aufgefordert, solche An- oder Einsprüche binnen 12 Wochen, vom Tage der letzten Bekanntmachung dieses Proclams angerechnet, und zwar bei Strafe der Ausschließung und des ewigen Stillschweigens, in dem unterzeichneten Justitiariate ordnungsmäßig anzumelden, die ihre Ansprüche begründenden etwanigen Documente im Originale zu produciren und beglaubigte Abschriften davon bei den Acten zu belassen, auch, wofern sie Auswärtige sind, Actenprocuratoren hieselbst zu bestellen.

Decretum Marienthaler Justitiariat bei Wandsbeck, den 10. Mai 1862.

Reimers.

Beilage
zum 24. Stück der Holsteinischen Anzeigen.

Montag den 16. Juni 1862.

Bekanntmachungen.

№ 1.

Daß dem geistesschwachen Erbpächter Hans Hinr. Franz Voß zu Howacht ein Curator in der Person des Bodenknechts Hinr. Detlev Rathje daselbst bestellt worden ist und daß daher von dem gedachten Voß ohne Zuziehung dieses seines Curators für ihn verbindliche Rechtsgeschäfte nicht eingegangen werden können, solches wird hiemit bekannt gemacht.

Lütjenburg, den 5. Juni 1862.

Das Patrimonialgericht des adeligen Guts Neudorff.

Wyneken.

№ 2.

Wenn der 1/12 Hufner Asmus Peter Groth in Heilshop sich der Verwaltung seines Vermögens begeben hat und der Hufner Johann Friedrich Wilhelm Ferdinand Mylius in Heilshop in Folge dessen zum curator bonorum des A. P. Groth gerichtlich bestellt worden ist, wird solches hiedurch mit dem Bemerken zur öffentlichen Kunde gebracht, daß der gedachte 1/12 Hufner Asmus Peter Groth in Heilshop fortan ohne Zustimmung seines Curators J. F. W. F. Mylius, Hufner in Heilshop, keine Rechtsgeschäfte eingehen kann.

Königliches Reinfelder Amthaus zu Traventhal, den 23. Mai 1862.

Grothusen.

In fidem: W. Baudissin.

König Christian VIII. Ostseebahn.

Nachdem statutengemäß der Director Hr. Advocat Lehmann in Kiel aus der Direction getreten, ist derselbe vom Ausschusse wieder zum Director erwählt worden, und hat die Wahl angenommen.

Altona, den 6. Juni 1862.

Der Ausschuß.
Theod. Reincke, Vorsitzender.

Glückstadt-Elmshorner Eisenbahn.

Am Montag den 30. Juni 1862, Mittags 12 Uhr, wird die in Folge des § 38 des Statuts zu haltende diesjährige regelmäßige Generalversammlung in der hiesigen Bahnhofshalle stattfinden.

Es wird

1) der Geschäftsbericht der Direction vorgelegt;
2) die Wahl eines Ausschußmitgliedes für den statutenmäßig austretenden Herrn Advocaten Schenck in Elmshorn, wofür ein in Elmshorn wohnhafter Actionair zu wählen ist, vorgenommen;
3) Beschluß über die in Folge der Uebernahme des eigenen Betriebes vom Ausschusse vorzulegenden Veränderungen des Statuts, namentlich der in den §§ 64 bis 87 enthaltenen Bestimmungen, zu fassen sein.

Zur Beschlußnahme über die Vorlage Nr. 3 ist nach § 44 des Statuts eine Mehrheit von zwei Dritteln der Stimmen der Anwesenden erforderlich, jedoch nur dann ausreichend, wenn bei der Abstimmung drei Viertel der sämmtlichen Actien vertreten sind.

Diejenigen Actieninhaber, welche der Generalversammlung beizuwohnen beabsichtigen, haben sich am 29. Juni 1862, Abends von 7 bis 8 Uhr, oder am Versammlungstage von 9 bis 11 Uhr Morgens auf dem hiesigen Rathhause, unter Vorzeigung ihrer Actien, dem Ausschusse gemäß der Bestimmungen des § 40 des Statuts zu legitimiren und dagegen Einlaßkarten zur Generalversammlung entgegen zu nehmen.

Glückstadt, den 5. Juni 1862.

Der Ausschuß.
C. J. Rathjen, Vorsitzender.

Edictal-Citation.

Auf geziemende Vorstellung und Bitte der Ehefrau Catharina Margaretha Kreutzfeldt, geb. Meier, c. c. in Kiel, Klägerin und Implorantin, pro edictali citatione ihres heimlich von ihr fortgegangenen Ehemannes, des Tuchmachers Claus Hinrich Ehlert Kreutzfeldt aus Bocksee, wird benannter Claus Hinrich Ehlert Kreutzfeldt ein für alle Mal, mithin peremtorisch von Gerichtswegen hiedurch geladen und befehligt, vor dem am ersten Mittwoch im Monat November d. J., als dem 5. November d. J., auf dem Rathhause der Stadt Kiel abzuhaltenden Landconsistorialgerichte persönlich zu erscheinen, um zu vernehmen, was seine Ehefrau alsdann wegen böslicher Verlassung und daher zu trennender Ehe wider ihn vortragen wird, darauf zu antworten und nach verhandelter Sache Spruch Rechtens zu gewärtigen, unter der ausdrücklichen Verwarnung, daß auch im Falle seines Ausbleibens auf der Klägerin und Implorantin ferneres Anhalten werde erkannt werden, was den Rechten gemäß.

Königliches Kieler Laudconsistorium, den 5. Juni 1862.

Director, Probst und Assessoren.

In fidem: *C. Rathlev*, Act.

Proclamata.

№ 1.

Erste Bekanntmachung.

Wenn der Königliche Hannoversche Gesandte am Großbrittannischen Hofe zu London, der Geheimerath Adolph Friedrich August Graf von Kielmannsegge, hieselbst vorgestellt, daß er das adelige Marschgut Groß-Collmar an die Eingesessenen Claus v. Drathen und Albert Greve in Klein-Collmar verkauft und mit Rücksicht darauf, daß er den Käufern ein von allen nichtprotocollirten dinglichen Ansprüchen gereinigtes Professionsprotocoll versprochen, um die Erlassung eines landüblichen Proclams gebeten hat,

Werden von Obergerichtswegen in Deferirung dieser Bitte Alle und Jede, mit alleiniger Ausnahme der protocollirten Gläubiger, welche dingliche Ansprüche und Forderungen an das adel. Marschgut Groß-Collmar zu haben vermeinen, hiemittelst aufgefordert und befehligt, diese ihre dinglichen Ansprüche und Forderungen innerhalb 12 Wochen, von der letzten Bekanntmachung dieses Proclams angerechnet, bei Strafe des Ausschlusses und des ewigen Stillschweigens, bei dem Landgerichtsnotar Justizrath Martens hieselbst anzumelden, die ihre Ansprüche begründenden Documente im Original zu produciren und beglaubigte Abschriften derselben beim Protocoll zurückzulassen, auch, insofern sie nicht in Glückstadt wohnhaft, Actenprocuratoren zu bestellen.

Wornach sich zu achten!

Urkundlich unterm vorgedruckten größeren Gerichts-Insiegel. Gegeben im Königl. Holsteinischen Obergericht zu Glückstadt, den 11. Juni 1862.

(L. S.) *v. Schirach. Henrici.*

v. Gyldenfeldt.

Pro vera copia: Martens.

№ 2.

Erste Bekanntmachung.

Von Gerichtswegen

wird auf Anhalten der Königl. Kirchspielvogtei zu Hemme, als Concursregulirungsbehörde, den sämmtlichen nichtprotocollirten Creditoren des Webers Peter Jochim Böttcher in Hemme, über dessen Habe und Güter definitiv Concurs erkannt worden ist, hiedurch aufgegeben, ihre Forderungen und Ansprüche an den Boniscedenten, dieselben mögen beruhen, worin immer, innerhalb 12 Wochen, von der letzten Bekanntmachung dieses Proclams angerechnet, Auswärtige unter Bestellung der Actenprocuratur, bei Vermeidung der Ausschließung von der Concursmasse, in der Kirchspielschreiberei zu Hemme anzumelden und verzeichnen zu lassen.

Königl. Norderdithmarsische Landvogtei zu Heide, den 2. Juni 1862.

Hansen.

In fidem: Scholtz.

Für die Abschrift: F. Borgfeldt.

№ 3.

Erste Bekanntmachung.

Wenn das Königliche Commissariat zur Leitung des die Aufhebung des Mühlenzwanges im Herzogthum Holstein betreffenden Entschädigungsverfahrens anhero mitgetheilt hat, daß dem Erbpachtsmüller Claus Hinrich Kreutzfeldt zu Mühlendorf an Entschädigungsgeldern für Aufhebung des mit seiner Mühle verbunden gewesenen Zwangsrechts an Capital und Zinsen die Summe von 4968 ℛ︁ 53 β zugebilligt, so wie daß das gedachte Commissariat durch Ministerialrescript vom 26./27. Mai d. J. autorisirt worden sei, das in Gemäßheit des § 32 des Gesetzes vom 10. Mai 1854, betreffend die Aufhebung des Mühlenzwangs, vor der Auszahlung der gedachten Summe erforderliche landübliche Proclam bei dem unterzeichneten Justitiariat zu impetriren: so werden hiedurch von Gerichtswegen Alle und Jede, welche einen Anspruch auf Participirung an dieser Entschädigungssumme oder ein Widerspruchsrecht gegen Auskehrung derselben an den obenerwähnten Entschädigungsberechtigten zu haben glauben, und zwar sowohl die protocollirten als einfachen hypothecarischen Gläubiger, die Obereigenthümer, Fideicommißnachfolger, Wiederkaufsberechtigten, so wie alle andern etwanigen Realgläubiger hiedurch aufgefordert, ihren Anspruch auf Participirung an der mehrgedachten Entschädigungssumme und ihr Widerspruchsrecht gegen die Auskehrung derselben binnen 6 Wochen, vom Tage der letzten Bekanntmachung dieses Proclams angerechnet, bei der unterzeichneten Behörde anzumelden, die ihren Anspruch resp. ihr Widerspruchsrecht etwa begründenden Documente in Urschrift zu produciren, beglaubigte Abschriften davon zurückzulassen und, sofern sie Auswärtige sind, Actenprocuratoren zu bestellen, widrigenfalls aber zu gewärtigen, daß die fragliche Entschädigungssumme an den Erbpachtsmüller Haus Hinrich Kreutzfeldt zu Mühlendorf wird entrichtet werden.

Brunswieck im Justitiariat des adeligen Guts Emkendorf, den 2. Juni 1862.

C. Rathlev.

№ 4.

Erste Bekanntmachung.

Demnach der beim 6. Dragoner-Regimente angestellt gewesene Büchsenschmied Waldemar Emil Handrup mit Tode abgegangen und zur Constatirung des Nachlasses, den die Erben nicht anders als sub beneficio legis et inventarii anzutreten Willens, die Erlassung eines Proclams erforderlich geworden, so werden Alle, welche an den geringfügigen Nachlaß des gedachten Waldemar Emil Handrup irgend Forderungen und Ansprüche zu haben vermeinen, bei Strafe der Ausschließung von der Masse, von Bürgermeister und Rath hierdurch aufgefordert, ihre Forderungen binnen sechs Wochen, vom Tage der letzten Bekanntmachung angerechnet, im Stadtsecretariate anzugeben.

Itzehoe, den 11. Juni 1862.

Bürgermeister und Rath.

№ 5.

Erste Bekanntmachung.

Auf erfolgte Insolvenzerklärung des hiesigen Bürgers und Bäckermeisters Heinrich Wiegand werden vom Magistrat Alle und Jede, mit alleiniger Ausnahme der protocollirten Gläubiger, welche an den genannten Cridar Forderungen und Ansprüche erheben zu können glauben oder Pfänder und Sachen von demselben in Händen haben sollten, bei Strafe des Ausschlusses von dieser Concursmasse, resp. Verlustes ihres Pfandrechts, und bei Vermeidung sonstiger Nachtheile, hiedurch aufgefordert und angewiesen, sich mit diesen ihren Forderungen und Ansprüchen binnen 12 Wochen, von der letzten Bekanntmachung dieses Proclams angerechnet, in dem hiesigen Stadtsecretariat beim Angabeprotocoll zu melden, die zur Begründung derselben dienenden Documente im Original und in Abschriften zu produciren, auch, falls sie Auswärtige sind, einen Actenprocurator hieselbst zu bestellen.

Signatum Glückstadt, den 13. Juni 1862.

(L. S. / C.) Präsident, Bürgermeister und Rath.

№ 6.

Zweite Bekanntmachung.

Extr. des Procl. des 22sten Stücks № 6.

Alle und Jede, mit Ausnahme der protocollirten Gläubiger, welche persönliche oder dingliche Ansprüche

1) an die Concursmasse des hiesigen Schneidermeisters Claus Jacob Wittorf,
2) an die Concursmasse der Sophie Lisette Henrike Beck, namentlich an das hieselbst Qu. II Nr. 15 belegene Wohnhaus c. pert.

haben oder Pfänder von den genannten Personen besitzen, müssen sich damit, bei Strafe der Ausschließung resp. des Verlustes der Ansprüche und Pfandrechte, innerhalb 12 Wochen, nach der letzten Bekanntmachung dieses Proclams, im hiesigen Stadtsecretariat rechtsbehörig melden.

Decretum Segeberg, in Curia, den 28. Mai 1862.

(L. S.) Bürgermeister und Rath.

№ 7.

Dritte und letzte Bekanntmachung.

Von Gerichtswegen

wird auf Anhalten des Hans Nicolaus Stemmermann auf Unterschaar und des Hans Ruge auf Hellschen, als gerichtlich bestellter Vormünder des unmündigen Kindes und Erben des verstorbenen Claus Hartz auf Hellschen, so wie auf Anhalten der Wittwe des Letzteren, Antje, geb. Timm, allda, c. c. c., Allen und Jeden, welche an den Nachlaß des gedachten Claus Hartz, weil. auf Hellschen, nichtprotocollirte Ansprüche zu haben vermeinen, hierdurch aufgegeben, solche ihre Ansprüche, bei Strafe der Ausschließung, innerhalb 12 Wochen, vom Tage der letzten Bekanntmachung dieses Proclams angerechnet, Auswärtige unter Bestellung gehöriger Actenprocuratur, in der Kirchspielschreiberei zu Wesselburen gehörig anzumelden und verzeichnen zu lassen.

Königl. Norderdithmarsische Landvogtei zu Heide, den 19. April 1862.

Hansen.

In fidem: Scholtz.

Zur Beglaubigung der Abschrift: H. v. Senden, Kirchspielschreiber.

№ 8.

Dritte und letzte Bekanntmachung.

Von Gerichtswegen

wird auf Anhalten der unmündigen Erben des verstorbenen Hofbesitzers Peter Friedrich Kröger am Oesterdeichstrich, welche den Nachlaß dieses ihres Erblassers zwar unbedingt angetreten, aber zur Sicherung in Nachlagen um ein Proclam ad indagandum statum bonorum gebeten haben, Allen und Jeden, welche an den genannten Peter Friedrich Kröger oder dessen Nachlaß nicht protocollirte Ansprüche irgend einer Art zu haben vermeinen, mit Bewilligung des Königlichen Holsteinischen Obergerichtes in Glückstadt hierdurch aufgegeben, ihre Forderungen und Ansprüche, bei Strafe des Ausschlusses von der Erbmasse, innerhalb 6 Wochen, von der letzten Bekanntmachung dieses Proclams angerechnet, in der Kirchspielschreiberei zu Büsum, Auswärtige unter Procuraturbestellung, anzumelden und verzeichnen zu lassen.

Königl. Norderdithmarsische Landvogtei zu Heide, den 9. Mai 1862.

Hansen.

In fidem: Scholtz.

Zur Beglaubigung der Abschrift: Niemand.

№ 9.

Dritte und letzte Bekanntmachung.

Von Gerichtswegen

wird nach Ertheilung des Creditrechts auf Anhalten der Königl. Kirchspielvogtei zu Wesselburen als Concursregulirungsbehörde, den sämmtlichen nicht protocollirten Creditoren des Joh. Heinr. Kähler an der Reinsbütteler Weide, welcher seine Güter zur concursmäßigen Regulirung abgetreten hat, hiedurch aufgegeben, ihre Forderungen und Ansprüche an den gedachten Boniscedenten innerhalb 12 Wochen, von der letzten Bekanntmachung dieses Proclams angerechnet, und zwar Auswärtige nach vorgängiger Procuraturbestellung, bei Vermeidung der Ausschließung von der Concursmasse, in der Kirchspielschreiberei zu Wesselburen gesetzmäßig anzumelden und verzeichnen zu lassen.

Königl. Norderdithmarsische Landvogtei zu Heide, den 13. Mai 1862. *Hansen.*

In fidem: Scholtz.

In fidem copiæ: H. v. Senden.

№ 10.

Dritte und letzte Bekanntmachung.

Von Gerichtswegen

wird auf Anhalten der Kinder und Erben des verlängst verstorbenen Johann Landau, wail. in Strübbel, welche zwar den Nachlaß des Verstorbenen unbedingt angetreten, zugleich aber zur Sicherung gegen unbegründete Forderungen in Nachtagen um Erlassung eines landüblichen Proclams **ad indagandum statum bonorum** gebeten haben, Allen und Jeden, jedoch mit Ausnahme der protocollirten Gläubiger, welche an den verstorbenen Johann Landau, wail. in Strübbel, oder an dessen Nachlaß dingliche oder persönliche Ansprüche und Forderungen aus irgend einem Grunde zu haben vermeinen, hiedurch aufgegeben, selbige binnen zwölf Wochen, vom Tage der letzten Bekanntmachung dieses Proclams angerechnet, und zwar Auswärtige unter gehöriger Actenprocuraturbestellung, bei Strafe der Ausschließung und des ewigen Stillschweigens, in der Kirchspielschreiberei zu Wesselburen gesetzmäßig anzumelden und verzeichnen zu lassen.

Königl. Norderdithmarsische Landvogtei zu Heide, den 14. Mai 1862. *Hansen.*

In fidem: Scholtz.

Zur Beglaubigung der Abschrift: **H. v. Senden,** Kirchspielschreiber.

№ 11.

Dritte und letzte Bekanntmachung.

Auf desfallsigen Antrag werden Alle und Jede, resp. mit Ausnahme der protocollirten Gläubiger, welche

1) an die Verlassenschaften des Claus Peter Efflandt und seiner früher verstorbenen Ehefrau Wolber, geb. Kummerfeldt, in Wisch, namentlich an die dazu gehörige Kathe Nr. 18 daselbst,
2) an das verkaufte Wohnhaus des Maurermeisters Christian Heinrich Gans in Preetz,

aus irgend einem Grunde resp. persönliche und dingliche Forderungen zu haben glauben, hiedurch aufgefordert und befehligt, sich damit, bei Strafe der Ausschließung, innerhalb 12 Wochen, von der letzten Bekanntmachung angerechnet, ordnungsmäßig auf hiesiger Klosterschreiberei zu melden und ihre Gerechtsame wahrzunehmen.

Klösterliche Obrigkeit zu Preetz, den 15. Mai 1862.
C. v. Qualen.

№ 12.

Dritte und letzte Bekanntmachung.

Extr. des Procl. des 21sten Stücks № 6.

Alle Forderungen und Ansprüche an den Nachlaß des unlängst zu Stelböcken, hiesigen Guts, verstorbenen Hufners Marx Detlev Kähler müssen, bei Strafe der Ausschließung und des ewigen Stillschweigens, binnen 6 Wochen, vom Tage der letzten Bekanntmachung dieses angerechnet, hieselbst gehörig angemeldet werden.

Wornach sich zu achten.

Lütjenburg, den 22. Mai 1862.

Das Patrimonialgericht des adeligen Guts Wittenberg.
Wyneken.

№ 13.

Dritte und letzte Bekanntmachung.

Extr. des Procl. des 21sten Stücks № 9.

Alle diejenigen, mit alleiniger Ausnahme der protocollirten Creditoren, welche Forderungen und Ansprüche aus irgend einem Grunde an die zur Concursmasse des Einwohners Jürgen Christian Wriedt in Bevern gehörige daselbst belegene 1/24 Hufenstelle c. p. zu haben vermeinen, müssen sich damit, bei Vermeidung des Ausschlusses von der Concursmasse, binnen 12 Wochen, vom Tage der letzten Bekanntmachung dieses Proclams angerechnet, bei dem unterzeichneten Gerichte rechtsbehörig melden.

Königl. Administratur zu Ranzau, den 17. Mai 1862. *W. v. Levetzau,* const.

№ 14.

Dritte und letzte Bekanntmachung.

Extr. des Procl. des 21sten Stücks № 10.

Mit Ausnahme der protocollirten Creditoren müssen Alle und Jede, welche an die Concursmassen der Gebrüder Tischler Carl Hinrich Bostelmann und Zimmermann Johann Christian Bostelmann in Pinneberg, insbesondere an die dazu gehörigen, im Flecken Pinneberg belegenen Besitzungen:

1) die ihnen gemeinschaftlich zuständigen im Schuld- und Pfandprotocoll resp. Nr. 1a, Fol. 49, und Nr. 1c, Fol. 119, aufgeführten Wohnhäuser **cum pert.**;
2) das dem Carl Hinrich Bostelmann gehörige, im Schuld- und Pfandprotocoll Nr. 1c, Fol. 27, aufgeführte Wohnhaus **cum pert.**;
3) das dem Johann Christian Bostelmann gehörige, im Schuld- und Pfandprotocoll Nr. 1b, Fol. 377, aufgeführte Wohnhaus **cum pert.**,

Ansprüche und Forderungen irgend einer Art zu haben vermeinen, solche innerhalb 12 Wochen, vom Tage der letzten Bekanntmachung dieses Proclams angerechnet, im Actuariate des Gerichts, **sub pœna præclusi**, anmelden.

Pinneberger Concursgericht, den 14. Mai 1862.
Wommelsdorff-Friedrichsen. H. A. Tetens.

Mohrdiek.

Beilage
zum 25. Stück der Holsteinischen Anzeigen.

Montag den 23. Juni 1862.

Publicandum.

Auf Antrag des Obergerichtsadvocaten A. Schmidt in Kiel, als Executors des Testaments des verstorbenen pensionirten Oberappellationsgerichtsraths August Friedrich Wilhelm Dreyer,

Wird von Obergerichtswegen Termin zur Publication der von dem genannten vormaligen Oberappellationsgerichtsrathe August Friedrich Wilhelm Dreyer hinterlassenen letztwilligen Verfügungen auf

Montag den 30. Juni d. J.

hiemittelst anberaumt, wozu Beikommende zur Wahrnehmung des Erforderlichen hiemittelst geladen werden.

Urkundlich unterm vorgedruckten größern Gerichtsinsiegel. Gegeben im Königl. Holsteinischen Obergericht zu Glückstadt, den 13. Juni 1862.

(L. S.) *W. v. Schirach.* *Henrici.*

v. Gyldenfeldt.

Bekanntmachung.

Wenn der 1/12 Hufner Asmus Peter Groth in Heilshop sich der Verwaltung seines Vermögens begeben hat und der Hufner Johann Friedrich Wilhelm Ferdinand Mylius in Heilshop in Folge dessen zum **curator bonorum** des A. P. Groth gerichtlich bestellt worden ist, wird solches hiedurch mit dem Bemerken zur öffentlichen Kunde gebracht, daß der gedachte 1/12 Hufner Asmus Peter Groth in Heilshop fortan ohne Zustimmung seines Curators J. F. W. F. Mylius, Hufner in Heilshop, keine Rechtsgeschäfte eingehen kann.

Königliches Reinfelder Amthaus zu Traventhal, den 23. Mai 1862.

Grothusen.

In fidem: W. Baudissin.

Glückstadt-Elmshorner Eisenbahn.

Am Montag den 30. Juni 1862, Mittags 12 Uhr, wird die in Folge des § 38 des Statuts zu haltende diesjährige regelmäßige Generalversammlung in der hiesigen Bahnhofshalle stattfinden.

Es wird

1) der Geschäftsbericht der Direction vorgelegt;
2) die Wahl eines Ausschußmitgliedes für den statutenmäßig austretenden Herrn Advocaten Schenck in Elmshorn, wofür ein in Elmshorn wohnhafter Actionair zu wählen ist, vorgenommen;
3) Beschluß über die in Folge der Uebernahme des eigenen Betriebes vom Ausschusse vorzulegenden Veränderungen des Statuts, namentlich der in den §§ 64 bis 87 enthaltenen Bestimmungen, zu fassen sein.

Zur Beschlußnahme über die Vorlage Nr. 3 ist nach § 11 des Statuts eine Mehrheit von zwei Dritteln der Stimmen der Anwesenden erforderlich, jedoch nur dann ausreichend, wenn bei der Abstimmung drei Viertel der sämmtlichen Actien vertreten sind.

Diejenigen Actieninhaber, welche der Generalversammlung beizuwohnen beabsichtigen, haben sich am 29. Juni 1862, Abends von 7 bis 8 Uhr, oder am Versammlungstage von 9 bis 11 Uhr Morgens auf dem hiesigen Rathhause, unter Vorzeigung ihrer Actien, dem Ausschusse gemäß der Bestimmungen des § 10 des Statuts zu legitimiren und dagegen Einlaßkarten zur Generalversammlung entgegen zu nehmen.

Glückstadt, den 5. Juni 1862.

Der Ausschuß.

C. J. Rathjen, Vorsitzender.

Edictal-Citation.

Wenn die Ehefrau Magdalena Peters, geb. Roehl, c. cur. aus Bargstedt, Klägerin und Citantin, wider ihren Ehemann, den vormaligen Tagelöhner zu Bargstedt Johann Peters, Beklagten und Citaten, wegen böslicher Verlassung die Ehescheidungsklage angestellt und um Erlassung einer Edictalcitation gebeten hat.

So laden und befehligen wir, Präses, Probst und Assessoren des Rendsburger Consistoriums, hierdurch genannten Johann Peters, unfehlbar am Donnerstag den 9. October d. J., Vormittags 10 Uhr, vor dem alsdann versammelten Consistorio zu erscheinen, unter der ausdrücklichen Verwarnung, daß im Falle seines Ausbleibens **in contumaciam** werde erkannt werden, wie dem Rechte gemäß.

Gegeben unter dem Consistorii-Insiegel.

Rendsburg, den 13. Juni } 1862.
Nortorf, den 14. Juni }

E. v. Harbou. *v. d. Heyde.*

(L. S.) **Brenning.**

Proclamata.

№ 1.

Erste Bekanntmachung.

Von Gerichtswegen

wird auf den Antrag Beikommender und nach ertheilter Auctorisation des Königlichen Holsteinischen Obergerichts Allen und Jeden, welche an nachstehende im Schuld- und Pfandprotocoll des Kirchspiels Marne protocollirte und verloren gegangene Documente, als:

1) an den zwischen Peter Junge zu Neufeld als Verkäufer und dem Schuhmacher Johann Friedrich Mühlenhardt in Marne als Käufer sub dato Marne den 30. April 1850 errichteten Kaufcontract über ein Wohnhaus mit Garten in Marne und den daraus noch restirenden Kaufschilling der 533 ℳ 32 ß R.-M.;
2) an die unterm 25. Septbr. 1835 in der Königl. Landvogtei zu Meldorf beschaffte väterliche Declaration des Einwohners Thies Peter Claussen in Darenwurth über das seinem Sohne erster Ehe Johann Andreas Claussen ausgelobte mütterliche Vermögen von 200 ₰ v. Cour., jetzt 106 ℳ 64 ß R.-M.,

Ansprüche zu haben vermeinen, hiemittelst anbefohlen, solche binnen 12 Wochen, von der letzten Bekanntmachung dieses angerechnet, in der Königl. Kirchspielschreiberei zu Marne gehörig anzugeben, widrigenfalls sie mit ihren Ansprüchen werden präcludirt und die vorbezeichneten Documente gerichtlich für mortificirt erklärt werden.

Wornach sich ein Jeder zu achten.

Königl. Süderdithmarscher Landvogtei zu Meldorf, den 10. Juni 1862.

(L. S.) *Müllenhoff.*

Zur Beglaubigung: **Fabricius.**

№ 2.

Erste Bekanntmachung.

Von Gerichtswegen.

Die Erben zu dem Nachlaß des unlängst verstorbenen Johann Theodor Dethlefs auf dem Dinger Donn sind theils abwesend, theils unmündig, weshalb dieser Nachlaß der gerichtlichen Berichtigung hat unterzogen werden müssen. Es ergehet daher auf Instanz des Massecurators an die nichtprotocollirten Gläubiger und Pfandinhaber des Verstorbenen der Befehl, ihre Forderungen und Pfandrechte, bei Verlust derselben, in 6 Wochen, nach der letzten Bekanntmachung dieses Proclams, Auswärtige nach vorhergegangener Actenprocuratur, in der Königlichen Kirchspielschreiberei zu Eddelack anzugeben.

Wornach sich zu achten.

Königl. Süderdithmarscher Landvogtei zu Meldorf, den 17. Juni 1862.

(L. S.) *Müllenhoff.*

Zur Beglaubigung: **Fabricius.**

№ 3.

Erste Bekanntmachung.

Wenn über die Habe und Güte des Schmiedes Johann Nicolaus Georg Reiff in Jahrsdorf der Concurs der Gläubiger zu Recht erkannt worden: so werden Alle und Jede, welche Ansprüche und Forderungen an diese Concursmasse zu haben meinen, hiedurch, bei Strafe der Ausschließung, aufgefordert, unfehlbar innerhalb 12 Wochen, vom Tage der letzten Bekanntmachung dieses Proclams, ihre Ansprüche und Forderungen im hiesigen Amtsactuariat auf rechtsgehörige Weise anzugeben, Auswärtige unter Bestellung eines Actenprocurators.

Rendsburger Amthaus, den 13. Juni 1862.

E. v. Harbou.

Brenning.

№ 4.

Erste Bekanntmachung.

Auf Ansuchen des Herrn Ober- und Landgerichtsadvocaten Dr. jur. A. Brinckmann, als gerichtlich bestellten Güterpflegers der Nachlaßmasse der in der Nacht vom 20./21. Mai 1862 hieselbst verstorbenen Wittwe Charlotte Louise Martens, geb. Schlüter, in welcher zugleich der Nachlaß des weil. hiesigen Bürgers und Cigarrenfabrikanten H. A. Th. Martens enthalten ist,

Werden Alle, welche an den Nachlaß der genannten Eheleute Martens Forderungen und Ansprüche irgend einer Art, namentlich auch Erb- und Eigenthumsrechte, zu haben vermeinen, mit alleiniger Ausnahme der einzigen und unmündigen Tochter der Martensschen Eheleute, Hedwig Martens, hiedurch aufgefordert, sich innerhalb präclusivischer Frist von 12 Wochen, vom Tage der letzten Bekanntmachung dieses Proclams angerechnet, im hiesigen Stadtsyndicat gehörig anzugeben, und zwar unter Bestellung eines Procurators hieselbst, sofern die Profitenten auswärts wohnen.

Decretum Kiel, den 13. Juni 1862.

Der Magistrat.

In fidem: *G. F. Witte*, Syndicus.

№ 5.

Erste Bekanntmachung.

Alle und Jede, mit alleiniger Ausnahme der protocollirten Gläubiger, welche

1) an die Nachlaßmasse des verstorbenen Maurergesellen Johann Jochim Heide in Preetz und an das dazu gehörige Haus Nr. 393 hieselbst,
2) an die Concursmasse des Schlachtermeisters Christian Georg Sophus Grotjahn in Preetz und an das dazu gehörige Haus Nr. 403 hieselbst,

aus irgend einem Grunde Forderungen und Ansprüche zu haben glauben, werden hiedurch aufgefordert und befehligt, sich damit, bei Strafe der Ausschließung, innerhalb 12 Wochen, von der letzten Bekanntmachung angerechnet, unter Einlieferung ihrer Documente in Ur- und Abschrift, ordnungsmäßig auf hiesiger Klosterschreiberei zu melden und ihre Gerechtsame wahrzunehmen.

Klösterliche Obrigkeit zu Preetz, den 13. Juni 1862.

C. v. Qualen.

№ 6.

Erste Bekanntmachung.

Wenn der Pächter J. L. Heise zu Goertz, um eine genaue Uebersicht seiner Vermögensverhältnisse zu gewinnen, die Erlassung eines Proclams hieselbst beantragt hat, so werden von Gerichtswegen Alle und Jede, welche aus irgend einem Grunde an den gedachten Pächter J. L. Heise zu Goertz Forderungen und Ansprüche zu haben vermeinen, hiemittelst aufgefordert und befehligt, solche, bei Strafe der Ausschließung mit denselben und des immerwährenden Stillschweigens, innerhalb 12 Wochen, vom Tage der letzten Bekanntmachung dieses Proclams angerechnet, im unterzeichneten Justitiariat unter Beobachtung des Erforderlichen wegen Vorlegung der bezüglichen Documente und Procuraturbestellung anzugeben.

Decretum Neustadt, den 12. Juni 1862.

Justitiariat des adel. Guts Goertz.

Romundt.

№ 7.

Erste Bekanntmachung.

Wenn die Erben des verstorbenen Stadtcassirers Johann Hinrich Potent in Segeberg den Nachlaß unbedingt angetreten, zur Sicherheit gegen spätere Ansprüche indessen die Erlassung eines Proclams beantragt haben, so werden Alle und Jede, mit Ausnahme der protocollirten Gläubiger, welche an den verstorbenen Stadtcassirer Johann Hinrich Potent, namentlich auch an dessen hieselbst Quart. II. Nr. 30 belegenes Wohnhaus **c. pert.**, persönliche oder dingliche Forderungen oder Ansprüche zu haben vermeinen, hierdurch, bei Strafe der Ausschließung, resp. des Verlustes ihrer Ansprüche, befehligt, sich damit, Auswärtige unter Bestellung von Actenprocuratoren, innerhalb 12 Wochen, nach der letzten Bekanntmachung dieses Proclams, im hiesigen Stadtsecretariat zu melden und die ihre Gerechtsame begründenden Documente im Original zu produciren und in beglaubigter Abschrift zurückzulassen.

Decretum Segeberg, **in curia**, den 19. Juni 1862.

(L. S.) Bürgermeister und Rath.

№ 8.

Erste Bekanntmachung.

Demnach Nicolaus Friedrich Kirsten, Sohn des wailand hiesigen Bürgers und Apothekers Friedrich Nicolaus Kirsten und seiner Ehefrau Catharina Maria, geb. Fehrsen, geboren in Itzehoe den 10. October 1791, welcher vor reichlich 40 Jahren den Ort verlassen, ohne daß über seinen Aufenthalt etwas bekannt wäre, falls er noch am Leben, mit dem 10. October 1861 sein siebenzigstes Lebensjahr zurückgelegt haben würde, und seine beiden hier am Orte lebenden Brüder August Nic. und Eduard Nic. Kirsten, als muthmaaßliche nächste Erben, nunmehr die Erlassung eines Proclams wegen Todeserklärung des Abwesenden behufs demnächstiger Uebertragung seines unter Administration befindlichen Vermögens beantragt haben, als wird, in Deferirung dieses Antrags, dem Nicolaus Friedrich Kirsten aus Itzehoe und dessen etwanigen unbekannten Erben von Bürgermeister und Rath der Stadt Itzehoe hiemittelst anbefohlen, sich innerhalb 12 Wochen, vom Tage der letzten Bekanntmachung dieses Proclams angerechnet, im hiesigen Stadtsecretariat zu melden, indem, falls der verschollene Nicolaus Friedrich Kirsten sich auf solche Bekanntmachung nicht melden sollte, zu gewärtigen ist, daß derselbe für todt werde erklärt und sein gerichtlich administrirtes Vermögen seinen Brüdern August Nicolaus und Eduard Nicolaus oder den Erben des Verschollenen, welche sich sonst als nächst berechtigt etwa gemeldet und legitimirt haben mögten, nach Maaßgabe der Verordnung vom 9. November 1798 werde ausgehändigt werden.

Itzehoe, den 19. Juni 1862.

Bürgermeister und Rath.

№ 9.

Erste Bekanntmachung.

Wenn die Erben des am 10. März d. J. verstorbenen Abschieders Franz Jochim Warncke in Quickborner-Haide erklärt haben, daß sie die gedachte Erbschaft nur **sub beneficio legis et inventarii** antreten wollten und daher die Erlassung eines Proclams **ad indagandum statum bonorum** beantragten, so werden in Deferirung dieser Bitte hiedurch Alle und Jede, welche an den Nachlaß des gedachten Abschieders Warncke Ansprüche und Forderungen irgend einer Art zu haben vermeinen, hierdurch von Gerichtswegen aufgefordert, sich damit, bei Strafe der Ausschließung und des Verlustes, innerhalb 12 Wochen, vom Tage der letzten Bekanntmachung dieses Proclams angerechnet, im Actuariate des Gerichts rechtsbehörig zu melden.

Dabei wird bemerkt, daß dies Proclam event. zugleich als Concursproclam gilt.

Pinneberger Concurs- und Erbtheilungsgericht, den 16. Juni 1862.

Wommelsdorff-Friedrichsen. ***H. A. Tetens.***

Mohrdiek.

№ 10.

Erste Bekanntmachung.

Da auf Anhalten eines Creditors über das auf des verstorbenen Ernst Wilhelm Miersch Namen im hiesigen Stadtbuche beschriebene, an der Peterstraße belegene, mit Moritz Baruch Heymann, Eggert Nicolaus Krohn und Johann Heinrich Hartmann Koopmann im

Westen und Norden und Johann Conrad Rudolph Wohlien im Osten benachbarte Erbe der Specialconcurs erkannt worden ist: so werden von Gerichtswegen Alle und Jede, welche an dasselbe aus irgend einem rechtlichen Grunde Ansprüche oder Forderungen zu haben vermeinen — mit alleiniger Ausnahme der protocollirten Gläubiger — bei Strafe der Ausschließung und des ewigen Stillschweigens, aufgefordert und befehligt, solche, in Gemäßheit der Verordnung vom 14. April 1840, betreffend das Subhastations-Verfahren, binnen 6 Wochen, nach der letzten Bekanntmachung dieses Proclams, im hiesigen ersten Stadtsecretariate und spätestens am

2. September d. J.,

als dem peremtorischen Angabetermine, im Obergericht hieselbst anzumelden, wobei die die Ansprüche begründenden Documente in Urschrift vorzuzeigen und in Abschrift zurückzulassen sind, Auswärtige auch wegen gehöriger Procuraturbestellung das Nöthige wahrzunehmen haben.

Zum öffentlichen Verkaufe des beregten Erbes ist Termin auf

Montag den 18. August 1862

anberaumt worden, an welchem Tage, Nachmittags 2 Uhr, die Kaufliebhaber im hiesigen Rathskeller sich einfinden und den Handel versuchen können.

Wornach Beikommende sich zu achten!

Altona, im Obergerichte, den 12. Juni 1862.

Ex Decreto Senatus.

№ 11.

Zweite Bekanntmachung.

Demnach die Eheleute Hans Lorenzen und Maria, geb. Zimmer, zu Bramstedt, mit Tode abgegangen und die hinterlassenen Kinder resp. durch Vormünder und Curator erklärt, daß sie die Verlassenschaft derselben pure anzutreten Bedenken tragen und daher um die Erlassung eines Proclams ad indagandum statum bonorum beantragen müßten;

so werden von Gerichtswegen Alle und Jede, mit Ausnahme der protocollirten Gläubiger, welche Ansprüche und Forderungen an diese Verlassenschaft, namentlich auch an die zu Bramstedt belegene adelige Kathe mit Land machen zu können vermeinen möchten, hierdurch aufgefordert, solche, bei Strafe der Ausschließung, binnen 12 Wochen, vom Tage der letzten Bekanntmachung dieses event. zugleich als Concursproclam dienenden Proclams an, hieselbst anzugeben, Auswärtige unter Bestellung der Actenprocuratur.

Bramstedter Justitiariat zu Itzehoe, den 2. Juni 1862.

F. Rötger.

№ 12.

Zweite Bekanntmachung.

Extr. des Procl. des 23sten Stücks № 1.

Alle und Jede, welche an die zu Thaden unter hiesiger Jurisdiction belegene, dem Hofbesitzer Wilhelm Theodor Leonhardt daselbst bisher gehörig gewesene Landstelle dingliche nichtprotocollirte Forderungen, Ansprüche und Rechte zu haben vermeinen, müssen sich damit, bei Strafe der Präclusion und des immerwährenden Stillschweigens, innerhalb 12 Wochen, von der letzten Bekanntmachung dieses Proclams angerechnet, im hiesigen Justitiariate ordnungsmäßig melden.

Hanerau, im Justitiariate, den 28. Mai 1862.

H. Lundius.

№ 13.

Dritte und letzte Bekanntmachung.

Alle und Jede, mit Ausnahme der protocollirten Gläubiger, welche an den Nachlaß des zu Sprangsrade, adel. Guts Ascheberg, verstorbenen Erbpächters Matthias Schnoor, namentlich an die dazu gehörige daselbst belegene im Schuld- und Pfandprotocoll für die Untergehörigen des adel. Guts Ascheberg Fol. 100 aufgeführte Erbpachtsstelle cum pert. dingliche und persönliche Ansprüche zu haben vermeinen, werden hiedurch aufgefordert, solche, bei Strafe des Ausschlusses, binnen 12 Wochen, von der letzten Bekanntmachung dieses Proclams angerechnet, bei dem unterzeichneten Justitiariat rechtsbehörig anzumelden.

Kiel, im Justitiariate des adel. Gutes Ascheberg, den 30. Mai 1862. *Mordhorst.*

№ 14.

Dritte und letzte Bekanntmachung.

Wenn der Hufenpächter Friedrich Christopher Otto zu Garbek, adel. Guts Wensien, als gerichtlich bestellter Curator für den bisherigen Hufenpächter Wulff Peter Kahl zu Garbek, zur Ermittelung der Schulden des Letzteren die Erlassung eines Proclams hieselbst beantragt hat, so werden von Gerichtswegen Alle, welche an gedachten Wulf Peter Kahl zu Garbek Ansprüche und Forderungen irgend einer Art zu haben vermeinen, hiemittelst, bei Strafe der Ausschließung, angewiesen und befehligt, sich mit selbigen innerhalb 12 Wochen, von der letzten Bekanntmachung an, im unterzeichneten Justitiariat, unter Wahrnehmung des Erforderlichen wegen Procuraturbestellung und Producirung der Documente, zu melden.

Decretum Neustadt, den 15. Mai 1862.

Justitiariat des adel. Guts Wensien.

Romundt.

№ 15.

Dritte und letzte Bekanntmachung.

Extr. des Procl. des 21sten Stücks № 13.

Erb- oder sonstige Ansprüche und Forderungen an die unbedingt angetretene Erbmasse des hieselbst verstorbenen Particuliers Rudolph Wicht, früher zu Hinschenfelde, müssen binnen 12 Wochen, vom Tage der letzten Bekanntmachung dieses Proclams angerechnet, in dem unterzeichneten Justitiariate, unter Wahrnehmung des Erforderlichen, angemeldet werden.

Wornach sich zu achten!

Decretum Wandsbecker Justitiariat bei Wandsbeck, den 14. Mai 1862. *Reimers.*

Beilage
zum 26. Stück der Holsteinischen Anzeigen.

Montag den 30. Juni 1862.

Edictal-Citation.

Auf Anhalten der Ehefrau Maren Piepgras, geb. Jensen, c. cur. hieselbst, Klägerin, wider ihren abwesenden Ehemann, den früheren hiesigen Chausseegeldeinnehmer Johann Rudolph Piepgras, Beklagten, wegen böslicher Verlassung, daher Ehescheidung, ist zur Verhandlung dieser Klage Termin auf

Donnerstag den 18. September d. J.,
Mittags 12 Uhr,

angesetzt und wird der Beklagte hiemittelst peremtorisch geladen, in diesem Termin auf dem hiesigen Rathhause vor dem alsdann versammelten Stadtconsistorium zu erscheinen, um auf die gegen ihn erhobene Klage ordnungsmäßig zu antworten, unter der Verwarnung, daß auch im Fall seines Ausbleibens werde erkannt werden, was Rechtens.

Decretum Neustadt, im Stadtconsistorium, den 5. Juni 1862.

(L. S.) *L. Kohlmann.*

Proclamata.

№ 1.

Erste Bekanntmachung.

Wenn der Gutsbesitzer Peter Sprinckhorn zu Meischenstorff hieselbst vorgestellt, daß er das adelige Gut Meischenstorff verkauft und derselbe, da er dem Käufer ein von allen dinglichen Ansprüchen gereinigtes Professionsprotocoll versprochen, um die Erlassung eines landüblichen Proclams gebeten hat,

Werden von Obergerichtswegen in Deferirung dieser Bitte Alle und Jede, mit alleiniger Ausnahme der protocollirten Gläubiger, welche dingliche Ansprüche und Forderungen an das im Oldenburger Güterdistrict belegene adelige Gut Meischenstorff zu haben vermeinen, hiemittelst aufgefordert und befehligt, diese ihre dinglichen Ansprüche und Forderungen innerhalb 12 Wochen, von der letzten Bekanntmachung dieses Proclams angerechnet, bei Strafe des Ausschlusses und des ewigen Stillschweigens, bei dem Landgerichtsnotar Justizrath Martens hieselbst anzumelden, die ihre Ansprüche begründenden Documente in Original zu produciren und beglaubigte Abschriften derselben beim Protocoll zurückzulassen, auch, insofern sie nicht in Glückstadt wohnhaft, Actenprocuratoren zu bestellen.

Wornach sich zu achten.

Urkundlich unterm vorgedruckten größern Gerichtsinsiegel. Gegeben im Königl. Holsteinischen Obergericht zu Glückstadt, den 25. Juni 1862.

(L. S.) *W. v. Schirach.* *Henrici.*

v. Gyldenfeldt.

Pro vera copia: Martens.

№ 2.

Erste Bekanntmachung.

Von Gerichtswegen

wird auf Anhalten der Enkel und Erben des unlängst verstorbenen früheren Landesgevollmächtigten Hans Friedrich Ick, weil. in Wesselburen, welcher zwar den Nachlaß des Letzteren unbedingt angetreten, zugleich aber zur Sicherung gegen unbegründete Forderungen in Nachlagen um Erlassung eines landüblichen Proclams ad indagandum statum bonorum gebeten haben, Allen und Jedem, jedoch mit Ausnahme der protocollirten Gläubiger, welche an den verstorbenen früheren Landesgevollmächtigten Hans Friedrich Ick, weil. in Wesselburen, oder an dessen Nachlaß dingliche oder persönliche Forderungen und Ansprüche aus irgend einem Grunde zu haben vermeinen, hierdurch aufgegeben, selbige binnen 12 Wochen, vom Tage der letzten Bekanntmachung dieses Proclams angerechnet, in der Kirchspielschreiberei zu Wesselburen, und zwar als Auswärtige unter gehöriger Actenprocuraturbestellung, bei Strafe der Ausschließung und des ewigen Stillschweigens, ordnungsmäßig anzugeben und verzeichnen zu lassen.

Königl. Norderdithmarsische Landvogtei zu Heide, den 19. Juni 1862.

Hansen.

In fidem: Scholtz.

Zur Beglaubigung der Abschrift: H. v. Senden,
Kirchspielschreiber.

№ 3.

Erste Bekanntmachung.

Von Gerichtswegen.

Die nachgelassene Wittwe des vor einigen Jahren verstorbenen Hofbesitzers Peter Peters in Darenwurth, Louise Peters, geb. Timmermann, ist unlängst ebenfalls, und zwar mit Hinterlassung unmündiger Kinder, mit Tode abgegangen, weshalb eine gerichtliche Behandlung der gemeinschaftlichen Nachlaßmasse erforderlich ist.

Es ergehet daher auf Instanz des bestellten Massecurators an Alle, welche an die Nachlaßmasse der gedachten Eheleute Peters nichtprotocollirte Ansprüche und Pfandrechte haben, hiedurch der Befehl, dieselben in 12 Wochen, nach der letzten Bekanntmachung dieses Proclams, Auswärtige nach zuvor bestellter Actenprocuratur, in der Königlichen Kirchspielschreiberei zu Marne anzugeben, und zwar bei Verlust ihrer Forderungs- und Pfandrechte.

Wornach sich zu achten.

Königl. Süderdithmarscher Landvogtei zu Meldorf, den 22. Juni 1862.

(L. S.) *Müllenhoff.*

Zur Beglaubigung: **Fabricius.**

№ 4.

Erste Bekanntmachung.

Von Gerichtswegen.

Demnach die Kinder und Erben des unlängst verstorbenen Bierbrauers und Landwirths Henning Dibbern in Marne den Nachlaß ihres Vaters zwar unbedingt angetreten, jedoch zur Erledigung unbekannter Forderungen ein Indagationsproclam beantragt haben, so werden in Deferirung dieser Bitte, mit Ausnahme der protocollirten Crediteren, Alle und Jede, welche Ansprüche an den besagten Nachlaß zu haben vermeinen, darunter die Auswärtigen mit der Auflage, Procuratur zu bestellen, hiemittelst von Gerichtswegen aufgefordert und befehligt, gedachte ihre Ansprüche, bei Verlust derselben, binnen 12 Wochen, von der letzten Bekanntmachung dieses Proclams angerechnet, in der Königl. Kirchspielschreiberei zu Marne anzugeben.

Wornach sich ein Jeder zu achten.

Königl. Süderdithmarscher Landvogtei zu Meldorf, den 23. Juni 1862.

(L. S.) *Müllenhoff.*

Zur Beglaubigung: **Fabricius.**

№ 5.

Erste Bekanntmachung.

Nachdem die Erben des am 20. Mai 1862 hieselbst verstorbenen Zollassistenten Johann Friedrich Ernst Spethmann erklärt haben, den Nachlaß nur **sub beneficio legis et inventarii** antreten zu wollen, werden Alle, welche an den verstorbenen Zollassistenten J. F. E. Spethmann Eigenthumsansprüche oder Forderungen zu haben glauben, hiedurch aufgefordert, innerhalb präclusivischer Frist von 12 Wochen, vom Tage der letzten Bekanntmachung dieses Proclams angerechnet, im Syndicat hieselbst sich anzugeben und haben die Profitenten, welche außerhalb Kiels wohnen, hieselbst einen Procurator zu bestellen.

Decretirt Kiel, den 24. Juni 1862.

Der Magistrat.

In fidem: *G. F. Witte*, Syndicus.

№ 6.

Erste Bekanntmachung.

Nach der Erklärung der Erben des weil. Webers Hinrich Friedrich Lau in Kembs, dessen geringfügigen Nachlaß nicht antreten zu wollen, ist solcher der concursmäßigen Behandlung unterzogen, und werden daher Alle und Jede, welche Ansprüche und Forderungen an den gedachten Erblasser zu haben vermeinen, hiedurch angewiesen, sich mit selbigen rechtsbehörig binnen 6wöchentlicher Frist, und zwar bei Strafe des Ausschlusses und ewigen Stillschweigens, anzugeben.

Brunswieck, im Justitiariate des adeligen Gutes Waterneverstorff, den 20. Juni 1862.

F. Boie.

№ 7.

Erste Bekanntmachung.

Wenn der seit vielen Jahren abwesende und verschollene Claus Diedrich Christian Frick, ein Sohn der verstorbenen Eheleute, des weiland hiesigen Arbeitsmanns Friedrich Frick und der Anna Maria Christiane, geb. Thomsen, am 19. April 1862 sein siebenzigstes Lebensjahr zurückgelegt haben würde und von den vermuthlich nächsten Intestaterben dieses Verschollenen behufs der auszusprechenden Todeserklärung desselben die Erlassung eines Proclams beantragt worden: so werden von Gerichtswegen dieser Claus Diedrich Christian Frick, eventuell dessen etwanige Leibes- oder sonstige Erben, mit Ausnahme der Proclamsextrahenten, so wie auch Alle und Jede, welche sonstige Ansprüche an das hieselbst verwaltete circa 1200 ℛ R.-M. betragende Vermögen dieses Verschollenen erheben zu können glauben, hiedurch aufgefordert und angewiesen, binnen 12 Wochen, von der letzten Bekanntmachung dieses Proclams angerechnet, in dem Stadtsecretariat hieselbst sich zu melden und dabei, Auswärtige unter Bestellung von Actenprocuratoren, die ihre Erb- und sonstigen Ansprüche begründenden Documente zu produciren, widrigenfalls sie zu gewärtigen, und zwar der gedachte Verschollene, daß er für todt werde erklärt, dessen etwanige sonstige Erben und Gläubiger, daß sie mit ihren Erb- und sonstigen Ansprüchen werden präcludirt werden und daß das für diesen Verschollenen hieselbst verwaltete Vermögen dessen hieselbst legitimirten Erben nach Maaßgabe der Vorschriften der Verordnung vom 9. Novbr. 1798 werde ausgekehrt werden.

Signatum Glückstadt, den 27. Juni 1862.

(L. S. C.) Präsident, Bürgermeister und Rath.

№ 8.

Zweite Bekanntmachung.

Wenn der Königliche Hannoversche Gesandte am Großbrittannischen Hofe zu London, der Geheimerath Adolph Friedrich August Graf von Kielmannsegge, hieselbst vorgestellt, daß er das adelige Marschgut

Groß-Collmar an die Eingesessenen Claus v. Drathen und Albert Greve in Klein-Collmar verkauft und mit Rücksicht darauf, daß er den Käufern ein von allen nichtprotocollirten dinglichen Ansprüchen gereinigtes Professionsprotocoll versprochen, um die Erlassung eines landüblichen Proclams gebeten hat,

Werden von Obergerichtswegen in Deferirung dieser Bitte Alle und Jede, mit alleiniger Ausnahme der protocollirten Gläubiger, welche dingliche Ansprüche und Forderungen an das adel. Marschgut Groß-Collmar zu haben vermeinen, hiemittelst aufgefordert und beseligt, diese ihre dinglichen Ansprüche und Forderungen innerhalb 12 Wochen, von der letzten Bekanntmachung dieses Proclams angerechnet, bei Strafe des Ausschlusses und des ewigen Stillschweigens, bei dem Landgerichtsnotar Justizrath Martens hieselbst anzumelden, die ihre Ansprüche begründenden Documente im Original zu produciren und beglaubigte Abschriften derselben beim Protocoll zurückzulassen, auch, insofern sie nicht in Glückstadt wohnhaft, Actenprocuratoren zu bestellen.

Wornach sich zu achten!

Urkundlich unterm vorgedruckten größeren Gerichts-Insiegel. Gegeben im Königl. Holsteinischen Obergericht zu Glückstadt, den 11. Juni 1862.

(L. S.) *v. Schirach. Henrici.*

v. Gyldenfeldt.

Pro vera copia: Martens.

№ 9.

Zweite Bekanntmachung.

Von Gerichtswegen

wird auf Anhalten der Königl. Kirchspielvogtei zu Hemme, als Concursregulirungsbehörde, den sämmtlichen nichtprotocollirten Creditoren des Webers Peter Jochim Böttcher in Hemme, über dessen Habe und Güter definitiv Concurs erkannt worden ist, hiedurch aufgegeben, ihre Forderungen und Ansprüche an den Bonisbedenten, dieselben mögen beruhen, worin immer, innerhalb 12 Wochen, von der letzten Bekanntmachung dieses Proclams angerechnet, Auswärtige unter Bestellung der Actenprocuratur, bei Vermeidung der Ausschließung von der Concursmasse, in der Kirchspielschreiberei zu Hemme anzumelden und verzeichnen zu lassen.

Königl. Norderdithmarsische Landvogtei zu Heide, den 2. Juni 1862.

Hansen.

In fidem: Scholtz.

Für die Abschrift: F. Borgfeldt.

№ 10.

Zweite Bekanntmachung.

Auf erfolgte Insolvenzerklärung des hiesigen Bürgers und Bäckermeisters Heinrich Wiegand werden vom Magistrat Alle und Jede, mit alleiniger Ausnahme der protocollirten Gläubiger, welche an den genannten Cridar Forderungen und Ansprüche erheben zu können glauben oder Pfänder und Sachen von demselben in Händen haben sollten, bei Strafe des Ausschlusses von dieser Concursmasse, resp. Verlustes ihres Pfandrechts, und bei Vermeidung sonstiger Nachtheile, hiedurch aufgefordert und angewiesen, sich mit diesen ihren Forderungen und Ansprüchen binnen 12 Wochen, von der letzten Bekanntmachung dieses Proclams angerechnet, in dem hiesigen Stadtsecretariat beim Angabeprotocoll zu melden, die zur Begründung derselben dienenden Documente im Original und in Abschriften zu produciren, auch, falls sie Auswärtige sind, einen Actenprocurator hieselbst zu bestellen.

Signatum Glückstadt, den 13. Juni 1862.

(L. S. / C.) Präsident, Bürgermeister und Rath.

№ 11.

Zweite Bekanntmachung.

Extr. des Procl. des 24sten Stücks № 3.

Auf desfällige Impetration des Königlichen Commissariats zur Leitung des die Aufhebung des Mühlenzwanges im Herzogthum Holstein betreffenden Entschädigungsverfahrens werden von Gerichtswegen Alle und Jede, welche an der dem Erbpachtsmüller C. H. Kreutzfeldt zu Mühlendorf für Aufhebung des mit seiner Mühle verbunden gewesenen Zwangsrechts an Capital und Zinsen zugebilligten Entschädigungssumme von 4968 ℛ︀ 53 ß einen Anspruch auf Participirung oder ein Widerspruchsrecht gegen Auskehrung derselben an den erwähnten Entschädigungsberechtigten zu haben glauben, und zwar sowohl die protocollirten als einfachen hypothecarischen Gläubiger, die Obereigenthümer, Fideicommißnachfolger, Wiederkaufsberechtigten, so wie alle andern etwanigen Realgläubiger hiedurch aufgefordert, ihre desfälligen Gerechtsame binnen 6 Wochen, vom Tage der letzten Bekanntmachung dieses Proclams angerechnet, bei der unterzeichneten Behörde anzumelden, die ihre Gerechtsame etwa begründenden Documente zu produciren, beglaubigte Abschriften davon zurückzulassen und, sofern sie Auswärtige sind, Actenprocuratoren zu bestellen, widrigenfalls aber zu gewärtigen, daß die obgedachte Entschädigungssumme an den Erbpachtsmüller C. H. Kreutzfeldt zu Mühlendorf wird ausbezahlt werden.

Brunswieck im Justitiariat des adeligen Guts Emkendorf, den 2. Juni 1862.

C. Rathlev.

In fidem extr.: C. Rathlev.

№ 12.

Zweite Bekanntmachung.

Extr. des Procl. des 24sten Stücks № 4.

Alle, welche Forderungen an den Nachlaß des weil. Büchsenschmidts Waldemar Emil Handrup zu haben vermeinen, werden, unter Androhung Strafe der Ausschließung von der Masse, von Bürgermeister und Rath hierdurch aufgefordert, ihre Forderungen binnen sechs Wochen, vom Tage der letzten Bekanntmachung, im Stadtsecretariate anzugeben.

Itzehoe, den 11. Juni 1862.

Bürgermeister und Rath.

№ 13.

Dritte und letzte Bekanntmachung.

Von Gerichtswegen

wird auf Anhalten des Nicolaus Detlefs in Hennstedt, als Güterpflegers der Erbmasse des verstorbenen Licentiaten Knölck, weil. in Hennstedt, dessen Nachlaß von den Vormündern des unmündigen Sohnes des defunctus unbedingt angetreten ist, den sämmtlichen nichtprotocollirten Gläubigern des obgedachten verstorbenen Licentiaten Knölck, weil. in Hennstedt, hiemittelst anbefohlen, alle ihre an den gedachten Licentiaten Knölck habenden Forderungen und Ansprüche, Auswärtige unter gehöriger Procuraturbestellung in hoc foro, bei Vermeidung der Ausschließung von der Masse und des ewigen Stillschweigens, binnen 12 Wochen, von der letzten Bekanntmachung dieses Proclams angerechnet, in der Kirchspielschreiberei zu Hennstedt gesetzmäßig anzumelden und verzeichnen zu lassen.

Königl. Norderdithmarsische Landvogtei zu Heide, den 16. Mai 1862.

Hansen.

In fidem: Scholtz.

Für richtige Abschrift: Hansen,
Kirchspielschreiber.

№ 14.

Dritte und letzte Bekanntmachung.

Alle und Jede, mit Ausnahme der protocollirten Creditoren, welche Forderungen und Ansprüche an folgende in gerichtlicher Regulirung befindliche Nachlaßmassen zu haben vermeinen, als:

1) an die Masse des weil. Altentheilers Johann Christoph Burmeister in Meinstorf, und
2) an die Masse des weil. Halbhufners Claus Christian Bülck in Stocksee und seiner nachverstorbenen Ehefrau Anna Friederike Catharina Bülck, geb. Pries,

werden hiedurch von Gerichtswegen aufgefordert und befehligt, diese Ansprüche, bei Strafe der Ausschließung und des ewigen Stillschweigens, binnen 12 Wochen, a dato der letzten Bekanntmachung dieses Proclams, beim Königl. Actuariate des Amtes Plön zu Plön anzumelden. Auswärtige haben Actenprocuratur zu bestellen.

Königl. Amthaus zu Plön, den 19. Mai 1862.

W. C. v. Levetzau.

In fidem: C. Friederici, const.

№ 15.

Dritte und letzte Bekanntmachung.

Auf Antrag des Erbpächters Johann Malchau zu Eckhorst werden — mit Ausnahme der protocollirten Pfandgläubiger — alle diejenigen, welche an die von ihm käuflich erstandene, vorher von Hans Andreas Stehn besessene, im Gute Eckhorst belegene Erbpachtsstelle c. p. dingliche Ansprüche und Forderungen zu haben vermeinen, hiedurch, bei Strafe der Ausschließung und des ewigen Stillschweigens, aufgefordert, sich damit binnen 12 Wochen, von der letzten Bekanntmachung dieses Proclams angerechnet, und zwar Auswärtige unter Procuraturbestellung, beim unterzeichneten Justitiariat zu melden.

Stockelsdorf, im Justitiariat für Eckhorst, den 26. Mai 1862.

Esmarch.

№ 16.

Dritte und letzte Bekanntmachung.

Extr. des Procl. des 22sten Stücks № 3.

Alle und Jede, mit einziger Ausnahme der protocollirten Gläubiger, welche an den Nachlaß des weil. hiesigen Kaufmanns C. H. Remien, namentlich auch an die dazu gehörigen, im 3. Quartier Nr. 111 und 112 belegenen Häuser c. pert., Ansprüche und Forderungen zu haben vermeinen, müssen sich damit, bei Vermeidung der Ausschließung und des ewigen Stillschweigens, binnen 12 Wochen, nach der letzten Bekanntmachung dieses event. als Concursproclam geltenden Proclams, rechtsbehörigermaaßen im hiesigen Syndicat anmelden.

Decretum Neustadt, den 23. Mai 1862.

(L. S.) Bürgermeister und Rath.

L. Kohlmann.

№ 17.

Dritte und letzte Bekanntmachung.

Extr. des Procl. des 22sten Stücks № 6.

Alle und Jede, mit Ausnahme der protocollirten Gläubiger, welche persönliche oder dingliche Ansprüche

1) an die Concursmasse des hiesigen Schneidermeisters Claus Jacob Wittorf,
2) an die Concursmasse der Sophie Lisette Henrike Beck, namentlich an das hieselbst Qu. II Nr. 15 belegene Wohnhaus c. pert.

haben oder Pfänder von den genannten Personen besitzen, müssen sich damit, bei Strafe der Ausschließung resp. des Verlustes der Ansprüche und Pfandrechte, innerhalb 12 Wochen, nach der letzten Bekanntmachung dieses Proclams, im hiesigen Stadtsecretariat rechtsbehörig melden.

Decretum Segeberg, in Curia, den 28. Mai 1862.

(L. S.) Bürgermeister und Rath.

Beilage
zum 27. Stück der Holsteinischen Anzeigen.

Montag den 7. Juli 1862.

Verkaufs-Anzeige.

Am Mittwoch den 23. Juli d. J. soll das zur Concursmasse des weiland Käthners und Böttchers Johann Jacob Miedeke gehörige, zu Marienthal, Guts Stockelstorf, belegene Grundstück öffentlich meistbietend verkauft werden.

Die Licitationsbedingungen können 8 Tage vorher im Justitiariat und in der Bauervogtei hieselbst inspicirt werden.

Kaufliebhaber haben sich am ermeldeten Tage, Mittags 12 Uhr, im Gerichtshause hieselbst einzufinden.

Stockelstorf, im Justitiariat, den 26. Juni 1862.

Esmarch.

König Christian VIII. Ostseebahn.

In der am 12. Juni d. J. gehaltenen Generalversammlung der Actionaire sind die Herren

R. Kayser in Hamburg,
Dr. Ahlmann in Kiel,
Consul von Zerßen in Rendsburg,
P. de Voß } in Altona
J. Baur }

zu Mitgliedern des Ausschusses gewählt worden und haben die Wahl angenommen.

Altona, den 2. Juli 1862.

Der Ausschuß.
Theod. Reincke, Vorsitzender.

Steckbriefe.

№ 1.

Da der hierunter signalisirte Arbeitsmann Johann Friedr. Sitanu zu Lütjenburg sich der Einleitung einer Untersuchung wider ihn wegen Entwendung durch Entfernung von hier entzogen hat, so werden beikommende Behörden ganz ergebenst ersucht, auf ihn, der sich im Besitze einer ihm etwa Mitte v. M. von der Lütjenburger Polizeibehörde ertheilten Legitimation, um sich auswärts Arbeit suchen zu können, befindet, vigiliren und ihn event. inhaftiren lassen, von seiner Inhaftirung aber Anzeige gefälligst anhero machen zu wollen, damit er unter Kostenerstattung abgeholt werden kann.

Lütjenburg, den 29. Juni 1862.

Das Patrimonialgericht des adeligen Guts Neudorff.

Wyneken.

Signalement:

Johann Friedrich Sitanu ist 63 Jahre alt, 66 Zoll hoch, hat braunes Haar, eine runde Stirn, blau-graue Augen, eine dicke Nase, ein breites Kinn und ein längliches Gesicht, auf dem linken Daumen eine Schnittnarbe.

№ 2.

Dem hieselbst wegen Diebstahls in Untersuchung befindlichen, bereits mehrfältig bestraften, hierunter signalisirten Wilhelm Thomas Baumann aus Lütjenburg ist es gelungen, in der vorigen Nacht aus dem hiesigen Stadtgefängnisse zu entweichen. Alle Polizeibehörden werden ersucht, auf diesen gefährlichen Verbrecher gefälligst zu vigiliren, denselben im Betretungsfalle zu arretiren und davon Anzeige an uns gelangen zu lassen, damit die Abholung unter Kostenerstattung veranlaßt werden könne.

Lütjenburg, den 30. Juni 1862.

Bürgermeister und Rath.
Zur Beglaubigung: **H. Brinkmann.**

Signalement
des Wilhelm Thomas Baumann aus Lütjenburg.

Alter: 44 Jahr, Statur: 64¼ Zoll rheinl., Haar und Bart: schwarzbraun, Stirn: frei, Augen: blau, Augenbrauen: dunkelbraun, Nase und Mund: gewöhnlich, Zähne: mangelhaft, Haltung: grade, Gesicht: eingefallen, Gesichtsfarbe: gelblich blaß; besondere Kennzeichen: vor der Stirn einige Narben und unterhalb des Kinnes eine Schußwunde. Kleidung: schwarzbraune Jacke von Schaaffell, graue Beinkleider, alte Tuchmütze, blau-weiß gestreiftes Hemd, neue Halbstiefel.

№ 3.

Dem bei dem unterzeichneten Justitiariate wegen Diebstahls in Untersuchung befindlichen Maurergesellen Franz Joachim Jacob Bahr aus Juliusburg, Herzogthums Lauenburg, ist es abermals gelungen, und zwar in der Nacht vom 27. auf den 28. d. M., aus dem Criminalgefängnisse in Trenthorst zu entweichen.

Alle Gerichts- und Polizeibehörden werden daher ersucht, auf den unten näher signalisirten Bahr gefällig vigiliren, im Betretungsfall ihn anhalten und an das Trenthorster Inspectorat abliefern zu lassen.

Stockelstorf, im Justitiariat für Trenthorst, den 30. Juni 1862.

Esmarch.

Signalement:

Name: Franz Joachim Jacob Bahr aus Juliusburg, Alter: 39 Jahr, Größe: 62½" seel. Maaß, Haare: dunkelblond und lang, Stirn: rund, Augenbraunen: braun, Augen: blau, Nase: spitz, Mund: klein, Zähne: gesund, Ohren: klein, Kinnbart: dunkelblond, Kinn: rund, Gesichtsfarbe: gesund, Gesicht: länglich, Rücken: grade, Schultern und Beine: stark, Hände: klein, Finger: lang und dünn. Besondere Kennzeichen: keine. Sprache: hoch- und plattdeutsch. Bekleidet: mit kurzem, grau wollenen Oberrock, schwarzer Tuchhose und Weste, ohne Halstuch und Strümpfe, mit alten abgeschlissenen und abgeschnittenen Stiefeln, so wie mit grauem runden Filzhut.

Erledigter Steckbrief.

Der wider die Ida Margaretha Johanna Schütt aus Wielen erlassene Steckbrief ist durch deren Arretirung erledigt.

Königl. Amthaus zu Neumünster, den 1. Juli 1862.

v. Stemann.

Edictal-Citationes.

№ 1.

Extract der Edictal-Citation an den abwesenden Tuchmacher Claus Hinrich Ehlert Kreutzfeldt aus Bocksee.

Der Tuchmacher Claus Hinrich Ehlert Kreutzfeldt aus Bocksee, welcher sich heimlich von dort entfernt hat, wird hiedurch peremtorisch geladen und befehligt, am Mittwoch den 5. November d. J. vor dem alsdann auf dem Rathhause der Stadt Kiel versammelten Königl. Kieler Landconsistorialgerichte zu erscheinen, zu vernehmen, was seine Ehefrau Catharina Margaretha Kreutzfeldt, geb. Meier, wegen böslicher Verlassung gegen ihn vorbringen wird, darauf zu antworten und Spruch Rechtens zu gewärtigen, unter der Verwarnung, daß auch im Falle des Ausbleibens auf seiner genannten Ehefrau ferneres Anhalten werde erkannt werden, was den Rechten gemäß.

Königliches Kieler Landconsistorium, den 5. Juni 1862.

Director, Probst und Assessoren.

In fidem: *C. Rathlev*, Act.

№ 2.

Extract der Edictal-Citation des 26sten Stücks.

Auf Anhalten der Ehefrau Maren Piepgras, geb. Jensen, c. cur. hieselbst, wird deren abwesender Ehemann, der frühere hiesige Chausseegeldeinnehmer Johann Rudolph Piepgras, peremtorisch geladen, sich am

Donnerstag den 18. September d. J.,
Mittags 12 Uhr,

vor dem Stadtconsistorium auf dem hiesigen Rathhause einzufinden, widrigenfalls wegen böslicher Verlassung, deshalb Ehescheidung, in contumaciam wider ihn wird erkannt werden.

Decretum Neustadt, im Stadtconsistorium, den 5. Juni 1862.

(L. S.) *L. Kohlmann.*

Proclamata.

№ 1.

Erste Bekanntmachung.

Wenn die Nachlaßmasse des am 20. d. M. hieselbst verstorbenen Bürgers und Gastwirths Hans Kühl wegen Concurrenz unmündiger Erben in gerichtliche Behandlung genommen worden ist, so werden Alle und Jede, welche an den Nachlaß des besagten verstorbenen Gastwirths Hans Kühl in Rendsburg, sei es aus einem Erbrechte oder aus was immer für einem sonstigen Grunde Forderungen und Ansprüche zu haben vermeinen oder Pfänder von dem Verstorbenen in Händen haben, hiemit aufgefordert und angewiesen, solche ihre Rechte und Forderungen, bei Vermeidung gänzlicher Ausschließung und die Pfandstücke bei Verlust der Pfandrechte, binnen 12 Wochen, von der letzten Bekanntmachung dieses event. zugleich als Concursproclam geltenden Proclams, im städtischen Actuariate und zwar Auswärtige unter Procuraturbestellung, gehörig anzumelden.

Rendsburg, den 23. Juni 1862.

(L. S. C.) Der Magistrat.

№ 2.

Erste Bekanntmachung.

Alle und Jede, welche an die von den bis jetzt ermittelten Intestaterben repudiirte und event. der concursmäßigen Behandlung verfallende Nachlaßmasse des auf Marutendorf verstorbenen früheren Verwalters Friedrich Prehn Erb- oder sonstige Ansprüche und Forderungen irgend einer Art haben, imgleichen etwanige Pfandgläubiger, werden hiemittelst aufgefordert, sich, bei Verlust ihrer Ansprüche, innerhalb 6 Wochen, von der letzten Bekanntmachung angerechnet, im Justitiariat des adel. Guts Marutendorf rechtgehörig anzugeben.

Brunswieck, im Justitiariat des adel. Guts Marutendorf, den 26. Juni 1862.

C. Rahtlev.

№ 3.

Erste Bekanntmachung.

Auf den Antrag des Anton Friedrich Theodor Jerwald werden, mit Ausnahme der protocollirten Gläubiger, Alle und Jede, welche an die von demselben verkaufte, in Kaltenkirchen belegene Kathenstelle c. pert. dingliche Ansprüche zu haben vermeinen möchten, hiedurch aufgefordert, sich damit innerhalb 12 Wochen, von der letzten Bekanntmachung dieses Proclams, bei Strafe des Ausschlusses, Auswärtige unter Procuraturbestellung, im Segeberger Königl. Actuariate rechtsgehörig zu melden.

Segeberger Amtsgericht, den 26. Juni 1862.

Pr. et Ass. jud.

In fidem: H. F. Jacobsen.

№ 4.

Erste Bekanntmachung.

Auf Anhalten des Herrn Advocaten Claudius, als gerichtlich bestellten Administrators nachstehender Verlassenschaften, werden Alle,

1) welche an den Nachlaß des am 24. Februar 1860 hieselbst verstorbenen Brauknechts Friedr. Biehusen aus Uetersen;
2) welche an den Nachlaß der am 16. August 1860 hieselbst verstorbenen Wittwe Anna Margaretha Weberling, verwittweten Sievers, geb. Schnoor oder Schnauer;
3) welche an den Nachlaß des am Bord des Altonaer Briggschiffes „Gloriosa" verstorbenen Matrosen Hans Conrad Friedr. Horns aus Kellenhusen;
4) welche an den Nachlaß des am Bord des Altonaer Briggschiffes „Prosper" verstorbenen Jungmanns Jacob Diedrich Johannsen aus Büsum;
5) welche an den Nachlaß des im Juni 1853 mit dem Altonaer Schiffe „Zodiacus" abgegangenen und am 23. Januar 1854 in Cowes verstorbenen Matrosen Carl Eggers aus Neustadt;
6) welche an den Nachlaß des am 30. Decbr. 1856 im Hafen von St. Thomas vom Barkschiffe „Thora" aus ertrunkenen Matrosen Birani Gudmanson aus Alptauer-Rep in Island;
7) welche an den Nachlaß des am 5. Septbr. 1855 ertrunkenen Matrosen auf der Altonaer Schoonerbrigg „Lootse", Namens Johann Boie Severin aus Westerbüttel in Süderdithmarschen;
8) welche an den Nachlaß des am 8. Januar 1859 ertrunkenen Matrosen auf der Altonaer Brigg „Catharina", Namens Jens Bulman Olsen aus Aarhuus;
9) welche an den Nachlaß des im December 1857 mit dem Altonaer Barkschiffe „Emilie" abgegangenen und am 26. Juni 1858 zu Rio de Janeiro verstorbenen Matrosen Johann Olaf Jarlemir Lindeström aus Calmar;

Erb- oder sonstige Ansprüche zu haben vermeinen, hiedurch, bei Strafe der Ausschließung und des ewigen Stillschweigens, aufgefordert und befehligt, solche binnen 12 Wochen, nach der letzten Bekanntmachung dieses Proclams, im hiesigen ersten Stadtsecretariate und spätestens am

9. October d. J.,

als dem peremtorischen Angabe-Termine, im Obergerichte hieselbst anzumelden, wobei die die Ansprüche begründenden Documente in Urschrift vorzuzeigen und in Abschrift zurückzulassen sind, Auswärtige auch wegen gehöriger Procuratur-Bestellung das Nöthige wahrzunehmen haben.

Wornach Beikommende sich zu achten.

Altona, im Obergerichte, den 26. Juni 1862.

Ex Decreto Senatus.

№ 5.

Erste Bekanntmachung.

Auf Anhalten Beikommender werden — mit alleiniger Ausnahme der Proclams-Extrahenten und ad 1 der Stadtbuchsgläubiger — Alle,

1) welche an den Nachlaß der im Februar d. J. hieselbst verstorbenen Wittwe Anna Dorothea Wilhelmine Zelling, geb. Hinrichsen;
2) welche an den Nachlaß der im März d. J. hieselbst verstorbenen Wittwe Anna Catharina Christina Beusse, geb. Clasen;
3) welche an den Nachlaß des hieselbst verstorbenen Christian Ludwig Giesecke;
4) welche an eine im Besitze des Milchhändlers Heinrich Todtmann in Ottensen befindliche Königl. Finanzobligation vom 23. Decbr. 1826 Nr. 1, groß 1000 ℛ R.-M., zufolge einer auf der beregten Obligation befindlichen Bemerkung zur Gercken'schen Erbmasse gehörig;
5) welche aus einer unterm 14. Mai 1825 abseiten des weiland Georg Christian Hillmer in seinem an der großen Bergstraße belegenen Erbe an die nunmehr verstorbenen General-Lotto-Collecteure Jacob Bruns und Johann Delfs beschaffte Verpfändung zur Sicherheit für alles dasjenige, womit er denselben aus den ihm anvertrauten Casse-Geschäften verhaftet werden möchte;
6) welche an eine von der hiesigen Stadtkasse auf Hans Hinrich Otto Namen ausgestellte Obligation der Stadt Altona Nr. 1674, groß 266⅔ ℛ R.-M., die bei einer Feuersbrunst in Niendorf, Herrschaft Pinneberg, abhanden gekommen und auf deren Mortification angetragen worden ist;

resp. Erb- oder sonstige Ansprüche zu haben vermeinen, hierdurch, bei Strafe der Ausschließung von diesen Massen, und zwar sub 4 unter dem Präjudiz der Anerkennung des Proclams-Extrahenten als alleinigen rechtmäßigen Inhabers der Obligation, sub 6 der Mortification der aufgeführten Obligation, aufgefordert und befehligt, solche binnen 12 Wochen, nach der letzten Bekanntmachung dieses Proclams, im hiesigen ersten Stadtsecretariate, und spätestens am

13. October d. J.,

als dem peremtorischen Angabe-Termine, im Obergerichte hieselbst anzumelden, wobei die die Ansprüche begründenden Documente in Urschrift vorzuzeigen und in Abschrift zurückzulassen sind, Auswärtige auch wegen gehöriger Procuraturbestellung das Nöthige wahrzunehmen haben.

Wornach Beikommende sich zu achten.

Altona, im Obergerichte, den 30. Juni 1862.

Ex Decreto Senatus.

№ 6.

Zweite Bekanntmachung.

Wenn der Gutsbesitzer Peter Sprinckhorn zu Meischenstorff hieselbst vorgestellt, daß er das adelige Gut Meischenstorff verkauft und derselbe, da er dem Käufer ein von allen dinglichen Ansprüchen gereinigtes Professionsprotocoll versprochen, um die Erlassung eines landüblichen Proclams gebeten hat,

Werden von Obergerichtswegen in Deferirung dieser Bitte Alle und Jede, mit alleiniger Ausnahme der protocollirten Gläubiger, welche dingliche Ansprüche und Forderungen an das im Oldenburger Güterdistrict belegene adelige Gut Meischenstorff zu haben vermeinen, hiemittelst aufgefordert und befehligt, diese ihre dinglichen Ansprüche und Forderungen innerhalb 12 Wochen, von der letzten Bekanntmachung dieses Proclams angerechnet, bei Strafe des Ausschlusses und des ewigen Stillschweigens, bei dem Landgerichtsnotar Justizrath Martens hieselbst anzumelden, die ihre Ansprüche begründenden Documente in Original zu produciren und beglaubigte Abschriften derselben beim Protocoll zurückzulassen, auch, insofern sie nicht in Glückstadt wohnhaft, Actenprocuratoren zu bestellen.

Wornach sich zu achten.

Urkundlich unterm vorgedruckten größern Gerichtsinsiegel. Gegeben im Königl. Holsteinischen Obergericht zu Glückstadt, den 25. Juni 1862.

(L. S.) *W. v. Schirach.* *Henrici.*

v. Gyldenfeldt.

Pro vera copia: Martens.

№ 7.

Zweite Bekanntmachung.

Von Gerichtswegen

wird auf Anhalten der Enkel und Erben des unlängst verstorbenen früheren Landesgevollmächtigten Hans Friedrich Ick, wail. in Wesselburen, welcher zwar den Nachlaß des Letzteren unbedingt angetreten, zugleich aber zur Sicherung gegen unbegründete Forderungen in Nachtagen um Erlassung eines landüblichen Proclams ad indagandum statum bonorum gebeten haben, Allen und Jedem, jedoch mit Ausnahme der protocollirten Gläubiger, welche an den verstorbenen früheren Landesgevollmächtigten Hans Friedrich Ick, wail. in Wesselburen, oder an dessen Nachlaß dingliche oder persönliche Forderungen und Ansprüche aus irgend einem Grunde zu haben vermeinen, hierdurch aufgegeben, selbige binnen 12 Wochen, vom Tage der letzten Bekanntmachung dieses Proclams angerechnet, in der Kirchspielschreiberei zu Wesselburen, und zwar als Auswärtige unter gehöriger Actenprocuraturbestellung, bei Strafe der Ausschließung und des ewigen Stillschweigens, ordnungsmäßig anzugeben und verzeichnen zu lassen.

Königl. Norderdithmarsische Landvogtei zu Heide, den 19. Juni 1862.

Hansen.

In fidem: Scholtz.

Zur Beglaubigung der Abschrift: H. v. Senden, Kirchspielschreiber.

№ 8.

Zweite Bekanntmachung.

Auf Ansuchen des Herrn Ober- und Landgerichtsadvocaten Dr. jur. A. Brinckmann, als gerichtlich bestellten Güterpflegers der Nachlaßmasse der in der Nacht vom 20./21. Mai 1862 hieselbst verstorbenen Wittwe Charlotte Louise Martens, geb. Schlüter, in welcher zugleich der Nachlaß des wail. hiesigen Bürgers und Cigarrenfabrikanten H. A. Th. Martens enthalten ist,

Werden Alle, welche an den Nachlaß der genannten Eheleute Martens Forderungen und Ansprüche irgend einer Art, namentlich auch Erb- und Eigenthumsrechte, zu haben vermeinen, mit alleiniger Ausnahme der einzigen und unmündigen Tochter der Martensschen Eheleute, Hedwig Martens, hiedurch aufgefordert, sich innerhalb präclusivischer Frist von 12 Wochen, vom Tage der letzten Bekanntmachung dieses Proclams angerechnet, im hiesigen Stadtsyndicat gehörig anzugeben, und zwar unter Bestellung eines Procurators hieselbst, sofern die Profitenten auswärts wohnen.

Decretum Kiel, den 13. Juni 1862.

Der Magistrat.

In fidem: *G. F. Witte*, Syndicus.

№ 9.

Zweite Bekanntmachung.

Nachdem die Erben des am 20. Mai 1862 hieselbst verstorbenen Zollassistenten Johann Friedrich Ernst Spethmann erklärt haben, den Nachlaß nur **sub beneficio legis et inventarii** antreten zu wollen, werden Alle, welche an den verstorbenen Zollassistenten J. F. E. Spethmann Eigenthumsansprüche oder Forderungen zu haben glauben, hiedurch aufgefordert, innerhalb präclusivischer Frist von 12 Wochen, vom Tage der letzten Bekanntmachung dieses Proclams angerechnet, im Syndicat hieselbst sich anzugeben und haben die Profitenten, welche außerhalb Kiels wohnen, hieselbst einen Procurator zu bestellen.

Decretirt Kiel, den 24. Juni 1862.

Der Magistrat.

In fidem: *G. F. Witte*, Syndicus.

№ 10.

Zweite Bekanntmachung.

Alle und Jede, mit alleiniger Ausnahme der protocollirten Gläubiger, welche

1) an die Nachlaßmasse des verstorbenen Maurergesellen Johann Jochim Heide in Preetz und an das dazu gehörige Haus Nr. 393 hieselbst,
2) an die Concursmasse des Schlachtermeisters Christian Georg Sophus Grotjahn in Preetz und an das dazu gehörige Haus Nr. 403 hieselbst,

aus irgend einem Grunde Forderungen und Ansprüche zu haben glauben, werden hiedurch aufgefordert und befehligt, sich damit, bei Strafe der Ausschließung, innerhalb 12 Wochen, von der letzten Bekanntmachung angerechnet, unter Einlieferung ihrer Documente in Ur- und Abschrift, ordnungsmäßig auf hiesiger Klosterschreiberei zu melden und ihre Gerechtsame wahrzunehmen.

Klösterliche Obrigkeit zu Preetz, den 13. Juni 1862.

C. v. Qualen.

№ 11.

Zweite Bekanntmachung.

Wenn der Pächter J. L. Heise zu Goertz, um eine genaue Uebersicht seiner Vermögensverhältnisse zu gewinnen, die Erlassung eines Proclams hieselbst beantragt hat, so werden von Gerichtswegen Alle und Jede, welche aus irgend einem Grunde an den gedachten Pächter J. L. Heise zu Goertz Forderungen und Ansprüche zu haben vermeinen, hiemittelst aufgefordert und befehligt, solche, bei Strafe der Ausschließung mit denselben und des immerwährenden Stillschweigens, innerhalb 12 Wochen, vom Tage der letzten Bekanntmachung dieses Proclams angerechnet, im unterzeichneten Justitiariat unter Beobachtung des Erforderlichen wegen Vorlegung der bezüglichen Documente und Procuraturbestellung anzugeben.

Decretum Neustadt, den 12. Juni 1862.

Justitiariat des adel. Guts Goertz.

Romundt.

№ 12.

Zweite Bekanntmachung.

Da auf Anhalten eines Creditors über das auf des verstorbenen Ernst Wilhelm Miersch Namen im hiesigen Stadtbuche beschriebene, an der Peterstraße belegene, mit Moritz Baruch Heymann, Eggert Nicolaus Krohn und Johann Heinrich Hartmann Koopmann im Westen und Norden und Johann Conrad Rudolph Wohlien im Osten benachbarte Erbe der Specialconcurs erkannt worden ist: so werden von Gerichtswegen Alle und Jede, welche an dasselbe aus irgend einem rechtlichen Grunde Ansprüche oder Forderungen zu haben vermeinen — mit alleiniger Ausnahme der protocollirten Gläubiger — bei Strafe der Ausschließung und des ewigen Stillschweigens, aufgefordert und befehligt, solche, in Gemäßheit der Verordnung vom 14. April 1840, betreffend das Subhastations-Verfahren, binnen 6 Wochen, nach der letzten Bekanntmachung dieses Proclams, im hiesigen ersten Stadtsecretariate und spätestens am

2. September d. J.,

als dem peremtorischen Angabetermine, im Obergericht hieselbst anzumelden, wobei die die Ansprüche begründenden Documente in Urschrift vorzuzeigen und in Abschrift zurückzulassen sind, Auswärtige auch wegen gehöriger Procuraturbestellung das Nöthige wahrzunehmen haben.

Zum öffentlichen Verkaufe des beregten Erbes ist Termin auf

Montag den 18. August 1862

anberaumt worden, an welchem Tage, Nachmittags 2 Uhr, die Kaufliebhaber im hiesigen Rathskeller sich einfinden und den Handel versuchen können.

Wornach Beikommende sich zu achten!

Altona, im Obergerichte, den 12. Juni 1862.

Ex Decreto Senatus.

№ 13.

Zweite Bekanntmachung.

Extr. des Procl. des 25sten Stücks № 1.

Alle und Jede, welche an nachstehende im Schuld- und Pfandprotocoll des Kirchspiels Marne protocollirte und verloren gegangene Documente, als:

1) an den zwischen Peter Junge zu Neufeld als Verkäufer und dem Schuhmacher Johann Friedrich Mühlenhardt in Marne als Käufer **sub dato** Marne den 30. April 1850 errichteten Kaufcontract über ein Wohnhaus mit Garten in Marne und den daraus noch restirenden Kaufschilling der 533 ℛ 32 β R.-M.;

2) an die unterm 25. Septbr. 1835 in der Königl. Landvogtei zu Meldorf beschaffte väterliche Declaration des Einwohners Thies Peter Claussen in Darenwurth über das seinem Sohne erster Ehe Johann Andreas Claussen ausgelobte mütterliche Vermögen von 200 ℔ v. Cour., jetzt 106 ℳ 64 ß R.-M.,

Ansprüche zu haben vermeinen, müssen sich damit innerhalb 12 Wochen, von der letzten Bekanntmachung dieses Proclams angerechnet, in der Königl. Kirchspielschreiberei zu Marne, und zwar sub pœna præclusi, rechtsbehörig melden.

V. G. W.

Meldorf, den 10. Juni 1862.

Zur Beglaubigung: **Fabricius.**

№ 14.

Zweite Bekanntmachung.

Extr. des Procl. des 25sten Stücks № 2.

Nichtprotocollirte Forderungen und Ansprüche an den Nachlaß des wailand Johann Theodor Dethlefs auf dem Dinger Donn, so wie Pfandstücke aus diesem Nachlasse sind, bei Vermeidung der Ausschließung und des Verlustes, innerhalb 6 Wochen, vom Tage der letzten Bekanntmachung dieses Proclams angerechnet, in der Königlichen Kirchspielschreiberei zu Eddelack gehörig anzugeben.

V. G. W.

Meldorf, den 17. Juni 1862.

Zur Beglaubigung: **Fabricius.**

№ 15.

Zweite Bekanntmachung.

Extr. des Procl. des 25sten Stücks № 3.

Alle, welche Ansprüche an die Concursmasse des Schmiedes Johann Nicolaus Georg Reiff in Jahrstorf zu haben meinen, müssen solche innerhalb 12 Wochen im hiesigen Amtsactuariat angeben.

Rendsburger Amthaus, den 13. Juni 1862.

E. v. Harbou.

Brenning.

№ 16.

Zweite Bekanntmachung.

Extr. des Procl. des 25sten Stücks № 7.

Nichtprotocollirte dingliche oder persönliche Ansprüche und Forderungen an den verstorbenen Stadtcassirer Johann Hinr. Potent in Segeberg, namentlich an das zu dessen Nachlaß gehörige hieselbst Quart. II Nr. 30 belegene Wohnhaus c. pert. sind, bei Strafe der Ausschließung, resp. des Verlustes der Ansprüche, innerhalb 12 Wochen, nach der letzten Bekanntmachung dieses Proclams, im hiesigen Stadtsecretariat rechtsbehörig anzumelden.

Decretum Segeberg, **in curia,** den 19. Juni 1862.

(L. S.) Bürgermeister und Rath.

№ 17.

Zweite Bekanntmachung.

Extr. des Procl. des 25sten Stücks № 8.

Auf Anhalten der Gebrüder August Nicolaus und Eduard Nicolaus Kirsten wird deren Bruder, der seit reichlich 40 Jahren vom Orte abwesende Nicolaus Friedrich Kirsten, welcher am 10. October 1861 sein siebenzigstes Lebensjahr zurückgelegt haben würde, so wie seinen etwanigen unbekannten Erben von Bürgermeister und Rath hierdurch aufgegeben, sich binnen 12 Wochen, vom Tage der letzten Bekanntmachung dieses Proclams angerechnet, im hiesigen Stadtsecretariat anzugeben, indem, falls der verschollene Nicolaus Friedrich Kirsten sich auf solche Bekanntmachung nicht melden sollte, zu gewärtigen ist, daß derselbe für todt werde erklärt und sein gerichtlich administrirtes Vermögen seinen Brüdern August Nicolaus und Eduard Nicolaus oder den Erben des Verschollenen, welche sich sonst als nächst berechtigt etwa gemeldet und legitimirt haben möchten, nach Maaßgabe der Verordnung vom 9. November 1798 werde ausgehändigt werden.

Itzehoe, den 19. Juni 1862.

Bürgermeister und Rath.

№ 18.

Zweite Bekanntmachung.

Extr. des Procl. des 25sten Stücks № 9.

Alle und Jede, welche an den Nachlaß des wail. Abschieders Franz Jochim Warncke in Quickborner-Halde Ansprüche und Forderungen irgend einer Art zu haben vermeinen, müssen solche innerhalb 12 Wochen, vom Tage der letzten Bekanntmachung dieses Proclams, welches **event.** zugleich als Concursproclam gilt, angerechnet, im Actuariate des Gerichts, **sub pœna præclusi,** anmelden.

Pinneberger Concurs- und Erbtheilungsgericht, den 16. Juni 1862.

Wommelsdorff-Friedrichsen. *H. A. Tetens.*

Mohrdiek.

№ 19.

Zweite Bekanntmachung.

Extr. des Procl. des 26sten Stücks № 3.

Nichtprotocollirte Ansprüche und Forderungen an den unter gerichtliche Behandlung genommenen Nachlaß der wailand Eheleute Hofbesitzer Peter Peters in Darenwurth und Louise, geb. Timmermann, daselbst, so wie Pfandstücke aus diesem Nachlasse sind, bei Strafe der Ausschließung und des Verlustes, binnen 12 Wochen, vom Tage der letzten Bekanntmachung dieses Proclams angerechnet, in der Königl. Kirchspielschreiberei zu Marne gehörig anzumelden.

V. G. W.

Meldorf, den 22. Juni 1862.

Zur Beglaubigung: **Fabricius.**

№ 20.

Zweite Bekanntmachung.

Extr. des Procl. des 26sten Stücks № 4.

Nichtprotocollirte Forderungen und Ansprüche an den von den Erben unbedingt angetretenen Nachlaß des wailand Bierbrauers und Landwirths Henning Dibbern in Marne, so wie Pfandstücke aus diesem Nachlasse sind innerhalb 12 Wochen, von der letzten Bekanntmachung dieses Proclams angerechnet, sub pœna præclusi, in der Königl. Kirchspielschreiberei zu Marne gehörig anzugeben.

L. G. W.

Meldorf, den 23. Juni 1862.

Zur Beglaubigung: **Fabricius.**

№ 21.

Zweite Bekanntmachung.

Extr. des Procl. des 26sten Stücks № 6.

Diejenigen, welche Ansprüche an den der concursmäßigen Behandlung unterzogenen Nachlaß des Webers Hinr. Friedr. Lau in Kembs zu haben vermeinen, haben, bei Strafe des Ausschlusses und des ewigen Stillschweigens, innerhalb der Frist von 6 Wochen hieselbst ihre Angaben zu beschaffen.

Brunswiek, im Justitiariate des adeligen Gutes Waterneverstorff, den 20. Juni 1862.

F. Boie.

№ 22.

Zweite Bekanntmachung.

Extr. des Procl. des 26sten Stücks № 7.

Der am 19. April 1792 hieselbst geborene, seit vielen Jahren abwesende und verschollene Claus Diedrich Christian Frick, ein Sohn der verstorbenen Eheleute Friedrich Frick und Anna Maria Christiane, geb. Thomsen, wail. hieselbst, eventuell dessen Erben, mit Ausnahme der Proclamsextrahenten, so wie auch Alle und Jede, welche etwa sonstige Ansprüche an das für diesen Verschollenen hieselbst verwaltete Vermögen von ca. 1200 ℛ R.-M. zu haben vermeinen sollten, müssen sich binnen 12 Wochen, a dato der letzten Bekanntmachung dieses Proclams, Auswärtige unter Bestellung von Actenprocuratoren, in dem hiesigen Stadtsecretariate melden und legitimiren, widrigenfalls sie zu gewärtigen, und zwar dieser Verschollene, daß er für todt werde erklärt, dessen etwanige sonstige Erben und Gläubiger aber, daß sie mit ihren Erb- und sonstigen Ansprüchen präcludirt und daß das Vermögen des Verschollenen den hieselbst legitimirten Erben desselben nach Maaßgabe der Verordnung vom 9. November 1798 werde ausgeliefert werden.

Signatum Glückstadt, den 27. Juni 1862.

(L. S. C.) Präsident, Bürgermeister und Rath.

№ 23.

Dritte und letzte Bekanntmachung.

Wenn der Königliche Hannoversche Gesandte am Großbrittannischen Hofe zu London, der Geheimerath Adolph Friedrich August Graf von Kielmannsegge, hieselbst vorgestellt, daß er das adelige Marschgut Groß-Collmar an die Eingesessenen Claus v. Drathen und Albert Greve in Klein-Collmar verkauft und mit Rücksicht darauf, daß er den Käufern ein von allen nichtprotocollirten dinglichen Ansprüchen gereinigtes Professionsprotocoll versprochen, um die Erlassung eines landüblichen Proclams gebeten hat,

Werden von Obergerichtswegen in Deferirung dieser Bitte Alle und Jede, mit alleiniger Ausnahme der protocollirten Gläubiger, welche dingliche Ansprüche und Forderungen an das adel. Marschgut Groß-Collmar zu haben vermeinen, hiemittelst aufgefordert und befehligt, diese ihre dinglichen Ansprüche und Forderungen innerhalb 12 Wochen, von der letzten Bekanntmachung dieses Proclams angerechnet, bei Strafe des Ausschlusses und des ewigen Stillschweigens, bei dem Landgerichtsnotar Justizrath Martens hieselbst anzumelden, die ihre Ansprüche begründenden Documente im Original zu produciren und beglaubigte Abschriften derselben beim Protocoll zurückzulassen, auch, insofern sie nicht in Glückstadt wohnhaft, Actenprocuratoren zu bestellen.

Wornach sich zu achten!

Urkundlich unterm vorgedruckten größeren Gerichts-Insiegel. Gegeben im Königl. Holsteinischen Obergericht zu Glückstadt, den 11. Juni 1862.

(L. S.) *v. Schirach. Henrici.*

v. Gyldenfeldt.

Pro vera copia: Martens.

№ 24.

Dritte und letzte Bekanntmachung.

Von Gerichtswegen

wird auf Anhalten der Königl. Kirchspielvogtei zu Hemme, als Concursregulirungsbehörde, den sämmtlichen nichtprotocollirten Creditoren des Webers Peter Jochim Böttcher in Hemme, über dessen Habe und Güter definitiv Concurs erkannt worden ist, hiedurch aufgegeben, ihre Forderungen und Ansprüche an den Bonisccedenten, dieselben mögen beruhen, worin immer, innerhalb 12 Wochen, von der letzten Bekanntmachung dieses Proclams angerechnet, Auswärtige unter Bestellung der Actenprocuratur, bei Vermeidung der Ausschließung von der Concursmasse, in der Kirchspielschreiberei zu Hemme anzumelden und verzeichnen zu lassen.

Königl. Norderdithmarsische Landvogtei zu Heide, den 2. Juni 1862. *Hansen.*

In fidem: Scholtz.

Für die Abschrift: **F. Borgfeldt.**

№ 25.

Dritte und letzte Bekanntmachung.

Auf erfolgte Insolvenzerklärung des hiesigen Bürgers und Bäckermeisters Heinrich Wiegand werden vom Magistrat Alle und Jede, mit alleiniger Ausnahme der protocollirten Gläubiger, welche an den genannten Cridar Forderungen und Ansprüche erheben zu können glauben oder Pfänder und Sachen von demselben in Händen haben sollten, bei Strafe des Ausschlusses von dieser Concursmasse, resp. Verlustes ihres Pfandrechts, und bei Vermeidung sonstiger Nachtheile, hiedurch aufgefordert und angewiesen, sich mit diesen ihren Forderungen und Ansprüchen binnen 12 Wochen, von der letzten Bekanntmachung dieses Proclams angerechnet, in dem hiesigen Stadtsecretariat beim Angabeprotocoll zu melden, die zur Begründung derselben dienenden Documente im Original und in Abschriften zu produciren, auch, falls sie Auswärtige sind, einen Actenprocurator hieselbst zu bestellen.

Signatum Glückstadt, den 13. Juni 1862.

(L. S. C.) Präsident, Bürgermeister und Rath.

№ 26.

Dritte und letzte Bekanntmachung.

Extr. des Procl. des 24sten Stücks № 3.

Auf desfällige Impetration des Königlichen Commissariats zur Leitung des die Aufhebung des Mühlenzwanges im Herzogthum Holstein betreffenden Entschädigungsverfahrens werden von Gerichtswegen Alle und Jede, welche an der dem Erbpachtsmüller C. H. Kreutzfeldt zu Mühlendorf für Aufhebung des mit seiner Mühle verbunden gewesenen Zwangsrechts an Capital und Zinsen zugebilligten Entschädigungssumme von 4968 ℛ︁ 53 β einen Anspruch auf Participirung oder ein Widerspruchsrecht gegen Auskehrung derselben an den erwähnten Entschädigungsberechtigten zu haben glauben, und zwar sowohl die protocollirten als einfachen hypothecarischen Gläubiger, die Obereigenthümer, Fideicommißnachfolger, Wiederkaufsberechtigten, so wie alle andern etwanigen Realgläubiger hiedurch aufgefordert, ihre desfälligen Gerechtsame binnen 6 Wochen, vom Tage der letzten Bekanntmachung dieses Proclams angerechnet, bei der unterzeichneten Behörde anzumelden, die ihre Gerechtsame etwa begründenden Documente zu produciren, beglaubigte Abschriften davon zurückzulassen und, sofern sie Auswärtige sind, Actenprocuratoren zu bestellen, widrigenfalls aber zu gewärtigen, daß die obgedachte Entschädigungssumme an den Erbpachtsmüller C. H. Kreutzfeldt zu Mühlendorf wird ausbezahlt werden.

Brunswieck im Justitiariat des adeligen Guts Emkendorf, den 2. Juni 1862.

C. Rathlev.

In fidem extr.: C. Rathlev.

№ 27.

Dritte und letzte Bekanntmachung.

Demnach die Eheleute Hans Lorenzen und Maria, geb. Zimmer, zu Bramstedt, mit Tode abgegangen und die hinterlassenen Kinder resp. durch Vormünder und Curator erklärt, daß sie die Verlassenschaft derselben pure anzutreten Bedenken tragen und daher um die Erlassung eines Proclams **ad indagandum statum bonorum** beantragen müßten;

so werden von Gerichtswegen Alle und Jede, mit Ausnahme der protocollirten Gläubiger, welche Ansprüche und Forderungen an diese Verlassenschaft, namentlich auch an die zu Bramstedt belegene adelige Kathe mit Land machen zu können vermeinen möchten, hierdurch aufgefordert, solche, bei Strafe der Ausschließung, binnen 12 Wochen, vom Tage der letzten Bekanntmachung dieses event. zugleich als Concursproclam dienenden Proclams an, hieselbst anzugeben, Auswärtige unter Bestellung der Actenprocuratur.

Bramstedter Justitiariat zu Itzehoe, den 2. Juni 1862.

F. Röttger.

№ 28.

Dritte und letzte Bekanntmachung.

Extr. des Procl. des 23sten Stücks № 1.

Alle und Jede, welche an die zu Thaden unter hiesiger Jurisdiction belegene, dem Hofbesitzer Wilhelm Theodor Leonhardt daselbst bisher gehörig gewesene Landstelle dingliche nichtprotocollirte Forderungen, Ansprüche und Rechte zu haben vermeinen, müssen sich damit, bei Strafe der Präclusion und des immerwährenden Stillschweigens, innerhalb 12 Wochen, von der letzten Bekanntmachung dieses Proclams angerechnet, im hiesigen Justitiariate ordnungsmäßig melden.

Hanerau, im Justitiariate, den 28. Mai 1862.

H. Lundius.

№ 29.

Dritte und letzte Bekanntmachung.

Extr. des Procl. des 24sten Stücks № 4.

Alle, welche Forderungen an den Nachlaß des weil. Büchsenschmidts Waldemar Emil Handrup zu haben vermeinen, werden, unter Androhung Strafe der Ausschließung von der Masse, von Bürgermeister und Rath hierdurch aufgefordert, ihre Forderungen binnen sechs Wochen, vom Tage der letzten Bekanntmachung, im Stadtsecretariate anzugeben.

Itzehoe, den 11. Juni 1862.

Bürgermeister und Rath.

Beilage
zum 28. Stück der Holsteinischen Anzeigen.

Montag den 14. Juli 1862.

Testaments-Publication.

Das unterm 22. September 1840 errichtete, hieselbst deponirte Testament der kürzlich verstorbenen Maria Catharina Elisabeth Block, geb. Ramm, und deren überlebenden Ehemannes, des hiesigen Bürgers Claus Hinrich Block, wird

am Dienstage den 29. d. M., Mittags 12 Uhr, auf hiesigem Rathhause publicirt werden.

Lütjenburg, den 7. Juli 1862.

(L. S.) Bürgermeister und Rath.

Zur Beglaubigung: H. Brinkmann.

Verkaufs-Anzeige.

Am Mittwoch den 23. Juli d. J. soll das zur Concursmasse des wailand Käthners und Böttchers Johann Jacob Miedeke gehörige, zu Marienthal, Guts Stockelstorf, belegene Grundstück öffentlich meistbietend verkauft werden.

Die Licitationsbedingungen können 8 Tage vorher im Justitiariat und in der Bauervogtei hieselbst inspicirt werden.

Kaufliebhaber haben sich am ermeldeten Tage, Mittags 12 Uhr, im Gerichtshause hieselbst einzufinden.

Stockelstorf, im Justitiariat, den 26. Juni 1862.

Esmarch.

König Christian VIII. Ostseebahn.

In der am 12. Juni d. J. gehaltenen Generalversammlung der Actionaire sind die Herren

R. Kayser in Hamburg,
Dr. Ahlmann in Kiel,
Consul von Zerßen in Rendsburg,
T. de Voß } in Altona
J. Baur }

zu Mitgliedern des Ausschusses gewählt worden und haben die Wahl angenommen.

Altona, den 2. Juli 1862.

Der Ausschuß.

Theod. Reincke, Vorsitzender.

Steckbriefe.

№ 1.

Da der hierunter signalisirte Arbeitsmann Johann Friedr. Sitann zu Lütjenburg sich der Einleitung einer Untersuchung wider ihn wegen Entwendung durch Entfernung von hier entzogen hat, so werden beikommende Behörden ganz ergebenst ersucht, auf ihn, der sich im Besitze einer ihm etwa Mitte v. M. von der Lütjenburger Polizeibehörde ertheilten Legitimation, um sich auswärts Arbeit suchen zu können, befindet, vigiliren und ihn event. inhaftiren lassen, von seiner Inhaftirung oder Anzeige gefälligst anhero machen zu wollen, damit er unter Kostenerstattung abgeholt werden kann.

Lütjenburg, den 29. Juni 1862.

Das Patrimonialgericht des adeligen Guts Neudorff.

Wyncken.

Signalement:

Johann Friedrich Sitann ist 63 Jahre alt, 66 Zoll hoch, hat braunes Haar, eine runde Stirn, blau-graue Augen, eine dicke Nase, ein breites Kinn und ein längliches Gesicht, auf dem linken Daumen eine Schnittnarbe.

№ 2.

Dem hieselbst wegen Diebstahls in Untersuchung befindlichen, bereits mehrfältig bestraften, hierunter signalisirten Wilhelm Thomas Baumann aus Lütjenburg ist es gelungen, in der vorigen Nacht aus dem hiesigen Stadtgefängnisse zu entweichen. Alle Polizeibehörden werden ersucht, auf diesen gefährlichen Verbrecher gefälligst zu vigiliren, denselben im Betretungsfalle zu arretiren und davon Anzeige an uns gelangen zu lassen, damit die Abholung unter Kostenerstattung veranlaßt werden könne.

Lütjenburg, den 30. Juni 1862.

Bürgermeister und Rath.

Zur Beglaubigung: H. Brinkmann.

Signalement

des Wilhelm Thomas Baumann aus Lütjenburg.

Alter: 44 Jahr, Statur: 64¼ Zoll rheinl., Haar und Bart: schwarzbraun, Stirn: frei, Augen: blau,

Augenbrauen: dunkelbraun, Nase und Mund: gewöhnlich, Zähne: mangelhaft, Haltung: grade, Gesicht: eingefallen, Gesichtsfarbe: gelblich blaß; besondere Kennzeichen: vor der Stirn einige Narben und unterhalb des Kinnes eine Schußwunde. Kleidung: schwarzbraune Jacke von Schaaffell, graue Beinkleider, alte Tuchmütze, blau-weiß gestreiftes Hemd, neue Halbstiefel.

№ 3.

Dem bei dem unterzeichneten Justitiariate wegen Diebstahls in Untersuchung befindlichen Maurergesellen Franz Joachim Jacob Bahr aus Juliusburg, Herzogthums Lauenburg, ist es abermals gelungen, und zwar in der Nacht vom 27. auf den 28. d. M., aus dem Criminalgefängnisse in Trenthorst zu entweichen.

Alle Gerichts- und Polizeibehörden werden daher ersucht, auf den unten näher signalisirten Bahr gefällig vigiliren, im Betretungsfall ihn anhalten und an das Trenthorster Inspectorat abliefern zu lassen.

Stockelsdorf, im Justitiariat für Trenthorst, den 30. Juni 1862.

Esmarch.

Signalement:

Name: Franz Joachim Jacob Bahr aus Juliusburg, Alter: 39 Jahr, Größe: 62½" seel. Maaß, Haare: dunkelblond und lang, Stirn: rund, Augenbraunen: braun, Augen: blau, Nase: spitz, Mund: klein, Zähne: gesund, Ohren: klein, Kinnbart: dunkelblond, Kinn: rund, Gesichtsfarbe: gesund, Gesicht: länglich, Rücken: grade, Schultern und Beine: stark, Hände: klein, Finger: lang und dünn. Besondere Kennzeichen: keine. Sprache: hoch- und plattdeutsch. Bekleidet: mit kurzem, grau wollenen Oberrock, schwarzer Tuchhose und Weste, ohne Halstuch und Strümpfe, mit alten abgeschlissenen und abgeschnittenen Stiefeln, so wie mit grauem runden Filzhut.

Edictal-Citationes.

№ 1.

Extract der Edictal-Citation an den abwesenden Tuchmacher Claus Hinrich Ehlert Kreutzfeldt aus Bodsee.

Der Tuchmacher Claus Hinrich Ehlert Kreutzfeldt aus Bodsee, welcher sich heimlich von dort entfernt hat, wird hiedurch peremtorisch geladen und befehligt, am Mittwoch den 5. November d. J. vor dem alsdann auf dem Rathhause der Stadt Kiel versammelten Königl. Kieler Landconsistorialgerichte zu erscheinen, zu vernehmen, was seine Ehefrau Catharina Margaretha Kreutzfeldt, geb. Meier, wegen böslicher Verlassung gegen ihn vorbringen wird, darauf zu antworten und Spruch Rechtens zu gewärtigen, unter der Verwarnung, daß auch im Falle des Ausbleibens auf seiner genannten Ehefrau ferneres Anhalten werde erkannt werden, was den Rechten gemäß.

Königliches Kieler Landconsistorium, den 5. Juni 1862.

Director, Probst und Assessoren.

In fidem: *C. Rathlev*, Act.

№ 2.

Extract der Edictal-Citation des 26sten Stücks.

Auf Anhalten der Ehefrau Maren Piepgras, geb. Jensen, c. cur. hieselbst, wird deren abwesender Ehemann, der frühere hiesige Chausseegeldeinnehmer Johann Rudolph Piepgras, peremtorisch geladen, sich am

Donnerstag den 18. September d. J.
Mittags 12 Uhr,

vor dem Stadtconsistorium auf dem hiesigen Rathhause einzufinden, widrigenfalls wegen böslicher Verlassung, deshalb Ehescheidung, in contumaciam wider ihn wird erkannt werden.

Decretum Neustadt, im Stadtconsistorium, den 5. Juni 1862.

(L. S.) *L. Kohlmann.*

Proclamata.

№ 1.

Erste Bekanntmachung.

Von Gerichtswegen

werden auf Anhalten der Königl. Kirchspielvogtei zu Marne, als Erbregulirungsbehörde, alle diejenigen, welche an nachfolgende Erbmassen, als:

1) des verstorbenen Johann Jacob Schröder zu Neufeld,
2) des verstorbenen Ahrend Tiedje in Trennewurth,
3) des verstorbenen Paul Hargens am Marnerdeich,

nichtprotocollirte Ansprüche und Forderungen zu haben vermeinen oder Pfandstücke aus selbigen besitzen, hiemittelst aufgefordert, selbige binnen 12 Wochen, vom Tage der letzten Bekanntmachung dieses Proclams angerechnet, bei Strafe der Ausschließung und ewigen Stillschweigens, Auswärtige unter Bestellung gehöriger Actenprocuratur, in der Königl. Kirchspielschreiberei zu Marne anzumelden.

Wornach sich ein Jeder zu achten.

Königl. Süderdithmarscher Landvogtei zu Meldorf, den 30. Juni 1862.

(L. S.) *Müllenhoff.*

Zur Beglaubigung: Fabricius.

№ 2.

Erste Bekanntmachung.

Wenn der Erbpächter Jochim Hinrich Wilhelm Möller zu Fehrenwohld darauf angetragen hat, daß über die ihm nach seinem verstorbenen Vater, dem Erbpächter Jochim Friedrich Wilhelm Möller, erblich zugefallene Erbpachtsstelle zu Fehrenwohld, adeligen Guts Muggesfelde, ein Realproclam erlassen werden möge: so werden, mit Ausnahme der protocollirten Gläubiger, Alle und Jede, welche an die gedachte Erbpachtsstelle c. pert. dingliche Ansprüche zu haben vermeinen, bei Strafe des Verlustes derselben, hierdurch aufgefordert, selbige innerhalb 12 Wochen, nach der letzten Bekanntmachung dieses Proclams, Auswärtige unter Bestellung eines Actenprocurators, in dem unterzeichneten Justitiariate anzugeben und die ihre Ansprüche begründenden Documente im Original zu produciren und in beglaubigter Abschrift zurückzulassen.

Segeberg, im Justitiariate des adel. Guts Muggesfelde, den 4. Juli 1862.

G. Lueders.

№ 3.

Erste Bekanntmachung.

Auf desfälligen Antrag Beikommender werden die seit vielen Jahren abwesenden und verschollenen Söhne der hieselbst verstorbenen Eheleute, des weil. hiesigen Bürgers Johann Jochim Detlef Neuhaus und der Anna Cicilia Neuhaus, geb. Schacht, Namens:

1) Hinrich Diedrich Neuhaus, geboren den 8. Mai 1788, und
2) Christian Wilhelm Neuhaus, geboren den 23. Juni 1792,

eventuell deren etwanige Leibes- oder sonstige Erben, mit Ausnahme jedoch der Proclamsextrahenten und der in Pernambuco sich aufhaltenden Wittwe Anna Margaretha Catharina Charlotte Meyer, geb. Neuhaus, so wie auch Alle und Jede, welche an das hieselbst verwaltete Vermögen des sub Nr. 1 genannten Verschollenen Ansprüche erheben zu können vermeinen sollten, von Gerichtswegen hiedurch aufgefordert und angewiesen, binnen 12 Wochen, von der letzten Bekanntmachung dieses Proclams angerechnet, in dem Stadtsecretariate hieselbst sich zu melden und dabei, Auswärtige unter Bestellung von Actenprocuratoren, die ihre Erb- und sonstigen Ansprüche begründenden Documente zu produciren, widrigenfalls sie zu gewärtigen, und zwar die beiden gedachten Verschollenen, daß sie für todt werden erklärt, deren etwanige sonstige Erben und Gläubiger aber, daß sie mit ihren Erb- und sonstigen Ansprüchen werden präcludirt werden und daß das für den verschollenen Hinrich Diedrich Neuhaus hieselbst verwaltete Vermögen von reichlich 400 ℛ︁ dessen legitimirten Erben nach Maaßgabe der Vorschriften der Verordnung vom 9. Novbr. 1798 werde ausgekehrt werden.

Signatum Glückstadt, den 11. Juli 1862.

(L. S. C.) Präsident, Bürgermeister und Rath.

№ 4.

Erste Bekanntmachung.

Da auf Anhalten eines Creditors über das an der Eimsbüttler Straße belegene Erbe des Julius Moses Fontheim, welches mit Christoph Heinrich Bope im Süden und Carl Matthias Fick im Norden und Osten benachbart ist, der Specialconcurs erkannt worden: so werden von Gerichtswegen Alle und Jede, welche an dasselbe aus irgend einem rechtlichen Grunde Ansprüche oder Forderungen zu haben vermeinen — mit alleiniger Ausnahme der protocollirten Gläubiger — bei Strafe der Ausschließung und des ewigen Stillschweigens, aufgefordert und befehligt, solche, in Gemäßheit der Verordnung vom 14. April 1840, betreffend das Subhastationsverfahren, binnen 6 Wochen, nach der letzten Bekanntmachung dieses Proclams, im hiesigen ersten Stadtsecretariate, und spätestens am

11. September d. J.,

als dem peremtorischen Angabetermine, im Obergericht hieselbst anzumelden, wobei die die Ansprüche begründenden Documente in Urschrift vorzuzeigen und in Abschrift zurückzulassen sind, Auswärtige auch wegen gehöriger Procuraturbestellung das Nöthige wahrzunehmen haben.

Zum öffentlichen Verkaufe des beregten Erbes ist Termin auf

Montag den 25. August d. J.

anberaumt worden, an welchem Tage, Nachmittags 2 Uhr, die Kaufliebhaber im hiesigen Rathskeller sich einfinden und den Handel versuchen können.

Wornach Beikommende sich zu achten!

Altona, im Obergerichte, den 10. Juli 1862.

Ex Decreto Senatus.

№ 5.

Erste Bekanntmachung.

Da auf Anhalten eines Creditors über das auf des verstorbenen Joachim Friedrich Drückhammer Namen im hiesigen Stadtbuche beschriebene, an der Juliusstraße belegene, mit Stammann und Bieber im Süden und Westen und Johann Friedrich Ferdinand Kampff im Osten benachbarte Erbe der Specialconcurs erkannt worden ist: so werden von Gerichtswegen Alle und Jede, welche an dasselbe aus irgend einem rechtlichen Grunde Ansprüche oder Forderungen zu haben vermeinen — mit alleiniger Ausnahme der protocollirten Gläubiger — bei Strafe der Ausschließung und des ewigen Stillschweigens, aufgefordert und befehligt, solche, in Gemäßheit der Verordnung vom 14. April 1840, betreffend das Subhastationsverfahren, binnen 6 Wochen, nach der letzten Bekanntmachung dieses Proclams, im hiesigen ersten Stadtsecretariate, und spätestens am

11. September d. J.,

als dem peremtorischen Angabetermine, im Obergericht hieselbst anzumelden, wobei die die Ansprüche begründenden Documente in Urschrift vorzuzeigen und in Abschrift zurückzulassen sind. Auswärtige auch wegen gehöriger Procuraturbestellung das Nöthige wahrzunehmen haben.

Zum öffentlichen Verkaufe des beregten Erbes ist Termin auf

Montag den 25. August d. J.

anberaumt worden, an welchem Tage, Nachmittags 2 Uhr, die Kaufliebhaber im hiesigen Rathskeller sich einfinden und den Handel versuchen können.

Wornach Beikommende sich zu achten!

Altona, im Obergerichte, den 10. Juli 1862.

Ex Decreto Senatus.

№ 6.

Zweite Bekanntmachung.

Alle und Jede, welche an die von den bis jetzt ermittelten Intestaterben repudiirte und event. der concursmäßigen Behandlung verfallende Nachlaßmasse des auf Marutendorf verstorbenen früheren Verwalters Friedrich Prehn Erb- oder sonstige Ansprüche und Forderungen irgend einer Art haben, imgleichen etwanige Pfandgläubiger, werden hiemittelst aufgefordert, sich, bei Verlust ihrer Ansprüche, innerhalb 6 Wochen, von der letzten Bekanntmachung angerechnet, im Justitiariat des adel. Guts Marutendorf rechtsgehörig anzugeben.

Brunswieck, im Justitiariat des adel. Guts Marutendorf, den 26. Juni 1862.

C. Rahtlev.

№ 7.

Zweite Bekanntmachung.

Auf Anhalten des Herrn Advocaten Claudius, als gerichtlich bestellten Administrators nachstehender Verlassenschaften, werden Alle,

1) welche an den Nachlaß des am 24. Februar 1860 hieselbst verstorbenen Brauknechts Friedr. Biehusen aus Uetersen;
2) welche an den Nachlaß der am 16. August 1860 hieselbst verstorbenen Wittwe Anna Margaretha Weberling, verwittweten Sievers, geb. Schnoor oder Schnauer;
3) welche an den Nachlaß des am Bord des Altonaer Briggschiffes „Gloriosa" verstorbenen Matrosen Hans Conrad Friedr. Horns aus Kellenhusen;
4) welche an den Nachlaß des am Bord des Altonaer Briggschiffes „Prosper" verstorbenen Jungmanns Jacob Dietrich Johannsen aus Büsum;
5) welche an den Nachlaß des im Juni 1853 mit dem Altonaer Schiffe „Zodiacus" abgegangenen und am 23. Januar 1854 in Cowes verstorbenen Matrosen Carl Eggers aus Neustadt;
6) welche an den Nachlaß des am 30. Decbr. 1856 im Hafen von St. Thomas vom Barkschiffe „Thora" aus ertrunkenen Matrosen Biarni Gudmanson aus Alptauer-Ney in Island;
7) welche an den Nachlaß des am 5. Septbr. 1855 ertrunkenen Matrosen auf der Altonaer Schoonerbrigg „Lootse", Namens Johann Boie Severin aus Westerbüttel in Süderdithmarschen;
8) welche an den Nachlaß des am 8. Januar 1859 ertrunkenen Matrosen auf der Altonaer Brigg „Catharina", Namens Jens Bulman Olsen aus Aarhuus;
9) welche an den Nachlaß des im December 1857 mit dem Altonaer Barkschiffe „Emilie" abgegangenen und am 26. Juni 1858 zu Rio de Janeiro verstorbenen Matrosen Johann Olaf Jarlemie Lindeström aus Calmar;

Erb- oder sonstige Ansprüche zu haben vermeinen, hiedurch, bei Strafe der Ausschließung und des ewigen Stillschweigens, aufgefordert und befehligt, solche binnen 12 Wochen, nach der letzten Bekanntmachung dieses Proclams, im hiesigen ersten Stadtsecretariat und spätestens am

9. October d. J.,

als dem peremtorischen Angabe-Termine, im Obergerichte hieselbst anzumelden, wobei die die Ansprüche begründenden Documente in Urschrift vorzuzeigen und in Abschrift zurückzulassen sind, Auswärtige auch wegen gehöriger Procuratur-Bestellung das Nöthige wahrzunehmen haben.

Wornach Beikommende sich zu achten.

Altona, im Obergerichte, den 26. Juni 1862.

Ex Decreto Senatus.

№ 8.

Zweite Bekanntmachung.

Auf Anhalten Beikommender werden — mit alleiniger Ausnahme der Proclams-Extrahenten und ad 1 der Stadtbuchsgläubiger — Alle,

1) welche an den Nachlaß der im Februar d. J. hieselbst verstorbenen Wittwe Anna Dorothea Wilhelmine Zelling, geb. Hinrichsen;
2) welche an den Nachlaß der im März d. J. hieselbst verstorbenen Wittwe Anna Catharina Christina Beusse, geb. Clasen;
3) welche an den Nachlaß des hieselbst verstorbenen Christian Ludwig Giesecke;

4) welche an eine im Besitze des Milchhändlers Heinrich Lodtmann in Ottensen befindliche Königl. Finanzobligation vom 23. Decbr. 1826 Nr. 1, groß 1000 ℛ︀ R.=M., zufolge einer auf der beregten Obligation befindlichen Bemerkung zur Gercken'schen Erbmasse gehörig;
5) welche aus einer unterm 14. Mai 1825 abseiten des wailand Georg Christian Hillmer in seinem an der großen Bergstraße belegenen Erbe an die nunmehr verstorbenen General=Lotto=Collecteure Jacob Bruns und Johann Delfs beschaffte Verpfändung zur Sicherheit für alles dasjenige, womit er denselben aus den ihm anvertrauten Casse=Geschäften verhaftet werden möchte;
6) welche an eine von der hiesigen Stadtkasse auf Hans Hinrich Otto Namen ausgestellte Obligation der Stadt Altona Nr. 1674, groß 266⅔ ℛ︀ R.=M., die bei einer Feuersbrunst in Niendorf, Herrschaft Pinneberg, abhanden gekommen und auf deren Mortification angetragen worden ist;

resp. Erb= oder sonstige Ansprüche zu haben vermeinen, hierdurch, bei Strafe der Ausschließung von diesen Massen, und zwar sub 4 unter dem Präjudiz der Anerkennung des Proclams=Extrahenten als alleinigen rechtmäßigen Inhabers der Obligation, sub 6 der Mortification der aufgeführten Obligation, aufgefordert und befehligt, solche binnen 12 Wochen, nach der letzten Bekanntmachung dieses Proclams, im hiesigen ersten Stadtsecretariate, und spätestens am

13. October d. J.,

als dem peremtorischen Angabe=Termine, im Obergerichte hieselbst anzumelden, wobei die die Ansprüche begründenden Documente in Urschrift vorzuzeigen und in Abschrift zurückzulassen sind, Auswärtige auch wegen gehöriger Procuraturbestellung das Nöthige wahrzunehmen haben.

Wornach Beikommende sich zu achten.

Altona, im Obergerichte, den 30. Juni 1862.

Ex Decreto Senatus.

№ 9.

Zweite Bekanntmachung.

Extr. des Procl. des 27sten Stücks № 1.

Erbrechte, Forderungen und Ansprüche an den Nachlaß des am 20. v. M. in Rendsburg verstorbenen Gastwirths Hans Kühl sind binnen 12 Wochen, von der letzten Bekanntmachung dieses Proclams, im städtischen Actuariat hieselbst gehörig anzumelden, wobei bemerkt wird, daß dies Proclam event. zugleich als Concursproclam gilt.

Rendsburg, den 23. Juni 1862.

(L. S. C.) Der Magistrat.

№ 10.

Zweite Bekanntmachung.

Extr. des Procl. des 27sten Stücks № 3.

Nichtprotocollirte dingliche Ansprüche an die von Anton Friedrich Theodor Berwald verkaufte, in Kaltenkirchen belegene Kathenstelle sind innerhalb 12 Wochen, vom Tage der letzten Bekanntmachung dieses Proclams, bei Strafe des Ausschlusses, im Segeberger Königl. Actuariat rechtsgehörig zu melden.

Segeberger Amtsgericht, den 26. Juni 1862.

Pr. et Ass. jud.

In fidem: H. F. Jacobsen.

№ 11.

Dritte und letzte Bekanntmachung.

Wenn der Gutsbesitzer Peter Sprinckhorn zu Meischenstorff hieselbst vorgestellt, daß er das adelige Gut Meischenstorff verkauft und derselbe, da er dem Käufer ein von allen dinglichen Ansprüchen gereinigtes Professionsprotocoll versprochen, um die Erlassung eines landüblichen Proclams gebeten hat,

Werden von Obergerichtswegen in Deferirung dieser Bitte Alle und Jede, mit alleiniger Ausnahme der protocollirten Gläubiger, welche dingliche Ansprüche und Forderungen an das im Oldenburger Güterdistrict belegene adelige Gut Meischenstorff zu haben vermeinen, hiemittelst aufgefordert und befehligt, diese ihre dinglichen Ansprüche und Forderungen innerhalb 12 Wochen, von der letzten Bekanntmachung dieses Proclams angerechnet, bei Strafe des Ausschlusses und des ewigen Stillschweigens, bei dem Landgerichtsnotar Justizrath Martens hieselbst anzumelden, die ihre Ansprüche begründenden Documente in Original zu produciren und beglaubigte Abschriften derselben beim Protocoll zurückzulassen, auch, insofern sie nicht in Glückstadt wohnhaft, Actenprocuratoren zu bestellen.

Wornach sich zu achten.

Urkundlich unterm vorgedruckten größern Gerichtsinsiegel. Gegeben im Königl. Holsteinischen Obergericht zu Glückstadt, den 25. Juni 1862.

(L. S.) *W. v. Schirach.* *Henrici.*

v. Gyldenfeldt.

Pro vera copia: Martens.

№ 12.

Dritte und letzte Bekanntmachung.

Von Gerichtswegen

wird auf Anhalten der Enkel und Erben des unlängst verstorbenen früheren Landesgevollmächtigten Hans Friedrich Ick, wail. in Wesselburen, welcher zwar den Nachlaß des Letzteren unbedingt angetreten, zugleich aber zur Sicherung gegen unbegründete Forderungen in Nachtagen um Erlassung eines landüblichen Pro=

clams ad indagandum statum bonorum gebeten haben, Allen und Jedem, jedoch mit Ausnahme der protocollirten Gläubiger, welche an den verstorbenen früheren Landesgevollmächtigten Hans Friedrich Ick, weil. in Wesselburen, oder an dessen Nachlaß dingliche oder persönliche Forderungen und Ansprüche aus irgend einem Grunde zu haben vermeinen, hierdurch aufgegeben, selbige binnen 12 Wochen, vom Tage der letzten Bekanntmachung dieses Proclams angerechnet, in der Kirchspielschreiberei zu Wesselburen, und zwar als Auswärtige unter gehöriger Actenprocuraturbestellung, bei Strafe der Ausschließung und des ewigen Stillschweigens, ordnungsmäßig anzugeben und verzeichnen zu lassen.

Königl. Norderdithmarsische Landvogtei zu Heide, den 19. Juni 1862.

Hansen.

In fidem: Scholtz.

Zur Beglaubigung der Abschrift: H. v. Senden, Kirchspielschreiber.

№ 13.

Dritte und letzte Bekanntmachung.

Auf Ansuchen des Herrn Ober- und Landgerichtsadvocaten Dr. jur. A. Brinckmann, als gerichtlich bestellten Güterpflegers der Nachlaßmasse der in der Nacht vom 20./21. Mai 1862 hieselbst verstorbenen Wittwe Charlotte Louise Martens, geb. Schlüter, in welcher zugleich der Nachlaß des weil. hiesigen Bürgers und Cigarrenfabrikanten H. A. Th. Martens enthalten ist,

werden Alle, welche an den Nachlaß der genannten Eheleute Martens Forderungen und Ansprüche irgend einer Art, namentlich auch Erb- und Eigenthumsrechte, zu haben vermeinen, mit alleiniger Ausnahme der einzigen und unmündigen Tochter der Martensschen Eheleute, Hedwig Martens, hiedurch aufgefordert, sich innerhalb präclusivischer Frist von 12 Wochen, vom Tage der letzten Bekanntmachung dieses Proclams angerechnet, im hiesigen Stadtsyndicat gehörig anzugeben, und zwar unter Bestellung eines Procurators hieselbst, sofern die Profitenten auswärts wohnen.

Decretum Kiel, den 13. Juni 1862.

Der Magistrat.

In fidem: *G. F. Witte*, Syndicus.

№ 14.

Dritte und letzte Bekanntmachung.

Nachdem die Erben des am 20. Mai 1862 hieselbst verstorbenen Zollassistenten Johann Friedrich Ernst Spethmann erklärt haben, den Nachlaß nur sub beneficio legis et inventarii antreten zu wollen, werden Alle, welche an den verstorbenen Zollassistenten J. F. E. Spethmann Eigenthumsansprüche oder Forderungen zu haben glauben, hiedurch aufgefordert, innerhalb präclusivischer Frist von 12 Wochen, vom Tage der letzten Bekanntmachung dieses Proclams angerechnet, im Syndicat hieselbst sich anzugeben und haben die Profitenten, welche außerhalb Kiels wohnen, hieselbst einen Procurator zu bestellen.

Decretum Kiel, den 24. Juni 1862.

Der Magistrat.

In fidem: *G. F. Witte*, Syndicus.

№ 15.

Dritte und letzte Bekanntmachung.

Alle und Jede, mit alleiniger Ausnahme der protocollirten Gläubiger, welche

1) an die Nachlaßmasse des verstorbenen Maurergesellen Johann Jochim Heide in Preetz und an das dazu gehörige Haus Nr. 393 hieselbst,
2) an die Concursmasse des Schlachtermeisters Christian Georg Sophus Grotjahn in Preetz und an das dazu gehörige Haus Nr. 403 hieselbst,

aus irgend einem Grunde Forderungen und Ansprüche zu haben glauben, werden hiedurch aufgefordert und befehligt, sich damit, bei Strafe der Ausschließung innerhalb 12 Wochen, von der letzten Bekanntmachung angerechnet, unter Einlieferung ihrer Documente in Ur- und Abschrift, ordnungsmäßig auf hiesiger Klosterschreiberei zu melden und ihre Gerechtsame wahrzunehmen.

Klösterliche Obrigkeit zu Preetz, den 13. Juni 1862.

C. v. Qualen.

№ 16.

Dritte und letzte Bekanntmachung.

Wenn der Pächter J. L. Heise zu Goertz, um eine genaue Uebersicht seiner Vermögensverhältnisse zu gewinnen, die Erlassung eines Proclams hieselbst beantragt hat, so werden von Gerichtswegen Alle und Jede, welche aus irgend einem Grunde an den gedachten Pächter J. L. Heise zu Goertz Forderungen und Ansprüche zu haben vermeinen, hiemittelst aufgefordert und befehligt, solche, bei Strafe der Ausschließung mit denselben und des immerwährenden Stillschweigens, innerhalb 12 Wochen, vom Tage der letzten Bekanntmachung dieses Proclams angerechnet, im unterzeichneten Justitiariat unter Beobachtung des Erforderlichen wegen Vorlegung der bezüglichen Documente und Procuraturbestellung anzugeben.

Decretum Neustadt, den 12. Juni 1862.

Justitiariat des adel. Guts Goertz.

Romundt.

№ 17.

Dritte und letzte Bekanntmachung.

Da auf Anhalten eines Creditors über das auf des verstorbenen Ernst Wilhelm Mirsch Namen im hiesigen Stadtbuche beschriebene, an der Peterstraße elegene, mit Moritz Baruch Heymann, Eggert Nicolaus Krohn und Johann Heinrich Hartmann Koopmann im Westen und Norden und Johann Conrad Rudolph Bohlien im Osten benachbarte Erbe der Specialconcurs erkannt worden ist: so werden von Gerichtswegen Alle und Jede, welche an dasselbe aus irgend einem rechtlichen Grunde Ansprüche oder Forderungen zu haben vermeinen — mit alleiniger Ausnahme der protocollirten Gläubiger — bei Strafe der Ausschließung und des ewigen Stillschweigens, aufgefordert und befehligt, solche, in Gemäßheit der Verordnung vom 4. April 1810, betreffend das Subhastations-Verfahren, binnen 6 Wochen, nach der letzten Bekanntmachung dieses Proclams, im hiesigen ersten Stadtsecretariate und spätestens am

2. September d. J.,

als dem peremtorischen Angabetermine, im Obergericht daselbst anzumelden, wobei die die Ansprüche begründenden Documente in Urschrift vorzuzeigen und in Abschrift zurückzulassen sind, Auswärtige auch wegen gehöriger Procuraturbestellung das Nöthige wahrzunehmen haben.

Zum öffentlichen Verkaufe des beregten Erbes ist Termin auf

Montag den 18. August 1862

anberaumt worden, an welchem Tage, Nachmittags Uhr, die Kaufliebhaber im hiesigen Rathskeller sich einfinden und den Handel versuchen können.

Wornach Beikommende sich zu achten!

Altona, im Obergerichte, den 12. Juni 1862.

Ex Decreto Senatus.

№ 18.

Dritte und letzte Bekanntmachung.

Extr. des Procl. des 25sten Stücks № 1.

Alle und Jede, welche an nachstehende im Schuld- und Pfandprotocoll des Kirchspiels Marne protocollirte und verloren gegangene Documente, als:

1) an den zwischen Peter Junge zu Neufeld als Verkäufer und dem Schuhmacher Johann Friedrich Mühlenhardt in Marne als Käufer sub dato Marne den 30. April 1850 errichteten Kaufcontract über ein Wohnhaus mit Garten in Marne und den daraus noch restirenden Kaufschilling der 533 ℳ 32 β R.-M.;
2) an die unterm 25. Septbr. 1835 in der Königl. Landvogtei zu Meldorf beschaffte väterliche Declaration des Einwohners Thies Peter Claussen in Darenwurth über das seinem Sohne erster Ehe Johann Andreas Claussen ausgelobte mütterliche Vermögen von 200 ℛ v. Cour., jetzt 106 ℳ 64 β R.-M.,

Ansprüche zu haben vermeinen, müssen sich damit innerhalb 12 Wochen, von der letzten Bekanntmachung dieses Proclams angerechnet, in der Königl. Kirchspielschreiberei zu Marne, und zwar sub poena praeclusi, rechtsbehörig melden.

V. G. W.

Meldorf, den 10. Juni 1862.

Zur Beglaubigung: Fabricius.

№ 19.

Dritte und letzte Bekanntmachung.

Extr. des Procl. des 25sten Stücks № 2.

Nichtprotocollirte Forderungen und Ansprüche an den Nachlaß des weiland Johann Theodor Dethlefs auf dem Dinger Donn, so wie Pfandstücke aus diesem Nachlasse sind, bei Vermeidung der Ausschließung und des Verlustes, innerhalb 6 Wochen, vom Tage der letzten Bekanntmachung dieses Proclams angerechnet, in der Königlichen Kirchspielschreiberei zu Eddelack gehörig anzugeben.

V. G. W.

Meldorf, den 17. Juni 1862.

Zur Beglaubigung: Fabricius.

№ 20.

Dritte und letzte Bekanntmachung.

Extr. des Procl. des 25sten Stücks № 3.

Alle, welche Ansprüche an die Concursmasse des Schmiedes Johann Nicolaus Georg Reiff in Jahrstorf zu haben meinen, müssen solche innerhalb 12 Wochen im hiesigen Amtsactuariat angeben.

Rendsburger Amthaus, den 13. Juni 1862.

E. v. Harbou.

Brenning.

№ 21.

Dritte und letzte Bekanntmachung.

Extr. des Procl. des 25sten Stücks № 7.

Nichtprotocollirte dingliche oder persönliche Ansprüche und Forderungen an den verstorbenen Stadtcassirer Johann Hinr. Potent in Segeberg, namentlich an das zu dessen Nachlaß gehörige bieselbst Quart. II Nr. 30 belegene Wohnhaus c. pert. sind, bei Strafe der Ausschließung, resp. des Verlustes der Ansprüche, innerhalb 12 Wochen, nach der letzten Bekanntmachung dieses Proclams, im hiesigen Stadtsecretariat rechtsbehörig anzumelden.

Decretum Segeberg, in curia, den 19. Juni 1862.

(L. S.) Bürgermeister und Rath.

№ 22.

Dritte und letzte Bekanntmachung.

Extr. des Procl. des 25sten Stücks № 8.

Auf Anhalten der Gebrüder August Nicolaus und Eduard Nicolaus Kirsten wird deren Bruder, dem seit reichlich 40 Jahren vom Orte abwesenden Nicolaus Friedrich Kirsten, welcher am 10. October 1861 sein siebenzigstes Lebensjahr zurückgelegt haben würde, so wie seinen etwanigen unbekannten Erben von Bürgermeister und Rath hierdurch aufgegeben, sich binnen 12 Wochen, vom Tage der letzten Bekanntmachung dieses Proclams angerechnet, im hiesigen Stadtsecretariat anzugeben, indem, falls der verschollene Nicolaus Friedrich Kirsten sich auf solche Bekanntmachung nicht melden sollte, zu gewärtigen ist, daß derselbe für todt werde erklärt und sein gerichtlich administrirtes Vermögen seinen Brüdern August Nicolaus und Eduard Nicolaus oder den Erben des Verschollenen, welche sich sonst als nächst berechtigt etwa gemeldet und legitimirt haben mögten, nach Maaßgabe der Verordnung vom 9. November 1798 werde ausgehändigt werden.

Itzehoe, den 19. Juni 1862.

Bürgermeister und Rath.

№ 23.

Dritte und letzte Bekanntmachung.

Extr. des Procl. des 25sten Stücks № 9.

Alle und Jede, welche an den Nachlaß des weil. Abschlieders Franz Jochim Warncke in Quickborner-Haide Ansprüche und Forderungen irgend einer Art zu haben vermeinen, müssen solche innerhalb 12 Wochen, vom Tage der letzten Bekanntmachung dieses Proclams, welches event. zugleich als Concursproclam gilt, angerechnet, im Actuariate des Gerichts, sub pœna præclusi, anmelden.

Pinneberger Concurs- und Erbtheilungsgericht, den 16. Juni 1862.

Wommelsdorff-Friedrichsen. *H. A. Tetens.*

Mohrdiek.

№ 24.

Dritte und letzte Bekanntmachung.

Extr. des Procl. des 26sten Stücks № 3.

Nichtprotocollirte Ansprüche und Forderungen an den unter gerichtliche Behandlung genommenen Nachlaß der wailand Eheleute Hofbesitzer Peter Peters in Darenwurth und Louise, geb. Timmermann, daselbst, so wie Pfandstücke aus diesem Nachlasse sind, bei Strafe der Ausschließung und des Verlustes, binnen 12 Wochen, vom Tage der letzten Bekanntmachung dieses Proclams angerechnet, in der Königl. Kirchspielschreiberei zu Marne gehörig anzumelden.

V. G. W.

Meldorf, den 22. Juni 1862.

Zur Beglaubigung: **Fabricius.**

№ 25.

Dritte und letzte Bekanntmachung.

Extr. des Procl. des 26sten Stücks № 4.

Nichtprotocollirte Forderungen und Ansprüche an den von den Erben unbedingt angetretenen Nachlaß des wailand Bierbrauers und Landwirths Henning Dibbern in Marne, so wie Pfandstücke aus diesem Nachlasse sind innerhalb 12 Wochen, von der letzten Bekanntmachung dieses Proclams angerechnet, sub pœna præclusi, in der Königl. Kirchspielschreiberei zu Marne gehörig anzugeben.

V. G. W.

Meldorf, den 23. Juni 1862.

Zur Beglaubigung: **Fabricius.**

№ 26.

Dritte und letzte Bekanntmachung.

Extr. des Procl. des 26sten Stücks № 6.

Diejenigen, welche Ansprüche an den der concursmäßigen Behandlung unterzogenen Nachlaß des Webers Hinr. Friedr. Lau in Kembs zu haben vermeinen, haben, bei Strafe des Ausschlusses und des ewigen Stillschweigens, innerhalb der Frist von 6 Wochen hieselbst ihre Angaben zu beschaffen.

Brunswieck, im Justitiariate des adeligen Guts Waterneverstorff, den 20. Juni 1862.

F. Boie.

№ 27.

Dritte und letzte Bekanntmachung.

Extr. des Procl. des 26sten Stücks № 7.

Der am 19. April 1792 hieselbst geborene, seit vielen Jahren abwesende und verschollene Claus Diedrich Christian Frick, ein Sohn der verstorbenen Eheleute Friedrich Frick und Anna Maria Christiane, geb. Thomsen, weil. hieselbst, eventuell dessen Erben, mit Ausnahme der Proclamsextrahenten, so wie auch Alle und Jede, welche etwa sonstige Ansprüche an das für diesen Verschollenen hieselbst verwaltete Vermögen von ca. 1200 ℛ R.-M. zu haben vermeinen sollten, müssen sich binnen 12 Wochen, a dato der letzten Bekanntmachung dieses Proclams, Auswärtige unter Bestellung von Actenprocuratoren, in dem hiesigen Stadtsecretariate melden und legitimiren, widrigenfalls sie zu gewärtigen, und zwar dieser Verschollene, daß er für todt werde erklärt, dessen etwanige sonstige Erben und Gläubiger aber, daß sie mit ihren Erb- und sonstigen Ansprüchen präcludirt und daß das Vermögen des Verschollenen den hieselbst legitimirten Erben desselben nach Maaßgabe der Verordnung vom 9. November 1798 werde ausgeliefert werden.

Signatum Glückstadt, den 27. Juni 1862.

(L. S. C.) Präsident, Bürgermeister und Rath.

Beilage
zum 29. Stück der Holsteinischen Anzeigen.

Montag den 21. Juli 1862.

Testaments-Publication.

Das unterm 22. September 1840 errichtete, hieselbst deponirte Testament der kürzlich verstorbenen Maria Catharina Elisabeth Block, geb. Ramm, und deren überlebenden Ehemannes, des hiesigen Bürgers Claus Hinrich Block, wird
am Dienstage den 29. d. M., Mittags 12 Uhr,
auf hiesigem Rathhause publicirt werden.

Lütjenburg, den 7. Juli 1862.

(L. S.) Bürgermeister und Rath.

Zur Beglaubigung: H. Brinkmann.

König Christian VIII. Ostseebahn.

In der am 12. Juni d. J. gehaltenen Generalversammlung der Actionaire sind die Herren
R. Kayser in Hamburg,
Dr. Ahlmann in Kiel,
Consul von Zerßen in Rendsburg,
P. de Voß } in Altona
J. Baur }
zu Mitgliedern des Ausschusses gewählt worden und haben die Wahl angenommen.

Altona, den 2. Juli 1862.

Der Ausschuß.
Theod. Reincke, Vorsitzender.

Glückstadt-Elmshorner Eisenbahn.

In der am 30. Juni d. J. stattgehabten ordentlichen Generalversammlung ist der Herr Advocat Schenck in Elmshorn zum Ausschußmitgliede und von dem Ausschusse der Herr Obergerichtsadvocat Dahms in Elmshorn wiederum zum dritten Director erwählt und sind beide Wahlen angenommen.

Da in der Generalversammlung vom 30. Juni d. J. nicht die vorgeschriebene Anzahl von Actien vertreten war, um über die vom Ausschuß gemachte Vorlage, betreffend die in Folge der Uebernahme des eigenen Betriebes von der Generalversammlung zu beschließenden Veränderungen der §§ 61 bis 87 des Statuts für die Glückstadt-Elmshorner Eisenbahngesellschaft, beschließen zu können, so wird eine neue außerordentliche Generalversammlung der Actionaire auf Dienstag den 26. August d. J., Mittags 12 Uhr, in der hiesigen Bahnhofshalle berufen, um über diese Vorlage des Ausschusses, die in der Generalversammlung vom 30. v. M. von dem Herrn Obergerichtsadvocaten Schröder dazu gestellten Amendements und den von demselben gestellten Antrag, betreffend Veränderung des § 75 des Statuts, Beschluß zu fassen, wobei bemerkt wird, daß zur Beschlußnahme über den von demselben gestellten Antrag, betreffend Veränderung des § 75 des Statuts, nach § 43 Nr. 5 zwei Drittel sämmtlicher Actien vertreten sein müssen, von denen behufs Annahme desselben sich drei Viertel der Stimmen dafür zu erklären haben.

Actieninhaber, welche dieser Generalversammlung beizuwohnen beabsichtigen, haben sich am Tage vorher von 6 bis 8 Uhr Abends und am Versammlungstage von 9 bis 11 Uhr auf dem hiesigen Rathhause, unter Vorzeigung ihrer Actien, dem Ausschusse gemäß der Bestimmung des § 40 des Statuts zu legitimiren und dagegen Einlaßkarten zur Generalversammlung entgegenzunehmen.

Zugleich wird angezeigt, daß das gedruckte Protocoll der Generalversammlung vom 30. Juni d. J., in dem die vom Herrn Obergerichtsadvocaten Schröder zu der Vorlage des Ausschusses gestellten Amendements, so wie dessen selbstständiger Antrag, betreffend Veränderung des § 75, wörtlich enthalten sind, so wie die gedruckte Vorlage des Ausschusses von einem jeden Actionair bei dem Herrn Director Schenck und dem Unterzeichneten abgefordert werden kann.

Glückstadt, den 18. Juli 1862.

Der Ausschuß.
C. J. Rathjen, Vorsitzender.

Steckbriefe.

№ 1.

Da der hierunter signalisirte Arbeitsmann Johann Friedr. Sitann zu Lütjenburg sich der Einleitung einer Untersuchung wider ihn wegen Entwendung durch Entfernung von hier entzogen hat, so werden beikommende Behörden ganz ergebenst ersucht, auf ihn, der sich im Besitze einer ihm etwa Mitte v. M. von der Lütjenburger Polizeibehörde ertheilten Legitimation, um sich auswärts Arbeit suchen zu können, befindet, vigiliren und ihn event. inhaftiren lassen, von seiner Inhaftirung aber Anzeige gefälligst anhero machen zu wollen, damit er unter Kostenerstattung abgeholt werden kann.

Lütjenburg, den 29. Juni 1862.

Das Patrimonialgericht des adeligen Guts Neudorff.

Wyneken.

Signalement:

Johann Friedrich Sitann ist 63 Jahre alt, 66 Zoll hoch, hat braunes Haar, eine runde Stirn, blau-graue Augen, eine dicke Nase, ein breites Kinn und ein längliches Gesicht, auf dem linken Daumen eine Schnittnarbe.

№ 2.

Dem bei dem unterzeichneten Justitiariate wegen Diebstahls in Untersuchung befindlichen Maurergesellen Franz Joachim Jacob Bahr aus Juliusburg, Herzogthums Lauenburg, ist es abermals gelungen, und zwar in der Nacht vom 27. auf den 28. d. M., aus dem Criminalgefängnisse in Trenthorst zu entweichen.

Alle Gerichts- und Polizeibehörden werden daher ersucht, auf den unten näher signalisirten Bahr gefällig vigiliren, im Betretungsfall ihn anhalten und an das Trenthorster Inspectorat abliefern zu lassen.

Steckelstorf, im Justitiariat für Trenthorst, den 30. Juni 1862.

Esmarch.

Signalement:

Name: Franz Joachim Jacob Bahr aus Juliusburg, Alter: 39 Jahr, Größe: 62⅞" seel. Maaß, Haare: dunkelblond und lang, Stirn: rund, Augenbraunen: braun, Augen: blau, Nase: spitz, Mund: klein, Zähne: gesund, Ohren: klein, Kinnbart: dunkelblond, Kinn: rund, Gesichtsfarbe: gesund, Gesicht: länglich, Rücken: grade, Schultern und Beine: stark, Hände: klein, Finger: lang und dünn. Besondere Kennzeichen: keine. Sprache: hoch- und plattdeutsch. Bekleidet: mit kurzem, grau wollenen Oberrock, schwarzer Tuchhose und Weste, ohne Halstuch und Strümpfe, mit alten abgeschliffenen und abgeschnittenen Stiefeln, so wie mit grauem runden Filzhut.

№ 3.

Der wegen Diebstahls nach erlittener Strafe wegen dritten Diebstahls hieselbst in Untersuchung befindliche, unten signalisirte Hans Christian Lüth aus Geschendorf, Amts Traventhal, hat am heutigen Morgen Gelegenheit gefunden, aus der Haft zu entweichen.

Alle Polizei- und Gerichtsbehörden werden daher ersucht, auf denselben vigiliren zu lassen, im Betretungsfall ihn anzuhalten und davon behufs seiner Abholung gegen Kostenerstattung Mittheilung zu machen.

Königl. Reinfelder Amthaus zu Traventhal, den 14. Juli 1862.

G. Grothusen.

Signalement.

Statur: mittler, Alter: 48 Jahre, geboren den 5. Juli 1814, Geburtsort: Geschendorf, Amts Traventhal, Gewerbe: Arbeitsmann, Haar und Bart: roth, Augen: blau, Nase: grade, Mund: gewöhnlich, Kinn: rund, Gesichtsfarbe: gesund, Schultern, Arme, Beine und Füße: proportionirt.

Besondere Kennzeichen: an der linken Seite der Stirne eine Narbe, angeblich von einem Falle, so wie auf dem linken Arme eine Narbe von einer Brandwunde.

Bekleidung bei seiner Entweichung: schwarze geflickte Hose, graue Weste, eine graue Jacke, ohne Fußbekleidung.

№ 4.

In der Nacht vom 14./15. d. M. sind aus dem Hause des Krügers Hinr. Hüttmann in Kaltenkirchen folgende Gegenstände entwendet worden:

- ein großer leinener Beutel mit circa 60 Stück einfachen und doppelten preußischen Thalern,
- ein kleiner lederner dito mit circa 40 ₰ Cour. in 5, 4 und einzelnen Schillingen,
- 30 bis 40 Loth altes Silber, hauptsächlich Knöpfe, Brustschilder in Herzform und Spangen, unter den letzteren eine gezeichnet Catharina Taak,
- ein altes Taschenbuch von schwarzem Leder, enthaltend eine quittirte Rechnung von Diecamp in Kiel auf 70—80 ₰ Cour., vier Rechnungen des Eingesessenen Benthien in Wrist zusammen über 400—500 ₰ Cour., verschiedene Notizen über Guthaben des Bestohlenen für Breiter auf circa 600 ₰.

Dieses Diebstahls verdächtig ist der hierunter so weit thunlich signalisirte Hans Hamelau aus Kaltenkirchen, versehen mit einem Legitimationsschein der Kaltenkirchener Kirchspielvogtei vom 10. d. M. zur Arbeit in der Cremper Marsch, gültig bis zum 1. November d. J.

Alle Behörden werden ersucht, auf die gestohlenen Sachen sowohl als auf den genannten Hamelau zu vigiliren, dieselben im Betretungsfall zur Anhaltung zu bringen und dem Amthause behufs der Abholung unter Kostenerstattung eine Nachricht zugehen zu lassen.

Segeberger Königl. Amthaus, den 17. Juli 1862.

F. Moltke.

Signalement:

Hans Hamelau, Geburtsort: Kaltenkirchen, Alter: 31 Jahr, Gewerbe: Weber und Tagelöhner, Statur: mittel, Haare und Augenbraunen: dunkelblond, Stirn: niedrig, Augen: grau, Nase: spitz, Mund: gewöhnlich, Kinn: rund, Bart: dunkelblond, Gesicht: länglich, Gesichtsfarbe: gesund, Sprache: hoch- und plattdeutsch, zeichnet sich durch einen scheuen Blick aus.

Erledigter Steckbrief.

Der in Betreff des entsprungenen Wilhelm Thomas Baumann aus Lütjenburg unterm 30. v. M. erlassene Steckbrief ist durch die Inhaftirung des Entsprungenen erledigt.

Lütjenburg, den 14. Juli 1862.

Bürgermeister und Rath.

Zur Beglaubigung: H. Brinkmann.

Proclamata.

№ 1.

Erste Bekanntmachung.

Von Gerichtswegen

und nach ertheilter Auctorisation des Königl. Holsteinischen Obergerichts werden der im Jahre 1835 geborene, indeß seit Jahren verschollene Johann Georg Wiborg aus Norddorf, Kirchspiels Brunsbüttel, ein Sohn des verstorbenen Hofbesitzers Johann Georg Wiborg und der Siebke Wiborg, geb. Schade, allda, der wahrscheinlich auf einer Reise nach Amerika bei dem Untergange des Amerikanischen Postdampfschiffes „Arctic" im Jahre 1854 ums Leben gekommen ist, und etwanige unbekannte Erben, wie auch nichtprotocollirte Gläubiger und Pfandinhaber desselben, auf den Antrag Beikommender hiedurch aufgefordert, innerhalb 12 Wochen, nach der letzten Bekanntmachung dieses Proclams, sich bei der Kirchspielschreiberei zu Brunsbüttel zu melden und beziehungsweise ihre Erb- oder Forderungsansprüche oder etwanige in ihrem Besitze befindliche Pfandstücke des Verstorbenen, Auswärtige unter gehöriger Procuraturbestellung, anzugeben und verzeichnen zu lassen, indem im Widrigen der Verschollene für todt erklärt und mit seinem Vermögen in Gemäßheit der Verordnung vom 9. Novbr. 1798 verfahren werden wird, die etwanigen unbekannten Erben, Gläubiger und Pfandinhaber desselben aber ihrer Erb- und Forderungsansprüche verlustig sein werden.

Wornach ein Jeder sich zu achten.

Königl. Süderdithmarscher Landvogtei zu Meldorf, den 10. Juli 1862.

(L. S.) *Müllenhoff.*

Zur Beglaubigung: Fabricius.

№ 2.

Erste Bekanntmachung.

Von Gerichtswegen.

Nach dem vor längerer Zeit erfolgten Ableben des Kaufmanns Claus Jacob Carstens in Brunsbüttel sind dessen Wittwe und Kinder in Gütergemeinschaft geblieben und haben dieselben nunmehr, um sich gegen unberechtigte Ansprüche, die etwa an ihres verstorbenen resp. Ehemannes und Vaters Nachlaß, den sie pure angetreten haben, gemacht werden möchten, sicher zu stellen, die Extrahirung eines desfälligen Proclams beantragt.

Da nun diesem Antrage stattgegeben, so ergehet an Alle, welche an den Nachlaß des Claus Jacob Karstens nichtprotocollirte Forderungen und Pfandrechte haben, der Befehl, dieselben, bei Strafe des Ausschließens, Auswärtige nach vorgängiger Actenprocuratur, in 12 Wochen, nach der letzten Bekanntmachung dieses Proclams, in der Königl. Kirchspielschreiberei zu Brunsbüttel anzugeben.

Wornach sich zu achten.

Königl. Süderdithmarscher Landvogtei zu Meldorf, den 9. Juli 1862.

(L. S.) *Müllenhoff.*

Zur Beglaubigung: Fabricius.

№ 3.

Erste Bekanntmachung.

Wenn auf geschehene Insolvenz-Erklärung über die Habe und Güter des hiesigen Bürgers und Glasermeisters Claus Joachim Wieck Concurs erkannt worden ist, so werden Alle und Jede, welche an besagten Wieck aus was immer für einem Grunde Forderungen und Ansprüche oder an das dem Cridar gehörige, in hiesiger Anstalt auf der Nienstadt sub Nr. 222 belegene Wohnhaus c. pert. aus was immer für einem Grunde nichtprotocollirte dingliche Ansprüche zu haben vermeinen, oder Pfänder von dem Cridar besitzen, hiemit aufgefordert und angewiesen, solche ihre Rechte, Forderungen und Ansprüche, bei Vermeidung gänzlichen Ausschlusses von dieser Masse und die Pfandstücke bei Verlust der Pfandrechte, binnen 12 Wochen, von der letzten Bekanntmachung dieses Proclams, Auswärtige unter Procuraturbestellung, im städtischen Actuariate hieselbst gehörig anzumelden.

Rendsburg, den 10. Juli 1862.

(L. S. / C.) Der Magistrat.

№ 4.

Erste Bekanntmachung.

Auf den von dem Patronat der Kirche zu Schönkirchen für sich und Namens der zu gedachter Kirche eingepfarrten adel. Güter hieselbst eingebrachten Antrag um Erlassung eines öffentlichen Proclams, worin alle diejenigen, mit alleiniger Ausnahme der bereits anerkannten Inhaber von Kirchenstühlen und Sitzplätzen, welche Ansprüche auf die Einräumung von Sitzplätzen in der Kirche zu haben vermeinen möchten, zur Angabe ihrer derartigen Ansprüche aufgefordert werden,

Werden hiedurch Alle und Jede, mit Ausnahme jedoch der Inhaber der den adel. Gütern Oppendorf mit Schönhorst, Dobersdorf und Schrevenborn gehörigen, der dem Prediger, den Kirchen- und Schulbedienten reservirten Kirchenstühle oder Sitzplätze, so wie der nach dem Conventsprotocoll vom 20. v. M. anerkannten Plätze, namentlich:

	Sitzplätze
der Erbpächterin Marg. Dibbern, geb. Wiese, in Flüggendorf auf	2,
des Hufners Hans Hinrich Wiese in Schönkirchen auf	2,
des Hufners Otto Schmidt daselbst auf . . .	2,
des Hufners Detlef Dibbern daselbst auf . .	2,
des Hufners Fritz Stoltenberg daselbst auf . .	2,
des Käthners Fritz Arp daselbst auf	2,
des Hufners Detlef Rixen in Diedrichsdorf auf	2,
des Hufners Joh. Gabriel Iwens daselbst auf	2,
des Hufners Marx Hinr. Dibbern in Mönkeberg auf	2,
der Hufnerin Beeck Stölting, geb. Lamp, daselbst auf	2,
des Hufners Joh. Nordhorst zum Landgraben auf	2,
des Setzwirths Ferdinand Stoltenberg in Diedrichsdorf, als Vertreters der Thomas Möller'schen Hufe, auf	2,
des Schiffers Fritz Schütt zu Möltenort für .	2,
des Erbpächters Cl. Wiese in Schönhorst auf	2,
des Erbpächters Friedrich Rühr aus Alt-Heikendorf, des Anbauers Jürgen Christ. Rathje in Schönkirchen, des Käthners v. Schilden zu Mönkeberg für je 2, zus.	6,
des Müllers Friedr. Götisch zu Schrevenborn auf	6,
der Käthner Detlef Schmidt, Detlev Mathias Stoltenberg in Schönkirchen und des Anbauers Wilh. Kähler aus Alt-Heikendorf auf	6,
der Erbpächter Fritz Dibbern, Diedrich Kähler, Steffen Kähler und Heinrich Böhe aus Alt-Heikendorf auf	6,
des Schmieds Kruse in Schönkirchen auf . .	2,
des Käthners und Krügers Carl Ludwig Plagmann in Schönkirchen auf	2,
des Fleckenvogts Eggers, des Gastwirths Joh. Heuer, des Maurers Schlapkohl und des Krämers Krohn auf	10,

welche Ansprüche irgend einer Art auf Sitzplätze in der Kirche zu haben vermeinen, hiedurch von Gerichtswegen aufgefordert und befehligt, sich mit diesen ihren Ansprüchen innerhalb 12 Wochen, von der letzten Bekanntmachung dieses Proclams angerechnet, bei Vermeidung der Ausschließung, mit selbigen beim Actuariat des Landconsistorii rechtsgehöriger Art nach unter Producirung der zur Begründung ihrer Ansprüche dienenden Documente und Zurücklassung fidemirter Abschriften anzugeben und zu melden.

Decr. Königl. Kieler Landconsistorium, den 26. Juni 1862.

Director, Probst und Assess.

In fidem: C. Rahtlev, Act.

№ 5.

Erste Bekanntmachung.

Auf Ansuchen Beikommender werden Alle und Jede, mit alleiniger Ausnahme der protocollirten Gläubiger, welche an nachbenannte zu trennende Grundstücke, als:

1) an die von der zur Hufenstelle des weil. Hufners J. F. Wriedt in Brunswieck gehörigen Koppel, genannt die Klein-Kiel-Koppel, verkauften 120 □Ruthen Land;
2) an die von der gedachten Koppel ferner verkauften 65 □Ruthen Land;
3) an die von der gedachten Koppel ferner verkauften 65 □Ruthen Land,

dingliche Ansprüche zu haben glauben, hiedurch aufgefordert und befehligt, sich damit, bei Strafe der Ausschließung und des Verlustes derselben, innerhalb 12 Wochen, von der letzten Bekanntmachung dieses Proclams angerechnet, unter Einlieferung ihrer Documente in Ur- und Abschrift und gehöriger Procuraturbestellung, bei der Königl. Kieler Amtstube zu melden und ihre Gerechtsame wahrzunehmen.

Brunswieck, im Königl. Gericht für das Amt Kiel, den 19. Juni 1862.

C. Rathlev.

№ 6.

Erste Bekanntmachung.

Wenn der Hofbesitzer H. N. Metzendorf auf Lensterhof seine sämmtlichen im hiesigen Amte belegenen Grundbesitzungen an J. Lemke aus Hamburg verkauft hat und zur Sicherstellung des Käufers gegen nichtprotocollirte dingliche Ansprüche die Erlassung eines Realproclams beantragt worden ist, so werden, mit Ausnahme der protocollirten Gläubiger, Alle und Jede, welche an die nachstehenden, dem H. N. Metzendorf seither zuständigen Immobilien, nämlich:

1) den Erbpachtshof Lenste mit zugelegtem Broocklande,
2) die Kleinkäthnerstelle in Lenste nebst beigelegtem Broocklande,
3) die vormals Doose'sche Großkäthnerstelle in Grömitz nebst beigelegtem Hagenlande,
4) die vormals Meyer'sche Großkäthnerstelle in Grömitz nebst zugelegtem und zugekauftem Hagenlande,
5) die 32. und 33. Körnicker Parcele,
6) die 5 Tonnen nebst Wohnstelle und die 6 Tonnen aus der 11. Cismarer Parcele, und
7) die circa 3 Tonnen aus dem Grotenbroocks-kamp,

aus irgend einem Grunde dingliche Ansprüche und Rechte zu haben vermeinen, hiedurch aufgefordert und befehligt, sich damit, bei Vermeidung der gänzlichen Ausschließung, innerhalb 12 Wochen, vom Tage der dritten und letzten Bekanntmachung dieses Proclams an, bei der Königlichen Amtstube hieselbst, Auswärtige unter Bestellung eines Actenprocurators, zu melden und etwanige Documente in Ur- und Abschrift einzureichen.

Königliches Amthaus zu Cismar, den 10. Juli 1862. *Wenncker*, A. D. P.

№ 7.

Erste Bekanntmachung.

Auf geschehenes Ansuchen und mit Genehmigung des Königl. Holsteinischen Obergerichts werden Alle und Jede, welche an nachgedachte, verloren gegangene Documente, welche im hiesigen Schuld- und Pfandprotocoll auf dem Folium des im 1. Quartier Nr. 4 belegenen, jetzt den Intestaterben des weiland Goldschmieds Cay Werner Schumacher zugehörigen Hauses protocollirt sind, als:

eine unterm 20. März 1840 von dem weiland Goldschmied Aug. Friedrich Hof hieselbst an seine fünf Stiefkinder, Geschwister Jürgens, ausgestellte Obligation über 400 ℳ v. Cour., jetzt 213 ℛ 32 ß R.-M., wovon später 85 ℛ 32 ß R.-M. ausbezahlt und delirt sind, so wie

eine unterm 22./29. Juni 1855 rücksichtlich des Restbetrages von 128 ℛ R.-M. an den Hufner und Bauervogt Hans Hinrich Schütt in Logeberg von Beikommenden ausgestellte Cessionsacte nebst Agnition des weiland Goldschmieds C. W. Schumacher,

Ansprüche zu haben vermeinen, hiemittelst aufgefordert und befehligt, sich damit innerhalb 12 Wochen, nach der letzten Bekanntmachung dieses Proclams, im hiesigen Syndicat, Auswärtige unter Procuraturbestellung, zu melden, widrigenfalls die gedachten Documente für mortificirt erklärt und beglaubigte Abschriften originalisirt werden sollen.

Decretum Neustadt, den 10. Juli 1862.

(L. S.) Bürgermeister und Rath.
L. Kohlmann.

№ 8.

Erste Bekanntmachung.

Alle und Jede, mit Ausnahme der protocollirten Creditoren, welche an die Concursmasse des Käthners und Schäfers Johann Hinrich Knaack in Tankenrade Forderungen und Ansprüche zu haben vermeinen, werden hiedurch aufgefordert, selbige, bei Strafe der Ausschließung von der Masse, innerhalb 12 Wochen, von der letzten Bekanntmachung dieses Proclams angerechnet, im Ahrensböcker Actuariat zu Plön anzumelden, Auswärtige unter Bestellung von Actenprocuratoren.

Zugleich wird hiedurch bekannt gemacht, daß das unterm 24., v. M. wider Knaack erlassene Subhastationsproclam, so wie der auf den 26. August d. J. angesetzte Verkaufstermin wegfällig geworden.

Königliches Ahrensböcker Amthaus zu Plön, den 14. Juli 1862.

Abs. Dom. Pr.: *Groth*, const.
In fidem copiæ: Groth, const.

№ 9.

Erste Bekanntmachung.

Auf Antrag der Erben des kürzlich verstorbenen Halbhufners Johann Christian Lüthje in Schlamersdorf werden, mit Ausnahme der protocollirten Gläubiger, Alle und Jede, welche an dessen Nachlaß, insbesondere an die dazu gehörige, in Schlamersdorf belegene Halbhufe mit Zubehör, Forderungen oder Ansprüche irgend einer Art zu haben vermeinen, hiedurch von Gerichtswegen aufgefordert, sich damit, bei Vermeidung der Ausschließung von der Masse, vor Ablauf von 12 Wochen, vom Tage der letzten Bekanntmachung dieses Proclams angerechnet, auf der Königl. Traventhaler Amtstube zu melden, die ihre Ansprüche begründenden Urkunden im Original vorzuzeigen, beglaubigte Abschriften zurückzulassen, auch, insofern sie Auswärtige sind, Actenprocuratoren unter hiesiger Jurisdiction zu bestellen.

Königl. Traventhaler Amthaus zu Traventhal, den 9. Juli 1862. *Grothusen.*

In fidem: H. Krebs.

№ 10.

Erste Bekanntmachung.

Auf Ansuchen Beikommender und in Folge Auctorisation des Königl. Holsteinischen Obergerichts vom 30. Juni d. J. werden, mit Ausnahme der Erben der weil. Pastorin Charlotte Louise Gribel, geb. Lindenberg, in Lübeck, Alle und Jede, welche an ein im Schuld- und Pfandprotocoll für das Amt Traventhal auf Fol. 236, dem Folio des Vollhufners Johann Hinrich Wittern in Geschendorf, aus einer zwischen Hans Grand und seinem Bruder Asmus Grand in Geschendorf unter dem 4. August 1810 errichteten, später verloren gegangenen Vergleichs- und Erbrenunciationsacte für Hans Grand protocollirtes, zufolge Cessions- und Agnitionsacte vom 10. Jan. 1821 an den Küpermeister Dr. Lindenberg in Lübeck cedirtes und nach seinem Ableben seiner Tochter, der obgenannten Louise Charlotte oder Charlotte Louise, nachmals verh. Gribel, zugetheiltes Capital von pro resto 400 ℛ v. Cour., jetzt 640 ℛ R.-M., Ansprüche irgend einer Art zu haben vermeinen, aufgefordert, sich damit innerhalb 12 Wochen, vom Tage der letzten Bekanntmachung dieses Proclams, auf der Königl. Traventhaler Amtstube zu melden, die ihre Ansprüche begründenden Documente in Original zu produciren und beglaubigte Abschriften davon zurückzulassen, auch, sofern sie Auswärtige sind, Actenprocurator unter hiesiger Jurisdiction zu bestellen, unter der Verwarnung, daß sie widrigenfalls mit ihren Ansprüchen werden präcludirt und die vorgedachte Acte in Betreff des daraus protocollirten Postens von 640 ℛ wird mortificirt, so wie dieser Posten im Schuld- und Pfandprotocoll delirt werden.

Königliches Traventhaler Amthaus zu Traventhal, den 11. Juli 1862. *Grothusen.*

In fidem: H. Krebs.

№ 11.

Erste Bekanntmachung.

Wenn die Erben des verstorbenen hiesigen Bürgers und Schmiedemeisters Johann Jochim Wiencke den Nachlaß unbedingt angetreten, indessen zur Sicherstellung gegen spätere Ansprüche die Erlassung eines Proclams beantragt haben, so werden, mit Ausnahme der protocollirten Gläubiger, Alle und Jede, welche an den Nachlaß des weil. Schmiedemeisters Wiencke, namentlich an

1) das hieselbst Quart. V Nr. 29 belegene Wohnhaus cum pert. und
2) die Parcele der Backofenswiese,

persönliche oder dingliche Forderungen und Ansprüche zu haben vermeinen, hiedurch befehligt, sich damit, bei Strafe der Ausschließung, resp. des Verlustes der Ansprüche, Auswärtige unter Bestellung eines Actenprocurators, innerhalb 12 Wochen, nach der letzten Bekanntmachung dieses Proclams, im hiesigen Stadtsecretariat zu melden und die ihre Gerechtsame begründenden Documente im Original zu produciren und in beglaubigter Abschrift zurückzulassen.

Decretum Segeberg, in Curia, den 17. Juli 1862.

(L. S.) Bürgermeister und Rath.

№ 12.

Erste Bekanntmachung

Auf Antrag des Eingesessenen Lüder Bröcker zu Espr. als testamentarischer Universalerbe der am 22. Mai d. J. ebendaselbst verstorbenen Wittwe Dorothea Krohn, geb. Niehuus, werden Alle, welche an den Nachlaß der defuncta, so wie an die durch Testament auf sie übergegangene Verlassenschaft des am 3. Februar 1852 verstorbenen Ehemannes derselben, Jochim Krohn, Erb- oder sonstige Ansprüche zu haben vermeinen, hiedurch, bei Strafe der Ausschließung und ewigen Stillschweigens, befehligt, solche vermeintliche Ansprüche innerhalb 12 Wochen, von der letzten Bekanntmachung dieses Proclams angerechnet, bei der Königl. Landschreiberei der Crempermarsch in Crempe, unter Producirung der bezüglichen Documente in Original und Zurücklassung von Abschriften derselben, so weit es aber Auswärtige sind, zugleich unter Bestellung von Actenprocuratur, gehörig anzumelden.

Königliches Gericht für das Amt Steinburg zu Itzehoe, den 11. Juli 1862.

A. v. Heintze, const.

№ 13.

Erste Bekanntmachung.

Wenn von den Erben der unlängst verstorbenen Wittwe Metta Schröder, geb. Eggert, in Lutzhorn zur Sicherung gegen etwanige unbekannte Ansprüche um die Erlassung eines landüblichen Proclams über den in gerichtliche Behandlung genommenen Nachlaß der gedachten Wittwe Schröder und speciell die von dem Massecurator aus diesem Nachlaß verkaufte in Lutzhorn belegene 1/16 Hufenstelle gebeten worden ist, so werden, mit alleiniger Ausnahme der protocollirten Creditoren, so wie der legitimirten Erben bezüglich ihrer Erbansprüche, Alle und Jede, welche sonstige Ansprüche und Forderungen irgend einer Art an das Vermögen der vorgedachten weiland Wittwe Metta Schröder, geb. Eggert, in Lutzhorn und speciell an die erwähnte daselbst belegene 1/16 Hufenstelle c. pert. zu haben vermeinen, oder Pfänder von derselben besitzen sollten, nach ertheilter Genehmigung des Königl. Holsteinischen Obergerichts hiemittelst von Gerichtswegen befehligt, sich mit ihren Ansprüchen, bei Vermeidung resp. der Ausschließung von der Masse und des ewigen Stillschweigens, so wie des Verlustes ihrer Pfandrechte, innerhalb 6 Wochen, vom Tage der letzten Bekanntmachung dieses Proclams angerechnet, bei dem unterzeichneten Gerichte rechtsbehörig zu melden. Auswärtige haben einen Actenprocurator zu bestellen.

Königl. Administratur zu Ranzau, den 12. Juli 1862.

A. v. Moltke.

№ 14.

Erste Bekanntmachung.

Wenn in Folge desfälliger Insolvenz-Erklärung des Eingesessenen und Haartuchwebers Johann Andreas Mathias Timm in Pinneberg über dessen Habe und Güter der Concurs der Gläubiger erkannt worden ist, so werden von Gerichtswegen Alle und Jede, welche an die gedachte Concursmasse und insbesondere an die dazu gehörige, im Flecken Pinneberg belegene, im Schuld- und Pfandprotocoll Nr. 1 b Fol. 309 aufgeführte Besitzung cum pert. aus irgend einem Grunde Ansprüche und Forderungen zu haben vermeinen, allein die protocollirten Gläubiger ausgenommen, hiedurch aufgefordert, sich damit, bei Vermeidung der Ausschließung, innerhalb 12 Wochen, vom Tage der letzten Bekanntmachung dieses Proclams angerechnet, unter Producirung ihrer Originaldocumente, Zurücklassung beglaubigter Abschriften und, wenn sie Auswärtige sind, unter Bestellung gehöriger Procuratur, im Actuariate des Gerichts zu melden.

Pinneberger Concursgericht, den 11. Juli 1862.

Wommelsdorff-Friedrichsen. *H. A. Tetens.*

Mohrdiek.

№ 15.

Erste Bekanntmachung.

Wenn der Nachlaß des am 30. Juli 1860 zu Spitzkuhlen in der Dorfschaft Garstedt verstorbenen Zieglers Johann Joachim Gottlieb Böttcher von dessen Erben ausgeschlagen und daher der concursmäßigen Behandlung unterzogen worden ist,

so werden hiedurch Alle und Jede, welche an den gedachten Nachlaß aus irgend einem Grunde Ansprüche und Forderungen zu haben vermeinen, von Gerichtswegen aufgefordert, sich damit, bei Strafe der Ausschließung, innerhalb 12 Wochen, vom Tage der letzten Bekanntmachung dieses Proclams angerechnet, unter Producirung ihrer Originaldocumente, Zurücklassung beglaubigter Abschriften und, wenn sie Auswärtige sind, unter Bestellung gehöriger Procuratur, im Actuariate des Gerichts zu melden.

Pinneberger Concursgericht, den 18. Juli 1862.

Wommelsdorff-Friedrichsen. H. A. Tetens.
Mohrdiek.

№ 16.

Zweite Bekanntmachung.

Auf desfälligen Antrag Beikommender werden die seit vielen Jahren abwesenden und verschollenen Söhne der hieselbst verstorbenen Eheleute, des weil. hiesigen Bürgers Johann Jochim Detlef Neuhaus und der Anna Cicilia Neuhaus, geb. Schacht, Namens:

1) Hinrich Diedrich Neuhaus, geboren den 8. Mai 1788, und
2) Christian Wilhelm Neuhaus, geboren den 23. Juni 1792,

eventuell deren etwanige Leibes- oder sonstige Erben, mit Ausnahme jedoch der Proclamsextrahenten und der in Pernambuco sich aufhaltenden Wittwe Anna Margaretha Catharina Charlotte Meyer, geb. Neuhaus, so wie auch Alle und Jede, welche an das hieselbst verwaltete Vermögen des sub Nr. 1 genannten Verschollenen Ansprüche erheben zu können vermeinen sollten, von Gerichtswegen hiedurch aufgefordert und angewiesen, binnen 12 Wochen, von der letzten Bekanntmachung dieses Proclams angerechnet, in dem Stadtsecretariate hieselbst sich zu melden und dabei, Auswärtige unter Bestellung von Actenprocuratoren, die ihre Erb- und sonstigen Ansprüche begründenden Documente zu produciren, widrigenfalls sie zu gewärtigen, und zwar die beiden gedachten Verschollenen, daß sie für todt werden erklärt, deren etwanige sonstige Erben und Gläubiger aber, daß sie mit ihren Erb- und sonstigen Ansprüchen werden präcludirt werden und daß das für den verschollenen Hinrich Diedrich Neuhaus hieselbst verwaltete Vermögen von reichlich 400 ℳ dessen legitimirten Erben nach Maaßgabe der Vorschriften der Verordnung vom 9. Novbr. 1798 werde ausgekehrt werden.

Signatum Glückstadt, den 11. Juli 1862.

(L. S. C.) Präsident, Bürgermeister und Rath.

№ 17.

Zweite Bekanntmachung.

Da auf Anhalten eines Creditors über das an der Eimsbüttler Straße belegene Erbe des Julius Moses Fontheim, welches mit Christoph Heinrich Bope im Süden und Carl Matthias Fick im Norden und Osten benachbart ist, der Specialconcurs erkannt worden: so werden von Gerichtswegen Alle und Jede, welche an dasselbe aus irgend einem rechtlichen Grunde Ansprüche oder Forderungen zu haben vermeinen — mit alleiniger Ausnahme der protocollirten Gläubiger — bei Strafe der Ausschließung und des ewigen Stillschweigens, aufgefordert und befehligt, solche, in Gemäßheit der Verordnung vom 14. April 1840, betreffend das Subhastationsverfahren, binnen 6 Wochen, nach der letzten Bekanntmachung dieses Proclams, im hiesigen ersten Stadtsecretariate, und spätestens am

11. September d. J.,

als dem peremtorischen Angabetermine, im Obergericht hieselbst anzumelden, wobei die die Ansprüche begründenden Documente in Urschrift vorzuzeigen und in Abschrift zurückzulassen sind, Auswärtige auch wegen gehöriger Procuraturbestellung das Nöthige wahrzunehmen haben.

Zum öffentlichen Verkaufe des beregten Erbes ist Termin auf

Montag den 25. August d. J.

anberaumt worden, an welchem Tage, Nachmittags 2 Uhr, die Kaufliebhaber im hiesigen Rathskeller sich einfinden und den Handel versuchen können.

Wornach Beikommende sich zu achten!

Altona, im Obergerichte, den 10. Juli 1862.

Ex Decreto Senatus.

№ 18.

Zweite Bekanntmachung.

Da auf Anhalten eines Creditors über das auf des verstorbenen Joachim Friedrich Drückhammer Namen im hiesigen Stadtbuche beschriebene, an der Juliusstraße belegene, mit Stammann und Bieber im Süden und Westen und Johann Friedrich Ferdinand Kampff im Osten benachbarte Erbe der Specialconcurs erkannt worden ist: so werden von Gerichtswegen Alle und Jede, welche an dasselbe aus irgend einem rechtlichen Grunde Ansprüche oder Forderungen zu haben vermeinen — mit alleiniger Ausnahme der protocollirten Gläubiger — bei Strafe der Ausschließung und des ewigen Stillschweigens, aufgefordert und befehligt, solche, in Gemäßheit der Verordnung vom 14. April 1840, betreffend das Subhastationsverfahren, binnen 6 Wochen, nach der letzten Bekanntmachung dieses Proclams, im hiesigen ersten Stadtsecretariate, und spätestens am

11. September d. J.,

als dem peremtorischen Angabetermine, im Obergericht hieselbst anzumelden, wobei die die Ansprüche begründenden Documente in Urschrift vorzuzeigen und in Abschrift zurückzulassen sind, Auswärtige auch wegen gehöriger Procuraturbestellung das Nöthige wahrzunehmen haben.

Zum öffentlichen Verkaufe des beregten Erbes ist Termin auf

Montag den 25. August d. J.

anberaumt worden, an welchem Tage, Nachmittags 2 Uhr, die Kaufliebhaber im hiesigen Rathskeller sich einfinden und den Handel versuchen können.

Wornach Beikommende sich zu achten!

Altona, im Obergerichte, den 10. Juli 1862.

Ex Decreto Senatus.

№ 19.

Dritte und letzte Bekanntmachung.

Auf Anhalten des Herrn Advocaten Claudius, als gerichtlich bestellten Administrators nachstehender Verlassenschaften, werden Alle,

1) welche an den Nachlaß des am 24. Februar 1860 hieselbst verstorbenen Brauknechts Friedr. Biehusen aus Uetersen;
2) welche an den Nachlaß der am 16. August 1860 hieselbst verstorbenen Wittwe Anna Margaretha Weberling, verwittweten Sievers, geb. Schnoor oder Schnauer;
3) welche an den Nachlaß des am Bord des Altonaer Briggschiffes „Gloriosa“ verstorbenen Matrosen Hans Conrad Friedr. Horns aus Kellenhusen;
4) welche an den Nachlaß des am Bord des Altonaer Briggschiffes „Prosper“ verstorbenen Jungmanns Jacob Diedrich Johannsen aus Büsum;
5) welche an den Nachlaß des im Juni 1853 mit dem Altonaer Schiffe „Zodiacus“ abgegangenen und am 23. Januar 1854 in Cowes verstorbenen Matrosen Carl Eggers aus Neustadt;
6) welche an den Nachlaß des am 30. Decbr. 1856 im Hafen von St. Thomas vom Barkschiffe „Thora“ aus ertrunkenen Matrosen Birani Gudmanson aus Alptauer-Rep in Island;
7) welche an den Nachlaß des am 5. Septbr. 1855 ertrunkenen Matrosen auf der Altonaer Schoonerbrigg „Lootse“, Namens Johann Boie Severin aus Westerbüttel in Süderdithmarschen;
8) welche an den Nachlaß des am 8. Januar 1859 ertrunkenen Matrosen auf der Altonaer Brigg „Catharina“, Namens Jens Bulman Olsen aus Aarhuus;
9) welche an den Nachlaß des im December 1857 mit dem Altonaer Barkschiffe „Emilie“ abgegangenen und am 26. Juni 1858 zu Rio de Janeiro verstorbenen Matrosen Johann Olaf Jarlemir Lindeström aus Calmar;

Erb- oder sonstige Ansprüche zu haben vermeinen, hiedurch, bei Strafe der Ausschließung und des ewigen Stillschweigens, aufgefordert und befehligt, solche binnen 12 Wochen, nach der letzten Bekanntmachung dieses Proclams, im hiesigen ersten Stadtsecretariate und spätestens am

9. October d. J.,

als dem peremtorischen Angabe-Termine, im Obergerichte hieselbst anzumelden, wobei die die Ansprüche begründenden Documente in Urschrift vorzuzeigen und in Abschrift zurückzulassen sind, Auswärtige auch wegen gehöriger Procuratur-Bestellung das Nöthige wahrzunehmen haben.

Wornach Beikommende sich zu achten.

Altona, im Obergerichte, den 26. Juni 1862.

Ex Decreto Senatus.

№ 20.

Dritte und letzte Bekanntmachung.

Auf Anhalten Beikommender werden — mit alleiniger Ausnahme der Proclams-Extrahenten und ad 1 der Stadtbuchsgläubiger — Alle,

1) welche an den Nachlaß der im Februar d. J. hieselbst verstorbenen Wittwe Anna Dorothea Wilhelmine Zelling, geb. Hinrichsen;
2) welche an den Nachlaß der im März d. J. hieselbst verstorbenen Wittwe Anna Catharina Christina Beusse, geb. Clasen;
3) welche an den Nachlaß des hieselbst verstorbenen Christian Ludwig Giesecke;
4) welche an eine im Besitze des Milchhändlers Heinrich Todtmann in Ottensen befindliche Königl. Finanzobligation vom 23. Decbr. 1826 Nr. 1, groß 1000 ℛ R.-M., zufolge einer auf der beregten Obligation befindlichen Bemerkung zur Gercken'schen Erbmasse gehörig;
5) welche aus einer unterm 14. Mai 1825 abseiten des weiland Georg Christian Hillmer in seinem an der großen Bergstraße belegenen Erbe an die nunmehr verstorbenen General-Lotto-Collecteure Jacob Bruns und Johann Delfs beschaffte Verpfändung zur Sicherheit für alles dasjenige, womit er denselben aus den ihm anvertrauten Casse-Geschäften verhaftet werden möchte;
6) welche an eine von der hiesigen Stadtkasse auf Hans Hinrich Otte Namen ausgestellte Obligation der Stadt Altona Nr. 1674, groß 266⅔ ℛ R.-M., die bei einer Feuersbrunst in Niendorf, Herrschaft Pinneberg, abhanden gekommen und auf deren Mortification angetragen worden ist;

resp. Erb- oder sonstige Ansprüche zu haben vermeinen, hierdurch, bei Strafe der Ausschließung von diesen Massen, und zwar sub 4 unter dem Präjudiz der Anerkennung des Proclams-Extrahenten als alleinigen rechtmäßigen Inhabers der Obligation, sub 6 der Mortification der aufgeführten Obligation, aufgefordert und befehligt, solche binnen 12 Wochen, nach der letzten Bekanntmachung dieses Proclams, im hiesigen ersten Stadtsecretariate, und spätestens am

13. October d. J.,

als dem peremtorischen Angabe-Termine, im Obergerichte hieselbst anzumelden, wobei die die Ansprüche begründenden Documente in Urschrift vorzuzeigen und in Abschrift zurückzulassen sind, Auswärtige auch wegen gehöriger Procuraturbestellung das Nöthige wahrzunehmen haben.

Wornach Beikommende sich zu achten.

Altona, im Obergerichte, den 30. Juni 1862.

Ex Decreto Senatus.

Beilage
zum 30. Stück der Holsteinischen Anzeigen.

Montag den 28. Juli 1862.

Verkaufs-Anzeige.

Wenn zum öffentlichen Aufgebot des zur Concursmasse des weiland Käthners und Böttchers Johann Jacob Miedeke gehörigen, zu Marienthal, Guts Stockelstorf, belegenen Grundstückes neuer Termin auf Mittwoch den 13. August d. J. anberaumt worden ist:

Als wird solches mit dem Hinzufügen bekannt gemacht, daß die Licitationsbedingungen in hiesiger Bauervogtei ausgelegt werden sind und Kaufliebhaber sich am ermeldeten Tage, Mittags 12 Uhr, im Justitiariat hieselbst einzufinden haben.

Stockelstorf, im Justitiariat, den 25. Juli 1862.

Esmarch.

Glückstadt-Elmshorner Eisenbahn.

In der am 30. Juni d. J. stattgehabten ordentlichen Generalversammlung ist der Herr Advocat Schenck in Elmshorn zum Ausschußmitgliede und von dem Ausschusse der Herr Obergerichtsadvocat Dahms in Elmshorn wiederum zum dritten Director erwählt und sind beide Wahlen angenommen.

Da in der Generalversammlung vom 30. Juni d. J. nicht die vorgeschriebene Anzahl von Actien vertreten war, um über die vom Ausschuß gemachte Vorlage, betreffend die in Folge der Uebernahme des eigenen Betriebes von der Generalversammlung zu beschließenden Veränderungen der §§ 64 bis 87 des Statuts für die Glückstadt-Elmshorner Eisenbahngesellschaft, beschließen zu können, so wird eine neue außerordentliche Generalversammlung der Actionaire auf Dienstag den 26. August d. J., Mittags 12 Uhr, in der hiesigen Bahnhofshalle berufen, um über diese Vorlage des Ausschusses, die in der Generalversammlung vom 30. v. M. von dem Herrn Obergerichtsadvocaten Schröder dazu gestellten Amendements und den von demselben gestellten Antrag, betreffend Veränderung des § 75 des Statuts, Beschluß zu fassen, wobei bemerkt wird, daß zur Beschlußnahme über den von demselben gestellten Antrag, betreffend Veränderung des § 75 des Statuts, nach § 43 Nr. 5 zwei Drittel sämmtlicher Actien vertreten sein müssen, von denen behufs Annahme desselben sich drei Viertel der Stimmen dafür zu erklären haben.

Actieninhaber, welche dieser Generalversammlung beizuwohnen beabsichtigen, haben sich am Tage vorher von 6 bis 8 Uhr Abends und am Versammlungstage von 9 bis 11 Uhr auf dem hiesigen Rathhause, unter Vorzeigung ihrer Actien, dem Ausschusse gemäß der Bestimmung des § 40 des Statuts zu legitimiren und dagegen Einlaßkarten zur Generalversammlung entgegenzunehmen.

Zugleich wird angezeigt, daß das gedruckte Protocoll der Generalversammlung vom 30. Juni d. J., in dem die vom Herrn Obergerichtsadvocaten Schröder zu der Vorlage des Ausschusses gestellten Amendements, so wie dessen selbstständiger Antrag, betreffend Veränderung des § 75, wörtlich enthalten sind, so wie die gedruckte Vorlage des Ausschusses von einem jeden Actionair bei dem Herrn Director Schenck und dem Unterzeichneten abgefordert werden kann.

Glückstadt, den 18. Juli 1862.

Der Ausschuß.
C. J. Rathjen, Vorsitzender.

Steckbriefe.

№ 1.

Der wegen Diebstahls nach erlittener Strafe wegen dritten Diebstahls hieselbst in Untersuchung befindliche, unten signalisirte Hans Christian Lüth aus Geschendorf, Amts Traventhal, hat am heutigen Morgen Gelegenheit gefunden, aus der Haft zu entweichen.

Alle Polizei- und Gerichtsbehörden werden daher ersucht, auf denselben vigiliren zu lassen, im Betretungsfall ihn anzuhalten und davon behufs seiner Abholung gegen Kostenerstattung Mittheilung zu machen.

Königl. Reinfelder Amthaus zu Traventhal, den 14. Juli 1862. *G. Grothusen.*

Signalement.

Statur: mittler, Alter: 48 Jahre, geboren den 5. Juli 1814, Geburtsort: Geschendorf, Amts Traventhal, Gewerbe: Arbeitsmann, Haar und Bart: roth, Augen: blau, Nase: grade, Mund: gewöhnlich, Kinn: rund, Gesichtsfarbe: gesund, Schultern, Arme, Beine und Füße: proportionirt.

Besondere Kennzeichen: an der linken Seite der Stirne eine Narbe, angeblich von einem Falle, so wie auf dem linken Arme eine Narbe von einer Brandwunde.

Bekleidung bei seiner Entweichung: schwarze geflickte Hose, graue Weste, eine graue Jacke, ohne Fußbekleidung.

№ 2.

In der Nacht vom 14./15. d. M. sind aus dem Hause des Krügers Hinr. Hüttmann in Kaltenkirchen folgende Gegenstände entwendet worden:

ein großer leinener Beutel mit circa 60 Stück einfachen und doppelten preußischen Thalern,
ein kleiner lederner dito mit circa 40 ℔ Cour. in 5, 4 und einzelnen Schillingen,
30 bis 40 Loth altes Silber, hauptsächlich Knöpfe, Brustschilder in Herzform und Spangen, unter den letzteren eine gezeichnet Catharina Tank,
ein altes Taschenbuch von schwarzem Leder, enthaltend eine quittirte Rechnung von Biecamp in Kiel auf 70—80 ℔ Cour., vier Rechnungen des Eingesessenen Benthien in Wrist zusammen über 400—500 ℔ Cour., verschiedene Notizen über Guthaben des Bestohlenen für Bretter auf circa 600 ℔.

Dieses Diebstahls verdächtig ist der hierunter so weit thunlich signalisirte Hans Hamelau aus Kaltenkirchen, versehen mit einem Legitimationsschein der Kaltenkirchener Kirchspielvogtei vom 10. d. M. zur Arbeit in der Cremper Marsch, gültig bis zum 1. November d. J.

Alle Behörden werden ersucht, auf die gestohlenen Sachen sowohl als auf den genannten Hamelau zu vigiliren, dieselben im Betretungsfall zur Anhaltung zu bringen und dem Amthause behufs der Abholung unter Kostenerstattung eine Nachricht zugehen zu lassen.

Segeberger Königl. Amthaus, den 17. Juli 1862.

F. Moltke.

Signalement:

Hans Hamelau, Geburtsort: Kaltenkirchen, Alter: 31 Jahr, Gewerbe: Weber und Tagelöhner, Statur: mittel, Haare und Augenbraunen: dunkelblond, Stirn: niedrig, Augen: grau, Nase: spitz, Mund: gewöhnlich, Kinn: rund, Bart: dunkelblond, Gesicht: länglich, Gesichtsfarbe: gesund, Sprache: hoch- und plattdeutsch, zeichnet sich durch einen scheuen Blick aus.

Erledigter Steckbrief.

Daß der Arbeitsmann Johann Friedrich Sietann von hier zur Haft gebracht, somit also der nach ihm unterm 29. v. M. erlassene Steckbrief erledigt ist, wird hiemit bekannt gemacht.

Lütjenburg, den 18. Juli 1862.

Das Patrimonialgericht des adeligen Guts Neudorff.

Wyneken.

Proclamata.

№ 1.

Erste Bekanntmachung.

Von Gerichtswegen

wird auf Anhalten der Königlichen Kirchspielvogtei zu Tellingstedt, als Masseregulirungsbehörde, den sämmtlichen nichtprotocollirten Gläubigern des verstorbenen Johann Hinrich Dethmann, wailand bei Gaushorn, hiemittelst anbefohlen, ihre Ansprüche und Forderungen an den geringfügigen Nachlaß desselben, den die Wittwe und Erben nur sub beneficio legis et inventarii antreten zu wollen erklärt haben, nach zuvor eingeholter Genehmigung des Königl. Holsteinischen Obergerichts in Glückstadt, bei Strafe der Ausschließung von dieser Masse, innerhalb 6 Wochen, von der letzten Bekanntmachung dieses Proclams, welches eventuell als Concursproclam gelten soll, angerechnet, in der Kirchspielschreiberei zu Tellingstedt, und zwar Auswärtige unter Procuraturbestellung, anzumelden und verzeichnen zu lassen.

Königl. Norderdithmarsische Landvogtei zu Heide, den 8. Juli 1862.

Hansen.

In fidem: Scholtz.

№ 2.

Erste Bekanntmachung.

Von Gerichtswegen.

Da der Eingesessene und Arbeitsmann Reel Reelsen (auch Rasmussen genannt) in Wöhrden (ein außerehelicher Sohn der wail. Marina Reelsen in Brunsbüttel) ohne Hinterlassung von Leibeserben verstorben und dessen Vermögensnachlaß des Vorhandenseins abwesender Erben halber einer gerichtlichen Erbregulirung unterzogen worden ist, so werden auf Antrag des Herrn Kirchspielvogts Schwer in Wöhrden, als beikommenden Erbtheilungsbeamten, hiedurch Alle und Jede, welche an den Vermögensnachlaß des verstorbenen Reel Reelsen in Wöhrden Forderungen oder Ansprüche irgend welcher Art zu haben vermeinen, oder Pfandstücke von solchem Verstorbenen besitzen, hiedurch aufgefordert und befehligt, bei Strafe des Ausschlusses und des Verlustes ihrer Rechte, binnen 12 Wochen, vom Tage der letzten Bekanntmachung dieses eventuell auch als Concursproclam geltenden Proclams angerechnet, solche ihre Forderungen (mit Ausnahme der protocollirten), Ansprüche oder Pfandstücke in der Königl. Kirchspielschreiberei zu Wöhrden gehörig, Auswärtige nach zuvor bestellter Actenprocuratur, anzugeben und verzeichnen zu lassen und demnach weitere rechtliche Verfügung zu gewärtigen.

Zugleich aber werden auch die Halbgeschwister des Verstorbenen, als:

1) Hinrich Diedrich, genannt Wulf, geboren zu Brunsbüttel den 3. December 1794, später zu Weslingburen wohnhaft gewesen, event. dessen Leibeserben,

2) Meincke Hinrich, genannt Meincke, geboren zu Brunsbüttel den 4. Februar 1798, später in Meldorf, event. dessen Leibeserben,
deren beider jetziger Aufenthaltsort unbekannt ist, so wie
3) die Wittwe Anna Cathrina Malena von Böhlen, genannt Rüter, zu Brunsbüttlerhafen, geboren den 25. April 1801, event. deren Leibeserben,

hiedurch aufgefordert und geladen, binnen gleicher Frist entweder persönlich oder per mandatar. ihre event. Erbgerechtsame an den Nachlaß des defuncti in der Kirchspielschreiberei zu Wöhrden gehörig wahrzunehmen und zu vertreten, im Widrigen die sub Nr. 3 genannte Wittwe Anna Cathrina Malena von Böhlen zu Brunsbüttlerhafen mit ihren Erbansprüchen präcludirt, rücksichtlich der beiden sub Nr. 1 und 2 genannten Halbbrüder des Verstorbenen oder deren event. Leibeserben aber es nach der Verordnung vom 9. November 1798 verhalten und ihrethalben die Anordnung von curatores absentium vorgenommen werden würde.

Wornach sich ein Jeder zu achten.

Königl. Süderdithmarscher Landvogtei zu Meldorf, den 16. Juli 1862.

(L. S.) *Müllenhoff.*

Zur Beglaubigung: Fabricius.

№ 3.

Erste Bekanntmachung.

Wenn auf geschehene Insolvenzerklärung über die Habe und Güter des hiesigen Bürgers und Kupferschmieds Rudolph Bernhard Martin Kiehn Concurs erkannt worden ist, so werden Alle und Jede, welche an besagten Kupferschmied Kiehn aus was immer für einem Grunde Forderungen und Ansprüche oder an das demselben bisher gehörige, im hiesigen Neuwerk in der Oberriderstraße sub Nr. 351 belegene Wohnhaus nebst Hintergebäude nichtprotocollirte dingliche Rechte zu haben vermeinen oder Pfänder von dem Cridar besitzen, hiedurch aufgefordert und angewiesen, solche ihre Rechte, Forderungen und Ansprüche und die Pfandstücke, resp. bei Vermeidung gänzlichen Ausschlusses von der Masse und bei Verlust der Pfandrechte, binnen 12 Wochen, von der letzten Bekanntmachung dieses Proclams, Auswärtige unter Procuraturbestellung, im städtischen Actuariat hieselbst gehörig anzumelden.

Rendsburg, den 21. Juli 1862.

(L. S. C.) Der Magistrat.

№ 4.

Erste Bekanntmachung.

Alle und Jede, welche an die seither dem Gastwirth Carl Ludwig Plagmann in Schönkirchen gehörige, sub Nr. 23 daselbst belegene und nunmehr an den Müller Cay Nicolaus Doormann aus Dobersdorf verkaufte Kathenstelle dingliche Ansprüche zu haben vermeinen, mit alleiniger Ausnahme der protocollirten Gläubiger, werden hiedurch, bei Strafe der Ausschließung und des ewigen Stillschweigens, aufgefordert, sich mit ihren desfälligen Ansprüchen innerhalb 12 Wochen bei dem unterzeichneten Gerichte zu melden.

Brunswieck, im Königlichen Gericht für das Amt Kiel, den 10. Juli 1862.

C. Rahtlev.

№ 5.

Erste Bekanntmachung.

Alle und Jede, welche an die nachstehenden, von den resp. Erben pure angetretenen Nachlaßmassen, nämlich:

1) des mit Hinterlassung eines Testaments zu Heidenberg, Amts Cronshagen, verstorbenen Altentheilers Hans Friedrich Bierend und
2) des ab intestato zu Schönkirchen, Amts Kiel, verstorbenen Maklers Jochim Friedrich Kuhaldt

aus irgend einem Grunde Forderungen und Ansprüche zu haben vermeinen oder dahin gehörende Pfänder in Händen haben, werden hiedurch aufgefordert, bei Strafe der Ausschließung und des Verlustes ihrer Rechte, sich innerhalb 12 Wochen, vom Tage der letzten Bekanntmachung dieses Proclams angerechnet, und zwar Auswärtige unter Procuraturbestellung, bei der hiesigen Amtstube anzugeben, die betreffenden Documente im Original zu produciren und davon beglaubigte Abschrift bei den Acten zurückzulassen.

Königl. Gericht für die Aemter Kiel und Cronshagen. Brunswieck, den 22 Juli 1862.

C. Rahtlev.

№ 6.

Erste Bekanntmachung.

Nachdem die Wittwe und Erben des verstorbenen Viceconsuls C. Birch in Kiel ihre in Neumühlen belegenen Grundstücke, nämlich:

1) die beiden Oelmühlen nebst der früher Güldnerschen Kathenstelle und die Licht- und Seifenfabrik,
2) eine bisher mit den Oelmühlen verbundene Landmaaße von 3 Steuertonnen 223 □Ruthen und eine Strecke unurbaren Landes am Neumühlener und Diedrichsdorfer Strande von 3 Tonnen 1 Scheffel 55 □Ruthen

verkauft und ihren Käufern die Lieferung reiner Folien zugesagt haben, werden hiedurch, mit Ausnahme der protocollirten Gläubiger, Alle und Jede, welche an die vorgenannten Grundstücke dingliche Ansprüche irgend welcher Art zu haben oder gegen die Trennung der 3 Steuertonnen 223 □Ruthen von dem Oelmühlenbesitze Einwendungen erheben zu können vermeinen, hiedurch befehligt, sich damit, bei Strafe der Ausschließung und des Stillschweigens, innerhalb 12 Wochen, von der letzten Bekanntmachung dieses Proclams, auf der hiesigen Amtstube ordnungsmäßig zu melden, unter Producirung der etwaigen Documente und Auswärtige unter Bestellung eines Procurators.

Königl. Gericht für das Amt Kiel, Brunswieck, den 22. Juli 1862.

C. Rahtlev.

№ 7.

Erste Bekanntmachung.

Wann die Ehefrau Anna Catharina Margaretha Henriette Kahl, geb. Köhn, früher verwittwet gewesene Steffen, in Wasbock c. cur. mar. die von ihr jure superficiei seither besessene und bewohnte, sub Nr. 24 des Brandcatasters im Dorfe Wasbock belegene Kathe nebst Ställen, welche im Jahre 1849 ihr, als testamentarischer Universalerbin ihres ersten Mannes, des wailand Andreas Christopher Hinrich Steffen, eigenthümlich zugefallen ist, an die Hochgräfliche Gutsherrschaft des adel. Guts Weissenhaus verkauft und Letztere nunmehr, um gegen alle etwanigen An- und Beisprüche dritter Personen sicher gestellt zu sein, um die Erlassung eines landüblichen Proclams hieselbst nachgesucht hat, so werden in Stattgebung dieses Antrages von Gerichtswegen alle diejenigen, welche an das gedachte Kathengebäude c. p. Eigenthums-, Pfand- oder sonstige dingliche Ansprüche irgend welcher Art zu haben vermeinen, hiemittelst aufgefordert, dieserwegen innerhalb 12 Wochen, vom Tage der letzten Bekanntmachung dieses Proclams angerechnet, bei Strafe gänzlicher Ausschließung und des Verlustes ihrer Ansprüche, unter Wahrnehmung des Rechtserforderlichen, Auswärtige unter Bestellung gehöriger Actenprocuratur, bei dem hieselbst eröffneten Professionsprotocolle Angabe zu beschaffen.

Decretum Lütjenburg, in der Gerichtshalterschaft des adeligen Guts Weissenhaus, den 18. Juli 1862.

Lorentzen.

№ 8.

Erste Bekanntmachung.

Wenn auf desfallsigen Antrag eines Gläubigers über die Habe und Güter des Schiffers Claus Thumann aus Wewelsfleth Concurs der Gläubiger erkannt worden ist, so werden Alle und Jede, welche an den gedachten Claus Thumann Ansprüche und Forderungen irgend einer Art zu haben vermeinen, so wie Alle und Jede, welche Sachen oder Pfänder von dem Cridar in Händen haben, hiedurch aufgefordert und befehligt, sich mit ihren Ansprüchen, bei Strafe der Ausschließung von dieser Masse und Verlust ihres Pfandrechts, innerhalb 12 Wochen, vom Tage der letzten Bekanntmachung angerechnet, bei der Königl. Landschreiberei der Wilstermarsch zu Wilster zu melden, die ihre Ansprüche etwa begründenden Documente im Original zu produciren, beglaubigte Abschriften davon zurückzulassen und, sofern sie Auswärtige, einen Actenprocurator unter hiesiger Gerichtsbarkeit zu bestellen.

Itzehoe, im Königl. Gericht für das Amt Steinburg, den 19. Juli 1862.

A. v. Heintze, const.

№ 9.

Erste Bekanntmachung.

Von dem Kaufmann C. Mahrt in Crempe, als obrigkeitlich bestelltem Curator des z. Zt. in Untersuchungshaft in Horst befindlichen Bürgers Otto Ahrens in Crempe, ist wegen vorzunehmender Gütertheilung mit der geschiedenen Ehefrau seines Curanden die Erlassung eines Proclams **ad indagandum statum bonorum** beantragt worden. In Deferirung dieses Antrags werden demnach Alle, mit Ausnahme der protocollirten Gläubiger, welche an den Bürger Otto Ahrens in Crempe, so wie an das demselben gehörige, in der Hinterstraße hieselbst belegene Wohnhaus und an die demselben gehörigen, süderseits der Stadt Crempe belegenen $8^1/_2$ Morgen Stadtländereien irgend welche Ansprüche zu haben vermeinen, von Gerichtswegen hiedurch aufgefordert, solche, bei Strafe des ewigen Stillschweigens, binnen 12 Wochen, vom Tage der letzten Bekanntmachung dieses Proclams angerechnet, im Stadtsecretariate hieselbst gehörig anzugeben, Auswärtige unter Bestellung von Actenprocuratur.

Decretum Crempe in Curia, den 21. Juli 1862.

Bendixen.

№ 10.

Zweite Bekanntmachung.

Auf Ansuchen Beikommender werden Alle und Jede, mit alleiniger Ausnahme der protocollirten Gläubiger, welche an nachbenannte zu trennende Grundstücke, als:

1) an die von der zur Hufenstelle des wail. Hufners J. F. Wriedt in Brunswieck gehörigen Koppel, genannt die Klein-Kiel-Koppel, verkauften 120 □Ruthen Land;
2) an die von der gedachten Koppel ferner verkauften 65 □Ruthen Land;
3) an die von der gedachten Koppel ferner verkauften 65 □Ruthen Land,

dingliche Ansprüche zu haben glauben, hiedurch aufgefordert und befehligt, sich damit, bei Strafe der Ausschließung und des Verlustes derselben, innerhalb 12 Wochen, von der letzten Bekanntmachung dieses Proclams angerechnet, unter Einlieferung ihrer Documente in Ur- und Abschrift und gehöriger Procuraturbestellung, bei der Königl. Kieler Amtstube zu melden und ihre Gerechtsame wahrzunehmen.

Brunswieck, im Königl. Gericht für das Amt Kiel, den 19. Juni 1862.

C. Rathlev.

№ 11.

Zweite Bekanntmachung.

Alle und Jede, mit Ausnahme der protocollirten Creditoren, welche an die Concursmasse des Käthners und Schäfers Johann Hinrich Knaack in Tankenrade Forderungen und Ansprüche zu haben vermeinen, werden hiedurch aufgefordert, selbige, bei Strafe der Ausschließung von der Masse, innerhalb 12 Wochen, von der letzten Bekanntmachung dieses Proclams angerechnet, im Ahrensböcker Actuariat zu Plön anzumelden, Auswärtige unter Bestellung von Actenprocuratoren.

Zugleich wird hiedurch bekannt gemacht, daß das unterm 24. v. M. wider Knaack erlassene Subhastationsproclam, so wie der auf den 26. August d. J. angesetzte Verkaufstermin wegfällig geworden.

Königliches Ahrensböcker Amthaus zu Plön, den 4. Juli 1862.

Abs. Dom. Pr.: *Groth*, const.
In fidem copiæ: Groth, const.

№ 12.

Zweite Bekanntmachung.

Extr. des Procl. des 28sten Stücks № 1.

Nichtprotocollirte Ansprüche und Forderungen an nachstehende Erbmassen, als:

1) des verstorbenen Johann Jacob Schröder zu Neufeld,
2) des verstorbenen Ahrend Tietje in Trennewurth,
3) des verstorbenen Paul Hargens am Marnerdeich,

so wie Pfandstücke aus denselben sind innerhalb 12 Wochen, von der letzten Bekanntmachung dieses Proclams angerechnet, sub pœna præclusi et perpetui silentii, in der Königl. Kirchspielschreiberei zu Marne rechtsbehörig anzumelden.

B. G. W.

Meldorf, den 30. Juni 1862.

Zur Beglaubigung: **Fabricius.**

№ 13.

Zweite Bekanntmachung.

Extr. des Procl. des 28sten Stücks № 2.

Nichtprotocollirte dingliche Ansprüche an die nach dem Ableben des Erbpächters Jochim Friedr. Wilhelm Möller zu Fehrenwohld dessen Sohne Jochim Hinrich Wilhelm Möller erblich zugefallene Erbpachtsstelle c. pert. zu Fehrenwohld sind, bei Strafe des Verlustes derselben, innerhalb 12 Wochen, nach der letzten Bekanntmachung dieses Proclams, in dem unterzeichneten Justitiariate rechtsbehörig anzumelden.

Segeberg, im Justitiariate des adel. Guts Muggesfelde, den 4. Juli 1862.

G. Lueders.

№ 14.

Zweite Bekanntmachung.

Extr. des Procl. des 29sten Stücks № 1.

Der im Jahre 1835 geborene, muthmaaßlich im Jahre 1854 auf dem Amerikanischen Postdampfschiffe „Arctic" verunglückte Johann Georg Wiborg aus Norddorf, Kirchspiels Brunsbüttel, Sohn des weil. Johann Georg Wiborg und der Siebke, geb. Schade, daselbst, so wie dessen Erben, Gläubiger und Pfandinhaber, mit Ausnahme etwaniger protocollirter Ansprüche, müssen sich innerhalb 12 Wochen, vom Tage der letzten Bekanntmachung dieses Proclams angerechnet, in der Königlichen Kirchspielschreiberei zu Brunsbüttel rechtsbehörig melden, unter der Verwarnung, daß Johann Georg Wiborg sonst für todt erklärt, seine Erben und Gläubiger aber mit ihren resp. Ansprüchen präcludirt und mit dem Vermögen des Verschollenen verordnungsmäßig werde verfahren werden.

B. G. W.

Meldorf, den 10. Juli 1862.

Zur Beglaubigung: **Fabricius.**

№ 15.

Zweite Bekanntmachung.

Extr. des Procl. des 29sten Stücks № 2.

Nichtprotocollirte Forderungen und Ansprüche an den von den Erben pure angetretenen Nachlaß des weil. Kaufmanns Claus Jacob Karstens in Brunsbüttel, so wie Pfandstücke aus diesem Nachlasse sind innerhalb 12 Wochen, von der letzten Bekanntmachung dieses Proclams angerechnet, sub pœna præclusi, in der Königl. Kirchspielschreiberei zu Brunsbüttel gehörig anzugeben.

B. G. W.

Meldorf, den 9. Juli 1862.

Zur Beglaubigung: **Fabricius.**

№ 16.

Zweite Bekanntmachung.

Extr. des Procl. des 29sten Stücks № 3.

Gläubiger und Pfandinhaber zur Concursmasse des insolventen Bürgers und Glasermeisters Claus Joachim Wiese in Rendsburg, so wie Alle, welche an das zu dieser Masse gehörige, in hiesiger Altstadt auf der Nienstadt sub Nr. 222 belegene Wohnhaus c. p. nichtprotocollirte dingliche Rechte zu haben vermeinen, müssen sich, sub pœna præclusi, resp. bei Verlust der Pfandrechte, binnen 12 Wochen, von letzter Bekanntmachung dieses Proclams, im städtischen Actuariate hieselbst gehörig melden und, sofern sie Auswärtige sind, einen Actenprocurator bestellen.

Rendsburg, den 10. Juli 1862.

(L. S. C.) Der Magistrat.

№ 17.

Zweite Bekanntmachung.

Extr. des Procl. des 29sten Stücks № 4.

Alle und Jede, mit Ausnahme der in der ersten Bekanntmachung dieses Proclams als Besitzer von Kirchenstühlen und Sitzplätzen anerkannten Classen, welche Ansprüche irgend einer Art auf Sitzplätze in der Kirche zu Schönkirchen zu haben vermeinen, müssen sich damit innerhalb 12 Wochen, von der letzten Bekanntmachung dieses Proclams angerechnet, bei Vermeidung der Ausschließung, beim Actuariate des Kieler Landconsistorii rechtsgehöriger Art nach angeben und melden.

Decr. Königl. Kieler Landconsistorium, den 26. Juni 1862.

Director, Probst und Assessor.

In fidem: C. Rahtlev, Act.

№ 18.

Zweite Bekanntmachung.

Extr. des Procl. des 29sten Stücks № 6.

Alle und Jede, mit Ausnahme der protocollirten Gläubiger, welche an die dem Hofbesitzer H. N. Metzendorff auf Lensterhof seither zuständigen, im hiesigen Amte belegenen Grundbesitzungen dingliche Ansprüche und Rechte zu haben vermeinen, werden hiedurch aufgefordert, sich damit, bei Strafe des Verlustes derselben, innerhalb 12 Wochen, vom Tage der dritten und letzten Bekanntmachung dieses Proclams an, bei der Königl. Amtstube hieselbst gehörig zu melden.

Königliches Amthaus zu Cismar, den 10. Juli 1862.

Wennecker, A. D. P.

№ 19.

Zweite Bekanntmachung.

Extr. des Procl. des 29sten Stücks № 7.

Etwanige Ansprüche an nachgedachte verloren gegangene Documente, als:

eine unterm 20. März 1840 von dem wailand Goldschmied Aug. Friedrich Hof hieselbst an seine fünf Stiefkinder, Geschwister Jürgens, ausgestellte Obligation über 400 ℔ v. Cour., jetzt 213 ₰ 32 ß R.-M., wovon später 85 ₰ 32 ß R.-M. ausbezahlt und delirt sind, so wie

eine unterm 22./29. Juni 1855 rücksichtlich des Restbetrages von 128 ₰ R.-M. an den Hufner und Bauervogt Hans Hinrich Schütt in Logeberg von Beikommenden ausgestellte Cessionsacte nebst Agnition des wailand Goldschmieds C. W. Schumacher,

sind innerhalb 12 Wochen, nach der letzten Bekanntmachung dieses Proclams, rechtsbehörigermaaßen im hiesigen Syndicat anzumelden, widrigenfalls die gedachten Documente für mortificirt erklärt und beglaubigte Abschriften derselben originalisirt werden sollen.

Decretum Neustadt, den 10. Juli 1862.

(L. S.) Bürgermeister und Rath.

L. Kohlmann.

№ 20.

Zweite Bekanntmachung.

Extr. des Procl. des 29sten Stücks № 9.

Mit Ausnahme der protocollirten Creditoren haben Alle und Jede, welche an den Nachlaß des kürzlich verstorbenen Halbhufners Johann Christian Lüthje in Schlamersdorf, insbesondere an die dazu gehörige, in Schlamersdorf belegene Halbhufe mit Zubehör, Ansprüche irgend einer Art zu haben vermeinen, solche innerhalb 12 Wochen, vom Tage der letzten Bekanntmachung des Proclams angerechnet, auf der Traventhaler Amtstube rechtsbehörig zu melden.

Königl. Traventhaler Amthaus zu Traventhal, den 9. Juli 1862.

Grothusen.

In fidem: H. Krebs.

№ 21.

Zweite Bekanntmachung.

Extr. des Procl. des 29sten Stücks № 10.

In Folge Auctorisation des Königl. Holsteinischen Obergerichts vom 30. Juni d. J. werden Alle und Jede, welche an ein im Schuld- und Pfandprotocoll für das Amt Traventhal auf Fol. 236, dem Folio des Vollhufners Johann Hinr. Wittern in Geschendorf, aus einer zwischen Hans Grand und seinem Bruder Asmus Grand in Geschendorf unter dem 4. August 1810 errichteten, später verloren gegangenen Vergleichs- und Erbrenunciationsacte für Hans Grand protocollirtes, zufolge Cessions- und Agnitionsacte vom 10. Jan. 1821 an den Bürgermeister Dr. Lindenberg (nicht Kupermeister Dr. Lindenberg, wie in der ersten Bekanntmachung dieses Proclams irrthümlich steht) in Lübeck cedirtes und nach seinem Ableben seiner Tochter Louise Charlotte oder Charlotte Louise, nachmals verheiratheten Geibel, zugetheiltes Capital von pro resto 400 ₰ v. Cour., jetzt 640 ₰ R.-M., Ansprüche irgend einer Art zu haben vermeinen, aufgefordert, sich damit innerhalb 12 Wochen, vom Tage der letzten Bekanntmachung dieses Proclams, unter Beobachtung des Rechtserforderlichen, auf der Königl. Traventhaler Amtstube zu melden.

Königliches Traventhaler Amthaus zu Traventhal, den 11. Juli 1862.

Grothusen.

In fidem: H. Krebs.

№ 22.

Zweite Bekanntmachung.

Extr. des Procl. des 29sten Stücks № 11.

Nichtprotocollirte dingliche oder persönliche Ansprüche und Forderungen an den Nachlaß des verstorbenen hiesigen Bürgers und Schmiedemeisters Johann Jochim Wiencke, namentlich an

1) das hieselbst Quart. V Nr. 29 belegene Wohnhaus cum pert. und

2) die Parcele der Backofenswiese,

sind, bei Strafe der Ausschließung, resp. des Verlustes der Ansprüche, innerhalb 12 Wochen, nach der letzten

Bekanntmachung dieses Proclams, im hiesigen Stadtsecretariat rechtsbehörig anzumelden.

Decretum Segeberg, in Curia, den 17. Juli 1862.

(L. S.) Bürgermeister und Rath.

№ 23.

Zweite Bekanntmachung.

Extr. des Procl. des 29sten Stücks № 12.

Alle und Jede, welche an den Nachlaß der am 22. Mai d. J. verstorbenen Wittwe Dorothea Krohn, geb. Niehuus, zu Espe, so wie an die Verlassenschaft ihres am 3. Februar 1852 verstorbenen Ehemannes Jochim Krohn Erb- oder sonstige Ansprüche zu haben vermeinen, werden hiedurch, bei Strafe der Ausschließung und ewigen Stillschweigens, befehligt, solche vermeintliche Ansprüche innerhalb 12 Wochen, von der letzten Bekanntmachung dieses Proclams angerechnet, bei der Königl. Landschreiberei der Crempermarsch in rechtsbehöriger Weise anzumelden.

Königliches Gericht für das Amt Steinburg zu Itzehoe, den 11. Juli 1862.

A. v. Heintze, const.

№ 24.

Zweite Bekanntmachung.

Extr. des Procl. des 20sten Stücks № 13.

Mit Ausnahme der protocollirten Creditoren, so wie der legitimirten Erben bezüglich ihrer Erbansprüche müssen sich Alle und Jede, welche an die hieselbst unter gerichtlicher Behandlung befindliche Vermögensmasse der weil. Wittwe Metta Schröder, geb. Eggert, in Lutzhorn und speciell an die von dem Massecurator verkaufte, in Lutzhorn belegene 1/16 Hufenstelle c. p. Forderungen und Ansprüche irgend einer Art zu haben vermeinen, oder Pfänder von der gedachten Wittwe Schröder besitzen, mit selbigen innerhalb 6 Wochen, vom Tage der letzten Bekanntmachung dieses Proclams angerechnet, *sub pœna præclusi et perpetui silentii*, bei dem unterzeichneten Gerichte rechtsbehörig melden.

Königl. Administratur zu Ranzau, den 12. Juli 1862.

A. v. Moltke.

№ 25.

Zweite Bekanntmachung.

Extr. des Procl. des 29sten Stücks № 14.

Mit alleiniger Ausnahme der protocollirten Gläubiger müssen Alle und Jede, welche an die Concursmasse des Eingesessenen und Haartuchwebers Johann Andreas Mathias Timm in Pinneberg und insbesondere an die dazu gehörige, im Flecken Pinneberg belegene, im Schuld- und Pfandprotocoll Nr. 1 b Fol. 309 aufgeführte Besitzung *cum pert.* Ansprüche und Forderungen irgend einer Art zu haben vermeinen, solche innerhalb 12 Wochen, vom Tage der letzten Bekanntmachung dieses Proclams angerechnet, bei Strafe der Ausschließung, im Actuariat des Gerichts rechtsbehörig anmelden.

Pinneberger Concursgericht, den 11. Juli 1862.

Wommelsdorff-Friedrichsen. H. A. Tetens.

Mohrdiek.

№ 26.

Zweite Bekanntmachung.

Extr. des Procl. des 29sten Stücks № 15.

Alle und Jede, welche an den der concursmäßigen Behandlung unterzogenen Nachlaß des weil. Zieglers Johann Joachim Gottlieb Bötticher zu Spitkuhlen Ansprüche und Forderungen irgend einer Art zu haben vermeinen, müssen solche, bei Strafe der Ausschließung, innerhalb 12 Wochen, vom Tage der letzten Bekanntmachung dieses Proclams angerechnet, im Actuariate des Gerichts rechtsbehörig anmelden.

Pinneberger Concursgericht, den 18. Juli 1862.

Wommelsdorff-Friedrichsen. H. A. Tetens.

Mohrdiek.

№ 27.

Dritte und letzte Bekanntmachung.

Alle und Jede, welche an die von den bis jetzt ermittelten Intestaterben repudiirte und event. der concursmäßigen Behandlung verfallende Nachlaßmasse des auf Marutendorf verstorbenen früheren Verwalters Friedrich Prehn Erb- oder sonstige Ansprüche und Forderungen irgend einer Art haben, imgleichen etwanige Pfandgläubiger, werden hiemittelst aufgefordert, sich, bei Verlust ihrer Ansprüche, innerhalb 6 Wochen, von der letzten Bekanntmachung angerechnet, im Justitiariat des adel. Guts Marutendorf rechtsgehörig anzugeben.

Brunswieck, im Justitiariat des adel. Guts Marutendorf, den 26. Juni 1862.

C. Rahtlev.

№ 28.

Dritte und letzte Bekanntmachung.

Auf desfälligen Antrag Beikommender werden die seit vielen Jahren abwesenden und verschollenen Söhne der hieselbst verstorbenen Eheleute, des weil. hiesigen Bürgers Johann Jochim Detlef Neuhaus und der Anna Cicilia Neuhaus, geb. Schacht, Namens:

1) Hinrich Diedrich Neuhaus, geboren den 8. Mai 1788, und
2) Christian Wilhelm Neuhaus, geboren den 23. Juni 1792,

eventuell deren etwanige Leibes- oder sonstige Erben, mit Ausnahme jedoch der Proclamsextrahenten und der in Pernambuco sich aufhaltenden Wittwe Anna Margaretha Catharina Charlotte Meyer, geb. Neuhaus, so wie auch Alle und Jede, welche an das hieselbst verwaltete Vermögen des sub Nr. 1 genannten Verschollenen Ansprüche erheben zu können vermeinen sollten, von Gerichtswegen hiedurch aufgefordert und angewiesen, binnen 12 Wochen, von der letzten Bekanntmachung dieses Proclams angerechnet, in dem Stadtsecretariate hieselbst sich zu melden und dabei, Auswärtige unter Bestellung von Actenprocuratoren, die ihre Erb- und sonstigen Ansprüche begründenden Documente zu produciren, widrigenfalls sie zu gewärtigen, und zwar die beiden gedachten Verschollenen, daß sie für todt werden erklärt, deren etwanige sonstige Erben und Gläubiger aber, daß sie mit ihren Erb- und sonstigen Ansprüchen werden präcludirt werden und daß das für den verschollenen Hinrich Diedrich Neuhaus hieselbst verwaltete Vermögen von reichlich 400 ℳ dessen legitimirten Erben nach Maaßgabe der Vorschriften der Verordnung vom 9. Novbr. 1798 werde ausgekehrt werden.

Signatum Glückstadt, den 11. Juli 1862.

(L. S. C.) Präsident, Bürgermeister und Rath.

№ 29.

Dritte und letzte Bekanntmachung.

Da auf Anhalten eines Creditors über das an der Eimsbüttler Straße belegene Erbe des Julius Moses Fontheim, welches mit Christoph Heinrich Boye im Süden und Carl Matthias Fick im Norden und Osten benachbart ist, der Specialconcurs erkannt worden: so werden von Gerichtswegen Alle und Jede, welche an dasselbe aus irgend einem rechtlichen Grunde Ansprüche oder Forderungen zu haben vermeinen — mit alleiniger Ausnahme der protocollirten Gläubiger — bei Strafe der Ausschließung und des ewigen Stillschweigens, aufgefordert und befehligt, solche, in Gemäßheit der Verordnung vom 14. April 1840, betreffend das Subhastationsverfahren, binnen 6 Wochen, nach der letzten Bekanntmachung dieses Proclams, im hiesigen ersten Stadtsecretariate, und spätestens am

11. September d. J.,

als dem peremtorischen Angabetermine, im Obergericht hieselbst anzumelden, wobei die die Ansprüche begründenden Documente in Urschrift vorzuzeigen und in Abschrift zurückzulassen sind, Auswärtige auch wegen gehöriger Procuraturbestellung das Nöthige wahrzunehmen haben.

Zum öffentlichen Verkaufe des beregten Erbes ist Termin auf

Montag den 25. August d. J.

anberaumt worden, an welchem Tage, Nachmittags 2 Uhr, die Kaufliebhaber im hiesigen Rathskeller sich einfinden und den Handel versuchen können.

Wornach Beikommende sich zu achten!

Altona, im Obergerichte, den 10. Juli 1862.

Ex Decreto Senatus.

№ 30.

Dritte und letzte Bekanntmachung.

Da auf Anhalten eines Creditors über das auf des verstorbenen Joachim Friedrich Trückhammer Namen im hiesigen Stadtbuche beschriebene, an der Juliusstraße belegene, mit Stammann und Bieber im Süden und Westen und Johann Friedrich Ferdinand Kampff im Osten benachbarte Erbe der Specialconcurs erkannt worden ist: so werden von Gerichtswegen Alle und Jede, welche an dasselbe aus irgend einem rechtlichen Grunde Ansprüche oder Forderungen zu haben vermeinen — mit alleiniger Ausnahme der protocollirten Gläubiger — bei Strafe der Ausschließung und des ewigen Stillschweigens, aufgefordert und befehligt, solche, in Gemäßheit der Verordnung vom 14. April 1840, betreffend das Subhastationsverfahren, binnen 6 Wochen, nach der letzten Bekanntmachung dieses Proclams, im hiesigen ersten Stadtsecretariate, und spätestens am

11. September d. J.,

als dem peremtorischen Angabetermine, im Obergericht hieselbst anzumelden, wobei die die Ansprüche begründenden Documente in Urschrift vorzuzeigen und in Abschrift zurückzulassen sind, Auswärtige auch wegen gehöriger Procuraturbestellung das Nöthige wahrzunehmen haben.

Zum öffentlichen Verkaufe des beregten Erbes ist Termin auf

Montag den 25. August d. J.

anberaumt worden, an welchem Tage, Nachmittags 2 Uhr, die Kaufliebhaber im hiesigen Rathskeller sich einfinden und den Handel versuchen können.

Wornach Beikommende sich zu achten!

Altona, im Obergerichte, den 10. Juli 1862.

Ex Decreto Senatus.

№ 31.

Dritte und letzte Bekanntmachung.

Extr. des Procl. des 27sten Stücks № 1.

Erbrechte, Forderungen und Ansprüche an den Nachlaß des am 20. d. M. in Rendsburg verstorbenen Gastwirths Hans Kühl sind binnen 12 Wochen, von der letzten Bekanntmachung dieses Proclams, im städtischen Actuariat hieselbst gehörig anzumelden, wobei bemerkt wird, daß dies Proclam event. zugleich als Concursproclam gilt.

Rendsburg, den 23. Juni 1862.

(L. S. C.) Der Magistrat.

№ 32.

Dritte und letzte Bekanntmachung.

Extr. des Procl. des 27sten Stücks № 3.

Nichtprotocollirte dingliche Ansprüche an die von Anton Friedrich Theodor Berwald verkaufte, in Kaltenkirchen belegene Kathenstelle sind innerhalb 12 Wochen, vom Tage der letzten Bekanntmachung dieses Proclams, bei Strafe des Ausschlusses, im Segeberger Königl. Actuariat rechtsgehörig zu melden.

Segeberger Amtsgericht, den 26. Juni 1862.

Pr. et Ass. jud.

In fidem: H. F. Jacobsen.

Beilage
zum 31. Stück der Holsteinischen Anzeigen.

Montag den 4. August 1862.

Bekanntmachung,

betr. die Auszahlung der Entschädigungsgelder für die durch den Bau der Neumünster-Dodauer Chaussee im Bezirk der Stadt Plön den betheiligten Grundbesitzern entstandenen Verlüste.

Nachdem nunmehr die Entschädigungsberechnungen für den Bau der Neumünster-Dodauer Chaussee auf der Strecke, soweit selbige das Gebiet der Stadt Plön berührt, genehmigt und die Entschädigungsgelder angewiesen worden, werden letztere nach Vorschrift der Verordnung vom 28. Novbr. 1837 an Beikommende ausgezahlt werden und zwar die in den Rubriken d, e, f und g des § 38 der gedachten Verordnung aufgeführten Vergütungen, soweit solche vorkommen, ohne weiteren Verzug in den anderweitig den Betreffenden bekannt gemachten Terminen, wogegen die in Gemäßheit der Rubriken a, b und c auszuzahlenden Vergütungen nebst dem Zinsenbetrage laut Rubrik h einstweilen beim Magistrat der Stadt Plön niedergelegt worden sind, um vorschriftsmäßig den etwanigen Pfandgläubigern der betheiligten Grundbesitzer Gelegenheit zur Wahrnehmung ihrer Gerechtsame zu geben. Es werden daher alle hypothecarischen Gläubiger der bei der Auszahlung der gedachten Entschädigungsgelder betheiligten Grundbesitzer hiemittelst aufgefordert, sich mit den Pfandschuldnern binnen 4 Wochen, nach der Erlassung dieser Bekanntmachung, auseinanderzusetzen, nach welcher Zeit die Auszahlung auch der deponirten Vergütungssummen an die Betheiligten erfolgen wird.

Plön, den 26. Juli 1862.

Bürgermeister und Rath.

Feldmann.

Bekanntmachungen.

№ 1.

Nachdem die Entschädigungsberechnung über die durch den Bau der Neumünster-Plön-Dodauer Chaussee entstandenen Landverlüste s. w. d. a. von dem Königlichen Ministerium für die Herzogthümer Holstein und Lauenburg genehmigt worden ist, werden die etwaigen hypothecarischen Gläubiger der an den Entschädigungsgeldern betheiligten Grundbesitzer in den Dorfschaften Bornhöved und Schmalensee hierdurch, in Gemäßheit des § 39 der Verordnung vom 28. November 1837, aufgefordert, sich mit ihren Pfandschuldnern innerhalb 4 Wochen, vom Tage dieser Bekanntmachung angerechnet, in Betreff ihrer etwaigen Ansprüche an den Entschädigungssummen auseinanderzusetzen oder das sonst Erforderliche in der Wahrung ihrer Rechte wahrzunehmen, da widrigenfalls nach Ablauf dieser Frist die einstweilen bei der Segeberger Amtstube deponirten Entschädigungsgelder werden ausbezahlt werden.

Königl. Segeberger Amthaus, den 24. Juli 1862.

F. Moltke.

№ 2.

In der Zeit vom 23.—29. d. M. sind aus dem Hause des ½ Hufners und Gastwirths Claus Schlüter in Bramstedt außer einer baaren Summe von 42 ℛ 64 ß in Speciesthalern:

1 silberner Eßlöffel, gez. Joh. Fölscher 4. Juni 1861,
1 do. do. „ Timm Stamerjohann 4. Juni 1861,
1 do. do. „ A. Wulf 4. Juni 1861,
1 do. do. „ Jochim Gloe 4. Juni 1861,
1 do. do. „ Hinrich Steckmest 4. Juni 1861,
1 do. do. „ Joch. Huß 4. Juni 1861,

sämmtlich oben am Stiel mit einer Muschel in getriebener Arbeit verziert und mit dem Stempel H. W. F. versehen, ferner:

1 silberne Zuckerzange, gezeichnet H. H. Brüggen 4. Juni 1861, mit Blumen von getriebener Arbeit am Griffe,
1 silberner Eßlöffel, gez. F. L. 1840, mit Blumen von getriebener Arbeit am Stiel,

entwendet worden.

Alle Behörden werden ersucht, auf diese Gegenstände vigiliren, dieselben nebst deren verdächtigen Inhaber im Betretungsfalle anhalten und dem Amthause alsdann eine Nachricht zugehen zu lassen.

Segeberger Königl. Amthaus, den 31. Juli 1862.

F. Moltke.

№ 3.

Daß dem Schneidergesellen Hinrich Otto Friederich Schröder aus Bevensdorf, adel. Guts Lindau, welcher sein unterm 28. December 1860 zu Eckernförde ausgestelltes Wanderbuch angeblich am 21. d. M. zu Nortorf verloren hat, unterm 23. ej. hieselbst ein neues Wanderbuch ausgestellt worden ist, wird hierdurch öffentlich bekannt gemacht.

Königl. Amthaus zu Neumünster, den 25. Juli 1862. *v. Stemann.*

Verkaufs-Anzeige.

Wenn zum öffentlichen Aufgebot des zur Concursmasse des weiland Käthners und Böttchers Johann Jacob Miedeke gehörigen, zu Marienthal, Guts Stockelsdorf, belegenen Grundstückes neuer Termin auf Mittwoch den 13. August d. J. anberaumt worden ist:

Als wird solches mit dem Hinzufügen bekannt gemacht, daß die Licitationsbedingungen in hiesiger Bauervogtei ausgelegt worden sind und Kaufliebhaber sich am ermeldeten Tage, Mittags 12 Uhr, im Justitiariat hieselbst einzufinden haben.

Stockelstorf, im Justitiariat, den 25. Juli 1862. *Esmarch.*

Glückstadt-Elmshorner Eisenbahn.

In der am 30. Juni d. J. stattgehabten ordentlichen Generalversammlung ist der Herr Advocat Schenck in Elmshorn zum Ausschußmitgliede und von dem Ausschusse der Herr Obergerichtsadvocat Dahms in Elmshorn wiederum zum dritten Director erwählt und sind beide Wahlen angenommen.

Da in der Generalversammlung vom 30. Juni d. J. nicht die vorgeschriebene Anzahl von Actien vertreten war, um über die vom Ausschuß gemachte Vorlage, betreffend die in Folge der Uebernahme des eigenen Betriebes von der Generalversammlung zu beschließenden Veränderungen der §§ 64 bis 87 des Statuts für die Glückstadt-Elmshorner Eisenbahngesellschaft, beschließen zu können, so wird eine neue außerordentliche Generalversammlung der Actionaire auf Dienstag den 26. August d. J., Mittags 12 Uhr, in der hiesigen Bahnhofshalle berufen, um über diese Vorlage des Ausschusses, die in der Generalversammlung vom 30. v. M. von dem Herrn Obergerichtsadvocaten Schröder dazu gestellten Amendements und den von demselben gestellten Antrag, betreffend Veränderung des § 75 des Statuts, Beschluß zu fassen, wobei bemerkt wird, daß zur Beschlußnahme über den von demselben gestellten Antrag, betreffend Veränderung des § 75 des Statuts, nach § 43 Nr. 5 zwei Drittel sämmtlicher Actien vertreten sein müssen, von denen behufs Annahme desselben sich drei Viertel der Stimmen dafür zu erklären haben.

Actieninhaber, welche dieser Generalversammlung beizuwohnen beabsichtigen, haben sich am Tage vorher von 6 bis 8 Uhr Abends und am Versammlungstage von 9 bis 11 Uhr auf dem hiesigen Rathhause, unter Vorzeigung ihrer Actien, dem Ausschusse gemäß der Bestimmung des § 40 des Statuts zu legitimiren und dagegen Einlaßkarten zur Generalversammlung entgegenzunehmen.

Zugleich wird angezeigt, daß das gedruckte Protocoll der Generalversammlung vom 30. Juni d. J., in dem die vom Herrn Obergerichtsadvocaten Schröder zu der Vorlage des Ausschusses gestellten Amendements, so wie dessen selbstständiger Antrag, betreffend Veränderung des § 75, wörtlich enthalten sind, so wie die gedruckte Vorlage des Ausschusses von einem jeden Actionair bei dem Herrn Director Schenck und dem Unterzeichneten abgefordert werden kann.

Glückstadt, den 18. Juli 1862.

Der Ausschuß.

C. J. Rathjen, Vorsitzender.

Erledigte Steckbriefe.

№ 1.

Der unterm 14. d. M. wider Hans Christian Lüth aus Geschendorf erlassene Steckbrief ist erledigt.

Königl. Reinfelder Amthaus zu Traventhal, den 29. Juli 1862. *G. Grothusen.*

№ 2.

Durch die erfolgte Inhaftirung des Hans Hamelau ist der unterm 17. d. M. erlassene Steckbrief rücksichtlich seiner zwar als erledigt zu betrachten, gleichwohl wird in Betreff der nicht bei ihm vorgefundenen gestohlenen Sachen die Bitte um Vigilanz auf dieselben hiedurch erneuert.

Segeberger Königl. Amthaus, den 28. Juli 1862. *F. Moltke.*

Edictal-Citation.

Auf geziemende Vorstellung und Bitte der Metta Margaretha Mahncke, geb. Lau, in Glückstadt c. c., Implorantin, pro edictali citatione ihres Ehemannes Johann Mahncke, welcher sie im Jahre 1855 böslich verlassen, wird Namens des Münsterdorfischen Consistoriums erwähnter Johann Mahncke hierdurch ein für allemal, mithin peremtorisch, von mir geladen und befehligt, am Mittewochen nach dem 14. Sonntage Trinitatis, wird sein der 21. September d. J., Vormittags um 9 Uhr, in der hiesigen Propstei vor dem alsdann zu haltenden Münsterdorfischen Consistorialgerichte persönlich zu erscheinen, um zu vernehmen, was seine Ehefrau sodann wegen böslicher Verlassung und daher zu trennender Ehe wider ihn antragen wird, darauf zu antworten und nach verhandelter Sache Spruch Rechtens zu gewärtigen, mit der ausdrücklichen Verwarnung, daß im Falle seines Ausbleibens auf ferneren Antrag der Implorantin und Edictalcitantin wider ihn werde erkannt werden, was den Rechten gemäß ist.

Itzehoe, in der Münsterdorfer Kirchenprobstei und unter dem Insiegel des Consistoriums, den 26. Juli 1862.

Im höheren Auftrage:
(L. S.) *E. Versmann.*

Proclamata.

№ 1.

Erste Bekanntmachung.

Von Gerichtswegen

wird auf Anhalten der Königlichen Kirchspielvogtei zu Hemme, als Masseregulirungsbehörde, den sämmtlichen nichtprotocollirten Gläubigern der unlängst verstorbenen Eheleute Claus von Löwen und Antje, früher verwittwete Stemmermann, geb. Sievers, in Hemme hiemittelst anbefohlen, ihre Ansprüche und Forderungen an den geringfügigen Nachlaß der gedachten Eheleute, zu dessen gerichtlicher Regulirung das Credit- und event. das Armenrecht bewilligt ist, nach ertheilter Genehmigung des Königl. Holsteinischen Obergerichts vom 21. Juni d. J., bei Strafe der Ausschließung von dieser Masse, innerhalb 6 Wochen, von der letzten Bekanntmachung dieses Proclams angerechnet, in der Kirchspielschreiberei zu Hemme, und zwar Auswärtige unter Actenprocuraturbestellung, anzumelden und verzeichnen zu lassen.

Königl. Norderditmarsischer Landvogtei zu Heide, den 7. Juli 1862.

Hansen.
In fidem: Scholtz.
Für die Abschrift: F. Borgfeldt.

№ 2.

Erste Bekanntmachung.

Von Gerichtswegen

wird auf Anhalten der Königlichen Kirchspielvogtei zu Hemme, als Erbregulirungsbehörde, Allen und Jeden, welche an den Nachlaß des verstorbenen Valentin Dau in Bargen und dessen gleichfalls verstorbenen Ehefrau Wiebke, geb. Carstens, ebendaselbst, die wegen Concurrenz unmündiger Erben in gerichtlicher Behandlung genommen ist, Erb- oder nichtprotocollirte Ansprüche zu haben vermeinen, hiedurch aufgegeben, ihre Ansprüche und Forderungen, bei Vermeidung der Ausschließung von der Erbmasse, innerhalb 12 Wochen, von der letzten Bekanntmachung dieses Proclams angerechnet, in der Kirchspielschreiberei zu Hemme, Auswärtige unter Bestellung der Actenprocuratur, anzugeben und verzeichnen zu lassen.

Königl. Norderditmarsischer Landvogtei zu Heide, den 9. Juli 1862.

Hansen.
In fidem: Scholtz.

№ 3.

Erste Bekanntmachung.

Von Gerichtswegen.

Wenn der Nachlaß des unlängst verstorbenen Eingesessenen Carl Adolph Gottlieb Schmidt in Nordhastedt wegen Vorhandenseins unmündiger Erben der gerichtlichen Regulirung hat unterzogen werden müssen, so ergeht auf Instanz der Königl. Kirchspielvogtei zu Nordhastedt, als beikommender Erbregulirungsbehörde, an Alle, welche an die gedachte Nachlaßmasse nichtprotocollirte Ansprüche zu haben vermeinen, hiedurch der Befehl, dieselben innerhalb 12 Wochen, von der letzten Bekanntmachung dieses Proclams angerechnet, Auswärtige nach vorgängig bestellter Actenprocuratur, in der Königl. Kirchspielschreiberei zu Nordhastedt, und zwar bei Verlust ihrer Forderungen und Pfandrechte, gehörig anzugeben.

Wornach sich zu achten.

Königl. Süderdithmarscher Landvogtei zu Meldorf, den 21. Juli 1862.

(L. S.) *Müllenhoff.*
Zur Beglaubigung: Fabricius.

№ 4.

Erste Bekanntmachung.

Von Gerichtswegen.

Da der Nachlaß des verstorbenen Schullehrers Claus Egge in Braaken und dessen bereits früher verstorbenen Ehefrau Eva, geb. Johannsen, wegen Concurrenz theils unmündiger, theils abwesender Erben der gerichtlichen Behandlung hat unterzogen werden müssen, so ergehet an die Erben derselben, insonderheit an den angeblich vor einigen Jahren nach Amerika ausgewanderten Claus Egge aus Oldenbüttel, Kirchspiels Hademarschen; nicht weniger auch an die nichtprotocollirten Gläubiger und Pfandinhaber der verstorbenen Eheleute Claus Egge in Braaken der Befehl, ihre Erb- und Forderungsgerechtsame, bei Verlust derselben, innerhalb 12 Wochen, nach der letzten Bekanntmachung dieses auf Instanz des bestellten curatoris massæ erlassenen Proclams, Auswärtige nach vorgängig bestellter Actenprocuratur, in der Königlichen Kirchspielschreiberei zu Hemmingstedt anzugeben.

Wornach ein Jeder sich zu achten.

Königl. Süderdithmarscher Landvogtei zu Meldorf, den 22. Juli 1862.

(L. S.) *Müllenhoff.*
Zur Beglaubigung: Fabricius.

№ 5.

Erste Bekanntmachung.

Christian Adolph Emil Carstens, Schlossergesell aus Rendsburg, wird hiedurch aufgefordert, zur Wahrnehmung seiner Gerechtsame an den Nachlaß seiner unlängst verstorbenen Geschwister Julie Carstens und

Jürgen Paul Christian Friedrich Carstens sich fördersamst hieselbst persönlich einzufinden oder auch einen hiesigen Einwohner mit einer gehörigen Vollmacht zu versehen.

Zugleich werden Alle und Jede, welche an die Nachlässe der vorgenannten beiden verstorbenen Geschwister Carstens in Rendsburg oder eines derselben oder an den Nachlaß des hieselbst verstorbenen pensionirten Hoboisten Nicolaus Heinrich Blomberg aus was immer für einem Grunde Forderungen und Ansprüche zu haben vermeinen oder Pfänder von einem der genannten Verstorbenen besitzen, hiemit aufgefordert und angewiesen, solche Forderungen und Ansprüche, so wie die Pfandstücke, bei Vermeidung resp. der Präclusion und des Verlustes der Pfandrechte, binnen 12 Wochen, von der letzten Bekanntmachung dieses Proclams, Auswärtige unter Procuraturbestellung, im städtischen Actuariate hieselbst gehörig anzumelden.

Rendsburg, den 24. Juli 1862.

(L. S. C.) Der Magistrat.

№ 6.

Erste Bekanntmachung.

Der Hutmacher Benjamin Witt, geboren zu Tilsit, copulirt zu Lütjenburg den 20. April 1798 mit Dorothea Louise Litte, hat vor vielen Jahren Kiel, seinen damaligen Wohnort, verlassen und soll gestorben sein, ohne daß jedoch dessen Tod zu beweisen und über dessen späteren Aufenthalt etwas zu ermitteln ist — ein ehelicher Sohn des genannten Abwesenden, der Maurergesell Johann Friedrich Benjamin Witt, geboren in Lütjenburg den 18. Januar 1799, ist höchstwahrscheinlich im August 1824 in der Donau bei Ofen ertrunken, woselbst er unter dem Namen Friedrich Witt im 53. Infanterie-Regiment diente — der Schuhmachergesell Daniel Jacob Heinrich Witt, geboren in Kiel den 31. Januar 1811, gleichfalls ein ehelicher Sohn der vorgenannten Eheleute Witt, ist am 12. September 1855 in Hamburg gestorben, soviel bekannt ledigen Standes.

Auf Antrag des Hrn. Advocaten Dr. W. Seestern-Pauly hieselbst, als Curators des Nachlasses der am 21. Juli 1849 hieselbst verstorbenen Eingangs genannten Ehefrau D. L. Witt, geb. Litte, bei welchem Nachlaß deren Ehemann und deren Sohn J. F. B. Witt, so wie die etwaigen Erben des Sohnes D. J. H. Witt eventuell in Betracht kommen, und nach erwirkter Auctorisation des Königl. Holsteinischen Obergerichts werden der Ehemann Benjamin Witt und der Maurergesell Johann Friedrich Benjamin Witt mit Bezugnahme auf die Verordnung vom 9. Nov. 1798 hiedurch aufgefordert, innerhalb präclusivischer Frist von 12 Wochen, vom letzten Tage der Bekanntmachung dieses Proclams angerechnet, im hiesigen Stadtsyndicat sich unter Bestellung eines Procurators anzugeben, widrigenfalls dieselben nach Vorschrift der angezogenen Verordnung für todt werden erklärt werden. — Zugleich werden Alle, welche als Creditoren, Eigenthümer oder aus anderem Grunde und insbesondere als Erben des Schustergesellen Daniel Jacob Heinr. Witt Ansprüche irgend einer Art an den Nachlaß der verstorbenen Ehefrau D. L. Witt, geb. Litte, zu haben glauben, mit alleiniger Ausnahme der protocollirten Gläubiger und der bereits angemeldeten ehelichen Kinder der Erblasserin, hiedurch aufgefordert, binnen gleicher präclusivischer Frist im hiesigen Stadtsyndicat sich anzugeben, unter Bestellung eines Procurators, insofern die Profitenten außerhalb Kiels wohnen.

Kiel, den 22. Juli 1862.

Der Magistrat.

In fidem: *G. F. Witte*, Syndicus.

№ 7.

Erste Bekanntmachung.

Wenn der bisherige 3/4 Hufner Christian Stieper in Kl. Kummerfeld hieselbst um Erlassung eines Proclams gebeten hat, so werden in Deferirung dieses Antrags alle diejenigen, welche persönliche oder dingliche Ansprüche und Forderungen an ihn, namentlich an die von ihm verkaufte, in Kl. Kummerfeld belegene 3/4 Hufe c. pert., mit alleiniger Ausnahme der protocollirten Creditoren, zu haben vermeinen oder Pfänder von demselben in Händen haben, hiemittelst von Gerichtswegen aufgefordert und befehligt, sich mit diesen Ansprüchen innerhalb 12 Wochen, vom Tage der letzten Bekanntmachung dieses Proclams angerechnet, bei Strafe des Ausschlusses und des ewigen Stillschweigens, so wie des Verlustes ihrer Pfandrechte, bei dem Königl. Actuariat hieselbst zu melden, die ihre Ansprüche begründenden Documente in Original zu produciren, Abschriften davon zurückzulassen und, falls sie Auswärtige sind, einen Actenprocurator unter hiesiger Jurisdiction zu bestellen.

Königl. Amthaus zu Neumünster, den 19. Juli 1862.

v. Stemann.

In fidem: O. Rantzau, const.

№ 8.

Zweite Bekanntmachung.

Von Gerichtswegen

wird auf Anhalten der Königlichen Kirchspielvogtei zu Tellingstedt, als Masseregulirungsbehörde, den sämmtlichen nichtprotocollirten Gläubigern des verstorbenen Johann Hinrich Dethmann, wailand bei Gaushorn, hiemittelst anbefohlen, ihre Ansprüche und Forderungen an den geringfügigen Nachlaß desselben, den die Wittwe und Erben nur sub beneficio legis et inventarii antreten zu wollen erklärt haben, nach zuvor eingeholter Genehmigung des Königl. Holsteinischen Obergerichts in Glückstadt, bei Strafe der Ausschließung von dieser Masse, innerhalb 6 Wochen, von der letzten Bekanntmachung dieses Proclams, welches eventuell als Concursproclam gelten soll, angerechnet, in der Kirchspielschreiberei zu Tellingstedt, und zwar Auswärtige unter Procuraturbestellung, anzumelden und verzeichnen zu lassen.

Königl. Norderdithmarsische Landvogtei zu Heide, den 8. Juli 1862.

Hansen.

In fidem: Scholtz.

№ 9.

Zweite Bekanntmachung.

Alle und Jede, welche an die seither dem Gastwirth Carl Ludwig Plagmann in Schönkirchen gehörige, sub Nr. 23 daselbst belegene und nunmehr an den Müller Cay Nicolaus Doormann aus Dobersdorf verkaufte Kathenstelle dingliche Ansprüche zu haben vermeinen, mit alleiniger Ausnahme der protocollirten Gläubiger, werden hiedurch, bei Strafe der Ausschließung und des ewigen Stillschweigens, aufgefordert, sich mit ihren desfälligen Ansprüchen innerhalb 12 Wochen bei dem unterzeichneten Gerichte zu melden.

Brunswieck, im Königlichen Gericht für das Amt Kiel, den 10. Juli 1862.

C. Rahtlev.

№ 10.

Zweite Bekanntmachung.

Alle und Jede, welche an die nachstehenden, von den resp. Erben pure angetretenen Nachlaßmassen, nämlich:

1) des mit Hinterlassung eines Testaments zu Heidenberg, Amts Cronshagen, verstorbenen Altentheilers Hans Friedrich Bierend und
2) des ab intestato zu Schönkirchen, Amts Kiel, verstorbenen Maklers Jochim Friedrich Kuhaldt

aus irgend einem Grunde Forderungen und Ansprüche zu haben vermeinen oder dahin gehörende Pfänder in Händen haben, werden hiedurch aufgefordert, bei Strafe der Ausschließung und des Verlustes ihrer Rechte, sich innerhalb 12 Wochen, vom Tage der letzten Bekanntmachung dieses Proclams angerechnet, und zwar Auswärtige unter Procuraturbestellung, bei der hiesigen Amtstube anzugeben, die betreffenden Documente im Original zu produciren und davon beglaubigte Abschrift bei den Acten zurückzulassen.

Königl. Gericht für die Aemter Kiel und Cronshagen. Brunswieck, den 22 Juli 1862.

C. Rahtlev.

№ 11.

Zweite Bekanntmachung.

Nachdem die Wittwe und Erben des verstorbenen Viceconsuls C. Birch in Kiel ihre in Neumühlen belegenen Grundstücke, nämlich:

1) die beiden Oelmühlen nebst der früher Güldnerschen Kathenstelle und die Licht- und Seifenfabrik,
2) eine bisher mit den Oelmühlen verbundene Landmaaße von 3 Steuertonnen 223 []Ruthen und eine Strecke unurbaren Landes am Neumühlener und Diedrichsdorfer Strande von 3 Tonnen 1 Scheffel 55 []Ruthen

verkauft und ihren Käufern die Lieferung reiner Folien zugesagt haben, werden hiedurch, mit Ausnahme der protocollirten Gläubiger, Alle und Jede, welche an die vorgenannten Grundstücke dingliche Ansprüche irgend welcher Art zu haben oder gegen die Trennung der 3 Steuertonnen 223 []Ruthen von dem Oelmühlenbesitze Einwendungen erheben zu können vermeinen, hiedurch befehligt, sich damit, bei Strafe der Ausschließung und des Stillschweigens, innerhalb 12 Wochen, von der letzten Bekanntmachung dieses Proclams, auf der hiesigen Amtstube ordnungsmäßig zu melden, unter Producirung der etwaigen Documente und Auswärtige unter Bestellung eines Procurators.

Königl. Gericht für das Amt Kiel, Brunswieck, den 22. Juli 1862.

C. Rahtlev.

№ 12.

Zweite Bekanntmachung.

Extr. des Procl. des 30sten Stücks № 2.

Nichtprotocollirte Forderungen und Ansprüche an den unter gerichtliche Behandlung genommenen Nachlaß des weil. Eingesessenen und Arbeitsmanns Neel Neelsen, auch Rasmussen genannt, in Wöhrden, eines unehelichen Sohnes der weil. Marina Neelsen in Brunsbüttel, so wie Pfandstücke aus diesem Nachlasse, insonderheit die Erbansprüche nachstehender Halbgeschwister des defunctus, als:

1) des Hinrich Diedrich, genannt Wulf, den 3. Dec. 1794 zu Brunsbüttel geboren, später zu Wesselburen wohnhaft, event. dessen Leibeserben,
2) des Meincke Hinrich, genannt Meincke, geboren den 4. Februar 1798 zu Brunsbüttel, später in Meldorf, event. dessen Leibeserben,

deren beider Aufenthalt unbekannt ist, so wie

3) die Wittwe Anna Cathrina Malena von Böhlen, genannt Rüter, zu Brunsbüttlerhafen, geboren den 25. April 1801, event. deren Leibeserben,

sind innerhalb 12 Wochen, vom Tage der letzten Bekanntmachung dieses eventuell auch als Concursproclam erlassenen Proclams angerechnet, in der Königl. Kirchspielschreiberei zu Wöhrden rechtsbehörig anzugeben, unter der Verwarnung, daß widrigenfalls die nicht angemeldeten Ansprüche, so wie die Erbgerechtsame der Wittwe Anna Cathrina Malena von Böhlen für präcludirt erachtet, rücksichtlich der sub 1 und 2 genannten Halbbrüder des defunctus, eventuell deren Leibeserben, es aber nach Verordnung vom 9. November 1798 werde verhalten werden.

V. G. W.

Meldorf, den 16. Juli 1862.

Zur Beglaubigung: Fabricius.

№ 13.

Zweite Bekanntmachung.

Extr. des Procl. des 30sten Stücks № 3.

Gläubiger und Pfandinhaber des insolventen hiesigen Bürgers und Kupferschmieds Rudolph Bernhard Martin Kiehn müssen ihre Forderungen und Ansprüche an denselben, wie auch die Pfandstücke, so wie nichtprotocollirte dingliche Rechte an das sub Nr. 354 im Neuwerk hieselbst belegene Wohnhaus und Hintergebäude des Cridars, binnen 12 Wochen, von letzter Bekanntmachung dieses Proclams, sub pœna præclusi und resp. bei Verlust der Pfandrechte, im städtischen Actuariat hieselbst gehörig anmelden, Auswärtige unter Procuraturbestellung.

Rendsburg, den 21. Juli 1862.

(L. S. / C.) Der Magistrat.

№ 14.

Zweite Bekanntmachung.

Extr. des Procl. des 30sten Stücks № 7.

Alle und Jede, welche dingliche Ansprüche irgend welcher Art an die im Dorfe Wasbeck sub Nr. 24 belegene, von der Ehefrau Anna Catharina Margaretha Henriette Kahl, geb. Köhn, früher verwittwet gewesenen Steffen, an die Hochgräfliche Weissenhauser Gutsherrschaft verkaufte Superficieskathe zu haben vermeinen, müssen dieselben vor Ablauf von 12 Wochen, nach der letzten Bekanntmachung dieses Proclams, bei Vermeidung gänzlicher Ausschließung, in rechtsbehöriger Weise hieselbst anmelden.

Decretum Lütjenburg, in der Gerichtshalterschaft des adeligen Guts Weissenhaus, den 18. Juli 1862.

Lorentzen.

№ 15.

Zweite Bekanntmachung.

Extr. des Procl. des 30sten Stücks № 8.

Alle und Jede, welche an die Concursmasse des Schiffers Claus Thumann aus Wewelsfleth Ansprüche oder Forderungen irgend einer Art zu haben vermeinen, so wie Sachen oder Pfänder von dem Cridar in Händen haben, werden hiedurch aufgefordert, ihre Ansprüche, bei Strafe der Ausschließung von dieser Masse und Verlust ihrer Pfandrechte, binnen 12 Wochen, vom Tage der letzten Bekanntmachung angerechnet, bei der Königl. Landschreiberei zu Wilster ordnungsmäßig anzumelden.

Itzehoe, im Königl. Gericht für das Amt Steinburg, den 19. Juli 1862.

A. v. Heintze, const.

№ 16.

Zweite Bekanntmachung.

Extr. des Procl. des 30sten Stücks № 9.

Alle und Jede, mit Ausnahme der protocollirten Gläubiger, welche Ansprüche und Forderungen an den Bürger Otto Ahrens in Crempe, z. Zt. in Horst, in specie auch an das demselben gehörige, in der Hinterstraße hieselbst belegene Haus oder an die demselben gehörigen $8^1/_2$ Morgen Stadtländereien zu haben vermeinen, müssen solche, bei Strafe des ewigen Stillschweigens, binnen 12 Wochen, von der letzten Bekanntmachung dieses Proclams angerechnet, im Stadtsecretariate hieselbst gehörig angeben.

Decretum Crempe in Curia, den 21. Juli 1862.

Bendixen.

№ 17.

Dritte und letzte Bekanntmachung.

Auf Ansuchen Beikommender werden Alle und Jede, mit alleiniger Ausnahme der protocollirten Gläubiger, welche an nachbenannte zu trennende Grundstücke, als:

1) an die von der zur Hufenstelle des weil. Hufners J. F. Wriedt in Brunswieck gehörigen Koppel, genannt die Klein-Kiel-Koppel, verkauften 120 □Ruthen Land;
2) an die von der gedachten Koppel ferner verkauften 65 □Ruthen Land;
3) an die von der gedachten Koppel ferner verkauften 65 □Ruthen Land,

dingliche Ansprüche zu haben glauben, hiedurch aufgefordert und befehligt, sich damit, bei Strafe der Ausschließung und des Verlustes derselben, innerhalb 12 Wochen, von der letzten Bekanntmachung dieses Proclams angerechnet, unter Einlieferung ihrer Documente in Ur- und Abschrift und gehöriger Procuraturbestellung, bei der Königl. Kieler Amtstube zu melden und ihre Gerechtsame wahrzunehmen.

Brunswieck, im Königl. Gericht für das Amt Kiel, den 19. Juni 1862.

C. Rathlev.

№ 18.

Dritte und letzte Bekanntmachung.

Alle und Jede, mit Ausnahme der protocollirten Crediteren, welche an die Concursmasse des Käthners und Schäfers Johann Hinrich Knaack in Tankenrade Forderungen und Ansprüche zu haben vermeinen, werden hiedurch aufgefordert, selbige, bei Strafe der Ausschließung von der Masse, innerhalb 12 Wochen, von der letzten Bekanntmachung dieses Proclams angerechnet, im Ahrensböcker Actuariat zu Plön anzumelden, Auswärtige unter Bestellung von Actenprocuratoren.

Zugleich wird hiedurch bekannt gemacht, daß das unterm 24. v. M. wider Knaack erlassene Subhastationsproclam, so wie der auf den 26. August d. J. angesetzte Verkaufstermin wegfällig geworden.

Königliches Ahrensböcker Amthaus zu Plön, den 14. Juli 1862.

Abs. Dom. Pr.: *Groth*, const.

In fidem copiæ: Groth, const.

№ 19.

Dritte und letzte Bekanntmachung.

Extr. des Procl. des 28sten Stücks № 1.

Nichtprotocollirte Ansprüche und Forderungen an nachstehende Erbmassen, als:

1) des verstorbenen Johann Jacob Schröder zu Neufeld,
2) des verstorbenen Ahrend Tiedje in Trennewurth,
3) des verstorbenen Paul Hargens am Marnerdeich,

so wie Pfandstücke aus denselben sind innerhalb 12 Wochen, von der letzten Bekanntmachung dieses Proclams angerechnet, sub pœna præclusi et perpetui silentii, in der Königl. Kirchspielschreiberei zu Marne rechtsbehörig anzumelden.

V. G. W.

Meldorf, den 30. Juni 1862.

Zur Beglaubigung: **Fabricius.**

№ 20.

Dritte und letzte Bekanntmachung.

Extr. des Procl. des 28sten Stücks № 2.

Nichtprotocollirte dingliche Ansprüche an die nach dem Ableben des Erbpächters Jochim Friedr. Wilhelm Möller zu Fehrenwohld dessen Sohne Jochim Hinrich Wilhelm Möller erblich zugefallene Erbpachtsstelle c. pert. zu Fehrenwohld sind, bei Strafe des Verlustes derselben, innerhalb 12 Wochen, nach der letzten Bekanntmachung dieses Proclams, in dem unterzeichneten Justitiariate rechtsbehörig anzumelden.

Segeberg, im Justitiariate des adel. Guts Muggesfelde, den 4. Juli 1862.

G. Lueders.

№ 21.

Dritte und letzte Bekanntmachung.

Extr. des Procl. des 29sten Stücks № 1.

Der im Jahre 1835 geborene, muthmaaßlich im Jahre 1851 auf dem Amerikanischen Postdampfschiffe "Arctic" verunglückte Johann Georg Wiborg aus lorddorf, Kirchspiels Brunsbüttel, Sohn des wail. Johann Georg Wiborg und der Siebke, geb. Schade, aselbst, so wie dessen Erben, Gläubiger und Pfandihaber, mit Ausnahme etwaniger protocollirter Anrüche, müssen sich innerhalb 12 Wochen, vom Tage r letzten Bekanntmachung dieses Proclams angerechet, in der Königlichen Kirchspielschreiberei zu Brunsittel rechtsbehörig melden, unter der Verwarnung, iß Johann Georg Wiborg sonst für todt erklärt, ine Erben und Gläubiger aber mit ihren resp. Anrüchen präcludirt und mit dem Vermögen des Verollenen verordnungsmäßig werde verfahren werden.

V. G. W.

Meldorf, den 10. Juli 1862.

Zur Beglaubigung: **Fabricius.**

№ 22.

Dritte und letzte Bekanntmachung.

Extr. des Procl. des 29sten Stücks № 2.

Nichtprotocollirte Forderungen und Ansprüche an den von den Erben pure angetretenen Nachlaß des wail. Kaufmanns Claus Jacob Karstens in Brunsbüttel, so wie Pfandstücke aus diesem Nachlasse sind innerhalb 12 Wochen, von der letzten Bekanntmachung dieses Proclams angerechnet, sub pœna præclusi, in der Königl. Kirchspielschreiberei zu Brunsbüttel gehörig anzugeben.

V. G. W.

Meldorf, den 9. Juli 1862.

Zur Beglaubigung: **Fabricius.**

№ 23.

Dritte und letzte Bekanntmachung.

Extr. des Procl. des 29sten Stücks № 3.

Gläubiger und Pfandinhaber zur Concursmasse des insolventen Bürgers und Glasermeisters Claus Joachim Wieck in Rendsburg, so wie Alle, welche an das zu dieser Masse gehörige, in hiesiger Altstadt auf der Nienstadt sub Nr. 222 belegene Wohnhaus c. p. nichtprotocollirte dingliche Rechte zu haben vermeinen, müssen sich, sub pœna præclusi, resp. bei Verlust der Pfandrechte, binnen 12 Wochen, von letzter Bekanntmachung dieses Proclams, im städtischen Actuariate hieselbst gehörig melden und, sofern sie Auswärtige sind, einen Actenprocurator bestellen.

Rendsburg, den 10. Juli 1862.

(L. S. C.) Der Magistrat.

№ 24.

Dritte und letzte Bekanntmachung.

Extr. des Procl. des 29sten Stücks № 4.

Alle und Jede, mit Ausnahme der in der ersten Bekanntmachung dieses Proclams als Besitzer von Kirchenstühlen und Sitzplätzen anerkannten Classen, welche Ansprüche irgend einer Art auf Sitzplätze in der Kirche zu Schönkirchen zu haben vermeinen, müssen sich damit innerhalb 12 Wochen, von der letzten Bekanntmachung dieses Proclams angerechnet, bei Vermeidung der Ausschließung, beim Actuariate des Kieler Landconsistorii rechtsgehöriger Art nach angeben und melden.

Decr. Königl. Kieler Landconsistorium, den 26. Juni 1862.

Director, Probst und Assess.

In fidem: **C. Rahtlev**, Act.

№ 25.

Dritte und letzte Bekanntmachung.

Extr. des Procl. des 29sten Stücks № 6.

Alle und Jede, mit Ausnahme der protocollirten Gläubiger, welche an die dem Hofbesitzer H. N. Metzendorff auf Leusterhof seither zuständigen, im hiesigen Amte belegenen Grundbesitzungen dingliche Ansprüche und Rechte zu haben vermeinen, werden hiedurch aufgefordert, sich damit, bei Strafe des Verlustes derselben, innerhalb 12 Wochen, vom Tage der dritten und letzten Bekanntmachung dieses Proclams an, bei der Königl. Amtstube hieselbst gehörig zu melden.

Königliches Amthaus zu Cismar, den 10. Juli 1862.
Wennaker, A. D. P.

№ 26.

Dritte und letzte Bekanntmachung.

Extr. des Procl. des 29sten Stücks № 7.

Etwanige Ansprüche an nachgedachte verloren gegangene Documente, als:

eine unterm 20. März 1840 von dem weiland Goldschmied Aug. Friedrich Hof hieselbst an seine fünf Stiefkinder, Geschwister Jürgens, ausgestellte Obligation über 400 ℔ v. Cour., jetzt 213 ℛ 32 ß R.-M.; wovon später 85 ℛ 32 ß R.-M. ausbezahlt und delirt sind, so wie

eine unterm 22./28. Juni 1855 rücksichtlich des Restbetrages von 128 ℛ R.-M. an den Hufner und Bauervogt Haus Hinrich Schütt in Logeberg von Beikommenden ausgestellte Cessionsacte nebst Agnition des weiland Goldschmieds C. W. Schumacher,

sind innerhalb 12 Wochen, nach der letzten Bekanntmachung dieses Proclams, rechtsbehörigermaaßen im hiesigen Syndicat anzumelden, widrigenfalls die gedachten Documente für mortificirt erklärt und beglaubigte Abschriften derselben originalisirt werden sollen.

Decretum Neustadt, den 10. Juli 1862.

(L. S.) Bürgermeister und Rath.
L. Kohlmann.

№ 27.

Dritte und letzte Bekanntmachung.

Extr. des Procl. des 29sten Stücks № 9.

Mit Ausnahme der protocollirten Creditoren haben Alle und Jede, welche an den Nachlaß des kürzlich verstorbenen Halbhufners Johann Christian Lüthje in Schlamersdorf, insbesondere an die dazu gehörige, in Schlamersdorf belegene Halbhufe mit Zubehör, Ansprüche irgend einer Art zu haben vermeinen, solche innerhalb 12 Wochen, vom Tage der letzten Bekanntmachung des Proclams angerechnet, auf der Traventhaler Amtstube rechtsbehörig zu melden.

Königl. Traventhaler Amthaus zu Traventhal, den 9. Juli 1862.
Grothusen.
In fidem: H. Krebs.

№ 28.

Dritte und letzte Bekanntmachung.

Extr. des Procl. des 29sten Stücks № 10.

In Folge Auctorisation des Königl. Holsteinischen Obergerichts vom 30. Juni d. J. werden Alle und Jede, welche an ein im Schuld- und Pfandprotocoll für das Amt Traventhal auf Fol. 236, dem Folio des Vollhufners Johann Hinr. Wittern in Geschendorf, aus einer zwischen Hans Grand und seinem Bruder Asmus Grand in Geschendorf unter dem 4. August 1810 errichteten, später verloren gegangenen Vergleichs- und Erbrenunciationsacte für Hans Grand protocollirtes, zufolge Cessions- und Agnitionsacte vom 10. Jan. 1821 an den Bürgermeister Dr. Lindenberg in Lübeck cedirtes und nach seinem Ableben seiner Tochter Louise Charlotte oder Charlotte Louise, nachmals verheiratheten Geibel, zugetheiltes Capital von pro resto 400 ℛ v. Cour., jetzt 640 ℛ R.-M., Ansprüche irgend einer Art zu haben vermeinen, aufgefordert, sich damit innerhalb 12 Wochen, vom Tage der letzten Bekanntmachung dieses Proclams, unter Beobachtung des Rechtserforderlichen, auf der Königl. Traventhaler Amtstube zu melden.

Königliches Traventhaler Amthaus zu Traventhal, den 11. Juli 1862.
Grothusen.
In fidem: H. Krebs.

№ 29.

Dritte und letzte Bekanntmachung.

Extr. des Procl. des 29sten Stücks № 11.

Nichtprotocollirte dingliche oder persönliche Ansprüche und Forderungen an den Nachlaß des verstorbenen hiesigen Bürgers und Schmiedemeisters Johann Jochim Wiencke, namentlich an

1) das hieselbst Quart. V Nr. 29 belegene Wohnhaus cum pert. und
2) die Parcele der Backofenswiese,

sind, bei Strafe der Ausschließung, resp. des Verlustes der Ansprüche, innerhalb 12 Wochen, nach der letzten Bekanntmachung dieses Proclams, im hiesigen Stadtsecretariat rechtsbehörig anzumelden.

Decretum Segeberg, in Curia, den 17. Juli 1862.

(L. S.) Bürgermeister und Rath.

№ 30.

Dritte und letzte Bekanntmachung.

Extr. des Procl. des 29sten Stücks № 12.

Alle und Jede, welche an den Nachlaß der am 22. Mai d. J. verstorbenen Wittwe Dorothea Krohn, geb. Niehuus, zu Cöpe, so wie an die Verlassenschaft ihres am 3. Februar 1852 verstorbenen Ehemannes Jochim Krohn Erb- oder sonstige Ansprüche zu haben vermeinen, werden hiedurch, bei Strafe der Ausschließung und ewigen Stillschweigens, befehligt, solche vermeintliche Ansprüche innerhalb 12 Wochen, von der letzten Bekanntmachung dieses Proclams angerechnet, bei der Königl. Landschreiberei der Crempermarsch in rechtsbehöriger Weise anzumelden.

Königliches Gericht für das Amt Steinburg zu Itzehoe, den 11. Juli 1862.
A. v. Heintze, const.

Beilage
zum 32. Stück der Holsteinischen Anzeigen.

Montag den 11. August 1862.

Bekanntmachungen.

№ 1.

In Gemäßheit des § 39 der Verordnung vom 28. November 1837, betreffend das Expropriationsverfahren bei Wegebauten, sind die Entschädigungen der Grundbesitzer in der Dorfsfeldmark Dörnick, dem Vorwerk Plön, dem Hohenrader District, der Dorfschaft Böstorf und der Feldmark Friedrichshof und Dodau, welche für den Neumünster-Plön-Dodauer Chausseebau Land abgetreten haben, so weit sie unter die Rubriken a, b, c und h der gedachten Verordnung fallen, auf 4 Wochen, vom Tage der letzten Bekanntmachung dieses angerechnet, bei der Amtstube in Ahrensböck niedergelegt worden und wird die Auszahlung derselben nach Ablauf dieser Frist erfolgen. Inzwischen werden die etwaigen hypothecarischen Gläubiger der von der Expropriation betroffenen Grundbesitzer Gelegenheit haben, ihre Ansprüche an die Pfandschuldner wahrzunehmen und sich mit diesen wegen allenfallsiger Theilnahme an den Entschädigungssummen auseinanderzusetzen, zu welchem Ende Vorstehendes hiedurch bekannt gemacht wird.

Königl. Amthaus zu Plön, den 1. August 1862.

W. C. v. Levetzau.

№ 2.

In der Zeit vom 23.—29. d. M. sind aus dem Hause des ⅓ Hufners und Gastwirths Claus Schlüter in Bramstedt außer einer baaren Summe von 42 ℛ 64 ß in Speciesthalern:

1 silberner Eßlöffel, gez. Joh. Fölscher 4. Juni 1861,
1 do. do. „ Timm Stamerjohann 4. Juni 1861,
1 do. do. „ A. Wulf 4. Juni 1861,
1 do. do. „ Jochim Gloe 4. Juni 1861,
1 do. do. „ Hinrich Steckmest 4. Juni 1861,
1 do. do. „ Joch. Huß 4. Juni 1861,

sämmtlich oben am Stiel mit einer Muschel in getriebener Arbeit verziert und mit dem Stempel **H. W. F.** versehen, ferner:

1 silberne Zuckerzange, gezeichnet H. H. Brüggen 4. Juni 1861, mit Blumen von getriebener Arbeit am Griffe,
1 silberner Eßlöffel, gez. **F. L.** 1840, mit Blumen von getriebener Arbeit am Stiel,

entwendet worden.

Alle Behörden werden ersucht, auf diese Gegenstände vigiliren, dieselben nebst deren verdächtigen Inhaber im Betretungsfalle anhalten und dem Amthause alsdann eine Nachricht zugehen zu lassen.

Segeberger Königl. Amthaus, den 31. Juli 1862.

F. Moltke.

№ 3.

Daß dem Schneidergesellen Hinrich Otto Friederich Schröder aus Bevensdorf, adel. Guts Lindau, welcher sein unterm 28. December 1860 zu Eckernförde ausgestelltes Wanderbuch angeblich am 21. d. M. zu Nortorf verloren hat, unterm 23. ej. hieselbst ein neues Wanderbuch ausgestellt worden ist, wird hierdurch öffentlich bekannt gemacht.

Königl. Amthaus zu Neumünster, den 25. Juli 1862.

v. Stemann.

Edictal-Citation.

Auf geziemende Vorstellung und Bitte der Metta Margaretha Mahncke, geb. Lau, in Glückstadt c. c., Implorantin, **pro edictali citatione** ihres Ehemannes Johann Mahncke, welcher sie im Jahre 1855 böslich verlassen, wird Namens des Münsterdorfischen Consistoriums erwähnter Johann Mahncke hierdurch ein für allemal, mithin peremtorisch, von mir geladen und befehligt, am Mittewochen nach dem 14. Sonntage Trinitatis, wird sein der 24. September d. J., Vormittags um 9 Uhr, in der hiesigen Propstei vor dem alsdann zu haltenden Münsterdorfischen Consistorialgerichte persönlich zu erscheinen, um zu vernehmen, was seine Ehefrau sodann wegen böslicher Verlassung und daher zu trennender Ehe wider ihn antragen wird, darauf zu antworten und nach verhandelter Sache Spruch Rechtens zu gewärtigen, mit der ausdrücklichen Verwarnung, daß im Falle seines Ausbleibens auf ferneren Antrag der Implorantin und Edictalcitantin wider ihn werde erkannt werden, was den Rechten gemäß ist.

Itzehoe, in der Münsterdorfer Kirchenprobstei und unter dem Insiegel des Consistoriums, den 26. Juli 1862.

Im höheren Auftrage:
(L. S.) *E. Versmann.*

Proclamata.

№ 1.

Erste Bekanntmachung.

Von Gerichtswegen werden auf Anhalten der beikommenden Nordermeldorfer Kirchspielvogtei alle nichtprotocollirte Gläubiger des Boniscedenten Sattler Johann Lamaack in Meldorf hiemit aufgefordert, ihre Forderungen und Ansprüche, so wie die etwa in ihren Händen befindlichen Pfandstücke, bei Vermeidung der Ausschließung von dieser Concursmasse und des Pfandverlustes, binnen 12 Wochen, vom Tage der letzten Bekanntmachung dieses Proclams angerechnet, in der Königl. Kirchspielschreiberei zu Meldorf ordnungsmäßig — mithin Auswärtige nach vorgängiger Actenprocuraturbestellung — anzugeben und verzeichnen zu lassen.

Königl. Süderdithmarscher Landvogtei zu Meldorf, den 5. August 1862.

(L. S.) *Müllenhoff.*
Zur Beglaubigung: **Fabricius.**

№ 2.

Erste Bekanntmachung.

Auf Antrag der Erben des am 6. Juni d. J. verstorbenen Hufners Hans Hinrich Rottgardt in Söhren werden, mit Ausnahme der protocollirten Gläubiger und der Proclamsextrahenten, Alle und Jede, welche an dessen Nachlaß, insbesondere an die dazu gehörige, in Söhren belegene Vollhufe mit Zubehör, Forderungen oder Ansprüche irgend einer Art zu haben vermeinen, hiedurch von Gerichtswegen aufgefordert, sich damit, bei Vermeidung der Ausschließung von der Masse, vor Ablauf von 12 Wochen, vom Tage der letzten Bekanntmachung dieses Proclams angerechnet, auf der Königl. Traventhaler Amtstube zu melden, die ihre Ansprüche begründenden Urkunden im Original zu produciren, beglaubigte Abschriften zurückzulassen, auch, insofern sie Auswärtige sind, Actenprocuratur unter hiesiger Jurisdiction zu bestellen.

Königliches Traventhaler Amthaus zu Traventhal, den 5. August 1862.

Grothusen.
In fidem: H. Krebs.

№ 3.

Erste Bekanntmachung.

Wenn die weil. Ehefrau Anna Margaretha Sorgenfrei, geb. Siefke, in dem mit ihrem nunmehr auch verstorbenen Ehemann, dem Altentheiler Johann Sorgenfrei in Götzberg, unterm 21. Decbr. 1847 errichteten wechselseitigen Testamente verfügt hat, daß nach dem Tode des Längstlebenden von ihnen der vierte Theil des alsdann vorhandenen baaren Vermögens an ihre, der Testatrix, gesetzlichen Erben fallen solle, so werden, da diese Erben nur zum Theil hieselbst bekannt, Alle und Jede, welche an die Verlassenschaft der gedachten Ehefrau Sorgenfrei Erbgerechtsame, so wie auch diejenigen, welche an die Masse derselben und ihres nunmehr auch verstorbenen Ehemannes Johann Sorgenfrei Forderungen und Ansprüche irgend einer Art zu haben vermeinen möchten, hiedurch aufgefordert, sich damit innerhalb 12 Wochen, vom Tage der letzten Bekanntmachung dieses Proclams, bei Strafe des Ausschlusses, im Segeberger Königlichen Actuariate, Auswärtige unter Procuraturbestellung, rechtsgehörig zu melden.

Segeberger Amtsgericht, den 4. August 1862.

Pr. et Ass. jud.
In fidem: H. F. Jacobsen.

№ 4.

Erste Bekanntmachung.

Wenn über die Habe und Güter des Kaufmanns Friedrich Ullrich Eitzen in Itzehoe der Concurs der Gläubiger erkannt ist, so werden, mit Ausnahme der protocollirten Gläubiger, Alle und Jede, welche aus irgend einem Grunde Forderungen und Ansprüche an den genannten Cridar und dessen in Itzehoe unter klösterlicher Jurisdiction belegenes Wohnhaus zu haben vermeinen, hiedurch aufgefordert und befehligt, solche Ansprüche binnen 12 Wochen, vom Tage der letzten Bekanntmachung dieses Proclams angerechnet, bei Strafe der Ausschließung von der Concursmasse, bei dem klösterlichen Protocolle in Itzehoe anzugeben, die ihre Ansprüche begründenden Documente im Original zu produciren, beglaubigte Abschriften davon zurückzulassen und, insofern sie Auswärtige sind, Procuratoren zu den Acten zu bestellen.

Itzehoe, den 2. August 1862.

Klösterliche Obrigkeit.

№ 5.

Erste Bekanntmachung.

Wenn in Folge desfälligen Antrags eines Gläubigers und in Gemäßheit der Bestimmungen des § 5 der Verordnung vom 14. April 1840 über die Habe und Güter des Polizeiinspectors und Stadtvogts P.

H. Meins hieselbst der Concurs erkannt worden: so werden von Gerichtswegen Alle und Jede, mit alleiniger Ausnahme der protocollirten Gläubiger, welche an den genannten Cridar Forderungen und Ansprüche zu haben glauben oder Pfänder von ihm besitzen sollten, hiedurch aufgefordert und angewiesen, sich damit, und zwar Auswärtige unter Bestellung von Actenprocuratoren, bei Strafe der Ausschließung von dieser Concursmasse und resp. des Verlustes ihres Pfandrechts, binnen 12 Wochen, von der letzten Bekanntmachung dieses Proclams angerechnet, in dem hiesigen Stadtsecretariat zu melden, dabei die zur Begründung solcher Ansprüche und Forderungen dienenden Documente zu produciren und weitere rechtliche Verfügung zu gewärtigen.

Signatum Glückstadt, den 31. Juli 1862.

(L. S. C.) Präsident, Bürgermeister und Rath.

№ 6.

Erste Bekanntmachung.

Da auf Anhalten eines Creditors über das im Grunde belegene Erbe des hiesigen Bürgers Carl Otto Wilckens, welches mit Anton Christian Beers im Osten, Friedrich Wilhelm Gundelach im Westen und Simon Susmann Heckscher auch Johann Friedr. Krefs im Norden benachbart ist, der Specialconcurs erkannt worden: so werden von Gerichtswegen Alle und Jede, welche an dasselbe aus irgend einem rechtlichen Grunde Ansprüche oder Forderungen zu haben vermeinen — mit alleiniger Ausnahme der protocollirten Gläubiger — bei Strafe der Ausschließung und des ewigen Stillschweigens, aufgefordert und befehligt, solche, in Gemäßheit der Verordnung vom 14. April 1840, betreffend das Subhastationsverfahren, binnen 6 Wochen, nach der letzten Bekanntmachung dieses Proclams, im hiesigen ersten Stadtsecretariate, und spätestens am

9. October d. J.,

als dem peremtorischen Angabetermine, im Obergericht hieselbst anzumelden, wobei die die Ansprüche begründenden Documente in Urschrift vorzuzeigen und in Abschrift zurückzulassen sind, Auswärtige auch wegen gehöriger Procuraturbestellung das Nöthige wahrzunehmen haben.

Zum öffentlichen Verkaufe des beregten Erbes ist Termin auf

Montag den 22. September d. J.

anberaumt worden, an welchem Tage, Nachmittags 2 Uhr, die Kaufliebhaber im hiesigen Rathskeller sich einfinden und den Handel versuchen können.

Wornach Beikommende sich zu achten!

Altona, im Obergerichte, den 30. Juli 1862.

Ex Decreto Senatus.

№ 7.

Erste Bekanntmachung.

Da von der Wittwe des weil. hiesigen Bürgers und Kaufmanns Johann Peter Albert Gayen, cum curatore, auf die Erlassung eines Proclams behufs Ausmittelung des Güterbestandes angetragen und solchem Antrage vom Magistrate stattgegeben ist: so werden von Gerichtswegen Alle und Jede, welche an den Nachlaß des gedachten verstorbenen Kaufmanns Johann Peter Albert Gayen, so wie an dessen von ihm seit dem Jahre 1817 unter der Firma von Jan Tecker Gayen geführtes Handlungsgeschäft aus irgend einem rechtlichen Grunde Ansprüche oder Forderungen zu haben vermeinen — mit alleiniger Ausnahme der protocollirten Gläubiger — hiedurch, bei Strafe der Ausschließung und des ewigen Stillschweigens, aufgefordert und befehligt, solche binnen 12 Wochen, nach der letzten Bekanntmachung dieses Proclams, im hiesigen ersten Stadtsecretariate und spätestens am

17. November d. J.,

als dem peremtorischen Angabetermine, im Obergerichte hieselbst anzumelden, wobei die die Ansprüche begründenden Documente in Urschrift vorzuzeigen und in Abschrift zurückzulassen sind, Auswärtige auch wegen gehöriger Procuraturbestellung das Nöthige wahrzunehmen haben.

Wornach Beikommende sich zu achten.

Altona, im Obergerichte, den 30. Juli 1862.

Ex Decreto Senatus.

№ 8.

Erste Bekanntmachung.

Auf Anhalten des Herrn Obergerichtsadvocaten Adolph Schmidt, als gerichtlich bestellten Administrators des Nachlasses

1) der am 6. Juni d. J. hieselbst verstorbenen Wittwe des wailand hiesigen Einwohners und Höfers Ludwig Nicolaus von Bargen, Maria Louise, geb. Falcke;
2) des im Juni d. J. hieselbst als Wittwer unbeerbt verstorbenen Kämmerei-Assistenten Johann Bernhard Lucas Tiedemann,

werden Alle, welche an obgedachte Verlassenschaften Erb- oder sonstige Ansprüche zu haben vermeinen, hiedurch, bei Strafe der Ausschließung und des ewigen Stillschweigens, aufgefordert und befehligt, solche binnen 12 Wochen, nach der letzten Bekanntmachung dieses Proclams, im hiesigen ersten Stadtsecretariate und spätestens am

20. November d. J.,

als dem peremtorischen Angabe-Termine, im Obergerichte hieselbst anzumelden, wobei die die Ansprüche begründenden Documente in Urschrift vorzuzeigen und in Abschrift zurückzulassen sind, Auswärtige auch wegen gehöriger Procuratur-Bestellung das Nöthige wahrzunehmen haben.

Wornach Beikommende sich zu achten.

Altona, im Obergerichte, den 4. August 1862.

Ex Decreto Senatus.

№ 9.

Erste Bekanntmachung.

Auf Anhalten Beikommender werden, mit alleiniger Ausnahme der Proclamsextrahenten, Alle,

1) welche an den Nachlaß der am 26. Mai 1851 hieselbst verstorbenen Wittwe des Izlet oder Iselin Magnusson, Rahel, alias Rica Magnusson;
2) welche an einen abhanden gekommenen, von der hiesigen Generaladministration der den Pupillen und Abwesenden gehörigen kleinen Geldpöste auf den Namen von Hans Gottfried und Claus Stutermundt ultimo December 1813 ausgestellten Schein, groß 586 ℳ 6¼ ß R.-M., auf dessen Mortification angetragen worden ist;
3) welche an einen abhanden gekommenen, von der hiesigen Generaladministration der den Pupillen und Abwesenden gehörigen kleinen Geldpöste auf den Namen des Johann Friedrich Struve ultimo December 1813 ausgestellten Schein, groß 224 ℳ R.-M., auf dessen Mortification angetragen worden ist;
4) welche an einen abhanden gekommenen, von der hiesigen Generaladministration der den Pupillen und Abwesenden gehörigen kleinen Geldpöste auf den Namen des Hinr. Albrecht Rademacher ultimo December 1813 ausgestellten Schein, groß 256 ℳ R.-M., auf dessen Mortification angetragen worden ist;

resp. Erb- oder sonstige Ansprüche zu haben vermeinen, hierdurch, bei Strafe der Ausschließung von diesen Massen, resp. der Mortification der sub 2, 3 und 4 aufgeführten Scheine, aufgefordert und befehligt, solche binnen 12 Wochen, nach der letzten Bekanntmachung dieses Proclams, im hiesigen ersten Stadtsecretariate, und spätestens am

20. November d. J.,

als dem peremtorischen Angabe-Termine, im Obergerichte hieselbst anzumelden, wobei die die Ansprüche begründenden Documente in Urschrift vorzuzeigen und in Abschrift zurückzulassen sind, Auswärtige auch wegen gehöriger Procuraturbestellung das Nöthige wahrzunehmen haben.

Wornach Beikommende sich zu achten.

Altona, im Obergerichte, den 4. August 1862.

Ex Decreto Senatus.

№ 10.

Erste Bekanntmachung.

Da auf geschehene Insolvenz-Erklärung über die Habe und Güter:

1) der Wittwe des weiland hiesigen Bürgers und Seilermeisters Friedr. Wilhelm Dücolo, Christine Louise Mathilde, geb. Gallenbeck;
2) des hiesigen Bürgers und Kleiderhändlers Meyer Jacob Wagner, in Firma M. J. Wagner;

so wie auf Anhalten der Gläubiger über die Habe und Güter:

3) der Wittwe des in Segeberg verstorbenen Grützmachers Johannes Friedrich Franz Splieth, Catharina Maria, geb. Bornholdt, hieselbst;
4) des hiesigen Bürgers und Mechanicus Caspar Adolph Ehrenberg

der Concurs der Gläubiger erkannt worden: so werden von Gerichtswegen Alle und Jede, welche an obgenannte Personen, ad 3 mit alleiniger Ausnahme der protocollirten Gläubiger, aus irgend einem rechtlichen Grunde, so wie diejenigen,

5) welche an den Nachlaß des am 4. April d. J. verstorbenen hiesigen Bürgers und Tischlermeisters Johann Heinrich Christoph Beucke,

Ansprüche oder Forderungen zu haben vermeinen, bei Strafe der Ausschließung, resp. des ewigen Stillschweigens, aufgefordert und befehligt, solche binnen 12 Wochen, nach der letzten Bekanntmachung dieses Proclams, im hiesigen ersten Stadtsecretariate und spätestens am

20. November d. J.,

als dem peremtorischen Angabetermine, im Obergericht hieselbst anzumelden, wobei die die Ansprüche begründenden Documente in Urschrift vorzuzeigen und in Abschrift zurückzulassen sind, Auswärtige auch wegen gehöriger Procuraturbestellung das Nöthige wahrzunehmen haben.

Wornach Beikommende sich zu achten!

Altona, im Obergericht, den 4. August 1862.

Ex Decreto Senatus.

№ 11.

Zweite Bekanntmachung.

Von Gerichtswegen

wird auf Anhalten der Königlichen Kirchspielvogtei zu Hemme, als Masseregulirungsbehörde, den sämmtlichen nichtprotocollirten Gläubigern der unlängst verstorbenen Eheleute Claus von Löwen und Antje, früher verwittwete Stemmermann, geb. Sievers, in Hemme hiemittelst anbefohlen, ihre Ansprüche und Forderungen an den geringfügigen Nachlaß der gedachten Eheleute, zu dessen gerichtlicher Regulirung das Credit- und event. das Armenrecht bewilligt ist, nach ertheilter

Genehmigung des Königl. Holsteinischen Obergerichts vom 21. Juni d. J., bei Strafe der Ausschließung von dieser Masse, innerhalb 6 Wochen, von der letzten Bekanntmachung dieses Proclams angerechnet, in der Kirchspielschreiberei zu Hemme, und zwar Auswärtige unter Actenprocuraturbestellung, anzumelden und verzeichnen zu lassen.

Königl. Norderdithmarsischer Landvogtei zu Heide, den 7. Juli 1862.

Hansen.

In fidem: Scholtz.

Für die Abschrift: **F. Borgfeldt.**

№ 12.

Zweite Bekanntmachung.

Der Hutmacher Benjamin Bitt, geboren zu Tilsit, copulirt zu Lütjenburg den 20. April 1798 mit Dorothea Louise Litte, hat vor vielen Jahren Kiel, seinen damaligen Wohnort, verlassen und soll gestorben sein, ohne daß jedoch dessen Tod zu beweisen und über dessen späteren Aufenthalt etwas zu ermitteln ist — ein ehelicher Sohn des genannten Abwesenden, der Maurergesell Johann Friedrich Benjamin Bitt, geboren in Lütjenburg den 18. Januar 1799, ist höchstwahrscheinlich im August 1824 in der Donau bei Ofen ertrunken, woselbst er unter dem Namen Friedrich Witt im 53. Infanterie-Regiment diente — der Schuhmachergesell Daniel Jacob Heinrich Bitt, geboren in Kiel den 31. Januar 1811, gleichfalls ein ehelicher Sohn der vorgenannten Eheleute Bitt, ist am 12. September 1855 in Hamburg gestorben, soviel bekannt ledigen Standes.

Auf Antrag des Hrn. Advocaten Dr. W. Seestern-Pauly hieselbst, als Curators des Nachlasses der am 21. Juli 1849 hieselbst verstorbenen Eingangs genannten Ehefrau D. L. Bitt, geb. Litte, bei welchem Nachlaß deren Ehemann und deren Sohn J. F. B. Bitt, so wie die etwaigen Erben des Sohnes D. J. H. Bitt eventuell in Betracht kommen, und nach erwirkter Auctorisation des Königl. Holsteinischen Obergerichts werden der Ehemann Benjamin Bitt und der Maurergesell Johann Friedrich Benjamin Bitt mit Bezugnahme auf die Verordnung vom 9. Nov. 1798 hiedurch aufgefordert, innerhalb präclusivischer Frist von 12 Wochen, vom letzten Tage der Bekanntmachung dieses Proclams angerechnet, im hiesigen Stadtsyndicat sich unter Bestellung eines Procurators anzugeben, widrigenfalls dieselben nach Vorschrift der angezogenen Verordnung für todt werden erklärt werden. — Zugleich werden Alle, welche als Creditoren, Eigenthümer oder aus anderem Grunde und insbesondere als Erben des Schustergesellen Daniel Jacob Heinr. Bitt Ansprüche irgend einer Art an den Nachlaß der verstorbenen Ehefrau D. L. Bitt, geb. Litte, zu haben glauben, mit alleiniger Ausnahme der protocollirten Gläubiger und der bereits angemeldeten ehelichen Kinder der Erblasserin, hiedurch aufgefordert, binnen gleicher präclusivischer Frist im hiesigen Stadtsyndicat sich anzugeben, unter Bestellung eines Procurators, insofern die Profitenten außerhalb Kiels wohnen.

Kiel, den 22. Juli 1862.

Der Magistrat.

In fidem: *G. F. Witte*, Syndicus.

№ 13.

Zweite Bekanntmachung.

Extr. des Procl. des 31sten Stücks № 2.

Nichtprotocollirte Ansprüche an den geringen Nachlaß des weil. Valentin Dau in Bargen und dessen Ehefrau Wiebke, geb. Carstens, sind, bei Vermeidung der Ausschließung von der Masse, binnen 12 Wochen in der Hemmer Kirchspielschreiberei anzumelden.

Königl. Landvogtei zu Heide, den 7. Juli 1862.

Hansen.

In fidem: Scholtz.

№ 14.

Zweite Bekanntmachung.

Extr. des Procl. des 31sten Stücks № 3.

Nichtprotocollirte Ansprüche und Forderungen an den Nachlaß des verstorbenen Eingesessenen Carl Adolph Gottlieb Schmidt in Nordhastedt, so wie Pfandstücke aus diesem Nachlasse sind, **sub pœna præclusi**, innerhalb 12 Wochen, vom Tage der letzten Bekanntmachung dieses Proclams angerechnet, in der Königl. Kirchspielschreiberei zu Nordhastedt gehörig anzugeben.

B. G. W.

Meldorf, den 21. Juli 1862.

Zur Beglaubigung: **Fabricius.**

№ 15.

Zweite Bekanntmachung.

Extr. des Procl. des 31sten Stücks № 4.

Nichtprotocollirte Forderungen, Erb- und sonstige Ansprüche an den unter gerichtliche Behandlung genommenen Nachlaß des wailand Schullehrers Claus Egge in Braaken und seiner vorverstorbenen Ehefrau Eva, geb. Johannsen, namentlich die Erbgerechtsame des angeblich vor einigen Jahren nach Amerika ausgewanderten Claus Egge aus Oldenbüttel, Kirchspiels Hademarschen, so wie Pfandstücke aus diesem Nachlaß sind innerhalb 12 Wochen, von der letzten Bekanntmachung dieses Proclams angerechnet, **sub pœna præclusi**, in der Königlichen Kirchspielschreiberei zu Hemmingstedt gehörig anzugeben.

B. G. W.

Meldorf, den 22. Juli 1862.

Zur Beglaubigung: **Fabricius.**

№ 16.

Zweite Bekanntmachung.

Extr. des Procl. des 31sten Stücks № 5.

Der Schlossergesell Chr. Ad. Emil Carstens aus Rendsburg hat sich zur Geltendmachung seiner Rechte an den Nachlaß seiner kürzlich hier verstorbenen Geschwister Julie Carstens und Jürgen Paul Christian Friedrich Carstens fördersamst hieselbst einzufinden.

Auch müssen Gläubiger und Pfandinhaber zum Nachlaß der gedachten verstorbenen Geschwister Carstens oder zum Nachlaß des verstorbenen pensionirten Hoboisten Nicolaus Heinrich Blomberg sich, sub pœna praeclusi, resp. bei Verlust der Pfandrechte, binnen 12 Wochen, von letzter Bekanntmachung dieses, im städtischen Actuariate hieselbst gehörig melden.

Rendsburg, den 24. Juli 1862.

(L. S. C.) Der Magistrat.

№ 17.

Zweite Bekanntmachung.

Extr. des Procl. des 31sten Stücks № 7.

Alle und Jede, welche an den bisherigen ³/₄ Hufner Christian Stieper in Kl. Kummerfeld Forderungen und Ansprüche irgend einer Art, insbesondere an die von ihm verkaufte, in Kl. Kummerfeld belegene ³/₄ Hufe c. pert. zu haben vermeinen, müssen sich damit innerhalb 12 Wochen, vom Tage der letzten Bekanntmachung angerechnet, bei Vermeidung des Ausschlusses und des ewigen Stillschweigens, auf dem Königlichen Actuariat hieselbst, unter Beobachtung des Erforderlichen, melden.

Königl. Amthaus zu Neumünster, den 19. Juli 1862.

v. Stemann.

In fidem: O. Rantzau, const.

№ 18.

Dritte und letzte Bekanntmachung.

Von Gerichtswegen

wird auf Anhalten der Königlichen Kirchspielvogtei zu Tellingstedt, als Masseregulirungsbehörde, den sämmtlichen nichtprotocollirten Gläubigern des verstorbenen Johann Hinrich Delhmann, wailand bei Gaushorn, hiemittelst anbefohlen, ihre Ansprüche und Forderungen an den geringfügigen Nachlaß desselben, den die Wittwe und Erben nur sub beneficio legis et inventarii antreten zu wollen erklärt haben, nach zuvor eingeholter Genehmigung des Königl. Holsteinischen Obergerichts in Glückstadt, bei Strafe der Ausschließung von dieser Masse, innerhalb 6 Wochen, von der letzten Bekanntmachung dieses Proclams, welches eventuell als Concursproclam gelten soll, angerechnet, in der Kirchspielschreiberei zu Tellingstedt, und zwar Auswärtige unter Procuraturbestellung, anzumelden und verzeichnen zu lassen.

Königl. Norderdithmarsische Landvogtei zu Heide, den 8. Juli 1862.

Hansen.

In fidem: Scholtz.

№ 19.

Dritte und letzte Bekanntmachung.

Alle und Jede, welche an die seither dem Gastwirth Carl Ludwig Plagmann in Schönkirchen gehörige, sub Nr. 23 daselbst belegene und nunmehr an den Müller Cay Nicolaus Doormann aus Dobersdorf verkaufte Kathenstelle dingliche Ansprüche zu haben vermeinen, mit alleiniger Ausnahme der protocollirten Gläubiger, werden hiedurch, bei Strafe der Ausschließung und des ewigen Stillschweigens, aufgefordert, sich mit ihren desfälligen Ansprüchen innerhalb 12 Wochen bei dem unterzeichneten Gerichte zu melden.

Brunswieck, im Königlichen Gericht für das Amt Kiel, den 10. Juli 1862.

C. Rahlev.

№ 20.

Dritte und letzte Bekanntmachung.

Alle und Jede, welche an die nachstehenden, von den resp. Erben pure angetretenen Nachlaßmassen, nämlich:

1) des mit Hinterlassung eines Testaments zu Heidenberg, Amts Cronshagen, verstorbenen Alttheilers Hans Friedrich Bierend und
2) des ab intestato zu Schönkirchen, Amts Kiel, verstorbenen Maklers Jochim Friedrich Kuhaldt

aus irgend einem Grunde Forderungen und Ansprüche zu haben vermeinen oder dahin gehörende Pfänder in Händen haben, werden hiedurch aufgefordert, bei Strafe der Ausschließung und des Verlustes ihrer Rechte, sich innerhalb 12 Wochen, vom Tage der letzten Bekanntmachung dieses Proclams angerechnet, und zwar Auswärtige unter Procuraturbestellung, bei der hiesigen Amtstube anzugeben, die betreffenden Documente im Original zu produciren und davon beglaubigte Abschrift bei den Acten zurückzulassen.

Königl. Gericht für die Aemter Kiel und Cronshagen. Brunswieck, den 22 Juli 1862.

C. Rahlev.

№ 21.

Dritte und letzte Bekanntmachung.

Nachdem die Wittwe und Erben des verstorbenen Viceconsuls E. Birch in Kiel ihre in Neumühlen belegenen Grundstücke, nämlich:

1) die beiden Oelmühlen nebst der früher Güldnerschen Kathenstelle und die Licht- und Seifenfabrik,

2) eine bisher mit den Oelmühlen verbundene Landmaaße von 3 Steuertonnen 223 []Ruthen und eine Strecke unurbaren Landes am Neumühlener und Dietrichsdorfer Strande von 3 Tonnen 1 Scheffel 55 []Ruthen

verkauft und ihren Käufern die Lieferung reiner Folien zugesagt haben, werden hiedurch, mit Ausnahme der protocollirten Gläubiger, Alle und Jede, welche an die vorgenannten Grundstücke dingliche Ansprüche irgend welcher Art zu haben oder gegen die Trennung der 3 Steuertonnen 223 []Ruthen von dem Oelmühlenbesitze Einwendungen erheben zu können vermeinen, hiedurch befehligt, sich damit, bei Strafe der Ausschließung und des Stillschweigens, innerhalb 12 Wochen, von der letzten Bekanntmachung dieses Proclams, auf der hiesigen Amtstube ordnungsmäßig zu melden, unter Producirung der etwaigen Documente und Auswärtige unter Bestellung eines Procurators.

Königl. Gericht für das Amt Kiel, Brunswieck, den 22. Juli 1862.

C. Rahtlev.

№ 22.

Dritte und letzte Bekanntmachung.

Extr. des Procl. des 29sten Stücks № 13.

Mit Ausnahme der protocollirten Creditoren, so wie der legitimirten Erben bezüglich ihrer Erbansprüche müssen sich Alle und Jede, welche an die hieselbst unter gerichtlicher Behandlung befindliche Vermögensmasse der weil. Wittwe Metta Schröder, geb. Eggert, in Lutzhorn und speciell an die von dem Massecurator verkaufte, in Lutzhorn belegene 1/16 Hufenstelle c. p. Forderungen und Ansprüche irgend einer Art zu haben vermeinen, oder Pfänder von der gedachten Wittwe Schröder besitzen, mit selbigen innerhalb 6 Wochen, vom Tage der letzten Bekanntmachung dieses Proclams angerechnet, sub pœna praeclusi et perpetui silentii, bei dem unterzeichneten Gerichte rechtsbehörig melden.

Königl. Administratur zu Ranzau, den 12. Juli 1862.

A. v. Moltke.

№ 23.

Dritte und letzte Bekanntmachung.

Extr. des Procl. des 29sten Stücks № 14.

Mit alleiniger Ausnahme der protocollirten Gläubiger müssen Alle und Jede, welche an die Concursmasse des Eingesessenen und Haartuchwebers Johann Andreas Mathias Timm in Pinneberg und insbesondere an die dazu gehörige, im Flecken Pinneberg belegene, im Schuld- und Pfandprotocoll Nr. 1 b Fol. 309 aufgeführte Besitzung cum pert. Ansprüche und Forderungen irgend einer Art zu haben vermeinen, solche innerhalb 12 Wochen, vom Tage der letzten Bekanntmachung dieses Proclams angerechnet, bei Strafe der Ausschließung, im Actuariat des Gerichts rechtsbehörig anmelden.

Pinneberger Concursgericht, den 11. Juli 1862.

Wommelsdorff-Friedrichsen. H. A. Tetens.

Mohrdiek.

№ 24.

Dritte und letzte Bekanntmachung.

Extr. des Procl. des 29sten Stücks № 15.

Alle und Jede, welche an den der concursmäßigen Behandlung unterzogenen Nachlaß des weil. Zieglers Johann Joachim Gottlieb Böttcher zu Spitzkuhlen Ansprüche und Forderungen irgend einer Art zu haben vermeinen, müssen solche, bei Strafe der Ausschließung, innerhalb 12 Wochen, vom Tage der letzten Bekanntmachung dieses Proclams angerechnet, im Actuariate des Gerichts rechtsbehörig anmelden.

Pinneberger Concursgericht, den 18. Juli 1862.

Wommelsdorff-Friedrichsen. H. A. Tetens.

Mohrdiek.

№ 25.

Dritte und letzte Bekanntmachung.

Extr. des Procl. des 30sten Stücks № 2.

Nichtprotocollirte Forderungen und Ansprüche an den unter gerichtliche Behandlung genommenen Nachlaß des weil. Eingesessenen und Arbeitsmanns Neel Neelsen, auch Rasmussen genannt, in Wöhrden, eines unehelichen Sohnes der weil. Marina Neelsen in Brunsbüttel, so wie Pfandstücke aus diesem Nachlasse, insonderheit die Erbansprüche nachstehender Halbgeschwister des **defunctus**, als:

1) des Hinrich Diedrich, genannt Wulf, den 3. Dec. 1794 zu Brunsbüttel geboren, später zu Weslingburen wohnhaft, event. dessen Leibeserben,
2) des Meincke Hinrich, genannt Meincke, geboren den 4. Februar 1798 zu Brunsbüttel, später in Meldorf, event. dessen Leibeserben,

deren beider Aufenthalt unbekannt ist, so wie

3) die Wittwe Anna Cathrina Malena von Böhlen, genannt Rüter, zu Brunsbüttlerhafen, geboren den 25. April 1801, event. deren Leibeserben,

sind innerhalb 12 Wochen, vom Tage der letzten Bekanntmachung dieses eventuell auch als Concursproclam erlassenen Proclams angerechnet, in der Königl. Kirchspielschreiberei zu Wöhrden rechtsbehörig anzugeben, unter der Verwarnung, daß widrigenfalls die nicht angemeldeten Ansprüche, so wie die Erbgerechtsame der Wittwe Anna Cathrina Malena von Böhlen für präcludirt erachtet, rücksichtlich der sub 1 und 2 genannten Halbbrüder des **defunctus**, eventuell deren Leibeserben, es aber nach Verordnung vom 9. November 1798 werde verhalten werden.

R. G. W.

Meldorf, den 16. Juli 1862.

Zur Beglaubigung: **Fabricius.**

№ 26.

Dritte und letzte Bekanntmachung.

Extr. des Procl. des 30sten Stücks № 3.

Gläubiger und Pfandinhaber des insolventen hiesigen Bürgers und Kupferschmieds Rudolph Bernhard Martin Kiehn müssen ihre Forderungen und Ansprüche an denselben, wie auch die Pfandstücke, so wie nicht-protocollirte dingliche Rechte an das sub Nr. 354 im Neuwerk hieselbst belegene Wohnhaus und Hintergebäude des Cridars, binnen 12 Wochen, von letzter Bekanntmachung dieses Proclams, sub pœna præclusi und resp. bei Verlust der Pfandrechte, im städtischen Actuariat hieselbst gehörig anmelden, Auswärtige unter Procuraturbestellung.

Rendsburg, den 21. Juli 1862.

(L. S. C.) Der Magistrat.

№ 27.

Dritte und letzte Bekanntmachung.

Extr. des Procl. des 30sten Stücks № 7.

Alle und Jede, welche dingliche Ansprüche irgend welcher Art an die im Dorfe Wasbock sub Nr. 21 belegene, von der Ehefrau Anna Catharina Margaretha Henriette Kahl, geb. Köhn, früher verwittwet gewesenen Steffen, an die Hochgräfliche Weissenhauser Gutsherrschaft verkaufte Superficieslathe zu haben vermeinen, müssen dieselben vor Ablauf von 12 Wochen, nach der letzten Bekanntmachung dieses Proclams, bei Vermeidung gänzlicher Ausschließung, in rechtsbehöriger Weise hieselbst anmelden.

Decretum Lütjenburg, in der Gerichtshalterschaft des adeligen Guts Weissenhaus, den 18. Juli 1862.

Lorentzen.

№ 28.

Dritte und letzte Bekanntmachung.

Extr. des Procl. des 30sten Stücks № 8.

Alle und Jede, welche an die Concursmasse des Schiffers Claus Thumann aus Wewelsfleth Ansprüche oder Forderungen irgend einer Art zu haben vermeinen, so wie Sachen oder Pfänder von dem Cridar in Händen haben, werden hiedurch aufgefordert, ihre Ansprüche, bei Strafe der Ausschließung von dieser Masse und Verlust ihrer Pfandrechte, binnen 12 Wochen, vom Tage der letzten Bekanntmachung angerechnet, bei der Königl. Landschreiberei zu Wilster ordnungsmäßig anzumelden.

Itzehoe, im Königl. Gericht für das Amt Steinburg, den 19. Juli 1862.

A. v. Heintze, const.

№ 29.

Dritte und letzte Bekanntmachung.

Extr. des Procl. des 30sten Stücks № 9.

Alle und Jede, mit Ausnahme der protocollirten Gläubiger, welche Ansprüche und Forderungen an den Bürger Otto Ahrens in Crempe, z. Zt. in Horst, in specie auch an das demselben gehörige, in der Hinterstraße hieselbst belegene Haus oder an die demselben gehörigen 8½ Morgen Stadtländereien zu haben vermeinen, müssen solche, bei Strafe des ewigen Stillschweigens, binnen 12 Wochen, von der letzten Bekanntmachung dieses Proclams angerechnet, im Stadtsecretariate hieselbst gehörig angeben.

Decretum Crempe **in Curia**, den 21. Juli 1862.

Bendixen.

Beilage
zum 33. Stück der Holsteinischen Anzeigen.

Montag den 18. August 1862.

Bekanntmachungen.

№ 1.

In Gemäßheit des § 39 der Verordnung vom 28. November 1837, betreffend das Expropriations-verfahren bei Wegebauten, sind die Entschädigungen der Grundbesitzer in der Dorfsfeldmark Dörnick, dem Vorwerk Plön, dem Hohenrader District, der Dorfschaft Böstorf und der Feldmark Friedrichshof und Dodau, welche für den Neumünster-Plön-Dodauer Chausseebau Land abgetreten haben, so weit sie unter die Rubriken a, b, c und h der gedachten Verordnung fallen, auf 4 Wochen, vom Tage der letzten Bekanntmachung dieses angerechnet, bei der Amtstube in Ahrensböck niedergelegt worden und wird die Auszahlung derselben nach Ablauf dieser Frist erfolgen. Inzwischen werden die etwaigen hypothecarischen Gläubiger der von der Expropriation betroffenen Grundbesitzer Gelegenheit haben, ihre Ansprüche an die Pfandschuldner wahrzunehmen und sich mit diesen wegen allenfallsiger Theilnahme an den Entschädigungssummen auseinanderzusetzen, zu welchem Ende Vorstehendes hiedurch bekannt gemacht wird.

Königl. Amthaus zu Plön, den 1. August 1862.

W. C. v. Levetzau.

№ 2.

Wenn für den Halbhufensetzwirth Tim Studt in Klein-Gladebrügge, Amts Traventhal, zu Curatoren seines Vermögens der Hufner Diedrich Hans Detlev Köhle in Klein-Gladebrügge und der Arbeitsmann Jochim Hinrich Schütt daselbst unter dem 2. d. M. von hieraus bestellt sind, so wird Solches mit dem Bemerken hiedurch zur öffentlichen Kunde gebracht, daß gedachter Tim Studt fortan nur mit Zustimmung seiner Curatoren rechtsverbindliche, sein Vermögen afficirende Geschäfte einzugehen im Stande ist.

Königl. Traventhaler Amthaus zu Traventhal, den 8. August 1862.

Grothusen.

In fidem: *H. Krebs.*

№ 3.

In der Zeit vom 23.—29. d. M. sind aus dem Hause des ⅓ Hufners und Gastwirths Claus Schlüter in Bramstedt außer einer baaren Summe von 42 ℛ 64 β in Speciesthalern:

1 silberner Eßlöffel, gez. Joh. Fölscher 4. Juni 1861,
1 do. do. „ Timm Stamerjohann 4. Juni 1861,
1 do. do. „ A. Wulf 4. Juni 1861,
1 do. do. „ Jochim Gloe 4. Juni 1861,
1 do. do. „ Hinrich Steckmest 4. Juni 1861,
1 do. do. „ Joch. Huß 4. Juni 1861,

sämmtlich oben am Stiel mit einer Muschel in getriebener Arbeit verziert und mit dem Stempel H. W. F. versehen, ferner:

1 silberne Zuckerzange, gezeichnet H. H. Brüggen 4. Juni 1861, mit Blumen von getriebener Arbeit am Griffe,
1 silberner Eßlöffel, gez. F. L. 1840, mit Blumen von getriebener Arbeit am Stiel,

entwendet worden.

Alle Behörden werden ersucht, auf diese Gegenstände vigiliren, dieselben nebst deren verdächtigen Inhaber im Betretungsfalle anhalten und dem Amthause alsdann eine Nachricht zugehen zu lassen.

Segeberger Königl. Amthaus, den 31. Juli 1862.

F. Moltke.

König Christian VIII. Ostseebahn.

An die Stelle des mit Tode abgegangenen Herrn Advocaten Th. Lehmann in Kiel hat der Ausschuß Herrn Etatsrath Preußer, R. v. D., wieder zum Director gewählt und hat derselbe die Wahl angenommen.

Altona, den 14. August 1862.

Der Ausschuß.
Theod. Reincke, Vorsitzender.

Testaments-Publication.

Das im Verwahrsam des unterzeichneten Gerichts befindliche Testament des am 19. v. M. zu Gaarden, Amts Kiel, mit Tode abgegangenen Particuliers Ludwig Hermann Petersen wird am Dienstag den 26. August d. J., Vormittags 10 Uhr, hierselbst publicirt werden, welches für sämmtliche Beikommende behufs

Wahrnehmung ihrer Gerechtsame in dem gedachten Termin hiemittelst bekannt gemacht wird.

Brunswieck, im Königl. Gericht für das Amt Kiel, den 9. August 1862.

Brockenhuus, const.

Testaments-Publication.

Das hieselbst deponirte Testament des kürzlich verstorbenen hiesigen Bürgers und Töpfermeisters Friedrich Böttcher und seiner überlebenden Ehefrau Friederike Dorothea Christine, geb. Carstens, früber verwittwet gewesenen Stöhlker, wird am Dienstage den 2. Septbr. d. J., Mittags 12 Uhr, auf dem hiesigen Rathhause publicirt werden.

Lütjenburg, den 9. August 1862.

(L. S.) Bürgermeister und Rath.

Zur Beglaubigung: **H. Brinkmann.**

Proclamata.

№ 1.

Erste Bekanntmachung.

Von Gerichtswegen.

Nachdem dem früheren Kornmakler, jetzigen Gastwirth und Kaufmann Johannes Christian Peters am Brunsbüttlerhafen die Rechtswohlthat der Güterabtretung, vorbehältlich der Einwendungen seiner Gläubiger, bewilligt und demgemäß über dessen Vermögen genereller Concurs erkannt worden ist, ergehet nunmehr auf Instanz des bestellten Güterpflegers an alle nichtprotocollirten Gläubiger und Pfandinhaber des Cridars der Befehl, diese ihre Forderungen und Pfänder, bei Verlust derselben, in 12 Wochen, nach der letzten Bekanntmachung dieses Proclams, Auswärtige nach vorher bestellter Actenprocuratur, in der Königl. Kirchspielschreiberei zu Brunsbüttel anzugeben.

Königl. Süderdithmarscher Landvogtei zu Meldorf, den 11. August 1862.

(L. S.) *Müllenhoff.*

Zur Beglaubigung: **Fabricius.**

№ 2.

Erste Bekanntmachung.

Wenn die Wittwe Christine Schlünsen, geb. Strohbehn, früher verw. gewesene Schümann, zu Dransau, hiesigen Guts, die Behauptung, „daß ein Capital von 233 ℳ 16 β v. Cour., jetzt 373 ℳ 32 β R.-M., welches bei der Stadt Lütjenburg, laut Wechsels der dortigen städtischen Collegien vom 24. Juni 1834, auf dem Namen ihres verstorbenen Ehemannes Detlev Schlünsen belegt steht, ihr gehört, der Wechsel also irrthümlich an ihren gedachten Ehemann ausgestellt ist“, einigermaaßen bewiesen und dabei darauf angetragen hat, daß ein desfallsiges Proclam erlassen und ihr event. das alleinige Eigenthum des fraglichen Wechsels und des darin verschriebenen Capitals zuerkannt werden möge: so werden, in Bewilligung dieses Antrags, hiemit Alle und Jede, welche außer der Extrahentin an den obgedachten Stadtwechsel und das darin verschriebene Capital aus irgend einem Grunde Ansprüche, daher insbesondere ein Recht zu haben vermeinen, dem zu widersprechen, daß ihr das ausschließliche Eigenthum des Wechsels zuerkannt werde, hiemit aufgefordert und befehligt, solche Ansprüche und Rechte, bei Strafe der Ausschließung resp. des Verlustes und des ewigen Stillschweigens, binnen 12 Wochen, vom Tage der letzten Bekanntmachung dieses angerechnet, hieselbst anzumelden, die ihre Ansprüche begründenden Urkunden dabei in der Urschrift vorzuzeigen und beglaubigte Abschrift davon zurückzulassen, auch, daferne sie Auswärtige sind, Procuratoren zu den Acten zu bestellen.

Wornach sich zu achten.

Lütjenburg, den 13. August 1862.

Das Patrimonialgericht des adeligen Guts Neuhaus.

Wyneken.

№ 3.

Erste Bekanntmachung.

Auf Anhalten Beikommender werden, mit alleiniger Ausnahme der protocollirten Gläubiger, Alle und Jede, welche

1) an das dem Schmiedemeister Johann Hinrich Ewers gehörige, im III. Quartier Nr. 168 belegene Wohnhaus c. pert., welches derselbe verkauft hat;
2) an das von dem Lohgerber Anton Carl Theodor Lundt auf einem von der Stadt acquirirten Bauplatz neu erbaute, im III. Quartier Nr. 173 belegene Wohnhaus c. pert.;
3) an das von dem Arbeitsmann Johann Hinrich Eduard Guttau auf einem von der Stadt acquirirten Bauplatz neu erbaute, im III. Quartier Nr. 174 belegene Wohnhaus c. pert.;
4) an das von dem Arbeitsmann Jacob Christian Hinrich Buck auf einem von der Stadt acquirirten Bauplatz neu erbaute, im III. Quartier Nr. 175 belegene Wohnhaus c. pert.;
5) an das von dem Tischlermeister Heinrich Christian Grimm auf einem bisher zu seinem Hause I. Quartier Nr. 113 gehörigen Landstück von 1 Scheffel 40 Ruthen neu erbaute, im I. Quartier Nr. 126 belegene Wohnhaus c. pert.,

hypothecarische oder sonstige dingliche Ansprüche resp. Einwendungen gegen die Einrichtung besonderer Folien im hiesigen Schuld- und Pfandprotocoll für die sub 2, 3, 4 und 5 gedachten Häuser zu haben vermeinen, hiemittelst aufgefordert und befehligt, sich damit, bei Strafe der Ausschließung und des Verlustes, binnen 12 Wochen, von der letzten Bekanntmachung dieses Proclams angerechnet, im hiesigen Syndicat zu melden, unter Producirung der etwanigen bezüglichen Documente und Auswärtige unter Bestellung eines Procurators.

Decretum Neustadt, den 5. August 1862.

(L. S.) Bürgermeister und Rath.

L. Kohlmann.

№ 4.

Erste Bekanntmachung.

Da die Erlassung eines Proclams über den Nachlaß des unverehelicht verstorbenen Dienstknechts Christopher Jacobs, weil. in Crempdorf, durch die Concurrenz unmündiger Erben und behufs der Ermittelung sämmtlicher Erbberechtigten erforderlich geworden, so werden, mit alleiniger Ausnahme der bereits angemeldeten Erben, Alle, welche an den gedachten Nachlaß Erb- oder sonstige Ansprüche zu haben vermeinen, hiedurch, bei Strafe der Ausschließung und ewigen Stillschweigens, befehligt, selbige innerhalb 12 Wochen, von der letzten Bekanntmachung dieses Proclams angerechnet, in der Königl. Landschreiberei der Crempermarsch zu Crempe unter Producirung der bezüglichen Documente in Original und Zurücklassung von Abschriften derselben, Auswärtige auch unter Bestellung von Actenprocuratur, gehörig anzumelden.

Königl. Gericht für das Amt Steinburg zu Itzehoe, den 9. August 1862.

A. v. Heintze, const.

№ 5.

Erste Bekanntmachung.

Auf den Antrag des Dr. med. Th. Hager im Landrechte zu Crempe werden Alle und Jede, mit Ausnahme der protocollirten Gläubiger, welche an das von ihm in diesem Frühjahre von dem Bürger Hans Moeller in Crempe gekaufte, in der Breitenstraße daselbst belegene, jetzt im Neubau begriffene Haus, verzeichnet Fol. 37 des Stadt-Schuld- und Pfandprotocolls, dingliche, namentlich hypothecarische, Ansprüche erheben zu können vermeinen, von Gerichtswegen hiedurch aufgefordert, solche, bei Vermeidung der Präclusion und des ewigen Stillschweigens, binnen 12 Wochen, von der letzten Bekanntmachung dieses Proclams angerechnet, im Stadtsecretariat hieselbst ordnungsmäßig anzugeben, Auswärtige unter Bestellung von Actenprocuratur.

Decretum Crempe in Curia, den 12. Aug. 1862.

Bendixen.

№ 6.

Erste Bekanntmachung.

Alle und Jede, welche an nachbenannte geringfügige Concursmassen, als:

1) die des Krämers Johannes Görling in Wandsbeck,

2) die des früheren Bäckers Dethlev Wilhelm Otto Brockstedt in Wandsbeck, und

3) die des Schneidermeisters Johann Bruhnsen in Wandsbeck,

aus irgend einem Grunde Ansprüche und Forderungen zu haben vermeinen, werden hiemittelst von Gerichtswegen aufgefordert, solche binnen 12 Wochen, vom Tage der letzten Bekanntmachung dieses Proclams angerechnet, und zwar bei Strafe der Ausschließung, in dem unterzeichneten Justitiariate ordnungsmäßig anzumelden, die ihre Ansprüche begründenden etwanigen Documente im Original zu produciren und beglaubigte Abschriften davon bei den Acten zu belassen, auch, wofern sie Auswärtige, Actenprocuratoren hieselbst zu bestellen.

Decretum Wandsbecker Justitiariat bei Wandsbeck, den 8. August 1862.

Reimers.

№ 7.

Zweite Bekanntmachung.

Wenn über die Habe und Güter des Kaufmanns Friedrich Ullrich Eitzen in Itzehoe der Concurs der Gläubiger erkannt ist, so werden, mit Ausnahme der protocollirten Gläubiger, Alle und Jede, welche aus irgend einem Grunde Forderungen und Ansprüche an den genannten Cridar und dessen in Itzehoe unter klösterlicher Jurisdiction belegenes Wohnhaus zu haben vermeinen, hiedurch aufgefordert und befehligt, solche Ansprüche binnen 12 Wochen, vom Tage der letzten Bekanntmachung dieses Proclams angerechnet, bei Strafe der Ausschließung von der Concursmasse, bei dem klösterlichen Protocolle in Itzehoe anzugeben, die ihre Ansprüche begründenden Documente im Original zu produciren, beglaubigte Abschriften davon zurückzulassen und, insofern sie Auswärtige sind, Procuratoren zu den Acten zu bestellen.

Itzehoe, den 2. August 1862.

Klösterliche Obrigkeit.

№ 8.

Zweite Bekanntmachung.

Extr. des Procl. des 32sten Stücks № 1.

Nichtprotocollirte Forderungen und Ansprüche an den insolventen Sattler Johann Lamaack in Meldorf und dessen Concursmasse, so wie Pfandstücke aus dieser Masse sind, bei Strafe resp. der Ausschließung und des Verlustes der Pfandrechte, innerhalb 12 Wochen, von der letzten Bekanntmachung dieses Proclams angerechnet, in der Königlichen Kirchspielschreiberei zu Meldorf rechtsbehörig anzugeben.

L. G. W.

Meldorf, den 5. August 1862.

Zur Beglaubigung: Fabricius.

№ 9.

Zweite Bekanntmachung.

Extr. des Procl. des 32sten Stücks № 2.

Mit Ausnahme der protocollirten Gläubiger und der Proclamsextrahenten werden Alle und Jede, welche an den Nachlaß des am 6. Juni d. J. verstorbenen Hufners Hans Hinr. Rottgardt in Söhren, insbesondere an die dazu gehörige, in Söhren belegene Vollhufe mit Zubehör, Forderungen oder Ansprüche irgend einer Art zu haben vermeinen, hiedurch von Gerichtswegen aufgefordert, sich damit, bei Vermeidung der Ausschließung von der Masse, vor Ablauf von 12 Wochen, vom Tage der letzten Bekanntmachung dieses Proclams angerechnet, unter Wahrnehmung des Rechtserforderlichen, auf der Königlichen Traventhaler Amtstube zu melden.

Königliches Traventhaler Amthaus zu Traventhal, den 5. August 1862. *Grothusen.*

In fidem: H. Krebs.

№ 10.

Zweite Bekanntmachung.

Extr. des Procl. des 32sten Stücks № 3.

Erbgerechtsame an die Verlassenschaft der weil. Ehefrau Anna Margaretha Sorgenfrei, geb. Siesse, in Götzberg, so wie Ansprüche und Forderungen an die Masse derselben und ihres nunmehr auch mit Tode abgegangenen Ehemannes, des Altentheilers Johann Sorgenfrei daselbst, sind innerhalb 12 Wochen, vom Tage der letzten Bekanntmachung dieses Proclams, bei Strafe des Ausschlusses, im Segeberger Königl. Actuariate rechtsgehörig zu melden.

Segeberger Amtsgericht, den 4. August 1862.

Pr. et Ass. jud.

In fidem: H. F. Jacobsen.

№ 11.

Zweite Bekanntmachung.

Extr. des Procl. des 32sten Stücks № 5.

Mit Ausnahme der protocollirten Gläubiger müssen Alle und Jede, welche an den zum Concurs gekommenen Polizeiinspector Meins hieselbst Ansprüche und Forderungen zu haben glauben oder Pfänder von ihm besitzen sollten, sich damit, bei Strafe der Ausschließung von dieser Concursmasse und des Verlustes ihres Pfandrechts, binnen 12 Wochen, a dato der letzten Bekanntmachung dieses Proclams, Auswärtige unter Procuraturbestellung, in dem hiesigen Stadtsecretariat angeben.

Signatum Glückstadt, den 31. Juli 1862.

(L. S. C.) Präsident, Bürgermeister und Rath.

№ 12.

Dritte und letzte Bekanntmachung.

Der Hutmacher Benjamin Witt, geboren zu Tilsit, copulirt zu Lütjenburg den 20. April 1798 mit Dorothea Louise Litte, hat vor vielen Jahren Kiel, seinen damaligen Wohnort, verlassen und soll gestorben sein, ohne daß jedoch dessen Tod zu beweisen und über dessen späteren Aufenthalt etwas zu ermitteln ist — ein ehelicher Sohn des genannten Abwesenden, der Maurergesell Johann Friedrich Benjamin Witt, geboren in Lütjenburg den 18. Januar 1799, ist höchstwahrscheinlich im August 1824 in der Donau bei Ofen ertrunken, woselbst er unter dem Namen Friedrich Witt im 53. Infanterie-Regiment diente — der Schuhmachergesell Daniel Jacob Heinrich Witt, geboren in Kiel den 31. Januar 1811, gleichfalls ein ehelicher Sohn der vorgenannten Eheleute Witt, ist am 12. September 1855 in Hamburg gestorben, soviel bekannt ledigen Standes.

Auf Antrag des Hrn. Advocaten Dr. W. Seestern-Pauly hieselbst, als Curators des Nachlasses der am 21. Juli 1849 hieselbst verstorbenen Eingangs genannten Ehefrau D. L. Witt, geb. Litte, bei welchem Nachlaß deren Ehemann und deren Sohn J. F. B. Witt, so wie die etwaigen Erben des Sohnes D. J. H. Witt eventuell in Betracht kommen, und nach erwirkter Auctorisation des Königl. Holsteinischen Obergerichts werden der Ehemann Benjamin Witt und der Maurergesell Johann Friedrich Benjamin Witt mit Bezugnahme auf die Verordnung vom 9. Nov. 1798 hiedurch aufgefordert, innerhalb präclusivischer Frist von 12 Wochen, vom letzten Tage der Bekanntmachung dieses Proclams angerechnet, im hiesigen Stadtsyndicat sich unter Bestellung eines Procurators anzugeben, widrigenfalls dieselben nach Vorschrift der angezogenen Verordnung für todt werden erklärt werden. — Zugleich werden Alle, welche als Creditoren, Eigenthümer oder aus anderem Grunde und insbesondere als Erben des Schustergesellen Daniel Jacob Heinr. Witt Ansprüche irgend einer Art an den Nachlaß der verstorbenen Ehefrau D. L. Witt, geb. Litte, zu haben glauben, mit alleiniger Ausnahme der protocollirten Gläubiger und der bereits angemeldeten ehelichen Kinder der Erblasserin, hiedurch aufgefordert, binnen gleicher präclusivischer Frist im hiesigen Stadtsyndicat sich anzugeben, unter Bestellung eines Procurators, insofern die Profitenten außerhalb Kiels wohnen.

Kiel, den 22. Juli 1862.

Der Magistrat.

In fidem: *G. F. Witte*, Syndicus.

№ 13.

Dritte und letzte Bekanntmachung.

Extr. des Procl. des 31sten Stücks № 7.

Alle und Jede, welche an den bisherigen 3/4 Hufner Christian Stieper in Kl. Kummerfeld Forderungen und Ansprüche irgend einer Art, insbesondere an die von ihm verkaufte, in Kl. Kummerfeld belegene 3/4 Hufe c. pert. zu haben vermeinen, müssen sich damit innerhalb 12 Wochen, vom Tage der letzten Bekanntmachung angerechnet, bei Vermeidung des Ausschlusses und des ewigen Stillschweigens, auf dem Königlichen Actuariat hieselbst, unter Beobachtung des Erforderlichen, melden.

Königl. Amthaus zu Neumünster, den 19. Juli 1862.

v. Stemann.

In fidem: O. Rantzau, const.

Beilage
zum 34. Stück der Holsteinischen Anzeigen.

Montag den 25. August 1862.

Bekanntmachungen.

№ 1.

In Gemäßheit des § 39 der Verordnung vom 28. November 1837, betreffend das Expropriationsverfahren bei Wegebauten, sind die Entschädigungen der Grundbesitzer in der Dorfsfeldmark Dörnick, dem Vorwerk Plön, dem Hohenrader District, der Dorfschaft Böstorf und der Feldmark Friedrichshof und Dodau, welche für den Neumünster-Plön-Dodauer Chausseebau Land abgetreten haben, so weit sie unter die Rubriken a, b, c und h der gedachten Verordnung fallen, auf 4 Wochen, vom Tage der letzten Bekanntmachung dieses angerechnet, bei der Amtstube in Ahrensböck niedergelegt worden und wird die Auszahlung derselben nach Ablauf dieser Frist erfolgen. Inzwischen werden die etwaigen hypothecarischen Gläubiger der von der Expropriation betroffenen Grundbesitzer Gelegenheit haben, ihre Ansprüche an die Pfandschuldner wahrzunehmen und sich mit diesen wegen allenfallsiger Theilnahme an den Entschädigungssummen auseinanderzusetzen, zu welchem Ende Vorstehendes hiedurch bekannt gemacht wird.

Königl. Amthaus zu Plön, den 1. August 1862.

W. C. v. Levetzau.

№ 2.

Wenn für den Halbhufensetzwirth Tim Studt in Klein-Gladebrügge, Amts Traventhal, zu Curatoren seines Vermögens der Hufner Diedrich Hans Detlev Köbke in Klein-Gladebrügge und der Arbeitsmann Jochim Hinrich Schütt daselbst unter dem 2. d. M. von hieraus bestellt sind, so wird Solches mit dem Bemerken hiedurch zur öffentlichen Kunde gebracht, daß gedachter Tim Studt fortan nur mit Zustimmung seiner Curatoren rechtsverbindliche, sein Vermögen afficirende Geschäfte einzugehen im Stande ist.

Königl. Traventhaler Amthaus zu Traventhal, den 8. August 1862.

Grothusen.

In fidem: H. Krebs.

Verkaufs-Anzeige.

Wenn auf Antrag des zunächst periclitirenden protocollirten Pfandgläubigers im Concurse über die von dem weil. Käthner und Böttcher Johann Jacob Miedeke zu Marienthal besessene, daselbst belegene Kathenstelle ein nochmaliger Termin zum definitiven öffentlichen Aufgebot dieses Grundstücks auf Mittwoch den 3. September d. J. anberaumt worden ist, so werden Kaufliebhaber aufgefordert, sich am bemeldeten Tage, Mittags 12 Uhr, im Justitiariat einzufinden.

Stockelsdorf, im Justitiariate, den 14. Aug. 1862.

Esmarch.

Testaments-Publication.

Das im Verwahrsam des unterzeichneten Gerichts befindliche Testament des am 19. v. M. zu Gaarden, Amts Kiel, mit Tode abgegangenen Particuliers Ludwig Hermann Petersen wird am Dienstag den 26. August d. J., Vormittags 10 Uhr, hierselbst publicirt werden, welches für sämmtliche Beikommende behufs Wahrnehmung ihrer Gerechtsame in dem gedachten Termin hiemittelst bekannt gemacht wird.

Brunswieck, im Königl. Gericht für das Amt Kiel, den 9. August 1862.

Brockenhuus, const.

Testaments-Publication.

Das hieselbst deponirte Testament des kürzlich verstorbenen hiesigen Bürgers und Töpfermeisters Friedrich Böttcher und seiner überlebenden Ehefrau Friederike Dorothea Christine, geb. Carstens, früher verwittwet gewesenen Stöhlker, wird am Dienstage den 2. Septbr. d. J., Mittags 12 Uhr, auf dem hiesigen Rathhause publicirt werden.

Lütjenburg, den 9. August 1862.

(L. S.) Bürgermeister und Rath.

Zur Beglaubigung: H. Brinkmann.

König Christian VIII. Ostseebahn.

An die Stelle des mit Tode abgegangenen Herrn Advocaten Th. Lehmann in Kiel hat der Ausschuß Herrn Etatsrath Preußer, R. v. D., wieder zum Director gewählt und hat derselbe die Wahl angenommen.

Altona, den 14. August 1862.

Der Ausschuß.
Theod. Reincke, Vorsitzender.

Edictal-Citation.

Auf geziemende Vorstellung und Bitte der Metta Margaretha Mahncke, geb. Lau, in Glückstadt c. c., Implorantin, pro edictali citatione ihres Ehemannes Johann Mahncke, welcher sie im Jahre 1855 böslich verlassen, wird Namens des Münsterdorfischen Consistoriums erwähnter Johann Mahncke hierdurch ein für allemal, mithin peremtorisch, von mir geladen und befehligt, am Mittewochen nach dem 14. Sonntage Trinitatis, wird sein der 24. September d. J., Vormittags um 9 Uhr, in der hiesigen Propstei vor dem alsdann zu haltenden Münsterdorfischen Consistorialgerichte persönlich zu erscheinen, um zu vernehmen, was seine Ehefrau sodann wegen böslicher Verlassung und daher zu trennender Ehe wider ihn antragen wird, darauf zu antworten und nach verhandelter Sache Spruch Rechtens zu gewärtigen, mit der ausdrücklichen Verwarnung, daß im Falle seines Ausbleibens auf ferneren Antrag der Implorantin und Edictalcitantin wider ihn werde erkannt werden, was den Rechten gemäß ist.

Itzehoe, in der Münsterdorfer Kirchenprobstei und unter dem Insiegel des Consistoriums, den 26. Juli 1862.

Im höheren Auftrage:
(L. S.) *E. Versmann.*

Proclamata.

№ 1.

Erste Bekanntmachung.

Von Gerichtswegen

wird auf Anhalten der Ehefrau des Herrn Dr. med. Ferdinand Dohrn in Heide, Mathilde, geb. Ottens, c. c. m., welche als Universalerbin des verstorbenen Advocaten und Landsecretairs Peter Ottens hieselbst angezeigt, daß sie den Nachlaß dieses ihres Vaters und Erblassers wegen der früheren sehr ausgebreiteten und vielfach verwickelten Geschäftsverhältnisse, in welchen derselbe gestanden, nur sub beneficio legis et inventarii angetreten habe und desfalls um Erlassung eines landüblichen Proclams gebeten hat, allen nichtprotocollirten Creditoren des verstorbenen Advocaten und Landsecretairs Peter Ottens, weil. in Heide, hiedurch aufgegeben, ihre Ansprüche und Forderungen an denselben, sie mögen beruhen worin immer, bei Vermeidung der Ausschließung von der Erbmasse, innerhalb 12 Wochen, von der letzten Bekanntmachung dieses Proclams angerechnet, in der Kirchspielschreiberei zu Heide, Auswärtige unter Procuraturbestellung, anzugeben und verzeichnen zu lassen.

Königl. Norderdithmarsische Landvogtei zu Heide, den 14. August 1862.

Hansen.

In fidem: Schütt, Secretair, c. n.
Pro copia: Wiencke.

№ 2.

Erste Bekanntmachung.

Von Gerichtswegen

wird auf Anhalten der Königlichen Kirchspielvogtei zu Albersdorf, als beikommender Erbregulirungsbehörde, Allen und Jeden, welche an den wegen Concurrenz unmündiger Miterben der gerichtlichen Behandlung unterzogenen Nachlaß des unlängst verstorbenen Eingesessenen Hans Rolfs in Arkebeck nichtprotocollirte Ansprüche zu haben vermeinen, hiedurch aufgegeben, dieselben innerhalb 12 Wochen, von der letzten Bekanntmachung dieses Proclams angerechnet, Auswärtige nach vorgängig bestellter Actenprocuratur, in der Königl. Kirchspielschreiberei zu Albersdorf, und zwar bei Verlust ihrer Forderungen und Pfandrechte, gehörig anzugeben.

Königl. Süderdithmarscher Landvogtei zu Meldorf, den 20. August 1862.

(L. S.) *Müllenhoff.*

Zur Beglaubigung: Fabricius.

№ 3.

Erste Bekanntmachung.

Von Gerichtswegen

werden Alle, welche Erbrechte, Forderungen oder Ansprüche an den einer gerichtlichen Regulirung unterzogenen Vermögensnachlaß des verstorbenen unverehelichten Kostgängers Reimer Hein in Nordhastedt zu haben vermeinen, oder Pfandstücke von selbigen besitzen, auf Antrag des Herrn Kirchspielvogts Westedt in Albersdorf, als beikommenden constituirten Erbtheilungsbeamten, hiedurch aufgefordert und befehligt, daß sie, bei Strafe des Ausschlusses und des Verlustes ihrer Rechte, solche ihre Erbrechte, Forderungen, Ansprüche oder Pfandstücke binnen 12 Wochen, vom Tage der letzten Bekanntmachung dieses Proclams angerechnet, in der Königl. Kirchspielschreiberei zu Nordhastedt gehörig, Auswärtige nach zuvor bestellter

Actenprocuratur, angeben und verzeichnen lassen und darnach weitere rechtliche Verfügung gewärtigen.

Wornach ein Jeder sich zu achten.

Königl. Süderdithmarscher Landvogtei zu Meldorf, den 18. August 1862.

(L. S.) *Müllenhoff.*

Zur Beglaubigung: Fabricius.

№ 4.

Erste Bekanntmachung.

Von Gerichtswegen

wird auf Anhalten der Königlichen Kirchspielvogtei zu Burg, als beikommender Erbregulirungsbehörde, Allen und Jeden, welche an den wegen Concurrenz eines unmündigen Miterben der gerichtlichen Behandlung unterzogenen Nachlaß des unlängst verstorbenen Einwohners Johann Wiese d. ä. in Buchholz nichtprotocollirte Ansprüche zu haben vermeinen, hiedurch aufgegeben, dieselben innerhalb 12 Wochen, von der letzten Bekanntmachung dieses Proclams angerechnet, Auswärtige nach vorgängig bestellter Actenprocuratur, in der Königlichen Kirchspielschreiberei zu Burg, und zwar bei Verlust ihrer Forderungen und Pfandrechte, gehörig anzugeben.

Wornach sich zu achten.

Königl. Süderdithmarscher Landvogtei zu Meldorf, den 13. August 1862.

(L. S.) *Müllenhoff.*

Zur Beglaubigung: Fabricius.

№ 5.

Erste Bekanntmachung.

Auf Ansuchen des Herrn Obergerichtsadvocaten Schröder, als Curators des Nachlasses des am 9. Juni 1862 hieselbst verstorbenen Einwohners Johann Detlev Kniphals, werden Alle, mit alleiniger Ausnahme der bereits angemeldeten 5 Töchterkinder des Erblassers, welche als Erben, Creditoren, Eigenthümer oder aus sonstigen Gründen Ansprüche irgend einer Art an den Nachlaß des Einwohners J. D. Kniphals zu haben glauben, hiedurch, bei Strafe der Präclusion, aufgefordert, innerhalb 12 Wochen, vom Tage der letzten Bekanntmachung angerechnet, im hiesigen Stadtsyndicat sich zu melden und, insofern die Profitenten außerhalb Kiels wohnen, einen Procurator zu bestellen.

Kiel, den 19. August 1862.

Der Magistrat.

In fidem: *G. F. Witte,* Syndicus.

№ 6.

Erste Bekanntmachung.

Der aus Sarlhusen gebürtige Webergesell Jasper Wrage ist vor Kurzem hieselbst mit Hinterlassung theils unmündiger, theils abwesender, theils auch unbekannter Erben gestorben.

Es werden demnach alle diejenigen, welche an den Nachlaß desselben Erbansprüche und Forderungen zu haben vermeinen, hiedurch aufgefordert, solche Ansprüche und Forderungen, und zwar die letzteren bei Vermeidung des Verlustes derselben, binnen spätestens 12 Wochen, vom Tage der letzten Bekanntmachung dieses Proclams angerechnet, im hiesigen Stadtsecretariate, Auswärtige unter Procuraturbestellung, rechtsgehörig anzumelden.

Lütjenburg, den 18. August 1862.

Bürgermeister und Rath.

Zur Beglaubigung: H. Brinkmann.

№ 7.

Erste Bekanntmachung.

Nachdem der hiesige Bürger, Buchdrucker und Buchbinder W. G. Heide seinen in der Hafenstraße hieselbst belegenen, im Schuld- und Pfandprotocoll der Stadt Heiligenhafen B. II Fol. 294 eingetragenen Hausbesitz cum pert. verkauft und seinen Käufern die Lieferung eines reinen Foliums zugesagt hat, werden, mit alleiniger Ausnahme der protocollirten Gläubiger, Alle und Jede, welche an den hier fraglichen Hausbesitz cum pert. dingliche Ansprüche irgend welcher Art zu haben vermeinen möchten, hiedurch befehligt, sich damit, bei Strafe der Ausschließung und des Stillschweigens, innerhalb 12 Wochen, vom Tage der letzten Bekanntmachung dieses angerechnet, im hiesigen Stadtsecretariate ordnungsmäßig zu melden, unter Producirung der etwanigen Documente und Auswärtige unter Bestellung eines Procurators.

Heiligenhafen, den 20. August 1862.

Der Magistrat.

Helmcke.

№ 8.

Erste Bekanntmachung.

Wenn der Eingesessene und Gastwirth Hans Kruse zu Strohdeich mit Hinterlassung einer Wittwe und unmündiger Kinder aus verschiedenen Ehen gestorben und zur Sicherung der Letzteren gegen unbekannte Ansprüche die Erlassung eines Proclams über diese Erbmasse erkannt ist, als werden, mit Ausnahme der protocollirten Gläubiger, Alle, welche an den Nachlaß des genannten Hans Kruse aus irgend einem Rechtsgrunde Forderungen und Ansprüche zu haben vermeinen, oder dazu gehörende Pfänder besitzen, hiemit von Gerichtswegen, bei Strafe der Ausschließung und resp. Verlusts des Pfandrechtes befehligt, dieselben eventuell unter Bestellung der Actenprocuratur, binnen 12 Wochen, a publ. ult., hieselbst in Form Rechtens anzugeben.

Glückstadt, im Justitiariate des adeligen Guts Klein-Collmar, den 19. August 1862.

P. F. C. Matthiessen.

№ 9.

Erste Bekanntmachung.

Der Nachlaß der Wittwe Catharina Margaretha Bloemer, geb. Dsbahr, in Berlin, Guts Seedorf, ist wegen Concurrenz unmündiger Erben in gerichtliche Behandlung genommen worden und die Erlassung eines Proclams erforderlich geworden.

Es werden demnach Alle und Jede, mit Ausnahme der zu Erben eingesetzten Kinder des wailand Rademachers Carsten David Bloemer und seiner wailand Ehefrau Sophia Hedewig, geb. Dsbahr, welche Erb- oder sonstige Ansprüche an diesen Nachlaß zu haben vermeinen, von Gerichtswegen aufgefordert, sich damit, bei Vermeidung der Ausschließung, binnen 12 Wochen, von der letzten Bekanntmachung dieses Proclams angerechnet, in dem unterzeichneten Justitiariat zu melden, die zur Begründung ihrer Ansprüche dienenden Documente zu produciren und Abschriften zurückzulassen, auch, sofern sie Auswärtige sind, Acteuprocuratur zu bestellen.

Decretum Segeberg, im Justitiariate der adeligen Güter Seedorf und Hornstorf, den 18. August 1862.

Esmarch.

№ 10.

Zweite Bekanntmachung.

Da auf Anhalten eines Creditors über das im Grunde belegene Erbe des hiesigen Bürgers Carl Otto Wilckens, welches mit Anton Christian Breers im Osten, Friedrich Wilhelm Gundelach im Westen und Simon Susmann Heckscher auch Johann Friedr. Kress im Norden benachbart ist, der Specialconcurs erkannt worden: so werden von Gerichtswegen Alle und Jede, welche an dasselbe aus irgend einem rechtlichen Grunde Ansprüche oder Forderungen zu haben vermeinen — mit alleiniger Ausnahme der protocollirten Gläubiger — bei Strafe der Ausschließung und des ewigen Stillschweigens, aufgefordert und befehligt, solche, in Gemäßheit der Verordnung vom 14. April 1840, betreffend das Subhastationsverfahren, binnen 6 Wochen, nach der letzten Bekanntmachung dieses Proclams, im hiesigen ersten Stadtsecretariate, und spätestens am

9. October d. J.,

als dem peremtorischen Angabetermine, im Obergericht hieselbst anzumelden, wobei die die Ansprüche begründenden Documente in Urschrift vorzuzeigen und in Abschrift zurückzulassen sind, Auswärtige auch wegen gehöriger Procuraturbestellung das Nöthige wahrzunehmen haben.

Zum öffentlichen Verkaufe des beregten Erbes ist Termin auf

Montag den 22. September d. J.

anberaumt worden, an welchem Tage, Nachmittags 2 Uhr, die Kaufliebhaber im hiesigen Rathskeller sich einfinden und den Handel versuchen können.

Wornach Beikommende sich zu achten!

Altona, im Obergerichte, den 30. Juli 1862.

Ex Decreto Senatus.

№ 11.

Zweite Bekanntmachung.

Da von der Wittwe des wail. hiesigen Bürgers und Kaufmanns Johann Peter Albert Gayen, cum curatore, auf die Erlassung eines Proclams behufs Ausmittelung des Güterbestandes angetragen und solchem Antrage vom Magistrate stattgegeben ist: so werden von Gerichtswegen Alle und Jede, welche an den Nachlaß des gedachten verstorbenen Kaufmanns Johann Peter Albert Gayen, so wie an dessen von ihm seit dem Jahre 1817 unter der Firma von Jan Decker Gayen geführtes Handlungsgeschäft aus irgend einem rechtlichen Grunde Ansprüche oder Forderungen zu haben vermeinen — mit alleiniger Ausnahme der protocollirten Gläubiger — hiedurch, bei Strafe der Ausschließung und des ewigen Stillschweigens, aufgefordert und befehligt, solche binnen 12 Wochen, nach der letzten Bekanntmachung dieses Proclams, im hiesigen ersten Stadtsecretariate und spätestens am

17. November d. J.,

als dem peremtorischen Angabetermine, im Obergerichte hieselbst anzumelden, wobei die die Ansprüche begründenden Documente in Urschrift vorzuzeigen und in Abschrift zurückzulassen sind, Auswärtige auch wegen gehöriger Procuraturbestellung das Nöthige wahrzunehmen haben.

Wornach Beikommende sich zu achten.

Altona, im Obergerichte, den 30. Juli 1862.

Ex Decreto Senatus.

№ 12.

Zweite Bekanntmachung.

Auf Anhalten des Herrn Obergerichtsadvocaten Adolph Schmidt, als gerichtlich bestellten Administrators des Nachlasses

1) der am 6. Juni d. J. hieselbst verstorbenen Wittwe des wailand hiesigen Einwohners und Höfers Ludwig Nicolaus von Bargen, Maria Louise, geb. Falcke;
2) des im Juni d. J. hieselbst als Wittwer unbeerbt verstorbenen Kämmerei-Assistenten Johann Bernhard Lucas Tiedemann,

werden Alle, welche an obgedachte Verlassenschaften Erb- oder sonstige Ansprüche zu haben vermeinen, hiedurch, bei Strafe der Ausschließung und des ewigen Stillschweigens, aufgefordert und befehligt, solche binnen 12 Wochen, nach der letzten Bekanntmachung dieses Proclams, im hiesigen ersten Stadtsecretariate und spätestens am

20. November d. J.,

als dem peremtorischen Angabe-Termine, im Obergerichte hieselbst anzumelden, wobei die die Ansprüche begründenden Documente in Urschrift vorzuzeigen und in Abschrift zurückzulassen sind, Auswärtige auch wegen gehöriger Procuratur-Bestellung das Nöthige wahrzunehmen haben.

Wornach Beikommende sich zu achten.

Altona, im Obergerichte, den 4. August 1862.

Ex Decreto Senatus.

№ 13.

Zweite Bekanntmachung.

Auf Anhalten Beikommender werden, mit alleiniger Ausnahme der Proclamsextrahenten, Alle,

1) welche an den Nachlaß der am 26. Mai 1851 hieselbst verstorbenen Wittwe des Izlet oder Jselin Magnusson, Rahel, alias Rica Magnusson;
2) welche an einen abhanden gekommenen, von der hiesigen Generaladministration der den Pupillen und Abwesenden gehörigen kleinen Geldposte auf den Namen von Hans Gottfried und Claus Stutermundt ultimo December 1813 ausgestellten Schein, groß 586 ℳ 64 β R.-M., auf dessen Mortification angetragen worden ist;
3) welche an einen abhanden gekommenen, von der hiesigen Generaladministration der den Pupillen und Abwesenden gehörigen kleinen Geldposte auf den Namen des Johann Friedrich Struve ultimo December 1813 ausgestellten Schein, groß 224 ℳ R.-M., auf dessen Mortification angetragen worden ist;
4) welche an einen abhanden gekommenen, von der hiesigen Generaladministration der den Pupillen und Abwesenden gehörigen kleinen Geldposte auf den Namen des Hinr. Albrecht Rademacher ultimo December 1813 ausgestellten Schein, groß 256 ℳ R.-M., auf dessen Mortification angetragen worden ist;

resp. Erb- oder sonstige Ansprüche zu haben vermeinen, hierdurch, bei Strafe der Ausschließung von diesen Massen, resp. der Mortification der sub 2, 3 und 4 aufgeführten Scheine, aufgefordert und befehligt, solche binnen 12 Wochen, nach der letzten Bekanntmachung dieses Proclams, im hiesigen ersten Stadtsecretariate, und spätestens am

20. November d. J.,

als dem peremtorischen Angabe-Termine, im Obergerichte hieselbst anzumelden, wobei die die Ansprüche begründenden Documente in Urschrift vorzuzeigen und in Abschrift zurückzulassen sind, Auswärtige auch wegen gehöriger Procuraturbestellung das Nöthige wahrzunehmen haben.

Wornach Beikommende sich zu achten.

Altona, im Obergerichte, den 4. August 1862.

Ex Decreto Senatus.

№ 14.

Zweite Bekanntmachung.

Da auf geschehene Insolvenz-Erklärung über die Habe und Güter:

1) der Wittwe des weiland hiesigen Bürgers und Seilermeisters Friedr. Wilhelm Dücolo, Christine Louise Mathilde, geb. Gallenbeck;
2) des hiesigen Bürgers und Kleiderhändlers Meyer Jacob Wagner, in Firma M. J. Wagner;

so wie auf Anhalten der Gläubiger über die Habe und Güter:

3) der Wittwe des in Segeberg verstorbenen Grützmachers Johannes Friedrich Franz Spliedt, Catharina Maria, geb. Bornholdt, hieselbst;
4) des hiesigen Bürgers und Mechanicus Caspar Adolph Ehrenberg

der Concurs der Gläubiger erkannt worden: so werden von Gerichtswegen Alle und Jede, welche an obgenannte Personen, ad 3 mit alleiniger Ausnahme der protocollirten Gläubiger, aus irgend einem rechtlichen Grunde, so wie diejenigen,

5) welche an den Nachlaß des am 4. April d. J. verstorbenen hiesigen Bürgers und Tischlermeisters Johann Heinrich Christoph Beuck,

Ansprüche oder Forderungen zu haben vermeinen, bei Strafe der Ausschließung, resp. des ewigen Stillschweigens, aufgefordert und befehligt, solche binnen 12 Wochen, nach der letzten Bekanntmachung dieses Proclams, im hiesigen ersten Stadtsecretariate und spätestens am

20. November d. J.,

als dem peremtorischen Angabetermine, im Obergericht hieselbst anzumelden, wobei die die Ansprüche begründenden Documente in Urschrift vorzuzeigen und in Abschrift zurückzulassen sind, Auswärtige auch wegen gehöriger Procuraturbestellung das Nöthige wahrzunehmen haben.

Wornach Beikommende sich zu achten!

Altona, im Obergericht, den 4. August 1862.

Ex Decreto Senatus.

№ 15.

Zweite Bekanntmachung.

Extr. des Procl. des 33sten Stücks № 1.

Nichtprotocollirte Ansprüche und Forderungen an den insolventen Kornmakler Johannes Christian Peters am Brunsbüttlerhafen und dessen Vermögen, so wie Pfandstücke aus dieser Concursmasse, sind innerhalb

12 Wochen, von der letzten Bekanntmachung dieses Proclames angerechnet, bei Strafe der Ausschließung von der Concursmasse und des Verlustes der Pfandrechte, in der Königl. Kirchspielschreiberei zu Brunsbüttel gehörig anzugeben.

R. G. W.

Meldorf, den 11. August 1862.

Zur Beglaubigung: **Fabricius.**

№ 16.

Zweite Bekanntmachung.

Extr. des Procl. des 33sten Stücks № 2.

Alle Ansprüche an den von den städtischen Collegien zu Lütjenburg unterm 24. Juni 1834 an Detlev Schlünsen zu Dransau, hiesigen Guts, über 233 ℛ 16 ß v. Cour., jetzt 373 ℛ 32 ß R.-M., ausgestellten Wechsel müssen binnen 12 Wochen, vom Tage der letzten Bekanntmachung dieses angerechnet, bei Strafe der Ausschließung und des ewigen Stillschweigens, so wie um zu verhindern, daß das ausschließliche Eigenthum des Wechsels der Wittwe Christine Schlünsen, geb. Strohbehn, zu Dransau zuerkannt werde, hieselbst gehörig angemeldet werden.

Wornach sich zu achten.

Lütjenburg, den 13. August 1862.

Das Patrimonialgericht des adeligen Guts Neuhaus.

Wyneken.

№ 17.

Zweite Bekanntmachung.

Extr. des Procl. des 33sten Stücks № 3.

Alle und Jede, mit einziger Ausnahme der protocollirten Gläubiger, welche an nachnachbenannte Grundstücke, als:

1) das dem Schmiedemeister Johann Hinrich Ewers gehörige, im **III.** Quartier Nr. 168 belegene Wohnhaus c. pert.;
2) das von dem Lohgerber Anton Carl Theodor Lundt neu erbaute, im **III.** Quartier Nr. 173 belegene Wohnhaus c. pert.;
3) das von dem Arbeitsmann Johann Hinrich Eduard Guttau neu erbaute, im **III.** Quartier Nr. 174 belegene Wohnhaus c. pert.;
4) das von dem Arbeitsmann Jacob Christian Hinrich Buck neu erbaute, im **III.** Quartier Nr. 175 belegene Wohnhaus c. pert.;
5) das von dem Tischlermeister Heinrich Christian Grimm neu erbaute, im **I.** Quartier Nr. 126 belegene Wohnhaus c. pert.,

dingliche Ansprüche irgend einer Art oder Einwendungen gegen die Einrichtung besonderer Folien für die sub 2, 3, 4 und 5 gedachten Häuser im hiesigen Schuld- und Pfandprotocoll zu haben vermeinen, müssen sich damit, bei Strafe des Verlustes, binnen 12 Wochen, nach der letzten Bekanntmachung dieses Proclams, rechtsbehörigermaaßen im hiesigen Syndicat melden.

Decretum Neustadt, den 5. August 1862.

(L. S.) Bürgermeister und Rath.

L. Kohlmann.

№ 18.

Zweite Bekanntmachung.

Extr. des Procl. des 33sten Stücks № 4.

Alle und Jede, welche an den Nachlaß des unverehelicht verstorbenen Dienstknechts Christopher Jacobs, weil. in Crempdorf, Erb- oder sonstige Ansprüche zu haben vermeinen, mit Ausnahme der bereits angemeldeten Erben, werden, bei Strafe der Ausschließung und ewigen Stillschweigens, hiedurch befehligt, binnen 12 Wochen, vom Tage der letzten Bekanntmachung dieses Proclams, ihre vermeintlichen Ansprüche bei der Königlichen Landschreiberei der Crempermarsch zu Crempe rechtsbehörig anzumelden.

Königl. Gericht für das Amt Steinburg zu Itzehoe, den 9. August 1862.

A. v. Heintze, const.

№ 19.

Zweite Bekanntmachung.

Extr. des Procl. des 33sten Stücks № 5.

Nichtprotocollirte dingliche Ansprüche an das dem **Dr. med.** Hager gehörige, in der Breitenstraße hieselbst belegene, Fol. 37 des Stadt-Schuld- und Pfandprotocolls verzeichnete Haus müssen, bei Vermeidung der Präclusion und des ewigen Stillschweigens, binnen 12 Wochen, von der letzten Bekanntmachung dieses Proclams angerechnet, ordnungsmäßig im Stadtsecretariat hieselbst angemeldet werden.

Decretum Crempe **in Curia**, den 12. Aug. 1862.

Bendixen.

№ 20.

Zweite Bekanntmachung.

Extr. des Procl. des 33sten Stücks № 6.

Ansprüche und Forderungen an nachbenannte geringfügige Concursmassen, als:

1) die des Krämers Johannes Görling in Wandsbeck,
2) die des früheren Bäckers Dethlev Wilhelm Otto Brockstedt in Wandsbeck, und
3) die des Schneidermeisters Johann Bruhnsen in Wandsbeck,

müssen, bei Strafe der Ausschließung, von der Masse, binnen 12 Wochen, vom Tage der letzten Bekanntmachung dieses Proclams angerechnet, in dem unterzeichneten Justitiariate ordnungsmäßig angemeldet werden.

Decretum Wandsbecker Justitiariat bei Wandsbeck, den 8. August 1862.

Reimers.

№ 21.

Dritte und letzte Bekanntmachung.

Von Gerichtswegen

wird auf Anhalten der Königlichen Kirchspielvogtei zu Hemme, als Masseregulirungsbehörde, den sämmtlichen nichtprotocollirten Gläubigern der unlängst verstorbenen Eheleute Claus von Löwen und Antje, früher verwittwete Stemmermann, geb. Sievers, in Hemme hiemittelst anbefohlen, ihre Ansprüche und Forderungen an den geringfügigen Nachlaß der gedachten Eheleute, zu dessen gerichtlicher Regulirung das Credit- und event. das Armenrecht bewilligt ist, nach ertheilter Genehmigung des Königl. Holsteinischen Obergerichts vom 21. Juni d. J., bei Strafe der Ausschließung von dieser Masse, innerhalb 6 Wochen, von der letzten Bekanntmachung dieses Proclams angerechnet, in der Kirchspielschreiberei zu Hemme, und zwar Auswärtige unter Actenprocuraturbestellung, anzumelden und verzeichnen zu lassen.

Königl. Norderditmarsischer Landvogtei zu Heide, den 7. Juli 1862. *Hansen.*

In fidem: Scholtz.

Für die Abschrift: **F. Borgfeldt.**

№ 22.

Dritte und letzte Bekanntmachung.

Wenn über die Habe und Güter des Kaufmanns Friedrich Ulrich Eitzen in Itzehoe der Concurs der Gläubiger erkannt ist, so werden, mit Ausnahme der protocollirten Gläubiger, Alle und Jede, welche aus irgend einem Grunde Forderungen und Ansprüche an den genannten Cridar und dessen in Itzehoe unter klösterlicher Jurisdiction belegenes Wohnhaus zu haben vermeinen, hiedurch aufgefordert und befehligt, solche Ansprüche binnen 12 Wochen, vom Tage der letzten Bekanntmachung dieses Proclams angerechnet, bei Strafe der Ausschließung von der Concursmasse, bei dem klösterlichen Protocolle in Itzehoe anzugeben, die ihre Ansprüche begründenden Documente im Original zu produciren, beglaubigte Abschriften davon zurückzulassen und, insofern sie Auswärtige sind, Procuratoren zu den Acten zu bestellen.

Itzehoe, den 2. August 1862.

Klösterliche Obrigkeit.

№ 23.

Dritte und letzte Bekanntmachung.

Extr. des Procl. des 31sten Stücks № 2.

Nichtprotocollirte Ansprüche an den geringen Nachlaß des wail. Valentin Dau in Bargen und dessen Ehefrau Wiebke, geb. Carstens, sind, bei Vermeidung der Ausschließung von der Masse, binnen 12 Wochen in der Hemmer Kirchspielschreiberei anzumelden.

Königl. Landvogtei zu Heide, den 7. Juli 1862.

Hansen.

In fidem: Scholtz.

№ 24.

Dritte und letzte Bekanntmachung.

Extr. des Procl. des 31sten Stücks № 3.

Nichtprotocollirte Ansprüche und Forderungen an den Nachlaß des verstorbenen Eingesessenen Carl Adolph Gottlieb Schmidt in Nordhastedt, so wie Pfandstücke aus diesem Nachlasse sind, sub pœna præclusi, innerhalb 12 Wochen, vom Tage der letzten Bekanntmachung dieses Proclams angerechnet, in der Königl. Kirchspielschreiberei zu Nordhastedt gehörig anzugeben.

B. G. W.

Meldorf, den 21. Juli 1862.

Zur Beglaubigung: **Fabricius.**

№ 25.

Dritte und letzte Bekanntmachung.

Extr. des Procl. des 31sten Stücks № 4.

Nichtprotocollirte Forderungen, Erb- und sonstige Ansprüche an den unter gerichtliche Behandlung genommenen Nachlaß des wailand Schullehrers Claus Egge in Braaken und seiner vorverstorbenen Ehefrau Eva, geb. Johannsen, namentlich die Erbgerechtsame des angeblich vor einigen Jahren nach Amerika ausgewanderten Claus Egge aus Oldenbüttel, Kirchspiels Hademarschen, so wie Pfandstücke aus diesem Nachlaß sind innerhalb 12 Wochen, von der letzten Bekanntmachung dieses Proclams angerechnet, sub pœna præclusi, in der Königlichen Kirchspielschreiberei zu Hemmingstedt gehörig anzugeben.

B. G. W.

Meldorf, den 22. Juli 1862.

Zur Beglaubigung: **Fabricius.**

№ 26.

Dritte und letzte Bekanntmachung.

Extr. des Procl. des 31sten Stücks № 5.

Der Schlossergesell Chr. Ad. Emil Carstens aus Rendsburg hat sich zur Geltendmachung seiner Rechte an den Nachlaß seiner kürzlich hier verstorbenen Geschwister Julie Carstens und Jürgen Paul Christian Friedrich Carstens fördersamst hieselbst einzufinden.

Auch müssen Gläubiger und Pfandinhaber zum Nachlaß der gedachten verstorbenen Geschwister Carstens oder zum Nachlaß des verstorbenen pensionirten Hoboisten Nicolaus Heinrich Blomberg sich, sub pœna præclusi, resp. bei Verlust der Pfandrechte, binnen 12 Wochen, von letzter Bekanntmachung dieses, im städtischen Actuariate hieselbst gehörig melden.

Rendsburg, den 21. Juli 1862.

(L. S. C.) Der Magistrat.

№ 27.

Dritte und letzte Bekanntmachung.

Extr. des Procl. des 32sten Stücks № 1.

Nichtprotocollirte Forderungen und Ansprüche an den insolventen Sattler Johann Lamaack in Meldorf und dessen Concursmasse, so wie Pfandstücke aus dieser Masse sind, bei Strafe resp. der Ausschließung und des Verlustes der Pfandrechte, innerhalb 12 Wochen, von der letzten Bekanntmachung dieses Proclams angerechnet, in der Königlichen Kirchspielschreiberei zu Meldorf rechtsbehörig anzugeben.

N. G. W.

Meldorf, den 5. August 1862.

Zur Beglaubigung: **Fabricius.**

№ 28.

Dritte und letzte Bekanntmachung.

Extr. des Procl. des 32sten Stücks № 2.

Mit Ausnahme der protocollirten Gläubiger und der Proclamsextrahenten werden Alle und Jede, welche an den Nachlaß des am 6. Juni d. J. verstorbenen Hufners Hans Hinr. Rottgardt in Söhren, insbesondere an die dazu gehörige, in Söhren belegene Vollhufe mit Zubehör, Forderungen oder Ansprüche irgend einer Art zu haben vermeinen, hiedurch von Gerichtswegen aufgefordert, sich damit, bei Vermeidung der Ausschließung von der Masse, vor Ablauf von 12 Wochen, vom Tage der letzten Bekanntmachung dieses Proclams angerechnet, unter Wahrnehmung des Rechtserforderlichen, auf der Königlichen Traventhaler Amtstube zu melden.

Königliches Traventhaler Amthaus zu Traventhal, den 5. August 1862. *Grothusen.*

In fidem: H. Krebs.

№ 29.

Dritte und letzte Bekanntmachung.

Extr. des Procl. des 32sten Stücks № 3.

Erbgerechtsame an die Verlassenschaft der weil. Ehefrau Anna Margaretha Sorgenfrei, geb. Siesse, in Götzberg, so wie Ansprüche und Forderungen an die Masse derselben und ihres nunmehr auch mit Tode abgegangenen Ehemannes, des Altentheilers Johann Sorgenfrei daselbst, sind innerhalb 12 Wochen, vom Tage der letzten Bekanntmachung dieses Proclams, bei Strafe des Ausschlusses, im Segeberger Königl. Actuariate rechtsgehörig zu melden.

Segeberger Amtsgericht, den 4. August 1862.

Pr. et Ass. jud.

In fidem: H. F. Jacobsen.

№ 30.

Dritte und letzte Bekanntmachung.

Extr. des Procl. des 32sten Stücks № 5.

Mit Ausnahme der protocollirten Gläubiger müssen Alle und Jede, welche an den zum Concurs gekommenen Polizeiinspector Meins hieselbst Ansprüche und Forderungen zu haben glauben oder Pfänder von ihm besitzen sollten, sich damit, bei Strafe der Ausschließung von dieser Concursmasse und des Verlustes ihres Pfandrechts, binnen 12 Wochen, a dato der letzten Bekanntmachung dieses Proclams, Auswärtige unter Procuraturbestellung, in dem hiesigen Stadtsecretariat angeben.

Signatum Glückstadt, den 31. Juli 1862.

(L. S. C.) Präsident, Bürgermeister und Rath.

Berichtigung.

In dem unterm 22. v. M. von dem Königl. Gericht für die Aemter Kiel und Cronshagen erlassenen, den Nrn. 30, 31 und 32 d. Bl. inserirten Proclam über die Nachlaßmassen von Bierend und Kuphaldt ist statt Kuhaldt — Kuphaldt zu lesen.

Beilage
zum 35. Stück der Holsteinischen Anzeigen.

Montag den 1. September 1862.

Bekanntmachungen.

№ 1.

Nachdem die Entschädigungsberechnung über die durch den Bau der Neumünster-Plön-Dobauer Chaussee entstandenen Landverlüste s. w. d. a. von dem Königl. Ministerium für die Herzogthümer Holstein und Lauenburg genehmigt worden ist, werden die etwaigen hypothecarischen Gläubiger der an den Entschädigungsgeldern betheiligten Grundbesitzer im Flecken Neumünster, so wie in den Dorfschaften Brachenfeld, Bönebüttel und Husberg in Gemäßheit des § 39 der Verordnung vom 28. November 1837 hiedurch aufgefordert, sich mit ihren Pfandschuldnern innerhalb 4 Wochen, vom Tage dieser Bekanntmachung angerechnet, in Betreff ihrer etwaigen Ansprüche an den Entschädigungssummen auseinanderzusetzen oder das sonst Erforderliche in der Wahrung ihrer Rechte wahrzunehmen, da widrigenfalls nach Ablauf dieser Frist die einstweilen hieselbst deponirten Entschädigungsgelder werden ausbezahlt werden.

Königl. Amthaus zu Neumünster, den 27. August 1862.

v. Stemann.

№ 2.

Wenn für den Halbhufensetzwirth Tim Studt in Klein-Gladebrügge, Amts Traventhal, zu Curatoren seines Vermögens der Hufner Diedrich Hans Detlev Köbke in Klein-Gladebrügge und der Arbeitsmann Jochim Hinrich Schütt daselbst unter dem 2. d. M. von hieraus bestellt sind, so wird Solches mit dem Bemerken hiedurch zur öffentlichen Kunde gebracht, daß gedachter Tim Studt fortan nur mit Zustimmung seiner Curatoren rechtsverbindliche, sein Vermögen afficirende Geschäfte einzugehen im Stande ist.

Königl. Traventhaler Amthaus zu Traventhal, den 8. August 1862.

Grothusen.

In fidem: H. Krebs.

Testaments-Publication.

Von Gerichtswegen

werden auf Anhalten der Wittwe Margaretha Magdalena Brunschwig, geb. Schoer, in Heide, als angeblichen instituirten Universalerbin, die Intestaterben des unlängst in Heide verstorbenen, in Wilkenstorf, Kirchspiels Tribbekau, in Hannover gebürtigen Johann Claus Heinrich Brunschwig, hiemittelst geladen, am zweiten Montage nach Dyonisii, als am Montag den 20. October 1862, Vormittags 10 Uhr, im „landschaftlichen Hause" in Heide vor dem alsdann daselbst versammelten Norderdithmarsischen Gericht zu erscheinen, um der Eröffnung und Publication des von dem obgenannten Johann Claus Heinrich Brunschwig, weil. in Heide, errichteten Testaments beizuwohnen und ihre Gerechtsame dabei wahrzunehmen, unter der ausdrücklichen Bemerkung, daß, sie erscheinen nun alsdann oder nicht, nichtsdestoweniger das gedachte Testament werde eröffnet und publicirt werden.

Königl. Norderdithmarsische Landvogtei zu Heide, den 18. August 1862.

Hansen.

In fidem: Schütt, Secretair, c. n.

Testaments-Publication.

Das von dem weil. Eingesessenen zu Wandsbeck, Friedrich Andreas Theodor von Lengercke, hinterlassene Testament soll am

Mittwoch den 10. September d. J.,
Mittags 12 Uhr,

in dem Wandsbecker Gerichte veröffentlicht werden, was hiedurch bekannt gemacht wird.

Wandsbecker Justitiariat bei Wandsbeck, den 25. August 1862.

Reimers.

Verkaufs-Anzeige.

Wenn auf Antrag des zunächst periclitirenden protocollirten Pfandgläubigers im Concurse über die von dem weil. Käthner und Böttcher Johann Jacob Miedeke zu Marienthal besessene, daselbst belegene

Kathenstelle ein nochmaliger Termin zum definitiven öffentlichen Aufgebot dieses Grundstücks auf Mittwoch den 3. September d. J. anberaumt worden ist, so werden Kaufliebhaber aufgefordert, sich am bemeldeten Tage, Mittags 12 Uhr, im Justitiariat einzufinden.

Stockelsdorf, im Justitiariate, den 14. Aug. 1862.

Esmarch.

König Christian VIII. Ostseebahn.

An die Stelle des mit Tode abgegangenen Herrn Advocaten Th. Lehmann in Kiel hat der Ausschuß Herrn Etatsrath Preußer, R. v. D., wieder zum Director gewählt und hat derselbe die Wahl angenommen.

Altona, den 14. August 1862.

Der Ausschuß.
Theod. Reincke, Vorsitzender.

Proclamata.

№ 1.

Erste Bekanntmachung.

Von Gerichtswegen

wird auf Anhalten der Königl. Tellingstedter Kirchspielvogtei, als Erbregulirungsbehörde, Allen und Jeden, welche an den Nachlaß des unlängst verstorbenen Peter Detlef Eggers in Delstedt, eines ehelichen Sohnes des weil. Einwohners Detlef Eggers und der weil. Catharina Elisabeth Stamp, verwittweten Eggers, geb. Lafrenz, daselbst, Erbansprüche oder sonstige nichtprotocollirte Forderungen zu erheben haben, hiemittelst aufgegeben, solche ihre Ansprüche und Forderungen innerhalb 12 Wochen, von der letzten Bekanntmachung dieses Proclams angerechnet, Auswärtige nach gehörig bestellter Actenprocuratur, in der Kirchspielschreiberei zu Tellingstedt, sub pœna præclusi et perpetui silentii, anzugeben und verzeichnen zu lassen.

Königl. Norderdithmarsische Landvogtei zu Heide, den 9. August 1862. *Dührsen,* c. n.

In fidem: Schütt, Secretair, c. n.

№ 2.

Erste Bekanntmachung.

Wenn über die Habe und Güter des Eingesessenen Johann Jürgs in Wacken, Kirchspiels Schenefeldt, der Concurs der Gläubiger zu Recht erkannt worden, so werden, mit Ausnahme der protocollirten Gläubiger, Alle und Jede, welche Ansprüche und Forderungen an diese Concursmasse zu haben meinen, bei Strafe der Ausschließung, hiedurch aufgefordert, unfehlbar innerhalb 12 Wochen, vom Tage der letzten Bekanntmachung dieses Proclams, ihre Ansprüche im hiesigen Amtsactuariat auf rechtsgehörige Weise anzugeben; Auswärtige unter Bestellung eines Actenprocurators.

Rendsburger Amthaus, den 18. August 1862.

E. v. Harbou.

Brenning.

№ 3.

Erste Bekanntmachung.

In Gewährung desfälligen Antrags werden, mit alleiniger Ausnahme der protocollirten Gläubiger, alle diejenigen, welche dingliche Ansprüche und Forderungen an die von dem Herrn Friedrich Gabe in Boitzenburg an den Eingesessenen Peter Haß in Oersdorf verkaufte, auf Besdorfer Feldmark im Kirchspiel Schenefeldt belegene Wiese „Iselbecksteich" zu haben meinen, hierdurch, bei Strafe der Ausschließung und ewigen Stillschweigens, aufgefordert, unfehlbar innerhalb 12 Wochen, vom Tage der letzten Bekanntmachung dieses Proclams, ihre Ansprüche im hiesigen Amtsactuariat auf rechtsgehörige Weise anzugeben, Auswärtige unter Bestellung eines Actenprocurators.

Rendsburger Amthaus, den 21. August 1862.

E. v. Harbou.

Brenning.

№ 4.

Erste Bekanntmachung.

Wenn der Bürger und Zimmergeselle Wilhelm Heinrich Unverhauen aus Oldesloe, welcher das im IV. Quartier der Stadt Oldesloe auf der Linde belegene Gewese des Bürgers und Fuhrmanns Johann Hinrich Möller gegen Uebernahme sämmtlicher Schulden des Letzteren gekauft hat, zur Ausmittelung dieser Schulden auf Erlassung eines Proclams hieselbst geziemend angetragen hat, so werden in Deferirung dieses Antrages von Gerichtswegen Alle und Jede, die an den vorgenannten Bürger und Fuhrmann Johann Hinrich Möller und namentlich dessen im IV. Quart. auf der Linde belegenes Wohnhaus c. p. Ansprüche und Forderungen irgend einer Art zu haben vermeinen, mit alleiniger Ausnahme der protocollirten Gläubiger, hiedurch aufgefordert und befehligt, solche innerhalb 12 Wochen, vom Tage der letzten Bekanntmachung dieses Proclams angerechnet, im hiesigen Stadtsecretariate rechtsbehörig anzumelden, auch etwanige ihre Ansprüche begründenden Documente in Original und Abschrift vorzulegen, Auswärtige unter Bestellung eines Actenprocurators, bei Strafe der Ausschließung und des ewigen Stillschweigens.

Decretum Oldesloe, in Curia, den 26. August 1862.

(L. S. C.) Bürgermeister und Rath hieselbst.

№ 5.

Erste Bekanntmachung.

Wenn der hiesige Bürger und Schneidermeister Johann Friedr. Schriewer sein hieselbst Qu. IV Nr. 42 belegenes Wohnhaus c. pert. zum Theil verkauft und die Erlassung eines Realproclams beantragt hat, so werden Alle und Jede, mit Ausnahme der protocollirten Gläubiger, welche an das gedachte Wohnhaus c. pert. dingliche Ansprüche zu haben vermeinen, bei Strafe des Verlustes derselben, aufgefordert, selbige innerhalb 12 Wochen, nach der letzten Bekanntmachung dieses Proclams, Auswärtige unter Bestellung eines Actenprocurators, im hiesigen Stadtsecretariat anzugeben und die ihre Ansprüche begründenden Documente im Original zu produciren und in beglaubigter Abschrift zurückzulassen.

Decretum Segeberg, in Curia, den 21. Aug. 1862.

(L. S.) Bürgermeister und Rath.

№ 6.

Erste Bekanntmachung.

Auf Antrag Beikommender und mit Genehmigung des Königl. Holsteinischen Obergerichts werden Alle und Jede, welche an nachbezeichnete verloren gegangene, im Schuld- und Pfandprotocoll des Amtes Trittau protocollirte Schulddocumente, nämlich:

1) einen Schuld- und Pfandprotocollextract vom 16. Februar 1827, wonach auf dem Folium der jetzt dem Jochim Remstedt in Bramfeld gehörigen Hufenstelle für den wailand Bürger Hans David Ahlers in Hamburg 533 ℳ 32 ß R.-M. protocollirt sind,
2) eine Obligation vom 26. Februar 1857, wonach auf dem Folium der jetzt dem Hamburgischen Bürger Friedr. Wilhelm Theodor Kramsch gehörigen Bödnerstelle in Bergstedt für die wail. Wittwe Louise Friederike Bothe, geb. Krieger, in Ludwigslust 800 ℳ pr. Crt. oder 1066 ℳ 64 ß R.-M. protocollirt sind,

welche nach erfolgter Zurückzahlung der betreffenden Capitalien bisher nicht haben zur Deletion gebracht werden können, Ansprüche haben oder zu haben vermeinen, hiedurch von Gerichtswegen aufgefordert und befehligt, ihre desfälligen Ansprüche innerhalb 12 Wochen, vom Tage der letzten Bekanntmachung dieses Proclams angerechnet, auf der Königl. Amtstube zu Trittau rechtsbehörig anzumelden, widrigenfalls zu gewärtigen ist, daß die gedachten Documente für mortificirt erklärt und im Schuld- und Pfandprotocoll delirt werden.

Gegeben Königl. Gericht für das Amt Trittau.

Trittau, den 19. August 1862.

G. v. Linstow.

№ 7.

Erste Bekanntmachung.

Auf Antrag der Curatoren der Vermögensmasse des Halbhufenpächtwirths Tim Studt in Klein-Gladebrüg, Amts Traventhal, werden von Gerichtswegen Alle und Jede, welche aus irgend einem Grunde Ansprüche oder Forderungen an den gedachten Tim Studt zu haben vermeinen, durch dieses zugleich als event. Concursproclam dienende Proclam aufgefordert und befehligt, darüber, bei Strafe der Ausschließung und des ewigen Stillschweigens, innerhalb 12 Wochen, vom Tage der letzten Bekanntmachung dieses Proclams angerechnet, auf der Traventhaler Amtstube vor Segeberg Angabe zu beschaffen, die betreffenden Urkunden vorzuzeigen, beglaubigte Abschriften derselben beim Professionsprotocolle zurückzulassen, auch, wenn sie Auswärtige sind, Actenprocuratur unter hiesiger Jurisdiction zu bestellen.

Königliches Traventhaler Amthaus zu Traventhal, den 23. August 1862.

Grothusen.

In fidem: *H. Krebs.*

№ 8.

Erste Bekanntmachung.

Da der ehemalige hiesige Elementarlehrer Michael Lübbe schon früher und jetzt auch dessen nachgelassene Wittwe Hedwig Cathrina, geb. Pierau, mit Tode abgegangen und nach Bestimmung eines von ihnen hinterlassenen Testamentes der (nicht bedeutende) Nachlaß den zur Zeit des Todes des Längstlebenden vorhandenen nächsten beiderseitigen Verwandten zufallen soll und zwar ³/₄ den Erben der Frau und ¹/₄ den Erben des Mannes, diese Letzteren aber nicht mit Gewißheit bekannt sind, und sowohl deshalb als auch um die Erben gegen etwanige spätere Ansprüche sicher zu stellen, auf Erlassung eines üblichen Proclams angetragen worden ist, so ergehet hiedurch von Gerichtswegen an Alle und Jede (mit Ausnahme der bereits bekannten Erben der Frauenseite), welche an den Nachlaß der obgedachten Eheleute Lübbe Erb- oder sonstige Ansprüche aus irgend einem Grunde zu haben vermeinen, die Aufforderung und Anweisung, daß sie sich, bei Strafe der Ausschließung und des Verlustes ihrer Gerechtsame, damit innerhalb 12 Wochen, vom dato der letzten Bekanntmachung dieses, im hiesigen Stadtsecretariate rechtsbehörig melden sollen. — Gerichtsauswärtige unter Bestellung eines Procurators zu den Acten.

Wilster, den 23. August 1862.

Der Magistrat.

Rehhoff.

№ 9.

Zweite Bekanntmachung.

Von Gerichtswegen

wird auf Anhalten der Ehefrau des Herrn Dr. med. Ferdinand Dohrn in Heide, Mathilde, geb. Ottens, c. c. m., welche als Universalerbin des verstorbenen Advocaten und Landsecretairs Peter Ottens hieselbst angezeigt, daß sie den Nachlaß dieses ihres Vaters und Erblassers wegen der früheren sehr ausgebreiteten und vielfach verwickelten Geschäftsverhältnisse, in welchen derselbe gestanden, nur sub beneficio legis et inventarii angetreten habe und desfalls um Erlassung eines landüblichen Proclams gebeten hat,

allen nichtprotocollirten Creditoren des verstorbenen Advocaten und Landsecretairs Peter Ottens, wail. in Heide, hiedurch aufgegeben, ihre Ansprüche und Forderungen an denselben, sie mögen beruhen worin immer, bei Vermeidung der Ausschließung von der Erbmasse, innerhalb 12 Wochen, von der letzten Bekanntmachung dieses Proclams angerechnet, in der Kirchspielschreiberei zu Heide, Auswärtige unter Procuraturbestellung, anzugeben und verzeichnen zu lassen.

Königl. Norderdithmarsische Landvogtei zu Heide, den 14. August 1862. *Hansen.*

In fidem: Schütt, Secretair, c. n.
Pro copia: Wiencke.

№ 10.

Zweite Bekanntmachung.

Auf Ansuchen des Herrn Obergerichtsadvocaten Schröder, als Curators des Nachlasses des am 9. Juni 1862 hieselbst verstorbenen Einwohners Johann Detlev Kniphals, werden Alle, mit alleiniger Ausnahme der bereits angemeldeten 5 Tochterkinder des Erblassers, welche als Erben, Creditoren, Eigenthümer oder aus sonstigen Gründen Ansprüche irgend einer Art an den Nachlaß des Einwohners J. D. Kniphals zu haben glauben, hiedurch, bei Strafe der Präclusion, aufgefordert, innerhalb 12 Wochen, vom Tage der letzten Bekanntmachung angerechnet, im hiesigen Stadtsyndicat sich zu melden und, insofern die Profitenten außerhalb Kiels wohnen, einen Procurator zu bestellen.

Kiel, den 19. August 1862.

Der Magistrat.

In fidem: *G. F. Witte*, Syndicus.

№ 11.

Zweite Bekanntmachung.

Wenn der Eingesessene und Gastwirth Hans Kruse zu Strohdeich mit Hinterlassung einer Wittwe und unmündiger Kinder aus verschiedenen Ehen gestorben und zur Sicherung der Letzteren gegen unbekannte Ansprüche die Erlassung eines Proclams über diese Erbmasse erkannt ist, als werden, mit Ausnahme der protocollirten Gläubiger, Alle, welche an den Nachlaß des genannten Hans Kruse aus irgend einem Rechtsgrunde Forderungen und Ansprüche zu haben vermeinen, oder dazu gehörende Pfänder besitzen, hiemit von Gerichtswegen, bei Strafe der Ausschließung und resp. Verlusts des Pfandrechtes befehligt, dieselben eventuell unter Bestellung der Actenprocuratur, binnen 12 Wochen, a publ. ult., hieselbst in Form Rechtens anzugeben.

Glückstadt, im Justitiariate des adeligen Guts Klein-Collmar, den 19. August 1862.

P. F. C. Matthiessen.

№ 12.

Zweite Bekanntmachung.

Extr. des Procl. des 34sten Stücks № 2.

Nichtprotocollirte Forderungen und Ansprüche an den unter gerichtliche Behandlung genommenen Nachlaß des wail. Eingesessenen Hans Rolfs in Arkebeck, so wie Pfandstücke aus demselben sind, bei Vermeidung des Verlustes der Rechte, innerhalb 12 Wochen, vom Tage der letzten Bekanntmachung dieses Proclams angerechnet, in der Königlichen Kirchspielschreiberei zu Albersdorf ordnungsmäßig anzugeben.

V. G. W.

Meldorf, den 20. August 1862.

Zur Beglaubigung: Fabricius.

№ 13.

Zweite Bekanntmachung.

Extr. des Procl. des 34sten Stücks № 3.

Nichtprotocollirte Forderungen und Ansprüche an den unter gerichtliche Behandlung genommenen Nachlaß des verstorbenen Kostgängers Reimer Hein in Nordhastedt, so wie Pfandstücke aus demselben sind, bei Strafe resp. des Ausschlusses und des Verlustes der Pfandrechte, innerhalb 12 Wochen, vom Tage der letzten Bekanntmachung dieses Proclams angerechnet, in der Königl. Kirchspielschreiberei zu Nordhastedt gehörig anzugeben.

V. G. W.

Meldorf, den 18. August 1862.

Zur Beglaubigung: Fabricius.

№ 14.

Zweite Bekanntmachung.

Extr. des Procl. des 34sten Stücks № 4.

Nichtprotocollirte Ansprüche und Forderungen an den unter gerichtliche Behandlung genommenen Nachlaß des wail. Einwohners Johann Wiese d. ä. in

Buchholz, so wie Pfandstücke aus diesem Nachlaß sind, bei Strafe des Verlustes der Forderungen und Pfandrechte, innerhalb 12 Wochen, vom Tage der letzten Bekanntmachung dieses Proclams angerechnet, in der Königlichen Kirchspielschreiberei zu Burg rechtsbehörig anzugeben.

B. G. W.

Meldorf, den 13. August 1862.

Zur Beglaubigung: **Fabricius.**

№ 15.

Zweite Bekanntmachung.

Extr. des Procl. des 34sten Stücks № 6.

Alle Erbansprüche und Forderungen an den Nachlaß des Webergesellen Jasper Wrage müssen, und zwar die Forderungen, bei Strafe des Verlustes derselben, binnen 12 Wochen, vom Tage der letzten Bekanntmachung dieses Proclams angerechnet, im hiesigen Stadtsecretariate rechtsgehörig angemeldet werden.

Lütjenburg, den 18. August 1862.

Bürgermeister und Rath.

Zur Beglaubigung: **H. Brinkmann.**

№ 16.

Zweite Bekanntmachung.

Extr. des Procl. des 34sten Stücks № 7.

Dingliche Ansprüche an den in der Hafenstraße hieselbst belegenen, im Schuld- und Pfandprotocoll der Stadt Heiligenhafen B. II Fol. 294 eingetragenen Hausbesitz des hiesigen Bürgers, Buchbinders und Buchdruckers W. G. Heide sind innerhalb 12 Wochen, von der letzten Bekanntmachung dieses Proclams, bei Vermeidung der Ausschließung und des Stillschweigens, ordnungsmäßig und unter Beobachtung des Rechtserforderlichen im hiesigen Stadtsecretariate anzumelden.

Heiligenhafen, den 20. August 1862.

Der Magistrat.

Helmcke.

№ 17.

Zweite Bekanntmachung.

Extr. des Procl. des 34sten Stücks № 9.

Alle und Jede, mit Ausnahme der zu Erben eingesetzten Kinder des weil. Rademachers Carsten David Bloemer und seiner gleichfalls verstorbenen Ehefrau Sophia Hedewig Bloemer, geb. Osbahr, welche an den Nachlaß der in Berlin, Guts Seedorf, verstorbenen Wittwe Catharina Margaretha Bloemer, geb. Osbahr, Erb- oder sonstige Ansprüche zu haben vermeinen, müssen sich damit, bei Vermeidung der gesetzlichen Folgen und unter Beobachtung des Rechtserforderlichen, binnen 12 Wochen, von der letzten Bekanntmachung dieses Proclams, in dem unterzeichneten Justitiariat melden.

Decretum Segeberg, im Justitiariate der adeligen Güter Seedorf und Hornstorf, den 18. August 1862.

Esmarch.

№ 18.

Dritte und letzte Bekanntmachung.

Da auf Anhalten eines Creditors über das im Grunde belegene Erbe des hiesigen Bürgers Carl Otto Wildens, welches mit Anton Christian Beers im Osten, Friedrich Wilhelm Gundelach im Westen und Simon Susmann Heckscher auch Johann Friedr. Kress im Norden benachbart ist, der Specialconcurs erkannt worden: so werden von Gerichtswegen Alle und Jede, welche an dasselbe aus irgend einem rechtlichen Grunde Ansprüche oder Forderungen zu haben vermeinen — mit alleiniger Ausnahme der protocollirten Gläubiger — bei Strafe der Ausschließung und des ewigen Stillschweigens, aufgefordert und befehligt, solche, in Gemäßheit der Verordnung vom 14. April 1840, betreffend das Subhastationsverfahren, binnen 6 Wochen, nach der letzten Bekanntmachung dieses Proclams, im hiesigen ersten Stadtsecretariate, und spätestens am

9. October d. J.,

als dem peremtorischen Angabetermine, im Obergericht hieselbst anzumelden, wobei die die Ansprüche begründenden Documente in Urschrift vorzuzeigen und in Abschrift zurückzulassen sind, Auswärtige auch wegen gehöriger Procuraturbestellung das Nöthige wahrzunehmen haben.

Zum öffentlichen Verkaufe des beregten Erbes ist Termin auf

Montag den 22. September d. J.

anberaumt worden, an welchem Tage, Nachmittags 2 Uhr, die Kaufliebhaber im hiesigen Rathskeller sich einfinden und den Handel versuchen können.

Wornach Beikommende sich zu achten!

Altona, im Obergerichte, den 30. Juli 1862.

Ex Decreto Senatus.

№ 19.

Dritte und letzte Bekanntmachung.

Da von der Wittwe des weil. hiesigen Bürgers und Kaufmanns Johann Peter Albert Gayen, cum curatore, auf die Erlassung eines Proclams behufs Ausmittelung des Güterbestandes angetragen und solchem Antrage vom Magistrate stattgegeben ist: so werden von Gerichtswegen Alle und Jede, welche an den Nachlaß des gedachten verstorbenen Kaufmanns

Johann Peter Albert Gayen, so wie an dessen von ihm seit dem Jahre 1817 unter der Firma von Jan Tecker Gayen geführtes Handlungsgeschäft aus irgend einem rechtlichen Grunde Ansprüche oder Forderungen zu haben vermeinen — mit alleiniger Ausnahme der protocollirten Gläubiger — hiedurch, bei Strafe der Ausschließung und des ewigen Stillschweigens, aufgefordert und befehligt, solche binnen 12 Wochen, nach der letzten Bekanntmachung dieses Proclams, im hiesigen ersten Stadtsecretariate und spätestens am

17. November d. J.,

als dem peremtorischen Angabetermine, im Obergerichte hieselbst anzumelden, wobei die die Ansprüche begründenden Documente in Urschrift vorzuzeigen und in Abschrift zurückzulassen sind, Auswärtige auch wegen gehöriger Procuraturbestellung das Nöthige wahrzunehmen haben.

Wornach Beikommende sich zu achten.

Altona, im Obergerichte, den 30. Juli 1862.

Ex Decreto Senatus.

№ 20.

Dritte und letzte Bekanntmachung.

Auf Anhalten des Herrn Obergerichtsadvocaten Adolph Schmidt, als gerichtlich bestellten Administrators des Nachlasses

1) der am 6. Juni d. J. hieselbst verstorbenen Wittwe des wailand hiesigen Einwohners und Höкers Ludwig Nicolaus von Bargen, Maria Louise, geb. Falcke;
2) des im Juni d. J. hieselbst als Wittwer unbeerbt verstorbenen Kämmerei-Assistenten Johann Bernhard Lucas Tiedemann,

werden Alle, welche an obgedachte Verlassenschaften Erb- oder sonstige Ansprüche zu haben vermeinen, hiedurch, bei Strafe der Ausschließung und des ewigen Stillschweigens, aufgefordert und befehligt, solche binnen 12 Wochen, nach der letzten Bekanntmachung dieses Proclams, im hiesigen ersten Stadtsecretariate und spätestens am

20. November d. J.,

als dem peremtorischen Angabe-Termine, im Obergerichte hieselbst anzumelden, wobei die die Ansprüche begründenden Documente in Urschrift vorzuzeigen und in Abschrift zurückzulassen sind, Auswärtige auch wegen gehöriger Procuratur-Bestellung das Nöthige wahrzunehmen haben.

Wornach Beikommende sich zu achten.

Altona, im Obergerichte, den 4. August 1862.

Ex Decreto Senatus.

№ 21.

Dritte und letzte Bekanntmachung.

Auf Anhalten Beikommender werden, mit alleiniger Ausnahme der Proclamsextrahenten, Alle,

1) welche an den Nachlaß der am 26. Mai 1851 hieselbst verstorbenen Wittwe des Jzlet oder Jsrlin Magnussen, Rahel, alias Rica Magnusson;
2) welche an einen abhanden gekommenen, von der hiesigen Generaladministration der den Pupillen und Abwesenden gehörigen kleinen Geldposte auf den Namen von Hans Gottfried und Claus Stutermundt ultimo December 1813 ausgestellten Schein, groß 586 ℳ 6 1/ß R.-M., auf dessen Mortification angetragen worden ist;
3) welche an einen abhanden gekommenen, von der hiesigen Generaladministration der den Pupillen und Abwesenden gehörigen kleinen Geldposte auf den Namen des Johann Friedrich Struve ultimo December 1813 ausgestellten Schein, groß 224 ℳ R.-M., auf dessen Mortification angetragen worden ist;
4) welche an einen abhanden gekommenen, von der hiesigen Generaladministration der den Pupillen und Abwesenden gehörigen kleinen Geldposte auf den Namen des Hinr. Albrecht Rademacher ultimo December 1813 ausgestellten Schein, groß 256 ℳ R.-M., auf dessen Mortification angetragen worden ist;

resp. Erb- oder sonstige Ansprüche zu haben vermeinen, hierdurch, bei Strafe der Ausschließung von diesen Massen, resp. der Mortification der sub 2, 3 und 4 aufgeführten Scheine, aufgefordert und befehligt, solche binnen 12 Wochen, nach der letzten Bekanntmachung dieses Proclams, im hiesigen ersten Stadtsecretariate, und spätestens am

20. November d. J.,

als dem peremtorischen Angabe-Termine, im Obergerichte hieselbst anzumelden, wobei die die Ansprüche begründenden Documente in Urschrift vorzuzeigen und in Abschrift zurückzulassen sind, Auswärtige auch wegen gehöriger Procuraturbestellung das Nöthige wahrzunehmen haben.

Wornach Beikommende sich zu achten.

Altona, im Obergerichte, den 4. August 1862.

Ex Decreto Senatus.

№ 22.

Dritte und letzte Bekanntmachung.

Da auf geschehene Insolvenz-Erklärung über die Habe und Güter:

1) der Wittwe des wailand hiesigen Bürgers und

Sellermeisters Friedr. Wilhelm Dücolo, Christine Louise Mathilde, geb. Gallenbeck;

2) des hiesigen Bürgers und Kleiderhändlers Meyer Jacob Wagner, in Firma M. J. Wagner;

so wie auf Anhalten der Gläubiger über die Habe und Güter:

3) der Wittwe des in Segeberg verstorbenen Grützmachers Johannes Friedrich Franz Spliedt, Catharina Maria, geb. Bornholdt, hieselbst;

4) des hiesigen Bürgers und Mechanicus Caspar Adolph Ehrenberg

der Concurs der Gläubiger erkannt worden: so werden von Gerichtswegen Alle und Jede, welche an obgenannte Personen, ad 3 mit alleiniger Ausnahme der protocollirten Gläubiger, aus irgend einem rechtlichen Grunde, so wie diejenigen,

5) welche an den Nachlaß des am 4. April d. J. verstorbenen hiesigen Bürgers und Tischlermeisters Johann Heinrich Christoph Brucke,

Ansprüche oder Forderungen zu haben vermeinen, bei Strafe der Ausschließung, resp. des ewigen Stillschweigens, aufgefordert und befehligt, solche binnen 12 Wochen, nach der letzten Bekanntmachung dieses Proclams, im hiesigen ersten Stadtsecretariate und spätestens am

20. November d. J.,

als dem peremtorischen Angabetermine, im Obergericht hieselbst anzumelden, wobei die die Ansprüche begründenden Documente in Urschrift vorzuzeigen und in Abschrift zurückzulassen sind, Auswärtige auch wegen gehöriger Procuraturbestellung das Nöthige wahrzunehmen haben.

Wornach Beikommende sich zu achten!

Altona, im Obergericht, den 4. August 1862.

Ex Decreto Senatus.

№ 23.

Dritte und letzte Bekanntmachung.

Extr. des Procl. des 33sten Stücks № 1.

Nichtprotocollirte Ansprüche und Forderungen an den insolventen Kornmakler Johannes Christian Peters am Brunsbüttlerhafen und dessen Vermögen, so wie Pfandstücke aus dieser Concursmasse, sind innerhalb 12 Wochen, von der letzten Bekanntmachung dieses Proclames angerechnet, bei Strafe der Ausschließung von der Concursmasse und des Verlustes der Pfandrechte, in der Königl. Kirchspielschreiberei zu Brunsbüttel gehörig anzugeben.

K. G. W.

Meldorf, den 11. August 1862.

Zur Beglaubigung: **Fabricius.**

№ 24.

Dritte und letzte Bekanntmachung.

Extr. des Procl. des 33sten Stücks № 2.

Alle Ansprüche an den von den städtischen Collegien zu Lütjenburg unterm 24. Juni 1834 an Detlev Schlünsen zu Dransau, hiesigen Guts, über 233 ℛ 16 β v. Cour., jetzt 373 ℛ 32 β R.-M., ausgestellten Wechsel müssen binnen 12 Wochen, vom Tage der letzten Bekanntmachung dieses angerechnet, bei Strafe der Ausschließung und des ewigen Stillschweigens, so wie um zu verhindern, daß das ausschließliche Eigenthum des Wechsels der Wittwe Christine Schlünsen, geb. Strohbehn, zu Dransau zuerkannt werde, hieselbst gehörig angemeldet werden.

Wornach sich zu achten.

Lütjenburg, den 13. August 1862.

Das Patrimonialgericht des adeligen Guts Neuhaus.

Wyneken.

№ 25.

Dritte und letzte Bekanntmachung.

Extr. des Procl. des 33sten Stücks № 3.

Alle und Jede, mit einziger Ausnahme der protocollirten Gläubiger, welche an nachnachbenannte Grundstücke, als:

1) das dem Schmiedemeister Johann Hinrich Ewers gehörige, im III. Quartier Nr. 168 belegene Wohnhaus c. pert.;

2) das von dem Lohgerber Anton Carl Theodor Lundt neu erbaute, im III. Quartier Nr. 173 belegene Wohnhaus c. pert.;

3) das von dem Arbeitsmann Johann Hinrich Eduard Guttau neu erbaute, im III. Quartier Nr. 174 belegene Wohnhaus c. pert.;

4) das von dem Arbeitsmann Jacob Christian Hinrich Buck neu erbaute, im III. Quartier Nr. 175 belegene Wohnhaus c. pert.;

5) das von dem Tischlermeister Heinrich Christian Grimm neu erbaute, im I. Quartier Nr. 126 belegene Wohnhaus c. pert.,

dingliche Ansprüche irgend einer Art oder Einwendungen gegen die Einrichtung besonderer Folien für die sub 2, 3, 4 und 5 gedachten Häuser im hiesigen Schuld- und Pfandprotocoll zu haben vermeinen, müssen sich damit, bei Strafe des Verlustes, binnen 12 Wochen, nach der letzten Bekanntmachung dieses Proclams, rechtsbehörigermaaßen im hiesigen Syndicat melden.

Decretum Neustadt, den 5. August 1862.

(L. S.) Bürgermeister und Rath.

L. Kohlmann.

№ 26.

Dritte und letzte Bekanntmachung.

Extr. des Procl. des 33sten Stücks № 4.

Alle und Jede, welche an den Nachlaß des unverehelicht verstorbenen Dienstknechts Christopher Jacobs, weil. in Crempdorf, Erb- oder sonstige Ansprüche zu haben vermeinen, mit Ausnahme der bereits angemeldeten Erben, werden, bei Strafe der Ausschließung und ewigen Stillschweigens, hiedurch befehligt, binnen 12 Wochen, vom Tage der letzten Bekanntmachung dieses Proclams, ihre vermeintlichen Ansprüche bei der Königlichen Landschreiberei der Crempermarsch zu Crempe rechtsbehörig anzumelden.

Königl. Gericht für das Amt Steinburg zu Itzehoe, den 9. August 1862.

A. v. Heintze, const.

№ 27.

Dritte und letzte Bekanntmachung.

Extr. des Procl. des 33sten Stücks № 5.

Nichtprotocollirte dingliche Ansprüche an das dem Dr. med. Hager gehörige, in der Breitenstraße hieselbst belegene, Fol. 37 des Stadt-Schuld- und Pfandprotocolls verzeichnete Haus müssen, bei Vermeidung der Präclusion und des ewigen Stillschweigens, binnen 12 Wochen, von der letzten Bekanntmachung dieses Proclams angerechnet, ordnungsmäßig im Stadtsecretariat hieselbst angemeldet werden.

Decretum Crempe in Curia, den 12. Aug. 1862.

Bendixen.

№ 28.

Dritte und letzte Bekanntmachung.

Extr. des Procl. des 33sten Stücks № 6.

Ansprüche und Forderungen an nachbenannte geringfügige Concursmassen, als:

1) die des Krämers Johannes Görling in Wandsbeck,
2) die des früheren Bäckers Dethlev Wilhelm Otto Brockstedt in Wandsbeck, und
3) die des Schneidermeisters Johann Bruhnsen in Wandsbeck,

müssen, bei Strafe der Ausschließung, von der Masse, binnen 12 Wochen, vom Tage der letzten Bekanntmachung dieses Proclams angerechnet, in dem unterzeichneten Justitiariate ordnungsmäßig angemeldet werden.

Decretum Wandsbecker Justitiariat bei Wandsbeck, den 8. August 1862.

Reimers.

Beilage
zum 36. Stück der Holsteinischen Anzeigen.

Montag den 8. September 1862.

Publicandum.

Demnach der verstorbene Senator Martin Johan Jenisch in Hamburg die im Herzogthum Holstein belegenen Grundstücke, als:

1) das im Itzehoer adel. Güterdistrict belegene adel. Gut Blumendorf mit allen Zubehörungen, namentlich auch mit allem dort vorhandenen Vieh-, Feld- und Hausinventar, Leinen- und Silberzeug, Bücher-, Gemälde- und anderen Sammlungen;
2) das in der Herrschaft Pinneberg belegene Kanzleigut Flottbeck mit dem dortigen Inventar und Mobiliar in dem ad 1 bezeichneten Umfange;
3) das im Preetzer adel. Güterdistricte belegene adel. Gut Fresenburg mit Schadehorn, Neufresenburg, Poggensee und Seefeld nebst allen Zubehörungen in dem ad 1 und 2 angedeuteten Umfange,

in Verbindung mit Grundstücken in Hamburg und Fideicommiß-Capitalien zu einem immerwährenden Familien-Fideicommiß unter dem Namen:

„Senator Martin Johan Jenisch Blumendorf-„Fresenburger Fideicommiß"

erhoben und in seinem unterm 26. Juni 1838 errichteten Testamente zur größtmöglichen Sicherstellung der desfälligen fideicommissarischen Bestimmungen verfügt hat:

§ 10. daß die fideicommissarische Qualität vermittelst einer Clausel auf den Folien der genannten drei Güter Blumendorf, Fresenburg und Flottbeck in den betreffenden Hypothekenbüchern notirt werde, wonach nie eins dieser Grundstücke mit Schulden beschwert oder für solche in Anspruch genommen werden könne;

§ 26. in Verbindung mit dem § 2 des 6ten Addilaments: Hiernach verordne und gebiete ich, daß meine adel. Güter Blumendorf und Fresenburg cum pert., so wie mein Kanzleigut Flottbeck cum pert. niemals veräußert oder in Fideicommiß-Capitalien verwandelt werden dürfen und mit den hinzugefügten Inventarien und den Sammlungen — — — — — — — — — — — — — — — — — auf ewige Zeiten unbeschwert sein und bleiben sollen.

Ich verbiete jede Hypothecirung meines Fideicommisses oder dessen Revenüen, was ich hiedurch schon im Voraus für null und nichtig erkläre, wenn auch die nachfolgenden Nutznießer im Fideicommiß ihre Zustimmung geben wollten.

Ich ersuche ferner die hohe Landesregierung, worunter die adel. Güter Blumendorf und Fresenburg und das Kanzleigut Flottbeck stehen, so wie auch die Regierung der Stadt Hamburg, die vorstehenden Verbote, falls nöthig, jeder Zeit kräftigst zu schützen, auf keinen Fall aber jemals zu erlauben, daß irgend Schulden auf meine Grundstücke — — — — — — — — — contrahirt werden mögen.

§ 14. Kein Fideicommißinhaber darf die Integrität des Fideicommisses im weitesten Sinne des Wortes beeinträchtigen und über seine Lebenszeit hinaus contrahiren, vielmehr bedürfen Stipulationen der letzteren Art, insofern sie auch den Nachfolger binden sollen, der schriftlichen Einwilligung der **Executores testamenti**.

§ 27. Sollte je ein Nutznießer es sich einfallen lassen und trotz alles Vorstehenden es durchsetzen, daß er Schulden auf dieses von mir errichtete Fideicommiß contrahirte — — — — so — — — — — — erkläre ich die Schulden für null und nichtig. Außerdem aber soll nicht nur jeder Nutznießer, der hiergegen handelt, von dem Augenblick eines Actes der besagten Art an, für seine Person den Genuß des Fideicommisses für immer verlieren, sondern es sollen auch alle Diejenigen, welche in irgend einer Eigenschaft, sei es als Exspectanten, als präsumtive Nachfolger des zeitigen Besitzers, als Executoren oder als Mitglieder der respectiven Regierungen in eine solche testamentswidrige Handlung consentiren — insofern sie sonst zum Fideicommiß berufen wären — für ihre Person gänzlich von diesem Fideicommiß ausgeschlossen sein und soll dasselbe während der Lebenszeit des Ausgeschlossenen dem nächsten Nachfolger zufallen, wogegen, wenn zur Zeit des Todes des eventuell Ausgeschlossenen nach der von mir gegebenen Vorschrift ein anderer als der bisherige Inhaber der Successor des ausgeschlossen Gewesenen sein würde, dieser nunmehrige nächst Berufene in den Genuß des Fideicommisses succedirt.

So werden auf desfälligen Antrag der zur gerichtlichen Bestätigung des gedachten „Senator Martin Johan Jenisch Blumendorf-Fresenburger Fideicommisses" ernannten Commission des Königl. Holsteinischen Landgerichts

Von Obergerichtswegen

die vorstehenden fideicommissarischen Bestimmungen hiemittelst zur allgemeinen öffentlichen Kunde gebracht.

Wonach ein Jeder, den es angeht, sich zu achten und vor Schaden zu hüten hat!

Urkundlich unterm vorgedruckten größeren Gerichts-Insiegel. Gegeben im Königl. Holsteinischen Obergericht zu Glückstadt, den 25. August 1862.

(L. S.) *v. Schirach. Henrici.*

v. Prangen.

Pro vera copia: Martens.

Bekanntmachungen.

№ 1.

Nachdem die Entschädigungsberechnung über die durch den Bau der Neumünster-Plön-Dodauer Chaussee entstandenen Landverlüste f. w. d. a. von dem Königl. Ministerium für die Herzogthümer Holstein und Lauenburg genehmigt worden ist, werden die etwaigen hypothecarischen Gläubiger der an den Entschädigungsgeldern betheiligten Grundbesitzer im Flecken Neumünster, so wie in den Dorfschaften Brachenfeld, Bönebüttel und Husberg in Gemäßheit des § 39 der Verordnung vom 28. November 1837 hiedurch aufgefordert, sich mit ihren Pfandschuldnern innerhalb 4 Wochen, vom Tage dieser Bekanntmachung angerechnet, in Betreff ihrer ewaigen Ansprüche an den Entschädigungssummen auseinanderzusetzen oder das sonst Erforderliche in der Wahrung ihrer Rechte wahrzunehmen, da widrigenfalls nach Ablauf dieser Frist die einstweilen hieselbst deponirten Entschädigungsgelder werden ausbezahlt werden.

Königl. Amthaus zu Neumünster, den 27. August 1862. *v. Stemann.*

№ 2.

Daß der unverehelichten Wiebcke Witt in Farnewinkel, Kirchspiels Süder-Meldorf-Geest, die Disposition über ihr Vermögen entzogen und derselben in der Person des Eingesessenen Timm Martens in Windbergen ein curator personæ et bonorum bestellt worden, wird hiedurch mit dem Hinzufügen zur öffentlichen Kunde gebracht, daß alle Rechtsgeschäfte, welche Erstere etwa selbstständig vollziehen möchte, als für sie unverbindlich anzusehen sind.

Königl. Süderdithmarscher Landvogtei zu Meldorf, den 19. August 1862.

(L. S.) *Müllenhoff.*

Fabricius.

Testaments-Publication.

Das das, dazu eingelieferte, gemeinschaftliche Testament der Eheleute Hufenpächters Franz Jacob Bahr und Anna Catharina, geb. Wildfang, zu Johannisdorf, hiesigen Guts, nach dem neulich erfolgten Tode des Ersteren, am Freitage den 12. f. M., Mittags 12 Uhr, im Gerichtszimmer zu Ehlerstorff publicirt werden soll, solches wird für Beikommende hiemit bekannt gemacht.

Lütjenburg, den 25. August 1862.

Das Patrimonialgericht des adeligen Guts Ehlerstorff.

Wyneken.

Testaments-Publication.

Das von dem weil. Eingesessenen zu Wandsbeck, Friedrich Andreas Theodor von Lengerde, hinterlassene Testament soll am

Mittwoch den 10. September d. J., Mittags 12 Uhr,

in dem Wandsbecker Gerichte veröffentlicht werden, was hiedurch bekannt gemacht wird.

Wandsbecker Justitiariat bei Wandsbeck, den 25. August 1862. *Reimers.*

Steckbrief.

Der unten signalisirte, bereits wiederholt bestrafte Verbrecher Hans Hamelau aus Kaltenkirchen ist in der Nacht vom 31. August auf den 1. d. M. aus dem Gutsgefängniß zu Bramstedt entwichen.

Sämmtliche Polizeibehörden werden ersucht, auf denselben zu vigiliren, ihn im Betretungsfall zur Haft zu bringen, und ist auf desfällige Anzeige an das hiesige Justitiariat dessen Abholung unter Kostenerstattung zu gewärtigen.

Bramstedter Justitiariat zu Itzehoe, den 3. September 1862. *F. Röiger.*

Signalement:

Hans Hamelau, Weber von Profession, alt 31 Jahr, Statur: schlank, Haare und Augenbrauen: dunkelblond, Stirn: niedrig, Augen: grau, Nase: spitz, Mund: gewöhnlich, Kinn: rund, Bart: dunkelblond, Gesicht: länglicht, Gesichtsfarbe: gesund, Sprache: hoch- und plattdeutsch, zeichnet sich durch einen scheuen Blick aus, war bei seiner Entweichung ohne Rock, Kopfbedeckung und Fußzeug, bekleidet mit einem leinenen Hemd, grau- und weiß-melirter baumwollener Hose, weißer Buckskin Weste und grün-wollenen Strümpfen.

Proclamata.

№ 1.

Erste Bekanntmachung.

Wenn die Executoren des vom verstorbenen Senator Martin Johan Jenisch in Hamburg gestifteten Blumendorf-Fresenburger Fideicommisses Dr. Edmund Schwartze und F. A. Th. von Lengercke und G. W. Schröder in Hamburg hieselbst vorgestellt, daß auf dem Folio des zu diesem Fideicommisse gehörigen Kanzleiguts Flottbeck im obergerichtlichen Schuld- und Pfandprotocoll ein Capital von 4500 ℔ Cour., jetzt 2400 ℛ R. M., ungetilgt sei, welches der frühere Eigenthümer der dem Kanzleigut Flottbeck nachmals einverleibten, im Schuld- und Pfandprotocolle der Herrschaft Pinneberg Nr. 10 a sub Fol. 11 aufgeführt gewesenen s. g. Wachsbleiche Jacob Biesterfeldt seinem Verkäufer Johann Koopmann laut protocollirten Kaufcontracts vom 25. August 1827 schuldig geworden und welches von den Besitznachfolgern, Etatsrath von Voght mit namentlicher Bezeichnung als Koopmannsche Forderung durch Contract vom 24. Juni 1828, so wie vom Senator M. J. Jenisch nach Kaufbrief vom 10. Juli 1828 ohne deutlichen Hinweis als eigene Schuld übernommen, irrthümlich aber jedesmal auf dem Fol. 11 als eine hypothecarische Belastung der s. g. Wachsbleiche wieder ausgeworfen und zwar theilweise durchstrichen, jedoch auch, nachdem der Senator M. J. Jenisch unterm 10. November 1834 diese 4500 ℔ Cour. an die Erben des inzwischen verstorbenen Johann Koopmann bezahlt hatte, mit einer Bemerkung geschehener Tilgung nicht versehen sei:

So werden von Obergerichtswegen in Deferirung des Antrags, welchen die Supplicanten unter Bezugnahme darauf, daß sie die jetzigen Successoren oder Erben des angeblich am 15. März 1834 zu Blankenese mit Tode abgegangenen Johann Koppmann und des am 20. März 1839 zu Hamburg verstorbenen Reichsfreiherrn, Etatsrath von Voght genügend zu ermitteln und rechtsbehörige Tilgungsconsense von diesen zu erlangen außer Stande seien, auf Erlassung eines Proclams wegen aller etwanigen Ansprüche an das gedachte Protocollat der 2400 ℛ R.-M. gerichtet haben, Alle und Jede, welche als Erben der frühern Besitzer der s. g. Wachsbleiche zu Flottbeck, namentlich des weiland Johann Koopmann und des Etatsraths, Reichsfreiherrn von Voght an die aus den gedachten Kaufcontracten vom 25. August 1827, 24. Juni und 10. Juli 1828 protocollirten Restkaufgelder von 4500 ℔ Cour., jetzt 2400 ℛ R.-M., Ansprüche zu haben oder sonst aus irgend einem Grunde der Tilgung dieser Restkaufgelder widersprechen zu dürfen vermeinen, hiemittelst aufgefordert und befehligt, diese ihre Ansprüche binnen 12 Wochen, vom Tage der letzten Bekanntmachung dieses Proclams angerechnet, bei Strafe des Verlustes und des ewigen Stillschweigens und unter Androhung der eventuellen Tilgung des Protocollats ex officio, bei dem Kanzleirath und Obergerichtssecretair Reusch hieselbst anzumelden, die ihre Ansprüche begründenden Documente im Original zu produciren und beglaubigte Abschriften derselben beim Protocoll zurückzulassen, auch, insofern sie nicht in Glückstadt wohnhaft, Actenprocuratoren zu bestellen.

Wornach sich zu achten.

Urkundlich unterm vorgedruckten größern Gerichtsinsiegel. Gegeben im Königl. Holsteinischen Obergericht zu Glückstadt, den 9. August 1862.

(L. S.) *W. v. Schirach.* *Henrici.*

v. Prangen.

№ 2.

Erste Bekanntmachung.

Wenn von beikommender Seite die Mortification einer Quartier V Nr. 7 Fol. 336 des Itzehoer Schuld- und Pfandprotocolls protocollirten Obligation des früheren Buchdruckereibesitzers, Senators P. S. Schönfeldt an den Major a. D. August Wilhelm Franz v. Linstow, gegenwärtig zu Bückeburg, vom 25. Jan. 1851, protocollirt den 27. Jan. 1851, lautend auf 10,000 ℔ v. Ct., beantragt worden: so werden nach erfolgter Autorisation des Königl. Holsteinischen Obergerichts Alle, welche an besagte Obligation Ansprüche zu haben vermeinen, von Bürgermeister und Rath hierdurch aufgefordert, sich damit binnen 12 Wochen, vom Tage der letzten Bekanntmachung dieses Proclams angerechnet, unter Producirung ihrer Beweisthümer und Auswärtige unter Bestellung eines Actenprocurators, im hiesigen Stadtsecretariat zu melden, widrigenfalls sie, unter Ausschließung ihrer Ansprüche, zu gewärtigen haben, daß die erwähnte Obligation werde mortificirt und delirt werden.

Itzehoe, den 30. August 1862.

Bürgermeister und Rath.

№ 3.

Erste Bekanntmachung.

Nachdem der Photograph Heinrich Thewes am 16. d. M. hieselbst verstorben, seine Wittwe aber den Nachlaß zur concursmäßigen Behandlung übergeben und demnach die Erlassung eines Proclams erforderlich geworden, so werden Alle und Jede, welche aus irgend einem Grunde Ansprüche und Forderungen an die Masse zu haben vermeinen, bei Strafe des Verlustes derselben und Ausschlusses von der Masse, von Bürgermeister und Rath hiedurch aufgefordert, solche binnen 12 Wochen, vom Tage der letzten Bekanntmachung dieses Proclams angerechnet, im hiesigen Stadtsecretariate anzumelden, und zwar Auswärtige unter Bestellung von Actenprocuratur.

Itzehoe, den 30. August 1862.

Bürgermeister und Rath.

№ 4.

Erste Bekanntmachung.

Auf geschehene Insolvenzerklärung der Wittwe Margaretha Krohn, geb. Glißmann, am Obendeich ist über deren Habe und Güter der Concurs der Gläubiger, deren Einreden vorbehältlich, erkannt worden.

Es werden daher Alle und Jede, mit Ausnahme der protocollirten Creditoren, welche an die Wittwe Margaretha Krohn, geb. Glißmann, am Obendeich und deren daselbst belegene Kathenstelle c. pert. Ansprüche und Forderungen haben oder Pfänder von ihr besitzen, mit Genehmigung des Königl. Holsteinischen Obergerichts hiemittelst aufgefordert, sich damit innerhalb 6 Wochen, vom Tage der letzten Bekanntmachung dieses Proclams angerechnet, bei Vermeidung der Strafe resp. des Ausschlusses von der Concursmasse und des Verlustes ihrer Pfandrechte, bei dem hiesigen Gerichte zu melden. Auswärtige haben einen Actenprocurator zu bestellen.

Königl. Intendantur zu Ranzau, den 30. August 1862. *A. v. Moltke.*

№ 5.

Zweite Bekanntmachung.

Von Gerichtswegen

wird auf Anhalten der Königl. Tellingstedter Kirchspielvogtei, als Erbregulirungsbehörde, Allen und Jeden, welche an den Nachlaß des unlängst verstorbenen Peter Detlef Eggers in Delstedt, eines ehelichen Sohnes des weil. Einwohners Detlef Eggers und der weil. Catharina Elisabeth Stamp, verwittweten Eggers, geb. Lafrenz, daselbst, Erbansprüche oder sonstige nichtprotocollirte Forderungen zu erheben haben, hiemittelst aufgegeben, solche ihre Ansprüche und Forderungen innerhalb 12 Wochen, von der letzten Bekanntmachung dieses Proclams angerechnet, Auswärtige nach gehörig bestellter Actenprocuratur, in der Kirchspielschreiberei zu Tellingstedt, sub pœna præclusi et perpetui silentii, anzugeben und verzeichnen zu lassen.

Königl. Norderdithmarsische Landvogtei zu Heide, den 9. August 1862. *Dührsen,* c. n.

In fidem: Schütt, Secretair, c. n.

№ 6.

Zweite Bekanntmachung.

Extr. des Procl. des 35sten Stücks № 2.

Alle, welche Ansprüche an die Concursmasse des Eingesessenen Johann Jürgs in Wacken, Kirchspiels Schenefeldt, zu haben meinen, müssen solche innerhalb 12 Wochen im hiesigen Amtsactuariat anmelden.

Rendsburger Amthaus, den 18. August 1862. *E. v. Harbou.*

Brenning.

Zur Beglaubigung: Brenning.

№ 7.

Zweite Bekanntmachung.

Extr. des Procl. des 35sten Stücks № 3.

Dingliche nichtprotocollirte Ansprüche an die von dem Herrn Friedrich Gabe an Peter Haß verkaufte, auf Besdorfer-Feldmark im Kirchspiel Schenefeld belegene Wiese „Iselbecksteich" sind innerhalb 12 Wochen im hiesigen Amtsactuariat anzugeben.

Rendsburger Amthaus, den 21. August 1862. *E. v. Harbou.*

Brenning.

Zur Beglaubigung: Brenning.

№ 8.

Zweite Bekanntmachung.

Extr. des Procl. des 35sten Stücks № 4.

Nichtprotocollirte Forderungen und Ansprüche an den hiesigen Bürger und Fuhrmann Johann Hinrich Möller sind innerhalb 12 Wochen, vom Tage der letzten Bekanntmachung dieses Proclams angerechnet, bei Vermeidung der Ausschließung und des ewigen Stillschweigens, rechtsbehörig anzumelden.

Decretum Oldesloe, in Curia, den 26. August 1862.

(L. S. C.) Bürgermeister und Rath hieselbst.

№ 9.

Zweite Bekanntmachung.

Extr. des Procl. des 35sten Stücks № 5.

Dingliche nichtprotocollirte Ansprüche an das von dem hiesigen Schneidermeister Johann Fridr. Schriewer theilweise verkaufte, hieselbst Qu. IV Nr. 42 belegene Wohnhaus cum pert. sind, bei Strafe des Verlustes derselben, innerhalb 12 Wochen, nach der letzten Bekanntmachung dieses Proclams, im hiesigen Stadtsecretariat rechtsbehörig anzumelden.

Decretum Segeberg, in Curia, den 21. Aug. 1862.

(L. S.) Bürgermeister und Rath.

№ 10.

Dritte und letzte Bekanntmachung.

Auf Ansuchen des Herrn Obergerichtsadvocaten Schröder, als Curators des Nachlasses des am 9. Juni 1862 hieselbst verstorbenen Einwohners Johann Detlev Kniphals, werden Alle, mit alleiniger Ausnahme der bereits angemeldeten 5 Töchterkinder des Erblassers, welche als Erben, Creditoren, Eigenthümer oder aus sonstigen Gründen Ansprüche irgend einer Art an den Nachlaß des Einwohners J. D. Kniphals zu haben glauben, hiedurch, bei Strafe der Präclusion, aufgefordert, innerhalb 12 Wochen, vom Tage der letzten Bekanntmachung angerechnet, im hiesigen Stadtsyndicat sich zu melden und, insofern die Prätendenten außerhalb Kiels wohnen, einen Procurator zu bestellen.

Kiel, den 19. August 1862.

Der Magistrat.

In fidem: *G. F. Witte,* Syndicus.

Beilage
zum 37. Stück der Holsteinischen Anzeigen.

Montag den 15. September 1862.

Bekanntmachung.

Der hiesige Bürger und Bäckermeister Hans Jochim Hinrich Reher ist gerichtlich zum Curator für die Person und das Vermögen des hiesigen Bäckergesellen Christian Schmidt bestellt, welches hiedurch mit dem Bemerken zur öffentlichen Kunde gebracht wird, daß alle den gedachten Schmidt betreffenden Rechtsgeschäfte rechtsgültig nur mit dem genannten Curator abgeschlossen werden können.

Decretum Segeberg, in curia, den 10. Sept. 1862.
(L. S.) Bürgermeister und Rath.

Testaments-Publication.

Zur Publication des von dem verstorbenen Herrn Colin Roß zu Altekoppel errichteten Testamentes ist Termin auf Freitag den 10. October d. J., Vormittags 11 Uhr, angesetzt, welches Beikommenden zur Nachricht und Wahrnehmung ihrer Gerechtsame hiedurch zur Kunde gebracht wird, und werden selbige sich zu bemerkter Zeit und Stunde auf dem Gehöfte Altekoppel einzufinden eingeladen.

Brunswieck, im Justitiariate des adeligen Guts Schönböken, den 9. September 1862. *F. Boie.*

Testaments-Publication.

Das hieselbst gerichtlich deponirte Testament der vor Kurzem verstorbenen Wittwe Margaretha Lucia Steinbeck, geb. Prüß, hieselbst wird am Freitage den 3. October d. J., Mittags 12 Uhr, auf hiesigem Rathhause publicirt werden.

Lütjenburg, den 8. September 1862.
(L. S.) Bürgermeister und Rath.
Zur Beglaubigung: **H. Brinkmann.**

Testaments-Publication.

Das von dem weil. Eingesessenen zu Wandsbeck, Friedrich Andreas Theodor von Lengercke, hinterlassene Testament soll am

Mittwoch den 10. September d. J.,
Mittags 12 Uhr,

in dem Wandsbecker Gerichte veröffentlicht werden, was hiedurch bekannt gemacht wird.

Wandsbecker Justitiariat bei Wandsbeck, den 25. August 1862. *Reimers.*

Erledigter Steckbrief.

Der unterm 3. d. M. wider Hans Hamelau aus Kaltenkirchen erlassene Steckbrief ist durch Arretirung desselben erledigt.

Bramstedter Justitiariat zu Itzehoe, den 9. September 1862.

F. Rötger.

Citationes.

№ 1.

Nachbenannte Militair-Reserven aus dem Amte Trittau, als:

Lage 11 Nr. 52 Hans Claus Martens aus Großensee, 25 Jahre alt,
„ 12 „ 19 Georg Gustav Ludwig Eduard Mingramm aus Trittau, 26 Jahre alt,
„ 33 „ 26 Hinrich Steenbock aus Sieversbütten, 25 Jahre alt,

werden hiedurch befehligt, sich am 6. November d. J., Morgens 9 Uhr, in Trittau vor der Landmilitairsession einzufinden; mit der Verwarnung, daß sie im Nichterscheinungsfalle die gesetzliche Strafe zu gewärtigen haben.

Königl. Trittauer Amthaus zu Reinbeck, den 6. September 1862.

Graba, const.

№ 2.

Nachbenannte Militair-Reserven aus dem Amte Reinbeck, als:

Lage 2 Nr. 19 Peter Hinrich Ahlers 23 Jahr alt,
„ 13 „ 5 Joh. Christian Harms 26 „ „
„ 16 „ 23 Jürgen Hinrich Fick 24 „ „
„ 20 „ 30 Jochim Hinr. Friedrich Sanmann 26 „ „

werden hiedurch aufgefordert und befehligt, sich am 5. November d. J., Morgens 9 Uhr, auf dem Schlosse in Reinbeck vor der Landmilitairsession einzufinden; mit der Verwarnung, daß sie im Nichterscheinungsfalle die gesetzliche Strafe zu gewärtigen haben.

Königl. Amthaus zu Reinbeck, den 8. September 1862.

Graba, const.

№ 3.

Nachbenannte aus dem Amte Neumünster entwichene, resp. auf den letzten beiden Sessionen nicht erschienene Landmilitairpflichtige werden hiedurch aufgefordert, sich am 1. October d. J., Morgens präcise 9 Uhr, vor der in Neumünster zu haltenden ordentlichen Landmilitairsession, bei Vermeidung gesetzlicher Strafe, unfehlbar persönlich einzufinden:

Lage	1	Nr.	8	Johann Mathias Fischer	28	Jahre	alt,
„	12	„	8	Detl. Hartw. Rathge	32	„	„
„	17	„	11	Hans Hinrich Schlüter	27	„	„
„	25	„	6	Hans Friedrich Schnack	27	„	„
„	26	„	14	Lorenz Carl Perehop	28	„	„
„	28	„	2	Hans Beckmann	29	„	„
„	29	„	9	Johs. Tewes Wichmann	31	„	„
„	30	„	7	Hans Friedrich Tietjen	31	„	„
		„	9	Jasper Hinr. Ferdinand Burmeister	26	„	„
		„	16	Carl Joseph Ant. Gravenhorst	25	„	„
„	32	„	8	Marx Jochim Harder	28	„	„
		„	13	Johann Friedrich Koch	24	„	„
„	36	„	10	Jochim Nicol. Valentin Schlottfeldt	25	„	„
		„	15	Johann Otto Jacob Chr. Brockstedt	38	„	„
		„	17	Joh. Lorenz Brockstedt	27	„	„
		„	37	Hinrich Wilhelm Theodor Hellwig	27	„	„
„	37	„	11	Cl. Hinr. Detl. Techmeyer	31	„	„
		„	41	Christ. Friedrich Gehrts	24	„	„
„	38	„	20	Johann Hinr. Bracker	25	„	„
„	39	„	4	Hinr. Traugott Theoder Jackisch	27	„	„
		„	12	Joh. Hinr. Detl. Lohse	28	„	„
„	40	„	5	Nicolaus Schnell	30	„	„
		„	5	Mathias Schnell	29	„	„
		„	13	Hinr. Wilh. Ludw. Cabel	28	„	„
		„	13	Wilh. Johs. Georg Cabel	24	„	„
		„	29	Hans Jochim Wittorf	25	„	„
		„	30	Jochim Brandt	29	„	„
„	41	„	14	Hs. Hinr. Th. Strack	33	„	„
		„	43	Georg Wilhelm Bluhm	32	„	„
„	42	„	11	August Wilhelm Wulf	29	„	„
		„	44	Hs. Jac. Theod. Möller	33	„	„
„	43	„	1	Hs. Hinr. Ludw. Bielefeldt	27	„	„
		„	16	Gustav Heinr. Heidlandt	28	„	„
		„	20	Johs. Hinrich Pohlmann	28	„	„
„	44	„	16	Joh. Hinrich Niemann	30	„	„
„	45	„	10	Franz Ludwig Rudolph Meincke	26	„	„
		„	24	Hans Jochim Martens	37	„	„

Königl. Amthaus zu Neumünster, den 5. September 1862.

v. Siemann.

Proclamata.

№ 1.

Erste Bekanntmachung.

In Gewährung desfälligen Antrages werden, mit alleiniger Ausnahme der protocollirten Gläubiger, alle diejenigen, welche dingliche Ansprüche und Forderungen an das von den Erben des verstorbenen Fleckeneingesessenen Carl Wilhelm Hinrichsen in Kellinghusen an die Kaufleute August und Theodor Giesecke verkaufte, unter Nr. 93 im Brandcataster aufgeführte Haus in Kellinghusen zu haben meinen, hiedurch, bei Strafe der Ausschließung und ewigen Stillschweigens, aufgefordert, unfehlbar innerhalb 12 Wochen, vom Tage der letzten Bekanntmachung dieses Proclams, ihre Ansprüche im hiesigen Amtsactuariat auf rechtsgehörige Weise anzugeben; Auswärtige unter Bestellung eines Actenprocurators.

Rendsburger Amthaus, den 8. September 1862.

E. v. Harbou.

Brenning.

№ 2.

Erste Bekanntmachung.

Auf Ansuchen des Herrn Advocaten Spethmann, als Curators des gerichtlich regulirten Nachlasses des hieselbst verstorbenen Advocaten Th. Lehmann, werden Alle, welche an den Nachlaß des verstorbenen Advocaten Th. Lehmann aus irgend einem Grunde Forderungen oder Eigenthumsansprüche zu haben glauben, mit alleiniger Ausnahme der protocollirten Gläubiger, hiedurch aufgefordert, innerhalb präclusivischer Frist von 12 Wochen, vom Tage der letzten Bekanntmachung dieses Proclams angerechnet, im hiesigen Stadtsyndicate sich gehörig anzugeben, und haben die Proclamaten, insofern sie außerhalb Kiels wohnen, einen Procurator hieselbst zu bestellen.

Kiel, den 9. September 1862.

Der Magistrat.

In fidem: *G. F. Witte*, Syndicus.

№ 3.

Erste Bekanntmachung.

Demnach der Particulier Ludwig Hermann Petersen mit Hinterlassung einer in Haale, Amts Rendsburg, belegenen Landstelle cum pert. am 19. Juli d. J. zu Gaarden bei Kiel verstorben ist,

Als werden Alle und Jede, mit Ausschluß der protocollirten Gläubiger, welche Forderungen irgend welcher Art gegen den Nachlaß des defuncti, namentlich dingliche Ansprüche an die gedachte Landstelle c. p. zu haben vermeinen, hiedurch, bei Vermeidung der Ausschließung, von Gerichtswegen aufgefordert, sich mit selbigen innerhalb 12 Wochen, von der dritten und letzten Erlassung dieses Proclams angerechnet, hieselbst, und zwar Auswärtige unter Procuraturbestellung, zu melden, die zur Begründung ihrer Ansprüche dienenden Documente im originali zu produciren und in beglaubigter Abschrift im hiesigen Gerichte zurückzulassen.

Brunswieck, im Königl. Gericht für das Amt Kiel, den 29. August 1862.

Brockenhuus, const.

№ 4.

Erste Bekanntmachung.

Alle und Jede, welche an die geringfügige Nachlaßmasse der zu Wakendorf, adel. Guts Osterrade, ohne Leibeserben verstorbenen Ehefrau Abel Elisabeth Sander, geb. Lembcke, Erb- oder sonstige Ansprüche und Forderungen irgend welcher Art haben, imgleichen etwaige Pfandgläubiger, werden hiemittelst aufgefordert, sich, bei Verlust ihrer Ansprüche, innerhalb 6 Wochen, von der letzten Bekanntmachung angerechnet, im Justitiariat des adel. Guts Osterrade rechtsgehörig zu melden.

Brunswieck, im Justitiariat des adel. Guts Osterrade, den 5. September 1862.

Brockenhuus, const.

№ 5.

Erste Bekanntmachung.

Auf den Antrag Beikommender werden Alle und Jede, resp. mit Ausnahme der protocollirten Gläubiger, welche

1) an die Kathe Nr. 38 des Ernst Friedrich Rieper im Ellerbeck und die davon verkaufte und zu trennende Hälfte;
2) an die Kathe Nr. 23 des Rademachers Hinrich Plambeck in Brodersdorf, für welche ein Folium im Schuld- und Pfandprotocoll errichtet werden soll, und
3) an den Nachlaß des Hufners Peter Vöge in Stakendorf und an die dazu gehörige Hufe Nr. 7 daselbst

aus irgend einem Grunde Forderungen und Ansprüche zu haben glauben, gegen die Trennung der sub 1 gedachten Kathe in zwei halbe Einspruch erheben und bei Einrichtung des Folii für die sub 2 gedachte Plambeck'sche Kathe berücksichtigt werden wollen, hiedurch aufgefordert und befehligt, sich damit, resp. bei Strafe der Ausschließung, des Verlustes ihres Einspruchsrechtes und der Nichtberücksichtigung, innerhalb 12 Wochen, von der letzten Bekanntmachung dieses Proclams angerechnet, unter Einlieferung ihrer Documente in Ur- und Abschrift und gehöriger Procuraturbestellung, auf hiesiger Klosterschreiberei zu melden und ihre Gerechtsame wahrzunehmen.

Klösterliche Obrigkeit zu Preetz, den 5. September 1862.

C. v. Qualen.

№ 6.

Erste Bekanntmachung.

Der Kaufmann Jürgen Hinrich Nicolaus Rohlf hieselbst hat von dem Bäckermeister Carl Thomas Janssen hieselbst nachstehende Ländereien:

29/4 in der Dolgenwiese die Hälfte 3 Scheffel 17 Ruthen $6\frac{1}{2}$ Fuß,
31/18 im Schmützmühlenkamp 5 Scheffel 35 Ruthen 2 Fuß,
40/2 auf dem Hohen Kamp 3 Scheffel 6 Ruthen,
41/9 auf dem Johanniskamp 4 Scheffel 3 Ruthen 7 Fuß,
27/23 im zweiten Dolgenkamp 7 Scheffel 7 Ruthen 8 Fuß,
27/24 ebendaselbst 4 Scheffel 37 Ruthen 6 Fuß

gekauft und zur Sicherung die Erlassung eines landüblichen Proclams beantragt.

Von Gerichtswegen werden daher, mit alleiniger Ausnahme der protocollirten Creditoren, Alle und Jede, welche dingliche Ansprüche irgend einer Art an die verkauften Grundstücke zu haben vermeinen, hiedurch befehligt, sich damit, bei Verlust ihrer Rechte, binnen 12 Wochen, vom Tage der letzten Bekanntmachung dieses Proclams angerechnet, im Syndicate hieselbst zu melden. Auswärtige haben einen Actenprocurator zu bestellen.

Oldenburg, den 11. September 1862.

Der Magistrat.

W. Hensen.

№ 7.

Erste Bekanntmachung.

Wenn der $\frac{1}{2}$ Hufner Hans Christian Wisser in Wulfsfelde und der Erbpächter Hans Friedrich David zu Hamannsöhlen ihre resp. Landstellen verkauft haben und infolge dessen von Beikommenden darauf angetragen worden ist, daß zur Ermittelung etwaniger dinglicher nichtprotocollirter Forderungen und Ansprüche ein landübliches Proclam erlassen werden möge, so werden in Deferirung dieser Bitte Alle und Jede, welche an die Halbhufe des Hans Christian Wisser in Wulfsfelde oder an die Erbpachtsstelle des Hans Friedrich David zu Hamannsöhlen nichtprotocollirte dingliche Forderungen und Ansprüche zu haben vermeinen, hiemit aufgefordert, solche, bei Vermeidung des Verlustes derselben, innerhalb 12 Wochen, vom Tage der letzten Bekanntmachung dieses Proclams angerechnet, auf dem Königl. Reinfelder Actuariate anzumelden, Auswärtige unter Bestellung eines Actenprocurators.

Königl. Reinfelder Amthaus zu Traventhal, den 9. September 1862.

G. Grothusen.

In fidem: W. Baudissin.

№ 8.

Erste Bekanntmachung.

Da die Erben des verstorbenen Käthners und früheren Schiffers Claus Schröder in Collmar dessen Nachlaß nur sub beneficio legis et inventarii angetreten und auf die Erlassung eines Proclams angetragen haben, als werden, mit Ausnahme der protocollirten Gläubiger, Alle, welche an diese Verlassenschaft aus irgend einem Rechtsgrunde Forderungen und Ansprüche zu haben vermeinen, oder dazu gehörende Pfänder besitzen, hiemit von Gerichtswegen befehligt, dieselben binnen 12 Wochen, a publ. ult., bei Strafe der Ausschließung und resp. Verlustes des Pfandrechts, und zwar Auswärtige unter Bestellung der Actenprocuratur, hieselbst in Form Rechtens anzugeben.

Glückstadt, im Justitiariate des adel. Guts Klein-Collmar, den 5. September 1862.

P. F. C. Matthiessen.

№ 9.

Erste Bekanntmachung.

Auf desfälligen Antrag ist unterm 3. d. M. über die Habe und Güter des Eingesessenen, Kaufmanns Nicolaus Evers in Barmstedt der Concurs der Gläubiger, deren Einreden vorbehältlich, zu Recht erkannt worden.

Es werden daher Alle und Jede, mit alleiniger Ausnahme der protocollirten Creditoren, welche an den genannten Kaufmann Nicolaus Evers in Barmstedt und dessen daselbst belegene $^1/_{24}$ Hufe c. pert. Ansprüche und Forderungen haben, oder Pfänder von demselben besitzen, hiedurch aufgefordert, sich damit innerhalb 12 Wochen, vom Tage der letzten Bekanntmachung dieses Proclams angerechnet, bei Vermeidung der Strafe resp. des Ausschlusses von der Concursmasse und des Verlustes ihrer Pfandrechte, bei dem hiesigen Gerichte zu melden. Auswärtige haben einen Actenprocurator zu bestellen.

Königl. Administratur zu Ranzau, den 5. Septbr. 1862.

A. v. Moltke.

№ 10.

Erste Bekanntmachung.

Auf Anhalten des Eingesessenen Johann Greve in Bilsen als Käufers der früher der Ehefrau des weil. Bernhard Paßmann, Elisabeth, geb. Dautzenberg, in Bilsen gehörigen daselbst belegenen, im Pinneberger Schuld- und Pfandprotocoll Nr. 17 Fol. 336 aufgeführten Besitzung cum pert. werden Alle und Jede, welche an die gedachte Besitzung aus irgend einem Grunde dingliche nichtprotocollirte Ansprüche zu haben vermeinen, hiemittelst von Gerichtswegen aufgefordert, sich damit, bei Strafe der Ausschließung und des Verlustes derselben, innerhalb 12 Wochen, vom Tage der letzten Bekanntmachung dieses Proclams angerechnet, im Actuariate des Gerichts zu melden, die ihre Ansprüche begründenden Documente im Original zu produciren, beglaubigte Abschriften davon beim Angabeprotocoll zurückzulassen und, wenn sie Auswärtige sind, einen Actenprocurator zu bestellen.

Pinneberger Concurs- und Erbtheilungsgericht, den 27. August 1862.

Wommelsdorff-Friedrichsen,
noie. des Gerichts.

Mohrdiek.

№ 11.

Erste Bekanntmachung.

Auf Anhalten des Eingesessenen Heick Reents in Hasloh, welcher seine daselbst belegene, im Pinneberger Schuld- und Pfandprotocoll Nr. 5 Fol. 330 aufgeführte Besitzung cum pert. verkauft hat, werden Alle und Jede, welche an die genannte Besitzung cum pert. aus irgend einem Grunde dingliche nicht protocollirte Ansprüche zu haben vermeinen, hiemittelst von Gerichtswegen aufgefordert, sich damit, bei Strafe der Ausschließung und des Verlustes derselben, innerhalb 12 Wochen, vom Tage der letzten Bekanntmachung dieses Proclams angerechnet, im Actuariate des Gerichts zu melden, die ihre Ansprüche begründenden Documente im Original zu produciren, beglaubigte Abschriften derselben beim Angabeprotocoll zurückzulassen und, wenn sie Auswärtige sind, einen Actenprocurator zu bestellen.

Pinneberger Concurs- und Erbtheilungsgericht, den 27. August 1862.

Wommelsdorff-Friedrichsen,
noie. des Gerichts.

Mohrdiek.

№ 12.

Erste Bekanntmachung.

Wenn die in dem hieselbst deponirt gewesenen und am 18. d. M. im hiesigen Gerichte publicirten Testamente des weil. hiesigen Eingesessenen Friedrich Andreas Theodor von Lengercke ernannten Testamentsexecutoren, die Herren Johann Heinrich Goßler in Hamburg und Obergerichtsadvocat Heinrich Stoppel in Altona, nachdem selbige in dieser Eigenschaft hieselbst gerichtlich bestätigt worden sind, darauf angetragen haben, daß zur Ermittelung etwaniger ihnen unbekannter Ansprüche an die gedachte Nachlaßmasse und um dieselbe künftighin gegen solche Ansprüche gesichert zu sehen, ein landübliches Proclam erlassen werden möge, dieser Bitte auch stattgegeben ist,

Werden von Gerichtswegen Alle und Jede, mit alleiniger Ausnahme protocollirter Creditoren, welche an die Nachlußmasse des weil. hiesigen Eingesessenen Friedrich Andreas Theodor von Lengercke aus irgend einem Grunde Ansprüche und Forderungen zu haben vermeinen, hiemittelst aufgefordert, selbige binnen 12

Wochen, vom Tage der letzten Bekanntmachung dieses Proclams angerechnet, demnach spätestens vor dem 22. December d. J., und zwar bei Strafe der Ausschließung von der Masse und des ewigen Stillschweigens, in dem unterzeichneten Justitiariat anzumelden, die ihre Ansprüche begründenden etwanigen Documente im Original zu produciren und beglaubigte Abschriften davon bei den Acten zu belassen, auch, wofern sie Auswärtige, Actenprocuratoren hieselbst zu bestellen.

Decretum Wandsbecker Justitiariat bei Wandsbeck, den 5. September 1862.

Reimers.

№ 13.

Zweite Bekanntmachung.

Wenn die Executoren des vom verstorbenen Senator Martin Johan Jenisch in Hamburg gestifteten Blumendorf-Fresenburger Fideicommisses Dr. Edmund Schwartze und F. A. Th. von Lengercke und G. W. Schröder in Hamburg hieselbst vorgestellt, daß auf dem Folio des zu diesem Fideicommisse gehörigen Kanzleiguts Flottbeck im obergerichtlichen Schuld- und Pfandprotocoll ein Capital von 4500 ℔ Cour., jetzt 2400 ℛ R.-M., ungetilgt sei, welches der frühere Eigenthümer der dem Kanzleigut Flottbeck nachmals einverleibten, im Schuld- und Pfandprotocolle der Herrschaft Pinneberg Nr. 10a sub Fol. 11 aufgeführt gewesenen s. g. Wachsbleiche Jacob Biesterfeldt seinem Verkäufer Johann Koopmann laut protocollirten Kaufcontracts vom 25. August 1827 schuldig geworden und welches von den Besitznachfolgern, Etatsrath von Voght mit namentlicher Bezeichnung als Koopmannsche Forderung durch Contract vom 24. Juni 1828, so wie vom Senator M. J. Jenisch nach Kaufbrief vom 10. Juli 1828 ohne deutlichen Hinweis als eigene Schuld übernommen, irrthümlich aber jedesmal auf dem Fol. 11 als eine hypothecarische Belastung der s. g. Wachsbleiche wieder ausgeworfen und zwar theilweise durchstrichen, jedoch auch, nachdem der Senator M. J. Jenisch unterm 10. November 1834 diese 4500 ℔ Cour. an die Erben des inzwischen verstorbenen Johann Koopmann bezahlt hatte, mit einer Bemerkung geschehener Tilgung nicht versehen sei:

So werden von Obergerichtswegen in Deferirung des Antrags, welchen die Supplicanten unter Bezugnahme darauf, daß sie die jetzigen Successoren oder Erben des angeblich am 15. März 1834 zu Blankenese mit Tode abgegangenen Johann Koppmann und des am 20. März 1839 zu Hamburg verstorbenen Reichsfreiherrn, Etatsrath von Voght genügend zu ermitteln und rechtsbehörige Tilgungsconsense von diesen zu erlangen außer Stande seien, auf Erlassung eines Proclams wegen aller etwanigen Ansprüche an das gedachte Protocollat der 2400 ℛ R.-M. gerichtet haben, Alle und Jede, welche als Erben der frühern Besitzer der s. g. Wachsbleiche zu Flottbeck, namentlich des weiland Johann Koopmann und des Etatsraths, Reichsfreiherrn von Voght an die aus den gedachten Kaufcontracten vom 25. August 1827, 24. Juni und 10. Juli 1828 protocollirten Restkaufgelder von 4500 ℔ Cour., jetzt 2400 ℛ R.-M., Ansprüche zu haben oder sonst aus irgend einem Grunde der Tilgung dieser Restkaufgelder widersprechen zu dürfen vermeinen, hiemittelst aufgefordert und befehligt, diese ihre Ansprüche binnen 12 Wochen, vom Tage der letzten Bekanntmachung dieses Proclams angerechnet, bei Strafe des Verlustes und des ewigen Stillschweigens und unter Androhung der eventuellen Tilgung des Protocollats ex officio, bei dem Kanzleirath und Obergerichtssecretair Reusch hieselbst anzumelden, die ihre Ansprüche begründenden Documente im Original zu produciren und beglaubigte Abschriften derselben beim Protocoll zurückzulassen, auch, insofern sie nicht in Glückstadt wohnhaft, Actenprocuratoren zu bestellen.

Wornach sich zu achten.

Urkundlich unterm vorgedruckten größern Gerichtsinsiegel. Gegeben im Königl. Holsteinischen Obergericht zu Glückstadt, den 9. August 1862.

(L. S.) *W. v. Schirach.* *Henrici.*

v. Prangen.

№ 14.

Zweite Bekanntmachung.

Extr. des Procl. des 35sten Stücks № 6.

Ansprüche an nachbezeichnete verloren gegangene, im Schuld- und Pfandprotocoll des Amtes Trittau protocollirte Schulddocumente, nämlich:

1) einen Schuld- und Pfandprotocollextract vom 16. Februar 1827, wonach auf dem Folium der jetzt dem Jochim Remstedt in Bramfeld gehörigen Hufenstelle für den weiland Bürger Hans David Ahlers in Hamburg 533 ℛ 32 β R.-M. protocollirt sind,
2) eine Obligation vom 26. Februar 1857, wonach auf dem Folium der jetzt dem Hamburgischen Bürger Friedr. Wilhelm Theodor Kramsch gehörigen Bödnerstelle in Bergstedt für die weil. Wittwe Louise Friederike Bothe, geb. Krieger, in Ludwigslust 800 ℛ pr. Crt. oder 1066 ℛ 64 β R.-M. protocollirt sind,

sind innerhalb 12 Wochen, vom Tage der letzten Bekanntmachung dieses Proclams angerechnet, auf der Königl. Amtstube zu Trittau rechtsbehörig anzumelden, widrigenfalls zu gewärtigen ist, daß die gedachten Documente für mortificirt erklärt und im Schuld- und Pfandprotocoll delirt werden.

Gegeben Königl. Gericht für das Amt Trittau.
Trittau, den 19. August 1862.

G. v. Linstow.

№ 15.

Zweite Bekanntmachung.

Extr. des Procl. des 35sten Stücks № 7.

Auf Antrag der Curatoren der Vermögensmasse des Halbhufensetzwirths Tim Studt in Klein-Gladebrügg, Amts Traventhal, werden Alle und Jede, welche aus irgend einem Grunde Ansprüche oder Forderungen an den gedachten Tim Studt zu haben vermeinen, durch dieses zugleich als event. Concursproclam dienende Proclam aufgefordert, sich damit, bei Strafe der Ausschließung und des ewigen Stillschweigens, innerhalb 12 Wochen, vom Tage der letzten Bekanntmachung dieses Proclams angerechnet, unter Beobachtung des Rechtserforderlichen, auf der Traventhaler Amtstube vor Segeberg zu melden.

Königliches Traventhaler Amthaus zu Traventhal, den 23. August 1862.

Grothusen.

In fidem: H. Krebs.

№ 16.

Zweite Bekanntmachung.

Extr. des Procl. des 35sten Stücks № 8.

Alle und Jede, welche an den Nachlaß der hieselbst verstorbenen Eheleute Michael Lübbe und Hedwig Catharina Lübbe, geb. Pierau, außer den bereits bekannten Erben der Frauenseite, Erb- oder sonstige Ansprüche zu haben vermeinen, müssen sich, bei Strafe der Ausschließung und des Verlustes ihrer Gerechtsame, innerhalb 12 Wochen, nach der letzten Bekanntmachung dieses, im hiesigen Stadtsecretariat damit rechtsbehörig melden.

Wilster, den 23. August 1862.

Der Magistrat.

Rehhoff.

№ 17.

Zweite Bekanntmachung.

Extr. des Procl. des 36sten Stücks № 2.

Alle, welche an eine Quart. V Nr. 7 Fol. 336 des Itzehoer Schuld- und Pfandprotocolls protocollirte Obligation des frühern Buchdruckereibesitzers, Senators P. S. Schönfeldt an den Major a. D. August Wilhelm Franz v. Linstow, gegenwärtig zu Bückeburg, vom 25. Jan. 1851, protocollirt den 27. Jan. 1851, lautend auf 10,000 ℔ v. Ct., Ansprüche zu haben vermeinen, werden von Bürgermeister und Rath hierdurch aufgefordert, sich damit binnen 12 Wochen, vom Tage der letzten Bekanntmachung dieses Proclams angerechnet, unter Wahrnehmung des Rechtserforderlichen, im hiesigen Stadtsecretariat zu melden, widrigenfalls sie zu gewärtigen, daß die Obligation werde mortificirt und delirt werden.

Itzehoe, den 30. August 1862.

Bürgermeister und Rath.

№ 18.

Zweite Bekanntmachung.

Extr. des Procl. des 36sten Stücks № 3.

Alle, welche Forderungen an die Concursmasse des am 16. August d. J. verstorbenen Photographen Heinrich Tewes zu haben vermeinen, haben solche binnen 12 Wochen, vom Tage der letzten Bekanntmachung dieses Proclams, bei Strafe des Verlustes derselben, im hiesigen Stadtsecretariat anzumelden.

Itzehoe, den 30. August 1862.

Bürgermeister und Rath.

№ 19.

Zweite Bekanntmachung.

Extr. des Procl. des 36sten Stücks № 4.

Mit Ausnahme der protocollirten Creditoren müssen sich alle diejenigen, welche Forderungen oder Ansprüche irgend einer Art an die Wittwe Margaretha Krohn, geb. Glißmann, am Obendeich oder die derselben gehörende, daselbst belegene Kathenstelle cum pert. zu haben vermeinen oder Pfänder von ihr besitzen, damit, bei Strafe resp. der Ausschließung von dieser Concursmasse und des Verlustes ihrer Pfandrechte, innerhalb 6 Wochen, vom Tage der letzten Bekanntmachung dieses Proclams angerechnet, bei dem unterzeichneten Gerichte rechtsbehörig melden.

Königl. Intendantur zu Ranzau, den 30. August 1862.

A. v. Moltke.

№ 20.

Dritte und letzte Bekanntmachung.

Von Gerichtswegen

wird auf Anhalten der Königl. Tellingstedter Kirchspielvogtei, als Erbregulirungsbehörde, Allen und Jeden, welche an den Nachlaß des unlängst verstorbenen Peter Detlef Eggers in Delstedt, eines ehelichen Sohnes des weil. Einwohners Detlef Eggers und der weil. Catharina Elisabeth Stamp, verwittweten Eggers, geb. Lafrenz, daselbst, Erbansprüche oder sonstige nichtprotocollirte Forderungen zu erheben haben, hiemittelst aufgegeben, solche ihre Ansprüche und Forderungen innerhalb 12 Wochen, von der letzten Bekanntmachung dieses Proclams angerechnet, Auswärtige nach gehörig bestellter Actenprocuratur, in der Kirchspielschreiberei zu Tellingstedt, sub pœna præclusi et perpetui silentii, anzugeben und verzeichnen zu lassen.

Königl. Norderdithmarsische Landvogtei zu Heide, den 9. August 1862.

Dührsen, c. n.

In fidem: Schütt, Secretair, c. n.

№ 21.

Dritte und letzte Bekanntmachung.

Von Gerichtswegen

wird auf Anhalten der Ehefrau des Herrn Dr. med. Ferdinand Dohrn in Heide, Mathilde, geb. Ottens,

c. c. m., welche als Universalerbin des verstorbenen Advocaten und Landsecretairs Peter Ottens hieselbst angezeigt, daß sie den Nachlaß dieses ihres Vaters und Erblassers wegen der früheren sehr ausgebreiteten und vielfach verwickelten Geschäftsverhältnisse, in welchen derselbe gestanden, nur sub beneficio legis et inventarii angetreten habe und desfalls um Erlassung eines landüblichen Proclams gebeten hat,

allen nichtprotocollirten Creditoren des verstorbenen Advocaten und Landsecretairs Peter Ottens, weil. in Heide, hiedurch aufgegeben, ihre Ansprüche und Forderungen an denselben, sie mögen beruhen worin immer, bei Vermeidung der Ausschließung von der Erbmasse, innerhalb 12 Wochen, von der letzten Bekanntmachung dieses Proclams angerechnet, in der Kirchspielschreiberei zu Heide, Auswärtige unter Procuraturbestellung, anzugeben und verzeichnen zu lassen.

Königl. Norderdithmarsische Landvogtei zu Heide, den 14. August 1862.

Hansen.

In fidem: Schütt, Secretair, c. n.
Pro copia: Wiencke.

№ 22.

Dritte und letzte Bekanntmachung.

Wenn der Eingesessene und Gastwirth Hans Kruse zu Strohdeich mit Hinterlassung einer Wittwe und unmündiger Kinder aus verschiedenen Ehen gestorben und zur Sicherung der Letzteren gegen unbekannte Ansprüche die Erlassung eines Proclams über diese Erbmasse erkannt ist, als werden, mit Ausnahme der protocollirten Gläubiger, Alle, welche an den Nachlaß des genannten Hans Kruse aus irgend einem Rechtsgrunde Forderungen und Ansprüche zu haben vermeinen, oder dazu gehörende Pfänder besitzen, hiemit von Gerichtswegen, bei Strafe der Ausschließung und resp. Verlusts des Pfandrechtes befehligt, dieselben eventuell unter Bestellung der Actenprocuratur, binnen 12 Wochen, a publ. ult., hieselbst in Form Rechtens anzugeben.

Glückstadt, im Justitiariate des adeligen Guts Klein-Collmar, den 19. August 1862.

P. F. C. Matthiessen.

№ 23.

Dritte und letzte Bekanntmachung.

Extr. des Procl. des 34sten Stücks № 2.

Nichtprotocollirte Forderungen und Ansprüche an den unter gerichtliche Behandlung genommenen Nachlaß des weil. Eingesessenen Hans Rolfs in Arkebeck, so wie Pfandstücke aus demselben sind, bei Vermeidung des Verlustes der Rechte, innerhalb 12 Wochen, vom Tage der letzten Bekanntmachung dieses Proclams angerechnet, in der Königlichen Kirchspielschreiberei zu Albersdorf ordnungsmäßig anzugeben.

B. G. W.

Meldorf, den 20. August 1862.

Zur Beglaubigung: Fabricius.

№ 24.

Dritte und letzte Bekanntmachung.

Extr. des Procl. des 34sten Stücks № 3.

Nichtprotocollirte Forderungen und Ansprüche an den unter gerichtliche Behandlung genommenen Nachlaß des verstorbenen Kostgängers Reimer Hein in Nordhastedt, so wie Pfandstücke aus demselben sind, bei Strafe resp. des Ausschlusses und des Verlustes der Pfandrechte, innerhalb 12 Wochen, vom Tage der letzten Bekanntmachung dieses Proclams angerechnet, in der Königl. Kirchspielschreiberei zu Nordhastedt gehörig anzugeben.

B. G. W.

Meldorf, den 18. August 1862.

Zur Beglaubigung: Fabricius.

№ 25.

Dritte und letzte Bekanntmachung.

Extr. des Procl. des 34sten Stücks № 4.

Nichtprotocollirte Ansprüche und Forderungen an den unter gerichtliche Behandlung genommenen Nachlaß des weil. Einwohners Johann Wiese d. ä. in Buchholz, so wie Pfandstücke aus diesem Nachlaß sind, bei Strafe des Verlustes der Forderungen und Pfandrechte, innerhalb 12 Wochen, vom Tage der letzten Bekanntmachung dieses Proclams angerechnet, in der Königlichen Kirchspielschreiberei zu Burg rechtsbehörig anzugeben.

B. G. W.

Meldorf, den 13. August 1862.

Zur Beglaubigung: Fabricius.

№ 26.

Dritte und letzte Bekanntmachung.

Extr. des Procl. des 34sten Stücks № 6.

Alle Erbansprüche und Forderungen an den Nachlaß des Webergesellen Jasper Wrage müssen, und zwar die Forderungen, bei Strafe des Verlustes derselben, binnen 12 Wochen, vom Tage der letzten Bekanntmachung dieses Proclams angerechnet, im hiesigen Stadtsecretariate rechtsgehörig angemeldet werden.

Lütjenburg, den 18. August 1862.

Bürgermeister und Rath.

Zur Beglaubigung: H. Brinkmann.

№ 27.

Dritte und letzte Bekanntmachung.

Extr. des Procl. des 34sten Stücks № 7.

Dingliche Ansprüche an den in der Hafenstraße hieselbst belegenen, im Schuld- und Pfandprotocoll der Stadt Heiligenhafen B. II Fol. 294 eingetragenen Hausbesitz des hiesigen Bürgers, Buchbinders und Buchdruckers W. G. Heide sind innerhalb 12 Wochen, von der letzten Bekanntmachung dieses Proclams, bei Vermeidung der Ausschließung und des Stillschweigens, ordnungsmäßig und unter Beobachtung des Rechtserforderlichen im hiesigen Stadtsecretariate anzumelden.

Heiligenhafen, den 20. August 1862.

Der Magistrat.
Helmcke.

№ 28.

Dritte und letzte Bekanntmachung.

Extr. des Procl. des 34sten Stücks № 9.

Alle und Jede, mit Ausnahme der zu Erben eingesetzten Kinder des weil. Rademachers Carsten David Bloemer und seiner gleichfalls verstorbenen Ehefrau Sophia Hedewig Bloemer, geb. Osbahr, welche an den Nachlaß der in Berlin, Guts Seedorf, verstorbenen Wittwe Catharina Margaretha Bloemer, geb. Osbahr, Erb- oder sonstige Ansprüche zu haben vermeinen, müssen sich damit, bei Vermeidung der gesetzlichen Folgen und unter Beobachtung des Rechtserforderlichen, binnen 12 Wochen, von der letzten Bekanntmachung dieses Proclams, in dem unterzeichneten Justitiariat melden.

Decretum Segeberg, im Justitiariate der adeligen Güter Seedorf und Hornstorf, den 18. August 1862.

Esmarch.

№ 29.

Dritte und letzte Bekanntmachung.

Extr. des Procl. des 35sten Stücks № 2.

Alle, welche Ansprüche an die Concursmasse des Eingesessenen Johann Jürgs in Wacken, Kirchspiels Schenefeldt, zu haben meinen, müssen solche innerhalb 12 Wochen im hiesigen Amtsactuariat anmelden.

Rendsburger Amthaus, den 18. August 1862.

E. v. Harbou.

Brenning.

Zur Beglaubigung: Brenning.

№ 30.

Dritte und letzte Bekanntmachung.

Extr. des Procl. des 35sten Stücks № 3.

Dingliche nichtprotocollirte Ansprüche an die von dem Herrn Friedrich Gabe an Peter Haß verkaufte, auf Besdorfer-Feldmark im Kirchspiel Schenefeldt belegene Wiese „Iselbecksteich" sind innerhalb 12 Wochen im hiesigen Amtsactuariat anzugeben.

Rendsburger Amthaus, den 21. August 1862.

E. v. Harbou.

Brenning.

Zur Beglaubigung: Brenning.

№ 31.

Dritte und letzte Bekanntmachung.

Extr. des Procl. des 35sten Stücks № 4.

Nichtprotocollirte Forderungen und Ansprüche an den hiesigen Bürger und Fuhrmann Johann Hinrich Möller sind innerhalb 12 Wochen, vom Tage der letzten Bekanntmachung dieses Proclams angerechnet, bei Vermeidung der Ausschließung und des ewigen Stillschweigens, rechtsbehörig anzumelden.

Decretum Oldesloe, in Curia, den 26. August 1862.

(L. S. C.) Bürgermeister und Rath hieselbst.

№ 32.

Dritte und letzte Bekanntmachung.

Extr. des Procl. des 35sten Stücks № 5.

Dingliche nichtprotocollirte Ansprüche an das von dem hiesigen Schneidermeister Johann Friedr. Schriever theilweise verkaufte, hieselbst Qu. IV Nr. 42 belegene Wohnhaus cum pert. sind, bei Strafe des Verlustes derselben, innerhalb 12 Wochen, nach der letzten Bekanntmachung dieses Proclams, im hiesigen Stadtsecretariat rechtsbehörig anzumelden.

Decretum Segeberg, in Curia, den 21. Aug. 1862.

(L. S.) Bürgermeister und Rath.

Beilage
zum 38. Stück der Holsteinischen Anzeigen.

Montag den 22. September 1862.

Publicandum.

Demnach der verstorbene Senator Martin Johan Jenisch in Hamburg die im Herzogthum Holstein belegenen Grundstücke, als:

1) das im Itzehoer adel. Güterdistrict belegene adel. Gut Blumendorf mit allen Zubehörungen, namentlich auch mit allem dort vorhandenen Vieh-, Feld- und Hausinventar, Leinen- und Silberzeug, Bücher-, Gemälde- und anderen Sammlungen;
2) das in der Herrschaft Pinneberg belegene Kanzleigut Flottbeck mit dem dortigen Inventar und Mobiliar in dem ad 1 bezeichneten Umfange;
3) das im Preetzer adel. Güterdistricte belegene adel. Gut Fresenburg mit Schadehorn, Neufresenburg, Poggensee und Seefeld nebst allen Zubehörungen in dem ad 1 und 2 angedeuteten Umfange,

in Verbindung mit Grundstücken in Hamburg und Fideicommiß-Capitalien zu einem immerwährenden Familien-Fideicommiß unter dem Namen:

„Senator Martin Johan Jenisch Blumendorf-„Fresenburger Fideicommiß"

erhoben und in seinem unterm 26. Juni 1838 errichteten Testamente zur größtmöglichen Sicherstellung der desfälligen fideicommissarischen Bestimmungen verfügt hat:

§ 10. daß die fideicommissarische Qualität vermittelst einer Clausel auf den Folien der genannten drei Güter Blumendorf, Fresenburg und Flottbeck in den betreffenden Hypothekenbüchern notirt werde, wonach nie eins dieser Grundstücke mit Schulden beschwert oder für solche in Anspruch genommen werden könne;

§ 26. in Verbindung mit dem § 2 des 6ten Addidaments: Hiernach verordne und gebiete ich, daß meine adel. Güter Blumendorf und Fresenburg cum pert., so wie mein Kanzleigut Flottbeck cum pert. niemals veräußert oder in Fideicommiß-Capitalien verwandelt werden dürfen und mit den hinzugefügten Inventarien und den Sammlungen — — — — — — — — — — — — — — — — — auf ewige Zeiten unbeschwert sein und bleiben sollen.

Ich verbiete jede Hypothecirung meines Fideicommisses oder dessen Revenüen, was ich hiedurch schon im Voraus für null und nichtig erkläre, wenn auch die nachfolgenden Nutznießer im Fideicommiß ihre Zustimmung geben wollten.

Ich ersuche ferner die hohe Landesregierung, worunter die adel. Güter Blumendorf und Fresenburg und das Kanzleigut Flottbeck stehen, so wie auch die Regierung der Stadt Hamburg, die vorstehenden Verbote, falls nöthig, jeder Zeit kräftigst zu schützen, auf keinen Fall aber jemals zu erlauben, daß irgend Schulden auf meine Grundstücke — — — — — — — — — contrahirt werden mögen.

§ 14. Kein Fideicommißinhaber darf die Integrität des Fideicommisses im weitesten Sinne des Wortes beeinträchtigen und über seine Lebenszeit hinaus contrahiren, vielmehr bedürfen Stipulationen der letzteren Art, insofern sie auch den Nachfolger binden sollen, der schriftlichen Einwilligung der **Executores testamenti.**

§ 27. Sollte je ein Nutznießer es sich einfallen lassen und trotz alles Vorstehenden es durchsetzen, daß er Schulden auf dieses von mir errichtete Fideicommiß contrahirte — — — — so — — — — — — erkläre ich die Schulden für null und nichtig. Außerdem aber soll nicht nur jeder Nutznießer, der hiergegen handelt, von dem Augenblick eines Actes der besagten Art an, für seine Person den Genuß des Fideicommisses für immer verlieren, sondern es sollen auch alle Diejenigen, welche in irgend einer Eigenschaft, sei es als Exspectanten, als präsumtive Nachfolger des zeitigen Besitzers, als Executoren oder als Mitglieder der respectiven Regierungen in eine solche testamentswidrige Handlung consentiren — insofern sie sonst zum Fideicommiß berufen wären — für ihre Person gänzlich von diesem Fideicommiß ausgeschlossen sein und soll dasselbe während der Lebenszeit des Ausgeschlossenen dem nächsten Nachfolger zufallen, wogegen, wenn zur Zeit des Todes des eventuell Ausgeschlossenen nach der von mir gegebenen Vorschrift ein anderer als der bisherige Inhaber der Successor des ausgeschlossen Gewesenen sein würde, dieser nunmehrige nächst Berufene in den Genuß des Fideicommisses succedirt.

So werden auf desfälligen Antrag der zur gerichtlichen Bestätigung des gedachten „Senator Martin Johan Jenisch Blumendorf-Fresenburger Fideicommisses" ernannten Commission des Königl. Holsteinischen Landgerichts

Von Obergerichtswegen

die vorstehenden fideicommissarischen Bestimmungen hiemittelst zur allgemeinen öffentlichen Kunde gebracht.

Wonach ein Jeder, den es angeht, sich zu achten und vor Schaden zu hüten hat!

Urkundlich unterm vorgedruckten größeren Gerichts-Insiegel. Gegeben im Königl. Holsteinischen Obergericht zu Glückstadt, den 25. August 1862.

(L. S.) *v. Schirach. Henrici.*

v. Prangen.

Pro vera copia: Martens.

Bekanntmachungen.

№ 1.

Wenn dem frühern Käthner, jetzigen Insten, Jacob Jaacks in Bramstedt der Inste Johann Reimers in Fuhlendorf als Curator der Person und des Vermögens gerichtlich bestellt worden, so wird solches mit dem Bemerken hiedurch zur öffentlichen Kunde gebracht, daß der genannte Jaacks nur mit Genehmigung seines Curators rechtsverbindliche Geschäfte einzugehen im Stande ist.

Segeberger Königl. Amthaus, den 22. September 1862.

H. F. Jacobsen, const.

№ 2.

Zu Ende Juli d. J. ist in hiesigem District ein legitimationsloser Mensch angehalten, welcher sich Johann Hansen nennt und dessen Herkunft bisher nicht zu ermitteln gewesen ist. Derselbe spricht hoch- und plattdeutsch, englisch und französisch. Er will mehrere Jahre zur See gefahren haben und hat auch vom Seewesen einige Kunde, wie er überhaupt eine gewisse allgemeine Bildung besitzt.

Signalement: Alter: ca. 26 Jahr, Größe: 67½ Zoll Seeländ. Maaß, Statur: schlank und dünn, Gesicht: oval, Augen: braun, Haar und Bart: dunkelblond, Hals: lang, Schultern: schmal und hängend, Sprache: etwas stotternd, besondere Kennzeichen: auf beiden Armen nahe der Handwurzel bedeutende Narben, anscheinend von Brandwunden herrührend.

Alle Behörden werden ersucht, über vorbeschriebene Person dem unterzeichneten Gerichte thunliche Auskunft zu ertheilen.

Königl. Pinneberger Landgericht, den 20. Sept. 1862.

Wommelsdorff-Friedrichsen.

Mohrdiek.

Aufforderung.

Die hieselbst wegen verübter Gewaltthätigkeiten in Untersuchung befindlichen Dienstknechte Johann Christian Brockmann, 32 Jahre alt, und Hans Hinr. Brockmann, 22 Jahre alt, beide gebürtig aus Quickborn, haben ihren Dienst in Eidelstedt verlassen und ist ihr gegenwärtiger Aufenthaltsort unbekannt, daher die Behörde des Orts, wo die Genannten sich gegenwärtig befinden, ersucht wird, eine desfällige Nachricht hieher gelangen zu lassen und das Zurstellebleiben der Gesuchten in geeigneter Weise zu sichern.

Altona, den 18. September 1862.

Der Magistrat.

Citation.

Nachbenannte im hiesigen Lageregister aufgeführte Militairpflichtige, deren Aufenthalt unbekannt ist, werden hiedurch aufgefordert, sich, bei Vermeidung der gesetzlichen Strafe, am

Donnerstag den 23. October d. J.,
Morgens 9 Uhr,

vor der alsdann auf dem hiesigen Rathhause abzuhaltenden Landmilitairsession einzufinden:

Heinr. Ferd. Johannes Hieronymus	26	Jahr alt,
Christian Friedr. Wilhelm Grell	26	„
Christian August Ludwig Hagelstein	25	„
Johann Wilhelm Heinr. Reinhardt	23	„
Jacob Christian Heinrich Rehder	30	„
Hans Hinrich Bohnhoff	32	„
Johann Heinrich Wilhelm Hamann	27	„
Christian Friedrich Schumacher	23	„
Wilhelm Christian Spieckermann	29	„
Johann Carl Heinrich Albert	29	„
August Julius Friedrich Bieling	29	„
Johann Heinr. Christ. Friedr. Gamm	24	„
Heinrich Friedrich Gamm	22	„
Hans Jürgen Meno Krüger	24	„
Georg Carl Heinrich Knoll	22	„

Peter Hinrich August Stern	32	Jahr alt,
Wilhelm Nicol. Christian Faßheber	31	„
Jacob Franz Christian Jessen	32	„
Hinrich Friedrich Bobnsack	29	„
Matthias Friedrich Dibbert	31	„
Adam Christian Wilhelm Siem	32	„
Johann Friedr. Christ. Heuermann	30	„
Johann Friedrich Stamp	32	„
Johann Heinr. Christian Bockerodt	31	„
Heinrich Johann Anton Kruse	30	„
Heinrich Georg Friedrich Brasholz	24	„
Peter Jacob Rudolph Howe	27	„
Jürgen Christian Johann Ehlers	31	„
Ludwig Carl Heinrich Berg	26	„
Carl Jochim Heinrich Spieckermann	23	„
Johann Daniel Gentzel	25	„
Friedrich Christian Herrmann Wiese	27	„
Carl Heinrich Christian Klüver	24	„
Friedrich Heinr. Theodor Diercksen	27	„
Carl Friedrich Heinrich Prieß	25	„
Adam Christian Winter	30	„
Johann Christian Matthias Muuß	25	„
August Adolph Heinrich Thielmann	23	„
Heinrich Ludwig Christian Prüß	22	„

Neustadt, den 16. September 1862.

Die Sessions-Deputation.

L. Kohlmann.

Proclamata.

№ 1.

Erste Bekanntmachung.

Von Gerichtswegen.

Nachdem auf Requisition des Hamburger Handelsgerichts über die bei Bargenstedt, Kirchspiels Süder-Meldorf-Geest, belegene, im Meldorfer Schuld- und Pfandprotocoll für Grundstücke Fol. 1201 Tom. 17 pag. 9845 rc. aufgeführte dem Hamburger Bürger Christian Leopold Hieronimus Boeckmann gehörige s. g. Boeckmann'sche Tannenkoppel cum pert. unterm 27. August d. J. Specialconcurs erkannt worden ist, werden auf Antrag des Advocaten Müller in Meldorf, als bestellten Massecurators, sämmtliche nichtprotocollirte Gläubiger und Pfandinhaber des vorgedachten Christian Leopold Hieronimus Boeckmann, welche aus dieser Specialconcursmasse ihre Befriedigung begehren, hiedurch, bei Strafe des Ausschlusses von dieser Masse und des Verlustes ihres Pfandes, aufgefordert, sich innerhalb 12 Wochen, nach der letzten Bekanntmachung dieses Proclams, und zwar Auswärtige nach vorgängiger Bestellung von Actenprocuratoren in hoc foro, ihre Ansprüche und Pfandstücke in der Königl. Kirchspielschreiberei zu Meldorf gehörig anzugeben und demnächst weitere Verfügung zu gewärtigen.

Königl. Süderdithmarscher Landvogtei zu Meldorf, den 17. September 1862.

(L. S.) *Griebel*, c. n.

Zur Beglaubigung: **Fabricius.**

№ 2.

Erste Bekanntmachung.

Wenn der Gärtner Johann Nicolaus Christian Daniel Weise vor Rendsburg das ihm bisher eigenthümlich gehörige Besitzthum vor dem Neuwerker Thor der Stadt Rendsburg, bestehend aus einem in der Nähe des Exercierplatzes belegenen zu 16 Gärten eingerichteten Landstücke, welches früher einen Theil einer dem Bürger Seeling gehörigen Koppel gebildet hat, nebst einem darin erbauten Wohnhause c. pert., und der bisherige hiesige Bürger C. L. Koh, jetzt wohnhaft in Ottensen, ein ebendaselbst belegenes ebenfalls zu Gärten eingerichtetes Landstück, groß 400 Fuß in der Länge und 200 Fuß in der Breite, welches gleichfalls früher einen Theil jener Seeling'schen Koppel gebildet hat, verkauft und, um der Käuferin Sicherheit vor unbekannten dinglichen Ansprüchen Dritter zu gewähren, um die Erlassung eines landüblichen Proclams gebeten haben, so werden in Deferirung dieser Bitte Alle und Jede, welche an die vorbeschriebenen bisher resp. dem Gärtner Joh. Nic. Chr. Daniel Weise und dem Bürger Carl Louis Koh gehörigen, südlich vor Rendsburg im Stadtgebiete belegenen Grundstücke aus was immer für einem Grunde nichtprotocollirte dingliche Rechte und Ansprüche zu haben vermeinen, hiemit aufgefordert und angewiesen, solche ihre Rechte und Ansprüche, bei Vermeidung gänzlicher Ausschließung, binnen 12 Wochen, von der letzten Bekanntmachung dieses Proclams, Auswärtige unter Procuraturbestellung, im städtischen Actuariate hieselbst gehörig anzumelden.

Rendsburg, den 19. September 1862.

(L. S. C.) Der Magistrat.

№ 3.

Erste Bekanntmachung.

Es hat der Zimmermeister Johann Wulff hieselbst angezeigt, daß er seinen im Flecken Neumünster in der Rendsburger Straße sub Nr. 2 des Brandcatasters belegenen Grundbesitz an den Hufner F. A. Heick in Homfeldt vertauscht und demselben ein von allen dinglichen nichtprotocollirten Ansprüchen freies Folium im Schuld- und Pfandprotocoll zu liefern versprochen habe und deshalb um Erlassung eines landüblichen

Proclams gebeten. In Deferirung dieser Bitte werden daher alle diejenigen, welche an den obgedachten Grundbesitz des Johann Wulff dingliche nichtprotocollirte Ansprüche und Forderungen zu haben vermeinen, hiedurch von Gerichtswegen aufgefordert und befehligt, sich damit, bei Strafe des Verlustes derselben, innerhalb 12 Wochen, vom Tage der letzten Bekanntmachung dieses Proclams angerechnet, auf dem hiesigen Königl. Actuariat zu melden, die ihre Ansprüche begründenden Documente in Original zu produciren, Abschriften davon zurückzulassen und, falls sie Auswärtige sind, einen Actenprocurator unter hiesiger Jurisdiction zu bestellen.

Königl. Amthaus zu Neumünster, den 16. September 1862.

v. Stemann.

In fidem: **O. Rantzau**, const.

№ 4.

Erste Bekanntmachung.

Auf desfalls geschehene Anträge ist über die Habe und Güter

1) des Käthners und Schmieds Gottfried Hinrich Ferdinand Jonas in Gaarden und
2) des Gastwirths Peter Petersen im Weinberge bei Preetz

der Concurs der Gläubiger, unter Vorbehalt ihrer Einreden dagegen, für Recht erkannt worden und werden daher von Gerichtswegen Alle und Jede, mit alleiniger Ausnahme der protocollirten Gläubiger, welche an die gedachten Concursmassen, namentlich:

1) an die sub Nr. 23 und 24 in Gaarden an der Chaussee belegenen Jonas'schen Kathenstellen nebst Schmiede,
2) an die an der Preetz-Kieler Chaussee belegene Wirthschaftsstelle „Weinberg" c. pert. des P. Petersen,-

aus irgend einem Grunde Forderungen und Ansprüche zu haben glauben, hiedurch aufgefordert und befehligt, sich damit innerhalb 12 Wochen, von der letzten Bekanntmachung dieses Proclams angerechnet, bei Strafe der Ausschließung, unter Einlieferung ihrer Documente in Ur- und Abschrift, Auswärtige auch unter gehöriger Procuraturbestellung, auf hiesiger Klosterschreiberei zu melden und demnächst weitere Verfügung zu gewärtigen.

Klösterliches Concursgericht zu Preetz, den 20. September 1862.

A. D. P.: *Rheder.*

№ 5.

Erste Bekanntmachung.

Der am 21. Juni d. J. in Itzehoe unter klösterlicher Jurisdiction im 86. Lebensjahre verstorbene ehemalige Inspector und Cassirer der Herrschaft Breitenburg Peter Nissen, gebürtig aus Havetoft in Angeln, hat in seinem am 10. Septbr. 1844 errichteten und am 12. Juli d. J. im Breitenburger Justitiariate publicirten Testamente seine Verwandten von väterlicher und mütterlicher Seite zu Erben eingesetzt, namentlich **I.** seinen Vaterbrudersohn Hans Friedrich Nissen zu Treholz bei Eckeberg, jetzt zu Havetoftloit in Angeln; **II.** die Töchter seiner verstorbenen Vaterschwester Margaretha, verheirathet gewesenen Rämmelin (rectius Kämmelin) 1) Margaretha, verheirathete Kämmelin, in Thumbye, 2) Christina Elisabeth, verh. Mansfeld, in Sterup, 3) Metta Catharina in Satrup und 4) Maria Margaretha, verh. Mordhorst, in Hasmark; **III.** die ehelichen Leibeserben seiner verstorbenen Mutterschwester Hedwig Margaretha, geb. Petersen, verheirathet gewesenen Jochimsen, zu Ostwanderupfeld im Amte Flensburg, nämlich 1) die 3 Kinder des verstorbenen Sohnes derselben, Jochim Jochimsen daselbst, a. Wilhelmine Maria Hedwig (rectius Wilhelmine Maria Helene), b. Sophia Hedwig, verh. Sörensen, zu Frolundfeld, Kirchspiels Oeversee, und c. Peter Jochimsen zu Ostwanderupfeld, sowie 2) deren zweiten Sohn Asmus Nicolaus Jochimsen, Grobschmied zu Norder-Schmedebye, Amts Flensburg; **IV.** die ehelichen Leibeserben seiner verstorbenen Mutterschwester Christina, geb. Petersen, verheirathet gewesen mit Detlef Johann Hansen in Husum, wovon dem Testator nur eine Tochter, Christina, Wittwe des weil. Bäckers Henning Jürgensen in Flensburg, bekannt gewesen; endlich **V.** seine Mutterschwester Maria Petersen, früher in Flensburg. Da nun über das Verbleiben der sub **V** eingesetzten Maria Petersen Nichts bekannt ist, und von den sub **II, III** und **IV** eingesetzten Miterben die meisten bereits vor dem Tode des Testators verstorben, allen aber ihre ehelichen Leibeserben substituirt sind, so ist die Erlassung eines Proclams beantragt. Es werden demnach Alle und Jede, welche an den Nachlaß des verstorbenen Inspectors Peter Nissen Erbansprüche erheben zu können vermeinen, insonderheit die sub **V** eingesetzte Maria Petersen und deren etwanige eheliche Leibeserben, jedoch mit Ausnahme derjenigen Erben, welche bereits im Termin der Testaments-Publication namhaft gemacht sind, hierdurch von Gerichtswegen aufgefordert und befehligt, bei Strafe der Präclusion und des ewigen Stillschweigens, binnen 12 Wochen, vom Tage der letzten Bekanntmachung dieses Proclams angerechnet, ihre Erbansprüche bei dem unterzeichneten Gerichte anzumelden, ihre Legitimations-papiere im Original zu produciren, beglaubigte Abschriften davon zurückzulassen und einen Actenprocurator zu bestellen. Zugleich wird allen denen, welche sonstige Forderungen und Ansprüche an den Nachlaß des verstorbenen Inspectors Peter Nissen in Itzehoe glauben erheben zu können, hiedurch unter gleicher Androhung aufgegeben, solche Forderungen in gleicher Frist hieselbst zu profitiren und dabei das Gleiche zu beobachten.

Itzehoe, den 18. September 1862.

Klösterliche Obrigkeit.

№ 6.

Erste Bekanntmachung.

Auf geschehenen Antrag Beikommender und nach dazu ertheilter Autorisation des Königl. Holst. Obergerichts werden Alle und Jede, welche an nachfolgende Protocollata, worüber die ausgefertigten Originaldocumente verloren gegangen sind, als:

1) an die **Tom. I** Fol. 121 des Wandsbecker Schuld- und Pfandprotocolls auf dem der Ehefrau Johanna Margaretha Dorothea Blohm, verwittwet gewesenen Wielandt, geb. Reisner, gehörigen, **sub** Nr. 21 im 1. Quartier im hiesigen Flecken belegenen Wohnerbe **c. pert.** laut Protocollation **d. d.** 11. Mai 1841 für den wail. Eingesessenen Heinrich Diedrich Kornberg in Wandsbeck protocollirten Pöste von resp. 853 ℳ 32 ß und 195 ℳ 1/8 ß R.-M.;
2) an die **Tom. II** Fol. 728 des Wandsbecker Schuld- und Pfandprotocolls auf dem dem Eingesessenen Schmidt August Jürgen Friedrich Dahms in Wandsbeck gehörigen, **sub** Nr. 100 im 2. Quartier an der kurzen Reihe belegenen Grundstück **c. pert.** laut Protocollation vom 7. Februar 1823 für Johann Christian Helbing und Johann Friedrich Adolf Flöcke **pro resto** für Ersteren protocollirten 150 ℛ Cour. (**rectius** 250 ℛ) und für Letzteren 250 ℛ Cour. (**rectius** 150 ℛ);

Ansprüche zu haben vermeinen oder gegen die Rectificirung der wie vorbemerkt irrthümlich übertragenen Summen **ad voc.** Helbing und Flöcke Einreden erheben können, hiemittelst von Gerichtswegen aufgefordert, solche An- und Einsprüche binnen 12 Wochen, vom Tage der letzten Bekanntmachung dieses Proclams angerechnet, in dem unterzeichneten Justitiariate anzumelden, unter der Androhung, daß sie in Entstehung dessen mit ihren An- oder Einsprüchen werden präcludirt, die verloren gegangenen resp. Original-Documente für mortificirt werden erklärt und die protocollirten Inhaber der fraglichen Pöste als rechtmäßige Eigenthümer derselben werden angesehen und hiernach den Erben des wailand Heinrich Diedrich Kornberg sowohl als den Erben des wailand Johann Christian Helbing, dem Hamburger Bürger Heinrich Ferdinand Helbing in Hamburg, als Originalia geltende Abschriften der betreffenden Documente über die fraglichen Capitalien werden ausgefertigt werden, und zwar für den letzten statt der irrthumlich übertragenen 150 ℛ Cour. auf 250 ℛ Cour., jetzt 133 ℳ 32 ß R.-M., lautend, und daß der für Johann Friedrich Adolph Flöcke protocollirte Posten von 250 ℛ (**rect.** 150 ℛ) als bezahlt wird delirt werden.

Auswärtige haben Actenprocuratoren hieselbst zu bestellen und etwanige ihre Ansprüche begründende Documente im Original zu produciren.

Decretum Wandsbecker Justitiariat bei Wandsbeck, den 20. September 1862.

Reimers.

№ 7.

Zweite Bekanntmachung.

Da von der Wittwe des wail. hiesigen Bürgers und Particuliers Carsten Jacob Molckenbuhr, R. v. D., Catharina Antoinette, geb. Heyer, **cum cur. const.**, vorstellig gemacht worden, daß sie zwar als Testamentserbin ihres verstorbenen Ehemannes dessen Nachlaß **pure** angetreten habe, es jedoch für erforderlich halten müsse, zur Sicherung gegen spätere Ansprüche an die Masse die Erlassung eines Proclams zu beantragen, solchem Antrage auch vom Magistrate stattgegeben ist: so werden von Gerichtswegen Alle und Jede, welche an den Nachlaß des gedachten Verstorbenen aus irgend einem rechtlichen Grunde Ansprüche oder Forderungen zu haben vermeinen — mit alleiniger Ausnahme der protocollirten Gläubiger — hiedurch, bei Strafe der Ausschließung und des ewigen Stillschweigens, aufgefordert und befehligt, solche binnen 12 Wochen, nach der letzten Bekanntmachung dieses Proclams, im hiesigen ersten Stadtsecretariate und spätestens am

8. Januar 1863,

als dem peremtorischen Angabetermine, im Obergerichte hieselbst anzumelden, wobei die die Ansprüche begründenden Documente in Urschrift vorzuzeigen und in Abschrift zurückzulassen sind, Auswärtige auch wegen gehöriger Procuraturbestellung das Nöthige wahrzunehmen haben.

Wornach Beikommende sich zu achten.

Altona, im Obergerichte, den 11. Septbr. 1862.

Ex Decreto Senatus.

№ 8.

Zweite Bekanntmachung.

Extr. des Procl. des 38sten Stücks № 1.

Nichtprotocollirte Forderungen und Ansprüche an den insolventen Gastwirth Christian Stoldt in Hemmingstedt und dessen Vermögen, so wie Pfandstücke aus dieser Concursmasse sind innerhalb 12 Wochen, vom Tage der letzten Bekanntmachung dieses Proclams angerechnet, bei Strafe des Ausschlusses von der Concursmasse und des Verlustes der Pfandrechte, in der Königl. Kirchspielschreiberei zu Hemmingstedt rechtsbehörig anzugeben.

V. G. W.

Meldorf, den 9. September 1862.

Zur Beglaubigung: **Fabricius.**

№ 9.

Zweite Bekanntmachung.

Extr. des Procl. des 38sten Stücks № 2.

Der abwesende Behrend Peter Brandt aus Brunsbüttel, event. dessen Erben, werden hierdurch aufgefordert, innerhalb 12 Wochen, vom Tage der letzten Bekanntmachung dieses Proclams angerechnet, sich resp. mit ihren Erbansprüchen in der Königl. Kirchspielschreiberei zu Brunsbüttel zu melden, widrigenfalls der genannte Verschollene für todt erklärt und mit seinem zurückgelassenen Vermögen nach Vorschrift der Verordnung vom 9. November 1798 wird verfahren werden.

V. G. W.

Meldorf, den 15. September 1862.

Zur Beglaubigung: **Fabricius.**

№ 10.

Zweite Bekanntmachung.

Extr. des Procl. des 38sten Stücks № 3.

Gläubiger und Pfandinhaber des insolventen Bürgers und Brauers Chr. Ludw. Theede in Rendsburg, so wie Alle, welche nichtprotocollirte dingliche Ansprüche an dessen sub Nr. 256 und 260 in der Altstadt Rendsburg belegene Häuser c. p. zu haben vermeinen, müssen sich, sub pœna præclusi, resp. bei Verlust der Pfandrechte, binnen 12 Wochen, von letzter Bekanntmachung dieses Proclams, im städtischen Actuariate hieselbst gehörig melden.

Rendsburg, den 12. September 1862.

(L. S. C.) Der Magistrat.

№ 11.

Zweite Bekanntmachung.

Extr. des Procl. des 38sten Stücks № 4.

Alle und Jede, welche an die Concursmasse der Ehefrau Anna Catharina Sachau, geb. Jessen, zu Liesbüttel nichtprotocollirte Ansprüche und Forderungen, mit Einschluß etwaiger Eigenthumsansprüche auf einzelne Theile der Concursmasse, zu haben vermeinen, oder Pfänder von ihr besitzen, müssen sich damit, bei Strafe der Ausschließung von dieser Masse und des Verlustes ihres Pfandrechts, innerhalb 12 Wochen, von der letzten Bekanntmachung dieses Proclams angerechnet, im hiesigen Justitiariate ordnungsmäßig melden.

Hanerau, im Justitiariate, den 15. Septbr. 1862.

H. Lundius.

№ 12.

Dritte und letzte Bekanntmachung.

Auf Ansuchen des Herrn Advocaten Spethmann, als Curators des gerichtlich regulirten Nachlasses des hieselbst verstorbenen Advocaten Th. Lehmann, werden Alle, welche an den Nachlaß des verstorbenen Advocaten Th. Lehmann aus irgend einem Grunde Forderungen oder Eigenthumsansprüche zu haben glauben, mit alleiniger Ausnahme der protocollirten Gläubiger, hiedurch aufgefordert, innerhalb präclusivischer Frist von 12 Wochen, vom Tage der letzten Bekanntmachung dieses Proclams angerechnet, im hiesigen Stadtsyndicate sich gehörig anzugeben, und haben die Profitenten, insofern sie außerhalb Kiels wohnen, einen Procurator hieselbst zu bestellen.

Kiel, den 9. September 1862.

Der Magistrat.

In fidem: *G. F. Witte*, Syndicus.

№ 13.

Dritte und letzte Bekanntmachung.

Alle und Jede, welche an die geringfügige Nachlaßmasse der zu Wakendorf, adel. Guts Osterrade, ohne Leibeserben verstorbenen Ehefrau Abel Elisabeth Sander, geb. Lembcke, Erb- oder sonstige Ansprüche und Forderungen irgend welcher Art haben, imgleichen etwaige Pfandgläubiger, werden hiemittelst aufgefordert, sich, bei Verlust ihrer Ansprüche, innerhalb 6 Wochen, von der letzten Bekanntmachung angerechnet, im Justitiariat des adel. Guts Osterrade rechtsgehörig zu melden.

Brunswieck, im Justitiariat des adel. Guts Osterrade, den 5. September 1862.

Brockenhuus, const.

№ 14.

Dritte und letzte Bekanntmachung.

Auf den Antrag Beikommender werden Alle und Jede, resp. mit Ausnahme der protocollirten Gläubiger, welche

1) an die Kathe Nr. 38 des Ernst Friedrich Rieper in Ellerbeck und die davon verkaufte und zu trennende Hälfte;

2) an die Kathe Nr. 23 des Rademachers Hinrich Plambeck in Brodersdorf, für welche ein Folium

im Schuld- und Pfandprotocoll errichtet werden soll, und

3) an den Nachlaß des Hufners Peter Böge in Stakendorf und an die dazu gehörige Hufe Nr. 7 daselbst

aus irgend einem Grunde Forderungen und Ansprüche zu haben glauben, gegen die Trennung der sub 1 gedachten Kathe in zwei halbe Einspruch erheben und bei Einrichtung des Folii für die sub 2 gedachte Plambeck'sche Kathe berücksichtigt werden wollen, hiedurch aufgefordert und befehligt, sich damit, resp. bei Strafe der Ausschließung, des Verlustes ihres Einspruchsrechtes und der Nichtberücksichtigung, innerhalb 12 Wochen, von der letzten Bekanntmachung dieses Proclams angerechnet, unter Einlieferung ihrer Documente in Ur- und Abschrift und gehöriger Procuratur-Bestellung, auf hiesiger Klosterschreiberei zu melden und ihre Gerechtsame wahrzunehmen.

Klösterliche Obrigkeit zu Preetz, den 5. September 1862.

C. v. Qualen.

№ 15.

Dritte und letzte Bekanntmachung.

Da die Erben des verstorbenen Käthners und früheren Schiffers Claus Schröder in Collmar dessen Nachlaß nur **sub beneficio legis et inventarii** angetreten und auf die Erlassung eines Proclams angetragen haben, als werden, mit Ausnahme der protocollirten Gläubiger, Alle, welche an diese Verlassenschaft aus irgend einem Rechtsgrunde Forderungen und Ansprüche zu haben vermeinen, oder dazu gehörende Pfänder besitzen, hiemit von Gerichtswegen befehligt, dieselben binnen 12 Wochen, a publ. ult., bei Strafe der Ausschließung und resp. Verlustes des Pfandrechts, und zwar Auswärtige unter Bestellung der Actenprocuratur, hieselbst in Form Rechtens anzugeben.

Glückstadt, im Justitiariate des adel. Guts Klein-Collmar, den 5. September 1862.

P. F. C. Matthiessen.

№ 16.

Dritte und letzte Bekanntmachung.

Extr. des Procl. des 37sten Stücks № 1.

Dingliche nichtprotocollirte Ansprüche und Forderungen an das von Carl Wilhelm Hinrichsens Erben an die Kaufleute August und Theodor Giesecke verkaufte Haus in Kellinghusen sind innerhalb 12 Wochen im hiesigen Amtsactuariat anzugeben.

Rendsburger Amthaus, den 8. September 1862.

E. v. Harbou.

Brenning.

Zur Beglaubigung: Brenning.

№ 17.

Dritte und letzte Bekanntmachung.

Extr. des Procl. des 37sten Stücks № 3.

Alle und Jede, mit alleiniger Ausnahme der protocollirten Gläubiger, welche Forderungen irgend welcher Art gegen den Nachlaß des am 19. Juli d. J. zu Gaarden verstorbenen Particuliers Ludwig Hermann Petersen, namentlich dingliche Ansprüche gegen dessen in Haale, Amts Rendsburg, belegene Landstelle cum pert. zu haben vermeinen, werden hiedurch, bei Vermeidung der Präclusion, aufgefordert, innerhalb 12 Wochen, von der dritten und letzten Erlassung dieses Proclams angerechnet, ihre Gerechtsame vor hiesigem Gericht ordnungsmäßig wahrzunehmen.

Brunswieck, im Königl. Gericht für das Amt Kiel, den 29. August 1862.

Brockenhuus, const.

№ 18.

Dritte und letzte Bekanntmachung.

Extr. des Procl. des 37sten Stücks № 6.

Wer an nachstehende dem hiesigen Kaufmann Jürgen Hinrich Nicolaus Rohlf gehörige, von dem Bäckermeister C. Th. Janssen erkaufte Ländereien:

29/4 in der Dolgenwiese die Hälfte 3 Scheffel 17 Ruthen $6^{1}/_{2}$ Fuß,
31/18 im Schmützmühlenkamp 5 Scheffel 35 Ruthen 2 Fuß,
40/2 auf dem Hohen Kamp 3 Scheffel 6 Ruthen,
41/9 auf dem Johanniskamp 4 Scheffel 3 Ruthen 7 Fuß,
27/23 im zweiten Dolgenkamp 7 Scheffel 7 Ruthen 8 Fuß,
27/24 ebendaselbst 4 Scheffel 37 Ruthen 6 Fuß

nichtprotocollirte dingliche Ansprüche zu haben vermeint, muß sich damit, bei Verlust seiner Rechte, binnen 12 Wochen, von der letzten Bekanntmachung dieses Proclams angerechnet, im Syndicate hieselbst rechtsgehörig melden.

Oldenburg, den 11. September 1862.

Der Magistrat.

W. Hensen.

№ 19.

Dritte und letzte Bekanntmachung.

Extr. des Procl. des 37sten Stücks № 7.

Alle und Jede, welche an die Halbhufe des Hans Christian Wisser in Wulfsfelde oder an die Erbpachtsstelle des Hans Friedrich David zu Hamanusöhlen nichtprotocollirte dingliche Ansprüche zu haben vermeinen, müssen sich damit, bei Vermeidung des Verlustes derselben, innerhalb 12 Wochen, vom Tage der letzten Bekanntmachung dieses Proclams angerechnet, unter Beobachtung des Rechtserforderlichen, auf dem Königl. Reinfelder Actuariate melden.

Königl. Reinfelder Amthaus zu Traventhal, den 9. September 1862.

G. Grothusen.

In fidem: **W. Baudissin.**

№ 20.

Dritte und letzte Bekanntmachung.

Extr. des Procl. des 37sten Stücks № 9.

Mit alleiniger Ausnahme der protocollirten Creditoren müssen sich Alle und Jede, welche aus irgend einem Grunde Forderungen und Ansprüche an den Eingesessenen Kaufmann Nicolaus Evers in Barmstedt oder dessen daselbst belegene $\frac{1}{24}$ Hufe c. pert. zu haben vermeinen, oder Pfänder von ihm besitzen, damit, bei Strafe resp. des Ausschlusses von dieser Concursmasse und des Verlustes ihrer Pfandrechte, binnen 12 Wochen, vom Tage der letzten Bekanntmachung dieses Proclams angerechnet, bei dem unterzeichneten Gerichte rechtsbehörig melden.

Königl. Administratur zu Ranzau, den 5. Septbr. 1862.

A. v. Moltke.

№ 21.

Dritte und letzte Bekanntmachung.

Extr. des Procl. des 37sten Stücks № 10.

Alle und Jede, welche an die Besitzung des Johann Greve in Bilsen dingliche nichtprotocollirte Ansprüche zu haben vermeinen, müssen solche, bei Strafe des Verlustes, innerhalb 12 Wochen, vom Tage der letzten Bekanntmachung dieses Proclams angerechnet, im Actuariate des Gerichts rechtsbehörig anmelden.

Pinneberger Concurs- und Erbtheilungsgericht, den 27. August 1862.

Wommelsdorff-Friedrichsen,
noie. des Gerichts.

Mohrdieck.

№ 22.

Dritte und letzte Bekanntmachung.

Extr. des Procl. des 37sten Stücks № 11.

Alle und Jede, welche an die Besitzung des Eingesessenen Heid Reents in Hasloh dingliche nichtprotocollirte Ansprüche zu haben vermeinen, müssen solche, bei Strafe des Verlustes, innerhalb 12 Wochen, vom Tage der letzten Bekanntmachung dieses Proclams angerechnet, im Actuariate des Gerichts anmelden, Auswärtige unter Bestellung eines Actenprocurators.

Pinneberger Concurs- und Erbtheilungsgericht, den 27. August 1862.

Wommelsdorff-Friedrichsen,
noie. des Gerichts.

Mohrdieck.

№ 23.

Dritte und letzte Bekanntmachung.

Extr. des Procl. des 37sten Stücks № 12.

Auf Anhalten der execut. testam. des weiland Eingesessenen Friedrich Andreas Theodor von Lengercke in Wandsbeck, der Herren Johann Heinr. Goßler in Hamburg und Obergerichtsadvocaten Heinrich Stoppel in Altona, haben Alle und Jede, mit alleiniger Ausnahme protocollirter Crediteren, welche Ansprüche und Forderungen an die Erbmasse des weil. Eingesessenen Friedrich Andreas Theodor von Lengercke in Wandsbeck zu haben vermeinen, solche binnen 12 Wochen, vom Tage der letzten Bekanntmachung dieses Proclams angerechnet, und spätestens vor dem 22. December d. J., bei Strafe der Ausschließung von der Masse und des ewigen Stillschweigens, in dem Wandsbecker Justitiariat ordnungsmäßig anzumelden.

Decretum Wandsbecker Justitiariat bei Wandsbeck, den 5. September 1862.

Reimers.

Beilage
zum 40. Stück der Holsteinischen Anzeigen.

Montag den 6. October 1862.

Bekanntmachungen.

№ 1.

Es wird hiedurch von Gerichtswegen bekannt gemacht, daß für die Person und das Vermögen der geisteskranken Wittwe Maria Catharina Hoffmann, geb. Kneese, in Stockelstorf der Käthner Hans Asmus Hinrich Meyer in Steinrade als Curator bestellt ist, und daß alle Geschäfte und Verbindlichkeiten, welche mit obgedachter Curandin ohne Vorwissen und Zustimmung ihres Curators eingegangen und abgeschlossen werden, als nicht gültig und bindend werden angesehen werden.

Stockelstorf, im Justitiariat, den 26. Sept. 1862.

Esmarch.

№ 2.

Wenn dem frühern Käthner, jetzigen Insten, Jacob Jaacks in Bramstedt der Inste Johann Reimers in Fuhlendorf als Curator der Person und des Vermögens gerichtlich bestellt worden, so wird solches mit dem Bemerken hiedurch zur öffentlichen Kunde gebracht, daß der genannte Jaacks nur mit Genehmigung seines Curators rechtsverbindliche Geschäfte einzugehen im Stande ist.

Segeberger Königl. Amthaus, den 22. September 1862.

H. F. Jacobsen, const.

№ 3.

Zu Ende Juli d. J. ist in hiesigem District ein legitimationsloser Mensch angehalten, welcher sich Johann Hansen nennt und dessen Herkunft bisher nicht zu ermitteln gewesen ist. Derselbe spricht hoch- und plattdeutsch, englisch und französisch. Er will mehrere Jahre zur See gefahren haben und hat auch vom Seewesen einige Kunde, wie er überhaupt eine gewisse allgemeine Bildung besitzt.

Signalement: Alter: ca. 26 Jahr, Größe: 67¼ Zoll Seeländ. Maaß, Statur: schlank und dünn, Gesicht: oval, Augen: braun, Haar und Bart: dunkelblond, Hals: lang, Schultern: schmal und hängend, Sprache: etwas stotternd, besondere Kennzeichen: auf beiden Armen nahe der Handwurzel bedeutende Narben, anscheinend von Brandwunden herrührend.

Alle Behörden werden ersucht, über vorbeschriebene Person dem unterzeichneten Gerichte thunliche Auskunft zu ertheilen.

Königl. Pinneberger Landgericht, den 20. Sept. 1862.

Wommelsdorff-Friedrichsen.

Mohrdiek.

Aufforderung.

Die hieselbst wegen verübter Gewaltthätigkeiten in Untersuchung befindlichen Dienstknechte Johann Christian Brockmann, 32 Jahre alt, und Hans Hinr. Brockmann, 22 Jahre alt, beide gebürtig aus Quickborn, haben ihren Dienst in Eidelstedt verlassen und ist ihr gegenwärtiger Aufenthaltsort unbekannt, daher die Behörde des Orts, wo die Genannten sich gegenwärtig befinden, ersucht wird, eine desfällige Nachricht hieher gelangen zu lassen und das Zurstellebleiben der Gesuchten in geeigneter Weise zu sichern.

Altona, den 18. September 1862.

Der Magistrat.

Proclamata.

№ 1.

Erste Bekanntmachung.

Von Gerichtswegen

wird auf Anhalten des Güterpflegers A. N. Stammer in Heide den sämmtlichen nichtprotocollirten Gläubigern des Porzellanmalers Christian Friedrich Braune ebendaselbst, über dessen Habe und Güter definitiv Concurs erkannt worden, hiedurch aufgegeben, ihre Forderungen und Ansprüche an den beregten Cridaren, mögen selbige beruhen worin immer, insonderheit auch diejenigen, welche etwa aus dem früher von dem Cridaren unter der Firma F. Braune & Co. betriebene Porcellangeschäft wider ihn herzuleiten sein möchten, innerhalb 12 Wochen, von der letzten Bekanntmachung dieses Proclams angerechnet, bei Vermeidung der Ausschließung von der Concursmasse, in der Kirchspielschreiberei zu Heide zur Angabe zu bringen, und, insofern sie nicht in der Landschaft Norderdithmarschen wohnhaft sind, einen Actenprocurator zu bestellen.

Königl. Norderdithmarsische Landvogtei zu Heide, den 25. September 1862.

Hansen.

In fidem: Scholtz.

Pro copia: Wiencke.

№ 2.

Erste Bekanntmachung.

Auf den Antrag der Erben des weil. 1/6 Hufners Claus Wrage in Hüttblek werden, mit Ausnahme der protocollirten Creditoren, Alle und Jede, welche an die Verlassenschaft des Verstorbenen, hauptsächlich an die dazu gehörige in Hüttblek belegene Sechstelhufe c. p. dingliche oder persönliche Ansprüche zu haben vermeinen, hiedurch aufgefordert, sich damit innerhalb 12 Wochen, vom Tage der letzten Bekanntmachung dieses Proclams, bei Strafe des Ausschlusses, im Segeberger Königlichen Actuariate, Auswärtige unter Procuraturbestellung, rechtsgehörig zu melden.

Segeberger Amtsgericht, den 27. September 1862.

Pr. et Ass. jud.

In fidem: H. F. Jacobsen.

№ 3.

Erste Bekanntmachung.

Wenn die Erben des wailand Altentheilers Hans Hinrich Süfke in Hansfelde auf die Erlassung eines Proclams zur Ermittlung der Schulden seines Nachlasses angetragen, werden in Deferirung dieser Bitte Alle und Jede, welche an die Nachlaßmasse des Altentheilers Hans Hinr. Süfke in Hansfelde aus irgend einem Grunde Forderungen und Ansprüche zu haben vermeinen, von Gerichtswegen aufgefordert, solche, bei Vermeidung des Verlustes derselben, innerhalb 12 Wochen, vom Tage der letzten Bekanntmachung dieses Proclams angerechnet, auf dem Königl. Reinfelder Actuariat anzumelden und dabei ihre etwaigen Documente zu produciren und beglaubigte Abschriften davon einzureichen, Auswärtige unter Bestellung eines Actenprocurators.

Königl. Reinfelder Amthaus zu Traventhal, den 26. September 1862.

G. Grothusen.

In fidem: W. Baudissin.

№ 4.

Erste Bekanntmachung.

Da der seit dem Frühjahr 1816 nach Amerika ausgewanderte und seitdem verschollene, am 8. Febr. 1792 geborene Hans Gehrt, ehelicher Sohn des Kleinkäthners und Mauermannes gleiches Namens und der Elsche, geb. Rams, auf der Deichreihe, Kirchspiels Beidenfleth, am 8. Februar d. J. sein 70stes Lebensjahr zurückgelegt hat, so wird derselbe hiedurch aufgefordert und befehligt, sich nunmehr innerhalb 12 Wochen, vom Tage der letzten Bekanntmachung dieses Proclams angerechnet, bei der Königl. Landschreiberei der Wilster-Marsch zu Wilster zu melden, widrigenfalls er für todt erklärt und das für ihn bisher verwaltete Vermögen an diejenigen, welche sich als seine nächsten Erben ausweisen werden, ausgeliefert werden wird. Gleichzeitig werden Alle und Jede, welche an das Vermögen des gedachten Hans Gehrt Erb- oder sonstige Ansprüche zu haben vermeinen, hiedurch aufgefordert, selbige, bei Strafe der Ausschließung und ewigen Stillschweigens, binnen der oben gedachten 12wöchigen Frist bei der Königl. Landschreiberei der Wilster-Marsch, unter Producirung der betreffenden Documente im Original und Zurücklassung von Abschriften, Auswärtige zugleich unter Bestellung von Actenprocuratoren, gehörig anzumelden.

Königliches Gericht für das Amt Steinburg zu Itzehoe, den 1. October 1862.

A. v. Heintze, const.

№ 5.

Zweite Bekanntmachung.

Auf desfalls geschehene Anträge ist über die Habe und Güter

1) des Käthners und Schmieds Gottfried Hinrich Ferdinand Jonas in Gaarden und
2) des Gastwirths Peter Petersen im Weinberge bei Preetz

der Concurs der Gläubiger, unter Vorbehalt ihrer Einreden dagegen, für Recht erkannt worden und werden daher von Gerichtswegen Alle und Jede, mit alleiniger Ausnahme der protocollirten Gläubiger, welche an die gedachten Concursmassen, namentlich:

1) an die sub Nr. 23 und 24 in Gaarden an der Chaussee belegenen Jonas'schen Kathenstellen nebst Schmiede,
2) an die an der Preetz-Kieler Chaussee belegene Wirthschaftsstelle „Weinberg" c. pert. des P. Petersen,

aus irgend einem Grunde Forderungen und Ansprüche zu haben glauben, hiedurch aufgefordert und befehligt, sich damit innerhalb 12 Wochen, von der letzten Bekanntmachung dieses Proclams angerechnet, bei Strafe der Ausschließung, unter Einlieferung ihrer Documente in Ur- und Abschrift, Auswärtige auch unter gehöriger Procuraturbestellung, auf hiesiger Klosterschreiberei zu melden und demnächst weitere Verfügung zu gewärtigen.

Klösterliches Concursgericht zu Preetz, den 20. September 1862.

A. D. P.: *Rheder.*

№ 6.

Zweite Bekanntmachung.

Auf geschehenen Antrag Beikommender und nach dazu ertheilter Autorisation des Königl. Holst. Obergerichts werden Alle und Jede, welche an nachfolgende Protocollata, worüber die ausgefertigten Originaldocumente verloren gegangen sind, als:

1) an die Tom. I Fol. 121 des Wandsbecker Schuld- und Pfandprotocolls auf dem der Ehefrau Johanna Margaretha Dorothea Blohm, verwittwet gewesenen Wielandt, geb. Reisner, gehörigen, sub Nr. 21 im 1. Quartier im hiesigen Flecken belegenen Wohnerbe c. pert. laut

Protocollation d. d. 11. Mai 1844 für den wail. Eingesessenen Heinrich Diedrich Kornberg in Wandsbeck protocollirten Pöste von resp. 853 ℳ 32 ß und 195 ℳ ⅛ ß R.-M.;

2) an die Tom. II Fol. 728 des Wandsbecker Schuld- und Pfandprotocolls auf dem dem Eingesessenen Schmidt August Jürgen Friedrich Dahms in Wandsbeck gehörigen, sub Nr. 100 im 2. Quartier an der kurzen Reihe belegenen Grundstück c. pert. laut Protocollation vom 7. Februar 1823 für Johann Christian Helbing und Johann Friedrich Adolf Flörcke pro resto für Ersteren protocollirten 150 ℔ Cour. (rectius 250 ℔) und für Letzteren 250 ℔ Cour. (rectius 150 ℔);

Ansprüche zu haben vermeinen oder gegen die Rectificirung der wie vorbemerkt irrthümlich übertragenen Summen ad voc. Helbing und Flörcke Einreden erheben können, hiemittelst von Gerichtswegen aufgefordert, solche An- und Einsprüche binnen 12 Wochen, vom Tage der letzten Bekanntmachung dieses Proclams angerechnet, in dem unterzeichneten Justitiariate anzumelden, unter der Androhung, daß sie in Entstehung dessen mit ihren An- oder Einsprüchen werden präcludirt, die verloren gegangenen resp. Original-Documente für mortificirt werden erklärt und die protocollirten Inhaber der fraglichen Pöste als rechtmäßige Eigenthümer derselben werden angesehen und hiernach den Erben des wailand Heinrich Diedrich Kornberg sowohl als den Erben des wailand Johann Christian Helbing, dem Hamburger Bürger Heinrich Ferdinand Helbing in Hamburg, als Originalia geltende Abschriften der betreffenden Documente über die fraglichen Capitalien werden ausgefertigt werden, und zwar für den letzten statt der irrthümlich übertragenen 150 ℔ Cour. auf 250 ℔ Cour., jetzt 133 ℳ 32 ß R.-M., lautend, und daß der für Johann Friedrich Adolph Flörcke protocollirte Posten von 250 ℔ (rect. 150 ℔) als bezahlt wird delirt werden.

Auswärtige haben Actenprocuratoren hieselbst zu bestellen und etwanige ihre Ansprüche begründende Documente im Original zu produciren.

Decretum Wandsbecker Justitiariat bei Wandsbeck, den 20. September 1862.

Reimers.

№ 7.

Zweite Bekanntmachung.

Extr. des Procl. des 39sten Stücks № 1.

Nichtprotocollirte Gläubiger und Pfandinhaber des insolventen Hamburger Bürgers Christian Leopold Hieronimus Boeckmann, welche aus der diesem gehörigen, bei Bargenstedt, Kirchspiels Süder-Meldorf-Geest, belegenen, im Meldorfer Schuld- und Pfandprotocoll für Grundstücke Fol. 1201 Tom. 17 pag. 9845 & folg. verzeichneten s. g. Boeckmann'schen Tannenkoppel cum pert., über welche Specialconcurs erkannt worden ist, ihre Befriedigung begehren, müssen sich mit ihren Ansprüchen und Pfandstücken innerhalb 12 Wochen, vom Tage der letzten Bekanntmachung dieses Proclams angerechnet, bei Strafe des Ausschlusses von der Concursmasse und des Verlustes der Pfandrechte, in der Königl. Kirchspielschreiberei zu Meldorf rechtsbehörig melden.

B. G. W.

Meldorf, den 17. September 1862.

Zur Beglaubigung: **Fabricius.**

№ 8.

Zweite Bekanntmachung.

Extr. des Procl. des 39sten Stücks № 2.

Nichtprotocollirte dingliche Rechte und Ansprüche an das im Süden vor Rendsburg im Stadtgebiete belegene Grundstück des Gärtners Johann Nicolaus Christian Daniel Weiße, bestehend aus einem zu 16 Gärten eingerichteten Landstück, nebst einem darin erbauten Hause, so wie an das bisher dem Bürger Carl Louis Koh gehörige, ebendaselbst belegene, auch zu Gärten eingerichtete Landstück von 400 Fuß Länge und 200 Fuß Breite, sind, bei Vermeidung der Präclusion, binnen 12 Wochen, von letzter Bekanntmachung dieses Proclams, von Auswärtigen unter Procuraturbestellung, im städtischen Actuariate hieselbst gehörig anzumelden.

Rendsburg, den 19. September 1862.

(L. S. C.) Der Magistrat.

№ 9.

Zweite Bekanntmachung.

Extr. des Procl. des 39sten Stücks № 3.

Alle und Jede, welche an den von Johann Wulff vertauschten, in der Rendsburger Straße sub Nr. 2 in Neumünster belegenen Grundbesitz dingliche nichtprotocollirte Ansprüche und Forderungen zu haben vermeinen, müssen sich damit, bei Strafe des Verlustes derselben, innerhalb 12 Wochen, von der letzten Bekanntmachung dieses Proclams angerechnet, auf dem hiesigen Königl. Actuariat, unter Beobachtung des Erforderlichen, melden.

Königl. Amthaus zu Neumünster, den 16. September 1862.

v. Stemann.

In fidem: **O. Rantzau**, const.

№ 10.

Zweite Bekanntmachung.

Extr. des Procl. des 39sten Stücks № 5.

Alle und Jede, welche an den Nachlaß des am 21. Juni d. J. in Itzehoe verstorbenen ehemaligen Inspectors und Cassirers der Herrschaft Breitenburg Peter Nissen, gebürtig aus Havetoft in Angeln, Erbansprüche oder sonstige Ansprüche glauben erheben zu können, insonderheit dessen Mutterschwester Maria

Petersen, früher in Flensburg, und deren etwanige Leibeserben, jedoch mit Ausnahme derjenigen Erben, welche bereits im Termin der Testaments-Publication namhaft gemacht sind, haben ihre Ansprüche, bei Strafe der Präclusion, binnen 12 Wochen, vom Tage der letzten Bekanntmachung dieses Proclams angerechnet, bei dem unterzeichneten Gericht gehörig anzumelden.

Itzehoe, den 18. September 1862.

Klösterliche Obrigkeit.

№ 11.

Dritte und letzte Bekanntmachung.

Da von der Wittwe des weil. hiesigen Bürgers und Particuliers Carsten Jacob Molckenbuhr, R. v. D., Catharina Antoiuette, geb. Heyer, *cum cur. const.*, vorstellig gemacht worden, daß sie zwar als Testamentserbin ihres verstorbenen Ehemannes dessen Nachlaß pure angetreten habe, es jedoch für erforderlich halten müsse, zur Sicherung gegen spätere Ansprüche an die Masse die Erlassung eines Proclams zu beantragen, solchem Antrage auch vom Magistrate stattgegeben ist: so werden von Gerichtswegen Alle und Jede, welche an den Nachlaß des gedachten Verstorbenen aus irgend einem rechtlichen Grunde Ansprüche oder Forderungen zu haben vermeinen — mit alleiniger Ausnahme der protocollirten Gläubiger — hiedurch, bei Strafe der Ausschließung und des ewigen Stillschweigens, aufgefordert und befehligt, solche binnen 12 Wochen, nach der letzten Bekanntmachung dieses Proclams, im hiesigen ersten Stadtsecretariate und spätestens am

8. Januar 1863,

als dem peremtorischen Angabetermine, im Obergerichte hieselbst anzumelden, wobei die die Ansprüche begründenden Documente in Urschrift vorzuzeigen und in Abschrift zurückzulassen sind, Auswärtige auch wegen gehöriger Procuraturbestellung das Nöthige wahrzunehmen haben.

Wornach Beikommende sich zu achten.

Altona, im Obergerichte, den 11. Septbr. 1862.

Ex Decreto Senatus.

№ 12.

Dritte und letzte Bekanntmachung.

Extr. des Procl. des 38sten Stücks № 1.

Nichtprotocollirte Forderungen und Ansprüche an den insolventen Gastwirth Christian Stoldt in Hemmingstedt und dessen Vermögen, so wie Pfandstücke aus dieser Concursmasse sind innerhalb 12 Wochen, vom Tage der letzten Bekanntmachung dieses Proclams angerechnet, bei Strafe des Ausschlusses von der Concursmasse und des Verlustes der Pfandrechte, in der Königl. Kirchspielschreiberei zu Hemmingstedt rechtsbehörig anzugeben.

L. G. W.

Meldorf, den 9. September 1862.

Zur Beglaubigung: **Fabricius.**

№ 13.

Dritte und letzte Bekanntmachung.

Extr. des Procl. des 38sten Stücks № 2.

Der abwesende Behrend Peter Brandt aus Brunsbüttel, event. dessen Erben, werden hiedurch aufgefordert, innerhalb 12 Wochen, vom Tage der letzten Bekanntmachung dieses Proclams angerechnet, sich resp. mit ihren Erbansprüchen in der Königl. Kirchspielschreiberei zu Brunsbüttel zu melden, widrigenfalls der genannte Verschollene für todt erklärt und mit seinem zurückgelassenen Vermögen nach Vorschrift der Verordnung vom 9. November 1798 wird verfahren werden.

B. G. W.

Meldorf, den 15. September 1862.

Zur Beglaubigung: **Fabricius.**

№ 14.

Dritte und letzte Bekanntmachung.

Extr. des Procl. des 38sten Stücks № 3.

Gläubiger und Pfandinhaber des insolventen Bürgers und Brauers Chr. Ludw. Therde in Rendsburg, so wie Alle, welche nichtprotocollirte dingliche Ansprüche an dessen **sub** Nr. 256 und 260 in der Altstadt Rendsburg belegene Häuser c. p. zu haben vermeinen, müssen sich, **sub pœna præclusi**, resp. bei Verlust der Pfandrechte, binnen 12 Wochen, von letzter Bekanntmachung dieses Proclams, im städtischen Actuariate hieselbst gehörig melden.

Rendsburg, den 12. September 1862.

(L. S. C.) Der Magistrat.

№ 15.

Dritte und letzte Bekanntmachung.

Extr. des Procl. des 38sten Stücks № 4.

Alle und Jede, welche an die Concursmasse der Ehefrau Anna Catharina Sachau, geb. Jessen, zu Liesbüttel nichtprotocollirte Ansprüche und Forderungen, mit Einschluß etwaiger Eigenthumsansprüche auf einzelne Theile der Concursmasse, zu haben vermeinen, oder Pfänder von ihr besitzen, müssen sich damit, bei Strafe der Ausschließung von dieser Masse und des Verlustes ihres Pfandrechts, innerhalb 12 Wochen, von der letzten Bekanntmachung dieses Proclams angerechnet, im hiesigen Justitiariate ordnungsmäßig melden.

Hanerau, im Justitiariate, den 15. Septbr. 1862.

H. Lundius.

Beilage
zum 41. Stück der Holsteinischen Anzeigen.

Montag den 13. October 1862.

Bekanntmachungen.

№ 1.

Behufs eventueller Anberaumung der Termine der iesjährigen ordentlichen Dinggerichte im hiesigen Amte verden alle diejenigen, welche Sachen vor diese zu ringen haben, hiedurch aufgefordert, solche in derenigen Kirchspielvogtei, worunter der Beklagte gehört, nfehlbar vor dem 18. October d. J. anzugeben und ufzeichnen zu lassen. — Die Herren Kirchspielvögte aben dann sofort die Cataloge zu schließen und in uplo anhero einzusenden, oder wenn keine Sachen ei ihnen angemeldet sind, solches einzuberichten. — Diejenigen, welche es versäumen sollten, innerhalb der ngegebenen Frist ihre Sachen anzumelden, werden n diesjährigen ordentlichen Dinggericht nicht damit ehört.

Rendsburger Amthaus, den 8. October 1862.

E. v. Harbou.

Brenning.

№ 2.

Wenn dem frühern Käthner, jetzigen Insten, Jacob Jaacks in Bramstedt der Inste Johann Reimers in Fuhlendorf als Curator der Person und des Vermögens gerichtlich bestellt worden, so wird solches mit em Bemerken hiedurch zur öffentlichen Kunde gebracht, aß der genannte Jaacks nur mit Genehmigung seines Curators rechtsverbindliche Geschäfte einzugehen im Stande ist.

Segeberger Königl. Amthaus, den 22. September 862.

H. F. Jacobsen, const.

№ 3.

Zu Ende Juli d. J. ist in hiesigem District ein egitimationsloser Mensch angehalten, welcher sich Joann Hansen nennt und dessen Herkunft bisher nicht u ermitteln gewesen ist. Derselbe spricht hoch- und lattdeutsch, englisch und französisch. Er will mehrere Jahre zur See gefahren haben und hat auch vom Seewesen einige Kunde, wie er überhaupt eine gevisse allgemeine Bildung besitzt.

Signalement: Alter: ca. 26 Jahr, Größe: 67½ Zoll Seeländ. Maaß, Statur: schlank und dünn, Gesicht: oval, Augen: braun, Haar und Bart: dunkelblond, Hals: lang, Schultern: schmal und hängend, Sprache: etwas stotternd, besondere Kennzeichen: auf beiden Armen nahe der Handwurzel bedeutende Narben, anscheinend von Brandwunden herrührend.

Alle Behörden werden ersucht, über vorbeschriebene Person dem unterzeichneten Gerichte thunliche Auskunft zu ertheilen.

Königl. Pinneberger Landgericht, den 20. Sept. 1862.

Wommelsdorff-Friedrichsen.

Mohrdiek.

Aufforderung.

Die hieselbst wegen verübter Gewaltthätigkeiten in Untersuchung befindlichen Dienstknechte Johann Christian Brockmann, 32 Jahre alt, und Hans Hinr. Brockmann, 22 Jahre alt, beide gebürtig aus Quickborn, haben ihren Dienst in Eidelstedt verlassen und ist ihr gegenwärtiger Aufenthaltsort unbekannt, daher die Behörde des Orts, wo die Genannten sich gegenwärtig befinden, ersucht wird, eine desfällige Nachricht hieher gelangen zu lassen und das Zurstellebleiben der Gesuchten in geeigneter Weise zu sichern.

Altona, den 18. September 1862.

Der Magistrat.

Testaments-Publication.

Von Gerichtswegen

werden die abwesenden Intestaterben des unlängst verstorbenen Fräuleins Helene Maria Postel in Heide hiemittelst geladen, am Montag den 20. Oct. d. J., Vormittags 10 Uhr, im landschaftlichen Hause zu Heide vor dem Norderdithmarscher Gericht zu erscheinen, um bei der alsdann stattfindenden Eröffnung und Publication der von der genannten Verstorbenen hinterlassenen letztwilligen Disposition ihre Gerechtsame wahrzunehmen, mit der Verwarnung, daß auch im Falle ihres Ausbleibens solche Acte rechtsbehörig werden vor sich gehen.

Königl. Norderdithmarsische Landvogtei zu Heide, den 30. September 1862.

Hansen.

In fidem: Scholtz.

Steckbrief.

Wenn der unten soweit thunlich bezeichnete Schäfer Johann Carl Ludwig Käcker aus Kurzen Trechow in Mecklenburg-Schwerin eines im hiesigen Amte verübten Schaafdiebstahls dringend verdächtig geworden, so werden alle Behörden ersucht, auf diesen bereits mehrfach bestraften Verbrecher vigiliren, denselben im Betretungsfalle arretiren und dem Amthause behufs der Abholung gegen Kostenerstattung eine Anzeige zukommen zu lassen.

Königl. Segeberger Amthaus, den 4. Oct. 1862.

H. F. Jacobsen, const.

Signalement:

Johann Carl Ludwig Käcker, geboren zu Kurzen Trechow in Mecklenburg-Schwerin den 29. Juli 1809, von großer schlanker Statur, hat dunkelblondes Haar, blaue Augen, bedeckte Stirn, ovales Gesicht, gesunde Farbe; spricht plattdeutsch im Mecklenburger Dialekt.

Proclamata.

№ 1.

Erste Bekanntmachung.

Von Gerichtswegen

werden auf Antrag des Herrn Kirchspielvogts Hedde in Hennstedt und, nachdem zur Regulirung der betreffenden Concursmasse das Creditrecht ertheilt worden ist, die Creditoren des Buchbinders W. Ostboff in Hennstedt, jedoch mit gesetzlicher Ausnahme der protocollirten, hiemittelst geladen, alle ihnen gegen den Cridar W. Ostboff in Hennstedt zustehenden Ansprüche und Forderungen (und zwar die Auswärtigen nach bestellter Actenprocuratur) in der Kirchspielschreiberei zu Hennstedt innerhalb 12 Wochen, von dem Tage der letzten Bekanntmachung dieses Proclams, gehörig anzugeben und verzeichnen zu lassen, mit dem Bemerken, daß sie im Widrigen von dieser Masse werden ausgeschlossen werden.

Wornach sich zu achten.

Königl. Norderdithmarsische Landvogtei zu Heide, den 2. October 1862. *Hansen.*

In fidem: **Scholtz.**

Für richtige Abschrift: **Hansen,**
Kirchspielschreiber.

№ 2.

Erste Bekanntmachung.

Es hat der Gastwirth Claus Sothmann hieselbst angezeigt, daß er seinen im Flecken Neumünster im Haart belegenen, mit Nr. 49 im Brandcataster bezeichneten Grundbesitz nebst Kaufländereien verkauft und, um dem Käufer ein von allen dinglichen nichtprotocollirten Ansprüchen freies Folium im Schuld- und Pfandprotocoll liefern zu können, die Erlassung eines desfälligen Proclams beantragt. In Deferirung dieser Bitte werden daher alle diejenigen, welche an den obgedachten Grundbesitz nebst Kaufländereien des Claus Sothmann dingliche nichtprotocollirte Ansprüche und Forderungen zu haben vermeinen, hierdurch von Gerichtswegen aufgefordert und befehligt, sich damit innerhalb 12 Wochen, vom Tage der letzten Bekanntmachung dieses Proclams angerechnet, bei Strafe des Verlustes derselben, auf dem hiesigen Königl. Actuariat zu melden, die ihre Ansprüche begründenden Documente in Original zu produciren, Abschriften davon zurückzulassen und, falls sie Auswärtige sind, einen Actenprocurator unter hiesiger Jurisdiction zu bestellen.

Königl. Amthaus zu Neumünster, den 29. September 1862. *v. Siemann.*

In fidem: **O. Rantzau**, const.

№ 3.

Erste Bekanntmachung.

Wenn auf geschehene Insolvenzerklärung über die Habe und Güter des hiesigen Bürgers und Musikus Johann Christian Ludwig Hattendorf unter Vorbehalt der Einreden der Gläubiger Concurs erkannt ist, so werden Alle und Jede, mit Ausnahme der protocollirten Gläubiger, welche an die Concursmasse, namentlich an das hieselbst Qu. III Nr. 49 belegene Wohnhaus c. p. dingliche oder persönliche Ansprüche und Forderungen zu haben vermeinen, oder Pfänder von dem Cridar besitzen, hiedurch befehligt, sich damit, bei Strafe der Ausschließung resp. des Verlustes der Ansprüche und Pfandrechte, Auswärtige unter Bestellung von Actenprocuratoren, innerhalb 12 Wochen, vom Tage der letzten Bekanntmachung dieses Proclams angerechnet, im hiesigen Stadtsecretariat zu melden und die ihre Gerechtsame begründenden Documente im Original zu produciren und in beglaubigter Abschrift zurückzulassen.

Decretum Segeberg, in Curia, den 8. Oct. 1862.

(L. S.) Bürgermeister und Rath.

№ 4.

Erste Bekanntmachung.

Wenn der Hufner Friedrich Adolph Heick in Homfeld, Klosters Itzehoe, seine daselbst belegene Hufe an den Zimmermeister Johann Wulff in Neumünster eigenthümlich überlassen und demselben ein reines Professionsprotocoll zu liefern versprochen hat, so werden, mit Ausnahme der protocollirten Gläubiger, Alle und Jede, welche an die zu Homfeld belegene Hufe des Friedrich Adolph Heick hypothecarische oder sonstige dingliche Ansprüche zu haben vermeinen, hiedurch aufgefordert und befehligt, diese Ansprüche, bei Strafe des Verlustes derselben, binnen 12 Wochen, vom Tage der letzten Bekanntmachung dieses Proclams angerechnet, bei dem Klösterlichen Protocolle in Itzehoe anzugeben, die ihre Ansprüche begründenden Documente im Original zu produciren, beglaubigte Abschriften derselben zurückzulassen und, insofern sie Auswärtige sind, Procuratoren zu den Acten zu bestellen.

Itzehoe, den 6. October 1862.

Klösterliche Obrigkeit.

№ 5.

Zweite Bekanntmachung.

Von Gerichtswegen

wird auf Anhalten des Güterpflegers A. N. Stammer in Heide den sämmtlichen nichtprotocollirten Gläubigern des Porzellanmalers Christian Friedrich Braune ebendaselbst, über dessen Habe und Güter definitiv Concurs erkannt worden, hiedurch aufgegeben, ihre Forderungen und Ansprüche an den beregten Cridaren, mögen selbige beruhen worin immer, insonderheit auch diejenigen, welche etwa aus dem früher von dem Cridaren unter der Firma F. Braune & Co. betriebene Porcellangeschäft wider ihn herzuleiten sein möchten, innerhalb 12 Wochen, von der letzten Bekanntmachung dieses Proclams angerechnet, bei Vermeidung der Ausschließung von der Concursmasse, in der Kirchspielschreiberei zu Heide zur Angabe zu bringen, und, insofern sie nicht in der Landschaft Norderdithmarschen wohnhaft sind, einen Actenprocurator zu bestellen.

Königl. Norderdithmarsische Landvogtei zu Heide, den 25. September 1862.

Hansen.

In fidem: Scholtz.

Pro copia: Wiencke.

№ 6.

Zweite Bekanntmachung.

Extr. des Procl. des 40sten Stücks № 2.

Nichtprotocollirte dingliche und persönliche Ansprüche an die Verlassenschaft des weil. Claus Wrage, hauptsächlich an die dazu gehörige in Hüttbleck belegene Sechstelhufe c. pert. sind innerhalb 12 Wochen, vom Tage der letzten Bekanntmachung dieses Proclams, bei Strafe des Ausschlusses, im Segeberger Königl. Actuariate rechtsgehörig zu melden.

Segeberger Amtsgericht, den 27. September 1862.

Pr. et Ass. jud.

In fidem: H. F. Jacobsen.

№ 7.

Zweite Bekanntmachung.

Extr. des Procl. des 40sten Stücks № 3.

Etwanige Forderungen und Ansprüche an den Nachlaß des weil. Altentheilers Hans Hinr. Süffe in Hansfelde sind, bei Vermeidung des Verlustes derselben, innerhalb 12 Wochen, vom Tage der letzten Bekanntmachung dieses Proclams angerechnet, auf dem Königl. Reinfelder Actuariat in rechtsbehöriger Weise anzumelden.

Königl. Reinfelder Amthaus zu Traventhal, den 26. September 1862.

G. Grothusen.

In fidem: W. Baudissin.

№ 8.

Zweite Bekanntmachung.

Extr. des Procl. des 40sten Stücks № 4.

Der seit dem Frühjahr 1816 verschollene Hans Gehrt aus Beidenfleth, welcher am 8. Februar d. J. sein 70stes Lebensjahr zurückgelegt hat, wird hiedurch aufgefordert, sich innerhalb 12 Wochen, vom Tage der letzten Bekanntmachung dieses Proclams angerechnet, auf der Königlichen Landschreiberei zu Wilster zu melden, widrigenfalls er für todt erklärt und sein Vermögen an seine nächsten Erben wird ausgeliefert werden. — Zugleich werden Alle, welche Erb- oder sonstige Ansprüche an sein Vermögen zu haben vermeinen, aufgefordert, bei Strafe der Ausschließung und ewigen Stillschweigens, ihre Ansprüche binnen gleicher Frist bei der Königl. Landschreiberei zu Wilster ordnungsmäßig anzumelden.

Königliches Gericht für das Amt Steinburg zu Itzehoe, den 1. October 1862.

A. v. Heintze, const.

№ 9.

Dritte und letzte Bekanntmachung.

Auf desfalls geschehene Anträge ist über die Habe und Güter

1) des Käthners und Schmieds Gottfried Hinrich Ferdinand Jonas in Gaarden und
2) des Gastwirths Peter Petersen im Weinberge bei Preetz

der Concurs der Gläubiger, unter Vorbehalt ihrer Einreden dagegen, für Recht erkannt worden und werden daher von Gerichtswegen Alle und Jede, mit alleiniger Ausnahme der protocollirten Gläubiger, welche an die gedachten Concursmassen, namentlich:

1) an die sub Nr. 23 und 24 in Gaarden an der Chaussee belegenen Jonas'schen Kathenstellen nebst Schmiede,
2) an die an der Preetz-Kieler Chaussee belegene Wirthschaftsstelle „Weinberg" c. pert. des P. Petersen,

aus irgend einem Grunde Forderungen und Ansprüche zu haben glauben, hiedurch aufgefordert und befehligt, sich damit innerhalb 12 Wochen, von der letzten Bekanntmachung dieses Proclams angerechnet, bei Strafe der Ausschließung, unter Einlieferung ihrer Documente in Ur- und Abschrift, Auswärtige auch unter gehöriger Procuraturbestellung, auf hiesiger Klosterschreiberei zu melden und demnächst weitere Verfügung zu gewärtigen.

Klösterliches Concursgericht zu Preetz, den 20. September 1862.

A. D. P.: *Rheder.*

№ 10.

Dritte und letzte Bekanntmachung.

Auf geschehenen Antrag Beikommender und nach dazu ertheilter Autorisation des Königl. Holst. Obergerichts werden Alle und Jede, welche an nachfolgende Protocollata, worüber die ausgefertigten Originaldocumente verloren gegangen sind, als:

1) an die Tom. I Fol. 121 des Wandsbecker Schuld- und Pfandprotocolls auf dem der Ehe-

frau Johanna Margaretha Dorothea Blohm, verwittwet gewesenen Wielandt, geb. Relsner, gehörigen, sub Nr. 21 im 1. Quartier im hiesigen Flecken belegenen Wohnerbe c. pert. laut Protocollation d. d. 11. Mai 1844 für den wail. Eingesessenen Heinrich Dietrich Kornberg in Wandsbeck protocollirten Pöste von resp. 853 ℛ 32 β und 195 ℛ ⅛ β R.-M.;

2) an die Tom. II Fol. 728 des Wandsbecker Schuld- und Pfandprotocolls auf dem dem Eingesessenen Schmidt August Jürgen Friedrich Dahms in Wandsbeck gehörigen, sub Nr. 100 im 2. Quartier an der kurzen Reihe belegenen Grundstück c. pert. laut Protocollation vom 7. Februar 1823 für Johann Christian Helbing und Johann Friedrich Adolf Flörcke pro resto für Ersteren protocollirten 150 ℔ Cour. (rectius 250 ℔) und für Letzteren 250 ℔ Cour. (rectius 150 ℔);

Ansprüche zu haben vermeinen oder gegen die Rectificirung der wie vorbemerkt irrthümlich übertragenen Summen ad voc. Helbing und Flörcke Einreden erheben können, hiemittelst von Gerichtswegen aufgefordert, solche An- und Einsprüche binnen 12 Wochen, vom Tage der letzten Bekanntmachung dieses Proclams angerechnet, in dem unterzeichneten Justitiariate anzumelden, unter der Androhung, daß sie in Entstehung dessen mit ihren An- oder Einsprüchen werden präcludirt, die verloren gegangenen resp. Original-Documente für mortificirt werden erklärt und die protocollirten Inhaber der fraglichen Pöste als rechtmäßige Eigenthümer derselben werden angesehen und hiernach den Erben des wailand Heinrich Diedrich Kornberg sowohl als den Erben des wailand Johann Christian Helbing, dem Hamburger Bürger Heinrich Ferdinand Helbing in Hamburg, als Originalia geltende Abschriften der betreffenden Documente über die fraglichen Capitalien werden ausgefertigt werden, und zwar für den letzten statt der irrthümlich übertragenen 150 ℔ Cour. auf 250 ℔ Cour., jetzt 133 ℛ 32 β R.-M., lautend, und daß der für Johann Friedrich Adolph Flörcke protocollirte Posten von 250 ℔ (rect. 150 ℔) als bezahlt wird delirt werden.

Auswärtige haben Actenprocuratoren hieselbst zu bestellen und etwanige ihre Ansprüche begründende Documente im Original zu produciren.

Decretum Wandsbecker Justitiariat bei Wandsbeck, den 20. September 1862.

Reimers.

№ 11.

Dritte und letzte Bekanntmachung.

Extr. des Procl. des 39sten Stücks № 1.

Nichtprotocollirte Gläubiger und Pfandinhaber des insolventen Hamburger Bürgers Christian Leopold Hieronimus Bockmann, welche aus der diesem gehörigen, bei Bargenstedt, Kirchspiels Süder-Meldorf-Geest, belegenen, im Meldorfer Schuld- und Pfandprotocoll für Grundstücke Fol. 1201 Tom. 17 pag. 9845 & folg. verzeichneten s. g. Bockmann'schen Tannenkoppel cum pert., über welche Specialconcurs erkannt worden ist, ihre Befriedigung begehren, müssen sich mit ihren Ansprüchen und Pfandstücken innerhalb 12 Wochen, vom Tage der letzten Bekanntmachung dieses Proclams angerechnet, bei Strafe des Ausschlusses von der Concursmasse und des Verlustes der Pfandrechte, in der Königl. Kirchspielschreiberei zu Meldorf rechtsbehörig melden.

V. G. W.

Meldorf, den 17. September 1862.

Zur Beglaubigung: **Fabricius.**

№ 12.

Dritte und letzte Bekanntmachung.

Extr. des Procl. des 39sten Stücks № 2.

Nichtprotocollirte dingliche Rechte und Ansprüche an das im Süden vor Rendsburg im Stadtgebiete belegene Grundstück des Gärtners Johann Nicolaus Christian Daniel Weise, bestehend aus einem zu 16 Gärten eingerichteten Landstück, nebst einem darin erbauten Hause, so wie an das bisher dem Bürger Carl Louis Koh gehörige, ebendaselbst belegene, auch zu Gärten eingerichtete Landstück von 400 Fuß Länge und 200 Fuß Breite, sind, bei Vermeidung der Präclusion, binnen 12 Wochen, von letzter Bekanntmachung dieses Proclams, von Auswärtigen unter Procuraturbestellung, im städtischen Actuariate hieselbst gehörig anzumelden.

Rendsburg, den 19. September 1862.

(L. S. C.) Der Magistrat.

№ 13.

Dritte und letzte Bekanntmachung.

Extr. des Procl. des 39sten Stücks № 3.

Alle und Jede, welche an den von Johann Wulff vertauschten, in der Rendsburger Straße sub Nr. 2 in Neumünster belegenen Grundbesitz dingliche nichtprotocollirte Ansprüche und Forderungen zu haben vermeinen, müssen sich damit, bei Strafe des Verlustes derselben, innerhalb 12 Wochen, von der letzten Bekanntmachung dieses Proclams angerechnet, auf dem hiesigen Königl. Actuariat, unter Beobachtung des Erforderlichen, melden.

Königl. Amthaus zu Neumünster, den 16. September 1862.

v. Stemann.

In fidem: O. Rantzau, const.

Beilage
zum 42. Stück der Holsteinischen Anzeigen.

Montag den 20. October 1862.

Bekanntmachungen.

№ 1.

Wenn der Zimmermann Joh. Hinrich Meyer in Lockstedt und dessen verlobte Braut Margaretha Harwege aus Ritschermoor cum cur. hieselbst zum Gerichtsprotocoll erklärt haben, daß es ihre Absicht sei, in ihrer in der Herrschaft Pinneberg demnächst einzugehenden Ehe in keiner Gütergemeinschaft zu leben, so wird Solches hiedurch zur öffentlichen Kunde gebracht.

Königl. Pinneberger Landgericht, den 11. October 1862.

Wommelsdorff-Friedrichsen.

Mohrdiek.

№ 2.

Wenn der Mechanicusgehülfe Gustav Robert Weise aus Leipzig sein unterm 11. d. M. von hier nach Travemünde visirtes Wanderbuch, d. d. Wurzen den 12. April 1855, auf dieser Tour verloren haben will, so wird solches hiedurch bekannt gemacht.

Neustadt, den 12. October 1862.

Königl. Polizeiamt.
L. Kahlmann.

№ 3.

Der Aufenthalt der Gebrüder Brockmann ist ermittelt und somit die diesseitige Aufforderung vom 18. September d. J. erledigt.

Altona, den 11. October 1862.

Der Magistrat.

№ 4.

In der Nacht vom 8./9. d. M. sind auf dem Meierhofe Blomenaih mittelst Einsteigens nachbezeichnete Silber- und Goldsachen, dem Pächter Roggenbau gehörig, entwendet worden:

2 silberne Potagelöffel, der eine inwendig vergoldet,
14 do. Eßlöffel, ohne Namen,
2 do. do. auf der Rückseite des Stiels C. M. punctirt,
2 do. do. J. M. punctirt,
6 do. Theelöffel W. K. punctirt,
12 do. do. S. R. 1860 punctirt,
11 do. do. R. punctirt,
1 do. Fischlöffel mit Perlmutterstiel. Auf der Schaufel eingravirt das Bild „der Heiraths-antrag auf Helgoland".
1 silbernes Butter- und 1 do. Käsemesser mit Perlmutterstiel,
1 Zuckerzange,
4 Paar Messer und Gabel mit silbernem Griff,
2 silberne Salzschaufeln, inwendig vergoldet,
1 goldener Halsschmuck, Kette mit 2 Troddeln,
1 do. do. von in Gold eingefaßten Granaten, wahrscheinlich S. L. gezeichnet.

Die resp. Gerichts- und Polizeibehörden werden ersucht, auf diese Gegenstände vigiliren, solche nebst dem etwa verdächtigen Inhaber im Falle der Betretung anhalten und davon der unterzeichneten Behörde Anzeige machen zu wollen.

Segeberg, im Justitiariat der Güter Seedorf und Hornstorf, den 15. October 1862.

Esmarch.

Steckbrief.

Wenn der unten soweit thunlich bezeichnete Schäfer Johann Carl Ludwig Käcker aus Kurzen Trechow in Mecklenburg-Schwerin eines im hiesigen Amte verübten Schaafdiebstahls dringend verdächtig geworden, so werden alle Behörden ersucht, auf diesen bereits mehrfach bestraften Verbrecher vigiliren, denselben im Betretungsfalle arretiren und dem Amthause behufs der Abholung gegen Kostenerstattung eine Anzeige zukommen zu lassen.

Königl. Segeberger Amthaus, den 4. Oct. 1862.

H. F. Jacobsen, const.

Signalement:

Johann Carl Ludwig Käcker, geboren zu Kurzen Trechow in Mecklenburg-Schwerin den 29. Juli 1809, von großer schlanker Statur, hat dunkelblondes Haar, blaue Augen, bedeckte Stirn, ovales Gesicht, gesunde Farbe; spricht plattdeutsch im Mecklenburger Dialekt.

Proclamata.

№ 1.

Erste Bekanntmachung.

Von Gerichtswegen.

Demnach die geringfügigen Verlassenschaften der Eheleute Oelrich Hanssen und Hedde, geb. Busch, auf dem St. Michaelisdonn und der Eheleute Jürgen Hinrich Christopher Brandt und Anna Elsabea, geb.

Rohde, ebenfalls auf dem St. Michaelisdonn, wegen unmündiger Leibeserben gerichtlich zu reguliren stehen, als wird auf Instanz des Herrn Kirchspielvogts Ave in Marne den nicht protocollirten Gläubigern der benannten Verstorbenen und zwar den auswärtigen mit der Auflage, Procuratur zu bestellen, hiemittelst anbefohlen, ihre Ansprüche und etwanigen Pfandgerechtsame, bei Verlust derselben, binnen 12 Wochen, nach der letzten Bekanntmachung dieses Proclams, in der Königl. Kirchspielschreiberei zu Marne gehörig anzugeben.

Wornach sich zu achten!

Königl. Süderdithmarscher Landvogtei zu Meldorf, den 9. October 1862.

(L. S.) *Müllenhoff.*

Zur Beglaubigung: **Fabricius.**

№ 2.

Erste Bekanntmachung.

Nachdem über die Habe und Güter des Hofbesitzers Bernhard Wilhelm Johann Gottfried Elmodis zu Heuerstubben unterm 9. d. M. der Concurs der Gläubiger für Recht erkannt ist, werden hiedurch Alle und Jede, mit Ausnahme der protocollirten Creditoren, welche an denselben, jetzt dessen Concursmasse, Forderungen und Ansprüche zu haben vermeinen, aufgefordert und befehligt, diese ihre vermeintlichen Ansprüche, bei Strafe der Ausschließung von der Masse und des ewigen Stillschweigens, innerhalb 12 Wochen, von der letzten Bekanntmachung dieses Proclams angerechnet, im Ahrensböcker Actuariat zu Plön anzumelden. Auswärtige haben Actenprocuratur zu bestellen.

Zugleich wird hiedurch bekannt gemacht, daß das unterm 20. August d. J. über den Grundbesitz des Cridars erlassene Subhastationsproclam, so wie der auf den 25. d. M. anberaumte betreffende Verkaufstermin hiedurch wegfällig werden.

Königliches Ahrensböcker Amthaus zu Plön, den 14. October 1862. *W. C. v. Levetzau.*

In fidem: **Feldmann, const.**

№ 3.

Erste Bekanntmachung.

Wenn der Anbauer Hans Hinr. Peper zu Treuholz und der ½ Hufner Hans Hinr. Friedr. Bardmann in Pölitz mit ihren resp. Stellen getauscht und behuf Sicherung gegen etwanige unbekannte dingliche Ansprüche auf Erlassung eines Realproclams hinsichtlich der beiden Stellen angetragen haben, so werden in Stattgebung dieser Bitte Alle und Jede, mit Ausnahme der protocollirten Gläubiger, welche an die hier fraglichen Stellen, als die zu Treuholz belegene Pepersche Anbauerstelle und die zu Pölitz belegene Bardmannsche Halbhufe, Ansprüche und Forderungen zu haben vermeinen, hiemittelst aufgefordert und befehligt, sich damit, bei Verluß derselben, innerhalb 12 Wochen, von der letzten Bekanntmachung dieses Proclams angerechnet, wegen der Treuholzer Anbauerstelle auf der Königl. Amtstube zu Rethwisch, wegen der Pölitzer Halbhufe im comb. adel. Gutsgericht für Pölitz in Oldesloe zu melden, die ihre Forderungen begründenden Documente im Original zu produciren und beglaubigte Abschriften beim Angabeprotocoll zurückzulassen, wobei Auswärtige Actenprocuratur zu bestellen haben.

Gegeben Königliches Rethwischer Amthaus zu Traventhal und im comb. adeligen Gutsgerichte für Pölitz ꝛc. zu Oldesloe, den 25. September 1862.

Grothusen. *E. v. Colditz.*

In fidem: **E. v. Colditz.**

№ 4.

Erste Bekanntmachung.

Auf desfälligen Antrag ist unterm 10. d. M. über die Habe und Güter des Eingesessenen Kaufmanns Johann Bielenberg in Elmshorn der Concurs der Gläubiger, deren Einreden vorbehältlich, zu Recht erkannt worden.

Es werden daher Alle und Jede, mit alleiniger Ausnahme der protocollirten Creditoren, welche an den genannten Kaufmann Johann Bielenberg in Elmshorn und dessen daselbst belegenes Wohnhaus c. p. Ansprüche und Forderungen haben oder Pfänder von demselben besitzen, hiedurch aufgefordert, sich damit innerhalb 12 Wochen, vom Tage der letzten Bekanntmachung dieses Proclams angerechnet, bei Vermeidung der Strafe resp. des Ausschlusses von der Concursmasse und des Verlustes ihrer Pfandrechte, bei dem hiesigen Gerichte zu melden. Auswärtige haben einen Actenprocurator zu bestellen.

Königl. Administratur zu Ranzau, den 11. Octbr. 1862.

A. v. Moltke.

№ 5.

Erste Bekanntmachung.

Wenn die Erben des am 23. Februar d. J. zu Niendorf verstorbenen Häuerlings und Zimmermanns Gottlieb Heinrich Laage erklärt haben, daß sie dessen Erbschaft nur **sub beneficio legis et inventarii** antreten wollten und daher die Erlassung eines **proclama ad indagandum statum bonorum** beantragten, so werden in Deferirung dieser Bitte hiedurch Alle und Jede, welche an die Nachlaßmasse des weil. Gottlieb Heinrich Laage in Niendorf Ansprüche und Forderungen irgend einer Art zu haben vermeinen, hiedurch von Gerichtswegen aufgefordert, sich damit, bei Strafe der Ausschließung und des Verlustes ihrer Ansprüche, innerhalb 12 Wochen, vom Tage der letzten Bekanntmachung dieses Proclams angerechnet, unter Producirung ihrer Originaldocumente, Zurücklassung beglaubigter Abschriften und event. Bestellung gehöriger Procuratur, im Actuariate des Gerichts zu melden.

Dabei wird bemerkt, daß dies Proclam event. zugleich als Concursproclam gilt.

Pinneberger Concurs- und Erbtheilungsgericht, den 9. October 1862.

I Vemmelsdorff-Friedrichsen. H. A. Tetens.

Mohrdiek.

№ 6.

Erste Bekanntmachung.

Alle und Jede, welche an nachfolgende wegen Unbekanntschaft oder Abwesenheit der Erben in gerichtliche Behandlung genommene geringfügige Nachlaßmassen:

1) den Nachlaß der Wittwe des weil. Claus Hinr. Krohn in Kummerfeld, Namens Anna Margaretha, geb. Maack, gestorben den 10. August 1861,
2) den Nachlaß des am 5. März 1862 in Schulau unverehelicht verstorbenen Eduard Ruben Hein aus Hamburg,
3) den Nachlaß der am 2. Januar 1862 in Pinneberg kinderlos verstorbenen Wittwe des weiland Häuerlings Hans Michael Krohn, Namens Wiebke, geb. Brillon,

Erb- oder sonstige Ansprüche und Forderungen zu haben vermeinen, müssen solche innerhalb 12 Wochen, vom Tage der letzten Bekanntmachung dieses Proclams angerechnet, sub pœna præclusi, im Actuariate des Gerichts rechtsbehörig anmelden, Auswärtige unter Bestellung eines Actenprocurators.

Pinneberger Concurs- und Erbtheilungsgericht, den 11. October 1862.

I Vemmelsdorff-Friedrichsen. H. A. Tetens.

Mohrdiek.

№ 7.

Zweite Bekanntmachung.

Von Gerichtswegen

werden auf Antrag des Herrn Kirchspielvogts Hedde in Hennstedt und, nachdem zur Regulirung der betreffenden Concursmasse das Creditrecht ertheilt worden ist, die Creditoren des Buchbinders W. Osthoff in Hennstedt, jedoch mit gesetzlicher Ausnahme der protocollirten, hiemittelst geladen, alle ihnen gegen den Cridar W. Osthoff in Hennstedt zustehenden Ansprüche und Forderungen (und zwar die Auswärtigen nach bestellter Actenprocuratur) in der Kirchspielschreiberei zu Hennstedt innerhalb 12 Wochen, von dem Tage der letzten Bekanntmachung dieses Proclams, gehörig anzugeben und verzeichnen zu lassen, mit dem Bemerken, daß sie im Widrigen von dieser Masse werden ausgeschlossen werden.

Wornach sich zu achten.

Königl. Norderdithmarsische Landvogtei zu Heide, den 2. October 1862.

Hansen.

In fidem: Scholtz.

Für richtige Abschrift: **Hansen,**
Kirchspielschreiber.

№ 8.

Zweite Bekanntmachung.

Wenn der Hufner Friedrich Adolph Heid in Homfeld, Klosters Itzehoe, seine daselbst belegene Hufe an den Zimmermeister Johann Wulff in Neumünster eigenthümlich überlassen und demselben ein reines Professionsprotocoll zu liefern versprochen hat, so werden, mit Ausnahme der protocollirten Gläubiger, Alle und Jede, welche an die zu Homfeld belegene Hufe des Friedrich Adolph Heid hypothecarische oder sonstige dingliche Ansprüche zu haben vermeinen, hiedurch aufgefordert und befehligt, diese Ansprüche, bei Strafe des Verlustes derselben, binnen 12 Wochen, vom Tage der letzten Bekanntmachung dieses Proclams angerechnet, bei dem Klösterlichen Protocolle in Itzehoe anzugeben, die ihre Ansprüche begründenden Documente im Original zu produciren, beglaubigte Abschriften derselben zurückzulassen und, insofern sie Auswärtige sind, Procuratoren zu den Acten zu bestellen.

Itzehoe, den 6. October 1862.

Klösterliche Obrigkeit.

№ 9.

Zweite Bekanntmachung.

Extr. des Procl. des 41sten Stücks № 2.

Alle und Jede, welche an den von dem Gastwirth Claus Sothmann verkauften, im Haart in Neumünster belegenen, mit Nr. 49 im Brandcataster bezeichneten Grundbesitz nebst Kaufländereien dingliche nichtprotocollirte Ansprüche und Forderungen zu haben vermeinen, müssen sich damit innerhalb 12 Wochen, von der letzten Bekanntmachung dieses Proclams angerechnet, bei Strafe des Verlustes derselben, auf dem hiesigen Königl. Actuariat, unter Beobachtung des Erforderlichen, melden.

Königl. Amthaus zu Neumünster, den 29. September 1862.

v. Stemann.

In fidem: **O. Rantzau**, const.

№ 10.

Zweite Bekanntmachung.

Extr. des Procl. des 41sten Stücks № 3.

Alle und Jede, mit Ausnahme der protocollirten Gläubiger, welche dingliche oder persönliche Ansprüche und Forderungen an die Concursmasse des hiesigen Bürgers und Musikus Johann Christian Ludwig Hattendorf, namentlich an das hieselbst Quartier III

Nr. 49 belegene Wohnhaus c. p. haben, oder Pfänder von dem Cridar besitzen, müssen sich damit, bei Strafe der Ausschließung resp. des Verlustes der Ansprüche und Pfandrechte, innerhalb 12 Wochen, nach der letzten Bekanntmachung dieses Proclams, im Stadtsecretariat rechtsbehörig melden.

Decretum Segeberg, in Curia, den 8. Oct. 1862.
(L. S.) Bürgermeister und Rath.

№ 11.
Dritte und letzte Bekanntmachung.
Von Gerichtswegen

wird auf Anhalten des Güterpflegers A. R. Stammer in Heide den sämmtlichen nichtprotocollirten Gläubigern des Porzellanmalers Christian Friedrich Braune ebendaselbst, über dessen Habe und Güter definitiv Concurs erkannt worden, hiedurch aufgegeben, ihre Forderungen und Ansprüche an den beregten Cridaren, mögen selbige beruhen worin immer, insonderheit auch diejenigen, welche etwa aus dem früher von dem Cridaren unter der Firma F. Braune & Co. betriebene Porcellangeschäft wider ihn herzuleiten sein möchten, innerhalb 12 Wochen, von der letzten Bekanntmachung dieses Proclams angerechnet, bei Vermeidung der Ausschließung von der Concursmasse, in der Kirchspielschreiberei zu Heide zur Angabe zu bringen, und, insofern sie nicht in der Landschaft Norderdithmarschen wohnhaft sind, einen Actenprocurator zu bestellen.

Königl. Norderdithmarsische Landvogtei zu Heide, den 25. September 1862.
Hansen.
In fidem: Scholtz.
Pro copia: Wiencke.

№ 12.
Dritte und letzte Bekanntmachung.
Extr. des Procl. des 39sten Stücks № 5.

Alle und Jede, welche an den Nachlaß des am 21. Juni d. J. in Itzehoe verstorbenen ehemaligen Inspectors und Cassirers der Herrschaft Breitenburg Peter Nissen, gebürtig aus Havetoft in Angeln, Erbansprüche oder sonstige Ansprüche glauben erheben zu können, insonderheit dessen Mutterschwester Maria Petersen, früher in Flensburg, und deren etwanige Leibeserben, jedoch mit Ausnahme derjenigen Erben, welche bereits im Termin der Testaments-Publication namhaft gemacht sind, haben ihre Ansprüche, bei Strafe der Präclusion, binnen 12 Wochen, vom Tage der letzten Bekanntmachung dieses Proclams angerechnet, bei dem unterzeichneten Gericht gehörig anzumelden.

Itzehoe, den 18. September 1862.
Klösterliche Obrigkeit.

№ 13.
Dritte und letzte Bekanntmachung.
Extr. des Procl. des 40sten Stücks № 2.

Nichtprotocollirte dingliche und persönliche Ansprüche an die Verlassenschaft des weil. Claus Wrage, hauptsächlich an die dazu gehörige in Hüttblek belegene Sechstelhufe c. pert. sind innerhalb 12 Wochen, vom Tage der letzten Bekanntmachung dieses Proclams, bei Strafe des Ausschlusses, im Segeberger Königl. Actuariate rechtsgehörig zu melden.

Segeberger Amtsgericht, den 27. September 1862.
Pr. et Ass. jud.
In fidem: H. F. Jacobsen.

№ 14.
Dritte und letzte Bekanntmachung.
Extr. des Procl. des 40sten Stücks № 3.

Etwanige Forderungen und Ansprüche an den Nachlaß des weil. Altentheilers Hans Hinr. Süße in Hansfelde sind, bei Vermeidung des Verlustes derselben, innerhalb 12 Wochen, vom Tage der letzten Bekanntmachung dieses Proclams angerechnet, auf dem Königl. Reinfelder Actuariat in rechtsbehöriger Weise anzumelden.

Königl. Reinfelder Amthaus zu Traventhal, den 26. September 1862.
G. Grothusen.
In fidem: W. Baudissin.

№ 15.
Dritte und letzte Bekanntmachung.
Extr. des Procl. des 40sten Stücks № 4.

Der seit dem Frühjahr 1816 verschollene Hans Gehrt aus Beidenfleth, welcher am 8. Februar d. J. sein 70stes Lebensjahr zurückgelegt hat, wird hiedurch aufgefordert, sich innerhalb 12 Wochen, vom Tage der letzten Bekanntmachung dieses Proclams angerechnet, auf der Königlichen Landschreiberei zu Wilster zu melden, widrigenfalls er für todt erklärt und sein Vermögen an seine nächsten Erben wird ausgeliefert werden. — Zugleich werden Alle, welche Erb- oder sonstige Ansprüche an sein Vermögen zu haben vermeinen, aufgefordert, bei Strafe der Ausschließung und ewigen Stillschweigens, ihre Ansprüche binnen gleicher Frist bei der Königl. Landschreiberei zu Wilster ordnungsmäßig anzumelden.

Königliches Gericht für das Amt Steinburg zu Itzehoe, den 1. October 1862.
A. v. Heintze, const.

Beilage
zum 43. Stück der Holsteinischen Anzeigen.

Montag den 27. October 1862.

Bekanntmachung.

Auf Antrag des hiesigen Bürgers und Fuhrmanns Peter Siems, welcher wegen Altersschwäche seine Angelegenheiten selbst zu besorgen sich nicht mehr im Stande fühlt, ist demselben der hiesige Bürger und Zimmermeister Claus Block als Curator für Person und Vermögen bestellt worden. Es können demnach den Peter Siems betreffende Rechtsgeschäfte nur mit dessen gedachtem Curator, Claus Block, rechtsgültig eingegangen werden; welches hiedurch bekannt gemacht wird.

Wilster, den 21. October 1862.

Der Magistrat.
In fidem: Rehhoff.

Testaments-Publication.

Nach erfolgtem Ableben des hiesigen Eingesessenen Andreas Theodor Wilhelm Schmidt soll das von demselben gemeinschaftlich mit seiner Ehefrau Johanna Christiane Christine, geb. Mohr, unterm 13. Mai d. J. errichtete und gerichtlich deponirte Testament am

Mittwoch den 29. October d. J.,
Vormittags 12 Uhr,

im hiesigen Gerichte publicirt werden, was für Beikommende hiedurch bekannt gemacht wird.

Decretum Wandsbecker Justitiariat bei Wandsbeck, den 21. October 1862.

Reimers.

Bekanntmachung.

In der Nacht vom 8./9. d. M. sind auf dem Meierhofe Blomenath mittelst Einsteigens nachbezeichnete Silber- und Goldsachen, dem Pächter Roggenbau gehörig, entwendet worden:

2 silberne Potagelöffel, der eine inwendig vergoldet,
14 do. Eßlöffel, ohne Namen,
2 do. do. auf der Rückseite des Stiels **C. M.** punctirt,
2 do. do. **J. M.** punctirt,
6 do. Theelöffel **W. K.** punctirt,
12 do. do. **S. R.** 1860 punctirt,
11 do. do. **R.** punctirt,
1 do. Fischlöffel mit Perlmutterstiel. Auf der Schaufel eingravirt das Bild „der Heirathsantrag auf Helgoland".
1 silbernes Butter- und 1 do. Käsemesser mit Perlmutterstiel,
1 Zuckerzange,
4 Paar Messer und Gabel mit silbernem Griff,
2 silberne Salzschaufeln, inwendig vergoldet,
1 goldener Halsschmuck, Kette mit 2 Troddeln,
1 do. do. von in Gold eingefaßten Granaten, wahrscheinlich **S. L.** gezeichnet.

Die resp. Gerichts- und Polizeibehörden werden ersucht, auf diese Gegenstände vigiliren, solche nebst dem etwa verdächtigen Inhaber im Falle der Betretung anhalten und davon der unterzeichneten Behörde Anzeige machen zu wollen.

Segeberg, im Justitiariat der Güter Seedorf und Hornstorf, den 15. October 1862.

Esmarch.

Diebstahls-Anzeige.

Zwischen dem 8. und 10. d. M. sind aus dem Brennereigebäude des Hufners Wittern in Rehorst, hiesigen Amts, 3 kupferne Röhren, 1—1½ Zoll im Durchmesser, 8—10 Fuß lang, per Stück 6 ℛ 38 ß R.-M. an Werth, mittelst Einsteigens entwandt worden.

Alle Behörden des In- und Auslandes werden unter Zusicherung der Kostenerstattung hiedurch dienstlich ersucht, auf die obengedachten Gegenstände vigiliren, dieselben sowie event. verdächtige Personen anhalten und hievon dem Amthause behufs Veranlassung des weiter Erforderlichen eine Mittheilung zugehen zu lassen.

Königliches Reinfelder Amthaus zu Traventhal, den 17. October 1862.

Grothusen.

Erledigter Steckbrief.

Daß der mittelst Steckbriefes vom 4. d. M. verfolgte Johann Carl Ludwig Käcker aus Kurzen Trechow zur Anhaltung gebracht, wird hiemittelst bekannt gemacht.

Segeberger Königl. Amthaus, den 21. October 1862.

H. F. Jacobsen, const.

Edictal-Citationes.

№ 1.

Auf Antrag der Ehefrau Pauline Albertine Laura Meyer, geb. Falck, c. cur., Klägerin, wird deren Ehemann, der Schiffszimmermann Johann Hinr. Meyer, Beklagten, welcher, wie vorgestellt, im Januar 1853 nach Australien ausgewandert ist und seit mehr als zwei Jahre keine Nachricht über sich und seinen Aufenthalt gegeben hat, hiemit peremtorisch geladen und befehligt, am bevorstehenden Dienstag den 20. Janr. künftigen Jahres, Vormittags 11 Uhr, vor dem alsdann in hiesiger Probstei versammelten Consistorium zu erscheinen, zu vernehmen, was Klägerin wegen Ehescheidung wider ihn vorbringen wird, darauf zu antworten und Spruch Rechtens zu gewärtigen, mit der ausdrücklichen Verwarnung, daß im Falle seines Ausbleibens auf ferneren Antrag der Klägerin in contumaciam wider ihn erkannt werden wird, was den Rechten gemäß.

Wornach sich zu achten.

Gegeben Altona, im Königlichen Consistorio, den 20. October 1862.

v. Scheele. H. F. Nievert.

№ 2.

Wenn die Ehefrau Margaretha Lucie Maria Sievers, geb. Hellberg, c. cur., Klägerin, bei dem unterzeichneten Consistorium vorstellig gemacht, daß ihr Ehemann Christian Friedr. Sievers, Beklagter, im Herbst 1854 von hier fortgegangen sei und seit sieben Jahren weder über sich noch seinen Aufenthalt Nachricht gegeben habe und deshalb um Erlassung einer Edictalcitation an ihren genannten Ehemann gebeten hat, so wird in Stattgebung dieser Bitte der genannte Christian Friedr. Sievers hiemittelst peremtorisch geladen und befehligt, am bevorstehenden Dienstag den 20. Januar künftigen Jahres, Vormittags 11 Uhr, vor dem alsdann in hiesiger Probstei versammelten Consistorium zu erscheinen, zu vernehmen, was seine obgenannte Ehefrau wegen böslicher Verlassung und daher zu trennender Ehe wider ihn vorbringen werde, darauf zu antworten und Spruch Rechtens zu gewärtigen, mit der ausdrücklichen Verwarnung, daß im Ausbleibungsfalle auf ferneren Antrag der Klägerin in contumaciam den Rechten gemäß wider ihn werde erkannt werden.

Wornach sich zu achten.

Gegeben Altona, im Königlichen Consistorium, den 20. October 1862.

v. Scheele. H. F. Nievert.

№ 3.

Auf den bei dem unterzeichneten Consistorium gestellten Antrag der Ehefrau Margaretha Auguste Henriette Bergmann, geb. Petersen, cum cur. hieselbst, Klägerin, um Erlassung einer Edictalcitation an ihren Ehemann Theodor Heinrich Friedrich Bergmann, Beklagten, welcher vor ungefähr sechs Jahren heimlich und böslich sich von ihr entfernt und seit dieser Zeit keine Nachricht über sich und seinen Aufenthalt gegeben habe, wird letzterer hiemit peremtorisch geladen und befehligt, am Dienstage den 20. Januar künftigen Jahres, Vormittags 11 Uhr, vor dem alsdann in hiesiger Probstei versammelten Consistorium zu erscheinen, zu vernehmen, was seine genannte Ehefrau wegen böslicher Verlassung und daher zu trennender Ehe wider ihn vorbringen werde, darauf zu antworten und Spruch Rechtens zu gewärtigen, mit der ausdrücklichen Verwarnung, daß im Ausbleibungsfalle auf ferneren Antrag der Klägerin in contumaciam den Rechten gemäß wider ihn werde erkannt werden.

Wornach derselbe sich zu achten.

Gegeben Altona, im Königlichen Consistorium, den 20. October 1862.

v. Scheele. H. F. Nievert.

№ 4.

Auf den bei dem unterzeichneten Consistorium gestellten Antrag der Ehefrau Johanna Dorothea Elsabe Bergmann, geb. Hörmann, cum cur., Klägerin, um Erlassung einer Edictalcitation an ihren Ehemann Charles William David Bergmann, Beklagten, welcher sich im September 1860 heimlich von ihr entfernt und seit dieser Zeit keine Nachricht über sich und seinen Aufenthalt gegeben habe, wird letzterer hiemittelst peremtorisch geladen und befehligt, am Dienstag den 20. Januar künftigen Jahres, Vormittags 11 Uhr, vor dem alsdann in hiesiger Probstei versammelten Consistorium zu erscheinen, zu vernehmen, was seine vorgenannte Ehefrau wegen böslicher Verlassung und daher zu trennender Ehe wider ihn vorbringen werde, darauf zu antworten und Spruch Rechtens zu gewärtigen, mit der ausdrücklichen Verwarnung, daß im Ausbleibungsfalle auf ferneren Antrag der Klägerin in contumaciam den Rechten gemäß wider ihn werde erkannt werden.

Wornach sich zu achten!

Gegeben Altona, im Königlichen Consistorium, den 20. October 1862.

v. Scheele. H. F. Nievert.

№ 5.

Auf Antrag der Anna Helene Friedericke Petersen, geb. Rickleffsen, cum cur., Klägerin, wird deren Ehemann, der frühere hiesige Bürger und Friseur Christoph Heinrich Christian Petersen, Beklagten, welcher, wie vorgestellt, Anfangs Juni 1856 nach Süd-Australien ausgewandert ist und seit mehr als zwei Jahren keine Nachricht über sich und seinen Aufenthalt gegeben hat, hiemit peremtorisch geladen und befehligt, am bevorstehenden Dienstag den 20. Januar künftigen Jahres, Vormittags 11 Uhr, vor dem alsdann in hiesiger Probstei versammelten Consistorium zu erscheinen, zu vernehmen, was Klägerin wegen Ehescheidung gegen ihn vorbringen wird, darauf zu antworten und Spruch Rechtens zu gewärtigen, mit der ausdrücklichen Verwarnung, daß im Falle seines Ausbleibens auf ferneren Antrag der Klägerin in contumaciam wider ihn erkannt werden wird, was den Rechten gemäß.

Wornach sich zu achten.

Gegeben Altona, im Königlichen Consistorium, den 20. October 1862.

v. Scheele. *H. F. Nievert.*

Proclamata.

№ 1.

Erste Bekanntmachung.

Wenn von dem Fleckensbürger A. N. Stammer in Heide, als Güterpfleger der Nachlaßmasse des Postmeisters, Justizrath Johannsen, weil. in Heide, behufs Herstellung eines reinen Massebestandes und Sicherung der Masse gegen etwanige Ansprüche Dritter auf die Erlassung eines landüblichen Proclams angetragen worden:

So werden von Obergerichtswegen in Deferirung dieser Bitte Alle und Jede, mit alleiniger Ausnahme etwaniger protocollirter Gläubiger, welche an den Nachlaß des am 24. Aug. d. J. in Heide verstorbenen Postmeisters, Justizrath Christian August Johannsen Ansprüche und Forderungen irgend welcher Art, insbesondere aus den von dem Verstorbenen als Postmeister geführten Amtsgeschäften, machen zu können vermeinen, bei Strafe des Ausschlusses und des ewigen Stillschweigens, hiedurch aufgefordert und befehligt, diese ihre Forderungen und Ansprüche innerhalb 12 Wochen, vom Tage der letzten Bekanntmachung des Proclams angerechnet, unter Wahrnehmung des Rechtserforderlichen sowohl hinsichtlich der zu bestellenden Procuratur als der vorzuzeigenden Originaldocumente, bei dem Kanzelei- und Obergerichtssecretair von Prangen hieselbst gehörig anzumelden.

Wornach sich zu achten.

Urkundlich unterm vorgedruckten größeren Gerichts-Insiegel. Gegeben im Königl. Holsteinischen Obergericht zu Glückstadt, den 18. October 1862.

(L. S.) *v. Schirach.* *Henrici.*

v. Prangen.

№ 2.

Erste Bekanntmachung.

Von Gerichtswegen.

Da die Ehefrau des Johann Claus Hinr. Seemann, Catharina, geb. Meyer, in Fedderingen gestorben ist und unmündige Kinder zu ihrem Nachlaß als Erben concurriren, der Ehemann derselben aber den Nachlaß seiner genannten Ehefrau zur gerichtlichen Regulirung verstellt hat: so ergehet auf Instanz des Herrn Kirchspielvogts Meßner in Hemmingstedt an die nichtprotocollirten Gläubiger und Pfandinhaber der gedachten Verstorbenen hiemit der Befehl, ihre Ansprüche, wie auch Pfänder, bei Verlust derselben, binnen 12 Wochen, nach der letzten Bekanntmachung dieses Proclams, Auswärtige nach vorher bestellter Actenprocuratur, in der Kirchspielschreiberei zu Hemstedt anzugeben, demnächst aber das Weitere zu gewärtigen.

Königl. Süderdithmarscher Landvogtei zu Meldorf, den 14. October 1862.

(L. S.) *Müllenhoff.*

Zur Beglaubigung: Fabricius.

№ 3.

Erste Bekanntmachung.

Wenn zufolge geschehener Anzeige nachbenannte nichtprotocollirte Schuldscheine der hiesigen Spar- und Leihkasse verloren gegangen sind und daher von Betreffenden auf Erlassung eines Mortificationsproclams angetragen worden ist, so werden in Deferirung dieser Bitte Alle und Jede, welche Ansprüche an folgende Documente, als:

1) einen Sparkassenschein Nr. 5845 vom 2. Juli 1842, ausgestellt an Claus Sievers in Ellerdorf und Johann Butenschön in Nortorf, als Vormünder für Claus Hinrich Schumann über 75 ℔ v. Cour., jetzt 40 ℛ R.-M.;
2) einen Sparkassenschein Nr. 6307 vom 1. April 1843, groß 50 ℔ v. Cour., jetzt 26 ℛ 64 ß R.-M.; Creditor Arbeitsmann Jacob Schmidt in Rendsburg;
3) einen do. Nr. 9469 vom 10. April 1847, groß 100 ℔ v. Cour., jetzt 53 ℛ 32 ß R.-M.; Creditrix Fräulein Wilhelmine von Kühle;
4) einen do. vom 11. Dec. 1847, Nr. 9989, groß 25 ℔ v. Cour., jetzt 13 ℛ 32 ß R.-M.; Creditrix Dorothea Sophie Wilhelmine Goldbeck in Rendsburg;
5) einen do. Nr. 11,977 vom 7. Juni 1851, groß 50 ℔ v. Cour., jetzt 26 ℛ 64 ß R.-M.; Creditrix Julie Franziska Reiff in Rendsburg;
6) einen do. Nr. 13,166 vom 4. Dec. 1852 über 300 ℔ v. Cour., jetzt 160 ℛ R.-M.; Creditor Vogt Hinrich Dohrn zu Steinwehr;
7) einen do. Nr. 14,062 vom 26. Nov. 1853, groß 50 ℔ v. Cour., jetzt 26 ℛ 64 ß R.-M.; Creditor Johann Pahl, Dienstknecht in Osterrönnfeldt;
8) einen do. Nr. 16,803 vom 16. Mai 1857, groß 160 ℛ R.-M.; Creditor Trainkutscher Christian Diedrich Suhr in Rendsburg;
9) einen do. Nr. 17,682 vom 22. Mai 1858, groß 160 ℛ R.-M.; derselbe Creditor;
10) einen do. Nr. 18,468 vom 7. Mai 1859, groß 150 ℛ R.-M.; derselbe Creditor;
11) einen do. Nr. 18,469, groß 53 ℛ 32 ß R.-M., vom 7. Mai 1859; derselbe Creditor,

zu haben vermeinen, mit alleiniger Ausnahme der vorbenannten Creditoren, hiemit aufgefordert und angewiesen, solche ihre etwanigen Ansprüche, bei Verlust derselben und bei Vermeidung der Mortificirung der vorgenannten Documente, binnen 12 Wochen, von der letzten Bekanntmachung dieses Proclams, im städtischen Actuariate hieselbst, Auswärtige unter Procuraturbestellung, gehörig anzumelden.

Rendsburg, den 14. October 1862.

(L. S. / C.) Der Magistrat.

№ 4.

Erste Bekanntmachung.

Auf den Antrag Beikommender werden Alle und Jede, mit alleiniger Ausnahme der protocollirten Gläubiger, welche

A. an nachbenannte Grundstücke und die davon zu trennenden Landflächen, als:

1) an die halbe Hufe Nr. 42 des Hans Göttsch in Wisch und an die von der dazu gehörigen Koppel „Riebberg" abzulegenden 2 Spint Saat Landes;

2) an die halbe Hufe Nr. 12 des Hans Asmus Lamp in Crumbeck und die davon zu trennende alte Abschiedskathe c. p. nebst Garten;

3) an die Hufe Nr. 1 des Bauervogts Marx Göttsch in Crumbeck und das auf der dazu gehörigen Koppel „Wurth" erbauete und davon zu trennende Haus nebst Garten;

B. an nachbenannte verkaufte Grundstücke, als:

1) das Haus Nr. 377 des Hans Christian Friedrich Lill in Preetz;

2) das Haus Nr. 276 des Schlachters Heinrich Christian Friedrich Weinlandt in Preetz,

aus irgend einem Grunde dingliche Forderungen und Ansprüche zu haben glauben, gegen die Trennung der sub **A** 1 bis 3 gedachten Grundstücke Einsprüche erheben und bei Einrichtung der neuen Folien für selbige im Schuld- und Pfandprotocolle berücksichtigt werden wollen, hiedurch aufgefordert und befehligt, sich damit, resp. bei Strafe der Ausschließung, der Nichtberücksichtigung und des Verlustes ihres Einspruchsrechtes, innerhalb 12 Wochen, von der letzten Bekanntmachung dieses Proclams angerechnet, ordnungsmäßig auf hiesiger Klosterschreiberei zu melden und ihre Gerechtsame wahrzunehmen.

Klösterliche Obrigkeit zu Preetz, den 20. October 1862. *C. v. Qualen.*

№ 5.

Erste Bekanntmachung.

Wenn auf geschehene Insolvenzerklärung über die Habe und Güter des hiesigen Bürgers und Schneidermeisters Johann Friedrich Schriewer, unter Vorbehalt der Einreden der Gläubiger, Concurs erkannt ist, so werden Alle und Jede, mit Ausnahme der protocollirten Gläubiger, welche an die Concursmasse, namentlich an das hieselbst Quart. 4 Nr. 42 belegene Wohnhaus cum pert. dingliche oder persönliche Ansprüche oder Forderungen zu haben vermeinen oder Pfänder von dem Cridar besitzen, hiedurch befehligt, sich damit, bei Strafe der Ausschließung, resp. des Verlustes der Ansprüche und Pfandrechte, Auswärtige unter Bestellung von Actenprocuratoren, innerhalb 12 Wochen, vom Tage der letzten Bekanntmachung dieses Proclams angerechnet, im hiesigen Stadtsecretariat zu melden, die ihre Gerechtsame begründenden Documente in Original zu produciren und in beglaubigter Abschrift zurückzulassen.

Decretum Segeberg, **in curia**, den 20. October 1862.

(L. S.) Bürgermeister und Rath.

№ 6.

Erste Bekanntmachung.

Wenn auf Andringen eines protocollirten Gläubigers der öffentliche Verkauf des dem Färber Friedrich Brügmann zu Sülfeld gehörigen Wohnhauses c. p. erkannt worden, so werden Alle und Jede, welche nicht protocollirte dingliche Rechte, Forderungen und Ansprüche an dieses Grundstück zu haben vermeinen, solche seien von welcher Art und rühren her, aus welchem Grunde sie wollen, bei Strafe der Ausschließung, hiemittelst gerichtsseitig aufgefordert, sich innerhalb 12 Wochen, vom Tage der letzten Bekanntmachung dieses Proclams angerechnet, hieselbst anzugeben, die etwanigen Belege ihrer Angaben ur- und abschriftlich einzuliefern und, wenn sie Auswärtige sind, zugleich Actenprocuratur unter Vorsteler Gerichtsbarkeit zu bestellen.

Decretum Ahrensburg, im Justitiariat des adel. Guts Vorstel, den 22. October 1862.

Huss.

№ 7.

Dritte und letzte Bekanntmachung.

Extr. des Procl. des 41sten Stücks № 2.

Alle und Jede, welche an den von dem Gastwirth Claus Sothmann verkauften, im Haart in Neumünster belegenen, mit Nr. 49 im Brandcataster bezeichneten Grundbesitz nebst Kaufländereien dingliche nichtprotocollirte Ansprüche und Forderungen zu haben vermeinen, müssen sich damit innerhalb 12 Wochen, von der letzten Bekanntmachung dieses Proclams angerechnet, bei Strafe des Verlustes derselben, auf dem hiesigen Königl. Actuariat, unter Beobachtung des Erforderlichen, melden.

Königl. Amthaus zu Neumünster, den 29. September 1862.

v. Stemann.

In fidem: **O. Rantzau**, const.

Beilage
zum 44. Stück der Holsteinischen Anzeigen.

Montag den 3. November 1862.

Dinggerichts-Termine im Amte Rendsburg.

Für die Kirchspiele Hohenwestedt und Nortorf Montag den 15. December d. J. resp. Vormittags 10 Uhr und Mittags 12 Uhr.

Für die Kirchspiele Schenefeldt und Kellinghusen Mittwoch den 17. December d. J. resp. Vormittags 11 Uhr und Nachmittags 1 Uhr.

Zur Beglaubigung: **Brenning.**

Bekanntmachungen.

№ 1.

Auf Antrag des hiesigen Bürgers und Fuhrmanns Peter Siems, welcher wegen Altersschwäche seine Angelegenheiten selbst zu besorgen sich nicht mehr im Stande fühlt, ist demselben der hiesige Bürger und Zimmermeister Claus Block als Curator für Person und Vermögen bestellt worden. Es können demnach den Peter Siems betreffende Rechtsgeschäfte nur mit dessen gedachtem Curator, Claus Block, rechtsgültig eingegangen werden; welches hiedurch bekannt gemacht wird.

Wilster, den 21. October 1862.

Der Magistrat.
In fidem: **Rebhoff.**

№ 2.

In der Nacht vom 8./9. d. M. sind auf dem Meierhofe Blomenath mittelst Einsteigens nachbezeichnete Silber- und Goldsachen, dem Pächter Roggenbau gehörig, entwendet worden:

2 silberne Potagelöffel, der eine inwendig vergoldet,
14 do. Eßlöffel, ohne Namen,
2 do. do. auf der Rückseite des Stiels C. M. punctirt,
2 do. do. J. M. punctirt,
6 do. Theelöffel W. K. punctirt,
12 do. do. S. R. 1860 punctirt,
11 do. do. R. punctirt,
1 do. Fischlöffel mit Perlmutterstiel. Auf der Schaufel eingravirt das Bild „der Heirathsantrag auf Helgoland".
1 silbernes Butter- und 1 do. Käsemesser mit Perlmutterstiel,
1 Zuckerzange,
1 Paar Messer und Gabel mit silbernem Griff,
2 silberne Salzschaufeln, inwendig vergoldet,
1 goldener Halsschmuck, Kette mit 2 Troddeln,
1 do. do. von in Gold eingefaßten Granaten, wahrscheinlich S. L. gezeichnet.

Die resp. Gerichts- und Polizeibehörden werden ersucht, auf diese Gegenstände vigiliren, solche nebst dem etwa verdächtigen Inhaber im Falle der Betretung anhalten und davon der unterzeichneten Behörde Anzeige machen zu wollen.

Segeberg, im Justitiariat der Güter Seedorf und Hornsterf, den 15. October 1862.

Esmarch.

Proclamata.

№ 1.

Erste Bekanntmachung.

Von Gerichtswegen

wird auf Anhalten der Königlichen Kirchspielvogtei zu Albersdorf, als beikommender Erbregulirungsbehörde, Allen und Jeden, welche an den wegen Concurrenz eines unmündigen Miterben der gerichtlichen Behandlung unterzogenen geringfügigen Nachlaß des mit Tode abgegangenen Dienstknechts Hans Peters, weil. in Tennsbüttel, nichtprotocollirte Ansprüche oder Pfandrechte zu haben vermeinen, in Gemäßheit Rescripts des Königlichen Obergerichts zu Glückstadt vom 22. August d. J. hiedurch aufgegeben, dieselben innerhalb 6 Wochen, von der letzten Bekanntmachung dieses Proclams angerechnet, Auswärtige nach vorgängig bestellter Actenprocuratur, in der Königlichen Kirchspielschreiberei zu Albersdorf, und zwar bei Verlust ihrer Forderungen und Pfandrechte, gehörig anzugeben.

Wornach sich zu achten.

Königl. Süderdithmarscher Landvogtei zu Meldorf, den 22. October 1862.

(L. S.) *Müllenhoff.*

Zur Beglaubigung: **Fabricius.**

№ 2.

Erste Bekanntmachung.

Von Gerichtswegen.

Da die Nachlaßmasse des verstorbenen Maurers August Fleischer in Marne wegen Vorhandenseins abwesender Erben der gerichtlichen Behandlung hat unterzogen werden müssen, so ergehet auf Anhalten der

Königl. Kirchspielvogtei zu Marne, als beikommender Erbregulirungsbehörde, an Alle, welche an die gedachte Nachlaßmasse nichtprotocollirte Ansprüche zu haben vermeinen, hiedurch der Befehl, dieselben innerhalb 12 Wochen, von der letzten Bekanntmachung dieses Proclams angerechnet, Auswärtige nach vorgängig bestellter Actenprocuratur, in der Königl. Kirchspielschreiberei zu Marne, und zwar bei Verlust ihrer Forderungen und etwanigen Pfandrechte, gehörig anzugeben.

Zugleich wird die angeblich nach Amerika ausgewanderte Tochter des defuncti, die Ehefrau Marie Friederike Hargen, geb. Fleischer, hiedurch aufgefordert und geladen, binnen gleicher Frist entweder persönlich oder per mandatarium ihre Erbgerechtsame an den gedachten Nachlaß in der Königl. Kirchspielschreiberei zu Marne gehörig wahrzunehmen, im Widrigen es mit dem ihr zufallenden Erbtheil nach der Verordnung vom 9. November 1798 verhalten und die Anordnung einer Curatel vorgenommen werden würde.

Wornach sich zu achten.

Königl. Süderdithmarscher Landvogtei zu Meldorf, den 24. October 1862.

(L. S.) *Müllenhoff.*

Zur Beglaubigung: **Fabricius.**

№ 3.

Erste Bekanntmachung.

Alle und Jede, mit Ausnahme der protocollirten Gläubiger, welche an die von dem bisherigen Parcelisten zu Rethwischfeld Hans Jochim Friedrich Mett an die Armencommüne des Amtes Rethwisch, Kirchspiels Oldesloe, verkaufte Rethwischer Parcelenstelle Ansprüche und Forderungen zu haben vermeinen, werden auf Anhalten Beikommender hiedurch aufgefordert und befehligt, sich damit, bei Verlust derselben, innerhalb 12 Wochen, von der letzten Bekanntmachung angerechnet, auf der Königl. Rethwischer Amtstube zu melden, die ihre Forderungen begründenden Documente im Original zu produciren und beglaubigte Abschriften beim Angabeprotocoll zurückzulassen, wobei Auswärtige gehörige Actenprocuratur zu bestellen haben.

Königl. Rethwischer Amthaus zu Traventhal, den 17. October 1862.

G. Grothusen.

In fidem: **E. v. Colditz.**

№ 4.

Zweite Bekanntmachung.

Wenn von dem Fleckensbürger A. N. Stammer in Heide, als Güterpfleger der Nachlaßmasse des Postmeisters, Justizrath Johannsen, weil. in Heide, behufs Herstellung eines reinen Massebestandes und Sicherung der Masse gegen etwanige Ansprüche Dritter auf die Erlassung eines landüblichen Proclams angetragen worden:

So werden von Obergerichtswegen in Deferirung dieser Bitte Alle und Jede, mit alleiniger Ausnahme etwaniger protocollirter Gläubiger, welche an den Nachlaß des am 24. Aug. d. J. in Heide verstorbenen Postmeisters, Justizrath Christian August Johannsen Ansprüche und Forderungen irgend welcher Art, insbesondere aus den von dem Verstorbenen als Postmeister geführten Amtsgeschäften, machen zu können vermeinen, bei Strafe des Ausschlusses und des ewigen Stillschweigens, hiedurch aufgefordert und befehligt, diese ihre Forderungen und Ansprüche innerhalb 12 Wochen, vom Tage der letzten Bekanntmachung des Proclams angerechnet, unter Wahrnehmung des Rechtserforderlichen sowohl hinsichtlich der zu bestellenden Procuratur als der vorzuzeigenden Originaldocumente, bei dem Kanzelei- und Obergerichtssecretair von Prangen hieselbst gehörig anzumelden.

Wornach sich zu achten.

Urkundlich unterm vorgedruckten größeren Gerichts-Insiegel. Gegeben im Königl. Holsteinischen Obergericht zu Glückstadt, den 18. October 1862.

(L. S.) *v. Schirach.* *Henrici.*

v. Prangen.

№ 5.

Zweite Bekanntmachung.

Auf den Antrag Beikommender werden Alle und Jede, mit alleiniger Ausnahme der protocollirten Gläubiger, welche

A. an nachbenannte Grundstücke und die davon zu trennenden Landflächen, als:
   1) an die halbe Hufe Nr. 42 des Hans Göttsch in Wisch und an die von der dazu gehörigen Koppel „Riebberg" abzulegenden 2 Spint Saat Landes;
   2) an die halbe Hufe Nr. 12 des Hans Asmus Lamp in Crumbeck und die daven zu trennende alte Abschiedskathe c. p. nebst Garten;
   3) an die Hufe Nr. 1 des Bauervogts Marx Göttsch in Crumbeck und das auf der dazu gehörigen Koppel „Wurth" erbauete und davon zu trennende Haus nebst Garten;

B. an nachbenannte verkaufte Grundstücke, als:
   1) das Haus Nr. 377 des Hans Christian Friedrich Lill in Preetz;
   2) das Haus Nr. 276 des Schlachters Heinrich Christian Friedrich Weinlandt in Preetz,

aus irgend einem Grunde dingliche Forderungen und Ansprüche zu haben glauben, gegen die Trennung der sub A 1 bis 3 gedachten Grundstücke Einsprüche erheben und bei Einrichtung der neuen Folien für selbige im Schuld- und Pfandprotocolle berücksichtigt werden wollen, hiedurch aufgefordert und befehligt, sich damit, resp. bei Strafe der Ausschließung, der Nichtberücksichtigung und des Verlustes ihres Einspruchsrechtes, innerhalb 12 Wochen, von der letzten Bekanntmachung dieses Proclams angerechnet, ordungsmäßig auf hiesiger Klosterschreiberei zu melden nd ihre Gerechtsame wahrzunehmen.

Klösterliche Obrigkeit zu Preetz, den 20. October 862. *C. v. Qualen.*

№ 6.

Zweite Bekanntmachung.

Nachdem über die Habe und Güter des Hofesitzers Bernhard Wilhelm Johann Gottfried Simonis zu Heuerstubben unterm 9. d. M. der Concurs er Gläubiger für Recht erkannt ist, werden hiedurch Alle und Jede, mit Ausnahme der protocollirten Creditoren, welche an denselben, jetzt dessen Concursmasse, Forderungen und Ansprüche zu haben vermeinen, aufgefordert und befehligt, diese ihre vermeintlichen Ansprüche, bei Strafe der Ausschließung von der Masse und des ewigen Stillschweigens, innerhalb 12 Wochen, von der letzten Bekanntmachung dieses Proclams angerechnet, im Ahrensböcker Actuariat zu Plön anzumelden. Auswärtige haben Actenprocuratur zu bestellen.

Zugleich wird hiedurch bekannt gemacht, daß das unterm 20. August d. J. über den Grundbesitz des Tridars erlassene Subhastationsproclam, so wie der auf den 25. d. M. anberaumte betreffende Verkaufstermin hiedurch wegfällig werden.

Königliches Ahrensböcker Amthaus zu Plön, den 14. October 1862. *W. C. v. Levetzau.*

In fidem: **Feldmann**, const.

№ 7.

Zweite Bekanntmachung.

Alle und Jede, welche an nachfolgende wegen Unbekanntschaft oder Abwesenheit der Erben in gerichtliche Behandlung genommene geringfügige Nachlaßmassen:

1) den Nachlaß der Wittwe des wail. Claus Hinr. Krohn in Kummerfeld, Namens Anna Margaretha, geb. Maack, gestorben den 10. August 1861,
2) den Nachlaß des am 5. März 1862 in Schulau unverehelicht verstorbenen Eduard Ruben Hein aus Hamburg,
3) den Nachlaß der am 2. Januar 1862 in Pinneberg kinderlos verstorbenen Wittwe des wailand Häuerlings Hans Michael Krohn, Namens Wiebke, geb. Brillon,

Erb- oder sonstige Ansprüche und Forderungen zu haben vermeinen, müssen solche innerhalb 12 Wochen, vom Tage der letzten Bekanntmachung dieses Proclams angerechnet, sub pœna præclusi, im Actuariate des Gerichts rechtsbehörig anmelden, Auswärtige unter Bestellung eines Actenprocurators.

Pinneberger Concurs- und Erbtheilungsgericht, den 11. October 1862.

Wommelsdorff-Friedrichsen. *H. A. Tetens.*

Mohrdiek.

№ 8.

Zweite Bekanntmachung.

Extr. des Procl. des 42sten Stücks № 1.

Nichtprotocollirte Forderungen und Ansprüche an nachstehende unter gerichtliche Behandlung genommene Erbmassen, als:

1) die geringfügige Masse der wailand Eheleute Oelrich Hanssen und Hedde, geb. Busch, auf dem St. Michaelisdonn,
2) an die geringfügige Masse der wail. Eheleute Jürgen Hinrich Christopher Brandt und Anna Elsabea, geb. Rohde, ebendaselbst,

so wie etwanige Pfandgerechtsame an diese Massen sind, sub pœna præclusi, innerhalb 12 Wochen, vom Tage der letzten Bekanntmachung dieses Proclams angerechnet, in der Königlichen Kirchspielschreiberei zu Marne rechtsgehörig anzugeben.

B. G. W.

Meldorf, den 9. October 1862.

Zur Beglaubigung: **Fabricius.**

№ 9.

Zweite Bekanntmachung.

Extr. des Procl. des 42sten Stücks № 3.

Alle dinglichen Ansprüche, mit Ausnahme der protocollirten, an die Stellen resp. des Anbauers Hans Hinr. Peper zu Treuholz und des Halbhufners Hans Hinr. Friedr. Backmann in Pölitz sind, bei Verlust derselben, innerhalb 12 Wochen, nach der letzten Bekanntmachung dieses Proclams, resp. auf der Königl. Amtstube zu Rethwisch und im comb. adel. Gutsgericht für Pölitz zu Oldesloe ordnungsmäßig anzumelden.

Gegeben Königliches Rethwischer Amthaus zu Traventhal und im comb. adeligen Gutsgerichte für Pölitz 2c. zu Oldesloe, den 25. September 1862.

Grothusen. *E. v. Colditz.*

In fidem: **E. v. Colditz.**

№ 10.

Zweite Bekanntmachung.

Extr. des Procl. des 42sten Stücks № 4.

Mit alleiniger Ausnahme der protocollirten Creditoren müssen sich Alle und Jede, welche aus irgend einem Grunde Forderungen und Ansprüche an den Eingesessenen Kaufmann Johann Bielenberg in Elmshorn oder dessen daselbst belegenes Wohnhaus c. p. zu haben vermeinen oder Pfänder von ihm besitzen, damit, bei Strafe resp. des Ausschlusses von dieser Concursmasse und des Verlustes ihrer Pfandrechte, binnen 12 Wochen, vom Tage der letzten Bekanntmachung dieses Proclams angerechnet, bei dem unterzeichneten Gerichte rechtsbehörig zu melden.

Königl. Administratur zu Ranzau, den 11. Octbr. 1862.

A. v. Moltke.

№ 11.

Zweite Bekanntmachung.

Extr. des Procl. des 42sten Stücks № 5.

Alle und Jede, welche an die Nachlaßmasse des weil. Gottlieb Heinrich Laage in Niendorf Ansprüche und Forderungen irgend einer Art zu haben vermeinen, müssen solche innerhalb 12 Wochen, vom Tage der letzten Bekanntmachung dieses Proclams, welches event. zugleich als Concursproclam gilt, angerechnet, im Actuariate des Gerichts, sub pœna praeclusi, anmelden.

Pinneberger Concurs- und Erbtheilungsgericht, den 9. October 1862.

Vommelsdorff-Friedrichsen. *H. A. Tetens.*

Mohrdiek.

№ 12.

Zweite Bekanntmachung.

Extr. des Procl. des 43sten Stücks № 5.

Alle und Jede, mit Ausnahme der protocollirten Gläubiger, welche dingliche oder persönliche Forderungen und Ansprüche an die Concursmasse des hiesigen Bürgers und Schneidermeisters Johann Friedrich Schriewer, namentlich an das hieselbst Qu. 4 Nr. 42 belegene Haus cum pert. haben oder Pfänder von dem Cridar besitzen, müssen sich damit, bei Strafe der Ausschließung, resp. des Verlustes der Ansprüche und Pfandrechte, innerhalb 12 Wochen, nach der letzten Bekanntmachung dieses Proclams, im hiesigen Stadtsecretariat rechtsbehörig melden.

Decretum Segeberg, **in curia**, den 20. October 1862.

(L. S.) Bürgermeister und Rath.

№ 13.

Zweite Bekanntmachung.

Extr. des Procl. des 43sten Stücks № 6.

Nichtprotocollirte dingliche Rechte, Forderungen und Ansprüche an das Wohnhaus c. pert. des Färbers Friedrich Brügmann zu Sülfeld sind, bei Vermeidung der Ausschließung, binnen 12 Wochen ordnungsmäßig hieselbst anzugeben.

Decretum Ahrensburg, im Justitiariat des adel. Guts Borstel, den 22. October 1862.

Huss.

№ 14.

Dritte und letzte Bekanntmachung.

Von Gerichtswegen

werden auf Antrag des Herrn Kirchspielvogts Hedde in Hennstedt und, nachdem zur Regulirung der betreffenden Concursmasse das Creditrecht ertheilt worden ist, die Creditoren des Buchbinders W. Osthoff in Hennstedt, jedoch mit gesetzlicher Ausnahme der protocollirten, hiemittelst geladen, alle ihnen gegen den Cridar W. Osthoff in Hennstedt zustehenden Ansprüche und Forderungen (und zwar die Auswärtigen nach bestellter Actenprocuratur) in der Kirchspielschreiberei zu Hennstedt innerhalb 12 Wochen, von dem Tage der letzten Bekanntmachung dieses Proclams, gehörig anzugeben und verzeichnen zu lassen, mit dem Bemerken, daß sie im Widrigen von dieser Masse werden ausgeschlossen werden.

Wornach sich zu achten.

Königl. Norderdithmarsische Landvogtei zu Heide, den 2. October 1862.

Hansen.

In fidem: **Scholtz.**

Für richtige Abschrift: **Hansen,**
Kirchspielschreiber.

№ 15.

Dritte und letzte Bekanntmachung.

Wenn der Hufner Friedrich Adolph Heick in Homfeld, Klosters Itzehoe, seine daselbst belegene Hufe an den Zimmermeister Johann Wulff in Neumünster eigenthümlich überlassen und demselben ein reines Professionsprotocoll zu liefern versprochen hat, so werden, mit Ausnahme der protocollirten Gläubiger, Alle und Jede, welche an die zu Homfeld belegene Hufe des Friedrich Adolph Heick hypothecarische oder sonstige dingliche Ansprüche zu haben vermeinen, hiedurch aufgefordert und befehligt, diese Ansprüche, bei Strafe des Verlustes derselben, binnen 12 Wochen, vom Tage der letzten Bekanntmachung dieses Proclams angerechnet, bei dem Klösterlichen Protocolle in Itzehoe anzugeben, die ihre Ansprüche begründenden Documente im Original zu produciren, beglaubigte Abschriften derselben zurückzulassen und, insofern sie Auswärtige sind, Procuratoren zu den Acten zu bestellen.

Itzehoe, den 6. October 1862.

Klösterliche Obrigkeit.

№ 16.

Dritte und letzte Bekanntmachung.

Extr. des Procl. des 41sten Stücks № 3.

Alle und Jede, mit Ausnahme der protocollirten Gläubiger, welche dingliche oder persönliche Ansprüche und Forderungen an die Concursmasse des hiesigen Bürgers und Musikus Johann Christian Ludwig Hattendorf, namentlich an das hieselbst Quartier III Nr. 49 belegene Wohnhaus c. p. haben, oder Pfänder von dem Cridar besitzen, müssen sich damit, bei Strafe der Ausschließung resp. des Verlustes der Ansprüche und Pfandrechte, innerhalb 12 Wochen, nach der letzten Bekanntmachung dieses Proclams, im Stadtsecretariat rechtsbehörig melden.

Decretum Segeberg, **in Curia**, den 8. Oct. 1862.

(L. S.) Bürgermeister und Rath.

Beilage
zum 45. Stück der Holsteinischen Anzeigen.

Montag den 10. November 1862.

Bekanntmachung des Königl. Finanzministeriums, betreffend die Einberufung gewisser Staatsobligationen zur Umtauschung.

Kraft der dem Finanzministerio durch das Gesetz vom 31. März 1858, betreffend die Einberufung und Umtauschung älterer zur gemeinschaftlichen inländischen Staatsschuld der Monarchie gehöriger Staatsobligationen u. a. m., ertheilten Ermächtigung werden hierdurch folgende in dänischer Sprache ausgestellte 4 pCt. Zinsen tragende Staatsobligationen zur Einsendung an das Finanzministerium vor dem 15. Februar 1863 einberufen, um gegen neue beständig auf Inhaber lautende Obligationen mit Coupons umgetauscht oder, insofern es verlangt werden sollte, in die zufolge Bekanntmachung des Finanzministeriums vom 20. September 1859 eingerichteten Einschreibebücher aufgenommen zu werden, nämlich:

1) die unterm 17. Februar 1777, 1. November 1782 oder 11. Mai 1791 ausgestellten Obligationen, welche früher zum 11. Juni für ein Jahr verzinset wurden;
2) die unterm 11. December 1784 ausgestellten Obligationen (Canal-Obligationen);
3) die unterm 31. März 1796 ausgestellten Obligationen (Westindische Schuld-Liquidations-Obligationen);
4) die unterm 11. December 1801 ausgestellten Obligationen;
5) und 6) die unterm 31. December 1815 oder 23. März 1833 ausgestellten Obligationen (Königliche Annuitäts-Obligationen und Brandversicherungs-Annuitäts-Obligationen).

Die Verzinsung der einberufenen Obligationen hört vom 11. December 1862 an auf.

Hinsichtlich des Verfahrens, welches beim Umtausch der Obligationen zu befolgen ist, wird auf die Bekanntmachung des Finanzministeriums vom 22. September 1859 verwiesen.

Nicht einberufene Obligationen können gleichfalls durch die öffentlichen Kassen außerhalb Kopenhagens zur Umtauschung gegen Coupons-Obligationen eingesandt werden, doch nur, wenn solches in Verbindung mit einer oder mehreren einberufenen Obligationen geschieht. Zur Einschreibung können sämmtliche unaufkündbare 4 pCt. oder geringere Zinsen tragende Staatsobligationen durch die Kassen eingesandt werden, ohne daß einberufene Obligationen mitzufolgen brauchen. Diejenigen Obligationen, deren Zinsentermine durch die Bekanntmachung des Finanzministeriums vom 17. April 1861 verändert worden, können auch zur Umtauschung gegen Coupons-Obligationen durch die Kassen eingesandt werden, ohne daß einberufene Obligationen mitzufolgen brauchen.

Kopenhagen, den 28. October 1862.

Fenger.

J. A. Hasselberg.

Bekanntmachung.

Auf Antrag des hiesigen Bürgers und Fuhrmanns Peter Siems, welcher wegen Altersschwäche seine Angelegenheiten selbst zu besorgen sich nicht mehr im Stande fühlt, ist demselben der hiesige Bürger und Zimmermeister Claus Block als Curator für Person und Vermögen bestellt worden. Es können demnach den Peter Siems betreffende Rechtsgeschäfte nur mit dessen gedachtem Curator, Claus Block, rechtsgültig eingegangen werden; welches hiedurch bekannt gemacht wird.

Wilster, den 21. October 1862.

Der Magistrat.

In fidem: Rehhoff.

Steckbriefe.

№ 1.

Der im Verbrecherverzeichniß des 1. Semesters 1849 sub Nr. 88 aufgeführte, so weit thunlich unten signalisirte Johann Friedr. Ernst Hohlfeldt aus Vierbergen ist des in der Nacht vom 8./9. v. M. auf dem Meierhofe Blomenath, Guts Seedorf, verübten Diebstahls von Silberzeug und Goldsachen dringend verdächtig und daher der unterzeichneten Behörde an seiner Habhaftwerdung gelegen.

Die resp. Gerichts- und Polizeibehörden des In- und Auslandes werden ersucht, auf diesen Verbrecher vigiliren, denselben im Betretungsfalle arretiren und dem unterzeichneten Justitiariate behufs der Abholung unter Kostenerstattung Anzeige machen zu wollen.

Segeberg, im Justitiariat der Güter Seedorf und Hornstorf, den 1. November 1862.

Esmarch.

Signalement:

Johann Friedr. Ernst Hohlfeldt, geboren zu Bierbergen, Guts Ahrensburg, den 20. Februar 1831, genannt der „Wandsbecker Junge", schlanker Statur, hat ein ovales Gesicht, braunes Haar, freie Stirn und blaue Augen.

№ 2.

Wenn der hierunter soweit thunlich bezeichnete Johann Friedrich Ohlsen aus Gronenberg im Amte Ahrensböck mehrerer resp. im hiesigen Amte und anderweitig verübten Diebstähle dringend verdächtig geworden, so werden alle Behörden ersucht, auf diesen bereits mehrfach bestraften Verbrecher vigiliren, denselben im Betretungsfalle arretiren und dem Amthause behufs der Abholung gegen Kostenerstattung eine Nachricht zukommen zu lassen.

Da Ohlsen sich im Besitz einer gestohlenen zweigehäusigen silbernen Taschenuhr befinden soll, so wird bei eventueller Arretirung desselben diese der besonderen Aufmerksamkeit der Behörden empfohlen.

Segeberger Königl. Amthaus, den 2. Nov. 1862.

H. F. Jacobsen.

Signalement:

Johann Friedrich Ohlsen aus Gronenberg, Amts Ahrensböck, Tagelöhner, 41 Jahr alt, von mittlerer Statur, hat dunkelbraunes Haar, braune Augen, freie Stirn, ovales Gesicht, kleine Ohren und gesunde Gesichtsfarbe.

Edictal-Citationes.

№ 1.

Auf Antrag der Ehefrau Pauline Albertine Laura Meyer, geb. Falck, c. cur., Klägerin, wird deren Ehemann, der Schiffszimmermann Johann Hinr. Meyer, Beklagten, welcher, wie vorgestellt, im Januar 1853 nach Australien ausgewandert ist und seit mehr als zwei Jahre keine Nachricht über sich und seinen Aufenthalt gegeben hat, hiemit peremtorisch geladen und befehligt, am bevorstehenden Dienstag den 20. Janr. künftigen Jahres, Vormittags 11 Uhr, vor dem alsdann in hiesiger Probstei versammelten Consistorium zu erscheinen, zu vernehmen, was Klägerin wegen Ehescheidung wider ihn vorbringen wird, darauf zu antworten und Spruch Rechtens zu gewärtigen, mit der ausdrücklichen Verwarnung, daß im Falle seines Ausbleibens auf ferneren Antrag der Klägerin in contumaciam wider ihn erkannt werden wird, was den Rechten gemäß.

Wornach sich zu achten.

Gegeben Altona, im Königlichen Consistorio, den 20. October 1862.

v. Scheele. H. F. Nievert.

№ 2.

Wenn die Ehefrau Margaretha Lucie Maria Sievers, geb. Hellberg, c. cur., Klägerin, bei dem unterzeichneten Consistorium vorstellig gemacht, daß ihr Ehemann Christian Friedr. Sievers, Beklagter, im Herbst 1854 von hier fortgegangen sei und seit sieben Jahren weder über sich noch seinen Aufenthalt Nachricht gegeben habe und deshalb um Erlassung einer Edictalcitation an ihren genannten Ehemann gebeten hat, so wird in Stattgebung dieser Bitte der genannte Christian Friedr. Sievers hiemittelst peremtorisch geladen und befehligt, am bevorstehenden Dienstag den 20. Januar künftigen Jahres, Vormittags 11 Uhr, vor dem alsdann in hiesiger Probstei versammelten Consistorium zu erscheinen, zu vernehmen, was seine obgenannte Ehefrau wegen böslicher Verlassung und daher zu trennender Ehe wider ihn vorbringen werde, darauf zu antworten und Spruch Rechtens zu gewärtigen, mit der ausdrücklichen Verwarnung, daß im Ausbleibungsfalle auf ferneren Antrag der Klägerin in contumaciam den Rechten gemäß wider ihn werde erkannt werden.

Wornach sich zu achten.

Gegeben Altona, im Königlichen Consistorium, den 20. October 1862.

v. Scheele. H. F. Nievert.

№ 3.

Auf den bei dem unterzeichneten Consistorium gestellten Antrag der Ehefrau Margaretha Auguste Henriette Bergmann, geb. Petersen, cum cur. hieselbst, Klägerin, um Erlassung einer Edictalcitation an ihren Ehemann Theodor Heinrich Friedrich Bergmann, Beklagten, welcher vor ungefähr sechs Jahren heimlich und böslich sich von ihr entfernt und seit dieser Zeit keine Nachricht über sich und seinen Aufenthalt gegeben habe, wird letzterer hiemit peremtorisch geladen und befehligt, am Dienstage den 20. Januar künftigen Jahres, Vormittags 11 Uhr, vor dem alsdann in hiesiger Probstei versammelten Consistorium zu erscheinen, zu vernehmen, was seine genannte Ehefrau wegen böslicher Verlassung und daher zu trennender Ehe wider ihn vorbringen werde, darauf zu antworten und Spruch Rechtens zu gewärtigen, mit der ausdrücklichen Verwarnung, daß im Ausbleibungsfalle auf ferneren Antrag der Klägerin in contumaciam den Rechten gemäß wider ihn werde erkannt werden.

Wornach derselbe sich zu achten.

Gegeben Altona, im Königlichen Consistorium, den 20. October 1862.

v. Scheele. H. F. Nievert.

№ 4.

Auf den bei dem unterzeichneten Consistorium gestellten Antrag der Ehefrau Johanna Dorothea Elsabe Bergmann, geb. Hörmann, cum cur., Klägerin, um Erlassung einer Edictalcitation an ihren Ehemann Charles William David Bergmann, Beklagten, welcher sich im September 1860 heimlich von ihr entfernt und seit dieser Zeit keine Nachricht über sich und seinen Aufenthalt gegeben habe, wird letzterer hiemittelst peremtorisch geladen und befehligt, am Dienstag den 20. Januar künftigen Jahres, Vormittags 11 Uhr, vor dem alsdann in hiesiger Probstei versammelten Consistorium zu erscheinen, zu vernehmen, was seine vorgenannte Ehefrau wegen böslicher Verlassung und daher zu trennender Ehe wider ihn vorbringen werde, darauf zu antworten und Spruch Rechtens zu gewärtigen, mit der ausdrücklichen Verwarnung, daß im Ausbleibungsfalle auf ferneren Antrag der Klägerin in contumaciam den Rechten gemäß wider ihn werde erkannt werden.

Wornach sich zu achten!

Gegeben Altona, im Königlichen Consistorium, den 20. October 1862.

v. Scheele. *H. F. Nievert.*

№ 3.

Auf Antrag der Anna Helene Friedericke Petersen, geb. Nicklefffen, cum cur., Klägerin, wird deren Ehemann, der frühere hiesige Bürger und Friseur Christoph Heinrich Christian Petersen, Beklagten, welcher, wie vorgestellt, Anfangs Juni 1856 nach Süd-Australien ausgewandert ist und seit mehr als zwei Jahren keine Nachricht über sich und seinen Aufenthalt gegeben hat, hiemit peremtorisch geladen und befehligt, am bevorstehenden Dienstag den 20. Januar künftigen Jahres, Vormittags 11 Uhr, vor dem alsdann in hiesiger Probstei versammelten Consistorium zu erscheinen, zu vernehmen, was Klägerin wegen Ehescheidung gegen ihn vorbringen wird, darauf zu antworten und Spruch Rechtens zu gewärtigen, mit der ausdrücklichen Verwarnung, daß im Falle seines Ausbleibens auf ferneren Antrag der Klägerin in contumaciam wider ihn erkannt werden wird, was den Rechten gemäß.

Wornach sich zu achten.

Gegeben Altona, im Königlichen Consistorium, den 20. October 1862.

v. Scheele. *H. F. Nievert.*

Proclamata.

№ 1.

Erste Bekanntmachung.

Von Gerichtswegen

wird auf Anhalten der Königl. Kirchspielvogtei in Büsum als Erbregulirungsbehörde Allen und Jeden, welche an den wegen Concurrenz unmündiger Erben in gerichtliche Behandlung genommenen Nachlaß der verstorbenen Eheleute Johann Hinrich Kock und Martha, geb. Nehlsen, früher verwittwete Dethlefs, weil. am Westerdeichstrich, nichtprotocollirte dingliche Ansprüche und Forderungen irgend einer Art zu haben vermeinen, hiedurch mit Genehmigung des Königl. Holsteinischen Obergerichts aufgegeben, solche Ansprüche und Forderungen innerhalb 6 Wochen, von der letzten Bekanntmachung dieses Proclams angerechnet, bei Vermeidung der Ausschließung von der gedachten Erbmasse in der Kirchspielschreiberei zu Büsum, Auswärtige unter Bestellung der Actenprocuratur, gesetzmäßig anzugeben und verzeichnen zu lassen.

Königl. Norderdithmarsische Landvogtei zu Heide, den 22. October 1862.

Hansen.

In fidem: Scholtz.

Zur Beglaubigung der Abschrift: Niemand.

№ 2.

Erste Bekanntmachung.

Von Gerichtswegen

wird auf Anhalten der Königl. Kirchspielvogtei zu Büsum als Erbregulirungsbehörde allen denen, welche an den wegen Concurrenz unmündiger Erben in gerichtliche Behandlung genommenen Nachlaß des verstorbenen Hinrich Vollmer, weil. in Büsum, nichtprotocollirte Ansprüche und Forderungen irgend einer Art zu haben vermeinen, hiedurch aufgegeben, solche Ansprüche und Forderungen, bei Vermeidung der Ausschließung von der Erbmasse, innerhalb 12 Wochen, von der letzten Bekanntmachung dieses Proclams angerechnet, Auswärtige unter gehöriger Procuraturbestellung, in der Kirchspielschreiberei zu Büsum gesetzmäßig anzugeben und verzeichnen zu lassen.

Königl. Norderdithmarsische Landvogtei zu Heide, den 22. October 1862.

Hansen.

In fidem: Scholtz.

Zur Beglaubigung der Abschrift: Niemand.

№ 3.

Erste Bekanntmachung.

Von Gerichtswegen

wird auf Anhalten der Königl. Tellingstedter Kirchspielvogtei, als Concursregulirungsbehörde, Allen und Jeden, welche an die Ehefrau Elsabea Stieper, geb. Suhr, in Thielenhemme, über deren Habe und Güter, nach verstatteter cessio bonorum, definitiv Concurs erkannt, oder an die der Bonicedentin gehörende, annoch auf dem Namen ihres verstorbenen Vaters Marx Suhr in Thielenhemme stehende, daselbst belegene Landstelle nichtprotocollirte Forderungen und Ansprüche irgend welcher Art zu erheben haben, hiemittelst aufgegeben, solche ihre Forderungen und Ansprüche innerhalb 12 Wochen, von der letzten Bekanntmachung dieses Proclams angerechnet, Auswärtige nach bestellter Actenprocuratur, in der Tellingstedter Kirchspielschreiberei, sub pœna præclusi, ordnungsmäßig anzugeben und verzeichnen zu lassen.

Königl. Norderdithmarsische Landvogtei zu Heide, den 23. October 1862.

Hansen.

In fidem: Scholtz.

№ 4.

Erste Bekanntmachung.

Von Gerichtswegen

wird auf Anhalten des Güterpflegers A. Stammer in Heide den sämmtlichen nichtprotocollirten Gläubigern des Handelsmanns Jacob Nottelmann in Heide, über dessen Habe und Güter definitiv Concurs erkannt worden, hiedurch aufgegeben, ihre Forderungen und Ansprüche an den beregten Cridar, mögen selbige beruhen, worin sie wollen, innerhalb 12 Wochen, von der letzten Bekanntmachung dieses Proclams angerechnet, und zwar Auswärtige nach vorgängiger Procuraturbestellung, bei Vermeidung der Ausschließung von der Concursmasse, in der Kirchspielschreiberei zu Heide gesetzmäßig anzumelden und verzeichnen zu lassen.

Königl. Norderdithmarsische Landvogtei zu Heide, den 28. October 1862. *Hansen.*

In fidem: Scholtz.

Pro copia: Wiencke.

№ 5.

Erste Bekanntmachung.

Von Gerichtswegen

werden auf Ansuchen des Herrn Advocaten Müller hieselbst, als Curators des gerichtlich regulirten Nachlasses des früher in Ketelsbüttel, nachgehends in Meldorf domicilirten Maklers Karsten Arps und dessen gleichfalls verstorbenen Ehefrau Margaretha Elsabea Arps, früher verwittweten Karstens, gebornen Wahlke, sämmtliche nichtprotocollirte Gläubiger und Pfandinhaber der vorgenannten Karsten Arpsschen Eheleute hiedurch aufgefordert, bei Strafe der Präclusion und des ewigen Stillschweigens, oder resp. des Verlustes ihres Pfandrechts, innerhalb 12 Wochen, nach der letzten Bekanntmachung dieses Proclams, Auswärtige jedoch nach vorgängiger Bestellung der Actenprocuratur in diesem Gerichtsbezirk, ihre Ansprüche und Pfandstücke in der Königlichen Kirchspielschreiberei zu Meldorf gehörig anzugeben und demnächst weitere Verfügung zu gewärtigen.

Königl. Süderdithmarscher Landvogtei zu Meldorf, den 30. October 1862.

(L. S.) *Müllenhoff.*

Zur Beglaubigung: Fabricius.

№ 6.

Erste Bekanntmachung.

Von Gerichtswegen.

Da die Wittwe des Eingesessenen und Schiffers Peter Nanß in Burg, Wiebke, geb. Wilkens, seither mit ihren unmündigen Kindern in fortgesetzter Gütergemeinschaft gelebt, nunmehr aber eine rechtliche Abtheilung beantragt hat, so werden Alle und Jede, welche Forderungen an den Nachlaß des weiland Schiffers Peter Nanß in Burg zu haben vermeinen, hiedurch aufgefordert und befehligt: solche ihre Forderungen und etwanigen Pfandgerechtsame (mit Ausnahme der protocollirten) binnen 12 Wochen, vom Tage der letzten Bekanntmachung dieses Proclams angerechnet, bei Strafe des Ausschlusses und des Verlustes ihrer Rechte, in der Königl. Kirchspielschreiberei zu Burg gehörig, Auswärtige nach zuvor bestellter Actenprocuratur, anzugeben und verzeichnen zu lassen und demnach weitere Verfügungen zu gewärtigen.

Wornach sich zu achten.

Königl. Süderdithmarscher Landvogtei zu Meldorf, den 3. November 1862.

(L. S.) *Müllenhoff.*

Zur Beglaubigung: Fabricius.

№ 7.

Erste Bekanntmachung.

Von Gerichtswegen.

Nach dem im Jahre 1851 erfolgten Ableben des Harm Bösch auf dem Averlack, und nachdem jetzt auch dessen Wittwe Anna Magdalena Bösch, geb. Schütt, verstorben, ist es, wegen der zu dem gemeinschaftlichen Nachlasse dieser Verstorbenen concurrirenden unmündigen Enkel, nach dem im Jahre 1857 verstorbenen Sohne Johann Hinrich Bösch erforderlich, daß der Nachlaß der gedachten Eheleute Harm und Anna Magdalena Bösch gerichtlich berichtigt werde. — Gleicherweise ist es nothwendig, daß der Nachlaß des gedachten Johann Hinrich Bösch in Erdelack wegen Unmündigkeit seiner Erben der gerichtlichen Berichtigung unterzogen werde, und ergehet daher auf Instanz des Herrn Kirchspielvogts Neuber in Erdelack an die nichtprotocollirten Gläubiger und Pfandinhaber

nicht nur der gedachten Eheleute Harm Bösch und Magdalena Bösch, geb. Schütt,

sondern auch des Johann Hinr. Bösch, welcher früher in St. Margarethen gewohnt hat,

der Befehl, ihre resp. Forderungen und Pfänder, bei Verlust derselben, in 12 Wochen, nach der letzten Bekanntmachung dieses Proclams, Auswärtige nach vorgängiger Actenprocuratur, in der Königl. Kirchspielschreiberei zu Erdelack bei den resp. Professionsprotocollen anzumelden.

Wornach sich zu achten.

Königl. Süderdithmarscher Landvogtei zu Meldorf, den 5. November 1862.

(L. S.) *Müllenhoff.*

Zur Beglaubigung: Fabricius.

№ 8.

Erste Bekanntmachung.

Auf Ansuchen des Herrn Obersachwalters W. Castagne in Kiel wegen Einrichtung eines Folium für den demselben am 30. October 1862 verlassenen, am alten Wall zwischen dem Wohnhause des Consuls Lütken und dem Packhause des weil. Kaufmanns J. C. Steger belegenen Lagerplatz werden Alle, welche in Betreff des gedachten Lagerplatzes protocollationsfähige Ansprüche oder Einwendungen gegen die beantragte Einrichtung des Folium zu haben vermeinen, hierdurch, bei Strafe der Präclusion mit ihren Einwendungen und unter dem Präjudiz, daß die nicht angegebenen protocollationsfähigen Ansprüche bei der Einrichtung des Folium nicht werden berücksichtigt werden, aufgefordert, sich innerhalb 12 Wochen, vom Tage der letzten Bekanntmachung dieses Proclams angerechnet, im hiesigen Syndicat gehörig anzugeben, und zwar unter Bestellung der Procuratur, insofern die Profitenten Auswärtige sind.

Kiel, den 31. October 1862.

Der Magistrat.

In fidem: *G. F. Witte*, Syndicus.

№ 9.

Erste Bekanntmachung.

Wenn über die Habe und Güter des hiesigen Bürgers und Gastwirths Jochim Friedrich Bevensee unter Vorbehalt der Einreden der Gläubiger Concurs erkannt ist, so werden Alle und Jede, mit Ausnahme der protocollirten Gläubiger, welche an die Concursmasse, namentlich an das hieselbst Quart. II Nr. 13 belegene Wohnhaus c. pert., dingliche oder persönliche Ansprüche oder Forderungen zu haben vermeinen, oder Pfänder von dem Cridar besitzen, hiedurch befehligt, sich damit, bei Strafe der Ausschließung resp. des Verlustes der Ansprüche und Pfandrechte, Auswärtige unter Bestellung von Actenprocuratoren, innerhalb 12 Wochen, vom Tage der letzten Bekanntmachung dieses Proclams angerechnet, im hiesigen Stadtsecretariat zu melden und die ihre Gerechtsame begründenden Documente im Original zu produciren und in beglaubigter Abschrift zurückzulassen.

Decretum Segeberg, in Curia, den 6. Nov. 1862.

(L. S.) Bürgermeister und Rath.

№ 10.

Erste Bekanntmachung.

Da auf geschehene Insolvenzerklärung des hiesigen Bürgers und Fettwaarenhändlers Hinrich Vierth über die Habe und Güter desselben der Concurs der Gläubiger erkannt worden: so werden von Gerichtswegen Alle und Jede, welche an denselben oder dessen untenbezeichnetes Erbe aus irgend einem rechtlichen Grunde Ansprüche oder Forderungen zu haben vermeinen — mit alleiniger Ausnahme der protocollirten Gläubiger — bei Strafe der Ausschließung von der unter Concursbehandlung genommenen Masse, aufgefordert und befehligt, solche binnen 12 Wochen, nach der letzten Bekanntmachung dieses Proclams, im hiesigen ersten Stadtsecretariate, und spätestens am

16. Februar 1863,

als dem peremtorischen Angabetermine, im Obergericht hieselbst anzumelden, wobei die die Ansprüche begründenden Documente in Urschrift vorzuzeigen und in Abschrift zurückzulassen sind, Auswärtige auch wegen gehöriger Procuraturbestellung das Nöthige wahrzunehmen haben.

Zum öffentlichen Verkaufe des zu dieser Concursmasse gehörigen, an der Holstenstraße belegenen, mit Hans David Remstedt im Osten und Jacob Levin Oppenheim im Westen und Norden benachbarten Erbes, ist Termin auf

Montag den 15. December 1862,

anberaumt worden, an welchem Tage, Nachmittags 2 Uhr, die Kaufliebhaber im hiesigen Rathskeller sich einfinden und den Handel versuchen können.

Wornach Beikommende sich zu achten!

Altona, im Obergerichte, den 3. November 1862.

Ex Decreto Senatus.

№ 11.

Erste Bekanntmachung.

Da auf geschehene Insolvenzerklärung des hiesigen Bürgers und Grobbäckers Gerhard Friedrich Reich über die Habe und Güter desselben der Concurs der Gläubiger erkannt worden: so werden von Gerichtswegen Alle und Jede, welche an denselben oder dessen untenbezeichnetes Erbe aus irgend einem rechtlichen Grunde Ansprüche oder Forderungen zu haben vermeinen — mit alleiniger Ausnahme der protocollirten Gläubiger — bei Strafe der Ausschließung von der unter Concursbehandlung genommenen Masse, aufgefordert und befehligt, solche binnen 12 Wochen, nach der letzten Bekanntmachung dieses Proclams, im hiesigen ersten Stadtsecretariate und spätestens am

16. Februar 1863,

als dem peremtorischen Angabetermine, im Obergericht hieselbst anzumelden, wobei die die Ansprüche begründenden Documente in Urschrift vorzuzeigen und in Abschrift zurückzulassen sind, Auswärtige auch wegen gehöriger Procuraturbestellung das Nöthige wahrzunehmen haben.

Zum öffentlichen Verkaufe des zu dieser Concursmasse gehörigen, an der Hamburger Straße belegenen, mit Matthias Richters, Hans Hinr. Engelbrecht jun. und Hermann Engelbrecht im Nordosten, auch mit Letzterem im Osten und Stammann und Bieber im Süden und Westen benachbarten Erbes, ist Termin auf

Montag den 15. December 1862

anberaumt worden, an welchem Tage, Nachmittags 2 Uhr, die Kaufliebhaber im hiesigen Rathskeller sich einfinden und den Handel versuchen können.

Wornach Beikommende sich zu achten!

Altona, im Obergerichte, den 3. November 1862.

Ex Decreto Senatus.

№ 12.

Erste Bekanntmachung.

Der Herr Advocat Jessen, als gerichtlich bestellter Curator für die abwesende Maria Engel Elisabeth Ramcke, hat vorstellig gemacht, daß die zur beregten Masse gehörigen, auf den Namen der gedachten Abwesenden lautenden Documente, nämlich:

1) ein Schein der hiesigen General-Administration der den Unmündigen und Abwesenden gehörigen kleinen Geldposten vom 31. Dec. 1806 Nr. 261 über 85 ℔ 4 ß v. Cour.;

2) ein desgleichen vom 9. Novbr. 1807 Nr. 299 über 100 ℔ v. Cour.;

3) ein desgleichen Nr. 769 über mehrere resp. am 2. März 1831, 9. Febr. 1835 und 11. Octbr. 1838 belegte Summen, zusammen im Betrage von 130 ℔ v. Cour.;

4) ein desgleichen über im Juli 1842 belegte 64 ℔ 12 ß und am 26. Septbr. 1844 belegte 30 ℔, zusammen 94 ℔ 12 ß v. Cour.,

abhanden gekommen seien und behufs Mortificirung derselben um die Erlassung eines Proclams gebeten. Mit Beziehung hierauf werden Alle, welche an die obgedachten Capitaldocumente aus irgend einem rechtlichen Grunde Ansprüche zu haben vermeinen, bei Strafe der Ausschließung und des ewigen Stillschweigens, aufgefordert, solche binnen 12 Wochen, nach der letzten Bekanntmachung dieses Proclams, im hiesigen ersten Stadtsecretariate und spätestens am

16. Februar 1863,

als dem peremtorischen Angabe-Termine, im Obergerichte hieselbst anzumelden, wobei die die Ansprüche begründenden Documente in Urschrift vorzuzeigen und in Abschrift zurückzulassen sind, Auswärtige auch wegen gehöriger Procuratur-Bestellung das Nöthige wahrzunehmen haben.

Wornach Beikommende sich zu achten.

Altona, im Obergerichte, den 3. November 1862.

Ex Decreto Senatus.

№ 13.

Erste Bekanntmachung.

Da von dem Herrn Obergerichtsadvocaten Heldt, als gerichtlich bestellten Curator des Herrn Obergerichtsadvocaten Johann Heinrich Hermann Carstens, auf die Erlassung eines Proclams angetragen und solchem Antrage vom Magistrate stattgegeben ist: so werden von Gerichtswegen Alle und Jede, welche an den obgedachten Herrn Obergerichtsadvocaten Carstens aus irgend einem rechtlichen Grunde Ansprüche oder Forderungen zu haben vermeinen — mit alleiniger Ausnahme der protocollirten Gläubiger — hiedurch, bei Strafe der Ausschließung und des ewigen Stillschweigens, aufgefordert und befehligt, solche binnen 12 Wochen, nach der letzten Bekanntmachung dieses Proclams, im hiesigen ersten Stadtsecretariate und spätestens am

16. Februar 1863,

als dem peremtorischen Angabetermine, im Obergerichte hieselbst anzumelden, wobei die die Ansprüche begründenden Documente in Urschrift vorzuzeigen und in Abschrift zurückzulassen sind, Auswärtige auch wegen gehöriger Procuraturbestellung das Nöthige wahrzunehmen haben.

Wornach Beikommende sich zu achten.

Altona, im Obergerichte, den 3. November 1862.

Ex Decreto Senatus.

№ 14.

Erste Bekanntmachung.

Wenn auf geschehene Insolvenz-Erklärung des hiesigen Einwohners Heinrich F. Fey demselben auf sein Ansuchen die Rechtswohlthat der Güterabtretung bewilligt, und auf Andringen verschiedener Creditoren unterm 20. v. M. wider den hiesigen Einwohner Carl Hilmer jun. Concurs der Gläubiger, deren Einreden vorbehältlich, erkannt worden ist,

Werden Alle und Jede, welche an die geringfügigen Concursmassen

1) des Einwohners Carl Hilmer jun. in Wandsbeck,

2) des Zimmergesellen Heinrich F. Fey daselbst

aus irgend einem Grunde Ansprüche und Forderungen zu haben vermeinen, hiermittelst von Gerichtswegen aufgefordert, solche binnen 12 Wochen, vom Tage der letzten Bekanntmachung dieses Proclams angerechnet, und zwar bei Strafe der Ausschließung von der Masse, in dem unterzeichneten Justitiariate ordnungsmäßig anzumelden, die ihre Ansprüche begründenden Documente im Originale zu produciren und beglaubigte Abschriften davon bei den Acten zu belassen, auch, wofern sie Auswärtige, Actenprocuratoren hieselbst zu bestellen.

Decretum Wandsbecker Justitiariat bei Wandsbeck, den 31. October 1862.

Reimers.

№ 15.

Zweite Bekanntmachung.

Alle und Jede, mit Ausnahme der protocollirten Gläubiger, welche an die von dem bisherigen Parcelisten zu Rethwischfeld Hans Jochim Friedrich Mett an die Armencommüne des Amtes Rethwisch, Kirchspiels Oldesloe, verkaufte Rethwischer Parcelenstelle Ansprüche und Forderungen zu haben vermeinen, werden auf Anhalten Beikommender hiedurch aufgefordert und befehligt, sich damit, bei Verlust derselben, innerhalb 12 Wochen, von der letzten Bekanntmachung angerechnet, auf der Königl. Rethwischer Amtstube zu melden, die ihre Forderungen begründenden Documente im Original zu produciren und beglaubigte Abschriften beim Angabeprotocoll zurückzulassen, wobei Auswärtige gehörige Actenprocuratur zu bestellen haben.

Königl. Rethwischer Amthaus zu Traventhal, den 17. October 1862. *G. Grothusen.*

In fidem: E. v. Colditz.

№ 16.

Zweite Bekanntmachung.

Extr. des Procl. des 43sten Stücks № 2.

Nichtprotocollirte Forderungen und Ansprüche an den in gerichtliche Behandlung genommenen Nachlaß der weil. Ehefrau des Johann Claus Hinrich Seemann, Catharina, geb. Meyer, in Feddringen, so wie Pfandstücke aus diesem Nachlasse, sind innerhalb 12 Wochen, vom Tage der letzten Bekanntmachung dieses

Proclams angerechnet, bei Vermeidung des Verlustes der Rechte, in der Kirchspielschreiberei zu Henstedt rechtsbehörig anzugeben.

B. G. W.

Meldorf, den 11. October 1862.

Zur Beglaubigung: **Fabricius.**

№ 17.

Zweite Bekanntmachung.

Extr. des Procl. des 43sten Stücks № 3.

Alle etwanigen Ansprüche an die in dem Proclam vom 14. d. M. näher angegebenen verloren gegangenen, folgende Nummern tragenden Schuldscheine der Rendsburger Spar- und Leihkasse, als Nr. 5815, 6307, 9469, 9989, 11,977, 13,166, 14,062, 16,803, 17,682, 18,468 und 18,469, mit Ausnahme der Rechte der dort namentlich angegebenen Gläubiger, müssen, bei Verlust derselben und bei Vermeidung der Mortificirung der Documente, binnen 12 Wochen, von der letzten Bekanntmachung dieses Proclams, von Auswärtigen unter Procuraturbestellung, im städtischen Actuariate hieselbst gehörig angemeldet werden.

Rendsburg, den 14. October 1862.

(L.S. C.) Der Magistrat.

№ 18.

Dritte und letzte Bekanntmachung.

Wenn von dem Fleckensbürger A. N. Stammer in Heide, als Güterpfleger der Nachlaßmasse des Postmeisters, Justizrath Johannsen, weil. in Heide, behufs Herstellung eines reinen Massebestandes und Sicherung der Masse gegen etwanige Ansprüche Dritter auf die Erlassung eines landüblichen Proclams angetragen worden:

So werden von Obergerichtswegen in Deferirung dieser Bitte Alle und Jede, mit alleiniger Ausnahme etwaniger protocollirter Gläubiger, welche an den Nachlaß des am 24. Aug. d. J. in Heide verstorbenen Postmeisters, Justizrath Christian August Johannsen Ansprüche und Forderungen irgend welcher Art, insbesondere aus den von dem Verstorbenen als Postmeister geführten Amtsgeschäften, machen zu können vermeinen, bei Strafe des Ausschlusses und des ewigen Stillschweigens, hiedurch aufgefordert und befehligt, diese ihre Forderungen und Ansprüche innerhalb 12 Wochen, vom Tage der letzten Bekanntmachung des Proclams angerechnet, unter Wahrnehmung des Rechtserforderlichen sowohl hinsichtlich der zu bestellenden Procuratur als der vorzuzeigenden Originaldocumente, bei dem Kanzelei- und Obergerichtssecretair von Prangen hieselbst gehörig anzumelden.

Wornach sich zu achten.

Urkundlich unterm vorgedruckten größeren Gerichts-Insiegel. Gegeben im Königl. Holsteinischen Obergericht zu Glückstadt, den 18. October 1862.

(L. S.) *v. Schirach.* *Henrici.*

v. Prangen.

№ 19.

Dritte und letzte Bekanntmachung.

Auf den Antrag Beikommender werden Alle und Jede, mit alleiniger Ausnahme der protocollirten Gläubiger, welche

A. an nachbenannte Grundstücke und die davon zu trennenden Landflächen, als:
   1) an die halbe Hufe Nr. 42 des Hans Göttsch in Wisch und an die von der dazu gehörigen Koppel „Riebberg" abzulegenden 2 Spint Saat Landes;
   2) an die halbe Hufe Nr. 12 des Hans Asmus Lamp in Crumbeck und die davon zu trennende alte Abschiedskathe c. p. nebst Garten;
   3) an die Hufe Nr. 1 des Bauervogts Marx Göttsch in Crumbeck und das auf der dazu gehörigen Koppel „Wurth" erbauete und davon zu trennende Haus nebst Garten;

B. an nachbenannte verkaufte Grundstücke, als:
   1) das Haus Nr. 377 des Hans Christian Friedrich Lill in Preetz;
   2) das Haus Nr. 276 des Schlachters Heinrich Christian Friedrich Weinlandt in Preetz,

aus irgend einem Grunde dingliche Forderungen und Ansprüche zu haben glauben, gegen die Trennung der sub A 1 bis 3 gedachten Grundstücke Einsprüche erheben und bei Einrichtung der neuen Folien für selbige im Schuld- und Pfandprotocolle berücksichtigt werden wollen, hiedurch aufgefordert und befehligt, sich damit, resp. bei Strafe der Ausschließung, der Nichtberücksichtigung und des Verlustes ihres Einspruchsrechtes, innerhalb 12 Wochen, von der letzten Bekanntmachung dieses Proclams angerechnet, ordnungsmäßig auf hiesiger Klosterschreiberei zu melden und ihre Gerechtsame wahrzunehmen.

Klösterliche Obrigkeit zu Preetz, den 20. October 1862. *C. v. Qualen.*

№ 20.

Dritte und letzte Bekanntmachung.

Nachdem über die Habe und Güter des Hofbesitzers Bernhard Wilhelm Johann Gottfried Simonis zu Heuerstubben unterm 9. d. M. der Concurs der Gläubiger für Recht erkannt ist, werden hiedurch Alle und Jede, mit Ausnahme der protocollirten Creditoren, welche an denselben, jetzt dessen Concursmasse, Forderungen und Ansprüche zu haben vermeinen, aufgefordert und befehligt, diese ihre vermeintlichen Ansprüche, bei Strafe der Ausschließung von der Masse und des ewigen Stillschweigens, innerhalb 12 Wochen, von der letzten Bekanntmachung dieses Proclams angerechnet, im Ahrensböcker Actuariat zu Plön anzumelden. Auswärtige haben Actenprocuratur zu bestellen.

Zugleich wird hiedurch bekannt gemacht, daß das unterm 20. August d. J. über den Grundbesitz des Cridars erlassene Subhastationsproclam, so wie der auf den 25. d. M. anberaumte betreffende Verkaufstermin hiedurch wegfällig werden.

Königliches Ahrensböcker Amthaus zu Plön, den 14. October 1862. *W. C. v. Levetzau.*

In fidem: **Feldmann, const.**

№ 21.

Dritte und letzte Bekanntmachung.

Alle und Jede, welche an nachfolgende wegen Unbekanntschaft oder Abwesenheit der Erben in gerichtliche Behandlung genommene geringfügige Nachlaßmassen:

1) den Nachlaß der Wittwe des weil. Claus Hinr. Krohn in Kummerfeld, Namens Anna Margaretha, geb. Maack, gestorben den 10. August 1861,
2) den Nachlaß des am 5. März 1862 in Schulau unverehelicht verstorbenen Eduard Ruben Hein aus Hamburg,
3) den Nachlaß der am 2. Januar 1862 in Pinneberg kinderlos verstorbenen Wittwe des weiland Häuerlings Hans Michael Krohn, Namens Wiebke, geb. Brillon,

Erb- oder sonstige Ansprüche und Forderungen zu haben vermeinen, müssen solche innerhalb 12 Wochen, vom Tage der letzten Bekanntmachung dieses Proclams angerechnet, sub pœna præclusi, im Actuariate des Gerichts rechtsbehörig anmelden, Auswärtige unter Bestellung eines Actenprocurators.

Pinneberger Concurs- und Erbtheilungsgericht, den 11. October 1862.

Wommelsdorff-Friedrichsen. *H. A. Tetens.*

Mohrdiek.

№ 22.

Dritte und letzte Bekanntmachung.

Extr. des Procl. des 42sten Stücks № 1.

Nichtprotocollirte Forderungen und Ansprüche an nachstehende unter gerichtliche Behandlung genommene Erbmassen, als:

1) die geringfügige Masse der weiland Eheleute Detrich Hanssen und Hedcke, geb. Busch, auf dem St. Michaelisdonn,
2) an die geringfügige Masse der weil. Eheleute Jürgen Hinrich Christopher Brandt und Anna Elsabea, geb. Rohde, ebendaselbst,

so wie etwanige Pfandgerechtsame an diese Massen sind, sub pœna præclusi, innerhalb 12 Wochen, vom Tage der letzten Bekanntmachung dieses Proclams angerechnet, in der Königlichen Kirchspielschreiberei zu Marne rechtsgehörig anzugeben.

B. G. W.

Meldorf, den 9. October 1862.

Zur Beglaubigung: **Fabricius.**

№ 23.

Dritte und letzte Bekanntmachung.

Extr. des Procl. des 42sten Stücks № 3.

Alle dinglichen Ansprüche, mit Ausnahme der protocollirten, an die Stellen resp. des Anbauers Hans Hinr. Peper zu Treuholz und des Halbhufners Hans Hinr. Friedr. Barckmann in Pölitz sind, bei Verlust derselben, innerhalb 12 Wochen, nach der letzten Bekanntmachung dieses Proclams, resp. auf der Königl. Amtstube zu Rethwisch und im comb. adel. Gutsgericht für Pölitz zu Oldesloe ordnungsmäßig anzumelden.

Gegeben Königliches Rethwischer Amthaus zu Traventhal und im comb. adeligen Gutsgerichte für Pölitz rc. zu Oldesloe, den 25. September 1862.

Grothusen. *E. v. Colditz.*

In fidem: **E. v. Colditz.**

№ 24.

Dritte und letzte Bekanntmachung.

Extr. des Procl. des 42sten Stücks № 4.

Mit alleiniger Ausnahme der protocollirten Creditoren müssen sich Alle und Jede, welche aus irgend einem Grunde Forderungen und Ansprüche an den Eingesessenen Kaufmann Johann Bielenberg in Elmshorn oder dessen daselbst belegenes Wohnhaus c. p. zu haben vermeinen oder Pfänder von ihm besitzen, damit, bei Strafe resp. des Ausschlusses von dieser Concursmasse und des Verlustes ihrer Pfandrechte, binnen 12 Wochen, vom Tage der letzten Bekanntmachung dieses Proclams angerechnet, bei dem unterzeichneten Gerichte rechtsbehörig zu melden.

Königl. Administratur zu Ranzau, den 11. Octbr. 1862.

A. v. Moltke.

№ 25.

Dritte und letzte Bekanntmachung.

Extr. des Procl. des 42sten Stücks № 5.

Alle und Jede, welche an die Nachlaßmasse des weil. Gottlieb Heinrich Laage in Niendorf Ansprüche und Forderungen irgend einer Art zu haben vermeinen, müssen solche innerhalb 12 Wochen, vom Tage der letzten Bekanntmachung dieses Proclams, welches eveut. zugleich als Concursproclam gilt, angerechnet, im Actuariate des Gerichts, sub pœna præclusi, anmelden.

Pinneberger Concurs- und Erbtheilungsgericht, den 9. October 1862.

Wommelsdorff-Friedrichsen. *H. A. Tetens.*

Mohrdiek.

Beilage
zum 46. Stück der Holsteinischen Anzeigen.

Montag den 17. November 1862.

Bekanntmachung des Königl. Finanzministeriums, betreffend die Einberufung gewisser Staatsobligationen zur Umtauschung.

Kraft der dem Finanzministerio durch das Gesetz vom 31. März 1858, betreffend die Einberufung und Umtauschung älterer zur gemeinschaftlichen inländischen Staatsschuld der Monarchie gehöriger Staatsobligationen u. a. m., ertheilten Ermächtigung werden hierdurch folgende in dänischer Sprache ausgestellte 4 pCt. Zinsen tragende Staatsobligationen zur Einsendung an das Finanzministerium vor dem 15. Februar 1863 einberufen, um gegen neue beständig auf Inhaber lautende Obligationen mit Coupons umgetauscht oder, insofern es verlangt werden sollte, in die zufolge Bekanntmachung des Finanzministeriums vom 20. September 1859 eingerichteten Einschreibebücher aufgenommen zu werden, nämlich:

1) die unterm 17. Februar 1777, 1. November 1782 oder 11. Mai 1791 ausgestellten Obligationen, welche früher zum 11. Juni für ein Jahr verzinset wurden;
2) die unterm 11. December 1784 ausgestellten Obligationen (Canal-Obligationen);
3) die unterm 31. März 1796 ausgestellten Obligationen (Westindische Schuld-Liquidations-Obligationen);
4) die unterm 11. December 1801 ausgestellten Obligationen;
5) und 6) die unterm 31. December 1813 oder 23. März 1833 ausgestellten Obligationen (Königliche Annuitäts-Obligationen und Brandversicherungs-Annuitäts-Obligationen).

Die Verzinsung der einberufenen Obligationen hört vom 11. December 1862 an auf.

Hinsichtlich des Verfahrens, welches beim Umtausch der Obligationen zu befolgen ist, wird auf die Bekanntmachung des Finanzministeriums vom 22. September 1859 verwiesen.

Nicht einberufene Obligationen können gleichfalls durch die öffentlichen Kassen außerhalb Kopenhagens zur Umtauschung gegen Coupons-Obligationen eingesandt werden, doch nur, wenn solches in Verbindung mit einer oder mehreren einberufenen Obligationen geschieht. Zur Einschreibung können sämmtliche unaufkündbare 4 pCt. oder geringere Zinsen tragende Staatsobligationen durch die Kassen eingesandt werden, ohne daß einberufene Obligationen mitzufolgen brauchen. Diejenigen Obligationen, deren Zinsentermine durch die Bekanntmachung des Finanzministeriums vom 17. April 1861 verändert worden, können auch zur Umtauschung gegen Coupons-Obligationen durch die Kassen eingesandt werden, ohne daß einberufene Obligationen mitzufolgen brauchen.

Kopenhagen, den 28. October 1862.

Fenger.

J. A. Hasselberg.

Testaments-Publication.

Zur Publication des bei dem hiesigen Magistratsgerichte deponirten Testaments der weiland Wittwe Elisabeth Ruser, geb. Wittrock, in Heiligenhafen ist Termin

auf Freitag den 12. December d. J., Morgens 10 Uhr, auf dem hiesigen Rathhause

angesetzt; welches Beikommenden zur Nachricht und Wahrnehmung ihrer Gerechtsame hiedurch zur öffentlichen Kunde gebracht wird.

Heiligenhafen, den 10. November 1862.

Der Magistrat.

Helmcke.

Testaments-Publication.

Das am 20. August d. J. im hiesigen Gerichte von den Eheleuten, Anbauer Jochim Hinrich Langeloh und Anna Margaretha Catharina, geb. Stehr, in Hinschenfelde gemeinschaftlich errichtete Testament soll nach dem Ableben des Ersteren

am 3. December d. J., Mittags 1 Uhr,

in dem hiesigen Gerichte publicirt werden, was für Beikommende hiedurch bekannt gemacht wird.

Decretum Wandsbecker Justitiariat bei Wandsbeck, den 8. November 1862.

Reimers.

Testaments-Publication.

Zur Publication des in gerichtlichem Verwahrsam befindlichen Testaments des am 16. v. M. verstorbenen Altentheilers Otto Lohse in Alveslohe ist Termin auf Mittwoch den 3. December d. J., Vormittags 10 Uhr, angesetzt; welches für Beikommende hiedurch mit dem Hinzufügen bekannt gemacht wird, daß sie sich zur Wahrnehmung ihrer Gerechtsame an dem gedachten Tage im Gerichtshause zu Caden einzufinden haben.

Altona, im Justitiariate des adel. Gutes Caden, den 14. November 1862.

J. C. Hilmers.

Bekanntmachung.

Ein wegen Legitimationslosigkeit hieselbst angehaltener Mensch, angeblich Namens August Schwarz, hat ausgesagt, daß seine Mutter, Namens Marie Schwarz, geb. Weiß, mit einem im Anfange d. J. von der Polizeibehörde in Straßburg ausgefertigten Passe versehen sei, in welchem gleichfalls der Arrestat und seine ca. 18jährige Schwester Auguste Schwarz legitimirt seien, so wie daß die gedachten Frauenspersonen vor ca. 4 Wochen gleichzeitig mit dem Arrestaten bei Lübeck die Landesgränze überschritten und sich am 31. v. M. in der Nähe des Dorfes Stocksee, Amts Plön, von ihm getrennt hätten.

Es ergeht an alle Polizeibehörden, welche über die oberwähnten Personen irgend welche Auskunft zu ertheilen vermögen, das dienstergebene Ersuchen, desfallsige Nachrichten baldthunlichst hierher gelangen zu lassen, so wie die Ehefrau M. Schwarz im Betretungsfalle anhalten und event. mittelst Zwangspasses gefällig hierher dirigiren zu wollen.

Königl. Amthaus zu Neumünster, den 12. November 1862.

v. Stemann.

Steckbriefe.

№ 1.

Der im Verbrecherverzeichniß des 1. Semesters 1849 sub Nr. 88 aufgeführte, so weit thunlich unten signalisirte Johann Friedr. Ernst Hohlfeldt aus Bierbergen ist des in der Nacht vom 8./9. v. M. auf dem Meierhofe Blomenath, Guts Seedorf, verübten Diebstahls von Silberzeug und Goldsachen dringend verdächtig und daher der unterzeichneten Behörde an seiner Habhaftwerdung gelegen.

Die resp. Gerichts- und Polizeibehörden des In- und Auslandes werden ersucht, auf diesen Verbrecher vigiliren, denselben im Betretungsfalle arretiren und dem unterzeichneten Justitiariate behufs der Abholung unter Kostenerstattung Anzeige machen zu wollen.

Segeberg, im Justitiariat der Güter Seedorf und Hornstorf, den 1. November 1862.

Esmarch.

Signalement:

Johann Friedr. Ernst Hohlfeldt, geboren zu Bierbergen, Guts Ahrensburg, den 20. Februar 1831, genannt der „Wandsbecker Junge", schlanker Statur, hat ein ovales Gesicht, braunes Haar, freie Stirn und blaue Augen.

№ 2.

Wenn der hierunter soweit thunlich bezeichnete Johann Friedrich Ohlsen aus Gronenberg im Amte Ahrensböck mehrerer resp. im hiesigen Amte und anderweitig verübten Diebstähle dringend verdächtig geworden, so werden alle Behörden ersucht, auf diesen bereits mehrfach bestraften Verbrecher vigiliren, denselben im Betretungsfalle arretiren und dem Amthause behufs der Abholung gegen Kostenerstattung eine Nachricht zukommen zu lassen.

Da Ohlsen sich im Besitz einer gestohlenen zweigehäusigen silbernen Taschenuhr befinden soll, so wird bei eventueller Arretirung desselben diese der besonderen Aufmerksamkeit der Behörden empfohlen.

Segeberger Königl. Amthaus, den 2. Nov. 1862.

H. F. Jacobsen.

Signalement:

Johann Friedrich Ohlsen aus Gronenberg, Amts Ahrensböck, Tagelöhner, 41 Jahr alt, von mittlerer Statur, hat dunkelbraunes Haar, braune Augen, freie Stirn, ovales Gesicht, kleine Ohren und gesunde Gesichtsfarbe.

Edictal-Citationes.

№ 1.

Auf Antrag der Ehefrau Pauline Albertine Laura Meyer, geb. Falck, c. cur., Klägerin, wird deren Ehemann, der Schiffszimmermann Johann Hinr. Meyer, Beklagten, welcher, wie vorgestellt, im Januar 1853 nach Australien ausgewandert ist und seit mehr als zwei Jahre keine Nachricht über sich und seinen Aufenthalt gegeben hat, hiemit peremtorisch geladen und befehligt, am bevorstehenden Dienstag den 20. Janr. künftigen Jahres, Vormittags 11 Uhr, vor dem alsdann in hiesiger Probstei versammelten Consistorium zu erscheinen, zu vernehmen, was Klägerin wegen Ehescheidung wider ihn vorbringen wird, darauf zu antworten und Spruch Rechtens zu gewärtigen, mit der ausdrücklichen Verwarnung, daß im Falle seines Ausbleibens auf ferneren Antrag der Klägerin in contumaciam wider ihn erkannt werden wird, was den Rechten gemäß.

Wornach sich zu achten.

Gegeben Altona, im Königlichen Consistorio, den 20. October 1862.

v. Scheele. *H. F. Nievert.*

№ 2.

Wenn die Ehefrau Margaretha Lucie Maria Sievers, geb. Hellberg, c. cur., Klägerin, bei dem unterzeichneten Consistorium vorstellig gemacht, daß ihr Ehemann Christian Friedr. Sievers, Beklagter, im Herbst 1854 von hier fortgegangen sei und seit sieben Jahren weder über sich noch seinen Aufenthalt Nachricht gegeben habe und deshalb um Erlassung einer Edictalcitation an ihren genannten Ehemann gebeten hat, so wird in Stattgebung dieser Bitte der genannte Christian Friedr. Sievers hiemittelst peremtorisch geladen und befehligt, am bevorstehenden Dienstag den 20. Januar künftigen Jahres, Vormittags 11 Uhr, vor dem alsdann in hiesiger Probstei versammelten Consistorium zu erscheinen, zu vernehmen, was seine obgenannte Ehefrau wegen böslicher Verlassung und daher zu trennender Ehe wider ihn vorbringen werde, darauf zu antworten und Spruch Rechtens zu gewärtigen, mit der ausdrücklichen Verwarnung, daß im Ausbleibungsfalle auf ferneren Antrag der Klägerin in contumaciam den Rechten gemäß wider ihn werde erkannt werden.

Wornach sich zu achten.

Gegeben Altona, im Königlichen Consistorium, den 20. October 1862.

v. Scheele. H. F. Nievert.

№ 3.

Auf den bei dem unterzeichneten Consistorium gestellten Antrag der Ehefrau Margaretha Auguste Henriette Bergmann, geb. Petersen, cum cur. hieselbst, Klägerin, um Erlassung einer Edictalcitation an ihren Ehemann Theodor Heinrich Friedrich Bergmann, Beklagten, welcher vor ungefähr sechs Jahren heimlich und böslich sich von ihr entfernt und seit dieser Zeit keine Nachricht über sich und seinen Aufenthalt gegeben habe, wird letzterer hiemit peremtorisch geladen und befehligt, am Dienstage den 20. Januar künftigen Jahres, Vormittags 11 Uhr, vor dem alsdann in hiesiger Probstei versammelten Consistorium zu erscheinen, zu vernehmen, was seine genannte Ehefrau wegen böslicher Verlassung und daher zu trennender Ehe wider ihn vorbringen werde, darauf zu antworten und Spruch Rechtens zu gewärtigen, mit der ausdrücklichen Verwarnung, daß im Ausbleibungsfalle auf ferneren Antrag der Klägerin in contumaciam den Rechten gemäß wider ihn werde erkannt werden.

Wornach derselbe sich zu achten.

Gegeben Altona, im Königlichen Consistorium, den 20. October 1862.

v. Scheele. H. F. Nievert.

№ 4.

Auf den bei dem unterzeichneten Consistorium gestellten Antrag der Ehefrau Johanna Dorothea Elsabe Bergmann, geb. Hörmann, cum cur., Klägerin, um Erlassung einer Edictalcitation an ihren Ehemann Charles William David Bergmann, Beklagten, welcher sich im September 1860 heimlich von ihr entfernt und seit dieser Zeit keine Nachricht über sich und seinen Aufenthalt gegeben habe, wird letzterer hiemittelst peremtorisch geladen und befehligt, am Dienstag den 20. Januar künftigen Jahres, Vormittags 11 Uhr, vor dem alsdann in hiesiger Probstei versammelten Consistorium zu erscheinen, zu vernehmen, was seine vorgenannte Ehefrau wegen böslicher Verlassung und daher zu trennender Ehe wider ihn vorbringen werde, darauf zu antworten und Spruch Rechtens zu gewärtigen, mit der ausdrücklichen Verwarnung, daß im Ausbleibungsfalle auf ferneren Antrag der Klägerin in contumaciam den Rechten gemäß wider ihn werde erkannt werden.

Wornach sich zu achten!

Gegeben Altona, im Königlichen Consistorium, den 20. October 1862.

v. Scheele. H. F. Nievert.

№ 5.

Auf Antrag der Anna Helene Friedericke Petersen, geb. Rickleffsen, cum cur., Klägerin, wird deren Ehemann, der frühere hiesige Bürger und Friseur Christoph Heinrich Christian Petersen, Beklagten, welcher, wie vorgestellt, Anfangs Juni 1856 nach Süd-Australien ausgewandert ist und seit mehr als zwei Jahren keine Nachricht über sich und seinen Aufenthalt gegeben hat, hiemit peremtorisch geladen und befehligt, am bevorstehenden Dienstag den 20. Januar künftigen Jahres, Vormittags 11 Uhr, vor dem alsdann in hiesiger Probstei versammelten Consistorium zu erscheinen, zu vernehmen, was Klägerin wegen Ehescheidung gegen ihn vorbringen wird, darauf zu antworten und Spruch Rechtens zu gewärtigen, mit der ausdrücklichen Verwarnung, daß im Falle seines Ausbleibens auf ferneren Antrag der Klägerin in contumaciam wider ihn erkannt werden wird, was den Rechten gemäß.

Wornach sich zu achten.

Gegeben Altona, im Königlichen Consistorium, den 20. October 1862.

v. Scheele. H. F. Nievert.

Proclamata.

№ 1.

Erste Bekanntmachung.

Wenn der Nachlaß der hieselbst verstorbenen Wittwe Elisabeth Ruser, geb. Wittrock, der gerichtlichen Behandlung hat unterzogen werden müssen, so werden, mit alleiniger Ausnahme der etwanigen Protocollgläubiger, Alle und Jede, welche an solchen Nachlaß Ansprüche und Forderungen irgend welcher Art machen zu können vermeinen, bei Strafe des Ausschlusses und des ewigen Stillschweigens, hiedurch aufgefordert und befehligt, diese ihre Forderungen und Ansprüche innerhalb 12 Wochen, vom Tage der letzten Bekanntmachung dieses angerechnet, unter Beobachtung des Rechtserforderlichen, im hiesigen Stadtsecretariat gehörig anzumelden.

Decretum Heiligenhafen, **in Curia,** den 10. November 1862.

Der Magistrat.
Helmcke.

№ 2.

Zweite Bekanntmachung.

Von Gerichtswegen

wird auf Anhalten der Königl. Kirchspielvogtei in Büsum als Erbregulirungsbehörde Allen und Jeden, welche an den wegen Concurrenz unmündiger Erben in gerichtliche Behandlung genommenen Nachlaß der verstorbenen Eheleute Johann Hinrich Kock und Martha, geb. Nehlsen, früher verwittwete Detlefs, weil. am Westerdeichstrich, nichtprotocollirte dingliche Ansprüche und Forderungen irgend einer Art zu haben vermeinen, hiedurch mit Genehmigung des Königl. Holsteinischen Obergerichts aufgegeben, solche Ansprüche und Forderungen innerhalb 6 Wochen, von der letzten Bekanntmachung dieses Proclams angerechnet, bei Vermeidung der Ausschließung von der gedachten Erbmasse in der Kirchspielschreiberei zu Büsum, Auswärtige unter Bestellung der Actenprocuratur, gesetzmäßig anzugeben und verzeichnen zu lassen.

Königl. Norderdithmarsische Landvogtei zu Heide, den 22. October 1862. *Hansen.*

In fidem: **Scholtz.**

Zur Beglaubigung der Abschrift: **Niemand.**

№ 3.

Zweite Bekanntmachung.

Von Gerichtswegen

wird auf Anhalten der Königl. Kirchspielvogtei zu Büsum als Erbregulirungsbehörde allen denen, welche an den wegen Concurrenz unmündiger Erben in gerichtliche Behandlung genommenen Nachlaß des verstorbenen Hinrich Vollmer, weil. in Büsum, nichtprotocollirte Ansprüche und Forderungen irgend einer Art zu haben vermeinen, hiedurch aufgegeben, solche Ansprüche und Forderungen, bei Vermeidung der Ausschließung von der Erbmasse, innerhalb 12 Wochen, von der letzten Bekanntmachung dieses Proclams angerechnet, Auswärtige unter gehöriger Procuraturbestellung, in der Kirchspielschreiberei zu Büsum gesetzmäßig anzugeben und verzeichnen zu lassen.

Königl. Norderdithmarsische Landvogtei zu Heide, den 22. October 1862. *Hansen.*

In fidem: **Scholtz.**

Zur Beglaubigung der Abschrift: **Niemand.**

№ 4.

Zweite Bekanntmachung.

Von Gerichtswegen

wird auf Anhalten des Güterpflegers A. Stammer in Heide den sämmtlichen nichtprotocollirten Gläubigern des Handelsmanns Jacob Nottelmann in Heide, über dessen Habe und Güter definitiv Concurs erkannt worden, hiedurch aufgegeben, ihre Forderungen und Ansprüche an den beregten Cridar, mögen selbige beruhen, worin sie wollen, innerhalb 12 Wochen, von der letzten Bekanntmachung dieses Proclams angerechnet, und zwar Auswärtige nach vorgängiger Procuraturbestellung, bei Vermeidung der Ausschließung von der Concursmasse, in der Kirchspielschreiberei zu Heide gesetzmäßig anzumelden und verzeichnen zu lassen.

Königl. Norderdithmarsische Landvogtei zu Heide, den 28. October 1862.

Hansen.

In fidem: **Scholtz.**

Pro copia: **Wiencke.**

№ 5.

Zweite Bekanntmachung.

Auf Ansuchen des Herrn Obersachwalters W. Castagne in Kiel wegen Einrichtung eines Folium für den demselben am 30. October 1862 verlassenen, am alten Wall zwischen dem Wohnhause des Consuls Lütken und dem Packhause des weil. Kaufmanns J. C. Steger belegenen Lagerplatz werden Alle, welche in Betreff des gedachten Lagerplatzes protocollationsfähige Ansprüche oder Einwendungen gegen die beantragte Einrichtung des Folium zu haben vermeinen, hierdurch, bei Strafe der Präclusion mit ihren Einwendungen und unter dem Präjudiz, daß die nicht angegebenen protocollationsfähigen Ansprüche bei der Einrichtung des Folium nicht werden berücksichtigt werden, aufgefordert, sich innerhalb 12 Wochen, vom Tage der letzten Bekanntmachung dieses Proclams angerechnet, im hiesigen Syndicat gehörig anzugeben, und zwar unter Bestellung der Procuratur, insofern die Profitenten Auswärtige sind.

Kiel, den 31. October 1862.

Der Magistrat.

In fidem: *G. F. Witte*, Syndicus.

№ 6.

Zweite Bekanntmachung.

Da auf geschehene Insolvenzerklärung des hiesigen Bürgers und Fettwaarenhändlers Hinrich Vierth über die Habe und Güter desselben der Concurs der Gläubiger erkannt worden: so werden von Gerichtswegen Alle und Jede, welche an denselben oder dessen untenbezeichnetes Erbe aus irgend einem rechtlichen Grunde Ansprüche oder Forderungen zu haben vermeinen —

mit alleiniger Ausnahme der protocollirten Gläubiger — bei Strafe der Ausschließung von der unter Concursbehandlung genommenen Masse, aufgefordert und befehligt, solche binnen 12 Wochen, nach der letzten Bekanntmachung dieses Proclams, im hiesigen ersten Stadtsecretariate, und spätestens am

16. Februar 1863,

als dem peremtorischen Angabetermine, im Obergericht hieselbst anzumelden, wobei die die Ansprüche begründenden Documente in Urschrift vorzuzeigen und in Abschrift zurückzulassen sind, Auswärtige auch wegen gehöriger Procuraturbestellung das Nöthige wahrzunehmen haben.

Zum öffentlichen Verkaufe des zu dieser Concursmasse gehörigen, an der Holstenstraße belegenen, mit Hans David Remstedt im Osten und Jacob Levin Oppenheim im Westen und Norden benachbarten Erbes, ist Termin auf

Montag den 15. December 1862,

anberaumt worden, an welchem Tage, Nachmittags 2 Uhr, die Kaufliebhaber im hiesigen Rathskeller sich einfinden und den Handel versuchen können.

Wornach Beikommende sich zu achten!

Altona, im Obergerichte, den 3. November 1862.

Ex Decreto Senatus.

№ 7.

Zweite Bekanntmachung.

Da auf geschehene Insolvenzerklärung des hiesigen Bürgers und Grobbäckers Gerhard Friedrich Reich über die Habe und Güter desselben der Concurs der Gläubiger erkannt worden: so werden von Gerichtswegen Alle und Jede, welche an denselben oder dessen untenbezeichnetes Erbe aus irgend einem rechtlichen Grunde Ansprüche oder Forderungen zu haben vermeinen — mit alleiniger Ausnahme der protocollirten Gläubiger — bei Strafe der Ausschließung von der unter Concursbehandlung genommenen Masse, aufgefordert und befehligt, solche binnen 12 Wochen, nach der letzten Bekanntmachung dieses Proclams, im hiesigen ersten Stadtsecretariate und spätestens am

16. Februar 1863,

als dem peremtorischen Angabetermine, im Obergericht hieselbst anzumelden, wobei die die Ansprüche begründenden Documente in Urschrift vorzuzeigen und in Abschrift zurückzulassen sind, Auswärtige auch wegen gehöriger Procuraturbestellung das Nöthige wahrzunehmen haben.

Zum öffentlichen Verkaufe des zu dieser Concursmasse gehörigen, an der Hamburger Straße belegenen, mit Matthias Richters, Hans Hinr. Engelbrecht jun. und Hermann Engelbrecht im Nordosten, auch mit Letzterem im Osten und Stammann und Bieber im Süden und Westen benachbarten Erbes, ist Termin auf

Montag den 15. December 1862

anberaumt worden, an welchem Tage, Nachmittags 2 Uhr, die Kaufliebhaber im hiesigen Rathskeller sich einfinden und den Handel versuchen können.

Wornach Beikommende sich zu achten!

Altona, im Obergerichte, den 3. November 1862.

Ex Decreto Senatus.

№ 8.

Zweite Bekanntmachung.

Der Herr Advocat Jessen, als gerichtlich bestellter Curator für die abwesende Maria Engel Elisabeth Ramcke, hat vorstellig gemacht, daß die zur deregten Masse gehörigen, auf den Namen der gedachten Abwesenden lautenden Documente, nämlich:

1) ein Schein der hiesigen General-Administration der den Unmündigen und Abwesenden gehörigen kleinen Geldposte vom 31. Dec. 1806 Nr. 261 über 85 ℔ 4 ß v. Cour.;
2) ein desgleichen vom 9. Novbr. 1807 Nr. 299 über 100 ℔ v. Cour.;
3) ein desgleichen Nr. 769 über mehrere resp. am 2. März 1831, 9. Febr. 1835 und 11. Octbr. 1838 belegte Summen, zusammen im Betrage von 130 ℔ v. Cour.;
4) ein desgleichen über im Juli 1842 belegte 64 ℔ 12 ß und am 26. Septbr. 1844 belegte 30 ℔, zusammen 94 ℔ 12 ß v. Cour.,

abhanden gekommen seien und behufs Mortificirung derselben um die Erlassung eines Proclams gebeten. Mit Beziehung hierauf werden Alle, welche an die obgedachten Capitaldocumente aus irgend einem rechtlichen Grunde Ansprüche zu haben vermeinen, bei Strafe der Ausschließung und des ewigen Stillschweigens, aufgefordert, solche binnen 12 Wochen, nach der letzten Bekanntmachung dieses Proclams, im hiesigen ersten Stadtsecretariate und spätestens am

16. Februar 1863,

als dem peremtorischen Angabe-Termine, im Obergerichte hieselbst anzumelden, wobei die die Ansprüche begründenden Documente in Urschrift vorzuzeigen und in Abschrift zurückzulassen sind, Auswärtige auch wegen gehöriger Procuratur-Bestellung das Nöthige wahrzunehmen haben.

Wornach Beikommende sich zu achten.

Altona, im Obergerichte, den 3. November 1862.

Ex Decreto Senatus.

№ 9.

Zweite Bekanntmachung.

Da von dem Herrn Obergerichtsadvocaten Heldt, als gerichtlich bestellten Curator des Herrn Obergerichtsadvocaten Johann Heinrich Hermann Carstens, auf die Erlassung eines Proclams angetragen und solchem Antrage vom Magistrate stattgegeben ist: so werden von Gerichtswegen Alle und Jede, welche an den obgedachten Herrn Obergerichtsadvocaten Carstens aus irgend einem rechtlichen Grunde Ansprüche oder Forderungen zu haben vermeinen — mit alleiniger Ausnahme der protocollirten Gläubiger — hiedurch, bei Strafe der Ausschließung und des ewigen Stillschweigens, aufgefordert und befehligt, solche binnen 12 Wochen, nach der letzten Bekanntmachung dieses Proclams, im hiesigen ersten Stadtsecretariate und spätestens am

16. Februar 1863,

als dem peremtorischen Angabetermine, im Obergerichte hieselbst anzumelden, wobei die die Ansprüche begründenden Documente in Urschrift vorzuzeigen und in Abschrift zurückzulassen sind, Auswärtige auch wegen gehöriger Procuraturbestellung das Nöthige wahrzunehmen haben.

Wornach Beikommende sich zu achten.

Altona, im Obergerichte, den 3. November 1862.

Ex Decreto Senatus.

№ 10.

Zweite Bekanntmachung.

Extr. des Procl. des 45sten Stücks № 3.

Alle und Jede, welche an die Concursmasse der Ehefrau des Claus Stieper in Thielenhemme, Elsabea, geb. Suhr, zu welcher die annoch auf dem Namen des Marx Suhr in Thielenhemme stehende Landstelle gehört, nichtprotocollirte Forderungen und Ansprüche zu haben vermeinen, haben solche ihre Forderungen und Ansprüche innerhalb 12 Wochen, vom Tage der letzten Bekanntmachung dieses Proclams angerechnet, in der Tellingstedter Kirchspielschreiberei, sub pœna præclusi, ordnungsmäßig anzugeben und verzeichnen zu lassen.

Königliche Kirchspielvogtei zu Tellingstedt, den 1. November 1862. *C. Wohlt.*

№ 11.

Zweite Bekanntmachung.

Extr. des Procl. des 44sten Stücks № 1.

Nichtprotocollirte Forderungen und Ansprüche an den unter gerichtliche Behandung genommenen geringfügigen Nachlaß des weil. Dienstknechts Hans Peters in Tennsbüttel, so wie Pfandstücke aus diesem Nachlasse sind, bei Vermeidung des Verlustes der Forderungen und Pfandrechte, innerhalb der auf 6 Wochen, von der letzten Bekanntmachung dieses Proclams angerechnet, beschränkten Frist in der Königlichen Kirchspielschreiberei zu Albersdorf rechtsbehörig anzugeben.

V. G. W.

Meldorf, den 22. October 1862.

Zur Beglaubigung: **Fabricius.**

№ 12.

Zweite Bekanntmachung.

Extr. des Procl. des 44sten Stücks № 2.

Nichtprotocollirte Forderungen und Ansprüche an den unter gerichtliche Behandlung genommenen Nachlaß des verstorbenen Maurers August Fleischer in Marne, namentlich die Erbansprüche der angeblich nach Amerika ausgewanderten Tochter des defuncti, der Ehefrau Marie Friederike Hargen, geb. Fleischer, so wie Pfandstücke aus diesem Nachlasse sind innerhalb 12 Wochen, von der letzten Bekanntmachung dieses Proclams angerechnet, in der Königl. Kirchspielschreiberei zu Marne rechtsbehörig anzugeben, und zwar bei Vermeidung des Verlustes der Forderungen und Pfandrechte, so wie der Verwarnung, daß es rücksichtlich des Erbantheils der abwesenden Ehefrau Hargen, geb. Fleischer, eventuell nach Maaßgabe der Verordnung vom 9. November 1798 verhalten werden wird.

V. G. W.

Meldorf, den 24. October 1862.

Zur Beglaubigung: **Fabricius.**

№ 13.

Zweite Bekanntmachung.

Extr. des Procl. des 45sten Stücks № 5.

Nichtprotocollirte Forderungen und Ansprüche an den unter gerichtliche Behandlung genommenen Nachlaß des früher in Ketelsbüttel und demnächst in Meldorf wohnhaften Maklers Karsten Arps und dessen gleichfalls verstorbenen Ehefrau Margaretha Elsabea Arps, früher verwittweten Karstens, gebornen Bahlcke, so wie Pfandstücke aus diesem Nachlasse sind innerhalb 12 Wochen, vom Tage der letzten Bekanntmachung dieses Proclams angerechnet, bei Vermeidung des Verlustes der Rechte, in der Königl. Kirchspielschreiberei zu Meldorf rechtsbehörig anzumelden.

V. G. W.

Meldorf, den 30. October 1862.

Zur Beglaubigung: **Fabricius.**

№ 14.

Zweite Bekanntmachung.

Extr. des Procl. des 45sten Stücks № 6.

Nichtprotocollirte Forderungen und Ansprüche an den Nachlaß des weiland Eingesessenen und Schiffers Peter Nanß in Burg, so wie Pfandstücke aus diesem Nachlasse sind innerhalb 12 Wochen, vom Tage der letzten Bekanntmachung dieses Proclams angerechnet, bei Vermeidung des Ausschlusses und des Verlustes der Rechte, in der Königlichen Kirchspielschreiberei zu Burg rechtsbehörig anzumelden.

V. G. W.

Meldorf, den 3. November 1862.

Zur Beglaubigung: **Fabricius.**

№ 15.

Zweite Bekanntmachung.

Extr. des Procl. des 45sten Stücks № 7.

Nichtprotocollirte Forderungen und Ansprüche an nachstehende unter gerichtliche Behandlung genommene Erbmassen, als:

1) an die Masse der weil. Eheleute Harm Bösch und Magdalena, geb. Schütt, zu Averlack,
2) an die Masse ihres im Jahre 1857 verstorbenen Sohnes Johann Hinrich Bösch, welcher früher in St. Margarethen gewohnt hat,

so wie Pfandstücke aus denselben sind, bei Strafe der Ausschließung und des Verlustes der Rechte, innerhalb 12 Wochen, vom Tage der letzten Bekanntmachung dieses Proclams angerechnet, in der Königl. Kirchspielschreiberei zu Eddelack rechtsbehörig anzumelden.

B. G. W.

Meldorf, den 5. November 1862.

Zur Beglaubigung: **Fabricius.**

№ 16.

Zweite Bekanntmachung.

Extr. des Procl. des 45sten Stücks № 9.

Alle und Jede, mit Ausnahme der protocollirten Gläubiger, welche dingliche oder persönliche Forderungen und Ansprüche an die Concursmasse des hiesigen Bürgers und Gastwirths Jochim Friedrich Bevensee, namentlich an das hieselbst Qu. II Nr. 13 belegene Haus c. pert. haben oder Pfänder von dem Cridar besitzen, müssen sich damit, bei Strafe der Ausschließung resp. des Verlustes der Ansprüche und Pfandrechte, innerhalb 12 Wochen, nach der letzten Bekanntmachung dieses Proclams, im Stadtsecretariate rechtsbehörig melden.

Decretum Segeberg, **in Curia,** den 6. Nov. 1862.

(L. S.) Bürgermeister und Rath.

№ 17.

Zweite Bekanntmachung.

Extr. des Procl. des 45sten Stücks № 14.

Ansprüche und Forderungen an die geringfügigen Concursmassen

1) des Einwohners Carl Hilmer **jun.** in Wandsbeck,
2) des Zimmergesellen Heinrich F. Fey daselbst

müssen, bei Strafe der Ausschließung von der Masse, innerhalb 12 Wochen, vom Tage der letzten Bekanntmachung dieses Proclams angerechnet, im unterzeichneten Justitiariate rechtsbehörig angemeldet werden.

Decretum Wandsbecker Justitiariat bei Wandsbeck, den 31. October 1862.

Reimers.

№ 18.

Dritte und letzte Bekanntmachung.

Alle und Jede, mit Ausnahme der protocollirten Gläubiger, welche an die von dem bisherigen Parcellisten zu Rethwischfeld Hans Jochim Friedrich Mett an die Armencommüne des Amtes Rethwisch, Kirchspiels Oldesloe, verkaufte Rethwischer Parcelenstelle Ansprüche und Forderungen zu haben vermeinen, werden auf Anhalten Beikommender hiedurch aufgefordert und befehligt, sich damit, bei Verlust derselben, innerhalb 12 Wochen, von der letzten Bekanntmachung angerechnet, auf der Königl. Rethwischer Amtstube zu melden, die ihre Forderungen begründenden Documente im Original zu produciren und beglaubigte Abschriften beim Angabeprotocoll zurückzulassen, wobei Auswärtige gehörige Actenprocuratur zu bestellen haben.

Königl. Rethwischer Amthaus zu Traventhal, den 17. October 1862.

G. Grothusen.

In fidem: E. v. Colditz.

№ 19.

Dritte und letzte Bekanntmachung.

Extr. des Procl. des 43sten Stücks № 2.

Nichtprotocollirte Forderungen und Ansprüche an den in gerichtliche Behandlung genommenen Nachlaß der weil. Ehefrau des Johann Claus Hinrich Seemann, Catharina, geb. Meyer, in Fedderingen, so wie Pfandstücke aus diesem Nachlasse, sind innerhalb 12 Wochen, vom Tage der letzten Bekanntmachung dieses Proclams angerechnet, bei Vermeidung des Verlustes der Rechte, in der Kirchspielschreiberei zu Hennstedt rechtsbehörig anzugeben.

B. G. W.

Meldorf, den 14. October 1862.

Zur Beglaubigung: **Fabricius.**

№ 20.

Dritte und letzte Bekanntmachung.

Extr. des Procl. des 43sten Stücks № 3.

Alle etwanigen Ansprüche an die in dem Proclam vom 14. d. M. näher angegebenen verloren gegangenen, folgende Nummern tragenden Schuldscheine der Rendsburger Spar- und Leihkasse, als Nr. 5843, 6307, 9169, 9989, 11,977, 13,166, 14,062, 16,803, 17,682, 18,168 und 18,469, mit Ausnahme der Rechte der dort namentlich angegebenen Gläubiger, müssen, bei Verlust derselben und bei Vermeidung der Mortificirung der Documente, binnen 12 Wochen, von der letzten Bekanntmachung dieses Proclams, von Auswärtigen unter Procuraturbestellung, im städtischen Actuariate hieselbst gehörig angemeldet werden.

Rendsburg, den 14. October 1862.

(L. S. C.) Der Magistrat.

№ 21.

Dritte und letzte Bekanntmachung.

Extr. des Procl. des 43sten Stücks № 5.

Alle und Jede, mit Ausnahme der protocollirten Gläubiger, welche dingliche oder persönliche Forderungen und Ansprüche an die Concursmasse des hiesigen Bürgers und Schneidermeisters Johann Friedrich Schriewer, namentlich an das hieselbst Qu. 4 Nr. 42 belegene Haus cum pert. haben oder Pfänder von dem Cridar besitzen, müssen sich damit, bei Strafe der Ausschließung, resp. des Verlustes der Ansprüche und Pfandrechte, innerhalb 12 Wochen, nach der letzten Bekanntmachung dieses Proclams, im hiesigen Stadtsecretariat rechtsbehörig melden.

Decretum Segeberg, in curia, den 20. October 1862.

(L. S.) Bürgermeister und Rath.

№ 22.

Dritte und letzte Bekanntmachung.

Extr. des Procl. des 43sten Stücks № 6.

Nichtprotocollirte dingliche Rechte, Forderungen und Ansprüche an das Wohnhaus c. pert. des Färbers Friedrich Brügmann zu Sülfeld sind, bei Vermeidung der Ausschließung, binnen 12 Wochen ordnungsmäßig hieselbst anzugeben.

Decretum Ahrensburg, im Justitiariat des adel. Guts Borstel, den 22. October 1862.

Huss.

Beilage
zum 47. Stück der Holsteinischen Anzeigen.

Montag den 24. November 1862.

Patent,
betreffend
die Errichtung einer oberen Regierungsbehörde im Herzogthum Holstein.

Wir Frederik der Siebente, von Gottes Gnaden König zu Dänemark, der Wenden und Gothen, Herzog zu Schleswig, Holstein, Stormarn, der Dithmarschen und zu Lauenburg, wie auch zu Oldenburg ꝛc. ꝛc. Thun kund hiemit:

Zur Erleichterung des Geschäftsganges in der inneren Verwaltung des Herzogthums Holstein haben Wir Uns Allerhöchst bewogen gefunden, eine obere Regierungsbehörde im Herzogthum Holstein unter nachfolgenden näheren Bestimmungen zu errichten.

§ 1.

Die unter dem Namen „Königliche Holsteinische Regierung" mit dem 1. December d. J. in Wirksamkeit tretende Behörde besteht aus einem Präsidenten und vier Räthen, welche Wir unter dem heutigen Datum Allerhöchst ernannt haben. Die Regierung hat ihren Sitz im Herzogthum Holstein zu nehmen und wird derselben das erforderliche Hülfspersonal beigegeben.

§ 2.

Die Regierung ist Unserem Ministerium für die Herzogthümer Holstein und Lauenburg in jeder Hinsicht untergeordnet und führt ihre Geschäfte nach Maaßgabe einer ihr von dem gedachten Ministerium unter Unserer Allerhöchsten Genehmigung zu ertheilenden Instruction.

§ 3.

Alle Unserem Ministerium für die Herzogthümer Holstein und Lauenburg untergeordneten Behörden und Beamte in Unserem Herzogthum Holstein stehen zunächst unter der Regierung.

§ 4.

Die Competenz der Regierung erstreckt sich auf alle Angelegenheiten des Herzogthums Holstein, welche zum Ressort Unseres Ministeriums für die Herzogthümer Holstein und Lauenburg gehören, insoweit nicht die jedesmalige Sachlage deren Behandlung durch das Uns unmittelbar untergeordnete Ministerium erfordert.

§ 5.

Ueber die Behandlung der Geschäfte durch die Regierung als Collegium, oder durch deren einzelne Mitglieder, sowie über die besonderen Obliegenheiten und Befugnisse des Präsidenten und die Organisation des Hülfspersonals wird die zu erlassende Instruction das Nähere bestimmen. Die Regierung erhält das große Königliche Siegel für die ihr übertragenen Ausfertigungen, zu denen dasselbe bisher gebraucht ist; für laufende Expeditionen wird ein kleines Siegel mit der Krone und der Unterschrift: „Königliche Holsteinische Regierung" benutzt.

§ 6.

Die Regierung tritt vorläufig in Unserer Residenzstadt Kopenhagen in Wirksamkeit, bis über den Ort in Unserem Herzogthum Holstein, an welchem dieselbe ihren Sitz zu nehmen hat, Unsere Allerhöchste Bestimmung getroffen ist.

Unser Ministerium für die Herzogthümer Holstein und Lauenburg wird beauftragt und ermächtigt, das zur Ausführung der vorstehenden Bestimmungen weiter Erforderliche wahrzunehmen und zur öffentlichen Kunde zu bringen.

Wornach sich allerunterthänigst zu achten.

Urkundlich unter Unserem Königlichen Handzeichen und vorgedruckten Insiegel.

Gegeben auf Unserem Schlosse Christiansborg, den 12. November 1862.

Frederik R.

(L. S. R.)

C. Hall.

Bekanntmachung des Königl. Finanzministeriums,
betreffend
die Einberufung gewisser Staatsobligationen zur Umtauschung.

Kraft der dem Finanzministerio durch das Gesetz vom 31. März 1858, betreffend die Einberufung und Umtauschung älterer zur gemeinschaftlichen inländischen Staatsschuld der Monarchie gehöriger Staatsobligationen u. a. m., ertheilten Ermächtigung werden hierdurch folgende in dänischer Sprache ausgestellte 4 pCt. Zinsen tragende Staatsobligationen zur Einsendung an das Finanzministerium vor dem 15. Februar 1863 einberufen, um gegen neue beständig auf Inhaber lautende Obligationen mit Coupons umgetauscht oder, insofern es verlangt werden sollte, in die zufolge Bekanntmachung des Finanzministeriums vom 20. September 1859 eingerichteten Einschreibebücher aufgenommen zu werden, nämlich:

1) die unterm 17. Februar 1777, 1. November 1782 oder 11. Mai 1791 ausgestellten Obligationen, welche früher zum 11. Juni für ein Jahr verzinset wurden;
2) die unterm 11. December 1784 ausgestellten Obligationen (Canal-Obligationen);
3) die unterm 31. März 1796 ausgestellten Obligationen (Westindische Schuld-Liquidations-Obligationen);
4) die unterm 11. December 1801 ausgestellten Obligationen;
5) und 6) die unterm 31. December 1815 oder 23. März 1833 ausgestellten Obligationen (Königliche Annuitäts-Obligationen und Brandversicherungs-Annuitäts-Obligationen).

Die Verzinsung der einberufenen Obligationen hört vom 11. December 1862 an auf.

Hinsichtlich des Verfahrens, welches beim Umtausch der Obligationen zu befolgen ist, wird auf die Bekanntmachung des Finanzministeriums vom 22. September 1859 verwiesen.

Nicht einberufene Obligationen können gleichfalls durch die öffentlichen Kassen außerhalb Kopenhagens zur Umtauschung gegen Coupons-Obligationen eingesandt werden, doch nur, wenn solches in Verbindung mit einer oder mehreren einberufenen Obligationen geschieht. Zur Einschreibung können sämmtliche unaufkündbare 4 pCt. oder geringere Zinsen tragende Staatsobligationen durch die Kassen eingesandt werden, ohne daß einberufene Obligationen mitzufolgen brauchen. Diejenigen Obligationen, deren Zinsentermine durch die Bekanntmachung des Finanzministeriums vom 17. April 1861 verändert worden, können auch zur Umtauschung gegen Coupons-Obligationen durch die Kassen eingesandt werden, ohne daß einberufene Obligationen mitzufolgen brauchen.

Kopenhagen, den 28. October 1862.

Fenger.

J. A. Hasselberg.

Bekanntmachung.

Es wird hiedurch zur öffentlichen Kunde gebracht, daß der Bürger und Mühlenbesitzer Jacob Wittmaack in Glückstadt zum **curator personæ et honorum** seines gemüthskranken Sohnes Herrmann Wittmaack, z. Z. in der Irrenanstalt zu Schleswig, bestellt worden ist, daher Rechtsgeschäfte nur mit dem gedachten Curator rechtsgültig abgeschlossen werden können.

Glückstadt, den 15. November 1862.

Der Magistrat.

Testaments-Publication.

Das von der am 19. März d. J. zu Warwerort verstorbenen Hökke Margaretha Stüfen, geb. **Meyer**, c. c. c. s. Z. mit ihrem Ehemann Peter Stüfen allda errichtete Testament wird am 15. December d. J., Vormittags 10 Uhr, im Gerichtslocal des landschaftlichen Hauses zu Heide publicirt, wozu Beikommende hiedurch geladen werden.

Präsidium des Norderdithmarsischen Gerichts zu Heide, den 19. November 1862.

Hansen.

Testaments-Publication.

Zur Publication des bei dem hiesigen Magistratsgerichte deponirten Testaments der wailand Wittwe Elisabeth Ruser, geb. **Wittreck**, in Heiligenhafen ist Termin

auf Freitag den 12. December d. J., Morgens 10 Uhr, auf dem hiesigen Rathhause

angesetzt; welches Beikommenden zur Nachricht und Wahrnehmung ihrer Gerechtsame hiedurch zur öffentlichen Kunde gebracht wird.

Heiligenhafen, den 10. November 1862.

Der Magistrat.

Helmcke.

Testaments-Publication.

Zur Publication des bei dem hiesigen Magistratsgerichte deponirten wechselseitigen Testaments des hiesigen Landbürgers Hans Hinrich Jaeger und dessen wail. Ehefrau Metha Catharina Margaretha, früher verheirathet gewesenen Braaß, gebornen von Thagen, ist Termin

auf Freitag den 19. December d. J., Morgens 10 Uhr, auf dem hiesigen Rathhause

angesetzt; welches Beikommenden zur Nachricht und Wahrnehmung ihrer Gerechtsame hiedurch zur öffentlichen Kunde gebracht wird.

Heiligenhafen, den 15. November 1862.

Der Magistrat.

Helmcke.

Testaments-Publication.

Das am 20. August d. J. im hiesigen Gerichte von den Eheleuten, Anbauer Jochim Hinrich Langeloh und Anna Margaretha Catharina, geb. Stehr, in Hinschenfelde gemeinschaftlich errichtete Testament soll nach dem Ableben des Ersteren

am 3. December d. J., Mittags 1 Uhr,

in dem hiesigen Gerichte publicirt werden, was für Beikommende hiedurch bekannt gemacht wird.

Decretum Wandsbecker Justitiariat bei Wandsbeck, den 8. November 1862.

Reimers.

Testaments-Publication.

Zur Publication des in gerichtlichem Verwahrsam befindlichen Testaments des am 16. v. M. verstorbenen Altentheilers Otto Lohse in Alveslohe ist Termin auf Mittwoch den 3. December d. J., Vormittags 10 Uhr, angesetzt; welches für Beikommende hiedurch mit dem Hinzufügen bekannt gemacht wird, daß sie sich zur Wahrnehmung ihrer Gerechtsame an dem gedachten Tage im Gerichtshause zu Caden einzufinden haben.

Altona, im Justitiariate des adel. Gutes Caden, den 14. November 1862.

J. C. Hilmers.

Bekanntmachung.

Ein wegen Legitimationslosigkeit hieselbst angehaltener Mensch, angeblich Namens August Schwarz, hat ausgesagt, daß seine Mutter, Namens Marie Schwarz, geb. Weiß, mit einem im Anfange d. J. von der Polizeibehörde in Straßburg ausgefertigten Passe versehen sei, in welchem gleichfalls der Arrestat und seine ca. 18jährige Schwester Auguste Schwarz legitimirt seien, so wie daß die gedachten Frauenspersonen vor ca. 4 Wochen gleichzeitig mit dem Arrestaten bei Lübeck die Landesgränze überschritten und sich am 31. v. M. in der Nähe des Dorfes Stocksee, Amts Plön, von ihm getrennt hätten.

Es ergeht an alle Polizeibehörden, welche über die oberwähnten Personen irgend welche Auskunft zu ertheilen vermögen, das dienstergebene Ersuchen, desfallsige Nachrichten baldthunlichst hierher gelangen zu lassen, so wie die Ehefrau M. Schwarz im Betretungsfalle anhalten und event. mittelst Zwangspasses gefällig hierher dirigiren zu wollen.

Königl. Amthaus zu Neumünster, den 12. November 1862.

v. Stemann.

Steckbriefe.

№ 1.

Der im Verbrecherverzeichniß des 1. Semesters 1849 sub Nr. 88 aufgeführte, so weit thunlich unten signalisirte Johann Friedr. Ernst Hohlfeldt aus Vierbergen ist des in der Nacht vom 8./9. v. M. auf dem Meierhofe Blomenath, Guts Seedorf, verübten Diebstahls von Silberzeug und Geldsachen dringend verdächtig und daher der unterzeichneten Behörde an seiner Habhaftwerdung gelegen.

Die resp. Gerichts- und Polizeibehörden des In- und Auslandes werden ersucht, auf diesen Verbrecher vigiliren, denselben im Betretungsfalle arretiren und dem unterzeichneten Justitiariate behufs der Abholung unter Kostenerstattung Anzeige machen zu wollen.

Segeberg, im Justitiariat der Güter Seedorf und Hornstorf, den 1. November 1862.

Esmarch.

Signalement:

Johann Friedr. Ernst Hohlfeldt, geboren zu Vierbergen, Guts Ahrensburg, den 20. Februar 1831, genannt der „Wandsbecker Junge", schlanker Statur, hat ein ovales Gesicht, braunes Haar, freie Stirn und blaue Augen.

№ 2.

Wenn der hierunter soweit thunlich bezeichnete Johann Friedrich Ohlsen aus Gronenberg im Amte Ahrensböck mehrerer resp. im hiesigen Amte und anderweitig verübten Diebstähle dringend verdächtig geworden, so werden alle Behörden ersucht, auf diesen bereits mehrfach bestraften Verbrecher vigiliren, denselben im Betretungsfalle arretiren und dem Amthause behufs der Abholung gegen Kostenerstattung eine Nachricht zukommen zu lassen.

Da Ohlsen sich im Besitz einer gestohlenen zweigehäusigen silbernen Taschenuhr befinden soll, so wird bei eventueller Arretirung desselben diese der besonderen Aufmerksamkeit der Behörden empfohlen.

Segeberger Königl. Amthaus, den 2. Nov. 1862.

H. F. Jacobsen.

Signalement:

Johann Friedrich Ohlsen aus Gronenberg, Amts Ahrensböck, Tagelöhner, 44 Jahr alt, von mittlerer Statur, hat dunkelbraunes Haar, braune Augen, freie Stirn, ovales Gesicht, kleine Ohren und gesunde Gesichtsfarbe.

Proclamata.

№ 1.

Erste Bekanntmachung.

Von Gerichtswegen

wird auf Anhalten des Einwohners N. N. Stammer in Heide, als Massecurators, den sämmtlichen nichtprotocollirten Creditoren des Gastwirths Claus Hinr. Reimers in Heide, über dessen Habe und Güter definitiv Concurs erkannt worden ist, hiedurch aufgegeben, ihre Ansprüche und Forderungen an den Bonicedenten, dieselben mögen beruhen, worin immer, bei Vermeidung der Ausschließung von der Concursmasse, zu deren Regulirung das Armenrecht bewilligt worden ist, innerhalb 12 Wochen, von der letzten Bekanntmachung dieses Proclams angerechnet, in der Kirchspielschreiberei zu Heide, Auswärtige unter Bestellung der Actenprocuratur, anzumelden und verzeichnen zu lassen.

Königl. Norderdithmarsische Landvogtei zu Heide, den 5. November 1862.

Hansen.

In fidem: Scholtz.

Pro copia: Wiencke.

№ 2.

Erste Bekanntmachung.

Von Gerichtswegen.

Nach dem am 14. v. M. erfolgten Ableben ihres Ehemannes, des Müllers Friedrich Christopher Hinrich Mönck in Buchholz, hat dessen Wittwe Antje Mönck, geb. Friedrich, jetzt die Absicht, sich mit ihren theils mündigen, theils noch unmündigen Kindern in Betreff des väterlichen Vermögens derselben auseinanderzusetzen, zu welchem Ende auf Instanz des Herrn Kirchspielvogts Postel in Burg dies Proclam an euch, die nichtprotocollirten Gläubiger und Pfandinhaber des gedachten Verstorbenen, bewilligt worden ist.

Daß ihr daher, Auswärtige nach vorgängiger Actenprocuratur, eure Forderungen und nichtprotocollirten Pfandrechte, bei Verlust derselben, in 12 Wochen, nach der letzten Bekanntmachung dieses Proclams, in der Königl. Kirchspielschreiberei zu Burg angebet.

Wornach ein Jeder sich zu achten.

Königl. Süderdithmarscher Landvogtei zu Meldorf, den 12. November 1862.

(L. S.) *Müllenhoff.*

Zur Beglaubigung: Fabricius.

№ 3.

Erste Bekanntmachung.

Wenn der Herr Dr. med. H. Carstenn hieselbst das ihm eigenthümlich gehörige in der Stadt Rendsburg auf dem Damm am s. g. Jungfernstieg sub Nr. 307 belegene Wohnhaus mit Nebengebäude und sonstigen Pertinentien verkauft und, um seinem Käufer ein von allen dinglichen Ansprüchen gereinigtes Folium zu liefern, um die Erlassung eines landüblichen Evictionsproclams gebeten hat, so werden in Deferirung dieser Bitte Alle und Jede, welche an das obbezeichnete Grundstück c. p. aus was immer für einem Grunde nichtprotocollirte dingliche Ansprüche zu haben vermeinen, hiemit aufgefordert und angewiesen, solche ihre etwanigen dinglichen Rechte und Ansprüche an das erwähnte Grundstück, bei Vermeidung gänzlicher Ausschließung, binnen 12 Wochen, von der letzten Bekanntmachung dieses Proclams, Auswärtige unter Procuraturbestellung, im städtischen Actuariat hieselbst gehörig anzumelden.

Rendsburg, den 7. November 1862.

(L. S. / C.) Der Magistrat.

№ 4.

Erste Bekanntmachung.

Wenn auf geschehene Insolvenzerklärung über die geringfügige Habe und Güter resp. des seitherigen hiesigen Krämers H. P. Thaysen und des in letzter Zeit hier wohnhaft gewesenen Gastwirths Hans Ohrt aus Kiel, früher Hotelwirths zu Wyck auf Föhr, Concurs erkannt worden ist, so werden Alle und Jede, welche an die genannten Cridare aus was immer für einem Grunde Forderungen und Ansprüche zu haben vermeinen oder Pfandstücke von denselben besitzen, mit alleiniger Ausnahme der protocollirten Gläubiger, hiedurch aufgefordert und angewiesen, solche ihre Forderungen und Ansprüche, wie auch die Pfandstücke, resp. bei Vermeidung des Ausschlusses von der resp. Concursmasse und bei Verlust der Pfandrechte, binnen 12 Wochen, von der letzten Bekanntmachung dieses Proclams, Auswärtige unter Procuraturbestellung, im städtischen Actuariate hieselbst gehörig anzumelden.

Rendsburg, den 12. November 1862.

(L. S. / C.) Der Magistrat.

№ 5.

Erste Bekanntmachung.

Auf Anhalten Beikommender und mit erfolgter Autorisation des Königl. Holsteinischen Obergerichts werden Alle und Jede, welche an nachstehende verloren gegangene Documente, als:

1) einen für weiland Halbhufner Hans Soltau in Rehorst am 10. Mai 1826 ausgestellten Antrittsbrief, wonach dieser verpflichtet sein sollte, an jeden seiner 5 Geschwister, als Elsabe, Claus Hinrich, Jochim, Catharina Magd. und Anna Soltau, an baarem Gelde 200 ℛ vorm. Cour. gleich 320 ℛ R.-M., auszukehren, und woraus annoch 66 ℛ 32 β v. Cour., gleich 106 ℛ 64 β R.-M., welche später durch Erbvergleich vom 3. November 1831 Eigenthum der Wittwe Anna Margaretha Soltau, geb. Schwarz, wurden, auf dem Folio der jetzigen Besitzer Asmus Hinrich Rathje und Margaretha Sophie Elsabe Rathje, geb. Soltau, in Rehhorst protocollirt stehen;
2) eine von den Eheleuten Johann Nicolaus Thomas Dorendorf und Anna Catharine Elsabe Dorendorf, geb. Bartels, Parcelisten zum Kalckgraben, am 1. April 1851 an den Altentheiler Christian Hinrich Wittern zur Dröhnhorst ausgestellte, auf 400 ℳ v. Cour., gleich 213 ℛ 32 β R.-M., lautende und auf dem Folio des jetzigen Besitzers, Parcelist Johann Friedrich Dorendorf zum Kalckgraben, annoch protocollirt stehende Obligation;
3) an eine von dem Tischlermeister Jochim Hinrich Koop in Reinfeld am 24. Juni 1851 an den Altentheiler Christian Hinrich Wittern zur Dröhnhorst ausgestellte, auf gleichfalls 400 ℳ v. Cour., gleich 213 ℛ 32 β R.-M. lautende und eodem protocollirte Obligation;
4) an eine Aussageacte des weiland Bauervogts und Vollhufners Hinrich Stehn in Pöhls, d. d. 14. November 1826, wonach er seinen 3 Kindern erster Ehe, Asmus Hinrich, Margaretha Dorothea und Magdalena Stehn, 250 ℛ v. Cour., gleich 400 ℛ R.-M., aussagte;

5) endlich an den am 12. November 1850 zwischen dem $^{3}/_{4}$Hufner Johann Hinrich Wittern in Rehorst als Verkäufer und Johannes Hinrich Jochim Tewes aus Rastorf als Käufer abgeschlossenen Kaufcontract, woraus für den Verkäufer annoch 5000 ℳ v. Cour., gleich 8000 ℳ R.-M., auf dem Folio des $^{3}/_{4}$Hufners Jochim Hinrich Friedrich Grimm in Rehorst protocollirt stehen,

Ansprüche und Forderungen irgend einer Art zu haben vermeinen, hiermittelst aufgefordert, sich damit innerhalb 12 Wochen, vom Tage der letzten Bekanntmachung dieses Proclams angerechnet, auf dem Königl. Reinfelder Actuariate zu melden, unter der Verwarnung, daß sie widrigenfalls mit ihren Ansprüchen ausgeschlossen und die sub 1 bis 5 vorgenannten Documente für mortificirt erklärt, zugleich aber für die sub 3 und 5 aufgeführten Documente bezügliche Abschriften aus den Nebenbüchern werden originalisirt werden.

Königl. Reinfelder Amthaus zu Traventhal, den 11. November 1862.

G. Grothusen.

In fidem: W. Baudissin.

№ 6.

Erste Bekanntmachung.

Wenn der Nachlaß des am 28. Octbr. d. J. verstorbenen Hofbesitzers Gerdt Meynert in Raa von den beikommenden Erben nur **sub beneficio legis et inventarii** angetreten und daher die Erlassung eines Proclams **ad indagandum statum cum eventuali cessione bonorum** erforderlich geworden ist, so werden, mit alleiniger Ausnahme der protocollirten Creditoren, Alle und Jede, welche Ansprüche und Forderungen irgend einer Art an die Nachlaßmasse des weil. Hofbesitzers Gerdt Meynert in Raa und speciell an dessen daselbst belegene Hofstelle zu haben vermeinen oder Pfänder von dem **defunctus** besitzen, hierdurch von Gerichtswegen befehligt, sich mit diesen Ansprüchen und Forderungen innerhalb 12 Wochen, vom Tage der letzten Bekanntmachung dieses eventuell auch als Concursproclam erlassenen Proclams angerechnet, bei Vermeidung des Ausschlusses von der Masse, so wie des Verlustes ihrer Forderungen und Pfandrechte, bei der unterzeichneten Behörde rechtsbehörig zu melden. Auswärtige haben einen Actenprocurator zu bestellen.

Königl. Administratur zu Ranzau, den 19. Novbr. 1862.

A. v. Moltke.

№ 7.

Zweite Bekanntmachung.

Extr. des Procl. des 46sten Stücks № 1.

Nichtprotocollirte Forderungen und Ansprüche an den Nachlaß der weil. Wittwe Elisabeth Ruser, geb. Wittrock, in Heiligenhafen sind, bei Strafe des Ausschlusses und des ewigen Stillschweigens, innerhalb 12 Wochen, von der letzten Bekanntmachung dieses angerechnet, ordnungsmäßig im hiesigen Stadtsecretariat anzumelden.

Decretum Heiligenhafen, **in Curia**, den 10. November 1862.

Der Magistrat.

Helmcke.

№ 8.

Dritte und letzte Bekanntmachung.

Von Gerichtswegen

wird auf Anhalten der Königl. Kirchspielvogtei in Büsum als Erbregulirungsbehörde Allen und Jeden, welche an den wegen Concurrenz unmündiger Erben in gerichtliche Behandlung genommenen Nachlaß der verstorbenen Eheleute Johann Hinrich Kock und Martha, geb. Nehlsen, früher verwittwete Dethlefs, weil. am Westerdeichstrich, nichtprotocollirte dingliche Ansprüche und Forderungen irgend einer Art zu haben vermeinen, hiedurch mit Genehmigung des Königl. Holsteinischen Obergerichts aufgegeben, solche Ansprüche und Forderungen innerhalb 6 Wochen, von der letzten Bekanntmachung dieses Proclams angerechnet, bei Vermeidung der Ausschließung von der gedachten Erbmasse in der Kirchspielschreiberei zu Büsum, Auswärtige unter Bestellung der Actenprocuratur, gesetzmäßig anzugeben und verzeichnen zu lassen.

Königl. Norderdithmarsische Landvogtei zu Heide, den 22. October 1862.

Hansen.

In fidem: Scholtz.

Zur Beglaubigung der Abschrift: **Niemand.**

№ 9.

Dritte und letzte Bekanntmachung.

Von Gerichtswegen

wird auf Anhalten der Königl. Kirchspielvogtei zu Büsum als Erbregulirungsbehörde allen denen, welche an den wegen Concurrenz unmündiger Erben in gerichtliche Behandlung genommenen Nachlaß des verstorbenen Hinrich Vollmer, weil. in Büsum, nichtprotocollirte Ansprüche und Forderungen irgend einer Art zu haben vermeinen, hiedurch aufgegeben, solche Ansprüche und Forderungen, bei Vermeidung der Ausschließung von der Erbmasse, innerhalb 12 Wochen, von der letzten Bekanntmachung dieses Proclams angerechnet, Auswärtige unter gehöriger Procuraturbestellung, in der Kirchspielschreiberei zu Büsum gesetzmäßig anzugeben und verzeichnen zu lassen.

Königl. Norderdithmarsische Landvogtei zu Heide, den 22. October 1862.

Hansen.

In fidem: Scholtz.

Zur Beglaubigung der Abschrift: **Niemand.**

№ 10.

Dritte und letzte Bekanntmachung.

Von Gerichtswegen

wird auf Anhalten des Güterpflegers A. Stammer in Heide den sämmtlichen nichtprotocollirten Gläubigern des Handelsmanns Jacob Nottelmann in Heide, über dessen Habe und Güter definitiv Concurs erkannt worden, hiedurch aufgegeben, ihre Forderungen und Ansprüche an den beregten Cridar, mögen selbige beruhen, worin sie wollen, innerhalb 12 Wochen, von der letzten Bekanntmachung dieses Proclams angerechnet, und zwar Auswärtige nach vorgängiger Procuraturbestellung, bei Vermeidung der Ausschließung von der Concursmasse, in der Kirchspielschreiberei zu Heide gesetzmäßig anzumelden und verzeichnen zu lassen.

Königl. Norderdithmarsische Landvogtei zu Heide, den 28. October 1862.

Hansen.

In fidem: Scholtz.

Pro copia: Wiencke.

№ 11.

Dritte und letzte Bekanntmachung.

Auf Ansuchen des Herrn Obersachwalters W. Castagne in Kiel wegen Einrichtung eines Folium für den demselben am 30. October 1862 verlassenen, am alten Wall zwischen dem Wohnhause des Consuls Lütken und dem Packhause des weil. Kaufmanns J. C. Steger belegenen Lagerplatz werden Alle, welche in Betreff des gedachten Lagerplatzes protocollationsfähige Ansprüche oder Einwendungen gegen die beantragte Einrichtung des Folium zu haben vermeinen, hierdurch, bei Strafe der Präclusion mit ihren Einwendungen und unter dem Präjudiz, daß die nicht angegebenen protocollationsfähigen Ansprüche bei der Einrichtung des Folium nicht werden berücksichtigt werden, aufgefordert, sich innerhalb 12 Wochen, vom Tage der letzten Bekanntmachung dieses Proclams angerechnet, im hiesigen Syndicat gehörig anzugeben, und zwar unter Bestellung der Procuratur, insofern die Profitenten Auswärtige sind.

Kiel, den 31. October 1862.

Der Magistrat.

In fidem: *G. F. Witte*, Syndicus.

№ 12.

Dritte und letzte Bekanntmachung.

Da auf geschehene Insolvenzerklärung des hiesigen Bürgers und Fettwaarenhändlers Hinrich Vierth über die Habe und Güter desselben der Concurs der Gläubiger erkannt worden: so werden von Gerichtswegen Alle und Jede, welche an denselben oder dessen untenbezeichnetes Erbe aus irgend einem rechtlichen Grunde Ansprüche oder Forderungen zu haben vermeinen — mit alleiniger Ausnahme der protocollirten Gläubiger — bei Strafe der Ausschließung von der unter Concursbehandlung genommenen Masse, aufgefordert und befehligt, solche binnen 12 Wochen, nach der letzten Bekanntmachung dieses Proclams, im hiesigen ersten Stadtsecretariate, und spätestens am

16. Februar 1863,

als dem peremtorischen Angabetermine, im Obergericht hieselbst anzumelden, wobei die die Ansprüche begründenden Documente in Urschrift vorzuzeigen und in Abschrift zurückzulassen sind, Auswärtige auch wegen gehöriger Procuraturbestellung das Nöthige wahrzunehmen haben.

Zum öffentlichen Verkaufe des zu dieser Concursmasse gehörigen, an der Holstenstraße belegenen, mit Hans David Remstedt im Osten und Jacob Levin Oppenheim im Westen und Norden benachbarten Erbes, ist Termin auf

Montag den 15. December 1862,

anberaumt worden, an welchem Tage, Nachmittags 2 Uhr, die Kaufliebhaber im hiesigen Rathskeller sich einfinden und den Handel versuchen können.

Wornach Beikommende sich zu achten!

Altona, im Obergerichte, den 3. November 1862.

Ex Decreto Senatus.

№ 13.

Zweite Bekanntmachung.

Da auf geschehene Insolvenzerklärung des hiesigen Bürgers und Grobbäckers Gerhard Friedrich Reich über die Habe und Güter desselben der Concurs der Gläubiger erkannt worden: so werden von Gerichtswegen Alle und Jede, welche an denselben oder dessen untenbezeichnetes Erbe aus irgend einem rechtlichen Grunde Ansprüche oder Forderungen zu haben vermeinen — mit alleiniger Ausnahme der protocollirten Gläubiger — bei Strafe der Ausschließung von der unter Concursbehandlung genommenen Masse, aufgefordert und befehligt, solche binnen 12 Wochen, nach der letzten Bekanntmachung dieses Proclams, im hiesigen ersten Stadtsecretariate und spätestens am

16. Februar 1863,

als dem peremtorischen Angabetermine, im Obergericht hieselbst anzumelden, wobei die die Ansprüche begründenden Documente in Urschrift vorzuzeigen und in Abschrift zurückzulassen sind, Auswärtige auch wegen gehöriger Procuraturbestellung das Nöthige wahrzunehmen haben.

Zum öffentlichen Verkaufe des zu dieser Concursmasse gehörigen, an der Hamburger Straße belegenen, mit Matthias Richters, Hans Hinr. Engelbrecht jun. und Hermann Engelbrecht im Nordosten, auch mit Letzterem im Osten und Stammann und Bieber im Süden und Westen benachbarten Erbes, ist Termin auf

Montag den 15. December 1862

anberaumt worden, an welchem Tage, Nachmittags 2 Uhr, die Kaufliebhaber im hiesigen Rathskeller sich einfinden und den Handel versuchen können.

Wornach Beikommende sich zu achten!

Altona, im Obergerichte, den 3. November 1862.

Ex Decreto Senatus.

№ 14.

Dritte und letzte Bekanntmachung.

Der Herr Advocat Jessen, als gerichtlich bestellter Curator für die abwesende Maria Engel Elisabeth Ramcke, hat vorstellig gemacht, daß die zur bezeigten Masse gehörigen, auf den Namen der gedachten Abwesenden lautenden Documente, nämlich:

1) ein Schein der hiesigen General-Administration der den Unmündigen und Abwesenden gehörigen kleinen Geldpöste vom 31. Dec. 1806 Nr. 261 über 85 ₰ 4 ß v. Cour.;
2) ein desgleichen vom 9. Novbr. 1807 Nr. 299 über 100 ₰ v. Cour.;
3) ein desgleichen Nr. 769 über mehrere resp. am 2. März 1831, 9. Febr. 1835 und 11. Octbr. 1838 belegte Summen, zusammen im Betrage von 130 ₰ v. Cour.;
4) ein desgleichen über im Juli 1842 belegte 64 ₰ 12 ß und am 26. Septbr. 1844 belegte 30 ₰, zusammen 94 ₰ 12 ß v. Cour.,

abhanden gekommen seien und behufs Mortificirung derselben um die Erlassung eines Proclams gebeten. Mit Beziehung hierauf werden Alle, welche an die obgedachten Capitaldocumente aus irgend einem rechtlichen Grunde Ansprüche zu haben vermeinen, bei Strafe der Ausschließung und des ewigen Stillschweigens, aufgefordert, solche binnen 12 Wochen, nach der letzten Bekanntmachung dieses Proclams, im hiesigen ersten Stadtsecretariate und spätestens am

16. Februar 1863,

als dem peremtorischen Angabe-Termine, im Obergerichte hieselbst anzumelden, wobei die die Ansprüche begründenden Documente in Urschrift vorzuzeigen und in Abschrift zurückzulassen sind, Auswärtige auch wegen gehöriger Procuratur-Bestellung das Nöthige wahrzunehmen haben.

Wornach Beikommende sich zu achten.

Altona, im Obergerichte, den 3. November 1862.

Ex Decreto Senatus.

№ 15.

Dritte und letzte Bekanntmachung.

Da von dem Herrn Obergerichtsadvocaten Heldt, als gerichtlich bestellten Curator des Herrn Obergerichtsadvocaten Johann Heinrich Hermann Carstens, auf die Erlassung eines Proclams angetragen und solchem Antrage vom Magistrate stattgegeben ist: so werden von Gerichtswegen Alle und Jede, welche an den obgedachten Herrn Obergerichtsadvocaten Carstens aus irgend einem rechtlichen Grunde Ansprüche oder Forderungen zu haben vermeinen — mit alleiniger Ausnahme der protocollirten Gläubiger — hiedurch, bei Strafe der Ausschließung und des ewigen Stillschweigens, aufgefordert und befehligt, solche binnen 12 Wochen, nach der letzten Bekanntmachung dieses Proclams, im hiesigen ersten Stadtsecretariate und spätestens am

16. Februar 1863,

als dem peremtorischen Angabetermine, im Obergerichte hieselbst anzumelden, wobei die die Ansprüche begründenden Documente in Urschrift vorzuzeigen und in Abschrift zurückzulassen sind; Auswärtige auch wegen gehöriger Procuraturbestellung das Nöthige wahrzunehmen haben.

Wornach Beikommende sich zu achten.

Altona, im Obergerichte, den 3. November 1862.

Ex Decreto Senatus.

№ 16.

Dritte und letzte Bekanntmachung.

Extr. des Procl. des 45sten Stücks № 3.

Alle und Jede, welche an die Concursmasse der Ehefrau des Claus Stieper in Thielenhemme, Elsabea, geb. Suhr, zu welcher die annoch auf dem Namen des Marx Suhr in Thielenhemme stehende Landstelle gehört, nichtprotocollirte Forderungen und Ansprüche zu haben vermeinen, haben solche ihre Forderungen und Ansprüche innerhalb 12 Wochen, vom Tage der letzten Bekanntmachung dieses Proclams angerechnet, in der Tellingstedter Kirchspielschreiberei, sub pœna praeclusi, ordnungsmäßig anzugeben und verzeichnen zu lassen.

Königliche Kirchspielvogtei zu Tellingstedt, den 1. November 1862.

C. Wohlt.

№ 17.

Dritte und letzte Bekanntmachung.

Extr. des Procl. des 44sten Stücks № 1.

Nichtprotocollirte Forderungen und Ansprüche an den unter gerichtliche Behandlung genommenen geringfügigen Nachlaß des weil. Dienstknechts Hans Peters in Tennsbüttel, so wie Pfandstücke aus diesem Nachlasse sind, bei Vermeidung des Verlustes der Forderungen und Pfandrechte, innerhalb der auf 6 Wochen, von der letzten Bekanntmachung dieses Proclams angerechnet, beschränkten Frist in der Königlichen Kirchspielschreiberei zu Albersdorf rechtsbehörig anzugeben.

K. G. W.

Meldorf, den 22. October 1862.

Zur Beglaubigung: Fabricius.

№ 18.

Dritte und letzte Bekanntmachung.

Extr. des Procl. des 44sten Stücks № 2.

Nichtprotocollirte Forderungen und Ansprüche an den unter gerichtliche Behandlung genommenen Nachlaß des verstorbenen Maurers August Fleischer in Marne, namentlich die Erbansprüche der angeblich nach Amerika ausgewanderten Tochter des defunctus, der Ehefrau Marie Friederike Hatgen, geb. Fleischer, so wie Pfandstücke aus diesem Nachlasse sind innerhalb 12 Wochen, von der letzten Bekanntmachung dieses Proclams angerechnet, in der Königl. Kirchspielschreiberei zu Marne rechtsbehörig anzugeben, und zwar bei Vermeidung des Verlustes der Forderungen und Pfandrechte, so wie der Verwarnung, daß es rücksichtlich des Erbantheils der abwesenden Ehefrau Hargen, geb. Fleischer, eventuell nach Maaßgabe der Verordnung vom 9. November 1798 verhalten werden wird.

V. G. W.

Meldorf, den 24. October 1862.

Zur Beglaubigung: Fabricius.

№ 19.

Dritte und letzte Bekanntmachung.

Extr. des Procl. des 45sten Stücks № 5.

Nichtprotocollirte Forderungen und Ansprüche an den unter gerichtliche Behandlung genommenen Nachlaß des früher in Ketelsbüttel und demnächst in Meldorf wohnhaften Maklers Karsten Arps und dessen gleichfalls verstorbenen Ehefrau Margaretha Elsabea Arps, früher verwittweten Karstens, gebornen Bahlcke, so wie Pfandstücke aus diesem Nachlasse sind innerhalb 12 Wochen, vom Tage der letzten Bekanntmachung dieses Proclams angerechnet, bei Vermeidung des Verlustes der Rechte, in der Königl. Kirchspielschreiberei zu Meldorf rechtsbehörig anzumelden.

V. G. W.

Meldorf, den 30. October 1862.

Zur Beglaubigung: Fabricius.

№ 20.

Dritte und letzte Bekanntmachung.

Extr. des Procl. des 45sten Stücks № 6.

Nichtprotocollirte Forderungen und Ansprüche an den Nachlaß des weiland Eingesessenen und Schiffers Peter Nanß in Burg, so wie Pfandstücke aus diesem Nachlasse sind innerhalb 12 Wochen, vom Tage der letzten Bekanntmachung dieses Proclams angerechnet, bei Vermeidung des Ausschlusses und des Verlustes der Rechte, in der Königlichen Kirchspielschreiberei zu Burg rechtsbehörig anzumelden.

V. G. W.

Meldorf, den 3. November 1862.

Zur Beglaubigung: Fabricius.

№ 21.

Dritte und letzte Bekanntmachung.

Extr. des Procl. des 45sten Stücks № 7.

Nichtprotocollirte Forderungen und Ansprüche an nachstehende unter gerichtliche Behandlung genommene Erbmassen, als:

1) an die Masse der weil. Eheleute Harm Bösch und Magdalena, geb. Schütt, zu Averlack,
2) an die Masse ihres im Jahre 1857 verstorbenen Sohnes Johann Hinrich Bösch, welcher früher in St. Margarethen gewohnt hat,

so wie Pfandstücke aus denselben sind, bei Strafe der Ausschließung und des Verlustes der Rechte, innerhalb 12 Wochen, vom Tage der letzten Bekanntmachung dieses Proclams angerechnet, in der Königl. Kirchspielschreiberei zu Eddelack rechtsbehörig anzumelden.

V. G. W.

Meldorf, den 5. November 1862.

Zur Beglaubigung: Fabricius.

№ 22.

Dritte und letzte Bekanntmachung.

Extr. des Procl. des 45sten Stücks № 9.

Alle und Jede, mit Ausnahme der protocollirten Gläubiger, welche dingliche oder persönliche Forderungen und Ansprüche an die Concursmasse des hiesigen Bürgers und Gastwirths Jochim Friedrich Bevenser, namentlich an das hieselbst Qu. II Nr. 13 belegene Haus c. pert. haben oder Pfänder von dem Cridar besitzen, müssen sich damit, bei Strafe der Ausschließung resp. des Verlustes der Ansprüche und Pfandrechte, innerhalb 12 Wochen, nach der letzten Bekanntmachung dieses Proclams, im Stadtsecretariate rechtsbehörig melden.

Decretum Segeberg, in Curia, den 6. Nov. 1862.

(L. S.) Bürgermeister und Rath.

№ 23.

Dritte und letzte Bekanntmachung.

Extr. des Procl. des 45sten Stücks № 14.

Ansprüche und Forderungen an die geringfügigen Concursmassen

1) des Einwohners Carl Hilmer jun. in Wandsbeck,

2) des Zimmergesellen Heinrich F. Fey daselbst

müssen, bei Strafe der Ausschließung von der Masse, innerhalb 12 Wochen, vom Tage der letzten Bekanntmachung dieses Proclams angerechnet, im unterzeichneten Justitiariate rechtsbehörig angemeldet werden.

Decretum Wandsbecker Justitiariat bei Wandsbeck, den 31. October 1862.

Reimers.

Beilage
zum 48. Stück der Holsteinischen Anzeigen.

Montag den 1. December 1862.

Bekanntmachungen.

№ 1.

Es wird hiedurch zur öffentlichen Kunde gebracht, daß der Bürger und Mühlenbesitzer Jacob Wittmaack in Glückstadt zum **curator personæ et bonorum** seines gemüthskranken Sohnes Herrmann Wittmaack, z. Z. in der Irrenanstalt zu Schleswig, bestellt worden ist, daher Rechtsgeschäfte nur mit dem gedachten Curator rechtsgültig abgeschlossen werden können.

Glückstadt, den 15. November 1862.

Der Magistrat.

№ 2.

Daß der Hufner J. F. W. F. Mylius in Heilshop als **curator bonorum** des Asmus Peter Groth daselbst entlassen worden ist und daß Letzterer die Verwaltung seines Vermögens wieder selbst übernommen hat, wird hiedurch bekannt gemacht.

Königl. Reinfelder Amthaus zu Traventhal, den 25. November 1862.

Grothusen.

In fidem: W. Baudissin.

Testaments-Publication.

Das Testament des am 22. d. M. verstorbenen Herrn Pastor Carl Heinrich Anton Balemann wird am Dienstag den 16. December, Mittags 12 Uhr, vor der unterzeichneten Behörde publicirt.

Rendsburger Amtsactuariat, den 26. Nov. 1862.

Brenning.

Testaments-Publication.

Zur Publication des bei dem hiesigen Magistratsgerichte deponirten Testaments der wailand Wittwe Elisabeth Ruser, geb. Wittrock, in Heiligenhafen ist Termin

auf Freitag den 12. December d. J., Morgens 10 Uhr, auf dem hiesigen Rathhause

angesetzt; welches Beikommenden zur Nachricht und Wahrnehmung ihrer Gerechtsame hiedurch zur öffentlichen Kunde gebracht wird.

Heiligenhafen, den 10. November 1862.

Der Magistrat.

Helmcke.

Testaments-Publication.

Zur Publication des bei dem hiesigen Magistratsgerichte deponirten wechselseitigen Testaments des hiesigen Landbürgers Hans Hinrich Jaeger und dessen wail. Ehefrau Metha Catharina Margaretha, früher verheirathet gewesenen Braatz, gebornen von Thagen, ist Termin

auf Freitag den 19. December d. J., Morgens 10 Uhr, auf dem hiesigen Rathhause

angesetzt; welches Beikommenden zur Nachricht und Wahrnehmung ihrer Gerechtsame hiedurch zur öffentlichen Kunde gebracht wird.

Heiligenhafen, den 15. November 1862.

Der Magistrat.

Helmcke.

Testaments-Publication.

Das am 20. August d. J. im hiesigen Gerichte von den Eheleuten, Anbauer Jochim Hinrich Langeloh und Anna Margaretha Catharina, geb. Stehr, in Hinschenfelde gemeinschaftlich errichtete Testament soll nach dem Ableben des Ersteren

am 3. December d. J., Mittags 1 Uhr,

in dem hiesigen Gerichte publicirt werden, was für Beikommende hiedurch bekannt gemacht wird.

Decretum Wandsbecker Justitiariat bei Wandsbeck, den 8. November 1862.

Reimers.

Verlorener Depositenschein.

Für den Eingesessenen Johann Theodor Eduard Frenz zum Garstedter Felde in der Herrschaft Pinneberg ist in Concurssachen des früheren hiesigen Eingesessenen, Gastwirths Carl August Eduard Wehl ein Capital von 630 ℳ R.-M. **ad depositum** genommen, hierüber abseiten des Justitiariats ein Depositenschein ausgefertigt und dem gedachten Deponenten behändigt worden. Nachdem nun das erwähnte Capital von 630 ℳ R.-M. an den genannten Johann Theodor Eduard Frenz gegen dessen eigenhändige Quittung und die übernommene Verpflichtung, den betreffenden Depositenschein zurückzuliefern, ausbezahlt worden ist, derselbe aber den Depositenschein unter dem Vorgeben, solchen verloren zu haben, seither nicht zurückgeliefert hat, wird zur Vermeidung etwanigen Mißbrauchs mit dem bezeichneten Depositenschein hiedurch bekannt gemacht, daß der qu. abseiten des Justitiariats über die erwähnten 630 ℛ R.-M. ausgestellte Depositenschein, da die Summe zurückbezahlt worden, ohne allen Werth ist.

Königliches Wandsbecker Justitiariat bei Wandsbeck, den 22. November 1862.

Reimers.

Steckbrief.

Da das unten signalisirte Dienstmädchen Johanna Sophia Christina Rudolph aus Gottorf, deren gegenwärtiger Aufenthalt nicht zu ermitteln gewesen ist, sich eines in hiesiger Stadt begangenen Kleiderdiebstahls dringend verdächtig gemacht hat, so werden alle Behörden des In- und Auslandes hiedurch dienstlich ersucht, auf dieselbe vigiliren zu lassen, sie im Betretungsfall anzuhalten und das Polizeiamt von der geschehenen Anhaltung in Kenntniß zu setzen, damit die Abholung der Inculpatin gegen Kostenerstattung veranlaßt werden könne.

Königl. Polizeiamt in Altona, den 25. Nov. 1862.

Willemoes-Suhm.

Signalement:

Alter: 26 Jahre, Statur: mittlere, Haare: blond, Stirn: niedrig, Augenbraunen: blond, Augen: blau, Nase und Mund: gewöhnlich, Kinn und Gesicht: oval, Gesichtsfarbe: gesund. Besondere Kennzeichen: keine.

Erledigter Steckbrief.

Der unterm 17. März v. J. erlassene Steckbrief, betreffend Friedr. Jacob Carl Brasholz aus Neustadt, ist durch dessen Inhaftirung erledigt.

Neustadt, den 21. November 1862.

Der Magistrat.
L. Kohlmann.

Proclamata.

№ 1.

Erste Bekanntmachung.

Von Gerichtswegen.

Da die Nachlaßmasse der jüngst verstorbenen Wittwe Christiane Maria Cäcilia Thedens, gebornen Spiecker, in Meldorf von dem instituirten Testamentserben derselben ausgeschlagen, von ihren hieselbst bekannten Intestaterben aber nur **sub beneficio legis et inventarii** angetreten worden ist, so hat dieselbe der gerichtlichen Behandlung unterzogen werden müssen, und ergeht daher auf Anhalten des bestellten Curators dieser Sterbbude an Alle, welche an die gedachte Nachlaßmasse nichtprotocollirte Ansprüche haben oder Pfandstücke von der **defunctæ** besitzen mögten, hiedurch der Befehl, dieselben innerhalb 12 Wochen, von der letzten Bekanntmachung dieses Proclams angerechnet, Auswärtige nach vorgängig bestellter Actenprocuratur, in der Königlichen Kirchspielschreiberei zu Meldorf, und zwar bei Verlust ihrer Forderungen und etwanigen Pfandrechte, gehörig anzugeben.

Zugleich wird die angeblich nach Jütland gezogene Ehefrau Christiane Claussen, geb. Spiecker, hiedurch aufgefordert und geladen, binnen gleicher Frist entweder persönlich oder per **mandatarium** ihre Erbgerechtsame an den hier proclamirten Nachlaß in der Königl. Kirchspielschreiberei zu Meldorf gehörig wahrzunehmen, im Widrigen es mit dem ihr zufallenden Erbtheil nach der Verordnung vom 9. November 1798 verhalten und die Anordnung einer Curatel vorgenommen werden wird.

Wornach sich zu achten.

Königl. Süderdithmarscher Landvogtei zu Meldorf, den 20. November 1862.

(L. S.) *Müllenhoff.*

Zur Beglaubigung: **Fabricius.**

№ 2.

Erste Bekanntmachung.

Von Gerichtswegen.

Nachdem über Habe und Güter des Schneidermeisters Christian Kriebitzsch in Meldorf Generalconcurs erkannt worden, wird auf Anhalten der beikommenden Nordermeldorfer Kirchspielvogtei allen nichtprotocollirten Gläubigern des gedachten Falliten hiemit aufgegeben, ihre Forderungen und Ansprüche an denselben (und zwar Auswärtige nach vorgängiger Actenprocuraturbestellung) binnen 12 Wochen, vom Tage der letzten Bekanntmachung dieses Proclams angerechnet, in der Kirchspielschreiberei zu Meldorf, bei Vermeidung der Ausschließung von dieser Masse, ordnungsmäßig anzugeben und verzeichnen zu lassen, etwa in ihren Händen befindliche Pfandstücke aber bei Verlust des Pfandrechts zur Masse einzuliefern.

Wornach sich zu achten.

Königl. Süderdithmarscher Landvogtei zu Meldorf, den 21. November 1862.

(L. S.) *Müllenhoff.*

Zur Beglaubigung: **Fabricius.**

№ 3.

Erste Bekanntmachung.

Es hat der hiesige Bäckermeister Johann Reimers angezeigt, daß er einen Theil seines im Flecken Neumünster belegenen, im Brandcataster mit „hinterm Teich Nr. 1“ bezeichneten Grundbesitz verkauft und sich verpflichtet habe, dem Käufer ein von allen dinglichen Gerechtsamen und Ansprüchen freies Grundstück zu liefern, weshalb er um Erlassung eines landüblichen Realproclams gebeten hat. In Deferirung dieses Antrags werden daher alle diejenigen, mit alleiniger Ausnahme der protocollirten Creditoren, welche an den mit „hinterm Teich Nr. 1“ im Brandcataster bezeichneten Grundbesitz des Johann Reimers dingliche Gerechtsame und Ansprüche zu haben vermeinen, hiedurch von Gerichtswegen aufgefordert und befehligt, sich damit binnen 12 Wochen, vom Tage der letzten Bekanntmachung dieses Proclams angerechnet, bei Strafe des Verlustes derselben, auf dem hiesigen Königlichen Actuariate zu melden, die ihre Ansprüche begründenden Documente im Original zu produciren, Abschriften davon zurückzulassen und, falls sie Auswärtige sind, einen Actenprocurator unter hiesiger Jurisdiction zu bestellen.

Königl. Amthaus zu Neumünster, den 17. November 1862.

v. Stemann.

In fidem: K. Scheel.

№ 4.

Erste Bekanntmachung.

Da über die Habe und Güter des hiesigen Bürgers und Gastwirths Wilh. Heinr. Alfred Hoffmann der Concurs der Gläubiger erkannt worden: so werden von Gerichtswegen Alle und Jede, welche an denselben oder dessen untenbezeichnetes Erbe aus irgend einem rechtlichen Grunde Ansprüche oder Forderungen zu haben vermeinen — mit alleiniger Ausnahme der protocollirten Gläubiger — bei Strafe der Ausschließung von der unter Concursbehandlung genommenen Masse, aufgefordert und befehligt, solche binnen 12 Wochen, nach der letzten Bekanntmachung dieses Proclams, im hiesigen ersten Stadtsecretariate und spätestens am

16. März 1863,

als dem peremtorischen Angabetermine, im Obergericht hieselbst anzumelden, wobei die die Ansprüche begründenden Documente in Urschrift vorzuzeigen und in Abschrift zurückzulassen sind, Auswärtige auch wegen gehöriger Procuraturbestellung das Nöthige wahrzunehmen haben.

Zum öffentlichen Verkaufe des zu dieser Concursmasse gehörigen, an der Oelkersiwiete belegenen, mit Christoph Friedrich Simonis modo dessen Erben im Süden, Johann Friedrich Hillermann im Norden und Westen und Carl Heinrich Christoph Schulze im Norden benachbarten Erbes, genannt „Sommerhuder Tivoli", ist Termin auf

Montag den 29. December 1862,

anberaumt worden, an welchem Tage, Nachmittags 2 Uhr, die Kaufliebhaber im hiesigen Rathskeller sich einfinden und den Handel versuchen können.

Wornach Beikommende sich zu achten!

Altona, im Obergerichte, den 20. November 1862.

Ex Decreto Senatus.

№ 5.

Zweite Bekanntmachung.

Von Gerichtswegen

wird auf Anhalten des Einwohners A. N. Stammer in Heide, als Massecurators, den sämmtlichen nichtprotocollirten Creditoren des Gastwirths Claus Hinr. Reimers in Heide, über dessen Habe und Güter definitiv Concurs erkannt worden ist, hirdurch aufgegeben, ihre Ansprüche und Forderungen an den Boniscedenten, dieselben mögen beruhen, worin immer, bei Vermeidung der Ausschließung von der Concursmasse, zu deren Regulirung das Armenrecht bewilligt worden ist, innerhalb 12 Wochen, von der letzten Bekanntmachung dieses Proclams angerechnet, in der Kirchspielschreiberei zu Heide, Auswärtige unter Bestellung der Actenprocuratur, anzumelden und verzeichnen zu lassen.

Königl. Norderdithmarsische Landvogtei zu Heide, den 5. November 1862.

Hansen.

In fidem: Scholtz.
Pro copia: Wiencke.

№ 6.

Zweite Bekanntmachung.

Auf Anhalten Beikommender und mit erfolgter Autorisation des Königl. Holsteinischen Obergerichts werden Alle und Jede, welche an nachstehende verloren gegangene Documente, als:

1) einen für weiland Halbhufner Hans Soltau in Rehorst am 10. Mai 1826 ausgestellten Antrittsbrief, wonach dieser verpflichtet sein sollte, an jeden seiner 5 Geschwister, als Elsabe, Claus Hinrich, Jochim, Catharina Magd. und Anna Soltau, an baarem Gelde 200 ℳ vorm. Cour. gleich 320 ℳ R.-M., auszukehren, und woraus annoch 66 ℳ 32 β v. Cour., gleich 106 ℳ 64 β R.-M., welche später durch Erbvergleich vom 3. November 1831 Eigenthum der Wittwe Anna Margaretha Soltau, geb. Schwarz, wurden, auf dem Folio der jetzigen Besitzer Asmus Hinrich Rathje und Margaretha Sophie Elsabe Rathje, geb. Soltau, in Rehhorst protocollirt stehen;
2) eine von den Eheleuten Johann Nicolaus Thomas Dorendorf und Anna Catharine Elsabe Dorendorf, geb. Bartels, Parcelisten zum Kalckgraben, am 1. April 1851 an den Altentheiler Christian Hinrich Wittern zur Dröhnhorst ausgestellte, auf 400 ℔ v. Cour., gleich 213 ℳ 32 β R.-M., lautende und auf dem Folio des jetzigen Besitzers, Parcelist Johann Friedrich Dorendorf zum Kalckgraben, annoch protocollirt stehende Obligation;
3) an eine von dem Tischlermeister Jochim Hinrich Koop in Reinfeld am 24. Juni 1851 an den Altentheiler Christian Hinrich Wittern zur Dröhnhorst ausgestellte, auf gleichfalls 400 ℔ v. Cour., gleich 213 ℳ 32 β R.-M. lautende und eodem protocollirte Obligation;
4) an eine Aussageacte des weiland Bauervogts und Vollhufners Hinrich Stehn in Pöhls, d. d. 11. November 1826, wonach er seinen 3 Kindern erster Ehe, Asmus Hinrich, Margaretha Dorothea und Magdalena Stehn, 250 ℳ v. Cour., gleich 400 ℳ R.-M., aussagte;
5) endlich an den am 12. November 1850 zwischen

dem 3/4 Hufner Johann Hinrich Wittern in Rehorst als Verkäufer und Johannes Hinrich Jochim Tewes aus Rastorf als Käufer abgeschlossenen Kaufcontracts, woraus für den Verkäufer annoch 3000 ℛ v. Cour., gleich 8000 ℛ R.-M., auf dem Folio des 3/4 Hufners Jochim Hinrich Friedrich Grimm in Rehorst protocollirt stehen,

Ansprüche und Forderungen irgend einer Art zu haben vermeinen, hiemittelst aufgefordert, sich damit innerhalb 12 Wochen, vom Tage der letzten Bekanntmachung dieses Proclams angerechnet, auf dem Königl. Reinfelder Actuariate zu melden, unter der Verwarnung, daß sie widrigenfalls mit ihren Ansprüchen ausgeschlossen und die sub 1 bis 5 vorgenannten Documente für mortificirt erklärt, zugleich aber für die sub 3 und 5 aufgeführten Documente bezügliche Abschriften aus den Nebenbüchern werden originalisirt werden.

Königl. Reinfelder Amthaus zu Traventhal, den 11. November 1862.

G. Grothusen.

In fidem: W. Baudissin.

№ 7.

Zweite Bekanntmachung.

Extr. des Procl. des 47sten Stücks № 2.

Nichtprotocollirte Forderungen und Ansprüche an den Nachlaß des weil. Müllers Friedrich Christopher Hinrich Mönck in Buchholz, so wie Pfandstücke aus demselben sind, bei Vermeidung des Verlustes der Rechte, innerhalb 12 Wochen, von der letzten Bekanntmachung dieses Proclams angerechnet, in der Königlichen Kirchspielschreiberei zu Burg rechtsbehörig anzumelden. B. G. W.

Meldorf, den 12. November 1862.

Zur Beglaubigung: **Fabricius.**

№ 8.

Zweite Bekanntmachung.

Extr. des Procl. des 47sten Stücks № 3.

Nichtprotocollirte dingliche Rechte an das von dem Hrn. **Dr. med.** H. Carstenn hieselbst verkaufte in der Stadt Rendsburg am Damm sub Nr. 307 belegene Wohnhaus c. pert. sind, bei Vermeidung der Präclusion, binnen 12 Wochen, von der letzten Bekanntmachung dieses Proclams, von Auswärtigen unter Procuraturbestellung, im städtischen Actuariat hieselbst gehörig anzumelden.

Rendsburg, den 7. November 1862.

(L. S. C.) Der Magistrat.

№ 9.

Zweite Bekanntmachung.

Extr. des Procl. des 47sten Stücks № 4.

Nichtprotocollirte Forderungen und Ansprüche an den insolventen Krämer H. P. Thaysen in Rendsburg so wie an den gleichfalls insolventen Gastwirth Hans Ohrt hieselbst, früher Hotelwirth zu Wyck auf Föhr, so wie von dem einen oder anderen dieser Cridare gegebene Faustpfänder müssen binnen 12 Wochen, von der letzten Bekanntmachung dieses Proclams, von Auswärtigen unter Procuraturbestellung, im städtischen Actuariate hieselbst gehörig angemeldet werden.

Rendsburg, den 12. November 1862.

(L. S. C.) Der Magistrat.

№ 10.

Zweite Bekanntmachung.

Extr. des Procl. des 47sten Stücks № 6.

Mit alleiniger Ausnahme der protocollirten Creditoren müssen sich Alle und Jede, welche Ansprüche und Forderungen irgend einer Art an die Nachlaßmasse des am 28. October d. J. verstorbenen Hofbesitzers Gerdt Meynert in Raa und dessen daselbst belegene Hofstelle zu haben vermeinen, oder Pfänder von dem Verstorbenen besitzen, damit innerhalb 12 Wochen, vom Tage der letzten Bekanntmachung dieses eventuell auch als Concursproclam erlassenen Proclams angerechnet, sub pœna præclusi et perpetui silentii, bei dem unterzeichneten Gerichte rechtsbehörig melden.

Königl. Administratur zu Ranzau, den 19. Novbr. 1862.

A. v. Moltke.

№ 11.

Dritte und letzte Bekanntmachung.

Extr. des Procl. des 46sten Stücks № 1.

Nichtprotocollirte Forderungen und Ansprüche an den Nachlaß der weil. Wittwe Elisabeth Ruser, geb. Wittrock, in Heiligenhafen sind, bei Strafe des Ausschlusses und des ewigen Stillschweigens, innerhalb 12 Wochen, von der letzten Bekanntmachung dieses angerechnet, ordnungsmäßig im hiesigen Stadtsecretariat anzumelden.

Decretum Heiligenhafen, in **Curia**, den 10. November 1862.

Der Magistrat.

Helmcke.

Beilage
zum 49. Stück der Holsteinischen Anzeigen.

Montag den 8. December 1862.

Obergerichtliche Notification.

Wenn der Geheime Conferenzrath und Königl. Dänische Gesandte in Stockholm, Wulff Graf von Scheel-Plessen, als nach dem Ableben seines Vaters, des Geheimen Conferenzraths Mogens Joachim Grafen von Scheel-Plessen auf Sierhagen, succedirender Fideicommißerbe des weil. Geheimen Conferenzraths Wulff Heinrich von Thienen, unterm 21. v. M. um Publicirung der in dem von dem gedachten Fideicommißstifter unterm 15. Septbr. 1808 zu Lübeck errichteten Testamente enthaltenen fideicommissarischen Bestimmungen, dahin lautend:

§ 3.

Nach meinem tödtlichen Hintritt sollen mit einem immerwährenden Fideicommisse belegt sein:

A. In dem adel. Gute Sierhagen mit Mühlenkamp und deren Pertinentien, worüber sonst mein Erbe und dessen Substitute frei disponiren können, Zweimal Hundert Tausend Reichsthaler S. H. Courant Speciesmünze als zu 4 Procent erste und unablösliche Hypothek, wozu ich ferner als Familien-Fideicommiß-Capital lege:

1) Einmal Hundert Tausend Reichsthaler, die in den Gütern Wensien und Travenort (jedoch damit diese Güter nach Gefallen der Eigenthümer von einander getrennt werden können, Siebenzig Tausend in dem ersteren und Dreißig Tausend in dem letzteren),
2) Zwanzig Tausend Reichsthaler, die in dem Gute Müssen,
3) Zehn Tausend Reichsthaler, die in dem Gute Ehlerstorf, und
4) Eilf Tausend Reichsthaler, die in dem Gute Rosenhof unablöslich belegt stehen.

B. In den adelichen Gütern Löhrstorf, Claustorf, Großenbrode und Godderstorf mit allen dazu gehörigen Pertinentien, zu welchem ersteren, nämlich Löhrstorf, auch der Antheil der Güldensteiner Hölzung, welchen ich mir beim Verkauf von Güldenstein reservirt, und überdies die schon vorhin bei Löhrstorf gewesene Hölzung hiedurch von mir gelegt werden, die Summe von Zweimal Hundert Tausend Reichsthaler S. H. Courant Speciesmünze zu 4 Procent als erste unablösliche Hypothek, und zwar in Löhrstorf und Großenbrode und deren Pertinentien Ein Hundert und Zehn Tausend Reichsthaler, in Claustorf mit seinen Zubehörungen Funfzig Tausend Reichsthaler und in Godderstorf mit dessen Pertinentien Vierzig Tausend Reichsthaler.

§ 4.

Das adeliche Gut Sierhagen mit dem Zinsengenuß des darin fundirten Fideicommisses von 200,000 ℛ und den Zinsen der in den Nummern 1, 2, 3 und 4 ferner als Fideicommiß dazu gelegten unablöslichen Capitalien von 141,000 ℛ und was ich ferner dazu bestimmen möchte, bekommt mein instituirter Erbe und nach ihm dessen eheliche Nachkommenschaft, und in deren Ermangelung auf dieselbe Weise der erste und zweite Substitut und deren eheliche Descendenz nach der weiter unten von mir festgesetzten Vorschrift.

Die adelichen Güter Löhrstorf, Claustorf, Großenbrode und Godderstorf mit deren Pertinentien und zu Löhrstorf gelegten Hölzungen, zur freien Disposition über die Substanz dieser Güter und mit dem Zinsengenuß des dabei angeordneten Fideicommiß-Capitals von 200,000 ℛ, legire und vermache ich dem Herrn Kammerherrn und Jägermeister Christian Heinrich August v. Hardenberg-Reventlow und nach ihm seiner ehelichen Descendenz auf die weiter unten festzusetzende Weise. Sollte indessen dieser mein Legatarius vor seiner jetzigen Frau Gemahlin Johanna, geb. Baronesse v. Reitzenstein, versterben, so vermache ich derselben hiemit, so lange sie lebt und sich nicht anderweitig wieder verheirathet, jährlich 3000 ℛ aus den Revenüen dieser ihrem Herrn Gemahl und dessen ehelichen Descendenz allhier vermachten Gütern.

Mein obgedachter Erbe, dessen Substituten und dessen und deren allerseitige zum Genusse der Fideicommisse gelangende Successoren, imgleichen dieser mein Legatarius und dessen allerseitige Nachfolger, sind bei Verlust der Erbeinsetzung und dieses Legati schuldig, die fideicommissarische Qualität der resp. in Sierhagen radicirten und dabei gelegten 341,000 ℛ und der in den Gütern Löhrstorf, Clanstorf, Großenbrode und Godderstorf fundirten 200,000 ℳ sowohl gleich nach dem Antritt der Erbschaft und des Legatums, als auch demnächst alljährlich auf gemeinschaftliche Kosten, Jeder zur Hälfte, öffentlich publiciren zu lassen.

gebeten hat:

Wird von Obergerichtswegen diese testamentarische Disposition hiemittelst zur öffentlichen Kunde gebracht.

Urkundlich unterm vorgedruckten größern Gerichts-Insiegel. Gegeben im Königl. Holsteinischen Obergerichte zu Glückstadt, den 4. December 1862.

(L. S.) *v. Schirach. Henrici.*

Tiedemann.

Testaments-Publication.

Zur Publication des bei dem hiesigen Magistratsgerichte deponirten wechselseitigen Testaments des hiesigen Landbürgers Hans Hinrich Jaeger und dessen weil. Ehefrau Metha Catharina Margaretha, früher verheirathet gewesenen Braatz, gebornen von Thagen, ist Termin

auf Freitag den 19. December d. J., Morgens 10 Uhr, auf dem hiesigen Rathhause

angesetzt; welches Beikommenden zur Nachricht und Wahrnehmung ihrer Gerechtsame hiedurch zur öffentlichen Kunde gebracht wird.

Heiligenhafen, den 15. November 1862.

Der Magistrat.
Helmcke.

Verlorener Depositenschein.

Für den Eingesessenen Johann Theodor Eduard Frenz zum Garstedter Felde in der Herrschaft Pinneberg ist in Concurssachen des früheren hiesigen Eingesessenen, Gastwirths Carl August Eduard Wehl ein Capital von 630 ℳ R.-M. ad depositum genommen, hierüber abseiten des Justitiariats ein Depositenschein ausgefertigt und dem gedachten Deponenten behändigt worden. Nachdem nun das erwähnte Capital von 630 ℳ R.-M. an den genannten Johann Theodor Eduard Frenz gegen dessen eigenhändige Quittung und die übernommene Verpflichtung, den betreffenden Depositenschein zurückzuliefern, ausbezahlt worden ist, derselbe aber den Depositenschein unter dem Vorgeben, solchen verloren zu haben, seither nicht zurückgeliefert hat, wird zur Vermeidung etwanigen Mißbrauchs mit dem bezeichneten Depositenschein hiedurch bekannt gemacht, daß der qu. abseiten des Justitiariats über die erwähnten 630 ℳ R.-M. ausgestellte Depositenschein, da die Summe zurückbezahlt worden, ohne allen Werth ist.

Königliches Wandsbecker Justitiariat bei Wandsbeck, den 22. November 1862.

Reimers.

Erledigter Steckbrief.

Durch die erfolgte Arretirung der Johanna Sophia Christina Rudolph aus Gettorf ist der unterm 25. v. M. erlassene Steckbrief erledigt.

Königl. Polizeiamt in Altona, den 2. Decbr. 1862.

Willemoes-Suhm.

Proclamata.

№ 1.

Erste Bekanntmachung.

Von Gerichtswegen.

Die Wittwe des Johann Daniel, Catharina Daniel, geb. Ramm, in Meldorf ist mit Hinterlassung von Kindern, die theils abwesend, theils noch unmündig sind, unlängst verstorben, und da hiernach die gerichtliche Berichtigung des höchst geringfügigen Nachlasses der Verstorbenen nothwendig geworden: so ergeht auf Instanz des bestellten Massecurators an Alle, welche Forderungen an die Verstorbene haben, oder Pfänder von derselben besitzen, der Befehl, dieserwegen, Auswärtige nach vorher bestellter Actenprocuratur, in 6 Wochen, nach der letzten Bekanntmachung dieses Proclams, in der Königl. Kirchspielschreiberei zu Meldorf Angabe zu thun.

Wornach sich, sub pœna praeclusi, zu achten.

Königl. Süderdithmarscher Landvogtei zu Meldorf, den 25. November 1862.

(L. S.) *Müllenhoff.*

Zur Beglaubigung: **Fabricius.**

№ 2.

Erste Bekanntmachung.

Wenn der Nachlaß des in Rumohr, Amts Bordesholm, verstorbenen Altentheilers Johann Friedrich Kähler der gerichtlichen Behandlung unterzogen worden, so werden Alle und Jede, welche an diesen Nachlaß Ansprüche und Forderungen irgend einer Art machen zu können vermeinen, von Gerichtswegen hiedurch aufgefordert, diese ihre Forderungen und Ansprüche, bei Vermeidung des Ausschlusses und des Verlustes ihrer Rechte, innerhalb 12 Wochen, vom Tage der letzten Bekanntmachung dieses Proclams angerechnet, unter Beobachtung des Rechtserforderlichen, im hiesigen Königl. Amtsactuariat gehörig anzugeben.

Königl. Gericht für das Amt Bordesholm.

Bordesholm, den 28. November 1862.

Carstens.

In fidem Carstens.

№ 3.

Erste Bekanntmachung.

Alle und Jede, mit Ausnahme der protocollirten Creditoren, welche Forderungen und Ansprüche zu haben vermeinen:

1) an die Eheleute Hinrich Adolph Theodor Steen und Wilhelmine Margaretha Steen, geb. Hesse; am Ihlsee, Vorwerks Süsel, auf Grund etwaniger Pfand- oder sonstiger dinglicher Rechte an der von ihnen verkauften Anbauerstelle nebst Ländereien;
2) an den Bäcker Carl Potthast in Ahrensböck auf Grund etwaniger Pfand- oder sonstiger dinglicher Rechte an den von ihm von seinem im Flecken Ahrensböck belegenen Grundbesitz verkauften 48 Quadratruthen Land;
3) an den Bäcker Jochim Jürgens in Ahrensböck auf Grund etwaniger Pfand- oder sonstiger dinglicher Rechte an der von ihm von seinem im Flecken Ahrensböck belegenen Grundbesitz verkauften Landmaaße von 7 Tonnen (die Selkoppel und die früher Hubysche Koppel) und
4) an den Nachlaß des weil. Altentheilers Daniel Hinrich Schulz in Curau,

haben diese ihre Ansprüche binnen 12 Wochen, a dato der letzten Bekanntmachung dieses Proclams, bei Strafe der Präclusion, beim Königl. Ahrensböcker Actuariat zu Plön anzumelden. Auswärtige haben Actenprocuratur zu bestellen.

Königliches Ahrensböcker Amthaus zu Plön, den 27. November 1862.

W. C. v. Levetzau.

In fidem: Friederici.

№ 4.

Erste Bekanntmachung.

Alle diejenigen, welche an die von der weil. Ehefrau Anna Catharina Dorothea Haltz, geb. Reimers, zu Mori besessene und hinterlassene, dort belegene Kathenstelle dingliche Forderungen und Ansprüche zu haben vermeinen, so wie diejenigen, welche an den jetzt zur Theilung stehenden, seither in communione prorogata verbliebenen Nachlaß derselben Ansprüche und Forderungen haben, werden hiedurch aufgefordert, sich damit, bei Strafe der Präclusion und des ewigen Stillschweigens, binnen einer mit Genehmigung des Obergerichts auf 6 Wochen präfigirten Frist, von der letzten Bekanntmachung angerechnet, beim unterzeichneten Justitiariat zu melden.

Stockelstorf, im Justitiariat für Mori, den 1. December 1862.

Esmarch.

№ 5.

Erste Bekanntmachung.

Wegen Concurrenz eines abwesenden Erben ist der Nachlaß des weiland Halbhufenpächters Jochim Hinrich Aesemann in Strenglin unter gerichtliche Behandlung genommen und die Erlassung eines Proclams erbeten.

Es werden demnach nicht nur alle diejenigen, welche an diesen Nachlaß Ansprüche oder Forderungen irgend einer Art zu haben vermeinen, mit Ausnahme der anwesenden und bekannten Erben, sondern auch namentlich der abwesende Schuhmachergeselle Johann Jochim Aesemann, event. seine unbekannten Erben, hiemittelst von Gerichtswegen aufgefordert, sich binnen 12 Wochen, von der letzten Bekanntmachung dieses Proclams angerechnet, und zwar erstere bei Strafe der Ausschließung und Letzterer unter der Androhung, daß das ihm zugefallene Vermögen widrigenfalls nach Maaßgabe der Verordnung vom 9. Novbr. 1798 unter Verwaltung genommen werde, in dem unterzeichneten Justitiariat ordnungsmäßig zu melden und, sofern sie Ausheimische sind, Actenprocuratur zu bestellen.

Decretum Segeberg, im Pronstorfer Justitiariat, den 29. November 1862.

Esmarch.

№ 6.

Erste Bekanntmachung.

Demnach der Halbhufner Jürgen Rathjen zu Sarlhusen am 14. d. M. mit Tode abgegangen und die hinterlassenen Erben resp. durch Vormünder und Curator erklärt, daß sie die Verlassenschaft desselben pure anzutreten Bedenken tragen und daher um die Erlassung eines Proclams zur Ermittelung des Massebestandes ersuchen müßten:

So werden von Gerichtswegen Alle und Jede, mit Ausnahme der protocollirten Gläubiger, welche Ansprüche und Forderungen an diese Verlassenschaft, namentlich auch an die zu Sarlhusen belegene Halbhufe c. p. machen zu können vermeinen möchten, hiedurch aufgefordert, solche, bei Strafe der Ausschließung, binnen 12 Wochen, vom Tage der letzten Bekanntmachung dieses Proclams an, hieselbst anzugeben, Auswärtige unter Bestellung der Actenprocuratur.

Itzehoe, im Justitiariat des adeligen Guts Sarlhusen, den 27. November 1862.

F. Rötger.

№ 7.

Erste Bekanntmachung.

Nachdem die dem Erbpachtsmüller Claus in Heiligenstedten für die Aufhebung des mit seiner Mühle verbunden gewesenen Zwangsrechts zukommende Entschädigung nach Verhandlung mit dem Königl. Commissariat für dieses Geschäft nunmehr festgestellt und von dem gedachten Commissariat die Erlassung des nach Vorschrift des § 32 der Verordnung vom 10. Mai 1854 dieserhalb erforderlichen Proclams beantragt worden:

So werden hiemittelst von Gerichtswegen die hypothecarischen Gläubiger des Erbpachtsmüllers Claus oder sonst Berechtigte, welche Gerechtsame auf Theilnahme an den obigen Entschädigungsgeldern für den aufgehobenen Mühlenzwang zu haben vermeinen, hiemittelst, bei Verlust ihrer Gerechtsame, aufgefordert, sich innerhalb 6 Wochen, nach dem Datum der letzten Bekanntmachung dieses Proclams, hieselbst im Justitiariat, Auswärtige unter Bestellung der Actenprocuratur, gehörig anzugeben und weiteres Verfahren zu gewärtigen.

Heiligenstedtener Justitiariat zu Itzehoe, den 28. November 1862.

F. Rötger.

№ 8.

Erste Bekanntmachung.

Wenn der Hufner Marx Boy in Hennstedt, Klosters Itzehoe, seine daselbst belegene Hufe verkauft und auf die Erlassung eines landüblichen Proclams angetragen hat: so werden in Deferirung dieses Antrages Alle und Jede, welche an die in Hennstedt unter Klösterlich Itzehoer Jurisdiction belegene Hufe des Marx Boy hypothecarische oder sonstige dingliche Ansprüche zu haben vermeinen, jedoch mit Ausnahme der protocollirten Gläubiger, hiedurch aufgefordert und befehligt, diese Ansprüche, bei Strafe des Verlustes derselben, binnen 12 Wochen, vom Tage der letzten Bekanntmachung dieses Proclams angerechnet, bei dem Klösterlichen Protocolle in Itzehoe anzugeben, die ihre Ansprüche begründenden Documente im Original zu produciren, beglaubigte Abschriften davon zurückzulassen und, insofern sie Auswärtige sind, Procuratoren zu den Acten zu bestellen.

Itzehoe, den 29. November 1862.

Klösterliche Obrigkeit.

№ 9.

Erste Bekanntmachung.

Da von den hiesigen Bürgern Martin Nicolaus Thomas Aue und Hinrich Martin Christian Ficke, als gerichtlich bestellten Curatoren des hiesigen Bürgers und Zimmermeisters Johann Andreas Carl Reisler, auf die Erlassung eines Proclams angetragen und solchem Antrage vom Magistrate stattgegeben ist: so werden von Gerichtswegen Alle und Jede, welche an den obgedachten Reisler aus irgend einem rechtlichen Grunde Ansprüche oder Forderungen zu haben vermeinen — mit alleiniger Ausnahme der protocollirten Gläubiger — bei Strafe der Ausschließung und des ewigen Stillschweigens, aufgefordert und befehligt, solche binnen 12 Wochen, nach der letzten Bekanntmachung dieses Proclams, im hiesigen ersten Stadtsecretariate und spätestens am

19. März 1863,

als dem peremtorischen Angabetermine, im Obergerichte hieselbst anzumelden, wobei die die Ansprüche begründenden Documente in Urschrift vorzuzeigen und in Abschrift zurückzulassen sind, Auswärtige auch wegen gehöriger Procuratarbestellung das Nöthige wahrzunehmen haben.

Wornach Beikommende sich zu achten.

Altona, im Obergerichte, den 27. November 1862.

Ex Decreto Senatus.

№ 10.

Erste Bekanntmachung.

Da auf geschehene Insolvenz-Erklärung:

1) des hiesigen Einwohners Hermann Bock;
2) des hiesigen Bürgers und Gewürzwaarenhändlers Claus Bahrs, in Firma C. Bahrs & Co.;
3) des früheren hiesigen Manufacturwaarenhändlers Caspar Tietjens;
4) des hiesigen Bürgers und Schneidermeisters Johann Christian Philipp Schneider,

über die Habe und Güter derselben der Concurs der Gläubiger erkannt worden: so werden von Gerichtswegen Alle und Jede, welche an obgenannte Personen aus irgend einem rechtlichen Grunde, so wie diejenigen,

5) welche an den Nachlaß des am 2. April d. J. hieselbst verstorbenen Webergesellen Johann Gottlieb Isleib aus Sachsen-Weimar, dessen Erben legitimirt sind;
6) welche an den Nachlaß des am 22. August d. J. in Hamdorf verstorbenen hiesigen Einwohners Jochim Tiedemann aus Hamdorf;
7) welche an den Nachlaß der am 21. Juni d. J. verstorbenen Oberstin Amalia Dorothea v. Mussa, geb. Krohn, weil. in Ottensen, — deren Söhne Johann Mathias Georg Joseph v. Mussa und Vitalis Dominicus v. Mussa sich im Auslande befinden und denen daher, falls sie sich vor Ablauf des Proclams nicht melden, Curatoren zur Verwaltung ihres Erbtheils zu bestellen sind —

resp. Erb- oder sonstige Ansprüche und Forderungen zu haben vermeinen, ad 1—4 bei Strafe der Ausschließung von diesen Massen, ad 5 und 6 bei Strafe des ewigen Stillschweigens, ad 7 mit Ausnahme der vorgedachten beiden Erben, bei Strafe des ewigen Stillschweigens, aufgefordert und befehligt, solche binnen 12 Wochen, nach der letzten Bekanntmachung dieses Proclams, im hiesigen ersten Stadtsecretariate und spätestens am

19. März 1863,

als dem peremtorischen Angabetermine, im Obergerichte hieselbst anzumelden, wobei die die Ansprüche begründenden Documente in Urschrift vorzuzeigen und in Abschrift zurückzulassen sind, Auswärtige auch wegen gehöriger Procuraturbestellung das Nöthige wahrzunehmen haben.

Wornach Beikommende sich zu achten!

Altona, im Obergerichte, den 27. November 1862.

Ex Decreto Senatus.

№ 11.

Erste Bekanntmachung.

Da auf geschehene Insolvenzerklärung Seitens des hiesigen Bürgers und Fabrikanten von Posamentierwaaren Leser Mendel, in Firma Gebrüder Mendel, über dessen Habe und Güter der Concurs der Gläubiger erkannt worden: so werden von Gerichtswegen Alle und Jede, welche an denselben aus irgend einem rechtlichen Grunde Ansprüche oder Forderungen zu haben vermeinen, hiedurch, bei Strafe der Ausschließung von der unter Concursbehandlung genommenen Masse, aufgefordert und befehligt, solche binnen 12 Wochen, nach der letzten Bekanntmachung dieses Proclams, im hiesigen ersten Stadtsecretariate und spätestens am

26. März 1863,

als dem peremtorischen Angabe-Termine, im Obergerichte hieselbst anzumelden, wobei die die Ansprüche begründenden Documente in Urschrift vorzuzeigen und in Abschrift zurückzulassen sind, Auswärtige auch wegen gehöriger Procuratur-Bestellung das Nöthige wahrzunehmen haben.

Wornach Beikommende sich zu achten.

Altona, im Obergerichte, den 1. December 1862.

Ex Decreto Senatus.

№ 12.

Erste Bekanntmachung.

Da von dem Gerichtsboten Siemssen, als gerichtlich bestelltem Administrator des Nachlasses der weil. Sophia Maria Louise, des verstorbenen hiesigen Gastwirths Johann Andreas Christian Bruhn Wittwe, geb. Stockmann, mit Rücksicht auf die von den Erben derselben abgegebene Erklärung, den Nachlaß nur sub beneficio legis et inventarii antreten zu wollen, auf die Erlassung eines Proclams behufs Ausmittelung des Güterbestandes angetragen und solchem Antrage vom Magistrate stattgegeben ist: so werden von Gerichtswegen Alle und Jede, welche an den Nachlaß der gedachten Verstorbenen aus irgend einem rechtlichen Grunde Ansprüche oder Forderungen zu haben vermeinen — mit alleiniger Ausnahme der bekannten Beneficialerben und der protocollirten Gläubiger — hiedurch, bei Strafe der Ausschließung und des ewigen Stillschweigens, aufgefordert und befehligt, solche Ansprüche binnen 12 Wochen, nach der letzten Bekanntmachung dieses Proclams, im hiesigen ersten Stadtsecretariate, und spätestens am

26. März 1863,

als dem peremtorischen Angabetermine, im Obergerichte hieselbst anzumelden, wobei die die Ansprüche begründenden Documente in Urschrift vorzuzeigen und in Abschrift zurückzulassen sind, Auswärtige auch wegen gehöriger Procuraturbestellung das Nöthige wahrzunehmen haben.

Für den Fall, daß die vorhandene Masse zur Berichtigung der angemeldeten Schulden nicht ausreichen sollte, dient dies Proclam zugleich als eventuelles Concursproclam.

Wornach Beikommende sich zu achten.

Altona, im Obergerichte, den 1. December 1862.

Ex Decreto Senatus.

№ 13.

Erste Bekanntmachung.

Da auf geschehene Insolvenzerklärung des hiesigen Bürgers und Colonialwaarenhändlers Johann Hinrich Meyer über die Habe und Güter desselben der Concurs der Gläubiger erkannt worden: so werden von Gerichtswegen Alle und Jede, welche an denselben oder dessen untenbezeichnetes Erbe aus irgend einem rechtlichen Grunde Ansprüche oder Forderungen zu haben vermeinen — mit alleiniger Ausnahme der protocollirten Gläubiger — bei Strafe der Ausschließung von der unter Concursbehandlung genommenen Masse, aufgefordert und befehligt, solche binnen 12 Wochen, nach der letzten Bekanntmachung dieses Proclams, im hiesigen ersten Stadtsecretariate, und spätestens am

26. März 1863,

als dem peremtorischen Angabetermine, im Obergericht hieselbst anzumelden, wobei die die Ansprüche begründenden Documente in Urschrift vorzuzeigen und in Abschrift zurückzulassen sind, Auswärtige auch wegen gehöriger Procuraturbestellung das Nöthige wahrzunehmen haben.

Zum öffentlichen Verkaufe des zu dieser Concursmasse gehörigen, an der Norderstraße belegenen, mit Marten Siems im Norden, Carl Theodor Euler im Osten und Auguste Henriette Detjens, geb. Brand, im Süden benachbarten Erbes ist Termin auf

Montag den 26. Januar 1863

anberaumt worden, an welchem Tage, Nachmittags 2 Uhr, die Kaufliebhaber im hiesigen Rathskeller sich einfinden und den Handel versuchen können.

Wornach Beikommende sich zu achten!

Altona, im Obergerichte, den 1. December 1862.

Ex Decreto Senatus.

№ 14.

Zweite Bekanntmachung.

Da über die Habe und Güter des hiesigen Bürgers und Gastwirths Wilh. Heinr. Alfred Hoffmann der Concurs der Gläubiger erkannt worden: so werden von Gerichtswegen Alle und Jede, welche an denselben oder dessen untenbezeichnetes Erbe aus irgend einem rechtlichen Grunde Ansprüche oder Forderungen zu haben vermeinen — mit alleiniger Ausnahme der protocollirten Gläubiger — bei Strafe der Ausschließung von der unter Concursbehandlung genommenen Masse, aufgefordert und befehligt, solche binnen 12 Wochen, nach der letzten Bekanntmachung dieses Proclams, im hiesigen ersten Stadtsecretariate und spätestens am

16. März 1863,

als dem peremtorischen Angabetermine, im Obergericht hieselbst anzumelden, wobei die die Ansprüche begründenden Documente in Urschrift vorzuzeigen und in Abschrift zurückzulassen sind, Auswärtige auch wegen gehöriger Procuraturbestellung das Nöthige wahrzunehmen haben.

Zum öffentlichen Verkaufe des zu dieser Concursmasse gehörigen, an der Oelkerstwiete belegenen, mit Christoph Friedrich Simonis modo dessen Erben im Süden, Johann Friedrich Hillermann im Norden und Westen und Carl Heinrich Christoph Schulze im Norden benachbarten Erbes, genannt „Sommerhuder Tivoli", ist Termin auf

Montag den 29. December 1862,

anberaumt worden, an welchem Tage, Nachmittags 2 Uhr, die Kaufliebhaber im hiesigen Rathskeller sich einfinden und den Handel versuchen können.

Wornach Beikommende sich zu achten!

Altona, im Obergerichte, den 20. November 1862.

Ex Decreto Senatus.

№ 15.

Zweite Bekanntmachung.

Extr. des Procl. des 48sten Stücks № 1.

Nichtprotocollirte Ansprüche und Forderungen an die unter gerichtliche Behandlung genommene Nachlaßmasse der weil. Wittwe Christiane Maria Cäcilia Thedens, geb. Spiecker, in Meldorf, namentlich die Erbgerechtsame der angeblich nach Jütland gezogenen Ehefrau Christiane Clausen, geb. Spiecker, so wie Pfandstücke aus diesem Nachlasse sind innerhalb 12 Wochen, von der letzten Bekanntmachung dieses Proclams angerechnet, in der Königl. Kirchspielschreiberei zu Meldorf rechtsbehörig anzumelden, und zwar bei Vermeidung des Verlustes der Forderungen und Pfandrechte, so wie unter der Verwarnung, daß es rücksichtlich des Erbantheils der abwesenden Ehefrau Clausen, geb. Spiecker, eventuell nach Maaßgabe der Verordnung vom 9. November 1798 verhalten werden wird.

V. G. W.

Meldorf, den 20. November 1862.

Zur Beglaubigung: Fabricius.

№ 16.

Zweite Bekanntmachung.

Extr. des Procl. des 48sten Stücks № 2.

Nichtprotocollirte Ansprüche und Forderungen an den in Concurs gerathenen Schneidermeister Christian Kriebitzsch in Meldorf und dessen Vermögensmasse sind, bei Strafe der Ausschließung von der Masse und des Verlustes der Pfandrechte, innerhalb 12 Wochen, von der letzten Bekanntmachung dieses Proclams angerechnet, in der Königl. Kirchspielschreiberei zu Meldorf rechtsbehörig anzumelden.

V. G. W.

Meldorf, den 21. November 1862.

Zur Beglaubigung: Fabricius.

№ 17.

Zweite Bekanntmachung.

Extr. des Procl. des 48sten Stücks № 3.

Alle und Jede, welche an den im hiesigen Flecken belegenen, mit „hintern Teich Nr. 1" im Brandcataster bezeichneten Grundbesitz des Bäckermeisters Johann Reimers dingliche nichtprotocollirte Ansprüche zu haben vermeinen, müssen sich damit innerhalb 12 Wochen, von der letzten Bekanntmachung dieses Proclams angerechnet, bei Verlust derselben, auf dem hiesigen Königl. Actuariat, unter Beobachtung des Erforderlichen, melden.

Königl. Amthaus zu Neumünster, den 17. November 1862.

v. Stemann.

In fidem: K. Scheel.

№ 18.

Dritte und letzte Bekanntmachung.

Von Gerichtswegen

wird auf Anhalten des Einwohners A. N. Stammer in Heide, als Massecurators, den sämmtlichen nichtprotocollirten Creditoren des Gastwirths Claus Hinr. Reimers in Heide, über dessen Habe und Güter definitiv Concurs erkannt worden ist, hiedurch aufgegeben, ihre Ansprüche und Forderungen an den Bonisecenten, dieselben mögen beruhen, worin immer, bei Vermeidung der Ausschließung von der Concursmasse, zu deren Regulirung das Armenrecht bewilligt worden ist, innerhalb 12 Wochen, von der letzten Bekanntmachung dieses Proclams angerechnet, in der Kirchspielschreiberei zu Heide, Auswärtige unter Bestellung der Actenprocuratur, anzumelden und verzeichnen zu lassen.

Königl. Norderdithmarsische Landvogtei zu Heide, den 5. November 1862.

Hansen.

In fidem: Scholtz.
Pro copia: Wiencke.

№ 19.

Dritte und letzte Bekanntmachung.

Auf Anhalten Beikommender und mit erfolgter Autorisation des Königl. Holsteinischen Obergerichts werden Alle und Jede, welche an nachstehende verloren gegangene Documente, als:

1) einen für weiland Halbhufner Hans Soltau in Rehorst am 10. Mai 1826 ausgestellten Antrittsbrief, wonach dieser verpflichtet sein sollte, an jeden seiner 5 Geschwister, als Elsabe, Claus Hinrich, Jochim, Catharina Magd. und Anna Soltau, an baarem Gelde 200 ℳ vorm. Cour. gleich 320 ℳ R.-M., auszukehren, und woraus annoch 66 ℳ 32 β v. Cour., gleich 106 ℳ 64 β R.-M., welche später durch Erbvergleich vom 3. November 1831 Eigenthum der Wittwe Anna Margaretha Soltau, geb. Schwarz, wurden, auf dem Folio der jetzigen Besitzer Asmus Hinrich Rathje und Margaretha Sophie Elsabe Rathje, geb. Soltau, in Rehhorst protocollirt stehen;

2) eine von den Eheleuten Johann Nicolaus Thomas Dorendorf und Anna Catharine Elsabe Dorendorf, geb. Bartels, Parcelisten zum Kalckgraben, am 1. April 1851 an den Altentheiler Christian Hinrich Wittern zur Dröhnhorst ausgestellte, auf 400 ℔ v. Cour., gleich 213 ℳ 32 β R.-M., lautende und auf dem Folio des jetzigen Besitzers, Parcelist Johann Friedrich Dorendorf zum Kalckgraben, annoch protocollirt stehende Obligation;

3) an eine von dem Tischlermeister Jochim Hinrich Koop in Reinfeld am 24. Juni 1851 an den Altentheiler Christian Hinrich Wittern zur Dröhnhorst ausgestellte, auf gleichfalls 400 ℔ v. Cour., gleich 213 ℳ 32 β R.-M. lautende und eodem protocollirte Obligation;

4) an eine Aussageacte des weiland Bauervogts und Vollhufners Hinrich Stehn in Pöhls, d. d. 14. November 1826, wonach er seinen 3 Kindern erster Ehe, Asmus Hinrich, Margaretha Dorothea und Magdalena Stehn, 250 ℳ v. Cour., gleich 400 ℳ R.-M., aussagte;

5) endlich an den am 12. November 1850 zwischen dem ³/₄Hufner Johann Hinrich Wittern in Rehorst als Verkäufer und Johannes Hinrich Jochim Lewes aus Rastorf als Käufer abgeschlossenen Kaufcontract, woraus für den Verkäufer annoch 5000 ℳ v. Cour., gleich 8000 ℳ R.-M., auf dem Folio des ³/₄Hufners Jochim Hinrich Friedrich Grimm in Rehorst protocollirt stehen,

Ansprüche und Forderungen irgend einer Art zu haben vermeinen, hiemittelst aufgefordert, sich damit innerhalb 12 Wochen, vom Tage der letzten Bekanntmachung dieses Proclams angerechnet, auf dem Königl. Reinfelder Actuariate zu melden, unter der Verwarnung, daß sie widrigenfalls mit ihren Ansprüchen ausgeschlossen und die sub 1 bis 5 vorgenannten Documente für mortificirt erklärt, zugleich aber für die sub 3 und 5 aufgeführten Documente bezügliche Abschriften aus den Nebenbüchern werden originalisirt werden.

Königl. Reinfelder Amthaus zu Traventhal, den 11. November 1862.

G. Grothusen.

In fidem: W. Baudissin.

№ 20.

Dritte und letzte Bekanntmachung.

Extr. des Procl. des 47sten Stücks № 2.

Nichtprotocollirte Forderungen und Ansprüche an den Nachlaß des weil. Müllers Friedrich Christopher Hinrich Mönck in Buchholz, so wie Pfandstücke aus demselben sind, bei Vermeidung des Verlustes der Rechte, innerhalb 12 Wochen, von der letzten Bekanntmachung dieses Proclams angerechnet, in der Königlichen Kirchspielschreiberei zu Burg rechtsbehörig anzumelden.

B. G. W.

Meldorf, den 12. November 1862.

Zur Beglaubigung: Fabricius.

№ 21.

Dritte und letzte Bekanntmachung.

Extr. des Procl. des 47sten Stücks № 3.

Nichtprotocollirte dingliche Rechte an das von dem Hrn. Dr. med. H. Carstenn hieselbst verkaufte in der Stadt Rendsburg am Damm sub Nr. 307 belegene Wohnhaus c. pert. sind, bei Vermeidung der Präclusion, binnen 12 Wochen, von der letzten Bekanntmachung dieses Proclams, von Auswärtigen unter Procuraturbestellung, im städtischen Actuariat hieselbst gehörig anzumelden.

Rendsburg, den 7. November 1862.

(L. S. C.) Der Magistrat.

№ 22.

Dritte und letzte Bekanntmachung.

Extr. des Procl. des 47sten Stücks № 4.

Nichtprotocollirte Forderungen und Ansprüche an den insolventen Krämer H. P. Thaysen in Rendsburg so wie an den gleichfalls insolventen Gastwirth Hans Ohrt hieselbst, früher Hotelwirth zu Wyck auf Föhr, so wie von dem einen oder anderen dieser Cridare gegebene Faustpfänder müssen binnen 12 Wochen, von der letzten Bekanntmachung dieses Proclams, von Auswärtigen unter Procuraturbestellung, im städtischen Actuariate hieselbst gehörig angemeldet werden,

Rendsburg, den 12. November 1862.

(L. S. C.) Der Magistrat.

№ 23.

Dritte und letzte Bekanntmachung.

Extr. des Procl. des 47sten Stücks № [illegible]

Mit alleiniger Ausnahme der protocollirten Creditoren müssen sich Alle und Jede, welche Ansprüche und Forderungen irgend einer Art an die Nachlaßmasse des am 28. October d. J. verstorbenen Hofbesitzers Gerdt Meynert in Raa und dessen daselbst belegene Hofstelle zu haben vermeinen, oder Pfänder von dem Verstorbenen besitzen, damit innerhalb 12 Wochen, vom Tage der letzten Bekanntmachung dieses eventuell auch als Concursproclam erlassenen Proclams angerechnet, sub poena praeclusi et perpetui silentii, bei dem unterzeichneten Gerichte rechtsbehörig melden.

Königl. Administratur zu Ranzau, den 13. Novbr. 1862.

A. v. Moltke.

Beilage

zum 50. Stück der Holsteinischen Anzeigen.

Montag den 15. December 1862.

Bekanntmachung.

Es wird hiedurch zur öffentlichen Kunde gebracht, daß der Ober- und Landgerichtsadvocat Herr J. G. H. Tiedemann in Glückstadt zum curator personæ et bonorum seiner geisteskranken Schwester, des Fräuleins Anna Meta Tiedemann aus Glückstadt, z. Z. in Wandsbeck, bestellt worden ist, daher Rechtsgeschäfte nur mit dem gedachten Curator rechtsgültig abgeschlossen werden können.

Glückstadt, den 11. December 1862.

Der Magistrat.

Testaments-Publication.

Auf Antrag des Obergerichtsadvocaten A. Schmidt in Kiel, als ernannten Executors der daselbst verstorbenen Justizräthin Johanne Nicoline Bentzen, geb. Andersen, wird zur Publication des von der Genannten errichteten, unterm 9. Juli 1856 bei der hiesigen Amtstube deponirten Testaments, so wie einer unterm 15. Februar 1861 bei derselben Amtstube deponirten Beilage zu gedachtem Testamente Termin auf Dienstag den 30. December d. J., Vormittags 10 Uhr, im unterzeichneten Gerichte hiemittelst anberaumt, welches Beikommenden zur Nachricht und Wahrnehmung ihrer Gerechtsame hiedurch bekannt gemacht wird.

Königl. Gericht für das Amt Kiel, Brunswieck, den 10. December 1862.

C. Rathlev.

Testaments-Publication.

Zur Publication des von der verstorbenen Altentheilerin, Wittwe Anna Maria Wolgast, geb. Bornkaß, in Willstedt errichteten und gerichtlich deponirten Testaments ist Termin auf Dienstag den 6. Januar 1863, Morgens 9 Uhr, im Gerichte zu Tangstedt anberaumt worden, wovon Beikommende hiedurch in Kenntniß gesetzt werden.

Segeberg, im Tangstedter Justitiariat, den 11. December 1862.

Witthöfft.

Testaments-Publication.

Zur Eröffnung und Publication des von dem verstorbenen Hofbesitzer Caspar Friedrich Siemers zu Siemershoff errichteten Testaments nebst Codicillen ist Termin auf Dienstag den 23. December d. J., Morgens 11 Uhr, auf dem Schlosse zu Reinbeck angesetzt.

Königl. Gericht für das Amt Reinbeck, den 5. December 1862.

G. v. Linstow.

Verlorener Depositenschein.

Für den Eingesessenen Johann Theodor Eduard Frenz zum Garstedter Felde in der Herrschaft Pinneberg ist in Concurssachen des früheren hiesigen Eingesessenen, Gastwirths Carl August Eduard Wehl ein Capital von 630 ℔ R.-M. ad depositum genommen, hierüber abseiten des Justitiariats ein Depositenschein ausgefertigt und dem gedachten Deponenten behändigt worden. Nachdem nun das erwähnte Capital von 630 ℔ R.-M. an den genannten Johann Theodor Eduard Frenz gegen dessen eigenhändige Quittung und die übernommene Verpflichtung, den betreffenden Depositenschein zurückzuliefern, ausbezahlt worden ist, derselbe aber den Depositenschein unter dem Vorgeben, solchen verloren zu haben, seither nicht zurückgeliefert hat, wird zur Vermeidung etwanigen Mißbrauchs mit dem bezeichneten Depositenschein hiedurch bekannt gemacht, daß der qu. abseiten des Justitiariats über die erwähnten 630 ℔ R.-M. ausgestellte Depositenschein, da die Summe zurückbezahlt worden, ohne allen Werth ist.

Königliches Wandsbecker Justitiariat bei Wandsbeck, den 22. November 1862.

Reimers.

Steckbrief.

Nachdem die bisherigen Nachforschungen nach dem Aufenthalt des eines auf dem Hofe Meilsdorf begangenen Diebstahls verdächtigen Dienstknechts Hinrich Ahlers aus Boberg erfolglos geblieben sind, werden sämmtliche Behörden zur Hülfe Rechtens und unter der Zusicherung gleicher Rechtswillfährigkeit ersucht, auf die gedachte, soweit als möglich hierunter näher bezeichnete Person zu vigiliren, dieselbe im Betretungsfall zu verhaften und davon behufs der Abholung und Kostenerstattung eine gefällige Nachricht anhero mitzutheilen.

Ahrensburg, im Justitiariat des adeligen Guts Ahrensburg, den 9. December 1862.

Huss.

Signalement:

Der Dienstknecht Hinrich Ahlers, gebürtig aus Boberg, Amts Reinbeck, ist 22 Jahre alt, kleiner Statur, hat hellblondes Haar und eine gesunde Gesichtsfarbe.

Erledigter Steckbrief.

Daß der unterm 1. Novbr. d. J. wider Johann Friedrich Ernst Hohlfeldt erlassene Steckbrief durch dessen erfolgte Arretirung erledigt worden, wird hiemittelst bekannt gemacht.

Segeberg, im Justitiariat für die Güter Seedorf und Hornstorf, den 12. December 1862.

Esmarch.

Edictal-Citation.

Auf Vorstellung der Ehefrau Caroline Wilhelmine Groth, geb. Schönbew, c. cur., daß ihr Ehemann, der hiesige Schiffszimmermann Johann Heinr. Peter Groth, 1857 auf einem Hamburger Schiffe nach Amerika gefahren sei und ihr seitdem keine Nachricht über sich und seinen Aufenthalt gegeben habe, sie daher nunmehr, behufs der zu erhebenden Scheidungsklage, um Erlassung einer Edictalcitation an ihren abwesenden Ehemann bitte, wird dieser hiemit peremtorisch geladen und befehligt, am Dienstage den 21. April 1863, Vormittags 11 Uhr, vor dem alsdann in hiesiger Probstei versammelten Consistorium zu erscheinen, zu vernehmen, was seine genannte Ehefrau wegen böslicher Verlassung und daher zu trennender Ehe wider ihn vorbringen werde, darauf zu antworten und Spruch Rechtens zu gewärtigen, mit der ausdrücklichen Verwarnung, daß im Ausbleibungsfall auf ferneren Antrag der Klägerin, wegen Ungehorsams, die Scheidung der bestehenden Ehe wird ausgesprochen und sonst den Rechten gemäß wider ihn erkannt werden.

Wornach sich zu achten.

V. R. W.

Altona, im Königl. Consistorium, den 9. Decbr. 1862.

Vis. noie.: *H. F. Nievert.*

Proclamata.

№ 1.

Erste Bekanntmachung.

Von Gerichtswegen.

Wenn auf geschehene Insolvenzerklärung des Eingesessenen Paul Nagel im König Frederik VII. Koog über dessen Habe und Güter Concurs erkannt worden ist, so werden Alle und Jede, welche an den vorgenannten Cridar aus irgend einem Grunde Forderungen und Ansprüche zu haben vermeinen, oder Pfandstücke von demselben besitzen, mit alleiniger Ausnahme der protocollirten Gläubiger, hiedurch aufgefordert und angewiesen, solche ihre Forderungen und Ansprüche, wie auch die Pfandstücke, resp. bei Vermeidung des Ausschlusses von der Concursmasse und bei Verlust ihrer Pfandrechte, binnen 12 Wochen, von der letzten Bekanntmachung dieses Proclams angerechnet, Auswärtige nach beschaffter Procuraturbestellung, im Königl. Inspectorate im König Frederik VII. Koog gehörig anzugeben.

Wornach sich ein Jeder zu achten.

Königl. Oberinspectorat der vereinigten Süderdithmarscher Koege zu Meldorf, den 4. Decbr. 1862.

Müllenhoff.

Zur Beglaubigung der Abschrift: Müllenhoff.

№ 2.

Erste Bekanntmachung.

Wenn über die Habe und Güter des Zimmermanns, Käthners Hinr. Adam Niemand in Schacht, Kirchspiels Nauwort, der Concurs der Gläubiger zu Recht erkannt worden: so werden, mit alleiniger Ausnahme der protocollirten Gläubiger, Alle und Jede, welche Ansprüche und Forderungen an diese Concursmasse zu haben meinen, bei Strafe der Ausschließung, hiedurch aufgefordert, unfehlbar innerhalb 12 Wochen, vom Tage der letzten Bekanntmachung dieses Proclams, ihre Ansprüche im hiesigen Amtsactuariat auf rechtsgehörige Weise anzugeben; Auswärtige unter Bestellung eines Actenprocurators.

Rendsburger Amthaus, den 2. December 1862.

E. v. Harbou.

Brenning.

№ 3.

Erste Bekanntmachung.

Alle diejenigen — protocollirte Pfandgläubiger ausgenommen —, welche an die von Heinr. Gottfried Hoffmann zu Mori besessene, jetzt von ihm verkaufte, dort belegene Erbpachtsstelle c. p. dingliche Ansprüche und Forderungen zu haben vermeinen, werden hiedurch aufgefordert, sich damit, bei Vermeidung der gänzlichen Ausschließung mit denselben und des ewigen Stillschweigens, binnen 12 Wochen, von der letzten Bekanntmachung angerechnet, beim unterzeichneten Justitiariat zu melden.

Steckelstorf, im Justitiariat für Mori, den 5. December 1862.

Esmarch.

№ 4.

Erste Bekanntmachung.

In dem Schuld- und Pfandprotocoll des Amtes Plön stehen folgende Pöste protocollirt, hinsichtlich welcher auf Mortificirung und Delirung der betreffenden Documente angetragen ist:

1) Auf dem Folio des Hufners Johann Hinrich Knoop in Behl aus einer Obligation vom 22. Decbr. 1632 für die Doctorin Sophia Sidon 480 ℳ.

2) Auf dem Folio der Erben des weil. Parcelisten Hinr. Tensfeldt in Tarbeck aus einem Amthausbriefe vom 3. Novbr. 1824 für den im Jahre 1831 verstorbenen Mathias Tensfeldt daselbst 320 ℳ.

3) Auf dem Folio des Hufners Johann Friedrich Obermann in Stockſee aus einer Obligation vom 21. Juni 1795, ausgestellt von Johann Greve in Stocksee an die Vormünder seiner Kinder erster Ehe auf die Summe von 16 ℳ 9 ß R.-M.

4) Auf dem Folio des Hufners Claus Jürgen Kaack in Damsdorf:
   a) aus einem Contract vom 8. Oct. 1774 die Verpflichtung des Jürgen Kaack, seinem Vater nach und nach 100 ℬ. oder 53 ℳ 32 ß zu bezahlen, auch denselben bei sich zu behalten und mit allem Erforderlichen zu versehen, jedem seiner Geschwister 50 ℬ Cour. oder 26 ℳ 64 ß R.-M. und seiner Schwester Catharina zur Zeit ihrer Verheirathung 30 ℬ Cour., gleich 16 ℳ R.-M., zu einem Ehrenkleide, eine gute Kuh, 4 Schaafe und 4 Lämmer auszukehren;
   b) eine von Jürgen Kaack am 14. Juli 1799 für seine Schwester Margaretha, verwittwete Kaven, in Dersau übernommene Bürgschaft.

5) Auf dem Folio des Parzelisten Detlev Hinrich Dahm in Tarbeck aus einem Contracte vom 28. Febr. 1786 für Johann Christoph Schwien in Tarbeck ein Altentheil und für dessen Sohn 53 ℳ 82 ß R.-M., so wie aus einer Obligation vom 12. Decbr. 1823 für den im Jahre 1831 verstorbenen Matthias Tensfeldt in Tarbeck 100 ℳ Cour. oder 160 ℳ R.-M.

6) Auf dem Folio des Halbhufners Hans Christian Deverdieck in Böstorf aus einem Vergleich vom 2. Decbr. 1780 für die Geschwister des Hans Christopher Deverdieck eine freie halbe Hochzeit und diverse Kleidungsstücke.

7) Auf dem Folio des Hufners Johann Friedrich Christopher Krützfeldt in Meinstorf eine Bürgschaftsacte des Johann Christian Krützfeldt wegen Kosten und Wiederklage in Proceßsachen des C. H. Burmeister in Gleschendorf wider den Erbpächter Benthien zum Ahrensberge, wegen einer Schuld von 19 ℳ vom 13. October 1844.

8) Auf dem Folio des Hufners Hans Hinr. Friedr. Flenker in Stocksee eine unterm 28. Dec. 1831 in Sachen wider den Müller Tegtmeyer zur Hornsmühle wegen Schadensersatzes für Nachmalte von Christian Friedr. Flenker ausgestellte Cautionsnotul de reconventione et expensis.

9) Auf dem Folio des Erbpächters und Hufners August Friedrich Ehmke Kasch in Pehmen und Bredenbeck eine unterm 19. November 1836 protocollirte Bürgschaftsacte für die Summe von 89 ℳ 8 ß Cour., gleich 142 ℳ 64 ß R.-M., Proceßkosten und Pfandgutstaratum, ausgestellt von dem dermaligen Besitzer der Bredenbecker Hufe des Antragstellers, Hans Hinrich Grimm, in Sachen seines Vaters, des Altentheilers P. H. Grimm, wider den Eingesessenen Hans Christoph Lehmann zu Neuhof.

Nach erfolgter Auctorisation des Königl. Holsteinischen Obergerichts werden Alle, welche an die vorbenannten Documente Ansprüche irgend einer Art zu haben, oder aus denselben Rechte herleiten zu können vermeinen, hiedurch aufgefordert, binnen 12 Wochen, vom Tage der letzten Bekanntmachung dieses Proclams angerechnet, ihre desfälligen Angaben, und zwar Auswärtige durch einen Actenprocurator, im Actuariat zu Plön zu beschaffen, widrigenfalls aber zu gewärtigen, daß die betreffenden Documente, resp. nachdem die noch nöthigen Delirungsconsense beigebracht werden, werden getilgt werden.

Königl. Amthaus zu Plön, den 24. Novbr. 1862.

W. C. v. Levetzau.

In fidem: C. Friederici.

№ 5.

Erste Bekanntmachung

In den Schuld- und Pfandprotocollen des Amtes Ahrensböck stehen folgende Pöste protocollirt, hinsichtlich welcher auf Mortificirung, resp. Delirung und Wiederausfertigung der betreffenden Documente angetragen ist.

1) Auf dem Folio des Ahrensböcker Parcelisten Carsten Friedrich Schultz eine Obligation des Hinrich Christian Fahrenkrog vom 30. März 1839 an den Hufner Hinrich Friedrich Schramm in Schwienkuhlen, validirend 600 ℳ Cour., gleich 960 ℳ R.-M., und auf demselben Folio eine Obligation desselben an denselben vom 20. November 1839, validirend 500 ℳ Cour., gleich 800 ℳ R.-M.

2) Auf dem Folio des Schlachters Ludwig Christian Hinrich Dahl in Ahrensböck eine Obligation desselben an den Hufner Hinrich Friedrich Schramm in Schwienkuhlen vom 31. August 1846, validirend 333⅓ ℳ Cour., gleich 533⅓ ℳ R.-M.

3) Auf dem Folio des Hans Hinrich Paulsen in Schwienkuhlen ein Kathenbrief des Schmieds Jochim Friedrich Petersen daselbst vom 16. Januar 1839, aus welchem der Hufner, jetzt Altentheiler Hinrich Friedrich Schramm in Schwien-

kuhlen 375 ℳ Cour., gleich 600 ℳ R.-M. zu fordern hat.

4) Auf dem Folio des Hinrich Friedrich Dohm in Schwienkuhlen ein Kaufbrief vom 24. Juli 1845, aus welchem Johann Hinrich Brey dem Setzwirth Hinrich Peter Friedrich Ahrens in Schwochel 1600 ℳ R.-M. schuldig geworden ist, wobei bemerkt wird, daß die Forderung des Ahrens jetzt noch 320 ℳ R.-M. validirt.

5) Auf dem Folio des Hufners Hinrich Ferdinand Treplau in Tankenrade eine Obligation desselben an die derzeit unmündigen Kinder des wailand Jochim Hinrich Langthim daselbst vom 28. April 1811, validirend 1600 ℳ R.-M.

6) Auf dem Folio des Viertelhufners Hinrich Friedrich Dittmer in Curau ein Hausbrief vom 30. April 1800, durch welchen dem Hinrich Kuhlmann in Curau von seinem Bruder Hans Hinrich Kuhlmann eine Kuh, ein Ehrenkleid oder 14 ℳ Cour., die Ausrichtung einer Hochzeit von 40 Personen oder 100 ℛ Cour. baares Geld und ein neues Bett in natura verschrieben sind,

7) Auf dem Folio des Hufners Hinrich Friedrich Christopher Wulf in Schwienkuhlen ein Annehmungsbrief vom 13. Februar 1787, aus welchem dem August Friedrich Blunck in Schwienkuhlen zwei Kühe und ein Pferd verschrieben sind, die noch undelirt stehen, und ein Contract vom 28. April 1821, nach welchem dem Hinrich Friedrich Wulf, sofern er eine Profession zu erlernen wünscht, an seine Eltern zu bezahlende 100 ℳ Cour. oder 160 ℳ R.-M. verschrieben sind.

8) Auf dem Folio des Mechanikus Jochim Hinrich Brandt in Ahrensböck

a. eine Obligation des Brandt vom 12. Febr. 1810 an die Wittwe des wailand Jochim Conrad Schwoll, Catharina Dorothea Johanna, geb. Kastmann, in Lübeck, validirend 2300 ℛ Cour. oder 1333 ℳ 32 β R.-M.,

b. eine Obligation desselben vom 1. Juni 1810 an den Bäckermeister Jochim Jürgens in Ahrensböck, unterm 4. Juni 1842 cedirt an die Wittwe Schwoll, geb. Kastmann, in Lübeck, validirend 200 ℳ Cour. oder 320 ℳ R.-M.,

c. eine Obligation des Brandt vom 10. Decbr. 1841 an die Wittwe Schwoll, geb. Kastmann, in Lübeck, validirend 900 ℛ Cour. oder 480 ℳ R.-M.

9) Auf dem Folio des Kaufmanns Ernst Gustav Ludwig Pudbres in Ahrensböck über dessen Haus cum pert.

a. eine Aussageacte vom 15. Decbr. 1815, wonach Hans Friedrich Witter gewisse in der Acte näher bestimmte Verbindlichkeiten übernommen hat und wonach das baare Vermögen seiner verstorbenen Ehefrau Maria Elisabeth Witter, geb. Möhl, von 500 ℳ Cour. oder 800 ℳ R.-M. protocollirt worden,

b. ein Contract zwischen Hans Christian Sievers und Jochim Diedrich Sievers vom 15. August 1801, aus welchem eine für Anna Elisabeth Sievers ausgesetzte Abfindungssumme von 50 ℳ Cour. gleich 80 ℳ R.-M. noch undelirt steht. Für diese Schuld haftet principaliter eine Koppel Ahrensböcker Altfleckenlandes, welche Pudbres von Conrad Bleeck in Ahrensböck gekauft hat.

10) Auf dem Folio des Viertelhufners Johann Hinrich Speetzen in Steenkrütz eine unterm 28. Septbr. 1839 von demselben an die Vormünder der unmündigen Pauline Schröder aus Steenkrütz ausgestellte, unterm 20. Octbr. 1856 an Ernst Friedrich Schröder in Gnissau cedirte und nach dem Tode des Letzteren an seine Wittwe und Kinder vererbte Obligation von 2000 ℛ Cour. oder 1066 ℳ 61 β R.-M.

11) Auf dem Folio des Johann Friedrich Grimm in Gnissau ein Setzannehmungscontract vom 20. Mai 1831, durch welchen der Grundbesitz des Grimm an die Wittwe Anna Maria Grimm und ihren zweiten Ehemann Ernst Friedrich Schröder bis zum 1. Mai 1856 in Setzwirthschaft überlassen ist und aus welchem für die Pupillin Catharina Elise Schröder in Gnissau 176 ℳ 35½ β Cour. und für Ernst Friedrich Schröder 527 ℳ 21 β protocollirt sind.

12) Auf dem Folio der Wittwe Christina Maria Dorothea Kröger, geb. Witt, in Havekost der zwischen ihrem Vater Claus Hinrich Witt und ihr unterm 11. Juli 1859 errichtete Ueberlassungscontract, aus welchem für den Ueberlasser ein Altentheil und 3200 ℳ R.-M. und für die Ehefrau Catharina Maria Elise Reimers, geb. Witt, in Sarkwitz, 1800 ℳ R.-M. protocollirt stehen.

13) Auf dem Folio des Kathners Hans Christian Wulf zum Langenschlag, Dorfschaft Gnissau, eine Obligation vom 22. Februar 1831, ausgestellt von Hinrich Höppner an die unmündigen Kinder des wailand Zimmermannes Christian Groth in Gnissau, ursprünglich 50 ℳ R.-M. validirend, aus welcher für Franz Johann Adolph Groth noch 16¼ ℳ R.-M. undelirt stehen.

14) Auf dem Folio des Nagelschmieds Hinrich Friedrich Krützfeldt in Ahrensböck eine Obligation des Marx Friedrich Krützfeldt an den Zimmermeister Johann Jochim Meyer in Ahrensböck vom 5. Januar 1838, validirend 426 ℳ 61 β R.-M., aus welcher noch undelirt sind 139 ℳ R.-M.

15) Auf dem Folio des Viertelhufners Carl Ludwig Heel in Curau eine Obligation des Claus Hinr. Knickrehm in Curau an die unmündige Anna Maria Jürgens daselbst, validirend 24 ℳ 2 β Cour.

Nach erfolgter Auctorisation des Königlichen Holsteinischen Obergerichts werden Alle, welche an die vorbenannten Documente Ansprüche irgend einer Art zu haben, oder aus denselben Rechte herleiten zu können vermeinen, hiedurch aufgefordert, binnen 12 Wochen, vom Tage der letzten Bekanntmachung dieses Proclams angerechnet, ihre desfälligen Angaben, und zwar Auswärtige durch einen Actenprocurator, im Königlichen Ahrensböcker Actuariat zu Plön zu beschaffen, widrigenfalls sie zu gewärtigen haben, daß die betreffenden Documente, resp. nachdem die noch nöthigen Delirungsconsense beigebracht worden, delirt werden, mit Ausnahme jedoch der sub № 1, 2, 3, 4, 8 a, b und c, 10, 11, 12 genannten Urkunden, für welche originalisirte Abschriften werden angefertigt und den Betreffenden mitgetheilt werden.

Königliches Ahrensböcker Amthaus zu Plön, den 27. November 1862.

IV. C. v. Levetzau.

In fidem: C. Friederici.

№ 6.

Erste Bekanntmachung.

Da wegen Concurrenz eines unmündigen Erben der Nachlaß des verstorbenen hiesigen Bürgers und Maurermeisters Jochim Hinrich Lüders unter gerichtliche Behandlung genommen ist, so werden Alle und Jede, mit Ausnahme der protocollirten Gläubiger, welche an den gedachten Nachlaß und namentlich an das hieselbst Qu. I Nr. 88 belegene Wohnhaus c. p. dingliche oder persönliche Ansprüche und Forderungen zu haben vermeinen, hiedurch befehligt, sich damit, bei Strafe der Ausschließung, resp. des Verlustes der Ansprüche, innerhalb 12 Wochen, von der letzten Bekanntmachung dieses Proclams angerechnet, Auswärtige unter Bestellung von Actenprocuratoren, im hiesigen Stadtsecretariate zu melden und die ihre Gerechtsame begründenden Documente im Original zu produciren und in beglaubigter Abschrift zurückzulassen.

Decretum Segeberg, in Curia, den 11. Dec. 1862.

(L. S.) Bürgermeister und Rath.

№ 7.

Erste Bekanntmachung.

Wenn auf Anhalten eines protocollirten Creditors über die Habe und Güter der Witwe Friedericke Margaretha Hedwig Stüve, geb. Dohse, in Kaltenkirchen Concurs der Gläubiger erkannt; so werden, mit Ausnahme der protocollirten Creditoren, Alle und Jede, welche an die Masse der Cridarin, hauptsächlich an die auf dem Namen der Letzteren stehende, jedoch in diesem Verhältniß annoch in lite befindliche Viertelhufe c. p. in Kaltenkirchen dingliche oder persönliche Ansprüche und Forderungen zu haben vermeinen oder Pfänder von derselben in Händen haben möchten, hiemittelst aufgefordert, sich damit innerhalb 12 Wochen, vom Tage der letzten Bekanntmachung dieses Proclams, resp. bei Strafe des Ausschlusses und Verlust ihres Pfandrechts, im Segeberger Königl. Actuariat rechtsgehörig, Auswärtige unter Procuraturbestellung, zu melden.

Segeberger Concursgericht, den 10. Decbr. 1862.

Pr. et Aus. jud.

In fidem: H. F. Jacobsen.

№ 8.

Erste Bekanntmachung.

Wenn auf geschehene Insolvenz-Erklärung der Weinhändler Ludwig Huber und Hans Stinde in Itzehoe über die Habe und Güter derselben der Concurs der Gläubiger für Recht erkannt ist, so werden Alle und Jede, welche aus irgend einem Grunde Forderungen und Ansprüche an die Weinhändler Ludwig Huber und Hans Stinde in Itzehoe zu haben vermeinen, hiedurch aufgefordert und befehligt, solche Ansprüche, bei Strafe der Ausschließung von der Concursmasse, binnen 12 Wochen, vom Tage der letzten Bekanntmachung dieses Proclams angerechnet, bei dem Klösterlichen Protocolle in Itzehoe anzugeben, die ihre Ansprüche begründenden Documente im Original zu produciren, beglaubigte Abschriften davon zurückzulassen und, insofern sie Auswärtige sind, Procuratoren zu den Acten zu bestellen.

Itzehoe, den 10. December 1862.

Klösterliche Obrigkeit.

№ 9.

Erste Bekanntmachung.

Wenn der hiesige Eingesessene und Tabacksfabrikant Otto Rolof Johann Spethmann bei dem Justitiariat vorstellig gemacht, daß er wegen Annahme eines Associé und Veränderung seiner bisherigen Handelsfirma wünschen müsse, alle Ansprüche und Forderungen, welche an die bisher von ihm geführte Handelsfirma annoch gemacht werden könnten, behuf deren Erledigung kennen zu lernen und derselbe zu dem Zweck um die Erlassung eines landüblichen Proclams gebeten hat:

Werden in Stattgebung dieses Antrages Alle und Jede, mit alleiniger Ausnahme der protocollirten Creditoren, welche an den Eingesessenen Otto Rolof Johann Spethmann, in Firma O. R. J. Spethmann, in Wandsbeck aus irgend einem Grunde Ansprüche und Forderungen zu haben vermeinen, hiedurch aufgefordert, solche binnen spätestens 12 Wochen, vom Tage der letzten Bekanntmachung dieses Proclams angerechnet, und zwar bei Strafe der Ausschließung und des ewigen Stillschweigens, in dem hiesigen Justitiariate ordnungsmäßig anzumelden, die ihre Ansprüche begründenden etwanigen Documente im Original zu produciren und beglaubigte Abschriften davon bei den Acten zu belassen, auch, wofern sie Auswärtige, Actenprocuratoren hieselbst zu bestellen.

Decretum Wandsbecker Justitiariat bei Wandsbeck, den 9. December 1862.

Reimers.

№ 10.

Erste Bekanntmachung.

Wenn das den Gebrüdern Otto und Gustav de Grahl bisher gehörige, im hiesigen Gut belegene Gehöft, genannt „Fabrik", verkauft und zur Sicherstellung des Käufers gegen etwanige unbekannte Realverbindlichkeiten die Erlassung eines landüblichen Proclams beantragt worden ist; so werden in Gewährung dieses Antrags, mit alleiniger Ausnahme der protocollirten Gläubiger, Alle und Jede, welche hypothecarische oder sonstige dingliche Rechte, Forderungen und Ansprüche an das gedachte Gehöft „Fabrik" zu haben vermeinen, hiemit von Gerichtswegen aufgefordert, solche Rechte, Forderungen und Ansprüche, bei Verlust derselben, innerhalb 12 Wochen, vom Tage der letzten Bekanntmachung dieses Proclams angerechnet, hieselbst anzugeben, die etwanigen Belege ihrer Angaben ur- und abschriftlich einzureichen, auch, wenn die Profitenten ausheimisch sind, gehörige Actenprocuratur unter hiesiger Gerichtsbarkeit zu bestellen.

Decretum Ahrensburg, im Justitiariat des adel. Guts Ahrensburg, den 9. December 1862.

Huss.

№ 11.

Zweite Bekanntmachung.

Alle diejenigen, welche an die von der weil. Ehefrau Anna Catharina Dorothea Hartz, geb. Reimers, zu Mori besessene und hinterlassene, dort belegene Kathenstelle dingliche Forderungen und Ansprüche zu haben vermeinen, so wie diejenigen, welche an den jetzt zur Theilung stehenden, seither in communione prorogata verbliebenen Nachlaß derselben Ansprüche und Forderungen haben, werden hiedurch aufgefordert, sich damit, bei Strafe der Präclusion und des ewigen Stillschweigens, binnen einer mit Genehmigung des Obergerichts auf 6 Wochen präfigirten Frist, von der letzten Bekanntmachung angerechnet, beim unterzeichneten Justitiariat zu melden.

Stockelsdorf, im Justitiariat für Mori, den 1. December 1862.

Esmarch.

№ 12.

Zweite Bekanntmachung.

Demnach der Halbhufner Jürgen Rathjen zu Sarlhusen am 14. d. M. mit Tode abgegangen und die hinterlassenen Erben resp. durch Vormünder und Curator erklärt, daß sie die Verlassenschaft desselben pure anzutreten Bedenken tragen und daher um die Erlassung eines Proclams zur Ermittelung des Massebestandes ersuchen müßten:

So werden von Gerichtswegen Alle und Jede, mit Ausnahme der protocollirten Gläubiger, welche Ansprüche und Forderungen an diese Verlassenschaft, namentlich auch an die zu Sarlhusen belegene Halbhufe c. p. machen zu können vermeinen möchten, hiedurch aufgefordert, solche, bei Strafe der Ausschließung, binnen 12 Wochen, vom Tage der letzten Bekanntmachung dieses Proclams an, hieselbst anzugeben, Auswärtige unter Bestellung der Actenprocuratur.

Itzehoe, im Justitiariat des adeligen Guts Sarlhusen, den 27. November 1862.

F. Rötger.

№ 13.

Zweite Bekanntmachung.

Nachdem die dem Erbpachtsmüller Claus zu Heiligenstedten für die Aufhebung des mit seiner Mühle verbunden gewesenen Zwangsrechts zukommende Entschädigung nach Verhandlung mit dem Königl. Commissariat für dieses Geschäft nunmehr festgestellt und von dem gedachten Commissariat die Erlassung des nach Vorschrift des § 32 der Verordnung vom 10. Mai 1854 dieserhalb erforderlichen Proclams beantragt worden:

So werden hiemittelst von Gerichtswegen die hypothecarischen Gläubiger des Erbpachtsmüllers Claus oder sonst Berechtigte, welche Gerechtsame auf Theilnahme an den obigen Entschädigungsgeldern für den aufgehobenen Mühlenzwang zu haben vermeinen, hiemittelst, bei Verlust ihrer Gerechtsame, aufgefordert, sich innerhalb 6 Wochen, nach dem Datum der letzten Bekanntmachung dieses Proclams, hieselbst im Justitiariat, Auswärtige unter Bestellung der Actenprocuratur, gehörig anzugeben und weiteres Verfahren zu gewärtigen.

Heiligenstedtener Justitiariat zu Itzehoe, den 28. November 1862.

F. Rötger.

№ 14.

Zweite Bekanntmachung.

Wenn der Hufner Marx Boy in Hennstedt, Klosters Itzehoe, seine daselbst belegene Hufe verkauft und auf die Erlassung eines landüblichen Proclams angetragen hat: so werden in Deferirung dieses Antrages Alle und Jede, welche an die in Hennstedt unter Klösterlich Itzehoer Jurisdiction belegene Hufe des Marx Boy hypothecarische oder sonstige dingliche Ansprüche zu haben vermeinen, jedoch mit Ausnahme der protocollirten Gläubiger, hiedurch aufgefordert und befehligt, diese Ansprüche, bei Strafe des Verlustes derselben, binnen 12 Wochen, vom Tage der letzten Bekanntmachung dieses Proclams angerechnet, bei dem Klösterlichen Protocolle in Itzehoe anzugeben, die ihre Ansprüche begründenden Documente im Original zu produciren, beglaubigte Abschriften davon zurückzulassen und, insofern sie Auswärtige sind, Procuratoren zu den Acten zu bestellen.

Itzehoe, den 29. November 1862.

Klösterliche Obrigkeit.

№ 15.

Zweite Bekanntmachung.

Da von den hiesigen Bürgern Martin Nicolaus Thomas Rue und Hinrich Martin Christian Ficke, als gerichtlich bestellten Curatoren des hiesigen Bürgers und Zimmermeisters Johann Andreas Carl Reisler, auf die Erlassung eines Proclams angetragen und solchem Antrage vom Magistrate stattgegeben ist: so werden von Gerichtswegen Alle und Jede, welche an den obgedachten Reisler aus irgend einem rechtlichen Grunde Ansprüche oder Forderungen zu haben vermeinen — mit alleiniger Ausnahme der protocollirten Gläubiger — bei Strafe der Ausschließung und des ewigen Stillschweigens, aufgefordert und befehligt, solche binnen 12 Wochen, nach der letzten Bekanntmachung dieses Proclams, im hiesigen ersten Stadtsecretariate und spätestens am

19. März 1863,

als dem peremtorischen Angabetermine, im Obergerichte hieselbst anzumelden, wobei die die Ansprüche begründenden Documente in Urschrift vorzuzeigen und in Abschrift zurückzulassen sind, Auswärtige auch wegen gehöriger Procuraturbestellung das Nöthige wahrzunehmen haben.

Wornach Beikommende sich zu achten.

Altona, im Obergerichte, den 27. November 1862.

Ex Decreto Senatus.

№ 16.

Zweite Bekanntmachung.

Da auf geschehene Insolvenz-Erklärung:

1) des hiesigen Einwohners Hermann Bock;
2) des hiesigen Bürgers und Gewürzwaarenhändlers Claus Bahrs, in Firma C. Bahrs & Co.;
3) des früheren hiesigen Manufacturwaarenhändlers Caspar Tietjens;
4) des hiesigen Bürgers und Schneidermeisters Johann Christian Philipp Schneider,

über die Habe und Güter derselben der Concurs der Gläubiger erkannt worden: so werden von Gerichtswegen Alle und Jede, welche an obgenannte Personen aus irgend einem rechtlichen Grunde; so wie diejenigen,

5) welche an den Nachlaß des am 2. April d. J. hieselbst verstorbenen Webergesellen Johann Gottlieb Isoleib aus Sachsen-Weimar, dessen Erben legitimirt sind;
6) welche an den Nachlaß des am 22. August d. J. in Hamdorf verstorbenen hiesigen Einwohners Jochim Tiedemann aus Hamdorf;
7) welche an den Nachlaß der am 21. Juni d. J. verstorbenen Oberstin Amalia Dorothea v. Mussa, geb. Krahn, wail. in Ottensen, — deren Söhne Johann Mathias Georg Joseph v. Mussa und Vitalis Dominicus v. Mussa sich im Auslande befinden und denen daher, falls sie sich vor Ablauf des Proclams nicht melden, Curatoren zur Verwaltung ihres Erbtheils zu bestellen sind —

resp. Erb- oder sonstige Ansprüche und Forderungen zu haben vermeinen, ad 1—4 bei Strafe der Ausschließung von diesen Massen, ad 5 und 6 bei Strafe des ewigen Stillschweigens, ad 7 mit Ausnahme der vorgedachten beiden Erben, bei Strafe des ewigen Stillschweigens, aufgefordert und befehligt, solche binnen 12 Wochen, nach der letzten Bekanntmachung dieses Proclams, im hiesigen ersten Stadtsecretariate und spätestens am

19. März 1863,

als dem peremtorischen Angabetermine, im Obergericht hieselbst anzumelden, wobei die die Ansprüche begründenden Documente in Urschrift vorzuzeigen und in Abschrift zurückzulassen sind, Auswärtige auch wegen gehöriger Procuraturbestellung das Nöthige wahrzunehmen haben.

Wornach Beikommende sich zu achten.

Altona, im Obergerichte, den 27. November 1862.

Ex Decreto Senatus.

№ 17.

Zweite Bekanntmachung.

Da auf geschehene Insolvenzerklärung Seitens des hiesigen Bürgers und Fabrikanten von Posamentierwaaren Leser Mendel, in Firma Gebrüder Mendel, über dessen Habe und Güter der Concurs der Gläubiger erkannt worden: so werden von Gerichtswegen Alle und Jede, welche an denselben aus irgend einem rechtlichen Grunde Ansprüche oder Forderungen zu haben vermeinen, hiedurch, bei Strafe der Ausschließung von der unter Concursbehandlung genommenen Masse, aufgefordert und befehligt, solche binnen 12 Wochen, nach der letzten Bekanntmachung dieses Proclams, im hiesigen ersten Stadtsecretariate und spätestens am

26. März 1863,

als dem peremtorischen Angabe-Termine, im Obergerichte hieselbst anzumelden, wobei die die Ansprüche begründenden Documente in Urschrift vorzuzeigen und in Abschrift zurückzulassen sind, Auswärtige auch wegen gehöriger Procuratur-Bestellung das Nöthige wahrzunehmen haben.

Wornach Beikommende sich zu achten.

Altona, im Obergerichte, den 1. December 1862.

Ex Decreto Senatus.

№ 18.

Zweite Bekanntmachung.

Da von dem Gerichtsboten Siemsen, als gerichtlich bestelltem Administrator des Nachlasses der wail. Sophia Maria Louise, des verstorbenen hiesigen Gastwirths Johann Andreas Christian Bruhn Wittwe, geb. Stockmann, mit Rücksicht auf die von den Erben derselben abgegebene Erklärung, den Nachlaß nur sub beneficio legis et inventarii antreten zu wollen, auf die Erlassung eines Proclams behufs Ausmittelung

als dem peremtorischen Angabetermine, im Obergerichte hieselbst anzumelden, wobei die die Ansprüche begründenden Documente in Urschrift vorzuzeigen und in Abschrift zurückzulassen sind, Auswärtige auch wegen gehöriger Procuraturbestellung das Nöthige wahrzunehmen haben.

Für den Fall, daß die vorhandene Masse zur Berichtigung der angemeldeten Schulden nicht ausreichen sollte, dient dies Proclam zugleich als eventuelles Concursproclam.

Wornach Beikommende sich zu achten.

Altona, im Obergerichte, den 1. December 1862.

Ex Decreto Senatus.

№ 27.

Dritte und letzte Bekanntmachung.

Da auf geschehene Insolvenzerklärung des hiesigen Bürgers und Colonialwaarenhändlers Johann Hinrich Meyer über die Habe und Güter desselben der Concurs der Gläubiger erkannt worden: so werden von Gerichtswegen Alle und Jede, welche an denselben oder dessen untenbezeichnetes Erbe aus irgend einem rechtlichen Grunde Ansprüche oder Forderungen zu haben vermeinen — mit alleiniger Ausnahme der protocollirten Gläubiger — bei Strafe der Ausschließung von der unter Concursbehandlung genommenen Masse, aufgefordert und befehligt, solche binnen 12 Wochen, nach der letzten Bekanntmachung dieses Proclams, im hiesigen ersten Stadtsecretariate, und spätestens am

26. März 1863,

als dem peremtorischen Angabetermine, im Obergericht hieselbst anzumelden, wobei die die Ansprüche begründenden Documente in Urschrift vorzuzeigen und in Abschrift zurückzulassen sind, Auswärtige auch wegen gehöriger Procuraturbestellung das Nöthige wahrzunehmen haben.

Zum öffentlichen Verkaufe des zu dieser Concursmasse gehörigen, an der Norderstraße belegenen, mit Marten Sies im Norden, Carl Theodor Eyller im Osten und Auguste Henriette Detjens, geb. Brand, im Süden benachbarten Erbes ist Termin auf

Montag den 26. Januar 1863

anberaumt worden, an welchem Tage, Nachmittags 2 Uhr, die Kaufliebhaber im hiesigen Rathskeller sich einfinden und den Handel versuchen können.

Wornach Beikommende sich zu achten!

Altona, im Obergerichte, den 1. December 1862.

Ex Decreto Senatus.

№ 28.

Dritte und letzte Bekanntmachung.

Extr. des Procl. des 48sten Stücks № 1.

Nichtprotocollirte Ansprüche und Forderungen an die unter gerichtliche Behandlung genommene Nachlaßmasse der weil. Wittwe Christiane Maria Cäcilia Thedens, geb. Spiecker, in Meldorf, namentlich die Erbgerechtsame der angeblich nach Jütland gezogenen Ehefrau Christiane Claussen, geb. Spiecker, so wie Pfandstücke aus diesem Nachlasse sind innerhalb 12 Wochen, von der letzten Bekanntmachung dieses Proclams angerechnet, in der Königl. Kirchspielschreiberei in Meldorf rechtsbehörig anzumelden, und zwar bei Vermeidung des Verlustes der Forderungen und Pfandrechte, so wie unter der Verwarnung, daß es rücksichtlich des Erbantheils der abwesenden Ehefrau Claussen, geb. Spiecker, eventuell nach Maaßgabe der Verordnung vom 9. November 1798 verhalten werden wird.

B. G. W.

Meldorf, den 20. November 1862.

Zur Beglaubigung: **Fabricius.**

№ 29.

Dritte und letzte Bekanntmachung.

Extr. des Procl. des 48sten Stücks № 2.

Nichtprotocollirte Ansprüche und Forderungen an den in Concurs gerathenen Schneidermeister Christian Kriebitzsch in Meldorf und dessen Vermögensmasse sind, bei Strafe der Ausschließung von der Masse und des Verlustes der Pfandrechte, innerhalb 12 Wochen, von der letzten Bekanntmachung dieses Proclams angerechnet, in der Königl. Kirchspielschreiberei zu Meldorf rechtsbehörig anzumelden.

B. G. W.

Meldorf, den 21. November 1862.

Zur Beglaubigung: **Fabricius.**

№ 30.

Dritte und letzte Bekanntmachung.

Extr. des Procl. des 48sten Stücks № 3.

Alle und Jede, welche an den im hiesigen Flecken belegenen, mit „hinterm Teich Nr. 1" im Brandcataster bezeichneten Grundbesitz des Bäckermeisters Johann Reimers dingliche nichtprotocollirte Ansprüche zu haben vermeinen, müssen sich damit innerhalb 12 Wochen, von der letzten Bekanntmachung dieses Proclams angerechnet, bei Verlust derselben, auf dem hiesigen Königl. Actuariat, unter Beobachtung des Erforderlichen, melden.

Königl. Amthaus zu Neumünster, den 17. November 1862.

v. Stemann.

In fidem: **K. Scheel.**

№ 31.

Dritte und letzte Bekanntmachung.

Extr. des Procl. des 49sten Stücks № 2.

Alle und Jede, welche an den Nachlaß des verstorbenen Altentheilers Johann Friedrich Kähler in Rumohr, Amts Bordesholm, Forderungen und Ansprüche irgend einer Art machen zu können vermeinen, haben sich damit binnen 12 Wochen, vom Tage der letzten Bekanntmachung dieses Proclams angerechnet, im hiesigen Königl. Amtsactuariate, bei Strafe der Ausschließung und des Verlustes ihrer Rechte, rechtsbehörig zu melden.

Königl. Gericht für das Amt Bordesholm.

Bordesholm, den 28. November 1862.

Carstens.

In fidem: **Carstens.**

Beilage zum 52. Stück der Holsteinischen Anzeigen.

Montag den 29. December 1862.

Obergerichtliche Notification.

Wenn der Geheime Conferenzrath und Königl. Dänische Gesandte in Stockholm, Wulff Graf von Scheel-Plessen, als nach dem Ableben seines Vaters, des Geheimen Conferenzraths Mogens Joachim Grafen von Scheel-Plessen auf Sierhagen, succedirender Fideicommißerbe des weil. Geheimen Conferenzraths Wulff Heinrich von Thienen, unterm 21. v. M. um Publicirung der in dem von dem gedachten Fideicommißstifter unterm 15. Septbr. 1[illegible] zu Lübeck errichteten Testamente enthaltenen fideicommissarischen Bestimmungen, dahin lautend:

§ 3.

Nach meinem tödtlichen Hintritt sollen mit einem immerwährenden Fideicommisse belegt sein:

A. In dem adel. Gute Sierhagen mit Mühlenkamp und deren Pertinentien, worüber sonst mein Erbe und dessen Substitute frei disponiren können, Zweimal Hundert Tausend Reichsthaler S. H. Courant Speciesmünze als zu 4 Procent erste und unablösliche Hypothek, wozu ich ferner als Familien-Fideicommiß-Capital lege:

1) Einmal Hundert Tausend Reichsthaler, die in den Gütern Wensien und Travenort (jedoch damit diese Güter nach Gefallen der Eigenthümer von einander getrennt werden können, Siebenzig Tausend in dem ersteren und Dreißig Tausend in dem letzteren),

2) Zwanzig Tausend Reichsthaler, die in dem Gute Müssen,

3) Zehn Tausend Reichsthaler, die in dem Gute Ehlerstorf, und

4) Eilf Tausend Reichsthaler, die in dem Gute Rosenhof unablöslich belegt stehen.

B. In den adelichen Gütern Löhrstorf, Claustorf, Großenbrode und Godderstorf mit allen dazu gehörigen Pertinentien, zu welchem ersteren, nämlich Löhrstorf, auch der Antheil der Güldensteiner Hölzung, welchem ich mir beim Verkauf von Güldenstein reservirt, und überdies die schon vorhin bei Löhrstorf gewesene Hölzung hiedurch von mir gelegt werden, die Summe von Zweimal Hundert Tausend Reichsthaler S. H. Courant Speciesmünze zu 4 Procent als erste unablösliche Hypothek, und zwar in Löhrstorf und Großenbrode und deren Pertinentien Ein Hundert und Zehn Tausend Reichsthaler, in Claustorf mit seinen Zubehörungen Funfzig Tausend Reichsthaler und in Godderstorf mit dessen Pertinentien Vierzig Tausend Reichsthaler.

§ 4.

Das adeliche Gut Sierhagen mit dem Zinsengenuß des darin fundirten Fideicommisses von 200,000 ℛ und den Zinsen der in den Nummern 1, 2, 3 und 4 ferner als Fideicommiß dazu gelegten unablöslichen Capitalien von 141,000 ℛ und was ich ferner dazu bestimmen möchte, bekommt mein instituirter Erbe und nach ihm dessen eheliche Nachkommenschaft, und in deren Ermangelung auf dieselbe Weise der erste und zweite Substitut und deren eheliche Descendenz nach der weiter unten von mir festgesetzten Vorschrift.

Die adelichen Güter Löhrstorf, Claustorf, Großenbrode und Godderstorf mit deren Pertinentien und zu Löhrstorf gelegten Hölzungen, zur freien Disposition über die Substanz dieser Güter und mit dem Zinsengenuß des dabei angeordneten Fideicommiß-Capitals von 200,000 ℛ, legire und vermache ich dem Herrn Kammerherrn und Jägermeister Christian Heinrich August v. Hardenberg-Reventlow und nach ihm seiner ehelichen Descendenz auf die weiter unten festzusetzende Weise. Sollte indessen dieser mein Legatarius vor seiner jetzigen Frau Gemahlin Johanna, geb. Baronesse v. Reitzenstein, versterben, so vermache ich derselben hiemit, so lange sie lebt und sich nicht anderweitig wieder verheirathet, jährlich 3000 ℛ aus den Revenüen dieser ihrem Herrn Gemahl und dessen ehelichen Descendenz allhier vermachten Gütern.

Mein obgedachter Erbe, dessen Substituten und dessen und deren allerseitige zum Genusse der Fideicommisse gelangende Successoren, imgleichen dieser mein Legatarius und dessen allerseitige Nachfolger, sind bei Verlust der Erbeinsetzung und dieses Legati schuldig, die fideicommissarische Qualität der resp. in Sierhagen radicirten und dabei gelegten 341,000 ℛ und der in den Gütern Löhrstorf, Claustorf, Großenbrode und Godderstorf fundirten 200,000 ℛ sowohl gleich nach dem Antritt der Erbschaft und des Legatums, als auch demnächst alljährlich auf gemeinschaftliche Kosten, Jeder zur Hälfte, öffentlich publiciren zu lassen.

gebeten hat:

Wird von Obergerichtswegen diese testamentarische Disposition hiemittelst zur öffentlichen Kunde gebracht.

Urkundlich unterm vorgedruckten größern Gerichts-Insiegel. Gegeben im Königl. Holsteinischen Obergerichte zu Glückstadt, den 4. December 1862.

(L. S.) *v. Schirach. Henrici.*

Tiedemann.

Testaments-Publication.

Das hieselbst deponirte Testament des Fräuleins Abigail Petrine Prahl, früher in Tondern, zuletzt in Lütjenburg, wird am Freitage den 16. Januar 1863, Mittags 12 Uhr, auf hiesigem Rathhause publicirt werden.

Lütjenburg, den 19. December 1862.

(L. S.) Bürgermeister und Rath.

Zur Beglaubigung: H. Brinkmann.

Testaments-Publication.

Zur Eröffnung und Publication des von dem verstorbenen Einwohner Claus Tiedtjen am Altendeich in der Blome'schen Wildniß errichteten und hieselbst gerichtlich deponirten Testaments ist Termin auf Freitag den 2. Januar 1863,
Morgens 10 Uhr,
hieselbst im Gerichte anberaumt worden, wovon Bekommende hiedurch in Kenntniß gesetzt werden.

Glückstadt, im Justitiariat des adel. Guts Neuendorf, den 16. December 1862. *A. Burchardi.*

Glückstadt-Elmshorner Eisenbahngesellschaft.

In Gemäßheit des § 71 des Statuts für die Glückstadt-Elmshorner Eisenbahngesellschaft wird hiemit bekannt gemacht, daß der Ausschuß den Herrn Ingenieur Lund in Glückstadt zum ausführenden, den Herrn Wasserbauconducteur Fülscher in Glückstadt zum vorsitzenden und den Herrn Advocaten Römer in Elmshorn zum dritten Director der Gesellschaft, so wie für den aus dem Ausschusse ausgetretenen Herrn Justizrath Löhmann den Herrn Kaufmann C. Steffens in Glückstadt zum Mitgliede des Ausschusses erwählt hat.

Zugleich wird angezeigt, daß die revidirte Betriebsrechnung pro 1861/62 zur Einsicht für die Actionaire vom 8. Januar 1863 an auf 6 Wochen bei der Direction ausliegt und das gedruckte Protocoll über die Verhandlungen der Generalversammlung vom 26. Aug. 1862 und die von derselben beschlossenen am 30. Sept. 1862 Allerhöchst genehmigten gedruckten Abänderungen des Statuts abseiten der Actionaire von dem Unterzeichneten entgegengenommen werden können.

Glückstadt, den 21. December 1862.

Der Ausschuß.
C. J. Rathjen, Vorsitzender.

Steckbrief.

Nachdem die bisherigen Nachforschungen nach dem Aufenthalt des eines auf dem Hofe Meilsdorf begangenen Diebstahls verdächtigen Dienstknechts Hinrich Ahlers aus Boberg erfolglos geblieben sind, werden sämmtliche Behörden zur Hülfe Rechtens und unter der Zusicherung gleicher Rechtswillfährigkeit ersucht, auf die gedachte, soweit als möglich hierunter näher bezeichnete Person zu vigiliren, dieselbe im Betretungsfall zu verhaften und davon behufs der Abholung und Kostenerstattung eine gefällige Nachricht anhero mitzutheilen.

Ahrensburg, im Justitiariat des adeligen Guts Ahrensburg, den 9. December 1862. *Huss.*

Signalement:

Der Dienstknecht Hinrich Ahlers, gebürtig aus Boberg, Amts Reinbeck, ist 22 Jahre alt, kleiner Statur, hat hellblondes Haar und eine gesunde Gesichtsfarbe.

Proclamata.

№ 1.

Erste Bekanntmachung.

Nachdem der Mauermann Johann Christopher Ohl zu Lohbrügge mit Hinterlassung unmündiger Erben gestorben ist, weshalb nicht nur sein Nachlaß, sondern auch der des im Jahre 1860 zu Lohbrügge verstorbenen Einwohners Hans Claus Ohl, dessen Erben genannter Joh. Chr. Ohl und die Wittwe Anna Catharina Moritz, geb. Ohl, in Horn geworden sind, und welcher bisher noch nicht getheilt ist, gerichtlich regulirt werden muß, die Erben der beiderseitigen Nachlasse sie auch nur sub beneficio legis et inventarii angetreten haben, so werden hiedurch von Gerichtswegen alle diejenigen, welche Ansprüche und Forderungen an den Nachlaß

1) des weiland Einwohners Hans Claus Ohl zu Lohbrügge,
2) des Mauermanns Johann Christopher Ohl daselbst

zu haben glauben und geltend machen wollen, befehligt, diese ihre Ansprüche, bei Vermeidung des Verlustes derselben und Präclusion von den bemerkten Massen, Auswärtige unter Procuratorbestellung, innerhalb 12 Wochen, vom Tage der dritten Bekanntmachung dieses Proclams angerechnet, auf der Königl. Amtstube zu Reinbeck, unter Producirung der Documente, worauf sie ihre Forderungen gründen, und Hinterlassung beglaubigter Abschriften derselben, anzumelden.

Königliches Gericht für das Amt Reinbeck, den 18. December 1862.

G. v. Linstow.

№ 2.

Erste Bekanntmachung.

Wenn auf desfällige Insolvenzerklärung des Tischlers Friedrich Wilhelm Bestelmann in Pinneberg über dessen Habe und Güter der Concurs der Gläubiger, deren Einreden vorbehältlich, erkannt worden ist, so werden hiedurch, mit alleiniger Ausnahme der protocollirten Gläubiger, Alle und Jede, welche an die gedachte Concursmasse und insbesondere an die dazu gehörige, im Flecken Pinneberg belegene, im Schuld- und Pfandprotocoll Nr. 1 c Fol. 78 aufgeführte Besitzung aus irgend einem Grunde Ansprüche und Forderungen zu haben vermeinen, hiedurch von Gerichtswegen befehligt, sich damit, bei Vermeidung der Ausschließung, innerhalb 12 Wochen, vom Tage der letzten Bekanntmachung dieses Proclams angerechnet, im Actuariate des Gerichts zu melden, die ihre Ansprüche und Forderungen begründenden Documente im Original zu produciren, Abschriften derselben beim Angabeprotocoll zurückzulassen und, wenn sie Auswärtige sind, einen Actenprocurator zu bestellen.

Pinneberger Concursgericht, den 22. Decbr. 1862.

Wommelsdorff-Friedrichsen. H. A. Tetens.

Mohrdiek.

№ 3.

Erste Bekanntmachung.

Nachdem auf desfällige Insolvenzerklärung des Gärtners Jürgen Christian Heinrich Küchenmeister in Pinneberg über dessen Habe und Güter der Concurs der Gläubiger erkannt worden ist, werden Alle und Jede, welche an diese Concursmasse Ansprüche und Forderungen irgend einer Art zu haben vermeinen, hiedurch, bei Strafe der Ausschließung von der Masse, befehligt, sich damit innerhalb 12 Wochen, vom Tage der letzten Bekanntmachung dieses Proclams angerechnet, im Actuariate des Gerichts zu melden, die ihre Ansprüche und Forderungen begründenden Documente im Original zu produciren, Abschriften derselben beim Angabeprotocoll zurückzulassen und, wenn sie Auswärtige sind, einen Actenprocurator zu bestellen.

Pinneberger Concursgericht, den 19. Decbr. 1862.

Wommelsdorff-Friedrichsen. H. A. Tetens.

Mohrdiek.

№ 4.

Erste Bekanntmachung.

Auf Ansuchen des hiesigen Eingesessenen, Gastwirths Franz Ludwig Marquardt Brandt werden Alle und Jede, mit alleiniger Ausnahme der protocollirten Creditoren, welche an das von dem früheren Eingesessenen Johann Carl Ernst Petersen an den genannten Proclamsextrahenten verkaufte, sub Nr. 55 an der Hamburgerstraße im I. Quart. im hiesigen Flecken belegene Wohnerbe c. p., „Die Harmonie" genannt, aus irgend einem Grunde dingliche Ansprüche und Forderungen zu haben vermeinen, hiedurch von Gerichtswegen aufgefordert, solche binnen 12 Wochen, vom Tage der letzten Bekanntmachung dieses Proclams angerechnet, in dem unterzeichneten Justitiariat anzumelden, und zwar bei Strafe der Ausschließung und des ewigen Stillschweigens, die ihre etwanigen Ansprüche begründenden Documente im Originale zu produciren und beglaubigte Abschriften davon bei den Acten zu belassen; Auswärtige unter Bestellung von Actenprocuratoren.

Decretum Wandsbecker Justitiariat bei Wandsbeck, den 16. December 1862.

Reimers.

№ 5.

Zweite Bekanntmachung.

Da der Hofbesitzer C. A. Schleth seinen im Gute Develgönne belegenen Meierhof Altona c. p. verkauft, dem Käufer ein von allen dinglichen Ansprüchen gereinigtes Professionsprotocoll versprochen und deshalb die Erlassung eines landüblichen Proclams hieselbst beantragt hat, so werden, mit alleiniger Ausnahme der protocollirten Gläubiger, Alle, welche an den verkauften Meierhof Altona c. p. dingliche nichtprotocollirte Ansprüche und Rechte zu haben vermeinen, von Gerichtswegen hiedurch aufgefordert, solche binnen 12 Wochen, von der letzten Bekanntmachung dieses Proclams angerechnet, bei Strafe des Ausschlusses und immerwährenden Stillschweigens, im unterzeichneten Justitiariat anzugeben, auch wegen Producirung der bezüglichen Documente und Procuraturbestellung das Nöthige wahrzunehmen.

Decretum Neustadt, den 15. December 1862.

Justitiariat des adel. Guts Develgönne.

Romundt.

№ 6.

Zweite Bekanntmachung.

Auf gestellten Antrag werden von Gerichtswegen hiedurch Alle, welche an das von Johann Christian Hahlbeck verkaufte, in Neukirchen belegene Wohnhaus sub 5 a nebst Schmiede und sonstigen Zubehörungen dingliche nichtprotocollirte Ansprüche und Rechte zu haben vermeinen, aufgefordert, solche binnen 12 Wochen, vom Tage der letzten Bekanntmachung dieses Proclams angerechnet, bei Strafe des Ausschlusses und immerwährenden Stillschweigens, Auswärtige unter Procuraturbestellung, im unterzeichneten Justitiariat gehörig anzugeben.

Decretum Neustadt, den 16. December 1862.

Justitiariat der Neukirchner Kirchenhäuser.

Romundt.

№ 7.

Zweite Bekanntmachung.

In dem Schuld- und Pfandprotocoll des Amtes Plön stehen folgende Pöste protocollirt, hinsichtlich welcher auf Mortificirung und Delirung der betreffenden Documente eingetragen ist:

1) Auf dem Folio des Hufners Johann Hinrich Knoop in Behl aus einer Obligation vom 22. Decbr. 1832 für die Doctorin Sophia Sidon 480 ℳ.

2) Auf dem Folio der Erben des weil. Parcelisten Hinr. Tensfeldt in Tarbeck aus einem Amthausbriefe vom 3. Novbr. 1824 für den im Jahre 1831 verstorbenen Mathias Tensfeldt daselbst 320 ℳ.

3) Auf dem Folio des Hufners Johann Friedrich Ohrtmann in Stocksee aus einer Obligation vom 21. Juni 1795, ausgestellt von Johann Greve in Stocksee an die Vormünder seiner Kinder erster Ehe auf die Summe von 46 ℳ 9 ß R.-M.

4) Auf dem Folio des Hufners Claus Jürgen Kaack in Damsdorf:
   a) aus einem Contract vom 8. Oct. 1774 die Verpflichtung des Jürgen Kaack, seinem Vater nach und nach 100 ℛ oder 53 ℳ 32 ß zu bezahlen, auch denselben bei sich zu behalten und mit allem Erforderlichen zu versehen, jedem seiner Geschwister 50 ℛ Cour. oder 26 ℳ 64 ß R.-M. und seiner Schwester Catharina zur Zeit ihrer Verheirathung 30 ℛ Cour., gleich 16 ℳ R.-M., zu einem Ehrenkleide, eine gute Kuh, 4 Schaafe und 4 Lämmer auszukehren;
   b) eine von Jürgen Kaack am 14. Juli 1799 für seine Schwester Margaretha, verwittwete Kaven, in Dersau übernommene Bürgschaft.

5) Auf dem Folio des Parzelisten Detlev Hinrich Dahm in Tarbeck aus einem Contracte vom 28. Febr. 1786 für Johann Christoph Schwien in Tarbeck ein Altentheil und für dessen Sohn 53 ℳ 32 ß R.-M., so wie aus einer Obligation vom 12. Decbr. 1823 für den im Jahre 1831 verstorbenen Matthias Tensfeldt in Tarbeck 100 ℳ Cour. oder 160 ℳ R.-M.

6) Auf dem Folio des Halbhufners Hans Christian Overdieck in Bösdorf aus einem Vergleich vom 2. Decbr. 1780 für die Geschwister des Hans Christopher Overdieck eine freie halbe Hochzeit und diverse Kleidungsstücke.

7) Auf dem Folio des Hufners Johann Friedrich Christopher Krützfeldt in Meinsdorf eine Bürgschaftsacte des Johann Christian Krützfeldt wegen Kosten und Wiederklage in Proceßsachen des C. H. Burmeister in Gleschendorf wider den Erbpächter Benthien zum Ahrensberge, wegen einer Schuld von 19 ℳ vom 13. October 1844.

8) Auf dem Folio des Hufners Hans Hinr. Friedr. Flenker in Stocksee eine unterm 28. Dec. 1831 in Sachen wider den Müller Tegtmeyer zur Hornsmühle wegen Schadenersatzes für Nachmatte von Christian Friedr. Flenker ausgestellte Cautionsactul de reconventione et expensis.

9) Auf dem Folio des Erbpächters und Hufners August Friedrich Ehmke Kasch in Pehmen und Bredenbeck eine unterm 19. November 1836 protocollirte Bürgschaftsacte für die Summe von 89 ℳ 8 ß Cour., gleich 142 ℳ 64 ß R.-M., Proceßkosten und Pfandgutstaratum, ausgestellt von dem dermaligen Besitzer der Bredenbecker Hufe des Antragstellers, Hans Hinrich Grimm, in Sachen seines Vaters, des Altentheilers P. H. Grimm, wider den Eingesessenen Hans Christoph Lehmann zu Neuhof.

Nach erfolgter Autorisation des Königl. Holsteinischen Obergerichts werden Alle, welche an die vorbenannten Documente Ansprüche irgend einer Art zu haben, oder aus denselben Rechte herleiten zu können vermeinen, hiedurch aufgefordert, binnen 12 Wochen, vom Tage der letzten Bekanntmachung dieses Proclams angerechnet, ihre desfälligen Angaben, und zwar Auswärtige durch einen Actenprocurator, im Actuariat zu Plön zu beschaffen, widrigenfalls aber zu gewärtigen, daß die betreffenden Documente, resp. nachdem die noch nöthigen Delirungsconsense beigebracht worden, werden getilgt werden.

Königl. Amthaus zu Plön, den 24. Novbr. 1862.

W. C. v. Levetzau.

In fidem: C. Friederici.

№ 8.

Zweite Bekanntmachung.

In den Schuld- und Pfandprotocollen des Amtes Ahrensböck stehen folgende Pöste protocollirt, hinsichtlich welcher auf Mortificirung, resp. Delirung und Wiederausfertigung der betreffenden Documente angetragen ist.

1) Auf dem Folio des Ahrensböcker Parcelisten Carsten Friedrich Schultz eine Obligation des Hinrich Christian Fahrenkrog vom 30. März 1839 an den Hufner Hinrich Friedrich Schramm in Schwienkuhlen, valdirend 600 ℳ Cour., gleich 960 ℳ R.-M., und auf demselben Folio eine Obligation desselben an denselben, vom 20. November 1839, valdirend 500 ℳ Cour., gleich 800 ℳ R.-M.

2) Auf dem Folio des Schlachters Ludwig Christian Hinrich Dahl in Ahrensböck eine Obligation desselben an den Hufner Hinrich Friedrich Schramm in Schwienkuhlen vom 31. August 1846, valdirend 333⅓ ℳ Cour., gleich 533⅓ ℳ R.-M.

3) Auf dem Folio des Hans Hinrich Paulsen in Schwienkuhlen ein Kathenbrief des Schmieds Jochim Friedrich Petersen daselbst vom 16. Ja-

nuar 1839, aus welchem der Hufner, jetzt Altentheiler Hinrich Friedrich Schramm in Schwienkuhlen 375 ℛ Cour., gleich 600 ℛ R.-M. zu fordern hat.

4) Auf dem Folio des Hinrich Friedrich Dohm in Schwienkuhlen ein Kaufbrief vom 21. Juli 1845, aus welchem Johann Hinrich Brey dem Setzwirth Hinrich Peter Friedrich Ahrens in Schwochel 1600 ℛ R.-M. schuldig geworden ist, wobei bemerkt wird, daß die Forderung des Ahrens jetzt noch 320 ℛ R.-M. validirt.

5) Auf dem Folio des Hufners Hinrich Ferdinand Trepkau in Tankenrade eine Obligation desselben an die derzeit unmündigen Kinder des wailand Jochim Hinrich Langthim daselbst vom 28. April 1841, validirend 1600 ℛ R.-M.

6) Auf dem Folio des Viertelhufners Hinrich Friedrich Dittmer in Curau ein Hausbrief vom 30. April 1800, durch welchen dem Hinrich Kuhlmann in Curau von seinem Bruder Hans Hinrich Kuhlmann eine Kuh, ein Ehrenkleid oder 14 ℛ Cour., die Ausrichtung einer Hochzeit von 40 Personen oder 100 ℳ Cour. baares Geld und ein neues Bett in natura verschrieben sind.

7) Auf dem Folio des Hufners Hinrich Friedrich Christopher Wulf in Schwienkuhlen ein Annehmungsbrief vom 13. Februar 1787, aus welchem dem August Friedrich Blunck in Schwienkuhlen zwei Kühe und ein Pferd verschrieben sind, die noch undelirt stehen, und ein Contract vom 28. April 1821, nach welchem dem Hinrich Friedrich Wulf, sofern er eine Profession zu erlernen wünscht, an seine Eltern zu bezahlende 100 ℛ Cour. oder 160 ℛ R.-M. verschrieben sind.

8) Auf dem Folio des Mechanikus Jochim Hinrich Brandt in Ahrensböck
   a. eine Obligation des Brandt vom 12. Febr. 1840 an die Wittwe des wailand Jochim Conrad Schwoll, Catharina Dorothea Johanna, geb. Kastmann, in Lübeck, validirend 2500 ℳ Cour. oder 1333 ℛ 32 ß R.-M.,
   b. eine Obligation desselben vom 1. Juni 1840 an den Bäckermeister Jochim Jürgens in Ahrensböck, unterm 1. Juni 1842 cedirt an die Wittwe Schwoll, geb. Kastmann, in Lübeck, validirend 200 ℛ Cour. oder 320 ℛ R.-M.,
   c. eine Obligation des Brandt vom 10. Decbr. 1841 an die Wittwe Schwoll, geb. Kastmann, in Lübeck, validirend 900 ℳ Cour. oder 480 ℛ R.-M.

9) Auf dem Folio des Kaufmanns Ernst Gustav Ludwig Pudbres in Ahrensböck über dessen Haus cum pert.
   a. eine Auesageacte vom 15. Decbr. 1815, wonach Hans Friedrich Witter gewisse in der Acte näher bestimmte Verbindlichkeiten übernommen hat und wonach das baare Vermögen seiner verstorbenen Ehefrau Maria Elisabeth Witter, geb. Röhl, von 600 ℛ Cour. oder 800 ℛ R.-M. protocollirt worden
   b. ein Contract zwischen Hans Christian Sievers und Jochim Dieterich Sievers vom 15. August 1801, aus welchem eine für Anna Elisabeth Sievers ausgesetzte Abfindungssumme von 50 ℛ Cour. gleich 80 ℛ R.-M. noch undelirt steht. Für diese Schuld haftet principaliter eine Koppel Ahrensböcker Fleckenlandes, welche Pudbres von Conrad Bleck in Ahrensböck gekauft hat.

10) Auf dem Folio des Viertelhufners Johann Hinrich Spretzen in Steenkrütz eine unterm 28. Septbr. 1839 von demselben an die Vormünder der unmündigen Pauline Schröder aus Steenkrütz ausgestellte, unterm 20. Octbr. 1856 an Ernst Friedrich Schröder in Gnissau cedirte und nach dem Tode des Letzteren an seine Wittwe und Kinder vererbte Obligation von 2000 ℳ Cour. oder 1066 ℛ 64 ß R.-M.

11) Auf dem Folio des Johann Friedrich Grimm in Gnissau ein Setzannehmungscontract vom 20. Mai 1831, durch welchen der Grundbesitz des Grimm an die Wittwe Anna Maria Grimm und ihren zweiten Ehemann Ernst Friedrich Schröder bis zum 1. Mai 1856 in Setzwirthschaft überlassen ist und aus welchem für die Pupillin Catharina Elise Schröder in Gnissau 176 ℛ $35\frac{1}{2}$ ß Cour. und für Ernst Friedrich Schröder 527 ℛ 21 ß protocollirt sind.

12) Auf dem Folio der Wittwe Christina Maria Dorothea Kröger, geb. Witt, in Havekost der zwischen ihrem Vater Claus Hinrich Witt und ihr unterm 11. Juli 1859 errichtete Ueberlassungscontract, aus welchem für den Ueberlasser ein Altentheil und 3200 ℛ R.-M. und für die Ehefrau Catharina Maria Elise Reimers, geb. Witt, in Sarkwitz, 4800 ℛ R.-M. protocollirt stehen.

13) Auf dem Folio des Käthners Hans Christian Wulf zum Langenschlag, Dorfschaft Gnissau, eine Obligation vom 22. Februar 1831, ausgestellt von Hinrich Höppner an die unmündigen Kinder des wailand Zimmermannes Christian Groth in Gnissau, ursprünglich 50 ℛ R.-M. validirend, aus welcher für Franz Johann Adolph Groth noch $16\frac{2}{3}$ ℛ R.-M. undelirt stehen.

14) Auf dem Folio des Nagelschmieds Hinrich Friedrich Krützfeldt in Ahrensböck eine Obligation des Marx Friedrich Krützfeldt an den Zimmermeister Johann Jochim Meyer in Ahrensböck vom 5. Januar 1838, validirend 426 ℛ 64 ß R.-M., aus welcher noch undelirt sind 139 ℛ R.-M.

15) Auf dem Folio des Viertelhufners Carl Ludwig Heel in Curau eine Obligation des Claus Hinr. Knickrehm in Curau an die unmündige Anna Maria Jürgens daselbst, valdirend 24 ℛ 2 β Cour.

Nach erfolgter Auctorisation des Königlichen Holsteinischen Obergerichts werden Alle, welche an die vorbenannten Documente Ansprüche irgend einer Art zu haben, oder aus denselben Rechte herleiten zu können vermeinen, hiedurch aufgefordert, binnen 12 Wochen, vom Tage der letzten Bekanntmachung dieses Proclams angerechnet, ihre desfälligen Angaben, und zwar Auswärtige durch einen Actenprocurator, im Königlichen Ahrensböcker Actuariat zu Plön zu beschaffen, widrigenfalls sie zu gewärtigen haben, daß die betreffenden Documente, resp. nachdem die noch nöthigen Delirungsconsense beigebracht worden, delirt werden, mit Ausnahme jedoch der sub № 1, 2, 3, 4, 8 a, b und c, 10, 11, 12 genannten Urkunden, für welche originalisirte Abschriften werden angefertigt und den Betreffenden mitgetheilt werden.

Königliches Ahrensböcker Amthaus zu Plön, den 27. November 1862.

W. C. v. Levetzau.

In fidem: C. Friederici.

№ 9.

Zweite Bekanntmachung.

Da auf erfolgte Insolvenzerklärung

1) des Fabrikarbeiters Henning Horst (nicht Holst, wie in der ersten Bekanntmachung in d. Bl. irrthümlich abgedruckt steht) hieselbst und
2) der Wittwe des wailand hiesigen Bäckermeisters Johann Hinrich Rittscher, Doris Rittscher, geb. Schlüter,

über deren Habe und Güter der Concurs der Gläubiger erkannt worden, so werden von Gerichtswegen Alle und Jede, mit Ausnahme jedoch der protocollirten Gläubiger, welche an diese Personen Forderungen und Ansprüche erheben zu können glauben, oder Pfänder oder sonstige Sachen von denselben in Händen haben sollten, bei Strafe des Ausschlusses von diesen Concursmassen, resp. Verlustes ihrer Pfandrechte und Vermeidung sonstiger Nachtheile, hiedurch aufgefordert und angewiesen, sich damit, Auswärtige unter Bestellung von Actenprocuratoren, binnen 12 Wochen, von der letzten Bekanntmachung dieses Proclams angerechnet, in dem hiesigen Stadtsecretariat zu melden und dabei die zur Begründung ihrer Ansprüche dienenden Documente im Original und in Abschriften zu produciren.

Signatum Glückstadt, den 19. December 1862.

(L. S.
C.) Präsident, Bürgermeister und Rath.

№ 10.

Zweite Bekanntmachung.

Extr. des Procl. des 51sten Stücks № 1.

Nichtprotocollirte Forderungen und Ansprüche an den unter gerichtliche Behandlung genommenen Nachlaß des wailand Eingesessenen Peter Kröger sen. am Dieckhuser Neuendeich, so wie Pfandstücke aus diesem Nachlasse sind, bei Vermeidung des Ausschlusses und des Verlustes der Rechte, innerhalb 12 Wochen, vom Tage der letzten Bekanntmachung dieses Proclams angerechnet, in der Königl. Kirchspielschreiberei zu Marne rechtsbehörig anzumelden.

B. G. W.

Meldorf, den 12. December 1862.

Zur Beglaubigung: Fabricius.

№ 11.

Zweite Bekanntmachung.

Extr. des Procl. des 51sten Stücks № 2.

Alle diejenigen, welche an den Nachlaß des zu Neumünster verstorbenen Sattlermeisters Friedr. Reese und namentlich an das im hiesigen Flecken belegene, jetzt mit „Großflecken Nr. 40" im Brandcataster bezeichnete Grundstück nichtprotocollirte Ansprüche und Forderungen zu haben vermeinen, müssen sich damit binnen 12 Wochen, vom Tage der letzten Bekanntmachung dieses Proclams angerechnet, auf dem hiesigen Königl. Actuariat, unter Beobachtung des Erforderlichen, melden.

Königliches Amthaus zu Neumünster, den 9. December 1862.

v. Stemann.

In fidem: K. Scheel.

№ 12.

Zweite Bekanntmachung.

Extr. des Procl. des 51sten Stücks № 3.

Wer an die Concursmasse des hiesigen Kaufmanns J. P. C. Hinrichs nichtprotocollirte Forderungen oder sonstige Ansprüche hat, muß solche, bei Vermeidung der rechtlichen Nachtheile, innerhalb 12 Wochen, vom Tage der letzten Bekanntmachung dieses Proclams angerechnet, im hiesigen Stadtsyndicat ordnungsmäßig angeben.

Gegeben Oldenburg in Holstein, den 14. December 1862.

Der Magistrat.

W. Hansen.

№ 13.

Zweite Bekanntmachung.

Extr. des Procl. des 51sten Stücks № 7.

Wer gegen die Einrichtung neuer Folien in den Schuld- und Pfandprotocollen der Grafschaft Ranzau für nachbenannte Grundstücke:

1) den $21\frac{1}{2}$ □Ruthen großen Bauplatz nebst darauf erbautem Hause, welchen der Eingesessene Hans Hinrich Ahrens in Elmshorn an den Mauermeister Huckfeldt daselbst verkauft;
2) den $\frac{1}{16}$ Scheffel großen Bauplatz nebst darauf erbautem Hause, welchen der Eingesessene Johann Mohr in Barmstedt an die Wittwe Anna Kelting, geb. Pingel, daselbst verkauft hat;
3) den $3\frac{1}{16}$ Scheffel großen Bauplatz nebst darauf

erbautem Hause, welchen der Eingesessene Peter v. Husen in Großendorf an den Zimmermeister Joh. Hinr. Brede in Barmstedt verkauft hat;

4) den 6/16 Scheffel großen Bauplatz nebst darauf erbautem Hause, welchen der Eingesessene Johann Hinrich Ahrens in Elmshorn an den Steinhauer Hinrich Kummerfeldt aus Oha verkauft hat;

5) das 1 Tonne 12/16 Scheffel große Landstück nebst darauf erbautem Hause, welches der Vollhufner Claus Timm in Lutzhorn an den Schäfer Hans Krohn daselbst verkauft hat;

6) den 40 □Ruthen großen Landplatz nebst darauf erbautem Hause, welchen der Zimmermeister Johann Hinrich Brede in Barmstedt an den Schuhmachermeister Peter Sandkamp daselbst verkauft hat;

7) den 4/16 Scheffel großen Bauplatz nebst darauf erbautem Hause, welchen der Halbhufner Hinr. Piening in Großendorf an den Schuhmachermeister Carl Julius Naack in Barmstedt verkauft hat;

8) den 6/16 Scheffel großen Bauplatz nebst darauf erbautem Hause, welchen der Eingesessene Johann Mohr in Barmstedt an den Schneidermeister Johann Roß daselbst verkauft hat;

9) den 7/32 Scheffel großen Bauplatz nebst darauf erbautem Hause, welchen derselbe an den Schuhmachermeister Johann Jochim Glißmann in Barmstedt verkauft hat;

10) den 1 Scheffel großen Bauplatz nebst darauf erbautem Hause, welchen der Vollhufner Christian Wichers in Großendorf an den Cigarrenfabrikanten Jacob Detlef Bohnsten verkauft hat;

11) den 5/16 Scheffel großen Bauplatz nebst darauf erbautem Hause, welchen der Eingesessene Johann Mohr in Barmstedt an den Arbeitsmann Paul Mohr daselbst verkauft hat;

12) den 12 □Ruthen 73 □Fuß großen Landplatz nebst darauf erbautem Hause, welchen der Mauermeister Hinrich Mohr in Elmshorn an den Arbeitsmann Joh. Joch. Bock daselbst verkauft hat;

13) das 1 Tonne [illegible]/16 Scheffel große Landstück nebst darauf erbautem Hause, welches der 1/24 Hufner Hinrich Butenop in Lutzhorn an den Häuerling Joh. Hinr. Bock daselbst verkauft hat,

Einwendungen erheben zu können oder auf die gedachten Grundstücke Ansprüche irgend einer Art zu haben glaubt, muß sich damit binnen 12 Wochen, vom Tage der letzten Bekanntmachung dieses Proclams angerechnet, sub pœna præclusi, bei dem unterzeichneten Gerichte rechtsbehörig melden.

Königl. Administratur zu Ranzau, den 10. Decbr. 1862.

A. v. Moltke.

№ 14.

Dritte und letzte Bekanntmachung.

Alle diejenigen — protocollirte Pfandgläubiger ausgenommen —, welche an die von Heinr. Gottfried Hoffmann zu Mori besessene, jetzt von ihm verkaufte, dort belegene Erbpachtsstelle c. p. dingliche Ansprüche und Forderungen zu haben vermeinen, werden hiedurch aufgefordert, sich damit, bei Vermeidung der gänzlichen Ausschließung mit denselben und des ewigen Stillschweigens, binnen 12 Wochen, von der letzten Bekanntmachung angerechnet, beim unterzeichneten Justitiariat zu melden.

Stockelsdorf, im Justitiariat für Mori, den 5. December 1862.

Esmarch.

№ 15.

Dritte und letzte Bekanntmachung.

Wenn auf geschehene Insolvenz-Erklärung der Weinhändler Ludwig Huber und Hans Stinde in Itzehoe über die Habe und Güter derselben der Concurs der Gläubiger für Recht erkannt ist, so werden Alle und Jede, welche aus irgend einem Grunde Forderungen und Ansprüche an die Weinhändler Ludwig Huber und Hans Stinde in Itzehoe zu haben vermeinen, hiedurch aufgefordert und befehligt, solche Ansprüche, bei Strafe der Ausschließung von der Concursmasse, binnen 12 Wochen, vom Tage der letzten Bekanntmachung dieses Proclams angerechnet, bei dem Klösterlichen Protocolle in Itzehoe anzugeben, die ihre Ansprüche begründenden Documente im Original zu produciren, beglaubigte Abschriften davon zurückzulassen und, insofern sie Auswärtige sind, Procuratoren zu den Acten zu bestellen.

Itzehoe, den 10. December 1862.

Klösterliche Obrigkeit.

№ 16.

Dritte und letzte Bekanntmachung.

Extr. des Procl. des 49sten Stücks № 1.

Ansprüche und Forderungen an den unter gerichtliche Behandlung genommenen geringfügigen Nachlaß der weiland Wittwe des Johann Daniel, Catharina, geb. Ramm, in Meldorf sind, sub pœna præclusi, innerhalb 6 Wochen, nach der letzten Bekanntmachung dieses Proclams, in der Königl. Kirchspielschreiberei zu Meldorf rechtsbehörig anzumelden.

B. G. W.

Meldorf, den 25. November 1862.

Zur Beglaubigung: **Fabricius.**

№ 17.

Dritte und letzte Bekanntmachung.

Extr. des Procl. des 49sten Stücks № 3.

Alle Ansprüche an die von den Eheleuten Hinrich Adolph Theodor Steen und Wilhelmine Margaretha Steen, geb. Hesse, am Iblsee, Vorwerks Süsel, verkaufte Anbauerstelle nebst Ländereien, an die vom Bäcker Carl Poltharst in Ahrensböck verkauften 48

Quadratruthen Land, an die vom Bäcker Jochim Jürgens in Ahrensböck verkauften 7 Tonnen Land und an den Nachlaß des wail. Altentheilers Daniel Hinrich Schulz in Curau, mit Ausnahme der protocollirten, sind, bei Strafe des Verlustes derselben, innerhalb 12 Wochen im Ahrensböcker Actuariate zu Plön anzumelden.

Königliches Ahrensböcker Amthaus zu Plön, den 27. November 1862.

W. C. v. Levetzau.

In fidem: **Friederici.**

№ 18.

Dritte und letzte Bekanntmachung.

Extr. des Procl. des 49sten Stücks № 5.

Die Creditoren des Nachlasses des wailand Halbhufenpächters Jochim Hinrich Aesemann, so wie der abwesende Schuhmachergeselle Johann Jochim Aesemann oder seine etwanigen unbekannten Erben haben sich binnen 12 Wochen, vom Tage der letzten Bekanntmachung dieses Proclams angerechnet, bei Vermeidung der gesetzlichen Folgen und unter Beobachtung des Rechtserforderlichen, zu melden.

Decretum Segeberg, im Pronstorfer Justitiariat, den 29. November 1862. *Esmarch.*

№ 19.

Dritte und letzte Bekanntmachung.

Extr. des Procl. des 50sten Stücks № 1.

Die nichtprotocollirten Gläubiger und Pfandinhaber des insolventen Paul Nagel im König Fredrik VII. Koog haben binnen 12 Wochen, vom Tage der letzten Bekanntmachung, ihre Forderungen, Ansprüche, so wie Pfandstücke, resp. bei Vermeidung des Ausschlusses von der Concursmasse und bei Verlust ihrer Pfandrechte, beim Königl. Inspectorat im Fredrikskoog anzugeben.

Zur Beglaubigung: **Müllenhoff.**

№ 20.

Dritte und letzte Bekanntmachung.

Extr. des Procl. des 50sten Stücks № 2.

Alle und Jede, mit Ausnahme der protocollirten Gläubiger, welche Ansprüche und Forderungen an die Concursmasse des Käthners und Zimmermanns Hinr. Adam Niemand in Schacht, Kirchspiels Raumort, zu haben meinen, haben solche innerhalb 12 Wochen, vom Tage der letzten Bekanntmachung dieses Proclams, im hiesigen Amtsactuariat anzugeben.

Rendsburger Amthaus, den 2. December 1862.

E. v. Harbou.

Brenning.

Zur Beglaubigung: **Brenning.**

№ 21.

Dritte und letzte Bekanntmachung.

Extr. des Procl. des 50sten Stücks № 6.

Nichtprotocollirte dingliche oder persönliche Ansprüche und Forderungen an den Nachlaß des wail. hiesigen Bürgers und Maurermeisters Jochim Hinrich Lüders, namentlich an das hieselbst D. I Nr. 88 belegene Wohnhaus c. p., sind innerhalb 12 Wochen, von der letzten Bekanntmachung dieses Proclams angerechnet, bei Strafe der Ausschließung resp. des Verlustes der Ansprüche, im hiesigen Stadtsecretariat rechtsbehörig anzumelden.

Decretum Segeberg, in Curia, den 11. Dec. 1862.

(L. S.) Bürgermeister und Rath.

№ 22.

Dritte und letzte Bekanntmachung.

Extr. des Procl. des 50sten Stücks № 7.

Nichtprotocollirte dingliche Ansprüche an die Concursmasse der Wittwe Friedericke Margaretha Hedwig Stüve, geb. Dohse, hauptsächlich an die auf dem Namen der letzteren stehende, jedoch in lite befangene, in Kaltenkirchen belegene Viertelhufe c. pert., so wie alle von der Cridarin in Pfand gegebene Sachen sind innerhalb 12 Wochen, vom Tage der letzten Bekanntmachung dieses Proclams, resp. bei Strafe des Ausschlusses und Verlust des Pfandrechts, im Segeberger Königl. Actuariat rechtsgehörig zu melden.

Segeberger Concursgericht, den 10. Decbr. 1862.

Pr. et Ass. jud.

In fidem: **H. F. Jacobsen.**

№ 23.

Dritte und letzte Bekanntmachung.

Extr. des Procl. des 50sten Stücks № 9.

Mit alleiniger Ausnahme der protocollirten Creditoren haben Alle und Jede, welche Ansprüche an den hiesigen Eingesessenen Otto Rolof Johann Spethmann, in Firma O. R. J. Spethmann, zu machen haben, solche binnen spätestens 12 Wochen, vom Tage der letzten Bekanntmachung dieses Proclams angerechnet, bei Strafe der Ausschließung und des ewigen Stillschweigens, in dem unterzeichneten Justitiariate ordnungsmäßig anzugeben.

Decretum Wandsbecker Justitiariat bei Wandsbeck, den 9. December 1862.

Reimers.

№ 24.

Dritte und letzte Bekanntmachung.

Extr. des Procl. des 50sten Stücks № 10.

Nichtprotocollirte hypothecarische oder sonstige dingliche Rechte, Forderungen und Ansprüche an das den Gebrüdern Otto und Gustav de Grahl bisher gehörige Gehöft, genannt „Fabrik“, sind, bei Verlust derselben, binnen 12 Wochen rechtsbehörig hieselbst anzugeben.

Decretum Ahrensburg, im Justitiariat des adel Guts Ahrensburg, den 9. December 1862.

Huss.

Allerhöchst privilegirte

Holsteinische Anzeigen.

Redigirt von den Obergerichtsräthen Etatsrath Henrici und Lucht.

Gedruckt bei Augustin in Glückstadt.

52. Stück. — Den 29. December 1862.

Alphabetisches Inhaltsverzeichniß.

Allerhöchst privilegirte

Holsteinische Anzeigen.

Redigirt von den Obergerichtsräthen Etatsrath Henrici und Lucht.

Gedruckt bei Augustin in Glückstadt.

52. Stück. — Den 29. December 1862.

Alphabetisches Inhaltsverzeichniß.